Matthias Eberl
Verfassung und Richterspruch

Matthias Eberl

Verfassung und Richterspruch

Rechtsphilosophische Grundlegungen zur Souveränität,
Justiziabilität und Legitimität der
Verfassungsgerichtsbarkeit

De Gruyter Recht · Berlin

Dr. *Matthias Eberl*, während des Verfassens dieser Untersuchung wissenschaftlicher Mitarbeiter am Lehrstuhl für Politische Theorie und Philosophie am Geschwister-Scholl-Institut für Politische Wissenschaft der Universität München

Als Dissertationsschrift gedruckt mit Unterstützung der Max Geldner-Stiftung der Universität Basel und des Dissertationenfonds der Universität Basel

♾ Gedruckt auf säurefreiem Papier, das die US-ANSI-Norm über Haltbarkeit erfüllt.

ISBN-13: 978-3-89949-235-4
ISBN-10: 3-89949-235-8

Bibliografische Information der Deutschen Bibliothek

Die Deutsche Bibliothek verzeichnet diese Publikation in der Deutschen Nationalbibliografie; detaillierte bibliografische Daten sind im Internet über http://dnb.ddb.de abrufbar.

© Copyright 2006 by De Gruyter Rechtswissenschaften Verlags-GmbH, D-10785 Berlin

Dieses Werk einschließlich aller seiner Teile ist urheberrechtlich geschützt. Jede Verwertung außerhalb der engen Grenzen des Urheberrechtsgesetzes ist ohne Zustimmung des Verlages unzulässig und strafbar. Das gilt insbesondere für Vervielfältigungen, Übersetzungen, Mikroverfilmungen und die Einspeicherung und Verarbeitung in elektronischen Systemen.

Printed in Germany

Datenkonvertierung/Satz: jürgen ullrich typosatz, Nördlingen
Druck und Bindung: Hubert & Co., Göttingen

Danksagung

Der Weg zu dieser Monographie glich einem Marathonlauf. Auf den Stationen dieses Marathons habe ich von verschiedenen Seiten Unterstützung erfahren, für die ich mich ausdrücklich bedanken möchte.

Eine wesentliche Unterstützung haben mir all diejenigen geboten, die sich mir als „Opfer" zur Verfügung gestellt haben. „Als Opfer zur Verfügung stehen" ist dabei meine privatsprachliche Wendung dafür, mir ein offenes Ohr zu leihen: zuzuhören, wie ich in den Stadien des Schreibens und Noch-nicht-Schreibens die für mich relevanten wissenschaftlichen Materien zu erfassen und diesbezüglich eigene Standpunkte und Sichtweisen zu gewinnen suche. So formuliert, klingt die „Opferrolle" weit harmloser als sie ist. Dies werden die „Opfer", die allesamt wissen, daß sie welche waren, nur zu gut bestätigen können. Nie hätten sie – auch in ihren gräßlichsten Albträumen nicht – geahnt, sich je mit amerikanischer Verfassungstheorie beschäftigen zu müssen oder (nach Opferangaben ein besonders schlimmer Fall) sich mit Habermas' Diskurstheorie in bezug auf den demokratischen Rechtsstaat konfrontiert zu sehen. Obgleich ich wohl nie ermessen werden kann, welch ein Opfer die „Opfer" erbracht haben (da es für mich nichts Wichtigeres, Aufregenderes und Spannenderes gibt als rechtsphilosophische Themen und Fragestellungen – um nur die in dieser Untersuchung vorherrschende Wissenschaft herauszugreifen), möchte ich meinen unerschrockenen und ausdauernden Zuhörern meine tiefe Dankbarkeit aussprechen.

Zugute gekommen ist der vorliegenden Arbeit, die im Herbst 2003 bei der Philosophisch-Historischen Fakultät der Universität Basel im Fach Philosophie eingereicht wurde, zudem meine Lehrtätigkeit am Geschwister-Scholl-Institut für Politische Wissenschaft der Universität München. Die Seminare, vornehmlich in der Disziplin der politischen Theorie, haben dazu beigetragen, daß sich mein wissenschaftlicher Blick nicht nur auf die naheliegenden Themen und Texte zur Problematik der Institution der Verfassungsgerichtsbarkeit, sondern stets auch auf gegenüber diesen Problemkomplexen entferntere oder nur entfernter scheinende Grundfragen des politischen Denkens gerichtet hat. Überdies hat meine Anstellung an der Ludwig-Maximilians-Universität München mir während dieser Zeit natürlich auch meine ökonomische Existenz gesichert.

Zu Dank verpflichtet bin ich für diese Chancen zuallererst Prof. Dr. Henning Ottmann, meinem Doktorvater. Prof. Ottmann danke ich zudem für die „künstlerische Freiheit", die er mir beim Verfassen meiner Dissertation gewährt hat. Diese Freiheit habe ich stets als Vertrauen und Zuversicht in das Gelingen meines ambitionierten Vorhabens erfahren dürfen. Dieses Vertrauen habe ich nicht zuletzt dadurch zu rechtfertigen gesucht, daß ich seine bewundernswerte Meisterschaft darin, selbst komplizierte und komplexe Sachverhalte in einer klaren und verständlichen Sprache zu formulieren, als Ansporn beim Verfassen meiner eigenen Texte aufgefaßt habe. Von Prof. Ottmann habe ich des weiteren gelernt, daß die Bestände der Geschichte des politischen Denkens auch für die Bearbeitung philosophischer Problemlagen der Gegenwart fruchtbar gemacht werden können.

Prof. Dr. Kurt Seelmann danke ich für die Übernahme des Korreferats. Insbesondere danke ich Prof. Seelmann für sein Verständnis für meine besondere Situation als Promovend an der Universität Basel mit Münchner Arbeits- und Lebensort sowie seine ausgesprochen flexible Betreuung meines Forschungsprojekts.

Prof. Dr. Wolfgang Eßbach danke ich für die Aufnahme in sein Doktorandenseminar an der Universität Freiburg i.Br. Vor meinem Wechsel nach München erhielt ich so die Möglichkeit, im Rahmen dieses soziologischen Seminars mein Forschungsprojekt vorzustellen.

Alle drei Professores zeigten sich gegenüber dem interdisziplinären Ansatz meines Projekts äußerst aufgeschlossen.

Die Wegstrecke von der Dissertation zu ihrer Veröffentlichung ist dankenswerterweise dadurch erleichtert worden, daß sowohl der Rektoratsfonds der Universität Basel als auch die Max Geldner-Stiftung der Universität Basel einen Zuschuß zu den Druckkosten aufgebracht haben.

Selbst bei großzügigster Auslegung vermag das vorliegende Werk nicht als Broschüre zu firmieren. Die Publikation verlangt somit der geneigten Leserin und dem geneigten Leser einiges an wissenschaftlicher Kondition ab. Dieser Leserschaft, die sich auf den monographischen Marathon oder zumindest Teilen desselben begibt, möchte ich ebenfalls meinen Dank abstatten.

Zuletzt danke ich meinen Eltern, ihnen ist dieses Buch gewidmet.

München, im Juli 2005   *Matthias Eberl*

Inhaltsübersicht

Danksagung V
Inhaltsübersicht VII
Inhaltsverzeichnis IX

§ 1 Zielsetzung 1

§ 2 Gegenstand 3
   I. Was ist ‚Verfassungsgerichtsbarkeit'? 3
   II. Profilbestimmung: Der politische Status der Gerichtsbarkeit 7
   III. ‚Verfassungsgerichtsbarkeit', rechtsphilosophisch betrachtet 50

§ 3 Vorgehen 197
   I. Rekurs auf (ideengeschichtliche) Diskussionslagen 197
   II. Aufbau und Aufbereitung der ideengeschichtlichen und gegenwärtigen Kontroversen 199
   III. Auswahl und Auswahlgesichtspunkte der behandelten Texte 200

§ 4 Judicial Review und Demokratie 207
   I. Einführung in die Kontroverse zwischen „Brutus" und Alexander Hamilton . . 207
   II. „Brutus": Die unkontrollierbare Richterherrschaft 216
   III. Alexander Hamilton: „The least dangerous branch" 236
   IV. Der ideengeschichtliche Weg zur Verfassungsgerichtsbarkeit 257
   V. Die verfassungstheoretische Kontroverse zwischen „Brutus" und Hamilton im begriffs- und sozialgeschichtlichen Kontext 277
   VI. Die systematische Bilanz des Streits um die Einführung des Judicial Review . 284
   VII. Die Eigenart verfassungsgerichtlicher Souveränität 285

§ 5 ‚Verfassungsgerichtsbarkeit' und Souveränität 293
   I. Vereinbarkeit von ‚Verfassungsgerichtsbarkeit' und Demokratie 293
   II. Die Legitimität der Institution der ‚Verfassungsgerichtsbarkeit' 341
   III. Dimensionen der Souveränität 346

§ 6 Verfassungsgerichtsbarkeit und Justiziabilität 371
   I. Legitimität und Justiziabilität 371
   II. Joseph William Singers Sicht von Recht, Moral und Politik 375
   III. Recht und Politik 406

§ 7 Thesen 471

Abkürzungen 479
Siglen 481
Literatur 483
Personenregister 503
Stichwortverzeichnis 509

Inhaltsverzeichnis

§ 1 Zielsetzung 1

§ 2 Gegenstand 3
  I. Was ist ‚Verfassungsgerichtsbarkeit'? 3
  II. Profilbestimmung: Der politische Status der Gerichtsbarkeit 7
    A. Die Rolle der Gerichtsbarkeit entsprechend ihrer Befugnisse 7
      1. Die Judikative als *en quelque façon nulle* (Montesquieu) 7
      2. Die Rolle der Gerichtsbarkeit im Rechtsstaat 8
        a) Die politische Funktion der Gerichtsbarkeit 8
        b) Der Status der Gerichtsbarkeit als politische Instanz 9
      3. Die Rolle der Gerichtsbarkeit im modernen demokratischen
        Verfassungsstaat 13
    B. Die Problemstellung der Arbeit 16
    C. Rechtsvergleichender Überblick: Verfassungsrecht und Verfassungs-
      rechtsprechung in verschiedenen politischen Systemen 19
      1. Bundesrepublik Deutschland 22
        a) Die Stellung des Bundesverfassungsgerichts im Rechtssystem und
          seine Organisationsstruktur 22
        b) Verfahren und Kompetenzen 25
          (1) Organstreitverfahren 25
          (2) Föderative, quasiföderative und sonstige Streitverfahren 25
          (3) Normenkontrolle 26
          (4) Individual-Verfassungsbeschwerde 26
        c) Die rechtlichen Bindungswirkungen der Verfassungsgerichts-
          entscheidungen 27
      2. Die Vereinigten Staaten von Amerika 29
      3. Frankreich 34
      4. Schweiz 36
      5. Iran 39
      6. Rechtskulturen und -systeme ohne („)[,]Verfassungsgerichtsbarkeit['](") 42
  III. ‚Verfassungsgerichtsbarkeit', rechtsphilosophisch betrachtet 50
    A. Die Literaturlage 51
      1. Die Legitimitätsproblematik in den Vereinigten Staaten von Amerika und
        im deutschsprachigen Raum 51
      2. Die Rechtswissenschaft im deutschsprachigen Raum 53

  a) Die Legitimität der Verfassungsgerichtsbarkeit bei Ernst-Wolfgang
    Böckenförde 55
    (1) Verfassungsgerichtsbarkeit als verwirklichte Gewaltenteilung . . 55
    (2) Souveränität im Vagen, Interpretationsmacht rein als
      Realisierungsproblem 57
  b) Die Legitimität der Verfassungsgerichtsbarkeit bei
    Günter Frankenberg 61
    (1) Die Legitimität der Verfassungsgerichtsbarkeit als ‚Konflikt-
      autorität' 61
    (2) Faktische Autorität statt normative Legitimität 62
3. Verfassungsgeschichtliche Untersuchungen im deutschsprachigen Raum 63
4. Die Philosophie im deutschsprachigen Raum 64
  a) Die Legitimität der Verfassungsgerichtsbarkeit bei Otfried Höffe . . . 64
    (1) Verfassungsgerichtsbarkeit als „kontrollierende Zweit-
      interpretation" 64
    (2) Souveränität, Konstitutionalismus und Demokratie ungeklärt . . . 66
  b) Die Legitimität der Verfassungsgerichtsbarkeit bei Jürgen Habermas . 67
    (1) Die Gesamtanlage von »Faktizität und Geltung« 67
    (2) Habermas' Plädoyer für eine prozeduralistisch verfahrende
      Verfassungsgerichtsbarkeit 101
      (a) Fragestellungen und Vorgehen 101
      (b) Thesen 102
      (c) Begründungen: Frontstellungen und Allianzen 106
    (3) Kritik 114
      (a) immanent 115
      (i) Zur konzeptionellen Bestimmung des Gegenstands der
        Verfassungsgerichtsbarkeit 115
      (ii) Zu Habermas' Referat und Kritik anderer Lehren 116
      (iii) Habermas' Widerlegung des Rechtsrealismus 120
      (iv) Habermas' Zurückweisung der juristischen Hermeneutik . . 120
      (b) transzendent 122
      (i) Zur philosophischen Fundierung 122
      (ii) Zur Konzeption des demokratischen Rechtsstaats 125
      (aa) Habermas' Souveränitätskonzeption 125
      (bb) Habermas' Gleichursprünglichkeitslehre 127
      (iii) Zur Legitimität der Verfassungsgerichtsbarkeit 130
      (aa) Habermas' prinzipielle Legitimitätstheorie 130
      (bb) Habermas' modale Legitimitätstheorie 137
5. Die Politikwissenschaft 145
  a) Die Einordnung der Verfassungsgerichtsbarkeit in den neuzeitlichen
    Verfassungsstaat bei Carl J. Friedrich 147
  b) Kommentierungen ohne theoretische Klärungen 151
6. Bilanz des Literaturüberblicks 155
B. Zu Relevanz und Aktualität von Thema und Fragestellung 156

Inhaltsverzeichnis XI

    1. Eine Sache der Demokratie, eine Sache aller 156
    2. Über den Zusammenhang zwischen prinzipieller und modaler
       Legitimität 158
    3. Grundlagenforschung für die Verfassungsarchitektur der Europäischen
       Union 158
       a) Die supranationale Gerichtsbarkeit im Rahmen der derzeitigen
           unionalen Rechts- und Herrschaftsordnung 161
           (1) Die staatsähnlichen und verfassungshaften Strukturen im
               politischen System der EU 162
           (2) Die quasi-verfassungsgerichtliche Funktion der unionalen
               Jurisdiktion 168
           (3) Die Ursachen von Quasi-Verfassungsgerichtsbarkeit und Semi-
               Konstitutionalismus 176
       b) Die unionale Jurisdiktion nach Maßgabe des Vertrages über eine
           Verfassung für Europa 179
           (1) Die Modifikationen der Konstanten Quasi-Staat und Quasi-
               Verfassung 179
           (2) Die Aufwertung des quasi-verfassungsgerichtlichen Mandats der
               supranationalen Gerichtsbarkeit 189
       c) EU-Europa auf dem Weg des Semi-Konstitutionalismus? 194
    C. Die rechtsphilosophische Betrachtung der Verfassungsgerichtsbarkeit 196

§ 3 Vorgehen 197
   I. Rekurs auf (ideengeschichtliche) Diskussionslagen 197
  II. Aufbau und Aufbereitung der ideengeschichtlichen und gegenwärtigen
     Kontroversen 199
 III. Auswahl und Auswahlgesichtspunkte der behandelten Texte 200

§ 4 Judicial Review und Demokratie 207
   I. Einführung in die Kontroverse zwischen „Brutus" und Alexander Hamilton . . 207
     A. Historischer Kontext 207
     B. Gegenstand und Kontrahenten 212
  II. „Brutus": Die unkontrollierbare Richterherrschaft 216
     A. Aufbau und Anliegen der »Letters of „Brutus"« 216
        1. Grundansatz und Struktur 216
        2. Standpunkt und Zielsetzung in bezug auf die Ratifikationsdebatte 218
        3. Systematische Einordnung der Ausführungen über die Gerichtsbarkeit
           in die »Letters of „Brutus"« 221
     B. Die Argumentation 222
        1. Fragestellung und Thesen 222
        2. Begründung 223
           a) Die These von der Unkontrollierbarkeit der (Bundes-)Gerichtsbarkeit 223
           b) Die These von der Höchstinstanzlichkeit der Gerichtsbarkeit 225
           c) Die These von der besseren Alternative 227

	C. Kritik	228
	1. immanent	228
	2. transzendent	231
	3. Zwischenbilanz	232
III.	Alexander Hamilton: „The least dangerous branch"	236
	A. Aufbau und Anliegen der »Federalist Papers«	236
	1. Grundansatz und Struktur	236
	2. Standpunkt und Zielsetzung in bezug auf die Ratifikationsdebatte	237
	3. Systematische Einordnung der Ausführungen über die Gerichtsbarkeit in die »Federalist Papers«	238
	B. Die Argumentation	239
	1. Fragestellung und Thesen	239
	2. Begründung	243
	C. Kritik	249
	1. immanent	250
	2. transzendent	255
IV.	Der ideengeschichtliche Weg zur Verfassungsgerichtsbarkeit	257
	A. Von der fürstlichen Souveränität zur Volkssouveränität	257
	B. Die Lehre von der begrenzten Staatsmacht	263
	C. Konstitutionalismus und Verfassungsgerichtsbarkeit	268
V.	Die verfassungstheoretische Kontroverse zwischen „Brutus" und Hamilton im begriffs- und sozialgeschichtlichen Kontext	277
	A. Die Kernelemente von Hamiltons Judicial Review-Konzeption	277
	B. Die zentralen Dissenspunkte: Souveränität und Demokratiekompatibilität	279
	C. Die federalistische und die antifederalistische Lesart der Volkssouveränität	280
VI.	Die systematische Bilanz des Streits um die Einführung des Judicial Review	284
	A. Das argumentative Patt	284
	B. Das grundsätzliche Manko	285
VII.	Die Eigenart verfassungsgerichtlicher Souveränität	285

§ 5 ‚Verfassungsgerichtsbarkeit' und Souveränität 293
  I. Vereinbarkeit von ‚Verfassungsgerichtsbarkeit' und Demokratie 293
     A. Vereinbarkeit qua transzendentaler Figur 293
     B. Samuel Freeman: Judicial Review als ‚geteilte Vorausverpflichtung'
        (*shared precommitment*') 294
        1. Fragestellung 294
        2. These 295
        3. Begründung 295
        4. Kritik 297
           a) immanent 297
           b) transzendent 299
     C. Unvereinbarkeit aufgrund von fehlender Selbstbestimmung 306
     D. Jeremy Waldron: Die Grenzen des Precommitment-Theorems 307
        1. Fragestellung 307

Inhaltsverzeichnis XIII

    2. These 308
    3. Begründung 309
       a) „Selbstbindung" 309
       b) Diskussion von Einwänden 311
          (1) Die Notwendigkeit einer unabhängigen Beurteilungsmacht 311
          (2) Das „hamiltonsche Rechtfertigungsargument" Nr. 1 312
          (3) Das „hamiltonsche Rechtfertigungsargument" Nr. 2 312
       c) Der Grund der Unangemessenheit des Precommitment-Theorems .. 313
       d) Verfahrensvorentscheidungen kontra Vorausverpflichtungen...... 316
       e) Waldron zu konservativen Argumenten *à la* Burke 318
       f) Die fehlende Notwendigkeit von Selbstbindungen........... 318
    4. Kritik 320
       a) immanent................................ 320
       b) transzendent 326
  E. Der systematische Ertrag der Kontroverse zwischen Freeman und Waldron
     für die Idee der ‚Verfassungsgerichtsbarkeit' 328
    1. Gegenüberstellung der Souveränitätskonzeptionen 328
    2. Die Ambivalenz des freemanschen Ideals der ‚Demokratie als Form der
       Souveränität' 329
    3. Das Verhältnis von Rechtsstaat und Demokratie............. 331
  F. Die Vereinbarkeit von ‚Verfassungsgerichtsbarkeit' und Demokratie 333
    1. Die These von der Gleichrangigkeit von Substanz und Prozeduren ... 333
    2. Die These von der Substanz als ‚regulativer Idee' 337
    3. Die inhaltliche Fassung der ‚regulativen Idee' der demokratischen
       Substanz und ihr methodischer Status 338
  G. Pragmatisches Abwägen zwischen Verfahren statt Beschränkung auf
     Prinzipienerörterung 339
II. Die Legitimität der Institution der ‚Verfassungsgerichtsbarkeit' 341
  A. Legitimität qua Verfahrensrationalität 341
  B. Gründe für ein (potentielles) Mehrheitskorrektiv als solches 341
  C. Gründe für das (potentielle) Mehrheitskorrektiv der ‚Verfassungsgerichts-
     barkeit' im besonderen............................ 343
  D. Möglichkeiten und Grenzen von Mehrheitskorrektiven 345
III. Dimensionen der Souveränität........................... 346
  A. Souveränität als Kategorie von Rechtsphilosophie und politischer Philosophie 347
  B. Souveränität als Kategorie von Rechtsdogmatik und Staatsrecht 352
  C. Souveränität als Kategorie der Vergleichenden Regierungslehre 357
  D. Souveränität als Kategorie der Kausalanalytischen Sozialwissenschaft ... 361
  E. Die personalistische Verkürzung der Souveränität 365

§ 6 Verfassungsgerichtsbarkeit und Justiziabilität.................... 371
  I. Legitimität und Justiziabilität 371
    A. Zum Stand der Untersuchung 371
    B. Die Fragestellungen der Justiziabilitätsproblematik 374

Inhaltsverzeichnis

- II. Joseph William Singers Sicht von Recht, Moral und Politik 375
  - A. »The Player and the Cards« 376
    1. Fragestellungen 378
    2. Thesen 379
    3. Vorgehen 379
    4. Begründungen 380
       - a) Kritik der ‚traditionellen' Rechtstheorie 380
         - (1) Die Widerlegung der rationalistischen Bestimmtheitsthese 380
         - (2) Die Zurückweisung der rationalistischen Objektivitätsthese . . . 383
           - (a) Substantielle Fundierungen 384
           - (b) Prozedurale Fundierungen 385
           - (c) Parabel 387
         - (3) Die Verwerfung der rationalistischen Neutralitätsthese 388
         - (4) Die Nihilismusproblematik 390
           - (a) Die Nihilismusthese der ‚traditionellen' Rechtstheorie 390
           - (b) Singers Entgegnung auf vermutete und unterstellte Gefahren und Probleme 390
       - b) Singers Gegenkonzeption 392
         - (1) Singers Rechtstheorie 392
           - (a) Rortys Gegensatz zwischen ‚systematischer' und ‚bildender' Philosophie 392
           - (b) Singers Gegensatz zwischen ‚expressiver' und ‚determinierender' Rechtstheorie 393
         - (2) Singers Illustration seiner Lehre 393
  - B. Kritik von »The Player and the Cards« 394
    1. immanent 394
    2. transzendent 399
- III. Recht und Politik 406
  - A. Die Grundbegriffe Recht, Politik, Moral und Ethik 408
    1. Die Bestimmung des Moralischen, des Ethischen und des Sittlichen . . . 408
    2. Die Bestimmung der Politik und des Politischen 410
    3. Die Bestimmung des Rechtlichen und des Rechts 412
    4. Der Zusammenhang zwischen Moral und Ethik einerseits und Politik andererseits 414
  - B. Die erkenntnistheoretischen Grundlagen von Recht, Politik, Moral und Ethik 415
    1. Kognitivismus und Nonkognitivismus bei Sollensfragen 416
    2. Das Axiom der wechselseitigen Anerkennung 417
  - C. Urteilsvermögen und Maßstäbe 418
    1. Die Perspektive auf die Katalogisierung 422
    2. Die Perspektive auf den hermeneutischen Zugang 423
    3. Die Perspektive auf die richterlichen Maßstäbe 425
    4. Die Perspektive auf verfahrensrationale Lösungen 426
       - a) Einsatz von technischen Mitteln 429
       - b) Aggregation von Urteilsvermögen 431

Inhaltsverzeichnis   XV

       c) Verfahrensrationale Strukturierungen (der Aggregation) von
          Urteilsvermögen 433
    5. Bilanz I: Juristisches und bürgerliches Urteilsvermögen 434
    6. Bilanz II: Was ist ‚hinreichende' Justiziabilität? 435
  D. Rechtssetzung und Rechtsanwendung 438
    1. Bewahrende Rechtsfortführung im Mittelalter 438
    2. Der Dualismus von Rechtssetzung und Rechtsanwendung in der Neuzeit 440
    3. Die (‚)verfassungsgerichtliche(') Relativierung des Dualismus von
       Rechtssetzung und Rechtsanwendung in der Moderne 442
    4. Die Justiziabilität der verfassungsgerichtlichen Materien 457
    5. Die Justiziabilität der ‚verfassungsgerichtlichen' Materien 459
  E. Zum Grenzverlauf zwischen Recht und Politik 463

§ 7 Thesen 471

Abkürzungen 479
Siglen 481
Literatur 483
Personenregister 503
Stichwortverzeichnis 509

§ 1 Zielsetzung

Die Aufgabe der Gerichtsbarkeit besteht darin, Recht zu sprechen. Darüber – und soweit – herrscht Einigkeit. Der Streit setzt ein, sobald danach gefragt wird, was es heißt, „Recht zu sprechen".

So abstrakt formuliert, scheint dieser Streit allein Rechtsphilosophen umzutreiben, sind die Zirkel der Wissenschaft der einzige Ort der Kontroversen um gerichtliche Kompetenz. Betrachtet man jedoch die Auseinandersetzungen um und über die Verfassungsgerichtsbarkeit, also das Problem der Befugnisse der Gerichtsbarkeit in dieser konkreten Form, dann wird ersichtlich, daß die Klärung der Frage, was es heißt, „Recht zu sprechen", auch in der Sphäre der Politik als dringlich erachtet wird. Dann wird offenbar, daß diese Frage in der politischen Öffentlichkeit vieler Demokratien präsent ist. Dies trifft auf jeden Fall für Demokratien zu, in denen die Institution der Verfassungsgerichtsbarkeit etabliert ist. Dies gilt aber auch für Demokratien, in denen die Verankerung verfassungsgerichtlicher Kompetenz- und Institutionenprofile erwogen wird. Sofern Verfassungsgerichtsbarkeit kompetentiell anerkannt ist, entzünden sich Diskussionen um die Verfassungsrechtsprechung zumindest an bestimmten verfassungsgerichtlichen Entscheidungen.[1] Sofern Verfassungsgerichte nicht existieren, stoßen Bestrebungen, sie einzuführen, vielfach auf massive Gegnerschaft.

Die vorliegende Untersuchung liefert für diese Kontroversen einen Beitrag aus der Sphäre der Wissenschaft. Die Hoffnung, öffentliche Auseinandersetzungen und Debatten innerhalb der mit der Verfassungsgerichtsbarkeit befaßten Fächer durch die Konzeption einer Theorie zu beenden, ist mit dieser Studie nicht verbunden. Allenfalls ist angestrebt, diese Diskussionen in die eine oder andere Richtung zu lenken. Zuallerst jedoch möchte die Arbeit Reflexionswissen bereitstellen – und zwar Reflexionswissen bezüglich der Legitimität der verfassungsgerichtlichen Steuerung von Interaktion[2] an sich.

Daher dreht sich die vorliegende Arbeit um die Frage, ob Jurisdiktion überhaupt verfassungsgerichtliche Befugnisse einschließen soll. Hierzu sind insbesondere diese

---

[1] Zur „Unruhe über Karlsruhe" (Frankenberg) in der Bundesrepublik Deutschland und zu den die (deutsche) Öffentlichkeit bewegenden Urteilen siehe statt vieler den Überblick bei GÜNTER FRANKENBERG: *Die Verfassung der Republik.* Autorität und Solidarität in der Zivilgesellschaft, Baden-Baden 1996, 218–225. Nach den Gründen der seit einigen Jahren zunehmenden Kritik am deutschen Bundesverfassungsgericht forscht HELMUTH SCHULZE-FIELITZ in seiner Abhandlung Das Bundesverfassungsgericht in der Krise des Zeitgeists. Zur Metadogmatik der Verfassungsinterpretation, in: *AöR*, 122. Bd. (1997), H. 1, 1–31.

[2] Mit der Wendung der ‚Steuerung von Interaktion' ist die Koordination von Handlungen gemeint. Das Selbe wird unter ‚sozialer Integration' verstanden.

Problemkreise aus den Gebieten der Rechtsphilosophie und der Politischen Theorie zu klären:[3]
- Eignen sich Verfassungsgerichte und die Mittel der Verfassungsrechtsprechung zur Koordinierung von Handlungen?
- Ist ein derartiger Modus sozialer Integration mit demokratischen Kriterien zu vereinbaren?
- Was ist unter „demokratischen Kriterien" zu verstehen? Anders formuliert: welches Verständnis von demokratischer Herrschaft und Legitimität ist angemessen und sinnvoll?

---

[3] Die Arbeit bewegt sich damit nicht auf einer juristisch-dogmatischen Ebene. Auf dieser Ebene wäre die Begründung verfassungsgerichtlicher Zuständigkeiten aus dem geltenden Recht eines Staates her- und abzuleiten.

§ 2 Gegenstand

I. Was ist ‚Verfassungsgerichtsbarkeit'?

Der Terminus „Verfassungsgerichtsbarkeit" ist ein eingeführter Begriff. Er ist ein Bestandteil der Wissenschaftssprache und ebenso auch im Alltagssprachgebrauch anzutreffen. Dennoch steht sein Begriffsinhalt nicht fest: „Die" Verfassungsgerichtsbarkeit gibt es nicht – zumindest herrscht hierüber keine allgemeine Übereinstimmung; semantische Klarheit über den Gehalt des Ausdrucks stellt sich jedoch zumeist über den Kontext der Begriffsverwendung ein. Denn im allgemeinen wird in einer konkreten Weise von Verfassungsgerichtsbarkeit geschrieben oder gesprochen. Gemeint ist dann die Verfassungsgerichtsbarkeit in einem bestimmten Rechts- beziehungsweise politischen System, also etwa die Verfassungsgerichtsbarkeit in Ungarn oder Spanien. Was Verfassungsgerichtsbarkeit dann jeweils beinhaltet (so sie denn überhaupt eingerichtet und vorhanden ist), ergibt sich aus den jeweiligen Staatsverfassungen. Hierin sind – in der Regel – die Entscheidungsbefugnisse eines bestimmten Gerichtskörpers oder einer bestimmten Kategorie von Gerichtsbarkeit fixiert. Sich auf Verfassungsgerichtsbarkeit in einem abstrakten Sinn zu beziehen, fällt dagegen schwerer – deswegen, weil die Zuständigkeitskataloge der (Verfassungs-)Gerichte in den Verfassungen[1] unterschiedlich ausfallen.

Dies gilt sowohl für die Gegenwart wie für die Vergangenheit: Nicht nur gegenwärtig gibt es verschieden erstellte Zuständigkeitskataloge der (Verfassungs-)Gerichtsbarkeit, sondern auch die in der Vergangenheit etablierten Befugnisse, Verfahrensarten und Organe variieren.

Sobald die Begrifflichkeit aus einem bestimmten rechtsdogmatischen Rahmen gelöst und abstrakter Natur ist, treten semantische Divergenzen auf. So hängt die Bedeutung von „Verfassungsgerichtsbarkeit" davon ab, welches Kompetenz- und Institutionenprofil zum Maßstab erhoben wird. Dies zeigt sich etwa darin, daß verfassungsgeschichtliche Untersuchungen den Beginn der Verfassungsgerichtsbar-

---

[1] Der Begriff der Verfassung kann unterschieden werden in einen formellen und in einen materiellen. Der materielle Verfassungsbegriff bezieht sich auf die Struktur einer politischen Ordnung, zuallererst auf die Herrschaftsverhältnisse; der formelle Verfassungsbegriff stellt auf das Vorhandensein einer schriftlich formulierten Verfassungsurkunde ab. Zudem können die Begriffe ‚Verfassung' und ‚Verfassungsstaat(lichkeit)' (normativ) enger gefaßt werden und sich spezifisch auf eine formelle wie materielle Verfassung mit bestimmten Inhalten beziehen – wie z.B. die Existenz eines die Ausübung von Staatsgewalt regelnden und zugleich beschränkenden Verfassungsdokuments, das Vorhandensein einer gewählten Volksvertretung etc. Die im Text erwähnte Unterschiedlichkeit der Zuständigkeitskataloge von Verfassungen betrifft letztere sowohl als Form der Organisation staatlicher Herrschaft als auch als Verfassungstext.

keit unterschiedlich datieren. Dies manifestiert sich ferner darin, daß kein Konsens in der Frage besteht, ob bei („)der(") Verfassungsgerichtsbarkeit in den verschiedenen Rechtskulturen trotz aller systemspezifischen Differenzen eine im Kern einheitliche Institution vorliegt.[2]

Der in dieser Untersuchung zugrunde gelegte Begriff von Verfassungsgerichtsbarkeit schränkt den Bedeutungsgehalt dieses Ausdrucks auf ein bestimmtes Rollenmodell von Gerichtsbarkeit ein.[3] Von ‚Verfassungsgerichtsbarkeit' ist die Rede, wenn die Gerichtsbarkeit in einem Rechtssystem über derartige Befugnisse verfügt, daß sie in einem spezifischen Sinn als politische Instanz agiert. Unter dem „Agieren als politische Instanz in einem spezifischen Sinn" wird eine richterliche Gewalt verstanden, die (auch) mit *inhaltlichen* Vorgaben in den politischen Prozeß eingreift und deren Kontrollbefugnis kein Inhaber staatlicher Hoheitsgewalt entzogen ist.

Vorausgesetzt wird dabei das Kriterium, daß diese Gerichtsbarkeit als ‚gerichtsförmig' im Sinne des modernen demokratischen Verfassungsstaates verfaßt ist. Dieses Kriterium fächert sich in folgende Gesichtspunkte auf:
– Die Unabhängigkeit der richterlichen Gewalt muß garantiert sein. Damit ist ge-

---

[2] Verwiesen sei hier stellvertretend einerseits auf KLAUS SCHLAICH/STEFAN KORIOTH: *Das Bundesverfassungsgericht. Stellung, Verfahren, Entscheidungen*, München 2004 [6., neubearb. Aufl.; Erstaufl. 1985], 8 mwN. im Anschluß an Scheuner: „Er [Scheuner; M.E.] definiert Verfassungsgerichtsbarkeit in einem weiten Sinne als ‚Gerichtsbarkeit über Fragen des Verfassungslebens, die aber nur solche Verfahren erfaßt, die echte Rechtsprechung [...] darstellen, und in denen die Entscheidung über Rechtsfragen der Verfassung einen Hauptpunkt bedeutet'. Diese Definition ist wenig bestimmt, führt aber in die richtige Richtung: Das Grundgesetz und das BVerfGG halten zwar an der Vielzahl der tradierten Verfahrensarten und am Enumerationsprinzip fest. Das Grundgesetz hat aber die Verfassungsgerichtsbarkeit des Bundes bei einem Gericht spezialisiert und diesem in der Sache eine so vollkommene Verfassungsmäßigkeitskontrolle gegenüber allen staatlichen Gewalten übertragen, daß man heute in der Tat von einem einheitlichen Begriff der Verfassungsgerichtsbarkeit i.S. einer ‚verselbständigten Jurisdiktion über Verfassungsfragen' (Friesenhahn) sprechen kann." andererseits auf INGWER EBSEN: Rezension zu Christian Starck/Albrecht Weber (Hg.): Verfassungsgerichtsbarkeit in Westeuropa, Baden-Baden 1986, Teilband I: Berichte; Teilband II: Dokumentation in: *AöR*, 113. Bd. (1988), 495–496 [496]: „Der durch die Berichte und Dokumente ermöglichte Querschnittsvergleich zeigt, daß sogar in der Beschränkung auf Westeuropa die Rede von ‚der' Verfassungsgerichtsbarkeit nicht zu dem Irrtum verführen darf, wir hätten es mit einer bei allen länderspezifischen Verschiedenheiten doch im Kern einheitlichen Institution zu tun. Hierfür sind die Unterschiede zu groß, wie etwa allein die präventive und abstrakte Normenkontrollkompetenz des französischen Conseil Constitutionel [sic], die im wesentlichen inzidente Normenkontrolle durch die griechische Gerichtsbarkeit und die auf eine Schiedsrichterfunktion zwischen den Sprachengruppen bzw. ihren quasiföderalen Institutionen beschränkte belgische Cours d'arbitrage zeigen." Das Eintreten von Schlaich und Korioth für einen einheitlichen Begriff der Verfassungsgerichtsbarkeit erscheint jedoch nur in bezug auf das bundesrepublikanische Rechtssystem überzeugend, auf systemübergreifende abstrakte Definitionen läßt es sich zwar übertragen, aber eine solche Übertragung ist nicht zwingend geboten. Verfassungsgerichtsbarkeit bestünde demnach nur dann, wenn ein auf Verfassungsfragen spezialisiertes Gericht eine ähnliche Kompetenzfülle besitzt wie das deutsche Bundesverfassungsgericht.

[3] Die Bedeutungseinschränkung wird im Text durch die eingestrichenen Anführungszeichen bei den Begriffen Verfassungsgerichtsbarkeit, verfassungsgerichtlich etc. kenntlich gemacht.

I. Was ist ‚Verfassungsgerichtsbarkeit'?

meint, daß die rechtsprechenden Organe keinen Eingriffen von seiten der Legislative oder Exekutive bei der Ausübung ihrer Tätigkeit unterliegen dürfen. Lediglich die übergeordneten judikativen Instanzen dürfen der Gerichtsbarkeit Anordnungen erteilen, ihre Verfahren wieder aufnehmen oder ihre Urteile revidieren. Abgesehen von Fällen der Amtsverfehlung muß das richterliche Personal unabsetzbar sein. Die Rekrutierung der ‚verfassungsgerichtlichen' Richterschaft darf nicht in die Kompetenz eines Zweiges der Staatsgewalt allein fallen – zumindest muß eine Komponente gewaltenteiliger Machtverteilung aufweisbar sein.
- Zur Gerichtsförmigkeit zählt zudem, daß fachliche Nominierungskriterien bei dieser Rekrutierung vorausgesetzt werden. Obgleich neben der fachlichen Qualifikation auch andere Aspekte von Bedeutung sein mögen und faktisch auch sind, müssen die für die Besetzung der ‚verfassungsgerichtlichen' Gerichtskörper in Frage kommenden Kandidaten und Erkorenen eine juristische Ausbildung durchlaufen haben.
- Zum Erfordernis der Gerichtsförmigkeit ist ferner zu rechnen, daß die Jurisdiktion nur auf Antrag tätig wird. Hingegen ist eine Konzentration der ‚verfassungsgerichtlichen' Befugnisse in einem Gericht kein notwendiges Element des hier verwendeten Begriffs der ‚Verfassungsgerichtsbarkeit'.
- Schließlich macht die Gerichtsförmigkeit nach Maßgabe des modernen demokratischen Verfassungsstaates aus, daß die Rechtsprechung in bezug auf positives Recht zu erfolgen hat: Die Begründung der ‚verfassungsgerichtlichen' Urteile muß auf positives Recht rekurrieren, nicht auf göttliche Offenbarung oder sonstige Formen des Naturrechts. Darin ist jedoch eingeschlossen, daß in das der Rechtsprechung zugrunde liegende positive Recht Verweisungen auf Naturrecht inkorporiert sein können und *de facto* sind.

Daß das positive Recht – vor allem auch in der Form einer Verfassung – als dogmatische Grundlage der richterlichen Entscheidungen zu dienen hat, bedingt – bei diesem Modell – überdies das Prinzip eines Vorrangs der Verfassung. Dieser Grundsatz besagt, daß die Normen der Verfassungsurkunde über den anderen Normen des Rechtssystems rangieren. Zu ergänzen ist, daß dieser Vorrang auch in materieller Hinsicht zu gelten hat. Mit dem materiellen Vorrang der Verfassung ist ein weiterer Definitionsbestandteil verbunden: Die inhaltliche Intervention in den politischen Prozeß setzt voraus, daß der als Bezugspunkt der ‚verfassungsgerichtlichen' Urteile dienende Verfassungstext nicht nur staatsorganisationsrechtliche Regelungen enthält, sondern auch prinzipienhafte Normen wie Staatszielbestimmungen oder Grundrechtserklärungen. Impliziert ist hierbei, daß sowohl das positive Recht im allgemeinen als auch das Verfassungsrecht im besonderen schriftlich fixiert sein muß.

Die Befugnisse, die hier mit ‚verfassungsgerichtlichen' Kompetenzen identifiziert werden und die für die Gerichtsbarkeit die Rolle einer politisch agierenden Instanz mit sich bringen, definieren ‚Verfassungsgerichtsbarkeit' abstrakt – das heißt, der hier zugrundegelegte Begriff der ‚Verfassungsgerichtsbarkeit' ist nicht an ein bestimmtes Rechtssystem gebunden. Unter ‚Verfassungsgerichten' sind *qua definitionem* nur solche Gerichte zu verstehen, die (auch) entscheiden über

- die materielle Verfassungsmäßigkeit von Gesetzen und
- über individuelle Beschwerden wegen unmittelbarer und mittelbarer Verletzung der verfassungsmäßigen Rechte Einzelner. Diese Befugnis liegt in materieller Hinsicht auch vor, wenn funktionale Äquivalente zur Individualverfassungsbeschwerde im formellen Sinn existieren.[4]

Diese Kompetenzbestimmung entspricht den Zuständigkeiten der Gerichtsbarkeit in den Vereinigten Staaten von Amerika, in der Bundesrepublik Deutschland und – *grosso modo* – in Spanien[5]. In eine Kurzformel gefaßt, ist ‚Verfassungsgerichtsbarkeit' definiert als die institutionelle Verankerung gerichtlicher Überprüfung sämtlicher staatlicher – namentlich auch legislativer – Akte.

Die hier vorgenommene Begriffsbildung ist zugeschnitten auf das Problem, welches zu lösen sich die vorliegende Arbeit zum Ziel gesetzt hat. Ihr liegt die Beobachtung und Feststellung zugrunde, daß eine derart befugte (Verfassungs-)Gerichtsbarkeit in einem demokratischen Gemeinwesen eine Rolle spielt, die in demokratietheoretischer Perspektive zu grundsätzlichen Fragen Anlaß gibt. Diese Fragen zentrieren sich um das prinzipielle Problem der Legitimität eines – solcherart wie zuvor beschriebenen – Eingreifens der richterlichen Gewalt in den politischen Prozeß.

Die angebene abstrakte Definition von ‚Verfassungsgerichtsbarkeit' beansprucht keine Allgemeingültigkeit. Unter anderen Blickwinkeln mögen andere Definitionen sinnvoll sein.

Die noch ausstehende Erläuterung der ‚verfassungsgerichtlich' genannten Befugnisse soll im Rahmen einer Profilbestimmung über den politischen Status der (Verfassungs-)Gerichtsbarkeit je nach ihren Zuständigkeiten erfolgen.

Im Anschluß daran wird ein Überblick über das Verfassungsrecht und die Verfassungsrechtsprechung in verschiedenen, exemplarisch ausgewählten politischen Systemen der Gegenwart vermittelt. Dies geschieht zu dem Zweck, die zugrundegelegte Begriffsbestimmung von Verfassungsgerichtsbarkeit zu konturieren und die mit ihr

---

[4] Der richterliche Rechtsschutzschirm in der Bundesrepublik Deutschland ist erheblich dichter als in den Vereinigten Staaten von Amerika. So gibt es in den USA kein förmliches Individualbeschwerdeverfahren zum Schutz der verfassungsmäßigen Rechte des Einzelnen. Doch als funktional äquivalent könnte man einstufen, daß „der Gesetzgeber dem außerhalb der Gerichte verletzten oder bedrohten Bürger einen Rechtsweg geöffnet hat, der der durch Art. 93 Abs. 1 Nr. 4 a GG gesicherten Verfassungsbeschwerde ähnlich ist: Bundesgerichte erster Instanz haben Gerichtsbarkeit über alle Klagen, die sich auf die Verfassung stützen (‚civil actions arising under the Constitution')" [DAVID P. CURRIE/HARRY N. WYATT: Das richterliche Prüfungsrecht in den Vereinigten Staaten und der Bundesrepublik, in: *JA*, 20. Bd. {1988}, H. 1, 12–16 mwN.].

[5] Zum Zuständigkeitsprofil des spanischen Tribunal Constitucional siehe PEDRO CRUZ VILLALÓN: Das spanische Verfassungsgericht, in: *ZParl*, 19. Bd. (1988), H. 3, 339–345. Bei der Subsumtion des spanischen Verfassungsgerichts unter das Kompetenzprofil der ‚Verfassungsgerichtsbarkeit' sind insofern Abstriche zu machen, als das Rechtsmittel der Verfassungsbeschwerde sich nicht auf alle in Titel I der Verfassung anerkannten Grundrechte erstreckt [ebd. 342]. Hinzu kommt, daß die Bürger im Prinzip keine Legitimation besitzen, durch eine Verfassungsbeschwerde ein Gesetz direkt anzufechten. Allerdings ist dies indirekt über den Weg der Anfechtung des betreffenden Anwendungsaktes möglich. Den denkbaren Fall eines unmittelbar anwendbaren Gesetzes hat das Gericht – Cruz Villalón zufolge – bisher noch nicht entschieden [ebd. 343].

verknüpfte Legitimitätsproblematik zu erhellen. So wird die Eigenart der (Problematik der) ‚Verfassungsgerichtsbarkeit' deutlich und zugleich das Begriffsrepertoire vorgestellt und verständlich gemacht, das für den weiteren Gang der Untersuchung notwendig ist.

II. Profilbestimmung: Der politische Status der Gerichtsbarkeit

A. Die Rolle der Gerichtsbarkeit entsprechend ihrer Befugnisse

1. Die Judikative als *en quelque façon nulle* (Montesquieu)

Die spezifische Rolle einer Gerichtsbarkeit, die mit der Kompetenz zur Konstitutionsjurisdiktion ausgestattet ist, läßt sich Schritt für Schritt herauspräparieren, wenn ihr zunächst eine staatstheoretische Position gegenübergestellt wird, die weit davon entfernt ist, Verfassungsrechtsprechung vorzusehen. Hierzu eignen sich etwa die Überlegungen des französischen Philosophen Charles de Secondat Montesquieu (1689–1755).

Bekanntlich gliedert Montesquieu die staatliche Macht funktionell in die drei Gewalten Exekutive, Legislative und Judikative. Über die organisatorische Ausgestaltung der richterlichen Gewalt und ihr Verhältnis zu den beiden anderen Staatsgewalten schreibt er:

„Richterliche Befugnis darf nicht einem unabsetzbaren Senat verliehen werden, vielmehr muß sie von Personen ausgeübt werden, die nach einer vom Gesetz vorgeschriebenen Weise [...] aus dem Volkskörper ausgesucht werden. Sie sollen ein Tribunal bilden, das nur solange besteht, wie die Notwendigkeit es verlangt. In dieser Form wird die Gerichtsbarkeit, so gefürchtet sie unter den Menschen ist, sozusagen unsichtbar und nichtig [*en quelque façon nulle*; M.E.], da sie weder mit einem bestimmten Stand noch einem bestimmten Beruf verbunden ist. Die anderen Vollmachten [Exekutive, Legislative; M.E.] können viel eher Beamten oder unabsetzbaren Körperschaften anvertraut werden, denn sie werden nicht gegen Einzelpersonen angewendet. Die eine ist lediglich *der Gemeinwille des Staates*, die andere *lediglich der Vollzug* des Gemeinwillens."[6]

Die richterliche Befugnis soll somit – nach den Vorstellungen des Baron de la Brède et de Montesquieu – „en quelque façon nulle" sein, so daß nur die exekutive und die legislative Befugnis übrig bleibe.[7]

Dafür gibt es bei Montesquieu mehrere Gründe:

---

[6] CHARLES-LOUIS DE SECONDAT MONTESQUIEU: *Vom Geist der Gesetze,* eingeleitet, ausgewählt und übersetzt von Kurt Weigand, Stuttgart 1989, XI. Buch, 6. Kap., 214–215 [Hn. M.E.]. Im folgenden wird auf diese Ausgabe Bezug genommen. (Da diese nicht vollständig ist, sei für spezifischere Untersuchungen zu Montesquieus »Vom Geist der Gesetze« auf diese deutschsprachige Übersetzung verwiesen: CHARLES DE MONTESQUIEU: *Vom Geist der Gesetze.* In neuer Übertragung. Eingel. u. hrsg. v. Ernst Forsthoff, Tübingen 1992 [2. Aufl.; Erstaufl. 1951]).
[7] Ebd., 217.

- Die Gefahr willkürlicher und repressiver Machtausübung sei im Fall des judikativen Mandats am größten, weil diese Vollmacht im Gegensatz zur exekutiven und legislativen gegen Einzelpersonen ausgeübt werde. Dem verschafft Montesquieu – die zitierte Passage belegt dies – dadurch Abhilfe, daß der Richterstab nicht aus permanenten Amtsträgern rekrutiert, sondern jeweils nur für ein bestimmtes Verfahren gebildet wird.
So wird auch vermieden, daß die richterliche Befugnis einseitig zugunsten eines Standes der Gesellschaft vollzogen wird. Dieser Organisationsvorschlag Montesquieus fügt sich damit in seine Konzeption der Gewaltenteilung ein. Diese mit seinem Namen assoziierte Konzeption hat zwar bei Montesquieu auch eine institutionelle Dimension zum Inhalt. Aber die Verteilung der Staatsmacht auf verschiedene *institutionelle* Akteure steht nicht im Vordergrund. Vielmehr zielt die Gewaltenteilung vor allem darauf ab, ein Gleichgewicht zwischen den *gesellschaftlichen* Kräften – also den Ständen – herzustellen. Dazu in erster Linie dient ihr quasi sporadischer Charakter und ihre Neutralität im Gefüge der sich ausbalancierenden sozialen Kräfte.
- Die Formulierung „en quelque façon nulle" erklärt sich des weiteren aus dem Gesichtspunkt der Stellung der Judikative im Staatsgefüge: Die Judikative ist nicht gegenüber den beiden anderen Zweigen der Staatsgewalt gleichberechtigt und eigenständig, sondern ein Teil der Exekutive, welcher nur für Zivil- und Strafrecht zuständig ist.
- Die Gerichtsbarkeit ist gemäß Montesquieu zudem idealerweise nur Instrument. Denn Montesquieu zufolge sollen die Richter lediglich „Mund des Gesetzes" („la bouche qui prononce les paroles de la loi") sein.[8] Die Gerichte wenden demnach die Gesetzesmaterie nur an – und müssen noch nicht einmal deren Auslegung vornehmen.

Folglich soll die Gerichtsbarkeit nach Montesquieu keine politische Funktion ausüben – und sofern kein Mißbrauch stattfindet, kann sie dies auch nicht.

2. Die Rolle der Gerichtsbarkeit im Rechtsstaat

a) Die politische Funktion der Gerichtsbarkeit

Montesquieus Konzeption der Rolle der Gerichtsbarkeit ist für Rechtskulturen nicht adäquat, in denen sich ein Rechtssystem ausdifferenziert hat. Denn im Gegensatz zu Montesquieus Kennzeichnungen und Vorgaben übt die Judikative in diesen eine eigenständige politische Funktion aus: Während Montesquieu den (idealen) Richter als Subsumtionsautomaten beschreibt, ist inzwischen in der Rechtstheorie Gemeingut, daß die richterliche Tätigkeit zu wesentlichen Teilen in der schöpferischen

---

[8] MONTESQUIEU: *Vom Geist der Gesetze* [aaO. FN 6 S. 7 dieser Arbeit], 221: „[...] die Richter der Nation sind [...] lediglich der Mund, der den Wortlaut des Gesetzes spricht, Wesen ohne Seele gleichsam, die weder die Stärke noch die Strenge des Gesetzes mäßigen können."

II. Profilbestimmung: Der politische Status der Gerichtsbarkeit

Leistung der Interpretation besteht. Die Urteilsfindung ist somit nicht „bloße" Anwendung von einfachen Gesetzen, Verordnungen etc. Anders gewendet: da weder Legislative noch Exekutive sämtliche (Einzel-)Fälle regeln können, kann die Gerichtsbarkeit von diesen politischen Instanzen nur begrenzt determiniert werden. Aus der unumgänglichen Interpretationsleistung der rechtsprechenden Gewalt resultiert die Eigenständigkeit und die politische Dimension (der politischen Funktion) der Judikative.

In Rechtsstaaten ist die Rolle der Gerichtsbarkeit noch aus einem weiteren Grund anders gefaßt, als sie Montesquieu konzipiert hatte. In Rechtsstaaten erfüllt die Gerichtsbarkeit in einem besonderen Maße eine eigenständige politische Funktion, weil in ihnen der Aufgabenbereich der Rechtsprechung nicht – wie bei Montesquieu – auf Zivil- und Strafrechtsangelegenheiten beschränkt ist: Bei Montesquieu unterliegt die staatliche Gewalt keiner rechtlichen Kontrolle; in einer von Montesquieu inspirierten Demokratie fände allenfalls eine politische Kontrolle statt, wie sie in Form von periodisch wiederkehrenden Wahlen und von seiten der öffentlichen sowie der veröffentlichen Meinung institutionalisiert sein kann. Rechtsstaaten hingegen übertragen (auch) der Justiz die Aufgabe, die staatliche Gewalt zu überwachen.

Die Gerichtsbarkeit besitzt hierfür die ‚richterliche Prüfungs- und Verwerfungsbefugnis'. Das richterliche Prüfungsrecht gibt es in zwei Varianten:
– Das *formelle* Prüfungsrecht hat die Überprüfung zum Inhalt, ob der betreffende Rechtsakt unter Beachtung der in den höherrangigen Normen vorgeschriebenen Formen zustande gekommen ist.
– Das *materielle* Prüfungsrecht bezieht sich auf die inhaltliche Übereinstimmung des betreffenden Rechtsaktes mit höherrangigen Normen.

Die richterliche Prüfungszuständigkeit regelt damit Öffentliches Recht; justiziabel ist nicht nur Straf- und Zivilrecht, wie dies Montesquieu vorgesehen hatte. Von einer Regelung Öffentlichen Rechts kann allerdings nur die Rede sein, wenn die Gerichtsbarkeit den zu kontrollierenden Rechtsakt auch außer Kraft setzen kann – was diese Außerkraftsetzung genau beinhaltet und welche Rechtsfolgen sie nach sich zieht, kann mannigfaltig variieren.

b) Der Status der Gerichtsbarkeit als politische Instanz

Mit der Rechtsprechung im Bereich des Öffentlichen Rechts steht zwar fest, *daß* die Gerichtsbarkeit eine eigenständige politische Funktion wahrnimmt, – nicht aber, *bis zu welchem Grad* sie diese ausüben soll. Die richterliche Prüfung kann sich nämlich erstrecken auf die Frage der Vereinbarkeit:
– von glied- mit bundesstaatlichem Recht,
– von Verordnungen mit (ihrer) gesetzlichen Grundlage(n),
– von einfachen Gesetzen mit der Verfassung und
– von Rechtsakten mit Rechtssätzen höherer Stufen, darunter Rechtssätzen der verfassungsrechtlichen Ebene.

Hieraus ist ersichtlich, daß der Rechtsstaat eine Normenhierarchie voraussetzt. Diese kann allerdings unterschiedlich umfassend ausgebildet sein – eine Überordnung der verfassungsgesetzlichen über die einfachgesetzliche Normstufe ist unter dem Gesichtspunkt der Rechtsstaatlichkeit nicht zwingend, zumindest besteht hierüber keine Einigkeit.

Je nach Art und Umfang der gerichtlichen Prüfungsbefugnis wird der Gerichtsbarkeit nicht nur das Wahrnehmen einer *eigenständigen politischen Funktion,* sondern – spezifischer – sogar die *Rolle einer politischen Instanz* zuerkannt werden müssen. Die Rolle einer politischen Instanz umschreibt eine besondere Qualität innerhalb der Kategorie „Ausübung einer eigenständigen politischen Funktion". Die Trennlinie zwischen diesen beiden Rollenzuschreibungen läßt sich so ziehen: Sofern von seiten der Gerichtsbarkeit kein Eingriff in den politischen Prozeß stattfindet, besitzt die Jurisdiktion lediglich die Qualität einer eigenständigen politischen Funktion. Demgegenüber hat die Judikative die Rolle einer politischen Instanz inne, wenn sie auf die politische Willensbildung steuernd einwirkt oder – anders ausgedrückt, aber bedeutungsgleich – wenn sie in den politischen Prozeß interveniert.

Der unterschiedliche Status der Gerichtsbarkeit in Abhängigkeit von ihrem Zuständigkeitsbereich läßt sich konkret so fassen:

– Aus der unumgänglichen Interpretationsleistung der rechtsprechenden Gewalt resultiert die Eigenständigkeit und die politische Dimension der politischen Funktion der Judikative. Das Maß an Eigenständigkeit und der politische Charakter dieser Funktion steigert sich, falls die Gerichtsbarkeit die staatliche Gewalt kontrolliert. Sofern diese Kontrolle jedoch nur unterhalb der gesetzlichen Ebene erfolgt – das heißt: im Bereich des Öffentlichen Rechts allein durch Formen der Verwaltungsgerichtsbarkeit –, agiert die Gerichtsbarkeit nicht als politische Instanz. Denn dann – so ließe sich in Anlehnung an Rousseau und Montesquieu formulieren – trägt sie lediglich zur Konkretisierung des ‚Gemeinwillens' bei.[9]

– Verfügt die Judikative hingegen über die Befugnisse, die Vereinbarkeit von gliedmit bundesstaatlichem Recht oder die Vereinbarkeit von Rechtsakten mit der Verfassung zu überprüfen, dann greift die Gerichtsbarkeit steuernd in den politischen Prozeß ein, dann regelt sie zumindest (die) Kompetenzverteilung(en) der an der politischen Willensbildung beteiligten Organe. Sie zählt dann zu den politischen Instanzen eines politischen Systems.

Folglich: kommt der Gerichtsbarkeit die Kompetenz zur ‚Normenkontrolle' (im engeren Sinn)[10] zu, dann ist die richterliche Gewalt zu den politischen Instanzen

---

[9] In einem rechtlichen Sinn läßt sich insofern von einem ‚Gemeinwillen' schreiben, als aus den Verfahren der politischen „Willensbildung" Entscheidungen hervorgehen, die sich anthropomorph als „Wille" bezeichnen lassen. In anderen Hinsichten ist diese metaphorische Terminologie problematisch.

[10] Die Wendung „im engeren Sinn" bezieht sich darauf, daß die Normenkontrolle auf den Spezialfall der *Verfassungsmäßigkeits*kontrolle eingeschränkt ist. In einem weiten Sinn ließe sich jede Überprüfung von Normen einer untergeordneten Ebene im Hinblick auf ihre Vereinbarkeit mit Normen einer höherrangigen Stufe als Normenkontrolle einstufen. Doch dies ist (inzwischen) wohl nicht (mehr) üblich. Zum Begriff und zum Institut der Normenkontrolle siehe BERND JÜRGEN SCHNEIDER: *Die Funktion der Normenkontrolle und des richterlichen Prüfungsrechts im Rahmen der Rechtsfolgenbestimmung verfassungswidriger Gesetze.* Eine verfassungsgeschicht-

II. Profilbestimmung: Der politische Status der Gerichtsbarkeit

zu rechnen. Die Normenkontrolle ist das gerichtliche Verfahren, das die Prüfung und die allgemeinverbindliche beziehungsweise gesetzeskräftige Entscheidung darüber beinhaltet, ob eine Norm
- entsprechend den dafür maßgebenden Verfassungsvorschriften erzeugt wurde (*formelle* Verfassungsmäßigkeitskontrolle) und
- ob sie in ihrem Inhalt mit Rechtssätzen höherer Stufe vereinbar ist (*materielle* Verfassungsmäßigkeitskontrolle).[11]

Doch auch innerhalb der Klassifikation ‚Status als politische Instanz' sind noch weitere Differenzierungen möglich und angezeigt. Der steuernde Eingriff in den politischen Prozeß besitzt nämlich eine unterschiedliche Qualität in bezug auf die Formulierung der politischen Willensbildung: Die Aufsicht über die an dieser Formulierung beteiligten Agenturen und Institutionen ist anderer Natur als eine Mitwirkung an dieser Formulierung auf eine generalisierende inhaltliche Weise. Die Differenz zwischen diesen beiden verschiedenen Rollen läßt sich durch die Unterscheidung zwischen einer politischen Instanz in prozeduraler und einer solchen in substantieller Hinsicht markieren.

Demnach läßt sich die richterliche Prüfung, ob
- Landesrecht im Einklang mit Bundesrecht steht,
- Verordnungen mit (ihrer) gesetzlichen Grundlage(n) konform sind,
- Rechtsakte den einfachgesetzlichen Vorschriften entsprechen,
- Gesetze verfassungsgemäß zustande gekommen sind

insofern der bloßen Aufsicht über die Rechtmäßigkeit der *Verfahren* zurechnen, als *inhaltlich* den *obersten* Instanzen der Willensbildung (wie Verfassungs- und Gesetzgeber sowie Zentralregierung) keine Grenzen gezogen sind. Bei diesem Kompetenzprofil agiert die Gerichtsbarkeit als politische Instanz in prozeduralem Sinne. Diesen Status hat die Gerichtsbarkeit insbesondere bei der Entscheidung über Organ-, föderative und quasiföderative Streitigkeiten inne – die Zuständigkeit in diesen Materien fällt in das Feld der ‚klassischen Staatsgerichtsbarkeit'.

Entsprechend dieser Begrifflichkeit wirkt die Rechtsprechung im Gegensatz dazu als politische Instanz in substantiellem Sinne, falls sie in den politischen Prozeß so interveniert, daß sie inhaltliche Festlegungen trifft, die durch eine andere politische Instanz (Zentralregierung und Legislative) nur dann – allenfalls – außer Kraft gesetzt werden können, wenn zuvor die einfach- und verfassungsgesetzlichen Vorschriften geändert werden.

Diese Differenzierung läßt sich auch auf das Institut der Normenkontrolle beziehen: Handelt es sich um eine formelle Verfassungsmäßigkeitskontrolle, so kommt der Gerichtsbarkeit, die diese vornimmt, der Status einer politischen Instanz im prozeduralen Sinn zu – analog spricht bei einer materiellen Verfassungsmäßigkeitskontrolle eine substantiell wirkende politische Instanz Recht.

---

liche und -theoretische Untersuchung, Frankfurt a.M.; New York; Paris 1988; WERNER HEUN: Normenkontrolle, in FS 50 Jahre BVerfG 1, 615–639.
[11] Vgl. SCHNEIDER: *Funktion der Normenkontrolle* [aaO. FN 10 S. 10 dieser Arbeit], 11–12.

Nicht von Belang für diese Rollenzuschreibung ist, ob das Institut der Normenkontrolle in seiner konkreten oder seiner abstrakten Variante vorliegt. Diese Varianten lassen sich so erläutern:
- Bei der abstrakten Normenkontrolle besteht die Möglichkeit, die Normenkontrolle unabhängig von einem bestimmten Rechtsstreit anhängig machen zu können. Die Frage der Verfassungsmäßigkeit soll in diesem Sinne allgemein und ohne Bezugnahme auf einen konkreten Fall entschieden werden.
- Von konkreter Normenkontrolle wird dann gesprochen, wenn das Kontrollverfahren anläßlich eines bei einem Gericht anhängigen konkreten Rechtsstreits in Gang gebracht wird.

In demokratietheoretischer Hinsicht stellt sich die Legitimitätsproblematik bei beiden Verfahrensarten im gleichen Maße.[12] Denn die möglichen Rechtsfolgen sind bei beiden Verfahren die gleichen: Die (Verfassungs-)Gerichtsbarkeit ist jeweils ermächtigt, eine Norm verfassungskonform auszulegen oder sogar sie außer Kraft zu setzen. Lediglich der Weg, auf dem dieses Kontrollverfahren eingeleitet wird, ist bei den beiden Varianten ein anderer. Zudem verwischen sich die Unterschiede zwischen den beiden Verfahrensarten in der Praxis dadurch, daß in Rechtssystemen, in denen nur das Institut der konkreten Normenkontrolle etabliert ist, von interessierter Seite Musterprozesse angestrengt werden, die als funktionales Äquivalent zur abstrakten Normenkontrolle betrachtet werden können.

Dagegen ist hinzuzufügen, daß die Normenkontrolle ‚repressiver' Natur sein muß, damit – im vollen Umfang – von dem Status einer politischen Instanz der Gerichtsbarkeit gesprochen werden kann. Mit repressiver Normenkontrolle wird der Umstand bezeichnet, daß die Gerichtsbarkeit nach Abschluß des Gesetzgebungsprozesses eine Verfassungsmäßigkeitsprüfung einleiten kann. Das heißt, sie kann nachdem – und ungeachtet dessen, daß – die einfachgesetzliche (in besonderen Fällen auch die verfassungsgesetzliche) Norm schon Rechtskraft erlangt hat, deren Rechtsgültigkeit wieder zurücknehmen. Der Gegenbegriff zur repressiven Normenkontrolle lautet

---

[12] A.A. hierzu JÜRGEN HABERMAS: *Faktizität und Geltung*. Beiträge zur Diskurstheorie des Rechts und des demokratischen Rechtsstaats, Frankfurt a.M. 1998 [= Taschenbuchausgabe, text- und seitenidentisch mit der 4., durchges. und um ein Nachwort und ein Literaturverzeichnis erw. Aufl. von 1994; Erstaufl. 1992], 294–295: „Die Zuständigkeit für Verfassungsbeschwerden und für die konkrete Normenkontrolle [...] ist unter Gesichtspunkten der Gewaltenteilung am wenigsten problematisch. Hier fungiert das Verfassungsgericht im Sinne der Rechtsvereinheitlichung [...]. Die Konkurrenz des Verfassungsgerichts mit dem demokratisch legitimierten Gesetzgeber spitzt sich erst im Bereich der abstrakten Normenkontrolle zu." Habermas erwägt daher, diese Konkurrenz dadurch zu beseitigen, daß die Nachprüfung von parlamentarischen Entscheidungen „in der Form einer gerichtsförmig organisierten Selbstkontrolle des Gesetzgebers durchgeführt und beispielsweise in einem (auch) mit juristischen Experten besetzten Parlamentsausschuß institutionalisiert werden könnte" [ebd., 295]. Bei einer derartigen Kompetenzaufteilung wären die Konflikte zwischen beiden Organen vorprogrammiert. Da sich die beiden Befugnisvarianten in bezug auf ihre Einwirkung in das Rechtssystem sachlich nicht voneinander abgrenzen lassen, würde sich die von Habermas zu recht hoch bewertete Rechtsvereinheitlichung kaum her- und einstellen.

II. Profilbestimmung: Der politische Status der Gerichtsbarkeit

‚präventive' Normenkontrolle. Diese Normenkontrolle beschränkt sich auf eine Verfassungsmäßigkeitsprüfung vor dem Inkraftsetzen der Norm.

Eine Beschränkung des Kompetenzprofils der Gerichtsbarkeit auf die präventive Normenkontrolle bedeutet, daß die Judikative zwar mehr als konkretisierend am politischen Prozeß mitwirkt, von einem steuernden Eingreifen in diesen jedoch nur bedingt die Rede sein kann. Denn das steuernde Eingreifen – oder wenn man die anthropomorphe Terminologie von Rousseau und Montesquieu gebrauchen will: die Formulierung des „Gemeinwillens" – muß die Gerichtsbarkeit dann (weitgehender als bei der repressiven Variante) den anderen politischen Instanzen überlassen. Die Erfassung der Rolle der Gerichtsbarkeit kompliziert sich jedoch dadurch, daß mit dem Instrument der verfassungskonformen Auslegung die richterliche Gewalt auch den Gehalt von für sie eigentlich unwiderrufbaren Normen wesentlich zu bestimmen vermag.

Für die Klassifikation der Gerichtsbarkeit als politische Instanz ist hingegen nicht wesentlich, ob die Institution der Verfassungsgerichtsbarkeit in ihrer formellen oder in ihrer materiellen Ausprägung verankert ist. Die Unterscheidung zwischen formell und materiell bedeutet hierbei:
- Unter Verfassungsgerichtsbarkeit im formellen Sinn wird die Konzentration der „verfassungsgerichtlichen" Befugnisse in einem Gerichtskörper verstanden,
- während mit materieller Verfassungsgerichtsbarkeit die Verteilung dieser Kompetenzen auf alle Gerichtsinstanzen (einer bestimmten Kategorie von Gerichten) bezeichnet wird.

Allerdings lehrt die Vergangenheit, daß die Etablierung von ‚verfassungsgerichtlichen' Zuständigkeiten (im Sinne des Rollenmodells der politischen Instanz) wohl schwerer durchzusetzen ist, wenn ein Gerichtskörper nicht schon existiert, der für die Bündelung der ‚verfassungsgerichtlichen' Befugnisse in Frage kommt. Des weiteren ist die Machtposition des Gerichtskörpers, der als einziges Organ ‚verfassungsgerichtlich' Recht spricht, sicherlich derjenigen überlegen, bei der kein Ausschluß des richterlichen Prüfungsrechts für andere Instanzen und Kategorien von Gerichten besteht.

3. Die Rolle der Gerichtsbarkeit im modernen demokratischen Verfassungsstaat

Die Gerichtsbarkeit des modernen demokratischen Verfassungsstaats hat den rechtsstaatlichen Gedanken einer rechtlichen Kontrolle der staatlichen Gewalt fortgeführt. Um diese Kontrolle zu gewährleisten, sind im Rechtsstaat rechtsstaatliche Prinzipien im positiven Recht verankert, über deren Einhaltung zumindest eine Verwaltungsgerichtsbarkeit wacht. Der moderne demokratische Verfassungsstaat kann darüber hinaus nicht zuletzt die Etablierung einer Verfassungsgerichtsbarkeit vorsehen. Verfassungsgerichtsbarkeit meint dann zunächst einmal – in einem formell-institutionellen Sinn – jedes gerichtliche Kontrollverfahren über die Verfassungsmäßigkeit staatlicher Akte.

Die formell-institutionelle Definition verdeckt jedoch, daß über den Begriff der Verfassungsgerichtsbarkeit im materiellen Sinn keine Übereinstimmung besteht. Was unter „Verfassungsmäßigkeit" zu verstehen ist, kann ebenso verschieden konzipiert sein wie die Festlegung der Kontrollnormen von (verfassungs-)gerichtlichen Verfahren sowie deren prozeßrechtliche Ausgestaltung.

Verfassungsjurisdiktion im materiellen Sinn kann sich nämlich auf folgende Zuständigkeiten erstrecken:
- Kontrolle bundes- und/oder gliedstaatlicher Normen;
- Beschwerdeverfahren zur Sicherung der Grundrechte aus unmittelbarer oder mittelbarer Verfassungsverletzung;
- Kompetenzkonflikte zwischen höchsten Staatsorganen und etwa
- föderative und quasiföderative Streitigkeiten.

Unter der Annahme, daß ein einheitlicher Begriff von Verfassungsgerichtsbarkeit sinnvoll ist, ließen sich diese Befugnisse zum Kernbereich der Verfassungsgerichtsbarkeit zählen. Eine Gerichtsbarkeit, deren Kompetenzprofil Zuständigkeiten dieses Kernbereichs umfaßt, stellt in einem eminenten Sinn eine politische Instanz dar. Dieser eminente Sinn läßt sich auch so umschreiben: der richterlichen Gewalt kommt der Status einer ‚souveränen' Instanz zu. ‚Souveränität' heißt hier: Letztentscheidungsrecht, respektive letztgültiges Zustimmungsrecht.

Bedeutsam ist jedoch, daß diese Souveränität entsprechend dem Kompetenzprofil der Gerichtsbarkeit sich verschieden klassifizieren läßt, weil auch hier unterschiedliche Rollenmodelle möglich sind. So kann die Gerichtsbarkeit entweder eine souveräne Instanz des politischen Prozesses im Hinblick auf dessen *Verfahren* sein oder in bezug auf dessen *Inhalte*.

Souveränität hinsichtlich der Verfahren liegt vor, wenn das Kompetenzprofil der Gerichtsbarkeit folgende Befugnisse umfaßt:
- Organ- und föderative/quasiföderative Streitverfahren,
- Vereinbarkeitsprüfung von Landesrecht mit Bundesrecht,
- von Verordnungen mit gesetzlicher Grundlage sowie
- formelle Normenkontrolle.[13]

Davon zu unterscheiden ist das Kompetenzprofil der Judikative, die deren Souveränität auch in bezug auf Inhalte generiert. Hierzu sind in erster Linie zwei Zuständigkeitsbereiche zu rechnen:
- repressive materielle Normenkontrolle sowie
- individuelle Verfassungsbeschwerde (respektive analoge Rechtsschutzverfahren).

---

[13] Dieser Zuständigkeitskatalog ist nicht abschließend. Beispielsweise verleiht die letztverbindliche gerichtliche Entscheidungsbefugnis in Wahlprüfungsangelegenheiten der Gerichtsbarkeit ebenfalls eine prozeduralistische Souveränität. Die Wahlprüfungskompetenz wird in vielen Rechtssystemen einer konzentrierten Verfassungsgerichtsbarkeit zugesprochen. Sofern allerdings die Aufsicht über Wahlverfahren anhand einfachgesetzlicher Grundlage erfolgt, ist eine Zuordnung dieser Materie zur Verfassungsrechtsprechung nicht zwingend. Es spricht wohl hauptsächlich die politische Bedeutung und Folgenhaftigkeit dieser Rechtskontrolle dafür, sie der Verwaltungsgerichtsbarkeit zu entziehen (wenn eine konzentrierte Verfassungsgerichtsbarkeit errichtet ist).

II. Profilbestimmung: Der politische Status der Gerichtsbarkeit

Doch auch andere Befugnisse – wie die Rechtsprechung im Fall eines Parteienverbotes – könnten in dieser Kategorie figurieren. Die Zuständigkeit bei Parteienverboten stellt jedoch einen Sonderfall dar. Sie hängt sehr mit der Eigenart des deutschen Grundgesetzes zusammen: Seine Schöpfer waren bestrebt, eine wehrhafte Demokratie zu konzipieren und zugleich eine Machtkonzentration im politischen System zu vermeiden. Diese Befugnis wird im weiteren Text nicht mehr behandelt.

Enthalten in dem Rollenmodell einer dem demokratischen Verfassungsstaat entsprechenden Gerichtsbarkeit ist hingegen die Unterstellung sämtlicher Träger von staatlicher Hoheitsgewalt unter die letztverbindliche gerichtliche Überprüfung. Diese Überprüfung kann an dem Maßstab der Verfassung, sie kann aber auch anhand einfachgesetzlicher Normen erfolgen. Sind von dieser gerichtlichen Kontrolle auch die höchsten Amtsträger von Legislative und Exekutive in bezug auf ihr gesamtes Tun und Unterlassen erfaßt, so rückt die Gerichtsbarkeit auch aufgrund dieser Kompetenz in den Status einer souveränen politischen Instanz.

Die Unterscheidung zwischen Souveränität in bezug auf Inhalte und Souveränität in bezug auf Verfahren läßt sich dabei nur in Hinsicht auf die spezifische Fallkonstellation treffen. Zu differenzieren ist bei derartigen Fallkonstellationen, ob die gerichtliche Entscheidung den Tatbestand einer Verfassungswidrigkeit oder einer Verletzung des einfachen Rechts prüft.
– Bei einer Verhandlung über Rechtsverletzungen unterhalb der Verfassungsrechtsebene ist der Gerichtsbarkeit zwar die Rolle einer souveränen politischen Instanz zugewiesen, doch diese ist dann nur auf die Verfahren des politischen Prozesses bezogen. Die Gerichtsbarkeit stellt dann lediglich den Grundsatz der Rechtsgebundenheit der staatlichen Gewalt sicher.
– Kontrolliert die Gerichtsbarkeit hingegen legislative, exekutive oder judikative Akte auf ihre Verfassungskonformität, dann ist folgende Abgrenzung vorzunehmen:
  * Prüft die Gerichtsbarkeit das Tun oder Unterlassen unter dem Gesichtspunkt der bloßen Ermächtigung, dann ist die Gerichtsbarkeit „lediglich" politische Instanz in prozeduraler Hinsicht. Dies ist der Fall, wenn die Möglichkeit besteht, daß eine andere Institution oder ein anderer Akteur den betreffenden Rechtsakt im Einklang mit der Verfassung hätte ausführen dürfen. Vorauszusetzen ist allerdings, daß hierfür eine Änderung der Verfassung nicht erforderlich ist. Die Gerichtsbarkeit garantiert dann (lediglich) den formellen Vorrang der Verfassung.
  * Kontrolliert die Gerichtsbarkeit dagegen diese Akte unter dem Aspekt einer inhaltlichen Verfassungsmäßigkeit (dergestalt, daß der zu prüfende Rechtsakt an sich als verfassungsgemäß oder -widrig zu qualifizieren ist, so daß die Verfassungskonformität respektive -verletzung nicht von dem spezifischen Träger staatlicher Hoheitsgewalt abhängt, der diesen Rechtsakt vollzogen hat), dann kommt der Gerichtsbarkeit der Status einer souveränen politischen Instanz in bezug auf die inhaltliche Dimension des politischen Prozesses zu. Die Gerichtsbarkeit gewährleistet in diesem Fall den materiellen Primat der Konstitution.

Nicht von Belang ist, ob bei der Verfassungsmäßigkeitskontrolle eine derivative oder eine originäre Verfassungswidrigkeit untersucht wird, das heißt: es ist unerheblich, ob der mögliche Sachverhalt einer Verfassungsverletzung durch einen Vollzugsakt selbst (Verwaltungsakt, Gerichtsentscheid) oder durch die normative Grundlage (Gesetz, Verordnung, Satzung) (eines Vollzugsaktes) erfolgt.

B. Die Problemstellung der Arbeit

Das mit dem Kompetenzprofil einer politischen Instanz *in Verfahrensfragen* verbundene Rollenmodell ist nicht nur eine institutionelle Ausprägung des modernen demokratischen Verfassungsstaats, sondern auch dessen staatsorganisationsrechtliche Grundlegung.

Dieses Rollenmodell der Gerichtsbarkeit mag gegenwärtig viele Fürsprecher finden. In der weiteren Vergangenheit jedoch stieß es auf Ablehnung. So formulierte etwa Georg Friedrich Wilhelm Hegel diesen grundsätzlichen Einwand:

> „[...] die Rechtspflege tritt ganz aus ihrer Natur, wenn Staatsgewalt ihr Gegenstand werden soll, weil hiermit sie, die wesentlich nur ein Teil des Staats ist, über das Ganze gesetzt würde [...]"[14]

Doch dieser Einwand vermag nicht zu überzeugen. Denn die Kontrolle auch der Staatsgewalt ist eine Errungenschaft, durch welche der moderne demokratische Verfassungsstaat rechtsstaatliche Grundsätze zu verwirklichen sucht. Hinter diesen Grundsätzen steht der Gedanke, daß nur dann das staatliche Gewalt- und Finanzmonopol notwendig und legitim ist, wenn die Macht des Staates (insbesondere über die Freiheit und das Eigentum seiner Bürger) mit dem Mittel des Rechts beschränkt ist. Die Gerichtsbarkeit in der Rolle einer politischen Instanz vervollständigt die institutionelle Palette einer Aufsicht über die Einhaltung dieser Beschränkung. Diese Aufsicht kann nur von „Teilen des Staats" wahrgenommen werden – eine Instanz, die das „Ganze" *ist* – und es nicht nur *repräsentiert* (diese Bedingung scheint Hegel an die Ausübung von Staatsgewalt zu knüpfen) – gibt es nicht. Daher ist Hegels Verweis auf die Partikularität der Gerichtsbarkeit nicht hilfreich.

Die vorliegende Arbeit setzt voraus, daß *grundsätzlich* dieses Rollenmodell legitim ist. Die vorliegende Arbeit diskutiert folglich nicht generell das Rollenmodell der Gerichtsbarkeit als politische Instanz. Die verwaltungsgerichtliche Kontrolle, ob Verordnungen und Verwaltungsakte sich im Einklang mit (einer) gesetzliche(n) Grundlage(n) befinden, Verwaltungsakte sich im Rahmen von Verordnungen bewegen, wird dementsprechend ebenso als legitim vorausgesetzt wie die Rechtsaufsicht der Judikative im Bereich der ‚klassischen Staatsgerichtsbarkeit' im weiten Sinne.[15]

---

[14] GEORG WILHELM FRIEDRICH HEGEL: *Werke in zwanzig Bänden 1: Frühe Schriften*. Theorie Werkausgabe, Frankfurt a.M. 1979, 595 [16./17. Aufl.; Nachdruck der Aufl. v. 1971].

[15] Mit dem Ausdruck der ‚klassischen Staatsgerichtsbarkeit im weiten Sinne' ist die Entscheidungsbefugnis bei Organstreitverfahren und föderativen sowie quasiföderativen Streitigkeiten bezeich-

II. Profilbestimmung: Der politische Status der Gerichtsbarkeit

Keiner Erörterung bedarf folglich, daß die Normenhierarchie auch den Grundsatz des formellen Vorrangs der Verfassung einschließt.

Wie weit die Komplettierung des Rechtsstaats durch Befugnisse der Gerichtsbarkeit reichen soll, ist damit jedoch nur zum Teil entschieden. Anders gewendet, es bleibt zu klären, welch ein Kompetenzprofil der Gerichtsbarkeit für den modernen demokratischen Verfassungsstaat zu befürworten ist. Zur Debatte steht in dieser Arbeit damit das Rollenmodell einer Gerichtsbarkeit als souveräne Instanz auch in bezug auf die Inhalte des politischen Prozesses.[16]

Demokratietheoretisch ist dieses Rollenmodell problematisch, weil die Gerichtsbarkeit damit ein Feld betritt, auf dem sich nach Ansicht vieler allein die Legislative zu bewegen habe. Denn die Ausübung der Befugnisse zur Entscheidung über individuelle Verfassungsbeschwerden (und funktionsäquivalente Klagearten) und über materielle Normenkontrollverfahren sowie über Verfassungsmäßigkeitsprüfungen von Rechtsakten von Inhabern staatlicher Hoheitsgewalt stellen einen Eingriff in den politischen Prozeß der Willensbildung auf eine generalisierende – nicht lediglich konkretisierende – inhaltliche Weise dar, und eine ebensolche – nämlich generelle – Vorgabe von Normen fällt nach demokratischer Lehre in den Aufgabenbereich des Organs beziehungsweise der Organe der Gesetzgebung.

Da diese Verfahrensarten – genauer: Zuständigkeitsfelder – mit einem inhaltlich steuernden Eingreifen der Gerichtsbarkeit in die Rechtsordnung und in den politischen Prozeß verbunden sind, wurden diese Verfahrensarten und Zuständigkeitsfelder zu dem und in dem Begriff der ‚Verfassungsgerichtsbarkeit' verdichtet.

In Entsprechung zu dieser Problemstellung wird aus Gründen der terminologischen Praktikabilität und begrifflichen Präzision mit ‚Verfassungsgerichtsbarkeit' die Befugnis über individuelle Verfassungsbeschwerden und Normenkontrollverfahren im Sinne von materieller Verfassungsmäßigkeitsprüfung sowie die Rechtsaufsicht über Hoheitsakte am Maßstab materieller Verfassungsvorschriften assoziiert. Diese Zuständigkeiten werden auf ihre Legitimität hin geprüft. Dies bedingt die grundsätzliche Untersuchung,
– ob in demokratischen Verfassungsstaaten Verfassungen auf die Funktion eines Organisationsstatuts beschränkt werden sollen oder vielmehr ob sie über staatsorganisationsrechtliche Bestimmungen hinaus materielle Prinzipien als Grundlage der Rechtsordnung, allgemeiner noch: des politischen Gemeinwesens vorgeben sollen sowie
– ob der Gerichtsbarkeit darüber die Rechtsaufsicht zukommen soll.
Ganz gleich, wie diese Untersuchung ausfällt, läßt sich bereits hier konstatieren, daß es nicht sinnvoll wäre, die Verfahrensarten der individuellen Verfassungsbeschwerde

---

net. Unter die ‚klassische Staatsgerichtsbarkeit im engen Sinn' fällt dagegen die staats- und/oder strafrechtliche Anklage gegen Staatsorgane (vornehmlich das Institut der Ministeranklage).

[16] Die allein die Einhaltung von Verfahrensvorschriften kontrollierende Verfassungsgerichtsbarkeit wird allerdings ebenfalls behandelt. Dies geschieht vor allem, um die Eigenart der ‚Verfassungsgerichtsbarkeit' zu konturieren.

und der materiellen Normenkontrolle zwar in der Rechtsordnung vorzusehen, sie aber nicht zusammen der Gerichtsbarkeit zu überantworten: Nur die Verfahrensart der Verfassungsbeschwerde der rechtsprechenden Gewalt zu übertragen und die materielle Normenkontrolle etwa an einen (mit juristischen Experten besetzten) Ausschuß des Parlaments zu delegieren,[17] würde der Einheitlichkeit der Rechtsordnung Abbruch leisten. Denn beide Gremien kämen nicht umhin, ihre Materien der Staatszielnormen beziehungsweise des Grundrechtskatalogs in wechselseitiger Durchdringung auszulegen.

Zu berücksichtigen ist hierbei nämlich, daß es nicht sinnvoll sein kann, sich an einem bestimmten Verfahrenstyp von Normenkontrolle zu orientieren. Es ist vielmehr angezeigt, sie von ihrer Funktion her zu betrachten – im Sinne einer direkten oder indirekten Prüfung von Gesetzen durch die (Verfassungs-)Gerichtsbarkeit auf ihre Verfassungsmäßigkeit oder -widrigkeit hin. Die Betrachtung der Normenkontrolle in einem materiellen Sinn – wie diese Gegenstandsbestimmung über die Funktion auch genannt werden könnte – ist erforderlich, weil die Prüfung der Verfassungskonformität nicht nur in den Verfahren der konkreten oder der abstrakten Normenkontrolle erfolgen kann.[18]

Schließlich wird im Rahmen dieser Untersuchung noch zu erläutern sein, in welchem Sinn der Gerichtsbarkeit die Qualität der Souveränität zugesprochen werden kann und was dies demokratietheoretisch bedeutet.

---

[17] In Betracht gezogen bei HABERMAS: *Faktizität und Geltung* [aaO. FN 12 S. 12 dieser Arbeit], 294–295.
[18] In bezug auf das bundesrepublikanische Rechtssystem dargelegt bei KOSTAS CHRYSSOGONOS: *Verfassungsgerichtsbarkeit und Gesetzgebung.* Zur Methode der Verfassungsinterpretation bei der Normenkontrolle, Berlin 1987, 13: „Eine solche Prüfung findet nicht nur im Verfahren der konkreten (Art. 100 I 1 GG, §§ 80 ff. BVerfGG) und abstrakten (Art. 93 I Ziff. 2 GG, §§ 76 ff. BVerfGG) Normenkontrolle statt, sondern auch, wenn sich die Verfassungsbeschwerde eines Bürgers (Art. 93 I Ziff. 4 a GG, § 90 BVerfGG) oder einer Gemeinde oder eines Gemeindeverbands (Art. 93 I Ziff. 4 b GG, § 91 BVerfGG) gegen ein Gesetz richtet (individuelle Normenkontrolle). Ferner kann es im Wahlprüfungsverfahren (Art. 41 II GG) vorfrageweise auf die Verfassungsmäßigkeit des Wahlgesetzes ankommen, kann im Bundesorganstreit über die Verfassungsmäßigkeit von Gesetzen (Art. 93 I Ziff. 1 GG) und im Föderativstreit (Art. 93 I Ziff. 3 GG) um die Gesetzgebungskompetenz gestritten werden." Ebenso WILTRAUT RUPP-VON BRÜNNECK: Verfassungsgerichtsbarkeit und gesetzgebende Gewalt. Wechselseitiges Verhältnis zwischen Verfassungsgericht und Parlament, in: *AöR,* 102. Bd. (1977), 1–26 [4]: „Aus dem reichen Bukett der [...] vorgesehenen Verfahrensarten kommen für eine mögliche Einwirkung des Bundesverfassungsgerichts auf die Kreation der gesetzgebenden Körperschaften und auf den Prozeß ihrer Willensbildung einerseits, auf das Ergebnis dieser Willensbildung [...] andererseits jeweils verschiedene spezifische Verfahren vorrangig in Betracht. Jedoch besteht insoweit keine strenge Trennung: Entscheidungen in Normenkontroll- oder Verfassungsbeschwerdeverfahren können sich etwa maßgebend auf die Kreation des Parlaments auswirken oder Kompetenzfragen klären, ebenso wie umgekehrt Wahlprüfungsverfahren und Organstreitigkeiten jedenfalls incidenter die Entscheidung über die Verfassungsmäßigkeit eines Gesetzes einschließen können. In gewissem Maße ist es daher eine Frage des Zufalls, in welchem Verfahren eine die gesetzgebende Gewalt betreffende Entscheidung des Bundesverfassungsgerichts ergeht."

C. Rechtsvergleichender Überblick: Verfassungsrecht und Verfassungsrechtsprechung in verschiedenen politischen Systemen

Verfassungsgerichtsbarkeit im Sinne des formell-institutionellen Begriffs von Verfassungsgerichtsbarkeit ist in vielen Staaten etabliert.[19] Zwischen deren politischen Systemen bestehen jedoch erhebliche Unterschiede[20] im Sinne des materiellen Begriffs von Verfassungsgerichtsbarkeit, der Verfassungsjurisdiktion an bestimmten Zuständigkeiten der Rechtsprechung festmacht. Des weiteren divergiert die Rechts- und Verfassungslage dahingehend, ob diese „verfassungsgerichtlichen" Befugnisse

– in einem einzigen Gerichtskörper konzentriert sind (formelle Verfassungsgerichtsbarkeit) oder
– ob diese verschiedenen Gerichtsinstanzen (einer Kategorie von Gerichtsbarkeit – zum Beispiel einer Bundesgerichtsbarkeit) oder verschiedenen Gerichtstypen (wie etwa einer ordentlichen Gerichtsbarkeit und einem gesondert davon eingerichteten Staatsgerichtshof) zuerkannt sind (materielle Verfassungsgerichtsbarkeit).[21]

Ferner setzt sich die Richterschaft nach unterschiedlichen Kriterien zusammen. Beispielsweise sieht Art. 56 II der französischen Verfassung vor, daß im französischen Conseil Constitutionnel auch frühere Staatspräsidenten amtieren, an die weiteren Ratsmitglieder werden keine besonderen Anforderungen hinsichtlich ihrer Eignung geknüpft.[22] In einem weiten Sinn von (Verfassungs-)Gerichtsbarkeit ließen sich auch

---

[19] Die Zahl der Gerichte mit „besonderen Zuständigkeiten im verfassungsrechtlichen Bereich" wird derzeit mit (ca.) 191 Staaten beziffert [gemäß PHILIP KUNIG: Rezension zu Alexander von Brünneck: Verfassungsgerichtsbarkeit in den westlichen Demokratien. Ein systematischer Verfassungsvergleich, Baden-Baden 1992, in: *ZRP,* 28. Bd. {1995}, H. 6, 231–232 {231}].

[20] Zu den unterschiedlichen Ausprägungen der „Verfassungsgerichtsbarkeit" instruktiv ALEXANDER VON BRÜNNECK: *Verfassungsgerichtsbarkeit in den westlichen Demokratien. Ein systematischer Verfassungsvergleich,* Baden-Baden 1992 [Studien und Materialien zur Verfassungsgerichtsbarkeit; Bd. 52] sowie ALBRECHT WEBER: Generalbericht: Verfassungsgerichtsbarkeit in Westeuropa, in: Christian Starck/ders. (Hg.): *Verfassungsgerichtsbarkeit in Westeuropa. Teilband I: Berichte,* Baden-Baden 1986, 41–120.

[21] Die Unterscheidungen formell *versus* materiell einerseits und formell-institutionell *versus* materiell andererseits fallen nicht zusammen.

[22] Die ehemaligen Staatspräsidenten sind (laut Verfassung) sogar Mitglieder des Gremiums auf Lebenszeit. Allerdings spielt dies für die Verfassungswirklichkeit bislang keine Rolle, da die ehemaligen Präsidenten der V. Republik stets auf ihren Sitz verzichtet haben. Als Voraussetzung für die Mitgliedschaft im Conseil Constitutionnel ist nur ihre Nationalität, ihr Alter und das Nichtvorliegen von Strafverurteilungen normiert. Angaben zum französischen Verfassungsrat nach MICHEL FROMONT: Der französische Verfassungsrat, in: Christian Starck/Albrecht Weber (Hg.): *Verfassungsgerichtsbarkeit in Westeuropa. Teilband I: Berichte,* Baden-Baden 1986, 309–341; PHILIPP MELS: *Bundesverfassungsgericht und Conseil constitutionnel. Ein Vergleich der Verfassungsgerichtsbarkeit in Deutschland und Frankreich im Spannungsfeld zwischen der Euphorie für die Krönung des Rechtsstaates und der Furcht vor einem „gouvernement des juges",* München 2003, 101–203.

bestimmte theo- beziehungsweise hierokratische Staats- und Verfassungsmodelle als „Verfassungsgerichtsbarkeit" einstufen.[23]

Sinnvoll erscheint eine Unterteilung der Institution der „Verfassungsgerichtsbarkeit" unterhalb des formell-institutionellen Begriffs von Verfassungsgerichtsbarkeit, wie sie Helge Wendenburg vorschlägt. Wendenburg unterscheidet eine Fassung des Begriffs ‚richterliches Prüfungsrecht' und einen Begriff der ‚Verfassungsgerichtsbarkeit in einem engeren Sinn':[24]

- Unter ‚richterlichem Prüfungsrecht' versteht er die inzidente Gesetzeskontrolle durch jede Gerichtsinstanz oder auch nur ein oberstes Gericht,
- unter ‚Verfassungsgerichtsbarkeit in einem engeren Sinn' dagegen die Normenkontrolle durch ein institutionalisiertes Verfassungsgericht bei gleichzeitigem Ausschluß des allgemeinen ‚richterlichen Prüfungsrechtes'.

Als Beispiele führt Wendenburg an:
- einerseits den Supreme Court der Vereinigten Staaten von Amerika und das Schweizerische Bundesgericht und
- andererseits den österreichischen Verfassungsgerichtshof und das deutsche Bundesverfassungsgericht.[25]

Ferner ist darauf hinzuweisen, daß der Zugang zu den (Verfassungs-)Gerichten unterschiedlich geregelt ist. Zum einen betrifft dies die Zulässigkeitskriterien für die Annahme von Klagen, zum anderen tangiert dies die grundsätzliche Regelung der

---

[23] Angesprochen ist hiermit die Doktrin von der Führungsbefugnis bzw. Statthalterschaft des islamischen Rechtsgelehrten (‚*velayat-e faqih*'), wie sie etwa Khomaynis Staatslehre entwickelt hat. Diese Doktrin wurde bei der Gründung der Islamischen Republik Iran in die politische Wirklichkeit umgesetzt und verfassungsrechtlich verankert. Der Begriff der *velayat* bedeutet jede rechtmäßige Gewalt über etwas in einem ganz allgemeinen Sinn (so auch die *velayat* des Vaters im Sinn der elterlichen Gewalt, die auf Staatsdiener übertragene Amtsgewalt etc.). Staatsrechtlich bezeichnet *velayat* die Herrschergewalt. In Verbindung mit dem Begriff *faqih* meint der Ausdruck den Inbegriff der Regierungsgewalt, die dem hervorragenden Gelehrten des islamischen Rechts an der Staatsspitze zukommt.

[24] Vgl. HELGE WENDENBURG: *Die Debatte um die Verfassungsgerichtsbarkeit und der Methodenstreit der Staatsrechtslehre in der Weimarer Republik,* Göttingen 1984, 2–4. Die eingestrichenen Anführungszeichen beziehen sich *hier* auf die von Wendenburg eingeführte Begrifflichkeit. Ähnlich WEBER: Generalbericht [aaO. FN 20 S. 19 dieser Arbeit], 73: „Eine ‚konkrete' oder ‚Inzidentnormenkontrolle' liegt vor, wenn eine Norm jeglichen Ranges anläßlich eines konkreten Falles, d.h. ihrer Anwendung durch Behörden oder Gerichte auf ihre Verfassungsmäßigkeit hin überprüft wird. Die Kontrollbefugnis unterteilt sich in ein Prüfungs- und ein Verwerfungsrecht. Üben die Gerichte aller Gerichtszweige oder Instanzen beide Formen aus, handelt es sich um eine ‚dekonzentrierte' oder ‚dezentralisierte' oder ‚*diffuse*' Verfassungsgerichtsbarkeit (‚judicial review'). Ist das Verwerfungsrecht hingegen bei einem einzigen (Verfassungs-)Gericht monopolisiert, handelt es sich um eine ‚*konzentrierte*' Verfassungsgerichtsbarkeit [...]." [Hn. i.O.].

[25] Dabei darf allerdings nicht übersehen werden, daß die Rechtsprechung über Fragen des Verfassungslebens nicht ein Privileg der verselbständigten Verfassungsgerichte ist. Für die Bundesrepublik Deutschland führen SCHLAICH/KORIOTH [*Bundesverfassungsgericht* {aaO. FN 2 S. 4 dieser Arbeit}, 16] aus: „Alle Gerichte sind bei der Entscheidung ihrer Fälle zum Durchgriff auf die Verfassung berechtigt und verpflichtet. Die Auslegung und Anwendung der einfachen Gesetze durch jedes Gericht wird immer mehr vom Verfassungsrecht geprägt (‚Ausstrahlungswirkung der Grundrechte')."

II. Profilbestimmung: Der politische Status der Gerichtsbarkeit

Klagebehandlung durch die (Verfassungs-)Gerichte. Diese kann einerseits so ausfallen, daß die (Verfassungs-)Gerichte in der Annahme ihrer Fälle frei sind. Andererseits kann es auch so sein, daß sie sämtliche zulässigen Klagen bearbeiten müssen, so daß der (verfassungs-)richterliche Rechtsschutzschirm lückenlos ist. So entscheidet etwa der US-Supreme Court die Fallannahme nach seinem Ermessen, während diese dem Bundesverfassungsgericht nicht freigestellt ist.[26]

Zu berücksichtigen ist überdies, daß die Reichweite der Bindungswirkungen der (verfassungs-)gerichtlichen Entscheidungen verschieden konzipiert sein kann.

Schließlich variiert die Eingriffsintensität der (Verfassungs-)Gerichtsbarkeit in den politischen Prozeß je nach den Verfassungsdoktrinen und insbesondere den Grundrechtstheorien, die die (Verfassungs-)Gerichtsbarkeit bei ihrer Rechtsprechung zugrunde legt.[27] Verfassungsverständnis und Auffassungen über Auslegungsmethoden der Verfassung bestimmen nachhaltig den Grad und die Zielrichtung der Intervention der Gerichtsbarkeit in die politische Willensbildung.[28]

Zuletzt sei darauf aufmerksam gemacht, daß die Entscheidungen der Judikative nicht zuletzt von ihrem rechtskulturellen Hintergrund geprägt sind[29] und daß auch die personelle Besetzung der Gerichtskörper auf die Rechtsprechung einen Einfluß ausübt. Folgende Faktoren dürften speziell in bezug auf das rechtsanwendende und rechtsprechende Subjekt von Relevanz sein: (partei-)politische Bindungen, weltanschauliche Grundhaltungen und charakterliche Eigenschaften. Eine Rolle spielt sicherlich auch die Einflußgröße der Sozialisation, insbesondere die berufliche Prägung ist hier zu erwähnen. Eine vorherige anwaltliche Tätigkeit könnte anders disponieren als ein Wirken auf seiten der staatlichen Hoheitsgewalt, die Berufsausübung als Richter anders als berufliche Erfahrungen als politischer Akteur.

---

[26] Für die Übernahme des vom US-Supreme Court praktizierten freien Annahmeverfahrens durch das deutsche Bundesverfassungsgericht plädieren JOACHIM WIELAND: Der Zugang des Bürgers zum Bundesverfassungsgericht und zum US-Supreme Court, in: *Der Staat*, 29. Bd. (1990), 333–353 und ERNST-WOLFGANG BÖCKENFÖRDE: Die Überlastung des Bundesverfassungsgerichts, in: ZRP, 29. Bd. (1996), H. 8, 281–284.

[27] *Pars pro toto* vgl. etwa die Kontroverse um den objektivrechtlichen Gehalt der Grundrechte; siehe einerseits DIETER GRIMM: Rückkehr zum liberalen Grundrechtsverständnis?, in: ders. *Die Zukunft der Verfassung*, Frankfurt a.M. 2002 [3. Aufl.; Erstaufl. 1991], 221–240 und andererseits ERNST-WOLFGANG BÖCKENFÖRDE: Grundrechte als Grundsatznormen. Zur gegenwärtigen Lage der Grundrechtsdogmatik, in: ders.: *Staat, Verfassung, Demokratie. Studien zur Verfassungstheorie und zum Verfassungsrecht*, Frankfurt a.M. 1992 [2. Aufl.; hier zit.: Erstaufl. 1991], 159–199. Instruktiv HANS D. JARASS: Die Grundrechte: Abwehrrechte und objektive Grundsatznormen. Objektive Grundrechtsgehalte, insb. Schutzpflichten und privatrechtsgestaltende Wirkung, in FS 50 Jahre BVerfG 2, 35–53.

[28] Die prägenden Verfassungstheorien lassen sich nur beispielhaft anführen – statt vieler siehe etwa die Abhandlung von WINFRIED BRUGGER über die Strömung des Kommunitarismus und das Grundgesetz: Kommunitarismus als Verfassungstheorie des Grundgesetzes, in: *AöR*, 123. Bd. (1998), 337–374.

[29] Erhellend hierzu aber auch zum Rollenverständnis der Gerichtsbarkeit in den USA und in der Bundesrepublik Deutschland WILLIAM JOSEPH WAGNER: The Role of Basic Values in the Contemporary Constitutional Hermeneutics of Germany and the United States, in: *ZaöRV*, 56. Bd. (1996), H. 1–2, 178–204.

Bisher wurde in abstrakter Hinsicht – beschränkt auf den Rechtsstaat und den modernen Verfassungsstaat – dargelegt, welch ein Status der Gerichtsbarkeit in bezug auf den politischen Prozeß zugewiesen wird, wenn sie bestimmte Befugnisse zugesprochen erhält oder erfolgreich für sich in Anspruch nimmt. Nun wird anhand von ausgewählten Fallbeispielen erläutert, welch ein Kompetenz- und Institutionenprofil *konkret* die Gerichtsbarkeit in verschiedenen Staaten der Gegenwart aufweisen kann.

Diese Fallbeispiele sollen dazu dienen, die abstrakten Kategorisierungen judikativer Rollenmodelle anschaulich zu machen. Die Fallbeispiele der Bundesrepublik Deutschland und der Vereinigten Staaten von Amerika werden demonstrieren, wie unterschiedlich die Gerichtsbarkeit kompetenzmäßig und organisatorisch ausgestaltet zu sein vermag – sie dennoch aber unter das Rollenmodell der ‚Verfassungsgerichtsbarkeit' subsumiert werden kann. Die Fallbeispiele der französischen Republik, der Schweizer Eidgenossenschaft und der Islamischen Republik Iran hingegen sind als eine Gegenfolie konzipiert, um die Eigenart der ‚Verfassungsgerichtsbarkeit' hervortreten zu lassen.

Im folgenden werden dementsprechend zunächst wesentliche Befugnisse des bundesrepublikanischen Bundesverfassungsgerichts,[30] seine Stellung im deutschen Rechtssystem[31] und seine Organisationsstruktur sowie die Bindungswirkungen seiner Entscheidungen geschildert. Die anschließenden Erklärungen zu anderen Rechtskulturen heben in erster Linie lediglich die Besonderheiten der „Verfassungsgerichtsbarkeit" in diesen Rechtssystemen hervor. Allerdings werden die Unterschiede im (verfassungs-)gerichtlichen Kompetenz- und Institutionenprofil zwischen den Vereinigten Staaten von Amerika und der Bundesrepublik Deutschland etwas ausführlicher dargelegt – nicht zuletzt deswegen, weil zwei der in den weiteren Paragraphen aufbereiteten Kontroversen vor dem Hintergrund des amerikanischen Rechtssystems ausgetragen werden.

1. Bundesrepublik Deutschland

a) Die Stellung des Bundesverfassungsgerichts im Rechtssystem und seine Organisationsstruktur

In der Rechtskultur der Bundesrepublik Deutschland kommt der Institution der Verfassungsgerichtsbarkeit in Gestalt des Bundesverfassungsgerichts eine Bedeutung zu, zu der es im internationalen Vergleich kaum Entsprechungen gibt.

Die „Bonner" und die „Berliner Republik" weichen damit zugleich in einem beträchtlichen Maße von der deutschen Verfassungstradition ab, sofern diese mit

---

[30] Es fehlt in der Darstellung z.B. die Zuständigkeit des BVerfG bei Parteiverboten. Ausführlicher SCHLAICH/KORIOTH: *Bundesverfassungsgericht* [aaO. FN 2 S. 4 dieser Arbeit], insb. 231–233.
[31] Zum Rechtssystem der Bundesrepublik Deutschland siehe JÜRGEN PLÖHN: 6 Die Gerichtsbarkeit, in: Oscar W. Gabriel/Everhard Holtmann (Hg.): *Handbuch Politisches System der Bundesrepublik Deutschland,* München; Wien 2005 [3., völlig überarb. u. erw. Aufl.; Erstaufl. 1997] 309–331.

II. Profilbestimmung: Der politische Status der Gerichtsbarkeit

der Verfassungs*praxis* gleichgesetzt wird. Denn der Reichsstaatsgerichtsbarkeit der Weimarer Republik fehlten – im Vergleich mit ihrem bundesrepublikanischen Gegenstück – die Zuständigkeiten für
- individuelle Verfassungsbeschwerden gegen Hoheitsakte bei der tatsächlichen beziehungsweise behaupteten Verletzung verfassungsmäßiger Rechte,
- Organstreitigkeiten zwischen Staatsorganen und
- die Überprüfung völkerrechtlicher Verträge.

Die Idee, staatliches Handeln auf dem Gerichtsweg einer Kontrolle unterziehen zu können, die ihre Maßstäbe aus der Verfassung bezieht, wurde dagegen in Deutschland schon sehr viel früher diskutiert und zur Forderung erhoben. So enthielt die nie in Kraft getretene Paulskirchenverfassung von 1849 das Institut der Verfassungsbeschwerde.

Zu erwähnen ist andererseits aber auch, daß die Etablierung des Bundesverfassungsgerichts auch rechtsstaatliche Traditionen fortführt: Bereits im Mittelalter sind im Heiligen Römischen Reich deutscher Nation historische Vorläufer dafür zu erkennen, Fragen der Verfassung gerichtlich entscheiden zu lassen.

Nominell – dies mag angesichts seines Gewichts im politischen Prozeß überraschen – ist das Bundesverfassungsgericht nicht das höchste deutsche Gericht, da der Instanzenzug der deutschen Gerichtsbarkeit bei den jeweiligen Fachgerichten[32] endet.[33] Diese Fachgerichte entscheiden abschließend alle Rechtsfälle – soweit sie nicht Verfassungsrecht tangieren. Für Verfassungsrecht und eben nur für dieses (also nicht für das ‚einfache Recht') ist das Bundesverfassungsgericht zuständig – genauer: nur für ‚spezifisches Verfassungsrecht'. Das heißt, sein Kompetenzbereich ist nicht durch eine Generalklausel definiert (wie § 13 GVG und § 40 I VwGO), sondern erstreckt sich nur auf die Materien, die das Grundgesetz enumerativ in Art. 93 und 94 bestimmt.[34] Die Beschränkung auf die Prüfung spezifischen Verfassungsrechts[35] schließt damit nach Ansicht des Bundesverfassungsgerichts aus, daß es als die „Superrevisionsinstanz" im bundesrepublikanischen Gerichtswesen fungiere.[36]

---

[32] Die obersten Fachgerichte stehen an der Spitze von fünf unterschiedlichen Gerichtsbarkeiten: der allgemeinen Gerichtsbarkeit, die für Zivil- und Strafsachen zuständig ist, der Verwaltungsgerichtsbarkeit, der Finanzgerichtsbarkeit, der Sozialgerichtsbarkeit und der Arbeitsgerichtsbarkeit. Zum Verhältnis zwischen dem Bundesverfassungsgericht und den ‚Fachgerichten' siehe STEFAN KORIOTH: Bundesverfassungsgericht und Rechtsprechung („Fachgerichte"), in FS 50 Jahre BVerfG 1, 55–81.

[33] SCHLAICH/KORIOTH wenden sich gegen den Terminus ‚Fachgericht', da dem Begriff eine gewisse „Deklassierung der eigentlichen Gerichte" anhafte: „Sie sind ja die ‚ordentlichen' Gerichte, die auch die Verfassung zu beachten haben; das BVerfG ist das auf die Verfassung spezialisierte Fachgericht." [*Bundesverfassungsgericht* {aaO. FN 2 S. 4 dieser Arbeit}, 18–19 mwN.].

[34] Eine abschließende Auflistung der Zuständigkeiten, wie sie sich aus dem Grundgesetz ergeben, enthält § 13 BVerfGG.

[35] BVerfGE 18, 85 [92 f.] st. Rspr.

[36] Die Zurückweisung der Funktion als Superrevisionsinstanz fehlt in keinem einschlägigen juristischen Lehrbuch. Sie ist dennoch nicht unproblematisch. Zwar mag für sie sprechen, daß die Befugnisse des Bundesverfassungsgericht enumerativ aufgezählt sind. Doch die Lehre von der Ausstrahlungswirkung der Grundrechte, das Verständnis der Grundrechte als objektive Grund-

Letztverbindlicher Interpret der Zuständigkeitsvorschriften ist allerdings das Bundesverfassungsgericht selbst – insofern kann mit einer gewissen Berechtigung von seiner ‚Kompetenz-Kompetenz' gesprochen werden.[37]

Für die Organisation des Bundesverfassungsgerichts statuiert das Grundgesetz nur wenig. Artikel 94 schreibt vor, daß die Richter am Bundesverfassungsgericht je zur Hälfte vom Bundestag und vom Bundesrat gewählt werden und dabei zum Teil vorher Bundesrichter sein sollen. Des weiteren verweist das Grundgesetz auf ein Bundesgesetz. Dieses kam 1951 als „Bundesverfassungsgerichtsgesetz" zustande und gilt derzeit nach mehreren Änderungen in der Fassung vom 11. 8. 1993 (geändert durch Gesetz vom 15. 12. 2004).[38]

Die wesentlichen Punkte der gesetzlichen Regelungen in organisatorischer Hinsicht lauten:
– Das Gericht besteht aus zwei Senaten mit je acht Richtern. Je drei Mitglieder jedes Senats müssen mindestens drei Jahre an einem anderen obersten Gerichtshof des Bundes tätig gewesen sein.
– § 13 beschreibt die Zuständigkeiten der Senate, § 14 regelt die Aufgabenverteilung zwischen ihnen. Die Aufteilung auf zwei Senate – die Konstruktion als ‚Zwillingsgericht' – wurde eingeführt, um die Vielzahl der Verfahren bewältigen zu können. Im Blick auf die Einheitlichkeit der Rechtsprechung wäre ein einziger Spruchkörper sicher vorzuziehen. Für die Aufteilung spricht hingegen, daß damit die Machtkonzentration beim Bundesverfassungsgericht abgeschwächt wird.
– Die Richter werden für zwölf Jahre gewählt;[39] ihre Wiederwahl ist unzulässig; Nebentätigkeiten sind mit der Ausnahme einer Rechtslehrertätigkeit an Hochschulen verboten.
– Die erforderlichen Wahlverfahren in Bundestag und Bundesrat sind wie folgt gestaltet: Im Bundesrat haben erfolgreiche Kandidaten eine Zweidrittelmehrheit des Plenums auf sich zu vereinigen; im Bundestag sind acht Stimmen eines zwölfköpfigen Elektorenausschusses notwendig. In beiden Gremien müssen sich somit die beiden großen politischen Gruppierungen, die die deutsche Parteienlandschaft

---

satznormen, ihre Deutung als Verfahrensrechte bewirkt, daß das Bundesverfassungsgericht *nolens-volens* in diese Funktion rückt.

[37] So ERNST BENDA: Die Verfassungsgerichtsbarkeit der Bundesrepublik Deutschland, in: Christian Starck/Albrecht Weber (Hg.): *Verfassungsgerichtsbarkeit in Westeuropa. Teilband I: Berichte*, Baden-Baden 1986, 121–148 [129 unter Verweis auf Helmut Simon mwN.]. Problematisierung bei OTFRIED HÖFFE: *Vernunft und Recht. Bausteine zu einem interkulturellen Rechtsdiskurs*, Frankfurt a.M. 1996, 265: „Tatsächlich verfügt ein Verfassungsgericht nicht über Kompetenz-Kompetenz mit bestimmtem, sondern lediglich mit unbestimmtem Artikel; es hat *eine*, aber nicht *die* Kompetenz-Kompetenz. Die entscheidende Kompetenz liegt bei der Verfassung, da sie allen Verfassungsorganen klare Vorgaben macht; eine zweite Kompetenz-Kompetenz liegt beim Parlament, da es zur erneuernden Verfassungsinterpretation berechtigt ist; das Verfassungsgericht verfügt lediglich über eine Kontrollbefugnis."

[38] Die vorliegende Arbeit wurde am 10. 6. 2005 abgeschlossen.

[39] Hierzu: SYBILLE KOCH: Die Wahl der Richter des BVerfG, in: *ZRP*, 29. Bd. (1996), 41–44.

II. Profilbestimmung: Der politische Status der Gerichtsbarkeit

seit 1945 kennt, arrangieren. Scheitert dies, besitzt das Bundesverfassungsgericht gemäß § 7a ein Vorschlagsrecht. Abschließend ist noch zu ergänzen, daß die Senate des Bundesverfassungsgerichts nicht die einzigen Verfassungsgerichte der Bundesrepublik Deutschland sind. Der föderalen Struktur entsprechend existieren auf der Länderebene noch Landesverfassungsgerichte.

b) Verfahren und Kompetenzen
(1) Organstreitverfahren[40]
Gegenstand des Organstreitverfahrens ist die Auslegung des Grundgesetzes aus Anlaß von Streitigkeiten über den Umfang der Rechte und Pflichten eines obersten Bundesorgans oder anderer Beteiligter, die durch das Grundgesetz oder in der Geschäftsordnung eines obersten Bundesorgans mit eigenen Rechten ausgestattet sind (Art. 93 I Nr. 1 GG, §§ 13 Nr. 5, 63 ff. BVerfGG). Solche Organe – daher die Bezeichnung Organstreit – sind etwa der Bundespräsident, die Bundesregierung, der Bundesrat und der Bundestag sowie Fraktionen und unter besonderen Umständen auch einzelne Abgeordnete. Antragsgegner wie Antragsteller müssen in einem verfassungsrechtlichen Rechtsverhältnis zueinander stehen. Anders ausgedrückt: Antragsgegner kann sein, wer auch Antragsteller sein könnte. Der Antragsteller muß geltend machen, durch eine Maßnahme oder Unterlassung des Antragsgegners in seinen ihm durch das Grundgesetz oder auf gleichrangige Weise übertragenen Rechten verletzt oder unmittelbar gefährdet zu sein. In seiner Entscheidung stellt das Bundesverfassungsgericht fest, ob dies zutrifft.

(2) Föderative, quasiföderative und sonstige Streitverfahren[41]
Als besondere Fälle der Organstreitigkeiten können folgende Verfahren betrachtet werden:
– Bund-Länder-Streitverfahren,[42]
– andere öffentlich-rechtliche Streitigkeiten zwischen Bund und Ländern, zwischen Ländern untereinander oder innerhalb eines Landes,
– Verfassungsstreitigkeiten innerhalb eines Landes,
– kommunale Verfassungsbeschwerde.

---

[40] Eine rechtsvergleichende Einordnung des Bundesverfassungsgerichts und Informationen zu dessen Zuständigkeit für Organstreitverfahren bietet JOST PIETZKER: Organstreit, in FS 50 Jahre BVerfG 1, 587–613.
[41] Grundsätzlich zum Umgang des Bundesverfassungsgerichts mit dem Bundesstaatsprinzip JOSEF ISENSEE: Der Bundesstaat – Bestand und Entwicklung, in FS 50 Jahre BVerfG 2, 719–770.
[42] Bund-Länder-Streitverfahren haben verfassungsrechtliche Meinungsverschiedenheiten über Rechte und Pflichte des Bundes und der Länder zum Inhalt. Diese betreffen insbesondere die Ausführung von Bundesrecht durch die Länder und die Ausübung von Bundesaufsichten. Ausführlich zu diesen Streitverfahren PETER SELMER: Bund-Länder-Streit, in FS 50 Jahre BVerfG 1, 565–585.

(3) Normenkontrolle

Die Normenkontrolle *im weiteren Sinn* ist das gerichtliche Verfahren, das der Prüfung dient, ob eine Norm mit einer höherrangigen Norm vereinbar ist. Als Normenkontrolle *im engeren Sinn* kann das Verfahren bezeichnet werden, welches auf die Prüfung der Verfassungsmäßigkeit zielt.[43]

Das Bundesverfassungsgericht besitzt die Befugnis zur Normenkontrolle sowohl im engeren als auch im weiteren Sinn. Des weiteren hat es die Zuständigkeit inne sowohl über die formelle als auch über die materielle Normenkontrolle. Zudem erstreckt sich seine Rechtsprechung sowohl auf Fälle der konkreten als auch der abstrakten Normenkontrolle

– Die Befugnis zur abstrakten Normenkontrolle ist in Art. 93 I Nr. 2 GG geregelt. Das Verfahren wird eröffnet auf Antrag der Bundesregierung, einer Landesregierung oder eines Drittels der Mitglieder des Bundestages. Geklärt wird die förmliche oder sachliche Vereinbarkeit von Bundes- oder Landesrecht mit dem Grundgesetz oder die Vereinbarkeit von Landesrecht mit Bundesrecht. Eine Rechtsnorm kann nur dann in einer abstrakten Normenkontrolle geprüft werden, wenn sie bereits formellen Bestand hat. Eine präventive Normenkontrolle ist damit ausgeschlossen. *Eine* Ausnahme erkennt das Bundesverfassungsgericht allerdings nach ständiger Rechtsprechung an: Völkerrechtliche Verträge können auch schon vor ihrem Inkrafttreten untersucht werden.

– Durch das richterliche Prüfungsrecht, das allen Gerichten zusteht, kann aus jedem beliebigen Rechtsstreit eine verfassungsgerichtliche Prüfung der entscheidungserheblichen Gesetze werden. Alle Gerichte dürfen eine Norm nur anwenden, wenn sie sie für verfassungsgemäß halten; sie haben das Prüfungsrecht und die Prüfungspflicht. Kommt die Prüfung bei einem nach 1949 vom Bundestag verabschiedeten Gesetz zum negativen Ergebnis, dann muß das Fachgericht die Prüfung aussetzen und die Prüfung der Verfassungsmäßigkeit dem Bundesverfassungsgericht vorlegen; die Verwerfungskompetenz – das heißt: die verbindliche Feststellung eines Verfassungsverstoßes – ist also beim Bundesverfassungsgericht monopolisiert (Art. 100 I GG).[44]

(4) Individual-Verfassungsbeschwerde[45]

Nach Art. 93 I Nr. 4a GG, § 90 BVerfGG entscheidet das Bundesverfassungsgericht

---

[43] Siehe hierzu auch die Erläuterungen in FN 10 S. 10 dieser Arbeit.

[44] Das Verwerfungsmonopol des Bundesverfassungsgerichts bezieht sich nur auf Bundesgesetze im förmlichen Sinn – somit sind sowohl nicht-formelle als auch vorkonstitutionelle Gesetze ausgeklammert. Für letztere besteht keine Vorlagepflicht im Sinn des Art. 100 I GG. Jeder Richter kann solche Gesetze außer Anwendung lassen, falls er sie für verfassungswidrig hält. Bei der abstrakten Normenkontrolle können hingegen Normen aller Art Gegenstand der Prüfung sein.

[45] Zur Bedeutung und Problematik des Instituts der Verfassungsbeschwerde im deutschen Rechtssystem instruktiv CHRISTOPH GUSY: Die Verfassungsbeschwerde, in FS 50 Jahre BVerfG 1, 641–671.

II. Profilbestimmung: Der politische Status der Gerichtsbarkeit

„über Verfassungsbeschwerden, die von jedermann mit der Behauptung erhoben werden können, durch die öffentliche Gewalt in einem seiner Grundrechte oder in einem seiner in Art. 20 IV, 33, 38, 101 und 104 enthaltenen Rechte verletzt zu sein".

Die Verfassungsbeschwerde ist demnach ein Rechtsbehelf des Bürgers[46] – und zwar ein außerordentlicher und letzter Rechtsbehelf. Damit ist zweierlei gemeint,
- zum einen, daß der Bürger damit nur Eingriffe der öffentlichen Gewalt in seine *Grundrechte* beziehungsweise *grundrechtsgleichen Rechte* abwehren kann
  * (wobei die Verfassungsbeschwerde auch nur gegenüber einem Eingriff in die Grundrechte *dieses* Bürgers geltend gemacht werden kann – eine Popularklage ist somit ausgeschlossen);
- zum anderen, daß eine Verfassungsbeschwerde erst erhoben werden kann, wenn alle anderen zur Verfügung stehenden prozessualen Möglichkeiten ergriffen worden sind, um eine Korrektur der Verfassungsverletzung zu erwirken. Grundsätzlich ist zunächst der Rechtsweg auszuschöpfen.

Die Zugangsschranke zur Verfassungsbeschwerde[47] und der Umfang, auf den sich die gerichtliche Prüfung erstreckt, sind allerdings nicht deckungsgleich: Ist die Verfassungsbeschwerde erst einmal zulässig, untersucht das Bundesverfassungsgericht die angegriffene Maßnahme unter jedem in Betracht kommenden verfassungsrechtlichen Gesichtspunkt – nicht nur die vorgebrachten Grundrechtsverletzungen.

c) Die rechtlichen Bindungswirkungen der Verfassungsgerichtsentscheidungen[48]

Die Bindungswirkung der Entscheidungen des Bundesverfassungsgerichts reicht über die Rechtskraft hinaus, die mit anderen Gerichtsentscheidungen herkömmlicherweise verbunden sind:[49] Herkömmlicherweise verbieten Gerichtsentscheidungen einen erneuten Prozeß zwischen denselben Parteien um den gleichen Verfahrensgegenstand. In aller Regel werden durch ein gerichtliches Urteil nur Rechtswirkungen für die am Rechtsstreit unmittelbar Beteiligten ausgelöst. Die Entscheidungen des Bundesverfassungsgerichts haben hingegen allgemeine Wirkung. Sie entfalten gemäß § 31 I BVerfGG eine über den Einzelfall und die an ihm Beteiligten hinausgehende Bindungswirkung, denn die aus dem Entscheidungssatz und den tragenden Gründen folgenden Grundsätze für die Auslegung der Verfassung müssen in allen künftigen Fällen von allen Gerichten und Behörden beachtet werden. Das Gleiche gilt, wenn das

---

[46] Zur Beschwerdebefugnis juristischer Personen siehe BENDA: Verfassungsgerichtsbarkeit [aaO. FN 37 S. 24 dieser Arbeit], 134–135.

[47] Ausführlich RÜDIGER ZUCK: Die Zulässigkeitsvoraussetzungen der Verfassungsbeschwerde nach § 90 BVerfGG, in: *JuS* (1988), H. 5, 370–375.

[48] Den Beitrag der Verfassungsrechtsprechung für die Verfassungskultur beleuchtet HELMUTH SCHULZE-FIELITZ: Wirkung und Befolgung verfassungsgerichtlicher Entscheidungen, in FS 50 Jahre BVerfG 1, 385–420. Schulze-Fielitz erläutert auch die rechtlichen Bindungswirkungen verfassungsgerichtlicher Entscheidungen (mwN. zu den Positionen im Schrifttum zum dogmatischen Status dieser Entscheidungen [ebd. 387–395]). Grundlegend zur Kluft zwischen geschriebenem und angewandtem Verfassungsrecht im deutschen Rechtssystem HEINRICH AMADEUS WOLFF: *Ungeschriebenes Verfassungsrecht unter dem Grundgesetz*, Tübingen 2000.

[49] Vgl. im folgenden HORST SÄCKER: *Das Bundesverfassungsgericht*, Bonn 2003 [6. Aufl.], 89–90.

Bundesverfassungsgericht einfaches Recht nur in einer bestimmten Auslegung für verfassungskonform erklärt. Diese Bindungswirkung ist weitausgreifend, weil nicht nur die unteren Verwaltungsbehörden und Gerichte, sondern (nach § 31 BVerfGG) darüber hinaus auch „die Verfassungsorgane des Bundes und der Länder" an die Entscheidungen des Bundesverfassungsgerichts gebunden sind.

Gemäß § 31 II S. 1 BVerfGG hat die Entscheidung des Bundesverfassungsgerichts in den Fällen des § 13 Nr. 6, 11, 12 und 14 (normenkontrollierende Verfahren) Gesetzeskraft. § 31 II S. 2 stellt klar, daß dies auch in den Fällen des § 13 Nr. 8 a gilt, wenn das Bundesverfassungsgericht ein Gesetz als mit dem Grundgesetz vereinbar oder unvereinbar oder für nichtig erklärt. S. 3 erweitert dies auf das sonstige Bundesrecht und verlangt die Veröffentlichung der Entscheidungsformel im Bundesgesetzblatt.

Von dieser Bindungswirkung ist somit sogar der Bundestag erfaßt: Er darf nicht durch einen neuen Gesetzesbeschluß die vormalige gegenteilige Gerichtsentscheidung des Bundesverfassungsgerichts übergehen. Dabei spielt keine Rolle, ob bei der Prüfung der Vereinbarkeit einer Norm mit dem Grundgesetz das Bundesverfassungsgericht diese Norm für nichtig erklärt oder ob es lediglich deren Verfassungswidrigkeit festgestellt hat.

Gesetzlich vorgesehen waren ursprünglich nur die Möglichkeiten, eine Norm für mit dem Grundgesetz „vereinbar" oder für „nichtig" zu erklären. Das Bundesverfassungsgericht hat sich zusätzlich die seit 1970 gesetzlich sanktionierte Variante geschaffen, ein Gesetz lediglich als „unvereinbar" mit dem Grundgesetz zu deklarieren, wenn ihm die Konsequenzen des völligen Fortfalls der Norm aufgrund ihrer Nichtigkeitserklärung unangemessen schienen.[50] Darüber hinaus praktiziert das Gericht die sogenannte Appellentscheidung, mit der dem Gesetzgeber für „noch verfassungsgemäße" Normen künftige Änderungen aufgetragen werden, sowie das Instrument der ‚verfassungskonformen Auslegung'. In der Figur der ‚verfassungskonformen Auslegung' soll eine Form der Zurückhaltung gegenüber dem Gesetzgeber zum Ausdruck kommen, da dessen Norm in einer speziellen Interpretation aufrechterhalten wird. Andererseits liegt in der positiven Fixierung einer Regelung auf eine einzige Variante eine besonders starke Einengung des gesetzgeberischen Verfassungsinterpretations- und -konkretisierungsprozesses.[51]

Äußerst weitreichend ist die Bindungswirkung der Entscheidungen des Bundesverfassungsgerichts auch deswegen, weil das Gericht diese nicht nur für die Entscheidungsformel (Tenor) reklamiert, sondern auch für deren „tragende Gründe".[52]

---

[50] Hier und im folgenden PLÖHN: Gerichtsbarkeit [aaO. FN 31 S. 22 dieser Arbeit], 329 mwN.

[51] Vgl. § 4 JUDICIAL REVIEW UND DEMOKRATIE. VII. Die Eigenart verfassungsgerichtlicher Souveränität, S. 290 mwN. dieser Arbeit; ebenso PLÖHN: Gerichtsbarkeit [aaO. FN 31 S. 22 dieser Arbeit]. Einen rechtsvergleichenden Überblick zur Figur der ‚verfassungskonformen Auslegung' bietet ROB BAKKER: Verfassungskonforme Auslegung, in: ders./Aalt Willem Heringa/ Frits Stroink (Hg.): *Judicial control. Comparative essays on judicial review*, Antwerpen; Apeldoorn 1995, 9–26.

[52] Problematisierung bei PLÖHN: Gerichtsbarkeit [aaO. FN 31 S. 22 dieser Arbeit], 329–330 mwN.

II. Profilbestimmung: Der politische Status der Gerichtsbarkeit

Hinzu kommt, daß das Bundesverfassungsgericht das Interpretationsmonopol hinsichtlich der sogenannten „Ewigkeitsgarantie" des Art. 79 III GG[53] besitzt. Bestimmte Grundentscheidungen der Verfassung sind aufgrund dieser „Ewigkeitsgarantie" jeglichem ändernden Zugriff entzogen. Natürlich gilt dieses Änderungsverbot für das Bundesverfassungsgericht ebenso wie für den verfassungsändernden Gesetzgeber – aber allein das Bundesverfassungsgericht ist befugt – letztverbindlich – zu konkretisieren, welche Regelungen und Grundsätze des Grundgesetzes änderungsresistent sind. Dieses letztverbindliche Interpretationsmonopol wiegt gerade deswegen um so schwerer, weil es auf der Normebene der „Ewigkeitsgarantie" keine legislativen Akte gibt.

Da diese Änderungsresistenz in Verbindung mit den weitreichenden Befugnissen der ‚Verfassungsgerichtsbarkeit' im hier zugrunde gelegten Verständnis problematisch ist und innerhalb des (verfassungs-)gerichtlichen Spektrums einen Einzelfall darstellt, wird bei der weiteren Legitimitätsprüfung von ‚Verfassungsgerichtsbarkeit' eine solche „Ewigkeitsgarantie" nicht in den Begriff von Verfassung im Sinne des modernen Verfassungsstaats aufgenommen.

Sie gilt es gesondert zu diskutieren. Denn mit dieser Stufung im Verfassungsrecht reicht die Steuerungskapazität der Gerichtsbarkeit sogar noch weiter, als sie durch das Kompetenzprofil einer politischen Instanz auch in inhaltlicher Hinsicht ohnehin bereits gegeben ist.

2. Die Vereinigten Staaten von Amerika

Die Unterschiede zwischen der umfassend ausgebildeten Verfassungsgerichtsbarkeit der Bundesrepublik Deutschland und der mit der Befugnis zur gerichtlichen Überprüfung (‚Judicial Review' respektive ‚Constitutional Review')[54] ausgestatteten Gerichtsbarkeit in den USA lassen sich so zusammenfassen:[55]

---

[53] Zur „Ewigkeitsgarantie" sowie allgemein zur Normenhierarchie des Grundgesetzes siehe WILFRIED BERG: Das Grundgesetz in der Normenhierarchie, in: *JuS/JuS-Lernbogen* 4/1986, L25–L28.

[54] Der Fachausdruck des ‚Judicial Review' umfaßt nicht nur die Beaufsichtigung des (demokratisch gewählten) Gesetzgebers. Vielmehr wird darunter in den USA üblicherweise die richterliche Kontrolle staatlicher Akte – und das heißt: *aller* staatlichen Akte – anhand der Verfassung verstanden [vgl. WINFRIED BRUGGER: *Grundrechte und Verfassungsgerichtsbarkeit in den Vereinigten Staaen von Amerika,* Tübingen 1987, 1 FN 2]. Doch das System der richterlichen Kontrolle über die Rule of Law war nicht immer so lückenlos: Während sich das Überprüfen von Gesetzen auf ihre Verfassungskonformität hin im Verlauf des 19. Jahrhunderts in den USA etablierte, blieb bis ins 20. Jahrhundert hinein offen, ob Judicial Review sogar die gerichtliche Überprüfung von Handlungen des US-amerikanischen Präsidenten beinhaltet [PETER HAY: *Einführung in das amerikanische Recht,* Darmstadt 1995 {4., überarb. Aufl.}, 30: „Richterliche Kontrolle über den Präsidenten, im Gegensatz zu untergeordneten Zweigen der Exekutive {...} wurde {...} bis in die jüngste Zeit nicht ausdrücklich vorgenommen. Erst im Jahre 1952 erklärte der *Supreme Court* Notstandsmaßnahmen des Präsidenten Truman als eine verfassungswidrige Ausübung legislativer Kompetenzen; eine Entscheidung, die die direkte Zuständigkeit des *Su-*

– An der Spitze der Rechtsprechung steht in den USA der Supreme Court. Der Supreme Court ist kein Verfassungsgericht, sondern ein (Verfassungs-)Gericht. Damit soll ausgedrückt sein, daß der Supreme Court kein auf Verfassungsfragen spezialisiertes Gericht ist, sondern das oberste Bundesgericht der Vereinigten Staaten. Mit anderen Worten: der Supreme Court ist von seiner Anlage her ein ordentliches Revisionsgericht; er markiert das Ende des gerichtlichen Instanzenzuges. In der Bundesrepublik Deutschland obliegt die letztverbindliche Auslegung einfachen Gesetzesrechts dagegen den obersten Fachgerichten. Des weiteren ist die Gerichtshierarchie in Deutschland stärker zentralisiert als in den Vereinigten Staaten. Alle obersten deutschen Gerichte sind Bundesgerichte, während in den USA zwei selbständige Gerichtshierarchien auf Gliedstaaten- und Bundesebene nebeneinander stehen. Allerdings ist es auch in den USA möglich, bei ‚bundesrechtlichen' Problemen auf die Ebene der Bundesgerichte überzuwechseln.[56]
– Diese Bundesgerichte entscheiden grundsätzlich über alle Arten von Zuständigkeiten – eine Ausnahme bilden lediglich Gerichte mit besonderen, beschränkten Zuständigkeiten. Das richterliche Prüfungs- und Verwerfungsrecht auch in bezug auf die Verfassungsmäßigkeitskontrolle ist in den USA somit grundsätzlich ein ‚diffuses' – es ist nicht auf einen Gerichtskörper oder eine Kategorie von Gerichten beschränkt. Zwar sind in der Bundesrepublik Deutschland alle Gerichte zum Durchgriff auf die Verfassung berechtigt und verpflichtet; aber die definitive, allseits verbindliche Verwerfung eines Gesetzes ist den Gerichten entzogen und dem Bundesverfassungsgericht zur Entscheidung mit „Gesetzeskraft" vorbehalten.[57]

<hr />

preme Court über den Präsidenten in der Ausübung seiner *exekutiven* Funktionen verfassungsrechtlich verankerte, erging erst im Jahre 1974 im Zusammenhang mit den Tonbandaufnahmen des Präsidenten Nixon. Diese Entscheidung, *United States v. Nixon*, steht in ihrer Bedeutung der Entscheidung in *Marbury v. Madison* gleich und schließt das System der richterlichen Kontrolle über die Befolgung der *Rule of Law* und damit der Gewaltenteilung im Staatsaufbau."].

55 Die Gegenüberstellungen und vergleichenden Analysen sind zahlreich. Hingewiesen sei an dieser Stelle auf die weiter ausgreifenden Studien von WINFRIED BRUGGER: Verfassungsstabilität durch Verfassungsgerichtsbarkeit? Beobachtungen aus deutsch-amerikanischer Sicht, in: *Staatswissenschaft und Staatspraxis*, 4. Bd. (1993), 319–347 und (ders.:) Der moderne Verfassungsstaat aus Sicht der amerikanischen Verfassung und des deutschen Grundgesetzes, in: *AöR*, 126. Bd. (2001), 337–402 sowie die stärker auf rechtstechnische Aspekte beschränkten Ausführungen von CURRIE/WYATT: Das richterliche Prüfungsrecht [aaO. FN 4 S. 6 dieser Arbeit]. Instruktiv zum US-amerikanischen Rechtssystem JOHN KINCAID: § 11 Rechtssystem und Gerichtsbarkeit, in: Wolfgang Jäger/Wolfgang Welz (Hg.): *Regierungssystem der USA*. Lehr- und Handbuch, München; Wien 1998 [2., unwes. veränd. Aufl.; Erstaufl. 1995], 214–230; RICHARD HODDER-WILLIAMS: The federal judiciary, in: Robert Singh (Hg.): *Governing America. The Politics of a Divided Democracy*, Oxford u.a. 2003, 147–168. Grundlegend zum politischen System der USA allgemein sowie insbesondere zur US-Verfassung und zum US-Supreme Court ROBERT SINGH: *American Government & Politics. A Concise Introduction*, London; Thousand Oaks; New Delhi 2003, v.a. 25–45 und 177–201.

56 BRUGGER: Verfassungsstabilität durch Verfassungsgerichtsbarkeit? [aaO. FN 55 S. 30 dieser Arbeit], 321.

57 Vgl. SCHLAICH/KORIOTH: *Bundesfassungsgericht* [aaO. FN 2 S. 4 dieser Arbeit], 16.

II. Profilbestimmung: Der politische Status der Gerichtsbarkeit

- Nach Art. III, Sect. 1 der US-Verfassung sind alle Bundesrichter – folglich auch die Richter des Supreme Court – unabsetzbar („solange ihre Amtsführung einwandfrei ist"). Die Bundesverfassungsrichter dürfen demgegenüber nicht länger als 12 Jahre ihr Amt ausüben.
- Auch der Bestellungsmodus ist bei den Supreme Court Justices ein anderer: Das Vorschlagsrecht liegt beim US-Präsidenten, die Ernennung der Supreme Court Justices kann aber nur mit der Zustimmung des Senats (gemäß der ‚*advice and consent-clause*'[58]) erfolgen.
- Hinzu kommt, daß sich die Rekrutierung der Supreme Court Richter in den USA im (Scheinwerfer-)Licht der Öffentlichkeit vollzieht. Die Supreme Court Richter müssen sich Hearings unterziehen, die sich des Interesses der öffentlichen und veröffentlichten Meinung sicher sein können. In der Bundesrepublik ist dies eher nur dann der Fall, wenn sich die Parteien bei informellen Absprachen und Abklärungen (und trotz derselben) nicht auf Kandidaten zu einigen vermochten.
- Der Zugang zum Supreme Court ist an die ‚*case or controversy*'-Erfordernis gekoppelt.[59] (Nach Art. III, Sect. 2 der US-Const. erstreckt sich die richterliche Kompetenz der Bundesgerichte nur auf die enumerativ aufgeführten „Fälle" [‚*cases*'] und „Streitigkeiten" [‚*controversies*']. Die beiden Ausdrücke sind Synonyme und daher austauschbar.) Das heißt, der Supreme Court hat nur die Befugnis zur konkreten,[60] nicht aber (wie jedoch das Bundesverfassungsgericht) zur abstrakten Normenkontrolle inne.
- Im Gegensatz zum deutschen Recht kennt das amerikanische eine besondere individuelle Verfassungsbeschwerde nicht. Grundrechtsverstöße müssen im Rahmen der allgemeinen Beschwerdebefugnis der Bürger geltend gemacht werden. In

---

[58] Art. II Sect. 2 Abs. 2 US-Constitution: „He [the President; M.E.] [...] shall nominate, and by and with the Advice and Consent of the Senate, shall appoint [...] Judges of the supreme Court [...]." Die Interpretation, daß dem Senat bei der Ernennung von Botschaftern, Supreme Court Richtern u.a. ein Veto-Recht zukommt, gehört zum festen Bestand des amerikanischen Verfassungsrechts.

[59] Zu den unterschiedlichen Regelungen der Fallannahme siehe S. 21 sowie ebd., FN 26 dieser Arbeit.

[60] Die Befugnis der Gerichtsbarkeit, Gesetze auf ihre Verfassungskonformität zu überprüfen, geriet in den USA im 19. Jahrhundert zum festen Bestand des amerikanischen Rechts, nachdem sie der Supreme Court bereits 1803 in seiner berühmten Entscheidung *Marbury vs. Madison* in Anspruch genommen hatte. Vgl. KERMIT L. HALL: *The Supreme Court and Judicial Review in American History*. With a Foreword by Herman Belz, Series Editor. Bicentennial Essays On The Constitution, American Historical Association, Washington D.C. 1985, 11: „The Supreme Court from 1789 to 1865 established judicial review. Federalist Chief Justice John Marshall (1803–35) and, to a lesser extent, his Jacksonian Democratic successor, Roger B. Taney (1836–64), cautiously energized the Constitution's latent judicial powers. Their courts held only forty-four laws unconstitutional – less than one-half of one percent of all cases brought before them. They voided only three acts of Congress, and the judicial ax fell most often on state laws and local ordinances." Auffällig ist, daß bei dieser Zusammenstellung die Befugnis zum Judicial Review nur gegenüber Akten der Legislative betrachtet wurde. Die Ausübung des Judicial Review gegenüber Akten untergeordneter Organe der Exekutive scheint keine besondere Rolle gespielt zu haben – falls sie (in diesem Zeitraum) überhaupt stattgefunden hat.

Entsprechung zur ‚Betroffenheit' des Klägers – einem bundesrepublikanischen Zulässigkeitskriterium für Verfassungsbeschwerden – muß der Kläger nach US-amerikanischem Recht in *eigenen* Rechtsinteressen betroffen sein (*„standing'*).
- Im Vergleich zur bundesrepublikanischen „Verfassungsgerichtsbarkeit" ist die Bindungswirkung der Entscheidungen des Supreme Court geringer. So gilt etwa die *‚res judicata-doctrine',*[61] die in vielen Fällen zur Aufrechterhaltung von staatlichen Entscheidungen führt, auch wenn diese Entscheidungen auf einer verfassungswidrigen Norm gegründet sind. Davon unberührt sind aber strafrechtliche Akte, die auf verfassungswidrigen Vorschriften und Praktiken beruhen – falls durch das betreffende Staatshandeln die Integrität der Wahrheitssuche im Strafprozeß bedroht wird. Sie sind rückgängig zu machen (da dann die Gefahr der Verurteilung eines Unschuldigen besteht).[62] Eine Kompetenz zur Nichtigkeitserklärung steht dem Supreme Court nicht zu; er kann lediglich eine verfassungswidrige Norm nicht anwenden oder die Korrektur eines sonstigen staatlichen Handelns, das er als verfassungswidrig rügt, in die Wege leiten. In der Praxis ist dies aber zumeist gleichbedeutend mit einer Nichtigkeitserklärung. Denn sein Urteil gilt als Präjudiz für weitere Gerichtsentscheidungen. Die große Bedeutung von Präzedenzfällen ergibt sich aus dem im angelsächsischen Common Law als hochrangig eingestuften Prinzip des *‚stare decisis'*.[63] Nach diesem Prinzip sind die Gerichte an die Entscheidungen (*‚precedents'*) der ihnen übergeordneten Gerichte gebunden. Zudem haben sie auch ihre eigenen früheren Entscheidungen zu achten, falls ein vergleichbarer Fall vorliegt. Nicht zu übersehen ist aber, daß die Doktrin des *‚stare decisis'* in der Praxis des Supreme Court oft explizit außer Kraft gesetzt oder implizit umgangen wird. Werden grundlegende Unterschiede zwischen den Sachverhalten (*‚distinguishing'*) vormaliger Fälle und der aktuell anstehenden Streitigkeit ausgemacht, ist diese Doktrin sowieso nicht anzuwenden. Die „Aushebelung" dieser Doktrin dürfte angesichts der *‚case or controversy'*-Erfordernis leichter fallen als im Falle des Vorhandenseins von Verfahren der abstrakten Normenkontrolle. Die Ausrichtung an Präzedenzfällen und der Grundsatz, aus Gründen der Rechtssicherheit an ergangenen Urteilslinien festzuhalten, wird vom Supreme Court traditionell stark gewichtet. Doch da jeder Einzelfall anders gelagert ist, kann die nachfolgende Rechtsprechung die früheren Entscheidungen auch stets relativieren.
- Schließlich kennt das Bundesverfassungsgericht keine Lehre, die der US-ameri-

---

[61] Zu dieser Rechtsdoktrin siehe deren Definition in *Bluefield S.S. Co. vs. United Fruit Co.*, 243 F. 1, 9 (3 d Cir. 1917) [zit. n. HAY: *Einführung* {aaO. FN 54 S. 29 dieser Arbeit}, 9 FN 20: „Die Lehre von *res judicata* ... besagt, daß ein von einem zuständigen Gericht in der Sache in letzter Instanz zwischen den Parteien endgültig entschiedener Rechtsstreit von denselben Parteien weder bei demselben noch bei einem anderen Gericht wieder streitanhängig gemacht werden kann."].

[62] Zu den Rechtsfolgen bei einem gerichtlich festgestellten Verfassungsverstoß im besonderen sowie allgemein zur Zulässigkeit verfassungsgerichtlicher Kontrolle detailliert mwN. BRUGGER: *Grundrechte und Verfassungsgerichtsbarkeit* [aaO. FN 54 S. 29 dieser Arbeit], 20–21 bzw. 9–21.

[63] Hier und im folgenden vgl. BRUGGER: *Grundrechte und Verfassungsgerichtsbarkeit* [aaO. FN 54 S. 29 dieser Arbeit], 20–21 sowie FN 57 [ebd. 21].

II. Profilbestimmung: Der politische Status der Gerichtsbarkeit

kanischen *political question*'-Doktrin vergleichbar wäre, welche der Supreme Court entwickelt hat.[64] Nach bundesrepublikanischem Rechtsverständnis kann das Bundesverfassungsgericht (wie generell die Gerichtsbarkeit überhaupt) keine derartige Trennung zwischen rechtlich behandelbaren und politischen – das heißt: der gerichtlichen Kontrolle entzogenen – Fragen vornehmen. Gemeint ist mit dieser Nichtbehandlung „politischer" Fragen nicht, daß die Gerichtsbarkeit politisch relevante Fälle nicht annimmt und für das politische System oder – weiter ausgreifend – für das Gemeinwesen folgenreiche Fragen nicht entscheiden würde. (Mehr oder weniger ist diese Relevanz bei verfassungsrechtlichen Streitigkeiten immer gegeben.) Die Unterscheidung zwischen rechtlicher Kontrolle unterworfenen Fragen und einer solchen nicht zugänglichen bemißt sich nach der Justiziabilität dieser Fragen.

Das Kriterium der Justiziabilität kann von verschiedenen Aspekten her definiert werden – angeführt seien diese Erwägungen:

* Nach Klugheits- und Praktikabilitätsüberlegungen könnte Justiziabilität verneint werden, wenn eine gerichtliche Entscheidung keine Gewähr für eine situationsadäquate Einschätzung und Abwägung zu bieten scheint – respektive wenn andere Staatsorgane für eine solche Entscheidung geeigneter erscheinen. Insbesondere bei außenpolitischem staatlichen Handeln ist eine Brüskierung der in diesem Bereich tätigen Legislative und Exekutive befürchtet worden.[65] Ebenso wird von einer Gefährdung von (staatlichen) Interessen oder das Gegenwärtigen schwerwiegender Nachteile für die Handlungsfähigkeit des Staates oder für

---

[64] Vgl. SCHLAICH/KORIOTH: *Bundesverfassungsgericht* [aaO. FN 2 S. 4 dieser Arbeit], 354 mwN.: „Es besteht weithin Einverständnis darüber, daß die amerikanische *political question-Doktrin* [...] auf das BVerfG nicht übertragbar ist." BRUGGER: Verfassungsstabilität durch Verfassungsgerichtsbarkeit? [aaO. FN 55 S. 30 dieser Arbeit], 330: „Das deutsche Bundesverfassungsgericht [...] hat keine ‚political question doctrine' entwickelt. Soweit individuelle Rechte möglicherweise durch die öffentliche Gewalt verletzt werden, muß nach Art. 19 Abs. 4 Grundgesetz der Weg zu den Gerichten eröffnet sein. Was Streitigkeiten zwischen Staatsorganen angeht, so hat das Bundesverfassungsgericht in der Sache zu entscheiden, soweit die einschlägigen Zulässigkeitsvorschriften eingehalten sind." Ablehnend auch KLAUS STERN: *Verfassungsgerichtsbarkeit zwischen Recht und Politik,* Opladen 1980, 31–32. Am ausführlichsten zur Frage der Übertragbarkeit dieser Rechtsfigur auf die bundesdeutsche Verfassungsrechtsprechung MICHAEL PIAZOLO: *Verfassungsgerichtsbarkeit und Politische Fragen. Die Political Question Doktrin im Verfahren vor dem Bundesverfassungsgericht und dem Supreme Court der USA,* München 1994. Piazolo gelangt ebenfalls zum Ergebnis, daß im deutschen Recht kein Raum für die Rezeption der amerikanischen Lehre bestehe [vgl. v.a. ebd., 76].

[65] Im Anschluß an eine rechtsvergleichende Analyse der *‚political question'*-Doktrin gelangt CEES FLINTERMAN zu dem Urteil, daß die (niederländische) Gerichtsbarkeit in Fällen auswärtiger Angelegenheiten sich einer prinzipiengeleiteten Rechtsprechung bedienen sollte, die den beiden anderen Zweigen der Staatsgewalt einen weiten Ermessensspielraum einräumt. Er wendet sich aber zugleich gegen eine der US-Rechtsprechung analoge Übernahme der ‚political question'-Doktrin, da diese zu oft mißbraucht worden sei und werde [Judicial control of foreign affairs: the political question doctrine, in: Rob Bakker/Aalt Willem Heringa/Frits Stroink (Hg.): *Judicial control. Comparative essays on judicial review,* Antwerpen; Apeldoorn 1995, 45–54 {54}].

(Teile) der Bürgerschaft ausgegangen, falls Gerichte (nach Maßgabe des Rechts) entscheiden.

* Aus funktionell-rechtlicher Perspektive ließe sich argumentieren, daß ein gerichtliches Entscheiden nur zum Schutz der individuellen Rechte der Bürger, nicht aber zum Schutz der Rechtsordnung angebracht oder erforderlich ist. Des weiteren kann Justiziabilität bestritten werden, wenn die Gerichtsbarkeit nicht nach vorgebenen Normen zu urteilen vermag, sondern wenn sie in Ermangelung respektive aufgrund unzureichender Klarheit derselben eigene Wertsetzungen vornehmen muß.

In Abkehr von Teilen traditioneller Auffassungen stuft die überwiegende Meinung der deutschen Juristen und Rechtsphilosophen die Figur der „politischen Fragen" als Justizverweigerung ein. In der deutschen Rechtskultur sind alle Fragen nach Maßgabe des Rechts zu entscheiden, eine Ausklammerung bestimmter Materien von vorneherein wird verneint. Allerdings ist mit der generellen (verfassungs-) gerichtlichen Zuständigkeit in der bundesrepublikanischen Rechtsprechung überhaupt die Prüfungsdichte und -tiefe der gerichtlichen Kontrolle nicht determiniert. Hierfür spielen Kriterien der Justiziabilität eine zentrale Rolle.

Trotz der aufgeführten Unterschiede ergibt eine Analyse der Verfassungssysteme Deutschlands und der USA den Befund, daß souveräne Verfassungsgerichtsbarkeit und insbesondere ‚Verfassungsgerichtsbarkeit' gemäß dem zu diskutierenden Rollenmodell in diesen Staaten ihres Amtes waltet. Für die weiteren *hier* (im folgenden) *vorgestellten* Rechtssysteme trifft dies nicht zu.

3. Frankreich

Bei der Entwicklung des Rechtsstaat hat Frankreich eine Vorreiterrolle inne.[66] Die Déclaration des Droits de l'Homme et du Citoyen von 1789 enthielt zwar noch nicht den Begriff des Rechtsstaats. Doch der Sache nach finden sich in ihr bereits wesentliche Elemente des Rechtsstaatsgedankens.

Prominent ist zuallererst der Grundsatz der Gewaltenteilung. Kategorisch spricht Art. 16 der Menschen- und Bürgerrechtserklärung es jedem Staat ab, überhaupt eine Verfassung zu haben, wenn dessen Verfassung nicht ein gewaltenteiliges Staatsmodell und die Sicherung der individuellen Rechte vorschreibt.

Hiermit klingt bereits ein weiteres Element der Rechtsstaatlichkeit an – die Bindung der staatlichen Gewalt an das Recht; mehr noch: die staatliche Gewalt ist dem

---

[66] Instruktiv zur Rechts- und Verfassungsstaatlichkeit in Frankreich und Deutschland CONSTANCE GREWE: Das Verständnis des Rechtsstaates in Frankreich und in Deutschland, in: Joseph Jurt/ Gerd Krumeich/Thomas Würtenberger (Hg.): *Wandel von Recht und Rechtsbewußtsein in Frankreich und Deutschland,* Berlin 1999, 157–167 [Studien des Frankreich-Zentrums der Albert-Ludwigs-Universität Freiburg; Bd. 1]. Einführend zum politischen System Frankreichs UDO KEMPF: Das politische System Frankreichs, in: Wolfgang Ismayr (Hg.): *Die politischen Systeme Westeuropas.* 3., aktual. u. überarb. Aufl., Opladen 2003, 301–347.

II. Profilbestimmung: Der politische Status der Gerichtsbarkeit

Verfassungsrecht unterworfen. So muß der Staat gewaltenteilig verfaßt sein, und so ist dem Staat die Beachtung natürlicher, unveräußerlicher und geheiligter Rechte aufgegeben.

Impliziert ist dabei im Grunde bereits das rechtliche Strukturprinzip einer Normenhierarchie: Von den Menschen- und Bürgerrechten leitet sich zugleich sowohl die Legitimation der staatlichen Gewalt ab als auch deren Limitation her. Insofern kommt dem Verfassungsrecht der Vorrang vor dem einfachen Recht zu.

Dieses Vorrangverhältnis galt und gilt in Frankreich jedoch nur bedingt.

Die volle Anerkennung der Verfassung als Normengefüge und die Sanktionierung dieses Normengefüges durch die Gerichtsbarkeit waren dem staatstheoretischen Denken im Frankreich des 18. Jahrhunderts nämlich weitgehend fremd. So ist Sieyes' Fürsprache für eine solche Verfassungsstaatlichkeit gescheitert, und auch in der weiteren Entwicklung – vom 19. und bis ins 20. Jahrhundert – konnte sich das Rollenmodell einer Gerichtsbarkeit als politische Instanz in Frankreich nicht durchsetzen.

Einer Verankerung dieses konstitutionalistischen Rollenverständnisses der Gerichtsbarkeit stand die Auffassung entgegen, daß dies eine nicht hinnehmbare Relativierung der Lehre von der Souveränität des Volkes bedeutet hätte. Denn in der französischen Rechtskultur herrscht die Vorstellung vor, das Gesetz sei Ausfluß und Ausdruck der Volkssouveränität. Das Verabschieden von Gesetzen durch die Legislative wird in ihr bis in die heutige Zeit als *in Stellvertretung des Volkes* – des Trägers der Souveränität – erfolgend begriffen.

Die „Unantastbarkeit" des Gesetzes von seiten der Judikative rührt noch von dem Dominieren einer weiteren Auffassung her. Geprägt auch von den rechts- und staatsphilosophischen Lehren von Rousseau und Montesquieu verkörpert in der französischen Rechtskultur das Gesetz ‚Allgemeinheit'. Steuernde Zugriffe der Gerichtsbarkeit auf die Staatsgewalt konterkarieren dementsprechend die Sichtweise einer notwendigerweise allzuständigen und qua Selbstgesetzgebung gerechten und rechtmäßigen Legalität.[67]

Wegweisend war dann eine Entscheidung des Conseil Constitutionnel von 1971, die eine gewisse Abkehr von derartigen – sogenannten ‚legizentristischen' – Auffassungen markiert.[68] Diese bestimmte die Déclaration des Droits de l'Homme et du Citoyen

---

[67] Allerdings dehnte die Gerichtsbarkeit im weiteren Verlauf ihre Kontrolle der Exekutive insofern aus, als sie Verwaltungsakte auf ihre Übereinstimmung mit (ihrer) gesetzlichen Grundlage(n) prüft(e).

[68] Zum verfassungsgeschichtlichen Hintergrund und zur Machtposition des Verfassungsrates sowie zur französischen Variante eines „Marbury vs. Madison" siehe ADOLF KIMMEL: Der Verfassungsrat in der V. Republik. Zum ungewollten Erstarken der Verfassungsgerichtsbarkeit in Frankreich, in: *ZParl*, 17. Bd. (1986), H. 4, 530–547; JÜRGEN HARTMANN: Verfassungsgericht, Grundrechte und Regierungssystem am Beispiel des Wandels der Verfassungsgerichtsbarkeit in Frankreich und Kanada, in: ders./Uwe Thaysen (Hg.): *Pluralismus und Parlamentarismus in Theorie und Praxis*. Winfried Steffani zum 65. Geburtstag, Opladen 1992, 261–283; ALEC STONE: *The Birth of Judicial Politics in France*. The Conseil Constitutionnel in Comparative Perspective, New York u.a. 1992; zu den rechtstechnischen Aspekten PIERRE AVRIL/JEAN GICQUEL: *Le Conseil*

von 1789 sowie die Präambel der Verfassung als integralen Bestandteil der Verfassung der V. Republik. Somit waren die darin niedergelegten Grundrechte in den Rang einklagbarer Maßstäbe erhoben worden; die Verfassung der V. Republik hat dadurch den Charakter eines bloßen Organisationsstatus verloren.

Dessen ungeachtet kann in bezug auf das französische Rechtssystem nicht von einer umfassend ausgebauten Verfassungsgerichtsbarkeit gesprochen werden:
– Das französische Recht kennt keine Individualbeschwerde;
– dem Conseil Constitutionnel steht nur das Recht zur abstrakten, nicht aber zur konkreten Normenkontrolle zu – und auch diese nur in einem eingeschränkten Sinn; (nämlich in folgender Hinsicht:)
– der Verfassungsrat vermag zwar Gesetze daraufhin zu prüfen, ob sie im Einklang mit der Verfassung stehen, doch ist diese Verfassungsmäßigkeitskontrolle auf deren Prüfung *vor* ihrer Verkündigung beschränkt. Mit anderen Worten: die französische Verfassungsgerichtsbarkeit besitzt nur die Zuständigkeit zur präventiven Normenkontrolle.[69]

Hierin zeigt sich die Wirkmächtigkeit des ‚Legizentrismus' der französischen Rechtskultur.

4. Schweiz

Auf der Schwelle zum 21. Jahrhundert hat die Schweizerische Eidgenossenschaft eine Verfassungsreform durchgeführt.[70] Vorausgegangen war dieser Reform eine Zeitspanne von ca. 35 Jahren, während der über die Inhalte dieses Projektes debattiert wurde und Verfassungsentwürfe ausgearbeitet wurden. Im Zuge dieses Prozesses

---

Constitutionnel, Paris 2005 [5. Aufl.]; FROMONT: Der französische Verfassungsrat [aaO. FN 22 S. 19 dieser Arbeit]. Umfassend (auch mit geschichtlicher Vertiefung) MELS: *Bundesverfassungsgericht und Conseil Constitutionnel* [aaO. FN 22 S. 19 dieser Arbeit].

[69] Hinzukommt, daß die Befugnis des Verfassungsrats selbst zur präventiven Normenkontrolle eingeschränkt ist: Nur die *lois organiques* und die Geschäftsordnungen der beiden Kammern müssen vor ihrer Verkündung vom Conseil Constitutionnel geprüft werden. Die einfachen Gesetze (*lois ordinaires*) sowie internationale Verträge, die der Ratifizierung unterliegen, können dem Verfassungsrat vorgelegt werden. Ausgenommen von dessen Prüfungszuständigkeit sind überdies durch Referendum gebilligte Gesetze. Demnach kann der Verfassungsrat nur bei Gesetzen angerufen werden, die vom Parlament beschlossen wurden. Auch der eingeschränkte Zugang zum Conseil Constitutionnel spricht gegen ein Vorliegen einer umfassend ausgebauten Verfassungsgerichtsbarkeit, geschweige denn für ein ‚verfassungsgerichtliches' Kompetenzprofil: Einzelne Parlamentsmitglieder oder einzelne Staatsbürger können den Verfassungsrat nicht anrufen. Dieses *droit de saisine* ist auf den Staatspräsidenten, den Premierminister, die Präsidenten der beiden Kammern und – seit der Reform von 1974 – auch auf eine Gruppe von jeweils 60 Abgeordneten oder Senatoren beschränkt. Vgl. MELS: *Bundesverfassungsgericht und Conseil Constitutionnel* [aaO. FN 22 S. 19 dieser Arbeit], 220–221; 272–273; 275; 301–305; 316–318 [jeweils mwN.].

[70] Einführend zum politischen System der Schweiz WOLF LINDER: Das politische System der Schweiz, in: Wolfgang Ismayr (Hg.): *Die politischen Systeme Westeuropas.* 3., aktual. u. überarb. Aufl., Opladen 2003, 487–520.

II. Profilbestimmung: Der politische Status der Gerichtsbarkeit 37

diskutierten Politiker, Verfassungsexperten sowie die bürgerliche Öffentlichkeit auch das Für und Wider eines Ausbaus der Verfassungsgerichtsbarkeit auf Bundesebene, figurierte das Vorhaben der Errichtung einer umfassenden Konstitutionsjurisdiktion immerhin auf der Traktandenliste der politischen Willensbildung oder gelangte sogar in das Umfeld der verfassungsändernden respektive -gebenden Verfahren[71].

Namentlich ein Reformvorschlag der zentralstaatlichen Kollegialregierung – des Bundesrates – verdient eine besondere Beachtung. Der Bundesrat sprach sich 1996 in einem Entwurf für eine konzentrierte Verfassungsgerichtsbarkeit in Gestalt des Bundesgerichts in Lausanne aus. So sollten Bundesgesetze durch das Lausanner Gericht auf ihre Übereinstimmung mit verfassungsmäßigen Rechten und dem Völkerrecht überprüft werden (können). Stellte das Bundesgericht den Fall einer Verletzung fest, sollte es die von ihm gerügten gesetzlichen Bestimmungen nicht anwenden. Dieses Modell einer akzessorischen Verfassungsgerichtsbarkeit enthielt auch das Klagerecht der Kantone zum Schutz ihrer verfassungsmäßigen Rechte. Aber dieser Vorstoß scheiterte ebenso wie andere Bestrebungen im Rahmen der Revision der Bundesverfassung.[72]

Auf mittlere Sicht dürfte damit der formelle verfassungsrechtliche Reformprozeß *in puncto* Verfassungsgerichtsbarkeit auf Bundesebene abgeschlossen sein. Auf längere Sicht scheint eine Dynamik hinsichtlich der bundesgerichtlichen Zuständigkeiten hingegen nicht ausgeschlossen, zumal von der völkerrechtlichen Eingebundenheit der Schweiz Anstöße ausgehen könnten hin zu einem umfassenden verfassungsgerichtlichen Mandat. Zuallererst sind hier die rechtlichen Verflechtungen mit dem Europarat und den damit verknüpften juristischen Verpflichtungen aufgrund der Europäischen Menschenrechtskonvention (EMRK) zu nennen. Zudem ist längerfristig ein Beitritt der Eidgenossenschaft zur EU möglich. Die Schweiz würde dadurch der Rechtsprechung des Europäischen Gerichtshofs unterliegen, und diese faktische Form von Verfassungsgerichtsbarkeit könnte dann Impulse für einen Ausbau der helvetischen Verfassungsgerichtsbarkeit geben. Ohnedies ist zu erwähnen, daß im

---

[71] Nach schweizerischem Verfassungsrecht besteht zwischen Verfassungsänderung und Verfassungsgebung kein Unterschied: „Der Weg der Totalrevision der Bundesverfassung eröffnet de constitutione lata, auf dem Boden einer normativen Kontinuität, Verfassungsänderungen unterschiedlicher formeller und materieller Tragweite. Bundesversammlung, Volk und Stände sind die verfassunggebende Gewalt, sie üben diese im Rahmen von Total- oder Teilrevisionen aus." [RENÉ RHINOW/Unter Mitarb. v. Ursula Abderhalden u.a.: *Grundzüge des Schweizerischen Verfassungsrechts,* Basel; Genf; München 2003, 73–74].

[72] Hierzu RHINOW: *Grundzüge* [aaO. FN 71 S. 37 dieser Arbeit], 462 mwN. und CHRISTOF WAMISTER: «Kalte Füsse» im Bundeshaus: Normenkontrolle gestrichen, in: *Basler Zeitung,* Nr. 235 (8. 10. 1999), 10. Zu den Zuständigkeiten des Bundesgerichts *vor* Inkrafttreten der gegenwärtigen Bundesverfassung WALTER HALLER: Das schweizerische Bundesgericht als Verfassungsgericht, in: Christian Starck/Albrecht Weber (Hg.): *Verfassungsgerichtsbarkeit in Westeuropa. Teilband I: Berichte,* Baden-Baden 1986, 179–217; zu den bis heute wirkenden geschichtlichen Hintergründen dieses Zuständigkeitsprofils STEFAN OETER: Die Beschränkung der Normenkontrolle in der schweizerischen Verfassungsgerichtsbarkeit. Ein Beitrag zu Entstehung und gegenwärtiger Bedeutung des Art. 113 Abs. 3 der Schweizer Bundesverfassung, in: *ZaöRV,* 50. Bd. (1990), H. 3, 545–598.

Kreis der wissenschaftlichen Fachöffentlichkeit die Debatte über den Ausbau der schweizerischen Verfassungsgerichtsbarkeit weiterhin schwelt. Bemerkenswert ist ferner, daß die am 1. Januar 2000 in Kraft getretene Bundesverfassung in ihrem 2. Titel: „Grundrechte, Bürgerrechte und Sozialziele" systematisierte Grundrechtsteile enthält (1. Kapitel: Art. 7 bis Art. 36 sowie 2. Kapitel: Art. 37 bis 40), während in der Vorgängerverfassung die grundrechtlichen Bestimmungen noch im Text verstreut waren.[73] Freilich erlaubt dieser Umstand nicht mehr als die Feststellung, daß den Instituten einer verfassungsrechtlich breit abgestützten Individualverfassungsbeschwerde und einer ebensolchen repressiven Normenkontrolle der Boden bereitet wäre. Ein gerichtliches Mandat *hierfür* ist dogmatisch nicht ableitbar.

Auf dem Wege eines Verfassungswandels, also nicht in Gestalt der formellen Reform einer Total- oder Teilrevision der Bundesverfassung sind überdies kleinere Schritte hin zu einer verstärkten Wahrnehmung verfassungsgerichtlicher Aufsicht möglich. Dies deswegen, weil eine Schlüsselnorm für das verfassungsgerichtliche Kompetenzprofil auf Bundesebene, Artikel 191 BV, die verfassungsgerichtliche Kontrolle sowohl massiv beschränkt als auch – gleichsam durch die Hintertüre – eröffnet. Artikel 191 BV statuiert, Bundesgesetze und Völkerrecht seien für das Bundesgericht und die anderen rechtsanwendenden Behörden maßgebend. Dadurch ist dem Bundesgericht verwehrt, Verfassungsverstöße gegenüber *Bestimmungen in Bundesgesetzen* in einem Rechtschutzverfahren geltend zu machen. Aus der Schlüsselnorm kann jedoch zugleich ein Aufgabenfeld für die Jurisdiktion gefolgert werden – nämlich das Wachen über die Einhaltung des (zwingenden) des Völkerrechts (Art. 191 in Verbindung mit Art. 5 Satz 4: „Bund und Kantone beachten das Völkerrecht"). Das Bundesgericht hat diese Folgerung bei seiner Rechtsprechung wohl überwiegend vertreten, indem es (auch) Bundesgesetze auf ihre Übereinstimmung mit den (direkt anwendbaren) Garantien der EMRK überprüft hat. Da die Garantien der EMRK nur zum Teil die grundrechtlichen Vorschriften der Bundesverfassung abdecken, führt diese Version einer „indirekten Verfassungsgerichtsbarkeit" allerdings zu einem gespaltenen Grundrechtsschutz.[74]

Die Betonung des Aspekts eines verhinderten beziehungsweise „nur" in geringerem Maße eingetretenen Ausbaus der Verfassungsgerichtsbarkeit soll allerdings über

---

[73] Die Bundesverfassung gilt gegenwärtig in der Fassung vom 29. 3. 2005 [Der Text ist zu finden unter www.admin.ch/ch/d/sr/c101.html – 12. 7. 2005]. Die Reform der Bundesverfassung setzte sich nach dem „Baukastenprinzip" (bislang) aus drei Teilen zusammen: einer in erster Linie lediglich „nachgeführten" Bundesverfassung, einer Justizreform und einer Reform der Volksrechte. Die „Nachführung" der Bundesverfassung bedeutete weniger eine tiefgreifende Umgestaltung, sondern eher eine ordnende und punktuelle Erneuerung. Verfassungstext und Verfassungswirklichkeit sind nun stärker aneinander angenähert und die Übersichtlichkeit und Systematik der Vorschriften gestiegen. Sowohl die Reform der Volksrechte als auch die der Justiz zielten hingegen in einem stärkeren Ausmaß auf konstitutionelle Innovationen. Im Rahmen der Justizreform war insbesondere auch die Etablierung des Instituts der konkreten Normenkontrolle zunächst anvisiert, dann aber zurückgezogen worden.

[74] Zu dieser Urteilspraxis und zur Problematik eines gespaltenen Grundrechtsschutzes RHINOW: *Grundzüge* [aaO. FN 71 S. 37 dieser Arbeit], 461–462 mwN.

II. Profilbestimmung: Der politische Status der Gerichtsbarkeit 39

eines nicht hinwegtäuschen: In der Schweiz existiert durchaus Rechtsprechung verfassungsgerichtlicher Natur auf Bundesebene. So unterliegen Rechts*anwendungsakte* von Bundesbehörden der Prüfung auf Verfassungsmäßigkeit durch das Bundesgericht. Gleiches gilt – seit der neuen Bundesverfassung – für Normen des Bundes *unterhalb* des Status von Gesetzen (also namentlich für Verordnungen der Bundesversammlung und des Bundesrates). Wie bereits gemäß der vorherigen Bundesverfassung kann das Lausanner Gericht materielle Verfassungsnormen gegenüber Kantonen durchsetzen, und es ist weiterhin eine Verfassungsbeschwerde gegen kantonale Hoheitsakte zulässig.

In Ausübung dieser Befugnisse tritt die schweizerische (Verfassungs-)Gerichtsbarkeit als eine ‚politische Instanz' im Gefüge des politischen Systems der Schweiz auf: Das Bundesgericht agiert im Dienste der Herstellung einer Rechtsvereinheitlichung. Vor der Verfassungsrevision stand die Gewährleistung einer *föderativen* Rechtsvereinheitlichung im Vordergrund, während nun die Rechtsgebundenheit allen staatlichen Handelns – also auch das der zentralstaatlichen Organe – gerichtlicher Sicherstellung obliegt. Freilich endet die Aufsicht der (Konstitutions-)Jurisdiktion bei den Volksentscheiden und den Beschlüssen der eidgenössischen Räte (Stände- und Nationalrat), die auf Bundesebene Verfassungs- beziehungsweise Gesetzesrang besitzen. Dies gilt allenfalls vorbehaltlich einer Rechtsprechung auf der Grundlage spezifischen Völkerrechts. Dieser völkerrechtliche Vorbehalt wird allerdings nicht nur durch das Bundesgericht verwirklicht, sondern auch durch den Europäischen Gerichtshof für Menschenrechte in Straßburg. Dergestalt kennt die Schweiz in zweifacher Weise keine umfassende, sondern „lediglich" eine eingeschränkte weil „indirekte Verfassungsgerichtsbarkeit": via Lausanne die Ausübung einer repressiven konkreten Normenkontrolle auf völkerrechtlichem Umweg und via Straßburg eine solche auf dem Umweg internationaler Gerichtsbarkeit.

Dem Rollenmodell einer ‚Verfassungsgerichtsbarkeit' entspricht die schweizerische (Verfassungs-)Gerichtsbarkeit nicht – die Rechtsprechung der Schweizerischen Eidgenossenschaft ist nicht souverän. Denn nicht sämtliche Träger hoheitlicher Gewalt unterliegen gerichtlicher Kontrolle. Vielmehr ist die Jurisdiktion im wesentlichen auf die Rechtsvereinheitlichung beschränkt und kann daher die Rolle einer ‚politischen Instanz' nur in einem begrenzten Maße ausfüllen.

5. Iran

Bei der Gründung der Islamischen Republik Iran wurde in die politische Wirklichkeit umgesetzt, was Khomayni knapp 10 Jahre zuvor in seinem Werk »Velayat-e faqih«[75]

---

[75] Zum Begriff ‚*velayat-e faqih*' siehe FN 23 S. 20 dieser Arbeit. Niedergelegt sind Khomaynis von früheren Auffassungen abweichende Vorstellungen in dem Buch »Hokumat-e eslami« („Islamische Regierung"), das als Mitschrift aus einer Serie von Vorlesungen entstanden ist und erst nachträglich Khomaynis Zustimmung erhielt. Ab 1978 erschien die Publikation auch unter dem Titel »Velayat-e faqih« [RUHOLLAH MUSAVI KHOMAYNI: *Velayat-e faqih*, Teheran 1979].

gefordert hatte: Die Herrschaft im Staat gebühre dem als der gelehrteste und gerechteste seines Zeitalters angesehenen ‚*mojtahed*',[76] dem *marja'-e taqlid*[77]. Zwar ist in seinem Werk nicht von den *maraji* die Rede, sondern von dem *faqih* oder den *foqaha*,[78] aber aus den grundlegenden Voraussetzungen, die er von dem *faqih* verlangt, wird deutlich, daß er sehr wohl die Gestalt eines besonders qualifizierten *mojtaheds*, eines *marja'* vor Augen gehabt haben dürfte.

Die Verfassung von 1979 setzte dementsprechend voraus, daß die Führung von einem von den Gläubigen anerkannten *marja'-e taqlid* übernommen werden sollte, der sich durch Gelehrsamkeit, Gerechtigkeit und Frömmigkeit, aber auch durch Führungsqualitäten auszeichnen sollte (Art. 5 und 107).[79]

Seit dem Tod Khomaynis 1989 steht jedoch kein *marja'* als ‚*rahbar*' (Islamischer Führer)[80] mehr an der Spitze des iranischen Staates. Es stellte sich nämlich heraus, daß ein *marja'*, der die Anforderungen der Verfassung erfüllt, zur Übernahme des Amtes bereit und den einflußreichen Akteuren des iranischen Regimes genehm ist,[81] gar nicht ohne weiteres immer verfügbar ist. Ursprünglich wuchs ein *mojtahed* in einem formlosen, oft Jahre währenden Prozeß der steigenden Anerkennung durch die Gläubigen in die Rolle des *marja'* hinein. Das Abwarten einer solchen Konsensbildung im Volk nach dem Tod des Vorgängers konnte hingenommen werden, solange

---

Hierzu HAMID ENAYAT: Iran: Khumayni's Concept of the ‚Guardianship of the Jurisconsult', in: James Piscatori (Hg.): *Islam in the Political Process,* Cambridge u.a. 1983, 160–180. Einen Überblick über den Diskussionsstand zur Doktrin von der ‚Herrschaft des islamischen Rechtsgelehrten' und insbesondere zur Frage von deren Vereinbarkeit mit der Demokratie gibt AHMAD KAZEMI MOUSSAVI: A New Interpretation of the Theory of *Vilayat-i Faqih,* in: *Middle Eastern Studies,* 28. Bd. (1992), Nr. 1, 101–107. Instruktiv zum Theologumenon des ‚*velayat-e faqih*' KONRAD DILGER: Die „Gewalt des Rechtsgelehrten" (walayat-i faqih) im islamischen Recht. Ein Beitrag zur schiitischen Staatslehre in Iran und ihre Verankerung in der iranischen Verfassung, in: *Zeitschrift für Vergleichende Rechtswissenschaft,* 81. Bd. (1982), 39–62 ebenso BERT G. FRAGNER: Von den Staatstheologen zum Theologenstaat: Religiöse Führung und historischer Wandel im schi'itischen Persien, in: *Wiener Zeitschrift für die Kunde des Morgenlandes* (1983), 73–98.

[76] Der Ausdruck *mojtahed* (pl. *mojtahedin*) bezeichnet einen (schiitischen) Rechts- und Religionsgelehrten, der kraft seiner hervorragenden Gelehrsamkeit (*ejtehad*) autoritative Urteile in Sachen der Scharia fällen darf.

[77] Der Ausdruck *marja'-e taqlid* („Vorbild/Quelle der Erleuchtung") bezeichnet den Träger der unter der Herrschaft der Qajaren eingeführten Institution eines vorbildhaften Gottesgelehrten, dem die einfachen Gläubigen aus Pflicht zu folgen haben.

[78] Der *faqih* (pl. *foqaha*) ist der Rechtsgelehrte des islamischen Rechts. Er ist der Mann (Frauen üben diese Funktion nicht aus) des *feqh,* der islamischen Rechtswissenschaft.

[79] SILVIA TELLENBACH: Zur Änderung der Verfassung der Islamischen Republik Iran vom 28. Juli 1989, in: *ORIENT. Zeitschrift des deutschen Orient-Instituts,* 31. Bd. (1990), 45–66 [48].

[80] Da der Begriff „Führer" im Deutschen durch Hitler verbraucht ist, wird für den Ausdruck ‚*rahbar*' im folgenden die Wendung „Islamischer Führer" gebraucht.

[81] Das Dilemma: entweder mußte die anfangs als für die Ewigkeit geschaffene Verfassung (die Verfassung von 1979 sah kein Verfahren zu ihrer Änderung vor) geändert werden oder ein Islamischer Führer mußte sein Amt antreten, der die verfassungsmäßigen Voraussetzungen dafür nicht mitbrachte, war erst dadurch entstanden, daß Khomayni den von ihm selbst zu seinem Nachfolger designierten Ayatollah Montazeri nach Differenzen zum Rücktritt gezwungen hatte. Aus dem Kreis Khomaynis wies niemand auch nur annähernd den Rang eines *marja'* auf.

II. Profilbestimmung: Der politische Status der Gerichtsbarkeit

ein *marja'* keine maßgebliche Funktion im Staat innehatte; jetzt aber hätte es bedeutet, daß die Islamische Republik Iran möglicherweise – nach dem Tod Khomaynis – über längere Zeit ohne anerkannte Führung sein würde. Daß dies die Gefahr der Auflösung staatlicher Autorität, etwa durch einen Diadochenstreit, in sich geborgen hätte, liegt auf der Hand.[82]

Kurz vor seinem Tod distanzierte sich Khomayni selbst vom *marja'*-Erfordernis und förderte so die Akzeptanz ihrer Streichung. Damit gab er der Entwicklung, daß sich im Dualismus von „religiöser und verfassungsmäßiger Herrschaftslegitimation"[83] die Gewichte zugunsten letzterer verschoben, seinen Segen. Diese Entwicklung kam dann nicht zuletzt in dem Umstand zum Ausdruck, daß die Expertenversammlung nach Khomaynis Tod Hojjatoleslam Khamene'i ins Amt des Islamischen Führers wählen konnte und Khamene'i erst ab diesem Tag *Ayatollah* genannt wurde.[84]

Kontinuität mit der Verfassung von 1907 – genauer gesagt: mit dem damals vorgesehenen Gremium aus mindestens fünf Geistlichen, das aus einer vom Klerus erstellten Vorschlagsliste vom Parlament zu wählen und dem alle Gesetze zur Überprüfung auf ihre Konformität mit dem Islam zuzuleiten waren – ist in der Institution des Wächterrates zu erkennen. Dem Wächterrat muß jedes Gesetz vor seiner Verkündigung zur Prüfung sowohl hinsichtlich der Übereinstimmung mit dem Islam als auch mit der Verfassung vorgelegt werden.[85] Die Frage der Konformität einer Gesetzesvorlage fällt ausschließlich in die Zuständigkeit der *foqaha*. Zur Annahme eines Gesetzesentwurfs ist ein Mehrheitsbeschluß der in dieser Kontrollinstanz vertretenen islamischen Rechtsgelehrten (sechs von zwölf) erforderlich. Wenn folglich nur drei klerikale Mitglieder des Wächterrats eine Gesetzesvorlage für islamwidrig hielten, konnte ihr Veto diese zu Fall bringen. In der Praxis führte dies dazu, daß sich die Regierung bis 1988 für wichtige Reformvorhaben fast zur Handlungsunfähigkeit verurteilt sah.[86]

Khomayni entschied deshalb, daß im Fall einer Blockade der Gesetzgebung – also eines Streites zwischen der Parlamentsmehrheit und (mindestens drei) klerikalen Mitgliedern des Wächterrats, eine Versammlung (ein sogenannter Schlichtungsrat) einzuberufen sei, der mit einfacher Mehrheit beschlußfähig ist. Schon unter formalen Gesichtspunkten bedeutet die bloße Existenz dieses Gremiums eine gewisse Entmachtung der klerikalen Mitglieder des Wächterrats.[87] Die Mitglieder des Schlichtungsrats sollten sich zum einen aus den sechs klerikalen Mitgliedern des Wächter-

---

[82] Vgl. TELLENBACH: Zur Änderung der Verfassung [aaO. FN 79 S. 40 dieser Arbeit], 48, die auch die daher eingeführten Institutionen zur Regelung der Nachfolge darstellt.
[83] JOHANNES REISSNER: Der Imam und die Verfassung, in: *ORIENT. Zeitschrift des deutschen Orient-Instituts*, 29. Bd. (1988), 213–236 [213].
[84] Vgl. TELLENBACH: Zur Änderung der Verfassung [aaO. FN 79 S. 40], 50.
[85] Vgl. SILVIA TELLENBACH: *Untersuchungen zur Verfassung der islamischen Republik Iran vom 15. November 1979*, Berlin 1985.
[86] Vgl. REISSNER: Der Imam und die Verfassung [aaO. FN 83 S. 41 dieser Arbeit], 219.
[87] Vgl. hier und im folgenden REISSNER: Der Imam und die Verfassung [aaO. FN 83 S. 41 dieser Arbeit], 228–229.

rates und zum anderen aus maßgeblichen Inhabern politischer Ämter (plus Khomaynis Sohn Ahmad als „Berichterstatter") zusammensetzen. Unklar allerdings blieb, ob die Teilnahme der politischen Persönlichkeiten an der Versammlung *ad personam* oder qua Amt zu betrachten ist.

So wurden seit der Gründung der Islamischen Republik Iran dort Institutionen grundgelegt, die in einem weiten Sinn mit „Verfassungsgerichtsbarkeit" assoziiert werden können:
– Zum einen ist dies das Amt des Islamischen Führers. Sein Inhaber fungiert als hervorragender Gelehrter des Islamischen Rechts an der Spitze des politischen Systems von Iran.
– Zum anderen weist der Wächterrat (wie auch der später entstandenene Schlichtungsrat) Züge von „Verfassungsgerichtsbarkeit" auf.

Anführen läßt sich für diese Kennzeichnung, daß mit diesen Institutionen ein Moment der Redundanz in den politischen Prozeß aufgenommen ist. Hinzu kommt, daß diese Redundanz mit dem Maßstab des Rechts operiert und daß diese auch an eine fachliche Qualifikation im Blick auf diesen Maßstab geknüpft ist.

Es bestehen jedoch auch erhebliche Unterschiede zwischen diesen Institutionen und einer Verfassungsgerichtsbarkeit im Sinne des modernen demokratischen Verfassungsstaates. Mit am erheblichsten ist diese Differenz: Durch die absolute Maßstabsfunktion des Rechts der Scharia relativiert sich die Bedeutung des positiven Rechts. Das islamische Recht ist nicht nur via Verweisung im positiven Recht inkorporiert. Vielmehr steht das positive Recht unter einem permanenten Suspendierungsvorbehalt von seiten der Organe, die hierokratische Merkmale enthalten respektive von diesen sogar dominiert sind wie im Fall der Statthalterschaft des hervorragenden islamischen Rechtsgelehrten.

Dogmatische Grundlage dieser „Verfassungsgerichtsbarkeit" ist nicht das positive Recht, sondern der Koran.[88]

6. Rechtskulturen und -systeme ohne („)[,]Verfassungsgerichtsbarkeit['](")

Obgleich die Institution der (Verfassungs-)Gerichtsbarkeit in der jüngsten Vergangenheit in immer mehr Staaten etabliert worden ist, gibt es auf der Welt Staaten, die dies (noch) nicht getan haben oder in denen „lediglich" Institutionen mit verfassungsgerichtlichen Zügen existieren. So haben die Niederlande bei der grundlegenden Umgestaltung ihrer Verfassung im Jahre 1983 daran festgehalten, die Kontrolle von Akten des nationalen Gesetzgebers am Prüfungsmaßstab der nationalen Verfassung zu verbieten, und dieses Verbot in Gestalt von Art. 120 in den Verfassungstext eingefügt.[89] Ebenso hat Schweden in den 70er Jahren seine Verfassung generalüberholt und

---

[88] Zur Verfassungslage in Iran über die zuvor angegebene Literatur hinaus siehe DAVID MENASHRI: Iran: Doctrin and Reality, in: Efraim Karsh (Hg.): *The Iran-Iraq War.* Impact and Implications, Houndsmills u.a. 1989, 42–57; ASHGAR SCHIRAZI: Die neuere Entwicklung der Verfassung in der Islamischen Republik Iran, in: *Verfassung und Recht in Übersee,* 24. Bd. (1991), 105–123.

II. Profilbestimmung: Der politische Status der Gerichtsbarkeit   43

sich bei dieser Gelegenheit bewußt gegen eine (,)[Verfassungs-]Gerichtsbarkeit(')
entschieden: Nach wie vor bilden die beiden höchsten Gerichte Schwedens – das
Oberste Gericht (Högsta domstolen) und das Oberste Verwaltungsgericht (Rege-
ringsrätten) – „lediglich" einen Rat (Lagrådet), um eine rechtlich nicht bindende
Prüfung von Gesetzentwürfen durchzuführen.[90] Auch in Finnland besitzen die Ge-
richte keine Zuständigkeit für die Überwachung der Verfassungsmäßigkeit von Gesetzen. Der Präsident Finnlands ist „nur" ermächtigt, vom Obersten Gerichtshof ein
Rechtsgutachten einzuholen, ehe er einem vom Parlament beschlossenen Gesetz seine
Zustimmung erteilt.[91] Demgegenüber sind nach den Umbrüchen von 1989 in Ost- und
Mitteleuropa in vielen Staaten auf Verfassungsrechtsprechung spezialisierte Gerichte
gegründet worden.[92] Dies kontrastiert wiederum mit der Situation beispielsweise in
Dänemark, Island und Norwegen sowie Irland, wo keine besonderen Verfassungsgerichte installiert (worden) sind. Zuletzt sei noch auf das Vereinigte Königreich von
Großbritannien und Nordirland hingewiesen. Hier lassen sich erste Umrisse oder
mindestens schemenhafte Züge verfassungsgerichtlicher Aufsicht erkennen, die zwar
nicht in Gestalt eines spezialisierten Verfassungsgerichts, jedoch von den ordentlichen
Gerichten ausgeübt wird.[93] Den Keim hierfür hat der European Communities Act von
1972 gelegt. Dadurch wurde die Möglichkeit eröffnet, Rechtsakten des Gemeinschaftsrechts (der Europäischen Gemeinschaft) Vorrang gegenüber förmlichen Parla-
mentsgesetzen einzuräumen. In der Factortame-Entscheidung verwandelte sich diese
theoretische Möglichkeit erstmals in judizierte Realität.[94] Einen bedeutsamen Schritt
in Richtung verfassungsgerichtlicher Kontrolle stellte dann der Human Rights Act von

---

[89] CHRISTIAN TOMUSCHAT: Das Bundesverfassungsgericht im Kreise anderer nationaler Verfassungsgerichte, in FS 50 BVerfG 1, 245–288 [247–248]. Tomuschat ergänzt [ebd., 248], daß die
niederländischen Gesetze allerdings am Maßstab der EMRK gemessen werden können, welcher
(zunächst aufgrund von Richterrecht und später auch aufgrund von Art. 94 der niederländischen
Verfassung) Vorrang vor gesetzlichen Vorschriften zukomme.

[90] FRANZ C. MAYER: The European Constitution and the Courts. Adjucating European constitutional law in a multilevel system, in: *Jean Monnet Working Paper* 9/03 (2003) [= www. jeanmonnet-
program.org/papers/MayerJM030901–03.pdf – 25. 2. 2005].

[91] TOMUSCHAT: Bundesverfassungsgericht [aaO. FN 89 S. 43 dieser Arbeit], 248; MAYER: European Constitution [aaO. FN 90 S. 43 dieser Arbeit].

[92] Z.B. ist in Polen ein Verfassungsgericht ins Leben gerufen worden. Weiterführend hierzu GEORG
BRUNNER/LESZEK GARLICKI: *Verfassungsgerichtsbarkeit in Polen*. Analysen und Entscheidungssammlung (1986–1997), Baden-Baden 1999; BOGUSLAW BANASZAK: *Einführung in das
polnische Verfassungsrecht*. Acta Universitatis Wratislaviensis, Warschau 2003. Das polnische
Verfassungsrecht weist die Besonderheit auf, daß die verfassungsgerichtliche Rechtsaufsicht
durch ein parlamentarisches Vetorecht begrenzt wird. So vermag ein vom polnischen Verfassungsgericht für verfassungswidrig erklärtes Gesetz Geltungskraft zu erlangen, wenn es der Sejm
in einer erneuten Abstimmung mit einer verfassungsändernden Mehrheit gutheißt. Hierzu ERNST-
WOLFGANG BÖCKENFÖRDE: Verfassungsgerichtsbarkeit. Strukturfragen, Organisation, Legitimation, in: ders.: *Staat, Nation, Europa*. Studien zur Staatslehre, Verfassungstheorie und Rechtsphilosophie, Frankfurt a.M. 1999, 157–182 [181] {Erstveröffentl.: NJW 1999, 9–17, durchges.
Fassung}.

[93] Zu beachten ist, daß das House of Lords bzw. die sogenannten Law Lords Funktionen eines
höchsten Gerichtes und eines Verfassungsgerichtes wahrnehmen.

1998 dar. Durch den Human Rights Act vermögen die britischen Gerichte die Gesetze des Landes am Maßstab der EMRK zu überprüfen.[95] Von einer (in einem eminenten Sinn) als politische Instanz agierenden Gerichtsbarkeit kann bislang allerdings (noch) nicht die Rede sein. Denn stellen britische Gerichte die Unvereinbarkeit eines Gesetzes mit den Vorschriften der EMRK fest, so vermögen sie dieses Gesetz dennoch nicht zu Fall zu bringen. Rechtsfolgen zieht ein von britischen Gerichten erklärter Verstoß gegen die EMRK „immerhin" insofern nach sich, als die Rechtsprechungsorgane dem betroffenen Prozeßbeteiligten gegebenfalls Schadensersatz zubilligen können. Zusammenfassend ist zu konstatieren, daß die Doktrin der Parlamentssouveränität im Zuge der sich immer weiter vertiefenden europäischen Integration Großbritanniens nicht ohne rechtliche Probleme aufrecht zu erhalten ist.[96]

---

[94] Im folgenden vgl. TOMUSCHAT: Bundesverfassungsgericht [aaO. FN 89 S. 43 dieser Arbeit], 249 mwN.

[95] Zur britischen resp. angelsächsischen Debatte um die Einführung eines Grundrechtskatalogs samt der Ausstattung der Gerichtsbarkeit mit der Befugnis zum Judicial Review siehe nur die Befürwortung von Grundrechtskatalog und Judicial Review bei RONALD DWORKIN: *A Bill of Rights for Britain,* London 1990 einerseits und die Zurückweisung dieser Innovationen bei JEREMY WALDRON: *The Dignity of Legislation,* Cambridge [UK]; New York; Oakleigh 1999 andererseits.

[96] Hierzu bereits ANTHONY W. BRADLEY: The Sovereignty of Parliament – in Perpetuity?, in: Jeffrey Jowell/Dawn Oliver (Hg.): *The Changing Constitution,* Oxford 1985, 23–47. Zur Wandlung der britischen Verfassung seit dem Beitritt zur Europäischen Gemeinschaft im Jahre 1973 siehe STEFAN SCHIEREN: *Die Stille Revolution.* Der Wandel der britischen Demokratie unter dem Einfluß der europäischen Integration, Darmstadt 2001. Instruktiv zur zentralen dogmatischen Grundlage für die richterliche Kontrolle öffentlicher Gewalt in England (und Wales) – der *ultra vires*-Doktrin – FLORIAN BECKER: Die Bedeutung der *ultra vires*-Lehre als Maßstab richterlicher Kontrolle öffentlicher Gewalt in England, in: *ZaöRV,* 61. Bd. (2001), H. 1, 85–105 (aus verfassungs- und verwaltungsrechtlicher Sicht bedeutet „England" [noch] England und Wales; ebd. 87 FN 8). Gemäß den Ausführungen von Becker hat das englische Verwaltungsrecht einen Perspektivwechsel vollzogen: Während die richterliche Kontrolle zunächst der Sicherung der Funktionenteilung innerhalb der Staatsorganisation diente, präge nun das Selbstverständnis der Gerichte bei der Ausübung des Judicial Review der Gedanke des Schutzes individueller Rechte vor mißbräuchlicher Ausübung öffentlicher Macht [ebd. 103–104]. Dies manifestiert sich insbesondere in der Integration der Europäischen Menschenrechtskonvention in die englische Rechtsordnung und wird seither durch diese Integration zugleich verstärkt. Die Verwendung des Terminus ‚Judicial Review' soll hierbei allerdings nicht den Eindruck erwecken, daß das verfassungsrechtliche Datum der Parlamentssouveränität – im Stile der US-amerikanischen Verfassungslage – außer Kraft gesetzt sei. Die englische Verfassungslage ist vielmehr so zu beschreiben, daß die eigentlich unbeschränkte Zuständigkeit des Parlaments zum Erlaß von Gesetzen (Statute Law) ihre Grenze in der Autorität der Richter resp. des Common Law bzw. der überlieferten Selbstbeschränkung des parlamentarischen Gesetzgebers findet. Die Rolle der Legislative besteht im englischen Rechtssystems weniger in der kodifizierenden Rechtsschöpfung, sondern primär in der Korrektur des Richterrechts (Common Law). (Von einem britischen Recht zu schreiben verbietet sich insofern, als das schottische Recht in der Tradition des kontinentaleuropäischen [römischen] Rechts steht und keine Common Law-Tradition besitzt.) Wie Becker des weiteren erläutert, zählt zu den fundamentalen Veränderungen des britischen resp. englischen Verfassungsrechts namentlich eine Ausdehnung des Judicial Review. Diese Ausdehnung sei auf drei unterschiedliche Entwicklungsstränge zurückzuführen: „Erstens die Entwicklung des *judicial review* zu einem unerschöpflichen Quell, aus dem vom Parlament gewünschte, aber unausgesprochen gebliebene Regeln der Natural Justice abgeleitet werden können; zweitens die Auflösung der Anbindung des

II. Profilbestimmung: Der politische Status der Gerichtsbarkeit

Was spielt es für eine Rolle, ob („")[,]Verfassungsgerichtsbarkeit['](") in einem Rechtssystem etabliert ist oder nicht? Für gewöhnlich wird diese Frage – wenn sie denn gestellt wird – nicht unter Zuhilfenahme derartiger, zumal zweier verschiedener, Anführungszeichen und Klammern formuliert. Damit soll jedoch signalisiert sein, wie komplex das Phänomen Verfassungsgerichtsbarkeit (in seinem gesamten Bedeutungsspektrum) ist. Um dieser Komplexität gerecht zu werden, bedarf es begrifflicher Differenzierungen.

Folgende Kategorien von Verfassungsgerichtsbarkeit lassen sich bilden. Sie entsprechen den mit den Anführungszeichen versehenen Termini. Mithilfe dieser Kategorien soll die politische Bedeutung der verschiedenen Kompetenzprofile aufgezeigt werden:

– Die erste Kategorie stellt auf einen sehr umfassenden Begriff von Verfassungsgerichtsbarkeit ab. Nach dem hierbei zugrundegelegten terminologischen Verständnis wäre „Verfassungsgerichtsbarkeit" bereits mit der Existenz einer Institution gegeben, die *de facto* oder auch nur *de iure* ein Moment der Redundanz in die Organisationsstruktur politischer Willensbildung einführt.[97] Als Minimalbestand dieser Redundanz sind insbesondere Formen der Staatsgerichtsbarkeit, der föderativen Streitschlichtung und Rechtsvereinheitlichung sowie der Rechtsaufsicht über Wahl- und Mandatsverfahren anzusehen. Das Moment der Redundanz muß nicht, aber kann auch aus der Prüfungszuständigkeit für die Verfassungsmäßigkeit von Gesetzen resultieren. Die Gerichtsbarkeit rückt dadurch in den Status einer politischen Instanz. Daß bei einer lediglich nominellen Redundanz die mit dieser assoziierten Elemente von Gewaltenteilung, von Bindung der Staatsgewalt an bestimmte prozedurale und substantielle Vorgaben nicht tatsächlich, sondern nur vorgeblich gegeben sind, resultiert *qua definitionem*. Doch auch wenn die Redundanz nicht nur Makulatur ist, erlaubt das Vorhandensein oder Fehlen von Institutionen mit („)verfassungsgerichtlichen(") Zügen in politischen Gemeinwesen keine einfachen Rückschlüsse auf den demokratischen Charakter dieser Gemeinwesen. Auch in ‚Semi-Demokratien' und sogar in autoritären Regimen können „Verfassungsgerichte" etabliert sein. Abstrakt formuliert: das „Daß" von Formen rechtlicher, gerichtsförmiger Redundanz sagt notwendigerweise nichts aus über das „Woran" dieser Redundanz. Die Inhalte des rechtlichen Maßstabs einer gerichtlichen Kontrolle sind kontingent. Die Ideen der Rechtsstaatlichkeit und Menschen- und Bürgerrechte können mit verfassungsgerichtlicher Redundanz gekoppelt sein – sie müssen es nicht.

– Die zweite Kategorie umfaßt nur Ausprägungen der richterlichen Gewalt, die unter das Rollenmodell der ‚Verfassungsgerichtsbarkeit' gerechnet werden können. Sie

---

judicial review an die ausdrückliche parlamentsgesetzliche Übertragung von Macht; drittens die Verdichtung des *judicial review* von einer Kontrolle der Einhaltung äußerer Grenzen übertragener Regelungsmacht zu einer allgemeinen Rechtmäßigkeitskontrolle." [ebd., 100].

[97] Analog dazu kann jeder Staat als ein Verfassungsstaat eingestuft werden, der ein geschriebenes Verfassungsdokument besitzt.

beschreibt einen sehr engen Begriff von Verfassungsgerichtsbarkeit. Die Formen dieser rechtlichen Redundanz operieren nicht zuletzt auf der Basis eines gerichtlich sanktionierbaren Kataloges von Grundrechten. Ihr Minimal- und Kernbestand stellt die institutionelle Verankerung gerichtlicher Kontrolle sämtlicher staatlicher Akte dar – dies schließt die Befugnis zur materiellen Normenkontrolle sowie die Rechtswegeröffnung für alle Bürgerinnen und Bürger zum Schutz ihrer Grundrechte gegenüber allen staatlichen Hoheitsakten ein. Ein solches Kompetenzprofil verleiht der Gerichtsbarkeit die Rolle einer souveränen politischen Instanz. Bei den Streitigkeiten, die an sie herangetragen werden beziehungsweise die sie zur Entscheidung annimmt, spricht sie letztverbindlich Recht, ohne darin von einer anderen politischen Instanz des politischen Prozesses revidiert werden zu können.

Was bedeutet es nun, daß es Rechtssysteme und -kulturen gibt, die ein solches Rollenmodell der Judikative aufweisen, und andere, die der Gerichtsbarkeit diesen Status nicht einräumen? An dieser Stelle sei nur festgestellt, was dieser Umstand *nicht* bedeutet: Er bedeutet nicht, daß das Fehlen einer ‚verfassungsgerichtlichen‘ Redundanz auf ein eklatantes Defizit an Rechtsstaatlichkeit zu schließen erlaubt. Auch in Staaten ohne ‚Verfassungsgerichtsbarkeit‘ kann der Grundsatz einer Rule of Law gelten, können Eingriffe in die Freiheit und das Eigentum der Bürger an die Gesetzgebung durch eine Volksvertretung gekoppelt sein, die aus demokratischen Wahlen hervorzugehen pflegt. Somit können zumindest gute Gründe vorhanden sein, diese Staaten als Demokratien zu bezeichnen. Umgekehrt garantiert die Existenz einer ‚Verfassungsgerichtsbarkeit‘ *notwendigerweise* weder gerechte Verhältnisse in politischen Gemeinwesen noch den Schutz von Menschen- und Bürgerrechten im besonderen. ‚Verfassungsgerichtliche‘ Rechtsprechung kann nämlich Ungerechtigkeiten und Rechtsverletzungen – in der doppelten Bedeutung des Wortes – sanktionieren: Sie kann diese rechtlich unterbinden, sie kann ihnen aber auch ihr gerichtliches Plazet erteilen.[98] Andererseits wird man von Staaten, die über ‚verfassungsgerichtliche‘ Institutionen verfügen, zu Recht generell nicht behaupten können, daß in ihnen Rechtsstaatlichkeit nicht bestünde oder daß in ihnen mehr Ungerechtigkeit und Unterdrückung herrschen würde als in Staaten ohne ‚Verfassungsgerichtsbarkeit‘.

Ob der ‚Verfassungsgerichtsbarkeit‘ aber nicht dennoch – aus demokratietheoreti-

---

[98] Eines der prägnantesten Beispiele für eine gerichtliche Absegnung einer Menschenrechtsverletzung dürfte die *Dred Scott vs. Sandford*-Entscheidung des Supreme Court sein [60 U.S. (19 How.) 393 {1857}]. Instruktiv zu dem Urteil, das Schwarzen das Bürgerrecht absprach, WALTER EHRLICH: *Scott v. Sandford,* in: Kermit L. Hall (Hg.): *The Oxford Guide to United States Supreme Court Decisions,* New York; Oxford 1999, 277–279 sowie HEIKO SCHIWEK: *Sozialmoral und Verfassungsrecht.* Dargestellt am Beispiel der Rechtsprechung des amerikanischen Supreme Court und ihrer Analyse durch die amerikanische Rechtstheorie, Berlin 2000, 31–34 [Schriften zur Rechtstheorie; 192]. Auch die bundesrepublikanische Verfassungsrechtsprechung hat ihre Schattenseiten. Zu diesen ist mit an erster Stelle die sogenannte Asyl-Drittstaatenregelung-Entscheidung zu rechnen: BVerfGE 94, 49–114 hat den Wesensgehalt des Asylgrundrechts (neu Art. 16 a GG) angetastet (vgl. 19 II GG). Das Asylgrundrecht nicht zum Gewährleistungsinhalt von Art. 1 I GG zu zählen – was die Leitsätze der Urteilsbegründung statuieren –, erscheint fragwürdig.

II. Profilbestimmung: Der politische Status der Gerichtsbarkeit

schen Gründen oder rechtsstaatlichen Erwägungen der Vorzug gegenüber anderen Staatsorganisationsmodellen zu geben ist, ist damit allerdings noch nicht entschieden. Das Für und Wider eines solchen Kompetenzprofils wird im folgenden (in dieser Arbeit) erörtert werden. Fest steht nur: *von vorneherein* illegitim – aus demokratietheoretischen Gründen und rechtsstaatlichen Erwägungen – sind weder Rechtssysteme *mit*, noch Staaten *ohne* ‚Verfassungsgerichtsbarkeit'. Denn die Legitimität einer politischen Ordnung resultiert aus einem Fächer von Faktoren – sie ist nicht an einer einzigen und zumal nicht allein an einer institutionellen Regelung zu bemessen. Legitime politische Verhältnisse stellen sich in einem äußerst komplexen Zusammenwirken etwa von freien Wahlen, freier Presse oder einem unabhängigen und rechtstreuen Staatsapparat her – die Institution der (‚)Verfassungsgerichtsbarkeit(') kann zu dem Kranz der Gründe für legitime Gemeinwesenhaftigkeit nur hinzutreten, nicht jedoch diesen Kranz ersetzen.

Zwischen den beiden extremen Varianten von Verfassungsgerichtsbarkeit – der „Verfassungsgerichtsbarkeit" und der ‚Verfassungsgerichtsbarkeit' – lassen sich weitere Kategorien bilden, die (sämtliche) Schattierungen von Verfassungsgerichtsbarkeit erfassen. Die Staaten dieser Kategorien lassen sich dann mit den Rechtskulturen und -systemen vergleichen, die die Merkmalsausprägungen dieser Kategorien nicht besitzen.

Sofern diese Staaten – gleichgültig, ob sie diese Merkmalsausprägungen aufweisen oder nicht, – eint, daß sie nur Rechtssysteme einschließen, in denen regelmäßig freie Wahlen stattfinden, die Freiheit der Presse und der Meinungsäußerung garantiert und in ihnen eine ausgebaute Verwaltungsgerichtsbarkeit errichtet ist, dürften sie allesamt zu Recht mit dem Etikett der rechtsstaatlichen Demokratie versehen werden. Innerhalb dieser Etikettierung sind allerdings Unterschiede zu verzeichnen: In Rechtssystemen, in denen die (Verfassungs-)Gerichtsbarkeit über Organstreitigkeiten urteilt, kann etwa ein fraktionsloser Abgeordneter sich das Recht erstreiten, zumindest in einem Ausschuß als Mitglied mit Rede- und Antragsrecht mitzuwirken.[99]

Darüber, wie diese verschiedenen Kompetenzprofile zu bewerten sind, gehen die Auffassungen auseinander. Man mag jede über die Verwaltungsgerichtsbarkeit hinausreichende gerichtliche Kontrolle (aufgrund ihrer politischen Irrelevanz) für entbehrlich halten.[100] Dem läßt sich jedoch entgegnen, daß selbst in einer (*prima facie*) politisch nicht sehr folgenreichen Entscheidung, wie etwa in dem erwähnten Urteil,

---

[99] BVerfGE 80, 188–235 – Wüppesahl.
[100] So wohl GERD ROELLECKE: Verfassungsgerichtsbarkeit zwischen Recht und Politik in Spanien und der Bundesrepublik, in: *KritVj*, 74. Bd. (1991), H. 1, 74–86 mit Bezug auf die „Wüppesahl-Entscheidung" [ebd., 75]. Vgl. ebd. 75: „Die Gerichte entscheiden [...] nicht in allen Staaten über die Verfassungsmäßigkeit von Gesetzen und über Streitigkeiten zwischen Staatsorganen. Die Frage ist jedoch: Meinungsfreiheit und regelmäßige freie Wahlen vorausgesetzt, was ginge eigentlich verloren, wenn sich die Gerichte auf die Entscheidung in Freiheit und Eigentum beschränkten? Wahrscheinlich fast nichts, und das wenige würde überkompensiert durch eine größere Beweglichkeit der Politik." sowie 78: „Verfassungsgerichte sind im modernen Rechtsstaat durchaus entbehrlich."

das die Rechte fraktionsloser Abgeordneter bestimmt, zumindest ein Gewinn an Verfassungsstaatlichkeit und Machtkontrolle im allgemeinen und eine Sicherung von Diskursivität und Wettbewerb im parlamentarischen Geschehen zu erkennen ist. Die Folgenhaftigkeit des Eingreifens der Judikative in den politischen Prozeß unmittelbar für das Macht- und Befugnisgefüge des politischen Systems ist somit nur ein Faktor der Bewertung dieser Interventionskapazität. Hinzu kommt, daß sich durchaus auch absehbar nachhaltigere Urteile und Entscheidungen anführen lassen als die besagte Organklage eines ohne Partei- und Fraktionszugehörigkeit politisch recht wirkungslosen Bundestagsabgeordneten.

Die Vorteile des Status der Gerichtsbarkeit als politische Instanz liegen darin, daß dadurch eine Gegenmacht zu den anderen politischen Instanzen existiert, die deren Machtpotentialen zwar auch ausgesetzt ist, diesen aber auch – aus Eigenmacht – Einhalt gebieten kann. Diese Vorteile einer gerichtlichen Überprüfungsmöglichkeit überwiegen deren Nachteile.

So ist sicherlich eine judikativ induzierte Schwerfälligkeit des rechtlich-politischen Systems zu konstatieren. Doch Handlungsblockaden gibt es auch in Staaten mit einer (im wesentlichen) auf Verwaltungsgerichtsbarkeit beschränkten Judikative. Die These von einer Effizienzeinbuße relativiert sich überdies dadurch, daß rein quantitativ die Verfahren einer klassischen Staatsgerichtsbarkeit, insbesondere etwa Organ- oder föderative Streitigkeiten recht selten sind. Sie sind zuweilen politisch folgenreich,[101] treten vielfach in politischen Umbruchsituationen auf[102] – aber sie sind vergleichsweise (zumindest aus deutscher und spanischer Perspektive) selten.[103]

Einzuräumen ist allerdings folgender Nachteil: Eine als politische Instanz agierende Gerichtsbarkeit bestimmt den Charakter des politischen Diskurses und Machtwettbewerbs zumindest auf eine ambivalente Weise:

– Die Konfliktregelung nach politischen Kriterien und Imperativen zeichnet sich in demokratisch verfaßten Staaten mit einer demokratisch geprägten politischen Kultur dadurch aus, daß soziale Integration herzustellen ist unter der Bedingung, daß verschiedene Personen zu einer Vielzahl von Themen verschiedene Auffassungen besitzen. Bei jeder zur politischen Entscheidung anstehenden Thematik wird es dementsprechend mindestens zwei Gruppierungen geben: Der eine Teil der Bürgerschaft wird mit den getroffenen Entscheidungen mehr oder minder einverstanden sein. Der andere Teil wird dies gerade nicht sein.

Die derartige „politische" Konfliktregelung impliziert die wechselseitige Achtung der Bürger untereinander im allgemeinen und die Vertretbarkeit divergierender

---

[101] Wie zum Beispiel BVerfGE 12, 205–264 – 1. Rundfunk-Urteil (auch geführt unter Deutschland-Fernsehen GmbH), das in einer Bund-Länder-Streitigkeit Recht gesprochen hat.
[102] Wie beispielsweise BVerfGE 62, 1–64 – Bundestagsauflösung (1983).
[103] Siehe „Tabelle 3: Geschäftsanfall beim Bundesverfassungsgericht: Eingänge" bei PLÖHN: 6 Gerichtsbarkeit [aaO. FN 31 S. 22 dieser Arbeit], 328 mwN. Bis 1988 kam es beispielsweise in Spanien erst zu einem Organstreitverfahren [CRUZ VILLALÓN: Das spanische Verfassungsgericht {aaO. FN 5 S. 6 dieser Arbeit}, 344 mwN].

II. Profilbestimmung: Der politische Status der Gerichtsbarkeit

Ansichten im besonderen – mit ihr wird die aristotelische Bürgerfreundschaft praktiziert und vorausgesetzt.
- Der Rechtscode hingegen erzeugt – für das, was nach ihm entschieden wird, – die Dichotomie „legal *versus* illegal". Wird politische Gegnerschaft in rechtliche, gerichtsförmige Auseinandersetzung übersetzt, besteht die Gefahr der Diskreditierung des abweichenden, vor Gericht unterliegenden politischen Andersdenkens. Und von da ist es nicht sehr weit zur Diskreditierung auch der politisch Andersdenkenden. Die „rechtliche" Konfliktregelung birgt die Möglichkeit, Rechtsfeinde bis hin zu Verfassungsfeinden zu schaffen.

Diese Gefahr wiegt schwerer als Effizienzerwägungen, sie betrifft die Grundlagen einer Demokratie.

Doch bei einer Vielzahl der Fälle ist diese Gefahr eher gering. Denn bei dem Zuständigkeitsprofil der Gerichtsbarkeit als *prozedurale* politische Instanz wird (lediglich) über einfach- und verfassungsgesetzlich abgesicherte Verfahrensvorentscheidungen einer Bürgerschaft verhandelt. Die Gerichtsbarkeit legt diese Vorschriften aus – unter Zuhilfenahme welcher inhaltlicher Prinzipien auch immer. Prekär wird dies vor allem dann, wenn es um grundlegende Fragen der Fairness des politischen Prozesses geht – etwa bei Wahlprüfungsverfahren, die unmittelbar mit der demokratischen Legitimation der Regierenden verknüpft sind. Doch Fälle dieser Art bewegen sich eher in einem Grenzbereich.

Periodisch wiederkehrende freie Wahlen und ein funktionierender politischer Pluralismus vorausgesetzt, kann das Staatsvolk qua Mehrheitsentscheidung hier auch Korrekturen vornehmen, sofern die Verletzung politischer Fairnessgebote nicht systemkorrosiv wirkt.

Eine ganz andere Qualität nimmt die Existenz gerichtsförmiger Konfliktregelung jedoch an, wenn die Gerichtsbarkeit in den Status einer souveränen Instanz in inhaltlicher Hinsicht rückt. Die Gerichtsbarkeit legt dann nicht nur einfach- und verfassungsgesetzlich abgesicherte Verfahrensvorentscheidungen aus, sondern inhaltliche Vorausverpflichtungen.[104] Der Rechtscode „legal *versus* illegal" erstreckt sich damit auf grundlegende Wertentscheidungen. Werden die Wertentscheidungen der rechtlich Unterlegenen rechtlich und in der Folge davon politisch diskreditiert, ist die soziale Integration in demokratischen Gemeinwesen wesentlich gefährdeter, als wenn über Verfahrensmodalitäten (unter Zuhilfenahme inhaltlicher Prinzipien) gestritten wird. Insofern rechtliche Verfahren nur einen Rechtskonsens erfordern können, jedoch von einem Wertkonsens zu entbinden vermögen, besitzt das Recht ein friedensstiftendes Potential. Dieses kann durch eine inhaltlich souveräne Gerichtsbarkeit zumindest relativiert werden.

Hinzu kommt, daß eine inhaltlich souveräne Gerichtsbarkeit die Selbstregierungskapazität des Staatsvolks in einer anderen Qualität tangiert als eine lediglich in bezug

---

[104] Zur Abgrenzung zwischen diesen Begriffen und zu deren Relevanz eingehend (in dieser Arbeit) § 5 ‚VERFASSUNGSGERICHTSBARKEIT' UND SOUVERÄNITÄT. I. Vereinbarkeit von ‚Verfassungsgerichtsbarkeit' und Demokratie, S. 293–340.

auf die Verfahren souveräne Gerichtsbarkeit. Daher befaßt sich diese Arbeit mit der Problematik ‚verfassungsgerichtlicher' Befugnisse.

III. ‚Verfassungsgerichtsbarkeit', rechtsphilosophisch betrachtet

Verfassungsgerichte – insbesondere ‚Verfassungsgerichte' – haben Anteil an der staatlichen Herrschaftsausübung, sie stellen einen politischen Machtfaktor dar. Dies wird inzwischen kaum noch kaschiert – etwa nicht einmal von Richterinnen und Richtern des deutschen Bundesverfassungsgerichts. Während in der Anfangsphase des Karlsruher Tribunals einer der Herren in den roten Roben (nämlich der Präsident) seine Richterkollegen und sich selbst noch als „Knechte des Rechts" charakterisierte, trägt ungefähr 40 Jahre später ein Vortrag der seinerzeitigen Präsidentin des Bundesverfassungsgerichts den Titel „Das Bundesverfassungsgericht als politischer Machtfaktor"[105]. Bezeichnenderweise ist der Vortrag nicht mit einem Fragezeichen versehen.[106] Die Vorstellung, daß (‚)Verfassungsgerichte(') eine politische Machtstellung inne haben, wird nicht nur in der Bundesrepublik Deutschland geteilt.[107] Daher erstaunt es nicht, daß sich mit der Literatur allein zum Thema Verfassungsgerichtsbarkeit ganze Bibliotheken füllen lassen.

---

[105] JUTTA LIMBACH: Das Bundesverfassungsgericht als politischer Machtfaktor, in: *Speyerer Vorträge*, H. 30, 11–26 (Vortrag anläßlich der Eröffnung des Sommersemesters 1995).

[106] Hierauf machte HANS HERBERT VON ARNIM in seiner Einführung zu Limbachs Vortrag aufmerksam (Einführung und Begrüßung, in: ebd [aaO. FN 105 S. 50 dieser Arbeit], 5–10 [10]).

[107] Statt vieler siehe die Ausführungen von KAARLO TUORI: The Supreme Courts and Democracy. Who are the Princes of Law's Empire?, in: Werner Krawietz u.a. (Hg.): *The Reasonable as Rational? On Legal Argumentation and Justification*. FS for Aulis Aarnio, Berlin 2000, 283–295. Zwar meint Tuori zur Rolle der Gerichtsbarkeit in Demokratien, diese Gerichtsbarkeit – insbesondere deren höchste Instanzen – solle vielleicht nicht als die der „Fürsten im Reich des Rechts" verstanden werden, doch schwächt er diesen Vorschlag charakteristischerweise durch die Einschränkung ab, sie solle zumindest nicht als die der Fürsten im Sinne absolut herrschender Monarchen konzipiert werden. Tuori geht sogar noch einen Schritt weiter und erwägt eine Abkehr von monarchischen sowie eine Hinwendung zu demokratischen Begriffen. Doch selbst wenn in demokratischer Begrifflichkeit von „Fürsten" nicht mehr die Rede sein sollte, so zeigt Tuoris Skepsis gegenüber seinen eigenen Überlegungen an, daß die von ihm verfochtene Konzeption eines „Wechselspiels" zwischen Gesetzgebung, Rechtswissenschaft und Richterschaft nicht ohne die Berücksichtigung von Macht- und Herrschaftsbeziehungen auszukommen vermag [vgl. ebd. 295].

III. ‚Verfassungsgerichtsbarkeit', rechtsphilosophisch betrachtet

A. Die Literaturlage

1. Die Legitimitätsproblematik in den Vereinigten Staaten von Amerika und im deutschsprachigen Raum

Überblickt man das Schrifttum – soweit dies überhaupt möglich ist –, fällt auf, daß – zumindest im deutschsprachigen Raum – die Zahl der Publikationen, die sich mit der *grundsätzlichen* Frage nach der Legitimität der Verfassungsgerichtsbarkeit beschäftigen, weit geringer ausfällt, als dies aufgrund des Umfangs sonstiger Forschungsarbeiten und Stellungnahmen zur Verfassungsgerichtsbarkeit zu erwarten wäre. Nach dem „Ob und Überhaupt" der Verfassungsgerichtsbarkeit wird im deutschsprachigen Raum eher selten gefragt – und wenn doch, dann in erster Linie in Beiträgen für Sammelbände,[108] in vornehmlich juristischen Artikeln für wissenschaftliche (zumeist rechtswissenschaftliche) Zeitschriften, Jahrbücher oder Festschriften[109] oder in Stellungnahmen gehobener Presseorgane; monographische Abhandlungen sind nicht sehr zahlreich. Vielfach klingt die Frage der Legitimität lediglich an oder sie wird im Zusammenhang mit anderen Aspekten thematisiert. Häufig befassen sich deutschsprachige Stellungnahmen und Untersuchungen mit bestimmten – einzelnen oder mehreren – Verfassungsgerichtsentscheidungen. Viele bundesrepublikanische Betrachtungen erörtern von diesem Ausgangspunkt her (ansatzweise) die Legitimitätsproblematik, werfen sie zumindest auf, ziehen die Verfassungsgerichtsbarkeit als etablierte Institution jedoch nicht grundsätzlich in Zweifel.[110]

In den Vereinigten Staaten von Amerika ist dies anders. Dort ist – zumindest in den

---

[108] Beispielsweise von JOSEF ISENSEE: Die Verfassungsgerichtsbarkeit zwischen Recht und Politik, in: Michael Piazolo (Hg.): *Das Bundesverfassungsgericht.* Ein Gericht im Schnittpunkt von Recht und Politik, Mainz; München 1995, 49–59 oder THOMAS WÜRTENBERGER: Zur Legitimität des Verfassungsrichterrechts, in: Bernd Guggenberger/ders. (Hg.): *Hüter der Verfassung oder Lenker der Politik?* Das Bundesverfassungsgericht im Widerstreit, Baden-Baden 1998, 57–80.

[109] Siehe etwa die Ausführungen von ERNST-WOLFGANG BÖCKENFÖRDE: Verfassungsgerichtsbarkeit. Strukturfragen, Organisation, Legitimation, in: ders.: *Staat, Nation, Europa.* Studien zur Staatslehre, Verfassungstheorie und Rechtsphilosophie, Frankfurt a.M. 1999, 157–182 {Erstveröffentl.: NJW 1999, 9–17, durchges. Fassung}.

[110] Exemplarisch die scharfe Kritik von RÜDIGER ZUCK an der „zweifelhaften Rolle des Bundesverfassungsgerichts", welche er darin festmacht, daß „ein Machtwechsel [droht; M.E.] bis hin zur Durchsetzung der ordnungspolitischen Vorstellungen eines einzelnen Bundesverfassungsrichters auf Kosten des Steuerzahlers". Die Institution der Verfassungsgerichtsbarkeit *an sich* hat Zuck dabei aber eben nicht im Visier: „Wenn die Rede ist von der zweifelhaften Rolle des Bundesverfassungsgerichts, dann ist das nicht abwertend gemeint im Sinne von ‚dubios'. Es wird auch nicht gesagt, das Bundesverfassungsgerichtsgericht usurpiere unter Verstoß gegen das Gesetz eine ihm nicht zukommende Rolle. Niemand kann ernstlich den überragenden Beitrag gerade des Bundesverfassungsgerichts für die funktionsfähige Ordnung der Bundesrepublik anzweifeln." [Der unkontrollierte Kontrolleur. Die zweifelhafte Rolle des Bundesverfassungsgerichts, in: *FAZ,* Sa. 24. Juli 1999, Nr. 169, Beilage III. {alle Zitate ebd.}].

wissenschaftlichen Zirkeln – die grundsätzliche Legitimität des Judicial Review ein steter Diskussionsgegenstand.[111]

Die Ursachen für diese Differenz sind schwer zu ermitteln. Sicherlich sind sie vielfältig, und sicherlich ist die etwas anders gelagerte amerikanische Themenfokussierung nicht zuletzt durch die Verfassungslage bedingt. Die US-Constitution sieht die Befugnis zum Judicial Review nicht vor – sie ist allenfalls implizit aus der amerikanischen Verfassung zu entnehmen. Die Befugnisse des deutschen Bundesverfassungsgerichts hingegen sind explizit im Grundgesetz verankert.

Vielleicht hängt die geringe grundsätzliche Infragestellung der Verfassungsgerichtsbarkeit in der Bundesrepublik Deutschland auch damit zusammen, daß sich das Bundesverfassungsgericht durch seine Rechtsprechung so ein Renommee erworben hat, daß die Diskussion seiner grundsätzlichen Legitimität zwar nicht einem Sakrileg gleichkommt, aber innerhalb der (bundesdeutschen) *scientific community* in keinster Weise vordringlich schien und scheint.[112] (Dies provoziert die Frage, ob dem deutschen Bundesverfassungsgericht vergleichbare Gerichte wie der Supreme Court eine solche Reputation nicht erlangen konnten, – und falls dies zuträfe, woran dies liegen könnte. Da jedoch etwa gegenüber der Institution des Supreme Court kaum von einem in der US-Bevölkerung verbreiteten Mißtrauen gesprochen werden kann, dürfte dies allenfalls einer von mehreren Erklärungsfaktoren sein.)[113]

---

[111] Dies gilt für die Vereinigten Staaten von Amerika seit der Entscheidung *Marbury vs. Madison* (1803), besonders wohl seit dem Erscheinen von ALEXANDER BICKELS *The Least Dangerous Branch – The Supreme Court at the Bar of Politics,* New Haven u.a. aus dem Jahre 1962. Die US-amerikanische Verfassungstheorie steht seitdem unter dem Paradigma der *‚countermajoritarian difficulty'*, d.h. dem Problem der möglichen „Gegenmehrheitlichkeit" von einer Verfassungsgerichtsentscheidungen. Vgl. ULRICH R. HALTERN: *Verfassungsgerichtsbarkeit, Demokratie und Mißtrauen.* Das Bundesverfassungsgericht in einer Verfassungstheorie zwischen Populismus und Progressivismus, Berlin 1998, 418 [Schriften zum öffentlichen Recht; 751].

[112] Eine Rolle dürfte hierbei auch spielen, daß nach der nationalsozialistischen Herrschaft die demokratischen Institutionen Parlament und Regierung in Deutschland diskreditiert schienen, weil ihnen die NS-Machtergreifung mit angelastet wurde. Die deutsche Bevölkerung samt ihrer politischen Eliten brachte dem politischen Prozeß jedenfalls kein ungeschmälertes Vertrauen entgegen. Stattdessen konnte sich die – in der Perzeption – nicht oder mindestens geringer in den politischen Prozeß involvierte Gerichtsbarkeit eines recht hohen Maßes an Vertrauen sicher sein. Dieses Vertrauen mag auch Züge einer unpolitischen Autoritätshörigkeit enthalten (haben). In den Vereinigten Staaten von Amerika auf der anderen Seite ist das Vertrauen in die Funktionsfähigkeit des politischen Prozesses sicherlich wesentlich ungebrochener als in der Bundesrepublik. Zudem kennzeichnet die US-amerikanische Perzeption des Supreme Court, daß er – jedenfalls stärker als das Bundesverfassungsgericht – als Teil des politischen Prozesses empfunden wird.

[113] Zu dem Vertrauen, welches dem deutschen Bundesverfassungsgericht entgegengebracht wird, siehe (auch mit Hinweisen auf Umfrageergebnisse) etwa EMIL HÜBNER: *Parlament und Regierung in der Bundesrepublik Deutschland,* München 1995, 263 mwN.: „Tabelle 14: Vertrauen in die Institutionen der Bundesrepublik" In dieser Tabelle figuriert das Bundesverfassungsgericht (im Zeitraum von 1984 bis 1995) vor allen anderen bundesrepublikanischen Institutionen. In den neuen Ländern ist dies zwar ebenfalls der Fall, doch ist zu verzeichnen, daß deren Werte unter denen der alten Länder liegen (bezogen auf den Untersuchungszeitraum von 1991 bis 1995) oder HANS VORLÄNDER: Der Interpret als Souverän. Die Macht des Bundesverfassungsgerichts beruht auf einem Vertrauensvorschuß, der anderen Institutionen fehlt, in: *FAZ,* Nr. 89

III. ‚Verfassungsgerichtsbarkeit', rechtsphilosophisch betrachtet   53

Hinzu kommt – respektive: damit verbunden ist –, daß im deutschsprachigen Raum die Diskussion um die Verfassungsgerichtsbarkeit überwiegend von Wissenschaftlern juristischer Provenienz bestritten wird. In den USA ist der Topos der Verfassungsgerichtsbarkeit dagegen keine Domäne der Juristen. Vielmehr widmen sich ihm dort ebenso Rechtsphilosophen, Historiker und Gesellschaftstheoretiker. Da demgegenüber die Perspektive von Staats- und Verfassungsrechtlern sozusagen von Berufs wegen primär eine rechtsdogmatische ist, überrascht es nicht, daß sich die von ihnen dominierten Diskussionslagen nicht in erster Linie um die grundsätzliche Legitimität der Verfassungsgerichtsbarkeit drehen, sondern überwiegend um rechtsdogmatisch geprägte Fragestellungen kreisen.

2. Die Rechtswissenschaft im deutschsprachigen Raum

Entsprechend zur Dominanz der Rechtsdogmatik stehen etwa folgende Problemdefinitionen und -bearbeitungen im Mittelpunkt des Interesses:
- Wie sind Abgrenzungen zwischen dem einfachen und dem Verfassungsrecht vorzunehmen?[114]
- Wie ist das Verhältnis zwischen dem Bundesverfassungsgericht und der Fachgerichtsbarkeit zu bestimmen?[115]
- In welchem Verhältnis steht das Bundesverfassungsgericht zu den Legislativorganen der Bundesrepublik Deutschland?[116]
- Welche Rückwirkungen hat der Prozeß der europäischen Integration auf das deutsche Verfassungsrecht, insbesondere: welche Implikationen ergeben sich daraus für das Verhältnis zwischen dem deutschen Bundesverfassungsgericht und dem Europäischen Gerichtshof?[117]

(17.4.2001), 14 [insb. ebd.: „Das generalisierte Institutionenvertrauen gegenüber dem Bundesverfassungsgericht ist {...} hoch. Das gilt nicht nur für die Bundesrepublik Deutschland, es läßt sich auch für den amerikanischen Supreme Court nachweisen."].

[114] Statt vieler RAINER WAHL: Der Vorrang der Verfassung und die Selbständigkeit des Gesetzesrechts, in: NVwZ, 3.Jg. (1984), H.7, 401–409; KLAUS TIEDEMANN: *Verfassungsrecht und Strafrecht,* Heidelberg 1991.

[115] Siehe hierzu die Ausführungen bei SCHLAICH/KORIOTH: *Bundesverfassungsgericht* [aaO. FN 2 S. 4 dieser Arbeit], 16–18 mwN.

[116] Herausgegriffen seien WILTRAUT RUPP VON BRÜNNECK: Verfassungsgerichtsbarkeit und gesetzgebende Gewalt. Wechselseitiges Verhältnis zwischen Verfassungsgericht und Parlament, in: AöR, 102. Bd. (1977), 1–26; FRITZ OSSENBÜHL: Bundesverfassungsgericht und Gesetzgebung, in FS 50 Jahre BVerfG 1, 33–53.

[117] JOCHEN ABR. FROWEIN: Die Europäisierung des Verfassungsrechts, in FS 50 Jahre BVerfG 1, 209–221; DIETER H. SCHEUING: Deutsches Verfassungsrecht und europäische Integration, in: Jürgen Schwarze (Hg.): *Verfassungsrecht und Verfassungsgerichtsbarkeit im Zeichen Europas,* Baden-Baden 1998, 81–136; JÜRGEN SCHWARZE: Das „Kooperationsverhältnis" des Bundesverfassungsgerichts mit dem Europäischen Gerichtshof, in FS 50 Jahre BVerfG 1, 223–243; RÜDIGER ZUCK: Kooperation zwischen dem Bundesverfassungsgericht und dem Europäischen

– Welche Effekte ergeben sich aus (bestimmten) normativen Vorgaben des Verfassungsrechts auf die Verfassungsrechtsprechung?[118]
– Welches Grundrechtsverständnis ist angemessen und rechtlich geboten?[119]

Zuweilen allerdings wurden und werden die Grenzen der Rechtsdogmatik auch in der Jurisprudenz überschritten.[120] Insbesondere für die Anfangsphase der Bundesrepublik Deutschland trifft dies zu.[121] In der Gegenwart hingegen fällt – auch wenn damit nicht unbedingt ein vollständiges Bild der Disziplinen des Öffentlichen Rechts zu zeichnen ist – die These eines die „Staatsrechtswissenschaft bestimmenden Bundesverfassungsgerichtspositivismus"[122]. Oder es wird – bezeichnenderweise – angemahnt, die Verfassungslehre als Disziplin des Öffentlichen Rechts fortzuführen, damit auf diese Weise Vorkehrungen dagegen getroffen seien, daß

> „die Verfassungsdogmatik zu einer bloßen Auslegungswissenschaft herabsinkt, die ohne Fundierung in einer Theorie des Öffentlichen Rechts Verfassungstexte nur noch paraphrasiert und verfassungsgerichtliche Entscheidungen unkritisch rezipiert."[123]

Ungeachtet dessen sind rechtsdogmatische Untersuchungen zur Verfassungsgerichtsbarkeit – auch Untersuchungen mit Fragestellungen, wie sie angeführt wurden, –

Gerichtshof, in: Bernd Guggenberger/Thomas Würtenberger (Hg.): *Hüter der Verfassung oder Lenker der Politik?* Das Bundesverfassungsgericht im Widerstreit, Baden-Baden 1998, 121–150.

[118] Siehe etwa MICHAEL BRENNER: Die neuartige Technizität des Verfassungsrechts und die Aufgabe der Verfassungsrechtsprechung, in: *AöR,* 120. Bd. (1995), H. 2, 248–268.

[119] Statt vieler vgl. hierzu die gegensätzlichen Stellungnahmen von D. Grimm und E.-W. Böckenförde [bibliographische Angaben FN 27 S. 21 dieser Arbeit]. Bei dieser Materie sind die Grenzen zwischen Rechtsdogmatik und -philosophie nicht mehr scharf zu ziehen. Ein umfassender Überblick über die Diskussion der Grundrechtsauslegung wird geboten bei KLAUS STERN: Bemerkungen zur Grundrechtsauslegung, in: Johannes Hengstschläger u.a. (Hg.): *Für Staat und Recht.* FS für Herbert Schambeck, Berlin 1994, 381–406.

[120] Siehe etwa die Kontroverse zwischen E. Forsthoff und A. Hollerbach um das angemessene Verständnis von Verfassung und Rechtswissenschaft: ERNST FORSTHOFF: Die Umbildung des Verfassungsgesetzes, in: ders.: *Rechtsstaat im Wandel.* Verfassungsrechtliche Abhandlungen 1950–1964, Stuttgart 1964, 147–175 {erstmals in: Hans Barion/Ernst Forsthoff/Werner Weber: FS für Carl Schmitt zum 70. Geburtstag dargebracht von Freunden und Schülern, Berlin 1959, 35–62}; ALEXANDER HOLLERBACH: Auflösung der rechtsstaatlichen Verfassung? Zu Ernst Forsthoffs Abhandlung „Die Umbildung des Verfassungsgesetzes" in der Festschrift für Carl Schmitt, in: *AöR,* 85. Bd. (1960), H. 3, 241–270.

[121] Die rechtsgeschichtliche Untersuchung von BIRGIT VON BÜLOW: *Die Staatsrechtslehre der Nachkriegszeit (1945–1952),* Berlin; Baden-Baden 1996 macht für den Zeitraum von 1945 bis 1952 „vier große Diskussionen der Staatsrechtslehre" aus, nämlich die ‚Parteienstaatsdiskussion', die ‚Diskussion um die Gerichtskontrolle der Staatsführung und das Verhältnis von Recht und Politik', und die ‚Diskussion um das vorzugswürdige Regierungssystem' sowie die ‚Naturrechtsdiskussion'. Alle diese Themenfelder betreffen das Recht *de lege ferenda.* Symptomatisch ist aber vielleicht, daß diese rechtsphilosophische Dimension gerade zu einem Zeitpunkt besonders hervortritt, zu dem sich das politische und das Rechtssystem erst herausbildet oder gerade herausgebildet hat.

[122] BERNHARD SCHLINK: Die Entthronung der Staatsrechtswissenschaft durch die Verfassungsgerichtsbarkeit, in: *Der Staat,* 28. Bd. (1989), 161–172 [163].

[123] WALTER PAULY: Verfassung als Synallagma, in: *Der Staat,* 33. Bd. (1994), 277–285 [277].

III. ‚Verfassungsgerichtsbarkeit', rechtsphilosophisch betrachtet 55

sinnvoll und notwendig. Jedoch bleibt die Frage, ob damit das Phänomen Verfassungsgerichtsbarkeit hinreichend thematisiert ist.

Daß dies nicht der Fall ist, ist auch von Vertretern der Jurisprudenz erkannt worden: Trotz des Überwiegens von rechtsdogmatischen Untersuchungen werden auch von Juristen rechtsphilosophische Problemstellungen in Angriff genommen. Die Zahl dieser Rechtswissenschaftler ist allerdings recht gering. Unter ihnen ragt der ehemalige Richter am deutschen Bundesverfassungsgericht Ernst-Wolfgang Böckenförde heraus. Zusätzlich zu Böckenförde lassen sich weitere – zumindest nominelle – Juristen nennen, die sich auch jenseits der Bahnen der Rechtsdogmatik bewegen. Stellvertretend für diese sei Günter Frankenberg angeführt. Beide – Böckenförde und Frankenberg – haben sich mit der Legitimitätsproblematik der Verfassungsgerichtsbarkeit auseinandergesetzt.

a) Die Legitimität der Verfassungsgerichtsbarkeit bei Ernst-Wolfgang Böckenförde
(1) Verfassungsgerichtsbarkeit als verwirklichte Gewaltenteilung
Ernst-Wolfgang Böckenförde hat sich in einer Vielzahl von Publikationen mit Verfassungstheorie und -geschichte befaßt.[124] In seinem Artikel »Verfassungsgerichtsbarkeit. Strukturfragen, Organisation, Legitimation«[125] thematisiert er die Legitimität der Verfassungsgerichtsbarkeit im Rahmen von rechtsvergleichend angelegten Betrachtungen über die Ausprägungen der Verfassungsgerichtsbarkeit in verschiedenen Rechtssystemen der Gegenwart. Hierbei identifiziert er Verfassungsgerichtsbarkeit im wesentlichen mit der Befugnis, Gesetze auf ihre Verfassungsmäßigkeit zu überprüfen. Diese Kompetenz habe sich in den letzten 50 Jahren als ihr „Kern- und Minimalbestand" herauskristallisiert. [vgl. 158, 174] Die Frage nach der Legitimität der Verfassungsgerichtsbarkeit behandelt Böckenförde auf zwei Ebenen oder Stufen.

Die erste dieser Ebenen ist der grundsätzlichen Begründung der Idee der Verfassungsgerichtsbarkeit im demokratischen Staat gewidmet. Böckenförde konstatiert einen möglichen Konflikt zwischen einer mit einem Letztentscheidungsrecht ausgestatteten Verfassungsgerichtsbarkeit, welches mit dem Vorrang der Verfassung notwendigerweise impliziert sei, und dem demokratischen Postulat, das ein solches dem Volk zuspricht. [161] Ob dieser Konflikt unweigerlich auftritt, ob es sich vielmehr nur um einen scheinbaren handelt oder dieser Konflikt nur unter bestimmten Bedingungen besteht – dies läßt sich aus Böckenfördes Darlegung (zumindest an dieser Stelle) nicht zweifelsfrei ermitteln. Auf jeden Fall führt Böckenförde – im

---

[124] Siehe etwa ERNST-WOLFGANG BÖCKENFÖRDE: *Die verfassunggebende Gewalt des Volkes*, Frankfurt a.M. 1986; ders.: *Recht, Staat, Freiheit*. Studien zu Rechtsphilosophie, Staatstheorie und Verfassungsgeschichte, Frankfurt a.M. 1992 [2. Aufl.; Erstaufl. 1991]; ders.: *Staat, Verfassung, Demokratie*. Studien zur Verfassungstheorie und zum Verfassungsrecht, Frankfurt a.M. 1992 [2. Aufl.; hier zit.: Erstaufl. 1991]; ders.: Anmerkungen zum Begriff ‚Verfassungswandel', in: Bernd Guggenberger/Thomas Würtenberger (Hg.): *Hüter der Verfassung oder Lenker der Politik? Das Bundesverfassungsgericht im Widerstreit*, Baden-Baden 1998; 44–56; ferner die Studien in *Staat, Nation, Europa* [aaO. FN 109 S. 51 dieser Arbeit, darin auch »Anmerkungen zum Begriff ‚Verfassungswandel'«].
[125] Siehe FN 109 S. 51 dieser Arbeit. Die in eckigen Klammern angegebenen Seitenzahlen in den folgenden Passagen beziehen sich auf diese Veröffentlichung.

Anschluß an Exponenten der formativen Phase des US-amerikanischen Konstitutionalismus – aus, daß sich eine Verfassung als Festlegung von staatlichem Recht, vor allem als Bindung der Staatsgewalt an materielle Prinzipien und organisatorische Regelungen – *durch das Volk* – begreifen läßt. In Gestalt der Suprematie der Verfassung realisiere sich – auf der Grundlage der Unterscheidung von Pouvoir Constituant und Pouvoirs Constitués – ein Gedanke der Gewaltenteilung. Verfassungsgerichtsbarkeit diene dann als Weg der Sicherung der Verfassung. [161–162]

Dieses Konzept der Begründung der Idee der Verfassungsgerichtsbarkeit, das sich bei James Iredell und Alexander Hamilton findet, bezeichnet Böckenförde als „klar" [162]. Allerdings unterliege es der Gefahr, umzuschlagen von einem Weg der Sicherung der Verfassung in eine Herrschaft über diese – wodurch die Verfassungsgerichtsbarkeit dann demokratischen Boden verlasse. [162]

Diese Gefahr veranschlagt Böckenförde als recht beträchtlich. Dies führt er auf die „einzigartige Interpretationsmacht" der Verfassungsgerichtsbarkeit [166 mwN.] zurück, die sie vor allen anderen Merkmalen ihrer Eigenart von der normalen Rechtsprechung unterscheide. Er wirft daher die Fragen auf,
– wie es zu vermeiden sei, daß die Verfassungsgerichtsbarkeit zum Herrn der Verfassung werde, und
– wer die Verfassungsgerichtsbarkeit – die Instanz, die anderen Gewalten kontrolliere, – selbst wiederum kontrolliere. [169]

Daran schließt sich die zweite Ebene von Böckenfördes Beschäftigung mit der Legitimität der Verfassungsgerichtsbarkeit an. Während Böckenförde auf der ersten Stufe nach der grundsätzlichen Begründung der Idee der Verfassungsgerichtsbarkeit fragt, befaßt er sich auf der zweiten Stufe mit der Umsetzung dieser Idee. Ausgangspunkt seiner Ausführungen zur Verwirklichung der Idee der Verfassungsgerichtsbarkeit ist die These, daß in einem demokratischen Staat die demokratische Legitimation der Verfassungsgerichtsbarkeit unerläßlich sei. Verfassungsgerichtsbarkeit als Ausübung staatlicher Hoheitsgewalt vermöge sich nicht aus sich selbst, etwa aus dem Gedanken der „Herrschaft des Rechts" zu legitimieren, sondern sie bedürfe der Rückbeziehung auf das Volk. Denn nicht ein unpersönliches Recht herrsche. Vielmehr übten – so wie immer bei der Rechtsprechung – bestimmte Menschen eine Machtposition aus. [176]

Deswegen hängt für Böckenförde die demokratische Legitimation der Verfassungsgerichtsbarkeit davon ab, zu verhindern, daß die Verfassungsgerichtsbarkeit zu einer unkontrollierten Übermacht gegenüber den anderen Gewalten werde. Anders formuliert: es stelle sich die Frage, wie zu erreichen sei, daß die Kontrolle der anderen vom Volk legitimierten Gewalten als vom Volk ausgehend angesehen werden könne. [177]

Nach Böckenförde liegen hierfür balancierende Lösungen nahe. Denn mehreres müsse zugleich erreicht werden: eine effektive demokratische Legitimation der Richter ebenso wie eine Gewährleistung von deren Unabhängigkeit, Qualifikation und Richterlichkeit ihrer Amtsführung. Nach einem Überblick über verschiedene Modelle rechtlich-politischer Systeme, die dies in bezug auf Rekrutierung, Amtsdauer und weitere organisatorisch-institutionelle Regelungsmodi zu realisieren versuchen [177–180], stellt Böckenförde fest:

III. ‚Verfassungsgerichtsbarkeit', rechtsphilosophisch betrachtet 57

„Wie immer die demokratische Legitimation der Richter und ihre Amtsdauer geregelt sein mag, die Verfassungsgerichtsbarkeit behält das ‚letzte Wort' über die Interpretation der Verfassung, und sie ist darin inappellabel. Auch ein gut ausbalanciertes Ineinandergreifen von Vorschlag, Wahl, Ernennung und Amtszeit der Richter bedeutet noch keine Kontrolle der Verfassungsgerichtsbarkeit, kann und darf sie nicht bedeuten. Verfassungsgerichtsbarkeit kontrolliert, wird aber ihrerseits nicht mehr kontrolliert. Das Amt des Verfassungsrichters ist nicht nur ein kontrollfreies, es ist auch ein rechenschaftsfreies Amt." [180]

Gegen Ende seines Artikels kehrt Böckenförde zur Frage eines möglichen theorieinhaltlichen Konflikts zwischen dem mit verfassungsgerichtlichen Befugnissen gegebenen Letztentscheidungsrecht der Verfassungsgerichtsbarkeit und der demokratischen Forderung nach Letztentscheidung durch das Volk zurück. So fragt er nun, ob sich nicht doch – trotz der unabdingbaren Kontroll- und Rechenschaftsfreiheit der Verfassungsgerichtsbarkeit – das Prinzip der Volkssouveränität durch eine demokratische Rückbindung wahren lasse. [180] Böckenförde beantwortet diese Frage damit, daß er eine „interessante Regelung" aus dem polnischen Verfassungsrecht präsentiert. [181] Vielleicht darf daraus gefolgert werden, daß er deren Übernahme zwar nicht fordert, aber doch zumindest zur Diskussion stellt. Diese Regelung besteht darin, daß das polnische Parlament, der Sejm, erneut über ein Gesetz zu befinden hat, wenn es vom polnischen Verfassungsgericht für verfassungswidrig erklärt worden ist. Trotz des verfassungsgerichtlichen Urteils vermag das Gesetz Geltungskraft zu erlangen, sofern dies (nun) eine verfassungsändernde Mehrheit des Sejm beschließt.

Allerdings, so Böckenförde, setze dies sowohl die Zulässigkeit von Verfassungsdurchbrechungen als auch den Verzicht auf unantastbare Verfassungsinhalte voraus. Beides sehe das Grundgesetz nicht vor. [181] Für ihn ist damit eine grundsätzliche verfassungs- und souveränitätstheoretische Alternative umrissen. Je nach Verbleib des „letzten Wortes" lägen gegensätzliche Konstitutionskonzeptionen vor: Die Rückverweisung *à la Pologne* bestimme die Verfassung als *Ausdruck* der Volkssouveränität, die verfassungsgerichtliche Letztentscheidungsbefugnis definiere die Verfassung als *Einschränkung* der Volkssouveränität.

Zuletzt macht Böckenförde darauf aufmerksam, daß auch unabhängig von der Zuordnung des „letzten Wortes" ein wesentlicher Teil der Verantwortung dafür, daß es der Verfassungsgerichtsbarkeit gelinge, die demokratische Verfassungsstruktur zu sichern, statt sie zu verändern, bei den handelnden Personen liege – bei den Richtern und bei denen, die sie mit demokratischer Legitimation ausstatten. Diese Akteure müßten ihrer Verantwortung gerecht werden; weder die eine noch die andere Verantwortung lasse sich delegieren oder ersetzen. [182]

(2) Souveränität im Vagen, Interpretationsmacht rein als Realisierungsproblem
Böckenfördes Überlegungen bestechen durch analytische Schärfe, insbesondere durch gelungenes Zuordnen von konzeptionellen Grundlagen zu rechtlich-institutionellen Ausgestaltungen. Dennoch lassen seine Betrachtungen Wesentliches offen.
Zuallererst ist hier anzuführen, daß die grundlegende Frage nach einer möglichen demokratietheoretischen Widersprüchlichkeit einer verfassungsgerichtlichen Letzt-

entscheidungskompetenz von Böckenförde in der Schwebe gehalten wird. Es ist nicht zweifelsfrei zu ermitteln, ob Böckenförde diese Frage in seinen Ausführungen entscheidet oder ob er sie seinen Lesern zur Beantwortung anheimstellt.
- So führt er einerseits an, die Rechtfertigung des Judicial Review bei James Iredell und Alexander Hamilton sei „klar". Was beinhaltet diese Qualifikation? Am naheliegendsten ist *prima facie* ein theorieinhaltlicher Anschluß Böckenfördes an deren Konzeptionen. Dies müßte allerdings auch den Anschluß an deren zentrale Begründungsabsicht nach sich ziehen – nämlich die demokratietheoretische Widersprüchlichkeit der Institution der Verfassungsgerichtsbarkeit zurückzuweisen. Des weiteren erscheint es so, daß die Demokratiekompatibilität der Verfassungsgerichtsbarkeit für Böckenförde letztlich und in erster Linie eine Frage des Ethos der Berufenen und Berufenden ist.
- Andererseits sieht Böckenförde wohl mit dem Verzicht auf Rückverweisung verfassungswidrig deklarierter Gesetze an die unmittelbare Volksvertretung respektive mit einem verfassungsgerichtlichen Letztentscheidungsrecht eine Verletzung des Prinzips der Volkssouveränität als gegeben an – wie sonst wäre seine Rede von einer „Wahrung" dieses Prinzips durch eine solche Rückverweisung zu verstehen? [vgl. 180] Überdies läßt seine Rückführung des verfassungsrechtlich geregelten Verbleibs des „letzten Wortes" auf die gegensätzlichen Konstitutionskonzeptionen (Verfassung als *Einschränkung* der Volkssouveränität *versus* Verfassung als *Ausdruck* der Volkssouveränität) den Schluß zu, daß die demokratische Natur einer verfassungsgerichtlichen Letztentscheidungsbefugnis nach Böckenförde doch wesentlich prekärer ist, als Iredell und Hamilton glauben machen wollen.
- Allerdings präsentiert Böckenförde die Verfassungsvarianten „Einschränkung der Volkssouveränität" und „Ausdruck derselben" nicht als eine dichotomische Opposition. [vgl. 181–182]¹²⁶ Seine Position könnte demnach auch darin bestehen, beide Verfassungsverständnisse als demokratisch einzustufen.¹²⁷ Doch selbst wenn damit

---

¹²⁶ Hier beschreibt Böckenförde die Umsetzung dieser Souveränitätskonzeptionen als skalierbar.
¹²⁷ Daß dies Böckenfördes Position entspricht oder ihr nahekommen könnte, ergibt sich, wenn man in einen anderen Artikel aus seiner Feder blickt: ERNST-WOLFGANG BÖCKENFÖRDE: Begriff und Probleme des Verfassungsstaates, in: ders.: *Staat, Nation, Europa.* Studien zur Staatslehre, Verfassungstheorie und Rechtsphilosophie, Frankfurt a.M. 1999, 127–140 {Erstveröffentlichung: in: R. Morsey/H. Quaritsch/H. Siedentopf (Hg.): Staat, Politik, Verwaltung in Europa. Gedächtnisschrift für Roman Schnur, Berlin 1997, 137–147} [135]: „In der Demokratie ist diese Frage [die Frage nach der höchsten Autorität oder Macht im Staat; M.E.], prinzipiell gesehen, zugunsten des Volkes bzw. der unmittelbaren Volksrepräsentation entschieden. Das Prinzip des Verfassungsstaates bringt sie indessen wieder in die Schwebe, insbesondere wenn die Verfassung eine ausgebaute Verfassungsgerichtsbarkeit vorsieht, die über die Verfassungsmäßigkeit der Gesetze und die Grenzen zulässiger Verfassungsänderungen letztverbindlich zu entscheiden hat. Hier ist dann ein weiterer Prätendent vorhanden [...]. Im Konfliktfall kommt es darauf an, wer die stärkere demokratische Legitimität und Autorität für sich in Anspruch nehmen und damit als Repräsentant der Volkssouveränität auftreten kann." Böckenförde konstatiert demnach ein Spannungsverhältnis zwischen Demokratie und Verfassungsstaatlichkeit. Ferner legt er sich auch hier auf keine der konkurrierenden Souveränitätskonzeptionen fest, beläßt es vielmehr bei der Formulierung hypothetischer Imperative. Für Böckenförde ist dies wohl deswegen wissenschaftlich nicht beantwort-

III. ‚Verfassungsgerichtsbarkeit', rechtsphilosophisch betrachtet 59

seine Auffassung erfaßt ist und ihm darin zu folgen ist, bleibt zu klären, ob beide Souveränitätskonzeptionen als zwar verschieden, aber gleichermaßen demokratisch gelten können oder ob zwischen ihnen mit dem Komparativ von legitim zu differenzieren ist.

– Zumindest stellt sich die Frage, ob die Thematik spezifisch demokratischer Verfassungsmodelle respektive Souveränitätskonzeptionen nicht (doch) rationaler Erörterung zugänglich ist – statt eine Sache des Glaubens zu sein. Ungeachtet davon, ob die Bestimmung dieser Frage als nur noch rein dezisionistisch zu klärende mit Böckenfördes Position übereinstimmt oder nicht, müßten zumindest Gründe vorliegen, die eine Beschränkung auf rechtsvergleichende Analyse und Rechtsdogmatik und das Unterlassen einer rechtsphilosophisch argumentierenden Stellungnahme erfordern.[128]

Mit der möglichen demokratietheoretischen Unvereinbarkeit der verfassungsgerichtlichen Letztentscheidungsbefugnis und einem hierbei vorgenommenen Rekurs auf die Theorie Hamiltons verbindet sich eine weitere offene Frage – nun keine hermeneutische, sondern eine systematische: Operiert die hamiltonsche Rechtfertigung des Judicial Review nicht mit Vereinfachungen, um nicht zu schreiben: fragwürdigen Verkürzungen? Konkret: sind die Kennzeichnungen der Verfassung als *Instrument* der Herrschaft des Volkes sowie die der Verfassungsgerichtsbarkeit als *Instrument* der Verfassung nicht problematisch? Diese Fragen drängen sich auf – und zwar gerade angesichts von Böckenfördes Hervorhebung der eminenten und vor allem letztverbindlichen verfassungsgerichtlichen Interpretationsmacht: Böckenfördes Charakterisierung der verfassungsgerichtlichen Letztentscheidung als kontroll- und rechenschaftsfreie Machtausübung läßt Hamiltons Versuch,[129] die Verfassungsgerichtsbarkeit als demokratisch zu erweisen, als wirklichkeitsverzerrend erscheinen.[130]

---

bar, weil es sich um eine Sache des Glaubens handelt. [vgl. ebd.: „Glaube an die Volkssouveränität", „Glaube an die Volksvertretung als Volksrepräsentation" {siehe FN 128 S. 59 dieser Arbeit}] (Fraglich erscheint, was die „prinzipielle" Entscheidung zugunsten der höchsten Autorität des Volkes resp. seiner unmittelbaren Vertretungskörperschaft bedeutet: vorgeblich oder im allgemeinen – aber nicht {notwendigerweise} im besonderen?).

[128] Vgl. BÖCKENFÖRDE: Begriff und Probleme [aaO. FN 127 S. 58 dieser Arbeit], 135: „Es verdient insofern Aufmerksamkeit, daß einige Staaten mit ausgesprochen demokratischer Tradition [...] keine Verfassungsgerichtsbarkeit kennen, die den Gesetzgeber, das heißt konkret das Volk oder die unmittelbare Volksrepräsentation auf die Einhaltung der Verfassung kontrolliert. Solange der Glaube an die Volkssouveränität und die Volksvertretung als Volksrepräsentation ungebrochen ist, erscheint das in sich konsequent."

[129] *Nota bene:* dies gilt nicht für sämtliche Begründungen der Verfassungsgerichtsbarkeit als demokratische respektive mit Demokratie zu vereinbarende Institution.

[130] Zur Kritik der Legitimitätstheorie von Hamilton siehe eingehend (in dieser Arbeit) § 4 JUDICIAL REVIEW UND DEMOKRATIE. III. Alexander Hamilton: „The least dangerous branch". C. Kritik, S. 249–257. Hamiltons Konzeption ist deswegen als Begründung der Rechtfertigung des Judicial Review nicht hinreichend, weil der Maßstabscharakter der Idee der Verfassungsgerichtsbarkeit als Sicherung der Verfassung nicht erfaßt wird: Verfassungsgerichtsbarkeit soll zwar Instrument der Sicherung der Verfassung sein, sie ist jedoch aufgrund ihrer Beurteilungsmacht nicht von (rein) instrumenteller Natur.

Anders gewendet, die Zweistufigkeit von Böckenfördes Legitimitätstheorie, das heißt: die von ihm vorgenommene Unterteilung in grundsätzliche Begründung der Idee der Verfassungsgerichtsbarkeit (durch die Figur der Sicherung der Verfassung durch Verfassungsgerichtsbarkeit) und Verwirklichung dieser Idee (durch die Figur der Sicherung der Verfassung vor der Verfassungsgerichtsbarkeit) ist problematisch: Das Theorem einer *dergestaltigen* Unterteilbarkeit impliziert die Zuweisung der demokratietheoretisch problematischen verfassungsgerichtlichen Interpretationsmacht auf die Ebene der demokratiekonformen *Ausübung* der Verfassungsgerichtsbarkeit. Diese Zuweisung ist jedoch nicht zwingend – die Problematik der Interpretationsmacht könnte auch die Ebene der *grundsätzlichen* Demokratiekompatibilität der Verfassungsgerichtsbarkeit tangieren. So aber präjudiziert diese Stufung die Beantwortung der Legitimitätsproblematik der Verfassungsgerichtsbarkeit in Richtung auf die grundsätzliche Vereinbarkeit von Verfassungsgerichtsbarkeit und Demokratie. Zwar erfolgt Böckenfördes Hinweis auf die Bedeutung des demokratischen Ethos der Handelnden zu Recht. Doch dieser Hinweis auf die Verantwortung der Berufenden und der Berufenen ersetzt bei der Erörterung der Legitimität der Verfassungsgerichtsbarkeit nicht die Auseinandersetzung mit der Problematik der Justiziabilität verfassungsgerichtlicher Entscheidungsmaterien.[131]

Böckenförde stellt bei seinen Betrachtungen die Befugnis, Gesetze auf ihre Verfassungsmäßigkeit zu überprüfen, in den Mittelpunkt. Sicherlich stellt diese Kompetenz in demokratietheoretischer Hinsicht einen besonders problematischen Aspekt der Verfassungsgerichtsbarkeit dar. Doch ist mit diesem Aspekt die Frage nach der demokratischen Natur von verfassungsgerichtlichen Zuständigkeiten nicht abgedeckt. Diese Legitimitätsproblematik ergibt sich vielmehr in allen Fällen, in denen der Gerichtsbarkeit die Rolle einer inhaltlich steuernden politischen Instanz zukommt. Diese Rolle ist zwar allein mit der Befugnis zur repressiven materiellen Normenkontrolle gegeben, so daß die Rechtsprechung bei Rechtsschutzverfahren analog zur individuellen Verfassungsbeschwerde aus Gründen der Vereinfachung auch außer acht gelassen werden kann. Nicht außer Betracht geraten sollte jedoch die gerichtliche Kontrolle anderer Zweige der Staatsgewalt als des legislativen. Denn begrifflich aus der Legitimitätsproblematik nicht auszusparen ist die materielle Verfassungsmäßigkeitskontrolle insbesondere der hierarchischen Spitzen der Exekutive, da sie der Gerichtsbarkeit den Status einer souveränen – zumindest inappelablen – inhaltlich intervenierenden Instanz zuweist.[132]

---

[131] Fällt diese Auseinandersetzung im Ergebnis positiv für die Institution der Verfassungsgerichtsbarkeit aus, dann wären damit auch Vorarbeiten geleistet für die Ermittlung von Kriterien der Demokratiekonformität verfassungsgerichtlicher Entscheidungen. Die Erarbeitung dieser Kriterien ist notwendig, weil das demokratische Ethos zwar von grundlegender Bedeutung ist, als Beurteilungsmaßstab für Demokratiekonformität aufgrund begrifflicher Unschärfe jedoch nur begrenzt dienlich ist.

[132] Da die Überprüfung von Rechtsakten staatlicher Hoheitsgewalt anhand des einfachen Rechts „lediglich" den Grundsatz der Rechtsgebundenheit der staatlichen Gewalt, die formelle Verfassungsmäßigkeitskontrolle „lediglich" den formellen Vorrang der Verfassung sicherstellt, verhält

III. ‚Verfassungsgerichtsbarkeit', rechtsphilosophisch betrachtet 61

Zudem ist bei der demokratietheoretischen Problematik der Institution der Verfassungsgerichtsbarkeit in Betracht zu ziehen, daß die verfassungsgerichtlichen Kompetenzen, namentlich die Prüfung und Verwerfung von Gesetzen, je nach Art der verfassungsgerichtlichen Rechtsaufsicht unterschiedlicher Natur sind: Eine *prozedurale* Rechtskontrolle ist anders zu beurteilen als eine *materielle*; es macht einen Unterschied aus, ob nur der formelle oder auch der materielle Vorrang der Verfassung gilt. Die Existenz von änderungsresistenten Verfassungsinhalten verleiht der Rechtsaufsicht über sie zusätzlich eine neue Qualität.

In einem wesentlichen Punkt gilt es diese Kritik jedoch zu ergänzen – und damit Mißverständnissen vorzubauen: Ernst-Wolfgang Böckenförde verkennt keineswegs, daß die Problematik der verfassungsgerichtlichen Interpretationsmacht die grundsätzliche Demokratiekompatibilität der Verfassungsgerichtsbarkeit betrifft.[133] Insofern gilt die hier vorgebrachte Kritik lediglich in bezug auf Böckenfördes Schrift »Verfassungsgerichtsbarkeit. Strukturfragen, Organisation, Legitimation«.

b) Die Legitimität der Verfassungsgerichtsbarkeit bei Günter Frankenberg
(1) Die Legitimität der Verfassungsgerichtsbarkeit als ‚Konfliktautorität'
Günter Frankenberg widmet das letzte Kapitel seines Buches »Die Verfassung der Republik«[134] dem Thema der bundesrepublikanischen Verfassungsgerichtsbarkeit. Frankenberg gibt zunächst einen Überblick über die am deutschen Bundesverfassungsgericht geübte Kritik und konstatiert darauf bezogen eine „Unruhe über Karlsruhe". [218–221] Danach kommentiert er den Kruzifix-Konflikt.[135] [222–225] Dieser Vorspann bietet Frankenberg Anlaß, sich grundsätzlich mit der Frage zu beschäftigen, worauf die Autorität der Verfassungsgerichtsbarkeit – im Blick hat er vornehmlich das Bundesverfassungsgericht – basiert. Als Gegenfolie seiner Überlegungen verwendet er Max Webers Konzeption der drei reinen Typen legitimer Herrschaft.[136] Charisma

---
es sich bei diesen Kompetenzen anders. Ausführlich (in dieser Arbeit) § 2 GEGENSTAND. II. Profilbestimmung: Der politische Status der Gerichtsbarkeit. A. Die Rolle der Gerichtsbarkeit entsprechend ihrer Befugnisse. 3. Die Rolle der Gerichtsbarkeit im modernen demokratischen Verfassungsstaat, S. 13–16.

[133] Siehe v.a. den Aufsatz »Grundrechte als Grundsatznormen« [aaO. FN 27 S. 21 dieser Arbeit].

[134] GÜNTER FRANKENBERG: *Die Verfassung der Republik*. Autorität und Solidarität in der Zivilgesellschaft, Baden-Baden 1996, 218–235 [Die in den eckigen Klammern angegebenen Seitenzahlen beziehen sich im folgenden auf dieses Werk {die in Baden-Baden erschienene Ausgabe von 1996 ist text- und seitenidentisch mit der in Frankfurt a.M. 1997 veröffentlichten Taschenbuchausgabe}].

[135] Gemeint ist der Beschluß des Ersten Senats des BVerfG vom 16. Mai 1995 (bekannt geworden als das sogenannte ‚Kruzifix-Urteil') [Beschluß sowie Abweichende Meinung der Richterin Haas sowie der Richter Seidl und Söllner], in: Hans Maier (Hg.): *Das Kreuz im Widerspruch*. Der Beschluß des Bundesverfassungsgerichts in der Kontroverse, Freiburg i.Br.; Basel; Wien 1996, 132–157]. Die Bezeichnung ‚Kruzifix-Urteil' ist aus zwei Gründen falsch: Zum einen handelt es sich um einen Beschluß (und nicht um ein Urteil). Zum anderen wurde über sämtliche christlichen Kreuzigungssymbole verhandelt, also *auch* über schlichte Kreuze ohne Darstellung des Gekreuzigten (im Gegensatz dazu weist ein Kruzifix diese Darstellung stets auf).

[136] MAX WEBER: Die drei reinen Typen der legitimen Herrschaft, in: ders.: *Gesammelte Aufsätze zur Wissenschaftslehre,* hrsg. von Johannes Winckelmann, Tübingen 1988 [7. Aufl.], 475–488.

und Tradition als „Autoritäts- beziehungsweise Legitimitätsquellen" [226] scheidet er sogleich aus.[137] Nach dem „Entzauberungswerk der Aufklärung" [227] seien diese nicht mehr tragfähig. Erwägenswerter erscheint Frankenberg die legal-rationale Autorität, die sich aus der Verfassung ableiten könnte. [227] Doch auch diese verwirft Frankenberg mit der Begründung, die Legalität verfassungsgerichtlichen Entscheidens sei nicht frei von Paradoxien. Von diesen zählt Frankenberg eine ganze Reihe auf. So lasse sich das Gericht etwa nicht präzise im Verfassungsgefüge positionieren, so solle es die Verfassung zugleich hüten und als Fessel respektieren, so sei es einerseits institutionell unabhängig und andererseits hinsichtlich seiner Kompetenzen und Verfahrensordnung dem Zugriff des Gesetzgebers ausgeliefert. [227–229]

In Anlehnung an das psychologische Theorem von der paradoxen Intervention vertritt Frankenberg daher die These, das Bundesverfassungsgericht verdanke seine Autorität dem Konflikt, genauer „der selbstreflexiven Wahrnehmung gesellschaftlicher Kontroversen auf der Ebene und in der Sprache der Verfassung als Ausdruck einer ‚grundlegenden Konvention'." [231] Als ‚grundlegende Konvention' versteht er jene Konfliktregeln, „die sich einer expliziten oder stillschweigenden, in der sozialen Praxis der Zivilgesellschaft aufweisbaren Übereinkunft verdanken". [231] Frankenberg begreift somit das Bundesverfassungsgericht als „Hüter der Verfassung einer Zivilgesellschaft" (dies ist auch die Überschrift seiner Betrachtungen im referierten Kapitel). Als Argumente hierfür führt er die Beobachter- und Schlichtungsrolle des Bundesverfassungsgerichts an [ebd., 231–232], seine Beteiligung an politischen Konflikten [232–233] sowie die Widerspiegelung der Konflikthaftigkeit der Gesellschaft in seiner eigenen Entscheidungs- und Begründungspraxis [233–234]. Zusammengefaßt: das Ansehen des Bundesverfassungsgerichts gründe darauf, daß in einer demokratischen Streitkultur wie der der Bundesrepublik Deutschland der Konflikt legitim sei. Dies ermögliche dem Gericht, eine Rolle auszuüben, die sich in den verschiedensten Spannungsfeldern bewege. Gerade dadurch vermöge es sich fernzuhalten und ferngehalten zu werden von einer Dämonisierung einerseits und einer Idealisierung andererseits. [vgl. 235]

(2) Faktische Autorität statt normative Legitimität
Vieles von Frankenbergs Ausführungen ist für die Untersuchung der Legitimität der Verfassungsgerichtsbarkeit aufzugreifen. Unmittelbar jedoch sind sie nur begrenzt hierfür hilfreich. Dies beruht darauf, daß Günter Frankenberg die Fragen nach der

---

[137] Eine Gegenposition hierzu (= am Beispiel des US-amerikanischen politischen Systems) formuliert ARTHUR SCHWEITZER: Verfassung, Präsident und Oberster Gerichtshof. Formen des institutionalisierten Charisma in den USA, in: Winfried Gebhardt/Arnold Zingerle/Michael N. Ebertz (Hg.): *Charisma*. Theorie – Religion – Politik, Berlin; New York 1993, 185–200. Er attestiert u.a. der US-Constitution und auch dem US-Supreme Court, institutionelles Charisma zugeschrieben zu erhalten. Sicherlich ist die US-amerikanische Situation nicht eins zu eins auf die bundesrepublikanische zu übertragen. Doch dürften auch in Deutschland traditionale und charismatische Legitimitätsüberzeugungen (sowie legale) aufweisbar sein. Zu unterscheiden wäre auf jeden Fall zwischen Feststellung und Bewertung dieser Vorstellungsinhalte.

III. ‚Verfassungsgerichtsbarkeit', rechtsphilosophisch betrachtet 63

Legitimität der Verfassungsgerichtsbarkeit als Institution und nach ihrer legitimen Ausübung identifiziert mit derjenigen nach der Autorität des deutschen Bundesverfassungsgerichts aus der Perspektive der empirisch verfahrenden Soziologie. Problematisch ist dies deswegen, weil die Begriffsbildungsinteressen der normativen politischen Philosophie andere sind als die der empirischen Soziologie. Frankenberg ermittelt Fügsamkeitsmotivationen. Er versucht zu erklären, warum die Entscheidungen des Bundesverfassungsgerichts von den Akteuren des politischen Systems wie auch der Zivilgesellschaft als verbindlich betrachtet werden. Er erläutert, warum die überwiegende Zahl der Akteure gleichsam[138] das Satzungsverfahren zur Etablierung der Verfassungsgerichtsbarkeit als legitim betrachten und dadurch eine (begrenzte) Entkopplung des Gesatzten von der inhaltlichen Zustimmung der davon Betroffenen möglich ist. (So findet fast jede Verfassungsgerichtsentscheidung ihre Befürworter und Gegner.) Diese Entkopplung manifestiert sich darin, daß die Autorität des Gerichts zwar nicht unangefochten, aber doch intakt ist, trotzdem das Gericht in paradoxe Konfigurationen gestellt ist. Diese empirische Erklärung der Legitimitätszuschreibung fällt jedoch nicht zusammen mit der Erörterung der normativen Zustimmungs*würdigkeit* der Verfassungsgerichtsbarkeit als Institution und ihrer Praxis, mit der Rechts- und politische Philosophie befaßt sind.

(Empirisch betrachtet, kann die Herrschaftsbeziehung zwischen dem Bundesverfassungsgericht und den ihm unterworfenen Akteuren von diesen Akteuren als legitim, im Sinn einer Verbindlichkeit, eingestuft werden, obgleich sie die Herrschaftsbeziehung rein als solche nicht als zustimmungswürdig ansehen könnten. Und zwar einfach deswegen, weil diese Herrschaftsbeziehung Teil eines Komplexes von Herrschaftsbeziehungen ist, den sie als Ganzes als legitim betrachten.)

3. Verfassungsgeschichtliche Untersuchungen im deutschsprachigen Raum

Das Thema der Verfassungsgerichtsbarkeit steht auch im Zentrum zahlreicher verfassungsgeschichtlicher Darstellungen. Doch diese sind zum einen häufig punktuell konzipiert,[139] zum anderen in der Form von Artikeln verfaßt – als solche können sie die

---

[138] Gleichsam wird hier verwendet, um zu signalisieren, daß dieses Satzungsverfahren nicht real stattfindet, sondern hypothetisch vorausgesetzt wird.

[139] Historische Einzeluntersuchungen liefern HANS JULIUS WOLFF: „Normenkontrolle" und Gesetzesbegriff in der attischen Demokratie, in: *Sitzungsberichte der Heidelberger Akademie der Wissenschaften. Philosophisch-historische Klasse,* Jg. 1970, 2. Abh., Heidelberg 1970, 7–80; HORST DIPPEL: Die Sicherung der Freiheit. *Limited government* versus Volkssouveränität in den frühen USA, in: Günter Birtsch (Hg.): *Grund- und Freiheitsrechte von der ständischen zur spätbürgerlichen Gesellschaft,* Göttingen 1987, 135–157; GERHARD ROBBERS: Emmanuel Joseph Sieyès – Die Idee einer Verfassungsgerichtsbarkeit in der Französischen Revolution, in: Walter Fürst (Hg.): *Festschrift für Wolfgang Zeidler. Bd. 1,* Berlin; New York 1987, 257–263; RALF ALLEWELDT: Die Idee der gerichtlichen Überprüfung von Gesetzen in den Federalist Papers, in: *ZaöRV,* 56. Bd. (1996), H. 1–2, 205–239; ULRICH THIELE: Verfassunggebende Volkssouveränität und Verfassungsgerichtsbarkeit. Die Position der Federalists im Fadenkreuz der zeitgenössischen Kritik, in: *Der Staat,* 39. Bd. (2000), H. 3, 397–424.

Problematik der Verfassungsgerichtsbarkeit nicht vertieft erörtern. Zudem sind die vorhandenen verfassungsgeschichtlichen Abhandlungen nicht auf die Erarbeitung einer systematischen Theorie, sondern auf die narrative ideengeschichtliche Herleitung der Verfassungsgerichtsbarkeit oder die ideengeschichtliche Aufbereitung des Verhältnisses zwischen Konstitutionalismus und Demokratie gerichtet[140] und bieten allenfalls – in Gestalt einer kritischen Auseinandersetzung mit Klassikern der Verfassungsgerichtsbarkeit oder deren Kommentierung – Ansätze für eine systematische Erörterung der Problematik. Bei den ideengeschichtlichen Einzeluntersuchungen und Gesamtdarstellungen überwiegt das Forschungsinteresse der Darstellung und Analyse – das prononcierte Vertreten einer fundierten Stellungnahme, das Abwägen des Für und Wider der Verfassungsgerichtsbarkeit als Institution, die Beschäftigung mit den Argumenten ihrer Befürworter und Gegner wird nicht angestrebt.

4. Die Philosophie im deutschsprachigen Raum

a) Die Legitimität der Verfassungsgerichtsbarkeit bei Otfried Höffe
(1) Verfassungsgerichtsbarkeit als „kontrollierende Zweitinterpretation"
Zu den Philosophen, die sich zum Thema der Legitimität der Verfassungsgerichtsbarkeit geäußert haben,[141] zählt Otfried Höffe.[142] Höffe konstatiert einen Vertrauensverlust des deutschen Bundesverfassungsgerichts, den es durch eine Reihe seiner Entscheidungen[143] verursacht habe. Dies veranlaßt ihn, der Frage nachzugehen, »[w]ieviel Politik ist dem Verfassungsgericht erlaubt?«.
Zu Beginn seines rechtsphilosophischen Essays weist Höffe auf die besondere

---

[140] Ideengeschichtlich verfahren KLAUS STERN: *Grundideen europäisch-amerikanischer Verfassungsstaatlichkeit,* Berlin; New York 1984; GERALD STOURZH: *Wege zur Grundrechtsdemokratie,* Studien zur Begriffs- und Institutionengeschichte des liberalen Verfassungsstaates, Wien; Köln 1989; HANS VORLÄNDER: Die Suprematie der Verfassung. Über das Spannungsverhältnis von Demokratie und Konstitutionalismus, in: Wolfgang Leidhold (Hg.): *Politik und Politeia.* Formen und Probleme politischer Ordnung. Festgabe für Jürgen Gebhardt zum 65. Geburtstag, Würzburg 2000, 373–383. Eine institutionengeschichtliche Perspektive überwiegt bei GERHARD ROBBERS: Die historische Entwicklung der Verfassungsgerichtsbarkeit, in: *JuS* (1990), H. 4, 257–263.

[141] Die Darstellung relevanter Positionen von Vertretern der Philosophie zur Legitimitätsproblematik der Verfassungsgerichtsbarkeit wäre um mehrere, diejenige erhellender und erwägenswerter Äußerungen um eine Vielzahl von Publikationen erweiterbar. Angeführt seien nur WERNER BECKER: Kritischer Rationalismus und die Legitimation des Grundgesetzes, in: Winfried Brugger (Hg.): *Legitimation des Grundgesetzes aus Sicht von Rechtsphilosophie und Gesellschaftstheorie,* Baden-Baden 1996, 317–342; JON ELSTER: Mehrheitsprinzip und Individualrechte, in: Stephen Shute/Susan Hurley (Hg.): *Die Idee der Menschenrechte.* Mit Beiträgen von Steven Lukes u.a., Frankfurt a.M. 1996, 207–253. Sowohl Beckers als auch Elsters Ausführungen streifen die Thematik der Verfassungsgerichtsbarkeit – sie steht nicht im Mittelpunkt ihrer Aufsätze.

[142] OTFRIED HÖFFE: Wieviel Politik ist dem Verfassungsgericht erlaubt?, in: ders.: *Vernunft und Recht* [aaO. FN 37 S. 24 dieser Arbeit], 257–279. Die in eckigen Klammern angegebenen Seitenzahlen beziehen sich im folgenden auf diese Veröffentlichung.

[143] Höffe nennt die »Soldaten sind Mörder«-Entscheidung, den »Sitzblockade«- sowie den »Kruzifix-Beschluß« [ebd., 257 mwN.].

III. ‚Verfassungsgerichtsbarkeit', rechtsphilosophisch betrachtet 65

Relevanz seines Thema und seiner Fragestellung hin: Zum einen stehe die Aufgabe des Gerichts zur Diskussion – nämlich durch seine Verfassungsauslegung konsensbewahrend und -fortbildend zu fungieren; zum anderen gehe es um das demokratische Machtgleichgewicht. [257]

Seine weiteren Betrachtungen richten sich eingangs auf die Problematik der grundsätzlichen Legitimität der Verfassungsgerichtsbarkeit. Diese leite sich davon ab, in welches Gewichtungsverhältnis die beiden „Pfeiler" demokratischer Verfassungsstaaten gebracht würden. Demnach ruhten diese gewaltenteiligen Demokratien einerseits auf der Volkssouveränität beziehungsweise der Demokratie und andererseits auf ihrer Bindung an Verfassungsvorgaben, namentlich an die Menschenrechte und die Gewaltenteilung. Verstehe man die verfassungsrechtlichen Vorgaben lediglich in einem rechtsmoralischen Sinn, so liege die höchste Gewalt bei der Volksvertretung. Begreife man die Vorgaben hingegen positivrechtlich, gewinne die Verfassung die höchste Macht. Zugleich sei mit der Entscheidung für die rechtliche Verbindlichkeit verfassungsrechtlicher Vorgaben ein Machtzuwachs der Judikative verbunden, weil die Rechtsprechung als Verfassungsgerichtsbarkeit die Kontrollbefugnis über alle anderen Gewalten erhalte. [258]

Höffe erörtert diese Alternative nicht. Er beläßt es bei dem Hinweis, daß die beiden Stützpfeiler des demokratischen Verfassungsstaates zueinander in einem Spannungsverhältnis stünden. [258] Zudem stellt Höffe heraus, daß die Institution der Verfassungsgerichtsbarkeit keine demokratietheoretische Notwendigkeit darstelle. Zum Beleg führt er aus, daß nicht alle demokratischen Staaten eine Verfassungsgerichtsbarkeit errichtet hätten. Überdies seien deren Befugnisse, wenn eine Verfassungsgerichtsbarkeit etabliert sei, nicht überall so weitreichend wie in der Bundesrepublik Deutschland.

Intensiver thematisiert Otfried Höffe die Frage der angemessenen Rolle der Verfassungsgerichtsbarkeit im Gefüge der demokratischen Staatsgewalten. Im Fokus seiner Überlegungen steht nun das deutsche Bundesverfassungsgericht.

Im Blick auf dessen Mitwirken im Konzert der öffentlichen Gewalten fordert er die Beachtung des Prinzips einer antiproportionalen Korrelation von politischer Eingriffsintensität und Kompetenzfülle: Je umfassender die verfassungsgerichtliche Rechtsaufsicht etabliert sei, desto restriktiver habe die Verfassungsgerichtsbarkeit diese Aufsicht wahrzunehmen. Angezeigt sei diese Maxime nicht zuletzt deswegen, weil die Kontrolle des Bundesverfassungsgerichts in seiner Selbstkontrolle bestehe. Damit werde der Faktor des verfassungsrichterlichen Ethos bedeutsam. Dieses Ethos schlage sich beispielsweise darin nieder, daß es mit der Rolle der Verfassungsinterpretation nicht vereinbar sei, im öffentlichen Diskurs als Bürger oder Bürgerin aufzutreten. Auf jeden Fall hätten Mitglieder des Bundesverfassungsgericht zu anhängigen Urteilen oder zu verfassungspolitischen, auf der Tagesordnung des Gesetzgebers stehenden Themen zu schweigen.

Als zu expansiv kritisiert Höffe die Rechtsprechung des Bundesverfassungsgerichts, wenn sie den Grundrechtsschutz auch auf die realen Voraussetzungen der Verwirklichung der Grundrechte ausdehne. Im Visier hat Höffe somit die Beschlüsse des Bundesverfassungsgerichts, die den Grundrechten nicht nur eine subjektiv-, sondern auch eine objektivrechtliche Dimension zuerkennen. Zwar erkennt Höffe durchaus an, daß sich für diese Verfassungsinterpretation gute Gründe anführen ließen. Doch wögen diese nicht auf, daß mit ihr die Rolle einer „kontrollierenden Zweitinterpretation" aufgegeben werde und das Bundesverfassungsgericht in die Domäne des Gesetzgebers eindringe. [vgl. 270] Mehr noch: der Gesetzgeber müsse sich „unsicheren" Rechtssprüchen unterwerfen – ein Sachverhalt, den die britische Rule of Law auf jeden Fall verhindern wolle. Des weiteren werde der politische Gestaltungsrahmen des Gesetzgebers sogar bereits bei einer restriktiveren Verfassungsauslegung eingeschränkt. Diese bundesverfassungsgerichtliche Praxis gefährde die Demokratie – zumal die Freiheit der folgenden Generation geschmälert werde, da Verfassungsgerichtsentscheide zu ihren nur schwer änderbaren Vorgaben gehörten. Hinzu komme, daß sich mit der postulatorischen Grundrechtsfunktion – im Vergleich mit der negatorischen – komplexere Abwägungsprobleme ergäben, für die der legislative Prozeß der geeignetere Entscheidungsort sei. [271 im Anschluß an Winfried Brugger mwN.]

Schließlich exemplifiziert Otfried Höffe seine Kritik an der Ausübung verfassungsgerichtlicher Befugnisse durch das Bundesverfassungsgericht, indem er sich mit dessen Kruzifix-Beschluß auseinandersetzt.[144] Auch hier habe sich das Gericht in den Aufgabenbereich der Gesetzgebung begeben. Dies macht Höffe unter anderem daran fest, daß es die Beweislast falsch verteilt habe. Er illustriert dies anhand des von ihm bemerkten Gegensatzes zur Rechtsprechung des US-Supreme Courts. So nehme der Supreme Court bei Normenkontrollklagen grundsätzlich an, daß der Gesetzgeber nicht die Absicht hatte, die Verfassung zu verletzen. Folglich habe dessen Gegenpartei nachzuweisen, daß der Gesetzgeber gegen die Verfassung verstoßen habe. Diesen Nachweis betrachte der US-Supreme Court als gescheitert, wenn sich für die inkriminierte Norm eine noch verfassungskonforme Auslegung finden lasse. Im Kruzifix-Beschluß habe das bundesrepublikanische Gericht eine solche verfassungskonforme Auslegung jedoch nicht zugrundegelegt. Vielmehr habe es den Sinngehalt des Kreuzes auf seine religiösen Bezüge verengt, anstatt es als Symbol der abendländischen Kultur zu bestimmen. Erst diese semantische Engführung habe die Anbringung von Kreuzen in staatlichen Unterrichtsräumen als verfassungswidrig qualifiziert. Nach Höffes Ansicht hätte das Bundesverfassungsgericht eine solche Qualifizierung hingegen nur vornehmen dürfen, wenn es zu dem Ergebnis gelangt wäre, daß der damalige Kläger die Verfassungsverletzung durch den Gesetzgeber dargelegt hätte. Dem Kläger hätte es somit auferlegen müssen, sämtliche rechtlichen Würdigungen der Anbringung von Kreuzen als grundrechtsverletzend und mithin verfassungswidrig zu erweisen.

(2) Souveränität, Konstitutionalismus und Demokratie ungeklärt
Höffes Essay über die politische Rolle der Verfassungsgerichtsbarkeit respektive des deutschen Bundesverfassungsgerichts besticht durch die Klarheit und Verständlich-

---

[144] Siehe zum ‚Kruzifix-Beschluß' die Angaben und Erläuterung in FN 135 S. 61 dieser Arbeit.

III. ‚Verfassungsgerichtsbarkeit', rechtsphilosophisch betrachtet   67

keit der Ausführungen. Otfried Höffe ist es gelungen, auf engem Raum eine Vielzahl von Aspekten zu erörtern. Dennoch versteht es sich von selbst, daß vieles vertiefungsbedürftig ist. Die Problematik der grundsätzlichen Legitimität der Verfassungsgerichtsbarkeit ist in Höffes Aufsatz nur angerissen, seine Überlegungen konzentrieren sich auf die Ausübung verfassungsgerichtlicher Zuständigkeiten, auf das demokratietheoretisch angemessene Rollenverständnis des Bundesverfassungsgerichts.

Eine Untersuchung der Legitimität der Institution hätte das Verhältnis zwischen Demokratie und Konstitutionalismus beleuchten müssen. Des weiteren ist die These von einer Verfassungssouveränität zumindest erläuterungsbedürftig. Erwägenswert ist zudem, ob zwischen Obergesetzgebung und bloßer Überprüfung nicht noch weitere verfassungsgerichtliche Befugnisabstufungen auszumachen sind und wie diese verschiedenen Schattierungen eventuell zu diskutieren sind. Höffe verweist an dieser Stelle auf ein Diktum Kants.[145] Dies ist jedoch lediglich ein „Autoritätsargument", keine sachliche Begründung. [vgl. 264 mwN.]

Diskutabel ist schließlich Höffes These vom umgekehrt proportionalen Verhältnis zwischen Zuständigkeitsumfang und Eingriffstiefe von Verfassungsgerichten. Hiergegen ließe sich vorbringen, daß eine Befugnisfülle bedingt, das heißt: auf jeden Fall nicht immer, durchaus mit einer hohen verfassungsgerichtlichen Regelungsdichte einherzugehen vermag beziehungsweise daß beide Größen unabhängig voneinander zu konzipieren sind. Als Begründung hierfür ließe sich jeweils eine – wenn nicht unproblematische, so doch immerhin vorzuziehende – Vervollständigung des Rechtsstaats anführen. Höffes These beruht auf einer Privilegierung der gesetzgebenden Gewalt, deren Notwendigkeit demokratietheoretisch noch nachzuweisen ist.

Nicht zu verleugnen ist, daß sich Höffes Stellungnahme – zumindest in einer Vielzahl von Gesichtspunkten – weitgehend mit den Überlegungen und Forderungen von Ernst-Wolfgang Böckenförde deckt und an diese anschließt. Etwa die Topoi der Verfassungsgerichtskontrolle als Selbstkontrolle, der Bedeutung des richterlichen Ethos, der weitgehenden Verwerfung der objektivrechtlichen Grundrechtsdimension finden sich ebenfalls bei Böckenförde. Sie werden noch zu untersuchen sein.

b) Die Legitimität der Verfassungsgerichtsbarkeit bei Jürgen Habermas
(1) Die Gesamtanlage von »Faktizität und Geltung«
Grundlegend und umfassender als an anderer Stelle in seinem weitgespannten Œuvre äußert sich Jürgen Habermas in »Faktizität und Geltung«[146] zur Legitimität der Verfassungsgerichtsbarkeit. Habermas setzt sich in diesem Werk das Ziel, eine dem

---

[145] IMMANUEL KANT bestimmt darin die Aufgabe der Rechtsprechung so: Das Amt des Juristen sei nur, „vorhandene Gesetze anzuwenden, nicht aber, ob diese selbst nicht einer Verbesserung bedürfen, zu untersuchen" [*Über den Gemeinspruch: Das mag in der Theorie richtig sein, taugt aber nicht für die Praxis/Zum ewigen Frieden. Ein philosophischer Entwurf. Mit Einleit. u. Anm., Bibl. u. Registern kritisch hrsg. v. Heiner F. Klemme, Hamburg 1992, 82–83 {= Zum ewigen Frieden 369}*].
[146] HABERMAS: *Faktizität und Geltung* [aaO. FN 12 S. 12 dieser Arbeit]. Die in eckigen Klammern angegebenen Seitenzahlen beziehen sich im folgenden auf diese Veröffentlichung [zit. als F&G].

Selbstverständnis der Moderne angemessene Rechtstheorie zu formulieren. Hierfür wendet er die maßgeblich von ihm vertretetene Diskurstheorie[147] auf Probleme der Rechtstheorie an; er entfaltet – wie auch der Untertitel von »Faktizität und Geltung« signalisiert – eine Diskurstheorie des Rechts und des demokratischen Rechtsstaats und greift damit wesentliche Fragen der Rechts- und Staatsphilosophie auf. Trotz der Bearbeitung rechts- und staatsphilosophischer Themen bezeichnet Habermas sein Unterfangen nicht als ein philosophisches. Denn eine der sozialen Wirklichkeit angemessene Rechts- und Staatstheorie erfordere methodenpluralistische Mittel, nicht allein ein Operieren mit Begriffen im Stile der kantischen und hegelschen Rechtsphilosophie. Die Perspektiven von Rechtstheorie, -soziologie und -geschichte sowie der Moral- und Gesellschaftstheorie seien vielmehr zu integrieren, empirisch arbeitende Sozialwissenschaft und normativ argumentierende Politische Theorie miteinander zu verschränken. Die in dem Band »Die Einbeziehung des Anderen«[148] versammelten Studien führen viele Aspekte der in »Faktizität und Geltung« entwikkelten Rechts- und Staatstheorie fort, nehmen sie erneut auf oder ergänzen sie.

Dem Thema der Verfassungsgerichtsbarkeit widmet Jürgen Habermas in »Faktizität und Geltung« ein ganzes Kapitel, nämlich das »VI.«. Es trägt die Überschrift »Justiz und Gesetzgebung: Zur Rolle und Legitimität der Verfassungsrechtsprechung«.[149] Dieses Kapitel ist nicht ohne die vorhergehenden und nachfolgenden

---

[147] Zu den herausragenden Vertretern der Diskurstheorie ist – insbesondere auf dem Gebiet der Rechtsphilosophie – neben Habermas ROBERT ALEXY zu rechnen; erwähnt seien hier nur folgende Veröffentlichungen von Alexy, dessen Denken sich zwar grundsätzlich unter das diskurstheoretische Paradigma subsumieren läßt, aber in mancherlei Hinsicht von der habermasianischen Variante unterscheidet: *Theorie der juristischen Argumentation. Die Theorie des rationalen Diskurses als Theorie der juristischen Begründung,* Frankfurt a.M. 1991 [2. Aufl.; Erstaufl. 1978]; ders.: *Theorie der Grundrechte,* Frankfurt a.M. 1994 [Erstveröffentl. Baden-Baden 1985]; ders.: *Recht, Vernunft, Diskurs.* Studien zur Rechtsphilosophie, Frankfurt a.M. 1995; ders.: Die juristische Argumentation als rationaler Diskurs, in: Ernesto Garzón Valdés/Ruth Zimmerling (Hg.): *Facetten der Wahrheit.* FS f. Meinolf Wewel, Freiburg i.Br.; München 1995, 361–378; ders.: Recht und Richtigkeit, in: Werner Krawietz u.a. (Hg.): *The Reasonable as Rational?* On Legal Argumentation and Justification. FS f. Aulis Aarnio, Berlin 2000, 3–19. Zumindest was die Sicht der Wesentlichkeit der Bedeutung der Unterscheidung zwischen der Begründung und der Anwendung von Normen betrifft, folgt Habermas dem Verständnis von KLAUS GÜNTHER [*Der Sinn für Angemessenheit,* Frankfurt a.M. 1988]. Theorieinhaltliche Überschneidungen bestehen ferner zwischen Habermas' Arbeiten und denjenigen von INGEBORG MAUS, deren Interpretation der Werke von Rousseau und Kant (bzw. der Aufklärungsphilosophie des 18. Jahrhunderts generell) allerdings von Habermas' Deutungen differiert. Zu Maus' (damit zusammenhängender) Habermaskritik siehe v.a. Freiheitsrechte und Volkssouveränität. Zu Jürgen Habermas' Rekonstruktion des Systems der Rechte, in *Rechtstheorie,* 26. Bd. (1995), H. 4, 507–562. Zu erwähnen ist schließlich die Nähe von Habermas' Diskursethik zur ‚Transzendentalpragmatik' von KARL-OTTO APEL [siehe nur *Transformation der Philosophie I: Sprachanalytik, Semiotik, Hermeneutik,* Frankfurt a.M. 1994; ders.: *Auseinandersetzungen.* In Erprobung des transzendental-pragmatischen Ansatzes, Frankfurt a.M. 1998; ders.: *Transformation der Philosophie II: Das Apriori der Kommunikationsgemeinschaft,* Frankfurt a.M. 1999].

[148] JÜRGEN HABERMAS: *Die Einbeziehung des Anderen.* Studien zur politischen Theorie, Frankfurt a.M. 1996.

[149] Im folgenden verkürzt wiedergegeben als »Justiz und Gesetzgebung.«

III. ‚Verfassungsgerichtsbarkeit', rechtsphilosophisch betrachtet 69

Ausführungen der Kernkapitel der Monographie zu verstehen. Daher sei die Gesamtanlage der Schrift vorgestellt:

Das **I. Kapitel** (»Recht als Kategorie der gesellschaftlichen Vermittlung zwischen Faktizität und Geltung«) liefert die erkenntnistheoretische Grundlegung von Habermas' Rechtstheorie. Habermas referiert seine Theorie der Sprachpragmatik, die er ausführlich unter anderem in den in »Moralbewußtsein und kommunikatives Handeln«[150] versammelten Studien und in seinem soziologischen Hauptwerk, der »Theorie des kommunikativen Handelns«,[151] sowie in »Wahrheit und Rechtfertigung« entwickelt hat.[152] Er plädiert hier wie dort für den Vollzug der ‚linguistischen Wende', das heißt: dafür, Sprechen als Form des Handelns aufzufassen. Sprechen bedeute demnach, falls damit Kommunikation betrieben werde, Sprechakte zu vollführen. Kommunikatives Sprechen könne dann als konkludentes Handeln gedeutet werden: Verständigung stelle so nicht einfach nur etwas Dahergesagtes dar, sondern sie könne als ein Handeln auf ihre pragmatischen Voraussetzungen hin analysiert werden. Habermas' Lehre zufolge impliziert Kommunikation notwendigerweise normative Idealisierungen. Diese normativen Idealisierungen bezeichnet Habermas auch als Präsuppositionen. Er meint damit stillschweigende Voraussetzungen, die Personen bei ihren kommunikativen Akten anerkennen müßten, sobald und sofern sie kommunizierten.

Für Habermas ist in diesen Präsuppositionen das vernünftige Potential der Kommunikation enthalten. Dieses eröffne die Möglichkeit, den Begriff einer kommunikativen Vernunft zu bilden – einer prozeduralen Vernunft. Vernunft ergebe sich demnach aus Diskursen – aber nicht in Gestalt der Ermittlung von unbezweifelbar wahren Substanzaussagen, sondern im Sinne steter Verständigungsmöglichkeit über das Vernünftige. Jürgen Habermas verwendet hierfür das Bild einer gegen sich selbst prozessierenden Vernunft. Allein dieser Vernunftbegriff sei dem Selbstverständnis der Moderne angemessen, zumal das 20. Jahrhundert die Schrecken existierender Unvernunft gelehrt und die letzten Reste eines essentialistischen Vernunftvertrauens zerstört habe. [vgl. F&G, 11] Die praktische Vernunft sei durch die kommunikative abzulösen. Dafür spreche zudem, daß die Umstellung auf den Grundbegriff des kommunikativen Handelns die Chance bietet, soziale Integration (iSv. von Handlungskoordination) erklären zu können. Denn sozialen Ordnungen liege *letztlich* eben dieses kommunikative Handeln zugrunde. Die Verständigung im Medium einer intersubjektiv geteilten Sprache hindere nämlich die beteiligten Akteure daran, ein ausschließlich strategisches Handeln zu verfolgen. Es nötige sie dazu, sich den öffentlichen Kriterien der Verständigungsrationalität zu stellen. Soziale Integration (im Sinn von Handlungskoordination)

---

[150] JÜRGEN HABERMAS: *Moralbewußtsein und kommunikatives Handeln*, Frankfurt a.M. 1992 [5. Aufl.; Erstaufl. 1983].
[151] JÜRGEN HABERMAS: *Theorie des kommunikativen Handelns*. Bd. I: Handlungsrationalität und gesellschaftliche Rationalisierung/Bd. II: Zur Kritik der funktionalistischen Vernunft, Frankfurt a.M. 1988 [4. Aufl.].
[152] JÜRGEN HABERMAS: *Wahrheit und Rechtfertigung*. Philosophische Aufsätze, Frankfurt a.M. 2004 [Erw. Taschenbuchausgabe; Erstaufl. 1999].

konstituiere sich durch die Anerkennung von normativen Geltungsansprüchen [vgl. F&G, 33], nicht durch instrumentell erzeugte Ordnungen. Anders formuliert: grundlegend für ‚Gesellschaft' sei verständigungs-, nicht erfolgsorientiertes Handeln. Damit soll jedoch nicht der Eindruck erweckt werden, daß gemäß Habermas unablässig strittige Geltungsansprüche verhandelt würden. Vielmehr erfolgten alle Handlungen stets vor dem Horizont eines ‚lebensweltlichen' Hintergrundkonsenses, der gleichsam als intuitiver Vorschuß dafür gegeben werde, einen Sachverhalt als Tatsache, Norminhalt oder Erlebnisinhalt nicht zu problematisieren.[153]

Im **II. Kapitel** betrachtet Jürgen Habermas das Recht von einer – so seine Formulierung – Außenperspektive aus. Mit „Außenperspektive" meint er die Untersuchung der Rolle des Rechts für die soziale Integration, im Gegensatz zur Innenperspektive, die Habermas als Blick auf das Selbstverständnis der modernen Rechtsordnung definiert.

Habermas klärt in diesem Kapitel zunächst, wie das Phänomen ‚Gesellschaft' zu erfassen ist. Er konzipiert ‚Gesellschaft' weder ausschließlich als einen Komplex miteinander verflochtener Systeme noch als eine rein voluntaristisch verbundene Bürgergesellschaft, sondern begreift ‚Gesellschaft' als Vernetzung durch Kommunikation. Habermas entwickelt hierbei seine Konzeption in einer Auseinandersetzung mit paradigmatischen Positionen der Soziologie und der Politischen Philosophie. Er begibt sich hierbei in eine doppelte Frontstellung und nimmt zugleich von beiden Positionen Grundelemente auf. Konkret heißt dies: Er schließt zum Teil an systemtheoretische Ansätze wie diejenigen von Luhmann und Parsons an, zum Teil verwirft er diese jedoch auch; ebenso übernimmt er Bestandteile und Blickrichtung der Vertragstheorie von John Rawls, nicht ohne dessen Modell als zu einseitig und inadäquat zu kritisieren. Habermas hebt die beiden konkurrierenden Konzeptionen im hegelianischen Sinn auf, indem er sowohl das Modell einer systemischen Integra-

---

[153] Von daher stellt sich die Frage, ob Habermas' Annahme eines lebensweltlichen Hintergrundkonsenses die „republikanische Grenze der Diskurse", die H. Ottmann anmahnt, wenn nicht bereits berücksichtigt, so doch hinfällig macht. Vgl. HENNING OTTMANN: Jürgen Habermas' „deliberative Demokratie", in: Victoria Jäggi (Hg.): *Entwicklung, Recht, sozialer Wandel.* FS f. Paul Trappe zum 70. Geburtstag, Bern u.a. 2002, 235–248 [247]: „Die republikanische Grenze der Diskurse ist darin zu sehen, daß der Diskurs auch die lebensweltliche Gemeinsamkeit der Verständigung schon voraussetzen muß und nicht aus sich selbst erzeugen kann. Wo ein vorgängiger Gemeinschaftswille und eine Lebensform der Verständigung fehlen, kann sie der Diskurs nicht nachträglich erzeugen. Auch Dauerreden führt in diesem Fall weder zum Konsens noch zur Stiftung von Gemeinsamkeit." Habermas würde hierauf wohl zum einen entgegnen, daß er dem Diskurs diese Aufgabe gar nicht zuschreibt – jedenfalls nicht in dieser Form. Die lebensweltliche Gemeinsamkeit sei in der Gestalt eines „intuitiven Vorschusses" bereits erteilt. Zum anderen würde er vermutlich die These von der Vorgängigkeit eines Gemeinschaftswillens als zu idealistische Erklärung von ‚Gesellschaft' kritisieren. Vgl. hierzu das im Text folgende Referat des II. Kapitels. Die „republikanische Grenze der Diskurse" zieht Habermas allerdings bewußt insofern nicht, als die These vom „intuitiven Vorschuß" die Prämisse einschließt, in modernen Sozialverbänden sei ein sittlicher Grundkonsens erodiert. Zusammengefaßt: Habermas' *bedingte* Berücksichtigung der „republikanischen Grenze" behauptet zugleich die Hinfälligkeit dieser Grenze.

III. ‚Verfassungsgerichtsbarkeit', rechtsphilosophisch betrachtet 71

tion durch Medien (wie Macht und Geld) als auch das Modell einer sozialen Integration durch Kommunikation aufnimmt, beide vereinigt und überbietet.

In einem zweiten Schritt gibt Habermas den „Ort" des Rechts in dieser Konzeption von Gesellschaft an: Das Recht übe eine Scharnierfunktion aus; es vermittle zwischen den verschiedenen Systemen sowie zwischen der Lebenswelt und den Systemen; zugleich verbinde es diese Elemente.

Das **III. Kapitel** befaßt sich nun mit der Innenperspektive des Rechts – also mit dem Selbstverständnis von rechtsstaatlich-demokratischen Ordnungen. Die ‚Rekonstruktion' dieses Selbstverständnisses nimmt Jürgen Habermas in zwei Schritten vor: Im III. Kapitel wendet er sich dem ‚System der Rechte' zu und im IV. Kapitel den ‚Prinzipien des Rechtsstaats'.[154]

Zu diesem – für das Recht essentiellen – System der Rechte gelangt Habermas, indem er den Nachweis antritt, daß die wechselseitige Zuerkennung von Rechten notwendigerweise erforderlich sei, wenn das Zusammenleben rational mit den Mitteln des positiven Rechts geregelt werden soll. Bei diesem System der Rechte handelt es sich um konkretisierungsbedürftige Grundtypen, die alle aus dem Recht auf gleiche subjektive Handlungsfreiheit abzuleiten seien. [vgl. v.a. F&G, 155–157] Wie – Habermas zufolge – immer im Modus der Rechtsgeltung, existiert auch im System der Rechte und in Beziehung auf dieses eine Spannung zwischen Faktizität und Geltung. Habermas interpretiert jedoch all diese Relationen als zwar spannungsgeladene, aber ‚grundbegrifflich' versöhnbare und zusammengehörige. So sind – nach diskurstheoretischer Lesart – ‚subjektive Rechte' und ‚objektives Recht', individuelle Rechte und Volkssouveränität, Republikanismus und Liberalismus sowie der diese Oppositionen umfassende Gegensatz zwischen individueller und politischer Autonomie hegelianisch miteinander zu synthetisieren. Zwischen ihnen bestehe jeweils ein Verhältnis der Gleichrangigkeit; eine Über- beziehungsweise Unterordnung jeweils eines Teils dieser politisch-rechtlichen Kategoriepaare verfehle deren rationale Gehalte. Zudem verwiesen die jeweiligen kategorialen Dimensionen aufeinander, mehr noch: sie bedingten sich gegenseitig. In Habermas' Terminologie ausgedrückt, stehen sie jeweils im Modus der ‚Gleichursprünglichkeit'. [vgl. etwa F&G, 161–165]

Einhergehend mit der Gleichursprünglichkeit von privater und öffentlicher Autonomie bestimmt Habermas die Menschenrechte so:

„Die Substanz der Menschenrechte steckt [...] in den formalen Bedingungen für die rechtliche Institutionalisierung jener Art diskursiver Meinungs- und Willensbildung, in der die Souveränität des Volkes rechtliche Gestalt annimmt." [F&G, 135]

Somit begreift Jürgen Habermas die individuellen Rechte als Präsuppositionen, von denen die Mitglieder einer Rechtsgemeinschaft ausgehen müssen, wenn sie ihre Rechtsordnung für legitim halten können sollen. Ihre Einstufung als Präsuppositionen

---

[154] Dementsprechend lauten die Überschriften »Zur Rekonstruktion des Rechts (1): Das System der Rechte« (= III. Kapitel) bzw. »Zur Rekonstruktion des Rechts (2): Die Prinzipien des Rechtsstaates« (= IV. Kapitel).

bedeutet, daß diese Rechte nicht als Naturrecht dem Verfassungsgeber vorgegeben sind – diese Rechte sind nicht auf eine religiöse oder metaphysische Weise begründet.

Während der erste Schritt der Rekonstruktion des Selbstverständnisses der rechtsstaatlichen Demokratie die ‚horizontale Vergesellschaftung' der Bürger betraf, dreht sich der zweite Schritt um die ‚vertikale Vergesellschaftung': Habermas nimmt nach der Legitimität von Rechten und Rechtsetzungsprozessen im III. Kapitel nun im **IV. Kapitel** die Legitimität der politischen Herrschaftsordnung in den Blick.

Die Verzahnung beider Perspektiven zeige sich in zwei Hinsichten: Einerseits sei die politische Macht im Rechtsmedium bereits vorausgesetzt; andererseits müßten nach einem diskurstheoretischen Verständnis von politischer Autonomie für die Erzeugung legitimen Rechts die kommunikativen Freiheiten der Bürger mobilisiert werden. Durch den Anschluß an Hannah Arendts Unterscheidung zwischen ‚Macht' und ‚Gewalt' bringt Habermas die Begriffe der Kommunikation und der Macht zusammen. Während Arendt den Begriff der ‚Gewalt' mit dem instrumentellen Zwang Dritter assoziiert, begreift sie ‚Macht' als eine Form des aus Verständigung hervorgehenden Zusammenhandelns. Habermas greift diesen Machtbegriff auf und definiert Recht als das „Medium", „über das sich kommunikative Macht in administrative umsetzt". [F&G, 187]

Damit es zur für die Bildung kommunikativer Macht erforderlichen Verständigung kommen kann, müssen Diskurse geführt werden. Habermas entwirft eine Typologie von Diskursarten und differenziert zwischen ‚moralischen', ‚politisch-ethischen' und ‚pragmatischen' Diskursen.
- ‚Pragmatische' Diskurse betreffen die Frage der geeigneten Mittelwahl bei feststehenden Zwecken.
- ‚Politisch-ethische' Diskurse bemessen sich am Kriterium, was für eine bestimmte Gemeinschaft das Beste ist. Hierin fließen geteilte Lebensformen, Identitäten und Traditionen ein.
- ‚Moralische' Diskurse sehen von der „Wir-Perspektive" der politisch-ethischen Selbstverständigung ab. Maßstab ist für diese Diskurskategorie ausschließlich die Gerechtigkeit, die Habermas als Regelung des Zusammenlebens im gleichmäßigen Interesse aller versteht. [vgl. F&G, 200]

Diese Diskurstypen fügt Jürgen Habermas in ein Prozeßmodell der vernünftigen politischen Willensbildung ein. [vgl. F&G, 197–207 sowie 286–287][155]

Zwar betont Habermas im III. Kapitel, daß das Demokratieprinzip dem Moralprinzip nicht untergeordnet werden dürfe.[156] [vgl. F&G, 111] Gleichwohl fordert er im

---

[155] Dieses Prozeßmodell wird im weiteren Text dieser Arbeit noch erläutert. Siehe S. 106 im Text und FN 192 ebd.

[156] Das Verhältnis von Recht und Moral konzipiert Habermas so: Recht und Moral differenzierten sich in der Moderne zugleich aus der traditionalen Sittlichkeit heraus. Gemäß dieser konnten Recht und Moral zwar vielleicht voneinander unterschieden werden, aber sie zeichnete sich auf jeden Fall durch eine Form der Einheit von Recht und Moral aus. Diese traditionale Sittlichkeit lösten die Handlungsarten Recht und Moral ab, für die beide das allgemeine Diskursprinzip gelte. Demnach seien Handlungsnormen dann gültig, wenn ihnen die von ihnen möglicherweise Betroffenen als

III. ‚Verfassungsgerichtsbarkeit', rechtsphilosophisch betrachtet   73

IV. Kapitel, daß die Ergebnisse der verfahrensregulierten Verhandlungen und politisch-ethischen Wertdebatten zumindest mit moralischen Grundsätzen (im Sinne des ‚moralischen' Diskurses) vereinbar sein müssen. Daher rückt er an das Ende seines Prozeßmodells die Kategorien des moralischen und des juristischen Diskurses. [vgl. F&G, 207] Auch in der juristischen Prüfung, die am Ende seines Prozeßmodells steht, sind Momente des moralischen Diskurses aufweisbar. Denn Habermas' Prozeßmodell sieht vor, daß zum einen die politische Gesetzgebung dem System der Rechte nicht zuwiderlaufen darf (unter anderem dies wird mittels juristischer Diskurse geprüft) und daß zum anderen das Recht auf das größtmögliche Maß gleicher subjektiver Handlungsfreiheit das Basisgrundrecht dieses Systems der Rechte ist. Dieses Recht auf gleiche subjektive Handlungsfreiheit wiederum überschneidet sich zumindest zum Teil im Falle seiner Inanspruchnahme und Wahrnehmung mit Habermas' Gerechtigkeitsbegriff der gleichmäßigen Interessenberücksichtigung.

Die Überschrift des IV. Kapitels – »Die Prinzipien des Rechtsstaats« – löst Jürgen Habermas ein, indem er die Prinzipien
– der Volkssouveränität (samt seiner Folgeprinzipien Parlamentarismus, Mehrheitsprinzip und politischer Pluralismus),
– der Gewährleistung eines umfassenden Rechtsschutzes und
– der Gesetzmäßigkeit der Verwaltung (einschließlich etwa des Grundsatzes des Gesetzesvorbehalts) sowie
– der Trennung von Staat und Gesellschaft
erläutert.

Auffällig ist zum einen, daß Habermas den Begriff des Rechtsstaats mit demjenigen der Demokratie fusioniert. Dies geht aus dem Subsumieren des Grundsatzes der Volkssouveränität unter die Prinzipien des Rechtsstaats klar hervor. Zum anderen überrascht die Inkorporierung des liberalen Postulats nach einer Trennung von Staat und Gesellschaft. Habermas gibt diesem Postulat freilich eine demokratisch-funktionale, staatsbürgerlich partizipative Wendung: Er bestimmt dieses Prinzip als „rechtliche Garantie einer gesellschaftlichen Autonomie, die jedem auch gleiche Chancen einräumt, als Staatsbürger von seinen politischen Teilnahme- und Kommunikationsrechten Gebrauch zu machen". [F&G, 215] Damit ist dieses Prinzip nicht (mehr) festgelegt auf eine Politik der Neutralität gegenüber der politischen Ökonomie sowie gegenüber gesellschaftlicher Verbandsmacht. Nach anderen Auffassungen[157] wird eine solche staatliche Nichtintervention mit dem Prinzip der Tren-

---

Teilnehmer in Diskursen zustimmten. Die Unterscheidung zwischen Recht und Moral besteht nach Habermas deswegen, weil zum einen Recht gemäß dem Demokratieprinzip zu erzeugen und zum anderen dieses Demokratieprinzip weiter zu fassen sei als das Moralprinzip. Moralprinzip und Demokratieprinzip hätten einen verschiedenen Charakter und unterschiedliche Kriterien aufzuweisen: Während moralische Normen einem Symbolsystem angehörten und das Moralprinzip allein die gleiche Berücksichtigung von Interessen zum Kriterium erhebe, stelle der Komplex der Rechtsnormen ein institutionalisiertes Handlungssystem dar. Des weiteren lasse das Demokratieprinzip neben Gründen des Gerechten auch Gründe des Guten gelten. [vgl. F&G, 139–143].

[157] Diese „anderen Auffassungen" beziehen sich vielfach auf Aristoteles' Politikbegriff, für den die

nung von Staat und Gesellschaft verbunden – Habermas verfährt jedoch nicht so und weist diese ‚konkretistische' Interpretation des Prinzips zurück.[158] [vgl. F&G, 215]

Das **V. Kapitel** widmet sich der »Rationalität der Rechtsprechung«. Zunächst trifft Jürgen Habermas einige terminologische Festlegungen und umreißt die Zielsetzung dieses Kapitels in abstrakter und in konkreter Hinsicht.

Die Begriffsbestimmungen betreffen die Termini des Rechtsparadigmas[159] und des Rechtssystems,[160] des weiteren grenzt er die Gegenstände der Rechtsphilosophie und der Rechtstheorie voneinander ab.[161] Während das III. und das IV. Kapitel von »Faktizität und Geltung« gemäß Habermas' Terminologie eine diskurstheoretische Rechts*philosophie* lieferten, befaßt sich das V. Kapitel mit dem Rechtssystem im als enger definierten Sinn unter (nach Habermas' Begrifflichkeit) rechts*theoretischen* Gesichtspunkten. In abstrakter Hinsicht strebt Habermas im V. sowie im VI. Kapitel an, seine rechtsphilosophischen Grundlegungen des Systems der Rechte und der Prinzipien des Rechtsstaats rechtstheoretisch plausibel zu machen.

Die Dimensionen der Faktizität und der Geltung seien auch in der Rechtsprechung beziehungsweise im juristischen Diskurs zu erkennen. Hier träten sie als Spannungsverhältnis und Zusammengehörigkeit von *Rechtssicherheit* auf der einen und *Akzeptabilität* auf der anderen Seite auf. Diese Relation fällt zusammen mit der Spannung zwischen der *Konsistenz* und der *Richtigkeit* von Entscheidungen. Auch die Bestandteile dieser beiden Verhältnisse bedingten sich nach Habermas wechselseitig: Nur wenn gefällte Urteile den beiden jeweiligen Größen gerecht würden, könne die sozialintegrative Funktion der Rechtsordnung und der Legitimitätsanspruch des

---

Differenz von Polis und Oikos (im Sinne einer Trennung der Sphären ‚Staat' und ‚Gesellschaft') grundlegend ist. Die Forderung nach einer Trennung von Staat und Gesellschaft wird auch von Denkern geteilt, die an liberale Konzeptionen anknüpfen, wie sie etwa John Locke exemplarisch entworfen hat.

[158] Fraglich ist, ob dieses Prinzips mit dem Ausdruck der *Trennung* von Staat und Gesellschaft angemessen bezeichnet ist. Da Habermas nicht zwei separate, unverbundene Sphären postuliert – die staatliche und die gesellschaftliche – erscheinen seine Intentionen mit der Bezeichnung der *Unterscheidung* von Staat und Gesellschaft adäquater berücksichtigt zu sein.

[159] Unter ‚Rechtsparadigmen' versteht Habermas exemplarische Auffassungen einer Rechtsgemeinschaft hinsichtlich der Frage, wie das System der Rechte und die Prinzipien des Rechtsstaates im *wahrgenommenen* Kontext der jeweils gegebenen Gesellschaft verwirklicht werden können. [F&G, 238] Als Beispiele nennt er das bürgerliche Formalrecht und das sozialstaatlich materialisierte Recht.

[160] Beim Begriff des ‚Rechtssystems' unterscheidet Habermas eine weitere und eine engere Fassung. Im weiteren Sinn beinhaltet ein Rechtssystem die Gesamtheit der durch Rechtsnormen geregelten Interaktionen. Rechtssysteme stellen so Handlungssysteme dar. [F&G, 239–240] In einem engeren Sinn sind mit Rechtssystem alle Interaktionen bezeichnet, die darauf abgestellt sind, neues Recht zu produzieren und als Recht zu reproduzieren.

[161] ‚Rechtstheorien' definiert Habermas im Gegensatz zu philosophischen Theorien der Gerechtigkeit, die jenseits konkreter Rechtsordnungen fokussiert seien. Dagegen bewegten sich ‚Rechtstheorien' gemäß Habermas innerhalb der Grenzen konkreter Rechtsordnungen. Eine Rechtstheorie sei nicht mit dem Anspruch verknüpft, eine Theorie der Rechtsordnung im ganzen zu leisten. Einen solchen Anspruch hege dagegen die Rechtsdogmatik. Die Rechtstheorie ziele auf eine Theorie der Rechtsprechung und des juristischen Diskurses. [F&G, 240–241].

III. ‚Verfassungsgerichtsbarkeit', rechtsphilosophisch betrachtet

Rechts erfüllt werden. [vgl. F&G, 243] Im Hintergrund dieser Kongruenzen von Akzeptabilität und Richtigkeit sowie von Konsistenz in bezug auf die institutionelle Geschichte des Rechts und Rechtssicherheit steht Habermas' Wahrheitstheorie, die Wahrheit und Konsens letztlich – das heißt: asymptotisch – in eins setzt.

Im Erfüllen der Kriterien der Akzeptabilität und der Rechtssicherheit respektive der Richtigkeit und der Konsistenz zugleich besteht für Habermas das Problem der Unbestimmtheit des Rechts beziehungsweise der Rationalität der Rechtsprechung. Dieses Problem zu lösen, ist in konkreter Hinsicht die Zielsetzung des V. Kapitels.

Um das Problem von Faktizität und Geltung auf diesem Feld des Rechts – also konkret: das Problem der Rationalität der Rechtsprechung – angemessen zu erfassen und zu beantworten, diskutiert Jürgen Habermas (wie generell in der vorgestellten Schrift) alternative Konzeptionen. Deren drei handelt er relativ knapp ab – dies sind: die juristische Hermeneutik, der Rechtsrealismus und der Rechtspositivismus.

In der Auseinandersetzung mit diesen Lehren stellt Habermas nur kurz deren Leistungen und Verdienste heraus und kritisiert sie. In seinen weiteren Überlegungen spielen sie eine geringere Rolle. Anders verhält es sich mit der Rechtstheorie von Ronald Dworkin – mit ihr beschäftigt sich Habermas ausführlich. Von vornehrein eliminiert hat Habermas naturrechtliche Konzeptionen, die das Recht überpositiven Maßstäben unterordnen. [F&G, 244]

– Der juristischen *Hermeneutik* attestiert er, die Grenzen der Rechtstechnik der Subsumtion deutlich gemacht zu haben. Sie habe hervorgehoben, daß die Subsumtion in ein Auslegungsmodell eingebettet sei, das von einem „evaluativ geprägten Vorverständnis" ausgehe und auf eine Konkretisierung und Konstitution von Norm und Sachverhalt angelegt sei. [F&G, 244]

Das Rationalitätsproblem löse die juristische Hermeneutik durch die kontextualistische Einbettung der Vernunft in den geschichtlichen Überlieferungszusammenhang. Genau dies hält Habermas jedoch für unzureichend. Denn der Rekurs auf ein herrschendes, durch Interpretation fortgebildetes Ethos biete in einer pluralistischen Gesellschaft keine überzeugende Grundlage für die Gültigkeit juristischer Entscheidungen, da pluralistische Gesellschaften kein gemeinsames Ethos (mehr) besäßen. [F&G, 245] Diese Beanstandung läßt sich noch ergänzen. Habermas schreibt dies zwar nicht so, aber aus seiner Theorie insgesamt ergibt sich folgende Kritik der juristischen Hermeneutik: Der durch geschichtlich bewährte Prinzipien erfüllte Legitimitätsanspruch richterlicher Entscheidungen stütze sich letztlich auf kontingente Faktizität – und laufe damit – so müßte gemäß Habermas moniert werden – auf einen Begründungsverzicht hinaus. [vgl. F&G, 245]

– Der *Rechtsrealismus* übernimmt nach Habermas' Darstellung die Methodologie der juristischen Hermeneutik. Jedoch bewerteten dessen Anhänger dieses Modell der Rechtsfindung anders als die Hermeneutiker. Die die Rechtsentscheidungen prägende Kraft des nicht zu eliminierenden Vorverständnisses deute der Legal Realism als außerrechtlichen Faktor. Dieser Faktor werde so sehr betont, daß die durch Traditionseinbettung bereits relativierte Eigenlogik des Rechts vollständig verschwinde. [vgl. F&G, 246]

Habermas' Auseinandersetzung mit dieser rechtsphilosophischen Strömung hebt zunächst auf die Folgen dieser Rechtsskepsis ab: Das Postulat, Rechtsicherheit durch konsiste Entscheidungen auf der Grundlage eines Systems hinreichend bestimmter Normen sicherzustellen, verliere seinen Sinn, wenn zwischen Recht und Politik nicht aufgrund struktureller Merkmale zu unterscheiden sei. Der Legitimitätsanspruch des Rechts sei dann lediglich politisch begründbar. [F&G, 246] Aus dieser Folgenüberlegung resultierten laut Habermas zwei Einwände gegen den Rechtsrealismus:
* Erstens bedeute die Revokation der Rechtssicherheitsgarantie den Zusammenbruch der Rechtspraxis, die richterliche Entscheidungspraxis könne ohne idealisierende Unterstellungen nicht operieren; die Funktion desRechts, Verhaltenserwartungen zu stabilisieren, könne nicht erfüllt werden. [F&G, 247]
* Zweitens vermöge der Rechtsrealismus nicht zu erklären, wie die Funktionsfähigkeit des Rechtssystems mit einem radikal rechtsskeptischen Bewußtsein der beteiligten Experten vereinbar sei. [F&G, 247]
– Der *Rechtspositivismus* verhält sich – nach Habermas' Darstellung – zur juristischen Hermeneutik und zum Rechtsrealismus zum Teil spiegelbildlich entgegengesetzt, zum Teil übereinstimmend:
* Wie die juristische Hermeneutik halte der Rechtspositivismus die Funktion der Verhaltensstabilisierung aufrecht. Allerdings versuche er, diese nicht auf die anfechtbare Autorität sittlicher Überlieferungen zu stützen. In dieser Hinsicht bestehe eine theorieinhaltliche Nähe zum Rechtsrealismus. [vgl. F&G, 247]
* Die Verhaltensstabilisierung erreiche der Rechtspositivismus dadurch, daß der normative Eigensinn der Rechtssätze und der systematische Aufbau eines Rechtssystems herausgearbeitet würden. Dies markiere den theorieinhaltlichen Gegensatz zum Rechtsrealismus: Recht und Politik seien auf diese Weise weitgehend voneinander unabhängig; außerrechtliche Prinzipien würden nach rechtspositivistischer Lehre nicht in das Rechtssystem eindringen. [F&G, 247]
Den Lösungsansatz des Rationalitätsproblems durch den Rechtspositivismus erblickt Habermas darin, daß der institutionellen Geschichte des Rechts unbedingte Priorität gegenüber überpositiven Kriterien eingeräumt werde. [F&G, 247] Habermas bemerkt des weiteren, daß die Legitimität der Rechtsordnung ausschließlich dem Vorgang der Rechtsetzung aufgebürdet und die rationale Begründung der Norminhalte nachgeordnet würde. Der Vorgang der Rechtsetzung verweise auf den Anfang der Rechtsordnung – auf eine Grund- oder Erkenntnisregel, die selbst einer rationalen Rechtfertigung nicht fähig sei. [F&G, 248]
Habermas' Kritik am Rechtspositivismus macht sich daran fest, daß die Garantie der Rechtssicherheit die Richtigkeitsgarantie überschatte. Auf „das hermeneutische Grundproblem, wie die Angemessenheit unvermeidlicher Selektionsentscheidungen zu rechtfertigen sei," reagiere der Rechtspositivismus einerseits herunterspielend, andererseits dezisionistisch, indem die Lösung dieser Problematik dem richterlichen Ermessen überantwortet werde. Dieses Ermessen orientiere sich an moralischen Maßstäben, die nach rechtspositivistischer Lesart jedoch durch die Autorität des Rechts nicht mehr gedeckt seien. [F&G, 248]

III. ,Verfassungsgerichtsbarkeit', rechtsphilosophisch betrachtet 77

Als ertragreicher als diese drei Richtungen der Rechtsphilosophien beim Versuch, das Rationalitätsproblem des Rechts zu lösen, stuft Jürgen Habermas Ronald Dworkins Rechtstheorie ein. Daher nehmen Referat und Kritik dieser Position im V. Kapitel breiten Raum ein.[162]

Habermas präsentiert Dworkins Rechtstheorie als ein Unternehmen, die Mängel der realistischen, der rechtspositivistischen und der hermeneutischen Ansätze zu vermeiden: [F&G, 249]
– Gegen den Realismus halte Dworkin sowohl an der Notwendigkeit wie der Möglichkeit regelgebundener konsistenter Entscheidungen fest.
– Gegen den Rechtspositivismus behaupte er die Notwendigkeit und die Möglichkeit von „einzig richtigen" Entscheidungen, die im Lichte anerkannter Prinzipien *inhaltlich* legitimiert seien.
– Gegen die juristische Hermeneutik mache Dworkin geltend, daß die hermeneutische Bezugnahme auf ein durch Prinzipien bestimmtes Vorverständnis den Richter nicht an die Wirkungsgeschichte normativ gehaltvoller autoritativer Überlieferungen ausliefere. Dieser Rekurs verpflichte allein zu einer kritischen Aneignung der jeweiligen institutionellen Geschichte des Rechts.

Zugrunde liege diesen Stellungnahmen Dworkins Auffassung, daß das Recht unvermeidlicherweise moralische Gehalte assimiliert habe. [F&G, 250] Dreh- und Angelpunkt dieser moralischen Gehalte sei das Prinzip der gleichen Achtung für jedermann – Dworkins Grundnorm. Diese Grundnorm genieße einen naturrechtlichen Status, der aber nicht weiter begründet sei. Von ihr leite sich das Verständnis von individuellen Rechten als ,Trümpfen' ab. Individuelle Rechte würden so zwar nicht (alle) stets unbedingt gelten, doch gegenüber kollektiv verfolgten Ziele legten sie jeweils ein bestimmtes Schwellengewicht in die Waagschale, das dem Kosten-Nutzen-Kalkül bei der Verwirklichung kollektiver Ziele Schranken auferlege.

Unterbrochen wird das Referat der dworkinschen Lehre durch einen Exkurs von Habermas über die moralischen Gehalte des Rechts gemäß seiner Diskurstheorie.[163]

Notwendig ist dieser Exkurs, weil Habermas zwar Dworkins deontologisches Rechtsverständnis im *Ergebnis* ebenso teilt wie dessen Sichtweise vom moralischen Gehalt des Rechts, Dworkins *Begründungen* dieser beiden Topoi aber zurückweist. Dworkins Begründungen kritisiert Habermas als naturrechtliche, die durch diskurstheoretische funktional ersetzbar und zu ersetzen seien.

Nachdem Habermas die Thematik moralischer Gehalte im Recht alternativ zu

---

[162] Habermas bezieht sich auf folgende Werke Dworkins: RONALD DWORKIN: *Bürgerrechte ernstgenommen*, Frankfurt a.M. 1984 {Übers. v. Taking Rights Seriously 1977}; ders.: *A matter of Principle*, Cambridge [Mass.] 1985; ders.: *Law's Empire*, London 1986 {in dieser Arbeit zugrundegelegt: Ausgabe Oxford 1998}. Von den neueren Arbeiten Dworkins siehe insb. *Freedom's Law. The Moral Reading of the American Constitution*, Cambridge [Mass.] 1999.
[163] Habermas legt in seinem »Exkurs über moralische Gehalte des Rechts« zum einen dar, in welcher Variationsbreite diese Gehalte im Recht enthalten seien. Zum anderen erläutert er, welche rechtsformspezifischen Veränderungen die Übersetzung dieser Gehalte in den Rechtskode mit sich bringen. [F&G, 250–253].

Dworkin geklärt hat, setzt er mit der Wiedergabe der dworkinschen Lehre wieder ein – und zwar bei beider Auffassung, juristische Geltungsansprüche deontologisch zu verstehen. Jürgen Habermas wie Ronald Dworkin beziehen damit gemeinsam eine Gegenposition zur juristischen Hermeneutik: Sie stimmen in der Anerkennung der Dimension „einer vernünftigen, an Prinzipien orientierten Ermittlung ‚einzig richtiger' Entscheidungen" überein; und sie begreifen diese Prinzipien als über eingelebte Rechtstraditionen und ethische Gemeinschaften hinausweisend. [vgl. F&G, 256]

Notwendig hierfür sei ein Bezugspunkt. Dworkin wähle einen Bezugspunkt der praktischen Vernunft und erkläre diesen sowohl methodisch als auch inhaltlich: [F&G, 256]
– Methodisch bediene er sich des Verfahrens der ‚konstruktiven Interpretation'.
– Inhaltlich rekurriere er auf das Postulat einer das jeweils geltende Recht rational rekonstruierenden und auf den Begriff bringenden Rechtstheorie.

Genauer bedeutet dies zum einen, daß Dworkin das geltende Recht als eine geordnete Menge von Prinzipien auffasse. Diese Prinzipien seien in der Lage, dieses Recht zu rechtfertigen und es damit als eine mehr oder weniger exemplarische Verkörperung von Recht auszuweisen. [F&G, 258]

Zum anderen gebe Dworkin dem hermeneutischen Ansatz eine konstruktivistische Wendung: Der Richter habe die Begründungen seiner Entscheidungen auf eine ‚Theorie' zu stützen. Diese Theorie nehme die eben geschilderte Konzeption des Rechts auf, indem der Richter die jeweils gegebene Rechtsordnung so rational, wie ihm dies möglich sei, *rekonstruiere*. Dieses Streben nach einer ideal gültigen Lösung der Unbestimmtheit des Rechts kennzeichne Dworkin als ‚konstruktive Interpretation'. Ihr Gegenstand sei das kohärent zusammenhängende Recht und ihre Aussagekraft das Maß der Kohärenz. Die formulierten Aussagen seien so in ihrer Gültigkeit
– schwächer als durch logische Ableitungen gesicherte analytische Wahrheiten,
– aber stärker als das Kriterium der Widerspruchsfreiheit. [F&G, 258]

Gemäß diesem Modell der ‚konstruktiven Interpretation' sei die Unbestimmtheit des Rechts lediglich eine vermeintliche. Dworkin müsse jedoch einräumen, daß die Rekonstruktion des Rechts auf seine normative Rechtfertigbarkeit hin nur einem idealen Richter zu gelingen vermöge. Bei Dworkin figuriert dieser Richter als „Richter Herkules", der über intellektuelle Fähigkeiten verfügt, die sich mit den physischen des griechischen Halbgottes Herkules messen könnten. Diesem „Richter Herkules" obliege es, einerseits der institutionellen Geschichte des Rechts Irrtümer nachzuweisen und andererseits sich mit dem Gesetzgeber nicht gleichzusetzen. [F&G, 260]

Nun zeichnet Jürgen Habermas Einwände gegen Dworkins Theorie nach. Diese Einwände stammen aus dem Lager der ‚Critical Legal Studies' (CLS).
– Der erste Einwand laute, die Unbestimmtheit des Rechts werde durch das Theorem vom „Richter Herkules" nur kaschiert. Die Prinzipien und Zielsetzungen, die Richter zur Begründung ihrer Rechtstheorien geltend machen würden, stellten nichts anderes dar als Vorurteile, die auf Interessenlagen, politische Einstellungen, ideologische Befangenheiten oder andere rechtsexterne Faktoren zurückzuführen seien. Dworkin *könnte* darauf – Habermas zufolge – entgegnen, daß dies nicht gegen die

III. ‚Verfassungsgerichtsbarkeit', rechtsphilosophisch betrachtet 79

Struktur des Rechts an sich spreche. Vielmehr spreche es lediglich gegen die bestehende Praxis, sofern extralegale Faktoren tatsächlich auszumachen seien. Entweder beruhe dies auf einem Versagen der Richter oder darauf, daß die institutionelle Geschichte nicht hinreichend Anhaltspunkte für eine rationale Konstruktion des Rechts biete. [F&G, 262–263]

Dworkins *tatsächliche* Entgegnung stelle darauf ab, daß alle modernen Rechtsordnungen der kritischen Hermeneutik einen unverrückbaren Bezugspunkt lieferten: nämlich das politische Ideal einer politischen Gemeinschaft, in der sich die Rechtsgenossen als Freie und Gleiche anerkennen. [F&G, 263–264]

Habermas konstatiert, daß Dworkin so auf ein normatives Selbstverständnis rechtsstaatlicher Ordnungen zurückgreife, das diesen Ordnungen vorausgehe. [F&G, 264]
– Der zweite Einwand von seiten der CLS behaupte die Undurchführbarkeit von Herkules' Programm. Deren Vertreter verallgemeinerten etwa Fallstudien dahingehend, daß eine rationale Rekonstruktion des Rechts aufgrund der Gegensätzlichkeit von Prinzipien und Zielsetzungen, die dem Recht inne wohnten, zum Scheitern verurteilt sei.

Dworkin habe darauf nur erwidert, daß diese Kritiker den Unterschied zwischen im Einzelfall kollidierenden Prinzipien und einander widersprechenden Prinzipien vernachlässigten. Dort, wo die Kritiker ihre Untersuchungen mit regelskeptischen Schlußfolgerungen beendeten, begönnen erst Herkules' theoretische Anstrengungen. [F&G, 265]

Damit leitet Jürgen Habermas über zu Klaus Günthers Theorem von der Unterscheidung zwischen ‚Begründungs'- und ‚Anwendungsdiskurs'. Dieses Theorem präzisiere Dworkins soeben referierte Erwiderung und mache begreiflich, wieso das Rechtssystem keine tieferliegende Inkohärenz aufweise.

Eine solche drohe freilich, wenn das Rechtssystem gegensätzliche Normen jenes Typs enthalte, die Alles-oder-Nichts-Entscheidungen erforderten (in Dworkins Terminologie: ‚Regeln'). Doch diesem Typ seien nur wenige Normen zuzurechnen. Die Mehrzahl der Normen bedürfe vielmehr zusätzlicher Relationierungen im Einzelfall. Gemäß Günthers Theorem der Unterscheidung gälten sämtliche Normen dieses Typs zunächst einmal nur *prima facie*, sofern sie unparteilich begründet worden seien. Erst wenn in einem entscheidungsbedüftigen Fall die Angemessenheit einer Norm erwiesen sei, begründe die angewandte Norm ein singuläres Urteil. [vgl. F&G, 265–266]

Demnach seien Begründungs- und Anwendungsdiskurse in ihrer Zielrichtung und in ihrem Vermögen grundsätzlich voneinander zu unterscheiden:
– Begründungsdiskurse seien darauf gerichtet, die Gültigkeit von Normen zu ermitteln. Darüber hinausreichende Ziele ließen sich durch sie aber nicht erreichen, da die Konkretisierung der meisten Normen erst bei der Normanwendung durch die Verschränkung mit der Situationsbeschreibung möglich sei.
– Demgegenüber sei Anwendungsdiskursen die Bestimmung der Gültigkeit von Normen verwehrt, sie dienten lediglich der Ermittlung des angemessenen Situationsbezuges von Normen. [F&G, 266–268]

Habermas resümiert, daß die angebliche Unbestimmtheit des Rechts durch Kohärenztheorien (wie diejenige Günthers) nur dadurch aufgefangen werden könne, daß sie die Theorie selbst unbestimmt werden ließen. [F&G, 269] Dann sei jedoch die Rechtssicherheit gefährdet, da der Richter zu einer retroaktiven Auslegung des Rechts ermächtigt werde.

Auf dieses Bedenken antwortet Jürgen Habermas zum einen mit einer Relativierung des Maßstabs der Rechtssicherheit: Eindeutig konditionierte Verhaltenserwartungen seien nur *ein* Prinzip, das gegen *andere* Prinzipien abgewogen werden müsse. Entsprechend entwickelt Habermas das Modell einer verfahrensabhängigen Rechtssicherheit. Eine derartige Rechtssicherheit gewährleiste jeder beteiligten Rechtsperson zwar keine Ergebnissicherheit, dafür aber erfülle sie durch Verfahrensrechte den Anspruch auf ein faires Verfahren. Eine Ergebnissicherheit sei nur um den Preis eines aus ‚Regeln' (im dworkinschen Sinne) bestehenden Rechtssystems zu haben.

Zum anderen hält Habermas der Besorgnis über eine zu geringe Rechtssicherheit entgegen, daß das Vorherrschen von Rechtsparadigmen die Unvorhersehbarkeit des Rechts verringere. [F&G, 270]

Doch auch dies wiederum sei problematisch: Paradigmen könnten sich zu Ideologien verfestigen, so daß die Rechtsskepsis des Rechtsrealismus erneut zum Zuge komme: Die Unbestimmtheit des Rechts stelle sich dann dadurch ein, daß Interpretationen im Rahmen eines fixen Paradigmas mit ebenso kohärenten Interpretationen alternativer Paradigmen konkurrierten. [F&G, 271–272]

Damit ist bereits Habermas' Kritik an Dworkin sowie sein Gegenentwurf zu dessen Rechtstheorie angedeutet: Für Habermas ist Dworkins Ansatz zu monologisch konzipiert. Bei Dworkin fungiere der Richter stellvertretend für die Staatsbürger. Der Richter habe die Integrität der Rechtsgemeinschaft zu sichern und müsse hierfür sowohl durch seine Kenntnisse und Fähigkeiten als auch durch seine Tugenden professionelle und charakterliche Exzellenz beweisen. Letztlich könne er sich dabei nur auf sich selbst verlassen. Damit aber sei er überfordert. [vgl. F&G, 272–273]

Abhilfe biete jedoch die Reflexionsform kommunikativen Handelns: Die Argumentationspraxis leiste das, woran Dworkins (idealer) Richter scheitern müsse: Sie nötige die Akteure dazu, die Perspektive aller anderen einzunehmen. Hier wird deutlich, daß und wie sich Habermas' sprachpragmatische Lehre rechtsheoretisch niederschlägt: Habermas kritisiert an Dworkins Ansatz, daß Dworkins Bezugspunkt der praktischen Vernunft Grenzen besitze, die nur durch den Wechsel zu einer prozedural-kommunikativen Vernunft überwunden werden könnten.

Dafür reiche es indes nicht aus, daß sich „Herkules" als Teil einer Interpretationsgemeinschaft von juristischen Experten begreife und seine Interpretationen von den in der Profession anerkannten Standards der Auslegungspraxis leiten lasse. Dies liege als Ausweg aus dem Dilemma, „der Fallibilität anspruchsvoller Theoriekonstruktionen Rechnung tragen zu müssen, ohne [...] den professionellen Charakter des richterlichen Entscheidungsprozesses außer Acht zu lassen", zwar nahe. [vgl. F&G, 275; Zitat ebd.] Doch die in der Profession bewährten Standards seien nicht in der Lage, die intersubjektive Nachprüfbarkeit und Objektivität des Urteils zu garantieren. Dafür gibt Jürgen Habermas mehrere Gründe an: [F&G, 275–276]

III. ‚Verfassungsgerichtsbarkeit', rechtsphilosophisch betrachtet 81

– Aus der Beobachterperspektive hätten solche Standards nur den Status eines berufsethischen Regelsystems, das sich selbst legitimiere.
– Schon innerhalb derselben Rechtskultur lägen verschiedene Subkulturen miteinander über die Wahl der richtigen Standards im Streit.
– Aus der Binnenperspektive – und dies meint wohl die Sicht der am juristischen Diskurs Beteiligten – reiche die faktische Selbstlegitimation eines keineswegs homogenen Berufsstandes ohnehin nicht aus, um die geltungsbegründenden prozeduralen Grundsätze ihrerseits als gültig zu akzeptieren. Verfahrensprinzipien, die die Gültigkeit der Ergebnisse einer verfahrensgerechten Entscheidungspraxis sichern, bedürften einer internen Begründung.
– Schließlich genüge auch der Rekurs auf die verfahrensrechtlich positivierten Regelungen nicht. Denn die verfahrensrechtlichen Vorschriften zählten ebenso zum interpretationsbedürftigen Recht, dessen objektive Auslegung in Frage stehe.

Anstelle des Rückgriffs auf in der Profession bewährte Standards schlägt Jürgen Habermas zwei theoriestrategische Operationen vor, um das Rationalitätsproblem der Rechtsprechung zwar nicht zu lösen, aber zu entschärfen oder es zumindest ernstzunehmen. Zum einen propagiert er ein kooperatives Verfahren der Theoriebildung; zum anderen nimmt er am Verständnis der Richtigkeit normativer Urteile Veränderungen vor. Beide Operationen verweisen aufeinander:

– Was die Konzeption der „Richtigkeit" betrifft, verabschiedet Habermas auch hier das essentialistische Vernunftvertrauen. Substantielle Gründe könnten unter Bedingungen nachmetaphysischen Denkens nicht mehr „zwingend" sein wie eine logische Folgerungsbeziehung oder wie eine schlagende Evidenz. Die logische Folgerungsbeziehung expliziere lediglich den Gehalt von Prämissen; die schlagende Evidenz stehe jenseits von singulären Wahrnehmungen (und selbst dort nicht einmal fraglos) nicht zur Verfügung. „Richtigkeit" könne demnach „nur" „rationale, durch gute Gründe gestützte Akzeptabilität" bedeuten. Diese könne nur diskursiv geklärt werden – im Wege einer kooperativen Wahrheitssuche, die nie an ein „natürliches" Ende gelange. Stets könnten neue Informationen und bessere Gründe vorgebracht werden. [vgl. F&G, 277–278; Zitate ebd.]

Dieses Verständnis von Richtigkeit dementiere zwar die Möglichkeit eines faktischen Abschlusses kohärent konstruierter Auslegungen. Aber mit ihm lasse sich dennoch ein Bezugspunkt für den Anspruch auf die unbedingte Richtigkeit von Urteilen verbinden. Dieser Bezugspunkt sei als Ideal in der diskursiven Praxis eingeschrieben. Auf diese Weise ist zum kooperativen Verfahren der Theoriebildung übergeleitet:

– Im argumentativen Verfahren der kooperativen Wahrheitssuche erfolge stets ein intuitiver Vorgriff auf eine ideale Sprechsituation, in der die Perspektiven des Welt- und Selbstverständnisses aller Teilnehmer unverkürzt und zwanglos aufgenommen würden. Somit biete sich als Bezugspunkt richterlicher Urteilsfindung die ‚regulative Idee' einer Vorstellung eines unendlichen Argumentationsprozesses an, der dem Grenzwert einer konsensuellen Wahrheit zustrebe. [vgl. F&G, 278–279]

Damit dieses Ideal als Fluchtpunkt einer intersubjektivistisch angelegten Theorie des juristischen Diskurses haltbar sei, müßten Bedingungen angegeben werden, unter denen dieser Fluchtpunkt zielgerichtet erreichbar sei. Habermas stützt sich hierfür auf einen emphatischen Begriff von Verfahrensrationalität und macht die Eigenschaften, die für die Gültigkeit eines Urteils konstitutiv sind, nicht nur von der Qualität der Argumente, sondern auch von der Struktur des Argumentationsprozesses abhängig. Den kumulativen Fortschritt eines Lernprozesses sieht er – idealerweise – durch pragmatische Verfahrensbedingungen gewährleistet, wie sie in einer Argumentationspraxis enthalten seien, die bei der Verhandlung strittiger Geltungsansprüche um die Zustimmung eines universalen Publikums ringe. Der Maßstab des Diskursprinzips – die rational motivierte Zustimmung aller Betroffenen – verweise auf eine bestimmte Praxis: die Praxis der Argumentation. Nur diese Praxis biete die Chance, die Perspektive der ersten Person Singular zur Perspektive der ersten Person Plural zu erweitern. [vgl. F&G, 279–280]

Jürgen Habermas kehrt nun zur Unterscheidung zwischen Begründungs- und Anwendungsdiskursen zurück und fragt in diesem Zusammenhang nach der angemessenen Einordnung des juristischen Diskurses.

Habermas erblickt ein Spezifikum von Anwendungsdiskursen darin, daß die Interessen der unmittelbar beteiligten Parteien die Interessen aller möglicherweise Betroffenen in den Hintergrund drängten. Dies markiere eine Differenz zum Begründungsdiskurs, welcher eine *allgemeine* Perspektivenstruktur der Normbegründung zugrunde gelegt habe. Als Folge dieser Besonderheit des Anwendungsdiskurses stellten sich Sachverhaltsbeschreibungen ein, die normativ bereits imprägniert seien. Denn diese Beschreibungen würden als Situationsdeutungen von Tätern und Betroffenen geliefert, die ein differentielles Selbst- und Weltverständnis besäßen.

Als Umgang mit diesem Umstand empfiehlt Habermas nicht die Abstraktion von diesen Differenzen der Wahrnehmung, sondern deren „nicht-mediatisierende Verschränkung". Dies müsse in der Kommunikationsform eines Diskurses geschehen, durch den sich die Perspektiven der Beteiligten und die durch einen unparteilichen Richter vertretenen unbeteiligten Rechtsgenossen ineinander transformieren ließen. [F&G, 280–281; Zitat ebd.]

Jürgen Habermas nennt zwei Wege, wie diese Transformation zu konzipieren sei: Den einen beschreibe Aulis Aarnio, den anderen schlügen Robert Alexy und Klaus Günther ein. Aarnios Konzeption skizziert Habermas lediglich in einer Fußnote,[164]

---

[164] Aarnio steige von konkreten Fragen der juristischen Entscheidungsbegründung zu einer Theorie juristischer Diskurse auf. Er bemesse die Rechtfertigung von Entscheidungsprämissen einerseits an Kriterien der Bindung an das geltende Recht und andererseits an aus Diskursregeln abgeleiteten Prüfsteinen der Rationalität. Die Erfüllung dieser Anforderungen sehe Aarnio durch Kohärenz der Begründungen und ein partikulares, auf die Grenzen der Rechtsgemeinschaft eingeschränktes ‚ideales Auditorium' als Forum der Begründungsprozeduren gewährleistet. [F&G, 281 sowie ebd. FN 56] Habermas bezieht sich auf: AULIS AARNIO: *The Rational as Reasonable,* Dordrecht 1987.

ohne seine Position zu dieser darzulegen. [F&G, 281 FN 56] Ausführlicher widmet sich Habermas den beiden anderen Rechtstheoretikern.

Alexys Theorie nehme ihren Ausgang von einer Analyse der Verfahrensbedingungen von rationalen Diskursen überhaupt. Zum Profil des rationalen Diskurses seien eine Reihe von Idealisierungen zu rechnen, die die zwanglose Teilnahme aller Beteiligten zu garantieren vermöchten – so etwa unendliche Zeit, unbegrenzte Teilnehmerschaft oder Freiheit der Themenwahl. Den rationalen Diskurs zeichne zudem aus, daß alle Motive außer dem der kooperativen Wahrheitssuche neutralisiert seien.

Durch die Einführung einer Version des kantischen Verallgemeinerungsprinzips als Begründungsregel spezifiziere Alexy den Typus des rationalen Diskurses zum moralisch-praktischen Diskurs. Dworkins Grundnorm der gleichen Rücksicht und Achtung finde sich so im Rahmen der Diskursethik wieder: Die ernsthafte Teilnahme an einer Argumentationspraxis nötige dazu, alle Beiträge auch aus der Perspektive eines jeden anderen potentiellen Teilnehmers zu interpretieren und zu bewerten. [F&G, 281–282]

Jürgen Habermas erkennt zwar an, daß der juristische Diskurs Ähnlichkeiten und Überschneidungen mit den anderen Diskurstypen aufweist. So könne der juristische sich nicht hermetisch gegenüber anderen Diskursen und deren Kriterien verschließen. Des weiteren bemesse sich die Richtigkeit juristischer Entscheidungen letztlich an Kommunikationsbedingungen der Argumentation, die eine unparteiliche Urteilsbildung ermöglichten. Daraus allein folge jedoch nicht, daß der juristische Diskurs als Teilmenge moralischer Argumentationen begriffen werden dürfe. Diese Einordnung etikettiert Habermas als ‚Sonderfall-These'. [vgl. F&G, 282–283]

In der Folge erörtert er Einwände gegen diese:
– Der erste Einwand stelle darauf ab, daß die Prozeßbeteiligten sich ausschließlich strategisch verhielten. Das Motiv der kooperativen Wahrheitssuche werde so konterkariert. Alexy erwidere darauf, daß die Prozeßbeteiligten damit dennoch dem Richter Beiträge für eine unparteiliche Entscheidungsfindung lieferten. Dem stimmt Habermas zu und er betont, daß es allein auf die richterliche Perspektive ankäme. [F&G, 283]
– Für problematischer erachtet Habermas den folgenden Einspruch: Das Diskursverfahren könne einzig richtige Entscheidungen nicht erzwingen, da seine Verfahrensbedingungen hierfür nicht selektiv genug seien. Alexys Verweis auf eingespielte Regeln und Argumentformen der juristischen Auslegungspraxis als Ergänzung der allgemeinen Diskursregeln reicht Habermas als Entkräftung des Einspruchs nicht aus. Alexy müsse zeigen, daß die kanonisierten Regeln und Argumentformen die allgemeinen Verfahrensbedingungen moralisch-praktischer Diskurse spezifizierten. Der Aufweis einer strukturellen Ähnlichkeit beider genüge dafür nicht. [F&G, 284]
– Eine weitere Klippe für den Einklang von Recht und Moral bestehe darin, daß die „Richtigkeit" von gültigen *moralischen* Urteilen nicht auf diejenige *juristischer* Urteile zu übertragen sei. Denn juristische Urteile könnten nur relativ zu der sie determinierenden Gesetzgebung vernünftig sein. Die Vernünftigkeit einer Argu-

mentation in bezug auf ein unvernünftiges Gesetz sei qualitativ verschieden von der materiellen Vernünftigkeit von aus praktischen Diskursen resultierenden Entscheidungen. Diesem Einwand sei nur zu entgehen, wenn man sich mit Dworkin der Aufgabe einer rationalen Rekonstruktion des geltenden Rechts stelle. [F&G, 284–285 mwN.]
- Günther verfahre so, wobei er – im Gegensatz zu Alexy – zwischen Aspekten der Begründung und der Anwendung unterscheide. Allerdings setze Günther bei seinem normativen Begriff der Kohärenz die Gültigkeit der vom Gesetzgeber beschlossenen Normen voraus. Dies erfordere somit in der Welt des Rechts ein Stück existierender Vernunft. Vor allem jedoch – so Habermas – manövriere dies in die Schwierigkeit, der komplexeren Geltungsdimension der Rechts- gegenüber den Moralnormen gerecht zu werden. Dies könne nur gelingen, wenn eine Theorie des juristischen Diskurses an eine Theorie der Gesetzgebung und an eine normative Theorie der Gesellschaft angeschlossen würde.
In jedem Fall aber verbiete die Kontingenzen und außermoralische Gesichtspunkte einschließende Geltungsdimension des Rechts die Gleichsetzung der Richtigkeitsverständnisse von Recht und Moral. Eine vom Verständnis der Richtigkeit abgeleitete Einstufung des Rechts als Sonderfall des moralischen (Anwendungs-)Diskurses sei dementsprechend verfehlt.
- Habermas erachtet die sowohl von Alexy als auch von Günther (in unterschiedlichen Varianten) vertretene ‚Sonderfall-These' zwar für heuristisch vertretbar, favorisiert dennoch sein bereits erwähntes Prozeßmodell vernünftiger Argumentation, das von verschiedenen, einander gleichgestellten und nicht ineinander überführbaren Diskurstypen ausgeht.[165] Denn damit komme die parallele Ausdifferenzierung von Recht und Moral zum Ausdruck. Dadurch würde das von naturrechtlichen Konnotationen geleitete Mißverständnis einer Unterordnung des Rechts unter die Moral vermieden. Zudem sei dieses Modell noch aus zwei weiteren Gründen vorteilhaft: [F&G, 287]
  * Das Modell verdeutliche, daß juristische Diskurse „von Haus aus" auf das demokratisch gesatzte Recht bezogen seien. Eine Abgrenzung zwischen den Teilmengen des Rechts und der Moral sei mit diesem Modell hinfällig.
  * Das Modell lege klar, daß juristische Diskurse ins Recht „eingelassen" seien. Sie seien nicht nur inhaltlich auf das Recht gerichtet, sondern auch prozedural von diesem bestimmt. Die Verfahrensvorschriften kompensierten dabei den Umstand, daß bei juristischen Diskursen die anspruchsvollen Kommunikationsvoraussetzungen rationaler Diskurse lediglich annäherungsweise erfüllt seien.

Habermas' Ausführungen im V. Kapitel münden in eine Rekapitulation und Illustration seiner Rechtstheorie: [vgl. im folgenden F&G, 287–288] Inhaltlich werde die Spannung zwischen der Legitimität und der Positivität des Rechts in der Rechtsprechung als ein Problem des gleichzeitig richtigen und konsistenten Entscheidens bewältigt. Dieses Spannungsverhältnis wiederhole sich auf pragmatischer Ebene: Die

---

[165] Siehe in diesem Abschnitt dieser Arbeit FN 155 S. 72 mit weiteren Verweisungen.

III. ‚Verfassungsgerichtsbarkeit', rechtsphilosophisch betrachtet 85

richterliche Entscheidungspraxis müsse die idealen Anforderungen an das Argumentationsverfahren mit den durch faktischen Regelungsbedarf auferlegten Restriktionen in Einklang bringen. Dies geschehe durch eine rechtliche Regelung der richterlichen Entscheidungsfindung und durch deren Verschränkung mit argumentativen Verfahren:

> „Das Verfahrensrecht regelt nicht die normativ-rechtliche Argumentation als solche, aber es sichert in zeitlicher, sozialer und sachlicher Hinsicht den institutionellen Rahmen für *freigesetzte* Kommunikationsabläufe, die der Logik von Anwendungsdiskursen gehorchen." [F&G, 288; H. i.O.]

Abschließend veranschaulicht Jürgen Habermas, wie sich dies – die auferlegten Restriktionen, die Freisetzung von Kommunikationsabläufen etc. – im deutschen Zivil- und Strafprozeßrecht erkennen lasse. So weist er (jeweils) auf, daß der juristische Diskurs der Gerichte – gemeint sind die Urteilsberatung und die Formulierung des Entscheidungsgründe – sich in einem „verfahrensrechtlichen Vakuum" abspiele. Dieses Vakuum solle externen Einflußnahmen entgegenwirken. Bis zu diesem Stadium des Gerichtsprozesses jedoch seien die Verfahren agonal angelegt – und somit offen für ein strategisches Verhalten der Prozeßgegner. [vgl. F&G, 288–291; Zitat 291]

Das **VI. Kapitel** beleuchtet die Problematik des V. Kapitels in bezug auf den spezifisch gelagerten Fall der Verfassungsgerichtsbarkeit. Auf diese Darlegungen wird nachfolgend gesondert und ausführlich eingegangen.

Das **VII. Kapitel** präsentiert unter der Überschrift »Deliberative Politik – ein Verfahrensbegriff der Demokratie« Habermas' soziologische Demokratiekonzeption. Jürgen Habermas verfolgt hier das Vorhaben, das diskurstheoretisch erklärte normative Selbstverständnis des demokratischen Rechtsstaats an sozialwissenschaftliche Demokratietheorien anzuschließen. Dieser Anschluß habe sich nicht als Gegenüberstellung von Ideal und Wirklichkeit zu vollziehen, sondern als ‚Rekonstruktion' der in den politischen Prozessen zu entdeckenden Vernunft. Denn Habermas verficht die These, daß in den politischen Praktiken, mindestens Partikel und Bruchstücke auszumachen seien, die – wie verzerrt auch immer – auf das Vorhandensein einer normsetzenden und -prüfenden Vernunft schließen ließen. In anderer Wendung lautet diese These, daß die soziale Wirklichkeit ohne die normativen Gehalte des Rechts nicht angemessen zu beschreiben sei. Die Ideen vom Recht als Ressource von Gerechtigkeit und von dessen demokratischer Genese seien der sozialen Wirklichkeit inhärent. [vgl. F&G, 349–350]

Jürgen Habermas verwirklicht sein Vorhaben in drei Schritten:
– Im ersten Unterkapitel zeigt er zunächst auf, daß eine normative Begründung der demokratischen Spielregeln, die mit den normativen Geltungsansprüchen von Recht und Politik keinen kognitiven Sinn verbinde und statt dessen auf zweckrationale Erwägungen abstelle, scheitere. Danach profiliert er sein Konzept einer deliberativen Demokratie und erläutert dessen Integration in eine sozialwissenschaftliche Betrachtungsweise.
– Im zweiten Unterkapitel klärt Habermas den Sinn, die Rolle und den Stellenwert demokratischer Verfahren. Hierfür grenzt er sich von Norberto Bobbios Demokra-

tietheorie ab. Habermas setzt die sozialwissenschaftliche Verortung des Modells der deliberativen Politik fort und verteidigt dieses gegen Einwände von liberaler und von kommunitaristischer Seite.
- Im dritten Unterkapitel schließlich versucht er, seine Demokratiekonzeption unter Hinzuziehung von Robert Dahls Ansatz zu operationalisieren.

Das erste Unterkapitel beginnt mit einer Kritik von Werner Beckers Demokratietheorie.[166] [vgl. im folgenden F&G, 353–358] Becker betrachte das Zustandekommen der westlichen Konkurrenzdemokratie, die ihre Legitimität aus einem in freien, gleichen und geheimen Wahlen erzielten Mehrheitsvotum beziehe, als Ergebnis einer faktischen, aber rational nicht rechtfertigbaren Durchsetzung eines spezifisch modernen Welt- und Selbstverständnisses. Dieses Verständnis etikettiere Becker als ‚ethischen Subjektivismus'. Mit dieser Bezeichnung möchte er zum Ausdruck bringen, daß nach diesem Verständnis die Geltung von Normen allein im Willen der Subjekte zu verankern sei. Als Pendant zu diesem voluntaristischen Geltungsbegriffs fungiere ein rechtspositivistischer Rechtsbegriff: Als Recht gelte demnach alles – und nur das –, was ein regelgerecht gewählter Gesetzgeber als Recht setze.

Weder für den voluntaristischen Geltungs- noch für den rechtspositivistischen Rechtsbegriff gäbe es gemäß Becker tragfähige Grundlagen im Sinne ihrer *normativen* Rechtfertigung. Die Berufungen etwa auf eine Verwirklichung des Gemeinwohls, kollektive Nutzenerwartungen oder Erwägungen praktischer Vernunft seien nach Beckers kritisch-rationaler Lehre nicht haltbar – denn sie unterlägen allesamt der unaufhebbaren Kontingenz normativer Gültigkeitsvorstellungen und seien somit subjektiv. Gleiches gelte etwa auch für einen Rekurs auf die Idee überpositiver Menschenrechte.

Erforderlich seien vielmehr objektive Gründe für die Teilnahme am demokratischen Prozeß sowie für dessen Hinnahme. Diese erblicke Becker in zweckrationalen Überlegungen. Die Akzeptanz der Mehrheitsregel empfehle sich, weil sie die in Gesellschaften auftretenden Auseinandersetzungen zu domestizieren vermöge:
- Der Grundsatz einer zeitlich begrenzten Mehrheitsherrschaft erscheine einer aktuellen Minderheit deswegen ratsam, weil sie bei einem Ausbruch von Gewalttätigkeiten gegenüber der Mehrheit im Nachteil sei.
- Dies reiche jedoch nicht aus. Denn es müsse zumindest gewährleistet sein, daß sich alle Akteure – also auch die Anhänger der aktuellen Mehrheitsposition – an die Mehrheitsregel hielten. Dafür seien in Demokratien unter anderem die klassischen Grundfreiheiten und -rechte vorgesehen. An deren Beachtung sei auch den Anhängern der aktuellen Mehrheitsposition gelegen – schließlich wüßten diese nicht, ob sie sich – zu einem späteren Zeitpunkt – in der Lage einer Minderheit befinden würden.
- Die Umsetzung dieses Modells erfolge in Form einer Elitenkonkurrenz, die ihre Wählerschaft ideologisch in Lager spalte. Die Eliten träten untereinander in Wettbewerb um die Erlangung des mehrheitlichen Zuspruchs an den Wahlurnen und

---

[166] Habermas bezieht sich auf WERNER BECKER: *Die Freiheit, die wir meinen,* München 1982.

III. ‚Verfassungsgerichtsbarkeit', rechtsphilosophisch betrachtet   87

beschafften sich diese Legitimation in einem Zusammenspiel von „ideologie-" und „sozialpolitischen" Mitteln.
Habermas interpretiert Beckers Ansatz als ein empiristisches Unterfangen in normativer Absicht. Becker versuche eine objektive Erklärung aus der Beobachterperspektive in eine wahlrationale Erklärung für die Teilnehmer selbst zu übersetzen. [F&G, 353] Doch auf der Ebene der Teilnehmerperspektive zeige sich, daß die normativen Gehalte des demokratischen Rechtsstaats nicht auszublenden seien:

„Das Publikum der Staatsbürger dürfte sich kaum zur Teilnahme am demokratischen Prozeß, oder wenigstens zu dessen wohlwollender Duldung, bewegen lassen, solange es sich nur als ideologiepolitische Beute der konkurrierenden Parteien betrachten darf. Es will sich davon *überzeugen* können, daß die Regierungsübernahme der einen Partei bessere Politiken in Aussicht stellt als die einer anderen Partei – es muß überhaupt gute Gründe geben, eine Partei einer anderen vorzuziehen." [F&G, 356; H. i.O.]

Becker gerate in einen performativen Selbstwiderspruch. So erkenne er auf der einen Seite die Notwendigkeit, die Folgebereitschaft der Staatsbürgerschaft gegenüber den Ergebnissen des politischen Prozesses dessen Charakter als faire Kompromißbildung zuzuschreiben. Auf der anderen Seite jedoch habe sich Becker theorieinhaltlich jeglicher Möglichkeit begeben, Begriffe wie „Fairness" überhaupt verwenden zu können. Die Rechtfertigung der Demokratie mithilfe von parteilichen Klugheitsüberlegungen ende – so Habermas – an dem Punkt, wo die Teilnahme an demokratischen Verfahren und die Hinnahme von deren Ergebnissen nur durch den Aufweis der Unparteilichkeit und der Fairness der Prozeduren erklärbar sei. Ohne die Figur einer gemeinsamen Anerkennung der normativen Gründe, die die Verfahren selbst als unparteilich rechtfertigten, käme keine sozialwissenschaftliche Erklärung der Demokratie aus. [F&G, 358]
Nachdem Habermas die Variante einer empiristisch-wahlrationalen Demokratiekonzeption am Beispiel von Beckers kritisch-rationalem Erklärungsansatz als verfehlt erwiesen hat, wendet er sich wieder den bereits eingeführten normativen Demokratietheorien zu. Habermas verleiht seinem Modell der deliberativen Politik dadurch Konturen, daß er schematisierend die klassischen Konzeptionen des Liberalismus und des Republikanismus einander gegenüberstellt und die Theorie der deliberativen Demokratie von beiden absetzt. [vgl. im folgenden F&G, 359–366]
Die liberale Konzeption führt Habermas auf das Denken John Lockes zurück, die republikanische Traditionslinie sieht er in Jean-Jacques Rousseaus Werken begründet. Zwischen beiden Grundkonzeptionen macht Habermas tiefgreifende Unterschiede aus. Diese Unterschiede beträfen die Sichtweise des demokratischen Prozesses, die Auffassung vom Verhältnis von Staat und Gesellschaft, die Funktionszuweisung der demokratischen Willensbildung sowie die Bestimmung der Souveränität.
– Liberal werde der politische Prozeß als Ort der Herausbildung von Interessenkompromissen gedeutet. Er basiere auf Grundrechten, die als subjektive Abwehrrechte begriffen würden. Demgegenüber definiere der Republikanismus den politischen Prozeß als Raum politisch-ethischer Selbstverständigung. Diese sehe er auf einen kulturell eingespielten Hintergrundkonsens der Bürgerschaft gestützt.

Habermas' deliberative Konzeption nimmt sowohl die Formulierung von Interessenkompromissen als auch die Klärung von Fragen der politisch-ethischen Selbstverständigung auf. Er verwahrt sich so gegen die (seiner Auffassung nach) jeweiligen liberalen beziehungsweise republikanischen Verkürzungen. Als Grundlage des demokratischen Prozesses betrachte die Diskurstheorie die in den Diskursregeln und Argumentformen enthaltene kommunikative Vernunft. Gegen den Republikanismus macht Habermas geltend, ein sittlicher Hintergrundkonsens sei in der Moderne ausgezehrt und habe der parallelen Ausdifferenzierung von Recht und Moral weichen müssen. Gegen den Liberalismus insistiert er darauf, im Recht sei die subjektive wie die objektive Dimension zugleich impliziert.

– Der Liberalismus gehe von einer Trennung des Staatsapparates von der Gesellschaft aus. Diese Trennung werde durch den demokratischen Prozeß lediglich überbrückt, nicht aufgehoben. Die politische Gestaltung erschöpfe sich in der rechtsstaatlichen Normierung einer Wirtschaftsgesellschaft. Der Republikanismus (in der Nachfolge Hannah Arendts) ziele dagegen auf eine Beseitigung der Trennung zwischen Staatsapparat und Gesellschaft. Er strebe die Erneuerung der *societas civilis* an, die sich durch die politische Einheit von Staat und Gesellschaft auszeichne. Im Gebilde des Gemeinwesens solle sich auf diese Weise die Selbstorganisation der Bürgerschaft verwirklichen.

Die Diskurstheorie kreidet beiden Konzeptionen an, einer im Staat zentrierten Gesellschaftsvorstellung anzuhängen und mit unangemessenen bewußtseinsphilosophischen Denkfiguren zu arbeiten. Entweder werde die Bürgerschaft (wie im Republikanismus) als zielorientiert handelndes Subjekt beschrieben oder ein anonymes Quasisubjekt werde (wie im Liberalismus) als Repräsentant eines Systems von Verfassungsnormen ausgemacht. Die Diskurstheorie hingegen begreife die Prinzipien des Rechtsstaats als Institutionalisierungen der Kommunikationsformen einer demokratischen Meinungs- und Willensbildung. An die Stelle eines real oder (verfassungs-)rechtlich fingierten kollektiven Autors setze die Diskurstheorie die höherstufige Intersubjektivität von Verständigungsprozessen. Diese seien entweder in den formellen demokratischen Verfahren anzutreffen oder im Kommunikationsnetz politischer Öffentlichkeiten vorzufinden.

– Mit den unterschiedlichen Bildern von Staat und Gesellschaft gingen verschiedene Souveränitätskonzeptionen einher. Beim Liberalismus korrespondiere die Forderung nach einer anonymen Herrschaft der Gesetze mit der Einstufung der Verfassung als Träger der Souveränität. Das Volk sei demgemäß in die Rolle einer verfaßten Gewalt eingerückt, der die Ausübung von Staatsgewalt nur in Form von Wahlen und Abstimmungen zuerkannt werde. Der Republikanismus weise diese Möglichkeit einer Delegierbarkeit zurück: In seiner Eigenschaft als Souverän könne sich das Volk nicht vertreten lassen.

Laut Habermas sind sowohl die republikanische als auch die liberale Bestimmung der Souveränität zu konkretistisch und zu holistisch. Er vertritt statt dessen einen *prozeduralistischen* Begriff von Volkssouveränität. Als Souveränität begreift Habermas die *subjektlosen* Kommunikationsformen, in die die anspruchsvollen Kommunikationsvoraussetzungen derart Eingang gefunden haben, daß die Meinungs- und Willensbildung die Vermutung der Vernünftigkeit und Fairness für sich hätte. [vgl. F&G, 365] Das Ganze der Gesellschaft werde lediglich kommunikativ – über das Medium des Rechts – hergestellt, aber nicht im ganzheitlichen Sinne eines Personenverbands oder einer Rechtsordnung mit der Idee der diskursiven Vergesellschaftung verknüpft.

Zwischen diesen – man könnte schreiben: idealtypisch herauspräparierten – Demokratiemodellen bestünden überdies divergierende Lesarten der Funktion der politischen Willensbildung: Während die liberale Deutung deren Funktion auf die Legitimation der Herrschaft begrenze, hebe die republikanische hervor, daß das Gemeinwesen durch die demokratische Willensbildung konstituiert werde.

Im Gegensatz zum Republikanismus benötige die Diskurstheorie weder die demokratische Willensbildung zur Konstitution des Gemeinwesens noch erscheine ihr diese Vorstellung angebracht. Denn erstens betrachte die Diskurstheorie Gesellschaft – wie dies Habermas bereits im II. Kapitel von »Faktizität und Geltung« ausgeführt hat – als Komplex von Handlungssystemen. Das Handlungssystem der Politik stelle dabei weder die Spitze noch das Zentrum oder gar das strukturprägende Modell der Gesellschaft dar. Zweitens weise das diskurstheoretische Modell der Gesellschaft als Vernetzung durch Kommunikation die Vorstellung einer kollektiv handlungsfähigen Bürgerschaft als unrealistisch zurück.

Die Beschränkung der politischen Willensbildung auf die Legitimation von politischer Macht und Herrschaft werde andererseits der Bedeutung und der Rolle der Willensbildung nicht hinreichend gerecht. Habermas erblickt die Funktion der demokratischen Willensbildung in einer Rationalisierung der getroffenen und zu treffenden Entscheidungen. Denn unter den Bedingungen eines problembezogenen Informationszuflusses und sachgerechter Informationsverarbeitung seien die Ergebnisse demokratischer Verfahren zwar stets fehlbarer Natur. Doch sie dürften die Vermutung der Vernünftigkeit und Fairness für sich in Anspruch nehmen.

Genau dies markiert die Differenz zur Demokratiekonzeption von Norberto Bobbio, die Jürgen Habermas im zweiten Unterkapitel abhandelt. Bobbios Kriterienkatalog zur Definition demokratischer Spielregeln [F&G, 368] stimmt Habermas zwar zu. Dennoch machten sie nicht den Kern eines genuin proceduralistischen Verständnisses von Demokratie aus. Es könne nicht davon abgesehen werden, daß die legitimierende und sozialintegrative Funktion demokratischer Spielregeln aus ihrer diskursiven Struktur der Meinungs- und Willensbildung erwachse und deren Ergebnisse somit die Erwartung einer vernünftigen Qualität rechtfertige. [F&G, 369]

Als nächste Demokratietheorie greift er Joshua Cohens Überlegungen zum Begriff der deliberativen Politik auf. Cohens Darlegungen schließt sich Habermas weitgehend an. Er moniert jedoch, daß bei Cohen die ganzheitliche Vorstellung einer Selbstorganisation der Gesellschaft noch nicht getilgt sei. Die Unangemessenheit dieser Vorstellung zeige sich allein schon darin, daß die demokratischen Verfahren auf soziale und kulturelle Einbettungen angewiesen seien, die ihrer Regelungsmacht entzogen seien. [F&G, 370]

Als Gegenvorschlag zeichnet er das Bild einer zweigleisig verlaufenden deliberativen Politik: Während die parlamentarischen, verfahrensregulierten Öffentlichkeiten Kompromisse aushandelten und Beschlüsse faßten, ihre Problemwahl zu rechtfertigen und die ausgewählten Probleme zu bearbeiten hätten, liege die Aufgabe der allgemeinen Öffentlichkeiten in der Wahrnehmung von Problemlagen. Die verfahrensregulierten Öffentlichkeiten seien auf die durch das Staatspublikum gelieferten Entdeckungszusammenhänge angewiesen. Zudem regle die Bürgerschaft die Zusammensetzung der parlamentarischen Gremien. Ihre Kommunikationsströme seien prinzipiell unbegrenzt.

Im folgenden verteidigt Jürgen Habermas die thematische Offenheit sowohl der institutionalisierten Gremien als auch der Zivilgesellschaft. Habermas begibt sich dabei in eine doppelte Frontstellung:
– Zum einen nimmt er Stellung gegen Forderungen liberaler Provenienz, die die Ausklammerung strittiger Fragen des guten Lebens auf ihre Fahnen geschrieben haben: Der Staat respektive der Machthaber müsse sich gegenüber konkurrierenden und strittigen Konzeptionen des guten Lebens neutral verhalten.[167]
– Zum anderen wendet sich Habermas gegen die kommunitaristische These, eine solche Neutralität sei überhaupt nicht möglich.

Gegen das Postulat der Auslassung kontroverser ethischer Dissenspunkte von vorneherein führt er an, daß dies die Entscheidung dieser Dissenspunkte zugunsten eines traditionell eingespielten Hintergrundes präjudiziere. Ferner ließe sich so ein mögliches Einverständnis noch nicht einmal ausloten. [F&G, 376]

Anstelle eines liberal-rigiden Neutralitätskonzepts tritt Habermas für eine abgeschwächte, von ihm als tolerant bezeichnete Variante ein, die er Charles Larmore entlehnt. Demnach sei zwar grundsätzlich alles thematisierbar, doch doch dürfe staatlicherseits nie eine intrinsische Über- oder Unterlegenheit von Lebensführungsauffassungen unterstellt oder gar propagiert werden.

An diesem Punkt setze nun kommunitaristische Kritik ein, die auch die „tolerante Fassung" der Neutralitätsthese verwerfe. Es werde vorgebracht, daß eine Neutralität gar nicht möglich sei – weder in bezug auf Grundsätze noch in bezug auf Verfahren. Neutralität bedeute zumindest latent eine Präferenz liberaler Werte und Ziele.

Jürgen Habermas entgegnet darauf auf zwei Ebenen:
– Mit Bruce Ackerman weist er auf die Unausweichlichkeit der Neutralisierung hin. Eine andere Praxis als die des Ausklammerns (nach und bei einem festgestellten Dissens) sei nicht möglich – es bleibe sonst nur Exkommunikation oder brutale Unterdrückung. [F&G, 377]
– Zudem greift Habermas wiederum auf Larmores Arbeiten zurück. Wie Larmore

---

[167] Im Blick hat Habermas BRUCE ACKERMAN: *Social Justice in the Liberal State,* New Haven 1980 sowie STEPHEN HOLMES: Gag Rules or the Politics of Omission, in: Jon Elster/Rune Slagstad (Hg.): *Constitutionalism and Democracy,* Cambridge 1988, 19–58.

III. ‚Verfassungsgerichtsbarkeit', rechtsphilosophisch betrachtet   91

gewinnt er in der Argumentationspraxis einen neutralen und unbestrittenen Grund. Wahrheit, Rationalität, Begründung oder Konsens stellten Kategorien universaler Natur dar. Sie würden zwar je nach Sprachgemeinschaft anders interpretiert, aber spielten stets dieselbe ‚grammatische' Rolle. [F&G, 379]

Gegen liberale Befürchtungen, die von einer schrankenlosen Themen- und Argumentewahl eine Verletzung der Privatsphäre erwarteten, macht Habermas darauf aufmerksam, daß die Thematisierung mit der Regelung von Kompetenzen und Verantwortlichkeiten nicht zusammenfalle. Nicht alle Gegenstände einer öffentlichen Diskussion müßten einer politischen Regelung zugeführt werden. [vgl. F&G, 380–382]

Im dritten Unterkapitel befaßt sich Habermas zunächst mit Robert Dahls Demokratietheorie. Er befürwortet zwar Dahls proceduralistisches Demokratieverständnis. Aber Dahl gelinge es nicht hinreichend, Idee und Verfahren einer deliberativen Politik soziologisch zu verankern. Dies liege daran, daß Dahls Demokratiesoziologie die Rationalisierungsleistung der deliberativen Politik nicht zu erfassen vermöge. [vgl. F&G, 386]

Um diese Lücke zu schließen, greift Habermas auf systemtheoretische Überlegungen (von Karl W. Deutsch und anderen) zurück und begreift Gesellschaften allgemein als problemlösende Systeme. Politik und Recht falle innerhalb dieser Systeme die Aufgabe zu, zur Verfügung zu stehen, wenn die anderen gesellschaftlichen Integrationsmechanismen überlastet seien. Die Politik bediene sich dabei des Mediums des Rechts. Dies bewirke, daß der Problemlösungsprozeß über die Schwelle des Bewußtseins gehoben werde. Vollziehe sich die Sozialintegration politisch, dann stehe nur der Weg über die Erzeugung legitimen Rechts offen. Die aufgestauten Probleme einer funktionalen, moralischen oder ethischen Integration der Gesellschaft würden durch einen diskursiven Filter geleitet, der die rationale Lösung dieser Probleme ermöglichen solle. [vgl. F&G, 388–389]

Die Rationalität der Lösungen lasse sich dann aber nicht an der beobachtbaren Stabilität der gesellschaftlichen Ordnung ablesen. Habermas mißt diese vielmehr am Begriff der ‚sozialen Rationalität', den Bernhard Peters entwickelt hat. [F&G, 388]

Danach zieht Habermas eine Zwischenbilanz: Werde deliberative Politik als auf Lernen angelegte Ausfallbürgschaft konzipiert, verliere diese Konzeption einerseits zum Teil den Anschein eines ungenügenden Bezugs zur sozialen Wirklichkeit. Andererseits hebe diese Konzeption die Widerstände deutlich hervor, die dem deliberativen Modus der Entscheidungsfindung um so mehr entgegenstünden, je stärker die Gesellschaft auf die Ausfallbürgschaft der Politik angewiesen sei. [vgl. F&G, 390]

Auf diesen Befund reagiert Jürgen Habermas mit folgenden Überlegungen:
– Erstens macht er reale Widerstände für die Konzeption der deliberativen Politik namhaft. So nennt er in bezug auf den demokratischen Prozeß selbst die Knappheit funktional notwendiger Ressourcen. Ferner stoße der demokratische Prozeß zugleich im Rahmen der weiteren gesamtgesellschaftlichen Systeme auf Schwierigkeiten. Der Regelungskapazität des demokratischen Prozesses würden durch die Komplexität anderer Handlungssysteme Grenzen gesetzt, da diese Handlungssysteme undurchsichtig und schwer beeinflußbar seien. [F&G, 390 sowie 395–396]

- Zweitens insistiert er darauf, daß kommunikativ handelnde Subjekte neben dem Vorhandensein einer realen Kommunikationsgemeinschaft immer die idealisierende Unterstellung eines ideal erweiterten Auditoriums voraussetzen müßten. Nur dürfe dies nicht dazu verleiten, den idealen Gehalt allgemeiner Argumentationsvoraussetzungen zu einem Modell reiner kommunikativer Vergesellschaftung zu hypostasieren. [F&G, 391–392]
- Drittens schließt er sich einer Arbeit von Bernhard Peters an, die das Modell einer kommunikativen Vergesellschaftung als Folie verwendet, um die funktional notwendigen Ressourcen von deliberativer Politik überhaupt hervortreten zu lassen. [F&G, 391–396] Die ideale Kommunikationsgemeinschaft werde so zu einer methodischen Fiktion entschärft. [F&G, 392]
- Viertens stellt Habermas heraus, daß seine verfahrensbegriffliche Konzeption der Demokratie die Idee der Selbstorganisation der Gesellschaft allein in Gestalt einer sich selbst organisierenden *Rechts*gemeinschaft aufgreife und umsetze. Dem Recht komme der Verdienst zu, die Abweichungen vom Modell der „reinen" (das heißt: ausschließlich kommunikativen) Vergesellschaftung registriert zu haben und diese Abweichungen zu bewältigen zu versuchen. Die spezielle Form des Rechts sei – soziologisch betrachtet – von dessen Funktion als Gegensteuerung gegen illegitime, gegenüber dem demokratischen Prozeß verselbständigte Machtkomplexe her zu begreifen.

Im **VIII. Kapitel** mit dem Titel »Zur Rolle von Zivilgesellschaft und politischer Öffentlichkeit« führt Jürgen Habermas sein theoretisches Unternehmen (des VII. Kapitels) fort, das diskurstheoretisch erklärte normative Selbstverständnis des demokratischen Rechtsstaats an sozialwissenschaftliche Konzeptionen anzuschließen. Während im VII. Kapitel Modelle im Vordergrund standen, die den Begriff und die Möglichkeit der Demokratie zum Brennpunkt haben, erweitert Habermas im VIII. Kapitel die Perspektive: Er schlägt die Brücke von sozialwissenschaftlichen Demokratietheorien zu ebensolchen Untersuchungen, die die Gesamtgesellschaft fokussieren.

Im ersten Unterkapitel »Soziologische Demokratietheorien« verwirft Habermas zwei Ansätze, weil sie beide die „normative Abmagerungskur" zu weit getrieben hätten. [F&G, 404] Auf der einen Seite handelt es sich dabei um die ‚ökonomische Theorie der Demokratie', die grundlegend von Anthony Downs inspiriert ist.[168] Auf der anderen dreht es sich um die Systemtheorie; Habermas setzt sich mit Niklas Luhmanns Theorie auseinander.[169] Beide Ansätze hätten das Erbe der Pluralismustheorie angetreten, deren Paradigma sich nicht als haltbar erwiesen habe. Auch gegenüber Schumpeters Revisionen der Pluralismustheorie seien Abstriche zu machen. [ausführlich: F&G, 401–403 mwN.] Die ökonomische Theorie wie die Systemtheorie setzten dann an einem Punkt ein, an dem sowohl von der Seite des „in-puts" als auch der des „out-puts" des politischen Systems sich Anzeichen für Defizite verdichtet

---

[168] Maßgebend ANTHONY DOWNS: *An Economic Theory of Democracy,* New York 1957.
[169] Einschlägig v.a. NIKLAS LUHMANN: *Politische Theorie im Wohlfahrtsstaat,* München 1981.

III. ‚Verfassungsgerichtsbarkeit', rechtsphilosophisch betrachtet 93

hätten: Auf der „out-put"-Ebene habe das politische System Schwierigkeiten, seine Steuerungsleistung zu erbringen; und auf der „in-put"-Ebene sei sein Handlungsspielraum eingeschränkt, weil seine Legitimationsbasis brüchiger werde. [F&G, 403] Angesichts dessen habe eine arbeitsteilige Theorieentwicklung stattgefunden: Die Systemtheorie habe alle Verbindungen zum normativen Ausgangsmodell (das heißt: der Pluralismustheorie) gekappt und sich nur noch den Steuerungsproblemen des politischen Systems zugewandt. Parallel dazu habe sich die ökomische Theorie in erster Linie mit dem Legitimationsprozeß beschäftigt. [vgl. F&G, 403–404]

Beide Ansätze hätten den konstitutiven Zusammenhang von Recht und politischer Macht ausgeblendet, sie hätten mit Machtbegriffen operiert, die für die empirische Relevanz der rechtsstaatlichen Konstitution von Macht unempfindlich seien. [F&G, 407] Dies sei nicht unbemerkt geblieben und habe wissenschaftliche Projekte auf den Plan gerufen, das jeweilige Theorierepertoire zu revidieren. Habermas bezieht dies zum einen auf die handlungstheoretischen Arbeiten von Jon Elster.[170] Zum anderen liest Habermas die Staatstheorie von Helmut Willke als Reaktion auf interne Unzulänglichkeiten des systemtheoretischen Erklärungsmusters.[171]

Die gesamten weiteren Ausführungen der ersten beiden Unterkapitel dienen als Beleg der soziologischen Bestätigung der Konzeption einer deliberativen Demokratie: Das erste Unterkapitel demonstriert dies mithilfe eines Rekurses auf Elsters Studien, das zweite greift hierfür – zumindest ausgangsweise – auf Willkes Innovationen des systemtheoretischen Paradigmas zurück.

Habermas rekapituliert Elsters Arbeiten so: Der norwegische Politikwissenschaftler habe auf der einen Seite in der Handlungstheorie grundbegriffliche Revisionen vorgenommen, insbesondere indem er zusätzlich zum zweckrationalen Typus die Ausprägung des ‚normenregulierten Handelns' eingeführt habe. Auf der anderen Seite habe Elster eine Diskussionsanalyse erstellt; hierzu habe er die verfassunggebenden Versammlungen von Philadelphia[172] und Paris (1789–1791) untersucht und herausgefunden, daß sich die beiden ersten modernen Verfassunggebungsprozesse mit der empiristischen Prämisse eines ausschließlich machtgesteuerten Interessenausgleichs nicht zureichend erklären ließen. Vielmehr sei eine Verschränkung von Diskursen und Verhandlungen zu konstatieren. [F&G, 412]

Aus Elsters Studien folgert Habermas zweierlei: Die jeweilige Etablierung eines Systems der Rechte (durch die konstituierenden Konvente) lasse sich (implizit) als verfassungshistorische Überprüfung der diskurstheoretischen Deutung des Rechtsstaates lesen. [vgl. F&G, 413] Die jeweilige dort erfolgte politische Kommunikation zeuge von der Wirksamkeit einer proceduralisierten Vernunft. Die Ergebnisse dieser

---

[170] Habermas bezieht sich v.a. auf JON ELSTER: The Market and the Forum, in: ders./A. Hylland (Hg.): *Foundations of Social Choice Theory,* Cambridge 1986; ders.: The Possibility of Rational Politics, in: David Held (Hg.): *Political Theory Today,* Oxford 1991 sowie ders.: *The Cement of Society,* Cambridge 1989.
[171] Zugrunde gelegt hat Habermas hierfür HELMUT WILLKE: *Ironie des Staates,* Frankfurt a.M. 1992.
[172] Als Datum hierfür ist im Text von »Faktizität und Geltung« das Jahr 1776 angegeben. [F&G, 412] Der Konvent von Philadelphia tagte jedoch vom 25. 5. 1787 bis zum 17. 9. 1787.

Kommunikationsprozesse demonstrierten, daß neben dem sozialen und dem administrativen Machtpotential auch ein deliberatives existiere. [vgl. F&G, 415]

Der Sprung in die Gegenwart erfolgt mithilfe der Auseinandersetzung mit Willkes Überarbeitung der Systemtheorie. Willkes Vorschlag, demokratische Institutionen nur noch als ‚Supervisionen' intersystemischer Verhandlungen aufzufassen, erteilt Habermas eine Abfuhr – sie stellten eine Neuauflage von Hegels Ständestaat im systemtheoretischen Gewand dar. Ein solcher intersystemischer Ausgleich werde durch Bevormundung erkauft. [vgl. F&G, 416–426] Habermas besteht darauf, daß die staatlichen Behörden gegenüber den korporierten Verhandlungspartnern als übergeordnete Instanzen agieren. Nur so lasse sich der im Gesetzesauftrag sedimentierte Wille der aktuell unbeteiligten Bürger vertreten. [F&G, 425]

Die Kritik an Willkes Revisionen der Systemtheorie ist Bestandteil des zweiten Unterkapitels. Dessen Überschrift »Ein Modell des politischen Machtkreislaufs« spielt auf ein Modell von Bernhard Peters an, in dem Habermas eine gelungene soziologische Übersetzung der diskurstheoretischen Lesart der Demokratie erblickt. Dieses komplexe Modell sieht unter anderem eine Unterscheidung zwischen einem rechtsstaatlich regulierten, „offiziellen" Machtkreislauf und einem den Normalfall prägenden „inoffiziellen" Machtkreislauf vor. Vereinfacht formuliert, bestimmt im „offiziellen" Kreislauf das Staatsbürgerpublikum, hier als ‚Peripherie' umschrieben, den Kommunikationsfluß und die Erzeugung bindender Entscheidungen, während es im „inoffiziellen" Zyklus umgekehrt ist. [vgl. F&G, 429–432]

Habermas erachtet es für in normativer Hinsicht unproblematisch, daß der „inoffizielle" Machtfluß den „offiziellen" durchkreuzt. Denn die Dominanz der vom Zentrum des politischen Systems ausgehenden Operationen, das heißt: die Gegenläufigkeit zur Generierung von Macht via Kommunikation, besäße durchaus Vorteile. So verringere sie die Komplexität und damit die Problemlast in den ‚peripheren' Strukturen. Entscheidend sei allein, daß sich diese Gegenläufigkeit umkehren lasse; daß auch der Modus einer außerordentlichen Problemverarbeitung möglich sei, der von erneuernden Impulsen aus der Peripherie in Gang gesetzt werde. [vgl. F&G, 432–433]

Im dritten Unterkapitel mit dem Titel »Zivilgesellschaftliche Aktoren, öffentliche Meinung und kommunikative Macht« spürt Jürgen Habermas nun diesen Erneuerungsimpulsen aus der Peripherie nach. Er klärt hierfür die Schlüsselbegriffe ‚Öffentlichkeit'[173] und ‚Zivilgesellschaft'[174], aber auch denjenigen des ‚Zivilen Ungehor-

---

173 ‚Öffentlichkeit' definiert Habermas als ein offenes Netzwerk von Meinungen, die in natürlicher Sprache formuliert werden. [F&G, 436] Habermas' Konzeption der Öffentlichkeit besitzt zugleich eine deskriptive und eine normative Dimension: „In der Öffentlichkeit bildet sich Einfluß, in ihr wird um Einfluß gerungen. [...] Aber der politische Einfluß, den die Akteure über öffentliche Kommunikation gewinnen, muß sich *letztlich* auf die Resonanz, und zwar die Zustimmung eines egalitär zusammengesetzten Laienpublikums stützen." [F&G, 439–440; H. i.O.].

174 ‚Zivilgesellschaft' sei abzusetzen von der ‚bürgerlichen Gesellschaft' im Sinne von Hegel, Marx und dem Marxismus, weil sie das System der Arbeits- und Dienstleistungen sowie des Warenverkehrs nicht einschließe. Den institutionellen Kern der Zivilgesellschaft bildeten nicht-staatliche und nicht-ökonomische Zusammenschlüsse. Diese Akteure besäßen die Fähigkeit, zwischen

III. ‚Verfassungsgerichtsbarkeit', rechtsphilosophisch betrachtet   95

sams'[175]. Darüber hinaus macht er eine Bestandsaufnahme der Barrieren und Machtstrukturen innerhalb der Öffentlichkeit. Abschließend resümiert er die Folgerungen für das angemessene Verständnis von Recht, die aus den soziologischen Informationen über die Möglichkeit der Implementation des Systems der Rechte und der Prinzipien des Rechtsstaats zu ziehen seien.
   Hier seien nur diese resümierenden Folgerungen wiedergegeben. Zuvor allerdings sei deren Einordnung in Habermas' Verfassungsverständnis referiert – Habermas fügt nämlich seine Folgerungen in eine Konzeption hinsichtlich des Sinns und der Rolle der Konstitution ein:
– Wie Habermas in den vorigen Kapiteln ausgeführt hat, sind individuelle Rechte und rechtsstaatliche Prinzipien nichts anderes als der performative Ausdruck der Selbstkonstituierung einer Gemeinschaft von freien und gleichen Rechtsgenossen. Die Organisationsformen des demokratischen Rechtsstaats verstetigten diese Praxis. Gleiches gilt sicherlich für die Institution der Verfassung (obgleich Habermas dies nicht schreibt). Dementsprechend schlägt er ein dynamisches Verständnis „historischer" Verfassungen vor:
  * Als geschichtliches Dokument erinnere eine Verfassung an den Akt der Gründung, den sie interpretiere.
  * Als Projekt einer gerechten Gesellschaft artikuliere eine Verfassung den Erwartungshorizont einer je gegenwärtigen Zukunft. Der Akt der Verfassunggebung werde nicht einmalig abgeschlossen, sondern sei ein in steter Fortsetzung auf Dauer gestellter Prozeß. Das Verfahren der legitimen Rechtsetzung gewinne unter diesem Aspekt einen ausgezeichneten Stellenwert [vgl. F&G, 464; Anführungszeichen M.E.]
– Habermas' erste Folgerung thematisiert die Rolle des Handlungssystems der Politik als Ausfallbürgschaft für die Gesamtgesellschaft. Das, was die anderen Handlungssysteme nicht mehr hinreichend an Sozialintegration leisten könnten, müsse die Politik mithilfe des Rechts auffangen. Maßstab der kollektiv bindenden Entscheidungen habe dabei die Verwirklichung von Rechten zu sein; dadurch übertrugen sich die Anerkennungsstrukturen verständigungsorientierten Handelns aus den konkreten und persönlichen Bezügen der Lebenswelt auf die abstrakt vermittelten Beziehungen zwischen Fremden.
   Dem politischen System sei hierbei eine Asymmetrie eigen: Auf der einen Seite sei es als auf die Erzeugung kollektiv bindender Entscheidungen spezialisiertes System – wie die anderen Systeme – nur ein Teilsystem der Gesamtgesellschaft. Auf der

---

   den in der Lebenswelt perzipierten Problemlagen und der politischen Öffentlichkeit zu vermitteln. [F&G, 443].
175 Akte des ‚Zivilen Ungehorsams' bestimmt Habermas als letztes Mittel, um die Botschaft publik zu machen, daß sich das politische System nicht von der Zivilgesellschaft abkoppeln und gegenüber der Peripherie verselbständigen darf. Diese Akte haben gewaltfrei zu erfolgen und eine (lediglich) symbolische Regelverletzung darzustellen. Ausführlich: F&G, 461–464.

anderen Seite erstrecke sich sein Zuständigkeitsbereich auf die Gesamtgesellschaft. [vgl. F&G, 465]
- Diese Asymmetrie macht Habermas in seiner zweiten Folgerung als Ursache der spezifischen Begrenzungen des politischen Systems aus: Die administrative Macht sei durch die anderen Teilsysteme limitiert, die ihrer eigenen Logik gehorchten und diese gegen Einflußnahmen des politischen Systems abzuschirmen suchten. Zugleich sei das politische System auf die Quellen kommunikativer Macht in der Lebenswelt angewiesen, über die es aber keinen Zugriff habe. [vgl. F&G, 465–466]
- Diese besonderen Begrenzungen des politischen Systems könnten – so Habermas' dritte Folgerung – umschlagen in Defizite im Hinblick sowohl auf die Effizienz als auch die Legitimität des politischen Systems. Habermas schildert komprimiert die Erscheinungsformen und die Verkettungen dieser Defizite – ausführlich hat er sie bereits zuvor (etwa unter den Stichworten Verselbständigung des administrativen Systems, Schwäche der Zivilgesellschaft, populistischer Mißbrauch von Medienmacht und vieles mehr) beschrieben. [vgl. F&G, 466–467]
- Habermas' letzte Folgerung charakterisiert diese Defizite als zwar für das politische System symptomatische, aber nicht zwangsläufig in diesem entstehende. Symptomatisch seien sie, weil sie zum einen auf die systemische Verflochtenheit des politischen Systems zurückzuführen seien. Zum anderen seien sie durch die fehlende Übereinstimmung von eigenständigem Regelungsvermögen mit allgemeiner Zuständigkeit und Verantwortung hervorgerufen, die das politische System präge. Nicht zwangsläufig stellten sich Mängel und Krisen in bezug auf Steuerung und Legitimität ein, da sie nicht strukturell bedingt seien. [vgl. F&G, 467]

Zuletzt leitet Habermas zum IX. Kapitel – „Paradigmen des Rechts" über, indem er auf die Bedeutung von Rechtsparadigmen bei der Gestaltung der Selbstbestimmungspraxis von freien und gleichen Rechtsgenossen hinweist. [F&G, 467] Diese Überleitung ist nicht nur eine bloße Ankündigung, sondern sie ist auch inhaltlich motiviert: Habermas' Plädoyer für ein ‚prozeduralistisches' Paradigma, das er im letzten Kapitel von »Faktizität und Geltung« hält, läßt sich auch als Rezept zur Vermeidung der im VIII. Kapitel beleuchteten Steuerungs- und Legitimitätskrisen lesen. [vgl. F&G, 471]

Im **IX. Kapitel** liefert Jürgen Habermas mit einem wiederum ‚prozeduralistischen' Rechtsparadigma eine praktische Anleitung zum angemessenen Verständnis des aktuellen Rechts. Sie findet sich in »Zur Dialektik von rechtlicher und faktischer Gleichheit. Das Beispiel feministischer Gleichstellungspolitiken«, dem zweiten Unterkapitel, und in »Krise des Rechtsstaats und prozeduralistisches Rechtsverständnis«, dem dritten Unterkapitel der Monographie. Zuvor bietet Habermas einen Überblick über die in der Vergangenheit und der Gegenwart vorherrschenden Paradigmen des Rechts[176]. Zugleich setzt er sich in diesem Zusammenhang mit Deutungen und Bewertungen dieser Paradigmenentwicklung auseinander. Diese Interpretationen

---

[176] Spätestens seit den großen Kodifikationen des 18. Jahrhunderts liegt dieses Recht vornehmlich in

III. ‚Verfassungsgerichtsbarkeit', rechtsphilosophisch betrachtet 97

und Beurteilungen stammen von seiten der Rechtsgeschichte und -dogmatik. Mit dieser Paradigmendiskussion ist er im ersten Unterkapitel (mit dem Titel »Materialisierung des Privatrechts«) befaßt. Im zweiten Unterkapitel referiert und kritisiert er insbesondere die Analysen und Stellungnahmen der feministischen Rechtstheorie zur Paradigmendebatte.

Unter dem Schlüsselbegriff des ‚Paradigmas' versteht er zum einen *unbewußte* Hintergrundannahmen über die tatsächlichen sowie die normativ adäquaten Bedingungen der Produktion und Reproduktion von Gesellschaften, die die Anwendung und Ausgestaltung des Rechts prägen und steuern. [vgl. F&G, 469; 472–474] Zum anderen faßt er darunter *bewußte* Leitvorstellungen über die angemessene Ausschöpfung des normativen Gehalts des demokratischen Rechtsstaats.[177] Die historische Vergegenwärtigung des Paradigmenwandels habe zu einer Reflexivität der Paradigmendiskussion geführt. Diese Diskussion sei im Kern ein „politischer Streit". [F&G, 470; 474; 477]

Im ersten Unterkapitel beschreibt und erklärt Jürgen Habermas, wie sich sowohl das privatrechtliche Rechtsverständnis selbst als auch dessen Stellung im Gefüge der Rechtsgebiete gewandelt hat.

Zunächst stellt er heraus, wie das im Laufe des 19. Jahrhunderts etablierte Modell des ‚bürgerlichen Formalrechts'[178], von ihm auch als ‚liberal' bezeichnet, durch das ‚sozialstaatliche'[179] abgelöst wurde. Damit einhergehend hörte das Privatrecht auf, ein autarkes Rechtsgebiet darzustellen; fortan unterlag es dem Vorrang des öffentlichen Rechts, insbesondere dem Verfassungsrecht. [vgl. F&G, 469–470; 477–480] Die Ablösung des bürgerlichen Formalrechts erklärt und rechtfertigt Habermas mit der

---

geschriebener Form vor. Habermas bezieht sich bei diesem Überblick auf Deutschland und die angelsächsischen Länder.

[177] Zum Begriff des Paradigmas siehe auch FN 159 S. 74 dieser Arbeit.

[178] Angeleitet durch die Prämisse einer Trennung von Staat und Gesellschaft sei das ‚bürgerliche Formalrecht' dogmatisch so gestaltet worden, daß der (im Sinne von Jellineks Terminologie) *negative* Freiheitsstatus der Rechtssubjekte geschützt wurde. Dies habe sich v.a. im Vertrags-, Eigentums-, Erb- und Vereinsrecht niedergeschlagen und zwar so, daß die rechtliche Freiheit auf eine formale Art und Weise gewährleistet worden sei, d.h. daß allein die Erlaubnis gesichert worden sei, etwas zu tun oder zu unterlassen. Dieser klassische Gedanke der Privatautonomie habe die Verfolgung je eigener Interessen nicht nur als Weg zum individuellen Glück, sondern auch zur sozialen Gerechtigkeit betrachtet. Dem Staat sei dabei die Aufgabe zugekommen, die kontraktgesellschaftliche soziale Integration in Form von Marktbeziehungen möglichst ungehindert zur Entfaltung kommen zu lassen. [vgl. F&G, 477–482].

[179] Das ‚sozialstaatliche' Modell habe auf die Schwächen des bürgerlichen Formalrechts reagiert, die in dessen falschen Annahmen begründet seien. So funktioniere weder der Marktmechanismus in der Weise und noch stelle die Wirtschaftsgesellschaft eine machtfreie Sphäre von der Art dar, wie es im liberalen Rechtsmodell unterstellt werde. Das sozialstaatliche Modell habe die (veränderten) Bedingungen rechtlicher Freiheit wahrgenommen und diese mit einer Materialisierung bestehender subjektiver Rechte und der Schaffung neuer Typen von Rechten (v.a. der Einführung von Leistungsrechten) sowie von Rechtsgebieten (wie das Arbeits-, Sozial- und Wirtschaftsrecht) zu erreichen gesucht. Damit verbunden sei der Vorrang der demokratischen Verfassung vor dem Privatrecht, dem der Gesetzgeber innerhalb des Privatrechts Rechnung zu tragen habe. [vgl. F&G, 478–483].

Notwendigkeit des Ausgleichs von Freiheitsdefiziten, die aus sozialer und wirtschaftlicher Ungleichheit resultieren.

Dann macht Habermas nicht nur zum liberalen, sondern auch zum sozialstaatlichen Paradigma eine Gegenrechnung auf: Das sozialstaatliche Paradigma habe zu einer Bevormundung der Privatrechtssubjekte geführt. Aufgrunddessen hält er sogar die Vereinbarkeit dieses Paradigmas mit dem Prinzip rechtlicher Freiheit für fraglich.

Gegenwärtig konkurrierten das bürgerliche Formalrecht und das sozialstaatliche Materialrecht – scheinbar unvermeidbar – nach dem Muster eines Nullsummenspiels: Der sozialstaatlich herbeigeführte Kompetenzzuwachs der staatlichen Akteure bedeute einen Kompetenzverlust der privaten – und umgekehrt. [vgl. F&G, 490] Dieses Nullsummenspiel sei jedoch überwindbar – und zwar durch den Rekurs auf ein ‚prozeduralistisches' Paradigma. [vgl. F&G, 492; 502–515]

Damit ist zum zweiten Unterkapitel übergeleitet, in welchem Jürgen Habermas dem prozeduralistischen Paradigma Konturen verleiht. Demnach zielt dieses Paradigma darauf, daß die Rechtssubjekte autonom darüber befinden und sich darüber einigen sollen, wie sie die Grenze zwischen privater und öffentlicher Autonomie ziehen.

Die Rechtsform des derart generierten Rechts bezeichnet Habermas als ‚reflexives' Recht. Das reflexive Recht solle nicht in ähnlicher Weise privilegiert werden, wie das liberale und das sozialstaatliche jeweils ihre Rechtsformen – das formale und das materiale Recht – ausgezeichnet hätten. Vielmehr solle die Wahl der Rechtsform davon bestimmt werden, wie jeder Rechtsakt zugleich als Beitrag zur politisch-autonomen Ausgestaltung der Grundrechte verstanden werden könne. [ebd.][180]

Der Grundgedanke des prozeduralistischen Rechtsverständnisses läßt sich mit der Formel „Rechte kann man nur ‚genießen', wenn man sie ausübt." umschreiben. Rechte – gleich welcher Art – lassen sich demnach nicht „verteilen", weil man sie nicht auf eine besitzende Weise „haben" kann. Dies übersehen zu haben, stelle den komplementären Grundfehler sowohl des liberalen als auch des sozialstaatlichen Paradigmas dar: [vgl. hier und im folgenden: F&G, 504–505 mwN.[181]]

– Das sozialstaatliche Paradigma habe das Recht unter dem Blickwinkel der gerechten Verteilung gesellschaftlicher Lebenschancen betrachtet. Dabei habe es Gerechtigkeit auf distributive Gerechtigkeit reduziert. Dadurch verfehle es den freiheitsverbürgenden Sinn legitimer Rechte: Der distributive Aspekt der Gleichstellung und Gleichbehandlung sei dem universalistischen Sinn eines Rechts, das Freiheit und Integrität eines jeden gewährleisten soll, nachgeordnet und folge aus diesem. Die Verteilung von Lebenschancen lasse sich nicht von der Ausübung von Autonomie ablösen (weder von der öffentlichen noch von der privaten).

– Analog habe das liberale Paradigma Gerechtigkeit auf die gleiche Distribution von

---

[180] Im einzelnen erörtert Habermas u.a. folgende Verwirklichungsformen dieses Paradigmas: die Einklagbarkeit subjektiver Rechte, die Kollektivierung der Rechtsdurchsetzung, die verfahrensrechtliche Gewährleistung eines staatsbürgerlichen ‚status activus processualis', die Sozialautonomie von Verfahrensteilnehmern. [ausführlich: F&G, 494–499]

[181] Zur feministischen Rechtstheorie von IRIS M. YOUNG [*Justice and the Politics of Difference*, Princeton 1990].

III. ‚Verfassungsgerichtsbarkeit', rechtsphilosophisch betrachtet

Rechten reduziert. Dadurch habe es unterschlagen, daß sich individuelle Selbstbestimmung in der Ausübung von Rechten konstituiere, die sich aus *legitim erzeugten* Normen herleiteten. Die private Autonomie lasse sich daher nicht von der öffentlichen trennen.

„Rechte kann man nur ‚genießen', wenn man sie ausübt." – in diese(r) Formel ist grundgelegt, daß zwischen privater und öffentlicher Autonomie ein unlösbarer Zusammenhang bestünde – und ebenso Selbstbestimmung und individuelle Rechte miteinander verknüpft seien:

– Wer selbstbestimmt leben möchte, muß individuelle Rechte gleich welcher Art (das heißt: sowohl Abwehr- als auch Teilhabe- und gegebenfalls Leistungsrechte) in Anspruch nehmen.

– Umgekehrt: wer Rechte geltend macht oder gewährt, muß die anderen Individuen als freie und gleiche Rechtsgenossen sowie deren Vermögen zur Autonomie anerkennen. Dies schließt die Begrenzung der eigenen Willkür ein. [ausführlich hierzu F&G, 483–484]

Der gegenwärtigen feministischen Rechtstheorie attestiert Habermas, die Schwächen des bürgerlichen Formal- und des sozialstaatlichen Materialrechts identifiziert zu haben. Diese Erkenntnis stehe am Ende einer Theorieentwicklung, die vormals in einer ersten Phase das liberale Rechtsparadigma und in einer zweiten das sozialstaatliche favorisiert habe. [vgl. hier und im folgenden F&G, 505–512] So habe der klassische Feminismus die Gleich*berechtigung* der Frauen auf seine Fahnen geschrieben: Frauen sollte der gleiche rechtliche Zugang etwa zu politischer Partizipation, ökonomischer Betätigung und kultureller Bildung ermöglicht werden. Diese Postulate entsprächen dem liberalen Paradigma. Mit ihrer sukzessiven Durchsetzung habe sich die emanzipatorische Zielsetzung gewandelt – über die Forderung nach Gleichberechtigung hinaus sei die Gleich*stellung* von Männern und Frauen verlangt worden. Diese Zielsetzung stehe im Einklang mit dem sozialstaatlichen Paradigma. Seit den späten 60er Jahren hätten sich die Fronten innerhalb des Feminismus allerdings verwirrt. Das sozialstaatliche Materialrecht – nicht zuletzt auf den kompensatorischen Ausgleich der Schlechterstellung von Frauen angelegt – sei nun *auch* als Bevormundung und Benachteiligung erfahren worden. Dies deswegen, weil es an der (Abweichung von der) Variablen eines Norm*mannes* ausgerichtet worden sei. Folglich seien dann (auch und gerade von seiten der Frauenbewegung) konträre Forderungen erhoben worden: sowohl nach ‚Differenz' (das heißt: nach einer Berücksichtigung von geschlechtsspezifischen Unterschieden) als auch nach ‚Gleichstellung' (das heißt: nach einer Nichtberücksichtigung derartiger Unterschiede). Teile der feministischen Rechtstheorie hätten erkannt, daß gerade erfolgreiche Emanzipationsprogramme ein Grundmanko aufwiesen; sozialstaatlich habe man den Fehler der liberalen Politik wiederholt – die Verwendung eines auf Männer zugeschnittenen Maßstabs: Während unter liberalen Prämissen die geschlechtsspezifischen Unterschiede nicht berücksichtigt worden seien, seien sie unter sozialstaatlichen Vorzeichen fixiert worden. [vgl. F&G, 511–512 mwN.]

Diese Lesart teilt Jürgen Habermas, manche in diesem Zusammenhang formulierten Positionen des zeitgenössischen Feminismus kritisiert er jedoch. In erster Linie zwei Theoreme weist er zurück: zum einen die Folgerung, mit der Kritik an der Dialektik von rechtlicher und faktischer Gleichheit sei die Idee der Verwirklichung von Rechten überhaupt zu verabschieden, sowie zum anderen die Lehre, Geschlechterbilder und Rollenverteilungen seien als etwas Gegebenes einzustufen. [F&G, 512–513]

Demgegenüber insistiert Habermas darauf, daß Geschlechterbilder und Rollenverteilungen diskursiv geklärt werden müssen – und zwar von den Betroffenen selbst. Hierfür sei die Anerkennung von subjektiven Rechten erforderlich. Allerdings könnten die subjektiven Rechte, die auch Frauen eine privatautonome Lebensgestaltung gewährleisten sollen, nur formuliert werden, wenn die jeweils relevanten Hinsichten für Gleich- und Ungleichbehandlung überzeugend artikuliert und begründet würden. Diese Einsicht verweise erneut auf das prozeduralistische Rechtsverständnis, den notwendigen Gleichschritt von privater und öffentlicher Autonomie sowie die Gleichursprünglichkeit von subjektivem und objektivem Recht. [vgl. F&G, 513–515]

Mit seiner Auseinandersetzung mit der feministischen Rechtstheorie veranschaulicht und verteidigt Habermas seine Forderung nach einem juristischen Paradigmenwechsel, der das Sozialstaatsprojekt weder einfach festschreibt noch abbricht, sondern es auf einer höheren Stufe fortsetzt. [vgl. F&G, 494]

Im dritten Unterkapitel wendet sich Jürgen Habermas Diagnosen zu, die eine Krise des Rechtsstaats thematisieren. Diese gelangen zu dem Befund, daß sich der Umfang der Staatsaufgaben zwar erheblich erweitert habe; dieser Erweiterung – hin zu wohlfahrtsstaatlicher Fürsorge und präventiver Vorbeugung gegenüber technisch und wissenschaftlich induzierten Risiken – entspreche aber nicht die Steuerungsmacht des politischen Systems auf diesen neuen Politikfeldern. Die Bändigung der (absolutistischen) Staatsgewalt habe mithilfe von Ermächtigungs- und vor allem Verbotsnormen – adressiert an die Träger staatlicher Hoheitsgewalt – erreicht werden können. Diese Form des Rechts sei jedoch für die Überwindung der kapitalistisch erzeugten Armut und die Vorsorge gegen industriegesellschaftliche Risiken nicht geeignet. Denn bei der Gestaltungstätigkeit des Sozialstaats ebenso wie bei der staatlichen Gewährleistung von Sicherheit versagten imperative Steuerungsmittel, werde der politische Gesetzgeber marginalisiert. Wenn überhaupt noch (auf diesen Politikfeldern) mit dem Mittel des Rechts operiert werden könne, dann etwa in der Form unbestimmter Rechtsbegriffe, nicht jedoch in Gestalt eines abstrakten Gesetzes, welches typische Tatbestände präzisiere und mit genau definierten Rechtsfolgen verknüpfe, oder in der Form einer Leistungsverwaltung etc. [vgl. F&G, 519–526]

Habermas' Antwort auf diese Krisenbefunde lautet, es gelte Elemente von reflexivem Recht einzubauen.[182] Damit möchte er verdeutlichen, daß die Krise des Rechtsstaats nicht zu dessen zwangsläufiger Erosion führen müsse, sondern als Ergebnis

---

[182] Hier macht Habermas konkrete Vorschläge, die von Veränderungen zur Stärkung innerparteilicher Demokratie bis zur Einführung von Ombudsleuten reichen. [F&G, 531; 533] Er erhebt für diese Vorschläge keinen Anspruch auf Originalität [F&G, 535] und erörtert diese zumindest nicht

III. ‚Verfassungsgerichtsbarkeit', rechtsphilosophisch betrachtet

einer unzureichender Verankerung von Rechtsstaatlichkeit zu erklären sei. Unter Rechtsstaatlichkeit versteht er dabei allerdings auch und gerade die Teilnahme von Staatsbürgern an politischen Diskursen, in denen diese ihre Interessen vertreten und (selbst) Maßstäbe von Gleich- und Ungleichbehandlung festlegen können. [F&G, 527–537]

Habermas' Therapie des Rechtsstaats erstreckt sich auf das gesamte politische und rechtliche System. Herausgegriffen seien hier nur Habermas' Folgerungen in bezug auf die Gerichtsbarkeit. Denn hier ergänzt Jürgen Habermas die Ausführungen des V. und insbesondere des VI. Kapitels, indem er die dort getroffene Festlegung der Gerichtsbarkeit – und der Verfassungsgerichtsbarkeit – auf das Führen von Anwendungsdiskursen relativiert:

> „Soweit Gesetzesprogramme auf eine rechtsfortbildende Konkretisierung in dem Maße angewiesen sind, daß der Justiz trotz aller Kautelen Entscheidungen in der Grauzone zwischen Gesetzgebung und Rechtsanwendung zufallen, müssen die juristischen Anwendungsdiskurse auf eine erkennbare Weise um Elemente von Begründungsdiskursen ergänzt werden. Diese Elemente einer quasi-gesetzgeberischen Meinungs- und Willensbildung bedürfen freilich einer anderen Legitimation. Die zusätzliche Legitimationsbürde könnte durch Rechtfertigungszwänge vor einem erweiterten justizkritischen Forum abgegolten werden. Dazu bedürfte es der Institutionalisierung einer Rechtsöffentlichkeit, die über die bestehende Expertenkultur hinausreicht und hinreichend sensibel ist, um problematische Grundsatzentscheidungen zum Fokus öffentlicher Kontroversen zu machen." [F&G, 530]

(2) Habermas' Plädoyer für eine proceduralistisch verfahrende Verfassungsgerichtsbarkeit

(a) Fragestellungen und Vorgehen

Im VI. Kapitel von »Faktizität und Geltung« – in »Justiz und Gesetzgebung« – verfolgt Habermas zwei zentrale Beweisführungsabsichten. Er untersucht,
– zum einen: wie die ‚prinzipielle' und
– zum anderen: wie die ‚modale' Legitimität der Verfassungsgerichtsbarkeit zu begründen ist.[183]

Allerdings beschäftigt sich Habermas in »Justiz und Gesetzgebung« – in erster Linie mit der Legitimität verfassungsgerichtlicher Entscheidungspraxis. Die Legitimität der Verfassungsgerichtsbarkeit als Institution nimmt *in diesem Kapitel* keinen sehr breiten Raum ein; Habermas knüpft hier vornehmlich an seine zuvor angestellten Überlegungen an und bringt sie in bezug auf verfassungsgerichtliche Befugnisse zu einem Ende.

Wie in jedem der Kernkapitel von »Faktizität und Geltung« präsentiert Jürgen

---

vertieft. Die Krisenbewältigung im einzelnen möchte er der institutionellen Phantasie und der Erprobung in Einzelfällen überlassen. [F&G, 531].

[183] Die Begriffe ‚prinzipiell' und ‚modal' werden nicht von Habermas verwendet. Die prinzipielle Legitimität betrifft die Frage, ob eine Institution (hier die Verfassungsgerichtsbarkeit) überhaupt bestehen soll. Die modale Legitimität setzt die Existenz einer Institution voraus und dreht sich um die Frage, wie diese Institution fungieren soll.

Habermas auch im VI. Kapitel seine Position auf dem Wege einer Auseinandersetzung mit Theorien, die die jeweiligen Kapitelthemen seiner Untersuchung ebenfalls zum Inhalt haben oder immerhin tangieren. Habermas' Konzeption ist somit vor allem durch die Erläuterung der verschiedenen Anschlüsse und Frontstellungen zu erschließen – es ist aufzuzeigen, warum und inwiefern Habermas' Lehre mit den Theorien anderer Autoren übereinstimmt beziehungsweise warum und inwiefern Habermas zu gegensätzlichen Anschauungen gelangt.

Dieses Vorgehen von Habermas erschwert das Unterfangen, seiner Legitimitätstheorie auf knappem Raum gerecht zu werden. Hinzu kommt, daß Habermas' Standpunkte bezüglich der prinzipiellen Legitimität der Verfassungsgerichtsbarkeit sich aus seinen Konzeptionen der grundsätzlichen Funktion(en) des Rechts und der Rechtsprechung ableiten und Habermas hierzu weit ausgreifende Überlegungen anstellt. Ohne diese Überlegungen sind seine Sicht der Verfassungsgerichtsbarkeit als Institution und seine Auffassungen von deren legitimer Rollenausübung nicht zu verstehen.

(b) Thesen

Zur prinzipiellen Legitimität der Verfassungsgerichtsbarkeit stellt Jürgen Habermas im wesentlichen drei Thesen auf:

– Bei der Ermittlung der prinzipiellen Legitimität der Verfassungsgerichtsbarkeit läßt sich Habermas von der Prämisse leiten, daß die Institution der Verfassungsgerichtsbarkeit sich in die allgemeine Funktionsbestimmung des administrativen Systems einzufügen hat: Die politische Macht stehe gleichermaßen in Diensten der Gerechtigkeit [vgl. F&G, 180] wie der kollektiven Selbstbestimmung. Nach Habermas befinden sich diese beiden Anforderungen ‚grundbegrifflich' miteinander im Einklang – Gerechtigkeit resultiere aus der demokratischen Genese des Rechts. [vgl. F&G, 232] Aus der Bestimmung der Aufgaben der politischen Macht ergebe sich eine Differenzierung der Staatsfunktionen, die es bei der Etablierung und Ausübung verfassungsgerichtlicher Zuständigkeiten zu wahren gelte.[184] [vgl. F&G, 235–236]
– Das Verhältnis dieser Staatsfunktionen spezifiziert Habermas dahingehend, daß aus der Idee der Gewaltenteilung im besonderen und der des Rechtsstaats im allgemeinen nach diskurstheoretischer Lesart eine Asymmetrie der Verschränkung der Gewalten folgt. Sowohl die Idee des Rechtsstaats als auch diejenige der Gewaltenteilung seien hierbei nach Maßgabe eines diskurstheoretischen Verständnisses zu begreifen. Die Idee des Rechtsstaats fällt demnach in eins mit der Forderung der Bindung des über den Machtkode gesteuerten administrativen Systems an die rechtsetzende kommunikative Macht. Zudem sei dieser Idee das Postulat inhärent,

---

[184] Habermas macht darauf aufmerksam, daß die Differenzierung der Staatsfunktionen nach Kommunikationsformen und entsprechenden Potentialen von Gründen nicht zu konkret aufgefaßt werden sollte: „Die Rede von ‚Gesetzgeber', ‚Justiz' und ‚Verwaltung' suggeriert ein zu konkretes, durch bestimmte Formen der Institutionalisierung voreingenommenes Verständnis [...]. Erst unter den abstrakten Gesichtspunkten der Verfügung über verschiedene Sorten von Gründen und der Zuordnung entsprechender Kommunikationsformen lassen sich die konkreten Formen der Institutionalisierung von Grundsätzen [....] beurteilen." [F&G, 236].

III. ‚Verfassungsgerichtsbarkeit', rechtsphilosophisch betrachtet   103

die kommunikative Macht von den Einwirkungen sozialer Macht freizuhalten. [vgl. F&G, 187] (Unter ‚sozialer Macht' versteht Habermas hier die faktische Durchsetzungsmacht privilegierter Interessen.) Soziologisch formuliert, bedeute die Idee des Rechtsstaats die Herstellung einer Balance zwischen den drei Gewalten der gesamtgesellschaftlichen Integration: der administrativen Macht, dem Geld und der Solidarität. [ebd.] Die Idee der Gewaltenteilung stellt für Habermas in erster Linie eine Konkretisierung dieser Bestimmung von Rechtsstaatlichkeit dar. Denn das Prinzip der Gewaltenteilung sichere durch die funktionale Trennung der staatlichen Herrschaftsmacht den Vorrang der Gesetzgebung und – damit mittelbar – die Rückbindung der administrativen an die kommunikative Macht. [vgl. F&G, 230, 295–296] Damit sind Rechtsstaat und Gewaltenteilung ‚grundbegrifflich' so angelegt, daß ihnen ihr demokratischer Gehalt unablösbar anhaftet.
– Dementsprechend habe die Etablierung und Ausgestaltung der Institution der Verfassungsgerichtsbarkeit zum einen dem Kriterium Rechnung zu tragen, daß die Autonomie der Bürgerschaft die Rechtsetzung durch ebendiese Bürger erfordere. Zum anderen habe dieses dergestalt legitim gesetzte Recht die Richtung des politischen Machtkreislaufs zu bestimmen. Konkret wird nun deutlich, worin die von Habermas postulierte Asymmetrie der Verschränkung der Gewalten besteht: Die Umwandlung kommunikativer Macht in administrative via legislative Regulation impliziere, daß allein der politische Gesetzgeber einen uneingeschränkten Zugriff auf normative und pragmatische Gründe habe. Die Rechtsprechung könne über die in den Gesetzesnormen gebündelten Gründe folglich nicht beliebig verfügen. Vielmehr sei sie – grundsätzlich – auf deren Verwendung im juristischen ‚Anwendungsdiskurs' zu begrenzen.[185]

In Betracht zu ziehen sei dabei, daß die Institution der Verfassungsgerichtsbarkeit unterschiedliche – verschieden zu beurteilende – Befugnisse beziehungsweise Verfahrensarten umfasse.[186] Jürgen Habermas bildet hierfür drei Kategorien. Er orientiert sich dabei am bundesrepublikanischen Kompetenzprofil der Verfassungsgerichtsbarkeit:
* In die erste Kategorie fallen die Verfahren der Verfassungsbeschwerde und der konkreten Normenkontrolle,
* in die zweite die der Organstreitigkeiten (sowie vergleichbarer Klagearten) und
* in die dritte die abstrakte Normenkontrolle.

Zwar ließen sich alle drei Klagetypen insofern rechtfertigen, als sie durch die Konkretisierung des Verfassungsrechts der Rechtsklarheit und der Wahrung der Kohärenz der Rechtsordnung dienten. Doch diese Rechtfertigung sei nicht hinreichend, um die Existenz dieser verfassungsgerichtlichen Zuständigkeitsfelder zu

---

[185] Habermas begreift die Begründung von Normen und die Erörterung, wie diese anzuwenden seien, als zwei verschiedene Diskursarten. Ausführlich S. 79–84 in dieser Arbeit.
[186] Habermas unterscheidet nicht zwischen Kompetenzen und Verfahrensarten. [vgl. F&G, 294] Zur Kritik an dieser Gleichsetzung siehe (in dieser Arbeit) § 2 GEGENSTAND. II. Profilbestimmung: Der politische Status der Gerichtsbarkeit. B. Die Problemstellung der Arbeit [S. 17–18 (inklusive FN 18)].

begründen. Denn Habermas konstatiert bei allen drei Typen eine „explizite, wenn auch nur punktuelle Entbindung von der Gültigkeit rechtskräftiger Gesetze".[187] [vgl. F&G, 296]
Am verschärftesten stelle sich diese Problematik im Fall der abstrakten Normenkontrolle – und zwar derart verschärft, daß Habermas vorschlägt, die Befugnis zur abstrakten Normenkontrolle der Selbstkontrolle des Gesetzgebers zu übertragen. Gewährleistet sieht er eine solche Selbstkontrolle durch die Zuweisung der Prüfungs- und Verwerfungsbefugnis legislativer Akte (in bezug auf deren Verfassungskonformität) an einen aus dem Parlament hervorgehenden Ausschuß. Er hält jedoch auch die Übertragung dieser Kompetenz an die Gerichtsbarkeit – grundsätzlich – für legitim, obgleich er dies demokratietheoretisch nicht für unproblematisch erachtet. Denn in diesem Fall spitze sich die Konkurrenz des Verfassungsgerichts mit dem demokratisch legitimierten Gesetzgeber zu. [F&G, 295] Bei der von ihm bevorzugten Variante einer abstrakten Verfassungsmäßigkeitsprüfung durch einen hierfür gebildeten Parlamentsausschuß sei dieses nicht (derart) prekär.

Der Hauptstrang der Argumentation in „Justiz und Gesetzgebung" verläuft nun so, daß Habermas ein Rollenmodell dafür entwirft, wie die Befugnis zur abstrakten Normenkontrolle – und wohl auch sämtliche sonstigen verfassungsgerichtliche Kompetenzen – von einem Verfassungsgericht wahrzunehmen seien, damit die Institution der Verfassungsgerichtsbarkeit als legitim eingestuft werden könne. Somit geht die Untersuchung der ‚prinzipiellen' Legitimität der Verfassungsgerichtsbarkeit in die Befassung mit der ‚modalen' über.

Habermas' zentrale These hierzu lautet: Verfassungsgerichtsbarkeit (im Sinne respektive inklusive der abstrakten Normenkontrolle) ist legitim – und zwar nur dann legitim –, wenn ihrer Rollenausübung eine spezifische prozeduralistische Lesart gegeben wird. Dann schwinge sich die Gerichtsbarkeit nicht zu einer den „demo-

---

[187] Die verfassungsgerichtliche Tätigkeit in der ersten Kategorie ist für Habermas unter dem Gesichtspunkt der Gewaltenteilung am wenigsten problematisch, weil das Gericht hier iS. der Rechtsvereinheitlichung fungiere. Es bilde (zusammen mit den obersten Bundesgerichten) die „reflexive Spitze" der Judikative, die Aufgaben der Selbstkontrolle übernehme. Die Entscheidung in Fällen der zweiten Kategorie erachtet Habermas als problematischer, da hier die Trennung der Staatsfunktionen berührt sei. In diesen Fällen sei die Befugnis plausibel durch das verfassungstechnische Bedürfnis gerechtfertigt, Konflikte zwischen den auf ein Zusammenwirken angewiesenen Staatsorganen beizulegen. V.a. sieht Habermas letztlich die „Logik der Gewaltenteilung" nicht verletzt. Das heißt, er erkennt bei Typ 2 keine grundsätzlichen Hindernisse für die Transformation von kommunikativer in administrative Macht. [vgl. F&G, 294–295] Zur Kritik am Vorschlag einer gerichtsförmig organisierten Selbstkontrolle des Gesetzgebers in Fällen der abstrakten Normenkontrolle bei gleichzeitig bestehender verfassungsgerichtlicher Zuständigkeit bei konkreten Normenkontrollklagen siehe § 2 GEGENSTAND. II. Profilbestimmung: Der politische Status der Gerichtsbarkeit. A. Die Rolle der Gerichtsbarkeit entsprechend ihrer Befugnisse. 2. Die Rolle der Gerichtsbarkeit im Rechtsstaat. b) Der Status der Gerichtsbarkeit als politische Instanz FN 12 S. 12 dieser Arbeit. Die Wendung von der „punktuellen Entbindung von der Gültigkeit rechtskräftiger Gesetze" könnte sich entweder nur auf einfache Gesetze oder sowohl auf einfache als auch auf Verfassungsgesetze beziehen.

III. ‚Verfassungsgerichtsbarkeit', rechtsphilosophisch betrachtet 105

kratischen" Gesetzgeber dominierenden Instanz auf, agiere sie weder paternalistisch noch betrete sie mit ihrer Tätigkeit den Boden des politischen Begründungsdiskurses. Diese antipaternalistische, weil prozeduralistische verfassungsgerichtliche Entscheidungspraxis umfaßt nach Habermas folgende Bestandteile:

− Jürgen Habermas fordert die Deutung der verfassungsrechtlichen Prinzipien, also der Prinzipien der rechtsstaatlichen Demokratie, als ‚Normen' und eine dem entsprechende Urteilspraxis. Damit weist er die Auffassung zurück, sie als Werte oder als Güter zu begreifen. [vgl. F&G, 309–317]

− Zudem erlegt er der Gerichtsbarkeit auf, keine eigenen Gründe für gesetzliche Vorschriften zu kreieren, sondern lediglich die im Gesetzgebungsprozeß für sie vorgebrachten Gründe zu evaluieren: Sowohl die Kommunikationsvoraussetzungen als auch die Verfahrensbedingungen des demokratischen Gesetzgebungsprozesses seien auf ihre deliberative Qualität zu prüfen. [F&G, 319–320, 336]

− Mit dieser Rollenkonzeption ist zugleich eine Absage an das liberale Paradigma einerseits und das sozialstaatliche andererseits verbunden.[188]

− Mit dem antipaternalistischen Rollenmodell vernüpft Habermas ferner die Beschränkung der Gerichtsbarkeit auf die Verwerfung von legislativen Akten – die Gerichtsbarkeit habe es zu unterlassen, dem Gesetzgeber Aufträge zu erteilen. [vgl. F&G, 319]

− Schließlich verleiht Jürgen Habermas seiner Version des Prozeduralismus dadurch Konturen, daß er seine Sicht der legitimen verfassungsgerichtlichen Rollenausübung auf der Skala der Interventionsintensität in den politischen Prozeß verortet. So insistiert er auf der einen Seite auf der Justiziabilität ‚moralischer' Fragen [vgl. F&G, 322–324] und fordert in dieser Hinsicht einen unbedingten gerichtlichen Aktivismus. Auf der anderen Seite verwirft er eine ‚exzeptionalistische' Deutung der politischen Praxis [vgl. F&G, 338], die das Verfassungsgericht nötige, die Kluft zwischen republikanischem Ideal und der Verfassungswirklichkeit zu kompensieren. Die Vermutung der Vernünftigkeit politischer Entscheidungsprozesse resultiere vielmehr allein aus Kommunikationsvoraussetzungen und Verfahren, nicht aber aus der Konvergenz eingelebter sittlicher Überzeugungen. [vgl. F&G, 339, 347] Habermas postuliert in Fragen der ‚politisch-ethischen' Selbstverständigung der Bürgerschaft folglich gerichtliche Zurückhaltung.[189]

---

[188] Von dem an deren Stelle tretenden prozeduralistischen Paradigma verspricht sich Habermas, eine Vermeidung von deren Defiziten bei einer gleichzeitigen Integration von deren Leistungen Zu Habermas' Eintreten für das prozeduralistische Rechtsparadigma und seiner Kritik am bürgerlichen Formal- sowie am sozialstaatlichen Materialrecht siehe ausführlich S. 96–101 in dieser Arbeit.

[189] Die Begriffe ‚moralisch' und ‚ethisch' verwendet Habermas mit folgenden semantischen Gehalten: ‚Moralisch' bezeichnet Normen, die den Universalisierungstest bestehen und angeben, was für alle Menschen gut ist. [vgl. F&G, 190] Demgegenüber kommt in ‚ethischen' Normen zum Ausdruck, was für die Angehörigen einer bestimmten Gemeinschaft das Beste ist. In den dieser Unterscheidung entsprechenden Diskursarten wird um diese verschiedenen Aspekte gerungen. [vgl. F&G, 198–199].

(c) Begründungen: Frontstellungen und Allianzen

Jürgen Habermas gewinnt seine Position im Zuge einer Einbeziehung und Auseinandersetzung mit Stimmen der einschlägigen Literatur. So verfährt er auch in »Justiz und Gesetzgebung«. Zunächst skizziert er theorieinhaltliche Alternativen zwischen verschiedenen Lehren der Rechts- und der Verfassungstheorie, nachfolgend schließt er sich entweder diesen an oder grenzt sich von ihnen ab. Sehr häufig verbindet er auch Anschluß und Abgrenzung. Dadurch ist die Begründung der habermasschen Thesen dann transparent, wenn die Allianzen, die Habermas eingeht, und die Frontstellungen, in die er sich begibt, aufgezeigt und erläutert sind. Dies kann sich allerdings nur auf die wesentlichen theoretischen Konflikt- und Konvergenzlinien erstrecken.

– Als erste Stimme der Literatur führt Habermas diejenige Carl Schmitts an.[190] Gegen Schmitt macht Habermas geltend, daß die Zuweisung der Befugnis zur abstrakten Normenkontrolle an die Exekutive die argumentationslogisch gebotene Asymmetrie der Gewalten in ihr Gegenteil verkehre. Habermas verweist mit diesem Stichwort auf die von ihm entwickelte abstrakte Konzeption einer Differenzierung der Staatsfunktionen.[191] Dieser Konzeption theoretisch vorgelagert ist Habermas' Prozeßmodell der vernünftigen politischen Willensbildung. Diese Willensbildung nehme ihren Ausgang bei pragmatischen Fragestellungen, verzweige sich dann in Kompromißbildung einerseits, ethische Diskurse andererseits, münde danach in die Klärung moralischer Fragen und werde abgeschlossen mit der Möglichkeit einer juristischen Normenkontrolle. Möglich ist auch der direkte Weg von pragmatischen Diskursen zu moralischen. [F&G, 201–207][192]

Die Frontstellung gegenüber der Lehre Schmitts ist offensichtlich: Während Carl Schmitt den Reichspräsidenten als Hüter der Verfassung und Kontrollorgan propagierte, insistiert Jürgen Habermas darauf, daß die Exekutive der parlamentarischen und gerichtlichen Kontrolle unterliegen und der Exekutive die Verfügung über die normativen Gründe von Gesetzgebung und Justiz verwehrt werden solle.

Dieser explizite Gegensatz überdeckt allerdings implizite theoretische Überschneidungen: So gehen sowohl Schmitt als auch Habermas von klaren Aufgabenzuordnungen für die Zweige der Staatsgewalt aus – die Legislative sei zuständig für (die) Rechtsetzung, die Judikative für (die) Rechtsanwendung. Eigens zu unter-

---

[190] CARL SCHMITT: *Der Hüter der Verfassung,* Berlin 1985 [3. Aufl.; lt. Verf. unveränd. Nachdr. d. Erstaufl. von 1931]. Habermas legt seinen Ausführungen die Erstauflage (Tübingen 1931) zugrunde.

[191] Vgl. F&G, 235: „Aus diskurstheoretischer Sicht lassen sich die Funktionen von Gesetzgebung, Justiz und Verwaltung nach Kommunikationsformen und entsprechenden Potentialen von Gründen differenzieren. Gesetze regulieren die Umwandlung von kommunikativer Macht in administrative, indem sie nach einem demokratischen Verfahren zustandekommen, einen von unparteilich urteilenden Gerichten garantierten Rechtsschutz begründen und der implementierenden Verwaltung die Sorte normativer Gründe *entziehen*, die die legislativen Beschlüsse und die richterlichen Entscheidungen tragen." [H. i.O.].

[192] Zu Habermas' Differenzierung zwischen Diskursarten sowie zur Umsetzung von kommunikativer in administrative Macht siehe S. 72 bzw. ebd. sowie 93–96 in dieser Arbeit.

III. ‚Verfassungsgerichtsbarkeit', rechtsphilosophisch betrachtet

suchen wäre als Hintergrund dieser dichotomischen Differenzierung die theorieinhaltliche Nähe etwa der jeweiligen Parlamentarismusverständnisse.[193] Konkret stellt sich die Frage, ob und inwiefern beide Denker die Vorstellung des Parlaments als Ort der Wahrheitssuche teilen – das heißt: wie nahe beieinander Schmitts Parlamentarismusprinzipien Diskussion und Öffentlichkeit einerseits und Habermas' Prominenz eines deliberierenden Parlaments andererseits stehen. Freilich rückt Schmitt unübersehbar Rechtsstaat und Demokratie in ein Gegensatzverhältnis, wohingegen Habermas nicht zuletzt die Begründungsabsicht hegt, deren prinzipielle Zusammengehörigkeit und wechselseitige Bedingtheit – in Habermas' Worten: ‚grundbegriffliche' ‚Gleichursprünglichkeit' – nachzuweisen.

Ungeachtet davon nimmt Habermas bei seiner komplexen Begründung verfassungsgerichtlicher Befugnisse eine schmittistische Perspektive ein. Ausgangspunkt seiner Erörterung ist nämlich das Problem der Justiziabilität der verfassungsgerichtlichen Entscheidungsmaterien, insbesondere im Fall der abstrakten Normenkontrolle: Das Operieren mit „sehr abstrakten, offenen und ideologieträchtigen Grundrechtsbestimmungen"[194] – statt mit zumeist relativ konkreten einfachen Gesetzen – wirft für Habermas die Frage auf, wie die verfassungsgerichtliche Rechtsprechung angesichts dessen noch in Gestalt genuiner richterlicher Entscheidungspraxis erfolgen kann. Denn – im Einklang mit Schmitt – teilt Habermas die methodische Auffassung, daß im Fall der Normenkontrolle eine Subsumtion von Normen und eine Anwendung von Normen aufeinander nicht möglich sei, sondern

---

[193] Die Thematik einer „geistigen Verwandtschaft" zwischen Schmitt und Habermas ist äußerst facettenreich. Die Problematik ist auch dadurch belastet, daß Untersuchung und Behauptung einer theoretischen Nähe beider Lehren zuweilen nicht nur sachlichen Feststellungen dienen, sondern auch gleichsam als Waffe gegen Habermas' Denken eingesetzt werden. Überdies kompliziert sich das Problem einer eventuellen theoretischen Nähe insofern, als Schmitts Demokratiekonzeptionen bis zum Ende der Weimarer Republik nicht von einem demokratischen Standpunkt aus formuliert gewesen sein könnten. Für Habermas läßt sich Gleiches hingegen sicher nicht vertreten. So spricht vieles dafür, etwa Schmitts Parlamentarismus-Kritik als diffamierend einzustufen, als eine Kritik, die auf die Destruktion von „Weimar" ausgerichtet war, nicht jedoch auf dessen Verteidigung. Fraglich ist beispielsweise, ob Schmitt die von ihm als Grundlagen des Parlamentarismus identifizierten „liberalen" Prinzipien von Diskussion und Öffentlichkeit überhaupt verfochten hat oder ob er sich dieser nicht vielmehr (ausschließlich) zum Zweck des Aufzeigens des Niedergangs von Parlamentarismus und Demokratie bedient hat. Vgl. CARL SCHMITT: *Die geistesgeschichtliche Lage des heutigen Parlamentarismus*, Berlin 1991 [7. Aufl.; erstmals 1923; lt. Verf. folgt Text der 1925 erschienen 2. Aufl.]. Zu Carl Schmitts Positionen bis zum Ende der Weimarer Republik siehe MATTHIAS EBERL: *Die Legitimität der Moderne*. Kulturkritik und Herrschaftskonzeption bei Max Weber und bei Carl Schmitt, Marburg 1994; zum Verhältnis Schmitt/Habermas siehe HARTMUTH BECKER: *Die Parlamentarismuskritik bei Carl Schmitt und Jürgen Habermas,* Berlin 2003 [2. Aufl., mit einer neuen Vorbemerkung; Erstaufl.: 1994/Beiträge zur politischen Wissenschaft; 74]; CHRISTIAN SCHÜLE: *Die Parlamentarismuskritik bei Carl Schmitt und Jürgen Habermas*. Grundlagen, Grundzüge und Strukturen, Neuried 1998 [Reihe Politisches Denken; 2].

[194] Zustimmend entlehnt Habermas diese Wendung von ALEXY [vgl. F&G, 296 bzw. 296 FN 2 mwN. zu Alexys *Theorie der Grundrechte* {aaO. FN 147 S. 68 dieser Arbeit}]. Die normative Weite gilt allerdings ebenfalls für Staatszielbestimmungen.

allein ein „Vergleich von generellen Regeln". [Zitat aus Schmitts „Der Hüter der Verfassung"; F&G, 297 mwN.] Er folgt Schmitt darin, Rechtsanwendung mit dem Verfahren der Subsumtion zu identifizieren und die Gerichtsbarkeit – zumindest grundsätzlich – auf die Aufgabe der Rechtsanwendung zu limitieren. Habermas' Version eines verfassungsgerichtlichen Prozeduralismus stellt insofern einen ‚eingeschränkten Schmittismus' dar, als Habermas ein verfassungsgerichtliches Abweichen vom Modus genuiner Judikatur allein bei einer besonderen prozeduralistischen Praxis für legitim hält.

– Im gleichen Zusammenhang greift Habermas auch Kelsens Konzeption der Verfassungsgerichtsbarkeit respektive dessen Kritik an Schmitts »Der Hüter der Verfassung« – so wie Habermas sie versteht – auf.[195] Teils folgt Habermas Kelsens Entgegnung auf Carl Schmitt, teils schließt er sich dieser Replik – dergestalt wie Habermas sie interpretiert – bedingt an. So unterteilt Habermas Kelsens Gegenargumenation in zwei Ebenen – eine rechtspolitische und eine rechtstheoretische. Als „durchschlagend" bewertet Habermas Kelsens rechtspolitische Rechtfertigung der Verfassungsgerichtsbarkeit: Die Übertragung der Wächterrolle für die Wahrung der Verfassung an die Verfassungsgerichtsbarkeit verhindere eine Machtsteigerung: entweder auf seiten der Exekutive oder auf seiten der Legislative – und somit ein Machtungleichgewicht. [vgl. F&G, 297] Kelsens rechtstheoretische Erwiderung auf Schmitts These von der Nichtsubsumierbarkeit abstrakter Prinzipien faßt Habermas so auf, daß Kelsen „nur" anzuführen vermocht habe, Gegenstand der verfassungsgerichtlichen Kontrolle sei nicht der Inhalt des strittigen Gesetzes, sondern lediglich die Verfassungsmäßigkeit seines Zustandekommens. [F&G, 297] Dieses „nur" bedeutet anscheinend, Kelsen habe – auf der rechtstheoretischen Ebene – Schmitt weitgehend Recht geben müssen.

Habermas' weitere Ausführungen lassen sich als Abwandlungen dieses Theorems begreifen. Allerdings folgt Habermas Kelsens Argumentationslinie ([auch] so wie er diese deutet) nur bedingt. Denn Habermas tritt zwar für ein prozeduralistisches Rollenmodell von Verfassungsgerichtsbarkeit ein, aber nicht für (seine Interpretation von) Kelsens Version eines Prozeduralismus. Habermas zufolge postuliere Kelsen nämlich – als Entgegnung auf Schmitt – die Beschränkung der verfassungsgerichtlichen Zuständigkeit auf die Verfassungsmäßigkeitsprüfung im juristischen Sinn des Formellen. Das heißt, *nach Habermas* erachte Kelsen lediglich die durch die Verfassung vorgeschriebenen Verfahrenserfordernisse für justiziabel.[196] Für

---

[195] HANS KELSEN: *Wer soll Hüter der Verfassung sein?*, Berlin-Grunewald 1931. Habermas bezieht sich auf die (gleichnamige) Veröffentlichung dieser Arbeit in: *Die Justiz,* VI. (1931), 576–628.

[196] Zwar stand HANS KELSEN der materiellen Verfassungsmäßigkeitsprüfung distanziert gegenüber und plädierte konsequenterweise für eine Beschränkung der Verfassungstexte auf bloße Organisationsstatute. Vgl. hierzu seine Ausführungen zum Begriff der Verfassung in: Wesen und Entwicklung der Staatsgerichtsbarkeit/Mitbericht, in: *VVDStRL,* H. 5, Berlin; Leipzig 1929, 30–88 [36]: „Dies: die Regel für die Erzeugung der die staatliche Ordnung vor allem bildenden Rechtsnormen, *die Bestimmung der Organe und des Verfahrens der Gesetzgebung,* ist der eigentliche, ursprüngliche und engere Begriff der Verfassung. [Hn. i.O.]. [...] Es entsteht der Begriff der Verfassungs-

III. ‚Verfassungsgerichtsbarkeit', rechtsphilosophisch betrachtet 109

diese Interpretation spricht, daß Habermas Kelsen eine Entgegensetzung der *juristischen* Prüfbarkeit von Inhalt und Zustandekommen von Gesetzesnormen zuschreibt.

Unabhängig davon, wie diese Interpretationsfrage zu beantworten ist, reicht Habermas' prozeduralistische Lesart von Verfassungsgerichtsbarkeit auf jeden Fall inhaltlich weiter, als lediglich die Kontrolle der formellen Verfassungsmäßigkeit zu umfassen: Seine Sicht legitimer verfassungsgerichtlicher Entscheidungspraxis erstreckt sich nämlich auf die Beurteilung des „diskursiven Charakters" der Meinungs- und Willensbildung, einschließlich und vornehmlich der legislativen Beschlüsse. Habermas greift damit das von Cass R. Sunstein entwickelte ‚*reasoned analyses requirement*' auf, das auf das deliberative Agieren der Volksvertreter abstelle. [F&G, 335–336 mwN.] Maßstab der deliberativen Qualität sei insbesondere die Frage – so Habermas –,

„ob öffentlich vertretbare Gründe oder private Interessen, die im Rahmen parlamentarischer Verhandlungen nicht deklariert werden können, für den legislativen Beschluß den Ausschlag gegeben haben." [F&G, 336]

Entscheidend sei – auch darin folgt Habermas Sunstein – die tatsächliche Motivationslage des „demokratischen" Gesetzgebers. Das bloße Vorhandensein „objektiver" Gründe zur Rechtfertigung einer gesetzlichen Regelung reiche nicht aus, weil eine Einschränkung der Freiheiten und Interessen der Bürgerschaft ein hierfür legitimes Verfahren und nicht nur ein legitimes Ergebnis erfordere. [F&G, 336]
– Bevor Jürgen Habermas das seiner Auffassung nach richtige Verständnis ‚konstruktiver Interpretation' erläutert, bezieht er Stellung gegen eine „liberale" Lesart des Gewaltenteilungsschemas. Als Protagonisten dieser Lesart präsentiert Habermas

---

form [...]: das von dem Gesetzgebungsverfahren verschiedene, an erschwerende Bedingungen geknüpfte Verfahren der Verfassungsgebung (Verfassungsänderung). *Im Idealfall ist diese spezifische Form auf die Verfassung im engeren und eigentlichen Sinne beschränkt* [...]." [H. M.E.]. Habermas gibt Kelsen jedoch nicht korrekt wieder: Der Gegensatz, den Kelsen im von Habermas angeführten Zitat bildet, ist nämlich nicht der zwischen Inhalt und Zustandekommen, sondern zwischen Tatbestand und Norm. Die Erzeugung einer Norm betrachtet Kelsen hierbei als subsumtionsfähigen Tatbestand. Er versucht damit Schmitts Thesen zu widerlegen, bei der Normenkontrolle würden Normen unter Normen subsumiert, würden Normen sich normativ selber schützen. Kelsen ist weit davon entfernt, nur Verfahrensvorschriften (nicht aber Inhalte, wie Habermas meint) für justiziabel zu halten. Allerdings bestreitet Kelsen mit Nachdruck die politische Zweckmäßigkeit einer materiellen Aufladung von Verfassungsurkunden und die Überantwortung der rechtlichen Anwendung dieser materiellen Richtlinien an ein (Verfassungs-)Gericht. Vgl. hierzu *Wer soll Hüter der Verfassung sein?* [aaO. FN 195 S. 108 dieser Arbeit], 18: „Man kann bezweifeln, ob es zweckmäßig ist, die Festsetzung des Inhalts eines in seinem Inhalt zweifelhaften Verfassungsgesetzes einem unabhängigen Gericht zu übertragen, und kann aus irgendwelchen Gründen vorziehen, diese Funktion von der Regierung oder dem Parlament besorgen zu lassen. Aber man kann unmöglich behaupten, daß die Funktion eines Verfassungsgerichtes dann nicht Justiz ist, wenn die von ihm anzuwendende Norm einen zweifelhaften Inhalt hat, sein Urteil daher die Festsetzung dieses Inhalts ist; weil man unmöglich behaupten kann, daß die Zweifelhaftigkeit des Norminhalts bei einem Verfassungsgesetz etwas anderes ist als bei einem Gesetz, das nicht den Charakter eines Verfassungsgesetzes hat."

Ernst-Wolfgang Böckenförde. Habermas stützt sich dabei (in erster Linie) auf dessen Schrift »Grundrechte als Grundsatznormen«.[197] Böckenförde formuliert darin eine Kritik an der Judikatur des deutschen Bundesverfassungsgerichts. Die Stoßrichtung dieser Kritik teilt Habermas durchaus; Böckenfördes Remedur jedoch keineswegs.

Böckenförde diagnostiziert – auf dem Wege einer Übernahme vieler Topoi von Schmitts Verfassungsgerichtsbarkeitslehre – einen Übergang zum verfassungsgerichtlichen Jurisdiktionsstaat. Böckenförde plädiert, um dem Abhilfe zu leisten, für die Rückkehr zu einem negatorischen – „liberal" qualifizierbaren – Grundrechtsverständnis. Zunächst sei Habermas' Erörterung und Zurückweisung dieses Rechtsverständnisses zusammengefaßt. Danach wird auf Habermas' Kritik am Rollenverständnis des Bundesverfassungsgerichts und die von ihm hierzu formulierte Gegenkonzeption eingegangen.

– Böckenfördes Doktrin gründet auf der methodologischen Prämisse, daß die Gehalte von Grundrechten dann justiziablen Charakter besitzen, wenn sie in erster Linie als subjektive Abwehrrechte begriffen werden. Die Rechtsbeziehung Staat/Bürger könne so normativ geregelt werden: Die Rechtsanwendung habe in den Rechtsstreitigkeiten darüber zu befinden, ob ein Eingriff des Staates in die bürgerliche Freiheit zulässig oder ob ein solcher Eingriff zu unterlassen sei. Böckenförde verwahrt sich damit dagegen – zusätzlich zur verfassungsrechtlich garantierten Menschenwürde –, die Grundrechte objektivrechtlich aufzufassen. Rechtsdogmatisch bewirke das Hinzutreten des Verständnisses der Grundrechte als ‚Grundsatznormen', das heißt: als postulatorische Bestimmungen, die Loslösung von dem positiven Recht entnehmbaren Maßstäben und den Übergang von richterlicher Interpretation zur Tätigkeit der Konkretisierung; staatstheoretisch verliere die Verfassung ihre Eigenschaft als rechtliche Rahmenordnung, mutiere vielmehr zur gleichermaßen rechtlichen wie politischen Grundordnung und beziehe die Gerichtsbarkeit in den Kreis der Politikgestaltenden mit ein; verfassungstheoretisch schließlich sei mit dem Eindringen der (Verfassungs-)Gerichtsbarkeit in die Domäne der Politikgestaltung eine Verlagerung der politischen Herrschaftsmacht verbunden: von der parlamentarischen Volksvertretung hin zu einem „Verfassungs-Aeropag" – dem Gremium der Bundesverfassungsrichter.[198]

Habermas wendet hiergegen ein, daß das von Böckenförde repräsentierte liberale Rechtsparadigma auf gesellschaftstheoretischen Annahmen der klassischen Politischen Ökonomie basiere, die bereits durch die marxsche Kritik erschüttert seien und auf die postindustriellen Gesellschaften nicht mehr zuträfen. [F&G, 305] Im (kantischen) Prinzip der gleichen subjektiven Freiheit sei der objektivrechtliche

---

[197] Habermas' bibliographische Hinweise beziehen sich zunächst allgemein auf BÖCKENFÖRDES Studien im Band *Staat, Verfassung, Demokratie* [aaO. FN 124 S. 55 dieser Arbeit], im weiteren Text auf die dort versammelten Artikel »Grundrechte als Grundsatznormen« sowie »Die sozialen Grundrechte im Verfassungsgefüge« [ebd., 146–158].

[198] Vgl. »Grundrechte als Grundsatznormen« [aaO. FN 124 S. 55 dieser Arbeit], 185–199 [Ausdruck „Verfassungs-Aeropag": 191].

III. ‚Verfassungsgerichtsbarkeit', rechtsphilosophisch betrachtet   111

Gehalt im System der Rechte immer schon enthalten. [F&G, 305–306] Die Deutung individueller Rechte von ihrer subjektiv-rechtlichen Funktion her sei eine Verkürzung ihrer Gehalte.[199]
- Habermas erblickt aber auch im sozialstaatlichen Rechtsparadigma keine (vollends) tragfähige Alternative zum liberalen. Statt dessen favorisiert er – wiederum im, zumindest begrenzten, Anschluß an Sunstein und mit – wohl eingeschränkter – Affirmation von Erhard Denningers Verteidigung verfassungsrechtlicher Schlüsselbegriffe – ein als prozeduralistisch etikettiertes Rechtsverständnis.[200]
- Diese Argumentation läßt sich auch verlängern hin zur Konturierung des deliberativen Demokratiemodells, das Habermas – inspiriert durch Frank I. Michelman – gegen Ende von »Justiz und Gesetzgebung« propagiert. [F&G, 324–348] Gegen den liberalen Primat des subjektiven Rechts und gegen den republikanischen des objektiven Rechts macht Habermas deren ‚Gleichursprünglichkeit' geltend. [v.a. F&G, 330]
- Im Mittelteil von Habermas' Ausführungen steht die ‚Wertejudikatur' des Bundesverfassungsgericht im Zentrum der Überlegungen. Zugleich verbirgt sich in diesen Passagen – gleichsam in ihrem Subtext – eine Abgrenzung gegenüber Robert Alexys Rechtstheorie. Im Haupttext profiliert Habermas zudem seine Theorie nochmals gegenüber derjenigen von Böckenförde. Habermas wendet sich hier prononciert dagegen, (verfassungs-)rechtliche Prinzipien als Werte oder Güter zu qualifizieren.

Vorauszuschicken ist, daß Habermas die Rechtsprechung des Bundesverfassungsgerichts von der sogenannten Wertordnungslehre geleitet sieht. Das Bundesverfassungsgericht begreife demnach – im Anschluß an materiale Wertethiken – das Grundgesetz als „konkrete Wertordnung". Dies ziehe eine irrationale Urteilspraxis nach sich, die nur partikulare Geltung beanspruchen könne. Habermas' Kritik

---

[199] Diese Kritik an BÖCKENFÖRDE erscheint etwas überzogen. Vgl. dessen Darlegungen in: »Grundrechtstheorie und Grundrechtsinterpretation«, in: *Staat, Verfassung, Demokratie* [aaO. FN 124 S. 55 dieser Arbeit], 115–145 [123]: Hier macht Böckenförde auf das „grundlegende Problem der liberalen Grundrechtstheorie" aufmerksam und meint damit „ihre relative Blindheit gegenüber den sozialen Voraussetzungen der Realisierung grundrechtlicher Freiheit". Zu erörtern wäre somit sogar die Frage, worin sich – in der rechtlichen Konsequenz – Böckenfördes und Habermas' Grundrechtslehren unterscheiden. Postuliert Habermas soziale Leistungen als einklagbare Grundrechtsgewährleistungen, während Böckenförde diese allein als rechtliche Folge des Staatszieles „Sozialstaat" auffaßt [vgl. ebd., 144–145]? Auf jeden Fall divergieren die Deutungen der kantischen Rechtslehre von Habermas und Böckenförde. Vgl. ebd. 123: „Im Ausgangspunkt dieser [der liberalen; M.E.] Grundrechtstheorie ist die Abhängigkeit der Realisierung grundrechtlicher Freiheit von gegebenen sozialen Voraussetzungen nicht mitbedacht und folglich in ihr selbst nicht mitreflektiert. Das Individuum wird als autark vorausgesetzt, verfügend über einen ‚beherrschten Lebensraum' und die (bürgerliche) ‚Selbständigkeit' i.S. Kants."

[200] Dessen Kerngedanke besteht darin, den Anforderungen staatlicher Leistungsgewähr und staatlichem Rechtsschutz sowie bürgerschaftlicher Autonomie gleichermaßen Rechnung zu tragen – und zwar dergestalt, daß eine Anbindung der staatlichen Regulation an deliberative Prozesse und politische Verantwortlichkeit gewährleistet wird. Vgl. hierzu das Referat zum IX. Kapitel von F&G: S. 96–101 dieser Arbeit.

stimmt damit in bezug auf *das Ergebnis* mit derjenigen von Böckenförde überein: Böckenförde lehnt ebenso wie Habermas die Berufung des Bundesverfassungsgerichts auf eine grundgesetzliche Wertordnung ab; für das verfassungsgerichtliche Abwägen von Werten, das aus der Wertordnungsdoktrin folgt, gilt dies gleichermaßen. Ebenso exisitieren in bezug auf den diagnostischen Teil der Kritiken Überschneidungen. Denn auch Böckenförde könnte die Kritikpunkte „irrationale Praxis" und „partikulare Geltung" unterschreiben.[201]

Aus dieser Diagnose zieht Habermas jedoch andere therapeutische Folgerungen – respektive er meint, andere Folgerungen zu ziehen: Er fordert die Verabschiedung von ‚Werten' und ‚Gütern' als richterlichen Operablen. Zugrunde liegt dieser Forderung die These, daß sich die logischen Eigenschaften von Normen und Werten fundamental unterschieden. Gestützt auf diese logische These bezieht er gegen Böckenfördes Kritik an der Rechtsprechungspraxis des Bundesverfassungsgerichts Stellung:[202]

„Böckenförde nimmt *also* das methodologische Selbstverständnis des Bundesverfassungsgerichts beim Wort und kritisiert es mit Carl Schmitts These von der ‚Tyrannei der Werte', ohne zu sehen, daß die Prämisse einer Angleichung von Rechtsprinzipien an Werte das

---

[201] Vgl. BÖCKENFÖRDE: „Grundrechtstheorie und Grundrechtsinterpretation", in: ders.: *Staat, Verfassung, Demokratie* [aaO. FN 124 S. 55 dieser Arbeit], 115–145 [133]: „Die Berufung auf eine Wertordnung oder eine Wertabwägung ist [...] keine Begründung dessen, wofür sie sich ausgibt. Vielmehr verdeckt sie anderweitig getroffene Kollisions- und Abwägungsentscheidungen, die dadurch einen rationalen Schein erhalten und der wirklichen Begründung enthoben sind. Praktisch gesehen bedeutet sie eine Verhüllungsformel für richterlichen bzw. interpretatorischen Dezisionismus."

[202] Hier stellt sich die Frage, ob Habermas' Kritik an Böckenförde nicht verfehlt ist, da dieser doch genau die juristische Entscheidungsfindung mithilfe der Kategorie ‚Wert' massiv kritisiert. Vgl. BÖCKENFÖRDE: „Grundrechtstheorie und Grundrechtsinterpretation", in: *Staat, Verfassung, Demokratie* [aaO. FN 124 S. 55 dieser Arbeit], 115–145 [132]: „Die Anziehungskraft der Wertinterpretation der Grundrechte – sie ist beim BVerfG ständige façon de parler – ist [...] vor allem darauf zurückzuführen, daß sie [...] einen praktikablen Lösungsweg für das Problem der Grundrechtskollisionen und des Ineinandergreifens mehrerer Grundrechte [...] anzubieten scheint. In Wahrheit bietet sie einen solchen Lösungsweg nicht. Denn es ist bisher weder eine rationale Begründung für Werte und eine Wertordnung überhaupt noch ein rational erkenn- und diskutierbares Vorzugssystem zur Bestimmung der Rangfolge von Werten und einer darauf aufbauenden Wertabwägung ersichtlich." Merkwürdig erscheint Habermas' Kritik an Böckenfördes Auffassung auch insofern, als er dessen Auffassung (sicher nicht zu Unrecht) mit Carl Schmitts Lehre in Verbindung bringt. (Vgl. das nachfolgende Zitat im Text) Denn gerade Schmitt kritisiert die Verwendung der Figur des Wertes als liberal. (Im Visier hat Schmitt dabei in erster Linie die Position Webers.) Vgl. etwa (bereits vor *Die Tyrannei der Werte*) CARL SCHMITT: Legalität und gleiche Chance politischer Machtgewinnung, in: *Deutsches Volkstum,* 2. Juliheft 1932, 557–564 [558 FN; Hn. i.O.]: „Es [das Wort ‚Chance'; M.E.] ist als Begriff wie als Ausdruck kennzeichnend für eine bestimmte Denkweise und Mundart des 19. Jahrhunderts. Daß es in der Soziologie Max Webers besonders häufig erscheint, ist nicht zufällig, wenn auch kaum bewußt. [...] Derartige Worte [wie Chance; M.E.], die zu einer Epoche gehören und von ihrer ‚Atmosphäre' getrennt werden können – weitere Beispiele sind: *Ideologie, Konkurrenz, Risiko,* vor allem der vielberühmte ‚Wert' mit seinen ‚Bezogenheiten' [...] – läßt man besser unverändert, damit der Stempel ihrer Herkunft sichtbar bleibt."

III. ‚Verfassungsgerichtsbarkeit', rechtsphilosophisch betrachtet   113

eigentliche Problem ist." [F&G, 310] [H. M.E.; Habermas schickt diesem Urteil ein Zitat Böckenfördes voraus, in dem dieser pronociert auf den rechtsschöpferischen und damit nicht mehr interpretativen Charakter der – bei einem objektivrechtlichen Grundrechtsverständnis seiner Auffassung nach zwangsläufigen – Konkretisierung von Grundrechten aufmerksam macht; hierauf bezieht sich die Vokabel „also"]

Mit der Formel der Ersetzung der Urteilsoperablen ‚Wert' und ‚Gut' durch diejenige der ‚Norm' meint Jürgen Habermas ein argumentationslogisches Abgrenzungskriterium für die Staatsfunktionen gefunden zu haben.

– Im zweiten und im dritten Unterkapitel von „Justiz und Gesetzgebung" wendet sich Habermas Protagonisten der US-amerikanischen Verfassungstheorie zu. Methodisch betrachtet, umreißt er im Zuge dessen sein Rollenmodell von Verfassungsgerichtsbarkeit näher, nachdem er zuvor für dieses Rollenverständnis – in Form der kategorialen Auszeichnung der ‚Norm' – eine rechtstheoretische Grundlegung geliefert hat.

So verwirft er auf der einen Seite einen Prozeduralismus *à la* John H. Ely.[203] [vgl. F&G, 322–324] Elys Konzeption beschränkt die Ausübung verfassungsgerichtlicher Zuständigkeiten auf die Überprüfung der Inklusivität der rechtlichen Normgenese und bedient sich dabei des Maßstabs der virtuellen Repräsentation. In der Entscheidungspraxis führt dies vor allem dazu, die chancengleiche Teilhabe aller Bürgerinnen und Bürger – etwa auch die von Minderheiten – gegenüber Exekutive und Legislative einzufordern. Mehr als ein ‚*representation reinforcing*' von seiten der Gerichtsbarkeit sieht Ely aber nicht vor, da er moralische Maßstäbe nicht für justiziabel hält. Damit verwickle sich Ely jedoch in einen performativen Selbstwiderspruch. Denn in Elys Theorie chancengleicher Verfahren seien normative Prinzipien immer schon vorausgesetzt. So stütze sich der Begriff des demokratischen Verfahrens auf ein Gerechtigkeitsprinzip im Sinne der gleichen Achtung für alle.

Genau diese Skepsis gegenüber der Justiziabilität moralischer Maßstäbe teilt Jürgen Habermas nicht. Dies wird deutlich, wenn er sich auf der anderen Seite von neoaristotelisch argumentierenden Verfassungstheoretikern wie Michael J. Perry und Frank Michelman abgrenzt. Habermas weist deren kommunitaristische Konzeptionen zurück, indem er das Recht und somit auch die verfassungsgerichtliche Überprüfung auf einen deontologischen statt teleologischen Sinn festlegt. Anders gewendet: Habermas räumt dem moralischen Diskurs den Vorrang vor dem ethischen ein.[204] Dementsprechend verwirft er ein ethisches Verständnis von Staats-

---

[203] JOHN HART ELY: *Democracy and Distrust*. A Theory of Judicial Review, Cambridge [Mass.]; London 1980. Dessen Verfassungstheorie wird eingehend untersucht von JÖRG RIECKEN: *Verfassungsgerichtsbarkeit in der Demokratie*. Grenzen verfassungsgerichtlicher Kontrolle unter besonderer Berücksichtigung von John Hart Elys prozeduraler Theorie der Repräsentationsverstärkung, Berlin 2003 [Schriften zum Öffentlichen Recht; 916]. Zur Rezeption der Lehre Elys durch Habermas siehe ebd. 255–258.

[204] Ebenso deutet Alexy die Beziehung zwischen der Diskurstypologie und der Prinzipienlehre bei Habermas als Zusammengehörigkeit von deontologischer Norm und moralischem Diskurs:

bürgerschaft, wie es von Kommunitaristen wie etwa Michelman vertreten wird, und propagiert stattdessen eine rechtlich definierte Konzeption des Staatsbürgers. Wie auch bei Habermas' Auseinandersetzung mit der Wertejudikatur des Bundesverfassungsgerichts und den Rechts- und Verfassungstheorien von Böckenförde sowie Ely spielt hier Habermas sein Verständnis richtiger ‚konstruktiver Interpretation‘ aus: Mit der Kategorie ‚Norm‘ ließen sich obligatorische statt lediglich intersubjektiv geteilte, präferentielle Verhaltensanforderungen ermitteln; ‚Werte‘ als Optimierungsgebote ergäben nur graduelle Kodierungen von Geltungsansprüchen – im Gegensatz zu den binär kodierenden ‚Normen‘; die Verbindlichkeit von ‚Normen‘ sei eine absolute, wohingegen ‚Werte‘ nur eine relative Attraktivität besäßen und schließlich differierten die Anerkennungskriterien: ‚Normen‘ selektierten das gleichermaßen Gesollte für alle, ‚Werte‘ das für eine konkrete Gemeinschaft Beste im Horizont ihrer Lebensform und Tradition.

(3) Kritik
Jürgen Habermas hat mit »Faktizität und Geltung« ein beeindruckendes Unternehmen in Angriff genommen. Die thematische Spannweite des Werks ist enorm – sie reicht von einer Begründung des Rechts und der Demokratie zu Bestimmungen von deren institutionellen Verwirklichungsformen; »Faktizität und Geltung« zeichnet sich aus durch die systematische Verknüpfung von Fragen der Grundlegung mit denen der Ausgestaltung der rechtsstaatlichen Demokratie.

Auch Habermas' Stellungnahme zur Legitimität der Verfassungsgerichtsbarkeit hat ihre Meriten: Die Einfügung der Legitimitätsthematik in eine umfassend angelegte und bis zum Grundsätzlichen vorstoßende Theorie von Recht und Politik ermöglicht es ihm, wesentliche Gesichtspunkte der Problematik in ihren inhaltlichen Zusammenhängen zu untersuchen. So legt er sowohl eine Souveränitäts- und Demokratie- als auch eine Justiziabilitäts- und Rechtskonzeption vor; so beantwortet er einerseits die Frage nach der Legitimität der Verfassungsgerichtsbarkeit als Institution und andererseits diejenige nach der legitimen verfassungsgerichtlichen Entscheidungspraxis. Hierbei unterbreitet er erwägenswerte Vorschläge für die Abgrenzung der Befugnisse von Gesetzgebung und Verfassungsgerichtsbarkeit sowie für den Status der Verfassungsgerichtsbarkeit im politischen Prozeß. Des weiteren erkennt er die Notwendigkeit einer differenzierenden Beurteilung des verfassungsgerichtlichen Kompetenzkatalogs.

Dennoch sind gegenüber Habermas' Lehre Einwände zu erheben: Diese Einwände betreffen grundlegende Bestandteile seines philosophischen Entwurfs, wesentliche

---

„Habermas erläutert den Begriff des Prinzips, indem er ihn von dem des Wertes abgrenzt. Prinzipien sollen einen deontologischen, Werte einen teleologischen Sinn haben. [...] Wenn man dies wörtlich nimmt, dann sind Prinzipien Gegenstände moralischer und Werte Gegenstände ethischer Diskurse im Habermasschen Sinn." [ALEXY: Jürgen Habermas' Theorie des juristischen Diskurses, in: ders.: *Recht, Vernunft, Diskurs* {aaO. FN 147 S. 68 dieser Arbeit} 165–174 {167}].

III. ‚Verfassungsgerichtsbarkeit', rechtsphilosophisch betrachtet   115

Inhalte seiner Konzeption von Recht und Demokratie sowie seine Bestimmung der Aufgabe der Verfassungsgerichtsbarkeit. Zuvor sind einige Punkte, die sich eher auf die Umsetzung seiner Lehre als auf deren theoretische Fundierung beziehen, zu kritisieren.

(a) immanent
(i) Zur konzeptionellen Bestimmung des Gegenstands der Verfassungsgerichtsbarkeit
Habermas' Verfassungsgerichtsbarkeitstheorie weist einige gute Ansätze auf. Jedoch verfolgt sie nicht sämtliche dieser Ansätze mit der erforderlichen Stringenz weiter.[205]

So wurde bereits bei der »Profilbestimmung« der Verfassungsgerichtsbarkeit darauf hingewiesen, daß Jürgen Habermas zwischen Verfahrensarten und Befugnissen der Verfassungsgerichtsbarkeit nicht (hinreichend) unterscheidet. Dies konterkariert Habermas' Vorschlag einer Zuständigkeitsaufteilung zwischen Legislative und Judikative.[206]

Zudem differenziert Habermas zwar zu Beginn von »Justiz und Gesetzgebung« zwischen verschiedenen verfassungsgerichtlichen Kompetenzen. In den weiteren Ausführungen aber bleibt unklar, ob sich die Untersuchung nun nur noch auf die als besonders problematisch herausgestellte abstrakte Normenkontrolle bezieht – oder auf sämtliche drei Typen verfassungsgerichtlicher Zuständigkeiten, die Habermas ausmacht. Für die erste Variante spricht, daß Habermas die referierte Kontroverse zwischen Hans Kelsen und Carl Schmitt nur auf die Befugnis der abstrakten Normenkontrolle gerichtet sieht. [vgl. F&G, 297] Für die zweite Variante läßt sich anführen, daß Habermas danach Stellungnahmen der bundesrepublikanischen Debatte aufgreift (diejenige von Böckenförde und anderen), die nicht auf die abstrakte Normenkontrolle beschränkt sind, sowie der US-amerikanischen, die mit dem Problem der abstrakten Normenkontrolle nicht befaßt sind, weil der Supreme Court diese Kompetenz nicht besitzt. Bei seiner Auseinandersetzung mit der amerikanischen Diskussion bemerkt dies Habermas jedoch nicht [vgl. F&G, 322, 324: hier wird die *abstrakte* Normenkontrolle bei Ely bzw. Michelman thematisiert].

Als Manko offenbart sich hierbei, daß Habermas zwischen verfassungsgerichtli-

---

[205] Dieser Kritikpunkt ließe sich auch als externe Kritik einstufen – sofern weniger die nicht ausgeschöpften Potentiale der analytisch-konzeptionellen Grundlegungen, sondern deren Defizite an sich betont werden.

[206] Siehe § 2 GEGENSTAND II. Profilbestimmung: Der politische Status der Gerichtsbarkeit. B. Die Problemstellung der Arbeit: S. 17–18 im Text sowie FN 18 S. 18 dieser Arbeit; § 2 GEGENSTAND. II. Profilbestimmung: Der politische Status der Gerichtsbarkeit. A. Die Rolle der Gerichtsbarkeit entsprechend ihrer Befugnisse. 2. Die Rolle der Gerichtsbarkeit im Rechtsstaat. b) Der Status der Gerichtsbarkeit als politische Instanz FN 12 S. 12 dieser Arbeit. Positiv formuliert lautet diese Kritik an der von Habermas geforderten Aufteilung zwischen konkreter und abstrakter Normenkontrolle: Zu verwirklichen ist *entweder* nur das Institut einer konkreten Normenkontrolle bei der (Verfassungs-)Gerichtsbarkeit *oder* die Konzentration von abstrakter und konkreter Normenkontrolle bei der (Verfassungs-)Gerichtsbarkeit *oder* das Fehlen jeglicher Normenkontrollverfahren.

chen Kompetenz- und Institutionenprofilen konkreter Systeme und der abstrakten Thematik nicht analytisch hinreichend differenziert und anscheinend der Auffassung ist – trotz verschiedener verfassungsgerichtlicher Ausprägungen – das abstrakte Sujet der Legitimität (zugleich) auf der deutschen und der US-amerikanischen Beispielsebene erörtern zu können. Damit wird nicht behauptet, daß die bundesrepublikanische und die US-amerikanische Verfassungssituation nicht als gleichgelagert zusammengefaßt werden könnten. Doch diese Parallelität hätte zuvor ermittelt werden müssen. Überdies ist Habermas' Verfahrensweise inkonsistent, weil er selbst den verschärft problematischen Charakter der abstrakten Normenkontrolle herausstreicht und die sonstigen Verfahren respektive Befugnisse als weniger problematisch einstuft.

(ii) Zu Habermas' Referat und Kritik anderer Lehren
Jürgen Habermas setzt sich mit einem sehr breiten und ausgefächerten Spektrum von (teils) konkurrierenden und (teils) konvergenten Konzeptionen auseinander. Doch zuweilen bereitet sein Umgang mit Untersuchungen und Stellungnahmen der Literatur Schwierigkeiten:
– Ab und an ist die Grenzlinie zwischen dem Referat von Stimmen der wissenschaftlichen Literatur und Habermas' eigener Position nur sehr schwer, gar nicht beziehungsweise nur aufgrund von nicht aus dem Habermas-Text gewonnenen und gewinnbaren Kenntnissen zu bestimmen.[207]
– Zudem zitiert Habermas Stimmen der Literatur affirmativ, ohne (klar) kenntlich zu machen, wie weit sein theorieinhaltlicher Anschluß reicht – oder eben nicht reicht.
  * Etwa hätte er deutlicher machen können, daß sein Prozeduralismus von einem solchen *à la* Kelsen doch erheblich abweicht. Habermas deutet hier lediglich an.[208]
  * Gravierender verhält es sich mit Habermas' Anschluß an Konrad Hesse. Denn Hesses Sichtweise juristischer Entscheidungsfindung ist derjenigen von Habermas entgegensetzt – zumindest insofern, als Hesse zu den erklärten Verfechtern einer Deutung von Prinzipien als Optimierungsgeboten zählt und Habermas gerade hierzu eine konträre Lesart fordert.[209] [vgl. F&G, 298–299]

---

[207] So ist etwa in einer Passage nur schwer zu erschließen, inwieweit Habermas die Positionen Michelmans und Sunsteins übernimmt, weil hier Habermas' Unterscheidung zwischen seinem Modell – dem ‚deliberativen' – und dem konkurrierenden ‚republikanischen' diffus ist. [vgl. F&G, 335–337].

[208] Vgl. F&G, 297: „Dieses Argument [gemäß Habermas: Kelsens Argument, nicht der problematische Inhalt eines Gesetzes sei Gegenstand der Kontrolle, sondern die Verfassungsmäßigkeit seines Zustandekommens; M.E.] würde freilich erst dann stechen, wenn man der Normenkontrolle insgesamt eine, wie wir noch sehen werden, prozeduralistische Lesart geben könnte." Zur Problematik von Habermas' Interpretation von Kelsens Position zur Verfassungsgerichtsbarkeit siehe S. 108 im Text sowie S. 108 FN 196 dieser Arbeit.

[209] Bekanntlich hat KONRAD HESSE den Argumentationstopos der ‚praktischen Konkordanz' entwickelt, um Rechtsgüterkonflikte wie etwa Grundrechtskollisionen oder Spannungen zwischen Staatszielbestimmungen zu lösen: Die entgegenstehenden, „verfassungsrechtlich geschützten Rechts*güter* müssen einander so zugeordnet werden, daß [...] beide zu *optimaler* Wirksamkeit

III. ‚Verfassungsgerichtsbarkeit', rechtsphilosophisch betrachtet

- Diese Unschärfe geht über in das Problem der korrekten respektive klaren Wiedergabe von konkordanten und konkurrierenden Konzeptionen.
* Zu Mißverständnissen Anlaß gibt eine Bezugnahme auf einen Artikel von Dieter Grimm.[210] Dieser Verweis auf Grimm im Anschluß an ein Zitat von Böckenförde [F&G, 305, FN 15] erweckt den Eindruck, Grimms Position liege auf einer ähnlichen Linie wie Böckenfördes Forderung nach einer Rückkehr zur fast ausschließlich subjektivrechtlichen Dimension der Grundrechte und sei eine Version des ‚Neoformalismus'. Dieser Eindruck ist jedoch verfehlt. Denn zum einen tritt Grimm dem Neoformalismus entgegen, den Grimm (hauptsächlich) mit der Stellungnahme von Ingeborg Maus identifiziert. Zum anderen meldet Grimm gegenüber Böckenfördes Forderung Widerspruch an.[211]
* Zudem ist hierunter zu rechnen, daß Habermas ein Kelsen-Zitat aus dessen inhaltlichem Zusammenhang herausgerissen und verfremdet hat.[212]
* Ferner stuft Habermas Böckenförde als einen Verfechter des ‚Wertes' als juristische Operable ein.[213] Dies ist zumindest äußerst fragwürdig und erläuterungsbedürftig.
* Fraglich ist überdies, ob die Hobbes-Kritik von Habermas stichhaltig ist. Habermas zufolge verwickelt sich Hobbes bei der gedanklichen Erzeugung von Staat und Gesellschaft in einen ‚performativen Widerspruch': Nach Hobbes müsse für die Errichtung einer souveränen Instanz, für den Übergang vom natürlichen in den bürgerlichen Zustand auf *moralische* Gründe zurückgegriffen werden. Deutlich werde dies bei der Einführung der Goldenen Regel als natürliches Gesetz. Moralische Gründe sehe Hobbes' Theorie jedoch nicht vor. Vielmehr bestehe die Begründungsabsicht von Hobbes' Lehre gerade in der Erklärung von sozialen Phänomenen ausschließlich mithilfe eines aufgeklärten Selbstinteresses. Somit liege ein performativer Widerspruch vor – Hobbes' Konzeption dementiere sich selbst. [vgl. F&G, 120–121]

Zuzustimmen ist Habermas wohl dahingehend, daß Hobbes' Funktionalismus einem moralisch aufgefaßten Naturrecht entgegengesetzt ist (nur vereinzelte Hobbes-Interpretationen sehen dies nicht so). Zweifelhaft ist hingegen, ob Hobbes

---

gelangen können." [Hn. M.E.] [*Grundzüge des Verfassungsrechts der Bundesrepublik Deutschland*, Heidelberg 1999 {Neudruck der 20. Aufl.} Rn. 72, 317 ff.].

[210] DIETER GRIMM: Reformalisierung des Rechtsstaats als Demokratiepostulat?, in: *JuS* (1980), H. 10, 704–709. [von Habermas verkürzt zit. als „Reformalisierung des Rechtsstaats?"].

[211] Vgl. DIETER GRIMM: Rückkehr zum liberalen Grundrechtsverständnis?, in: ders.: *Die Zukunft der Verfassung*, Frankfurt a.M. 2002 [3. Aufl.; Erstaufl. 1991], 221–240 [zu Grimms Kritik an einer Begrenzung auf die negatorische Dimension v.a.: 227, 229–232, 237, 240]. Überdies ist die Einführung von Grimm auf der S. 299 von F&G unglücklich, weil der dort nachfolgende Text Grimm als Verfechter einer „liberalen" Trennung von Staat und Gesellschaft erscheinen läßt. Diese Einordnung wäre jedoch falsch.

[212] Vgl. S. 108 f. sowie ebd. FN 196 dieser Arbeit.

[213] Vgl. FN 201 S. 112 und 202 S. 112 sowie den zu den FN zugehörigen Text [hier in § 2 GEGENSTAND dieser Arbeit]. Zusätzlich zur dort aufgeführten Literatur siehe auch ERNST-WOLFGANG BÖCKENFÖRDE: Zur Kritik der Wertbegründung des Rechts, in: Ralf Dreier (Hg.): *Rechtspositivismus und Wertbezug des Rechts*, Stuttgart 1990, 33–46.

zur ‚Komposition' der bürgerlichen Gesellschaft wirklich eine *moralisch* zu verstehende Perspektive der ersten Person Plural benötigt, wie Habermas argumentiert. Es ließe sich auch vertreten, die Unterstellung, das jeweilige rein *strategisch* begriffene individuelle Kalkül lasse sich auf die anderen Akteure übertragen, reiche aus. Dementsprechend stuft Hobbes die ‚Introspektion' – den Blick „auf" respektive „in" sich selbst – als valable Methode zur Gewinnung von Erkenntnissen über die *Gattung* des Menschen ein. Vertretbar ist diese Unterstellung als hypothetische Annahme und ungesicherte Erkenntnis, solange sie nicht falsifiziert ist. Fraglich ist in diesem Zusammenhang, ob Habermas' These von Hobbes' performativem Widerspruch nicht Empathie und Hineinversetzen unzulässigerweise in eins setzt. Habermas insistiert nämlich darauf, daß für die Einnahme der ersten Person Plural ein *einfühlendes* Hineinversetzen in andere notwendig sei. Die Unhintergehbarkeit des Momentes der Einfühlung müßte jedoch erwiesen werden. Diesen Nachweis erbringt Habermas jedoch nicht.

- Schließlich sei erwähnt, daß Habermas' Wiedergabe der Stellungnahme von Carl Schmitt zum Thema der Verfassungsgerichtsbarkeit problematisch ist. Habermas flechtet Schmitts Position in seine eigenen Überlegungen ein mit der Bemerkung, dieser „hatte bezweifelt, daß die abstrakte Normenkontrolle eine Frage der Normanwendung und damit eine genuine Operation der richterlichen Entscheidungspraxis sei" [F&G, 297]. Leser, die mit der bundesrepublikanischen juristischen Terminologie der Verfassungsgerichtsbarkeit, nicht aber mit Schmitts Schrift »Der Hüter der Verfassung« vertraut sind respektive diese Terminologie zugrunde legen, verleitet dies zu der Annahme, Schmitt habe sich dort speziell gegen Normenkontrollverfahren gewandt – womöglich insbesondere gegen die abstrakte Normenkontrolle, jedoch nicht (gleichermaßen) gegen die konkrete Normenkontrolle.

Diese Annahmen werden aber Schmitts Lehre nicht gerecht. Vielmehr hätte Carl Schmitt *sowohl* gegen eine abstrakte *als auch* gegen eine konkrete Normenkontrolle Stellung bezogen, wenn die mit den Normenkontrollverfahren verbundenen Kompetenzen dem bundesrepublikanischen Muster entsprochen hätten. Denn Schmitt verwarf (bezogen auf das damalige Deutsche Reich) jede Form des richterlichen Prüfungsrechts, wenn die Urteile bei dieser Kompetenzwahrnehmung generelle Verbindlichkeit besitzen und nicht nur Präzedenzwirkung entfalten sowie wenn allgemeine Prinzipien hierbei der Prüfungsgegenstand der Gerichtsbarkeit sind. Die richterliche Prüfung sollte keine anderen Rechtsfolgen nach sich ziehen als die auf den konkreten Prozeß beschränkte „Nichtanwendung des Gesetzes". Die Gerichtsbarkeit sollte eine von ihr festgestellte Normenkollision also lediglich punktuell aufheben.[214]

---

[214] Vgl. CARL SCHMITT: *Der Hüter der Verfassung*. Berlin 1985 [3. Aufl.; lt. Verf. unveränd. Nachdr. d. Erstaufl. von 1931], 18–20, insb. ebd. 20: „Es ist [...] ungenau zu sagen, der prozeßentscheidende Richter habe dem nicht angewandten Gesetz ‚die Gültigkeit aberkannt'; richtigerweise kann man nur von einer auf die Entscheidung des konkreten Prozesses beschränkten ‚Nichtanwendung des Gesetzes' sprechen, die für die Entscheidung anderer Instanzen eine mehr oder weniger berechenbare Präzedenzwirkung ausübt."

III. ‚Verfassungsgerichtsbarkeit', rechtsphilosophisch betrachtet

Schmitt stellte primär auf den Aspekt der Befugnis ab; der Gesichtspunkt der Verfahrensart war für ihn nur darauf bezogen relevant: Da er eine Gerichtsbarkeit ablehnte, die allgemeine Normen generiert, plädierte er für ausschließlich „prozeßentscheidende Gerichte". Darunter verstand er eine einen *Einzelfall* entscheidende „Gelegenheitsgerichtsbarkeit". Nur dieses Moment der ‚inzidenten' richterlichen Prüfung stimmt mit der konkreten Normenkontrolle (nach bundesrepublikanischem Sprachgebrauch) überein.[215]

Die bundesrepublikanische juristische Terminologie der Unterscheidung von abstrakter und konkreter Normenkontrolle ist somit nicht auf Schmitts Stellungnahme zum richterlichen Prüfungsrecht zu übertragen. Denn der bundesrepublikanische Sprachgebrauch differenziert allein mithilfe des Kriteriums der *Veranlassung* zwischen abstrakter und konkreter Normenkontrolle: Bei der konkreten Normenkontrolle ist die Entscheidungserheblichkeit der fraglichen Norm für den Ausgangsfall Voraussetzung der Zulässigkeit der Richtervorlage, während die abstrakte Normenkontrolle unabhängig von einem anhängigen Rechtsstreit und somit einer Selbstbetroffenheit eines Prozeßbeteiligten ist. Dagegen sind die bei der Verfassungsbeschwerde, der abstrakten und der konkreten Normenkontrolle stattfindenden Kontrollen der Verfassungsmäßigkeit der Normen und die dann ergehenden Entscheidungen *alle gleich abstrakt*.[216] Die Unterscheidung zwischen konkreter und abstrakter Normenkontrolle ist nur eine verfahrens-, keine kompetenztypologische.

Das Moment der Veranlassung – der ‚inzidente' Charakter – ist demgegenüber innerhalb von Schmitts Argumentation nur einer von mehreren Gesichtspunkten, sicherlich kaum der wichtigste – und vor allem verknüpft Schmitt den Aspekt der Veranlassung mit den Gesichtspunkten der Rechtsfolgen und der Eigenart der Entscheidungsmaterie. Diese Verknüpfung findet im bundesrepublikanischen Verfassungsrecht keine Grundlage. Daher ist Habermas' Wiedergabe von Schmitts rechtstheoretischen Überlegungen mißverständlich, weil sie nahelegt, Schmitts *kompetenz*typologische Auffassung über die wesensmäßige Normbindung der Judikative falle mit einem *verfahrens*typologischen Moment bundesrepublikanischer Prägung zusammen.

---

[215] Der Begriff der ‚Normenkontrolle' ist (mittlerweile) festgelegt auf gerichtliche Verfahren, die die allgemeinverbindliche bzw. gesetzeskräftige Entscheidung über die formelle oder materielle Verfassungsmäßigkeit beinhalten. Da Schmitt die Allgemeinverbindlichkeit bzw. Gesetzeskraft des Urteils dieser gerichtlichen Prüfung ablehnt, ist der Ausdruck Normenkontrolle bei der Wiedergabe seines Standpunktes nicht sinnvoll. Zur Begrifflichkeit bzw. zum Institut der Normenkontrolle siehe § 2 GEGENSTAND. II. Profilbestimmung: Der politische Status der Gerichtsbarkeit. A. Die Rolle der Gerichtsbarkeit entsprechend ihrer Befugnisse. b) Der Status der Gerichtsbarkeit als politische Instanz S. 10–13 dieser Arbeit.

[216] Vgl. SCHLAICH/KORIOTH: *Bundesverfassungsgericht* [aaO. FN 2 S. 4 dieser Arbeit], 92.

(iii) Habermas' Widerlegung des Rechtsrealismus
Jürgen Habermas verwirft die Lehren des Rechtsrealismus.[217] Seine Begründungen hierfür sind indes nicht unabweisbar.

Habermas konstatiert das Scheitern des Rechtsrealismus bei der Erklärung der Funktionsfähigkeit des Rechtssystems. Habermas führt an, diese Erklärung sei mit der Prämisse eines radikal rechtsskeptischen Bewußtseins der beteiligten Experten nicht zu leisten.[218] Diese Feststellung beruht jedoch auf der Annahme, die Verpflichtungskraft von rechtlichen und moralischen Normen gründe auf der rationalen Fundierung dieser Normen respektive auf dem Glauben an eine solche Fundierung. Diese Annahme ist aber nicht zwingend.[219]

Anders gewendet, besteht Habermas gegenüber dem Rechtsrealismus darauf, ohne idealisierende Unterstellungen könne weder die richterliche Entscheidungspraxis operieren noch vermöge das Recht seine Funktion zu erfüllen, Verhaltenserwartungen zu stabilisieren. Widerlegt ist der Rechtsrealismus mit dieser These nicht. Denn hierzu müßte Habermas nachweisen, daß eine rechtskulturelle Prägung zur Stabilisierung von Verhaltenserwartungen und zu einer hinreichenden Rechtssicherheit nicht ausreicht.[220]

(iv) Habermas' Zurückweisung der juristischen Hermeneutik
Habermas' Abgrenzung gegenüber der juristischen Hermeneutik ist nicht zwingend. Vielmehr lassen sich Habermas' Lehre und die hermeneutische Rechtsphilosophie theorieinhaltlich zumindest einander annähern. Dies würde allerdings eine Interpretation der juristischen Hermeneutik erfordern, die von Habermas' Lesart abweicht.

Habermas' Lösung des Problems der Rationalität der Rechtsprechung geht davon aus, daß eine kooperative Theoriebildung und die richterliche Entscheidungspraxis das Zusammenfallen von Rechtssicherheit einerseits und der Richtigkeit normativer Urteile andererseits unumgänglich unterstellen müssen. Dieses Zusammenfallen sieht

---

[217] Die folgenden Erörterungen der Berechtigung der habermasschen Zurückweisung von Rechtsrealismus und juristischer Hermeneutik formulieren zumindest *ex negativo* eine Gegenposition – insofern ließen sie sich auch als externe Kritik an Habermas' Konzeption einstufen.
[218] Habermas' Zurückweisung des Rechtsrealismus findet sich im V. Kapitel von »Faktizität und Geltung« [siehe v.a.: F&G, 247]. In dieser Arbeit ist es wiedergegeben auf den Seiten 74–85.
[219] Dies untermauert JOSEPH WILLIAM SINGER: The Player and the Cards. Nihilism and Legal Theory, in: *The Yale Law Journal,* 94. Bd. (1984), Nr. 1, 1–70 [im folgenden zit. als P&C], der die „radikale Rechtsskepsis" des Rechtsrealismus teilt. Zu Singers Lehre siehe (in dieser Arbeit) § 6 VERFASSUNGSGERICHTSBARKEIT UND JUSTIZIABILITÄT. II. Joseph William Singers Sicht von Recht, Moral und Politik, S. 375–406. Fraglich ist zudem, ob Rechtsrealisten überhaupt von einem „radikal rechtsskeptischen Bewußtsein der *beteiligten* Experten" ausgehen. Hier wäre auch eine Differenzierung zwischen der subjektiven Einschätzung der Beteiligten (selbst wenn sie nicht mit den wirklichen Faktoren der Rechtsentscheidungen übereinstimmen), und der Beschreibung und Analyse der Rechtsentscheidungen durch Wissenschaftler (mit rechtsrealistischem Blickwinkel) möglich.
[220] Auf eine solche kulturelle Prägung stellt SINGER: P&C ab.

III. ‚Verfassungsgerichtsbarkeit', rechtsphilosophisch betrachtet 121

Habermas' Konzeption als ein asymptotisches vor – es sei Resultat bei einer gegen die Unendlichkeit strebenden Grenzwertbildung.

Diese theoretische Figur eines Fluchtpunktes der rechtlichen Rationalität begreift er als Gegenmodell insbesondere zum Rechtspositivismus, zum Rechtsrealismus und zur juristischen Hermeneutik.

Die juristische Hermeneutik weist Jürgen Habermas zurück, weil sie aus seiner Sicht keine kritische Haltung gegenüber rechtlichen Überlieferungen einnehme. Zudem kreidet er der juristischen Hermeneutik an, ihre Substanzaussagen auf eine kontingente Faktizität zu stützen – nämlich auf geschichtlich tradierte Kulturbestände.[221]

Doch worin bestehen eigentlich die Gründe für unüberbrückbare theorieinhaltliche Differenzen zwischen der juristischen Hermeneutik und Habermas' Diskurstheorie?

Jürgen Habermas verweist bei der Lösung der Rationalität der Rechtsprechung auf die diskursive Praxis bei der Rechtsanwendung. Damit betreibt er aber erkenntnistheoretisch das Gleiche wie die juristische Hermeneutik: Er liefert eine kontextualistische Einbettung der Vernunft (ohne sich darüber im klaren zu sein, geschweige denn dies kenntlich zu machen). Denn jede diskursive Praxis ist stets eine kontextabhängige, eine geschichtliche – eine, die Anleihen nehmen muß aus der Gedankenwelt ihrer Vergangenheit und Gegenwart. Wenn dies einen gewissen „Begründungsverzicht" darstellt, den Habermas der Hermeneutik vorhält, dann kommt Habermas nicht umhin, hinsichtlich der Praxis der Rechtsanwendung für seine Konzeption ebenfalls einen solchen „Begründungsverzicht" einzuräumen.

Habermas erkennt dies nur bedingt an – und zwar insofern, als er prononciert vertritt, daß die Rationalitätsproblematik des Rechts mithilfe von essentialistischen Aussagen nicht zu lösen sei. Dementsprechend zieht er zur Lösung der Rationalitätsproblematik keine substantiell verstandenen Kategorien wie Gemeinwohl, Gerechtigkeit etc. heran. Nicht *grundlegend* anders verfährt jedoch auch die juristische Hermeneutik. Denn sie trifft zwar Substanzaussagen, schränkt diesen Essentialismus aber als einen lediglich geschichtlich bewährten ein.

Freilich versucht Habermas' Diskurstheorie, die kontextualistische Einbettung der Vernunft – ihre geschichtliche Bedingtheit (wie die Hermeneutik schreiben würde) – zu überwinden. Hierfür bedient sich die Diskurstheorie einer Limesbildung, die Rechtssicherheit und Richtigkeit des Rechts in eins setzt. Zudem verspricht sie sich die Annäherung an diesen Grenzwert durch die Angabe von prozeduralen Bedingungen, die den diskursiven Charakter sicherstellen (sollen).

Damit gelangt die Diskurstheorie jedoch nicht über die Hermeneutik hinaus. Denn die Figur des asymptotischen Zusammenfallens ist lediglich fiktiver Natur; sie vermag das jeder realen Rechtsfindung zugrunde liegende Vorverständnis nicht zu eliminieren. Der diskurstheoretische Fluchtpunkt der rechtlichen Rationalität bietet nicht mehr (aber auch nicht weniger) als die Idee einer Verschmelzung der unterschiedli-

---

[221] Zu Habermas' Kritik der Hermeneutik siehe S. 75 dieser Arbeit.

chen Horizonte des Verstehens, den die Hermeneutik annimmt und durch die die Hermeneutik die Divergenzen der Vorverständnisse als entschärft betrachtet.

So ist die kontextualistische Einbettung der Vernunft unhintergehbar. Die Hermeneutik erkennt dies an – die Diskurstheorie nicht.

Entgegen Habermas' Aussagen zur juristischen Hermeneutik zieht diese Einbettung keine Auslieferung an die kontingente Praxis der überlieferten Wirkungsgeschichte der rechtlichen Prinzipien und Paradigmen nach sich. Vielmehr insistiert die (juristische) Hermeneutik gerade auf der Unabschließbarkeit der Verstehens und versinnbildlicht ihre Bestimmung des menschlichen Verstehensprozesses mithilfe der Figur des hermeneutischen Zirkels – die Fixierung auf Traditionsbestände ist damit zurückgewiesen.

Zusammengefaßt: Habermas' Diskurstheorie wäre – recht verstanden – „hermeneutischer" als sie ihr Protagonist verkündet, während die Hermeneutik nicht notwendigerweise so ‚republikanisch' (im habermasschen Sinn) aufzufassen ist, wie Jürgen Habermas sie porträtiert.

(b) transzendent

Habermas' Konzeption der Rolle und der Legitimität der Verfassungsgerichtsbarkeit ist in eine sowohl philosophisch als auch sozialwissenschaftlich argumentierende Theorie eingefügt, deren einzelne Elemente auf eine systematische Weise miteinander verzahnt sind. Um Habermas' Lehre gerecht zu werden, muß daher auch deren Kritik weit ausgreifen; sie kann sich nicht auf Habermas' Verständnis der Verfassungsgerichtsbarkeit beschränken. Vielfach sind die Defizite von Habermas' Theorie der Verfassungsgerichtsbarkeit auf Gebieten grundgelegt, die der Institution und Praxis der Verfassungsgerichtsbarkeit weit vorgelagert sind. So ist insbesondere Habermas' Rationalitätskonzeption für die Kritik seiner Theorie der (Konstitutions-)Jurisdiktion von Belang. Denn hier sind Vereinseitigungen festgeschrieben, die sich in Habermas' sozialwissenschaftlichen Analysen, in seiner Konzeption des demokratischen Rechtsstaats und in seinem Politikbegriff niederschlagen. Nicht zuletzt ist davon mittelbar auch Habermas' Verständnis der Verfassungsgerichtsbarkeit tangiert.

(i) Zur philosophischen Fundierung

Im Bereich der Erkenntnistheorie fordert Jürgen Habermas eine Umstellung des Vernunftbegriffs: Die praktische Vernunft sei zu verabschieden – ihr Erbe solle eine kommunikative, prozedurale Vernunft antreten.

Dieser Vernunftbegriff ist jedoch zu eindimensional. Dies zeigt allein schon die Verankerung der Vernunft, die Habermas selbst vornimmt. Ohne Habermas' sprachpragmatische Fundierung auf ihre Einsichtigkeit näher zu prüfen, kann doch konstatiert werden, daß auch eine kommunikative Vernunft auf Subjekte nicht zu verzichten vermag. Die – auch sprachpragmatisch betrachtet – Widersinnigkeit von Aussagen wie „es spricht" oder „es verständigt sich" demonstriert dies. Anders ausgedrückt: wenn Habermas' Verankerung der Vernunft in kommunikativer Verständigung ange-

III. ‚Verfassungsgerichtsbarkeit', rechtsphilosophisch betrachtet

bracht ist, dann impliziert diese sprachpragmatische Herleitung zumindest eine Teilhaftigkeit der *Subjekte* an der Vernunft.

Gleichermaßen ist die Vernünftigkeit von Verfahren und Verständigung nicht zu trennen von einer – wie auch immer begrenzten – Teilhaftigkeit der *Substanz* an der Vernunft. Sind die Verständigungsverfahren (mindestens bruchstückhaft) vernünftig, dann sind es deren Resultate auch; das heißt: die Resultate können nicht generell unvernünftig sein.

Diese Konsequenz zieht Habermas nicht – er weist kategorisch jede Art von ‚Essentialismus' zurück. Dies bedeutet, daß er die Rationalität von Makrosubjekten (wie etwa der Geschichte), aber auch von Individuen bestreitet und allein die Sprache als ein universales Medium der Verkörperung der Vernunft betrachtet. Allerdings betont er, daß den Ergebnissen diskursiver Verfahren die Vermutung der Vernünftigkeit zukomme. Worauf sich diese Vermutung gründet, bleibt jedoch angesichts von Habermas' Zurückweisung *jeglicher* essentialistischer Theoreme unklar.

Habermas' Rationalitätskonzeption ist auch in weiteren Hinsichten verkürzend. Nicht nur der kategoriale und kategorische Ausschluß von Subjekten und Substanz führt zu einer zu eindimensional formulierten (politischen) Theorie.

So verengt Habermas Begriff und Gebrauch der Vernunft zu sehr auf die Dimension der *materialen* Verständigung und die darauf ausgerichteten Diskurse. Zu unausgewogen begreift er sämtliche sozialen Phänomene allein unter den Blickwinkeln, daß und wie sie als – zumindest partielle – Verwirklichungsformen seiner sprachpragmatischen Lehre figurieren (können): Zu einseitig betrachtet er dementsprechend Herrschaft und Recht als Verkörperungen von Anerkennungsverhältnissen, die (vielleicht sogar zu Recht) mit idealen Präsuppositionen der Kommunikation korrespondieren. Damit weist er einer bestimmten Form normativer Rationalität einen Vorrang zu, der der Realität von Politik und Recht nicht adäquat ist. Er reduziert normative Rationalität – freilich im kommunikativ-prozeduralen Gewand – auf den inhaltlichen Aspekt von Gültigkeitsansprüchen. Dadurch blendet Habermas' Verständnis der Vernunft deren instrumentelle Dimension aus. Folglich kommt eine Vernunft allenfalls verkürzt zur Geltung,
– die in Rechnung stellt, daß Konflikte nur im Idealfall durch einen moralischen Konsens gelöst werden (können);
– die daher in erster Linie auf die *Regulierung* von Konflikten zielt und
– die die Existenz von Machtverhältnissen nicht in der Form eines rationalistischen Rigorismus negiert, wenn sie Profile legitimer Institutionen erstellt.

Einen *prinzipiellen* Dissens in praktischen Fragen sieht Habermas' Erkenntnistheorie nicht vor. Vielmehr operiert sie mit der Idee eines unendlichen Argumentationsprozesses, der im Unendlichen hinsichtlich der Moral zur Identität von Wahrheit und Konsens und in bezug auf das Recht zur Übereinstimmung von konsistentem Entscheiden und rationaler Akzeptabilität führt. Daß weder Wahrheit und Konsens noch konsistentes Entscheiden und rationale Akzeptabilität im Bereich des Endlichen zusammenfallen, sei *empirischen* Bedingungen des sozialen Lebens (wie fehlender Zeit, Ungleichverteilungen von Informationen und Argumentationsvermögen etc.)

geschuldet. Umgekehrt heißt dies, daß Diskurse nicht als ‚ideale Sprechsituation' stattfinden können, sei nicht in der Kategorie der Vernunft selbst begründet – und insofern nicht von vorneherein gegeben. Somit definiert das deliberative Paradigma die Grenzen von Verständigung lediglich als *empirische*, nicht aber als *prinzipielle*.

Ob Habermas' Diskurstheorie aufgrund dessen die Natur des Politischen verfehlt,[222] wäre eigens zu erörtern. Sicherlich mag ein gedankliches Zusammenführen von Wahrheit und Konsens (wie Habermas es unternimmt) die weitere Theorieentfaltung in den Bereichen von Recht und Politik zu einer unangemessenen Privilegierung von materialen Gültigkeitsansprüchen und damit befaßten Diskursen zu disponieren. Doch andererseits sind andere Elemente von Habermas' philosophischer Fundierung, die sich auf seine Konzeptionen von Rechtsprechung und Demokratie übertragen, logisch nicht mit der Figur eines kognitivistischen Fluchtpunktes der moralischen und rechtlichen Rationalität verkettet. So ist etwa Habermas' Machtbegriff mit seinen Begriffen von Politik, Gesellschaft und Recht verzahnt und induziert dort deliberative und zivilgesellschaftliche Engführungen. Auch der Gedanke eines der Sprache innewohnenden *telos* der Verständigung ist hierunter zu rechnen.

Diese philosophisch angelegten Engführungen gehen einher mit einer Überfrachtung der politischen Theorie und der Rechtstheorie mit einer normativen Rationalität, die zu sehr von materialer Verständigung und Diskursen über inhaltliche Gültigkeitsansprüche her begriffen wird.

Dies führt dazu, daß Habermas selbst sich gezwungen sieht, seine Konzeptionen von politischer Autonomie, zivilgesellschaftlicher Macht und prozeduralistisch verfahrender Gerichtsbarkeit zu relativieren. Dies zeigt sich, wenn er die normativen Gehalte des demokratischen Rechtsstaats ‚rekonstruiert' oder die sozialwissenschaftliche Implementation seiner Lehre formuliert:

– So nimmt er Abstand von der Festlegung der Gerichtsbarkeit auf das Führen von Anwendungsdiskursen. [vgl. F&G, 530][223]
– So wandelt er sein Modell des rechtsstaatlich regulierten Machtkreislaufs für den Normalfall in dessen Gegenteil um und hält es lediglich für den Krisenfall aufrecht. [vgl. F&G, 432–433][224]
– So umreißt er sein Ziel, die „existierende Vernunft" auszumachen, nur noch damit, diese in den politischen Praktiken lediglich „wie verzerrt auch immer" sowie in „Partikeln und Bruchstücken" zu entdecken. [vgl. F&G, 349] Dennoch sieht er stets ‚Gesellschaft', das ‚System der Rechte' und andere soziale Phänomene letztlich und vorrangig auf moralisch imprägnierte Verständigung gegründet. [vgl. F&G, 20; 33; 35; 43; ebd. FN 18; 50 etc.][225]

---

[222] Diese These vertritt CHANTAL MOUFFE: For an agonistic model of democracy, in: Noël O'Sullivan (Hg.): *Political Theory in Transition,* London; New York 1995, 113–130. Siehe etwa ebd., 128: „What the model of deliberative democracy denies [...] are the two dimensions constitutive of the very nature of the political: the dimension of final undecidability and the dimension of ineradicable antagonism."
[223] Siehe hierzu insbesondere das Zitat auf der S. 101 dieser Arbeit.
[224] Siehe hierzu S. 94 dieser Arbeit.

III. ‚Verfassungsgerichtsbarkeit', rechtsphilosophisch betrachtet 125

Dies verleiht seiner Lehre zum einen eine gewisse Unschärfe und Undurchsichtigkeit. Zum anderen scheint sie deswegen eigentümlich zwischen düsterer Diagnose und aufklärerischer Euphorie hin und her zu pendeln.[226]

Zusammengefaßt: Habermas' Diskurstheorie legt eine Konzeption vor, die den asymptotischen Zusammenfall von Sein und Sollen behauptet. Wie haltbar dieser Zusammenfall ist, wäre gesondert zu diskutieren. Auf jeden Fall bereitet dieses theorieinhaltliche Begründungsziel Schwierigkeiten. So fördert das kritische Instrumentarium der Diskurstheorie auf der einen Seite Spannungen zu Tage, die diesen Zusammenfall nicht plausibel erscheinen lassen. Auf der anderen Seite blendet Habermas' Theorie gerade solche Spannungen aus. Dadurch ergeben sich rationalistisch überzogene Legitimitätsanforderungen gegenüber der sozialen Wirklichkeit.

(ii) Zur Konzeption des demokratischen Rechtsstaats
Auf der Stufe der Konzeption des demokratischen Rechtsstaats sind Weichen der Theoriebildung ebenfalls nicht zielführend gestellt. In erster Linie zwei ‚grundbegriffliche' Weichenstellungen lenken in einseitige Bahnen. Auf der einen Seite wird Habermas' Bestimmung der Souveränität der Komplexität und Mehrdimensionalität der Phänomene nicht gerecht, die mit dieser Kategorie umschrieben werden können. Auf der anderen Seite verkennt Habermas, daß ‚gleichursprüngliche' Versöhnungen (von Rechtsstaat und Demokratie, von privater und politischer Autonomie, von indivuellen Rechten und Souveränität etc.) nur als ‚regulative Ideen' möglich sind, nicht aber als Deutungsinstrumente der sozialen Wirklichkeit dienen können.

(aa) Habermas' Souveränitätskonzeption
Jürgen Habermas tritt ein für eine rein intersubjektive Fassung des Begriffs und des Phänomens der Souveränität. Souveränität existiert bei Habermas nicht in der Form einer Instanz, die über diese Qualität verfügt. Vielmehr definiert er Souveränität als kommunikativ erzeugte Macht.

Dadurch ist die Kategorie der Souveränität an die Idee der politischen Autonomie angeschlossen. Im Gegensatz zur Souveränitätslehre Rousseaus, die diesen Anschluß ebenfalls leistet, sind in Habermas' Konzeption nicht nur individuelle Subjekte eliminiert, sondern es ist bei Habermas auch kein Kollektivsubjekt vorhanden, dem sich Souveränität zurechnen ließe.

Des weiteren ist in der Variante einer kommunikativ verstandenen Souveränität

---

[225] Siehe hierzu S. 85 passim dieser Arbeit.
[226] In diesen Zusammenhang gehört auch das Bild, das Habermas von der Moderne zeichnet. Er identifiziert sie mit der Forderung, normative Geltungsansprüche mit dem Ziel materialer Verständigung zu verhandeln und eine daran ausgerichtete Praxis politischer Selbstbestimmung zu verwirklichen. Auf diese Weise gerät die Ambivalenz der Moderne außer Acht. Zudem ruft dieser rein rational-emanzipatorische Modernebegriff Spannungen hervor, wenn Habermas die Moderne mit der sozialen Wirklichkeit konfrontiert. Dadurch oszillieren Habermas' Gegenwartsdiagnosen zwischen der Verheißung kommunikativer Freiheit und der Verkündung zivilgesellschaftlichen Niedergangs.

enthalten, daß zwischen den Ideen der Volkssouveränität einerseits und der individuellen Rechte andererseits kein grundbegrifflicher Konflikt besteht. Denn gemäß Habermas vermag die Praxis der politischen Willensbildung nur dann dem Postulat der Volkssouveränität zu entsprechen, wenn ihre Diskurse die Bedingung der Anerkennung von individuellen Rechten erfüllen.

Die empirische Begründung dafür, warum Habermas ein Kollektivsubjekt – wie den Personenverband der Staatsbürger bei Rousseau – als Träger der Souveränität verwirft, lautet, das Volk könne nicht als Volk handeln, ein Kollektivsubjekt könne nicht als solches agieren. Normativ lehnt Habermas diese Zurechnungsversion ab, weil sie die Fallibilität der Vernunft in endlichen Diskursen konterkarieren würde.

Beide Argumente von Jürgen Habermas, das empirische wie das normative, sind für sich genommen stichhaltig. Dennoch ist Habermas' Souveränitätsbegriff zurückzuweisen, da dieser nur auf der kategorialen Ebene der Rechtsphilosophie eine orientierungspraktische Funktion zu erfüllen vermag.[227] Denn Habermas' Souveränitätskonzeption blendet aus, daß Legitimität und Herrschaft auf den Begriffsebenen der Rechtsdogmatik und der Vergleichenden Regierungslehre nicht subjektlos und ohne Zurechnungen zusammengeführt werden können. Auf der Ebene der kausalanalytisch verfahrenden Sozialwissenschaft wiederum ist es nicht wirklichkeitsadäquat, die Dimension der Macht derart wie Habermas zu negieren. Habermas wiederholt bei seiner Fassung des Souveränitätsbegriffs gleichsam den Fehler von Rousseaus Staatsphilosophie: Rousseau hatte nachzuweisen versucht, daß sich persönliche Herrschaft eliminieren ließe, wenn alle Staatsbürger in der Form ‚allgemeiner Gesetze' „herrschen" würden. Habermas' Bestimmung der Souveränität impliziert ebenfalls, daß keine Person – insofern: niemand – herrscht. Im Unterschied zu Rousseau setzt Habermas nicht auf die Figur des ‚allgemeinen Gesetzes', sondern auf die vermeintlich subjektlose Herrschaftsmacht der diskursiven Meinungs- und Willensbildung. Doch auch hier herrschen Subjekte – und auch hier herrschen bestimmte Subjekte über andere.

Die Erfassung der Souveränitätsproblematik – das heißt: die Zusammenführung von Legitimität und Herrschaft in Gestalt einer Theorie – gelingt nur dann, wenn zwischen verschiedenen konzeptionellen Perspektiven differenziert wird. Es müssen verschiedene Begriffe von Souveränität gebildet werden. Zugleich müssen diese verschiedenen Perspektiven auf den Komplex Souveränität widerspruchsfrei miteinander verkettet werden.[228]

---

[227] Diese orientierungspraktische Funktion wird überdies dadurch beeinträchtigt, daß in Habermas' Souveränitätslehre die Gleichursprünglichkeit von individuellen Rechten und Volkssouveränität verdinglicht wird.
[228] Das Kapitel III. Dimensionen der Souveränität (in dieser Arbeit) in § 5 ‚VERFASSUNGSGERICHTSBARKEIT' UND SOUVERÄNITÄT versucht, die erforderlichen Perspektiven einzunehmen und konsistent zusammenzuführen [S. 346–370].

III. ‚Verfassungsgerichtsbarkeit', rechtsphilosophisch betrachtet 127

(bb) Habermas' Gleichursprünglichkeitslehre
Die mit Recht und Politik befaßten Disziplinen sind vor die Aufgabe gestellt, diverse fundamentale kategoriale Beziehungen zu klären. Grundlegend sind vor allem folgende Relationen: das Verhältnis zwischen staatsbürgerlicher und privater Autonomie, zwischen Rechtsstaat und Demokratie, zwischen subjektivem und objektivem Recht sowie zwischen der Herrschaftsbefugnis des souveränen Volkes und dem Schutz der Rechte des einzelnen.[229] Die Verhältnisbestimmungen innerhalb der Begriffspaare fallen je nach Theorie unterschiedlich aus – die binären Variablen können einander gleich-, aber auch nachgeordnet werden; die Größen können fusioniert, aber auch separiert werden.

Eine, wenn nicht sogar *die* Grundthese von »Faktizität und Geltung« lautet, daß zwischen sämtlichen soeben aufgelisteten binären Kategorien der Rechts- und Sozialordnung ‚grundbegrifflich' zu vermitteln sei. Mit dieser Grundthese profiliert sich Habermas' Diskurstheorie gegen andere im Umlauf befindliche Lehren: Bei anderen Konzeptionen hätten sich die jeweiligen Bestandteile dieser Grundbegriffe voneinander verselbständigt oder kämen dort nur noch verkürzt zur Geltung.[230] Das deliberative Paradigma hingegen bringe staatsbürgerliche und private Autonomie ebenso miteinander in Einklang wie Rechtsstaat und Demokratie, subjektives und objektives Recht ebenso wie Volkssouveränität und individuelle Rechte. Auch die ausgewogene Balance von Recht und Moral rechnet sich Habermas' Diskurstheorie an.

So versucht Habermas' Diskurstheorie eine Vielzahl der Gegensätze, die das rechtliche und das politische Denken der Vergangenheit und Gegenwart bestimmen, im hegelianischen Sinn des Wortes aufzuheben. Dieses Programm der Aufhebung bezieht sich unmittelbar auf die erwähnten binären Kategorien (wie Demokratie und Rechtsstaat etc.). Mittelbar erstrebt dieses Programm gerade durch den Ausgleich dieser Größen eine umfassende Aufhebung von zahlreichen geistigen Strömungen und demokratisch-rechtsstaatlichen Traditionssträngen.[231]

Diese Überbietungen und Vermittlungen verspricht sich Habermas von dem Theorem der ‚Gleichursprünglichkeit'. Dieses Theorem wendet Habermas bei verschiedenen Relationen an – der Grundgedanke ist jeweils der selbe:[232] Habermas führt die

---

[229] Diese Relationen sind zuweilen fächerübergreifend (wie etwa das Begriffspaar der privaten und der staatsbürgerlichen Autonomie); zuweilen sind sie terminologisch nur in bestimmten Disziplinen beheimatet (wie z.B. die kategoriale Dichotomie von subjektivem und objektivem Recht in der Rechtsdogmatik).

[230] Zu diesen Konzeptionen zählt beispielsweise die von der idealistischen Rechtsphilosophie beeinflußte deutsche Zivilrechtsdogmatik oder Kelsens rechtspositivistische Lehre. Vgl. F&G, 112–114.

[231] Auf diese Weise reklamiert das deliberative Modell etwa die Überwindung der Gegensätze zwischen Liberalismus und Republikanismus für sich. Ferner sei es über (die Opposition von) Liberalismus und Kommunitarismus hinausgelangt. Das deliberative Paradigma habe die berechtigten Anliegen und zutreffenden Deutungen dieser Richtungen in sich aufgenommen, zugleich habe es die Einseitigkeiten und Ungleichgewichte jener Lehren vermieden.

[232] Daher ist es gerechtfertigt, den Begriff des Theorems im Singular zu verwenden und die verschiedenen Topoi unter dem Stichwort der ‚Gleichursprünglichkeit' zusammenzufassen.

jeweiligen Relationen auf das Datum der gegenseitigen Anerkennung von Individuen zurück. Die Unhintergehbarkeit der wechselseitigen Anerkennung als frei und gleich leitet er aus seinen sprachpragmatischen Überlegungen ab.[233] Demensprechend insistiert Habermas darauf, jede dem Recht und der Demokratie verpflichtete politische Strömung sowie jede angemessene Lesart von sozialer Integration hätte vom Grundbegriff des kommunikativen Handelns ihren Ausgang zu nehmen. Dieser Grundbegriff ist bei Habermas gleichsam die Quelle – der „Ursprung" – von Recht und Gesellschaft. Die erwähnten Begriffspaare der Rechts- und Sozialordnung entstammten allesamt dieser einen Quelle – sie seien ‚gleichursprünglich' oder nur ‚im Gleichschritt' zu sichern. Dies bedeutet, sie bedingten sich jeweils gegenseitig und zwischen ihnen bestehe ein Verhältnis der Gleichrangigkeit. ‚Grundbegriffliche' Gegensätze und Spannungen lägen demnach nicht vor – also etwa weder zwischen Rechtsstaat und Demokratie noch zwischen privater und staatsbürgerlicher Autonomie.

Folglich liefert Habermas für eine Vielzahl von rechtlichen und politischen Schlüsselbegriffen semantische Gehalte, die die Zusammengehörigkeit der aufgelisteten binären Kategorien respektive die Vermeintlichkeit ihrer Gegensätzlichkeit zu offenbaren suchen.[234]

Die Konsequenz und die Konsistenz, mit der Habermas diesen Anspruch einzulösen versucht, ist bewundernswert. Dennoch vermag sein Theorem von der Gleichursprünglichkeit nur bedingt einer normativen Konzeption von Recht und Demokratie zu dienen:

– Zwar ist es *in rechtsphilosophisch-prinzipientheoretischer Hinsicht* durchaus richtig, Demokratie und Rechtsstaat sowie die anderen Begriffspaare als jeweils zwei Seiten von ein- und derselben Medaille zu betrachten. So geht die Legitimität von demokratischen Beschlüssen nicht auf in Prozeduren, wie zum Beispiel dem Verfahren der Mehrheitsentscheidung, die sich als demokratische bezeichnen lassen. Dies zeigt sich allein schon daran, daß derlei Verfahrensmodi und -grundsätze (wie Mehrheitsentscheide, Gewaltenteilungen etc.) nicht nur in demokratischen Assoziationen verwendet werden. Vielmehr läßt sich erst dann einem politischen Gemeinwesen ein demokratischer Charakter attestieren, wenn seine Bürger sich als freie und gleiche Personen anerkennen und demgemäß behandeln. Ebenso schließt die soziale Integration mit dem Mittel des Rechts – naturrechtlich betrachtet – ein, daß die Genese und die Inhalte des Rechts legitim sind, – die beste Gewähr dafür wiederum bieten von einem demokratischen Geist getragene Verfahren.
– Eine normative Konzeption von Recht und Demokratie darf sich jedoch nicht in

---

[233] Dies schließt ein, daß Habermas auf andere höherstufige Theorieebenen, die dem sprachpragmatischen Rekurs funktional gleichwertig wären, verzichtet – er argumentiert somit weder theologisch noch vernunft- oder naturrechtlich. Seine kommunikationstheoretische These von den Bindungskräften einer intersubjektiv geteilten Sprache ließe sich als eine anthropologische Begründung von Recht und Moral einordnen. Allerdings müßte der Vorbehalt berücksichtigt werden, daß Habermas diese These sehr prozedural faßt.
[234] Dies gilt beispielsweise für den Begriff der Gewaltenteilung. Siehe hierzu S. 102–103 dieser Arbeit sowie in F&G, 230; 295–296.

rechtsphilosophischer Prinzipientheorie erschöpfen. Vielmehr muß eine solche normative Konzeption die prinzipientheoretisch durchaus berechtigten, mehr noch: notwendigen Gleichklänge in die rechtliche und politische Wirklichkeit übersetzen und an sie anschließen. Dieses Übersetzen und Anschließen an die Empirie kann nur so erfolgen, daß die prinzipientheoretischen Vorgaben lediglich in Anteilen eingelöst werden können. Sowohl die Demokratie als auch der Rechtsstaat können nur unter nicht-idealen Bedingungen und nur mithilfe von Annäherungen an rechtliche und demokratische Prinzipien realisiert werden.

Etwa vermag das (naturrechtliche) Postulat der Herrschaft des Volkes nur mittels Verfahren erfüllt werden, die das Volk nicht „als Volk", sondern via Agenturen und Institutionen „herrschen" lassen. Gleich welche Form von Demokratie zu verwirklichen versucht wird, Bürgerschaften kommen nicht umhin, „Mehrheiten" mit dem „Volk" quasi zu identifizieren. Sie kommen auch nicht umhin, die Feststellung dieser „Mehrheiten" auf bestimmte Zeitpunkte zu fixieren. Auf dem Gebiet des Rechts finden analoge Übersetzungen und Anschlüsse statt. Die empirische Umsetzung muß mit „Als-ob"-Konstruktionen, das heißt: mit Fiktionen, arbeiten.

So pragmatisch erforderlich diese Übersetzungen und Anschlüsse aber sind, so unvermeidlich gehen sie mit Spannungen und Konflikten einher. Die abstrakten ‚grundbegrifflichen' Vorgaben hallen in konkreten rechtlichen und politischen Prozessen immer *auch* dissonant wieder. Hinzu kommt, daß die Gleichklänge der prinzipientheoretischen Rechtsphilosophie im Abstrakten nicht zu einer Gewißheit über die angemessenen Konsonanzen im Konkreten der Rechtsetzung und -anwendung führen.

Da Habermas' Programm einer Zusammenführung von Demokratie und Rechtsstaat, öffentlicher und privater Autonomie etc. dies nicht berücksichtigt, negiert es die dem demokratischen Rechtsstaat unvermeidbar innewohnenden Spannungsverhältnisse. Es verschließt den Blick davor, daß beispielsweise bei den Themen „Krieg und Frieden" und „Asylgewährung, Einwanderung und kulturelle Identität" Spannungen zwischen dem Grundsatz der Volkssouveränität und menschen- und grundrechtlichen Prinzipien unweigerlich auftreten. Geht es um den „Ausgleich von Diskriminierungen", dann geraten private Autonomien in Konflikt. Die grundbegrifflich zu Recht konstatierte Gleichrangigkeit und Interdependenz innerhalb der Begriffspaare ändert nichts daran, daß die rechtsphilosophisch gewonnenen Grundbegriffe auf der Ebene der politischen und rechtlichen Wirklichkeit dichotomisch auseinander treten. Das heißt, im sozialen Leben sind Prioritäten zu bestimmen – und diese Vorrangigkeiten implizieren stets auch Nachrangigkeiten. Hierbei steht für deren Gewichtung kein Maßstab zur Verfügung, dessen Objektivität demonstrierbar wäre.

Zusammengefaßt: Habermas' Theorem von der Gleichursprünglichkeit enthält den Fehler, die rechtsphilosophische Prinzipientheorie nicht auf die Formulierung von ‚regulativen Ideen' zu beschränken, sondern zu versuchen, das soziale Leben mit diesen Kategorien zu interpretieren. Er verbaut seiner Lehre dadurch die Möglichkeit, seine Prinzipientheorie adäquat an die Empirie anzuschließen, dort Dissens und Differenz anzuerkennen und eine Vernunft walten zu lassen, die nicht nur auf inhaltliche Verständigung setzt, sondern auch auf die Herstellung von bloßer Koexistenz zielt. Die normativ eingesetzte materiale Vernunft ist mit einer instrumentellen Dimension anzureichern.

Die Beschreibung der sozialen Wirklichkeit mit dem Theorem von der Gleichursprünglichkeit wirkt sich auch auf Habermas' Theorie der Verfassungsgerichtsbarkeit aus. Und zwar so, daß Habermas dort unangemessene Legitimitätskriterien entwirft und einfordert: Habermas' Kriterien tragen nicht pragmatisch den empirischen Bedingungen von Recht und Politik Rechnung. Vielmehr klagen sie rationalistisch-rigoristisch prinzipientheoretische Erwägungen ein.

(iii) Zur Legitimität der Verfassungsgerichtsbarkeit
Habermas' Konzeption der Legitimität der Verfassungsgerichtsbarkeit beantwortet sowohl die Frage nach der prinzipiellen als auch die nach der modalen Legitimität der Verfassungsgerichtsbarkeit. Während sich seine Konzeption der prinzipiellen Legitimität auf demokratietheoretische Aussagen stützt, basiert seine modale Theorie zusätzlich auf rechtstheoretischen Gehalten. Allerdings ist die Unterscheidung zwischen einer prinzipiellen und einer modalen Legitimitätstheorie bei Habermas insofern fließender Natur, als er beide Problemkreise miteinander verbindet: Die Institution der Verfassungsgerichtsbarkeit ist nur bei der Erfüllung eines bestimmten (‚prozeduralistischen') Rollenprofils legitim.

(aa) Habermas' prinzipielle Legitimitätstheorie
Habermas fordert, der Gerichtsbarkeit und ebenso der Verfassungsgerichtsbarkeit das Führen von Begründungsdiskursen zu entziehen. Die normale Gerichtsbarkeit beschränkt er auf die Aufgabe, Anwendungsdiskurse zu vollziehen.

Ob er seine Version eines verfassungsgerichtlichen Prozeduralismus auch unter die Kategorie des Anwendungsdiskurses rechnet, erscheint unklar. Möglich wäre ebenfalls, daß Habermas sämtliche drei Typen verfassungsgerichtlicher Kontrolle, die er unterscheidet, nicht mehr für unter die Rubrik des Anwendungsdiskurses subsumierbar hält, weil bei sämtlichen Typen eine „punktuelle Entbindung von der Gültigkeit rechtskräftiger Gesetze" vorläge. [vgl. F&G, 296] Eine gemäß Habermas' Prozeduralismus praktizierte Verfassungsgerichtsbarkeit würde dann eine eigene Kategorie bilden. Möglich wäre des weiteren, daß er nur die abstrakte Normenkontrolle als nicht im Modus des Anwendungsdiskurses durchführbar ansieht. Dafür spricht, daß die abstrakte Normenkontrolle grundsätzlich aus der Perspektive des Gesetzgebers erfolgen müsse. [vgl. F&G, 319]

Eine genaue Bestimmung von Habermas' Auffassung fällt nicht zuletzt deswegen schwer, weil Habermas die Festlegung der Justiz auf den Typus des Anwendungsdiskurses im IX. Kapitel von »Faktizität und Geltung« relativiert und diese Relativierung mehr Fragen aufwirft als beantwortet. Denn zum einen bleibt diffus, was unter einer „erkennbaren Weise" einer „Ergänzung um Elemente von Begründungsdiskursen" zu verstehen ist. Zum anderen ist die Forderung nach einer „Institutionalisierung einer Rechtsöffentlichkeit, die über die bestehende Expertenkultur hinausreicht," erläute-

III. ‚Verfassungsgerichtsbarkeit', rechtsphilosophisch betrachtet   131

rungsbedürftig. Nach welchen Maßstäben Habermas innerhalb der „Grauzone zwischen Gesetzgebung und Rechtsanwendung" differenziert beziehungsweise wie strikt seine Legitimitätstheorie angesichts der von ihm bemerkten Grauzone aufzufassen ist, ist aus dem Text von »Faktizität und Geltung« nicht zu erhellen. [alle Zitate: F&G, 530]235

Unklar wirkt ferner, ob und wie strikt Habermas eine ausschließliche Zuständigkeit der Gesetzgebung für die Begründung von Normen konzipiert: Fraglich ist, welche Rolle er der Exekutive im Gesetzgebungsprozeß einräumt. Habermas differenziert zwar die Staatsfunktionen nach Kommunikationsformen und entsprechenden Potentialen von Gründen. [vgl. F&G, 235–236] Doch weist er darauf hin, daß diese Differenzierung nicht zu konkretistisch aufzufassen sei. [F&G, 236] Falls er eine Alleinzuständigkeit der Legislative fordern würde, würde deren Realisierung von der bundesrepublikanischen Praxis und der vieler anderer Staaten abweichen, da in diesen die Gesetzesentwürfe durch exekutivische Apparate angefertigt werden. Eine solche Forderung würde eine massive Veränderung der staatlichen Infrastruktur nach sich ziehen, über die gesondert zu diskutieren wäre.

Die Interpretationsschwierigkeiten in bezug auf Habermas' Rollenprofil der Verfassungsgerichtsbarkeit rühren auch daher, daß Habermas diesbezüglich vielfach rein verneinende Aussagen trifft. Welche genauen Forderungen er jedoch erhebt und worin seine Sichtweise – positiv formuliert – besteht, ist daher schwer zu erschließen. Das Verhältnis der Einschränkungen und Relativierungen zu Habermas' (vorherigen) grundsätzlichen Aussagen zur Verfassungsgerichtsbarkeit ist so nicht hinreichend geklärt.

Fest steht so lediglich, daß Habermas verfassungsgerichtliche Begründungsdiskurse zumindest grundsätzlich für illegitim erachtet und als „Paternalismus" (dis-)qualifiziert. Positiv gewendet: er postuliert – mindestens als verfassungstheoretische Zielvorgabe – in bezug auf die Verfassungsgerichtsbarkeit einen strikten spezifischen Prozeduralismus, um Paternalismus zu verhindern.236

---

235 Siehe hierzu S. 101 dieser Arbeit.
236 Zusätzlich zu den im Text erwähnten und erörterten Passagen sind v.a. diese Ausführungen relevant: „Das Gericht [= das Verfassungsgericht; M.E.] schnürt das Bündel von Gründen, mit denen der Gesetzgeber seine Beschlüsse legitimiert, wieder auf, um sie für eine kohärente, mit geltenden Rechtsprinzipien zusammenstimmende Entscheidung des Einzelfalls zu mobilisieren; aber es darf über diese Gründe nicht derart disponieren, daß sie einer gerichtsunmittelbaren Interpretation und Ausgestaltung des Systems der Rechte und damit einer impliziten Gesetzgebung dienen." [F&G, 319] Hier wendet sich Habermas auch dagegen, daß „das" Verfassungsgericht die Perspektive des Gesetzgebers einnimmt, um im folgenden Absatz zu konstatieren, daß die abstrakte Normenkontrolle aus der Perspektive des Gesetzgebers vorgenommen werden müsse. Vgl. auch F&G, 236: „Uneingeschränkten Zugriff auf normative und pragmatische Gründe, einschließlich der durch faire Verhandlungsergebnisse konstituierten, hat allein der politische Gesetzgeber, dies allerdings nur im Rahmen eines auf die Normenbegründungsperspektive festgelegten demokratischen Verfahrens. Die Justiz kann über die in den Gesetzesnormen gebündelten Gründe nicht beliebig verfügen; dieselben Gründe spielen aber eine andere Rolle, wenn sie in einem auf konsistente Entscheidungen angelegten juristischen Anwendungsdiskurs und mit dem Blick auf die Kohärenz des Rechtssystems im ganzen verwendet werden."

Doch warum sollen Verfassungsgerichte einen derart strikten Antipaternalismus überhaupt einhalten? Anders gewendet, warum sollen Verfassungsgerichte stets nach dem habermasianischen Prozeduralismus verfahren? Oder noch einmal anders formuliert, warum ist allein der diskursive Charakter der Meinungs- und Willensbildung Maßstab der verfassungsgerichtlichen Kontrolle? Warum sollen Verfassungsgerichte lediglich die legislativen „Gründebündel" aufschnüren?

Nicht in Abrede zu stellen ist, daß ein verfassungsgerichtliches Entscheiden nach Habermas' Anweisungen durchaus sinnvoll sein kann. Angezeigt ist ein antipaternalistischer Prozeduralismus sicherlich etwa im Bereich des Finanzverfassungsrechts. Hier läßt sich in letzter Zeit eine Tendenz beobachten, der Verfassung weder klare Vorgaben für die Aufteilung der Finanzmittel zu entnehmen noch diese allein politischen Mehrheitsentscheidungen zu überlassen, sondern das Finanzverfassungsrecht durch verfahrensrechtliche Vorgaben konkretisieren zu lassen. Dadurch wird den Regeln der politischen Willensbildung ein neues „Verfassungsverfahrensrecht" zur Seite gestellt. Dieses zielt in unterschiedlicher Weise auf eine Rationalisierung des politischen Diskurses durch Neutralisierung und Distanz der Entscheidungsträger. Beispielsweise trennt das Urteil des Bundesverfassungsgerichts zum Länderfinanzausgleich zwischen dem Verteilungsdiskurs, der zu einer Maßstabsbildung vor Kenntnis der konkreten Finanzdaten zu führen habe, und der nachfolgenden Aufteilung der Finanzmittel.[237] Das Bundesverfassungsgericht verordnet gleichsam einen ‚Schleier des Nichtwissens' *à la* Rawls.

Doch nicht immer ist eine prozedurale verfassungsgerichtliche Vorgabe die überzeugendste Alternative zu jeglicher Entscheidungsabstinenz beziehungsweise zu mehr oder weniger weitreichenden Sachentscheidungen. Denn Antipaternalismus ist *nur bedingt* ethisch zu rechtfertigen.

An dieser Stelle sind begriffliche und inhaltliche Klärungen erforderlich: ‚Paternalismus' ist im Bereich der Individualethik ein gebräuchlicher Begriff. Etymologisch leitet sich der Ausdruck von „väterlichen" Befugnissen ab. Es lassen sich verschiedene Ausprägungen von Paternalismus unterscheiden – es gibt stärkere und schwächere Varianten. Sie bewegen sich im Spektrum dieser Extreme:
– Ein ‚starker' Paternalismus liegt vor, wenn *gegen den erklärten Willen* eines Akteurs *Zwang* ausgeübt wird. Die Ausübung dieses Zwanges ist allerdings daran gebunden, daß der Zwingende der Ansicht ist, dies geschehe zum Wohle des Gezwungenen. Mit anderen Worten: Paternalismus und Despotismus sind nicht das Gleiche.
– Ein ‚schwacher' Paternalismus hingegen bezeichnet eine *Ausübung von Entscheidungsmöglichkeiten* für einen anderen Akteur ebenfalls mit der (zumindest sub-

---

[237] Vgl. THOMAS WÜRTENBERGER: Auslegung von Verfassungsrecht – realistisch betrachtet, in: Joachim Bohnert u.a. (Hg): *Verfassung – Philosophie – Kirche*. FS f. Alexander Hollerbach zum 70. Geburtstag, Berlin 2001, 223–241 [238] mit Verweis auf BVerfG EuGRZ 1999, 617 [640 ff.] (= im Text erwähnt als Urteil zum Länderfinanzausgleich) sowie auf eine ähnliche Entscheidung des Staatsgerichtshofs von Baden-Württemberg mwN.

III. ‚Verfassungsgerichtsbarkeit', rechtsphilosophisch betrachtet 133

jektiven) Begründung von seiten des Entscheidenden, dies geschähe zum Wohle des davon betroffenen Akteurs, *ohne daß dieser Akteur seinen Willen bekundet hat.* Gegen eine ethische Rechtfertigung von Paternalismus jedweder Couleur lassen sich in erster Linie drei Einwände erheben:

– Der erste Einwand behauptet, daß Individuen am besten wissen, was gut für sie sei. Daher sei es am besten, sie frei – ohne Bevormundung und Zwang – selbst entscheiden zu lassen.
– Der zweite Einwand stellt darauf ab, daß paternalistische Eingriffe die Autonomie derjenigen verletzen, die diesen Eingriffen unterliegen.
– Der dritte Einwand macht geltend, daß paternalistische Intervention gegen das Prinzip der Gleichbehandlung verstößt.

Diese Einwände lassen es ratsam erscheinen, *prima facie* und grundsätzlich von einem Antipaternalismus auszugehen. Mehr jedoch nicht. Denn für alle Einwände ließen sich Fälle formulieren, bei denen paternalistische Maßnahmen dennoch angezeigt sind. So ist der empirische Kompetenz-Einwand in dieser Pauschalität nicht aufrecht zu erhalten, und auch für die anderen beiden konzeptionellen Argumente lassen sich Gegenargumente vorbringen. Verwiesen sei hier nur auf das Themenfeld der Kindererziehung.

Bei weiteren Themenfeldern, die in den Bereich der politischen Ethik übergehen – wie etwa der Anschnallpflicht für PKW-Insassen, gesetzlichen Regelungen zum Konsum von Tabakwaren, Alkoholika oder anderen Stoffen, Beitragspflichten zu gesetzlichen Sozialversicherungen – wird deutlich, wie häufig paternalistisch verfahren wird. In diesen Fällen liegen zumindest gute Gründe für Paternalismus vor.

Für den Bereich der politischen Ethik gilt nun, daß die Rechtfertigungsproblematik dort keineswegs einfachere Formen annimmt. Paternalismus und die Begriffe Kompetenz, Autonomie und Gleichbehandlung sind hier noch schwieriger zu bestimmen, das Verhältnis zwischen Freiheit und Gleichheit ebenso.

Im besonderen sind etwa die Sachverhalte einer Schädigung Dritter und einer Selbstdestruktivität kaum zu unterscheiden. Denn politische und rechtliche Handlungen werden vielfach im Namen von politischen Einheiten getroffen. Begreift man diese Handlungen als Handlungen dieser Einheiten, so liegt lediglich ein selbstschädigendes Verhalten vor – sofern das Verhalten als schädigend zu bewerten ist. Da in politischen Einheiten freilich nur selten aufgrund von Einmütigkeit gehandelt wird, lassen sich fast immer eine überlegene und eine unterlegene Seite ausmachen. Demnach schädigt in diesen Fällen die überlegene Seite (auch) ihre unterlegenen Kontrahenten.

Des weiteren ist in der politischen Ethik der Fall, daß eine politische Einheit gemäß allgemeiner Auffassung nicht in der Lage ist, eine Entscheidung zu treffen, kaum vorfindbar: Jede (Noch-)Nicht-Entscheidung läßt sich stets als Entscheidung ansehen. Während in der Individualethik Paternalismus sich auf gemeinhin als evident betrachtete Entscheidungsunfähigkeiten von Akteuren gründen kann, ist diese Variante einer Rechtfertigung von Paternalismus in der politischen Ethik nur bedingt möglich: Hier lassen sich nur abstufbare Einschränkungen des Entscheidungsvermögens anführen; eine zweiwertige Unterscheidung zwischen Entscheidungsfähigkeit und -unfähigkeit hingegen kann nicht vorgenommen werden.

Die Erörterung zu diesen Gesichtspunkten wird in dieser Arbeit noch vertieft.[238]

Hier sei allein folgende Frage diskutiert: Warum soll nur die Öffentlichkeit und die Gesetzgebung deliberieren, das heißt: Gründe erwägen, gewichten und unter Berufung auf sie entscheiden?

Zwar ist sicherlich *grundsätzlich* die Legislative mit der abstrakt-generellen Generierung von Normen zu betrauen. Ihr ist hierfür zudem die Priorität einzuräumen.

Priorität ist jedoch nicht gleich Prärogative. Es ist normativ mindestens fragwürdig, die Normerzeugung als ein ausschließlich der Legislative vorzubehaltendes Herrschaftsrecht zu konzipieren. Auf jeden Fall vertretbar erscheint auch die Auffassung, daß etwa Verfassungsgerichte ebenfalls deliberieren dürfen, müssen und sollen.

Ein strikter Antipaternalismus ist legitimationstheoretisch zumindest dann fragwürdig, wenn dieser Antipaternalismus auch die Zurückweisung von ‚schwachem' Paternalismus einschließt. Denn wenn weder einfach- noch verfassungsgesetzliche Vorschriften vorhanden sind, dann ist verfassungsgerichtliche Deliberation angezeigt. In diesen Fällen ist nämlich abzuwägen zwischen der Vorordnung legislativer Rechtssetzung auf der einen Seite und den durch eine gerichtsunmittelbare Interpretation zu erzielenden Gewinnen an Rechtsschutz auf der anderen Seite.

Nun wäre es durchaus möglich, diese Abwägung von vornehrein auszuschließen, um so eine implizite Gesetzgebung durch verfassungsgerichtliche Instanzen zu vermeiden. Für ein solches exklusives Vorrecht legislativer Normerzeugung müßten jedoch gewichtigere Gründe vorliegen als für die Möglichkeit eines gesteigerten Rechtsschutzes. Das Einräumen dieser Möglichkeit hat immerhin in einigen Fällen zu begrüßenswerten Erweiterungen des grundrechtlichen Status geführt.[239]

Dem stehen prinzipientheoretische und empirische Gründe gegenüber, die sich für das Verwehren verfassungsgerichtlicher Deliberation und somit gegen die implizite Gesetzgebung durch Verfassungsgerichte vorbringen lassen.

---

[238] Siehe hierzu (in dieser Arbeit) die Ausführungen in § 5 ‚VERFASSUNGSGERICHTSBARKEIT' UND SOUVERÄNITÄT. I. Vereinbarkeit von ‚Verfassungsgerichtsbarkeit' und Demokratie [S. 293–340].

[239] Illustrieren läßt sich dies etwa an folgenden Entscheidungen: AALT WILLEM HERINGA referiert eine Entscheidung des niederländischen Supreme Courts, die einem Kind den Anspruch sichert, von einer Institution Informationen über seinen biologischen Vater zu erhalten, obgleich in dieser Hinsicht keine gesetzlichen Grundlagen existierten. [The separation of powers argument, in: Rob Bakker/ders./Frits Stroink (Hg): *Judicial control*. Comparative essays on judicial review, Antwerpen; Apeldoorn 1995, 27–43 {41 mwN.}]. Für das deutsche Bundesverfassungsgericht sind einschlägig: BVerfGE 34, 269–293 (= Soraya [Anerkennung eines Schadensersatzanspruchs für immaterielle Schäden]); BVerfGE 65, 1–72 (= Volkszählung [Verankerung eines (Grund-)Rechts auf ‚informationelle Selbstbestimmung']). Beide Bundesverfassungsgerichtsentscheidungen müssen als rechtsfortbildend eingestuft werden – ebenso wie die berühmte Entscheidung des US-Supreme Courts *Griswold vs. Connecticut*. Ausführlicher hierzu: MICHAEL W. MCCANN: *Griswold v. Connecticut*, in: Kermit L. Hall (Hg.): *The Oxford Guide to United States Supreme Court Decisions*, New York; Oxford 1999, 115–118 mwN.

III. ‚Verfassungsgerichtsbarkeit', rechtsphilosophisch betrachtet

Das stärkste prinzipientheoretische Argument zugunsten eines strikten Antipaternalismus selbst gegenüber schwachen gerichtlichen Interventionen ist das Geltendmachen einer Verletzung von bürgerschaftlicher Autonomie. Doch wie sehr wird diese Autonomie tatsächlich verletzt? Und: inwiefern liegt überhaupt eine bürgerschaftliche Autonomie vor?

Eine bürgerschaftliche Autonomie besteht durchaus. Freilich ist diese Autonomie der einzelnen Bürger und der Bürgerschaft als Gesamtheit eine äußerst beschränkte: Nur in Ausnahmefällen entscheidet eine Bürgerschaft über Sach- und Verfassungsfragen selbst. Zumindest für Sachfragen gilt dies sogar für Demokratien mit stark ausgebauten plebiszitären Elementen. Repräsentation und somit Delegation von Sachentscheidungsbefugnissen ist der Regelfall.

Angesichts dessen sind gegensätzliche Bewertungen möglich. Auf der einen Seite ließe sich vertreten, daß gerade dann ein weiteres Moment der Delegation und Repräsentation um so mehr ins Gewicht fallen würde. Auf der anderen Seite könnte der Standpunkt eingenommen werden, dieses weitere Moment führe dann zu keiner grundlegend anderen Situation.

Die letzte Lesart erscheint plausibler, da die demokratische Natur von politischen Gemeinwesen nicht nur von derartigen verfassungsrechtlichen Strukturen abhängt, sondern mindestens ebenso von der politischen Kultur, von wirtschaftlichen und gesellschaftlichen Machtverhältnissen etc. Da also der Verlust an Partizipation auf seiten der Bürger relativ betrachtet recht gering ist, liegt die Vermutung nahe, daß verfassungsgerichtlicher ‚schwacher' Paternalismus eher eine graduelle, nicht aber eine qualitative Einbuße an Autonomie mit sich bringt.

Hinzu kommt, daß eine verfassungsgerichtliche Rechtsfortbildung zumindest nicht die Rechtsfortbildung durch die gesetzgebenden Organe ersetzt.[240] Insofern ist nur von einer bedingten Verletzung von Autonomie zu schreiben.

Somit gibt es kein zwingendes prinzipientheoretisches Argument dafür, allein die am Gesetzgebungsprozeß beteiligten Staatsorgane und die Zivilgesellschaft mit der Prärogative des Begründungsdiskurses auszustatten.

Allerdings läßt sich gegen verfassungsgerichtliche Intervention im Sinne eines ‚schwachen' Paternalismus einwenden, daß das Staatsvolk zum einen selber und zum anderen dann auch besser entscheiden kann. Diese empirischen Argumente sind derart pauschal jedoch nicht haltbar.

Denn auf der einen Seite lassen sich nicht für alle durchaus legitimen Interessen gleiche Potentiale an Mobilisierungs- und Durchsetzungskraft feststellen. Eine Rolle spielt dabei nicht zuletzt die Macht der Medien. Jedenfalls haben die Themen der öffentlichen sowie der parlamentarischen Deliberation Konjunkturen, und manche Themen kommen sogar kaum oder überhaupt nicht zur Sprache. Das Staatsvolk und seine Vertretungsorgane können nur jeweils selektiv auf einigen Politikfeldern tätig werden. Daher sind auf anderen Gebieten rechtliche Vorgaben nur in unbestimmter

---

[240] Dies ist für die Rechtsprechung des deutschen Bundesverfassungsgerichts im Bereich der „Ewigkeitsgarantie" nicht zutreffend.

Form oder zuweilen sogar gar nicht vorhanden. Beispielsweise war die normative Dichte hinsichtlich des Umweltschutzes lange Zeit recht gering. Gegenwärtig stellt sich etwa die Frage, ob zur Bekämpfung von Korruption weiterer gesetzlicher Regelungsbedarf besteht.

Auf der anderen Seite ist die aufklärerische These (etwa eines Immanuel Kant), öffentliche Aufmerksamkeit und transparente Debatten garantierten eine vernünftige Normgenese, wohl als widerlegt zu betrachten. Sicherlich ist auch der gegenteilige Befund zutreffend: Unter dem Druck von öffentlicher und veröffentlichter Meinung können Gesetze und Maßnahmen beschlossen werden, die mehr der Beruhigung der Öffentlichkeit dienen als in der Sache Verbesserungen erbringen.

So stellt sich die Frage, ob Habermas die Bandbreite und die Antriebskraft der zivilgesellschaftlichen Deliberation nicht überschätzt. Er selbst hegt diesbezüglich offenbar Zweifel, da er sein Modell eines „offiziellen Machtkreislaufs", der die Umwandlung kommunikativer in admininistrativer Macht beschreibt, nur noch in Krisenfällen als funktionierend betrachtet.

Zu einem verfassungsgerichtlichen ‚schwachen' Paternalismus besteht anscheinend keine funktional gleichwertige Alternative. Wer somit einen ‚schwachen' verfassungsgerichtlichen Paternalismus ablehnt, muß zumindest einräumen, daß das Spektrum und der Impetus der parlamentarischen und zivilgesellschaftlichen Deliberation eingeschränkt sind.

Demnach ist es auch nicht aufgrund empirischer Überlegungen angezeigt, nur der parlamentarischen und der allgemeinen Öffentlichkeit das Führen von Begründungsdiskursen zu gestatten.

Anzuerkennen ist allerdings, daß eine richterrechtliche Regelung von Verfassungsrecht in der Form eines ‚schwachen' Paternalismus demokratietheoretisch eine Gratwanderung darstellt. Gerichtliche Rechtsfortbildung sollte nur nach gründlicher Abwägung stattfinden.

Noch problematischer ist die verfassungsgerichtliche Version eines ‚starken' Paternalismus, weil diese Version definitionsgemäß gegen einen „erklärten Willen" Zwang ausübt. Einen solchen „erklärten Willen" könnte man immer dann annehmen, wenn keine rechtlichen Lücken[241] bestehen. Verfahrenstechnisch fallen generell alle abstrakten Normenkontrollverfahren hierunter, aber auch bei anderen Verfahrenstypen kann ein ‚starker' Paternalismus in diesem Sinne vorliegen.

Einzuräumen ist, daß die Etablierung verfassungsgerichtlicher Befugnisse nicht

---

[241] Die Sprache der Rechtsdogmatik kennt eigentlich keine „rechtlichen Lücken", weil sie sich der Fiktion bedienen muß, jedes rechtliche Problem mit dem Mittel des Rechts lösen zu können. Von „rechtlichen Lücken" wird hier (in den Sprachen der Vergleichenden Regierungslehre, der Sozialwissenschaft und der Philosophie) gesprochen. Gemeint ist eine geringe normative Regelungsdichte wie etwa bei dem angeführten Abstammungswissen-Fall oder bei der verfassungsgerichtlichen Verankerung des Rechts auf informationelle Selbstbestimmung. Siehe hierzu FN 239 S. 134 dieser Arbeit. Zur Mehrsprachigkeit einer Theorie legitimer Herrschaft siehe (in dieser Arbeit) III. Dimensionen der Souveränität in § 5 ‚VERFASSUNGSGERICHTSBARKEIT' UND SOUVERÄNITÄT [346–370].

III. ‚Verfassungsgerichtsbarkeit', rechtsphilosophisch betrachtet 137

dazu führt, daß politische Kontroversen nur ausnahmsweise in verfassungsgerichtliche überführt werden. Denn das bloße Vorhandensein dieser rechtlichen Möglichkeit zieht offensichtlich auch deren Nutzung nach sich. Den politischen Akteuren fällt ein Verzicht hierauf anscheinend enorm schwer.

Auf der anderen Seite lassen sich eine Reihe von Argumenten für einen ‚schwachen' Paternalismus in bezug auf einen ‚starken' Paternalismus wiederholen.

Hinzu kommt, daß sich insbesondere der ‚starke' Paternalismus mit der Begründung der Machtkontrolle rechtfertigen läßt.

Zu berücksichtigen ist ferner, daß die Figur eines „erklärten Willens" der Bürgerschaft mit gesetzlichen und verfassungsgesetzlichen Vorgaben eine rechtliche Fiktion ist. Zwar handelt es sich bei dieser „Identifikation" um eine notwendige Fiktion für die Realisierung von Demokratie. Doch gleichwohl ist es eine Fiktion. Folglich ist zwischen einem ‚schwachen' und einem ‚starken' verfassungsgerichtlichen Paternalismus nur graduell zu unterscheiden.

Die Diskussion über die Legitimität verfassungsgerichtlicher Befugnisse wird im Laufe der Arbeit noch vertieft werden. Hier sei lediglich festgehalten, daß für einen ‚starken' Paternalismus auch mit Jürgen Habermas gegen Jürgen Habermas argumentiert werden kann: Verfassungsgerichtliche Urteilssprüche schneiden nicht unbedingt jede Deliberation ab. Daher ließe sich auch vertreten, daß die juristische Auseinandersetzung die parlamentarische, mehr aber noch: die öffentliche Deliberation befördert.

Zusammengefaßt, Jürgen Habermas über- und unterschätzt zugleich das Moment der Deliberation: Er überschätzt das pluralistische Deliberationsvermögen von Parlament und Zivilgesellschaft; und er überschätzt das rationalisierende Potential von Verfahrensbedingungen und öffentlicher Transparenz. Er unterschätzt den Wert der Deliberation in Exekutive und Judikative. Daher ist es nicht einsichtig, nur der Öffentlichkeit und der Gesetzgebung das Vorrecht der Deliberation zuzusprechen. Gründe zu erwägen, zu gewichten und unter Berufung auf sie zu entscheiden, ist ein rationaler Entscheidungsmodus. Politische Gemeinwesen bedürfen dieser prozeduralen Rationalität viel zu sehr, als daß sie diese Ressource derart restriktiv „vergeben" könnten.

Zu untersuchen ist überdies, ob eine exklusive Zuordnung der Begründung von Normen überhaupt einzuhalten ist. Dieser Aspekt der Durchführbarkeit des habermasianischen Prozeduralismus soll im Zusammenhang mit Habermas' Überlegungen zur modalen Legitimität der Verfassungsgerichtsbarkeit behandelt werden.

(bb) Habermas' modale Legitimitätstheorie
Jürgen Habermas bestimmt allein die deliberative Qualität der Genese von Rechtsnormen zum Gegenstand verfassungsgerichtlicher Überprüfung. Damit ist gemeint, daß Verfassungsgerichte zu untersuchen haben, ob der Gesetzgebungsprozeß einen hinreichend diskursiven Charakter besessen hat – also etwa: ob für die legislative Beschlußfassung öffentlich vertretbare Gründe den Ausschlag gegeben haben. Weiter soll das verfassungsgerichtliche Mandat jedoch nicht reichen.

Damit ist der Kompetenzbereich der Konstitutionsjurisdiktion zu eng definiert. Wie bei der Kritik am strikten Antipaternalismus bereits dargelegt, stellt der diskursive Charakter nicht das einzig sinnvolle Kriterium für gerichtliche Intervention in den politischen Prozeß dar. Daher ist auch Habermas' Absage an verfassungsgerichtliche Aufträge an den Gesetzgeber problematisch.

Zu ergänzen ist diese Kritik um einen weiteren Punkt: Die Bestimmung der verfassungsgerichtlichen Rolle hauptsächlich von dem Aspekt her, die Institutionen der rechtsstaatlichen Demokratie als Ausdruck von deliberierenden Diskursen zu begreifen, berücksichtigt die Dimension der Macht unzureichend. Habermas übersieht, daß Verfassungsgerichte im staatlichen Herrschaftsgefüge auch taktierend und moderierend agieren müssen: Die Konstitutionsjurisdiktion ist nur imstande, ihre Funktion zu erfüllen, solange sich ihre Rechtsprechung sowohl gegen die Machtpotentiale der staatlichen Organe als auch der gesellschaftlichen Kräfte durchzusetzen vermag. Zudem muß die Wahrnehmung verfassungsgerichtlicher Befugnisse darauf bedacht sein, zwischen den Trägern von staatlicher und gesellschaftlicher Macht ein Gleichgewicht herzustellen beziehungsweise ein solches nicht zu gefährden.

Eine Legitimitätskonzeption, die verfassungsgerichtliche Kontrolle allein auf das Vorliegen von Deliberation, die Ausübung von Autonomie und die Kohärenz von Rechtsnormen ausrichtet, formuliert ein Ideal – aber ein unerreichbares Ideal. In dieser Hinsicht offenbart sich in Habermas' Verständnis der Rolle der Verfassungsgerichtsbarkeit ein rationalistischer Rigorismus.

Dieser Einwand ist auch gegenüber einer weiteren Forderung von Habermas zu erheben. Wie zuvor referiert wurde, überantwortet Habermas der Verfassungsgerichtsbarkeit nicht nur die Überwachung der *Ergebnisse* von Rechtssetzungsprozessen auf ihre deliberative Qualität hin. Vielmehr schließt er dabei auch die *Verfahren* der Normgenese ein.[242] Er postuliert also, die faktische Motivationslage des Gesetzgebers einer verfassungsgerichtlichen Überprüfung zu unterziehen.

Sicherlich verdient das Staatsbürgerpublikum nicht nur legitime Ergebnisse, sondern auch legitime Verfahren von parlamentarischen Verhandlungen. Doch mit welchen Mitteln ist ein wirklich deliberatives Agieren der politischen Akteure zu eruieren? Wie sollen (Verfassungs-)Gerichte zwischen den vorgebrachten Beweggründen der Akteure und den wirklichen Bestimmungsfaktoren ihres Handelns unterscheiden?

Ein Blick auf die politischen Handlungsmuster, die der Erzeugung von Rechtsnormen vorangehen beziehungsweise diese Erzeugung bewirken, verdeutlicht, daß Gerichten die Einblicknahme in diese Seite der Politik verwehrt ist: Im Idealfall entstehen Rechtsnormen aufgrund eines ‚Wertkonsenses' der beteiligten, zur Setzung von Recht legitimierten Akteure sowie derjenigen, die diesen Normen unterworfen sind. Im sozialen Leben ist allerdings ein ‚Wertkonsens', das heißt: eine umfassende inhaltliche Einhelligkeit, vielfach nicht zu erreichen – auch nicht nach einem intensiven Bemühen um eine materiale Verständigung.

---

[242] Zu diesem Gesichtspunkt von Habermas' prozeduralistischer Lesart der Verfassungsgerichtsbarkeit siehe S. 109 dieser Arbeit.

III. ‚Verfassungsgerichtsbarkeit', rechtsphilosophisch betrachtet 139

Alternativ zu einer umfassenden inhaltlichen Übereinstimmung beziehungsweise Verständigung bleibt in erster Linie das Aushandeln von Kompromissen, um einen ‚Rechtskonsens' zu erzielen. ‚Rechtskonsens' bedeutet, daß sich die an der Rechtsetzung Beteiligten und die von ihr Betroffenen darin einig wissen, die Ergebnisse eines festgelegten Verfahrens als für sich verbindlich zu betrachten. Und dies obgleich sie in einem oder in mehreren Punkt(en) inhaltlich gegensätzliche Auffassungen besitzen (können).

Darüber hinaus gibt es nur noch zwei weitere Handlungsmuster: die Durchsetzung von Auffassungen mit dem Mittel der Macht ohne ein Bemühen um Verständigung oder die (wechsel- beziehungsweise einseitige) Hinnahme divergierender Positionen. Das letzte Handlungsmuster nähert sich bei einer Wechselseitigkeit an das Streben nach einem Rechtskonsens an oder kann dem sogar gleichkommen. Freilich lassen sich nicht alle Konflikte durch ein Ausklammern des Strittigen bewältigen. Der Einsatz von Macht ohne Verständigungsorientierung ist normativ betrachtet die schlechteste Variante sozialer Integration und nur unter bestimmten Kriterien überhaupt ethisch zu rechtfertigen. Gleichwohl ist diese Handlungsvariante üblich.

All diese Handlungsmuster können der Generierung von Rechtsnormen vorangeschaltet sein. Welche Handlungsmuster, wie und in welchem Verhältnis sowie aufgrund welcher Motive zur Rechtsetzung geführt haben, ist im Sinne einer juristischen Zurechenbarkeit nicht zu ermitteln. Denn die an der Normerzeugung Beteiligten halten ihre eigenen Handlungsweisen und -ziele sowie die der anderen Akteure zumindest zum Teil bewußt im Verborgenen. Es liegt nicht stets im Interesse dieser Akteure, publik zu machen, ob und zu welchen Anteilen inhaltliche Übereinstimmung oder erfolgreicher ebenso wie erfolgloser Kampf, Kompromißfindung oder (wechselseitige) Hinnahme von Dissens zur Erzeugung von Rechtsnormen geführt haben. Das Interesse an einer Gesichtswahrung oder an einer Verschleierung der Machtverhältnisse kann einer Bekanntgabe der Handlungsweisen und -ziele der Beteiligten entgegenstehen. Damit läßt sich aber – zumindest im Sinne juristisch vertretbarer Evidenz und Plausibilität – der diskursive Charakter der Schöpfung von Rechtsvorschriften nicht hinreichend überprüfen.[243]

Hinzu kommt, daß Habermas' Maßstab für Diskursivität weit weniger objektiv ist, als seine Ausführungen zu unterstellen scheinen: Über die öffentliche Vertretbarkeit von Gründen divergieren die Ansichten.

Auch die Durchführbarkeit von weiteren Postulaten von Habermas erscheint fraglich. So sieht sein verfassungsgerichtliches Rollenmodell einen unbedingten gericht-

---

[243] Die Undurchsichtigkeit der Handlungsmotive und -ziele ist in diesen Fällen ausgeprägter als etwa bei der strafrechtlichen Feststellung der Vorsätzlichkeit einer Handlung. Des weiteren ist im Strafrecht die Beweislast so verteilt, daß die Vorsätzlichkeit zweifelsfrei nachgewiesen werden muß. Dies erschwert es, eine Parallele zu Habermas' Forderung nach tatsächlicher deliberativer Qualität zu ziehen. Denn Habermas möchte das diskursive Handeln der Akteure ermittelt sehen. Verfährt man hingegen wie im Fall des Vorsatzes, dann wäre das nicht-diskursive Handeln der Beteiligten zu prüfen. Allenfalls dies wäre gemäß juristischen Standards zurechenbar und rechtlich operabel.

lichen Aktivismus in moralischer Hinsicht vor. In ethischer Hinsicht dagegen fordert er von Verfassungsgerichten strengste Zurückhaltung, damit sie nicht als autoritäre Instanzen agierten. Anders ausgedrückt, Jürgen Habermas begreift den moralischen Diskurs als justiziabel – nicht jedoch den ethischen.

Bei diesem Aspekt von Habermas' Rollenverständnis der Verfassungsgerichtsbarkeit sind zwei Prämissen impliziert:
- Die erste Prämisse besteht in der Annahme einer zweiwertigen Trennbarkeit zwischen dem moralischen und dem ethischen Diskurs.[244]
- Die zweite enthält die Hypothese, es sei möglich, den Anforderungen des moralischen Diskurses gegenüber den Kriterien des ethischen Diskurses eine unbedingte Vorrangstellung einzuräumen.

Weder die erste noch die zweite Prämisse sind haltbar:
- Zwar ist die Unterscheidung zwischen einem moralischen und einem ethischen Diskurs durchaus analytisch sinnvoll. Jedoch ist die Unterscheidbarkeit der Diskurstypen in der sozialen Praxis nur in Abstufungen, nicht aber in dichotomischen Gegenüberstellungen möglich:
  * In einer idealen Sprechsituation lassen sich die Diskursarten des moralischen und des ethischen Diskurses gewiß auseinanderhalten. Denn die ideale Sprechsituation zeichnet sich dadurch aus, daß in ihr keinerlei Machtgefälle eine Rolle spielt; folglich existiert in dieser gedanklich erzeugten Situation auch kein Machtgefälle zwischen dem Forum der gesamten Menschheit und (den) einzelnen Gemeinschaften.
  * In der sozialen Wirklichkeit jedoch sind zumindest manche einzelne Gemeinschaften den Organisationsformen, die die gesamte Menschheit repräsentieren könnten (in Frage kämen die Vereinten Nationen), überlegen. Diese Machtasymmetrie nötigt in der sozialen Praxis die einzelnen Gemeinschaften, bei ihren Handlungen nicht strikt nur moralische Maximen, sondern *auch* Imperative politischer, ökonomischer und kultureller Selbstbehauptung zu befolgen. Daher ist in der sozialen Wirklichkeit die Grenzziehung zwischen ethischen und moralischen Diskursen nur unscharf möglich. Denn die Ergebnisse jedes moralischen

---

[244] Im Nachwort zur 4. Auflage von F&G (1998) stellt Habermas fest: „Normalerweise sind politische Fragen so komplex, daß sie gleichzeitig unter pragmatischen, ethischen und moralischen *Aspekten* behandelt werden müssen. Diese lassen sich freilich nur *analytisch* trennen. Deshalb ist mein (S. 203 ff.) unternommener Versuch, verschiedene Arten von Diskursen anhand linear zugeordneter konkreter Fragen zu exemplifizieren, irreführend." [F&G, 667 FN 3; Hn. i.O.] Diese Aussagen können so aufgefaßt werden, daß Habermas eine zweiwertige Trennbarkeit etwa zwischen dem moralischen und dem ethischen Diskurs nicht (mehr) vertritt. Infolgedessen wäre insbesondere die im folgenden Abschnitt vorgebrachte Kritik an Habermas' Konzeption nicht (mehr) aufrecht zu erhalten. Freilich müßte Habermas in diesem Fall aus dem Theorem einer allein analytisch vornehmbaren Trennbarkeit zwischen den Diskursarten erhebliche theorieinhaltliche Konsequenzen ziehen – mindestens müßte er die Problematik einer Grenzziehung zwischen den Diskurstypen ins Visier nehmen. Habermas beläßt es jedoch bei den soeben zitierten Aussagen in der FN 3 des Nachworts. Die hier in dieser Arbeit vorgebrachte Kritik an Habermas' Lehre ist daher nach wie vor aktuell.

III. ‚Verfassungsgerichtsbarkeit', rechtsphilosophisch betrachtet 141

Diskurses in konkreten Gemeinschaften sind nur dadurch zu verwirklichen, daß sie den Bestand dieses Gemeinwesens nicht gefährden. Somit kommt es aber zu einer Überlagerung der moralischen Diskurse mit den ethischen. Das Problem der Selbstbehauptung von Gemeinschaften ist nämlich zuallererst ein ethisches; moralisch ist der Gesichtspunkt der Selbstbehauptung erst dann relevant, wenn nicht einmal die fragliche moralische Handlung durchführbar ist.[245]

- Angesichts der in der sozialen Wirklichkeit gefährdeten Selbstbehauptung von Gemeinschaften läßt sich auch die zweite Prämisse nicht aufrecht erhalten: Wenn ein politisches Gemeinwesen kategorisch dem, was für alle gut ist, die Priorität beimessen würde gegenüber dem, was zum Wohl dieser Gemeinschaft gehört, dann wäre dieses Gemeinwesen sicher nicht mehr lange intakt.

Dies soll an einem Beispiel verdeutlicht werden:

* Die Anforderungen der Moral (so wie Habermas sie definiert) umfassen Verpflichtungen gegenüber der gesamten Menschheit sowie gegenüber sämtlichen Menschen – und zwar aufgrund des Status dieser Personen *als Menschen* (und nicht aufgrund von deren Zugehörigkeit zu einer bestimmten Nationalität, Konfession etc.). Nach den Kriterien des moralischen Diskurses müßte ein Gemeinwesen folglich *jeden* Asylsuchenden aufnehmen, dessen Leben andernfalls bedroht ist.[246]
* Die Maßgaben des ethischen Diskurses richten sich (so wie Habermas sie definiert) ausschließlich nach dem Wohl einer Gemeinschaft – und zwar derart, wie diese Gemeinschaft dieses Wohl auffaßt. Verpflichtungen bestehen demnach im Hinblick auf das (so verstandene) gemeinschaftliche Wohl. Nach den Kriterien des ethischen Diskurses wäre somit das Wohlergehen irgendeines Angehörigen außerhalb dieser bestimmten Gemeinschaft in keinster Weise ausschlaggebend. Die Gewährung von Asyl würde folglich allein davon abhängen, wie sich die Aufnahme von weiteren Gemeinschaftsmitgliedern (selbst wenn es sich um in ihrem Leben bedrohte Verfolgte handelt) mit der gewünschten Lebensform und der kulturellen Identität der Angehörigen dieser Gemeinschaft in Einklang bringen läßt.
* Gemäß Habermas' Aussagen (zum moralischen Aktivismus der Verfassungsgerichtsbarkeit) müßte den moralischen Anforderungen *kategorisch* entsprochen werden – die ethischen Kriterien wären diesen gegenüber nachrangig. Dies wäre jedoch – ab einer bestimmten Anzahl von Asylsuchenden – nicht durchführbar. Vielmehr erscheint hinsichtlich der Aufnahme von Asylsuchenden ein *Mittelweg* zwischen den Anforderungen *beider* Diskursarten vertretbar. Wo genau dieser

---

[245] Denn Sollen impliziert bekanntlich Können.
[246] Die Verpflichtungskraft moralischer Normen reicht noch viel weiter. Da es jedoch schwierig wäre, zu bestimmen, wie weit sie reicht, wurde dieses eindeutige Beispiel gewählt. Die Unterscheidbarkeit zwischen moralischen und ethischen Diskursen ist übrigens auch dadurch erschwert, daß tatsächlich handlungsanleitende ethische Erwägungen mit moralischen Argumenten verfochten werden – auch wenn moralische Gesichtspunkte nicht tatsächlich, sondern nur vorgeblich handlungsbestimmend sind.

Weg zu verlaufen hat, ist situationsabhängig – und nur im konkreten Fall zu entscheiden. Klar ist jedoch – und zwar selbst wenn die Vorrangstellung des moralischen Diskurses gegenüber dem ethischen als Ideal anzuerkennen ist, daß dem Universalismus des moralischen Blickwinkels zumindest unter den derzeitigen globalen Machtbedingungen und Herrschaftsverhältnissen keine *absolute* Vorrangstellung zukommen kann. Es können nicht sämtliche moralische Maximen vollumfänglich erfüllt werden, bevor ethischen Kriterien Genüge geleistet werden kann.[247]

Für die (Verfassungs-)Gerichtsbarkeit bedeutet dies, daß sich mithilfe der Unterscheidung von Moral und Ethik der Aufgabenbereich der Judikative nicht derart strikt eingrenzen läßt, wie dies Jürgen Habermas vertritt. Die (Verfassungs-)Gerichtsbarkeit vermag nur auf eine graduelle Weise, nicht aber in der Form von qualitativen Gegenüberstellungen zwischen moralischen und ethischen Gesichtspunkten zu differenzieren. Da diese Differenzierung nur komparativ, nicht aber dichotomisierend erfolgen kann, kommt die (Verfassungs-)Gerichtsbarkeit nicht um Abwägungen und Plausibilitätsüberlegungen herum.

Schließlich ist ein Trennschärfe-Problem auch in bezug auf die Unterscheidung zwischen der Begründung und der Anwendung von Normen zu konstatieren. Denn jeder Diskurs über die Anwendung von Normen schließt einen Diskurs über die Begründung von Normen mit ein.[248]

Dies liegt an mehreren Gründen. Ein wesentlicher Grund besteht darin, daß Substanz – in einer abschließenden Form – nicht satzbar ist. So arbeitet der juristische Diskurs mit schriftlich fixierten Texten. Diese Texte wurden verfaßt, um einer bestimmten Substanz Geltung zu verleihen; daher werden in ihnen Verbots- und Erlaubnisvorschriften, Ermächtigungs- und Anspruchsnormen statuiert. Auf diese Weise wird versucht, substantielle Gehalte in die Sprache des Rechts zu übersetzen; und so gehen aus Begründungsdiskursen Normtexte hervor. Diese Normtexte enthalten durchaus Elemente jener substantiellen Gehalte, die die Verfasser der Normtexte mithilfe des positiven Rechts in die soziale Wirklichkeit überführen wollten. Aber keinem Normtext haften die in den Begründungsdiskursen explizit zum Ausdruck

---

[247] Vielleicht ließe sich an dieser Stelle an andere Überlegungen von Habermas anknüpfen und eine Gleichursprünglichkeit der moralischen und der ethischen Perspektive zugrunde zu legen. Damit wäre ausgedrückt, daß in dem wohlverstandenen Selbstbild einer partikularen Gemeinschaft das Beste für diese Gemeinschaft mit dem Guten der universalen Gemeinschaft aller Menschen zusammenfiele. Spannungsverhältnisse und Konflikte bei der Verwirklichung und Bestimmung des universalen Guten und partikularen Besten wären damit allerdings keineswegs ausgeschlossen. Im Nachwort zur 4. Auflage von F&G geht Habermas auf Moral und Recht bei der Asylgewährung ein und verneint einen individuellen Rechtsanspruch auf Immigration. [F&G, 668 FN 4] Dies läßt sich so deuten, daß Habermas bei konkreten praktischen Problemstellungen zwischen moralischen und ethischen Forderungen vermittelt. Dennoch hält er an der Konzeption binärer Geltungsansprüche von moralischen Normen fest.

[248] Im Ergebnis ebenso ROBERT ALEXY: *Recht, Vernunft, Diskurs.* Studien zur Rechtsphilosophie, Frankfurt a.M. 1995, 7 [= Vorwort] und passim.

III. ,Verfassungsgerichtsbarkeit', rechtsphilosophisch betrachtet   143

gebrachten und implizit ihnen zugrunde gelegten Begründungen in ihrem gesamten substantiellen Gehalt an.

So besteht bei der Erstellung von Rechtsvorschriften zwar die Wahl zwischen einem Mehr und einem Weniger an formaler oder materialer Rationalität. Formale wie materiale Rationalität im Recht (das heißt: bei der Rechtsschöpfung und bei der Rechtsfindung) lassen sich idealtypisch (im Sinne Max Webers)[249] so unterscheiden:
– Formale Rationalität läßt sich bei der Rechtsschöpfung durch ,Regeln' realisieren. Diese ,Regeln' beschreiben einen Sachverhalt möglichst präzise und knüpfen an diese Sachverhaltsbeschreibung bestimmte Rechtsfolgen.
– Materiale Rationalität rekurriert dagegen auf ,Prinzipien'. Diese ,Prinzipien' formulieren – unvermeidbar vage – ethische Zielvorgaben, utilitaristische Richtlinien etc. Auch hierbei ist eine Kopplung an Rechtsfolgen möglich.

Doch ganz gleich, ob eine Normwirklichkeit eher mittels formaler oder eher mittels materialer Rationalität errichtet wird (möglich ist nur eine Kombination beider Dimensionen), eine Determinierung der Rechtsanwendung durch die Fixierung von Substanz vermag nie (vollumfänglich) zu gelingen:
– Die Determinationskraft formaler Rationalität schwächt sich in dem Maße ab, in dem die im Normtext gegebenen Sachverhaltsbeschreibungen den für die rechtliche Bewertung relevanten Daten der rechtlich zu untersuchenden Situation nicht entsprechen. Die Diskrepanz zwischen den Sachverhaltsbeschreibungen des positiven Rechts und den Kennzeichen von Situationen, die rechtlich zu beurteilen sind, läßt sich nicht eliminieren. Denn die soziale Wirklichkeit ist zum einen derart komplex und zum anderen derart variabel, daß nie abschließende Sachverhaltsprofile erstellt werden können.
– Die Determinationskraft materialer Rationalität schwächt sich in dem Maße ab, in dem rechtliche Situationsdeutungen und -bewertungen mithilfe von ,Prinzipien' nicht nach konventionalisierten Konkretisierungsstandards erfolgen. Einzelne ,Prinzipien' müssen auch stets mit anderen ethischen Imperativen und Zweckmäßigkeitserwägungen in Einklang gebracht werden. Die Komplexität und Variabilität der sozialen Wirklichkeit führt dazu, daß Konkretisierungsstandards und Prinzipienrelationierungen nie abschließend festgestellt werden können. Daher bleibt eine nie völlig zu überbrückende Kluft zwischen substantiellen Vorgaben des positiven Rechts und den spezifischen Merkmalen der jeweiligen rechtlich zu beurteilenden Situation.

Auch die Kombination von Elementen formaler und materialer Rationalität vermag nicht zu einer abschließenden Satzbarkeit von Substanz beziehungsweise vollumfänglichen Determinierung der Rechtsanwendung führen, da zwischen formaler und materialer Rationalität ein Zielkonflikt besteht:
– Je mehr einerseits ein rechtliches Normengefüge oder dessen Auslegung auf

---

[249] Zur formalen und zur materialen Rationalität im Recht nach Weber siehe MATTHIAS EBERL: *Die Legitimität der Moderne. Kulturkritik und Herrschaftskonzeption bei Max Weber und bei Carl Schmitt*, Marburg 1994, 17–20.

formale Rationalität hin rationalisiert wird, desto mehr sinkt seine materiale Rationalität.
- Je mehr Gewicht andererseits Prinzipien beigemessen wird, desto mehr nimmt die Bindung an rechtlichen Formalismus ab.

Noch ein weiterer Aspekt steht der abschließenden Satzbarkeit von Substanz entgegen: In der Regel resultieren Normtexte aus Kompromissen; dies bedeutet: Normtexte sind Konvolute von diversen, zum Teil sogar disparaten Begründungsdiskursen.

Somit ist Substanz ist nur begrenzt satzbar, und die Gültigkeit von Normen kann nie abschließend begründet werden. Auch wenn in Normtexten Begründungen für die statuierten Vorschriften gegeben werden, sind diese Begründungen selbst wiederum begründungsbedürftig.

Durch die limitierte Satzbarkeit von Substanz ist die Gültigkeit von Normen für die Rechtsanwendung nie von vorneherein in jeder Hinsicht entschieden. Wenn rechtliche Probleme auftauchen (und die Eigenart rechtlicher Probleme macht es aus, daß die rechtliche Beurteilung strittig ist), dann kann sich die Rechtsanwendung nicht darauf beschränken, nur die Angemessenheit von Normen in einem Einzelfall zu prüfen, sondern sie muß Normenbegründungen geben – also Begründungsdiskurse führen –, um die verschiedenen, für einen Sachverhalt einschlägigen Normen zueinander in Beziehung zu setzen.

Die Rechtsfindung erfolgt daher auf eine dialektische, nie abschließbare Weise: Das Recht muß permanent erweitert werden, indem immer wieder von Neuem versucht werden muß, ein konsistentes Gebilde aus dem positivrechtlichen Normengefüge gedanklich zu errichten.[250] Der Gehalt von Normen wird stets unter Einbeziehung der rechtlich zu ordnenden Wirklichkeit bestimmt. Zugleich verändern sich mit dem Wandel der Wirklichkeit auch die Gehalte der Normen.

Ein Beispiel soll dies illustrieren: Daß die Normen eines Tierschutzgesetzes und ein in einer Verfassung verankertes Grundrecht auf freie Religionsausübung in einer rechtlichen Beziehung stehen könnten, erhellt beispielsweise erst dann, wenn eine Religionsgemeinschaft eine bestimmte Form der Schlachtung von Tieren als für sich verbindlich betrachtet. Angesichts dieses neu aufgetretenen rechtlichen Problems muß bei der Anwendung der Normen des Tierschutzgesetzes ein Begründungsdiskurs für die Gültigkeit sowohl der Tierschutzvorschriften als auch der grundrechtlich gesicherten Religionsfreiheit geführt werden.

Zusammengefaßt: soziale Integration mit dem Medium des Rechts bedeutet, daß die Legislative Entscheidungen an richterliche Urteilskraft delegiert. Die richterliche Urteilskraft vermag zwar durch positivrechtliche Vorgaben eingeschränkt werden, aber dies vermag nur bedingt zu gelingen. Es kann nicht verhindert werden, daß die Rechts-

---

[250] Rechtsdogmatisch ist die Fiktion der Abgeschlossenheit der Rechtsordnung allerdings unumgänglich. Bei jeder rechtlichen Entscheidung gilt das Axiom, daß die Rechtsordnung sämtliche zur Entscheidung erforderlichen Aussagen bereithält. Läßt sich der Rechtsordnung mithilfe des exegetischen Instrumentariums keine Aussage entnehmen, die die zu untersuchende Situation rechtlich zu bewerten erlaubt, dann muß das *rechtliche* Urteil die Situation durch eine Nichtklärung entscheiden.

anwendenden selbst die Gültigkeit der rechtlichen Vorgaben bestimmen müssen, auch wenn die Rechtsanwendenden nur die Angemessenheit von Normen in einem Einzelfall zu beurteilen haben und auch wenn die Rechtssetzenden die Gültigkeit von Rechtsvorschriften zuvor bereits (bei der Rechtsschöpfung) begründet haben. Folglich läßt sich mit Habermas' argumentationslogischer Differenzierung zwischen der Begründung und der Anwendung von Normen die Funktion der Gerichtsbarkeit gegenüber den Funktionen der Legislative und der Zivilgesellschaft nicht trennscharf abgrenzen.

5. Die Politikwissenschaft

Auch Vertreter der Politikwissenschaft haben ihr Augenmerk auf die Institution der Verfassungsgerichtsbarkeit gerichtet.[251] Die deutschsprachige Politikwissenschaft steht allerdings – zumindest was die bloße Zahl ihrer Veröffentlichungen hierzu betrifft – im Schatten der Jurisprudenz. Des weiteren ist der Gegenstand der Verfassungsgerichtsbarkeit im gesamten Spektrum ihrer wissenschaftlichen Publikationen nicht so prominent wie bei der Rechtswissenschaft.

Zudem sind politikwissenschaftliche Arbeiten von rechtswissenschaftlichen ab und an nur schwer oder überhaupt nicht zu unterscheiden. Dies gilt zumal, wenn nicht nur nominelle Kriterien angelegt werden – also wenn nicht nur auf Zugehörigkeiten zu universitären Einrichtungen (wie Fakultäten), Veröffentlichungen im Rahmen von fachspezifischen Publikationsorganen (wie Zeitschriften oder Reihen) oder auf Bezeichnungen für wissenschaftliche Lehrtätigkeit abgestellt wird.[252] In einem besonderen Maße besteht die Schwierigkeit der fachlichen Einordnung bei manchen Protagonisten der Etablierung der Politikwissenschaft als universitärer Disziplin nach dem II. Weltkrieg. Eine Rolle spielt dabei, daß viele Exponenten der Politikwissenschaft ihre wissenschaftliche Laufbahn in der Jurisprudenz begonnen haben. Bezeichnenderweise figuriert(e) die Beschäftigung mit dem Themenkomplex Konstitutionalismus und Verfassungsgerichtsbarkeit zuweilen unter der der Rechtswissenschaft nahestehenden respektive ihr sogar eingegliederten „Staatswissenschaft". Freilich ist generell die Zuordnung der mit der Verfassungsgerichtsbarkeit befaßten Untersu-

---

[251] Zur politik- und sozialwissenschaftlichen Befassung mit dem deutschen Bundesverfassungsgericht siehe KLAUS VON BEYME: Das Bundesverfassungsgericht aus der Sicht der Politik- und Gesellschaftswissenschaften, in FS 50 Jahre BVerfG 1, 493–505.

[252] Eine biographisch-inhaltliche Nähe zur Rechtswissenschaft besteht beispielsweise bei WILHELM HENNIS [siehe nur: Integration durch Verfassung? Rudolf Smend und die Zugänge zum Verfassungsproblem nach 50 Jahren unter dem Grundgesetz, in: *Juristenzeitung*, 54. Bd. (1999), H. 10, 487–495] oder ERNST FRAENKEL [siehe v.a.: Das richterliche Prüfungsrecht in den Vereinigten Staaten von Amerika. Eine Untersuchung unter besonderer Berücksichtigung des Arbeitsrechts {1953}, in: Hubertus Buchstein/Rainer Kühn (Hg.): *Ernst Fraenkel: Gesammelte Schriften. Bd. 4: Amerikastudien*, Baden-Baden 2000, 49–141 {erstmals in: JöR, NF 1953, 35–106}]; zumindest eine inhaltliche Nähe bei INGEBORG MAUS: Zum Verhältnis von Recht und Moral aus demokratietheoretischer Sicht, in: Kurt Bayertz (Hg.): *Politik und Ethik*, Stuttgart 1996, 194–227.

chungen und Stellungnahmen zu bestimmten Fachrichtungen vielfach nicht trennscharf oder nur anhand der eben umrissenen nominellen Gesichtspunkten vorzunehmen. Die Übergänge zwischen der Philosophie, der Soziologie und etwa der Vergleichenden Regierungslehre sind hier – wie auch bei sonstigen Themenbearbeitungen – fließend.

Manche Wissenschaftler aus dem deutschsprachigen Raum haben in der durch das NS-Regime veranlaßten Emigration in die USA – wohl auch angeregt durch die dortige Präsenz und Reichhaltigkeit der Forschungen zum Judicial Review – ihre Studien zur Verfassungsgerichtsbarkeit fortgeführt beziehungsweise vertieft.[253]

Zu diesen Emigranten zählt auch Carl J. Friedrich, dessen Untersuchungen typisch sind für die ältere Richtung der Politikwissenschaft[254] und auf dessen Werk »Der Verfassungsstaat der Neuzeit« sogleich näher eingegangen wird.[255] Die jüngere politikwissenschaftliche Befassung mit der Verfassungsgerichtsbarkeit zeichnet sich – im Unterschied zu der ihrer Vorgänger – häufig durch eine empirisch-statistische Herangehensweise und die Durchführung von Fallanalysen aus.[256]

Auch die Nutzung des Repertoires der Systemtheorie ist verbreitet. Freilich können diese Untersuchungen nicht nur der Politikwissenschaft, sondern auch der Soziologie

---

[253] Stellvertretend sei wiederum auf ERNST FRAENKEL verwiesen. Zusätzlich zum in FN 252 S. 145 dieser Arbeit genannten Titel seien darüber hinaus das Fragment Wahlreform und oktroyierte Verfassung. Wie anno 1964 den Bürgern des Staates Colorado die Gleichwertigkeit des Stimmrechts beschert wurde [1966], in: Buchstein/Kühn (Hg.): *Ernst Fraenkel. Ges. Schriften Bd. 4: Amerikastudien* [aaO. FN 252 S. 145 dieser Arbeit], 945–963 erwähnt sowie insbesondere Fraenkels Aussagen zur Verfassungsgerichtsbarkeit in seinem Hauptwerk Das amerikanische Regierungssystem [Erstaufl. 1960], in: ebd., 441–834 [zuerst als: Ernst Fraenkel: Das amerikanische Regierungssystem. Leitfaden, Köln; Opladen 1960; Abdruck nach: ders.: Das amerikanische Regierungssystem. Eine politologische Analyse, 2. durchges. Aufl. Köln; Opladen 1962]. Fraenkel thematisiert in seinen Arbeiten häufig die Rolle der Verfassungsgerichtsbarkeit, auch in seinen hier nicht angeführten Studien. Mit der Legitimität dieser Institution befaßt er sich in seinen Untersuchungen jedoch nicht. Vielmehr bemüht sich Fraenkel darum, die Eigenart der amerikanischen Demokratie zu erhellen. Seine Arbeiten zielten in erster Linie auf Bestandsaufnahmen, die Rückschlüsse ermöglichten, wie die Demokratie (v.a. in der Bundesrepublik Deutschland) zu wahren sei.

[254] Repräsentativ für die ältere politikwissenschaftliche Forschung HEINZ LAUFER: *Verfassungsgerichtsbarkeit und politischer Prozeß*. Studien zum Bundesverfassungsgericht der Bundesrepublik Deutschland, Tübingen 1968.

[255] Siehe CARL J. FRIEDRICH: *Der Verfassungsstaat der Neuzeit*, Berlin, Göttingen, Heidelberg 1953 [= überarb. Fassung von Constitutional Government and Democracy 1951]. Im folgenden zit. als VN.

[256] Stellvertretend für die Durchführung von Fallanalysen: CHRISTINE LANDFRIED: *Bundesverfassungsgericht und Gesetzgeber*. Wirkungen der Verfassungsrechtsprechung auf parlamentarische Willensbildung und soziale Realität, Baden-Baden 1984. Hinsichtlich der jüngeren politikwissenschaftlichen Befassung mit der Verfassungsgerichtsbarkeit ist z.B. die Untersuchung von GARY S. SCHAAL: *Integration durch Verfassung und Verfassungsrechtsprechung?* Über den Zusammenhang von Demokratie, Verfassung und Integration, Berlin 2000 [Beiträge zur Politischen Wissenschaft; Bd. 116] neueren Datums. Zu dieser Untersuchung siehe die Besprechung von JAN REINARD SIECKMANN in: *PVS*, XLII. Bd. (2001), H. 4, 733–734.

oder der Rechtstheorie (als Teildisziplin und Grundlagenfach der Rechtswissenschaft) zugerechnet werden.[257]

a) Die Einordnung der Verfassungsgerichtsbarkeit in den neuzeitlichen Verfassungsstaat bei Carl J. Friedrich

Eingebunden in eine breit angelegte Synopse zum (demokratischen) Verfassungsstaat nimmt Carl J. Friedrich »[d]ie richterliche Überprüfung der Gesetzgebung als Verfassungsschutz« in den Blick. Seine Betrachtungen finden sich im gleichnamigen 12. Kapitel von »Der Verfassungsstaat der Neuzeit«, einem klassischen Werk der Politikwissenschaft.

Friedrich verfolgt den Gedanken einer gerichtlichen Überprüfung von Gesetzen zurück bis ins 18. Jahrhundert: Die Einleitung zum 12. Kapitel setzt ein mit Alexander Hamiltons Plädoyer, der Herrschaft des Parlaments Grenzen zu setzen mittels der gerichtlichen Befugnis, die Verfassung auszulegen. Friedrich begreift dieses Plädoyer als Neuformulierung der Sentenz: „Die Magna Charta ist ein Ding, das keinen Souverän haben will", die von Sir Edward Coke stammt. [VN, 255] Während der Richter Coke die „Vorherrschaft des Gesetzes" durch den englischen König bedroht gesehen habe, habe Hamilton eine Tyrannei der Mehrheit befürchtet. Friedrich erblickt somit die Wurzeln des US-amerikanischen Judicial Review im mittelalterlichen England, das heißt in der Lehre, eine unabhängige Justiz habe das Recht auszulegen. Im englischen Rechtsdenken des 17. Jahrhunderts bekräftigten Coke und andere Juristen, diese Auffassung sei Bestandteil des Common Law; und bis zum Ende des 18. Jahrhunderts wurde dies zumindest formell allgemein anerkannt. Obgleich sich diese Auffassung in England längerfristig nicht durchsetzen konnte, da hier die Vorstellung der Vorherrschaft des Rechts mit der des Parlaments verschmolzen sei, habe die Huldigung dieser Doktrin im englischen Rechtsdenken die amerikanischen Anschauungen entscheidend beeinflußt. [vgl. VN, 255–256]

In den folgenden Unterkapiteln führt Carl J. Friedrich die (rechts)geschichtliche Retrospektive fort; er verknüpft ideengeschichtliche Ausführungen mit systematischen und vergleichenden Überlegungen.

Zuerst stellt Friedrich die kontinentaleuropäische Entwicklung und Theoriebildung derjenigen des amerikanischen Konstitutionalismus gegenüber. Er gelangt unter anderem zu der Folgerung, in Europa habe ein Mangel an praktischer Urteilsfähigkeit geherrscht: Man habe sich für die Erklärung individueller Rechte begeistert, aber deren institutionelle Sicherung nicht bedacht. [VN, 257]

Als nächstes arbeitet Friedrich die Affinität zwischen der Einrichtung eines Verfassungsgerichts und dem föderalistischen Staatsaufbau heraus. Föderative Strukturen seien unweigerlich mit dem Auftreten von Konflikten um die jeweiligen Zuständig-

---

[257] *Pars pro toto* die nicht auf die Verfassungsgerichtsbarkeit beschränkte Dissertation von PAULO ANTONIO DE MENEZES ALBUQUERQUE: *Funktionen der Rechtsprechung im demokratischen Rechtsstaat in normen- und systemtheoretischer Perspektive,* Berlin 2001 [Schriften zur Rechtstheorie; 196].

keitsbereiche von zentralstaatlicher und/oder einzelstaatlicher Gewalt verbunden. Dann sei eine schiedsrichterliche Instanz notwendig – für diese Rolle sei eine eingerichtete Verfassungsgerichtsbarkeit besonders geeignet. [vgl. VN, 257–259]

Unter der Überschrift »Verfassungsauslegung und ordentliches Gerichtsverfahren« behandelt Friedrich den Aspekt der Parteilichkeit von Gerichtsentscheidungen. Er unternimmt hierzu einen Durchgang durch die Geschichte des US-amerikanischen Supreme Court. Auf diese Weise findet er – so sind seine Darlegungen wohl zu verstehen – sowohl Anhaltspunkte für konservative als auch für fortschrittliche Urteilssprüche. Dadurch schränkt er seine Eingangsfeststellung in diesem Unterkapitel, die amerikanischen Gerichte neigten von vornherein zu einer konservativen Stellungnahme, ein. [vgl. VN, 259–262]

Im Rahmen dieses Abschnittes erfolgen auch zwei grundsätzliche Äußerungen zur Funktion der Gerichte und der richterlichen Auslegung. Die erste dieser beiden Passagen unterscheidet drei Stufen der „politischen Einsicht in die konstitutionelle und politische Funktion eines Gerichts":

„1. das Gericht legt die Verfassung aus, wobei die Normen der Verfassung so klar sind wie eine mathematische Gleichung (populäre Ansicht); 2. das Gericht ist ein Instrument der Parteipolitik, es entscheidet gemäß den politischen Anschauungen der Richter, es ist antidemokratisch (politische Ansicht); 3. das Gericht ist die Hohepriesterschaft des Glaubens an den Konstitutionalismus, es gleicht die neue Norm vernunftgemäß den früheren Normen an und sorgt dadurch für Kontinuität, wenn nicht gar für eine konsequente Fortführung der Tradition. Kurz, es waltet als schiedsrichterliche Instanz zwischen den fundamentalen und stets rivalisierenden Kräften eines Verfassungssystems (wissenschaftliche Ansicht)." [VN, 260]

An Smends Integrationslehre[258] (und – gewissermaßen anachronistisch – an gegenwärtige kommunitaristische Denker) erinnert die Bemerkung Friedrichs, auf der dritten Stufe werde die Einsicht voll erkannt, die Funktion eines solchen höchsten Gerichts bestehe in der Auslegung und Wahrung der geheiligten Symbole, die viele Menschen und verschiedene Anschauungen zu einer organisierten Gemeinschaft verbänden. Friedrich macht zugleich darauf aufmerksam, daß die bewahrende Rolle von Gerichten auch umschlagen könne in eine reaktionäre Unterbindung von Fortschritten. Dann stehe die Zukunft des Konstitutionalismus in Gefahr. [ebd.]

Die zweite Passage grundsätzlicher Natur stellt auf die Methode der Rechtsfindung und die Eigenart des Rechts ab. Hier schließt sich Carl J. Friedrich Thesen von Oliver Wendell Holmes an. Diese Thesen des amerikanischen Rechtsrealisten zeigen eine theorieinhaltliche Verwandtschaft zur Rechtsphilosophie der Historischen Rechtsschule:

---

[258] Zu Rudolf Smend und seiner Lehre von der Integration als dem eigentlichen Sinnprinzip der Verfassung siehe MANFRED FRIEDRICH: Rudolf Smend 1882–1975, in: *AöR,* 112. Bd. (1987), 1–26 mwN. Ferner HENNIS: Integration durch Verfassung? [aaO. FN 252 S. 145 dieser Arbeit]. In *Staatsrechtliche Abhandlungen und andere Aufsätze,* Berlin 1994 [3., wiederum erw. Aufl.; Erstaufl. 1955] sind die wichtigsten Veröffentlichungen von RUDOLF SMEND versammelt.

III. ‚Verfassungsgerichtsbarkeit', rechtsphilosophisch betrachtet 149

„‚Das Rechtsleben ist nicht logisch, es ist Erfahrung. Die sich geltendmachenden Notwendigkeiten der Zeit, die herrschenden moralischen und politischen Theorien, die Institutionen der Politik, ob eingestanden oder unbewußt, selbst die Vorurteile, welche Richter mit ihren Mitmenschen teilen, sind weit mehr als Vernunftschlüsse daran beteiligt gewesen, die Regeln festzulegen, nach denen die Menschen regiert werden sollten. Das Recht verkörpert die Geschichte der Entwicklung einer Nation durch viele Jahrhunderte hindurch, und man darf nicht damit verfahren, als ob es nur die Axiome und Korollarien eines Mathematikbuches enthielte. Um zu erkennen, was es ist, müssen wir erfahren, was es war und was es zu werden verspricht.'" [VN, 262 mit Hinweis auf Holmes' Abhandlung über das gemeine Recht ohne genauere Angaben]

Das nachfolgende Unterkapitel thematisiert ebenfalls die Methode der richterlichen Auslegung. Friedrich kritisiert hier die vorgebliche Eindeutigkeit bei der Ermittlung des Sinns von Verfassungsbestimmungen. Das richterliche Prüfungsrecht komme nämlich immer dann zum Einsatz, wenn dieser Sinn zweifelhaft sei. Die Erörterungen der Gerichte über die Absichten der Verfassungsväter stuft Friedrich als Verschleierungstaktik ein. [VN, 262–263]

Anschließend hebt Friedrich wiederum die Tendenz zu einer konservativen Geisteshaltung auf seiten der Gerichtsbarkeit hervor. Er führt diese unter anderem auf das vorgerückte Alter der Richterschaft und die Notwendigkeit der Beachtung von Präzedenzfällen zurück. Den Unzulänglichkeiten, mit einer solchen Geisteshaltung auf ausgesprochen neue Problemlagen zu reagieren, stellt Friedrich das Erfordernis der Integration gegenüber: Es gelte, die neuen Lösungen in das *Rechts*system einzufügen und die Gesamtheit der Rechtsregeln so zusammenzufassen, daß sie nicht nur ein Stückwerk bildeten. Friedrichs Feststellung, von einem realistischen Standpunkt aus mache die Gesamtheit der Rechtsregeln kein zusammenhängendes Ganzes aus, relativiert die Möglichkeit der Integration. Dies ändere aber nichts an der Wichtigkeit der Integration. [vgl. VN, 263–265]

Das Leitmotiv der Parteilichkeit und Sachlichkeit erklingt auch im folgenden Unterkapitel. Mehr als ein Bemühen um Sachlichkeit erachtet Carl J. Friedrich nicht als erreichbar. Die Realisierung von Sachlichkeit – oder zumindest der Glaube daran – sei entscheidend dafür, die schiedsrichterliche Funktion der Verfassungsauslegung übernehmen zu können. Das Vertrauen in die Sachlichkeit verleihe einen repräsentativen Charakter. Dies konstatiert Friedrich in bezug auf den amerikanischen Supreme Court – und zwar obschon dieser nicht aus Wahlen hervorgehe oder vielleicht sogar gerade deswegen. Friedrich folgert daraus, die Bestellung der Verfassungsgerichte durch Wahlen der gesetzgebenden Versammlungen oder die Bildung der Verfassungsgerichte quasi als Parlamentsausschüsse seien der Autorität und Aufgabenwahrnehmung der Jurisdiktion abträglich. [VN 265–266]

Friedrich vertieft die Problematik der Parteilichkeit nun in den letzten Unterkapiteln seiner Abhandlung über die richterliche Überprüfung dergestalt, daß er nach dem geeigneten Träger der Kompetenz zur Gesetzesrevision fragt. Zuvor weist er die (strikte) Etikettierung der Gerichtsbarkeit als „aristokratisch" und der gesetzgebenden Körperschaft als „repräsentativ" zurück. Denn die repräsentative Eigenschaft gewählter Versammlungen sei aufgrund wechselnder Parteimehrheiten nur begrenzt; „die allgemeinen und dauerhaften Aspekte des Gemeinschaftslebens" verlangten darüber hinaus nach anderen Symbolen. [VN, 266] Demgegenüber könne ein mit den bedeutendsten Juristen besetztes Gericht durchaus repräsentativ sein für die allgemeinen Anschauungen über Gerechtigkeit, die in einer Gemeinschaft vorherrschend seien.

Die Frage nach dem adäquaten Organ der gerichtlichen Überprüfung präzisiert Friedrich, indem er sie in folgende Alternative übersetzt:
– Die Staaten, die nach dem I. Weltkrieg einen besonderen Gerichtskörper mit der Wahrung der Verfassung betraut haben (wie die österreichische, die deutsche und die tschechoslowakische Republik), bewegten sich auf einer von Emmanuel Joseph Sieyes vorgezeichneten Linie. Sieyes habe geltend gemacht, eine konzentrierte Verfassungsgerichtsbarkeit würde politisch-repräsentativer Natur sein.
– Die US-amerikanische Praxis hingegen übertrage die Überprüfung der nationalen Rechtssätze allen Gerichten. Dieser Übertragung liege die Vorstellung zugrunde, die Gerichte seien im großen und ganzen unpolitisch – und doch repräsentativ. [VN, 268]

Friedrich resümiert seine Überlegungen zur diffusen Verfassungsgerichtsbarkeit mit dem Befund, es hänge von den jeweiligen Umständen ab, wie weit die Gerichte eines Landes repräsentativ seien. Friedrich versteht darunter die Achtung, die das Volk den Gerichten entgegenbringt. Dieser Achtung wirkten Spaltungen in der Gesellschaft entgegen, als Beispiele hierfür nennt er den Klassengegensatz und Konflikte entlang nationaler Zugehörigkeiten. Diese Beispiele zeigen für Friedrich, daß sich die Problemsituation gegenüber den Bedingungen zur Zeit Hamiltons und des nachfolgenden Jahrhunderts grundlegend gewandelt habe: Hamilton sei mit der Frage konfrontiert gewesen, welche der Gewalten am wenigsten geneigt sei, ihre Autorität auszudehnen. Im modernen Industrialismus jedoch hätten sich Gruppeninteressen zu dogmatischen und sich gegenseitig ausschließenden Positionen verschärft. Die Gerichtsbarkeit habe es in einem von Parteien geprägten Volksstaat schwer, ihr öffentliches Ansehen aufrecht zu erhalten. [vgl. VN, 269–271]

Carl J. Friedrich rät der Gerichtsbarkeit angesichts dessen, in umstrittenen Fragen keine scharfen Positionen zu beziehen. Dies gehe aber wiederum zu Lasten der Wahrnehmung der Funktion eines Hüters der Verfassung. Gemildert sieht er diesen Zielkonflikt dadurch, daß die gesetzgebende Körperschaft auf der anderen Seite bestrebt sei, mit ihren Maßnahmen nicht jenseits des Rahmens denkbarer „Auslegungen" der geltenden Verfassung zu geraten. [VN, 272]

Friedrichs Überlegungen münden in eine bilanzierende Schlußbetrachtung. [vgl. hier und im folgenden ebd.] Darin wertet er es als ein gutes Zeichen für das Erstarken des Konstitutionalismus in Europa, daß die neuen westeuropäischen Verfassungen durchweg darauf angelegt seien, eine Art der richterlichen Überprüfung von gesetzgeberischen Akten einzuführen. („Neu" bedeutet bei ihm nach dem II. Weltkrieg.) Damit sei auf die Erfahrungen des Totalitarismus reagiert worden und zwar in einem antiproportionalen Verhältnis zum jeweiligen Verlust konstitutioneller Freiheiten während dieser Epoche.

III. ‚Verfassungsgerichtsbarkeit', rechtsphilosophisch betrachtet 151

Voraussetzung für die „politische Methode der richterlichen Überprüfung der Gesetzgebung" sei allerdings ein weitgehendes Vertrauen der breiten Öffentlichkeit in die Integrität der Gerichte. Das Modell einer Verfassungsjury (im Sinne Sieyes') kommt für Friedrich nicht in Betracht. Denn sie werde nicht hinreichend neutral und unvoreingenommen sein, um wirksam die Funktion eines Hüters der Verfassung ausüben zu können. Wie diese Funktion wahrgenommen werden soll, umreißt Carl J. Friedrich mit einer Gleichgewichtslehre: Die richterliche Auslegung habe rationalisierend und neutralisierend auf eine Balance zwischen verschiedenen Interessen, Gruppen und Klassen zu zielen. Einschränkend räumt er ein, auch die Justiz könne hierbei versagen.

Friedrichs Betrachtungsweise trägt funktionalistische Züge. Aufgrund ihrer Betonung des historisch-kulturellen Charakters des Rechts läßt sie sich auch, wie bereits erwähnt, mit der Historischen Rechtsschule in der Nachfolge Friedrich Carl von Savignys in Verbindung bringen. Zu denken ist überdies an Montesquieus Untersuchungen – an dessen Hervorhebung von geschichtlichen Bedingungen, kulturellen Mentalitäten und sonstigen Umständen. In der »Schlußbetrachtung« kommt beides – der Funktionalismus und das organische Verständnis von Recht, Staat und Gesellschaft – darin zum Ausdruck, daß er die Einführung des gerichtlichen Verfassungsschutzes dann für angezeigt hält, wenn die Verfassung nicht tief in der Tradition verwurzelt sei, wie dies in England, der Schweiz und Schweden jedoch der Fall sei. Dem funktionalistischen wie dem historisch-kulturellen Blickwinkel entspricht darüber hinaus, daß Friedrich die „politische Methode" des gerichtlichen Verfassungsschutzes nicht (rationalistisch) als eine normative Notwendigkeit propagiert, sondern nur als eine Möglichkeit darstellt und (bedingt) empfiehlt.

Bei einem Vergleich von Friedrichs Konzeption mit gegenwärtigen Strömungen des rechtlichen und politischen Denkens fällt eine gewisse Nähe zwischen ihr und dem ‚traditionalistischen' Verständnis der Demokratie auf.[259]

b) Kommentierungen ohne theoretische Klärungen
Die Ausführungen von Carl J. Friedrich zeichnen sich durch eine kenntnisreiche Zusammenschau und nicht minder kundige vergleichende Überlegungen aus – Beiträge der Ideengeschichte berücksichtigt er dabei ebenso wie institutionelle Regelungen und kulturelle Mentalitäten. Erhellend ist, wie er rechtliche und politische

---

[259] In bezug auf die Legitimität des Judicial Review etwa vertreten durch P. B. CLITEUR: Traditionalism, Democracy, and Judicial Review, in: Bert van Roermund (Hg.): *Constitutional Review. Verfassungsgerichtsbarkeit. Constitutionele Toetsing.* Theoretical and Comparative Perspectives, Deventer; Boston 1993, 55–77 mwN. Vgl. [ebd. 74]: „The core of traditionalist democracy is the idea that some principles, notably human rights in the constitution, derive their normative appeal from a broader consensus than the voting of a temporary majority. Human rights and legal principles are the result of a ‚choice' (in quotes because they have not been voted for; it is not a product of rational design) of various generations. According to traditionalist democracy, it is not antidemocratic to check the temporary decisions of the majority by the products of this longterm democracy."

Auffassungen sowie Strukturen einordnet und insbesondere wie er Traditionslinien sowohl im rechtlichen und politischen Denken als auch bei organisatorischen Einrichtungen und gesellschaftlichen Kräften skizziert.

Zugleich sind aber auch Schwächen bei seiner Auseinandersetzung mit dem Themenkomplex Verfassungsgerichtsbarkeit zu konstatieren:
- Insgesamt besitzen seine Überlegungen einen kommentierenden Charakter, sie beleuchten viele Gesichtspunkte, doch sie lassen dabei eine klare Linie vermissen. Friedrich entfaltet keine stringente systematische Theorie der Legitimität der Verfassungsgerichtsbarkeit. Dies mag nicht zuletzt darauf beruhen, daß er die Entwicklung einer solchen als hyperrationalistische Zielsetzung und als ein ihren Gegenstand verfehlendes Unterfangen einstuft. Friedrichs Bemerkungen über die Wissenschaft von der Politik und vom Recht deuten an, daß er unter ‚philosophisch-synthetischer' Tatsachenforschung, wie er sie betreiben möchte, [vgl. VN, VII und 262] nicht mehr als ein hermeneutisches Einfühlen und ein auf Erfahrung beruhendes kritisches Einschätzen versteht. Hermeneutik und Systematik schließen sich jedoch nicht aus. Vielmehr greift eine systematische Argumentation zu kurz, wenn sie ihre abstrakten Theoreme nicht an die Bedingungen ihrer Realisierung anschließt. Umgekehrt ersetzt der Verweis auf geltende Anschauungen – wie dies bei Friedrich zuweilen der Fall ist – keine systematischen Erwägungen oder vermag ein solcher Verweis deren Fragwürdigkeiten nicht zu überblenden.
- Problematisch ist so zum Beispiel Friedrichs Argumentation auf den Seiten 265 und 266, die schmittistische Obertöne erkennen läßt.[260] Seine Andeutung, Repräsentativität stelle sich gerade bei einer Amtseinsetzung ein, die nicht aus der Wahl einer Volksvertretung resultiere, lenkt auf das falsche Gleis. Diese Andeutung erweckt nämlich den Eindruck bei der demokratischen Legitimation ließen sich demokratische (Wahl-)Verfahren als Ausdruck und Ausübung der Herrschaftsmacht der

---

[260] Von „schmittistischen Obertönen" ist hier die Rede, weil Friedrichs Ausführungen an Carl Schmitts Lehre von ‚juristischen Fiktionen' erinnern. Schmitt begreift juristische Fiktionen als Kunstgriffe, um durch falsche Annahmen zum richtigen Ziel zu gelangen. Zu kritisieren ist dieser Umgang mit Fiktionen, weil Schmitt den fiktionalen Charakter (durch rhetorische Raffinesse) ausblendet und weil seine fiktionalen Theoreme auf eine Errichtung und Stabilisierung autoritärer Hierarchien zielen. Hierzu MATTHIAS EBERL: *Die Legitimität der Moderne*. Kulturkritik und Herrschaftskonzeption bei Max Weber und bei Carl Schmitt, Marburg 1994, 90–92 mwN. Zu denken wäre des weiteren diesbezüglich auch an eine Fortführung der hamiltonschen Argumentationen gegen die Ernennung von Richtern durch eine Volkswahl und für die Amtsdauer der Richter ‚*during good behavior*'. Friedrichs Ausführungen *an dieser Stelle* gemahnen dennoch eher an Schmitt als an Hamilton. Denn Hamiltons Eintreten für eine prinzipielle Unabsetzbarkeit der Richter (und ebenso – nach seinen Idealvorstellungen – des Präsidenten und der Senatoren) bezieht sich nicht oder mindestens nicht in erster Linie auf den Begriff der Repräsentation. Vielmehr rechtfertigt Hamilton seine institutionellen Vorschläge mit Erwägungen zur Durchsetzungskraft des Rechts. Während Schmitts Operieren mit der Kategorie der Repräsentation auf den Nachweis der demokratischen Natur seiner juristisch-institutionellen Modelle zielt, geht es Hamilton vornehmlich um die Übernahme der Vorteile des englischen Regierungssystems. Hamilton begreift eine solche Übernahme als Anreicherung der Republik, er insistiert auf der Vereinbarkeit dieser „monarchischen" Elemente mit republikanischen Prinzipien.

Bürgerschaft durch scheinplebiszitäre Autorisierungsansprüche ersetzen. Friedrich identifiziert parteipolitischen Kampf bei der Vergabe von Richterstühlen als (die) Ursache von Parteilichkeit. Zumindest legen seine dortigen Wertungen diesen zu einseitigen antipluralistischen Schluß nahe, da er nicht in Erwägung zieht, die parteipolitischen Kämpfe könnten auch, gleichermaßen oder sogar lediglich die Manifestation von Parteilichkeit sein.

Befremdlich erscheint diese Passage auch deswegen, weil seine These vom „wahrhaft repräsentativen" Charakter des Obersten Gerichtshofs der USA [VN, 265] übergeht, daß auch (um nicht zu schreiben: gerade) der amerikanische Supreme Court den Einwirkungen parteistrategischer Überlegungen und Interessen ausgesetzt ist. Friedrichs eigene Darstellung zeichnet ein Bild dieser Einflußnahmen, [vgl. etwa VN, 259–262] und viele weitere Studien machen deutlich, daß der Oberste Gerichtshof von parteilichen Auseinandersetzungen keineswegs ausgespart wurde.[261]

Zusammengefaßt: die Kategorie der Repräsentativität wäre systematisch zu klären, sie mit dem (bloßen) Anschein des Eindrucks der Unparteilichkeit in der Öffentlichkeit kurzzuschließen, führt demokratietheoretisch auf Abwege.

---

[261] Dies betrifft die Rechtsprechung des Supreme Courts, aber auch das vorgelagerte Verfahren der Ernennung der Obersten Bundesrichter. Eine Übersicht von PAUL A. FREUND zeigt auf, wie kontrovers viele Supreme Court Justices in ihr Amt gelangt sind – oder eben nicht ernannt wurden. Herausgegriffen sei aus Freunds Schilderung nur die Kampagne um die Ernennung von Louis D. Brandeis im Jahre 1916. [vgl. Appointment of Justices: Some Historical Perspectives, in: *Harvard Law Review*, 101. Bd. {1988}, H. 5–8 {S. 915–1986}, 1146–1163 {1151–1153}] Erwähnt sei auch, daß die Beteiligung der Öffentlichkeit und der Organisationsgrad der Kampagnen sich in der Geschichte des Supreme Courts zwar gesteigert hat, aber daß Parteikämpfe und Kontroversen schon seit der Etablierung des Gerichts zu verzeichnen sind. [vgl. ebd., 1148: „Whereas the Framers contemplated ‚one Supreme Court' and a governmental structure safeguarded against partisan factions, events very early overcame these assumptions. The bulk of the Justices' business consisted of individual circuit duties, and the rise of organized parties produced intense demands, in Congress and in the press, for partisan loyalty. The identification of a seat with a particular circuit led to a controlling influence of the senators from the region in the confirmation process. Thus parochialism combined with partisanship to shape appointments to the Court."] Jenseits der Parteipolitik (auch wenn die Abgrenzung von ihr nicht immer leicht vorzunehmen ist), finden sich ebenfalls Auseinandersetzungen zwischen gegensätzlichen Strömungen: Instruktiv hinsichtlich der Rechtsprechung des US-Supreme Court WILLIAM M. WIECEK: Die Liberale Kritik am Obersten Gerichtshof der Vereinigten Staaten, in: Hermann Wellenreuther/Claudia Schnurmann (Hg.): *Die Amerikanische Verfassung und deutsch-amerikanisches Verfassungsdenken*. Ein Rückblick über 200 Jahre, New York; Oxford 1991, 435–458. Nicht außer acht geraten sollten auch die Rivalitäten zwischen den rechtstheoretischen Interpretationsrichtungen. Statt vieler siehe hierzu die Retrospektive bei WILLIAM W. FISCHER III: The development of modern American legal theory and the judicial interpretation of the Bill of Rights, in: Michael J. Lacey/Knud Haakonssen (Hg.): *A culture of rights*. The Bill of Rights in philosophy, politics, and law – 1791 and 1991, Cambridge (UK); New York (USA); Oakleigh (Austr.) 1991, 266–365. Zur gegenwärtigen Paradigmendebatte statt vieler OLIVER GERSTENBERG: Zur Verfassungsdebatte in den USA – Konstitutionalismus im Liberalismus/Republikanismus, in: Jürgen Gebhardt/Rainer Schmalz-Bruns (Hg.): *Demokratie, Verfassung und Nation*. Die politische Integration moderner Gesellschaften, Baden-Baden 1994, 151–168.

- In konzeptioneller Hinsicht ist zudem zu kritisieren, daß Friedrich bei der Erörterung der Rechtfertigbarkeit und Zweckmäßigkeit der Verfassungsgerichtsbarkeit zwischen verschiedenen Befugnissen nicht hinreichend differenziert. So thematisiert er etwa in einem Abschnitt das Kompetenz- und Institutionenprofil des US-amerikanischen Supreme Court, in einem anderen dann jedoch beispielsweise dasjenige des Staatsgerichtshofs der Weimarer Republik. [vgl. VN, 265–267] Ebenso analysiert Friedrich das Verhältnis von Verfassungsgerichtsbarkeit und Föderalismus, [VN, 257–259] um in der nächsten Sektion die Parteilichkeit des Supreme Court zu untersuchen und dies zugleich mit grundsätzlichen Aussagen über die politische und konstitutionelle Funktion eines Gerichts zu verbinden. [VN, 259–262] Die juristischen Materien sind jedoch je nach Kompetenz unterschiedlich – mindestens wäre somit darzulegen, daß eine verschiedenartige Natur der Entscheidungsmaterien (etwa von Kompetenzvorschriften einerseits und Staatszielbestimmungen andererseits) unter dem Gesichtspunkt der Legitimität nicht von Belang ist. Alternativ hierzu hätte Friedrich aufzeigen müssen, daß grundsätzlich die Eigenart der durch die diversen Befugnisse bedingten jeweiligen juristischen Entscheidungsfindung nicht variiert. Carl J. Friedrich erläutert zwar Differenzen im verfassungsgerichtlichen Institutionen- und Kompetenzprofil. Doch er führt diese Differenzen nicht systematisch zusammen, sondern reiht punktuell einen Einzelaspekt an den anderen.

  Nachteilig wirkt sich aus, daß Carl J. Friedrich – bezüglich des Phänomens Verfassungsgerichtsbarkeit – nicht über sein Vorgehen und seine Begrifflichkeit reflektiert.

- Ferner wird die Problematik der Souveränität nicht mit dem Themenkomplex der Verfassungsgerichtsbarkeit verbunden. Ob seine Behauptung, Hamiltons Eintreten für die Institution des Judicial Review sei gleichbedeutend mit der Zurückweisung einer souveränen Instanz, zutrifft, muß Friedrich selbst nicht beantworten. [vgl. VN, 255] Daß er mit und trotz dieser Eröffnung jedoch jegliche Diskussion des Verhältnisses von verfassungsgerichtlichen Befugnissen mit der Problematik der Souveränität ausklammert, ist ein Manko.

- Gewiß kann in einem Kapitel nicht vertiefend auf viele Aspekte eingegangen werden. Doch davon ist unberührt, daß Friedrich zahlreiche zu apodiktische Aussagen trifft. Wieso etwa ist die Auffassung, die eine temperierende und ausgleichende Funktion der Gerichtsbarkeit propagiert, die „wissenschaftliche" Einsicht in deren politische und konstitutionelle Funktion?[262] [VN, 260] Wieso ist beziehungs-

---

[262] Eine Begründung für eine ähnliche Aufgabenbestimmung der Verfassungsgerichtsbarkeit wie bei Friedrich findet sich bei ALASDAIR MACINTYRE: *After Virtue. A study in moral theory*, London 1985 [2. Aufl.], 253 [H. i.O.]: „[...] Marx was fundamentally right in seeing conflict and not consensus at the heart of modern social structure. It is not just that we live too much by a variety and multiplicity of fragmented concepts; it is that these are used at one and the same time to express rival and incompatible social ideals and policies *and* to furnish us with a pluralist political rhetoric whose function is to conceal the depth of our conflicts. Important conclusions follow for constitutional theory. Liberal writers [...] invite us to see the Supreme Court's function as that of

III. ‚Verfassungsgerichtsbarkeit', rechtsphilosophisch betrachtet 155

weise wäre eine Verfassungsjury *à la* Sieyes nicht hinreichend neutral und unvoreingenommen, um als Hüter der Verfassung fungieren zu können? [VN 272][263]
– Friedrichs Betrachtungen weisen eine gewisse Unschärfe auf. So ist nicht ersichtlich, was es handlungsanleitend bedeutet, daß das Rechtsleben „Erfahrung ist" und daß es „die sich geltendmachenden Notwendigkeiten der Zeit" sind, die „moralischen und politischen Theorien" sowie die Vorurteile der Richter, die die Regeln festlegen, nach denen die Menschen regiert werden sollten. [vgl. VN 262 – auch Zitat S. 149 dieser Arbeit] Eine originalistische Konzeption der Konstitutionsjurisdiktion folgt für Friedrich aus diesem Anschluß an Holmes nicht, denn die Auslegungsfigur der Absicht der Verfassungsväter verwirft Friedrich als „verschleiernd".[264] Aber was folgt aus ihr dann in bezug die Institution und die Kriterien der Verfassungsgerichtsbarkeit?
– Zuletzt sei erwähnt, daß Friedrichs Eintreten für einen zivilreligiösen Traditionalismus, für eine Gerichtsbarkeit als „Hohepriesterschaft des Glaubens an den Konstitutionalismus" [VN, 260] demokratietheoretisch zumindest ambivalent ist. Denn wird das Recht dergestalt zur Religion erhoben, so wird die Verfassung zum bloßen Instrument der Richterschaft ermäßigt. Zumindest steigt dann die Gefahr, daß die Verfassung nur noch diesen Status erlangt – daß sie ihre Eigenschaft verliert, auch Mittel und Ausdruck der Souveränität des Volkes zu sein.

6. Bilanz des Literaturüberblicks

Umfassende systematische rechtsphilosophische Untersuchungen zur grundsätzlichen Legitimität der Verfassungsgerichtsbarkeit sind somit in der gegenwärtigen Forschungslandschaft – bezogen auf den deutschsprachigen Raum – recht dünn

---

invoking a set of consistent principles, most and perhaps all of them of moral import, in the light of of which particular laws and particular decisions are to be evaluated. [...] But if my argument is correct, one function of the Supreme Court must be to keep the peace between rival social groups adhering to rival and incompatible principles of justice by displaying a fairness which consists in even-handedness in its adjudications."

[263] Zu Sieyes' Konzeption einer Verfassungsgerichtsbarkeit siehe ULRICH THIELE: Volkssouveränität – Menschenrechte – Gewaltenteilung im Denken von Sieyes, in: *ARSP*, 86. Bd. (2000), 1. Quartal, H. 1, 48–69 [63–69]. Thiele bewertet Sieyes' Jury constitutionnaire weitaus positiver als Friedrich. So führt Thiele an, Sieyes' Projekt einer Jury constitutionnaire habe vorgesehen, die unvermeidliche Machtakkumulation auf seiten dieser Jury durch eine Kombination von repräsentativen und plebiszitär-demokratischen Verfahren mäßigen zu wollen. Während Friedrich die mangelnde Neutralität und Unvoreingenommenheit der Jury constitutionnaire behauptet, hebt Thiele hervor, Sieyes habe verfassunggebende Akte nur durch plebiszitäre Entscheide für abschließbar gehalten. Thiele erblickt in Sieyes' Projekt die Beachtung der komplementären Beziehungen zwischen verfassungsrechtlich-fachwissenschaftlichen, politisch-institutionellen und bürgerschaftlichen Diskursen. [ebd. 69].

[264] Zur Original Intent-Lehre siehe (in dieser Arbeit) § 4 JUDICIAL REVIEW UND DEMOKRATIE. II. „Brutus": Die unkontrollierbare Richterherrschaft. C. Kritik. 3. Zwischenbilanz, S. 234 mwN.

gesät.[265] So gibt es durchaus eine Vielzahl von Abhandlungen zur Legitimität der Verfassungsgerichtsbarkeit – aber es existiert eben nur ein sehr breites Spektrum zu ihrer ‚modalen', nicht aber zur ihrer ‚prinzipiellen' Legitimität. Das heißt: die Frage nach der Legitimität der Verfassungsgerichtsbarkeit als Institution ist immer schon entschieden, in den Blick genommen wird die Legitimität der Ausübung verfassungsgerichtlicher Befugnisse.

B. Zu Relevanz und Aktualität von Thema und Fragestellung

1. Eine Sache der Demokratie, eine Sache aller

Institutionen in menschlichen Sozialverbänden sind nicht naturgegeben. Vielmehr können Menschen als vernunftbegabte, nur eingeschränkt instinktgeleitete Wesen Institutionen in ihrer Existenz und Modalität von deren Legitimität abhängig machen – das heißt: Gründe fordern, die das Vorhandensein sowie die Ausgestaltung von Institutionen (hinreichend) rechtfertigen.

Nach demokratischer Lehre ist dieses Können ein Sollen: Nach ihr sind Institutionen in ihrem Bestand und in ihren Ausprägungen begründungspflichtig. Zumindest für als politisch definierte Institutionen gilt gemäß demokratischer Auffassung, daß sie den Nachweis erbringen müssen, demokratische oder jedenfalls mit der Demokratie zu vereinbarende Institutionen zu sein.

Die Begründungen, warum die Demokratie als besonders wertvoll erscheint und daher ein wesentliches Legitimitätskriterium darstellt, zielen allerdings in verschiedene Richtungen:
– Nach der einen Lesart ist die Demokratie ein instrumentelles Gut – mithilfe der Demokratie können individuelle oder kollektive Interessen verfolgt werden. Ein solches kollektives Interesse läge etwa vor, wenn für die Demokratie nachweisbar wäre, daß sie aufgrund von institutionellen Mechanismen und politisch-kulturellen Gegebenheiten für die Herrschaftsunterworfenen deswegen von Vorteil ist, weil sie Machtmißbrauch, Unterdrückung und Vernachlässigung des Gemeinwohls durch die Herrschaftsträger zumindest besser Einhalt gebieten könnte als jede andere Herrschaftsform.
– Anderen Demokratietheorien zufolge zeichnet sich Demokratie als ein intrinsisches Gut aus. Unabhängig von ihren Folgen beruhe die Herrschaftsform der Demokratie auf moralischen Grundlagen, etwa dadurch, daß in ihren Verfahren

---

[265] In der Weimarer Republik war dies noch anders. Eine der möglichen Erklärungen dieser Differenz liegt auf der Hand: Im Unterschied zur Bundesrepublik Deutschland waren in der ersten deutschen Republik die Fragen eines verfassungsgerichtlichen Kompetenz- und Institutionenprofils der Gerichtsbarkeit durch das Meinungsbild der fachlichen und allgemeinen Öffentlichkeit, der politischen Agenturen und Eliten sowie durch das positive Recht noch nicht entschieden. Um das „Ob und Wie" verfassungsgerichtlicher Befugnisse wurden dementsprechend lebhafte Debatten geführt.

III. ‚Verfassungsgerichtsbarkeit', rechtsphilosophisch betrachtet   157

und Grundsätzen die Anerkennung der Individuen als Freie und Gleiche wenn nicht eingeschrieben oder gewährleistet sei, so doch immerhin zum Ausdruck komme.
– Schließlich lassen sich beide Begründungen auch – in unterschiedlichsten Gewichtungs- und Rangverhältnissen – miteinander verknüpfen.

Kommt der Demokratie – sowohl für Individuen als auch für Gesellschaften – diese eminente Bedeutung zu, dann müssen auch (‚)Verfassungsgerichte(') mit der Demokratie als Staats- und Lebensform einer Bürgerschaft zumindest in Einklang zu bringen sein. Dann darf die Bürgerschaft ihre Staatsform wählen und hat auch das unaufgebbare Recht zu entscheiden, ob sie ein Regierungssystem mit Verfassungsgerichtsbarkeit haben möchte – oder nicht.

Folglich ist die Frage nach der Legitimität der Verfassungsgerichtsbarkeit nicht nur von akademischem Interesse. Sie stellt sich auch nicht nur in den Staaten, in denen eine Verfassungsgerichtsbarkeit (noch) nicht etabliert ist. Vielmehr ist sie auch für demokratische Gemeinwesen essentiell, in denen Formen der Verfassungsgerichtsbarkeit (bereits) bestehen; sie richtet sich an alle, nicht allein an die Experten – und sie stellt sich stets aufs neue.

In der möglichen Kontroverse um die Verfassungsgerichtsbarkeit zeigt sich nämlich, daß viele Problemstellungen sich zwar stets in neuer Form herauskristallisieren, andererseits aber zugleich auf klassische – und das heißt auch: nie ein für allemal entscheidbare – Grundfragen rückführbar sind.

So vermag aus der Perspektive der politischen Philosophie in der Debatte um die Legitimität der Verfassungsgerichtsbarkeit etwa die schon Plato und Aristoteles beschäftigende Alternative zwischen Expertokratie und Bürgerpolitik, epistemologisch gewendet: zwischen Politik als Sache eines exklusiven Fachwissens einerseits und eines (grundsätzlich) allen Bürgern zukommenden Urteilsvermögens andererseits zu erkennen sein. Zwischen diesen dichotomischen Alternativen – was auch bedeuten kann: irgendwo im Spektrum zwischen ihren Mischformen – hat politische Herrschaft verfaßt zu sein.

Natürlich gilt es bei der These von der stets von neuem zu thematisierenden Regierungsform zu berücksichtigen, daß zwar vorstell-, aber kaum durchführbar ist, daß mit jeder Generation die Herrschaftsstrukturen von Grund auf neu errichtet werden. Denn dadurch wären automatisch alle weiteren drängenden Fragen des politischen Gemeinwesens zurückgestellt und die gemeinsame Suche der Bürgerschaft nach deren Beantwortung blockiert.

Doch daraus darf keine Versteinerung der Verfassung folgen. Dagegen sprechen zum einen die wechselnden Rahmenbedingungen menschlicher Sozialverbände.[266]

---

[266] So hat etwa die EU-europäische Integration das Bezugsfeld der nationalen Verfassungsgerichtsbarkeiten in Europa tiefgehend verändert. Die nationalen Rechtskulturen müssen sich nun zumindest mit der Frage auseinandersetzen, ob sie ihre Rechtsprechungstraditionen ausschließlich binnenorientiert fortführen oder ob sie einen, zumindest auf bestimmte Standards bezogenen, einheitlichen Rechtsraum anstreben wollen. Die Entwicklung eines gemeineuropäischen Verfassungsrechts und einer europäischen Architektur der Verfassungsgerichte zieht freilich Abstriche an bisherigen nationalen Rechtsprechungskonzeptionen nach sich. Dezidiert für eine Weichen-

Zum anderen wäre ein Nichtgebrauch institutioneller Phantasie und Kreativität nicht zu vertreten angesichts dessen, daß mit Macht und Herrschaft – also auch mit Macht- und Herrschaftsträgern wie Verfassungsgerichten – individuelle und kollektive Freiheit und Selbstbestimmung verknüpft sind. Dies begründet nicht nur Bemühungen um die Kontrolle von Macht und Herrschaft, sondern rechtfertigt zugleich grundlegende verfassungsrechtliche Reformen zur Erreichung „lediglich" eines Mehr an Legitimität (in) der Herrschaftsform der Demokratie.

2. Über den Zusammenhang zwischen prinzipieller und modaler Legitimität

Erörterungen der prinzipiellen Legitimität der Verfassungsgerichtsbarkeit dienen Untersuchungen, die mit der modalen Legitimität der Verfassungsgerichtsbarkeit befaßt sind. Eine genaue Betrachtung von Problemstellungen der Vergleichenden Regierungslehre und der Rechtsdogmatik ergibt, daß zu deren Lösung auf Gründe rekurriert wird und werden muß, die dem positiven Recht allein nicht zu entnehmen sind.

Beispielsweise setzt die Kritik an Verfassungsgerichtsentscheidungen ein bestimmtes Rollenverständnis von Gerichtsbarkeit und Verfassungsgerichtsbarkeit voraus. Dies zeigt sich etwa daran, daß zuweilen Verfassungsgerichtsentscheidungen mit der Begründung begrüßt werden, die Rechtsprechungsinstanz habe der Versuchung widerstanden, Politik zu treiben, und sie habe sich auf ihre Aufgabe beschränkt, Recht zu sprechen. Auf diese Weise basiert eine Stellungnahme zur Ausübung verfassungsgerichtlicher Befugnisse – reflektiert oder nicht – auf Hintergrundannahmen zur Natur von Recht und Politik. Die Maßstäbe für Angemessenheit und Zulässigkeit verfassungsgerichtlicher Entscheidungen beruhen so unhintergehbar (auch) auf Kriterien, die dem positiven Recht vorausliegen. Erwägungen zum angemessenen verfassungsgerichtlichen Wirken greifen bewußt oder auch nur unbewußt auf demokratie- und rechtstheoretische Prämissen zurück.

3. Grundlagenforschung für die Verfassungsarchitektur der Europäischen Union

Das transnationale Gebilde der Europäischen Union (EU) befindet sich in einer Phase der rechtlich-institutionellen Ausformung und Fortentwicklung.[267] Nun ist diese

---

stellung zugunsten einer ‚Europäisierung' von Verfassungsjudikatur und Verfassungsgerichten tritt RAINER WAHL ein [Die Reformfrage, in FS 50 Jahre BVerfG 1, 461–491]. Wahl betont dabei, daß die Reflektion über diese Europäisierung und deren Implementation voraussetze, einen eigenen Standpunkt und ein eigenes Konzept von Verfassungsgerichtsbarkeit und Justiziabilität zu besitzen. [ebd., 490–491].

[267] Im folgenden werden die Begriffe „EU", „unional", „supranational" etc. als Sammelbegriffe für die verschiedenen Ausprägungen der internationalen Zusammenarbeit in den Formen der sogenannten Europäischen Gemeinschaften verwendet. Diese Europäischen Gemeinschaften gründen

III. ‚Verfassungsgerichtsbarkeit', rechtsphilosophisch betrachtet

Phase in ein weichenstellendes Stadium gemündet, da die Mitgliedstaaten der EU ein umfassendes Reformprojekt auf den Weg gebracht haben: den „Vertrag über eine Verfassung für Europa" (VVE). Bei dem VVE handelt es sich um einen völkerrechtlichen Vertrag, der das bisherige Primärrecht der EU (im wesentlichen EG- und EU-Vertrag) in einem Dokument bündelt und zum Teil reformiert und revidiert.[268] Diese erneuernde und in Teilen die bisherigen vertraglichen Fundierungen verändernde Zusammenfassung wurde von den 25 Staats- oder Regierungschefs der EU am 17. und 18. Juni 2004 in Brüssel angenommen. Die nach zähem Ringen bei dieser Regierungskonferenz erzielte Einigung erfolgte auf der Basis eines Konventsentwurfes, den der Europäische Konvent ausgearbeitet und dem Europäischen Rat am 20. Juni 2003 vorgelegt hatte. Die Brüsseler Einigung markiert eine Weichenstellung, weil eine zustandegekommene Primärrechtsreform wohl den juristischen Aufbau sowie insbesondere die neu justierten Entscheidungsmechanismen der EU auf längere Sicht festschreiben würde. Primärrechtliche Änderungen jedweder Art und jedweden Ausmaßes wären zwar auch im Rahmen des VVE möglich, doch strukturelle Reformen im Stil des VVE würden einen Effort erfordern, den eine Staatenvielheit nur in besonderen historischen Perioden aufzubringen vermag. Daß sich – wie in Brüssel geschehen – die Regierungen von 25 Staaten auf ein Vertragswerk verständigen, ist insofern auf jeden Fall beachtenswert.

Gleichwohl ist das Gelingen des Reformprojekts ungewiß, da erst eine Reihe von Mitgliedstaaten den VVE ratifiziert hat und in Frankreich die Ratifikation in einem Referendum gescheitert ist. Überdies sprach sich eine deutliche Mehrheit der niederländischen Stimmbürger in einer (rechtlich nicht bindenden) Abstimmung klar gegen die völkerrechtliche Bestätigung des VVE aus. In den übrigen Staaten muß das Vertragswerk die Hürde der jeweiligen mitgliedstaatlichen Genehmigungsverfahren erst noch überwinden, und in manchen dieser Staaten ist die Annahme des VVE mehr als unsicher.[269]

---

sich hauptsächlich auf folgende Basisdokumente: den EGKS-Vertrag, den EG-Vertrag (= EGV), den Euratom-Vertrag, die Änderungsverträge von Maastricht und Nizza sowie den EU-Vertrag (= EUV). Die rechtlichen Basisdokumente der EU sind (in einer Auswahl) zugänglich in ROLAND BIEBER: *Europarecht*. Textausgabe mit einer Einf. von Roland Bieber, Baden-Baden 2004 [16. Aufl.]. Zitate des derzeit geltenden EU-Rechts entstammen dieser Publikation.

[268] Die Zusammenführung des Vertragsrechts der Europäischen Gemeinschaften ist mit der Fusion dieser Gemeinschaften verbunden. Im Gegensatz zu den übrigen Organisationen würde die Europäische Atomgemeinschaft jedoch nicht mit der EU verschmolzen werden, wenn der VVE zustande käme. Diese Angabe ist zu finden bei FRANZ C. MAYER: Competences – Reloaded? The Vertical Division of Powers in the EU after the New European Constitution, in: *WHI-Paper* 19/04 (2004), FN 24 [www.whi-berlin.de/reloaded.htm – 25. 2. 2005]. Detailliert zu Vergangenheit und Gegenwart der rechtlich-institutionellen Konfiguration der EU/EG WOLFGANG WESSELS: Das politische System der Europäischen Union, in: Wolfgang Ismayer (Hg.): *Die politischen Systeme Westeuropas*. 3., aktual. u. überarb. Aufl., Opladen 2003, 779–817. Zitate des VVE sind entnommen aus AMT FÜR AMTLICHE VERÖFFENTLICHUNGEN DER EUROPÄISCHEN GEMEINSCHAFTEN: *Vertrag über eine Verfassung für Europa*, Luxemburg 2005.

[269] Zu den Verfahrensweisen bei der Ratifikation, zum jeweiligen Meinungsbild in den Mitgliedstaaten und zu möglichen Szenarien eines gescheiterten Ratifikationsprozesses siehe ANDREAS

Die Folge eines Scheiterns des VVE wäre juristisch-formell betrachtet lediglich die, daß der Stand der bisher geltenden Verträge der EU gewahrt bliebe. In politischer Hinsicht wären die Konsequenzen kaum absehbar: Ob und wie eine konsistente EU-europäische Politik noch formuliert und realisiert werden könnte oder würde, die über eine Regelung von Binnenmarkt und Währungsunion hinausreichen würde, wäre fraglich. In den Sternen stünde, ob nach einem Scheitern des VVE ein neuer Anlauf für eine Nachführung und Umgestaltung des Primärrechts unternommen würde und welche Verhandlungsergebnisse gegebenenfalls ein solcher Anlauf mit eventuell anderem Teilnehmerkreis zeitigen würde.[270]

Der Entwicklungsgang der EU ist im Rahmen der vorliegenden Arbeit von Interesse, weil innerhalb des Gebildes der EU (unter anderem) sozusagen über einen Anwendungsfall des hier untersuchten Gegenstandes verhandelt und entschieden wird. Mit dem Voranschreiten der rechtlich-institutionellen Gestaltfindung der EU, die inzwischen als eine Herausbildung von Regierungs- und sogar Verfassungsstrukturen qualifiziert werden kann, kristallisiert sich heraus, was für ein Kompetenz- und Institutionenprofil die Gerichtsbarkeit in diesen Strukturen zugewiesen erhält beziehungsweise erlangt. Die Anfänge dieses Kristallisationsvorganges reichen bis zum Beginn der europäischen Einigung zurück,[271] seitdem haben ihn primärrechtliche Vorgaben vorangetrieben. Der VVE enthält ebenfalls Vorschriften zu den juristischen Grundlagen und Zuständigkeiten der supranationalen Gerichtsbarkeit. Aufgrund der Schwierigkeit, einen weitgefächerten, alle EU-Staaten einschließenden Konsens zu erreichen, würde durch einen in Geltung gelangten VVE voraussichtlich eine erhebliche Petrifikation des Profils der unionalen Rechtsprechungsorgane eintreten.

Die folgenden Ausführungen zielen darauf, an das politische System der EU[272] den Prüfstein einer ‚verfassungsgerichtlichen' Kontrolle anzulegen. Dadurch illustrieren sie, daß der Gegenstand der vorliegenden Untersuchung angesichts der EU-europäischen Einigung eine besondere Aktualität besitzt. Zu erhellen ist hierfür zum einen die Rolle und der Status der supranationalen Gerichtsbarkeit vor dem Hintergrund der derzeitigen Verfaßtheit der EU. Zum anderen ist zu beleuchten, welche Konturen sich diesbezüglich abzeichnen, wenn der VVE in seiner derzeit geltenden Fassung in Kraft

---

MAURER et al.: Ratifikationsverfahren zum EU-Verfassungsvertrag, in: *Internet-Publikation der Stiftung Wissenschaft und Politik* [www.swp-berlin.org/common/get_document.php?id= 1135&PHPSESSID=408c37869bcfcc1e468ac5cfd4f97494 – 19. 2. 2005]. Zur Zeit haben 10 Mitgliedstaaten den VVE ratifiziert. Zum Stand der Ratifikation: www.europa.eu.int/constitution/ratification_de.htm. Inzwischen ist die Fortführung des Ratifikationsprozesses in Frage gestellt, da die britische Regierung die Durchführung eines Referendums auf unbestimmte Zeit ausgesetzt hat. Die vorliegende Arbeit wurde am 10. 6. 2005 abgeschlossen.

[270] Zu sehen ist das Reformprojekt des VVE vor dem Hintergrund einer beeinträchtigten Regierungsfähigkeit der EU bei einer Beibehaltung der gegenwärtigen unionalen Organisationsstrukturen. Dieses Problem hat sich mit der Erweiterung der EU um osteuropäische Staaten verschärft.
[271] FRANZ C. MAYER: Wer soll Hüter der europäischen Verfassung sein?, in: *AöR*, 129. Bd. (2004), H. 3, 411–435 [416 mwN.].
[272] Zur Qualifizierung der EU als ‚politisches System' siehe WESSELS: System [aaO. FN 268 S. 159 dieser Arbeit], 779.

III. ‚Verfassungsgerichtsbarkeit', rechtsphilosophisch betrachtet 161

treten würde. Der folgende Text dient also als eine analytische Aufbereitung der rechtlich-politischen Rahmenbedingungen der supranationalen Gerichtsbarkeit. Die Darlegungen liefern dabei ansatzweise auch eine kritische Bestandsaufnahme der Verfaßtheit EU-Europas, fällen jedoch kein Verdikt über die normative und pragmatische Werthaftigkeit der EU-europäischen Integration.

a) Die supranationale Gerichtsbarkeit im Rahmen der derzeitigen unionalen Rechts- und Herrschaftsordnung

Der transnationale Zusammenschluß der EU ist gegenwärtig auf ein unübersichtlich gewordenes Geflecht völkerrechtlicher Verträge gegründet. Wie das Konvolut der Kontrakte und das auf ihm errichtete Gebilde terminologisch eingeordnet werden, ist von erheblicher Tragweite, weil sich daraus Rückwirkungen für die institutionellen Akteure des EU-Ensembles ergeben: nämlich Zuständigkeiten und somit Handlungsmöglichkeiten oder umgekehrt Befugnisgrenzen und dadurch Handlungseinschränkungen.[273] Das Bemühen um diese terminologischen Einordnungen und das Austragen darauf bezogener Auseinandersetzungen sind also nicht als intellektuelle Glasperlenspiele aufzufassen.

Unstrittig ist, daß im Zuge der EU-europäischen Integration eine unionale Rechts- und Herrschaftsordnung entstanden ist. Das heißt zum einen, es existiert ein Komplex von Normen, der ein zusammenhängendes und für sich vorhandenes Ganzes bildet und der nicht lediglich aus einer bloßen Ansammlung von Vorschriften und Vereinbarungen besteht. Zum anderen sind auf der EU-europäischen Ebene eigenständige Muster und Träger von Herrschaft etabliert: Es gibt Konfigurationen von Anweisungsbefugnissen und Folgebereitschaft, allerdings keinen supranationalen Erzwingungsstab – immerhin jedoch mehr als ansatzweise eine auf Dauer gestellte, institutionell verfestigte Durchsetzungsmacht. Angelegt ist diese Durchsetzungsmacht in den Bestimmungen des Artikels 6 EU-Vertrag (EUV) in Verbindung mit dem dort nachfolgenden Artikel 7: In Artikel 6 (1) EUV sind die Grundsätze der Freiheit, der Demokratie, der Achtung der Menschenrechte und Grundfreiheiten sowie der Rechtsstaatlichkeit verankert. Diese Prinzipien sind nicht nur als Grundsätze der EU, sondern auch als Grundsätze aller Mitgliedstaaten ausgewiesen. Artikel 7 EUV schreibt für den Fall einer festgestellten, schwerwiegenden Verletzung von Artikel 6 (1) EUV einen Sanktionsmechanismus vor, der für den verletzenden Staat eine Suspendierung mitgliedstaatlicher Rechte beinhalten kann.[274]

---

[273] Z.B. hängen die Rechtsprechungsradien der supranationalen und der nationalen Gerichtsbarkeiten entscheidend von der Bestimmung des Verhältnisses der mitgliedstaatlichen Rechtsordnungen zum unionalen Recht ab.
[274] Vgl. INGOLF PERNICE: Die neue Verfassung der Europäischen Union – ein historischer Fortschritt zu einem europäischen Bundesstaat?, in: *FCE Spezial* 1/03 (2003) [www.rewi.hu-berlin.de/WHI/deutsch/fce/fcehtm – 26.3.2005]: „Keine Regierung, keine noch so überwältigende Mehrheit in einem Mitgliedstaat könnte intern eine Diktatur mit Abschaffung von Demokratie und Grundrechten einführen, ohne daß dies auf den entschiedenen Widerstand und die legitime Einmischung der anderen Mitgliedstaaten stieße." Bisher ist in der EU freilich noch kein politischer Konflikt

Der Streit setzt ein, sobald Präzisierungen vorgenommen werden, sobald Kategorien der Staatslehre entworfen und angelegt werden: Dreh- und Angelpunkte einer genaueren Bestimmung der unionalen Rechts- und Herrschaftsordnung sind die Begriffe ‚Staat' und ‚Verfassung'. Strittig ist demnach, ob und wie mit diesen Kategorien oder mit Ableitungen derselben operiert werden kann und soll. Erstens herrscht Dissens, ob die EU-europäische Rechtsordnung auch Bestandteile aufweist, die mit dem Ausdruck ‚Verfassung' oder Variationen desselben belegt werden können beziehungsweise sollen. Zweitens divergieren die Auffassungen, ob und inwieweit der unionalen Herrschaftsordnung ‚Staatlichkeit' attestiert werden kann respektive soll. Schließlich gibt es drittens unterschiedliche Sichtweisen darüber, ob und wie die Begriffe Staat und Verfassung miteinander verwoben sind, genauer: ob und wie die Rechtsform der Verfassung von der politischen Einheit des Staates gelöst werden kann beziehungsweise soll.[275]

(1) Die staatsähnlichen und verfassungshaften Strukturen im politischen
    System der EU

Weder Staat noch Verfassung liegen in der Gestalt der unionalen Rechts- und Herrschaftsordnung vor, sofern bestimmte – in einem analytischen Sinne – reine Formen von Staat und Verfassung zugrunde gelegt werden.

Für den Begriff des Staates läßt sich dies sogleich erhellen, operiert man mit der klassischen Definition des Staates von Jellinek, wonach die Existenz eines Staatsgebiets, eines Staatsvolks und einer Staatsgewalt zusammen einen Staat ausmachen. Während das Kriterium des Vorhandenseins eines Staatsgebiets erfüllt wird, sind die Merkmale Staatsvolk und Staatsgewalt nur teilweise gegeben.

Von einem EU-europäischen Staatsvolk läßt sich sowohl nach Maßstäben des positiven Rechts als auch nach denen der politischen Kultur nur sehr bedingt sprechen. Positivrechtlich betrachtet, existiert zwar ein Staatsvolk in dem Sinne, daß Herrschaftsunterworfene namhaft gemacht werden können. Doch diese Herrschaftsunterworfenen besitzen keine Staatsbürgerschaft, die ihnen *als Angehörige der politischen*

---

derart eskaliert, daß das Spektrum der Ressourcen unionaler Durchsetzungsmacht sichtbar geworden wäre.

[275] Grundlegend zur kategorialen Einordnung des transnationalen Gebildes EU: ARNIM VON BOGDANDY: Supranationale Union als neuer Herrschaftstypus. Entstaatlichung und Vergemeinschaftung in staatstheoretischer Perspektive, in: *Integration*, 16. Bd. (1993), 210–224; zu Staatlichkeit und Konstitutionalität: PETER BADURA: Supranationalität und Bundesstaatlichkeit durch Rangordnung des Rechts, in: Jürgen Schwarze (Hg.): *Verfassungsrecht und Verfassungsgerichtsbarkeit im Zeichen Europas,* Baden-Baden 1998, 63–79 [erstmals in: Christian Starck (Hg.): Rangordnung der Gesetze, Göttingen 1995, 107 ff.]; PERNICE: Verfassung der Europäischen Union [aaO. FN 274 S. 161 dieser Arbeit]; MAYER: Hüter [aaO. FN 271 S. 160 dieser Arbeit], 417–425; DIETER GRIMM: Integration durch Verfassung? EU-Perspektiven nach dem Brüsseler Gipfel, in: *FCE* 6/04 (2004) [www.whi-berlin.de/grimm.htm – 25. 2. 2005]; zur Bedeutung von Kultur, Verfassungskultur und Europa JÜRGEN HABERMAS: Warum braucht Europa eine Verfassung? Nur als politisches Gemeinwesen kann der Kontinent seine in Gefahr geratene Kultur und Lebensform verteidigen, in: *Die Zeit,* Nr. 27/ 2001 [= www.zeit.de/2001/27/Politik – 8. 11. 2001].

III. ‚Verfassungsgerichtsbarkeit', rechtsphilosophisch betrachtet 163

Einheit EU verliehen wird. Vielmehr ist diese Unionsbürgerschaft an den Besitz einer mitgliedstaatlichen Staatsbürgerschaft gekoppelt [Art. 17 (1) EGV]. Unter dem Blickwinkel der politischen Kultur ist zu konstatieren, daß eine EU-europäische Identität, die die nationalstaatliche wenigstens überlagern würde, (zumindest zur Zeit) nicht ausgebildet ist.

Ähnlich zwiespältig fällt das Urteil aus, mißt man die Staatlichkeit der EU am Kriterium der Staatsgewalt, an den Ausprägungen der Qualität der Souveränität.

So ist die Eigenschaft, Quelle des Rechts zu sein – ein wesentliches Element klassischer Souveränität –, in gewichtigen Anteilen an supranationale Gremien der EU übergegangen. In Brüssel und Straßburg wird eine Vielzahl genereller und spezifischer Vorschriften erzeugt;[276] das Ausmaß der abstrakten Regelungen erlaubt sogar, von legiferierenden – gesetzgebenden – Körperschaften zu sprechen. Des weiteren besteht eine EU-europäische Hoheitsgewalt, die den einzelnen in seinem Rechtsstatus unmittelbar betrifft, durchaus.[277]

Doch ebenso gibt es unter souveränitätstheoretischen Gesichtspunkten gravierende Gründe, die EU nicht als Staat zu identifizieren. Etwa ist die EU auf das Durchsetzungsvermögen und die Durchsetzungsbereitschaft mitgliedstaatlicher Exekutivgewalt angewiesen. Zudem verfügt die EU nicht über ein Steuererhebungsrecht. Allerdings trifft die traditionelle Definition des Staates als legaler Inhaber der Monopole zur Gewaltausübung und zur Steuereintreibung auch auf Bundesstaaten nur bedingt zu: In Bundesstaaten können das Steueraufkommen, der Verwaltungsvollzug oder etwa die Justiz- oder Polizeigewalt (teilweise) der Bundesgewalt entzogen sein. Die Bedeutung der Souveränitätsmerkmale Gewalt- und Steuermonopol ist daher zu relativieren. Nicht zu schmälern ist jedoch das Gewicht des folgenden Aspekts: Unverkennbar verfügt das Institutionengefüge der EU nicht über das Merkmal einer *unabgeleiteten* Herrschaftsgewalt. Trotz aller eigenständig etablierten Herrschaftsmacht auf der EU-europäischen Ebene ist die Schwelle zu einem sich selbst konstituierenden Gemeinwesen nicht überschritten.

Aus all dem folgt, daß die EU – staats- und völkerrechtlich gesehen – keinen veritablen Staat darstellt, ihr aber Staatlichkeit anhaftet. Vielleicht kommt die Bezeichnung ‚Quasi-Staat' ihrer Eigenart am nächsten. Diese Benennung berücksichtigt zweierlei: sowohl daß die EU aufgrund ihres staatsanalogen Charakters nicht als herkömmliche internationale Organisation firmieren als auch daß sie nicht als Staat im Sinne der neuzeitlichen Souveränitätsidee figurieren kann.

Die Aussage, die Reinform einer Verfassung sei auf der EU-europäischen Ebene nicht auffindbar, gilt in zweierlei Hinsicht. Zum einen trifft sie in einem schlichten, wörtlich-formalistischen Sinn zu. Zum anderen beruht sie auf einem voraussetzungsvollen inhaltlichen Verständnis des Verfassungsbegriffs.

Einer wörtlich-formalistischen Lesart zufolge, ist die Vergabe der Vokabel „Kon-

---

[276] Ausführlich WESSELS: System [aaO. FN 268 S. 159 dieser Arbeit], 780 passim.
[277] BADURA: Supranationalität und Bundesstaatlichkeit [aaO. FN 275 S. 162 dieser Arbeit] 66, 72; MAYER: Hüter [aaO. FN 271 S. 162 dieser Arbeit], 418 mwN.

stitution" davon abhängig zu machen, ob eine *als solche ausgewiesene* Verfassungsurkunde existiert. Ein derartig bezeichnetes EU-europäisches Dokument gibt es (noch) nicht – von einer *förmlichen* Unionsverfassung ist daher nicht zu sprechen.

Die voraussetzungsvolle Fassung einer normativ anspruchsvollen Konstitutionssemantik steht in der Tradition des demokratischen Verfassungsstaates. Nach Maßgabe dessen ist der Erfolg einer Verfassungsordnung, Herrschaft zu kontrollieren und demokratischen Kriterien zu unterwerfen, essentiell. Das Vorhandensein eines Verfassungsdokuments ist dabei lediglich ein – wenn auch wichtiges – Mittel, diesen Erfolg herzustellen. (Und zwar einfach deswegen, weil die Funktion einer Verfassung, staatliche Herrschaft sowohl zu legitimieren als auch zu limitieren, mittels eines Verfassungs*textes* besser zu gewährleisten ist als ohne dieses Instrument.) So angelegt, ist der Begriff der Verfassung im juristisch-formellen Sinn – der Bestand schriftlicher Vorgaben eines Verfassungstextes – verzahnt mit einer elaborierten und normativ gehaltvollen Bedeutung des juristischen Begriffs „Verfassung" im materiellen Sinn.

Vertretbar ist allerdings, auf diese Verzahnung zu verzichten und den Begriff der materiellen Verfassung lediglich mit inhaltlich weniger angereicherten Mindestanforderungen zu versehen. Als ein derartiges Minimalkriterium von Verfassung bietet sich der bloße Bestand von Üblichkeiten oder Vorschriften staatsorganisationsrechtlicher Natur an. Daran gemessen, besitzt das Gebilde der EU eine Verfassung im materiellen Sinn. Als (in den Gemeinschaftsverträgen) geregelte staatsorganisationsrechtliche Materie ist beispielsweise die Normierung von Rechtssetzungsverfahren anzuführen.

Minimaldefinitionen dieses Typs sind jedoch dem Einwand ausgesetzt, zwischen einem bloßen Statut und einer politisch-ethisch wertvollen Verfassung nicht unterscheiden zu können. Eine der Idee des demokratischen Verfassungsstaates verpflichtete Verfassungstheorie reserviert den Terminus der „Verfassung" folglich für normativ reichhaltigere semantische Gehalte, die über die (schriftliche) Zuweisung von Kompetenzen und die Regulierung von Verfahren hinausreichen.

Etwa kann darauf bestanden werden, daß sich in einem Verfassungsdokument eine hinreichend einheitliche politische und rechtliche Kultur niederschlägt. Hiervon wird in bezug auf die unionale Rechts- und Herrschaftsordnung sicher nicht die Rede sein können: Die politischen Kulturen der Mitgliedstaaten sind sehr distinkt; ebenso sind deren Rechtskulturen recht verschieden. Allenfalls einen Trend zur Angleichung, bestenfalls in einer sich verstärkenden Form wird man registrieren können. Die vorhandene kulturelle Vielfalt EU-Europas im Verständnis von Recht und Politik geht notwendigerweise mit Ungleichheiten zwischen den Unionsbürgerinnen und -bürgern einher. Solche Ungleichheiten unter den Angehörigen einer politischen Einheit können sich in Ungerechtigkeit übersetzen, deren Vereinbarkeit mit der Idee des demokratischen Verfassungsstaates bestreitbar ist.

Des weiteren kann eine semantische Verflechtung von Verfaßtheit und Staatlichkeit gefordert werden. In einem legitimatorischen Sinn gründet demnach staatliche Herrschaft auf Konstitutionalität beziehungsweise begründet Konstitutionalisierung von Herrschaftsgewalt staatliche Gemeinwesenhaftigkeit. So verstanden, „erschaffen"

III. ‚Verfassungsgerichtsbarkeit', rechtsphilosophisch betrachtet 165

und „konstituieren" veritable Verfassungen nur staatliche Gebilde – nicht aber sonstige politische Einheiten. Die EU ist aufgrund ihrer völkerrechtlich-vertraglichen Fundierung – wie bereits dargelegt – kein Staatswesen. Ihre völkerrechtlich-vertragliche Fundierung ist insofern problematisch, als sie einen oder sogar den zentralen Ausgangspunkt für erhebliche Ungleichheiten innerhalb der Unionsbürgerschaft bildet. Dies führt wiederum zu einer Problematik, die der soeben erwähnten ähnlich ist. Ungleichheiten innerhalb der Unionsbürgerschaft erwachsen nun nicht mehr allein aus Differenzen zwischen den politischen und den rechtlichen Kulturen. Vielmehr sind sie durch Unterschiede zwischen den politischen Systemen insgesamt induziert.[278]

Mit der Eigenschaft einer Verfassung, Grund und Begründung eines Gemeinwesen zu sein, hängt die Kopplung von Konstitutionen an die verfassunggebende Gewalt des Volkes zusammen. Als Ausfluß dieser verfassunggebenden Gewalt kann es für erforderlich angesehen werden, die Inkraftsetzung von Verfassungsdokumenten an die Bedingung zu knüpfen, daß das Staatsvolk sich im Rahmen einer Abstimmung zugunsten des Dokuments ausgesprochen hat. Diese Kopplung zwischen Verfassungstext und positivem Votum einer Volksbefragung ist auf EU-europäischer Ebene nicht zu registrieren. Denn zum einen wurde nicht in allen Mitgliedstaaten über die rechtlichen Grundlagen der EU-europäischen Integration abgestimmt. Zum anderen erfolgten die in manchen Staaten durchgeführten Referenden stets allein bezüglich nationalstaatlicher Geltungswirkungen. Ob dieses Merkmalserfordernis eines positiven Plebiszits überhaupt bestehen soll und ob es als unabdingbar zu gelten hat, ist sehr umstritten. Allerdings könnte nicht nur ein positives Plebiszit als unerläßlich für die Ratifikation von veritablen Verfassungen betrachtet werden. Vielmehr könnte sogar ein besonderer Modus der Verfassunggebung postuliert werden – nämlich die Ausarbeitung des Verfassungstextes durch eine eigens und allein zu diesem Zweck gewählte verfassunggebende Versammlung. Dieses Gremium müßte aus allgemeinen, gleichen und freien Wahlen hervorgehen. Jede Stimme müßte ungefähr den gleichen Erfolgswert besitzen. Eine derartige Verfassungsgebung hat auf EU-europäischer Ebene nicht stattgefunden. Ob diese Konstitutionsgenese als unabdingbar für den Verfassungsbegriff einzustufen ist, wird nicht minder kontrovers beurteilt.

Daß die Verfaßtheit der EU nicht auf der Reinform einer Verfassung aufruht, läßt sich darüber hinaus auch mit anderen Gründen hinreichend plausibel erhärten. So kann konstitutionelle Semantik auf der Idee einer zweistufigen Legalität insistieren. Demzufolge besitzt Verfassungsrecht notwendigerweise eine Maßstabsfunktion: Verfassungsrecht liegt vor, wenn jegliches sonstige Recht samt und sonders an ihm

---

[278] Die völkerrechtlich-vertragliche Fundierung stellt zugleich Ermöglichungsbedingung und Legitimation von Ungleichheiten dar. Aussichten, diese Ungleichheiten zu verringern, bestünden nur, wenn eine EU-europäische Constituante das Primärrecht der EU erarbeiten würde. Die Wahl dieser Constituante müßte so erfolgen, daß die Stimmen der Unionsbürger ungefähr den gleichen Erfolgswert besäßen. Damit kein Mißverständnis aufkommt: Diese Ungleichheiten können freilich auch positiv gewertet werden – substantiell als Anerkennung von Vielfalt und prozedural als Ausdruck nationaler Autonomie.

überprüft werden kann. Folglich impliziert dieser Verfassungsbegriff eine Normenhierarchie: die Unterordnung des einfachen Rechts unter das Verfassungsrecht. Diese Maßstabsfunktion nimmt das Unionsrecht nur bedingt wahr. Zwar ist durch die Rechtsprechung des Europäischen Gerichtshofes der Vorrang des Gemeinschaftsrechts statuiert worden. Doch diese richterrechtliche Vorgabe ist nicht unangefochten. Des weiteren ist das unionale Recht zielgebundenes Recht.[279] Es stellt daher lediglich einen Komplex rechtlicher Teilordnungen dar und ist nicht übergreifender Natur; vollumfänglich sind ihm die mitgliedstaatlichen Rechtsordnungen nicht untergeordnet. Die Ausübung einer Maßstabsfunktion ist ferner deswegen eingeschränkt, weil subjektive Rechte erstens nur ansatzweise vertraglich verankert und sie zweitens als Grundrechte nicht katalogisiert sind. Eine Grundrechtscharta ist inzwischen proklamiert, aber (noch) nicht rechtsverbindlich. Gemessen an der schwach ausgeprägten kontraktuellen Basis der subjektiven Rechte ist die richterrechtliche Anerkennung und damit ihre Einklagbarkeit allerdings sehr weit fortgeschritten.

Dies leitet über zum nächsten Punkt: der Ausdruck „Verfassung" kann an die Anforderung einer hinreichenden Normativität geknüpft werden. Der Erfolg einer Herstellung von Herrschaftskontrolle und Demokratie bemißt sich nicht zuletzt daran, daß eine Verfassung klare Vorgaben gibt. Diesem Kriterium vermag die unionale Rechts- und Herrschaftsordnung nur höchst unzureichend gerecht zu werden. Denn die Schwierigkeiten bei der Erfüllung dieser Anforderungen beginnen bereits damit, daß kein hinreichender Konsens darüber ausgebildet ist, was zum EU-europäischen Verfassungsrecht gehört und was nicht.[280] Natürlich macht sich hierbei bemerkbar, daß eine förmliche Unionsverfassung nicht in Kraft ist. Das Fehlen einer formellen Konstitution kann jedoch durch funktionale Äquivalente aufgefangen werden. Entscheidend ist somit, ob diese Substitute einer Verfassungsurkunde existieren und wie tauglich sie sich gegebenenfalls präsentieren. Zur Bestimmung einer materiellen EU-Verfassung gibt es eine Bandbreite von Möglichkeiten. Hierzu zählt beispielsweise die schlichte Gleichsetzung der Verfassung mit dem Konvolut der Kontrakte. Die komplexere Version dagegen bedient sich zum Beispiel der fundierenden Verträge zwar als Basis für unionales Verfassungsrecht, faßt darunter jedoch nicht den Gesamtbestand der völkerrechtlichen Vereinbarungen und rechnet insbesondere Richterrecht hinzu. Während die schlichte Gleichsetzungsvariante die Verfassungswirklichkeit nur un-

---

[279] Ausführlich PETER-CHRISTIAN MÜLLER-GRAFF: Strukturmerkmale des neuen Verfassungsvertrages für Europa im Entwicklungsgang des Primärrechts, in: *Integration,* 27. Bd. (2004), H. 3, 186–201 [= www.iep-berlin.de/publik/integration/heft–3–04/muellergraff.pdf – 26. 3. 2005] [191–193].

[280] Vgl. ARMIN VON BOGDANDY: Beobachtungen zur Wissenschaft vom Europarecht. Strukturen, Debatten und Entwicklungsperspektiven der Grundlagenforschung zum Recht der Europäischen Union, in: *Der Staat,* 40. Bd. (2001), H. 1, 3–43 [34 mwN.]: „Es besteht noch nicht einmal Klarheit, welche Rechtsmaterien überhaupt zu einem europäischen Verfassungsrecht gehören. Betrachtet man die Gesamtheit der Artikel der Gründungsverträge, so ist offensichtlich, daß nicht alle sinnvoll als Verfassungsrecht behandelt werden können, während viel ungeschriebenes Recht (Vorrang, unmittelbare Wirksamkeit, Grundrechte) dazu gehört."

III. ‚Verfassungsgerichtsbarkeit', rechtsphilosophisch betrachtet 167

genügend wiedergibt, ist jede der komplexeren Begriffsstrategien vor eine Vielzahl von Abgrenzungsschwierigkeiten und Trennschärfeproblemen gestellt.

Ohne diesen Gesichtspunkt auszubauen, läßt sich feststellen, daß die Normativität dieser Verfassungssubstrate schwach ausgebildet ist. Der unionalen Rechts- und Herrschaftsordnung gebricht es an Transparenz und Systematik – und in der Folge: an der Abgrenzbarkeit und Zurechenbarkeit von Verantwortlichkeiten.[281]

Schließlich kann ein normativ-emphatischer Verfassungsbegriff auf der Verwirklichung einer gewalteinteilig strukturierten Herrschaftsgewalt bestehen. Erinnert sei nur an den Art. 16 der Déclaration des Droits de l'Homme et du Citoyen: „Toute société, dans laquelle la garantie des droits n'est pas assurée ni la séparation des pouvoirs déterminée, n'a point de constitution."[282] Subsumiert man das institutionelle Beziehungsgeflecht der EU-Organe unter diese Anforderung, so ist das in bestimmten Politikfeldern vertraglich statthafte und auch praktizierte alleinige Legiferieren der Exekutive nicht mit dem Postulat nach Gewaltenteilung in Einklang zu bringen. Überdies wird dem Kriterium der Öffentlichkeit dabei nicht Genüge getan.

Als Resümee ergibt sich das Bild einer verfassungshaften rechtlich-politischen Ordnung – verfassungshaft, weil lediglich Züge des Konstitutionellen auszumachen sind. Grundgelegt ist bei dieser Einstufung allerdings ein gehaltvoller (materieller) Verfassungsbegriff, der in erster Linie auf dem Kennzeichen eines Kalibrierungspotentials besteht. In diesem Sinne ließe sich das unübersichtliche Konvolut der Kontrakte als ‚Quasi-Verfassung' klassifizieren. Angezeigt ist mit diesem Begriff einerseits, daß auf der EU-europäischen Ebene eine rechtlich fixierte Herrschaftsordnung errichtet wurde, die Träger und Befugnisse von exekutivischer, legislativer und judikativer Macht ausweist sowie die im richter- und gewohnheitsrechtlich durchdrungenen Primärrecht eine Entsprechung zu einem Verfassungsdokument besitzt. Andererseits macht dieser Begriff darauf aufmerksam, daß diese konstitutionellen Attribute mit Defiziten versehen sind oder noch weiterer Anreicherungen und Ergänzungen bedürfen. Insbesondere *in puncto* Klarheit über Verantwortlichkeiten und deren Grenzen wird ein veritabler Konstitutionalismus nicht erreicht.[283] –. Aufgrund

---

[281] Keine offensichtlichen Defizite erkennt MAYER: Competences [aaO. FN 268 S. 159 dieser Arbeit], 7–8: „It is true that European competences are not enumerated in a list or catalogue, but scattered all over the treaties, therefore they are not easy to find and read. Still, I would insist that these provisions tightly circumscribe European public authority, probably even much better than the lists of competences used in federal constitutions." Gewiß mögen manche Verfassungen etwa die bundesstaatliche Kompetenzaufteilung unter dem Aspekt der Bestimmtheit nicht unbedingt klarer regeln als das EU-Recht die supranationalen und mitgliedstaatlichen Zuständigkeiten. Doch nicht zu übersehen ist, daß die Komplexität und die Differenziertheit der unionalen Regelungen den Effekt einer schwer zu durchschauenden Fragmentierung verursachen. Zu vermissen sind ferner Strukturierungen durch Prinzipien. Darüber hinaus sind etwa folgende Ausprägungen einer defizitären Zurechenbarkeit und Abgrenzbarkeit von Verantwortlichkeiten zu konstatieren: die ungeklärte Rangordnung im Verhältnis zwischen dem vertragsbegründeten Recht und dem mitgliedstaatlichen Verfassungsrecht oder das intransparente Legiferieren des Ministerrats.

[282] Zit. n. GERHARD COMMICHAU: *Die Entwicklung der Menschen- und Bürgerrechte von 1776 bis zur Gegenwart,* Göttingen, Zürich 1985 [5. Aufl.; Erstaufl. 1972], 58.

all dessen und insofern bietet sich für den Komplex der vertragsbegründeten Rechtsvorschriften und die an diesem Ordnungsrahmen ausgerichtete Praxis auch der Terminus des ‚Semi-Konstitutionalismus' an.

(2) Die quasi-verfassungsgerichtliche Funktion der unionalen Jurisdiktion
Daß – obgleich mit normativen Abstrichen – von einer unionalen Verfassung gesprochen werden kann, ist nicht zuletzt dem prägenden Einfluß der supranationalen Gerichtsbarkeit geschuldet.[284] Einhergehend mit den primärrechtlichen Vertiefungen der EU-europäischen Zusammenarbeit und resultierend aus einer Rückstrahlung ihres eigenen rechtsprechenden Wirkens auf sie selbst, hat diese Jurisdiktion immer mehr die Umrisse einer Form von Verfassungsgerichtsbarkeit angenommen.[285]

Ausgangspunkt dieser Entwicklung war die Entscheidung der Gründerstaaten der Europäischen Gemeinschaft, in der Form des Europäischen Gerichtshofs ein Rechtsprechungsorgan mit obligatorischer Zuständigkeit zu schaffen. Dieses Organ sollte für alle Rechtsunterworfenen – die Gemeinschaft, die Mitgliedstaaten und die Gemeinschaftsbürger – verbindliche Entscheidungen treffen können. Im weiteren Verlauf hat dann dieser Gerichtshof „schrittweise aus Rudimenten, die in den Verträgen enthalten sind, eine geschlossene Rechts- und Verfassungsordnung herausgebildet"[286].

Fundament des Wirkens der supranationalen Gerichtsbarkeit mit Sitz in Luxemburg ist derzeit folgendes Institutionen- und Kompetenzprofil:

Die supranationale Gerichtsbarkeit setzt sich zusammen aus dem „Europäischen Gerichtshof" (abgekürzt: EuGH, andere Benennungen: „Gerichtshof der Europäischen Gemeinschaft" oder auch nur „Gerichtshof", am korrektesten eigentlich: „Gerichtshof der Europäischen Gemeinschaften") und dem „Gericht erster Instanz"

---

[283] Laut INGOLF PERNICE: Die Europäische Verfassung. Grundlagenpapier, in: Herbert Quandt-Stiftung: 16. Sinclair-Haus Gespräch: *Europas Verfassung – eine Ordnung für die Zukunft der Union,* Bad Homburg v. d. Höhe September 2001, 18–35 [32] droht sogar die Gefahr, daß das Unionsrecht chaotisch wird: „Werden die neuen Bestimmungen von Nizza über die verstärkte Zusammenarbeit ihrem Zweck entsprechend tatsächlich genutzt, droht das Unionsrecht statt zu einer einheitlichen Rechtsordnung zu einem rechtlichen Chaos zu werden, in dem jede Übersicht, jede wirksame politische Kontrolle und jede Möglichkeit der Identifikation verlorengeht."

[284] Vgl. BRUNO DE WITTE: Interpreting the EC Treaty like a constitution: the role of the European Court of Justice in comparative perspective, in: Rob Bakker/Aalt Willem Heringa/Frits Stroink (Hg.): *Judicial control.* Comparative essays on judicial review, Antwerpen; Apeldoorn 1995, 133–152.

[285] Konzis und luzid zur richterrechtlichen Durchdringung des unionalen Rechts sowie zur damit verbundenen verfassungsgerichtlichen Funktion des EuGH FRANCIS G. JACOBS: A new Constitutional Role for the European Court of Justice in the next decade? (Vortrag an der Humboldt-Universität zu Berlin am 12. November 1998/*Symposium on Perspectives of the Constitutional Process of the European Union in the light of the Amsterdam Treaty*) [= www.rewi.hu-berlin.de/WHI/tagung98/jacobs – 9. 6. 2005].

[286] ULRICH EVERLING: Bundesverfassungsgericht und Gerichtshof der Europäischen Gemeinschaften nach dem Maastricht-Urteil, in: Albrecht Randelzhofer/Rupert Scholz/Dieter Wilke (Hg.): *Gedächtnisschrift für Eberhard Grabitz,* München 1995, 57–75 [72–73].

III. ‚Verfassungsgerichtsbarkeit', rechtsphilosophisch betrachtet   169

(in Abkürzung: EuG, anderer Name: „Europäisches Gericht erster Instanz", zuweilen auch und im VVE stets als das „[Europäische] Gericht" bezeichnet).[287] Das Europäische Gericht wurde 1989 aus der Taufe gehoben, um den Europäischen Gerichtshof in seinem Arbeitsaufkommen zu entlasten und um den individuellen Rechtsschutz zu verbessern. Sein Rechtsprechungsschwerpunkt liegt bei Klagen von Privatpersonen und wettbewerbsrechtlichen Streitigkeiten zwischen Unternehmen.

Die vier häufigsten Klagearten sind: das Ersuchen um Vorabentscheidung, Vertragsverletzungs-, Nichtigkeits- und Untätigkeitsklagen.[288]

– *Ersuchen um Vorabentscheidung:* Die Gerichte jedes EU-Staates müssen für eine korrekte Anwendung des Unionsrechts in ihrem Land sorgen. Dies erfordert vielfach die Auslegung der EU-europäischen Rechtsvorschriften. Damit es dabei durch die verschiedenen mitgliedstaatlichen Gerichte nicht zu divergierenden Interpretationen, sondern zu einer einheitlichen Auslegung des vertragsbegründeten und organgeschaffenen Rechts kommt, wurde das „Vorlageverfahren" eingeführt. Zweifelt ein nationalstaatliches Gericht an der Geltung oder der angemessenen Konkretisierung von Unionsrecht, muß es nach der unionalen Rechtsprechung den Gerichtshof zu Rate ziehen.[289] Dieser Rat wird in Form einer „Vorabentscheidung" erteilt. [Art. 234 EGV] Die Entscheidung des Europäischen Gerichtshofs bindet das mitgliedstaatliche Gericht. Für die Ausbildung eines einheitlichen Rechtsraumes ist dieses Verfahren von nachhaltiger Bedeutung.

---

[287] Im folgenden werden zuweilen beide EU-europäischen Gerichtsinstanzen aufgeführt, ohne eine eventuelle ausschließliche Zuständigkeit des EuGH zu vermerken.

[288] Zum Zuständigkeitsprofil der supranationalen Gerichtsbarkeit und zum unionalen Prozeßrecht siehe WESSELS: System [aaO. FN 268 S. 159 dieser Arbeit], 797–798; MAYER: Hüter [aaO. FN 271 S. 160 dieser Arbeit], 415–416.

[289] Nach der CILFIT-Entscheidung des EuGH aus dem Jahr 1982 besteht nur dann keine Pflicht eine die Auslegung des Unionsrechts betreffende Frage dem EuGH vorzulegen, wenn die Frage nicht für die Entscheidung des mitgliedstaatlichen Gerichts relevant ist oder wenn die Auslegung des Unionsrechts offensichtlich ist. Offensichtlich ist eine Interpretation dann, wenn sie keinen Raum läßt für irgendeinen vernünftigen Zweifel. Insbesondere muß das nationale Gericht davon überzeugt sein, daß die Thematik für die Gerichte der anderen Mitgliedstaaten und den EuGH ebenso offensichtlich ist. Zuwiderhandlungen gegen diese strengen Vorlagestandards stellen einen Grund für ein Vertragsverletzungsverfahren dar. Bislang wurde jedoch aus diesem Grund noch kein einziges Vertragsbruchverfahren angestrengt durch die Europäische Kommission, obgleich sich im juristischen Schrifttum Stimmen finden lassen, die bestimmte Entscheidungen als Vertragsverletzungen ansehen. Ausführlich mwN. FRANZ C. MAYER: The European Constitution and the Courts. Adjudicating European constitutional law in an multilevel system, in: *Jean Monnet Working Paper* 9/03 (2003) [= www.jeanmonnetprogram.org/papers/MayerJM030901-03.pdf – 25. 2. 2005], 7–9. Zu beachten ist des weiteren, daß bedeutende oberste Gerichte bisher dem EuGH noch nie eine Rechtsfrage vorgelegt haben (so etwa der französische Conseil Constitutionnel). Namentlich die obersten Verfassungsgerichte der Mitgliedstaaten mit einer gewichtigen Verfassungsgerichtsbarkeit (wie Spanien, Italien und die Bundesrepublik Deutschland) haben Art. 234 EGV nie angewendet. [vgl. ebd. 9–11 mwN.] Ferner behält sich eine Reihe hochrangiger mitgliedstaatlicher Gerichte die Letztentscheidungsbefugnis über die Legalität von Unionsrecht vor respektive weigern sich einige der höchsten mitgliedstaatlichen Gerichte, bedingungslos den Letztinstanzlichkeitsanspruch des EuGH anzuerkennen. [vgl. ebd. 18–36 mwN.].

– *Vertragsverletzungsklagen:* Diese Klage kann von der Kommission erhoben werden, wenn sie Grund zu der Annahme hat, ein Mitgliedstaat komme seinen Verpflichtungen gemäß dem Unionsrecht nicht nach. Ebenso kann ein anderer Mitgliedstaat ein derartiges Verfahren einleiten. Der Gerichtshof prüft jeweils die Anschuldigungen und fällt das Urteil. Wenn der Gerichtshof feststellt, daß der angeklagte Mitgliedstaat gegen Verpflichtungen aus dem EGV, den gesetzten Rechtsakten [Artt. 226, 227 EGV] oder den von der EU geschlossenen Verträgen mit Dritten verstößt [Gutachtenverfahren gemäß Art. 300 EGV], muß der beschuldigte Staat diesen Verstoß sofort abstellen.

– *Nichtigkeitsklagen:* Wenn ein Mitgliedstaat, der Rat, die Kommission oder (unter bestimmten Umständen) das unionale Parlament meinen, daß ein bestimmter Rechtsakt der EU rechtswidrig ist, können sie dessen Nichtigerklärung durch die unionale Gerichtsbarkeit beantragen. Klageberechtigt ist auch jede natürliche oder juristische Person, die unmittelbar und individuell betroffen ist.[290] Die Aufhebung des Rechtsakts kann aufgrund von Unzuständigkeit, Verletzung wesentlicher Formvorschriften, Verletzung des EG-Vertrages oder einer bei seiner Durchführung anzuwendenden Rechtsnorm oder wegen Ermessensmißbrauchs erfolgen.

– *Untätigkeitsklagen:* Die Mitgliedstaaten, die EU-Organe und (unter bestimmten Umständen) Einzelpersonen und Unternehmen können die unionale Jurisdiktion anrufen, um gegen die Unterlassung von primärrechtlich vorgesehenen Beschlüssen vorzugehen [Art. 232 EGV]. Die Unionsgerichtsbarkeit kann die Unrechtmäßigkeit dieser Untätigkeit feststellen.

Die Zuständigkeit des Europäischen Gerichtshofs und des Europäischen Gerichts schließt darüber hinaus etwa Amtshaftungsverfahren [Artt. 235, 288 EGV] oder Beamtenstreitigkeiten [Art. 236 EGV] ein. Ferner wird der Europäische Gerichtshof in Schiedssachen tätig. [Artt. 238, 239 EGV]

Die Breite des Unionsrechts bringt es mit sich, daß sich die richterliche Gewalt des Europäischen Gerichtshofs auf mehrere Rechtsgebiete erstreckt. Aus bundesrepublikanischer Sicht vereint das Luxemburger Rechtsprechungsorgan die Funktionen etlicher Gerichtszweige in sich. Die Spanne dieser Gerichtszweige reicht von der Verwaltungs-, über die Finanz-, Sozial- und Arbeitsgerichtsbarkeit bis zur Zivilgerichtsgerichtsbarkeit. Da in der Gestalt des Gerichtshofs mehr als Anklänge an die

---

[290] Ausführlich FRANZ C. MAYER: Individualrechtsschutz im Europäischen Verfassungsrecht, in: *DVBl* (2004), H. 10, 606–616 [hier zit. n.: *WHI-Paper* 9/04 (2004); www.whi-berlin.de/rechtsschutz.htm – 19.2.2005]. Die Zulässigkeitsanforderungen der unmittelbaren und v.a. der individuellen Betroffenheit besitzen durchaus eine erhebliche restriktive Wirkung. Unmittelbare Betroffenheit ist anzunehmen, wenn kein weiterer Umsetzungsakt erforderlich ist. Individuelle Betroffenheit liegt entweder vor, wenn jemand Adressat einer Entscheidung ist oder wenn ihn die Entscheidung „wegen bestimmter persönlicher Eigenschaften oder wegen besonderer, ihn aus dem Kreis der übrigen Personen heraushebender Umstände berührt und ihn daher in ähnlicher Weise individualisiert wie den Adressaten" (= „Plaumann-Formel"). [zit. n. ebd. 608 mwN.] Erhebliche (tatsächliche oder wahrscheinliche) nachteilige Auswirkungen auf individuelle Interessen reichen somit nicht aus.

III. ‚Verfassungsgerichtsbarkeit', rechtsphilosophisch betrachtet

Institution der Verfassungsgerichtsbarkeit auszumachen sind, ließe sich in diese Reihe der Gerichtszweige auch die Verfassungsgerichtsbarkeit aufnehmen. Hierbei wäre allerdings im Blick auf den Vergleich mit der bundesdeutschen Gerichtsstruktur der Vorbehalt anzubringen, daß die auf der EU-europäischen Ebene installierte Jurisdiktion vom bundesrepublikanischen Modell abweicht. Daß der Europäische Gerichtshof gleichzeitig beispielsweise als Verfassungs- und als Zivilgericht fungiert, rückt ihn – mit einer britischen Brille betrachtet – in die Nähe der Law Lords des britischen Oberhauses. Die Anklänge an die Institution der Verfassungsgerichtsbarkeit sind bei dem EU-europäischen Organ jedoch ausgeprägter als beim Gremium der Law Lords. Und zwar allein schon deswegen, weil in bezug auf die Gerichtsförmigkeit der Law Lords Abstriche zu machen sind.[291]

Eine Verortung des Luxemburger Gerichts auf der Skala der bereits entwickelten Terminologie zum Abstraktum Verfassungsgerichtsbarkeit ergibt, daß der Europäische Gerichtshof zwischen den Extremen dieser Skala einzuordnen ist: Der Gerichtshof kann zwar nicht unter den engen Begriff einer Form von ‚Verfassungsgerichtsbarkeit' gerechnet werden. Aber er erfüllt auf der anderen Seite mehr als lediglich die Minimalkriterien einer Version von „Verfassungsgerichtsbarkeit".

Warum die supranationale Jurisdiktion nicht unter die Kategorie der ‚Verfassungsgerichtsbarkeit' zu subsumieren ist, kann auf zwei Wegen begründet werden. Die das Merkmalsprofil der ‚Verfassungsgerichtsbarkeit' zusammenfassende Kurzformel, ‚Verfassungsgerichtsbarkeit' liegt vor, wenn alle Akte staatlicher Gewalt gerichtlicher Kontrolle unterliegen, kann nämlich einerseits als strikt formales und andererseits als weitmaschigeres materiales Klassifikationskriterium herangezogen werden.

Strikt formal aufgefaßt, verleiht der Zuschnitt der Überprüfungsbefugnisse des Europäischen Gerichtshofs diesem schon deswegen kein ‚verfassungsgerichtliches' Wirkungsspektrum, weil ihm erhebliche Teile staatlicher Hoheitsgewalt von vorneherein entzogen sind. Da die unionale Rechtsordnung ein Normendispositiv von zielgebundenen rechtlichen Teilordnungen darstellt, nicht aber sämtliches Recht der Mitgliedstaaten in sich integriert, ist die richterliche Gewalt des Europäischen Gerichtshofs dementsprechend auf das Primärrecht und vor allem auf das auf letzterem errichtete Recht beschränkt. Anders formuliert: Die Zuständigkeit des Luxemburger Gerichts ist *a priori* dadurch begrenzt, daß das Unionsrecht partieller, nicht umfassender Natur ist. Der Europäische Gerichtshof besitzt – analog dazu – nicht die

---

[291] So sind die Law Lords keine eigentlichen Richter, sondern Parlamentsmitglieder, die eine Ausschußsitzung durchführen. Ihre Entscheidungen sind keine Urteile, vielmehr Empfehlungen eines Ausschusses, denen sich das gesamte Haus nicht anschließen muß. Dementsprechend tagen die Law Lords – im Gegensatz zu den Richtern des Landes – auch ohne Perücke und Robe. Vgl. STEFAN SCHIEREN: *Die stille Revolution*. Der Wandel der britischen Demokratie unter dem Einfluß der europäischen Integration, Darmstadt 2001, 169 mwN. In „Luxemburg" hingegen sprechen Richter Recht, und sie verkünden Urteile. Gemäß der zuvor eingeführten Begrifflichkeit kann man die supranationale Gerichtsbarkeit aufgrund ihrer nicht nur das Verfassungsrecht umfassenden Rechtsprechungstätigkeit als (Verfassungs-)Gerichtsbarkeit etikettieren.

Aufgabe, über den Gesamtbestand des Rechts des EU-Gebildes zu wachen. Vielmehr ist der Gerichtshof auf die Wahrung und Sicherung desjenigen Rechts limitiert, das durch die Gemeinschaftsverträge sowie auf deren Grundlagen in Kraft gesetzt ist. [vgl. Art. 220 EGV] Der vom Europäischen Gerichtshof gebotene judikatorische Rechtsschutz reflektiert dergestalt, daß das Unionsrecht den Charakter einer Teilordnung aufweist.

Die Klassifikationskriterien können jedoch durchaus im Blick auf die Eigenart der EU und auf ihre quasi-staatliche Natur angepaßt werden: Staatliche Hoheitsgewalt im Sinne der Kurzformel ist demnach diejenige Hoheitsgewalt, die im Rahmen des Gebildes der EU ausgeübt wird – genauer: die in den organisatorischen und rechtlichen Strukturen der unionalen Herrschaftsordnung zur Wirkung gelangt. Damit der Gerichtshof also als ‚Verfassungsgericht' einstufbar wäre, müßten sämtliche Akte der *quasi-staatlichen* Gewalt des EU-Gebildes der richterlichen Kontrolle durch die unionale Jurisdiktion unterliegen.

Diese Bedingung wird jedoch nicht erfüllt, denn das judikatorische Mandat des Europäischen Gerichtshofs und des Europäischen Gerichts ist in mehrfacher Hinsicht eingeschränkt:

Erstens sind der Rechtsaufsicht der unionalen Gerichtsbarkeit verfahrensrechtliche Grenzen gesetzt, der Zugang zur Luxemburger Gerichtsbarkeit ist restriktiv geregelt: Privilegiert sind im unionalen Verfahrensrecht die Mitgliedstaaten, die Kommission und die nationalen Gerichte (durch das Institut der Vorabentscheidung) – der Rechtsweg für natürliche und juristische Personen hingegen ist nur in bestimmten Fällen eröffnet.[292] Gravierend ist insbesondere, daß natürliche und juristische Personen legislative Akte der EU-Organe juristisch nicht direkt angreifen können.[293]

---

[292] Die prozeßrechtliche Limitierung der supranationalen Rechtsaufsicht hinsichtlich des Individualrechtsschutzes könnte mit der Einführung des Instituts einer unionalen Grundrechtsbeschwerde beseitigt werden. Die Verankerung dieses Instituts könnte auch integrativ wirken. Diesbezügliche Vorhersagen sind jedoch schwierig. Zwar ließen sich die bundesrepublikanischen Erfahrungen sozusagen extrapolieren: Die Wertschätzung des Grundgesetzes (und damit *auch* verbunden: des bundesrepublikanischen Staatswesens insgesamt) auf seiten der bundesdeutschen Bürgerschaft verdankt sich nämlich unter anderem dem Umstand, daß diese Bürgerschaft die bundesrepublikanische Verfassung – via Verfassungsbeschwerde – als Rechtsschutz bietend perzipiert. Einen förmlichen Grundrechtskatalog vorausgesetzt, könnte sich zugunsten der rechtlich-politischen Ordnung der EU ein derartiger Effekt ebenfalls auf seiten der EU-europäischen Bürgerschaft einstellen. Die Übertragung dieses bundesdeutschen Musters könnte jedoch aufgrund etwaiger mitgliedstaatlicher Widerstände scheitern: Wäre die Durchsetzung unionaler Grundrechtsjudikatur nicht gewährleistet, wäre ein solcher integrativer Effekt bereits vom Ansatz her be- oder sogar verhindert.

[293] Art. 230 EGV Abs. 4: „Jede natürliche oder juristische Person kann [...] gegen die an sie ergangenen Entscheidungen sowie gegen diejenigen Entscheidungen Klage erheben, die, obwohl sie als Verordnung oder als eine an eine andere Person gerichtete Entscheidung ergangen sind, sie unmittelbar und individuell betreffen." sieht die Gewährung von Rechtsschutz in zwei Fällen vor: erstens wenn der Kläger Adressat einer Entscheidung ist und zweitens wenn der Kläger durch eine an Dritte gerichtete Entscheidung unmittelbar und individuell betroffen ist. Der erste Fall – das Vorliegen eines Adressatenstatus – ergibt sich nur bei umsetzungsbedürftigen Rechtsakten – also nicht bei legislativen Akten. Denn vorauszusetzen ist die Unterscheidung von Gesetz und Maß-

III. ‚Verfassungsgerichtsbarkeit', rechtsphilosophisch betrachtet   173

Das judikatorische Wächteramt der EU-europäischen Gerichte ist **zweitens** unter sachlichen Aspekten begrenzt.²⁹⁴ Ihre Kontrollkompetenzen sind gemäß Art. 46 EUV ausdrücklich nur auf eindeutig ausgewiesene Bereiche der EG – der sogenannten ersten Säule der EU-europäischen Verfassungsarchitektur – beschränkt. Die sogenannte zweite Säule (das Feld der gemeinsamen Außen- und Sicherheitspolitik = GASP) ist von einer gerichtlichen Überprüfung ausgenommen. Auf dem Gebiet der sogenannten dritten Säule – der polizeilichen und justitiellen Zusammenarbeit – findet eine solche Überprüfung nur begrenzt statt. Aus Art. 35 EUV in Verbindung mit Art. 46 EUV ergibt sich der Ausschluß der Rechtskontrolle im Bereich Justiz und Inneres.²⁹⁵

Drittens ist die Rechtsprechungsgewalt des Gerichtshofs in institutioneller Hinsicht limitiert: Seine Rechtsaufsicht erstreckt sich nicht auf sämtliche Träger der quasi-staatlichen Gewalt der EU. Denn das Gremium der Staats- und Regierungschefs, der Europäische Rat, ist von der gerichtlichen Überprüfbarkeit ausgenommen. Somit ist ausgerechnet jene Institution, die seit den 1970er Jahren die Entwicklung Westeuropas am nachhaltigsten geprägt hat,²⁹⁶ juristisch sakrosankt. Ermöglicht ist diese rechtliche Immunität durch die Konstruktion eines gleichsam extra-konstitutionellen Status des Europäischen Rates: Der Europäische Rat „schwebt" gewissermaßen über den *checks and balances* des EG-Vertrages;²⁹⁷ weder organgeschaffenes noch vertragsbegründetes unionales Recht ist auf ihn anwendbar [vgl. Art. 46 EUV].

---

nahme, wonach Gesetze keine konkreten, sondern nur abstrakte Normierungen treffen können. Der zweite Fall – das Vorliegen einer unmittelbaren und individuellen Betroffenheit – erfaßt zwar ausnahmsweise (um Rechtsschutz bei einem Formenmißbrauch zu gewähren) legislative Akte (nämlich Verordnungen und gemäß supranationaler Rechtsprechung auch Richtlinien). Doch gerichtlich angreifbar sind gemäß supranationaler Judikatur legislative Akte nur dann, wenn keine auf diesen legislativen Akten basierende Ausführungsmaßnahmen erforderlich sind (Kriterium der unmittelbaren Betroffenheit) und v.a. wenn die „Plaumann-Formel" von 1963 (Kriterium der individuellen Betroffenheit) erfüllt ist. Zur Plaumann-Formel siehe FN 290 S. 170 dieser Arbeit. Vertiefend zum Individualrechtsschutz sowohl nach Maßgabe des gegenwärtigen Primärrechts als auch der im VVE verfügten Vorschriften MAYER: Individualrechtsschutz [aaO. FN 290 S. 170 dieser Arbeit]; MAYER: Hüter [aaO. FN 271 S. 160], 425–431.

[294] Vgl. MAYER: Hüter [aaO. FN 271 S. 160], 415; WESSELS: System [aaO. FN 268 S. 159 dieser Arbeit], 797.

[295] Vgl. v.a. Art. 35 (5) EUV: „Der Gerichtshof ist nicht zuständig für die Überprüfung der Gültigkeit oder Verhältnismäßigkeit von Maßnahmen der Polizei oder anderer Strafverfolgungsbehörden eines Mitgliedstaats oder der Wahrnehmung der Zuständigkeiten der Mitgliedstaaten für die Aufrechterhaltung der öffentlichen Ordnung und den Schutz der inneren Sicherheit."

[296] WESSELS: System [aaO. FN 268 S. 159 dieser Arbeit], 785 mwN.

[297] Vgl. WESSELS: System [aaO. FN 268 S. 159 dieser Arbeit], 785: „Zunächst gegründet auf eine Regierungsvereinbarung der Gipfelkonferenz von Paris 1974, ist der Europäische Rat seit dem Maastrichter Vertrag im Abschnitt zu den ‚Gemeinsamen Bestimmungen' (Art. 4 EUV) ‚oberhalb' der Europäischen Gemeinschaft und damit außerhalb der konstitutionellen checks and balances des EG-Vertrages angesiedelt." Demgegenüber EuGH Rs. 294/83, Les Verts, Slg. 1986, 1339 [1365], wonach in der EU „weder die Mitgliedstaaten noch die Gemeinschaftsorgane der Kontrolle darüber entzogen werden, ob ihre Handlungen im Einklang mit der Verfassungsurkunde der Gemeinschaft, dem Vertrag, stehen". Zit. n. MAYER: Hüter [aaO. FN 271 S. 160], 415.

Viertens ist schließlich das gerichtliche Mandat der supranationalen Jurisdiktion dadurch eingeschränkt, daß sie auf das Zusammenspiel mit den mitgliedstaatlichen Gerichtsbarkeiten angewiesen ist. Der Europäische Gerichtshof beansprucht zwar für sich das Monopol der Verwerfung von (sekundärem) Unionsrecht.[298] Doch die Geltung dieses Monopols ist nicht gesichert. Offene Konflikte zwischen den supranationalen Rechtssprechungsorganen und einem oder mehreren der nationalen Gegenüber sind derzeit nicht zu verzeichnen. Aber Friktionen sind durchaus zu registrieren.[299] Somit ist die Befugnis der unionalen Jurisdiktion zur Normenkontrolle zwar mehr als angelegt, aber nicht vollumfänglich kompetentiell anerkannt respektive etabliert.

Der Subsumtion der Luxemburger Rechtsprechungsorgane unter die Kategorie der ‚Verfassungsgerichtsbarkeit' steht zudem entgegen, daß allein die jeweiligen nationalen Regierungen über ihr Kontingent bei der Besetzung der unionalen Richterbänke entscheiden. Eine Klassifizierung als ‚Verfassungsgerichtsbarkeit' setzt jedoch voraus, daß die Richter in einem gewaltenteilig organisierten Verfahren in ihre Ämter gelangen.[300]

Der Vergleich des Kompetenzzuschnitts der unionalen Jurisdiktion mit dem Profil des entgegengesetzten Pols der Skala zum Abstraktum Verfassungsgerichtsbarkeit ist schnell durchgeführt. Zu rekapitulieren ist hierfür das kategoriale Kennzeichen von „Verfassungsgerichtsbarkeit" – also von staatlichen Einrichtungen, die mindestens einen Aufschein von Konstitutionsjurisdiktion bieten: *De facto* oder auch nur *de iure* muß die Einführung eines Momentes institutioneller Redundanz innerhalb der Organisationsstruktur der politischen Willensbildung zu erkennen sein, und diese Redundanz muß an (in einem weiten Sinn) juristischen Kontrollkriterien ausgerichtet sein.

All dieses ist im Fall der supranationalen Gerichtsbarkeit gegeben: Die definitorisch geforderte Redundanz kommt etwa via Vorabentscheidung zum Tragen. Darüber hinaus bestehen gerichtsförmige Überprüfungsoptionen im Bereich dessen, was auf nationalstaatlicher Ebene dem Staatsorganisationsrecht entspricht. Beispielsweise gleicht die Klage gegen einen Mitgliedstaat auf Vertragsverletzung einer föderativen Streitigkeit, und eine von der Kommission erhobene Nichtigkeitsklage gegen ein anderes Organ des EU-Gerüsts steht typologisch einem Organstreitverfahren nahe. Die Gerichtsförmigkeit der supranationalen Jurisdiktion wurde bereits bei der Gegenüberstellung des Europäischen Gerichtshofs mit den britischen Law Lords thematisiert. Der Hinweis, daß die unionale richterliche Autorität nicht nur *de iure* – also

---

[298] Zum Thema eines mit dem Vertragsrecht inkompatiblen Primärrechts siehe die Literaturangaben mwN. bei MAYER: European Constitution [aaO. FN 289 S. 169 dieser Arbeit], 14 FN 57.
[299] Ausführlich MAYER: European Constitution [aaO. FN 289 S. 169 dieser Arbeit].
[300] Erforderlich ist eine Verankerung des gewaltenteiligen Moments bei der Richterbesetzung im jeweiligen konstitutionellen bzw. quasi-konstitutionellen Normendispositiv. Nicht verschwiegen sei jedoch, daß die nationalen Regierungen auf mitgliedstaatlicher Ebene an ein derartiges Moment gebunden werden können. Im Zuge der Ratifikation des VVE in der Bundesrepublik Deutschland haben die Bundesländer laut Medienberichten ein Mitspracherecht bei den Richterbestellungen auf der EU-Ebene erwirkt.

III. ‚Verfassungsgerichtsbarkeit', rechtsphilosophisch betrachtet

lediglich „auf dem Papier" –, sondern auch *de facto* existiert, soll der Ordnung halber ebenso nicht unterbleiben.

Die unionale Jurisdiktion stellt zweifelsfrei „verfassungsgerichtliche" Rechtsprechung dar. Die Luxemburger Gerichtsbarkeit erfüllt jedoch sogar weit mehr als nur die Mindestanforderungen für diese kategoriale Einordnung. Dies geht zum einen *ex negativo* bereits aus dem eben angestellten Abgleich mit dem ‚verfassungsgerichtlichen' Kompetenzprofil hervor. Erwähnt sei etwa die zwar eingeschränkte, aber dennoch bedeutende Befugnis zur Normenkontrolle. Zum anderen ergibt sich dieser Befund aus dem Umfang der bereits getätigten Luxemburger Judikatur: Erwähnung hat bereits gefunden, daß (inzwischen) die unionale Rechtsprechung einen erheblichen Grundrechtschutz garantiert, obgleich hierfür dogmatische Anknüpfungspunkte in Gestalt eines umfassenden Grundrechtskataloges (noch) nicht geschaffen sind.[301] Ergänzen ließe sich diese allgemeine Feststellung um fallspezifische Ausführungen zur richterlichen Rechtsfortbildung aus neuerer Zeit auf Rechtsgebieten, denen (gleichsam) verfassungsrechtlicher Rang zukommt.[302]

Die Eigentümlichkeit der verfassungsgerichtlichen Wirkmöglichkeiten von Gerichtshof und Gericht erschließt sich vielleicht am besten, wenn man diese EU-Organe gleichsam als hybride Institutionen begreift. Die in den Luxemburger Instanzen vorfindbare Form von Verfassungsgerichtsbarkeit weist in dem Zuschnitt ihres Rechtsprechungsradius nämlich die Züge zweier Verständnisse von Konstitutionsjurisdiktion auf – sie kombiniert Merkmale des deutschen Bundesverfassungsgerichts und des französischen Conseil Constitutionnel. Die Grenzen des Kompetenzspektrums der Luxemburger Organe entsprechen dabei tendenziell den Beschränkungen, die im französischen Rechtssystem bestehen; die über das französische Muster hinausreichenden Befugnisse und manche gerichtsförmigen Elemente seines institutionellen

---

[301] Allerdings ist eine Reihe von Bestimmungen vorhanden, die funktional positivrechtlich verankerten Grundrechten gleichwertig sind – so z.B. in den Sozialvorschriften des Titels XI Kap. 1 des EG-Vertrages. Zum supranationalen Grundrechtsschutz JÜRGEN SCHWARZE: Die Wahrung des Rechts als Aufgabe und Verantwortlichkeit des Europäischen Gerichtshofs, in: Joachim Bohnert u.a. (Hg.): *Verfassung – Philosophie – Kirche.* FS für Alexander Hollerbach zum 70. Geburtstag, Berlin 2001, 169–191 – v.a. [ebd. 188]: „Im Vertrag von Maastricht wurden sie [die Grundrechte; M.E.] in Form einer Generalklausel in den eigentlichen Vertragstext aufgenommen (Art. F Abs. 2 des seinerzeitigen EU-Vertrages, Art. 6 Abs. 2 n. F.). Durch Art. 46 lit. d EUV wurde das Handeln der Gemeinschaftsorgane schließlich auch ausdrücklich der gerichtlichen Kontrolle am Maßstab der Grundrechte unterstellt." Schwarze resümiert, die Rechtsprechung des EuGH habe ein hoch einzuschätzendes Verdienst daran, „daß sich in der Union ein wirksamer Grundrechtsschutz auch ohne geschriebenen Grundrechtskatalog entwickelt hat." [ebd. 191] Ferner INGOLF PERNICE/ RALF KANITZ: Fundamental Rights and Multilevel Constitutionalism in Europe, in: *WHI-Paper* 7/04 (2004) [www.whi-berlin.de/fundamentalrights.htm – 19. 2. 2005; erschienen auch in: Deirdre Curtin u.a. {Hg.}: The Emerging Constitution of the European Union, Oxford 2004].

[302] *En détail* und kritisch hierzu RALF KANITZ/PHILIPP STEINBERG: Grenzenloses Gemeinschaftsrecht? Die Rechtsprechung des EuGH zu Grundfreiheiten, Unionsbürgerschaft und Grundrechten als Kompetenzproblem, in: *WHI-Paper* 3/04 (2004) [www.whi-berlin.de/kanitz-steinberg.htm – 25. 2. 2005; zuerst erschienen in EuR 6/2003, 1013 ff.].

Profils korrespondieren hingegen mit der bundesrepublikanischen Version von Gerichts- beziehungsweise Verfassungsgerichtsbarkeit.

Auf eine Kurzformel gebracht, ließen sich der Europäische Gerichtshof und das Europäische Gericht als Quasi-Verfassungsgerichte bezeichnen.[303] Das Präfix „Quasi" soll dabei mehreres signalisieren: Erstens soll es darauf aufmerksam machen, daß es sich bei der unionalen Jurisdiktion nicht um auf die Funktion der Verfassungsgerichtsbarkeit spezialisierte Gerichtskörper handelt. Zweitens soll damit dem Umstand Rechnung getragen werden, daß diese Gerichte im Rahmen und auf der Grundlage einer *verfassunghaften* rechtlich-politischen Ordnung urteilen – nicht jedoch im Kontext und unter Rekurs auf eine Konstitution in einem normativ gehaltvollen Sinn. Drittens soll damit berücksichtigt werden, daß die unionale Rechtsprechung nicht das Kompetenzprofil einer umfassenden Verfassungsgerichtsbarkeit besitzt. Gemessen an der umfassenden Verfassungsgerichtsbarkeit in der Ausprägung des Bundesverfassungsgerichts oder am souveränen Status des Abstraktums ‚Verfassungsgerichtsbarkeit' stellt sich die supranationale Jurisdiktion als blockiert dar. Doch die Voranstellung des Ausdrucks „quasi" soll zugleich zum Ausdruck bringen, daß der Europäische Gerichtshof und das Europäische Gericht gegenüber „verfassungsgerichtlichen" Minimalversionen aller Schattierungen eine expandierte Form von Verfassungsgerichtsbarkeit verkörpern. Beim Abstraktum „Verfassungsgerichtsbarkeit" wird der Mangel akzentuiert – also der „Als-ob-Charakter" von Verfassungsgerichtsbarkeit betont. Demgegenüber hebt der Begriff der „Quasi-Verfassungsgerichtsbarkeit" die Übereinstimmungen mit verfassungsgerichtlichen Rechtsprechungsinstanzen hervor. Das kompetentielle und institutionelle Mehr an Verfassungsgerichtsbarkeit gegenüber „verfassungsgerichtlichen" Minima rechtfertigt die Zuordnung zu einer eigenen Kategorie.

(3) Die Ursachen von Quasi-Verfassungsgerichtsbarkeit und
    Semi-Konstitutionalismus

Mit dem theoretischen Aufwand der letzten Abschnitte ist dargelegt, inwiefern die unionale Jurisdiktion als Verfassungsgerichtsbarkeit fungiert. Zu klären bleibt, warum es dazu gekommen ist, daß sie ihr Amt in dieser Form von Verfassungsgerichtsbarkeit und unter diesen Kontextbedingungen verrichtet.

Als einen Begründungsstrang für diese Entwicklung kann man ausmachen, daß sich das politische System der EU bis ins 21. Jahrhundert unter ‚funktionalen' und ‚systemischen' Vorzeichen herausgebildet hat.

Die Kennzeichnung als ‚funktional' meint, daß die Genese der EU-europäischen Einigung überwiegend im Modus einer marktökonomischen Integration stattgefunden hat:[304] Die Zielrichtung der supranationalen Zusammenarbeit haben Imperative des

---

[303] Strenggenommen: Quasi-(Verfassungs-)Gerichte. Zur Vereinfachung wird auf die Verwendung der Klammer verzichtet.
[304] Zu dieser Analyse vgl. ERNST-WOLFGANG BÖCKENFÖRDE: *Welchen Weg geht Europa?*, München 1997.

III. ‚Verfassungsgerichtsbarkeit', rechtsphilosophisch betrachtet

wirtschaftlichen Systems bestimmt – anleitend bei der Ausgestaltung der institutionellen Strukturen und der Formulierung der juristischen Fundierungen waren der Aspekt der Wirtschaftlichkeit beziehungsweise der Gesichtspunkt der Gewährleistung rentabilitätssichernder Rahmenbedingungen. Diese ökonomisch-funktionale Ausrichtung der EU-europäischen Verflechtung zeitigte als (Zwischen-)Ergebnis die Schaffung eines gemeinsamen Marktes und einer gemeinsamen Währung und ist auch weiterhin wirksam.

Kehrseite der Dominanz ökonomischer Funktionalität beim Entwicklungsgang der EU war – in habermasscher Terminologie – der ‚systemische' Charakter der EU-europäischen Kooperation. Die Charakterisierung ‚systemisch' soll zum Ausdruck bringen, daß der Prozeß der EU-europäischen Verflechtung über die Medien der politisch-adiministrativen Macht und des Geldes geleistet wurde – er also gleichsam hinter dem Rücken der Individuen vonstatten ging. Nur kaum kam es – um wiederum Habermas' Begriffsrepertoire anzuwenden – zu einer ‚kommunikativen Vergesellschaftung' im Rahmen des EU-Gebildes. Konkreter formuliert: die exekutivischen Apparate der Mitgliedstaaten haben eine Kooperationsarchitektur errichtet, die ein wirtschaftliches Austauschgefüge ermöglicht hat. Dies erfolgte jedoch zu sehr ohne Beteiligung der EU-Bürgerschaft; den Unionsbürgerinnen und -bürgern blieb und bleibt vielmehr hauptsächlich, dieses wirtschaftliche Austauschgefüge für ihre Interessen zu nutzen beziehungsweise sich in ihm eingebunden zu sehen.

Weitere Begründungsstränge erhält man, wenn man dahingehend Ursachenforschung betreibt, warum funktionale und systemische Vorzeichen den Weg EU-Europas bestimmt haben.

Die marktökonomische Natur der EU-Integration ist darauf zurückzuführen, daß sie im Kreise derjenigen, die bei der Errichtung der EU-europäischen Kooperationsarchitektur die Fäden in der Hand gehabt haben – also der nationalen Regierungsapparate, konsensfähig war. Im Gegensatz dazu war die Konsensfindung hinsichtlich der Grundlegung und vor allem Überwachung von Herrschaftsgewalt auf supranationaler Ebene wesentlich weniger ertragreich.

Die Gründe hierfür sind vielschichtig. Eine Rolle spielt sicherlich, daß die politischen Kulturen der Mitgliedstaaten – nicht zuletzt aufgrund unterschiedlicher Traditionen – divergieren. Einvernehmliche Lösungen lassen sich somit nur in Form von Kompromissen erzielen, die Zugeständnisse bei tief verwurzelten Staats- und Demokratieverständnissen bedingen.

Zu diesen Zugeständnissen sind weite Teile der mitgliedstaatlichen Bürgerschaften nicht bereit. Vielmehr ist in den nationalen Bürgerschaften das Bestreben sehr verbreitet, nationalstaatliche Autonomie nicht beziehungsweise nur so gering wie möglich preiszugeben. Aufgrund dieses Festhaltens an nationaler Selbstbestimmung verfügt(e) die *classe politique* der EU nicht über das Mandat, das institutionelle Gerüst und die juristischen Fundierungen der EU-europäischen Integration in ein Gemeinwesen genuin staatlicher Natur zu überführen.

Genuine Staatlichkeit in Verbindung mit einem Konstitutionalismus in normativ gehaltvoller Version würde für die nationalen Regierungen und ihre Apparate Einbußen ihres Einflusses, ausgeprägtere politische Haftbarkeit für ihre Handlungen oder sogar die juristische Überprüfbarkeit ihres Tuns bedeuten. Umgekehrt kommt die „semi-konstitutionelle unionale Verfassungslage' dem Machtkalkül der nationalen Regierungsspitzen und exekutivischen Bürokratien entgegen. Denn die lediglich staatsähnlichen und verfassungshaften Züge des politischen und administrativen Systems der EU ermöglichen diesen Akteuren die Beibehaltung von Macht. Zugleich erleichtern sie ihnen im Fall von – aus welchen Gründen auch immer – in Mißkredit geratener Politik das Zuschieben des „Schwarzen Peters" nach Brüssel.

Sowohl Folge als auch Ursache dieser Verfassungslage ist das Vorherrschen des Inkrementalismus beim Prozeß der EU-europäischen Integration. Das heißt: die *classe politique* der EU „wurstelt sich durch", hangelt sich in einer Politik der Einigung auf den kleinsten gemeinsamen Nenner der Regierungen von einer Entscheidung zur nächsten. Auf diese Weise nimmt sie sowohl modifizierende Anpassungen als auch grundlegende Weichenstellungen vor. Ursächlich hierfür dürften in erster Linie folgende Gründe sein: der bereits skizzierte Mangel an Übereinstimmung unter den Mitgliedstaaten, was das institutionelle Gerüst und die juristischen Fundierungen des EU-Gebildes betrifft, der auf die kommenden Wahlen gerichtete Zeithorizont der Regierungen und das Machtkalkül gouvernementaler sowie bürokratischer Akteure auf der nationalen und der supranationalen Ebene.

Aufgefangen wurde und wird dieser Inkrementalismus zumindest zum Teil durch die (Mit-)Gestaltung der rechtlich-politischen Ordnung EU-Europas durch die Rechtsprechung der unionalen Jurisdiktion. Wie bereits angeschnitten, hat deren Judikatur der unionalen Rechts- und Herrschaftsordnung mehr Transparenz, Systematik und Klarheit verliehen. Verwiesen sei hierfür nur auf die richterrechtliche Statuierung eines Vorrangs des unionalen vor dem mitgliedstaatlichen Recht. Zudem verdanken sich erhebliche Anteile an normativ gehaltvoller (demokratischer) Rechts- und Verfassungsstaatlichkeit, auf die der Begriff der Quasi-Verfassung auch hinweist, der supranationalen Gerichtsbarkeit. So geht das Maß an gewährleistetem Grundrechtsschutz bei der Anwendung des Unionsrechts in erster Linie auf gerichtliche Gestaltungseffekte zurück.

Auf der einen Seite sind somit der inkrementalen und ökonomisch-funktionalen Ausrichtung der EU-Integration in erheblichem Umfang die geschilderten Normativitätsdefizite des Konvoluts der Kontrakte zuzuschreiben. Auf der anderen Seite war und ist mit dieser Ausrichtung eine Tolerierung gerichtlicher Gestaltungswirkung verbunden. Ob und in welchem Maß die Herrschaftsträger der EU diese gerichtlichen Gestaltungseffekte gesteuert haben, dürfte zwar schwer zu ermitteln sein. Ohne den Faktor einer bewußten Herbeiführung jurisdiktionell induzierter Metamorphosen auszuklammern, wird aber ein ausgeprägtes Gewährenlassen der Gerichtsbarkeit kaum in Abrede zu stellen sein.

Viele der für die Verfassungslage EU-Europas konstitutiven kausalen Zusammenhänge wiederholen sich *en miniature*, wenn zu erklären ist, warum die unionale Jurisdiktion in ein quasi-verfassungsgerichtliches Profil eingefaßt ist. So ist die Version einer relativ ausgebauten, jedoch zugleich eingeschränkten Verfassungs-

III. ‚Verfassungsgerichtsbarkeit', rechtsphilosophisch betrachtet   179

rechtsprechung mindestens zum Teil auf die inkrementale und ökonomisch-funktionale Natur des EU-Integrationsprozesses zurückzuführen – nämlich ein Ausfluß des soeben skizzierten Gewährenlassens der Gerichtsbarkeit. Zum Teil resultiert der Zuschnitt von Gerichtshof und Gericht sicherlich aus einem Zusammenfließen verschiedener Rechtskulturen – namentlich der französischen und der deutschen. Auf diese Weise reflektiert der quasi-verfassungsgerichtliche Zuschnitt der judikatorischen EU-Instanzen die Unumgänglichkeit von Kompromissen bei der Errichtung institutioneller und juristischer Strukturen auf EU-europäischer Ebene. Darüber hinaus dürfte auch ein Interesse auf seiten der Regierungsvertreter, selbst keiner gerichtlichen Kontrolle zu unterliegen respektive diese einzuschränken, profilbildend gewirkt haben. Somit ist auch hier der Faktor eines Machtkalküls auszumachen.

b) Die unionale Jurisdiktion nach Maßgabe des Vertrages über eine Verfassung für Europa
Die mit den Stichworten Quasi-Staat und Quasi-Verfassung umrissene rechtlich-politische Eigenart EU-Europas wird durch das Reformvorhaben des VVE im wesentlichen erhalten bleiben: Eine grundlegende Wandlung der unionalen Rechts- und Herrschaftsordnung zeichnet sich bei einem Inkrafttreten der derzeitigen Fassung des VVE kaum ab. Akzentverschiebungen und markante Veränderungen in Teilbereichen würde ein in Geltung gebrachter VVE jedoch nach sich ziehen. Zwei Konsequenzen sind für die unionale Rechts- und Herrschaftsordnung im Falle einer Ersetzung des gegenwärtigen Primärrechts durch den VVE klar absehbar: In der Summe würden die im VVE enthaltenen Neuerungen einerseits einen Anstieg an Staatlichkeit ergeben. Andererseits würde EU-Europa ein kontraktuelles Fundament mit einer prononcierteren Verfassungshaftigkeit erlangen.

Hinsichtlich der unionalen Jurisdiktion ist in den Grundzügen ebenfalls weitgehende Kontinuität zu konstatieren: Der VVE hält am quasi-verfassungsgerichtlichen Status der Luxemburger Instanzen, den das Primärrecht gegenwärtig (also gemäß dem Stand des Änderungsvertrages von Nizza) normiert, fest. Innerhalb des quasi-verfassungsgerichtlichen Musters dürfte es hingegen zu einer Verlagerung der Gewichte kommen. Das heißt, es ist eine Tendenz in Richtung umfassender Verfassungsgerichtsbarkeit beziehungsweise – nach der hier entwickelten Terminologie – ‚Verfassungsgerichtsbarkeit' zu verbuchen.

(1) Die Modifikationen der Konstanten Quasi-Staat und Quasi-Verfassung
Gelingt das kontraktuelle Reformprojekt des VVE, so wird das Gebilde der EU nicht in ein genuines Staatswesen transformiert werden. Einer solchen Transformation steht in erster Linie entgegen, daß ein auf den VVE gegründetes EU-Europa weiterhin auf der Vertragshoheit der Mitgliedstaaten ruhen würde – die EU-europäische Integration somit – wie bisher – völkerrechtlich-vertraglich fundiert wäre. Insbesondere die Artikel IV–437, IV–438, IV–440–443, IV–446–448 VVE stellen klar, daß die unionale Rechts- und Herrschaftsordnung auf völkerrechtlich-vertraglichen Befugnis-

übertragungen durch die Mitgliedstaaten basieren würde. Auf diese Weise erreicht der transnationale Zusammenschluß der EU nicht die Stufe sich selbst generierender Gemeinwesenhaftigkeit. Entsprechend splittet sich der Ratifikationsprozeß des VVE in Genehmigungsverfahren auf, die sich nach den jeweiligen nationalstaatlichen Kriterien (also den Rechtsvorschriften und politischen Entscheidungen der Mitgliedsländer) richten und die nur die jeweiligen Nationalstaaten rechtlich binden. [Art. 447 Abs. (1) VVE] Die völkerrechtliche Vertragshoheit der EU-Mitgliedstaaten kommt zudem im vertraglich fixierten, an keine inhaltlichen Bedingungen geknüpften Austrittsrecht aus dem Gebilde der EU zum Ausdruck. [Art. I–60 VVE] Ferner normiert der VVE keine Zielvorgabe für etwaige weitere EU-europäische Verflechtungen – die Finalität der EU bleibt weiterhin offen: eine Festlegung künftiger verfassungsvertraglicher Änderungen erfolgt weder in eine bundesstaatliche noch in eine intergouvernementale Richtung.[305] Ergänzen lassen sich diese Aspekte um das weitgehende Weiterbestehen der mitgliedstaatlichen Monopolrechte in den Bereichen der Besteuerung und der Gewaltausübung.[306]

Aus all dem ist zu ersehen, daß der VVE ein quasi-staatliches Gebilde erzeugt und insofern auf einer Linie mit den derzeitigen juristischen Grundlagen der EU liegt.

Zugleich brächte der VVE Abschwächungen der völkerrechtlich-vertraglichen Fundierung der EU mit sich. Denn er würde die prozedurale Option installieren, zuvor völkerrechtlichen Vereinbarungen vorbehaltene Rechtsmaterien im Wege supranationaler Übereinkünfte zu regeln.[307]

In Betracht zu ziehen ist darüber hinaus die Innovation des Europäischen Konvents. In diesem Konvent kamen Vertreter der nationalen Parlamente, der Regierungen der Mitgliedstaaten, des Europäischen Parlaments und der Europäischen Kommission zusammen. Diese Delegierten waren mit der Ausarbeitung eines Entwurfes für den VVE betraut. Das letzte Wort besaßen freilich die Regierungen beziehungsweise Regierungsspitzen der Mitgliedstaaten. Folglich ließ die Einsetzung dieses Konvents die völkerrechtliche Vertragshoheit der Mitgliedstaaten unversehrt, weil er lediglich eine Verhandlungsgrundlage geliefert und formell keine Präjudizien geschaffen hat. Faktisch hat der Konvent jedoch eine erhebliche vorbestimmende Wirkung entfaltet und einen Verhandlungsmodus etabliert, der mindestens nicht dem herkömmlichen Muster völkerrechtlicher Organisationen entspricht. Vielmehr weist die Innovation des Konvents eine gewisse Verwandtschaft mit einer Verfassunggebenden Versammlung auf – also mit einem Instrument, das in staatlichen Verfassunggebungsverfahren zum Einsatz gelangt. So entsandten nicht nur die (jeweiligen) nationalstaatlichen Exekutiven Vertreter in den Konvent, sondern es stellten auch legislativische Organe

---

[305] MÜLLER-GRAFF: Strukturmerkmale [aaO. FN 279 S. 166 dieser Arbeit], 188.
[306] Zu registrieren ist insbesondere, daß der VVE der EU – wie das bisherige Primärrecht – kein Steuererhebungsrecht einräumt.
[307] So bemerkt MÜLLER-GRAFF: Strukturmerkmale [aaO. FN 279 S. 166 dieser Arbeit], 190, in den beiden vereinfachten Vertragsänderungsverfahren gemäß Artt. IV–444 und IV–445 VVE „droht für die politische Praxis [...] die Grenzlinie zur unionalen Selbstkonstituierung, jedenfalls im Sinne der konkreten verfassungsvertraglichen Ausgestaltung, zu verschwimmen".

III. ‚Verfassungsgerichtsbarkeit', rechtsphilosophisch betrachtet 181

Delegierte. Eine derartige Zusammensetzung spricht für eine genealogische Nähe der Konventmethode zu demokratischen Verfassunggebungsverfahren auf staatlicher Ebene. Daher läßt sich aus dem dem Verhandlungsprozeß auf der Ebene der mitgliedstaatlichen Regierungen vorgeschalteten Konvent eine Zunahme an Staatlichkeit für die EU ableiten.

Überdies markiert die Aufgabe des Grundsatzes der Einstimmigkeit, die der VVE bei einer Reihe von Legiferierungsmaterien vorsieht, ebenfalls eine Abkehr vom traditionellen Entscheidungs- und Rechtserzeugungsmuster völkerrechtlicher Organisationen, was eine Steigerung unionaler Staatlichkeit andeutet.

Schließlich würde der VVE auf einer symbolischen Ebene den staatsähnlichen Charakter der EU stärken, indem er das transnationale Gebilde mit Insignien eines staatlichen Gemeinwesens ausstattete. Dies bezeugt nicht allein der (Zusatz-)Terminus „Verfassung" für das Vertragswerk, sondern auch die im VVE verwendete staatsanaloge Sprache für das Handeln seiner Organe, die Proklamation von „Werten" oder etwa der Rekurs auf gemeinschaftsstiftende Sinnbilder (wie beispielsweise eine Hymne). Die symbolische Gemeinwesenhaftigkeit vermag die völkerrechtlich-vertragliche Fundierung nicht zu überspielen oder gar außer Kraft zu setzen. Gleichwohl setzt sie ein bedeutsames Datum auf der Ebene der politischen respektive rechtlichen Kultur EU-Europas.

Juristische Aussagekraft erwüchse diesen Rang- und Ehrenzeichen eines Staatswesens nicht nur im Blick auf den Grad an Staatlichkeit der EU. Vielmehr beträfen diese staatlichen Embleme ebenfalls das Ausmaß der Verfassungshaftigkeit des VVE: Sie würden die Verfassungshaftigkeit des unionalen Primärrechts vertiefen. In ihrer Eigenschaft als Symbole würden sie mindestens Reminiszenzen an Verfassungsurkunden hervorrufen. Neben ihrer symbolischen Leuchtkraft besäßen manche dieser Hoheitszeichen zugleich eine präskriptive Dimension, wie sie Verfassungsnormen zumeist eignet. Etwa entsprechen die Werte in Art. I–2 VVE Staatszielbestimmungen, die in Verfassungstexten (zuweilen) anzutreffen sind. Hierdurch würden ebenfalls zumindest Anklänge an Konstitutionalität evoziert.[308]

Der Effekt einer gesteigerten Verfassungshaftigkeit würde sich bei einer Ablösung

---

[308] Über den juristischen Wert des staats- und verfassungstypischen Vokabulars und der ebensolchen Sinnbilder besteht keine Einigkeit. Z.B. weist GRIMM: Integration [aaO. FN 275 S. 162 dieser Arbeit], 5 jegliche rechtliche Bedeutung des Einsatzes der Figur der Verfassung zurück: Weder zeitige dieser eine Konsequenz für die rechtliche Verbindlichkeit des VVE noch würde der Inhalt der Regelungen des VVE tangiert. Jegliche präskriptive Dimension der verfassungs- und staatstypischen Sprache und Symbolik zu verneinen, ist jedoch keineswegs zwingend. Möglich ist auch die Deutung, daß Vokabular und Sinnbilder eine erhöhte Gemeinwesenhaftigkeit (wenn auch unterhalb der Schwelle zu veritabler Staatlichkeit) anzeigen. Bei der Anwendung des VVE wäre dem Rechnung zu tragen. So könnte bei der Auslegung des VVE etwa das Prinzip unionaler Solidarität miteinfließen. Dieses Prinzip ist auch anderen Vorschriften des VVE zu entnehmen, was die Verankerung dieses Prinzips via Sprache und Symbolik nicht in Frage stellt, sondern untermauert. Die Lesart einer noch weiterreichenden juristischen Folgenhaftigkeit der Bezeichnung des VVE mit dem Verfassungsbegriff wird in den folgenden Abschnitten diskutiert.

des Änderungsvertrags von Nizza durch den VVE ferner aus einer Reihe weiterer Gründe ergeben.

Dennoch würde ein in Geltung gelangter VVE – wie die vormaligen Grundlagendokumente der EU-europäischen Zusammenarbeit – keine veritable Verfassung, sondern eine Quasi-Verfassung darstellen. Denn zum einen ist fraglich, ob der juristische Begriff der Verfassung in seiner formellen Bedeutung – *strictu sensu* – auf den VVE anwendbar wäre. Zum anderen verkörpert der VVE auch keine Verfassung im materiellen Sinn, sofern die in dieser Untersuchung bereits beim gegenwärtig geltenden unionalen Primärrecht angelegten, normativ anspruchsvollen semantischen Kriterien erneut als Prüfstein dienen.

Um als Verfassung im formellen Sinn gelten zu können, muß ein Rechtstext als Verfassungsurkunde deklariert sein. Ob dem Dokument des VVE eine derartige Erklärung zu entnehmen ist, ist schwer zu bestimmen: Schwierigkeiten bereitet, daß der VVE keine einheitliche Begriffswahl aufweist, was die Benennung seiner selbst betrifft. So präsentiert sich der VVE mit drei verschiedenen Bezeichnungen. Erstens ist der juristische Text als „Vertrag über eine Verfassung für Europa" tituliert. Zweitens findet sich in seinen drei ersten Teilen stets der Ausdruck „Verfassung". Drittens wird in den „Allgemeinen und Schlußbestimmungen" seines vierten Teils konsequent der Terminus „Vertrag" verwendet.

Das diesen Etikettierungen zugrundeliegende Ordnungsschema ist deutlich zu erkennen: Das umfangreiche Schriftstück figuriert unter der Bezeichnung „Vertrag", wenn die völkerrechtliche Grundlegung des Dokuments relevant ist. Auf den Terminus „Verfassung" wird hingegen rekurriert, um die Aufgaben und Befugnisse, Rechtfertigungsgründe und Grenzen der supranationalen öffentlichen Gewalt des transnationalen Gebildes namhaft zu machen. Das Wort „Verfassung" sowie weiteres verfassungstypisches Vokabular gelangt zum Einsatz, wenn die mittels des VVE installierte unionale Herrschaftsmacht Legitimierung und Regulierung erfährt. Der Ausdruck „Verfassung" steht im VVE also mit Materien und Vorgaben in Zusammenhang, die im Fall demokratischer Verfassungsstaaten Eingang in die Verfassungsurkunden gefunden haben und die das Verfassungs- und Staatsrecht dieser politischen Einheiten ausmachen.

Die unterschiedlichen Etikettierungen und dieses Ordnungsschema werfen im Blick auf die Bestimmung des konstitutionellen Status des VVE die Frage auf, ob die Auszeichnung des Dokuments als Verfassung durch die ebenfalls darin vorgenommene Qualifikation desselben als Vertrag derogiert wird. Um diese Frage zu beantworten, ist zu klären, in welcher Relation zueinander die beiden im VVE eingesetzten juristischen Figuren des ‚Vertrages' und der ‚Verfassung' stehen.

Keine Derogation der Deklaration des VVE als Konstitution würde jedenfalls dann zu verzeichnen sein, wenn der Vertragscharakter des VVE mit der erfolgten Ratifikation des Dokuments durch die Verfassungsform konsumiert würde. Eine solche Konsumierung können völkerrechtliche Kontrakte vorsehen, die – als Gründungsverträge einer politischen Einheit – zugleich als der jeweils letzte völkerrechtliche Vertrag in bezug auf die Rechtsgrundlage dieser neuen politischen Einheit fungie-

III. ‚Verfassungsgerichtsbarkeit', rechtsphilosophisch betrachtet 183

ren.[309] Ein derartiger völkerrechtlicher Gründungsvertrag zeigt dabei lediglich den Modus der Verfassunggebung an und geht daher in die Rechtsform einer Verfassung über. Ablesbar ist eine solche zukunftsgerichtete Aufhebung der Vertragsfigur durch die Verfassungsfigur an den Vorschriften zur Änderung der Vertragsgrundlage. Ausschlaggebend ist nämlich die rechtliche Zuständigkeit für eine solche Änderung. Steht diese Zuständigkeit der neuen politischen Einheit zu (also liegt diese Zuständigkeit auf seiten gründungsvertraglich etablierter Träger der Herrschaftsgewalt), hat dieser Gründungsvertrag die Natur einer Verfassung angenommen. Fällt die Kompetenz hingegen den Mitgliedstaaten zu, bleibt die Rechtsform einer Übereinkunft des internationalen Rechts auch prospektiv intakt. Wie soeben bei der Untersuchung der Staatsqualität des EU-Gebildes ermittelt, wäre der völkerrechtliche Vertragscharakter eines erfolgreich ratifizierten VVE auch zukunftsgerichtet betrachtet resistent. Denn zum einen weist der VVE die Befugnis zu seiner Änderung den Mitgliedstaaten zu. Zum anderen formuliert er für etwaige künftige verfassungsvertragliche Änderungen keine Finalität des EU-Gebildes.

Umgekehrt könnte jedoch die Vertragsform eine Aufhebung des Verfassungsranges herbeiführen.

Nach traditioneller Sicht wäre dies in bezug auf den VVE der Fall. Vorausgesetzt bei dieser Beurteilung ist, daß Verfassungen herrschafts*konstituierende* Normendispositive darstellen. Verknüpft ist diese Prämisse mit einer geschichtlichen Betrachtung, für die die Verfassungsentwicklungen in den USA und Frankreich seit der US-Amerikanischen und der Französischen Revolution die Richtschnur für den Begriff der Verfassung gesetzt haben. Demgemäß lassen sich Verfassungen aufgrund ihres Vermögens zur Herrschaftserrichtung von den Herrschaftsverträgen der Neuzeit unterscheiden, die als Vereinbarungen zwischen fürstlichen Machthabern und Ständen lediglich herrschafts*modifizierender* Natur waren. Ebenso würde ein geltender VVE einen herrschaftsmodifizierenden Text darstellen, weil die durch den VVE errichtete Hoheitsgewalt des EU-Gebildes unaufhebbar aus nationalstaatlicher – nämlich: mitgliedstaatlicher – Souveränität gespeist sein würde und somit abgeleiteter Natur wäre.

Die rechtliche Bedeutung der Qualifikationen des VVE als Vertrag und als Verfassung sowie das bei der Benennung des VVE befolgte Ordnungsschema könnte auf der Grundlage dieses Befundes so umrissen werden: Die Verwendung des Vertragsbegriffs im vierten Teil des VVE wäre als verdeutlichende Abgrenzung gegenüber der Etikettierung „Verfassung" in den ersten drei Teilen des VVE aufzufassen, während der Gebrauch des Verfassungsbegriffs in erster Linie als ein *symbolisches* Unterstreichen von Gemeinwesenhaftigkeit zu werten wäre.

Gegen diese Argumentation kann eingewendet werden, die traditionelle Lehre von der herrschaftskonstituierenden Qualität von Verfassungen sei anachronistisch oder zumindest überbietbar. Angesichts von Globalisierung, Denationalisierung, Postnationalismus und supranationalen Zusammenschlüssen sei das Festhalten an dieser Qualität nicht mehr angezeigt. Rechtliche Grundordnungen seien auch dann in den

---

[309] Im folgenden vgl. GRIMM: Integration [aaO. FN 275 S. 162 dieser Arbeit], 14–15.

Rang einer Verfassung zu erheben, wenn sie nicht die Eigenschaft zur Herrschaftserrichtung besäßen. Denn nicht mehr angezeigt sei insbesondere, das Vermögen, die Ausübung *staatlicher* Herrschaftsgewalt zu begründen und zu regeln, als essentiell für den juristischen Gegenstand der Konstitution zu betrachten. Vielmehr seien auch diejenigen Normendispositive, die die Legitimierung und Regulierung nicht-staatlicher – also *abgeleiteter* – Hoheitsgewalt zum Inhalt haben, als Verfassungen einzustufen.[310]

Auf der Grundlage dieser verfassungstheoretischen Innovation könnte der Einsatz der Figur der Verfassung als Deklaration des VVE als Verfassungsurkunde gewertet werden. Erforderlich hierfür wäre, die Figur des Vertrages dergestalt zu deuten, daß ihre Ausstrahlungswirkung einer Auszeichnung des VVE als Verfassung nicht entgegenstünde. Eine solche Deutung könnte etwa so lauten: Der Rekurs auf die juristische Figur des Vertrages präzisiere lediglich die völkerrechtliche Dimension der Vorschriften des VVE und diene daher allein als Spezifikation der Rechtsform Konstitution.

Mit *exegetischen* Anstrengungen ist nicht zu entscheiden, welche der beiden konkurrierenden Deutungen des Verhältnisses der im VVE präsenten juristischen Figuren des Vertrages und der Verfassung angemessen ist. Weder ist diesbezüglich ein von den vertragsschließenden Parteien prägnant formulierter Wille ersichtlich noch sprechen systematische Evidenzen mit hinreichender Klarheit für oder gegen eine Ausweisung des VVE als Verfassung. Damit ist mindestens zweifelhaft, ob der VVE als eine formelle Verfassung einzustufen ist.

Zweifelsfrei würde hingegen ein geltender VVE als ein Organisationsstatut des transnationalen Gebildes der EU fungieren – und *insofern* unter die Kategorie der materiellen Konstitution fallen. Mehr noch: allein aufgrund der Inkorporierung der Grundrechtscharta würde diese rechtliche Grundordnung über ein bloßes Organisationsstatut hinausreichen. Wird der VVE allerdings an den bereits beim gegenwärtigen Primärrecht angelegten Kriterien eines normativ sehr gehaltvollen materiellen Verfassungsbegriffs gemessen, so stellt sich bei einer Reihe von Punkten ein verfassungstheoretisches *déjà vu* ein, das den konstitutionellen Status eines ratifizierten VVE mindestens anfechtbar machen würde.

So wäre es **erstens** wie bei seinen Vorläuferverträgen auch bei einem geltenden VVE fraglich, ob er als Objektivation einer hinreichend einheitlichen Rechtskultur oder politischen Mentalitätsgemeinschaft firmieren könnte.

Bestreitbar ist zudem **zweitens**, ob der VVE aufgrund des Modus seiner Genese dem Postulat der Volkssouveränität hinreichend gerecht würde: Weder erarbeitete eine Verfassunggebende Versammlung diesen Rechtstext noch stimmten alle Unionsbürgerinnen und -bürger über dessen Annahme oder Verwerfung ab.

---

[310] Vgl. die Befürwortung eines ‚postnationalen' Verfassungsverständnisses bei PERNICE: Verfassung der Europäischen Union [aaO. FN 274 S. 161 dieser Arbeit], 14–15; PERNICE: Europäische Verfassung [aaO. FN 283 S. 168 dieser Arbeit], 21–24 mwN.; MAYER: European Constitution [aaO. FN 289 S. 169 dieser Arbeit], v.a. 49–59 mwN.

III. ‚Verfassungsgerichtsbarkeit', rechtsphilosophisch betrachtet 185

Ferner genügt der VVE **drittens** nur unzureichend der Anforderung, die Organe der EU nach dem Prinzip der horizontalen Gewaltenteilung aufeinander abzustimmen. Denn auch der VVE eröffnet die Möglichkeit, bei bestimmten Materien zu legiferieren, ohne daß das Europäische Parlament an der Ausübung der gesetzgebenden Gewalt beteiligt werden müßte. [vgl. Art. I–34 (2) VVE]

Schließlich würde **viertens** der VVE – in Fortführung des gegenwärtigen vertragsbegründeten Rechts – eine zielgebundene Rechtsordnung installieren. Diese Rechtsordnung wäre infolgedessen nicht integrativer Natur. Das Normendispositiv des VVE könnte daher von vornherein nur beschränkt eine kalibrierende Funktion ausüben.[311]

Der VVE erfüllt somit diese Kriterien eines normativ anspruchsvollen Verfassungsbegriffs allenfalls teilweise. Dies stellt allerdings den konstitutionellen Status des VVE nicht unbedingt in Frage. Auf die erläuterten vier Einwände gegen den Verfassungsrang des VVE ließe sich nämlich folgendes entgegnen:

Erstens könnte die kulturelle Angleichung in politischer und rechtlicher Hinsicht gerade mit dem Instrument einer Verfassung gefördert werden. Das Verfassungsmerkmal, eine hinreichend einheitliche Rechtskultur und politische Mentalitätsgemeinschaft zu repräsentieren, könnte somit auf längere Sicht vom VVE durchaus erfüllt werden.

Zweitens sollte die Beurteilung des Instruments der Verfassung in erster Linie davon abhängig gemacht werden, ob die Bestimmungen des Dokuments im Einklang mit der Idee des demokratischen Verfassungsstaates stehen. Die Modalitäten des Zustandekommens dieses Dokuments sind demgegenüber für seinen konstitutionellen Status nachgeordnet. Hinzu kommt, daß nur sehr wenige veritable Verfassungen existieren würden, wenn Verfassungsrang nur Dokumenten zuerkannt würde, denen eine Constituante und ein bürgerschaftliches Votum vorausgegangen sind. Hängt man die konstitutionelle Richtschnur, was die Art und Weise betrifft, wie ein Rechtstext erarbeitet und beschlossen wird, aus pragmatischen Gründen tiefer, so könnten vielleicht aus dem Normendispositiv des VVE entnehmbare Gesichtspunkte den Aspekt einer unzureichenden prozeduralen Artikulation der Volkssouveränität mindestens übertrumpfen – und dadurch die Auszeichnung des VVE als Verfassung ermöglichen.

Drittens könnte die Problematik eines alleinigen Legiferierens des exekutivisch besetzten Ministerrats dadurch als nicht so gravierend eingeschätzt werden, daß eine mittelbare Legitimation und Kontrolle dieses Gremiums über die mitgliedstaatlichen Parlamente gesichert sei. Dies spräche gegen die Unerläßlichkeit des Verfassungsmerkmals einer konsequent statuierten Gewaltenteilung.

Viertens wäre zu überlegen, ob Verfassungen nur in dem Maße Legitimierung und

---

[311] Wohlgemerkt ist es die völkerrechtliche Grundlegung der Kompetenzen des supranationalen Akteurs EU (zur Kompetenzaufteilung nach dem Enumerationsprinzip siehe v.a. Artt. I–11 bis I–18 VVE), die den VVE auf den Status einer Quasi-Verfassung festlegt. Denn ein partielles primärrechtliches Zuständigkeitsverzeichnis allein würde die Klassifikation als Konstitution nicht ausschließen. Eine begrenzte Zuweisung hoheitlicher Kompetenzen findet nämlich ebenso durch vertikale Gewaltenteilungsstrukturen errichtende Verfassungsvorschriften statt, die bundesstaatliches Organisationsrecht begründen.

vor allem Limitierung von Hoheitsgewalt leisten müßten, wie im Rahmen ihrer Vorschriften Hoheitsgewalt überhaupt zur Wirkung gelangt. Das Konstitutionskriterium einer uneingeschränkten Kalibrierungsfunktion wäre folglich nur auf die *partielle* Rechts- und Herrschaftsordnung der transnationalen EU-europäischen Verflechtungen, nicht aber auf die davon unberührten rechtlichen und politischen Strukturen der Mitgliedstaaten zu beziehen.

Gleichwohl ist die Erhebung des VVE in den Rang einer Verfassung zurückzuweisen, selbst wenn dieser Vorbehalt berücksichtigt wird. Denn dem VVE fehlt ein Kennzeichen, das zum normativen Kern der Verfassungsidee zu zählen ist: der unstrittige Vorrang gegenüber allen anderen Rechtsvorschriften.[312]

Zwar verfügt das Vertragswerk in Gestalt des Art. I–6 über eine Vorrangklausel: „Die Verfassung und das von den Organen der Union in Ausübung der Zuständigkeiten gesetzte Recht haben Vorrang vor dem Recht der Mitgliedstaaten." Doch aus mehreren Gründen ist diese Vorschrift als vage einzustufen.

Erstens ist im VVE nicht normiert, welchem Organ die Kompetenz zufällt, den Passus „in Ausübung der Zuständigkeiten" *letztverbindlich* zu definieren. Die Grenzziehung zwischen supranationalen und mitgliedstaatlichen Vollmachten mindestens in bezug auf das unionale Sekundärrecht ist daher ungeklärt.

Zweitens wird im VVE der Vorrang des vertragsbegründeten und organgeschaffenen Rechts gegenüber den nationalen Konstitutionen nicht ausdrücklich erklärt. In der US-Constitution ist hingegen in Art. 6 II explizit statuiert:

„This Constitution, and the Laws of the United States which shall be made in Pursuance thereof; and all Treaties made, or which shall be made, under the Authority of the United States, shall be the supreme Law of the Land; *and the Judges in every State shall be bound thereby, any Thing in the Constitution or Laws of any State to the Contrary notwithstanding.*" [Hn. M.E.][313]

Drittens macht der VVE in seinem Art. I–5 (1) der EU die Vorgabe, die nationalen Identitäten der Mitgliedstaaten zu achten. Präzisiert wird diese Vorgabe dadurch, daß festgehalten wird, diese Identitäten würden in den grundlegenden politischen und *verfassungsrechtlichen* Strukturen der Mitgliedstaaten zum Ausdruck kommen. Ge-

---

[312] Im folgenden vgl. MATTHIAS KUMM/VICTOR FERRERES COMELLA: The Primacy Clause of the Constitutional Treaty and the Future of Constitutional Conflict in the European Union, in: *Jean Monnet Working Paper* 5/04 (2004) [www.jeanmonnetprogram.org/papers/040501–15html – 19.2.2005], 8–10. Zur Thematik des Vorrangs des Gemeinschaftsrechts gegenüber dem innerstaatlichen Recht der EU-Staaten siehe auch GIL CARLOS RODRIGUEZ IGLESIAS: Perspektiven europäischer und nationaler Verfassungsgerichtsbarkeit im Lichte des Vertrags über eine Verfassung für Europa, in: *FCE* 2/05 (2005) [www.rewi.hu-berlin.de/WHI/deutsch/fce/2005/02/Rede_-Homepage_RI_Pdf.pdf – 9.6.2005], 4–9.

[313] Zit. n. ANGELA ADAMS/WILLI PAUL ADAMS: Alexander Hamilton/James Madison/John Jay: *Die Federalist-Artikel*. Politische Theorie und Verfassungskommentar der amerikanischen Gründerväter. Mit dem engl. und dt. Text der Verfassung der USA, hrsg., übers., eingel. und komment. von A. Adams und W. P. Adams, Paderborn u.a. 1994, 564. Auch im Grundgesetz ist die Idee des Vorrangs der Verfassung verankert, wie eine Zusammenschau grundgesetzlicher Bestimmungen ergibt. [vgl. Artt. 20 III, 31 GG].

III. ‚Verfassungsgerichtsbarkeit', rechtsphilosophisch betrachtet   187

stützt auf diese Klausel könnten EU-Mitgliedstaaten und insbesondere ihre (obersten) Gerichte unionales Recht – einschließlich des Primärrechts – außer Kraft setzen mit der Begründung, es verstoße gegen nationales Verfassungsrecht. Jedenfalls ist im VVE nicht angeordnet, daß dies EU-Mitgliedstaaten und insbesondere ihren (obersten) Gerichten verwehrt ist. Die protokollarisch angefügte Erklärung zu Art. I–6 VVE verhilft diesbezüglich nämlich nicht zu Klarheit. Hierin ist zwar fixiert, daß Art. I–6 VVE die geltende Rechtsprechung des Gerichtshofs der Europäischen Gemeinschaften und des Gerichts erster Instanz zum Ausdruck bringen solle. Matthias Kumm und Victor Ferreres Comella weisen jedoch auf folgenden Sachverhalt hin:[314]

> „It is well known that the ECJ [= EuGH; M.E.] has always insisted that EU law takes precedence even when in conflict with national constitutional law. But this Declaration [die protokollarische Erklärung zu Art. I–6 VVE] does not settle the issues at stake. *The real issue from the perspective of national courts has always been wether or not to read the ECJ's primacy claim within a monist or a pluralist framework.* The courts of most member states have given the ECJ's supremacy claim a pluralist, not a monist interpretation. They have insisted that, notwithstanding an ECJ's pronouncement on EU law, fundamental constitutional concerns remain a valid reason to set aside EU law as *a matter of national constitutional law.*" [Hn. i.O.].

Die Vorrangklausel des Art. I–6 VVE verleiht somit dem VVE nur innerhalb der unionalen Rechtsordnung, nicht aber in den mitgliedstaatlichen Rechtsordnungen einen unanfechtbaren Vorrang. Die Begriffswahl in der englischen Fassung des VVE untermauert diesen Befund möglicherweise. Dort ist von *primacy,* nicht aber *supremacy* die Rede. Dies könnte signalisieren, daß die Vorrangklausel des Art. I–6 VVE keine *Höchstrangigkeit* des VVE, sondern lediglich eine *Vorrangigkeit* dieses Normendispositivs statuiert.[315]

Aus diesen Gründen folgt, daß die vertragschließenden Parteien den VVE nicht mit dem Vermögen ausgestattet haben, unanzweifelbar der übergreifende rechtliche Maßstab für den transnationalen EU-europäischen Zusammenschluß zu sein. Wie die vormaligen vertraglichen Vertiefungen der EU-europäischen Zusammenarbeit enthält der VVE keine Bestimmung, die ihn – unzweideutig – als Inbegriff der höchsten Normen des Gebildes der EU ausweist. Aufgrunddessen wäre ein geltender VVE nicht als veritable Verfassung, sondern als eine verfassungshafte Grundordnung einzustufen.[316]

---

[314] KUMM/COMELLA: Primacy Clause [aaO. FN 312 S. 186 dieser Arbeit], 10.

[315] Die Verwendung der Begriffe *supremacy* und *primacy* in der Rechtsprechung des EuGH wird dargelegt bei MAYER: Competences [aaO. FN 268 S. 159 dieser Arbeit], 14 FN 64 mwN. Den Bedeutungsgehalt der beiden Vokabeln lotet er so aus: „It is hard to say for a non-native speaker to what extent there is a difference between primacy and supremacy, wether this difference is related to British versus American English or wether the term supremacy implies more of a hierarchy or of the German concept of *Geltungsvorrang* as opposed to *Anwendungsvorrang* [...]." [Hn. i.O.].

[316] Sprachlich mag dies zum Ausdruck gebracht werden, indem der ratifizierte VVE als „Verfassungsvertrag" oder „konstitutioneller Kontrakt" bezeichnet wird. Übrigens stellt sich auch die Frage, ob die Rechtsverbindlichkeit des VVE die mitgliedstaatlichen Verfassungen nicht dergestalt tangiert, daß sie den Status von Quasi-Verfassungen erhalten.

Ungeachtet dessen ist nicht zu übersehen, daß der VVE einen ausgeprägteren Verfassungscharakter besitzt als die gegenwärtigen Grundlagendokumente der EU. Denn ein geltender VVE könnte die Funktion eines rechtlichen Maßstabs wesentlich besser wahrnehmen als das geltende vertragsbegründete Recht. Dies läßt sich auf mehrere Faktoren zurückführen. Zu den wichtigsten dieser Faktoren sind diese Gesichtspunkte zu rechnen: die Inkorporierung der Grundrechtscharta in das EU-europäische Recht, die Kodifikation des Vorrangs des unionalen gegenüber dem mitgliedstaatlichen Recht sowie die im VVE erreichte Zunahme an Überschaubarkeit und Systematik der vertragsbegründeten Vorschriften.

So würden durch die Aufnahme der Grundrechtscharta in das Primärrecht einerseits grundrechtliche Normen verankert, die derzeit nicht zum Bestand des Unionsrechts zählen. [vgl. z.B. die Regelungen zum Streikrecht in Art. II–88 VVE mit Art. 137 (5) EGV] Andererseits würden die bereits richterrechtlich garantierten Grundrechte mit ihrer Kodifikation einen höheren Verbindlichkeitsgrad erlangen – überdies würden sie inhaltlich schärfer umrissen werden. Der VVE würde also die Kalibrierungsfunktion des unionalen Primärrechts verbessern, weil er *in puncto* Rechtssicherheit und Rechtsschutz für die Individuen in EU-Europa Vorteile bietet.

Zudem markiert die Statuierung eines grundsätzlichen Vorrangs des unionalen Rechts gegenüber dem der Mitgliedstaaten einen deutlichen Zugewinn an Konstitutionalität. Zwar ist die Vorrangklausel des Art. I–6 VVE bezüglich ihrer Ausstrahlungswirkung auf mitgliedstaatliches *Verfassungs*recht vage. Gegenüber dem sonstigen mitgliedstaatlichen Recht räumt der VVE jedoch zweifellos dem unionalen Recht den Vorrang ein. Die Priorität des Unionsrechts erhielte nach einem Inkrafttreten des VVE ein erheblich gesteigertes dogmatisches Gewicht, weil sie sich nicht mehr lediglich auf Richterrecht, sondern auf kodifiziertes Recht stützen würde. Dies würde den Normenstrukturen EU-Europas mehr Klarheit und damit eine verbesserte juristische Operationalisierbarkeit verleihen. Dadurch würde das unionale Primärrecht besser als rechtlicher Maßstab fungieren können.

Ein geltender VVE würde ferner deswegen ein Mehr an Klarheit erbringen und mithin zu einer Steigerung des Kalibrierungspotentials des unionalen Primärrechts führen, weil die Fusion der Europäischen Gemeinschaften zu einer Organisation die Systematik und Überschaubarkeit der EU-europäischen Rechtsordnung verbessern würde. Systematische Vereinfachungen resultierten des weiteren aus der Reduktion der unionalen Rechtsakte auf sechs Handlungsformen in Art. I–33 VVE.

Konterkariert wird dies allerdings durch die Übernahme der bisherigen Vertragswerke als Teil III des VVE, den ‚Acquis'. Auf diese Weise enthält der VVE viel verfassungsunwürdiges Recht, wächst der Umfang des VVE enorm an und erreicht ein Ausmaß, das einer Entfaltung eines integrativen Effekts abträglich ist. Negativ zu Buche *in puncto* Normativität schlägt hierbei, daß der Acquis nicht zu unionalem Sekundärrecht heruntergestuft wurde. Dies hätte die vordringliche Generalüberholung des materiellen EU-Europarechts erleichtert.

III. ‚Verfassungsgerichtsbarkeit', rechtsphilosophisch betrachtet

(2) Die Aufwertung des quasi-verfassungsgerichtlichen Mandats der supranationalen Gerichtsbarkeit

Sollte der Ratifikationsprozeß des VVE von Erfolg gekrönt werden, bliebe das Grundmuster der gegenwärtigen supranationalen Gerichtsbarkeit bestehen.

Diese Aussage stützt sich zum einen darauf, daß der VVE die bisherige Gerichtsorganisation beibehält. Wie zuvor fungieren Europäischer Gerichtshof und Europäisches Gericht als oberste Instanzen für die verschiedenen Gebiete des EU-Rechts. Weder für den Schutz der unionalen Grundrechte noch für die Abgrenzung der Kompetenzen im Gebilde der EU wurde ein eigener Gerichtskörper geschaffen.[317] Allerdings räumt Art. III–359 VVE die Möglichkeit ein, neue Fachgerichte durch ein Europäisches Gesetz zu installieren. Doch würde bei einer eventuellen Etablierung neuer Fachgerichte lediglich eine Modifikation des derzeitigen judikativen Aufbaus eintreten. Denn diese Fachgerichte wären dem Europäischen Gerichtshof (und dem Europäischen Gericht) untergeordnet. [vgl. Artt. III–358, III–359 Absatz (3) VVE] Der Europäische Gerichtshof würde somit sein quasi-(verfassungs)gerichtliches Zuständigkeitsspektrum nicht abstreifen und daher nicht zu einer Instanz mutieren (können), die allein mit Materien des sonstigen EU-Rechts befaßt wäre. Umgekehrt ist eine Umgestaltung des Europäischen Gerichtshofs hin zu einem funktional als Verfassungsgericht zu bezeichnenden Rechtsprechungsorgan durch eine konsequente Entlastung des Gerichtshofs von seiner jurisdiktionellen Aufgabe bezüglich der anderen Gebiete des EU-Rechts ebenfalls unterblieben.

Zum anderen käme es zu einer Neuauflage des gegenwärtigen jurisdiktionellen Grundmusters, weil Europäischer Gerichtshof und Europäisches Gericht wie bisher den Status von Quasi-Verfassungsgerichten einnehmen würden. Ein VVE „in trockenen Tüchern" würde Bestrebungen hin zu einer umfassenden Verfassungsgerichtsbarkeit vom Typus der ‚Verfassungsgerichtsbarkeit' einen Riegel vorschieben. Folgende Gründe lassen sich hierfür anführen:

Erstens wäre die Rechtsaufsicht der unionalen Jurisdiktion weiterhin verfahrensrechtlich eingeschränkt – natürliche und juristische Personen könnten nur bedingt die supranationale Gerichtsbarkeit anrufen. Denn nach wie vor wären bestimmte Rechtsakte nicht von einzelnen angreifbar. Es wären dies Rechtsakte allgemeiner Geltung, die (bezeichnet gemäß der neuen Terminologie des VVE) als ‚Gesetze' oder als ‚Rahmengesetze' ergingen und die diese natürlichen beziehungsweise juristischen Personen nicht unmittelbar und individuell beträfen.[318] [vgl. Art. III–365 VVE]

---

317 Nicht aufgegriffen wurde damit etwa der Vorschlag „aus dem Kreis der mitgliedstaatlichen Verfassungsgerichte eine Art gemeinsames Verfassungsgericht des Staatenverbundes für Grundsatz- und Kompetenzfragen zu bilden" und damit ein „Komplementärorgan zum Europäischen Gerichtshof" einzurichten. Vorgetragen von UDO DI FABIO: Ist die Staatswerdung Europas unausweichlich? Die Spannung zwischen Unionsgewalt und Souveränität der Mitgliedstaaten ist kein Hindernis für die Einheit Europas, in: *FAZ*, Nr. 28 (2. 2. 2001), 8.

318 MAYER: Individualrechtsschutz [aaO. FN 290 S. 170 dieser Arbeit], 610: „Nicht von Einzelnen angegriffen werden können [...] wegen der Beschränkung auf Rechtsakte mit Verordnungscharakter Rechtsakte allgemeiner Geltung, die als Gesetze oder Rahmengesetze ergehen und die den

Folglich sieht der konstitutionelle Kontrakt nicht einmal *de facto* eine EU-europäische Grundrechtsbeschwerde vor (denn dafür müßten sämtliche Rechtsakte – wie beim Institut der Grundrechtsbeschwerde – für einzelne juristisch attackierbar sein).

Diese prozeßrechtliche Einschränkung des direkten Zugangs zur supranationalen Gerichtsbarkeit zeitigt bei der Gewährleistung von Grundrechten gravierende Schwachstellen. Zwar eröffnet das primärrechtliche Prozeßrecht sowohl in seiner derzeit geltenden Fassung als auch nach den Vorschriften des VVE die Möglichkeit, Grundrechtsverletzungen geltend zu machen – beispielsweise im Rahmen einer Nichtigkeitsklage. Doch in bestimmten Fällen wird weder Grundrechtsschutz im besonderen noch Individualrechtsschutz im allgemeinen garantiert. Zurückzuführen ist dies auf Defizite im System des dezentralen Rechtsschutzes oder der Rechtsschutzsubsidiarität, das Art. I–29 VVE (1), Satz 2[319] (in Verbindung mit dem Fehlen des Rechtsbehelfs einer unionalen Grundrechtsbeschwerde) im EU-europäischen Normendispositiv kreiert. In diesem System wird zwar in vielen Fällen über den Umweg von Klagen gegen mitgliedstaatliche Ausführungs- und Umsetzungsakte vor nationalen Gerichten individueller Rechtsschutz geboten, indem diese Gerichte via Vorlageverfahren den Gerichtshof um die Kontrolle von Unionsrecht ersuchen.

In verschiedenen Fällen jedoch findet eine solche Überprüfung unionalen Rechts nicht statt. So kommt es zu keiner Kontrolle, wenn mitgliedstaatliche Umsetzungsmaßnahmen nicht bestehen, die juristisch angegriffen werden könnten. Des weiteren unterbleibt sie, wenn ein mitgliedstaatliches Gericht – rechtswidrigerweise (zumindest aus Sicht der supranationalen Gerichtsbarkeit) – kein Vorlageverfahren anstrengt.[320] Darüber hinaus waltet weder die mitgliedstaatliche noch die unionale Gerichtsbarkeit ihres Amtes, wenn der gerichtliche Klageweg nicht beschritten wird. Ein solches Nichtwahrnehmen von Klagerechten kann auf untragbaren finanziellen Ausgaben sowie auf zu lange andauernden Verfahren beruhen. Beim System der Rechtsschutzsubsidiarität können (zu) hohe monetäre und zeitliche Kosten für Klageberechtigte ausgeprägter zu verzeichnen sein als bei seinem zentralen Gegenmodell – nämlich dann, wenn nicht direkt gegen Rechtsakte allgemeiner Geltung, sondern nur gegen die Umsetzungen dieser Rechtsakte gerichtlich vorgegangen werden kann.

Zweitens spart der VVE bestimmte Materien von supranationaler Rechtskontrolle aus. Dies betrifft nicht nur jurisdiktionelle Restriktionen auf den Gebieten der Außen- und Sicherheitspolitik. [vgl. Art. III–376 Absatz 1] Auch die polizeilichen Maßnahmen oder die anderer Strafverfolgungsbehörden eines Mitgliedstaates sowie die Wahrnehmung der mitgliedstaatlichen Zuständigkeiten für die Aufrechterhaltung

---

Einzelnen *nicht* unmittelbar und individuell betreffen." [H. i.O.]; MAYER: Hüter [aaO. FN 271 S. 160 dieser Arbeit], 428–429.

[319] „Die Mitgliedstaaten schaffen die erforderlichen Rechtsbehelfe, damit ein wirksamer Rechtsschutz in den vom Unionsrecht erfassten Bereichen gewährleistet ist."

[320] Dieser Fall wird hier nicht allein theoretisch erwogen, sondern ist auch in der Rechtspraxis zu beobachten. Vgl. FN 289 S. 169 in dieser Arbeit. Zur Problematik der Nichtvorlage v.a. im deutschen Rechtssystem MAYER: Individualrechtsschutz [aaO. FN 290 S. 170 dieser Arbeit], 613–614.

III. ‚Verfassungsgerichtsbarkeit', rechtsphilosophisch betrachtet

der öffentlichen Ordnung und der Schutz der inneren Sicherheit können von der unionalen Gerichtsbarkeit nicht kontrolliert werden. [vgl. Art. III–377]

Drittens unterstehen die Inhaber der vom VVE neu konzipierten Ämter des Präsidenten des Europäischen Rates sowie des Außenministers der Union, die im institutionellen Gerüst der EU über Schlüsselpositionen verfügen, keiner Rechtskontrolle. Dies ergibt sich zum einen daraus, daß eine juristische Überprüfung dieser Amtsträger im Zuständigkeitskatalog der supranationalen Gerichtsbarkeit nicht explizit aufgeführt ist. Zum anderen ist auch nicht von einer impliziten Verankerung eines diesbezüglichen gerichtlichen Aufsichtsmandats auszugehen. Denn der VVE normiert die Amtsentbindung in beiden Fällen durch eine qualifizierte Mehrheit im Gremium des Europäischen Rates; hinsichtlich des Präsidenten des Europäischen Rates ist zudem die mögliche Amtsenthebung mit einer „schweren Verfehlung" in Zusammenhang gebracht. [vgl. Art. I–22 VVE zum Präsidenten sowie I–28 VVE zum Außenminister] Da nicht anzunehmen ist, daß ausgerechnet[321] bei den beiden bedeutendsten exekutivischen Funktionen der EU die vertragschließenden Parteien versehentlich keine Vorschriften getroffen haben, gemäß derer Rechtsverletzungen von Inhabern dieser Funktionen gerichtlich zu ahnden sind, ist hieraus folgender Schluß zu ziehen: Der VVE ermächtigt einzig und allein den Europäischen Rat, rechtswidriges Agieren des Präsidenten des Europäischen Rates und des Außenministers der Union zu sanktionieren.

Viertens ist nach wie vor ein Fragezeichen zu setzen hinsichtlich dessen, ob die Rechtsprechung der supranationalen Jurisdiktion letztinstanzlicher Natur ist. Wie bezüglich des Vorrangs des unionalen Rechts ausgeführt wurde, ist nicht gesichert, daß die Mitgliedstaaten und insbesondere die nationalen Gegenüber der supranationalen Gerichtsbarkeit der Judikatur der Luxemburger Gerichte stets folgen (müssen).[322]

Gewiß lassen sich richterrechtlich induzierte Transformationen des kompetentiellen Profils der supranationalen Gerichtsbarkeit nicht ausschließen. Richterrechtlich herbeigeführte Ausweitungen der jurisdiktionellen Kompetenzen in großem Stil sind jedoch sehr unwahrscheinlich. Denn es ist davon auszugehen, daß das Zuständigkeitsspektrum der supranationalen Gerichtsbarkeit als Wille der vertragschließenden Parteien anzusehen ist und daß die unionalen Rechtsprechungsorgane diese Sichtweise teilen werden. Mit einer Expansion der supranationalen Rechtsaufsicht auf dem Wege des Richterrechts würden die unionalen Rechtsprechungsorgane somit als Pouvoir Contractant Communitaire agieren (um nicht zu schreiben: als Pouvoir Constituant Communitaire). Es ist kaum anzunehmen, daß der Gerichtshof diese Rolle einzunehmen gewillt ist. Zusätzlich zu rechtstheoretischen Vorbehalten spre-

---

[321] Für Mitglieder der Europäischen Kommission etwa sieht der VVE Amtsenthebungsverfahren vor dem Gerichtshof vor. [Art. III–349].

[322] Zum Verhältnis zwischen dem deutschen Bundesverfassungsgericht und der unionalen Gerichtsbarkeit RÜDIGER ZUCK: Kooperation zwischen dem Bundesverfassungsgericht und dem Europäischen Gerichtshof, in: Bernd Guggenberger/Thomas Würtenberger (Hg.): *Hüter der Verfassung oder Lenker der Politik? Das Bundesverfassungsgericht im Widerstreit*, Baden-Baden 1998, 121–150.

chen in manchen Fällen überdies pragmatische Überlegungen gegen eine richterrechtliche Profilierung in Richtung einer umfassenden Verfassungsgerichtsbarkeit. Zu nennen sind zum einen die unsicheren Aussichten, bestimmte Elemente dieser Profilierung durchzusetzen. Zum anderen beschränkt die im VVE fixierte Gerichtsstruktur die jurisdiktionellen Kapazitäten: Würde die supranationale Gerichtsbarkeit beispielsweise das Institut einer unionalen Grundrechtsbeschwerde gleichsam durch die Hintertüre etablieren, so hätte die unionale Jurisdiktion möglicherweise eine nicht zu bewältigende Arbeitsbelastung zu gegenwärtigen. Die Luxemburger Gerichtsbarkeit kann jedenfalls nicht als gesichert annehmen, auch mit den notwendigen Ressourcen für eine ausgeweitete Rechtsprechungstätigkeit ausgestattet zu werden.

Aus all dem folgt, daß die Erhebung des VVE zum grundlegenden juristischen Dokument EU-Europas die prinzipielle Beibehaltung des quasi-verfassungsgerichtlichen Profils der unionalen Jurisdiktion zur Konsequenz hätte und daß auch die Luxemburger Judikatur daran *grosso modo* voraussichtlich nichts ändern würde.

Gleichwohl würde ein geglückter Ratifikationsprozeß den Stellenwert der unionalen Rechtsprechung steigern.[323] Insbesondere würde der unionale Rechtssprechungsradius dadurch vergrößert, daß einzelne die Luxemburger Gerichtsbarkeit anrufen könnten, um Rechtsakte zu attackieren, die (nach der neuen Terminologie des VVE) unter der Bezeichnung der ‚Verordnung' figurieren.[324] Darüber hinaus würde die Reichweite der supranationalen Rechtsprechung insgesamt betrachtet umfassender: Die gerichtliche Überprüfbarkeit würde erstmals auch im Bereich der GASP Einzug erhalten. Die polizeiliche und justizielle Zusammenarbeit in der Bekämpfung von Strafsachen unterfiele rechtlicher Kontrolle, obgleich hier bereits erwähnte Restriktionen samt absehbarer Abgrenzungsprobleme zu registrieren sind.[325]

Bedeutungsgewinne würde die supranationale Gerichtsbarkeit auch deswegen erfahren, weil der Europäische Gerichtshof und das Europäische Gericht mehr Attribute einer umfassenden Konstitutionsjurisdiktion erhalten würden:

Erstens würde der unionalen Jurisdiktion ausdrücklich die richterliche Aufsicht über die Beachtung des Prinzips der Subsidiarität im unionalen Gesetzgebungsgebungsprozeß zugewiesen. So sieht Art. 8 des 2. Protokolls des VVE über die Anwendung der Grundsätze der Subsidiarität und der Verhältnismäßigkeit vor, daß die Mitgliedstaaten respektive die Mitgliedstaaten im Namen ihrer Parlamente bei der supranationalen Gerichtsbarkeit gegen eine Verletzung der Prinzipien der Subsidiari-

---

[323] Die Dynamik eines Anwachsens richterlicher Herrschaftsmacht (im Fall eines erfolgreichen Ratifikationsprozesses des VVE) wird vorhergesagt und kritisch bewertet von DAMIAN CHALMERS: The Dynamics of Judicial Authority and the Contitutional Treaty, in: *Jean Monnet Working Paper* 5/04 (2004) [www.jeanmonnetprogram.org/papers/04/040501–14.html – 25. 2. 2005].
[324] MAYER: Individualrechtsschutz [aaO. FN 290 S. 170 dieser Arbeit], 610 und passim; MAYER: Hüter [aaO. FN 271 S. 160 dieser Arbeit], 428–430 und passim. Sofern bei diesen Klagen z.B. über Grundrechtsfragen entschieden wird, ließe sich dies auch als Konstitutionsjurisdiktion einstufen.
[325] MÜLLER-GRAFF: Strukturmerkmale [aaO. FN 279 S. 166 dieser Arbeit], 200. Die Rechtsaufsicht auf diesen Gebieten kann verfassungsgerichtlicher Natur sein bzw. als Verfassungsgerichtsbarkeit eingeordnet werden.

III. ‚Verfassungsgerichtsbarkeit', rechtsphilosophisch betrachtet 193

tät und der Verhältnismäßigkeit eine Nichtigkeitsklage einlegen können. Zudem räumt der VVE dem Ausschuß der Regionen ein ebensolches Klagerecht gegen bestimmte Europäische Gesetzgebungsakte ein.[326]

Zweitens erweitert sich das Zuständigkeitsspektrum der supranationalen Rechtsprechungsorgane in bezug auf die Institution des Europäischen Rates. Art. III–365 (1) VVE eröffnet nämlich den Klageweg gegen Rechtsakte dieses Gremiums mit einer Rechtswirkung gegenüber Dritten.

Drittens würde die Inkorporierung der Grundrechtscharta die Luxemburger Jurisdiktion in Richtung einer umfassenden Verfassungsgerichtsbarkeit ausbauen. Grundrechtsjudikatur könnte sich auf eine textliche Grundlage stützen und müßte ihre Maßstäbe nicht mehr aus einem kontraktuellen Konvolut herausfiltern oder über dogmatische Konstruktionen beziehen, die an mitgliedstaatliche und völkerrechtliche Grundrechtsgarantien anknüpfen.

Viertens würde die unionale Gerichtsbarkeit aufgrund der Verankerung des Vorrangs des Unionsrechts gegenüber dem mitgliedstaatlichen Recht in I–6 VVE im Verhältnis zu den maßgeblichen judikatorischen Institutionen auf seiten der Mitgliedstaaten mehr Gewicht für sich verbuchen können. Ungeachtet ihrer erläuterten (möglichen) Einschränkungen hätte diese Vorrangklausel mutmaßlich den erheblichen Effekt, daß Abweichungen von der Judikatur auf der EU-europäischen Ebene lediglich eine Ausnahme, nicht jedoch die Regel darstellen können. Diese Wirkung stellt sich um so eher ein, als die unionale Spruchpraxis die Einhaltung grund-, organisations- und materiellrechtlicher Standards tatsächlich gewährleistet.

Resümierend läßt sich feststellen, daß bei einem Inkrafttreten des VVE der gegenwärtige Aufriß der Befugnisse und organisatorischen Bestimmungen der unionalen Gerichtsbarkeit bis auf spezifische – vielfach eher modifikatorische – Ausdehnungen des supranationalen Rechtsprechungsradius intakt bliebe. Daß der VVE das Institut einer EU-europäischen Grundrechtsbeschwerde nicht etabliert, liegt auf der Linie des gerichtsorganisatorischen Sachverhalts, daß der VVE weder einen supranationalen Gerichtskörper für Grundrechtsstreitigkeiten ins Leben ruft noch den seit langem etablierten Gerichtshof funktional zu einem nur für spezifisches verfassungsvertragliches Recht zuständigen Verfassungsgericht umgestaltet. Ebenfalls auf dieser Linie befindet sich die Fortführung des gegenwärtigen Modells dezentraler Garantie des Rechts. Der VVE verhilft damit einem System zu einer Neuauflage, das für Effekte anfällig ist, die individualrechtlichen Schutz minimieren oder sogar eliminieren. Aufgrund von (eventuellen) Lücken im Rechtsschutzschirm der unionalen Jurisdiktion beim Individualrechtsschutz schlechthin ist insbesondere auch die Gewährleistung von Grundrechten nicht stets gesichert. Auf der anderen Seite würde nach einer erfolgreichen Ratifikation des VVE der gegenwärtige Aufriß der Befugnisse und organisatorischen Bestimmungen der unionalen Gerichtsbarkeit nicht nur samt der punktuellen Stärkung der unionalen Rechtsprechungsgewalt bestätigt, sondern auch

---

[326] Nämlich gegen solche Europäischen Gesetzgebungsakte, für deren Verabschiedung die Anhörung des Ausschusses der Regionen vorgeschrieben ist.

mit einer erhöhten Legitimation ausgestattet. Denn mindestens wäre in Anschlag zu bringen, daß der VVE eine aktuelle Willensäußerung der die Vertragshoheit besitzenden Mitgliedstaaten darstellen würde. Zudem ließe sich eine demokratische Legitimation der Konventsvertreter und der ratifizierenden Organe anführen – ergänzt um die Legitimation via plebiszitärer Voten in manchen Mitgliedstaaten.

c) EU-Europa auf dem Weg des Semi-Konstitutionalismus?
Die supranationale (Verfassungs-)Gerichtsbarkeit bildet nur eine von mehreren Säulen der EU-europäischen Verfassungsarchitektur. Doch handelt es sich bei der unionalen Jurisdiktion um eine Säule des EU-europäischen Bauwerks, die von besonderer Bedeutung ist. Die besondere Bedeutsamkeit des Europäischen Gerichtshofs und des Gerichts erster Instanz rührt von mehreren Faktoren her.

Zu diesen Faktoren zählt, daß in der nahen und weiteren Zukunft viel EU-europarechtliches Terrain neu erschlossen werden muß – und zwar ganz gleich, wie es um das Reformprojekt des VVE beschieden sein wird. (Begrenzt) geleitet durch die Vorgaben des politischen Prozesses und (etwas) gestützt auf die Vermessungen im juristischen Schrifttum, ist es die supranationale Rechtsprechung, die dieses Terrain wird urbar machen müssen.

Noch relevanter ist der Umstand, daß die (verfassungs-)gerichtliche Säule den Grundcharakter EU-Europas entscheidend bestimmt. Im Rollenzuschnitt der supranationalen Jurisdiktion ist eine fundamentale verfassungsarchitektonische Alternative angelegt. So lassen sich schematisierend zwei gegensätzliche Entwürfe unterscheiden, nach denen sich die EU-europäische Verfaßtheit je nach Ausgestaltung des kompetentiellen Aufrisses der unionalen Gerichtsbarkeit ausrichten kann:
– Auf der einen Seite steht die Konzeption des EU-Gebildes als Rechtsgemeinschaft. Konsequent betrieben, erfordert die rechtsgemeinschaftliche oder strikt konstitutionelle Ausrichtung, daß sämtliche Träger der quasi-staatlichen Hoheitsgewalt der EU gerichtlicher Kontrolle unterliegen. Demzufolge ist im EU-europäischen Institutionengefüge eine ‚verfassungsgerichtliche‘ Aufsicht zu etablieren. Rechtsgemeinschaft durch ‚verfassungsgerichtliche‘ Aufsicht bedeutet daher ein *gouvernement des juges* im Sinne einer letztentscheidenden Richterherrschaft – einer (wenn man sich dieser Terminologie bedienen will) jurisdiktionellen Souveränität.
– Auf der anderen Seite befindet sich das Modell des (primär) politischen Zusammenschlusses. Essentiell für dieses Modell ist ein juristisch unangreifbares Schalten und Walten der Inhaber höchster gouvernementaler Herrschaftspositionen. Die Version des politischen Zusammenschlusses basiert demnach auf einem limitierten jurisdiktionellen Überprüfungsspektrum, das quasi-verfassungsgerichtlich genannt werden kann. Angewendet auf die EU, verlangt diese Konzeption, daß es nicht einmal der unionalen Gerichtsbarkeit obliegt, die Akteure der obersten supranationalen Regierungsebene nach rechtlichen Kriterien zu kontrollieren. Souveränitätstheoretisch formuliert, heißt politischer Zusammenschluß (inter-)gouvernementale Letztinstanzlichkeit; verfassungstheoretisch ausgedrückt, kann von semi-konstitutioneller Herrschaft gesprochen werden.

III. ‚Verfassungsgerichtsbarkeit', rechtsphilosophisch betrachtet

Der Status quo der EU-europäischen Rechts- und Herrschaftsordnung entspricht der Konzeption des politischen Zusammenschlusses. Das Vertragswerk des VVE würde diese Konzeption – wenn auch eingeschränkt – fortführen und möglicherweise auf Jahre und Jahrzehnte hinaus festschreiben.

Die Eigenart der rechtlich-politischen Ordnung EU-Europas ist nach demokratischer Lehre auch unter dem Blickwinkel ihrer Legitimität zu betrachten. In dieser Perspektive stellen sich hinsichtlich der EU-europäischen Integration eine Vielzahl von Problemen.[327] Das Thema der Rechtfertigbarkeit der semi-konstitutionellen Verfassungslage EU-Europas beziehungsweise der quasi-verfassungsgerichtlichen Profilierung der supranationalen Gerichtsbarkeit sollte wegen seiner Tragweite dabei aber nicht außer Acht geraten. Vielmehr sind die mit Politik und Recht befaßten Wissenschaften sowie die unionale Bürgerschaft klug beraten, sich auch hierzu ein Urteil zu bilden.

Theorien zur Legitimität und zur Justiziabilität des Abstraktums ‚Verfassungsgerichtsbarkeit' genügen nicht für ein wohlerwogenes Urteil über die spezifische Materie des Mandats der supranationalen Jurisdiktion der EU. Denn ein solches Urteil erfordert ein Eingehen auf die Besonderheiten der (EU-europäischen) Supranationalität. Somit liefert die vorliegende Studie keine Blaupause für einen legitimen und praktikablen Aufgabenaufriß der supranationalen (Verfassungs-)Gerichtsbarkeit.[328] Überlegungen abstrakter Natur zur Rechtfertigbarkeit und Geeignetheit gerichtlicher Streitentscheidung sind für eine normative Stellungnahme zur Verfaßtheit EU-Europas und für eine Bewertung des unionalen Rechtsprechungsradius allerdings mindestens hilfreich – wenn nicht sogar unerläßlich. Insofern kann die vorliegende Arbeit auch als ein – mittelbarer – Beitrag für die Grundlagenforschung zur Verfassungsarchitektur der EU betrachtet werden.

---

[327] Genannt seien nur diese Themen: Beteiligung der Bürgerschaft am Integrationsprozeß und innerhalb des Institutionengefüges der EU, Tempo und Zielsetzung der EU-Erweiterungen, Demokratiedefizit und demokratischer Charakter der EU. Eine pointierte Kritik am Demokratiedefizit der EU formuliert LARRY SIEDENTOP: *Demokratie in Europa,* Stuttgart 2002. Hierzu siehe auch den Bericht von Getrude Lübbe-Wolff im Rahmen der Jahrestagung der Vereinigung der Deutschen Staatsrechtslehrer 2000 in Leipzig. Einen zusammenfassenden Bericht dieser Tagung liefert OLIVER LEPSIUS: Die Tagung der Vereinigung der Deutschen Staatsrechtslehrer 2000 in Leipzig, in: *AöR,* 126. Bd. (2001), H. 3, 441–469 [zu Lübbe-Wolff: 452–454].

[328] Beim Thema supranationaler (Verfassungs-)Gerichtsbarkeit ist neben der EU-europäischen Jurisdiktion auch der Europäische Gerichtshof für Menschenrechte zu erwähnen. Ausführlicher JUTTA LIMBACH: Die Kooperation der Gerichte in der zukünftigen europäischen Grundrechtsarchitektur. Ein Beitrag zur Bestimmung des Verhältnisses von Bundesverfassungsgericht, Europäischem Gerichtshof und Europäischem Gerichtshof für Menschenrechte (Vortrag an der Humboldt-Universität zu Berlin am 29. Juni 2000) [= www.whi-berlin.de – 8. 11. 2001]; JEROEN SCHOKKENBROEK: Judicial review by the European Court of Human Rights: constitutionalism at European level, in: Rob Bakker/Aalt Willem Heringa/Frits Stroink (Hg.): *Judicial control. Comparative essays on judicial review,* Antwerpen; Apeldoorn 1995, 153–165.

C. Die rechtsphilosophische Betrachtung der Verfassungsgerichtsbarkeit

Aus dem Vorhergehenden erhellt, was mit einer rechtsphilosophischen Betrachtung der Verfassungsgerichtsbarkeit gemeint ist: Die rechtsphilosophische Betrachtung widmet sich der ‚prinzipiellen', nicht der ‚modalen' Legitimitätsproblematik der Verfassungsgerichtsbarkeit. Sie fragt nach der grundsätzlichen Legitimität dieser Institution, nicht nach der legitimen Ausübung verfassungsgerichtlicher Befugnisse. Sie unterscheidet sich darin von den Disziplinen der Rechts- und Politikwissenschaft, insofern diese mit rechtsdogmatischen Problemstellungen respektive mit dem angemessenen Verhältnis zwischen Rechtsprechung und Gesetzgebung auf der Grundlage des jeweils bestehenden politischen Systems befaßt sind. Dogmatische Rechtswissenschaft und politologische Regierungslehre bewegen sich im Rahmen des positiven Rechts, während die Rechtsphilosophie dieses transzendiert.

Dementsprechend erörtert sie das „Ob und Überhaupt" der Verfassungsgerichtsbarkeit nicht unter der Perspektive, welche Gründe für US-Bürger, Bundesbürger oder EU-Europäerinnen für oder gegen die Verfassungsgerichtsbarkeit als Institution sprechen und einsichtig sind, sondern welche Gründe für Demokraten ausschlaggebend sein können. Die rechtsphilosophische Betrachtungsweise steht zudem im Gegensatz zu einer narrativen, ideengeschichtlichen Herleitung der Institution der Verfassungsgerichtsbarkeit – sie untersucht ihren Gegenstand im Blick auf ein systematisches, nicht historisches Erkenntnisinteresse.

§ 3 Vorgehen

I. Rekurs auf (ideengeschichtliche) Diskussionslagen

Die vorliegende Arbeit strebt an, das Problem der prinzipiellen Legitimität der ‚Verfassungsgerichtsbarkeit' zu klären. Die Studie verfolgt somit ein systematisches Interesse.

Hierzu setzt sie sich unter anderem mit zwei klassischen Texten zur Verfassungsgerichtsbarkeit auseinander.[1] Sie blendet den aktuellen Diskussionsstand nicht aus, befaßt sich aber auch mit (Teilen der) Ideen*geschichte*, sie erörtert ihr systematisches Ziel in historischer Perspektive. – Warum und wozu?

Der Sinn dieses ideengeschichtlichen Rekurses besteht darin, einen distanzierten Standpunkt zu gewinnen.

Denn sicher ist es richtig, Philosophie mit dem Bemühen zu identifizieren, die zufällige Standortgebundenheit des Denkens zu überwinden.[2] Gewissermaßen lebt die Philosophie gerade davon, die Überwindung dieser Standortgebundenheit überhaupt als möglich vorauszusetzen. Jede philosophische These beansprucht schließlich, nicht lediglich eine Privatmeinung zu vertreten. Vielmehr ist jede philosophische Position darauf gerichtet, von *jedem* Gegenüber geteilt zu werden – und zwar aus innerer Überzeugung, nicht aufgrund autoritativer Anordnung.[3]

Nun ist aber ebenso richtig, daß jede philosophische Erörterung ihren Anfang vom Selbstverständlichen her nimmt, jede Abhandlung ausgehen muß von Vormeinungen und Vor-Urteilen, die ja auch immer Vorurteile sein können. Und auch am Ende eines philosophischen Gedankenganges wird die Gegenwart, aus der heraus dieses Denken sich entfaltet hat, nicht abzustreifen sein.

---

[1] Gemeint sind zum einen „Brutus'" Ausführungen zum Verfassungsentwurf der Philadelphia-Convention, bekannt als »Letters of „Brutus"«; zugrunde gelegt wurden sie hier in dem von Herbert Storing herausgegebenen Sammelband *The Complete Anti-Federalist*. Volume 2: Objections of Non-Signers of the Constitution and Major Series of Essays at the Outset, Chicago; London 1981, 358–452. Zum anderen die Stellungnahmen von Alexander Hamilton in den »Federalist Papers«. Für diese Publikation wurden sowohl die von Barbara Zehnpfenning als auch die von Angela und Willi Paul Adams verfaßten Übersetzungen verwendet. Daß für ein Verständnis der Federalists die Kenntnis der antifederalistischen Einwände gegen den Verfassungsentwurf der Philadelphia-Convention erforderlich ist, hat sich nun in einer Ausgabe niedergeschlagen, die den 85 „Publius"-Artikeln die 16 „Brutus"-Briefe hinzufügt: Terence Ball (Hg.): Hamilton/Madison/Jay: *The Federalist with Letters of „Brutus"*, Cambridge u.a. 2003.

[2] Vgl. hier und den gesamten Absatz Robert Spaemann: *Philosophische Essays*. Erweiterte Ausgabe, Stuttgart 1994, 3.

[3] Damit soll natürlich nicht behauptet werden, der Zwang des besseren Arguments sei unwiderstehlich.

Unter der Voraussetzung, daß die Überwindung der Standortgebundenheit des Denkens zwar zu Teilen immer kontrafaktisch, aber als Ziel nicht sinnlos erfolgt, obliegt es der Philosophie, das Selbstverständliche zu verfremden, die Vormeinungen in Frage zu stellen.

Eine Möglichkeit, dies zu erreichen, gewährt die Vergegenwärtigung und das Verstehen von Texten und Diskussionslagen, in denen vieles von dem, was *heute* selbstverständlich ist, nicht enthalten ist. Das Vergegenwärtigen und Verstehen von Diskussionslagen der Tradition geschieht nämlich aus der Überlegung heraus, daß die Distanz zu den historischen Argumenten und Positionen auf der einen Seite die Fähigkeit befördert, zwischen dem für das Präsenz Tauglichen einerseits und dem nun Hinfälligen andererseits unterscheiden zu können. Auf der anderen Seite liegt diesem Vorgehen die Prämisse zugrunde, daß die Beschäftigung mit Texten zurückliegender Epochen die Abhängigkeit von Interessen und vorgefaßten Meinungen mindert, der eine um systematische Begründungen bemühte Rechtsphilosophie unweigerlich unterliegt.

Für die Beschäftigung mit historischen Argumenten und Positionen spricht noch ein weiteres: Das gegenwärtige Denken ist (wie jedes Denken) notwendigerweise – ohne sich dessen allerdings immer bewußt zu sein – durch Tradition geprägt. Denn es gibt ebenso den gegenteiligen Fall: Vieles ist heute selbstverständlich, weil es sich in der Überlieferung von selbst verstand. Und wer für eine dezisionistische Rationalität des Bestehenden[4] plädiert, ist vor die Aufgabe gestellt, entscheiden zu müssen, welche Teile der Tradition beizubehalten und welche durch Neues zu ersetzen sind. Diese Aufgabe vermag derjenige aber besser zu bewältigen, der sich dieser Tradition bewußt ist.

Dies setzt allerdings voraus, sich ihrer bewußt zu werden. Mit anderen Worten: die Überwindung der Standortgebundenheit des eigenen Denkens ist auch auf dem Weg zu erreichen, sich mit dem Selbstverständlichen bekannt, um nicht zu sagen: vertraut, zu machen.

---

[4] Dezisionistisch läßt sich das Primat der Tradition begründen, wie dies RENÉ DESCARTES durch seine ‚*morale par provision*' im Kapitel III des »Discours de la méthode« getan hat [*Discours de la méthode pour bien conduire sa raison, et chercher la verité dans les sciences/Von der Methode des richtigen Vernunftgebrauchs und der wissenschaftlichen Forschung*. Übers. und hrsg. von Lüder Gäbe. Französisch/deutsch, Hamburg 1990]. Diese Moral auf Zeit ist deshalb vonnöten, weil sich in der Lebenspraxis stets nur Teile in Frage stellen lassen, ansonsten am Bestehenden jedoch festzuhalten ist. Descartes hat dies in einer berühmten Metapher verdeutlicht: Erst dann kann ein altes Haus bis zu den Grundmauern niedergerissen und ein neues errichtet werden, wenn für die Zwischenzeit bis zum Einzug ein anderes zum Wohnen bereitsteht. [Zum Dezisionismus Descartes' sowie allgemein vgl. HERMANN LÜBBE: Dezisionismus – eine kompromittierte politische Theorie, in: ders.: *Praxis der Philosophie – Praktische Philosophie – Geschichtstheorie,* Stuttgart 1978, 61–77]. Der Gedanke findet sich auch bei der habermasschen Diskurstheorie: Es kann immer nur ein Teil der sozialen Wirklichkeit Diskursen unterworfen werden, sozusagen immer nur die Spitze des Eisberges. Die Spitze hat eine Lebenswelt zur Voraussetzung, die nicht zur Disposition steht.

II. Aufbau und Aufbereitung der ideengeschichtlichen und gegenwärtigen Kontroversen

Die ideengeschichtlichen und aktuellen Diskussionslagen werden zwar nicht schablonenhaft, aber im Grunde nach dem gleichen Schema untersucht: Jeweils werden zwei konträre Positionen zur Legitimität der Verfassungsgerichtsbarkeit ausgewählt. Es wird eine Kontroverse aus dem Gesamtbereich eines bestimmten real erfolgten Diskurses isoliert, um zwei Fragenkomplexe zu klären. Die Klärung des ersten bewegt sich auf einer interpretatorischen Ebene, während die Auseinandersetzung mit dem zweiten einem systematischen Erkenntnisinteresse dient: So wird zunächst gefragt, in welchen Punkten die konträren Positionen differieren. Dies ermöglicht es, aufzuzeigen, welcher theorieinhaltliche Gegensatz der jeweiligen Kontroverse eigentlich zugrunde liegt. Dadurch ist der Boden bereitet, um nach dem systematischen Ertrag der jeweiligen Kontroverse für die rechtsphilosophische Problematik der Legitimität der ‚Verfassungsgerichtsbarkeit' zu fragen. Zu entscheiden ist dabei insbesondere der diesbezügliche fundamentale Dissens, der zwischen den gegensätzlichen Positionen auszumachen ist.

Bei diesem dialektischen Verfahren kommt es allein darauf an, die Argumentationsstruktur der Positionen transparent zu machen, und nicht darauf, jedes vorgebrachte Argument zu erwähnen.[5]

Das Verhältnis zwischen interpretatorischer und systematischer Zielsetzung ist nun aber keineswegs unproblematisch. Denn die interpretatorische Zielsetzung für sich verfolgt, würde zu Lasten der systematischen ausfallen:[6] Um der interpretatorischen Zielsetzung gerecht zu werden, wäre die Erfassung und Beschreibung der geschichtlichen Vorgänge so umfassend wie nur möglich anzustreben. Es wäre sich darum zu bemühen, dem gesamten Spektrum eines Diskurses zum Thema verfassungsgerichtlicher Befugnisse gerecht zu werden.

Dies konterkariert aber das eigentlich verfolgte systematische Ziel. Daher greift die Arbeit statt dessen aus der unendlichen Fülle des historischen und gegenwärtigen Materials nur zwei Kontroversen heraus und versucht, diese zu rekonstruieren.

Genau genommen handelt es sich dabei nicht nur um eine „Re-konstruktion", sondern zum Teil auch um eine „Konstruktion", weil die Darstellung dieser Kontroverse als einer Diskurssituation von Rede und Gegenrede Folge einer idealtypischen

---

[5] Dabei ist – soweit dies die gebotene Kürze zuläßt – der historische Hintergrund jeder Kontroverse einzubeziehen. Jeder Text ist in seinen Kontext einzuordnen, um angemessen interpretiert zu werden. Dies geschieht hier allerdings nur für die Diskussion zwischen „Brutus" und Hamilton. Für die Kontroverse zwischen S. Freeman und J. Waldron wird angenommen, daß sie in einem Kontext zu situieren ist, der durch den exemplarischen Überblick über die Verfassungslagen der Gegenwart hinreichend umschrieben ist.

[6] Zudem wäre sie auch für sich genommen nicht durchführbar. Dies ist ein Aspekt dessen, was sich als ‚Historismus'-Problem bezeichnen läßt. Hierzu instruktiv ANNETTE WITTKAU: *Historismus. Zur Geschichte des Begriffs und des Problems*, Göttingen 1992.

Zuspitzung im Sinne Max Webers ist.[7] Denn es werden zwar nur Positionen ausgewählt, die tatsächlich aufeinander Bezug genommen haben, aber natürlich hat jede dieser Stellungnahmen nicht nur auf den hier betrachteten Gegenpart, sondern auf eine Vielzahl weiterer Argumentationen reagiert.

Somit enthält die Aufbereitung dieser Kontroversen insofern das Moment der Herstellung, als durch die Isolation zweier gegensätzlicher Auffassungen bei gleichzeitiger weitgehender Ausblendung anderer zeitgenössischer beziehungsweise gegenwärtiger Standpunkte sowie überlieferter Konzeptionen die Kontroverse zumindest teilweise einen fiktiven Charakter annimmt.

Der Konstruktion von Kontroversen könnte dann aber vorgeworfen werden, daß sie ahistorisch verfährt. Dem ist dadurch vorgebaut, daß die Denker nicht zu einem Diskurs über Epochen hinweg zusammengefügt werden, sondern daß nur synchrone Gegenüberstellungen vorgenommen werden. So ist gewährleistet, daß die Positionen sich auf einer gleichen – und damit vergleichbaren – hermeneutischen Ebene befinden.

III. Auswahl und Auswahlgesichtspunkte der behandelten Texte

Die vorliegende Arbeit behandelt zunächst die Kontroverse um den Judicial Review zwischen dem in der (deutschsprachigen) Literatur und Forschung eher unbeachteteren unter einem Pseudonym veröffentlichenden Antifederalist „Brutus" und dem Federalist Alexander Hamilton, dessen Beitrag zur Begründung der Verfassungsgerichtsbarkeit in den »Federalist Papers« (vor allem in den Artikeln Nr. 78 und 81) zum Standardrepertoire eines jeden verfassungstheoretischen Lehrbuchs zählt, zumindest Erwähnung findet.[8]

Aus folgenden Gründen fiel die Wahl auf diese Kontroverse:
– Die geistige Auseinandersetzung zwischen „Brutus" und Alexander Hamilton ist eine der frühesten öffentlichkeitswirksamen respektive auf öffentliche Wirksamkeit ausgerichteten Debatten um das „Überhaupt" der Verfassungsgerichtsbarkeit. Es ist also eine derjenigen Kontroversen, die – zumindest legt dies die zeitliche Distanz nahe – sich für den angestrebten Effekt der Verfremdung und des Vertrautmachens besonders gut eignen.
– Zudem wurde Hamilton zu seinen Äußerungen zur Rechtfertigung des Judicial

---

[7] Zur idealtypischen Begriffsbildung bei MAX WEBER siehe v.a. Die „Objektivität" sozialwissenschaftlicher und sozialpolitischer Erkenntnis (1904), in: ders.: *Gesammelte Aufsätze zur Wissenschaftslehre,* hrsg. von Johannes Winckelmann, Tübingen 1988 [7. Aufl.], 146–214 [191–214].
[8] Daß es sich bei dem Autor der Artikel 78 und 81 (bzw. der Artikel 78 bis 83) um Hamilton handelt, gilt als gesicherte Erkenntnis; vgl. ANGELA und WILLI PAUL ADAMS: Einleitung, in: dies.: Alexander Hamilton/James Madison/John Jay: *Die Federalist Artikel.* Politische Theorie und Verfassungskommentar der amerikanischen Gründerväter. Mit dem englischen und deutschen Text der Verfassung der USA, hrsg., übers., eingel. u. komment. von Angela Adams und Willi Paul Adams, Paderborn u.a. 1994, xxvii–xciii [lxxvi].

III. Auswahl und Auswahlgesichtspunkte der behandelten Texte

Review aller Wahrscheinlichkeit nach durch „Brutus" provoziert.[9] Dies bietet die erforderliche reale Basis für die Konstruktion dieser Kontroverse.
- Zuletzt spricht für ihr Aufgreifen, daß der systematische Ertrag beider Positionen hoch zu veranschlagen ist. In dieser Kontroverse werden bereits die wesentlichen Punkte erörtert, die eine rechtsphilosophische Abhandlung zur Verfassungsgerichtsbarkeit zu diskutieren hat: Der verfassungstheoretische Streit zwischen „Brutus" und Hamilton um die demokratische Legitimation gerichtlicher Entscheidungsbefugnis entzündet sich nämlich zum einen an den Problemfeldern der empirischen und der normativen Bestimmung einer souveränen Instanz in der Demokratie. Zum anderen dreht sich ihr Dissens um die mit der Vereinbarkeit von (,)verfassungsgerichtlicher(') Kompetenz und demokratischer Kontrolle zusammenhängende Problematik der Unabschließbarkeit des positiven Rechts.[10]

Doch gegen einen Teil dieser vorgebrachten Gründe – zumindest wenn sie nur für sich angeführt werden – können Einwände geltend gemacht werden:
- Wäre nur die Publizität oder die öffentliche Wirkung ausschlaggebender Gesichtspunkt, so wären eventuell andere Texte vorzuziehen.[11]

---

[9] Die These von einem Dialog zwischen „Brutus" auf der einen Seite und „Publius" (im besonderen Hamilton) auf der anderen Seite in allgemeiner Hinsicht, aber ebenso in bezug auf die Rolle der Judikative wird ausführlich untermauert von ANN STUART DIAMOND: The Antifederalist „Brutus", in: *The Political Science Reviewer,* 6. Bd. (1976), 249–281 [249 passim bzw. 269: „Essays XI–XVI are primarily devoted to a discussion of the proposed national judiciary, and were published between January 31, 1787 and April 10, 1788. The dates are important because Publius/Hamilton's papers on the judiciary in the *Federalist* are clearly in response to Brutus."] Vgl. des weiteren ALBERT P. MELONE/GEORGE MACE: *Judicial Review and American Democracy,* Ames 1988, 195–198, v.a. 196 mwN.: „The influential constitutional scholar Edward S. Corwin noted: ‚Hamilton's later argument seems to have been inspired by the effort of Yates, an opponent of the Constitution, to inflate judicial review to the dimensions of a bugaboo, and thereby convert the case for it into an argument against the constitution [sic!].' This seems all the more apparent when we examine *Federalist* 29, published in the *Daily Advertiser* on January 19, 1778, coincident with the *Brutus* letters." Melone/Mace nehmen – im Anschluß an Corwin an, daß als Autor von „Brutus" Robert Yates anzusehen sei. Hierzu neigt auch Diamond. Hierfür führt sie an, daß „Brutus", auch wenn er dies explizit abstreite, über Rechtskenntnisse verfüge und mit der juristischen Denkweise vertraut sei. Auf Yates trifft dies zu: Zum Zeitpunkt seiner Wahl zum Delegierten der Philadelphia-Convention gehörte er dem Supreme Court von New York an. [ebd. 252–253] In § 4 JUDICIAL REVIEW UND DEMOKRATIE. III. Alexander Hamilton: „The least dangerous branch". B. Die Argumentation. 1. Fragestellung und Thesen wird die Frage eines Dialoges zwischen „Brutus" und Hamilton umfassend untersucht. Siehe (in dieser Arbeit) S. 239–243 mwN.

[10] Die Wendung von der „Unabschließbarkeit des positiven Rechts" verwendet „Brutus" nicht – aber er befürchtet, aus dem „Geist" der Verfassung könne alles gefolgert werden.

[11] Vgl. BERNARD BAILYN: The Ideological Fulfillment of the American Revolution: A Commentary on the Constitution, in: ders.: *Faces of Revolution.* Personalities and Themes in the Struggle for American Independence, New York 1990, 225–267, 229–231 mwN. Bailyn weist auch darauf hin, daß weder Herbert Storings „komplette" Ausgabe der antifederalistischen Texte den Anspruch auf Vollständigkeit erfüllen kann (darin sei nur 15% der erhältlichen Materials zu finden) [HERBERT J. STORING/MURRAY DRY (Hg.): *The Complete Anti-Federalist.* 7 Bde, Chicago 1981] noch die »Federalist Papers« das Spektrum der federalistischen Position repräsentieren. A.A. Storing: Anti-Federalist. Vol. 2 [aaO. FN 1 S. 197 dieser Arbeit], 358: „The essays of Brutus are among the most

- Auch was die Originalität betrifft, ist Einspruch erhoben worden. Bernard Bailyn, ein ausgewiesener Kenner der amerikanischen Geschichte, schreibt:

    „Oliver Ellsworth wrote more clearly and fully on judicial review than did the Federalist authors, and both he and James Wilson recognized the central importance of that topic before they did."[12]

- Auch von der Quellenlage her wäre eine andere Auswahl möglich, nachdem Bailyn für die Ratifikationsdebatte um die US-Verfassung von 1787 in zwei Bänden sehr viel Material zusammengetragen hat.[13]

Ausschlaggebend dafür, die Kontroverse zwischen „Brutus" und Hamilton auszuwählen, ist jedoch nicht zuletzt, daß sich deren Stellungnahmen als ein Textpaar für das angestrebte dialektische Verfahren anbieten.

Zusätzlich liegt ein Aufgreifen gerade dieser Kontroverse nahe, weil sie in einer Situation ausgetragen wurde, die zu derjenigen der vorliegenden Arbeit Parallelen aufweist. So wird das Thema der Verfassungsgerichtsbarkeit jeweils zu einem Zeitpunkt verhandelt, zu dem es in einem besonderen Maße um die Bildung eines demokratischen Verfassungsgefüges einer politischen Einheit geht:

- „Brutus" und Hamilton streiten sich um Demokratie und Verfassungsgerichtsbarkeit, als der Prozeß der „Konstitution" der Vereinigten Staaten von Amerika im Gang ist.

- Die vorliegende Studie wurde in einer Phase verfaßt, als sich die Europäische Union in einem tiefgreifenden Wandlungsprozeß befindet, bei dem ihre räumliche Ausdehnung mit ihrer (weiteren) Demokratisierung verbunden werden könnte. Die Studie erhofft sich durch den Einbezug des Umgangs mit dem Wandel zum Staatsgebilde der USA Aufschlüsse für die Bewältigung des europäischen Transformationsprozesses, da dieser Prozeß zumindest teilweise ähnliche Probleme hervorruft und auf vergleichbare Probleme antwortet, wie sie im Zuge der Entstehung der USA aufgetreten sind. Das Aufgreifen der Kontroverse zwischen „Brutus" und Hamilton mag so einen Beitrag dafür zu liefern, daß die vorliegende Untersuchung als

---

important Anti-Fedralist writings. [...] He [„Brutus"; M.E.] provides the best Anti-Federalist rebuttal of the powerful Federalist argument, well known in the form given it by Publius, that the federal government must be given unlimited contingencies implicit in its vast responsibility. He provides an extended and excellent discussion – the best in the Anti-Federalist literature – of the judiciary to be established under the Constitution and its far-reaching implications." Ebenso DIAMOND: „Brutus" [aaO. FN 9 S. 201 dieser Arbeit], 253 mwN.: „In his eighteen articles which were published in the *New York Journal,* Brutus raises many of the same objections to the Constitution as do other Anti-Federalist writings. Nevertheless he does so more ably and effectively than many other opponents of the Constitution, and the essays were widely published and read." Auf „Brutus'" Veröffentlichungen wird sowohl mit dem Titel »Letters of „Brutus"« als auch mit der Bezeichnung »Essays of „Brutus"« Bezug genommen.

[12] BAILYN: Ideological Fulfillment [aaO. FN 11 S. 201 dieser Arbeit], 231.
[13] BERNARD BAILYN: *The Debate On the Constitution.* Federalist and Antifederalist Speeches, Articles, and Letters During the Struggle over Ratification, New York 1993.

III. Auswahl und Auswahlgesichtspunkte der behandelten Texte

Mosaikstein einer Grundlagenforschung für die Demokratisierung der EU dienen könnte.

Nach der Auseinandersetzung mit „Brutus" und Alexander Hamilton erfolgt ein zeitlicher Sprung in das 20. Jahrhundert, in die Gegenwart: Die Arbeit befaßt sich mit Samuel Freemans Plädoyer für die Legitimität des Judicial Review und mit der Kritik an Freemans Lehre aus der Feder von Jeremy Waldron.[14]

Freeman insistiert auf dem genuin demokratischen Charakter der ‚Verfassungsgerichtsbarkeit'. Dies versucht Freeman mit der Figur der ‚kollektiven Vorausverpflichtung' nachzuweisen: In Gestalt materiellen Verfassungsrechts könnten politische Einheiten (auf eine der Volkssouveränität adäquaten Weise) Bestände menschen- und bürgerrechtlicher Gehalte festschreiben, die im politischen Prozeß zu beachten seien. Der Institution der ‚Verfassungsgerichtsbarkeit' komme die Aufgabe zu, die Beachtung dieser Bestände zu gewährleisten – das heißt, den kollektiven Vorausverpflichtungen Geltung zu verschaffen. Dagegen lehnt Waldron – von ihm als verfassungsrechtliche „Restriktionen" begriffene – materielle Verfassungsprinzipien ab. Insbesondere verwirft er eine über deren Einhaltung wachende ‚Verfassungsgerichtsbarkeit'.

Referat und Analyse der Kontroverse zwischen Samuel Freeman und Jeremy Waldron bieten sich aus diesen Gründen an:
– Die Frage der Demokratiekompatibilität des auch inhaltlich letztverbindlichen Richterspruchs ist nur zu beantworten, wenn der demokratietheoretische Schlüsselbegriff der Souveränität erhellt wird. Sowohl die Texte von Freeman als auch diejenigen von Waldron vertiefen die Problematik demokratischer Souveränität. Freeman und Waldron diskutieren insbesondere die Möglichkeiten und Grenzen kollektiver Autonomie und beleuchten – luzider und grundsätzlicher als „Brutus" und Hamilton – das Verhältnis von Verfahren und substantiellen Gehalten der Demokratie. Damit thematisieren sie auch die Beziehung zwischen Rechtsstaat und Demokratie sowie zwischen den Prinzipien der Wahrung individueller Rechte und der Artikulation der Souveränität des Volkes. Dabei weisen ihre Überlegungen zur Selbstregierung politischer Gemeinwesen den Vorzug auf, einige Verkürzungen der Lehren von „Brutus" und Hamilton nicht zu teilen.
– Die Demokratietheorien von Freeman und Waldron sind aber auch deswegen instruktiv, weil sie – zueinander spiegelbildlich – Vereinseitungen enthalten. Diese Vereinseitigung besteht im Fall von Freemans Konzeption darin, die substantiellen Gehalte demokratischer Herrschaft den Methoden und Verfahren zur Verwirklichung demokratischer Herrschaft überzuordnen. Waldrons Zurückweisung des Judicial Review stützt sich hingegen auf die Vorordnung der Prozeduren vor den substantiellen Gehalten der Demokratie. Diese Priorität der Prozeduren entzieht der

---

[14] Grundlegend für die untersuchte Kontroverse v.a.: SAMUEL FREEMAN: Constitutional Democracy and the Legitimacy of Judicial Review, in: *Law and Philosophy,* 9. Bd. (1990), 327–370 und JEREMY WALDRON: Precommitment and Disagreement, in: Larry Alexander (Hg.): *Constitutionalism.* Philosophical Foundations, Cambridge 1998, 271–299.

Demokratie jedoch – ebenso einseitig wie Freemans Gegentheorem – die Bedingung ihrer Möglichkeit. Methoden und Verfahren zur Verwirklichung demokratischer Herrschaft einerseits und deren substantielle Gehalte andererseits bedingen sich wechselseitig. Dies soll die Gegenüberstellung beider Positionen deutlich machen.

Freemans und Waldrons Stellungnahmen zum Judicial Review eignen sich daher dafür, für die Formulierung einer systematischen Theorie der ‚Verfassungsgerichtsbarkeit' herangezogen zu werden. Denn Freeman und Waldron befassen sich in ihren Ausführungen differenziert und grundlegend mit der Thematik der Souveränität und deren Bezügen zur Demokratietheorie. So erörtern sie wesentliche Gesichtspunkte der Problematik eines ‚verfassungsgerichtlichen' Aufsichtsmandats.

Die Legitimität der Institution der (‚)Verfassungsgerichtsbarkeit(') hängt jedoch nicht nur von ihrer Vereinbarkeit mit der Staatsform der Demokratie ab. In Betracht zu ziehen ist bei der Klärung der Rechtfertigbarkeit von (‚)verfassungsgerichtlichen(') Kompetenz- und Institutionenprofilen auch, ob diese in Einklang zu bringen sind mit dem Vermögen des Rechts und der Rechtsprechung. Die Problematik des letztverbindlichen Richterspruchs ist vollständig nur erfaßt, wenn er auch rechtstheoretisch rechtfertigbar ist – das heißt, zu justiziablen Materien ergeht.

Nun war die Problematik der Justiziabilität sowohl bei Freemans Eintreten für den Judicial Review als auch bei Waldrons Verdikt vom undemokratischen Charakter ‚verfassungsgerichtlicher' Aufsicht präsent. Gleichwohl gilt für die Kontroverse zwischen diesen Protagonisten, daß bei ihr demokratietheoretische Aspekte des Judicial Review umfassender und vertiefter behandelt werden als dessen rechtstheoretische Gesichtspunkte.[15]

Demgegenüber wendet sich die vorliegende Untersuchung gezielt und intensiv auch der Problematik der Justiziabilität des Verfassungsrechts und der Verfassungsrechtsprechung zu. Die Studie entfaltet allerdings nicht sogleich eine systematische Theorie zu dieser Problematik. Vielmehr stellt sie – wie zuvor bei der Untersuchung der

---

[15] SAMUEL FREEMAN setzt sich in seinem Aufsatz Original Meaning, Democratic Interpretation, and the Constitution [in: *Philosophy & Public Affairs,* 21. Bd. {1992}, Nr. 1 {Winter}, 3–42] mit den Fragen auseinander, welche Kriterien bei der Ausübung der Befugnis zum Judicial Review zur Anwendung kommen und wie sowohl die Bürgerschaft als auch die Richterschaft eine demokratische Verfassung verstehen sollen. In dieser Hinsicht liefert auch Freeman einen Beitrag zur Justiziabilitätsproblematik. Allerdings befaßt sich Freeman nicht mit dem vorgelagerten – grundsätzlichen – Problem, ob und inwiefern das Recht zur Konfliktentscheidung *überhaupt* geeignet ist. JEREMY WALDRON bietet in *Law and Disagreement* [Oxford 1999] vertiefte Untersuchungen zu den Möglichkeiten und Grenzen gesetzgebender Repräsentativorgane bei der Genese von Rechtsnormen. Zugleich widmet er sich darin dem Vermögen von Verfassungen und Gerichten bei der Verwirklichung von Gerechtigkeit und der Sicherung individueller Rechte. Waldrons Kritik an Freemans Konzeption rückt die demokratietheoretische Seite der Problematik der Legitimität der ‚Verfassungsgerichtsbarkeit' in den Vordergrund, während seine Kritik die rechtstheoretischen Aspekte nicht *eingehend* beleuchtet. Aufgrund dieser nicht hinreichenden theorieinhaltlichen Bezugnahme zwischen Freeman und Waldron (hinsichtlich des Themas der Justiziabilität) richtet sich der Fokus bei der Aufbereitung der Kontroverse zwischen diesen Protagonisten auf demokratietheoretische Gesichtspunkte.

III. Auswahl und Auswahlgesichtspunkte der behandelten Texte

Demokratiekompatibilität – zunächst eine Position der Gegenwartsphilosophie vor und unterzieht diese dann einer kritischen Prüfung.

Die Wahl fiel dabei auf die weit ausgreifende und die Möglichkeiten des Rechts und die Bedingungen der menschlichen Existenz auslotende Lehre von Joseph William Singer. Der ausgewählte Aufsatz Singers – »The Player and the Cards: Nihilism and Legal Theory«[16] – liefert eine Konzeption, die die Rationalität des Rechts und der Rechtsfindung thematisiert. Freilich bietet dieser Text weit mehr als allein *rechtsphilosophische* Überlegungen. So kommt zum Ausdruck, daß Überlegungen zu den Grundlagen des Rechts und der Rechtsfindung notwendigerweise auf erkenntnistheoretische und existentielle Fragestellungen verwiesen werden.

Referat und Kritik von »The Player and the Cards« erfolgen jedoch vor allem deswegen, weil Singers Artikel eine doppelte Funktion zu erfüllen vermag. Zum einen zeigen Singers Ausführungen auf, an welche Grenzen Bemühungen um eine Rationalisierung des Rechts und der Rechtsfindung unweigerlich stoßen. Singers Darlegungen untermauern so die systematischen Betrachtungen über das menschliche Urteilsvermögen und die Maßstäbe von Rechtserzeugung und Rechtsanwendung, die die vorliegende Studie im Anschluß die Auseinandersetzung mit Singers Lehre liefert. Für die dort entwickelte systematische Theorie zur Problematik der Justiziabilität dienen Singers Überlegungen zum anderen aber auch als Gegenfolie: Im Gegensatz zu Singers Konzeption insistiert die vorliegende Arbeit darauf, daß Recht und Rechtsfindung auf einer rationalen Fundierung beruhen. Diese rationale Fundierung ist darin zu erblicken, daß die Katalogisierung von Rechtsnormen und der gerichtliche Modus der Handlungskoordinierung die Chance einer vielfachen Kontrolle von Macht bieten. Diese These von einem rationalen Rekurs auf das Recht ist allerdings an ein Verständnis von Rationalität gebunden, das der Eigenart dieser Form von sozialer Integration Rechnung trägt. An Recht, Rechtssetzung und Rechtsfindung lassen sich demnach durchaus die Kriterien der Bestimmtheit, der Neutralität und der Objektivität anlegen. Allein: diese Kriterien sind so zu aufzufassen, daß sie nicht mehr – aber auch nicht weniger – verkörpern als die *Chancen* der Programmierbarkeit des

---

[16] JOSEPH WILLIAM SINGER: The Player and the Cards: Nihilism and Legal Theory, in: *The Yale Law Journal*, 94. Bd. (1984), Nr. 1, 1–70. Singer ist der geistigen Strömung der ‚Critical Legal Studies' (CLS) zuzurechnen; er bekundet ausdrücklich, als Protagonist dieser intellektuellen Richtung aufzutreten. Die vorliegende Arbeit befaßt sich mit Singers Lehre, weil sich im Zuge einer Auseinandersetzung mit dieser Lehre die rationalen Fundamente des normativen Diskurses und des Rechts besonders gut offenlegen lassen. Darstellung und Kritik von »The Player and the Cards« erfolgen zu diesem Zweck – sie zielen nicht auf eine Würdigung des politischen und rechtlichen Denkens der CLS-Bewegung insgesamt. Gleichwohl kommt der Kritik an Singers Theorie ein repräsentatives Moment zu. Denn zumindest Versatzstücke der Kritik an Singers Konzeption lassen sich auf Analysen und Stellungnahmen anderer Anhänger des CLS-Paradigmas übertragen. Ebenso wie Singer legt etwa DUNCAN KENNEDY: The Critique of Rights in Critical Legal Studies Theory, in: Wendy Brown/Janet Halley (Hg.): *Left Legalism/Left Critique*, Durham 2002, 178–228 [erstmals in: Duncan Kennedy: A Critique of Adjudication (fin de siècle), Cambridge {Mass.} 1997] einen verfehlten Maßstab bei jener Materie zugrunde, die Aristoteles dem Begriff der *praxis* zuordnet.

Rechts durch die Politik einerseits und die Richtigkeit und Gültigkeit des Rechts andererseits.

§ 4 Judicial Review und Demokratie

I. Einführung in die Kontroverse zwischen „Brutus" und Alexander Hamilton

A. Historischer Kontext

Die Frage, ob der Gerichtsbarkeit *überhaupt* verfassungsgerichtliche Befugnisse zuerkannt werden sollen, wurde öffentlichkeitswirksam mit als erstes in den Anfangsjahren der Vereinigten Staaten von Amerika diskutiert.

Diese Diskussion spielte sich 1787 bis 1788 im Rahmen der Auseinandersetzung zwischen den sogenannten ‚Federalists' und den ‚Antifederalists' ab. Die Federalists befürworteten die Umwandlung der Konföderation der ehemaligen nordamerikanischen Kolonien Englands in einen Bundesstaat. Die Antifederalists hingegen lehnten die Bildung dieser Zentralgewalt vehement ab, zumindest opponierten sie gegen die vorgesehene Fassung der rechtlichen Grundlage dieser zu errichtenden Zentralgewalt, auf die sich die federalistische Seite verständigt hatte. Die Federalists besaßen bei dem Streit mit den Antifederalists daher einen gemeinsamen Nenner – nämlich den Verfassungsentwurf zur Gründung der „Vereinigten Staaten von Amerika", während sich die inhaltliche Schnittmenge der antifederalistischen Standpunkte nur negativ präzise umschreiben läßt: mit der Ablehnung eben dieses Entwurfs. Als Alternative hatten die Antifederalists in ihrer Gesamtheit nur die Beibehaltung des bisherigen Staatenbundes zu bieten, und (auch) daher gelang es ihnen nicht, für ihre Position eine auf einen positiven Inhalt verweisende Bezeichnung durchzusetzen.[1]

---

[1] Den Federalists war mit ihrer Selbstbezeichnung „Federalists" ein geschickter Schachzug geglückt: Obgleich sie eine starke Zentralgewalt verfochten, wies sie das Etikett „Federalists" als Anwälte der Rechte der Einzelstaaten aus; ihre Gegner stempelten sie zudem als Antifederalists ab. Letztere sahen sich als Verteidiger des „wahren Föderalismus". Sie konnten den Föderalismus-Begriff aber nicht für sich okkupieren und firmierten daher (*nolens volens?*) als Antifederalisten. Nur in einigen Staaten entwickelten sie eine Gegenstrategie und traten als ‚Republicans' auf. Vgl. BARBARA ZEHNPFENNIG: Einleitung, in: Hamilton, Alexander/Madison, James/Jay, John: *Die „Federalist Papers"*. Übers., eingel. und mit Anm. vers. von Barbara Zehnpfennig, Darmstadt 1993, 1–44 (Anm. 517–525), [518 FN 15 mwN.]; JÜRGEN HEIDEKING: Entstehung und Ausformung des Verfassungssystems, in: Wolfgang Jäger/Wolfgang Welz (Hg.): *Regierungssystem der USA. Lehr- und Handbuch*, München; Wien 1998 [2., unwes. veränd. Aufl.; Erstaufl. 1995], 58–79 [68]. Die Heterogenität der Antifederalists konstatiert auch HANS-CHRISTOPH SCHRÖDER: Die Grundrechtsproblematik in der englischen und amerikanischen Revolution. Zur „Libertät" des angelsächsischen Radikalismus, in: Günter Birtsch (Hg.): *Grund- und Freiheitsrechte im Wandel von Gesellschaft und Geschichte. Beiträge zur Geschichte der Grund- und Freiheits-*

Warum war die Umwandlung der Konföderationsartikel,[2] der verfassungsmäßigen Grundlage des nordamerikanischen Staatenbundes, in eine föderale, also bundesstaatliche Unionsverfassung auf die politische Agenda gekommen?[3]

Die konföderierten Staaten hatten es zwar vermocht, den Unabhängigkeitskrieg gegen Großbritannien siegreich abzuschließen, doch den Belastungen der Nachkriegszeit gegenüber erwiesen sich die Institutionen ihres Zusammenschlusses mehr und mehr als handlungsunfähig. Die Konföderation war in eine Krise geraten – sie trieb einem Staatsbankrott entgegen. Dazu hat die britische Regierung entscheidend beigetragen, deren Politik auf eine ökonomische Abhängigkeit der ehemaligen Kolonien zielte. Deren desolate Finanzsituation hatte die britische Regierung nämlich dadurch befördert, daß sie einerseits die amerikanischen Exporte erschwerte und andererseits – wirtschaftlich den Vorkriegsstatus wiederherstellend – auf dem amerikanischen Markt sowohl ihre Fertigwaren absetzen konnte als auch zum bevorzugten Kreditgeber avancierte. London konnte diesen Erfolg nicht zuletzt deshalb für sich verbuchen, weil sich die amerikanischen Einzelstaaten gegeneinander ausspielen ließen: Sie traten gegenüber Großbritannien nicht aufeinander abgestimmt und geschlossen auf – etwa durch gemeinsam getragene protektionistische Maßnahmen. Vielmehr errichteten sie untereinander Handelsschranken. So stieg das Handelsdefizit der Einzelstaaten immer weiter an – ebenso wie die Verschuldung amerikanischer Firmen und Privatleute. Dem Konföderationskongreß, der einzigen relevanten Institution des Staatenbundes, waren die Hände gebunden, da ihm die Articles of Confederation nicht erlaubten, den Handel der Einzelstaaten untereinander und mit dem Ausland zu regulieren.

Die Schwäche des Staatenbundes wurde noch gravierender durch einen weiteren Faktor verschärft: Dem Konföderationskongreß war verwehrt worden, seinen Etat durch die Erhebung von Steuern zu bestreiten. Statt dessen wurde sein Finanzbedarf mittels eines Umlageverfahrens gedeckt, bei dem der Kongreß jährlich eine Gesamtsumme festsetzte, die die Einzelstaaten anteilsmäßig aufzubringen hatten. Dieser Verpflichtung kamen die Einzelstaaten aber immer weniger nach, so daß die Konfö-

---

rechte vom Ausgang des Mittelalters bis zur Revolution von 1848, Göttingen 1981, 75–95 [89], er stellt des weiteren fest [88], die Forderung nach einer ‚Bill of Rights' habe den Antifederalists als eine die Einzelstaaten übergreifende Plattform gedient, welche sie so sehr bedurft hätten.

[2] Text der Articles of Confederation beispielsweise in: BERNARD BAILYN (Hg.): *The Debate On The Constitution.* Federalist and Antifederalist Speeches, Articles and Letters During the Struggle over Ratification. Part Two, New York 1993, 926–936.

[3] Vgl. zum folgenden JÜRGEN HEIDEKING: Revolution, Verfassung und Nationalstaatsgründung, 1763–1815, in: Willi Paul Adams/Bernd Ostendorf u.a.: *Die Vereinigten Staaten von Amerika.* Bd. 1, Frankfurt a.M.; New York 1992, 64–86; ders.: Entstehung und Ausformung [aaO. FN 1 S. 207 dieser Arbeit]; HANS FENSKE: Die Verfassungsentwicklung Nordamerikas bis zur Gründung der Union, in: ders.: *Der moderne Verfassungsstaat.* Eine vergleichende Geschichte von der Entstehung bis zum 20. Jahrhundert, Paderborn u.a. 2001, 84–109; DIETMAR HERZ: *Die wohlerwogene Republik.* Das konstitutionelle Denken des politisch-philosophischen Liberalismus, Paderborn 1999, 147–148; HANS-CHRISTOPH SCHRÖDER: *Die Amerikanische Revolution.* Eine Einführung, München 1982, 132–146.

I. Einführung in die Kontroverse zwischen „Brutus" und Alexander Hamilton

deration nicht einmal mehr über die Mittel für den Schuldendienst der Anleihen im In- und Ausland verfügte, mit denen der Unabhängigkeitskrieg finanziert worden war. Dadurch hatte der Staatenbund seine Kreditwürdigkeit eingebüßt.

Zudem gingen die Einzelstaaten bei der Bekämpfung der Wirtschaftskrise verschiedene Wege. Die einen nahmen das Anheizen der Inflation bewußt in Kauf und griffen zum Mittel der Papiergeldemission; die anderen betrieben eine Austeritätspolitik, also eine Politik des knappen Geldes.

Gegen eine solche Sparpolitik kam es 1786 zu Vorgängen, die die Bewußtseinslage in der Konföderation nachhaltig prägten und für die sich (in Anlehnung an einen ihrer Anführer) die Bezeichnung ‚Shays' Rebellion' einbürgerte. Dabei handelte es sich um Proteste und Formen der Selbstjustiz von Farmern in Massachusetts, die ihre Steuern nicht mehr zahlen konnten. Sie forderten einerseits die Reduzierung der Steuerlast, andererseits die Erschwerung von Zwangsvollstreckungen. Ihr bewaffneter Widerstand gegen Zwangsversteigerungen wurde zwar durch eine Ostküstenmiliz niedergeschlagen, aber ein Jahr später legalisierten Repräsentantenhaus und Senat von Massachusetts viele Forderungen der Farmer.

Auf viele Gläubiger und Angehörige der Oberschichten wirkte die Shays' Rebellion traumatisch; insbesondere machte sich unter ihnen der Schrecken der Eigentumsbedrohung breit. Bedroht sahen sie ihr Eigentum nun sowohl von seiten mehr oder minder gewaltbereiter, zur Rechtsverletzung entschlossener verarmter Schichten als auch von Einzelstaatenlegislativen, welche deren Druck nachgeben könnten.

Diese Ängste waren nun gleichsam Wasser auf die Mühlen der Anhänger der Stärkung der Zentralgewalt, auch ‚Nationalists' genannt, insofern sie nämlich nun gerade auch mit dem Argument für ihre Sache warben, daß eine gestärkte Zentralgewalt einer (befürchteten) Interessendiktatur der zügellosen Mehrheit des Volkes Einhalt gebieten könnte.

Neben der Shays' Rebellion bewirkte noch ein weiteres Ereignis ein günstiges Meinungsklima für die Bestrebungen der Nationalisten: Die Konföderation und Spanien strebten an, miteinander einen Handelsvertrag abzuschließen. Das erzielte Verhandlungsergebnis wurde innerhalb der Konföderation höchst unterschiedlich aufgenommen: Auf seiten der Südstaaten stieß es auf heftige Ablehnung, da Spanien ein Verzicht auf freie Schiffahrt auf dem Mississippi zugestanden werden sollte; die Nordstaaten – im Verbund mit den Mittelstaaten – begrüßten es, weil sich damit (für sie) große wirtschaftliche Möglichkeiten eröffneten. Die Spaltung der Konföderation schien nun nicht mehr ausgeschlossen.

Diese als Nord-Süd-Konfrontation auftretende Krise stellte die Initialzündung für die Aktivitäten der Nationalisten dar. Den Rahmen bildete eine im September 1786 von Virginias Abgeordnetenhaus nach Annapolis einberufene Konferenz über Handelsfragen, welche der Förderung des Binnenhandels gewidmet war. Die Annapolis-Convention selbst war ein Fehlschlag, weil sich aus lediglich fünf Einzelstaaten Delegierte zu ihr einfanden. Erfolgreich war dagegen der dortige Vorstoß der Nationalisten, im Mai 1787 auf einer weiteren Konferenz in Philadelphia Vorschläge auszuarbeiten, „um die Verfassung der föderalen Regierung den Erfordernissen der Union anzupassen"[4].

Der Konföderationskongreß leitete diesen Aufruf (erst) im Februar 1787 an die Einzelstaatsregierungen weiter mit der Auflage, in Philadelphia nur die Revision des Konföderationsstatuts zu erörtern – dies implizierte die Beibehaltung der staatenbündischen Organisationsform. Die Philadelphia-Convention setzte sich jedoch über diese Direktive hinweg – sie entwarf eine neue Verfassung, in welcher eine eindeutige Suprematie der Zentralgewalt verankert war.[5]

Die Antifederalists lehnten diesen Entwurf aus einer Reihe von Gründen ab. In formaler Hinsicht entfachte sich ihre Kritik am Zustandekommen der geplanten Verfassung. Dieses stuften sie aus zwei Gründen als verfassungswidrig ein:
- Die Verfassungsgeber, die Teilnehmer der Philadelphia-Convention, besaßen zum einen keine Autorisation zur Ausarbeitung einer neuen Verfassung. Nach dem Willen des Konföderationskongresses und der Einzelstaatenparlamente – gemäß der immer noch geltenden Articles of Confederation die einzigen zur Rechtssetzung befugten Organe – sollte auf der Philadelphia-Convention das Konföderationsstatut lediglich modifiziert werden. Mit einer Ersetzung des Statuts durch eine neue Verfassung war das Mandat zur Revision jedoch klar überschritten.
- Zum anderen stand das beschlossene Verfahren der Ratifikation der US-Constitution nicht im Einklang mit den Vorschriften des Konföderationsstatuts. Erstens sollte hierfür die Zustimmung von neun Einzelstaaten ausreichen. Gemäß dem Prinzip der Staatensouveränität erforderten demgegenüber die Articles of Confederation für ihre Änderung eine einstimmige Entscheidung aller Einzelstaaten.[6] Zweitens sollten eigens zu diesem Zweck gewählte Verfassungskonvente über die Ratifikation befinden – anstelle der vorhandenen Parlamente der Einzelstaaten.

---

[4] Zit. n. ANGELA ADAMS/WILLI PAUL ADAMS: Einleitung, in: Alexander Hamilton/James Madison/John Jay: *Die* Federalist-*Artikel*. Politische Theorie und Verfassungskommentar der amerikanischen Gründerväter. Mit dem englischen und deutschen Text der Verfassung der USA hrsg., übers., eingel. u. komm. v. A. Adams/W. P. Adams, Paderborn u.a. 1994, xxvii–xciiii [xxxii].

[5] Die Federalists profitierten dabei auch von der freiwilligen Abwesenheit von Vertretern der Einzelstaatensouveränität.

[6] Adams/Adams verweisen allerdings darauf, daß diese die geltenden Konföderationsartikel mißachtende Verfahrensregel vom Konföderationskongreß und von zwölf der Einzelstaatslegislativen bereits im Vorgriff auf die Gültigkeit der neuen Ordnung akzeptiert wurde [ADAMS/ADAMS: Einleitung {aaO. FN 4 S. 210 dieser Arbeit}, xxxiii–xxxiv.]. Siehe auch WILLI PAUL ADAMS' Urteil in: Verfassungstheorie und Verfassungspraxis der amerikanischen Gründergeneration: Von der konstitutionellen Monarchie Großbritanniens zum republikanischen Bundesstaat, in: Herfried Münkler (Hg.): *Bürgerreligion und Bürgertugend*. Debatten über die vorpolitischen Grundlagen politischer Ordnung, Baden-Baden 1996, 284–300 [292]: „Erst am 2. Juli 1788 [...] verkündete der Präsident des Konföderationskongresses die Verabschiedung der Bundesverfassung durch New Hampshire als neuntem Staat [...]. Damit war – nach den geltenden Konföderationsartikeln verfassungswidrig – die vereinbarte Mindestzahl zustimmender Staaten nach neun Monaten z.T. heftiger öffentlicher Diskussion erreicht und die Verfassung für die unterzeichnenden Staaten in Kraft getreten."

I. Einführung in die Kontroverse zwischen „Brutus" und Alexander Hamilton

Doch die Antifederalists erhoben auch inhaltliche Einwände von ganz grundsätzlicher Art gegen die neue Verfassung. Ihre Befürchtungen reichten zuweilen so weit, in dem Entwurf der Philadelphia-Convention die gezielte Beseitigung der Errungenschaften der Amerikanischen Revolution zu sehen. Das heißt, manche argwöhnten, die neue Verfassung werde (über kurz oder lang) (faktisch) die demokratischen Rechte des Volkes auf Mitwirkung und Kontrolle abschaffen sowie die Einzelstaaten eliminieren.

Die Bundesverfassung von 1787 interpretierten sie dabei als eine rein formal republikanische. Hinter der republikanischen Fassade sahen sie despotische, monarchische und vor allem aristokratische Strukturen verborgen. Einerseits lag dieser Betrachtung ein besonders ausgeprägtes Mißtrauen gegenüber jeglicher Macht und allen Mächtigen zugrunde, andererseits wurde es durch dieses Verfassungsbild wenn nicht hervorgerufen, so doch zumindest verstärkt.

Die federalistische Seite argumentierte ähnlich zugespitzt: Die neue Verfassung sei unerläßlich, um die Handlungsfähigkeit der Ex-Kolonien in der internationalen Machtkonkurrenz aufrecht zu erhalten, denn werde der Philadelphia-Entwurf nicht ratifiziert, breche der Zusammenschluß der nordamerikanischen Staaten auseinander.

Während des Ratifizierungsprozesses der neuen Unionsverfassung stießen die Plädoyers beider Seiten in der politisch interessierten Öffentlichkeit nun zu ungefähr gleichen Teilen auf Resonanz, zumindest war die Ratifikation alles andere als eine ausgemachte Sache.

Vor allem in einem Punkt fand die Kritik der Antifederalists starken Nachhall: Der Entwurf enthielt keine Grundrechtserklärung – daher, so monierten die Antifederalists, drohe ein Abgleiten in Monarchie oder Aristokratie. Dieser Einwand stach. Zumindest teilte auf dem Bostoner Ratifizierungskonvent eine mutmaßliche Mehrheit der Delegierten die Überzeugung, daß die neue Bundesverfassung ohne eine ‚Bill of Rights' keinen ausreichenden Schutz gegenüber der Willkür der Bundesgewalt böte. Somit stand auf dem Ratifizierungskonvent in Massachusetts die Ablehnung der Federal Constitution bevor – und damit wäre wahrscheinlich auch das gesamte Projekt gescheitert. Die Federalists konnten dies jedoch abwenden, indem sie versprachen, nachträglich eine Grundrechtserklärung in das Verfassungswerk aufzunehmen.

Mit der Ratifizierung in Massachusetts war die größte Hürde des Ratifikationsverfahrens genommen, bis auf Rhode Island nahmen alle Einzelstaaten die neue Verfassung an – nicht zuletzt deshalb, weil nach der Massachusetts-Entscheidung eine Ablehnung entweder jeden Staat isoliert oder eine Zerreißprobe des nordamerikanischen Zusammenschlusses heraufbeschworen hätte.

Die Verlierer der Auseinandersetzung, die Antifederalists, akzeptierten die demokratisch legitimierte Entscheidung. Nachdem das Gentlemen's Agreement der versprochenen Ergänzung um eine Bill of Rights trotz einiger Widerstände eingelöst wurde, ratifizierte auch Rhode Island die Federal Constitution, faßten schließlich die meisten der verbliebenen antifederalistischen Skeptiker Vertrauen zur neuen rechtlichen Grundlage und nahmen die Federal Constitution innerlich an. Andere aus dem Lager der Antifederalists hatten dies bereits zuvor getan.

B. Gegenstand und Kontrahenten

Innerhalb des Ringens um Annahme oder Ablehnung der neuen Verfassung rief unter anderem auch die Ausgestaltung und Kompetenzdefinition der Judikative Dissens hervor. Im Mittelpunkt stand dabei der neu errichtete ‚Supreme Court', das oberste Bundesgericht.

Die Streitpunkte betrafen zwei Aspekte, die miteinander verbunden waren: Im Vordergrund drehte es sich um Notwendigkeit und Aufgabenbestimmung einer Bundesgerichtsbarkeit. Im Hintergrund wurde prinzipiell um die Befugnis der Organe der dritten Gewalt zum ‚Judicial Review' gestritten.[7]

Der Streit über die Befugnis zum Judicial Review tauchte jedoch nicht erst im Laufe der Ratifikationsdebatte auf, sondern er schwelte auf einzelstaatlicher Ebene seit längerem. Einige Einzelstaaten hatten Judicial Review schon eingeführt.[8]

Des weiteren verliefen die Fronten in dieser Frage nicht eindeutig, jedenfalls nicht genau entlang der beiden großen politischen Lager der Formationsphase des amerikanischen Konstitutionalismus, dem der Federalists und dem der Antifederalists.

Auf eine eindeutige Gegnerschaft in dieser Frage entlang der Scheidelinie Federalists kontra Antifederalists deutet zwar hin, daß

– einerseits der unter dem Pseudonym „Brutus" veröffentlichende Antifederalist gegen die Federal Constitution Stellung bezog (und nämlich zumal, weil die neue Verfassung seiner Ansicht nach die Bundesgerichtsbarkeit zum Judicial Review ermächtige) und
– andererseits einer der führenden Federalists, Alexander Hamilton, die Institution des Judicial Review auch mit dem Argument verteidigte, sie folge zwangsläufig aus der Verfassung.

Aber Hamilton überspielte damit geschickt den Tatbestand, daß die Befugnis zum Judicial Review in der Federal Constitution nicht explizit aufgeführt wurde. Dies wohl

---

[7] Gemäß Herbert J. Storing war die gerichtliche Überprüfung von Akten v.a. der Legislative von einer Reihe von federalistischen und antifederalistischen Autoren aufgegriffen worden. So durchdacht wie bei „Brutus" und „Publius" sei jedoch nicht argumentiert worden. Siehe HERBERT STORING: *The Complete Anti-Federalist. Volume 2: Objections of Non-Signers of the Constitution and Major Series of Essays at the Outset,* Chicago; London 1981, 451 FN 97 mwN.

[8] Der Streit zwischen „Brutus" und Hamilton um ‚Judicial Review' hat natürlich eine Vorgeschichte. Zum vorherigen Diskussionsstand siehe (in dieser Arbeit) § 4 JUDICIAL REVIEW UND DEMOKRATIE. IV. Der ideengeschichtliche Weg zur Verfassungsgerichtsbarkeit. C. Konstitutionalismus und Verfassungsgerichtsbarkeit [insb. S. 271–274]. An dieser Stelle sei allein auf die „pre-Constitution review cases" hingewiesen, also auf die Verfassungsmäßigkeitsprüfung auf einzelstaatlicher Ebene zwischen 1780 bis 1787. Hierzu BERNARD SCHWARTZ: *A History of Supreme Court,* Oxford; New York 1993, 7–11. Vgl. auch HEIDEKING: Entstehung und Ausformung [aaO. FN 1 S. 207 dieser Arbeit], 59: „In einigen Staaten – Virginia, Massachusetts, North Carolina – hatten die Obersten Richter aber schon genügend Autorität, um über die Verfassungsmäßigkeit von Gesetzen zu entscheiden. Sie schufen Präzendenzfälle für die judicial review, die später auch auf Bundesebene außerordentliche Bedeutung erlangte (Stern 1984, 26 ff.)." [Stern 1984 = KLAUS STERN: *Grundideen europäisch-amerikanischer Verfassungsstaatlichkeit,* Berlin; New York 1984].

I. Einführung in die Kontroverse zwischen „Brutus" und Alexander Hamilton   213

gerade deswegen, weil sich die Philadelphia Convention in der Frage der genauen Definition der gerichtlichen Kompetenzen nicht einigen konnte.[9]

Ebenso ist nicht anzunehmen, daß die Ablehnung des Judicial Review notwendigerweise die Ablehnung der Verfassung nach sich zog.

Eine gewisse Affinität zwischen beiden Positionen liegt jedoch nahe: Zwischen der antifederalistischen ‚Country'-Ideologie[10] und der demokratietheoretisch begründeten Verwerfung des Judicial Review bestehen unverkennbar Gemeinsamkeiten.[11]

Wer waren die Protagonisten, die sich in der ausgewählten Kontroverse um Judicial Review gegenüberstanden?

Alexander Hamilton[12] war zum Zeitpunkt der Kontroverse alles andere als ein Unbekannter. Im Unabhängigkeitskrieg gegen England zählte er als Adjudant und Sekretär Washingtons zur ersten Garnitur der Aufständischen. Zuvor hatte er sich als Rechtsanwalt einen Namen gemacht. Von Geburt nicht den führenden Schichten angehörend, war Hamilton ein sozialer Aufsteiger. Trotz seiner Herkunft wies sein bevorzugtes Verfassungsmodell aristokratische und monarchische Züge auf: Er plädierte für lebenslang amtierende Senatoren, und auch für den Präsidenten forderte er eine Amtsdauer ‚*during good behavior*' – der Verfassungsentwurf nötigte ihm insofern wie auch in anderen Punkten Kompromisse ab. Großbritannien galt ihm als Vorbild, obgleich er es nicht in allen Punkten für auf die Vereinigten Staaten übertragbar hielt. Plutokratische Vorstellungen waren ihm ebenfalls eigen: Jede Gesellschaft sah er unterteilt in „the few and the many";[13] Reichtum betrachtete er als Gradmesser der Tüchtigkeit und als Berechtigung, mehr Macht und Einfluß ausüben zu dürfen als die finanziell schlechter Gestellten.

Hamiltons Vorstellungen waren damit von dem überwiegenden Teil der Antifede-

---

[9] Hierzu ausführlich FN 59 S. 250 dieser Arbeit.
[10] Zur Country-Ideologie und zur Qualifikation der Antifederalists siehe SCHRÖDER: Grundrechtsproblematik [aaO. FN 1 S. 207 dieser Arbeit], siehe auch FN 14 dieser Arbeit, Seite 214.
[11] So ist sowohl bei der Country-Ideologie als auch bei den Gegnern des Judicial Review das Leitmotiv auszumachen, eher dem *common sense* als dem Urteilsvermögen einer politischen Elite zu vertrauen.
[12] Zu Hamilton siehe SIEGFRIED GEORG: Staat, Verfassung und Politik bei Alexander Hamilton, in: Kurt Kluxen/Wolfgang J. Mommsen (Hg.): *Politische Ideologien und nationalstaatliche Ordnung. Studien zur Geschichte des 19. und 20. Jahrhunderts.* FS f. Theodor Schieder zu seinem 60. Geburtstag, München; Wien 1968, 15–37; CECILIA M. KENYON: Alexander Hamilton: Rousseau of the Right, in: *Political Science Quarterly*, 73. Bd. (1958), 161–178.
[13] Vgl. Hamiltons Rede auf der Philadelphia Convention gemäß den Berichten von James Madison und Robert Yates, in: MAX FARRAND (Hg.): *Records of the Federal Convention*, New Haven 1911, 371 bzw. 382, zit. n. KENYON: Hamilton [aaO. FN 12 S. 213 dieser Arbeit], 163. GEORG: Staat, Verfassung und Politik [aaO. FN 12 S. 213 dieser Arbeit], 20 führt in diesem Zusammenhang Hamiltons Notizen für diese Rede an: „Society naturally divides itself into two political divisions – the few and the many, who have distinct interests." Diesen Passus gibt es noch in einer weiteren Überlieferung, die allerdings nicht ganz gesichert ist: „All communities divide themselves into the few and the many. The first are the rich and well-born, the other the mass of the people." [ebd., 20–21]. Georg weist allerdings die Qualifizierung „plutokratisch" zurück, da Hamilton nie die Herrschaft einer Klasse über die andere angestrebt habe.

ralists weit entfernt, da das Gros der Antifederalists anti-elitär und egalitär eingestellt war. Deren anti-elitäre und egalitäre Grundhaltung klassifiziert Hans-Christoph Schröder als ‚politischen Radikalismus'. Dessen Feindbild kommt nach Schröder in einem Brief von James Madison an Thomas Jefferson treffend zum Ausdruck. Madison referiert in einer Passage dieses Briefes die Behauptung der radikalen Antifederalists, „that the [...] Convention [...] had entered into a conspiracy against the liberties of the people at large, in order to erect an aristocracy for the rich, the wellborn and the men of Education".[14] In das Raster dieses „Feindbildes" des politischen Radikalismus schien Hamilton – zu Recht oder zu Unrecht – wie kaum ein anderer zu passen.

Ist es angemessen, Hamilton eine derartige Zielsetzung, die Errichtung einer Aristokratie der Besitzenden und Gebildeten, zuzuschreiben?

Dagegen spricht, daß Hamilton – wie Siegfried Georg schreibt – anerkannte, sowohl die „Wenigen" als auch die „Vielen" müßten ein „distinct, permanent share in government" haben, um damit das Wirken der öffentlichen Meinung wenigstens in einem Zweig des Verfassungssystems, im Repräsentantenhaus, zu ermöglichen.[15] Hamilton – soweit ist Georg zuzustimmen – strebte sicher keinen Ausschluß der „Vielen" an; aber ebensowenig eine grundsätzlich gleiche Teilhabe aller an der Gestaltung des Gemeinwesens.

Unklar bleibt des weiteren, ob Hamiltons Berücksichtigung der breiten Bevölkerungsschichten nicht einfach aus der Einsicht folgte, nur dadurch sei ein stabiles politisches System garantiert. Möglich wäre zudem, daß für Hamilton eine als legitim angesehene, daher stabile Herrschaft letztlich einen zweitrangigen Stellenwert besaß. Ein in seinem Sinne ausgewogenes Verhältnis zwischen den „Wenigen" und den „Vielen" hätte etwa „lediglich" eine Voraussetzung – wenn auch eine unerläßliche – darstellen können, damit sich der amerikanische Staat in der Weltpolitik behaupten konnte oder er sogar zu expandieren vermochte.

Von der Priorität der Kategorie „nationales Interesse" vor denen des individuellen beziehungsweise des „Klasseninteresses" erschließt auch Cecilia M. Kenyon Hamiltons Zielsetzungen. Sie geht sogar so weit, Hamilton aufgrund seiner – so Kenyon – idealistischen Betonung des Gemeinwohls als einen „Rousseau of the right" zu charakterisieren.[16]

Im Rahmen dieser Untersuchung ist Hamilton als einer der drei Verfasser der 85 »Federalist«-Artikel von Interesse, die inzwischen als Klassiker des politischen Denkens der Neuzeit gelten. Die »Federalist«-Artikel sind zwischen 1787 und

---

[14] SCHRÖDER: Grundrechtsproblematik [aaO. FN 1 S. 207 dieser Arbeit], 90. Den radikalen Charakter der Antifederalists macht Schröder etwa an ihrer Kritik an den großen Wahlkreisen fest. Die Antifederalists stuften die großen Wahlkreise wegen der Bevorzugung der Honoratioren und Wohlhabenden als eine Verfälschung des Repräsentationsprinzips ein.
[15] GEORG: Staat, Verfassung und Politik [aaO. FN 12 S. 213 dieser Arbeit], 23.
[16] KENYON: Hamilton [aaO. FN 12 S. 213 dieser Arbeit]. Denkbar wäre auch, die Kategorie des „nationalen Interesses" als von den Individuen losgelösten Maßstab zu betrachten; jedenfalls sind „nationales Interesse" und „Gemeinwohl" nicht unbedingt gleichzusetzen.

I. Einführung in die Kontroverse zwischen „Brutus" und Alexander Hamilton

1788 in New Yorker Zeitungen erschienen und waren von ihren Verfassern – neben Hamilton schrieben noch James Madison und John Jay – als ein Kommentar zum ausgearbeiteten Entwurf der Bundesverfassung angelegt. Dieser federalistische Verfassungskommentar sollte allgemein dazu dienen, Ängste und Befürchtungen zu zerstreuen, die gegenüber der Etablierung einer Zentralgewalt und dem damit verbundenen Souveränitätsverzicht der nordamerikanischen Einzelstaaten bestanden. Im besonderen war dieses Werben zugunsten der Annahme des Verfassungsentwurfes darauf ausgerichtet, beim Ratifizierungskonvent des Staates New York eine Mehrheit zu erlangen.

Den publizistischen Gepflogenheiten gemäß verbargen Hamilton, Madison und Jay ihre Autorenschaft unter einem Pseudonym.[17] Mit diesem Usus war intendiert, daß weder die Person respektive deren Ämter noch die politische Vergangenheit des Verfassers von den vorgebrachten Argumenten ablenken sollten. Der *nom de plume* der »Federalist Papers« – „Publius" – sollte wohl anspielen auf den Mitbegründer und Gesetzgeber der römischen Republik Publius Valerius. Dieser hatte – im 6. Jahrhundert v.Chr. – nicht selbst nach der Königswürde gestrebt, sondern dem römischen Volk freiheitssichernde Gesetze zuteil werden lassen. Die von Publius gegründete Republik sollte 500 Jahre Bestand haben.

Hamilton spielte auch nach der Ratifizierungsdebatte eine bedeutende Rolle im politischen Leben der Vereinigten Staaten: Von 1789 bis 1797 war er Finanzminister und wurde *der* Gegenspieler von Thomas Jefferson. Im Gegensatz zu Jefferson, der – in der Linie der Aufklärung – sich viel von Erziehung und Erziehbarkeit des Menschen versprach, war Hamilton äußerst skeptisch bezüglich der Natur des Menschen. Denn die Leidenschaften bestimmten nach Hamilton den Menschen. Der Einfluß David Humes ist hier unverkennbar.

Aus dem Gegensatz Hamilton/Jefferson entstand das Parteiensystem der USA: Die heutigen Republikaner stehen in der Tradition der Federalists, genauer der Hamiltonians; die heutigen Demokraten leiten sich (auch) von den Antifederalists und damit den Jeffersonians ab – sofern derartige Schematisierungen zulässig sind.

Während die politische Bedeutung Hamiltons ebenso wie sein Beitrag zur Verfassungstheorie in der wissenschaftlichen Literatur hinreichend gewürdigt wurde, fanden die Ausführungen seines Kontrahenten „Brutus" lange Zeit kaum Beachtung, wie auch allgemein die Antifederalists im Schatten der Federalists standen (und in geringerem Maße auch heute noch stehen).

„Brutus" gab seinen wahren Namen ebenfalls nicht preis. Gewiß sollte sein Deckname auf die Figur des Verschwörers und Cäsar-Mörders „Brutus" Bezug nehmen und dadurch eine unbedingte republikanische Gesinnung zum Ausdruck bringen.[18] Daß der Antifederalist „Brutus" das Pseudonym „Brutus" gewählt hat, könnte auch damit zu erklären sein, daß er damit mehr oder minder ironisch Alexander Hamilton

---

[17] Vgl. folgende Passage ADAMS/ADAMS: Einleitung [aaO. FN 4 S. 210 dieser Arbeit], xliv.
[18] ANN STUART DIAMOND: The Anti-Federalist „Brutus", in: *The Political Science Reviewer*, 6. Bd. (1976), 249–281 [251–252 mwN.].

angreifen wollte: Hamilton soll nach Thomas Jeffersons Darstellung erklärt haben: „The greatest man who ever lived was Julius Caesar!"[19] Sollte dies zutreffen, so würde dies die These von einem bewußt geführten Dialog zwischen „Brutus" und Hamilton untermauern.

Wer sich unter dem Scheinnamen „Brutus" verbirgt, ist nicht geklärt.[20] Sicher ist hingegen, daß sich der Autor wie die Verfasser der »Federalist Papers« speziell in die New Yorker Ratifizierungs-Debatte einschalten wollte. Seine im ‚New York Journal' als Briefe deklarierten Essays richten sich daher an die Bürger des Staates New York.

II. „Brutus": Die unkontrollierbare Richterherrschaft[21]

A. Aufbau und Anliegen der »Letters of „Brutus"«

1. Grundansatz und Struktur

„Brutus" eröffnet seine Überlegungen zum Verfassungsentwurf der Philadelphia-Convention mit der Feststellung, die Grundfrage bei der Ratifizierung laute, ob eine Konföderationsverfassung für die Vereinigten Staaten das Beste sei oder nicht. [I, 364]

---

[19] DIAMOND: „Brutus" [aaO. FN 18 S. 215 dieser Arbeit], 250–251 nimmt an, daß der Leserschaft von „Brutus" drei verschiedene Brutus-Gestalten präsent waren: derjenige von Plutarch, von Shakespeare und von Swift. Für die Zwecke des Antifederalisten „Brutus" eigne sich Swifts Charakterisierung am besten.

[20] Die Mutmaßungen über die Identität des Autors zentrieren sich um Robert Yates, Thomas Tredwell und Melancton Smith. STORING schreibt, im allgemeinen würden die »Essays of „Brutus"« Robert Yates zugeschrieben. Dies sei aber etwas fraglich; denn es seien keine Beweise für dessen Autorenschaft vorgebracht worden. [*The Complete Antifederalist. Vol. 2* {aaO. FN 7 S. 212 dieser Arbeit}, 358 mwN.] Auch für Sosin handelt es sich bei „Brutus" um Robert Yates. [J. M. SOSIN: *The Aristocracy of the Long Robe*. The Origins of Judicial Review in America, New York; Westport {Connec.}; London 1989, 257] TERENCE BALL hält dies für wahrscheinlich, aber bei weitem nicht sicher. [Biographical synopses, in: ders. {Hg.}: Hamilton, Madison, Jay: *The Federalist with Letters of Brutus"*, Cambridge u.a. 2003, xxxvii–xlv {xlv}] Interessant ist die Behauptung von „Brutus", er habe nicht genügend juristischen Sachverstand, um die Befugnisse der Bundesgerichtsbarkeit gemäß des Verfassungsentwurfes zu ermessen („With a regard to the nature and extent of the judicial powers, I have to regret my want of capacity to give that full and minute explanation of them that the subjects merits. To be able to do this, a man should be possessed of a degree of law knowledge far beyond what I pretend to." [zit. n. STORING: *Vol. 2* {aaO. FN 7 S. 212 dieser Arbeit} XI, 418] Dies spräche gegen Yates, der nicht nur Jurist, sondern auch Mitglied des Supreme Court von New York war und später zu dessen Chief Justice ernannt wurde. Aber vielleicht ist es auch ein Versuch, auf die falsche Fährte zu führen. Schon der auf das eben Zitierte folgende Satz verrät juristische Kenntnisse: „A number of hard words and technical phrases are used in this part of the system, about the meaning of which gentlemen learned in law differ."

[21] Die in eckigen Klammern angegebenen Seitenzahlen beziehen sich im folgenden immer auf die Ausgabe von STORING: *Vol. 2* [aaO. FN 7 S. 212 dieser Arbeit]. Hinzugefügt ist noch zur leichteren Auffindbarkeit die Nummer des Artikels bzw. Briefes (in römischen Ziffern).

II. „Brutus": Die unkontrollierbare Richterherrschaft 217

„Brutus" gibt sich als Anhänger einer konföderativen Lösung zu erkennen. Denn ‚Free Government' – ein freiheitliches Regierungssystem – könne nur in kleinen Staaten gedeihen.

Die zur Abstimmung stehende Verfassung, so versucht er nachzuweisen, sei jedoch keine Konföderationsverfassung. Vielmehr komme der Entwurf der Philadelphia-Versammlung – bei seiner Umsetzung – einer Fusion so nahe, daß die Vereinigten Staaten in einem zentralistischen Regierungssystem enden würden. [I, 365]

Zwar erkennt „Brutus" an, daß der Philadelphia-Entwurf (noch) keine Verschmelzung der nordamerikanischen Einzelstaaten darstelle: Denn der Zuständigkeitsbereich des zentralen Regierungssystems sei auf bestimmte Materien beschränkt, oder genauer ausgedrückt, den Einzelstaaten sei ein kleiner Teil der Macht verblieben. [I, 365] Aber „Brutus" prognostiziert, daß die Umsetzung der Federal Constitution in der Errichtung eines Einheitsstaates resultiere – nicht zuletzt deswegen, weil er unterstellt, daß dies auch die Absicht der Verfassungsgebenden Versammlung war. Im vorletzten Artikel schreibt er nämlich:

> „I have, in the course of my observation on this constitution, affirmed and endeavored to shew [sic], that it was calculated to abolish entirely the state governments, and to melt down the states into one entire government, for every purpose as well internal and local, as external and national. [...] Some individuals [unter den Befürwortern des Entwurfs; M.E.], indeed, among them, will confess, that it has this tendency, and scruple not to say, it is what they wish [...]" [XV, 441]

Worauf „Brutus" diese Prognose gründet, macht er bereits im ersten „Letter" deutlich. Zum einen sei die konzipierte Bundesgewalt im Rahmen ihrer Befugnisse ein vollständiges Regierungssystem – innerhalb dieses Rahmens stehe keine Instanz über ihr; durch die ‚necessary and proper clause'[22] obliege es allein ihrem Urteil, welche Maßnahmen sie zu ergreifen als nötig erachte. Um eine Konföderation handle es sich demnach nicht. Zum anderen seien ihre Befugnisse zwar scheinbar begrenzt, aber bei allem von Belang ohne wirkliche Schranken: Die Bundesgewalt habe die vollständige Kompetenz zur Steuererhebung, dies werde alle anderen Befugnisse nach sich ziehen; die Gerichte des Bundes seien mit solchen Befugnissen ausgestattet, daß sie die einzelstaatlichen Organe in den Schatten stellen werden; und schließlich könne die ‚necessary and proper clause' so ausgelegt werden, daß der zu bildende Kongreß die vollständige Kontrolle über die Einzelstaaten auszuüben vermöge.

Um seine These, der Verbund der nordamerikanischen Staaten sei zu groß für ein Free Government, zu stützen, zieht „Brutus" **erstens** Autoritäten der „Wissenschaft vom Regieren" („the opinion of the greatest and wisest men who ever thought or wrote on the science of government" [I, 368]) (1), **zweitens** geschichtliche Erfahrung (2) und **drittens** vernunftgeleitete Überlegungen (3) heran. Demnach hätten schon Mon-

---

[22] Art. I, Sect. 8, 18: „[The Congress shall have Power:] to make all Laws which shall be necessary and proper for carrying into Execution the foregoing Powers, and all other Powers vested by this Constitution in the Government of the United States, or in any Department or Officer thereof." [zit. n. BALL: Hamilton/Madison/Jay: *Federalist* [aaO. FN 20 S. 216 dieser Arbeit], 548–550.

tesquieu und Beccarari dargelegt, daß nur in kleinen Republiken die Bürger frei seien (1). Die griechischen Stadtstaaten hätten nur bei kleiner Ausdehnung Free Government erlebt; sobald sie – wie auch Rom – expandiert seien, hätten sie die tyrannischten Herrschaftsformen errichtet, die je existiert hätten (2). Die Vernunftgründe lassen sich in der These zusammenfassen, nur in kleinen Republiken würden die Vertreter des Volkes sich nicht vom Volk entfernen (3).

Dies begründet „Brutus" im einzelnen so: Die Vertretungskörperschaften gemäß der erwogenen Regierungsform werden nicht mehr (wie ein Mikrokosmos) eine Abbildung des gesamten Staatsvolkes sein; eine freie Republik erfordere eine Ähnlichkeit der Lebensweisen, der Einstellungen und der Interessen – in den geplanten Vereinigten Staaten sei dies nicht gegeben; die konzipierte Legislative verfüge weder über die Kenntnisse von den Wünschen und Bedürfnissen der Bürgerschaft noch über die Zeit, um diese in Erfahrung zu bringen; die Mitglieder des Regierungssystems würden ihre Macht mißbrauchen, da sie vom Volk nicht mehr kontrolliert werden könnten.

Der erste „Brief" von „Brutus" unternimmt somit eine *tour d'horizon* durch die politische (Ideen-)Geschichte und skizziert – basierend auf soziologischen Erwägungen und interpretatorischen Analysen des Verfassungstextes – die Entwicklung der künftigen Verfassungslage. Die weiteren 15 Zeitungsartikel bauen diese Argumentation noch aus: der II.»Letter« enthält ein Plädoyer für eine ‚Bill of Rights'; die Briefe III und IV vertiefen das Thema der Repräsentation; die Befugnisse der Legislative werden in den Briefen V bis X erörtert – und bevor der XVI. Brief mit sehr kurzgehaltenen Ausführungen den Senat kritisiert, betrachtet „Brutus" intensiv die Bundesgerichtsbarkeit und ihren Einfluß auf die Einzelstaaten und deren Gerichtswesen. (Briefe XI. bis XV.)

2. Standpunkt und Zielsetzung in bezug auf die Ratifikationsdebatte

Mit welcher Zielsetzung entwirft „Brutus" ein Bild von Verfassungsrecht und Verfassungswirklichkeit gemäß der neuen Bundesverfassung?

Nach den bisherigen Ausführungen scheint die Antwort hierauf klar zu sein: „Brutus" tritt demnach für die Ablehnung des Philadelphia-Entwurfs ein, weil dieser den zentralistischen Bestrebungen – zumindest auf lange Sicht – nicht Einhalt gebieten könne und es dadurch um ein Free Government in den nordamerikanischen Staaten geschehen sei.

Nun ist es aber so, daß sich „Brutus" an keiner Stelle zu einer eindeutigen Ablehnung der Ratifizierung der neuen Bundesverfassung bekennt. Vielmehr zeigt er lediglich deren Defizite auf und insistiert darauf, daß die Errichtung eines Regierungssystems für alle dreizehn Ex-Kolonien die Freiheit(en) seiner Leserschaft vernichten werde. Zugleich macht er auf folgendes aufmerksam:

> „Though it should be admitted, that the argument[s] against reducing all the states into one consolidated government, are not sufficient fully to establish this point; yet they will, at

II. „Brutus": Die unkontrollierbare Richterherrschaft

least justify this conclusion, that in forming a constitution for this country, great care should be taken to limit and definite its powers, adjust its parts, and guard against an abuse of authority." [II, 372]

Berücksichtigt man diese und andere Textstellen, so liegt folgende Vermutung nahe: „Brutus" argumentiert mit zwei unterschiedlichen strategischen Linien – und zwar einer offensiven und einer defensiven Ausrichtung.

Offensiv plädiert „Brutus" gemäß dieser Lesart für eine staatenbündische Organisationsform der Vereinigten Staaten. Zugleich fordert er damit implizit eine Ablehnung des Philadelphia-Entwurfs, weil dieser einen Einheitsstaat nach sich ziehen werde. In diesem (wie in jedem großen) Einheitsstaat – „Brutus" rekurriert damit auf seine bekannte Grundthese – seien individuelle Freiheit und Free Government nicht mehr gewährleistet.

Defensiv ginge „Brutus" insofern vor, als er in den Punkten, bei denen er in bezug auf Verfassungsgebung respektive Errichtung eines Regierungssystems zu großer Sorgfalt mahnt, „lediglich" Verbesserungen der Federal Constitution fordert. „Brutus" würde Verbesserungen einklagen – nämlich Verbesserungen im Blick auf eine Begrenzung und Bestimmung Befugnisse der Regierungsgewalt, auf einen Ausgleich zwischen den Staatsorganen sowie auf Vorkehrungen gegen Machtmißbrauch. [vgl. II, 372, oben zuletzt zitiert] Aber von dem Postulat einer Verwerfung des Verfassungsentwurfes nähme „Brutus" Abstand, (wiederum) ohne dies offen zu deklarieren.

Unter pragmatischen Gesichtspunkten betrachtet, hätte diese Doppelstrategie den Vorteil, auf jeden Fall auf den politischen Prozeß Einfluß nehmen zu können – wie die Entscheidung über die neue Bundesverfassung auch ausgehen mag. Scheitert die Ratifikation der US-Constitution, so ist es „Brutus" gelungen, seine Maximalforderungen zu realisieren, seine offensive Argumentationsstrategie war erfolgreich. Die offensive Argumentationsstrategie ist des weiteren unter rhetorischen Gesichtspunkten vielversprechend: Sie ermöglicht, Verfassungsrecht und zukünftige Verfassungswirklichkeit des Philadelphia-Entwurfs in den schwärzesten Farben zu zeichnen, und dadurch leichter Anhänger zu gewinnen. Scheitert die Ratifizierung jedoch nicht, so kann „Brutus" die defensive Argumentationsstrategie weiterverfolgen und auf eine Modifizierung der US-Constitution hinarbeiten. Während der Ratifizierungsdebatte ist „Brutus" zudem dank der defensiven Argumentationsstrategie in der Lage, den Federalists Zugeständnisse abringen zu können.

Inhaltlich aber ist diskutabel, ob sich beide Strategien miteinander vereinbaren lassen. Die Annahme einer Unvereinbarkeit gründet sich auf folgende Überlegung: Entweder ist der vorgelegte Entwurf der Philadelphia-Convention so verhängnisvoll, daß Free Government nicht möglich ist, dann helfen auch keine Veränderungen oder Retouchen. Oder der vorgelegte Entwurf ist verbesserungsfähig, dann kann er aber nicht die fatalen Konsequenzen implizieren, die „Brutus" heraufziehen sieht.

Eine Vereinbarkeit wäre jedoch möglich, wenn eine partielle Revision der Federal Constitution Free Government sicherstellen würde. Hierzu müßte eine Teil-Revision allerdings entweder einen staatenbündischen Charakter des nordamerikanischen Zusammenschlusses ergeben oder „Brutus" müßte sich von seinem Grundansatz, wonach eine freiheitliche Herrschaftsordnung nur in einem Kleinstaat möglich sei, distanzieren. Für „Brutus" würde sich dann das theoretische Dilemma nicht mehr stellen, aus Gründen der Konsistenz sich für eine von zwei Strategien entscheiden zu müssen. Er wäre also nicht mehr mit der Alternative konfrontiert, entweder Fundamentalopposition zu betreiben oder Reformen und Ergänzungen anzustreben.

Von einem Abrücken von der Unabdingbarkeit der Kleinstaatlichkeit ist aber im gesamten Text nichts zu lesen. Zudem ist zu beobachten, daß „Brutus'" Argumentation changiert: Einmal steht die Abschaffung der Einzelstaaten nur auf dem Spiel, ein andermal sieht er deren Beseitigung unweigerlich eintreten.

Welche Haltung nahm „Brutus" in der Ratifizierungsdebatte nun also eigentlich ein? Welche Einschätzung des Philadelphia-Entwurfs liegt seinen strategischen Begründungsabsichten eigentlich zugrunde?

Als Erklärung bieten sich mehrere Möglichkeiten an:
- „Brutus" nimmt im Grunde an, der Verfassungsentwurf sei verbesserungsfähig. Ein gegenteiliger Eindruck würde sich bisweilen deswegen einstellen, weil „Brutus" ein *worst case*-Szenario entwirft: Er diskutiert immer die schlimmstmögliche Variante. Für „Brutus" reicht es aus, daß diese Variante im Bereich des Möglichen liegt, um den Verfassungsentwurf abzulehnen. Aber der schlimmstmögliche Fall ist für „Brutus" nicht die einzig mögliche Entwicklung, da eine Ergänzung des Entwurfs um eine Grundrechtserklärung – in Form von Amendments – Free Government doch gewährleisten würde.[23]
- „Brutus" ist sich nicht sicher, ob Ergänzungen des Verfassungsentwurfs ein freiheitliches Regierungssystem sicherstellen würden. Aber er hält es auf jeden Fall für angebracht, für die Chance der Ergänzungen einzutreten.
- „Brutus" ist sich selbst über seine konkreten politischen Intentionen in der Ratifikationsdebatte nicht im klaren. Dies wäre vor allem darauf zurückzuführen, daß für ihn ein bundesstaatliches Modell außerhalb seiner Vorstellungsmöglichkeiten zu liegen scheint und er somit nur die Alternativen Staatenbund oder Einheitsstaat in Erwägung zu ziehen vermag.
- „Brutus" weiß zwar um seine politischen Optionen, hat aber die Implikationen seiner Position und insbesondere das Problem der Vereinbarkeit von offensiver und defensiver Argumentationsstrategie nicht bedacht.
- Schließlich bietet sich noch folgende Deutung an: „Brutus" gibt deswegen keine konkrete Position in der aktuellen Verfassungsdebatte an, um so nicht mit einer Partei identifiziert zu werden – und dadurch als *Berater* glaubwürdig zu erscheinen. Diese Deutung würde zumindest zu dem Duktus seiner Ausführungen sehr gut passen. Denn „Brutus" hebt mehrmals hervor, daß sein Anliegen die Wohlberaten-

---

[23] Vgl. XV, 441: „[...] I will venture to predict, without spirit of prophecy, that if it is adopted without amendments, or some precautions as will ensure amendments immediately after its adoption, that the same gentlemen who have employed their talents and abilities with such success to influence the public mind to adopt this plan, will employ the same to persuade the people, that it will be for their good to abolish the state governments as useless and burdensome."

II. „Brutus": Die unkontrollierbare Richterherrschaft

heit seiner Mitbürger ist. Die literarische Form eines Briefes eignet sich wohl auch eher für beratende Äußerungen als für einen Aufruf zu bestimmten Handlungen.

3. Systematische Einordnung der Ausführungen über die Gerichtsbarkeit in die »Letters of „Brutus"«

Die Betrachtung der Rolle der Gerichtsbarkeit nimmt in den »Letters of „Brutus"« einen hohen Stellenwert ein. Dies läßt sich allein schon aus dem Umfang ablesen, der den Ausführungen zur Gerichtsbarkeit gewidmet ist: Schon im I. Artikel erörtert „Brutus" die Ausgestaltung der Gerichtsbarkeit, und mit ihr befaßt er sich in den abschließenden Artikeln XI, XII, XIII und XV. Das sind fünf Artikel von insgesamt sechzehn – also fast ein Drittel (wobei sich auch schon im ersten Artikel Passagen zur Gerichtsbarkeit finden).

Dafür bieten sich zwei Erklärungen an. Zum einen behandelte „Brutus" die Regelungen des Gerichtswesens derart umfassend, weil er sie für *besonders* verfehlt und verhängnisvoll gehalten haben könnte. Zumindest legen dies seine Ausführungen nahe. Zum anderen schenkte er diesem Topos möglicherweise deswegen so viel Aufmerksamkeit, da er vielleicht (zudem) bei seiner Kritik an den judikativen Bestimmungen des Philadelphia-Entwurfs ein hohes Maß an Zustimmung erwartete.

Entsprechend seinen allgemeinen Argumentationszielen versucht „Brutus" nachzuweisen, daß sich aus den Festlegungen der Philadelphia-Verfassung bezüglich der Gerichtsbarkeit eine immer weiter voranschreitende Einschränkung der Rolle der einzelstaatlichen Gerichtsbarkeit ergeben wird. Mehr noch: „Brutus" sieht nicht nur eine totale Umwälzung der einzelstaatlichen Gerichtsbarkeit eintreten – auch die Gesetzesautorität der Einzelstaaten steht für ihn in Frage. [I, 419]

Tendenziell verschärft sich seine Argumentation im Verlauf der Artikel: Die (faktische) Eliminierung der Einzelstaaten mithilfe der Bundesgerichtsbarkeit erscheint „Brutus" immer sicherer:

> „[...] it is easy to see, that in proportion as the general government acquires power and jurisdiction, by the liberal construction which the judges may give the constitution, will those of the states lose its rights, until they become so trifling and unimportant, as not to be worth having. I am much mistaken, if this system will not operate to effect this with as much celerity, as those who have the administration of it will think prudent to suffer it." [XII, 427–428]

Dieser Prozeß werde nicht zuletzt deshalb eintreten, weil er sukzessive und unmerklich vonstatten gehen werde – sukzessive, weil die Kompetenzausweitung von Urteil zu Urteil erfolgen werde; unmerklich, weil das öffentliche Interesse an Gerichtsverhandlungen, welche nur einzelne betreffen werden, nicht sehr groß sein werde.

Hinter diesen Prophezeiungen steht die These, die Bundesgerichtsbarkeit werde sich zu einer unkontrollierbaren Instanz entwickeln.

Die Ausführungen von „Brutus" sind zwar keineswegs unstrukturiert, aber manche Punkte – vor allem die These von der Unkontrollierbarkeit der Gerichtsbarkeit –

wiederholen sich. Dies ist sicher auch dem Umstand geschuldet, daß die Artikel nicht als Monographie, sondern als Zeitungsartikel angelegt waren. Jeder „Brief" mußte dadurch eine Einheit für sich darstellen. Und jeder „Brief" war darauf gerichtet, in eine aktuelle Debatte einzugreifen. Daher erscheint es verständlich, wenn manche Punkte zuerst nur angeschnitten, aber später vertieft wurden. Denn mutmaßlich erörtert „Brutus" manche schon von ihm vorgebrachten Punkte in späteren Briefen eingehender, um damit der Kritik an seinen Einwänden zu entgegnen. Ein Beispiel hierfür könnte sein, daß sich „Brutus" mit der Ernennung der Bundesrichter auf Lebenszeit, mit dem Grundsatz ‚*during good behavior*' zunächst eher beiläufig befaßt.[24] Später jedoch greift er dieses Prinzip nochmals auf und behandelt das Thema dann sehr gründlich. Freilich ist es durch die – wie auch immer motivierten – Wiederholungen schwierig, „Brutus'" Argumentation kohärent nachzuzeichnen beziehungsweise ihr Kohärenz zu attestieren.

B. Die Argumentation

1. Fragestellung und Thesen

In den mit der Judikative befaßten Passagen setzt sich „Brutus" erklärtermaßen die Beantwortung zweier Fragen zum Ziel:
– Welches Wesen und welch ein Ausmaß haben die richterlichen Befugnisse gemäß dem Entwurf der Philadelphia-Convention?
– Ist das Vertrauen in die Gerichtsbarkeit bei dieser Kompetenzzuteilung gerechtfertigt? [XI, 418].
Die erste Frage beantwortet „Brutus" so: Die Richter würden, da von keiner Instanz zu kontrollieren, vollkommen unabhängig. Die Gerichtsbarkeit – in Gestalt des neugeschaffenen Supreme Court – sei die oberste Gewalt im Staat; die Meinungen des Supreme Court würden Gesetzeskraft haben.[25]

Das Vertrauen in die Gerichtsbarkeit, so wie sie die neue Verfassung entwerfe, sei aufgrund ihrer Unkontrollierbarkeit nicht gerechtfertigt. Vertrauen verdiene die Bundesgerichtsbarkeit und der Supreme Court auch deswegen nicht, weil sowohl der Supreme Court als auch die in den Einzelstaaten errichteten Bundesgerichte Möglichkeiten, Interessen und historische Vorbilder dafür hätten, die einzelstaatliche Gerichts-

---

[24] Das Prinzip ‚*during good behavior*' statuiert, daß Amtszeitbeschränkungen nur statthaft sind, wenn die Amtsträger Vergehen und Verbrechen begangen haben. A. und W. P. Adams erläutern den Grundsatz so: „Diese Übersetzung von *quamdiu se bene gesserint* war auch in der englischen Rechtspraxis meist gleichbedeutend mit der richterlichen Unabhängigkeit auf Lebenszeit. Das Gegenteil war Amtsführung *durante bene placito*, übersetzt als during [the king's; Adams/Adams] pleasure." (Adams/Adams: HAMILTON/MADISON/JAY: *Die* Federalist-*Artikel* [aaO. FN 4 S. 210 dieser Arbeit] 470 FN 1).

[25] XI, 420: „The opinions of the supreme court [sic], whatever they may be, will have the force of law."

II. „Brutus": Die unkontrollierbare Richterherrschaft

barkeit immer weiter einzuschränken, ja sogar deren Befugnisse an sich zu ziehen. [XI, 420–422] Am Ende stehe die Abschaffung der Einzelstaaten, und hierzu eigne sich nichts besser als die so ausgestaltete Gerichtsbarkeit. [XV, 441] Statt in derart unabhängige Richter sei es angebrachter, in Abgeordnete einer Legislative Vertrauen zu setzen.

2. Begründung

Die Überlegungen von „Brutus" lassen sich dergestalt in eine Argumentationsstruktur fassen, daß folgende drei Thesen zu Verfassungsrecht und Verfassungswirklichkeit der Philadelphia-Verfassung miteinander verkettet sind:
– Die (Bundes-)Gerichtsbarkeit sei nicht zu kontrollieren.
– Die Gerichtsbarkeit sei die höchste Instanz im Regierungssystem der Vereinigten Staaten, und
– es gebe zur Gerichtsbarkeit als Hüterin der Verfassung eine bessere Alternative – nämlich die Bürgerschaft, die durch Wahl respektive Abwahl der Legislative über das Tun der drei Gewalten wache.

a) Die These von der Unkontrollierbarkeit der (Bundes-)Gerichtsbarkeit
Für „Brutus" macht die Philadelphia-Verfassung die Gerichtsbarkeit vollkommen unabhängig – sowohl vom Volk als auch von der Legislative. Dies heiße zugleich: unkontrollierbar. Denn die Ernennung der Bundesrichter auf Lebenszeit gemäß dem Standard „untadeligen Verhaltens" (*during good behavior*') bedeute, daß es keine Korrekturmöglichkeiten für richterliche Urteile gebe. Dies betreffe sowohl die Vergangenheit als auch die Zukunft: Vergangene richterliche Irrtümer könnten nicht rückgängig gemacht werden, da eine Korrekturinstanz hierfür fehle. Ebensowenig könnten bei zukünftigen Verdikten Fehlentscheidungen vermieden werden.

Die herrschende Lesart des Standards des „untadeligen Verhaltens" verhindere Gehaltskürzungen, geschweige denn die Entfernung von Richtern aus ihren Ämtern, vergangene – als irrtümlich angesehene – Richtersprüche sind für deren Verbleiben im Amt nicht von Belang.

Unter Kontrolle versteht „Brutus" hierbei wohl ein Eingreifen von seiten des Parlaments oder des Volkes in die Rechtsprechung – die Kontrolle eines untergeordneten Gerichts durch eine übergeordnete Instanz thematisiert er jedenfalls nicht.

Das Fehlen einer Korrekturinstanz ist die eine Seite, das Ausmaß der richterlichen Befugnisse die andere. Für „Brutus" sind nicht so sehr die explizit der Gerichtsbarkeit gegebenen Kompetenzen gefährlich. Vielmehr fürchtet er sich vor der Ausübung von vagen Zuständigkeiten und sogar vor der Inanspruchnahme von nicht erteilten Kompetenzen. Die Rechtsprechung wende dann nämlich nicht mehr die Entscheidungen der beiden anderen Gewalten auf den ihr vorliegenden Fall an, sondern sie könne ihre Entscheidungen treffen. „Ihre" meine ihre *eigenen* Entscheidungen.

Die Vagheit der richterlichen Ermächtigungen macht „Brutus" in erster Linie daran fest, daß die Judikative nicht nur über Recht, sondern auch über Billigkeit zu urteilen befugt ist, wie in Art. III, Sect. 2 verankert ist: „The judicial power shall extend to all Cases, in Law and *Equity*, arising under this Constitution [...]." [H. M.E.] Der rechtsprechenden Gewalt sei dadurch eine Auslegung der Verfassungsnormen aus dem Geist der Verfassung erlaubt. Daraus wiederum zieht „Brutus" die Konsequenz: „The opinions of the supreme court [sic], whatever they may be, will have the force of law." [XI, 420]

Als Folge der Unkontrollierbarkeit der Gerichte ergibt sich für „Brutus" die Ausweitung der Befugnisse der zentralen Instanzen. Und zwar zu Lasten derjenigen der Einzelstaaten, (womöglich) bis zu einer Abschaffung der Einzelstaaten. Die Bundesgerichte – und insbesondere die Supreme Court-Richter – würden damit nämlich ihren eigenen Interessen dienen. Denn je mehr die Bedeutung der Zentralorgane steige, desto mehr erhöhten sich auch ihr Stellenwert sowie ihre Einkünfte.

Zur Rechtfertigung ihrer Kompetenzerweiterung brauche die Judikative zudem nur auf das Beispiel Englands zu verweisen.

Des weiteren sei durch die Fassung der Präambel die Verringerung, wenn nicht sogar die Zerstörung der Einzelstaatenbefugnisse möglich oder sogar vorgegeben. Einerseits werde in ihr zum Ausdruck gebracht, daß die Verfassung keinen Vertragsschluß der Einzelstaaten darstelle, sondern eine Vereinbarung des Volkes der Vereinigten Staaten sei. Dieses Volk werde dabei als *ein* großer politischer Körper betrachtet. Die Existenz der Einzelstaaten sei somit nicht gesichert. Andererseits werde als Ziel der Union verkündet, einen vollständigen Bund zu bilden.[26] Um eine vollständige oder vollkommene Union zu bilden, sei es notwendig, alle untergeordneten Regierungssysteme abzuschaffen und der Zentralgewalt für alle Zwecke sämtliche legislativen, exekutiven und judikativen Vollmachten zu erteilen. [vgl. XII, 425]

Die Abschaffung der Einzelstaaten oder die Herbeiführung von deren Bedeutungslosigkeit entspräche also dem Geist der Verfassung; diese sei – so darf demnach ergänzt werden – ein Verfassungsauftrag. Dessen Umsetzung werde die Gerichtsbarkeit unterstützen.

Noch zu erwähnen ist schließlich, daß „Brutus" den Argwohn hegt, das hergebrachte System der Geschworenengerichtsbarkeit könnte zu Lasten der weniger Begüterten verändert werden. „Brutus'" Argumentation dreht sich um Art. III Sect. 2 [2]:

> „In all Cases affecting Ambassadors, other public Ministers and Consuls, and those in which a State shall be a Party, the supreme Court shall have original Jurisdiction. In all the other Cases before mentioned, the supreme Court shall have appellate Jurisdiction, both as to Law and Fact, with such Exceptions, and under such Regulations as the Congress shall make."

---

[26] „Brutus" schreibt vom Ziel „to form a [perfect] union". Vgl. die Präambel der US-Verfassung: „We, the people of the United States, in Order to form a more perfect Union, establish Justice, insure domestic Tranquility, provide for the common defence, promote the general Welfare, and secure the Blessings of Liberty to ourselves and our Posterity, do ordain and establish this Constitution for the United States of America." [zit n. BALL: Hamilton/Madison/Jay: *Federalist* {aaO. FN 20 S. 216 dieser Arbeit} 545].

II. „Brutus": Die unkontrollierbare Richterherrschaft   225

„Brutus" folgert aus dem zweiten Satz dieser Bestimmung, daß dem Supreme Court (vorbehaltlich einer anderen bundesgesetzlichen Regelung) die Berufungsgerichtsbarkeit für alle Fälle zustehe. Damit sei nach einem erstinstanzlichen Urteil, das Geschworene gefällt hätten und in welchem sie einen Bürger von der Anklage freigesprochen hätten, die Angelegenheit nicht etwa beendet, sondern es sei zu erwarten, daß der staatliche Ankläger den Fall vor dem Supreme Court neu aufrollen wird. So sei einer unerträglichen Unterdrückung Tür und Tor geöffnet: Personen, die Mitglieder der Bundesorgane gekränkt hätten, könnten von diesen angeklagt werden. Damit seien sie einerseits von finanziellem Ruin bedroht, sofern sie sich die Fahrtkosten und Ähnliches für sich und ihre Entlastungszeugen nicht leisten könnten. Andererseits sei nicht garantiert, daß das Verfahren vor dem Supreme Court noch durch Geschworene entschieden werde.[27] „Brutus" räumt allerdings ein, daß die Bedeutung der „appellativen Gerichtsbarkeit" durch den Supreme Court nicht klar sei.

b) Die These von der Höchstinstanzlichkeit der Gerichtsbarkeit
„Brutus" spitzt dann seine Ausführungen noch stärker zu: Seine bisherigen Überlegungen liefen darauf hinaus, das Ausmaß der richterlichen Gewalt als unendlich einzustufen. Denn keine Instanz vermöge ihr Grenzen zu setzen. Überdies erschöpfe sich die Rolle der Gerichtsbarkeit nicht in der Auslegung des positiven Rechts. Das Wesen der Gerichtsbarkeit besteht „Brutus" zufolge vielmehr darin, Entscheidungen nach eigenen Maßstäben zu treffen – „Brutus" spricht sogar statt von Maßstäben von

---

[27] Vgl. hierzu XIV, 432–435 sowie 437. „Brutus" legt überdies auch dar, wie die Ausnahmebestimmung den amerikanischen Staatsbürgern schwere Nachteile bringe. Denn die Beschreitung des Rechtsweges sei diesen aus finanziellen Gründen nicht möglich: Sie müßten sich auf jeden Fall weit weg von ihrem Wohnort begeben, um auf der Ebene der Bundesgerichtsbarkeit ihren Rechtsstreit austragen zu können. Hamilton greift diese Befürchtung auf und behandelt das Thema eingehend [Nr. 81, 395–400 {Seitenangabe nach BALL: Hamilton/Madison/Jay: *Federalist* {aaO. FN 20 S. 216 dieser Arbeit} Zur Geschworenengerichtsbarkeit und zu Hamiltons diesbezüglichen Äußerungen siehe FN 53 S. 247 dieser Arbeit sowie den dazugehörigen (auch nachfolgenden) Text. Den rechtsgeschichtlichen Hintergrund der Institution der Geschworenengerichtsbarkeit hellt B. Zehnpfennig auf: „Beim ‚trial by jury' sind dem von einem Richter repräsentierten Gericht im allgemeinen zwölf Geschworene beigegeben, die nach der Zusammenfassung des Prozeßverlaufs durch den Richter die Tatfrage beurteilen. Die Strafzumessung bzw. Rechtsanwendung ist Sache des Richters." [ZEHNPFENNIG: Einleitung {aaO. FN 1 S. 207 dieser Arbeit}, 541 FN 225] Grundlegend ist hierbei die Unterscheidung von Tatfragen („matters of fact") und Rechtsfragen („matters of law"): „Rechtsfragen [...] werden grundsätzlich vom Gericht entschieden, nicht von den Geschworenen, da es um die fallbezogene Anwendung einer rechtlichen Norm geht." [ebd. FN 223] „Tatfragen [...] werden i.d.R. von den Geschworenen behandelt, nach dem 7. Amendment von 1791 auch bei den meisten Zivilrechtsfällen. Bei der Tatfrage geht es um die Einschätzung des vorliegenden Sachverhalts, die dann Grundlage für die Behandlung der Rechtsfrage ist." [ebd. FN 224] AKHIL REED AMAR zufolge galt die Unterscheidung zwischen Rechts- und Tatfragen zur Zeit von „Brutus" und Hamilton noch nicht: „Nor was today's strict law/fact distinction between the roles of upper and lower judicial houses so clear in 1800. On the contrary, it was widely believed in late-eighteenth-century America that the jury, when rendering a general verdict, could take upon itself the right to decide both law and fact." [*The Bill of Rights*. Creation and Reconstruction, New Haven {Conn.} 1998, 100–101 mwN.].

"Ansichten", was das subjektive Moment akzentuiert. "Brutus" formuliert dies nicht so, aber seine Mutmaßung läßt sich in der Formel zusammenfassen: Organe der Rechts*findung* würden zu Organen der Rechts*setzung*.

Rechtssetzung statt Rechtsfindung – "Brutus" geht aber noch weiter: Das oberste Gericht, der Supreme Court, werde die höchste Instanz werden. Dies führt "Brutus" darauf zurück, daß der Entwurf der Philadelphia-Convention nichts enthalte, was einem Normenkontrollverfahren, einer Beaufsichtigung des Gesetzgebers entgegenstehe:

> "The supreme cort [sic!] then have a right, independent of the legislature, to give a construction to the constitution and every part of it, and there is no power provided in this system to correct their construction or do it away. If, therefore, the legislature pass any laws, inconsistent with the sense the judges put upon the constitution, they will declare it void; and therefore in this respect their power is superior to that of the legislature." [XV, 440]

"Brutus" diskutiert dies im XV. Artikel im Zusammenhang mit der vertieften Auseinandersetzung mit dem ‚*during good behavior*'-Prinzip. Die Verfassungsväter hätten damit scheinbar die Regelung der britischen Verfassung übernommen. Doch nicht übernommen hätten sie dabei, daß in England das House of Lords Gerichtsentscheidungen korrigieren könne. Im Falle divergierender Auffassungen zwischen Judikative und Legislative könne sich dort außerdem das Parlament zwar nicht über Gerichtsurteile hinwegsetzen, aber es habe die Befugnis, ein altes durch ein neues Gesetz zu ersetzen, um so eine Wiederholung von derartigen Gerichtsurteilen zu verhindern. Eine solche Befugnis stünde der Legislative nach der neuen Verfassung nicht zu. "Brutus" zieht daraus die Folgerung: "The judges are supreme – and no law, explanatory of the constitution, will be binding on them." [XV, 441][28]

Das ‚*during good behavior*'-Prinzip lehnt "Brutus" nicht in jeder Form ab. Die Gründe, in dieses Prinzip aber auch die völlige Unabhängigkeit der Richter aufzunehmen, seien jedoch nur für Großbritannien einschlägig gewesen, nicht mehr aber für

---

[28] Erstaunlicherweise geht "Brutus" im XV. Brief nicht auf die dem britischen Ober- und Unterhaus im Verbund zukommende Befugnis ein, Richter auch absetzen zu können. Im XIII. Brief ist dies anders. Vgl. SOSIN: *Aristocracy* [aaO. FN 20 S. 216 dieser Arbeit}, 260]: "In the thirteen letter, that of February 21, 1788, ‚Brutus' discussed representative government and the relationship between legislative and judicial power. The proper province of the judiciary, as he conceived it, was merely to explain and enforce the laws of the supreme power, the legislature, but not to define what powers the legislature possesses. In two subsequent letters, he continued this theme. Under the proposed Constitution, the Supreme Court would be exalted above all other power in government and subject to no control. ‚Brutus' contrasted this situation with that in England where judges also hold their office during good behavior, but where in no instance did they presume to set aside an act of Parliament as inconsistent with the constitution. While judges in England were *subject to removal on address of both houses of the legislature,* under the proposed Constitution for the United States, the Supreme Court was, ‚Brutus' concluded, authorized in the last resort to determine the extent of the powers of federal legislature, for no power was superior to it, no power existed to correct its errors or control its decisions." [Hn. M.E.]. Auch Madison geht (im 47. Federalist-Artikel) darauf ein, daß auf Verlangen beider Häuser die Richter sogar absetzbar sind. [BALL: Hamilton/Madison/Jay: *Federalist* {aaO. FN 20 S. 216 dieser Arbeit}, 235].

II. „Brutus": Die unkontrollierbare Richterherrschaft

die Vereinigten Staaten: Die Regelung, daß keine Instanz die Richter bei ihrer Tätigkeit zur Rechenschaft ziehen könne, sofern ihnen keine kriminellen Vergehen nachzuweisen seien, sei in Großbritannien nämlich erforderlich gewesen, um die Gerichtsbarkeit vor der Krone zu schützen. Die Konzession der Krone, in Ämter und Gehälter einmal ernannter Richter nicht einzugreifen, habe die Briten zugleich vor Eingriffen des Monarchen in ihre Freiheit bewahrt. Die Lage in Amerika sei anders: Hier gäbe es keine Erbmonarchie. Weder würden die Richter von jemandem ernannt, der ein Leben lang herrsche, noch von jemandem, der sein Amt an seine Kinder übergebe. Die Gründe für die Übernahme der britischen ‚during good behavior'-Regelung verlören unter amerikanischen Bedingungen einiges an Gewicht. Noch weniger seien aber Gründe vorzubringen, warum das amerikanische Regierungssystem die britische Version des Standards des „untadeligen Verhaltens" erfordere.

Für die amerikanischen Verhältnisse sei dieses Prinzip geeignet, wenn die Richter auf eine zweckmäßige Weise verantwortlich sein würden.

c) Die These von der besseren Alternative

Eine Instanz, die über die Einhaltung der Vorgaben der Verfassung wacht und ihr Verfassungsverständnis den anderen staatlichen Funktionsträgern oktroyiert, ist nach „Brutus" weder notwendig noch mit der grundsätzlich gleichen demokratischen Legitimität aller Staatsorgane zu vereinbaren:

> „The legislature must be controuled [sic] by the constitution, and not the constitution by them. They have no more right to set aside any judgement pronounced upon the construction of the constitution, than they have to take from the president, the chief command of the army and navy, and commit it to some other person. The reason is plain; the judicial and executive derive their authority from the same source, that the legislature do theirs; and therefore, in all cases, where the constitution does not make the one responsible to, or controulable [sic] by the other, they are altogether independent of each other." [XI, 420]

Für das Volk sei es angebrachter, in Abgeordnete einer Legislative Vertrauen zu setzen – statt in unabhängige Richter. Denn über den Parlamentariern schwebe bei Verfassungsinterpretationen das Urteil des Volkes. Wenn sie das in sie gesetzte Vertrauen mißbrauchten, wenn sie ihre Befugnisse überschritten, wenn sie versuchten, dem Geist der Verfassung mehr zu entnehmen als in ihren Buchstaben enthalten sei, dann könne und solle sie das Volk absetzen oder selbst Gerechtigkeit herbeiführen.[29] Um dies aber zu erleichtern, besitze das Volk das Recht, seine Vertreter abzuwählen und andere zu Sachwaltern seiner Wertvorstellungen und Interessen zu bestimmen.[30]

---

[29] Bei der zweiten Alternative schwingt bei „Brutus" wohl auch die Drohung mit einer Volkserhebung mit.

[30] Vgl. XV, 442: „Had the construction of the constitution been left with the legislature, they would have explained it at their peril; if they exceed their powers, or sought to find, in the spirit of the constitution, more than was expressed in the letter, the people from whom they derived their power could remove them, and do themselves right; and indeed I can see no other remedy that the people can have against their rulers for encroachment of this nature. A constitution is a compact of a people with their rulers; if the rulers break the compact, the people have right and ought to remove

Aus den Darlegungen von „Brutus" folgt, daß er der Auffassung ist, die Befugnis einer unabhängigen Judikative, für alle Gewalten bindend über Verfassungskonformität zu entscheiden, würde die Gerichtsbarkeit über die Quelle allen Rechts – das Volk – erheben. Damit ist schon „Brutus'" Alternative zur Letztinstanzlichkeit der Judikative angegeben: „Brutus" propagiert die Letztinstanzlichkeit – also die Souveränität – des Volkes. Die Kompetenz, über die Verfassungsmäßigkeit zu wachen, müsse beim Volk liegen. Nur gleichsam auf Widerruf dürfe das Volk diese an die Legislative delegieren.[31]

C. Kritik

1. immanent

„Brutus'" Ausführungen lassen sich zum einen in bezug auf seine allgemeinen Einwände gegen die Federal Constitution und zum anderen im Blick auf seine spezifische Kritik an der Ausgestaltung der judikativen Befugnisse beurteilen.

---

them and do themselves justice; but in order to enable them to do this with greater facility, those whom the people chuse [sic] at stated periods, should have the power in the last resort to determine the sense of the compact; if they determine contrary to the understanding of the people, an appeal will lie to the people at the period when the rulers are to be elected, and they will have it in their power to remedy the evil; but when this power is lodged in the hands of men independent of the people, and of their representatives, and who are not, constitutionally, accountable for their opinions, no way is left to controul [sic] them but with *a high hand and an outstretched arm.*" [Hn. i.O.].

[31] Nach ULRICH THIELE [Verfassunggebende Volkssouveränität und Verfassungsgerichtsbarkeit. Die Position der Federalists im Fadenkreuz der zeitgenössischen Kritik, in: *Der Staat,* 31. Bd. {2000}, H. 3, 397–424 {420–422}] sei „Brutus" für eine Kontrolle der höchsten judikativen Instanz eingetreten, die durch die Bildung einer nur zum Zwecke der (verfassungs-)gerichtlichen Beaufsichtigung bestehenden Repräsentativkörperschaft erfolgen sollte. Diese Deutung von „Brutus'" Stellungnahme ist mit den Aussagen in den »Letters of „Brutus"« zu vereinbaren. Allerdings findet sich aber auch keine Passage, in der „Brutus" diesen Plan einer demokratischen Repräsentation des Pouvoir Constituant explizit macht. Mehr noch: es gibt im Text der »Letters« keine Ausführungen, die diese Interpretation eher nahe legen würden als die hier vertretene Lesart, wonach „Brutus" die Kontrolle der höchsten Rechtsprechungsinstanz durch das reguläre Legislativorgan – und somit mittelbar durch die Wählerschaft – propagiert. Gegen die Deutung von Thiele spricht jedenfalls, daß „Brutus" die Kontrolle und eventuelle Sanktionierung des letztinstanzlichen Gerichts nicht auf einzelstaatlicher Ebene oder zumindest für den Staat New York fordert. Zudem äußert sich „Brutus" auch nicht kritisch gegenüber dem englischen System, in dem die Form eines Hüters der Verfassung, die Thiele „Brutus'" Position zuschreibt, nicht vorgesehen ist. Ein Indiz dafür, daß „Brutus" einen derartigen – mit Sieyes' Modell von „Verfassungsgerichtsbarkeit" verwandten – Vorschlag nicht vertritt, könnte sein, daß die Federalists auf die Konzeption eines außerjudikativen, von den öffentlichen Gewalten unabhängigen Verfassungskonvents nicht reagierten. Thiele erklärt dies damit, daß zum Zeitpunkt von „Brutus'" (mutmaßlichem) Vorschlag die Ratifikation der Philadelphia-Verfassung bereits in sieben von erforderlichen neun Staaten erfolgt war. [ebd. 422].

II. „Brutus": Die unkontrollierbare Richterherrschaft

Was seine generellen Vorbehalte betrifft, so ist in erster Linie zu beanstanden, daß „Brutus'" Gegenkonzeption nicht deutlich wird.
– Wie soll die Form einer Konföderation dem Zusammenschluß der nordamerikanischen Ex-Kolonien die notwendige Geschlossenheit und Koordination verleihen? Wie soll eine Konföderation den Ex-Kolonien ein einheitlicheres Auftreten in der Weltpolitik ermöglichen (vorausgesetzt einmal, daß die Articles of Confederation dies schon nicht gewährleisten konnten)?
– Wieso müssen die Articles of Confederation nicht als die Demonstration dessen betrachtet werden, daß eine Konföderationsverfassung ein strukturelles Defizit darstellt? Müssen die Articles of Confederation revidiert oder modifiziert werden oder sind sie in ihrer aktuellen Form beizubehalten? Falls sie nach „Brutus" zu ändern sind: Worin lägen die *differentia specifica* einer Konföderationsverfassung, wie sie „Brutus" eventuell vorschwebt, gegenüber den Articles of Confederation?
– Wieso ist den Amtsinhabern der Zentralgewalt so viel mehr zu mißtrauen als den führenden Repräsentanten der einzelstaatlichen Regierungssysteme? Gewiß, „Brutus" reklamiert, daß die Organe des Bundes sich vom Volk entfernen würden und daß dies bei den Einzelstaatsorganen nicht geschehe. Aber der Unterschied zwischen den beiden Ebenen ist doch nur ein gradueller, und berücksichtigt man die damalige Infrastruktur, so stellt sich die Frage, wieso die Unkontrollierbarkeit der Staatsmacht auf einzelstaatlicher Ebene nicht auch schon besteht.

„Brutus'" Argumentation ist zudem nicht frei von rhetorischen Taschenspielertricks. So operiert er geschickt – aber nicht ganz korrekt mit der Präambel. Die Präambel verkündet als Absicht der Verfassungsgebung, „to form a more perfect union", also eine vollständigere oder vollkommenere Vereinigung zu bilden. Es wird also ein Komparativ gebraucht. Bei Kenntnis des historischen Hintergrundes ist die Verwendung des Komparativs nicht schwer zu verstehen: Die Verfassungsväter strebten an, durch die neue Bundesverfassung die Vereinigten Staaten stabiler zusammenzuschließen als dies die Articles of Confederation vermochten. „Brutus" zitiert zwar die Präambel zunächst vielfach korrekt, gibt sie an späterer Stelle aber verfälscht wieder, indem er den Komparativ entfallen läßt: „The first object to be declared to be in view is, 'To form a perfect union'." [XI, 425] Da „vollkommen" beziehungsweise „vollständig" nicht mehr zu überbieten ist, wandelt er den Komparativ gleichsam in einen Superlativ um. „Brutus" erweckt dadurch den Eindruck, die Verfassung solle dazu dienen, den dichtesten Zusammenschluß, der überhaupt möglich ist, zustande zu bringen. Erst dann liegt es – vielleicht – nahe, die Zwischeninstanzen allesamt aufzulösen, wie es „Brutus" vorhersagt.

In bezug auf „Brutus'" Auseinandersetzung mit der Gerichtsbarkeit gemäß der Philadelphia-Verfassung ist zumindest zu fragen, wie das Modell, wonach jede der drei Gewalten oder gar jedes Staatsorgan, das durch Wahlen legitimiert ist, für sich über Auslegungen und Konkretisierungen der Verfassung entscheidet,[32] überhaupt funktionieren soll. Detaillierte Ausführungen hierzu macht „Brutus" jedenfalls nicht.

---

[32] Dies ist auch das Modell, das Thomas Jefferson propagierte: ALBERT P. MELONE/GEORGE

„Brutus'" Konzeption gewährt der Judikative einen geringeren Handlungsspielraum als den, welchen ihr die Federal Constitution einräumt – respektive nach „Brutus'" Ansicht einräumt: Die Judikative besäße weder auf Bundes- noch auf einzelstaatlicher Ebene die Befugnis zum Judicial Review. Vielmehr wäre es genau umgekehrt, wie sich aus „Brutus'" Propagierung des britischen Systems und insbesondere der Funktion des Oberhauses als höchster Gerichtsinstanz erschließen läßt: „Brutus" favorisiert die Kontrolle der Judikative durch die Legislative. Doch sogar wenn man diese institutionellen Faktoren in Betracht zieht, ist nicht klar, warum die Verselbständigung der Judikative zwar nicht in dem gleichen Maße, aber grundsätzlich auf der Ebene der Einzelstaaten ebenso wie auf Bundesebene eintreten könnte.

Diese Kritik ließe sich auch gegenüber „Brutus'" Vorbehalten gegenüber einer Bundesgerichtsbarkeit vorbringen, welche nicht nach dem ‚trial by jury'-Prinzip Recht sprechen könnte. Ein Machtmißbrauch auf bundesstaatlicher Ebene wird sicher nicht auszuschließen sein, vielleicht mag er sogar – wie „Brutus" meint – auf dieser

---

MACE beschreiben Jeffersons „view of constitutional review" so: „[E]ach branch determines the constitutionality of an issue for itself." [*Judicial Review and American Democracy*, Ames 1988, 46]. Andeutungsweise auch umrissen bei PETER S. ONUF: Redefreiheit, öffentliche Meinung und die repräsentative Regierungsform: Jefferson und die Krise der Vereinigten Staaten 1797–1801, in: Klaus Dicke/Klaus-Michael Kodalle (Hg.): *Republik und Weltbürgerrecht*. Kantische Anregungen zur Theorie politischer Ordnung nach dem Ende des Ost-West-Konflikts, Weimar; Köln; Wien 1998, 277–307 [279]: „Jeffersons Denken wurde [...] kompliziert durch seine Treue zu bundesstaatlichen und Verfassungsprinzipien: jeder einzelne Zweig des Regierungssystems konnte ebenso wie jeder Staat im größeren Bund seine eigenen gleichrangigen und unverletzlichen Rechte beanspruchen." Ausführlich HORST DIPPEL: Die Sicherung der Freiheit. *Limited government* versus Volkssouveränität in den frühen USA, in: Günter Birtsch (Hg.): *Grund- und Freiheitsrechte von der ständischen zur spätbürgerlichen Gesellschaft,* Göttingen 1987, 135–157 [155]: „Jefferson wahrte nach außen relative Zurückhaltung, da er sich in der gegebenen Situation [nach dem Urteil in *Marbury vs. Madison*; M.E.] keinen Verfassungskonflikt leisten konnte. Doch privat antwortete er auf den prinzipiellen Charakter der Entscheidung mit ähnlich starken Worten [wie sie jene gegen die Entscheidung *Marbury vs. Madison* Protestierenden – nämlich Republikaner, Verfechter der *states' rights*-Doktrin und selbst gemäßigte Federalists – gebraucheten; M.E.]. Als Abigail Adams äußerte, daß der, der das Recht habe, Gesetze zu erlassen, auch das alleinige Recht haben müsse, sie zurückzunehmen, denn ‚If a Chief Majestrate can by his will annul a Law, where is the difference between a republican, and a despotic Government?', antwortete ihr Jefferson: ‚The opinion which gives to the judges the right to decide what laws are constitutional, and what not, not only for themselves in their own sphere of action, but for the legislature and the executive also in their spheres, would make the judiciary a despotic branch.'" Während Dippel schreibt, Jefferson habe sich keinen Verfassungskonflikt leisten können, stellt CARL J. FRIEDRICH fest, die berühmte Entscheidung *Marbury vs. Madison* habe zu einem offenen Konflikt zwischen Jefferson und Marshall geführt. Jefferson habe versucht, Marshall unter öffentliche Anklage zu stellen [*Der Verfassungsstaat der Neuzeit,* Berlin; Göttingen; Heidelberg 1953 {überarb. Fassung von Constitutional Government and Democracy 1951}, 257]. JÖRG-DETLEF KÜHNE weist darauf hin, Jefferson habe mit der schließlich befürworteten Gerichtskontrolle hinsichtlich der Verfassung einschließlich ihres Grundrechtszusatzes Madison von Sinn der Einführung der FBR [= Federal Bill of Rights; M.E.] überzeugen können [Die französische Menschen- und Bürgerrechtserklärung im Rechtsvergleich mit den Vereinigten Staaten und Deutschland, in: *JöR, NF* 39. Bd. {1990}, 1–53 {11}]. Zu Jeffersons Konzeption ferner THIELE: Verfassunggebende Volkssouveränität [aaO. FN 31 S. 228 dieser Arbeit], 415–423.

II. „Brutus": Die unkontrollierbare Richterherrschaft

Ebene wahrscheinlicher sein. Aber daß „Brutus" Rechtsbeugungen auf lokaler beziehungsweise einzelstaatlicher Ebene überhaupt nicht in Erwägung zieht, läßt seinen Ansatz inkonsistent, um nicht zu sagen populistisch, erscheinen. Es wirkt nicht plausibel, einerseits dem „einfachen Mann vor Ort" grenzenloses Vertrauen entgegenzubringen und andererseits den Eliten in der Ferne vollkommen zu mißtrauen.

2. transzendent

In „Brutus'" Modell gibt es auf zwei Ebenen Verfahren, die dem (auch in der Verfassung kristallisierten) Willen des Volkes Geltung verschaffen sollen:
– Zum einen kann eine parlamentarische Mehrheit eine Klarstellung des Verfassungsrechts treffen oder dieses ändern.
– Zum anderen kann eine Mehrheit der Bürger einfach durch Abwahl der bisherigen Parlamentsmehrheit und Wechsel zu einer neuen die frühere Parlamentsmehrheit für die Verletzung des Gemeinwohls oder der Rechte von Bürgern sanktionieren.

Bei beiden Verfahren handelt es sich um Mehrheitsentscheidungen. Mehrheitsentscheidungen sind jedoch keine Garantie für richtige, vernünftige oder gerechte Entscheidungen. Insbesondere bieten Mehrheitsentscheidungen als solche weder Minderheiten noch einzelnen einen (effektiven) Schutz vor ungerechten oder unterdrückenden Regelungen und Maßnahmen. Dies deswegen, weil die Unterdrückung einer Minderheit oder von Individuen durch dieselbe Mehrheit kaum korrigiert werden wird, die eben diese unterdrückenden oder ungerechten Maßnahmen beziehungsweise Regelungen beschlossen hat.

„Brutus" streicht besonders heraus, daß sich Gerichte irren können und daß daher – durch die Legislative oder direkt durch die Bürgerschaft – deren Fehlentscheidungen korrigiert werden müßten. Dieses Argument sticht jedoch nur dann, wenn hierzu eine *bessere* Alternative besteht. Doch ebenso wie Richter nicht unfehlbar sind, ist es das Volk auch nicht. „Brutus" suggeriert jedoch genau dies. Das Urteil, ob die Staatsmacht ihre Befugnisse überschritten hat, obliegt nach „Brutus" dem Volk. „Brutus" argumentiert hierbei so, als gäbe es einen (einheitlichen) Willen des Volkes.

Doch dann stellen sich folgende Fragen:
– Existiert ein Volkswille – ein einheitlicher Volkswille – überhaupt?
– Gibt es nicht vielmehr immer nur Mehrheiten und Minderheiten, die sich selbst wiederum aus einer Summe von divergierenden Einzelinteressen und Einzelmeinungen zusammensetzen?
– Setzt die Annahme eines Volkswillens nicht ein organisches Verständnis von kollektiven Einheiten voraus, das eine unzulässige Übertragung biologischer Kategorien in politische darstellt?

Auf jeden Fall sieht „Brutus'" Modell zwar Abhilfe gegen eine als unterdrückend eingestufte Staatsmacht vor – entweder indirekt durch die Einflußnahme via Legislative oder auf deren Zusammensetzung oder direkt durch Selbsthilfeaktionen der Bürgerschaft. Doch diese Abhilfe steht entweder ohnehin nur oder – zumindest mit

Aussicht auf Erfolg – ebenfalls nur einer Mehrheit zur Verfügung. Sein Modell ermöglicht Mehrheiten eine ungehinderte Politikgestaltung. Über die Bindung dieser Politikgestaltung an positivierte und überpositive Normen wachen allein Mehrheiten. Dadurch sind aber die Rechte von Minderheiten und Einzelpersonen nicht nur temporär (bis zum Zustandekommen anderer politischer Mehrheitsverhältnisse) bedroht, sondern es besteht auch die Möglichkeit, daß Mehrheiten, die vorübergehend oder allein aufgrund einer besonderen Stimmungslage oder Konstellation entstanden sind, *irreparabel* in schützenswerte Minderheiten- und Individualinteressen eingreifen können.

„Brutus" ist damit sozusagen auf dem Stand von John Locke. Bei „Brutus" wie bei Locke erfolgt der Schutz der Verfassung durch das Volk – das Volk ist somit Richter in eigener Sache. Genauer müßte man feststellen, daß sich eine Mehrheit selbst kontrollieren muß. Das heißt, es bleiben einzig und allein reguläre Wahlen oder eine Selbstkorrektur parlamentarischer Mehrheiten. Darüber hinaus ist allenfalls – im Extremfall – der Rekurs auf ein Widerstandsrecht möglich.[33]

3. Zwischenbilanz

Diese von „Brutus" konzipierten Varianten des Verfassungsschutzes (wenn von Verfassungsschutz überhaupt gesprochen werden kann) können trotz aller Kritik – jedenfalls an dieser Stelle der Untersuchung – nicht verworfen werden. „Brutus'" Alternative zu einer inhaltlich in den politischen Prozeß intervenierenden Gerichtsbarkeit muß noch erörtert werden. Denn die Selbstkontrolle des Volkes mag zwar ihre Defizite haben. Doch möglicherweise stellt sie gegenüber Verfassungsschutzkonzeptionen, die zusätzlich oder insbesondere auf die gerichtliche Überprüfung (sämtlicher) staatlicher Akte abstellen, das kleinere Übel dar. Gerade dies aber hätte „Brutus" diskutieren müssen, anstatt gleichsam die Maxime „Volkes Stimme ist Gottes Stimme" vorauszusetzen oder auszugeben.

Allerdings kann „Brutus" – ungeachtet aller Einwände – eine gewisse Hell- oder Weitsichtigkeit nicht abgesprochen werden. „Brutus" muß zugestanden werden, daß im 20. Jahrhundert die Bedeutung der Einzelstaaten eklatant gesunken ist. Die Ausweitung der Befugnisse erfolgte zudem auch mithilfe eines der juristischen Termini, die „Brutus" dafür im Blick hatte, – nämlich mit der ‚*commerce clause*'. Im Zuge der Sozialgesetzgebung ermöglichte eine extensive Auslegung dieser Norm – beginnend mit der Ära des New Deal[34] und fortgesetzt in den Jahren von Johnsons Great Society –

---

[33] Nach THIELE [Verfassunggebende Volkssouveränität {aaO. FN 31 S. 228 dieser Arbeit}] hätte „Brutus" keine derartige Selbstkontrolle der regulären Legislative vertreten. Am Problem einer Kontrolle von politischen Mehrheiten durch mutmaßlich die gleichen Mehrheiten (und der damit zusammenhängenden Gefährdung von Minderheiten) ändert diese Lesart freilich nur bedingt etwas.

[34] Der Supreme Court hatte sich einer extensiven Auslegung der ‚*commerce clause*' zunächst widersetzt, gab diesen Widerstand aber auf, als Roosevelt mit dem sogenannten ‚*court-packing*

II. „Brutus": Die unkontrollierbare Richterherrschaft

die Ausweitung der Bundesbefugnisse. In der Folge genießen die amerikanischen Bundesstaaten zwar weiterhin recht weitgehende Kompetenzen – etwa im Vergleich zur bundesrepublikanischen Situation. So sind sie im Bereich des Strafrechts wesentlich ungebundener als die deutschen Länder. Aber die Möglichkeiten zur autonomen Politikgestaltung sind für die einzelnen Bundesstaaten gesunken.[35] Doch selbst wenn man „Brutus" diese Weitsichtigkeit zugesteht, führt dies sogleich zu dem Einwand, daß sich in dieser Entwicklung das zwangsläufige Ende einer „parochialen Politik"[36] niederschlägt, zu deren Bewältigung die Rückwärtsgewandtheit von „Brutus'" Ansatz nichts beizutragen hat.

„Brutus" bleibt jedoch das Verdienst, die aktive Rolle des Supreme Court und vor

---

plan' drohte. Der Plan beinhaltete eine Aufstockung des neunköpfigen Gremiums des Supreme Court mit Richtern, die der Sozialgesetzgebung Roosevelts und den damit verbundenen Eingriffen in die Handlungsmacht der Einzelstaaten aufgeschlossen gegenüberstanden, um dadurch die seinerzeitigen Richter in eine Minderheitenposition zu bringen. Der Plan wurde nie realisiert, vermochte aber 1937 einen Wechsel der Rechtsprechung des Supreme Court herbeizuführen. Vgl. DIANE C. MALESON, in: Kermit L. Hall (Hg.): *The Oxford Guide to United States Supreme Court Decisions,* New York; Oxford 1999, 48–49 zu *Carter v. Carter Coal Co., 298 U.S. 238* (1936): „The *Carter* case arose in the vortex of controversy surrounding President Franklin D. Roosevelt's New Deal efforts to curb the disastrous effects of the Depression. The critical issue before the involved competing visions of federalism and the appropriate allocation of power between state and federal government. Much New Deal legislation was premised on the belief that the commerce power granted Congress extensive authority to regulate labor relations, commercial activites, agriculture, and the like. The idea was diametrically opposed to the vision of the commerce power embraced by a majority of the Supreme Court." [49] Den Wendepunkt in der Rechtsprechung kann man mit *National Labor Relations Board vs. Jones & Laughlin Steel Corp.* (1937) ansetzen. Hierzu nochmals Maleson: „Carter represents the twilight of the Tenth Amendment and states' rights. One year later, in *National Labor Relations Board v. Jones & Laughlin Steel Corp.* (1937), the Court adopted Cardozo's minority position. The Commerce Clause became the basis for a massive restructuring of the federal-state relationship." [ebd.].

[35] Die Zeiten der extensiven Auslegung der ‚commerce clause' sind jedoch bis auf weiteres vorbei: Das Urteil *United States vs. Lopez* (1995) leitete eine restriktive Auslegung dieser Bestimmung ein. [vgl. WILLIAM JOSEPH WAGNER: The Role of Basic Values in Contemporary Constitutional Hermeneutics, in: *ZaöRV*, 56. Bd. {1996}, H. 1–2, 178–204, hier v.a. 189–193] Wagner schreibt zu *United States vs. Lopez*: „The considerable significance commentators already ascribe to *Lopez* reflects the holding's departure from nearly sixty years of precedent undergirding Congress's role in Franklin D. Roosevelt's New Deal, the Civil Rights Movement, and America's adoption of the welfare state." [ebd., 190–191] In dem Grundsatzurteil wird „commerce" (= „Geschäftsverkehr") so verstanden, daß darunter allein „commercial activities" fallen, d.h. „buying and selling or transportation for purchase and sale, substantially affecting commerce interstate" [zit. n. ebd. 190 mwN.]. Bis dahin galt bei der Auslegung der ‚commerce clause' von Art. I, welcher den Kongreß zur Regelung des „commerce [...] among the several states" befugt, daß diese Kompetenz jegliche Tätigkeit einschließe, die den Geschäftsverkehr zwischen den Staaten tangiere und welche der Kongreß als solchen einstufen möchte. Diese Kehrtwende in der Rechtsprechung markiert die ungefähr mit den Richterernennungen der Reagan-Administration einsetzende und bis heute bestehende Dominanz der ‚Original Intent'-Lehre innerhalb des Supreme Court. Zu dieser Lehre siehe FN 38 S. 234 dieser Arbeit.

[36] Diskutiert wird diese Entwicklung unter dem Stichwort der Globalisierung. Vgl. statt vieler: ULRICH BECK: *Was ist Globalisierung? Irrtümer des Globalismus – Antworten auf Globalisierung,* Frankfurt a.M. 2002 [2. Reprint; Erstveröffentlichung: 1997].

allem das damit verbundene Problem einer „Verfassung hinter der Verfassung" vorweggenommen zu haben.[37] So findet „Brutus'" Ablehnung unbestimmter Rechtsbegriffe, insbesondere seine Warnung vor einem vorgeblichen, gerichtlich verkündeten „Geist der Verfassung" in der modernen Diskussion um die Verfassungsgerichtsbarkeit eine Parallele: Folgt man nämlich den Anhängern der Original Intent-Lehre,[38] so hat der Supreme Court in die US-Verfassung Werte „hineingelesen", die nicht in der Verfassung enthalten waren. Die Verfechter des Originalismus kritisieren, die den US-Supreme Court vor allem in den 50er und 60er Jahren dominierenden Exponenten eines Judicial Activism hätten ein Verfassungsleitbild konstruiert, das sich nicht – oder zumindest nicht mehr als andere Interpretationen – dem positiven Verfassungsrecht entnehmen lasse oder das diesem sogar entgegenstünde. In dem Sinn, daß eine Verfassung, die die Deutung des Verfassungsdokuments bestimmt, aufgrund von Wertungen bei der Anwendung von Verfassungsrecht entsteht, könnte von einer „Verfassung hinter der Verfassung" gesprochen werden. Gegner dieser *doctrine of original intention*' allerdings – und auch die seinerzeitige Mehrheit des Gerichts – waren und sind der Ansicht, diese Werte seien in der Verfassung verkörpert oder lägen ihr – verankert in der politischen Kultur der USA – voraus.

Der Streit zwischen einem (primär) formalen und einem (primär) materialen Verfassungsverständnis läßt sich jedoch auch weiter in die Geschichte der Vereinigten Staaten von Amerika zurückverfolgen; er hat die Geschichte der USA seit dem Aufkommen der industriellen Massengesellschaft begleitet.[39]

---

[37] Als Beleg hierfür ließe sich etwa die spätere Rechtsprechung des Supreme Court anführen, welche die Rechte des 1. Amendments in das 14. Amendment inkorporiert hat. JÖRG P. MÜLLER stuft diese Auslegung als eine „kühne Praxis" ein, da das 1. Amendment nur für den Bund verbindlich (gewesen) sei. Der Supreme Court habe die dort genannten Grundrechte für die Gliedstaaten rechtsschöpferisch ausgeweitet. [Diskussionsbeitrag {bei der Aussprache der Tagung der Vereinigung der Deutschen Staatsrechtslehrer in Innsbruck vom 1.–4. Oktober 1980/Thema „Verfassungsgerichtsbarkeit im Gefüge der Staatsfunktionen"}, in: *VVDStRL*, H. 39 (1981), 155].

[38] Gute Darstellung der Original Intent-Lehre und der Debatte um diese Position zu Verfassungsgerichtsbarkeit und Verfassungsrechtsprechung bei WINFRIED BRUGGER: Verfassungsinterpretation in den Vereinigten Staaten von Amerika, in: *JöR*, NF/42. Bd. (1994), 571–593 [hier v.a. 583–587]; ferner HARTWIN BUNGERT: Zeitgenössische Strömungen in der amerikanischen Verfassungsinterpretation, in: *AöR*, 117. Bd. (1992), 71–99. Kritiker und Anhänger der Original Intent-Doktrin kommen zu Wort in: JACK RAKOVE (Hg.): *Interpreting the Constitution*. The Debate over Original Intent, Boston 1990. Verfechter des Originalismus fordern, bei der Auslegung von Verfassungsrecht nur den Wortlaut zugrunde zu legen sowie den Willen der Verfassungsväter, falls der Text der Verfassungsvorschrift unklar ist.

[39] Die Stichworte hierzu lauten *„substantive due process'* und *,equal protection clause'*. Eingehend hierzu KERMIT HALL: The Rise of Judicial Intervention, in: ders.: *The Supreme Court and Judicial Review in American History*. With a Foreword by Herman Belz, Series Editor. Bicentennial Essays On The Constitution, American Historical Association, Washington D.C. 1985, 25–35 [v.a. 26]: „Due process after the Civil War had two meanings – one procedural, the other substantive. The second stirred controversy. The phrase substantive due process meant that there existed an irreducible sum of rights that vested in the individual and could not be unreasonably or arbitrarily interfered with; this meant that there were substantive limits on what legislatures could do, regardless of the procedures employed." sowie WILLIAM M. WIECEK: Die Liberale Kritik am

II. „Brutus": Die unkontrollierbare Richterherrschaft

Der vorausschauenden Scharfsichtigkeit von „Brutus" steht gegenüber, daß sein Modell der Rechtsfindung den Anforderungen an das Recht als Modus der sozialen Integration kaum genügt oder sogar als unrealistisch zu qualifizieren ist. So läßt sich insbesondere der Ermessens- und Auslegungsspielraum der Judikative nicht auf null reduzieren. „Brutus" scheint dieser Vorstellung aber anzuhängen. Darauf deutet seine Forderung hin, die Rechtsfindung solle nur nach Recht (*law*), nicht nach der Billigkeit (*equity*) von statten gehen. Diese Forderung ist jedoch verfehlt – und sie dürfte kaum umzusetzen sein. Denn Recht besteht (üblicherweise) aus einem Normenkomplex, der *sowohl* ‚Regeln' *als auch* ‚Prinzipien' enthält. Unter ‚Regeln' sind hierbei Festlegungen von Sachverhalten zu verstehen, während ‚Prinzipien' angeben, welche Maßstäbe bei der Rechtsfindung anzulegen sind. Das Postulat der ‚Billigkeit' stellt ein solches Prinzip dar. Ein Verzicht auf Prinzipien – rechtstechnisch ausgedrückt: ein Verzicht auf Generalklauseln – würde bedeuten, die Steuerungskraft des Rechts zu mindern. Denn die Orientierung an zentralen Leitwerten des Rechts – wie der Förderung des Gemeinwohls oder der Gewährleistung von Gerechtigkeit – würde nur insoweit in die Rechtsfindung einfließen, wie sie in Gestalt der Normierung von Sachverhalten (also in Form von Regeln) im positiven Recht inhärent wäre. Und selbst dies ist fraglich: Eine schematische Übertragung der Regeln des positiven Rechts auf die jeweilige Sachlage des zu entscheidenden Falles könnte diesen Leitwerten zuwiderlaufen.

Allgemein formuliert: Regeln sind nur zu verstehen unter Rückbezug auf die sie legitimierenden Prinzipien. Zugleich sind Prinzipien unerläßlich, um den Zweck von Regeln zu erfassen. Hinzu kommt, daß die Wirklichkeit (einschließlich der Rechtswirklichkeit) so komplex ist, daß alle auftretenden Fälle überhaupt nicht vorausschauend normiert werden können. Der Versuch des Gegenteils würde die Technizität des Rechts erhöhen, ohne je alle Tatbestände berücksichtigen zu können. Daher ist Recht allein in der Form von Regeln und unter Verzicht auf Prinzipien nicht sinnvoll.[40]

In ideengeschichtlicher Perspektive ließe sich formulieren, „Brutus" könnte durchaus eine „kleine Dosis Aristoteles" vertragen. Bekanntermaßen hat Aristoteles im V. Kapitel der »Nikomachischen Ethik« die Bedeutung der Billigkeit als Korrektiv des Rechts hervorgehoben.

Obersten Gerichtshof der Vereinigten Staaten, in: Hermann Wellenreuther/Claudia Schnurmann (Hg.): *Die Amerikanische Verfassung und deutsch-amerikanisches Verfassungsdenken*. Ein Rückblick über 200 Jahre, New York; Oxford 1991, 435–458.

[40] Zur Unterscheidung von ‚Regeln' und ‚Prinzipien' sowie zum angemessenen Umgang mit ihnen grundlegend ROBERT ALEXY: *Theorie der Grundrechte*, Frankfurt a.M. 1994 [erstmals 1985], v.a. 71–157. Zur Konzeption des Verhältnisses von Regeln und Prinzipien in dieser Arbeit siehe § 2 GEGENSTAND. III. ‚Verfassungsgerichtsbarkeit', rechtsphilosophisch betrachtet. A. Die Literaturlage. 4. Die Philosophie im deutschsprachigen Raum b) Die Legitimität der Verfassungsgerichtsbarkeit bei Jürgen Habermas (3) Kritik. (b) transzendent. (iii) Zur Legitimität der Verfassungsgerichtsbarkeit. (b) Habermas' modale Legitimitätstheorie [S. 142–145] und § 6 VERFASSUNGSGERICHTSBARKEIT UND JUSTIZIABILITÄT. III. Recht und Politik. C. Urteilsvermögen und Maßstäbe. 1. Die Perspektive auf die Katalogisierung [S. 422–423].

III. Alexander Hamilton: „The least dangerous branch"[41]

A. Aufbau und Anliegen der »Federalist Papers«

1. Grundansatz und Struktur

Das übergeordnete strategische Ziel des Kollektivautors „Publius" besteht darin, Zustimmung zu erlangen für die freiwillige Übertragung von Kompetenzen der Einzelstaaten an eine neukonzipierte Bundesgewalt. Zu diesem Zweck entfalten die Verfasser der »Federalist Papers« in einer breit angelegten Artikelserie eine Argumentation, die sich in vier Schritte untergliedern läßt:[42]

Die Überlegungen von „Publius" nehmen ihren Ausgang von der Feststellung, daß die Union in ihrem Fortbestand gefährdet sei. Gleich im ersten Artikel bekennt sich „Publius" zur Union. Hier und in den weiteren folgenden 14 Artikeln hebt er ihre Bedeutung hervor und veranschaulicht diese. Zugleich appelliert er dabei sowohl an materielle als auch an ideelle Interessen und Motive seiner Leser: Eine Auflösung der Union führe zu äußerst negativen Konsequenzen – zu (gewalttätigen) Konflikten zwischen den Einzelstaaten, zu Schutzlosigkeit gegenüber fremden Mächten sowie zum Verzicht Amerikas auf eine (potentiell) machtvolle Stellung in der Welt. Dem Scheitern oder Gelingen der Union komme zudem universalhistorische Bedeutung zu. Und zwar deswegen, weil dem Volk der Vereinigten Staaten von Amerika die Rolle zugefallen sei, stellvertretend für die gesamte Menschheit – gleichsam in einem Experiment der Geschichte – die Frage zu entscheiden, ob sich Völker selbst zu regieren vermöchten.

Im nächsten Abschnitt, in den Artikeln 15 bis 22, tritt er den Nachweis an, daß die bestehende Konföderation nicht dazu in der Lage sei, die Union aufrechtzuerhalten. Es folgt somit eine kritische Auseinandersetzung mit der von den Articles of Confe-

---

[41] Die in eckigen Klammern angegebenen Seitenzahlen beziehen sich im folgenden stets auf die Ausgabe von Adams/Adams [aaO. FN 4 S. 210 dieser Arbeit], sofern nichts anderes angegeben ist. Vorangestellt ist den Seitenzahlen die Nummer des jeweiligen Artikels der »Federalist Papers«.

[42] Vgl. zum folgenden Abschnitt ZEHNPFENNIG: *Einleitung* [aaO. FN 1 S. 207 dieser Arbeit], 8–9; RALF ALLEWELDT: Die Idee der gerichtlichen Überprüfung von Gesetzen in den Federalist Papers, in: *ZaöRV*, 56. Bd. (1996), H. 1–2, 205–239 [208–209]. Die Ausführungen von „Publius" werden *hier* als in sich konsistent betrachtet, obwohl die Artikel verschiedenen Autoren bzw. Gemeinschaftsproduktionen zugerechnet werden. Was die Stellungnahme zum Judicial Review betrifft, so erscheint zumindest als sehr zweifelhaft, daß in dieser Frage alle drei Autoren auf einer Linie lagen. Zu den Positionen von Madison und Hamilton siehe FN 43 S. 238 dieser Arbeit. Jays Standpunkt zur Problematik des Constitutional Review ist nicht zu ermitteln – in den »Federalist Papers« äußerte sich Jay ausschließlich zu internationalen Aspekten, eine spätere Einschätzung zum Thema Constitutional Review ist nicht überliefert. Jays Auffassung diesbezüglich ist insofern von besonderer Relevanz, als er 1789 zum ersten Chief Justice des US-Supreme Courts ernannt wurde und bis 1795 dieses Amt inne hatte. Sicher ist, daß während dieser Zeit der US-Supreme Court die Befugnis zum Constitutional Review nicht beanspruchte.

deration geschaffenen Verfassungslage. Die im einzelnen beschriebenen Defizite der Konföderation seien – dieses Leitmotiv läßt sich aus der Argumentation von „Publius" herausdestillieren – auf einen grundlegenden Mangel zurückzuführen: Dem bestehenden System fehle eine starke Zentralgewalt mit eindeutiger Suprematie.

Die Artikel 23 bis 36 wenden dieses Argument nun ins Positive, indem sie in allgemeiner Weise aufzeigen, wie eine mit effektiven Vollmachten ausgestattete Bundesgewalt die gegenwärtige Krise der Union meistern könne.

Die folgenden Artikel 37 bis 83 konkretisieren dieses Argument nun durch eine direkte Kommentierung der Verfassung. Sie lassen sich in der These zusammenfassen, daß eine starke Zentralregierung einer freiheitlichen Republik keineswegs entgegenstünde, sondern die republikanischen Grundsätze befördere. Eine wichtige Rolle spielt hierfür die Kombination föderativer und zentralstaatlicher Elemente. Aber auch die namentlich im 14. Artikel eingeführte Definition der Republik als *repräsentative* Regierungsform, die im Philadelphia-Entwurf bei der Konzeption der Bundesgewalt konsequent verwirklicht wurde, kommt hier zum Tragen.

Abschließend, im 84. Artikel, behandelt „Publius" einige Kritikpunkte am Entwurf der Bundesverfassung. Insbesondere erörtert er, warum eine Aufnahme einer Rechteerklärung obsolet sei. Der 85. Artikel bietet eine Zusammenfassung der Vorzüge des Verfassungsentwurfs und Entgegnungen auf diverse Einwände von seiten der Kritiker und Gegner des Entwurfs. Darüber hinaus weist „Publius" auf die günstige Konstellation für eine Neugestaltung der Union hin, die – wenn überhaupt – in naher Zukunft nicht wiederkehren werde. Er räumt ein, daß der Entwurf nicht (in allen Punkten) perfekt und ein Kompromiß widerstreitender Interessen und Vorstellungen sei. Während jedoch die Chance einer grundlegenden Neuorganisation der Union (nur) jetzt zu ergreifen sei, seien Verfassungsänderungen nach der Annahme der Federal Constitution weitaus weniger schwierig und jederzeit möglich.

2. Standpunkt und Zielsetzung in bezug auf die Ratifikationsdebatte

Mit John Jay und James Madison teilt Alexander Hamilton die Überzeugung, die Federal Convention habe ein Regierungssystem mit begrenzten Befugnissen errichtet – ein ‚Limited Government'. In diesem System sei dem Ehrgeiz des einen Amtsträgers der der anderen entgegengesetzt. Folglich könne darin niemand unkontrolliert die Macht an sich reißen. Daher und insofern gewährleiste dieses Institutionengefüge ein maximales Maß an Freiheit und Sicherheit.

Hamiltons Position in bezug auf die Ratifikationsdebatte liegt dementsprechend – im Unterschied zur derjenigen von „Brutus" – auf der Hand. Hamilton plädiert für die Annahme der Philadelphia-Constitution, obgleich dieser Entwurf nicht in allen Punkten seinen Auffassungen entspricht.

3. Systematische Einordnung der Ausführungen über die Gerichtsbarkeit in die »Federalist Papers«

Bekanntermaßen sind sich die »Federalist Papers« in dem Punkt einig, daß eine neue Bundesverfassung notwendig sei, damit die Union sowohl auf der internationalen Ebene bestehen könne als auch damit sie in der Lage sei, interne Auseinandersetzungen bis hin zu (Bürger-)Kriegen zu vermeiden. Die Ausführungen über die Gerichtsbarkeit sind mit dieser Grundthese verknüpft: Die Gerichtsbarkeit – mit all ihren in der Philadelphia-Verfassung zuerkannten Befugnissen – sei Bestandteil eines Regierungssystems, das einerseits staatliche Machtentfaltung und andererseits persönliche sowie bürgerliche Freiheit miteinander verbinde.

Der Gerichtsbarkeit ist am Ende des Teils, welcher der direkten Kommentierung des Verfassungsentwurfs dient, ein eigener Abschnitt gewidmet. In diesem Abschnitt (Art. 78 bis 83) finden sich dementsprechend die ausführlichsten Überlegungen zur Gerichtsbarkeit. Doch auch zuvor gibt es Passagen über die Gerichtsbarkeit.[43]

---

[43] Es ist denkbar, daß Hamiltons klare Befürwortung einer mit der Befugnis zum Judicial Review ausgestatteten Gerichtsbarkeit von Madison nicht geteilt wurde. Daher ist im folgenden immer nur von Hamilton die Rede, um zu signalisieren, daß dessen Position nicht unbedingt mit derjenigen des Kollektivautors „Publius" gleichzusetzen ist. Für J. M. SOSIN ist dieser Punkt klar: Madison habe eine andere Konzeption als Hamilton vertreten – und zwar eine, die (in dieser Frage) derjenigen von „Brutus" nahekomme – sowie derjenigen, die Hamilton noch im 33. Artikel verfochten habe. Sosin stützt seine Argumentation auf die »Federalist Artikel« Nr. 44, Nr. 48, Nr. 49, Nr. 50, Nr. 51 sowie Nr. 63. [vgl. *Aristocracy* {aaO. FN 20 S. 216 dieser Arbeit} 262–264] Sosins Argumentation überzeugt jedoch insofern nicht, als er nicht nachweisen kann, daß Madison seine Vorstellungen als gegensätzlich bzw. als Alternative(n) zu denjenigen Hamiltons verstanden hat. Vgl. hierzu insbesondere folgende Ausführungen von Madison: „Fragt man, was die Folge wäre, wenn der Kongreß diesen Teil der Verfassung [der die Kompetenzen der Union normiert; M.E.] falsch auslegen und Kompetenzen wahrnehmen würde, die eigentlich nicht autorisiert sind, so antworte ich: dasselbe, wie wenn er jede ihm übertragene Kompetenz falsch auslegen oder ausweiten würde [...]. Zuallererst wird der Erfolg eines Machtmißbrauchs vom Verhalten der vollziehenden und der rechtsprechenden Gewalt abhängen, die die Gesetze auslegen und in die Tat umsetzen müssen. Letztlich muß die Abhilfe vom Volk kommen, das durch die Wahl zuverlässigerer Abgeordneter die Gesetze der Usurpatoren annulieren kann." [44; 275–276] Der Hinweis auf die rechtsprechende Gewalt an dieser Stelle könnte auch als Andeutung der Kompetenz zum Judicial Review aufgefaßt werden. In einer anderen Passage heißt es bei Madison: „Die Verfassungsorgane von Bund und Einzelstaaten sind in Wirklichkeit nur unterschiedliche Makler und Treuhänder des Volkes [...]. Die Gegner der Verfassung scheinen bei ihren Überlegungen zu diesem Thema das Volk völlig aus dem Blick verloren zu haben. Sie betrachten die verschiedenen Einrichtungen nicht nur als gegenseitige Rivalen und Feinde, sondern so als würde ein Versuch, die Machtbefugnisse des jeweils anderen zu usurpieren, durch eine gemeinsame übergeordnete Instanz nicht kontrolliert. Diese Herren müssen an dieser Stelle an ihren Irrtum erinnert werden. Sie müssen sich sagen lassen, daß die höchste Autorität allein beim Volk liegt, wo auch immer deren abgeleitete Form nun zu finden sein mag." [46; 284–285] Falls Madison damit auf einer Letztentscheidung durch das Volk insistiert, ist es möglich, diese Letztentscheidung nicht als eine legale zu verstehen, sondern als Inanspruchnahme eines illegalen, überpositiven Widerstandsrechtes. Ein solcher Widerstand und eine mit der Kompetenz zum Judicial Review ausgestattete Gerichtsbarkeit schließen sich jedoch nicht aus. Ebensowenig schließen sich Judicial Review und

B. Die Argumentation

1. Fragestellung und Thesen

Eingangs wurde die These aufgestellt, Hamiltons Ausführungen zur Gerichtsbarkeit stellten eine Replik auf die »Letters of „Brutus"« dar; Hamilton versuche in erster Linie, *dessen* Einwände gegen die geplante Bundesverfassung bezüglich der Rolle der Judikative zu entkräften und zu widerlegen.

Von der zeitlichen Reihenfolge her ist diese Hypothese zumindest möglich. Denn „Brutus" schrieb seine Briefe im Zeitraum von Oktober 1787 bis April 1788, während Hamilton seine speziell die Gerichtsbarkeit thematisierenden Artikel im Mai 1788 verfaßte („Publius" von Nummer 78 bis Nummer 83).

In inhaltlicher Hinsicht fällt auf, daß viele Punkte, die von „Brutus" angeschnitten worden sind, auch von Hamilton behandelt werden.

So stellt Alexander Hamilton die These auf, daß die Gerichtsbarkeit für niemanden eine Bedrohung darstellen werde – im Gegenteil: sie werde allen Beteiligten Schutz bieten. [vgl. 78; 474–475] Dies läßt sich als Reaktion auf das Grundmotiv der antifederalistischen Kritik, den Topos von der Bedrohung der Einzelstaaten, interpretieren.

Dies allein deutet zwar nicht auf ein spezielles Aufgreifen der Äußerungen von „Brutus" hin. Aber Hamilton diskutiert darüber hinaus auch (wie „Brutus"), ob der Standard des „untadeligen Verhaltens" bei der Richterbestellung zur Anwendung

---

die Abwahl von Abgeordneten (durch Wähler, die diese des Verfassungsbruchs bezichtigen) gegenseitig aus. Und auch wenn sich – systematisch betrachtet – die Prinzipien der Volkssouveränität und die Prämissen des Judicial Review ausschließen würden, verunmöglicht dies nicht, vom Gegenteil überzeugt zu sein. (Hier ist zwischen sachlicher Richtigkeit und Perzeption zu unterscheiden.) Verwiesen sei hier nur darauf, daß Hamiltons Begründung des Judicial Review ihren Ausgang vom Grundsatz der Souveränität des Volkes nimmt. Nicht übersehen werden sollte schließlich, daß Madison sich in den Artikeln 47 und 48 dagegen wendet, daß die Gewalten strikt voneinander getrennt werden. Die Befugnis zum Judicial Review ließe sich gut in ein System der Gewaltenverschränkung einfügen. [vgl. insb. 47, 293: „Aus diesem Vorbild Montesquieus läßt sich ableiten, daß er nicht meinte, daß diese Gewalten keine *teilweise Handlungsbefugnis* oder *Kontrolle* über Handlungen der jeweils anderen haben sollten {...}."] Zudem gibt Madison im 49. Artikel zu erkennen, daß er einer Beilegung von Verfassungskonflikten durch Befragungen des Volkes skeptisch gegenüber steht. Überdies neigt auch Madison dazu, die Überschreitung verfassungsmäßiger Kompetenzen in erster Linie von seiten der Legislative zu erwarten. [vgl. 49, 307] Auch dies sind Auffassungen, die sich mit einer Befürwortung des Judicial Review gut vereinbaren ließen. Die Prinzipien der Volkssouveränität und des Judicial Review schließen sich nur dann aus, wenn ein bestimmter Souveränitätsbegriff zugrundegelegt wird – und zwar ein Souveränitätsbegriff, welcher Souveränität mit realer Machtvollkommenheit identifiziert. Der in dieser Arbeit vertretene Souveränitätsbegriff macht „reale" Souveränität jedoch an einer Kompetenz zur „Letztentscheidung" bzw. „Letztverbindlichkeit" fest. Ein derartiger Souveränitätsbegriff ermöglicht die Vereinbarkeit von (Volks-)Souveränität und verfassungsgerichtlichen Befugnissen. Siehe (in dieser Arbeit) § 5 ‚VERFASSUNGSGERICHTSBARKEIT' UND SOUVERÄNITÄT. III. Dimensionen der Souveränität [S. 346–370; insb. 352–361].

kommen soll und ob die Federal Constitution der Gerichtsbarkeit die Befugnis zum Judicial Review erteilt. Alexander Hamilton teilt die Auslegung von „Brutus", für ihn impliziert die Bundesverfassung die Institution des Judicial Review; im Gegensatz zu „Brutus" setzt er sich vehement für die Unabsetzbarkeit der Richter bei lebenslanger Amtszeit ein.[44]

Daß Hamilton zudem auch auf die Frage eingeht, ob aufgrund der Einrichtung des Judicial Review von einer Herrschaft der Judikative gesprochen werden kann – wie bereits dargestellt, hatte „Brutus" ja gerade diese These entwickelt –, stärkt die Vermutung, daß Hamiltons Text und seine These, Judicial Review bedeute keineswegs die ‚*supremacy*' der Judikative, speziell als eine Entgegnung auf „Brutus" gedacht war.

Das Gleiche gilt für das Thema der Geschworenengerichtsbarkeit unter der geplanten Verfassung: „Brutus" sah deren Abschaffung bevorstehen, während Hamilton darauf insistiert, daß sie in den Einzelstaaten weiterhin bestünde und daß dies auf Bundesebene eine Materie sei, welche in den Zuständigkeitsbereich der Bundeslegislative falle.

Ein weiteres Argument bezieht sich auf den Umstand, daß Hamilton sich im Rahmen der Artikelserie bereits einmal mit der Frage beschäftigt hatte, was geschehen könnte, wenn der Kongreß die ihm von der Verfassung gezogenen Grenzen überschreitet. Im 33. Artikel erörtert Hamilton nämlich die ‚*necessary and proper clause*' und verteidigt diese damit, daß das Wesen der Regierung respektive das Wesen von Gesetzen notwendigerweise in einer Suprematie über die Regierten bestehe. Dies gelte sowohl in bezug auf Individuen als auch in bezug auf das Verhältnis von übergeordneten „größeren" zu untergeordneten „kleineren" „Gemeinschaften". Daraus folge jedoch nicht, schreibt Hamilton,

„that acts of the larger society [= der übergeordneten ‚größeren Gemeinschaft'; M.E.] which are not pursuant to its constitutional powers but which are invasions of the residuary authorities of the smaller societies will become the supreme law of the land. These will be merely acts of usurpation and will deserve to be treated as such."[45]

---

[44] ALLEWELDT weist darauf hin, daß das „richterliche Normprüfungsrecht [...] von der Systematik her im Federalist Nr. 78 keineswegs das Hauptthema" sei. „Hamilton scheint darauf – wenn auch relativ ausführlich – lediglich deshalb einzugehen, weil er damit seine Ansicht begründen will, daß zur Sicherung größtmöglicher Unabhängigkeit der Gerichte eine unbegrenzte Amtsdauer angemessen sei." Diese Einschätzung deutet Alleweldt als Anzeichen für eine inhaltliche Erwiderung von Hamilton auf die »Essays of „Brutus"«. Zwingend ist diese Deutung allerdings nicht. Denn Hamilton forderte auch für andere Ämter eine Amtsdauer auf Lebenszeit (z.B. – wenn auch ohne Erfolg – für die Senatoren). Somit könnte dies auch lediglich das Auftreten einer der Standardargumentationen von Hamilton sein [vgl. Idee der gerichtlichen Überprüfung aaO. {FN 42 S. 236 dieser Arbeit}, sämtliche Bezugnahmen auf 213].

[45] BALL: Hamilton/Madison/Jay: *Federalist* [aaO. FN 20 S. 216 dieser Arbeit], 151. Die im Text gemachten Angaben zur Nummer und Seitenzahl des jeweiligen »Federalist-Artikels« beziehen sich jedoch auf die Ausgabe von Adams/Adams [aaO. FN 4 S. 210 dieser Arbeit] (sofern nichts anderes angemerkt ist). Die Übersetzung dieses Zitats von Zehnpfennig lautet: „daß politische Akte der größeren Gemeinschaft, die nicht gemäß ihrer verfassungsmäßigen Kompetenzen erfolgen, sondern Eingriffe in die restlichen Vollmachten der kleineren Gemeinschaften darstellen, zum obersten Gesetz des Landes werden. Solche Akte sind reine Usurpation und verdienen

III. Alexander Hamilton: „The least dangerous branch"

Wie ist nun im Falle einer solchen „Usurpation einer von der Verfassung nicht gewährten Machtbefugnis" zu verfahren? Zu erwarten wäre, daß in einem solchen Fall nach Hamilton der Supreme Court auf den Plan treten könnte, indem einer der Beteiligten oder beide Parteien eine Klage vor dem Supreme Court einreichen und der Supreme Court über die Kompetenzerteilung entscheidet. Doch Hamilton bringt den Obersten Gerichtshof nicht ins Spiel, sondern stellt darauf ab, daß es keine Rolle spiele, ob eine solche generalklauselartige Befugnis (die ‚*necessary and proper clause*') in die Verfassung aufgenommen wurde oder nicht. Er insistiert ferner auf der Feststellung, daß die Suprematie der Bundesgewalt sich eben nur auf Gesetzesmaterien erstrecke, die ihr – gemäß der Verfassung – zuständen. Danach gibt Hamilton der Thematik jedoch eine andere Wendung. Er behandelt den Fall, daß Bundes- und Einzelstaatsgewalt die Einnahmen von ein- und derselben Steuer beanspruchen. Dieser Konflikt ist anders gelagert als der zuerst beschriebene, da sich zwei *gleichermaßen legale* Kompetenzansprüche gegenüberstehen. Hamilton vertraut darauf, daß politische Klugheit die beiden Parteien zu einer Regelung führt, welche keinen beiderseitigen Nachteil ergibt. [vgl. 33; 187]

Einige Zeilen zuvor im 33. Artikel hat allerdings Hamilton bereits eine Antwort für den Fall der Kompetenz*überschreitung* der Bundesgewalt gegeben: Auf die Frage, wer über die Notwendigkeit und Angemessenheit der anstehenden Gesetze für die Umsetzung der Kompetenzen der Union entscheidet, konstatiert Hamilton:

> „[...] daß zunächst der Bund wie jedes andere Regierungssystem über die angemessene Ausübung seiner Kompetenzen entscheiden muß, schließlich aber seine Wähler darüber entscheiden werden. Wenn die Bundesorgane die angemessenen Grenzen ihrer Autorität verletzen und ihre Kompetenzen willkürlich ausüben sollten, dann muß das Volk, dessen Geschöpf sie sind, an die einmal aufgestellten Standards erinnern und Maßnahmen ergreifen, die die Verletzung der Verfassung beheben, so wie es die jeweilige Situation erfordert und rechtfertigt." [33; 185–186]

Hamilton spricht sich demnach für die gleiche Variante des „Verfassungsschutzes" aus, für die sich „Brutus" eingesetzt hatte: Hamilton setzt auf reguläre Wahlen. Und wenn dies keine Abhilfe schafft, scheint er – in vageren Andeutungen als „Brutus" –, Widerstandsaktionen des Volkes das Wort zu reden. Zumindest schließt er diese nicht aus.

Dieses Argument gilt es allerdings sogleich zu relativieren.[46] Denn im 16. Arti-

---

es auch, als solche behandelt zu werden." („*Federalist Papers*" [aaO. FN 1 S. 207 dieser Arbeit]) Hingewiesen sei hier auf die Schwierigkeit, „society" zu übersetzen, bzw. darauf, daß die Bürgerschaften der Einzelstaaten der Union als distinkte politische Einheiten aufgefaßt wurden, was im Terminus „society" zum Ausdruck kommt.

[46] Daß Hamilton im 33. Artikel die Möglichkeit der Streitschlichtung durch den Supreme Court nicht erwähnt, deutet Alleweldt als Indiz dafür, daß Hamilton sich erst nachträglich entschlossen hat, Ausführungen über die Befugnis zum Judicial Review zu machen. Für Alleweldt ergibt sich daraus der Anschein, daß Hamilton damit auf die »Essays of „Brutus"« reagierte. Alleweldt übersieht jedoch, daß der Artikel 16 die Beweiskraft des Arguments aus Artikel 33 mindert. [vgl. ALLEWELDT: Idee der gerichtlichen Überprüfung {aaO. FN 42 S. 236 dieser Arbeit} 213–214]

kel[47] gibt sich Hamilton als Anhänger des Judicial Review zu erkennen. Daß er dieser Ansicht also erst nach der Lektüre der »Letters of „Brutus"« zuneigte, ist hiermit ausgeschlossen.[48]

Andererseits verteidigt Hamilton erst ab dem 78. Artikel die Befugnis zum Judicial Review so ausführlich und so dezidiert.[49] Dies könnte aber auch einfach darauf zurückzuführen sein, daß die vorhergehenden Artikel die Rolle der Gerichtsbarkeit im Gefüge der Staatsfunktionen der Bundesgewalt nicht fokussierten.

Hinzu kommt jedoch noch Folgendes: In den Artikeln 78 bis 83 verficht Hamilton die Kompetenz zum Judicial Review dergestalt, daß Judicial Review als funktionales Äquivalent zum Widerstandsrecht erscheint und von der Selbsthilfe des Volkes nicht

---

Die Einschätzung, daß die »Federalist Papers« sich mit der Kompetenz zum Judicial Review erst befaßt hätten, nachdem die »Letters of „Brutus"« diese Thematik aufgegriffen haben, teilt auch Sosin: *„The Federalist* had not been concerned with judicial review – this was clear from the essays by Madison [siehe hierzu FN 43 auf der S. 238 dieser Arbeit] – until ‚Brutus' in his letters published between January 31 and April 10 had sought to discredit the Constitution by attacking a judicial power that he read into the document and that Hamilton himself admitted was not based on words in the proposed fundamental law." [SOSIN: *Aristocracy* {aaO. FN 20 S. 216 dieser Arbeit}, insb. 267] Ebd., 264: „These issues of *The Federalist* all apeared before March 20, the day the fifteenth letter of ‚Brutus' was printed. Up to this point *The Federalist* had not posed the national judiciary as the arbiter of the Constitution."

[47] Vgl. Art. 16: „Wenn sich die Richter nicht auf eine Verschwörung mit der Legislative eingelassen haben, dann würden sie die Beschlüsse einer solchen Mehrheit für Verstöße gegen das höchste Recht des Landes *für verfassungswidrig und null und nichtig* erklären. Wenn das Volk noch nicht vom Geist seiner Einzelstaatsabgeordneten verdorben wäre, dann würde es als *der natürliche Hüter der Verfassung* sein Gewicht auf seiten des Bundes in die Waagschale werfen und ihm so in dieser Auseinandersetzung ein entscheidendes Übergewicht geben. Derartige Versuche würden nicht häufig und leichtfertig unternommen werden, weil sie nur selten ohne den Urheber selbst zu gefährden, gemacht werden können, *es sei denn in Fällen einer tyrannischen Ausübung der Bundesgewalt."* [16; 93–94; alle Hn. M.E.].

[48] Denn den 16. Artikel verfaßte Hamilton vor dem 4. Dezember 1787. An diesem Tag erschien dieser Artikel erstmals. [Adams/Adams: Federalist-*Artikel* {aaO. FN 4 S. 210 dieser Arbeit}, 89 FN 1] Die »Letters of „Brutus"« beschäftigen sich ab dem XI. Brief mit der Gerichtsbarkeit. Der XI. Brief erschien am 31. Januar 1788. [Melone/Mace: *Judicial Review* {aaO. FN 32 S. 229 dieser Arbeit}, 179].

[49] Zur Rolle der Gerichtsbarkeit äußert sich „Publius" (= Hamilton) ansonsten etwa im 22. Art. Hier ist die Rede von der Einsetzung eines Gerichtshofes, „der über allen anderen steht, die allgemeine Oberaufsicht führt und dazu autorisiert ist, in letzter Instanz eine einheitliche Regelung des Zivilrechts festzulegen und zu verkünden" [zit. n. Zehnpfennig: *„Federalist Papers"* {aaO. FN 1 S. 207 dieser Arbeit} Nr. 22; 161]. Bei Adams/Adams: Federalist-*Artikel* [aaO. FN 4 S. 210 dieser Arbeit], 22, 130 lautet die Übersetzung so: „Um die Verwirrung zu vermeiden, die unweigerlich aus widersprüchlichen Entscheidungen einer Vielzahl unabhängiger Gerichtssysteme entstehen würde, haben alle Länder es nötig gefunden, ein Gericht einzurichten, das über allen anderen steht, das die allgemeine Oberaufsicht besitzt und die Kompetenz, in letzter Instanz einheitliche Regelung staatlicher Rechtsprechung [*civil justice*] festzusetzen und zu verkünden." Hieraus ist zwar auf ein allen einzelstaatlichen Gerichten übergeordnetes Oberstes Bundesgericht zu schließen, nicht aber auf die Befugnis zum Judicial Review. Denn die Wendung „über allen anderen stehend" bezieht sich auf die anderen Gerichtssysteme, nicht aber auf die anderen Staatsgewalten. Die Einschränkung auf Materien des Zivilrechts spricht sogar eher gegen eine mit dem Judicial Review ausgestattete Gerichtsbarkeit.

III. Alexander Hamilton: „The least dangerous branch"   243

mehr die Rede ist. Im 16. Artikel setzte Hamilton zumindest die Akzente jedoch noch anders – die Formulierung vom Volk als dem „natürlichen Hüter der Verfassung" [16; 94] belegt dies.

All dies kann natürlich ebenso bloßer Zufall sein oder als Aufgreifen einer Kritik eines anderen Antifederalisten erklärt werden. Doch ist bemerkenswert, daß die Fragestellungen und Themen von Hamilton und „Brutus" so sehr übereinstimmen.

2. Begründung

Alexander Hamilton argumentiert sowohl auf einer verfassungsdogmatischen als auch auf einer verfassungspolitischen Ebene.[50]

Verfassungsdogmatisch legt er dar, daß die Kompetenz zum Judicial Review im Verfassungsentwurf des Verfassungskonvents impliziert ist. Die Philadelphia-Convention habe eine Verfassung auf der Grundlage der Souveränität des Volkes konzipiert; Volkssouveränität bedeutet, daß das Volk seinen Delegierten vorgeordnet sei. Das geschriebene Verfassungsdokument sei das Mittel, um diese Rangordnung sicherzustellen. Denn in der Verfassungsurkunde sei enthalten, daß das Volk seine Vertreter zwar zur Herrschaftsausübung ermächtigt habe, aber zugleich seien darin die Schranken dieser Herrschaftsausübung fixiert – rechtlich fixiert. Die Deutung und Durchsetzung des Rechts – Hamilton spricht von der „Domäne" der Gerichte, die Gesetze zu interpretieren [78; 472] – sei wiederum die natürliche Aufgabe der Gerichtsbarkeit. Diese Aufgabe müsse die Gerichtsbarkeit auch gegenüber der Volksvertretung wahrnehmen, falls es von dieser Seite zu Übergriffen und Willkürmaßnahmen komme. Die Institution des Judicial Review diene genau hierzu.

Die Befugnis zum Judicial Review folgt somit gleichsam „sachlogisch" aus der Verfassung. Aus dieser argumentativen Verknüpfung der Befugnis der Gerichtsbarkeit zum Judicial Review mit dem Theorem des Limited Government erhellt laut Hamilton ebenso, daß die Kompetenz zum Judicial Review nicht die Höchstrangigkeit der Judikative bedeute, sondern die Höchstrangigkeit des Volkes garantiere.[51]

---

[50] Die Unterscheidung von verfassungsdogmatischer und verfassungspolitischer Ebene ebenso bei ALLEWELDT: Idee der gerichtlichen Überprüfung [aaO. FN 42 S. 236 dieser Arbeit], 214 mit ähnlichen inhaltlichen Zuschreibungen: Hamilton „mußte es nicht nur darum gehen, zu zeigen, daß die Gerichte nach dem Verfassungsentwurf die Befugnis haben würden, vom Parlament erlassene Gesetze am Maßstab der Verfassung zu überprüfen. Hamilton hatte auch und vor allem nachzuweisen, daß es sinnvoll und angemessen ist, den Gerichten eine derartige Befugnis zu erteilen."

[51] Strenggenommen spricht Hamilton nicht von einer – absoluten – Höchstrangigkeit, sondern nur von relativen Verhältnissen der Über- bzw. Unterordnung: Der Absicht des Volkes gebühre der Vorzug gegenüber der Absicht seiner Beauftragten. [78; 473] Doch an anderer Stelle [Nr. 22, 132; wohlgemerkt handelt es sich um einen Artikel, der ebenfalls der Feder Hamiltons zugerechnet wird] heißt es: „Das Gefüge eines amerikanischen Gesamtstaates [*empire*] sollte auf der soliden Basis DER ZUSTIMMUNG DES VOLKES ruhen. Der Strom nationaler Macht sollte direkt aus jener reinen, ursprünglichen Quelle aller legitimen Autorität entspringen." [Ergänzung A.A./ W.P.A.; Hn. i.O.].

Die richterliche Unabhängigkeit auf Lebenszeit sei nun notwendig, damit sich die Judikative auch gegenüber den beiden anderen Gewalten durchzusetzen vermöge:

> „Gerade das unbeirrbare und uneingeschränkte Festhalten an Verfassungsrechten, das wir in den Gerichten für unverzichtbar halten, kann man von Richtern, die nur auf Zeit ernannt worden sind, mit Sicherheit nicht erwarten. Ernennungen in regelmäßigen Zeitabständen, ganz gleich, wie sie im einzelnen geregelt sind, wären tödlich für ihre Unabhängigkeit. Läge die Kompetenz bei Exekutive oder Legislative, so bestünde die Gefahr einer unangebrachten Fügsamkeit gegenüber der Gewalt, die sie ausübte; wäre sie beiden Gewalten übertragen, so bestünde eine gewisse Hemmung, den Unbillen der einen wie der anderen zu riskieren; wäre sie dem Volk übertragen oder einzelnen, die vom Volk gewählt worden wären, so wäre die Neigung zu groß, auf die Beliebtheit im Volk zu schielen, als daß man sich darauf verlassen könnte, daß nichts als Verfassung und Gesetze den Urteilen zugrunde gelegt würden." [78; 476]

Die Monarchie bedarf nach Hamilton der richterlichen Unabhängigkeit auf Lebenszeit, damit sie nicht in eine Despotie verfällt. Die Republik komme ebenfalls nicht ohne sie aus, um Minderheiten vor Unterdrückung zu bewahren und um nicht, modern ausgedrückt, in einer „Stimmungsdemokratie" zu entarten.

Eine „Stimmungsdemokratie" argwöhnt Alexander Hamilton insofern, als die gelegentliche Launenhaftigkeit des Volkes zu Verfassungsbrüchen führen könne. [hier und im folgenden: 78; 475] Neben Verfassungsbrüchen droht gemäß Hamilton auch die Verletzung der Individualrechte bestimmter Gruppierungen der Mitbürger durch „ungerechte und einseitige Gesetze". Diese von Hamilton befürchtete Verletzung von Individualrechten figuriert bei ihm nicht unter der Kategorie „Verfassungsbruch", da noch keine Bill of Rights aufgenommen worden war. Hamilton verspricht sich aber dennoch – also obwohl es sich bei diesen Individualrechten nicht um *positivierte* Rechte handelt – von einer unabhängigen Richterschaft die Milderung und Einschränkung eben dieser möglichen Rechtsverletzungen. Die Judikative soll – so ist zu vermuten – solchen Auswüchsen wohl durch die Anwendung des Billigkeitsrechts Einhalt gebieten. Alexander Hamilton erhofft sich sogar eine präventive Wirkung: Durch ihre bloße Existenz sollen unabhängige Gerichte die Legislative vor dem Vorhaben ungerechter Eingriffe in Individualrechte abschrecken.

Bis hierhin argumentiert Hamilton vorrangig mit der geltenden Verfassungslage: Er erläutert die Philadelphia-Verfassung und erklärt, warum darin der Gerichtsbarkeit implizit die Befugnis zum Judicial Review zugesprochen wird und warum in ihr explizit die Permanenz des Richteramtes vorgesehen ist. Seine Argumentation stützt sich auf die Überzeugungskraft des Theorems vom Limited Government: Er zählt auf die allgemeine Anerkennung dieses Theorems und ist bemüht, die Unabweisbarkeit aller weiteren Elemente – wie geschriebene Verfassung und Judicial Review (inklusive lebenslang amtierender Richter) – zu demonstrieren.

Doch Alexander Hamilton versucht, mit noch einem weiteren Argument bei seinen Lesern für die anvisierte Rolle der rechtsprechenden Gewalt im Regierungssystem der Federal Constitution zu werben. Dieses Argument ist auf einer verfassungspolitischen Ebene angesiedelt. Hamilton greift, um seine These zu untermauern, die Gerichts-

III. Alexander Hamilton: „The least dangerous branch"   245

barkeit werde als „Bollwerk einer Verfassung mit eingeschränkter Regierungsgewalt". [78; 474] Schutz bieten, auf einen bekannten Lehrsatz von Montesquieu zurück: Die Judikative sei „the least dangerous branch" – der am wenigsten gefährliche Zweig der Staatsgewalt:

> „Wer die unterschiedlichen Gewalten aufmerksam betrachtet, muß zwangsläufig erkennen, daß in einem Regierungssystem, in dem sie voneinander getrennt sind, die Judikative aufgrund der Natur ihrer Funktionen, [sic] immer die am wenigsten gefährliche für die politischen Rechte der Verfassung sein wird, weil ihre Fähigkeit, diese zu verletzen oder zu beeinträchtigen, am schwächsten sein wird. Die Exekutive vergibt nicht nur Ämter, sondern führt das Schwert der Gemeinschaft. Die Legislative verfügt nicht allein über die Staatskasse, sondern legt die Normen fest, nach denen Pflichten und Rechte jedes Bürgers zu bestimmen sind. Im Gegensatz dazu hat die Judikative weder Zugriff auf das Schwert noch auf das Staatssäckel, sie verfügt weder über die Stärke noch den Reichtum der Gesellschaft und kann allein keinerlei aktive Beschlüsse fassen. Man kann wahrhaft sagen, sie besitzt weder DIE MACHTMITTEL zu handeln [*force*] noch DEN WILLEN [*will*], sondern allein Urteilsvermögen und ist letztlich von der Unterstützung der Exekutive für den Vollzug ihrer Urteile abhängig." [78; 470; Ergänzungen in Klammern A.A./ W.P.A., Hn. i.O.].

Mit anderen Worten: die Machtbasis der Gerichtsbarkeit sei äußerst fragil, sie bestehe in nichts anderem als in ihrer Autorität.

Daraus schließt Hamilton, daß es zwar ab und an in individuellen Fällen zu Unterdrückung durch einzelne Gerichte kommen möge. Aber die generelle Freiheit des Volkes könne aus dieser Richtung nicht gefährdet werden. [78; 471]

„Brutus" hatte ja aber eigentlich nicht die Judikative allein gefürchtet, sondern die Judikative in ihrem Zusammenwirken mit den anderen Bundesorganen. Hamilton stimmt hierin mit „Brutus" überein, [vgl. bereits 16; 93] zieht hieraus aber gegenteilige Folgerungen: Solange die Judikative von den beiden anderen Gewalten getrennt sei, sei von ihr nichts zu befürchten. Eine Aufhebung der Gewaltentrennung drohe nur, wenn die Judikative – als schwächste der Gewalten – von den beiden anderen überwältigt werde. Nichts mache die Judikative aber so standhaft und unabhängig wie die Permanenz ihres Amtes.

Für die Permanenz des Richteramtes führt Hamilton noch den Umstand ins Feld, daß das Reservoir an qualifizierten und geeigneten Personen zu gering sei, um auf Amtsinhaber nach einem begrenzten Zeitraum verzichten zu können. [78; 475–476]

Dagegen, die Befugnis des Judicial Review der Legislative zuzusprechen, spricht nach Hamilton ferner, daß dies die Legislative zu Richtern in eigener Sache machen würde:

> „Von einer Körperschaft, die auch nur partiell daran beteiligt wäre, schlechte Gesetze zu verabschieden, könnten wir kaum je die Neigung erwarten, deren Anwendung zu mäßigen und abzumildern. Derselbe Geist, der an ihrem Zustandekommen beteiligt war, würde nur allzu bereitwillig an ihrer Auslegung mitwirken; und noch weniger könnte man erwarten, daß die Männer, die in ihrer Eigenschaft als Gesetzgeber die Verfassung verletzt hätten, nun in ihrer Eigenschaft als Richter bereit wären, diesen Verfassungsbruch zu korrigieren." [78; 490]

Des weiteren sei jedes Mitglied der Legislative auf Zeit gewählt, dadurch also Pressionen ausgesetzt, die die unabhängigen – da auf Lebenszeit ernannten – Richter nicht zu gewärtigen hätten.

Schließlich seien die Richter gewählten Volksvertretern von vorneherein dank ihrer Qualifikation, ihrer „Kenntnis von Recht und Gesetz" überlegen, welche überdies im Laufe der richterlichen Amtsausübung noch gesteigert werde. Zudem stellten die Funktionen von Legislative und Judikative unterschiedliche Anforderungen, die außerdem bei Wahlen nicht angemessen berücksichtigt würden: „Mitglieder der Legislative werden nur selten aufgrund der Eigenschaften gewählt werden, die Männer für die Position von Richtern qualifizieren." [81; 490]

Überdies versucht Alexander Hamilton, den Vorbildcharakter Großbritanniens gegenüber dem (US-)amerikanischen gerichtlichen Kompetenzprofil in dem Sinn zu bestreiten, den die Gegner der Judicial Review-Befugnis betonen:
- Hamilton weist darauf hin, daß die Revision von Gerichtsentscheidungen durch das oberste Legislativorgan auch in Großbritannien nicht möglich sei. Insofern, so folgert Hamilton, bestehe zwischen dem britischen Verfassungsrecht und dem, was die zukünftige Bundesverfassung und bereits nun schon manche Einzelstaaten vorsehen, kein Gegensatz. Umgekehrt aber vermöge eine gesetzgebende Versammlung zwar nicht vergangene Gerichtsurteile zu revidieren, doch für zukünftige Fälle neue Regelungen zu treffen. [vgl. 81, 491] Hamilton unterstellt hierbei (manchen) Gegnern der Judicial Review-Kompetenz, sie erweckten den irrigen Eindruck, gemäß der britischen Verfassung oder bestimmten Einzelstaaten-Verfassungen könne eine Gerichtsentscheidung durch ein Gesetz korrigiert werden. Hamilton hat mit dieser Feststellung durchaus Recht; fraglich ist jedoch, ob von antifederalistischer Seite dieser Eindruck tatsächlich so erweckt worden ist. Zudem überspielt Hamilton damit geschickt den Tatbestand, daß die letzte Gerichtsinstanz in Großbritannien Teil der Legislative ist und daß daher die Aussage, dort könne die Legislative Gerichtsentscheidungen korrigieren, ebenfalls nicht falsch ist. Hamilton selbst hatte – zuvor – den Aspekt der besonderen Organisationsform respektive Zusammensetzung des Obersten Gerichts erwähnt,[52] doch in der soeben referierten Passage hat er diesen Aspekt nicht thematisiert.
- Ferner insistiert Hamilton darauf, daß die Übertragung letztinstanzlicher Rechtsprechungsgewalt an eine separate und unabhängige Körperschaft – anstatt an einen Teil der Legislative – keine Innovation des Entwurfs der Federal Constitution darstelle. Das Verfassungswerk der Philadelphia-Convention kopiere damit lediglich die Verfassungen von New Hampshire und von anderen Einzelstaaten.
- Übergriffe von seiten der Judikative auf die Legislative will Alexander Hamilton nicht völlig ausschließen, aber zu einer Gefährdung der Gesamtordnung des

---

[52] „Doch vielleicht beruht die Stärke des Einwands auf der besonderen Organisation des vorgeschlagenen Obersten Gerichts, da es sich aus einer gesonderten Gruppe von Richtern zusammensetzt, statt Teil einer Legislative zu sein wie im Regierungssystem von Großbritannien und in dem unseres Staates [New York]." [81; 490; Ergänzung in Klammern M.E.].

politischen Systems könne es nicht kommen. Denn mit dem Mittel der Amtsenthebung verfüge die Legislative über ein Instrument, die richterliche Macht wirksam zu begrenzen. [81; 491–492] Ohne es explizit auszuführen, hat Hamilton damit eine Parallele zum (damaligen) britischen Regierungssystem gezogen, in welchem auf Antrag beider Häuser die Richter ihres Amtes enthoben werden konnten.

„Brutus'" Kritik an der von der Federal Constitution projektierten Stellung der Gerichtsbarkeit entzündet sich nicht zuletzt daran, daß diese Gerichtsbarkeit sich nicht auf die Anwendung und Auslegung der in der Bundesverfassung beschlossenen Vorgaben beschränken würde, sondern daß sie nach ihren persönlichen Überzeugungen urteilen könnten. Diese Gefahr erkennt „Brutus" zumal deshalb, weil die Judikative mit dem Instrument des Judicial Review ausgestattet ist und dadurch über die Verfassungsmäßigkeit von Gesetzen entscheiden kann, ohne von einer Instanz zur Rechenschaft gezogen werden zu können.

Alexander Hamilton streitet ab, daß diese Kritik stichhaltig ist:

> „Kein Gegenargument kann die Behauptung sein, die Gerichte könnten dann unter dem Vorwand einer inneren Unvereinbarkeit ihr eigenes Ermessen an die Stelle der sehr wohl verfassungsmäßigen Absichten der Legislative setzen. Das könnte im Fall zweier widersprüchlicher Gesetze genauso passieren [gemeint ist: auf einfachgesetzlicher Ebene; M.E.], und es kann bei jeder richterlichen Auslegung eines einzelnen Gesetzes der Fall sein. Die Gerichte müssen den Sinn von Gesetz und Recht bestimmen. Sollten sie dazu tendieren, ihren WILLEN an die Stelle ihres URTEILSVERMÖGENs zu setzen, so wäre die Folge die gleiche: ihr Ermessen träte an die Stelle des Ermessens der Legislative. Falls diese Betrachtung überhaupt etwas beweist, dann höchstens, daß es keine von dieser Körperschaft unabhängigen Richter geben sollte." [78; 474; Hn. i.O.].

Breiten Raum nimmt bei Hamiltons Ausführungen schließlich noch ein, daß er die Vermutung oder Unterstellung zurückweist, die Vorgaben der Federal Constitution würden die Abschaffung der Geschworenengerichtsbarkeit beinhalten.[53]

---

[53] Folgende Hintergrundinformationen zum Komplex der Geschworenengerichtsbarkeit finden sich bei LEONARD W. LEVY: *Origins of the Bill of Rights,* New Haven; London 1999, 226–230: Zur Zeit der Amerikanischen Revolution war ‚*trial by jury*' wahrscheinlich das verbreitetste Recht in allen Kolonien. Jeder Einzelstaat, der eine Verfassung erlassen hat, hat *trial by jury* verankert – diese Verankerung erfolgte jedoch unterschiedlich. Die Philadelphia-Convention vermochte sich darauf zu verständigen, das Institut der Geschworenengerichtsbarkeit in Strafrechtsfällen in die Verfassung zu inkorporieren [vgl. Art. III, Sect. 2 {3}: „The Trial of all Crimes, except in Cases of Impeachment, shall be by Jury {…}"], gemäß Levy sind die Bestrebungen von Elbridge Gerry und Charles Pinckney, auch *civil juries* zu garantieren, daran gescheitert, daß die vorgeschlagene Formulierung „as usual in civil cases" angesichts einer uneinheitlichen Praxis fallengelassen wurde. Eine Mehrheit der Philadelphia-Convention hielt den Terminus „usual" aufgrund der verschiedenen Regelungen in den Einzelstaaten wohl für zu unbestimmt und/oder konnte sich nicht auf eine andere Formulierung einigen. Vielleicht stufte die Mehrzahl die Materie wohl auch nicht als regelungsbedürftig ein. Die Furcht vor einer Abschaffung der Geschworenengerichtsbarkeit war dann jedoch ein verbreiteter Topos der Antifederalists; laut Levy haben viele fälschlicherweise behauptet, die ratifizierte US-Verfassung schaffe die Geschworenengerichtsbarkeit in Zivilrechtsfällen ab. Gemäß Levy war dies eine hysterische Reaktion der Antifederalists. Levys Einschätzung

Hamilton könnte hiermit wiederum auf die »Letters of „Brutus"« reagieren. Schließlich hatte „Brutus" ja genau dies befürchtet. In der weiteren Entwicklung haben sich diese Befürchtungen von „Brutus" nicht erfüllt. Denn zu einer Abschaffung der Geschworenengerichtsbarkeit ist es nicht gekommen.[54] Einer solchen Entwicklung stand nicht zuletzt die Verankerung dieser Institution im 5., im 6. und im 7. Amendment der Bill of Rights entgegen.[55]

Hamiltons Zurückweisung der Einwände gegen den Verfassungsentwurf bezüglich der Geschworenengerichtsbarkeit zielt darauf, daß die Verfassung eine solche Abschaffung nicht vorschreibt. Hamilton behandelt dabei die Frage der Geschworenengerichtsbarkeit unter dem Gesichtspunkt, ob sie außer in der Strafgerichtsbarkeit auch in zivilrechtlichen Streitigkeiten zum Einsatz kommt. Dies liegt deswegen nahe, weil das Anrecht auf ein Verfahren vor einer Geschworenenjury im Bereich des Strafrechts in der Federal Constitution verankert wurde. Um den Kritikern der Philadelphia-Constitution die Luft aus den Segeln zu nehmen, weist Alexander Hamilton darauf hin, daß die Fragen, nach welchem Verfahren die Gerichte entscheiden sollten und ob die höheren Instanzen an die Entscheidungen der Tatfrage durch die untergeordneten Instanzen gebunden seien, von der Bundeslegislative geregelt werden könnten:

---

ist insofern nachvollziehbar, als von einer Abschaffung der Geschworenengerichtsbarkeit in Zivilrechtsfragen in der US-Constitution nicht die Rede ist. Seine Qualifizierung der Reaktion der Antifederalists beruht wohl auf der Deutung, daß niemand die Absicht einer Abschaffung der Geschworenengerichtsbarkeit hegte. Levy erklärt die „Hysterie" in bezug auf *trial by jury* als Reaktion auf Versuche in verschiedenen Einzelstaaten, *trial by jury* zu untergraben: Levy verweist auf *Republica vs. Doan*, auf *Trevett vs. Weeden* und *Bayard vs. Singleton*. [229–230] Die Antifederalists können demgegenüber geltend machen, daß der Entwicklung einer Abschaffung der zivilen *trials* verfassungsrechtlich kein Riegel vorgeschoben worden ist.

[54] Die Verfassungslage *vor* der Ratifizierung der Bill of Rights stellt sich so dar: Grundsätzlich ist das Anrecht auf ein Verfahren vor einem Geschworenengericht in allen Strafrechtsangelegenheiten garantiert, sieht man einmal vom Impeachment ab – diese Garantie besteht aufgrund von Art. III, Sect. 2 [3]. Offen ist nur, was in Zivilrechtsfällen zu geschehen hat – anzunehmen ist, daß zunächst die Regelung in den Einzelstaaten gilt. Offen ist zudem, was der Kongreß mit eventuellen Neuregelungen beschließen könnte, zu denen er grundsätzlich befugt ist [vgl. Art. III, Sect. 1, {1}: „The judicial Power of the United States shall be vested in one supreme Court, and in such inferior Courts as the Congress may from time to time ordain and establish."]. Einer Abschaffung der Geschworenengerichtsbarkeit durch den Kongreß (mittels eines einfachen Gesetzes) stünde (lediglich?) der Grundsatz *lex specialis derogat lex generalis* entgegen. Nicht klar ist auch, ob die Geschworenengerichtsbarkeit in den höheren Instanzen zur Anwendung kommt.

[55] Die Bill of Rights haben die Geschworenengerichtsbarkeit eindeutig gestärkt: Zusatzartikel 5 garantiert ein ‚Großes Geschworenengericht' bei Kapitalverbrechen oder einem „sonstigen schimpflichen Verbrechen"; der Zusatzartikel 6 gewährleistet bei Strafrechtsangelegenheiten einen Anspruch auf eine Verhandlung vor einem Geschworenengericht: „In allen Strafverfahren hat der Angeklagte Anspruch auf einen unverzüglichen und öffentlichen Prozeß vor einem unparteiischen Geschworenengericht desjenigen Staates und Bezirks, in dem das Verbrechen begangen wurde [...]"; der Zusatzartikel 7 garantiert ein Anrecht auf ein Verfahren vor einem Geschworenengericht bei Zivilprozessen, in denen der Streitwert zwanzig Dollar übersteigt. Vgl. WINFRIED BRUGGER: *Grundrechte und Verfassungsgerichtsbarkeit in den Vereinigten Staaten von Amerika*, Tübingen 1987, 437 [Zitat ebd. {im Anhang befindet sich der Text der US-Constitution im englischen Original sowie in deutscher Übersetzung}].

III. Alexander Hamilton: „The least dangerous branch" 249

„Um alle Schwierigkeiten zu umgehen, wird es am sichersten sein, allgemein zu erklären, daß der Oberste Gerichtshof bei Rechts- wie bei Tatfragen Berufungsinstanz sein soll und daß diese Rechtsprechung in Berufungsfällen den Ausnahmen und Regelungen unterliegen soll, *die von der nationalen Legislative vorgeschrieben werden.*"[56]

Damit muß Hamilton allerdings einräumen, daß der Bundesgewalt von seiten des Verfassungsentwurfs durchaus die *Möglichkeit* eingeräumt wird, die Geschworenengerichtsbarkeit für die Berufungsinstanzen abzuschaffen oder den (bundesstaatlichen) Berufungsinstanzen ein erneutes Aufrollen der Tat- beziehungsweise Rechtsfrage (durch Geschworene oder nicht) zu erlauben.

Hamilton versucht allerdings, diese Möglichkeit herunterzuspielen und das Weiterbestehen der einzelstaatlichen Gerichtsbarkeit hervorzuheben. Er übergeht damit den Umstand, daß sich deren Bedeutung durch eine übergeordnete nationale Gerichtsbarkeit doch massiv mindert oder mindern könnte.[57] Nicht auszuschließen ist zudem, daß auf Bundesebene der einfache – und für den Bereich des Strafrechts der verfassungsändernde – Gesetzgeber die Geschworenengerichtsbarkeit abschaffen könnte.

Insofern sind „Brutus'" Überlegungen nicht aus der Luft gegriffen. Seine Befürchtungen erscheinen allerdings überzogen zu sein, weil von seiten der Federalists (soweit bekannt) keine Bestrebungen zu erkennen waren, die Geschworenengerichtsbarkeit abzuschaffen oder einzuschränken. Jedoch ist in Betracht zu ziehen, daß es in den Einzelstaaten derlei Versuche gegeben hat – im Fall *Respublica vs. Doan* ist dieser Versuch sogar geglückt.[58]

C. Kritik

Hamiltons Verteidigung des Entwurfs des Verfassungskonvents steht „Brutus'" Kritik in nichts nach. Bei näherer Betrachtung sind aber auch an ihr eine ganze Reihe von Punkten zu kritisieren.

---

[56] Zit. n. ZEHNPFENNIG: *„Federalist Papers"* [aaO. FN 1 S. 207 dieser Arbeit], Nr. 81, 479 [Hn. M.E.].
[57] Nach derzeitigem Stand der Recherchen ist die Geschworenengerichtsbarkeit in den USA nicht einheitlich geregelt. Laut Zehnpfennig [siehe FN 27 S. 225 dieser Arbeit] erfolgen die „meisten Zivilrechtsfälle" in einem *trial by jury*-Verfahren. Bei der Strafgerichtsbarkeit scheint dies ebenfalls so zu sein. Doch gibt es wohl auch hier Ausnahmen, etwa Todesurteile in Verfahren, bei denen Geschworene nicht hinzugezogen werden (wie aus der Tagespresse zu entnehmen war). „Brutus'" Befürchtungen könnten somit wohl teilweise eingetreten sein – bzw. die breite Strömung zugunsten der Geschworenengerichtsbarkeit hat sich offensichtlich nicht unionsweit (vollumfänglich) durchzusetzen vermocht. Zum Topos der Geschworenengerichtsbarkeit als Instrument einer Kontrolle zentraler Regierungsgewalt (vertreten vornehmlich von Antifederalists siehe AMAR: *Bill of Rights* [aaO. FN 27 S. 225 dieser Arbeit], 81–118 mwN.
[58] Siehe FN 53 auf der Seite 247.

1. immanent

Zunächst einmal stellt Hamilton die Verfassungslage so dar, als ob die Teilnehmer der Philadelphia-Convention der Gerichtsbarkeit die Befugnis zum Judicial Review zusprechen wollten. Die Tatsache, daß es keine explizite Verfassungsnorm hierfür gibt, kann – so ist nach Hamiltons Darstellung anzunehmen – nur so erklärt werden: Dies sei für so selbstverständlich angesehen worden, daß eine Klarstellung als unnötig betrachtet wurde. Bis heute ist die Frage, ob die Teilnehmer an der Verfassungskonvention von 1787 die gerichtliche Prüfungskompetenz vorsahen, umstritten. Der Umstand, daß diese Befugnis nicht *expressis verbis* im Verfassungstext enthalten ist, könnte auch so gedeutet werden, daß die Philadelphia-Convention in dieser Frage selbst gespalten war.[59]

---

[59] Zu dieser Thematik etwa: WILLIAM ANDERSON: The Intention of the Framers, in: Kermit Hall (Hg.): *Judicial Review in American History*. Major Historical Interpretations, New York; London 1987, 1–13; SYLVIA SNOWISS: *Judicial Review and the Law of the Constitution*, New Haven; London 1990. Gemäß Snowiss bestand in der Philadelphia Convention Einigkeit darin, daß der Entwurf einer US-Verfassung (der identisch ist mit der später in Kraft getretenen Verfassung) der Gerichtsbarkeit die Befugnis zum Judicial Review zuerkennen würde. Bis heute sei jedoch übersehen worden, daß Judicial Review damals anders aufgefaßt wurde. Das bis heute geltende Verständnis beruhe auf der Interpretation, die Chief Justice John Marshall im berühmten Fall *Marbury vs. Madison* vorlegte und durchzusetzen vermochte. Siehe ebd., vii–viii: „I will, here, reopen the question of intent on the establishment of judicial review itself and present still another interpretation of its origin – one that removes the inconclusivness and ambiguities of existing interpretations and resolves the purported inconsistencies of the pre-Marshall record. The reinterpretation presented here uses no new material but consists in a reading of existing sources. I will argue that although there was substantial support for a judicial check on legislation before John Marshall assumed the chief justiceship of the U.S. Supreme Court, the check then contemplated was fundamentally different from that which Marshall built. I will argue, further, that Marshall's role was far more innovative and decisive than has ever been recognized." und passim. Dagegen spricht jedoch folgende Überlegung: Auf eine Abkehr vom bisherigen Verständnis des Judicial Review hätten – so ist anzunehmen – Kritiker der Marshall-Interpretation – darunter etwa Jefferson – doch hingewiesen. Solche Hinweise sind aber nicht auffindbar. Zudem scheint „Brutus'" Verständnis vom Judicial Review in den Grundgedanken nicht von demjenigen abzuweichen, welches Marshall propagierte. Vielleicht eine ähnliche Deutung wie Snowiss liefert SOSIN: *Aristocracy* [aaO. FN 20 S. 216], insbes. 227–273: Sosin stellt heraus, daß die Delegierten der Philadelphia-Convention in erster Linie darüber diskutiert haben, ob die nationalen Organe die Legislativorgane der Einzelstaaten kontrollieren sollten und die Befugnis erhalten sollten, deren Beschlüsse zu überprüfen. Dabei war auch auch daran gedacht worden, einen Council of Revision einzurichten, welcher aus Mitgliedern der Exekutive und aus Bundesrichtern zusammengesetzt sein sollte. Alternativ wurde ein „negative exercised by the national legislature" debattiert. Eine Zustimmung zu einem wie auch immer gearteten Veto gegenüber Gesetzen der einzelstaatlichen Ebene, bedeute jedoch keineswegs, eine solche Vetobefugnis auch gegenüber der nationalen Legislative zu befürworten. Zu den grundsätzlichen Schwierigkeiten, den Philadelphia-Delegierten respektive zumindest einer Mehrheit unter ihnen eine Deutung zuzuschreiben, führt Sosin aus: „Many of the verbal formulas the delegates adopted were compromises. But did all who voted for a particular phraseology agree as to its meaning? A few of the delegates refused to sign the final document; thirty-nine did, but their concurrence did not necessarily mean that all agreed to and accepted every provision of the proposed constitution. Among the signers apparently existed the

III. Alexander Hamilton: „The least dangerous branch"

Eine Betrachtung der Verfassungslage hinsichtlich der Verankerung des richterlichen Prüfungsrechts in der bis heute geltenden Federal Constitution führt zu einem anderen Bild, als es Hamilton von der projektierten US-Verfassung zeichnet.

So lassen sich als dogmatische Basis für die Befugnis zum Judicial Review im Regierungssystem der USA zwar drei positivrechtliche Argumente anführen: **Erstens** sind die Befugnisse des Kongresses gemäß Art. I Sect. 8 enumerativ bestimmt („Der Kongreß ist befugt: ..."). Da die Aufzählung als abschließend gelten kann, folgt daraus, daß die Legislative keine Totalkompetenz besitzt. **Zweitens** entspricht dem, daß Art. I insgesamt für alle Staatsorgane deren Kompetenzen genau festlegt. Von einer genauen Festlegung ist insbesondere unter Berücksichtigung der damaligen Üblichkeiten zu sprechen: Schließlich befand sich der Konstitutionalismus damals in seiner formativen Phase. (Die Normativität des Grundgesetzes ist natürlich eine andere.)[60] **Drittens** normiert Art. V. das Verfahren zur Änderung der Verfassung. Bei all diesen Vorschriften, ließe sich fragen, wozu sie in der Verfassung stehen, wenn niemand ihre Einhaltung auch kontrolliert.

Eine explizite Befugnis im Sinne eines Judicial Review läßt sich daraus jedoch nicht ableiten. Es handelt sich um Argumente, die für das Institut des Judicial Review vorgebracht werden können; aber es sind systematische Gründe, die nicht zwingend sind. Denn es sind Gründe dafür, daß die Verfassung ein Paramount Law ist, nicht aber Gründe dafür, daß *die Gerichte* überprüfen sollen, können oder dürfen.

Alexander Hamilton führt als ein zentrales Argument für die von der Philadelphia-Versammlung angepeilte Gerichtsbarkeit ins Feld, daß die Judikative die schwächste

---

    opinion that it was better to present the country with some formula rectifying the weaknesses of the Articles of Confederation than to jeopardize the venture by insisting on a clearly formulated document, one which might not have secured sufficient votes for approval. The existant records do not allow assurance that all thirty-nine signers fully agreed on the words contained in the Constitution, let alone that they understood what those words meant. The evidence indicates that on some issues no consensus existed, that disagreement prevailed. Judicial review may have been such an issue." [ebd., 230] Beim Judicial Review komme schließlich noch der Umstand hinzu, daß bei der Bestimmung der gerichtlichen Befugnisse die Unterscheidung zwischen *‚judicial control'* und *‚judicial review'* zu beachten sei: *‚judicial control'* beinhalte die Entscheidungskompetenz darüber, wie *und ob* ein Gesetz anzuwenden sei. Die Befugnis zum *‚judicial control'* erstrecke sich damit allerdings nur auf Einzelfälle. Dies markiere die erhebliche Differenz zum *‚judicial review'*; denn diese Befugnis ermögliche den Gerichten die Nichtigerklärung eines (als verfassungswidrig erachteten) Gesetzes für alle Fälle. [ebd., 230–231] Demgegenüber siehe hierzu die Ausführungen zur Nichtigkeitserklärung in § 2 GEGENSTAND. II. Profilbestimmung: Der politische Status der Gerichtsbarkeit. C. Rechtsvergleichender Überblick. 2. Die Vereinigten Staaten von Amerika, S. 32 mwN.

[60] Doch heißt dies nicht, daß eine Verfassung um so besser ist je normativer sie ist. Kritisiert wird dies unter dem Stichwort „Technizität des Verfassungsrechts" (z.B. im Blick auf die erfolgte Neuregelung des Asylrechts in der Bundesrepublik Deutschland). Mit erhöhter verfassungsrechtlicher Regelungsdichte droht nämlich die Selbständigkeit des Gesetzesrechts und mithin der Gestaltungsraum für die Legislative verloren zu gehen. Ausführlich RAINER WAHL: Der Vorrang der Verfassung und die Selbständigkeit des Gesetzesrechts, in: *NVwZ*, 35. Bd. (1984), H. 7, 401–409; MICHAEL BRENNER: Die neuartige Technizität des Verfassungsrechts und die Aufgabe der Verfassungsrechtsprechung, in: *AöR*, 120. Bd. (1995), H. 2, 248–268.

der drei Staatsgewalten sei. Er verweist dabei darauf, daß diese These schon Montesquieu vertreten habe. Für sich genommen ist dies durchaus korrekt. Hamilton läßt jedoch außer Betracht, daß Montesquieu bei dieser These von ganz anderen Bedingungen ausgeht: Montesquieu legt zugrunde, daß die Gerichtsbarkeit durch *ad hoc* zusammengerufene Versammlungen gebildet wird – durch Versammlungen, die nur sporadisch, das heißt: nur für einen bestimmten Fall geschaffen werden sollen. Hamiltons Grundgedanke lebenslang amtierender Richter ist aber nun geradezu das Gegenteil von Montesquieus Vorstellungen. Wenn Hamilton Montesquieus berühmte Sentenz, die Gerichtsbarkeit sei „en quelque façon nulle", heranzieht und sich auf diese Weise auf Montesquieu beruft, handelt es sich dabei somit um eine Irreführung der Leser. Dies gilt umso mehr, als die Gerichtsbarkeit bei Montesquieu bei weitem nicht die Kompetenzen besitzt, für die sich Hamilton einsetzt. Montesquieus Überlegungen enthalten weder die Idee der Verfassungsgerichtsbarkeit noch das Gebiet des öffentlichen Rechts. Montesquieu ist daher kein Gewährsmann für eine Gerichtsbarkeit, wie sie Hamilton vorschwebt – eine Gerichtsbarkeit mit der Zuständigkeit des Judicial Review.

Selbst wenn man die Unabsetzbarkeit der Richter als notwendig erachtet, um sie vor Pressionen von seiten des Volkes oder von seiten staatlicher Funktionsträger zu schützen, ist man keineswegs gezwungen, für eine lebenslange Amtszeit zu plädieren. Unabsetzbarkeit und Amtszeitbeschränkung waren und sind nicht unvereinbar. Die Beschränkung einer Amtsausübung auf zwölf Jahre (verknüpft mit einer Versorgung nach Ablauf der Amtsperiode) dürfte sicher alle Vorteile einer lebenslangen Amtszeit ebenso für sich verbuchen können und zugleich deren Nachteile erheblich mindern. Das Vorhandensein eines ausreichenden Reservoirs an geeignetem Personal ist zudem keine feststehende Größe. (Dies räumt Hamilton freilich auch ein.) Investitionen in die Juristenausbildung etc. könnten hier Abhilfe schaffen. Für die heutige Zeit sticht dieses Argument jedenfalls nicht mehr. Und für die Zeit Hamiltons ist zu konstatieren, daß eine Unterscheidung zumindest zwischen dem Gros der Bundesrichter und dem an zwei Händen abzählbaren Gremium des Supreme Court (neun Richter) auch problemlos möglich war. Es wäre durchaus möglich, die Amtszeit der Supreme Court Richter (im Unterschied zu den sonstigen Bundesrichtern) zu befristen. Bis heute ist dies allerdings nicht geschehen.

Hamiltons Argument, ein Mißbrauch der richterlichen Gewalt könne immer erfolgen – also sowohl bei der Aufhebung der Kollision zwischen konkurrierenden Gesetzen als auch bei der Auslegung eines einzelnen Gesetzes –, zielt an der Sache vorbei: Die Tragweite eines Mißbrauchs der richterlichen Gewalt ist bei der Nichtigerklärung eines Gesetzes, welches eine Vielzahl von Fällen erfaßt, wesentlich größer als bei einem Urteil, das nur einen Einzelfall betrifft. Zudem versucht Alexander Hamilton die Nichtigerklärung von Gesetzen aufgrund ihrer Verfassungswidrigkeit auf eine Stufe zu stellen mit der Entscheidung darüber, welches Gesetz von zwei einander widersprechenden Gesetzen heranzuziehen sei. [vgl. 78; 473–474] Solch ein Fall wird nach Hamilton einfach nach dem Grundsatz entschieden, daß ein neueres Gesetz den Vorrang vor einem älteren genießt, weil das neuere Gesetz den aktuellen

III. Alexander Hamilton: „The least dangerous branch" 253

Volkswillen verkörpere. Die Fälle sind jedoch unterschiedlich gelagert. Zum einen ist die Entscheidung nach dem Grundsatz *lex posterior derogat lex prior* ein sehr formales Kriterium. „Brutus" hingegen befürchtet eher Urteile, die sich etwa auf den „Geist" einer Verfassung stützen würden. Zum anderen läßt sich bei einem zuvor verabschiedeten Gesetz eher von einer aktuellen Artikulation des Willens des Volkes sprechen als bei einer Verfassung, die vielleicht vor längerer Zeit verabschiedet wurde. Hinzu kommt noch, daß bei dem von Hamilton angeführten Beispiel, der Entscheidung zwischen zwei kollidierenden Gesetzen, die Legislative nicht gebunden wird: Sie kann jederzeit ein Gesetz erlassen, welches genau den gleichen Inhalt hat wie das von den Richtern verworfene Gesetz.

Der Satz: „Falls diese Beobachtung überhaupt etwas beweist, dann höchstens, daß es keine von dieser Körperschaft unabhängigen Richter geben sollte." [78; 474] liefert ja genau das, was „Brutus" demonstrieren wollte (vorausgesetzt einmal, daß Hamilton damit gemeint hat, die Richter sollten nicht von der Legislative unabhängig sein). Hamilton reicht es anscheinend aus, daß die Legislative bei der Bestimmung der Bundesrichter ihre Zustimmung geben muß – „Brutus" aber nicht. „Brutus" insistiert auch auf der Abhängigkeit, mithin (möglichen) Kontrolle der Judikative hinsichtlich ihrer Urteile.

Nicht überzeugend wirkt des weiteren, die Gerichtsbarkeit zum Wächter der Individualrechte zu erklären [78; 475],[61] aber zugleich die Ergänzung der Federal Constitution um eine Bill of Rights abzulehnen. Das Operieren mit schriftlich fixierten Rechten dürfte rationaler sein als die einzelfallbezogene Abweichung von positiven Normen nach Grundsätzen der Billigkeit [vgl. Federal Constitution Art. III, Sect. 29]. Falls Alexander Hamilton jedoch mit „Individualrechten" die in den Einzelstaaten positivierten Rechte meint, ist nicht ersichtlich, wie eine für alle Bürger einheitliche Rechtsprechung erfolgen kann. Denn es ist wohl kaum anzunehmen, daß die Grundrechtserklärungen in den Einzelstaaten nicht zumindest in manchen Punkten differieren sollten. Hinzu kommt, daß es wohl nicht in allen Einzelstaaten Grundrechtserklärungen gab.[62]

Beim folgenden Kritikpunkt geht die interne – auf Inkonsistenzen gerichtete – Kritik in eine externe über, bei der eine Gegenkonzeption vertreten wird: Aus der Überordnung des Volkswillens über den seiner Repräsentanten folgt nicht, daß es Aufgabe *der Gerichtsbarkeit* sei, die Überprüfung der staatlichen Akte, inklusive der Gesetze, vorzunehmen. Hier wären zumindest Modelle vorstellbar, die dem Prinzip der Volkssouveränität gerechter würden,[63] *sofern* man – wie Hamilton – das Prinzip der Volkssouveränität mit folgenden Elementen assoziiert:

---

[61] Vgl. BALL: Hamilton/Madison/Jay: *Federalist* [aaO. FN 20 S. 216 dieser Arbeit], 381: „This independence of the judges is equally requisite to guard the constitution and the rights of individuals [...]."
[62] Vgl. FENSKE: *Verfassungsstaat* [aaO. FN 3 S. 208 dieser Arbeit], 96: „Nur sechs Staaten, Virginia, Delaware, Pennsylvania, Maryland, North Carolina und Massachusetts schufen Grundrechtskataloge [...]."
[63] Ausführlich DIPPEL: Sicherung der Freiheit [aaO. FN 32 S. 229 dieser Arbeit], 144–145. Dippel

- mit der Qualität der Machtvollkommenheit,
- mit einem zurechenbaren Träger der Souveränität sowie
- mit einem tatsächlich ermittelbaren Willen dieses souveränen Subjekts.

Setzt man diesen Souveränitätsbegriff voraus,[64] so ist eine möglichst nahe Kopplung der politischen Entscheidungen an einen „Volkswillen" die einzig konsistente Konzeption. Diskutabel wäre dann lediglich, ob man das Prinzip der Einstimmigkeit bei Volksentscheiden zugrunde legen müßte oder ob man aus Gründen der Praktikabilität einen *aktuellen* Mehrheitswillen des Staatsvolkes – *faute de mieux* – als Volkswillen betrachtet.

In rechtstheoretischer Hinsicht ist nicht klar, welche Position Alexander Hamilton einnimmt. Auf jeden Fall äußert er sich hierzu mehr als mißverständlich. So scheint er auf der einen Seite richterliches Urteilen als bloßen Nachvollzug eines gesetzlichen Willens zu begreifen. Hamilton hegt also die Vorstellung, richterliche Tätigkeit sei eine Art Subsumtionsautomatik. Denn wie sonst ist seine Behauptung zu verstehen, die Gerichte besäßen gar keinen Willen?[65] Auf der anderen Seite schreibt er im 22. Artikel der »Federalist Papers«, verschiedene Gerichte urteilen verschieden. Diese Aussage trifft Hamilton, als sei dies vollkommen selbstverständlich. Wie beide Äußerungen miteinander in Einklang zu bringen sind, erscheint rätselhaft. Denn das Zustandekommen verschiedener Ergebnisse ließe sich mit der Rechtsfindung im Stile von „Subsumtionsautomaten" nicht ohne weiteres erklären. Die Verschiedenheit rechtlicher Analysen und Folgerungen wäre nämlich naheliegenderweise wohl zuallererst auf unterschiedliche Bewertungen zurückzuführen. Bewertungen sind jedoch im Modell einer bloßen Umsetzung eines fremden (gesetzlichen) Willens nicht vorgesehen.

---

stellt dar, wie die Verfassung von Pennsylvania (aus dem Jahr 1776) den Grundsatz der Volkssouveränität organisatorisch zu verwirklichen sucht. Diese Verfassung sah z.B. einen alle 7 Jahre neu zu bestellenden Zensorenrat vor, der über die Einhaltung der Verfassung wacht. Dieser Zensorenrat besaß weitreichende, aber zeitlich befristete Vollmachten. Er konnte einen Verfassungskonvent einberufen und für diesen Vorschläge unterbreiten. Zudem sollten die Bürger Pennsylvannias *direkt* am Gesetzgebungsprozeß mitwirken. Dafür besaßen sie das Recht, jederzeit Zutritt zum Parlament zu haben; des weiteren sollten Gesetze vor ihrer Verabschiedung zur Kenntnisnahme der Bürger gedruckt werden.

[64] Sowohl bei den beiden Protagonisten „Brutus" und Hamilton als auch bei Dippel ist der Begriff der ‚Souveränität' mit diesen Bestandteilen konnotiert. Unter *diesen* Voraussetzungen ergibt sich ein grundbegrifflicher Konflikt zwischen dem Institut des Judicial Review und der Idee der Volkssouveränität. Die hier entfaltete systematische Theorie gelangt zu einem anderen Verhältnis dieser beiden Kategorien. Mit Habermas' Worten ließe sich in bezug auf die Konzeptionen von „Brutus" und Hamilton (sowie von Dippel) von einem konkretistisch (miß-)verstanden Souveränitätsbegriff sprechen.

[65] Vgl. 78; 470: „Man kann wahrhaft sagen, sie [die Judikative; M.E.] besitzt weder die MACHTMITTEL [*force*] zu handeln noch DEN WILLEN [*will*], sondern allein Urteilsvermögen und ist letztlich von der Unterstützung der Exekutive für den Vollzug ihrer Urteile abhängig." [Ergänzungen A.A./W.P.A.; Hn. i.O.].

III. Alexander Hamilton: „The least dangerous branch"

2. transzendent

Die Unschärfen bei Hamiltons Darlegungen zur Justiziabilität übertragen sich auf seine Rechtfertigung des Judicial Review. So vermittelt seine Lehre nicht zwischen einem „Soll-" und einem „Ist-"Zustand bei der Rechtsanwendung:
- Einerseits fordert er einen „Soll-Zustand", bei welchem von den Richtern der Verzicht auf jegliche Rechtsschöpfung durch bloße Auslegung verlangt wird.
- Andererseits aber stellt Hamilton fest, dieser Soll-Zustand werde im „Ist-Zustand" vielfach nicht erreicht. Dann ist jedoch zu erläutern, warum der Gerichtsbarkeit angesichts dieser Abweichung vom Soll-Zustand die Kompetenz zum Judicial Review überantwortet werden kann.

Zwar ist richtig, daß die Möglichkeit des Mißbrauchs von irgendetwas es nicht verwehrt, dennoch für seinen Einsatz oder Gebrauch einzutreten. Doch dann ist auszuführen, warum die Vorteile des Nutzens die damit verbundenen Nachteile und Gefahren überwiegen. Bei Hamilton entsteht jedoch der Eindruck, er operiere nur mit dem Idealzustand, also nur mit dem positiven beziehungsweise korrekten Einsatz der richterlichen Ermächtigung.

Zudem bezog sich Hamiltons (von Montesquieu entlehntes) Argument, die Gerichtsbarkeit sei weniger gefährlich als jede andere Staatsgewalt, gerade auch darauf, daß die Rechtsprechung Einzelfälle zu entscheiden habe – folglich nie die Freiheit des ganzen Volkes bedrohen könne. Beim Judicial Review von Gesetzen wird (aufgrund des im US-amerikanischen Rechtssystem bestehenden ‚case or controversy'-Erfordernisses) zwar nur ein Einzelfall verhandelt. Aber ein in einem solchen Verfahren für nichtig erklärtes Gesetz hätte eine Vielzahl von Fällen geregelt.

Zuzugestehen ist Hamilton, daß die Macht der Gerichtsbarkeit eher eine sanktionierende ist und die Judikatur der Tendenz nach, (nur) über eine Vetomacht verfügt. Ist sie dadurch weniger gefährlich? In Betracht zu ziehen ist bei der Beantwortung dieser Frage, daß auch im (gerichtlichen) Verhindern und Nicht-Verhindern das Moment eines gestaltenden Eingriffs in den politischen Prozeß aufweisbar ist. Wie sehr sie (von) selbst nicht handeln kann, ist zumal genauer zu ermitteln.[66]

Überdies setzt sich Alexander Hamilton mit einer irrealen Gefahr auseinander: Er diskutiert die Möglichkeit einer Diktatur der Judikative. Daß diese unwahrscheinlich ist, da die Rechtsprechung keinen Zugriff auf Militär und Finanzen hat, ist offensichtlich. Hamilton hat so leichtes Spiel. Von auf eigene Faust agierenden Richtern hatte aber „Brutus" jedenfalls nichts geschrieben. Und es erscheint wenig plausibel anzunehmen, ein anderer Antifederalist hätte diese Gefahr beschworen. „Brutus'" Befürchtungen zielen vielmehr auf eine manipulierende, illegitime Herrschaft der Judikative *im Verbund* mit anderen Bundesorganen. Gerichtsbarkeit und Bundesorgane könnten allesamt (aus Eigeninteresse) Hand in Hand arbeiten. Dagegen bringt

---

[66] Siehe hierzu (in dieser Arbeit) § 4 JUDICIAL REVIEW UND DEMOKRATIE. VII. Die Eigenart verfassungsgerichtlicher Souveränität [insb. S. 286–290].

Hamilton allenfalls vor, daß die Einzelstaaten immer noch über ein Eigengewicht verfügen.

Hamiltons Rechtfertigung des Judicial Review geht demnach auf zentrale Gesichtspunkte nicht ein. So beantwortet seine Konzeption die Frage, wer die Kontrolleure kontrolliert, nur ungenügend. Hamilton verwirft die Beaufsichtigung der Verfassungskonformität durch die Legislative mit dem Argument, niemand solle Richter in eigener Sache sein. Sind aber nicht die Richter bei Hamiltons Modell in eigener Sache tätig? Verfügen sie nicht über die Kompetenz-Kompetenz – über die Befugnis zu entscheiden, in welchen Fällen sie urteilen wollen und in welchen nicht? Entscheiden sie nicht über den Umfang ihrer Macht, indem sie definieren, wo die Grenze zwischen Politik und Recht verläuft?

Ins Zentrum von Hamiltons Demokratietheorie führt der letzte Kritikpunkt: Hamilton begründet die Kompetenz zum Judicial Review mit dem Argument, dadurch werde lediglich der Volkssouveränität Rechnung getragen. Und zwar dergestalt, daß die Gerichtsbarkeit dem Vorrang des Volkswillens gegenüber dem Willen der Beauftragten des Volkes Geltung verschaffe. Hamilton arbeitet hierbei indes mit einer Fiktion – ohne diese als solche kenntlich zu machen. Er fingiert die Verfassung als gleichsam materialisierten Volkswillen. Die Unmittelbarkeit dieses Volkswillens ist aber nicht gegeben. Denn die Verfassung ist ebenso durch Delegation zustandegekommen wie die einfachen Gesetze.[67] Die Gesetze verfügen insofern über genau die gleiche Legitimationsbasis wie die Verfassung. Es ist jedenfalls fraglich, wie sehr Verfassung und „Volkswillen" tatsächlich übereinstimmen.[68] Zieht man in Betracht, daß bei der Entstehung der Federal Constitution die Initiative „von oben" (durch das Handeln einer recht geringen Zahl von Personen) und nicht „von unten" ausgegangen ist, stellt sich sogar die Frage, ob die Gesetze nicht legitimer sind als die projektierte Verfassung. Dagegen spricht jedoch der Umstand, daß Gesetze nach dem vorgeschlagenen Regierungssystem gemäß der Federal Constitution – dem Volk nicht zur Abstimmung vorgelegt werden, über die Annahme der Federal Constitution aber in Wahlmännergremien entschieden wird. Allerdings steht hierbei wiederum nur die Verfassung *in toto* zur Abstimmung.

Fazit: Hamiltons Demokratietheorie weist das Defizit auf, die Rolle der Verfassung im Rahmen einer Konzeption demokratischer Souveränität nur verkürzt beleuchtet zu haben. Hamiltons Rechtfertigung (‚)verfassungsgerichtlicher(‘) Aufsicht trägt nicht hinreichend dem Umstand Rechnung, daß der Supreme Court ein allein auf den in der

---

[67] Zu einer gleichen Bewertung gelangt ALLEWELDT: Idee der gerichtlichen Überprüfung [aaO. FN 42 S. 236 dieser Arbeit], 220: „Hamilton geht großzügig darüber hinweg, daß auch die Verfassung von Vertretern beschlossen werden kann (so geschah es ja tatsächlich!) und sich auch in der gesetzgebenden Versammlung, wie der Federalist an anderer Stelle ausführt, der Volkswille bildet, im Idealfall sogar der geläuterte Volkswille (Nr. 10). Diese starke, fast irreführende Vereinfachung erleichtert Hamilton jedoch erheblich die Begründung des richterlichen Prüfungsrechts."

[68] Abgesehen davon ist fraglich, ob von einem Willen des Volkes überhaupt gesprochen werden kann. In der

Verfassung kristallisierten Volkswillen verpflichtetes Gremium ist, das *ansonsten* von einem „Volkswillen" – insbesondere von einem aktuellen „Volkswillen" – vollkommen unabhängig ist. Vielmehr schließt Hamiltons Lehre verfassungsrechtlich kristallisierte und aktuelle „Volkswillen" kurz. So verfängt sich Hamiltons Theorie in Widersprüchen, die das Operieren mit einer subjektivistischen Fassung der Volkssouveränität mit sich bringt.

IV. Der ideengeschichtliche Weg zur Verfassungsgerichtsbarkeit

A. Von der fürstlichen Souveränität zur Volkssouveränität

Die neuzeitliche Souveränitätsidee stammt aus dem 16. Jahrhundert. Zunächst legitimierte sie den letztinstanzlichen Herrschaftsanspruch der Fürsten. Einen strikt *monarchischen* Absolutismus verfochten die beiden herausragenden Exponenten der frühen Souveränitätstheorie – Jean Bodin (1530–1596) und Thomas Hobbes (1588–1679) – allerdings keineswegs.

Mit der Lehre von der fürstlichen Souveränität brach die Staatsphilosophie der europäischen Neuzeit mit der zentralen theologisch-politischen Grundauffassung des Mittelalters. Nach dieser Auffassung regierten „göttliche Gesetze" das Gemeinwesen, und den weltlichen Fürsten kam lediglich der nachrangige Status ausführender Organe zu. Die fürstliche Herrschaftsmacht sollte nur die Befolgung dieser „göttlichen Gesetze" sicherstellen. Trotz ihrer herausgehobenen Stellung galten somit die weltlichen Herrscher ebenso als Funktionäre der göttlichen Ordnung wie alle anderen Menschen auch. Diese Bindung der politischen Herrschaft an eine (Rechts-)Ordnung, die – der Deutung nach – menschlicher Verfügung entzogen ist, lösten die Verfechter der neuzeitlichen Souveränitätslehre auf: Sie bestanden auf einer umfassenden und unumschränkten Dispositionsmacht der weltlichen Herrscher über das Recht.[69]

Diese Forderung bildet den Kern der klassischen Souveränitätsidee. Zu den bedeutendsten Vertretern dieser Idee zählen Jean Bodin und Thomas Hobbes. Beide formulierten ihre politische Theorie vor dem Hintergrund konfessioneller Bürgerkriege.

Bodin gelangte zu seinem Postulat eines von den Gesetzen entbundenen Monarchen angesichts der bis zum Bürgerkrieg eskalierten politisch-religiösen Auseinandersetzungen in Frankreich nach der Bartholomäusnacht von 1572. Damals schien es einzig zwei Möglichkeiten zu geben, zum Frieden zu kommen: Entweder rotteten die Katholiken die Protestanten endgültig aus. Oder Frankreich zerfiel in eine Vielzahl von teils katholischen, teils protestantischen Territorien.[70] Die zweite Möglichkeit

---

[69] Siehe hierzu auch (in dieser Arbeit) § 6 VERFASSUNGSGERICHTSBARKEIT UND JUSTIZIABILITÄT. III. Recht und Politik. D. Rechtssetzung und Rechtsanwendung [S. 438–463; insb. 440–441]. Dort wird die Herausbildung von Staatlichkeit und die Entwicklung des Verständnisses von Recht und Herrschaft vom Mittelalter bis zur Gegenwart ausführlicher geschildert.

[70] Vgl. hier und die folgende Passage: FRIEDRICH GERHARD SCHWEGMANN: Idee und Entstehung

besaß in Frankreich jedoch keine Aussicht auf Verwirklichung, weil die Einheit des Gemeinwesens im politischen Bewußtsein der Franzosen bereits fest verankert war. So ging der Krieg weiter: Für die Katholiken, die in der Überzahl waren, als ein Vernichtungskampf gegen die Hugenotten; für letztere als ein Kampf ums Überleben.

Lediglich eine kleine, aber einflußreiche Gruppe von Politikern, Juristen und Publizisten (im *parti des Politiques* zusammengeschlossen)[71] war nicht bereit, sich mit dieser Situation abzufinden. Sie erstrebten nicht den Sieg einer der beiden kriegführenden Parteien, sondern suchten nach einem dritten Weg, Frieden herzustellen. Dieses Ziel hatte für sie oberste Priorität, weil sie in der Beendigung der Gewalttätigkeiten die Voraussetzung aller anderen Lebensziele – einschließlich der Religionsausübung – erblickten.

Diese Auffassung unterschied sich damit erheblich von der damals üblichen. Für letztere bedeutete Glaubensfreiheit, also Duldung von in ihrer Sicht häretischen Glaubenslehren, nämlich Gotteslästerung und damit die Gefahr eines diabolischen Ansteckungsherdes. Demgegenüber setzten die Politiques nicht die (universale) Verbreitung einer dem „wahren Glauben" entsprechenden Lebensführung an die erste Stelle der irdischen Dringlichkeiten, sondern das friedliche Zusammenleben aller. Daher verfochten sie das Prinzip konfessioneller Toleranz.[72]

Um diese friedliche und tolerante Koexistenz zu erreichen, mußte die königliche Autorität so gestärkt werden, daß sie in der Lage war, Toleranzedikte auch durchzusetzen. Militärisch bedeutete dies, die royale Armee in die Lage zu versetzen, daß sie Frieden gegen die konfessionellen Kräfte sowohl zu erzwingen als auch zu bewahren vermochte. Hierfür mußte eine neue Loyalitätsgrundlage geschaffen werden. Denn gemäß den überlieferten feudalständischen Bindungen besaßen die Lehensträger des französischen Königs die Befugnis zur eigenmächtigen Kriegsführung.

Dem Programm, für die monarchische Herrschaft eine neuartige Form der Autorisierung zu entwerfen, fühlte sich (auch) Bodin verpflichtet. Daher erklärte er den König für von den Gesetzen – das heißt, von den feudalen und ständischen Rechten – unabhängig (*legibus absolutus*). Allerdings ist Bodins politische Philosophie trotz des fraglos neuzeitlichen Charakters der von ihm grundgelegten Souveränitätsidee in vielerlei Hinsicht dem mittelalterlichen Denken verhaftet. So findet sich bei ihm durchaus die Vorstellung „göttlicher Gesetze, welche den Staat regieren". Nur ist deren Status unklar.[73]

---

des staatlichen Gewaltmonopols, in: *Verwaltungsrundschau*, 33. Bd. (1987), H. 7 (Juli), 217–221 [219–220].

[71] Ab 1573 traten sie als *parti des Politiques* auf und nannten sich dementsprechend „Politiques". Ursprünglich war diese Bezeichnung ein Spottname für sie gewesen – in Anspielung auf ihre Absicht, Frieden auf politischem Weg zu erreichen.

[72] Dabei sollte allerdings nicht übersehen werden, daß das Eintreten für konfessionelle Toleranz Bodin nicht davon abhielt, die Verfolgung und Vernichtung von „Hexen" zu propagieren.

[73] Instruktiv hierzu PETER-CORNELIUS MAYER-TASCH: Einführung in Jean Bodins Leben und Werk, in: ders. (Hg.): Jean Bodin: *Sechs Bücher über den Staat*. Buch I–III. Übers. u. mit Anm.

IV. Der ideengeschichtliche Weg zur Verfassungsgerichtsbarkeit

Mit Thomas Hobbes' politischer Philosophie verbindet sich die klassische Souveränitätsidee nicht weniger als mit deren Grundlegung durch Jean Bodin. Wie Bodins ist auch Hobbes' Staatsphilosophie als eine intellektuelle Antwort auf die konfessionellen Bürgerkriege seiner Zeit zu sehen. Mittelalterlichen Sichtweisen steht Hobbes' Theorie hingegen in weit geringerem Maße als Bodins Lehre nahe. Vielmehr markiert Hobbes' Philosophie den Beginn neuzeitlichen Denkens.

Hobbes nimmt einen chaotischen und für alle Individuen permanent lebensbedrohlichen Naturzustand an. Er insistiert darauf, dieser hypothetische Naturzustand sei allein durch den Abschluß eines Unterwerfungsvertrages zu beenden. Auf diese Weise werde eine Zwangsgewalt autorisiert, die – rechtlich unbegrenzt – Herrschaft auszuüben vermöge. Hobbes betrachtet diese Machtkonzentration als *conditio sine qua non* innerstaatlichen Friedens.

Folgerichtig konstruiert Hobbes sein Vertragsmodell so, daß derjenige politische Akteur, der mittels vertraglicher Vereinbarung zur souveränen Instanz autorisiert wird, gerade nicht vertragsschließende Partei ist, sondern „nur" vom Vertragsschluß begünstigt wird. Der zur Herrschaft ermächtigte Akteur erlangt seine Autorisation zwar zum Zweck einer Dienstleistung – nämlich der Gewährleistung des Schutzes von Leben und Eigentum aller vertragschließenden Individuen. Nicht zuletzt um dieses Schutzes willen haben sich die Individuen vertraglich gebunden. Aber der Träger der Souveränität ist mit ihnen keinen (Dienstleistungs-)Vertrag eingegangen und somit als einziger im Naturzustand (in dem Krieg aller gegen alle herrscht) verblieben. Daher können gegenüber diesem begünstigten Dritten keinerlei Rechte geltend gemacht werden.

Gemäß Hobbes ist dieses souveräne Subjekt der Dreh- und Angelpunkt der jeweiligen politischen Gemeinwesen. So existiere jede politischen Einheit mit dem Moment, mit dem ein politischer Akteur zur Herrschaft autorisiert und die politische Einheit dadurch in Gestalt des sie repräsentierenden Inhabers der Souveränität konstituiert werde. Des weiteren werde die Einhaltung des Sozialvertrags und somit der jeweilige staatliche Zusammenschluß (nur) durch die Übermacht der souveränen

---

vers. v. Bernd Wimmer. Eingel. u. hrsg. v. dems., München 1981, 11–51 [34–35 mwN.]: „Wenn er [Bodin; M.E.] [...] im Souverän das Abbild Gottes sieht, so entspricht diesem ontologischen auch ein normativer Befund. Dem Abbild des Schöpfers und Lenkers der Welt ist dieser Vorbild, ‚à l'exemple duquel le sage Roy se doit conformer et gouverner son Royaume'. Aus der normativen Umsetzung dieser vergleichsweise unverbindlich klingenden Maxime folgt, daß der Souverän zwar nicht den (sozusagen) bürgerlichen, wohl aber den ‚Gesetzen Gottes und der Natur' unterworfen ist. [...] Die Beschwörung metapositiver ‚leges divinae ac naturales' provoziert die Frage, ob diese Gesetze lediglich als rechtlich unverbindliche Maxime der Politischen Ethik oder aber als rechtlich verbindliche Begrenzung der herrscherlichen Souveränität zu werten sind." Vgl. ferner SCOTT GORDON: *Controlling the State*. Constitutionalism from Ancient Athens to Today, Cambridge [Mass.]; London 1999, 23 mwN.: „Numerous passages can be quoted from the *République* that express Bodin's concept in unambiguous terms [...]. But there are also passages in which he contends that the command of a sovereign authority is not valid if it violates the laws of God or nature, disregards the commitments of previous sovereign authorities, or unilaterally breaks a contractual agreement [...]."

Instanz garantiert, weil diese Instanz die Regeln des bürgerlichen Zustands definiere und eventuelle Verstöße sanktioniere.

Hobbes' Lehre von der Notwendigkeit einer rechtlich unbeschränkten und demnach mit Machtvollkommenheit ausgestatteten Instanz weicht in wesentlichen Punkten von Bodins Konzeption ab:

- Zum einen rekurriert Hobbes auf das kontraktualistische Paradigma, um absolute Herrschaftsmacht zu begründen, während Bodin die Erkenntnis von Wesenheiten anstrebt und somit eher aristotelisch argumentiert.
- Zum anderen stellt im Rahmen von Bodins Souveränitätstheorem die unteilbare, rechtserzeugende Macht des souveränen Subjekts keinen Selbstzweck dar. Bodin zufolge stehe diese Macht vielmehr im Dienste der Verwirklichung des Gemeinwohls – des ‚*bien public*'. Nach Hobbes' Theorie läßt sich die Rolle der souveränen Instanz hingegen nur bedingt mit diesen Aussagen beschreiben:[74]

Denn **erstens** sind bei Hobbes veritable moralisch-ethische Verpflichtungen nicht auszumachen. Der Funktionalismus der hobbesschen Lehre erfaßt (nur) Klugheitsüberlegungen, die die individuelle Selbsterhaltung zum Ziel haben. Diese Klugheitsüberlegungen können im Ergebnis mit moralisch-ethischen Anforderungen deckungsgleich sein. Gleichwohl besitzen sie keine moralisch-ethische Dignität. Dementsprechend verhält es sich bei Hobbes' politischer Philosophie mit einer moralisch-ethischen Verpflichtung der souveränen Instanz auf das Gemeinwohl. Die Aufgabe dieser Instanz liegt gemäß Hobbes sicher darin, den Untertanen Schutz zu bieten – und zwar zuerst und vor allem Schutz im Sinne einer Sicherung des bloßen Überlebens. Darüber hinausreichende Aktivitäten des Staates finden ihre Grenze darin, daß der Staat für das Glück seiner Untertanen nicht zuständig ist. Hobbes ging davon aus, daß sich das Wohlergehen der Bürger durch deren *eigenes* Tun ergibt. Ist der Frieden gesichert, erblühen Handel, Kunst und Wissenschaft, ist ein „angenehmes Leben" in den Bereich des Möglichen gerückt – all dies allein aufgrund der (aggregierten) individuellen Verfolgung von Interessen.

Zweitens nimmt im Rahmen von Hobbes' Konzeption das Streben nach Macht selbstzweckhaften Charakter an: Jedes Individuum richtet seine Bemühungen auf die Steigerung seines Machtpotentials aus, ohne daß hierfür je eine Grenze erreichbar wäre. Denn jedes höhere Machtpotential eines anderen stellt eine Gefährdung

---

[74] So aber WERNER BECKER: Politische Freiheit und Volkssouveränität, in: Volker Gerhardt (Hg.): *Der Begriff der Politik*. Bedingungen und Gründe politischen Handelns, Stuttgart 1990, 109–122 [118]. Becker führt aus [ebd.], nichts sei naheliegender gewesen, als dem absolutistischen Monarchen den Anspruch zu bestreiten, als eine Art fürstlicher Familienpatriarch bestimmen zu können, was das allgemeine Wohl, das heißt das Beste für die Untertanen darstelle. Als Gegenposition zu den absolutistischen Souveränitätslehren habe sich daraufhin das Modell der demokratischen Volkssouveränität als letztinstanzliche Legitimationsidee entwickelt. Durch die Relativierung des Gemeinwohlgedankens in bezug auf Hobbes' Lehre läßt sich jedoch der von Becker konstatierte Umschlag der absolutistischen Souveränitätslehre in die Idee der Volkssouveränität nicht aufrechterhalten – so schlüssig Beckers ideengeschichtliche Überlegung, mit der Zielbestimmung der monarchischen Herrschaft kündige sich die Idee der Volkssouveränität fast schon an, auch wirkt.

IV. Der ideengeschichtliche Weg zur Verfassungsgerichtsbarkeit   261

der eigenen Person dar. Im bürgerlichen Zustand mag dieses unaufhörliche Streben nach Macht durch die souveräne Instanz reguliert sein. Für den Inhaber der Souveränität gilt dies jedoch nicht. Er verfolgt auf jeden Fall das selbstzweckhafte Ziel einer Mehrung seiner Macht, weil er durch keine regulierende Instanz geschützt ist.

Gemeinsam ist Jean Bodin und Thomas Hobbes hingegen, daß ihre Souveränitätsdoktrinen nicht unbedingt eine *fürstliche* Herrschaftsmacht zu legitimieren suchen: So neigt Bodin zwar zur Monarchie, weil er sie für die stabilste und damit beste Staatsform betrachtet. Aber er behauptet nicht, daß dies die einzige stabile Form politischer Organisation sei. Bodin führt vielmehr die antike Klassifikation der guten Herrschaftsformen nach den Grundtypen Monarchie, Aristokratie und Demokratie fort.[75] So weist Hobbes wiederholt darauf hin, daß nicht nur eine einzelne Person, sondern auch eine Versammlung (das heißt ein Parlament) als souveräne Instanz fungieren könne. Er hält allerdings eine einzelne Person für geeigneter, die Souveränität inne zu haben.

Diese relative Gleichgültigkeit bezüglich der Frage des Trägers der Souveränität erklärt sich sowohl bei Bodin als auch bei Hobbes aus dem Umstand, daß die Begründungsziele ihrer Souveränitätstheoreme (in erster Linie) im Erweis der Notwendigkeit des „daß" von souveräner Herrschaft bestanden. Das „wie" von souveräner Herrschaft trat demgegenüber zurück – wie im Fall von Bodin – oder wurde als irrelevant erachtet – wie bei Hobbes.[76]

Die Akzentuierung der Vorrangigkeit des bloßen Bestands von Herrschaftsmacht ist der Lehre des Genfer Philosophen Jean-Jacques Rousseau (1712–1778) diametral entgegengesetzt. Rousseau liefert wie Hobbes eine vertragstheoretische Legitimation von Herrschaft, doch fordert Rousseau dezidiert einen bestimmten Träger der Souveränität – nämlich das Volk. Rousseau formuliert so maßgeblich die Idee der Volkssouveränität.

Freilich läßt sich Rousseaus politische Philosophie damit durchaus in eine (ideen-)geschichtliche Entwicklung einreihen, deren Wurzeln zumindest bis in die Antike – insbesondere bis zur attischen Demokratie – und bis ins Mittelalter – vor allem bis zur

---

[75] Vgl. GORDON: *Controlling* [aaO. FN 73 S. 258 dieser Arbeit], 21–22.

[76] So führt Hobbes aus, daß Despotie lediglich der pejorative Begriff für eine Herrschaft sei, den die jeweiligen Gegner einer politischen Ordnung verwendeten. Inhaltliche Differenzen normativer Art bestünden etwa zwischen Monarchie und Tyrannis nicht. Hobbes verabschiedet auf diese Weise die aus der Antike stammende Unterscheidung zwischen guten und schlechten Regierungsformen, derer sich Bodin bedient. Siehe nur THOMAS HOBBES: *Leviathan oder Stoff, Form und Gewalt eines kirchlichen und bürgerlichen Staates*. Hrsg. und eingel. von Iring Fetscher. Übers. von Walter Euchner, Frankfurt a.M. 1992 u.ö. [5. Aufl.; Erstaufl. 1984], 539: „Und da der Name ‚Tyrannis' nicht mehr und nicht weniger bedeutet als der Name ‚Souveränität', ob sie nun bei einem oder mehreren Menschen liegt, außer daß man von denjenigen, die das erstgenannte Wort benützen, annimmt, sie könnten die von ihnen als Tyrannen bezeichneten Menschen nicht leiden, so glaube ich, daß es die Duldung eines erklärten Hasses gegen die Tyrannis eine Duldung des Hasses gegen den Staat im allgemeinen ist und ein anderer übler Keim, der sich nicht viel von dem vorigen unterscheidet."

bürgerlichen Selbstverwaltung der städtischen Republiken – zurückreichen. Zumindest Keime der Idee der Volkssouveränität haben sicherlich politische Denker wie Thomas von Aquin (ca. 1224–1274), Johannes von Paris (= Johannes Quidort; ca. 1270–1306), Manegold von Lautenbach oder Marsilius von Padua (1275–1342/43) gelegt.[77] Diese Denker sogar zu Begründern des Gedankens der Volkssouveränität zu erklären, könnte jedoch anachronistisch sein. Denn zumindest bis zur modernen Verwendung des Souveränitätsbegriffs setzte die theoretische Figur der Souveränität die Vorstellung einer Verfügbarkeit der politischen Ordnung voraus und eine derartige Vorstellung war dem politischen Denken bis zur Neuzeit fremd.

Bei Bodin hingegen finden sich mindestens Ansätze einer solchen Vorstellung, und umfassend ausgeprägt ist sie bei Hobbes[78] und bei Rousseau. So stellt zwar die in Rousseaus Modell betriebene „Demokratisierung" der Position des absolutistischen Monarchen unzweifelhaft einen Gegenentwurf zu den Staatstheorien von Bodin und Hobbes dar. Dennoch ist – trotz des Unterschiedes in der Bestimmung des souveränen Subjekts – auch für Rousseau

> „die Souveränität gekennzeichnet durch Absolutheit, Unteilbarkeit, Unwiderstehlichkeit, Zuhöchstsein und Nichtbegrenztheit durch Gesetz und Verfassung; denn der Souverän ist die Quelle aller Gesetze und ihnen somit übergeordnet."[79]

Zumindest weisen die meisten Aussagen in Rousseaus »Du Contrat Social« in die Richtung auf eine derartige Deutung von Rousseaus Begründungsabsichten hin.[80]

Die rousseausche Verknüpfung von Volkssouveränität und Selbstmächtigkeit des Menschen findet sich ebenfalls bei Emmanuel Joseph Sieyes (1748–1836). Sieyes' politische Theorie steht einerseits in Frontstellung zu derjenigen Rousseaus. Andererseits stellt sie aber auch eine Fortführung von dessen Überlegungen und Forderungen dar:

– So begründet Sieyes auf der einen Seite die Vorteilhaftigkeit und Unumgänglichkeit der Repräsentation. Damit befindet er sich in einem scharfen Gegensatz zu Rous-

---

[77] Ausführlich FENSKE: Mittelalterliche Wurzeln des modernen Verfassungsstaates, in: ders.: *Verfassungsstaat* [aaO. FN 3 S. 208 dieser Arbeit], 25–52. Geburts- und Todesjahr Manegolds sind unbekannt; der letzte Beleg aus Manegolds Leben stammt von 1103. Zum Anklingen der Idee der Volkssouveränität bei Manegold siehe HORST FUHRMANN: „Volkssouveränität" und „Herrschaftsvertrag" bei Manegold von Lautenbach, in: Sten Gagnér/Hans Schlosser/Wolfgang Wieland (Hg.): *FS Hermann Krause*, Köln; Wien 1975, 21–42; bei Marsilius siehe DIRK LÜDDECKE: Marsilius von Padua, in: Hans Maier/Horst Denzer (Hg.): *Klassiker des politischen Denkens*, München 2001, 107–118.

[78] Nicht verschwiegen werden soll, daß die Naturgesetze bei Hobbes Lesarten erlauben, Hobbes näher an das überlieferte Naturrecht zu rücken. Dies sind freilich eher seltene Stimmen in der Hobbes-Exegese.

[79] GÜNTHER MALUSCHKE: *Philosophische Grundlagen des demokratischen Verfassungsstaates*, Freiburg i.Br.; München 1982, 89; ebenso FRIEDRICH POHLMANN: *Politische Herrschaftssysteme der Neuzeit. Absolutismus – Verfassungsstaat – Nationalsozialismus*, Opladen 1988, 90–91.

[80] Rousseaus Eintreten für ein Tribunat fügt sich sich allerdings nicht unbedingt in diese Interpretation ein. Hierzu S. 275 dieser Arbeit.

IV. Der ideengeschichtliche Weg zur Verfassungsgerichtsbarkeit

seau, der in einer bürgerschaftlichen Delegation ihrer Gesetzgebungsbefugnis die Preisgabe des Grundsatzes der Volkssouveränität und darin den Schwund der Legitimität der politischen Ordnung erblickt.
– Auf der anderen Seite transformiert Sieyes gewissermaßen Rousseaus Konzeption in verfassungstheoretische Kategorien, indem er 1788 in seinem berühmten Manifest »Was ist der Dritte Stand?« die *Nation* zum Träger der verfassunggebenden Gewalt erklärt.[81]

B. Die Lehre von der begrenzten Staatsmacht

Die ideengeschichtliche Linie von Rousseau zu Sieyes läßt sich verlängern zu „Brutus" und Alexander Hamilton (oder auch zum US-Supreme Court im Fall *Marbury vs. Madison* von 1803). Denn „Brutus" und Hamilton (sowie Chief Justice John Marshall) sprechen dem amerikanischen Volk die „höchste Autorität" zu und treten demnach für die Idee der Volkssouveränität ein.

Allerdings geht die Rechtfertigung des Judicial Review bei Hamilton weder von einer bedingungslosen und unbegrenzten Herrschaftsautorität im bodinschen oder hobbesschen Verständnis aus noch von einer Volkssouveränität *à la* Rousseau.[82] Sie vertritt demgegenüber prononciert den Gedanken eines Limited Government und steht insofern weitgehend in der Kontinuität der Staatstheorie John Lockes (1632–1704).[83]

---

[81] EMMANUEL JOSEPH SIEYES: Was ist der Dritte Stand?, in: Eberhard Schmitt/Rolf Reichardt (Hg./Übersetzer): Emmanuel Joseph Sieyes: *Politische Schriften 1788–1790; mit Glossar und kritischer Sieyes-Bibliographie,* München; Wien 1981 [2., überarb. u. erw. Aufl.], 117–195.

[82] Zu erwägen ist, ob die Kategorie der Souveränität für die Konzeptionen von Locke oder z.B. von Hamilton überhaupt angebracht ist. Die Antwort auf diese terminologische Frage hängt von der Deutung der Begriffe der Souveränität im allgemeinen sowie der Volkssouveränität im besonderen ab. Zur Klärung dieser Problematik siehe (in dieser Arbeit) § 4 JUDICIAL REVIEW UND DEMOKRATIE. V. Die verfassungstheoretische Kontroverse zwischen „Brutus" und Hamilton im begriffs- und sozialgeschichtlichen Kontext. C. Die federalistische und die antifederalistische Lesart der Volkssouveränität [S. 280–284] sowie § 5 ‚VERFASSUNGSGERICHTSBARKEIT' UND SOUVERÄNITÄT. III. Dimensionen der Souveränität [S. 346–370]. Bestritten wird die Tauglichkeit der Kategorie der Souveränität für diese Konzeptionen bei ERNST-WOLFGANG BÖCKENFÖRDE: Begriff und Probleme des Verfassungsstaates, in: ders.: *Staat, Nation, Europa, Studien zur Staatslehre, Verfassungstheorie und Rechtsphilosophie,* Frankfurt a.M. 1999, 127–140 [130–131]: „Dieser Tradition [der Tradition des Common Law; M.E.] ist der Souveränitätsgedanke, sofern er auch nach innen gerichtet ist, fremd. Es gibt danach im staatlichen Bereich nur bestimmte ‚powers' und ‚functions'. Sie leiten sich aus dem geltenden Recht bzw. der Verfassung her und finden darin zugleich ihre Grenze. Zusammen bilden sie das ‚government', die Regierungsgewalt i.w.S. Die theoretische Grundlage dafür hat John Locke geliefert. Locke begreift alle ‚powers', auch die supreme power der gesetzgebenden Gewalt, als ‚delegated' und ‚fiduciary' powers. Sie stehen in einem Treuhandverhältnis [...] zum Volke als dem Träger der (unveräußerlichen) constitutive power."

[83] Als Verfechter eines Limited Government könnte man auch Sieyes einstufen. Vgl. PASQUALE PASQUINO: *Sieyes et l'invention de la constitution en France,* Paris 1998, v.a. 69: „La souveraineté

Dessen Werk stellt ein Gegenmodell zu den absolutistischen Souveränitätsdoktrinen dar, deren entscheidendes Defizit Locke nicht entgangen ist: die Möglichkeit eines tyrannischen Mißbrauchs totaler Souveränitätsbefugnisse. Daß Hobbes diese Möglichkeit negiert, ist umso frappierender als das Ausblenden dieser Möglichkeit in einem scharfen Widerspruch steht zu seiner Lehre von der grenzenlosen Dynamik der Macht, die die absolute Gehorsamspflicht der Herrschaftsunterworfenen überhaupt erst begründet hatte. Thomas Hobbes liefert keinen plausiblen Grund dafür, daß sein Theorem von der Grenzenlosigkeit der Macht gerade für die Person des beziehungsweise der souveränen Herrscher(s) nicht zu gelten hätte. Hobbes' Argument, der Souverän schade seinen eigenen Interessen, wenn er seinen Untertanen schade, ist nicht stichhaltig.

Entsprechend besteht die fundamentale Schwäche der bodinschen Theorie darin, daß Bodins Doktrin auf die Kraft sittlicher Selbstbindung ausgerechnet desjenigen vertraut, der (gemäß der theoretischen Vorgabe) mit unbeschränkter Machtfülle ausgestattet ist. Wird dieser Machthaber selbst zur Ursache schrecklichster Bedrohung, offenbart sich das gefährliche Moment dieser Theorie: Sie hat den Handlungsalternativen gegenüber der Unterwerfung unter den Willen der Herrschaftsmacht sogar für den Fall, daß der Souverän sich nicht als friedensstiftende Instanz begreift, jegliche Legitimation entzogen. Um so weniger sieht Bodins Lehre keine institutionelle Vorkehrungen vor, um das Eintreten dieses Falles zu erschweren.

Wie gefährlich das Vertrauen in die Kraft sittlicher Selbstbindung ist, zeigte sich am Ende des 17. Jahrhunderts in Frankreich, als der französische Staat Instrument der katholischen Bürgerkriegspartei geworden war. Um die konfessionelle Einheit wiederherzustellen, hob Ludwig XIV. 1685 das Edikt von Nantes im Revokationsedikt von Fontainebleau auf. Daraufhin wurde die evangelische Konfession verfolgt, während zugleich Emigration verboten war.[84]

Lockes Staatsphilosophie operiert ebenso wie diejenige Hobbes' mit der Figur eines durch Rechtsunsicherheit geprägten Naturzustandes. Wiederum dient der vorstaatliche Zustand dazu, die Notwendigkeit staatlicher Jurisdiktionsgewalt zu begründen. Im Unterschied zum anarchischen Inferno bei Hobbes ist Lockes Naturzustand durch die Kombination zweier Extreme gekennzeichnet:
- nämlich durch einen Zustand des Friedens – jene Form menschlicher Gemeinschaft, die dem Sittengesetz entspricht (während der ersten Phase des Naturzustands); und
- durch einen Zustand des Krieges, der als eine durch Egoismus, Neid und Streitsucht verursachte Störung der sittlich gebotenen Sozialität anzusehen ist (die die zweite Phase des Naturzustands kennzeichnet).[85]

---

ne coïncide pas en effet avec le lieu de l'exercice du pouvoir de gouvernement, et elle n'a plus aucun rapport avec un pouvoir sans limites. La souveraineté est tout au plus la source qui autorise un pouvoir dont les représentants ne peuvent pas ‚déranger les limites'."

[84] Vgl. SCHWEGMANN: Idee und Entstehung [aaO. FN 70 S. 257 dieser Arbeit], 221. Die evangelischen Geistlichen allerdings wurden des Landes verwiesen.

[85] Vgl. MALUSCHKE: *Philosophische Grundlagen* [aaO. FN 79 S. 262 dieser Arbeit], 54. Die

IV. Der ideengeschichtliche Weg zur Verfassungsgerichtsbarkeit

Lockes Naturzustand ist zwar vorstaatlich – nicht aber vorgesellschaftlich. Des weiteren ist Lockes Naturzustand in erster Linie als ein Rechtszustand zu begreifen, das heißt: als ein Zustand, der metaphorisch das Naturrecht zum Ausdruck bringt. Dementsprechend besäßen laut Locke alle Individuen „natürliche" Rechte, die sich in der Trias der Rechte auf Leben, Freiheit und Eigentum zusammenfassen lassen. Die Menschen verdankten diese Rechte ihrem Status als Geschöpfe Gottes. Aus dieser Teilhabe an der göttlichen Schöpfung resultiere die Verpflichtung sowohl zur Selbst- als auch zur Arterhaltung. Die natürlichen Rechte der Mitmenschen seien also zu achten.

Nach der vertraglich besiegelten Gründung der bürgerlichen Gesellschaft vollziehe sich die Etablierung der Staatsgewalt in einem treuhänderischen Akt. Da die Bürger die Rechtsunsicherheit des Naturzustands und die Abhängigkeit von der Willkür eines Souveräns als gleichermaßen defizient beurteilten, stellten sie dem beziehungsweise den mit der Leitung der Staatsgewalt Betrauten keine „Blankovollmacht" zur Herrschaftsausübung aus. Statt dessen werde der Umfang der Herrschaftsbefugnis – gemäß dem Kriterium natürlicher, vorstaatlicher und unveräußerlicher Rechte – von vornherein eingegrenzt. An diesen natürlichen Individualrechten finde nicht nur das Eingriffsrecht des Staates seine Schranken, sondern darüber hinaus beziehe die Staatsmacht ihre Existenzberechtigung allein aus der Funktion, diese Rechte zu sichern.

Zwischen Regierenden und Regierten bestehe auf diese Weise ein Vertrauensverhältnis: Sämtliche der Regierung – in dem weiten Sinn von *government* – zuzurechnenden Amtsträger fungierten als Treuhänder der ihnen anvertrauten Rechte.

Diese Grundgedanken von Lockes Staatsphilosophie waren für die Herausbildung des demokratischen Verfassungsstaats wegbereitend. Insbesondere wirkte Lockes politische Theorie grundlegend für das Theorem des Limited Government, das eine fundamentale Prämisse der Doktrin vom richterlichen Prüfungsrecht darstellt.

Wie dargelegt, entwickelte John Locke aus dem Gedankenexperiment[86] von Naturzustand und Sozialvertrag einen naturrechtlichen Vorbehalt, der die Legitimation der Herrschaftsausübung nicht nur von einer Begrenzung der Souveränitätsbefugnisse der politischen Autorität abhängig macht, sondern auch von der direkten oder indirekten Partizipation der Vielen an der Gestaltung des politischen Gemeinwesens. Dennoch wäre es ein Fehlschluß, daraus zu folgern, Lockes Intentionen hätte die Verlagerung der Herrschaftsgewalt auf das Volk entsprochen. Statt dessen strebte er eine Mäßigung der monarchischen Herrschaft durch Mitwirkung der Gesellschaft an.

---

harmonische 1. Phase erhält ihre Dynamik in Richtung der 2. Phase aufgrund der von Locke sowohl als positiv als auch als negativ bewerteten Einführung des Geldes.

[86] Locke begreift die Figur des Naturzustands allerdings nicht nur als ein Gedankenexperiment. Der Naturzustand bei Locke weist auch historische Anteile auf. In erster Linie umreißt Locke mit dieser Figur freilich einen Rechtszustand. Ebenso WOLFGANG KERSTING: Kontraktualistischer Liberalismus: John Locke, in: ders.: *Die politische Philosophie des Gesellschaftsvertrags. Von Hobbes bis zur Gegenwart*, Darmstadt 1994, 109–139 [110 passim].

Diese generelle Zielsetzung Lockes korrespondiert so mit derjenigen des Baron de la Brède et de Montesquieu – trotz ihres unterschiedlichen sozialen Hintergrundes: John Locke repräsentiert das aufstrebende Besitzbürgertum, Charles de Montesquieu den in Frankreich weitgehend entmachteten und von sozialer Entwurzelung bedrohten Landadel. Ähnlich wie auch Locke besitzt Montesquieu zwar kein pessimistisches Menschenbild wie etwa Machiavelli, doch seine Anthropologie ist von Skepsis bestimmt: Grenzenloses Vertrauen in die moralische Integrität der Machthaber sei nicht gerechtfertigt. Damit Macht nicht mißbraucht werden kann, „il faut que, par la disposition des choses, le pouvoir arrête le pouvoir"[87]. Denn aus Machtmißbrauch resultiere politische Unfreiheit.

Diese programmatische Grundidee ist richtungsweisend für Hamiltons Rechtfertigung des Judicial Review sowie die Opinion des Obersten Bundesgerichts im Fall *Marbury vs. Madison*[88]. In institutioneller Hinsicht weichen die politischen Philosophien Lockes und Montesquieus hingegen hiervon ab, weil beide in ihren Staatsmodellen den Aspekt der Kontrolle durch Machtteilung und -verschränkung nur in einer Verknüpfung von rechtlich-organisatorischen Elementen mit einer sozialen Dimension realisieren. Das heißt, die gebändigte und beschränkte Macht soll auf mehrere Machtträger verteilt sein, die jedoch nicht nur Staatsorgane sind (also Wahlvolk, Volkskammer, Adelskammer, Gerichte, Minister und Monarch), sondern – auch und gerade – soziale Kräfte: König(in), Erbadel und (vermögendes) Bürgertum.

Die „moderierte" Monarchie ergibt sich zwar auch aus einer spezifischen Staatsstruktur, aber mindestens ebenso aus der Koordination der drei dominierenden sozialen Potenzen des 17./18. Jahrhunderts: Monarch, Adel und „Volk"[89].

Limited Government ist somit in den Staatsmodellen von Montesquieu und Locke – vielleicht sogar in erster Linie – Resultat einer Mischverfassung[90] auf geburtsständischer Grundlage. Aufgrund dieser Korrelation von organisatorisch-rechtlicher mit sozialer Machtbalance betrachtet Montesquieu die Rechtsprechung als gewissermaßen inexistent, da sie sich in der ständisch gegliederten Ordnung nicht mehr festmachen ließ. Während Montesquieu die judikative Kompetenz auf vier Organe – Volks- und Adelsgericht, Volks- sowie Adelskammer – verteilt, rechnet sie Locke dem Aufgabenbereich der Exekutive zu (ohne sie als eine eigenständige Gewalt auszuweisen).[91] Beide sind jedenfalls nicht in der Lage, der Rechtssprechung im Bereich des Öffentlichen Rechts einen Anteil an der Freiheitssicherung zuzuweisen.

---

[87] Zit. n. ALOIS RIKLIN: Montesquieus freiheitliches Staatsmodell. Die Identität von Machtteilung und Mischverfassung, in: *PVS,* 30. Bd., H. 3 (1989), 420–442 [430].

[88] Im Fall *Marbury vs. Madison* (1803) wurde die Befugnis zum Judicial Review verankert. Nähere Informationen bei HERBERT A. JOHNSON: Marbury v. Madison, in: Kermit L. Hall (Hg.): *The Oxford Guide to United States Supreme Court Decisions,* New York; Oxford 1999, 173–175.

[89] Volk unter der Einschränkung, daß man die nach den Kategorien des Vermögens und des Geschlechts Ausgeschlossenen außer Acht läßt.

[90] Definiert als institutionelle Verknüpfung mono-, oligo- und polykratischer Elemente.

[91] Locke hat keine in sich geschlossene Theorie der Gewaltenteilung entwickelt. In seiner »Zweiten Abhandlung« finden sich zwei nicht miteinander vereinbare Modelle. Locke favorisiert offenbar das zweite, sich an der damaligen englischen Verfassungswirklichkeit orientierende Modell, das

IV. Der ideengeschichtliche Weg zur Verfassungsgerichtsbarkeit 267

Zudem stattet Locke den Inhaber der Exekutivgewalt mit derartigen Machtbefugnissen aus, daß diese das vorrangige Staatsziel – den Rechtsschutz der Individuen – konterkarieren. In erster Linie die Kompetenzen der ‚Föderativgewalt' und der ‚Prärogativgewalt' sind in dieser Hinsicht relevant:
- Die ‚Föderativgewalt' meint dabei die Zuständigkeit für außenpolitische Belange – unter Einschluß der Entscheidung über Krieg und Frieden. Die Befugnisse der Legislative sind hier deswegen begrenzt, weil es sich um ein Relikt aus dem Naturzustand handelt.
- Die ‚Prärogativgewalt' beinhaltet das Privileg, unabhängig von Gesetz und Gesetzgeber (sogar entgegen den gesetzlichen Vorschriften) im Interesse des allemeinen Wohls Ad-hoc-Entscheidungen zu treffen. Locke hält dies angesichts unvorhersehbarer, daher gesetzlich nicht regelbarer, Ereignisse für erforderlich. Zweck der Prärogative ist es, die unvermeidlichen Mängel der Gesetze zu kompensieren – seien es Gesetzeslücken; sei es die Allgemeinheit und Starrheit der Gesetze, welche Applikationsprobleme implizieren. Zur Prärogative des Inhabers der Exekutivgewalt rechnet Locke das Recht, die Legislative einzuberufen, Wahlkreiseinteilungen vorzunehmen und nach eigenem Ermessen die Notstandsgewalt auszuüben.

Föderativ- und Prärogativgewalt besitzen so einen tendenziell verfassungsüberschreitenden Charakter.[92] Mechanismen für die Regelung verfassungsbedrohender Konflikte sieht Lockes Staatstheorie im Rahmen der Legalität nicht vor. Wenn staatliche Herrschaft die vor- und überstaatlichen Rechte verletzt, dann gibt es einzig und allein noch das Widerstandsrecht der Bürger – ein legitimer, immer aber außerkonstitutioneller ‚appeal to heaven' mit ungewissem Ausgang.

Die Souveränität des Volkes konzipiert Locke quasi als eine „Reserve-Souveränität". Sie kommt erst im Fall des gerechtfertigten Widerstand gegen die Träger der Staatsgewalt zum Tragen. Diesen Fall stellt Locke als eine „verfassungsmäßig nicht regelbare Antwort der Gesamtbürgerschaft auf eine schwerwiegende Verletzung des treuhänderischen Auftrags der Regierenden"[93] dar.

Die zentrale Schwäche der Theorie Lockes als auch der Montesquieus besteht daher darin, daß die individuellen Rechte – bei Locke besonders hervorgehoben, bei Montesquieu implizit vorausgesetzt[94] – letztlich bloßes naturrechtliches Postulat bleiben, weil sie *institutionell* nicht genügend abgesichert sind. Auch die von ihnen propagierte soziale Sicherung der Freiheit in Form der von gesellschaftlichen Gruppen durchdrungenen Staatsorganen bietet da keine Abhilfe.

Gegenüber der Synthese von Legalität, individuellen Rechten, Machtteilung und Mischverfassung auf geburtsständischer Grundlage bei Locke und Montesquieu ver-

---

durch seinen kontraktualistischen Ansatz jedoch nicht fundiert ist. Auf dieses Modell wird hier Bezug genommen. Vgl. dazu MALUSCHKE: *Philosophische Grundlagen* [aaO. FN 79 S. 262 dieser Arbeit], 63.

[92] Verfassung hier und im folgenden Abschnitt verstanden als Grundordnung des Staates (nicht als schriftlich fixiertes Dokument).

[93] MALUSCHKE: *Philosophische Grundlagen* [aaO. FN 79 S. 262 dieser Arbeit], 65.

[94] Vgl. RIKLIN: Montesquieus freiheitliches Staatsmodell [aaO. FN 87 S. 266 dieser Arbeit], 430.

tritt Hamilton eine andere Version des Limited Government – nicht zuletzt deswegen, weil die hereditäre Komponente in Nordamerika von Anfang anachronistisch war: Feudalismus hat nie existiert. Limited Government verwirklicht sich gemäß Hamilton in der Konstruktion der Staatsorgane, indem *institutionelle* Vorkehrungen gegen Machtmißbrauch getroffen werden. Dabei handelt es sich um institutionelle Vorkehrungen, die nicht (wie jedoch bei Locke und Montesquieu) primär in einem sozialen Substrat – in Form eines ständischen Gleichgewichts – fundiert sind.

Ermöglicht hat Hamiltons Konzeption ein spezifisches Verfassungsverständnis, das Montesquieu und Locke noch nicht besaßen.

C. Konstitutionalismus und Verfassungsgerichtsbarkeit

Bis zum 17. Jahrhundert dominierte in England ein auf das Römische Recht zurückgehender Verfassungsbegriff: *Constitutio* als erlassenes Recht wurde abgegrenzt von *consuetudo* (Gewohnheit, Sitte, Brauch). Dann fand jedoch die Bestimmung des Begriffs als Gesamtheit grundlegender Regeln und Formen des politischen Gemeinwesens immer mehr Verbreitung.

Dieses Verständnis liegt noch ganz auf der Linie Lockes und Montesquieus, was sich auch daran ablesen läßt, daß das Vordringen des Singulars *constitution* mit der Lehre von der gemischten Monarchie einherging, also der antiabsolutistischen Stoßrichtung des Denkens von Locke und Montesquieu exakt entsprach.[95] Im Einklang dazu steht auch die Entschließung von Ober- und Unterhaus anläßlich der Abdankung Jakobs II. und der Feststellung der Vakanz des Thrones. In dem Text heißt es, der König habe versucht, die Verfassung seines Königreiches gewaltsam zu beseitigen – „to subvert the constitution of his kingdom", indem er den Herrschaftsvertrag zwischen König und Volk gebrochen habe – „by breaking the original contract between king and people".[96] Beide Häuser des Parlaments bezichtigen den König hiermit, gegen den Urvertrag (*‚original contract'*) verstoßen zu haben. Bei dieser Sichtweise befand sich der Verfassungsbegriff noch ganz auf einer symbolisch-abstrakten Ebene: Die Verfassung wurde als ein geschichtlich überlieferter Komplex von Normen aufgefaßt, der von Brauch und Sitte nicht zu unterscheiden war und der sich nicht aus konkreten – im Sinne von schriftlich fixierten, juristisch handhabbaren – Vorschriften zusammensetzte. Die Begründung der Vertreibung und Absetzung des letzten Stuart-Königs entspricht auf diese Weise Lockes Rechtfertigung von Revolutionen. Denn Locke stufte eine Erhebung der Bürgerschaft als legitim ein, wenn die Herrschaftsträger das Volk wieder in den Naturzustand – genauer: in dessen kriege-

---

[95] Vgl. GERALD STOURZH: Vom Widerstandsrecht zur Verfassungsgerichtsbarkeit: Zum Problem der Verfassungswidrigkeit im 18. Jahrhundert, in: ders.: *Wege zur Grundrechtsdemokratie*. Studien zur Begriffs- und Institutionengeschichte des liberalen Verfassungsstaates, Wien; Köln 1989, 37–74 [38 und 40].

[96] Zit. n. STOURZH: Widerstandsrecht [aaO. FN 95 S. 268 dieser Arbeit], 40.

IV. Der ideengeschichtliche Weg zur Verfassungsgerichtsbarkeit   269

rischer Variante – zurückgeworfen hätten. Die Normen des bisherigen Herrschaftssystems sind demnach außer Kraft gesetzt.

In der Glorreichen Revolution von 1688/89 war somit als Reaktion auf einen unterstellten „Verfassungsbruch" das Widerstandsrecht im Sinne der lockeschen Lehre zur Anwendung gelangt. Der Terminus der „Verfassungswidrigkeit" wurde zwar noch nicht verwendet, aber die Vorstellung davon bereits antizipiert.

Bislang hatte sich die Widerstandslehre des ständischen Staatsrechts regelmäßig gegen den *summus magistratus,* in Staaten wie Frankreich oder England also gegen den König, gerichtet. Was aber würde geschehen, wenn die Stände selbst, die sich als Repräsentanten der Nation als ganze betrachteten, wenn die Stände und insbesondere der das Volk von England[97] vertretende, im House of Commons versammelte Dritte Stand die Verfassung verletzten?[98]

Hierfür lassen sich zwei Auseinandersetzungen als paradigmatisch anführen:
– zum einen die „Affäre der Kentischen Petition" aus dem Jahr 1701 und
– zum anderen die Kontroverse um das „Septennatsgesetz" aus dem Jahr 1716, in deren Verlauf auf einen Rechtsfall verwiesen wurde, der das Institut der richterlichen Prüfungszuständigkeit zumindest andeutete.

Die „Affäre von Kent" begann mit einer Versammlung typischer Repräsentanten des englischen *local government* in der Grafschaft Kent aus Anlaß des vierteljährlichen Gerichtstages. Zur Unterstützung des umstrittenen Einsatzes Wilhelms III. im Konflikt zwischen den Niederlanden und Ludwig XIV. arbeiteten diese mit den Whigs sympathisierenden Honoratioren eine Petition aus, die fünf von ihnen dem Unterhaus überbrachten.

Bei der Tory- und frankreich-freundlichen Mehrheit des House of Commons stießen sie damit jedoch auf Empörung. Denn in der Petition wurde geradezu das Gegenteil von den Forderungen der Unterhausmehrheit verlangt – nämlich die Bewilligung von Geldmitteln für die Kriegspolitik Wilhelms III. Das Unterhaus beschloß, seinen Unmut über die Petition nicht nur durch deren Verurteilung als skandalös, frech und aufrührerisch zu manifestieren, sondern darüber hinaus diesen Unmut auch dadurch kund zu tun, daß es die Verhaftung der fünf Abgesandten aus Kent anordnete. Daraufhin kam eine von den Whigs nur zu gern unterstützte Kampagne gegen die Torys in Gang. Die Mobilisierung der Öffentlichkeit hatte Erfolg: Im Parlament machten die Torys eine Kehrtwende; der König löste das Unterhaus auf, wodurch die inhaftierten Petenten automatisch ihre Freiheit erhielten und im Triumphzug nach Kent zurückkehrten.[99]

In diesem Zusammenhang ist jedoch nicht so sehr der historische Aspekt der „Affäre um die Kentische Petition" von Belang, sondern ihr Einfluß auf das politische

---

[97] Allerdings nur insofern, als es männlichen Geschlechts war und Eigentum besaß.
[98] Vgl. STOURZH: Widerstandsrecht [aaO. FN 95 S. 268 dieser Arbeit], 42 mit Bezugnahme auf die Declaration of Rights von 1689, in der sich beide Häuser als „now assembled in a full and free representative of this nation" bezeichneten.
[99] Vgl. STOURZH: Widerstandsrecht [aaO. FN 95 S. 268 dieser Arbeit], 43.

Denken. Und hierfür spielt einer der Hauptakteure in der Artikulation und Formierung des Protests, Daniel Defoe, eine wichtige Rolle. Denn Defoes Argumentation ist für die Herausbildung eines neuartigen Verfassungsverständnisses von besonderer Relevanz. Dies gilt besonders für diese Elemente in Defoes Argumentation, die übrigens auch in seinen schriftstellerischen Produktionen »Legion-Memorial« und »The Original Power of the Collective Body of the People of England« zum Ausdruck kommt:

- Defoe unterschied in seiner Begründung des Protests zwischen Repräsentierten und Repräsentanten: Wie es der Titel des zweiten, eben erwähnten Werkes bereits andeutet, bildete Defoe einen Gegensatz zwischen dem Volk als ganzem und dem Volk in Gestalt seiner Vertreter. Diese Unterscheidung zwischen dem ‚*representative body*' auf der einen Seite und dem ‚*collective body*' auf der anderen ist von zentraler Bedeutung für die Emanzipation der Wähler von den Gewählten.[100]
- Zudem setzte Defoe auf positivierte, funktionale Äquivalente zum Widerstandsrecht: Obgleich er auf das einen Bürgerkrieg heraufbeschwörende Widerstandsrecht nicht verzichtete, so ist doch sein Bestreben unverkennbar, auf dieses erst als *ultima ratio* zu rekurrieren und zuvor institutionalisierte Alternativen zum Widerstandsrecht zur Anwendung kommen zu lassen. An legalen und nicht zuletzt gewaltlosen Mitteln gegen widerrechtliches Verhalten der Volksvertretung (und auch des Königs) stand damals jedoch nur – wie Defoe feststellte – das Petitionsrecht zur Verfügung. Dieses ermöglichte zunächst das Einreichen von Bittschriften an das Unterhaus und – im Falle von deren Ablehnung – an das Oberhaus sowie – bei wiederum negativem Bescheid – zuletzt an den Monarchen. Der König konnte in Form von Petitionen um eine Auflösung des Parlaments und somit um das Abhalten von Neuwahlen ersucht werden. Blieb dem Bittsteller dann der Erfolg versagt, so kommt nur noch das Widerstandsrecht in Frage, wobei auch benachbarte Mächte oder Herrscher um Hilfe angegangen werden konnten.
Daniel Defoe hatte das Fehlen rechtmäßiger Abhilfe für den Fall erkannt, daß die Repräsentanten des Volkes die ihnen anvertraute Autorität zum Ruin der Verfassung mißbrauchten.[101]
- Defoes Argumentation war ferner insofern innovativ, als er ein Widerstandsrecht und ein Recht auf politische Opposition konzipierte, die sich nicht mehr wie zuvor

---

[100] Vgl. STOURZH: Widerstandsrecht [aaO. FN 95 S. 268 dieser Arbeit], 44. Das Trennen zwischen Wählern und Gewählten ist auch Voraussetzung für die Limited Government-Konzeption von Hamilton: Es ermöglicht die Differenzierung zwischen einem mit dem Pouvoir Constituant ausgestatteten Volk und den mit begrenzten Befugnissen versehenen staatlichen Herrschaftsträgern. Es stellt eine Voraussetzung dafür dar, zwischen verfassungs- und gesetzgebender Gewalt unterscheiden zu können.

[101] Nur am Rande sei erwähnt, daß es im damaligen englischen Verfassungssystem zwar die Möglichkeit gab, öffentliche Amtsträger, die entgegen den Pflichten ihres Amtes die Rechte des Volkes verletzten, zur Verantwortung zu ziehen – nämlich mittels des Impeachments (wobei das Unterhaus als Ankläger, das Oberhaus als Richter fungierte). Aber das Impeachment konnte weder gegen den König noch gegen das House of Commons erhoben werden; ausführlich hierzu STOURZH: Widerstandsrecht [aaO. FN 95 S. 268 dieser Arbeit], 46 unter Berufung auf Blackstone.

IV. Der ideengeschichtliche Weg zur Verfassungsgerichtsbarkeit

aus ständischen Bindungen ableiteten: Der Kreis derjenigen, die mit Petitionen protestieren können sollten, schloß bei Defoe nicht nur Honoratioren ein, sondern alle Freisassen einer Grafschaft. Ebenso waren nach Defoe nicht nur Amtsträger (namentlich die Mitglieder des Repräsentativkörpers), sondern das Volk in seiner Gesamtheit zum Widerstand befugt. Sowohl bei der Inanspruchnahme des Petitionsrechts als auch bei der Ausübung des naturrechtlichen Widerstandsrechts überschritt Defoes Denken somit den Rahmen ständischer Sichtweise.

In England wurden diese von Daniel Defoe entwickelten Ansätze nicht weiter ausgebaut. Weichenstellend hierfür war der Ausgang der heftigen Auseinandersetzung um das ‚Septennatsgesetz'.

Seit 1694 wurde das House of Commons alle drei Jahre gewählt. Doch 1716 verabschiedete das ein Jahr zuvor gewählte Unterhaus einen Parliament Act, der die laufende Legislaturperiode von drei auf sieben Jahre verlängerte. Dagegen erhob sich ein massiver Protest, der dieses Vorgehen als Verfassungsverstoß verurteilte.

Die Gegner führten für diese Einschätzung mehrere Gründe an: Zunächst seien durch häufige Wahlen hervorgegangene Parlamente Teil der grundlegenden Verfassung, der ‚*Fundamental Constitution*' des Königreiches. Vor allem aber seien die Abgeordneten Repräsentanten des Volkes – das seien sie nicht mehr, wenn sie für einen längeren Zeitraum amtierten als für den, für welchen sie gewählt worden waren, nämlich für drei Jahre. Durch diese Selbstverlängerung werde das Volk des einzigen Mittels gegen jene beraubt, die das in sie gesetzte Vetrauen verraten hatten: bessere Männer an ihrer Stelle zu wählen. Schließlich sahen sie die Gefahr, daß die Funktionsdauer des Parlaments noch weiter, ja vielleicht *ad infinitum* ausgedehnt werden könnte – mit der Konsequenz der Vernichtung des Dritten Standes. Dennoch nützten alle diese Argumente nichts, und mit dem Erfolg des Septennatsgesetzes war für das englische Regierungssystem die Geltung der Doktrin der Parlamentssouveränität festgeschrieben.

Beachtung verdient jedoch die Berufung – von seiten der Gegner des Septennats – auf einen der berühmtesten Rechtsfälle der englischen Geschichte. Ein Oppositionssprecher brachte vor, selbst unter Beachtung aller vorgeschriebenen Formalakte der Gesetzgebung – einschließlich der königlichen Zustimmung – werde die Vorlage toter Buchstabe bleiben und nicht Gesetzeskraft erlangen. Denn einer der größten Rechtsgelehrten habe gesagt, daß ein Gesetz nichtig sein könne. Und dies sei eben hier der Fall, da sich nichts mehr gegen Verstand und Vernunft („common sense and reason") richten könne als die Zerstörung der Verfassung oder einer ihrer wesentlichen Teile.

Damit bezog sich der Abgeordnete auf den Richter Lord Edward Coke. In dessen Urteilsbegründung zum *Bonham's case* von 1610 war folgender Satz zu finden:

> „[...] for when an act of Parliament is against common right or reason, or repugnant or impossible to be performed, the Common Law will controul [sic] it and adjudge such act to be void."[102]

---

[102] Zit. n. DIPPEL: Sicherung der Freiheit [aaO. FN 32 S. 229 dieser Arbeit], 138. Die Interpretation

Mit diesem Diktum lag dennoch kein Vorläufer von *Marbury vs. Madison* vor, weil Sir Edward die Nichtigkeit von Gesetzen nicht aus ihrer Verfassungswidrigkeit im Sinne einer Verletzung des *positiven* Rechts, sondern aus einem Verstoß gegen die natürliche Billigkeit ableitete. Das Theorem der Nichtigkeit von „Acts against the Constitution" war nämlich eine charakteristische – für die Einführung des richterlichen Prüfungsrechts unerläßliche – Neuinterpretation des 18. Jahrhunderts.

Diese Neuinterpretation fand zum einen – wie die Kontroverse um das Septennatsgesetz zeigt – im englischen Königreich statt, zum anderen in den nordamerikanischen Kolonien. In Nordamerika allerdings – im Unterschied zum englischen Mutterland – wurde sie, wenn auch nur schrittweise, in die Rechtspraxis umgesetzt.[103]

Nordamerika war jedoch nicht nur in rechtstechnischer, sondern auch in rechtsphilosophischer Hinsicht bei der Entwicklung zur Verfassungsgerichtsbarkeit führend.

In diesem Zusammenhang ragt vor vor allem James Iredell heraus, der ausgehend von seiner anwaltschaftlichen Tätigkeit auch auf publizistischem Gebiet für die Verankerung des Judicial Review eintrat. Iredell hatte dabei den Verfassungsbruch durch eine gesetzgebende Versammlung im Visier. In einem solchen Fall sah Iredell für die Staatsbürger drei Möglichkeiten, sich zur Wehr zu setzen. Quasi im Anschluß an Defoe behandelte er das Petitions- und das Widerstandsrecht. Bei ersterem leiteten allerdings die Wähler ihre Rechte aus der Gunst ihrer Vertreter ab. Iredell aber befürwortete das Gegenteil: In einem Staat, in dem das Volk souverän sei und die Gesetzgeber lediglich seine Repräsentanten, sei das Petitionsrecht nicht mehr am Platz. Als Manko des Widerstandsrechts empfand Iredell, daß dieses – wie Locke bereits festgestellt hatte – erst im Falle allgemeiner Unterdrückung ergriffen werde. Einer Mehrheit sei es aber möglich, einzelne – auch Hunderte einzelne – ohne weiteres in ihren Rechten zu verletzen, ohne einen Schritt zum Bürgerkrieg zu tun. Iredell suchte daher – im Jahre 1786, also noch bevor sich Alexander Hamilton in den »Federalist Papers« äußerte – nach einer dritten Variante:

> „Niemand wird [...] bestreiten, daß die Verfassung, genauso wie ein Gesetz des Abgeordnetenhauses, ein Gesetz des Staates ist, mit dem einen Unterschied, daß sie das *grundlegende* Recht ist, von der Legislative nicht abänderbar, die all ihre Gewalt daraus herleitet. [...] Ein Gesetz kann weder die Verfassung noch einen Teil derselben widerrufen. Aus diesem Grund ist ein Gesetz des Abgeordnetenhauses, das unvereinbar mit der Verfassung ist, *null und nichtig* und kann nicht befolgt werden [...]. Richter müssen deshalb auf eigene Gefahr hin darauf achten, daß jedes Gesetz des Abgeordnetenhauses

---

des Urteils ist bis heute umstritten [siehe STOURZH: Widerstandsrecht {aaO. FN 95 S. 268 dieser Arbeit}, 49 mwN.].

[103] Eine Vorreiterolle spielte dabei James Otis, der 1761 in einem Rechtsstreit den *Bonham's case* zur Begründung der Prüfungs- und Verwerfungskompetenz heranzog, sich mit seiner Befürwortung derselben aber nicht durchsetzen konnte. Nur vier Jahre später änderte sich dies: 1765 sahen diverse Gerichte den *Stamp Act* nicht als geltendes Gesetz an. Ausführlich hierzu STERN: Grundideen [aaO. FN 8 S. 212 dieser Arbeit], 28–32; STOURZH: Widerstandsrecht [aaO. FN 95 S. 268 dieser Arbeit], 50–54. Zum Vorläuferfall *Bayard vs. Singleton* siehe die angegebene Literatur in FN 8, Seite 212 dieser Arbeit.

IV. Der ideengeschichtliche Weg zur Verfassungsgerichtsbarkeit

> [...] durch die Verfassung abgedeckt ist [...]. Diese Gewalt [...] leitet sich zwangsläufig aus der Verfassung ihres Amtes her, da sie Richter zum Wohle *des ganzen Volkes* sind und *nicht bloße Diener des Abgeordnetenhauses.*"[104]

Die Gerichte als Hüter der Verfassung – auf diese Kurzformel läßt sich Iredells dritte Variante bringen; mit ihr hatte er die wesentlichen Bestandteile der Doktrin vom richterlichen Prüfungsrecht entwickelt: Die Verfassung erklärt er gleichsam zum fixierten Willen des Volkes. Daraus resultiert der Vorrang der Verfassung – respektive, seiner Akzentuierung angemessener, der Nachrang der Gesetzgebung. Die Verfassung dient der Begrenzung der Herrschaftsmacht der staatlichen Amtsträger, insbesondere der Mitglieder der Legislative. Der Rechtsprechung obliegt die Aufgabe, dies zu sichern.

Die Stellungnahme Hamiltons in den »Federalist Papers« liest sich wie eine Neuauflage der Argumentation Iredells.

Iredells und Hamiltons politische Leitvorstellungen können als stellvertretend für ein gegenüber den Staatstheorien Lockes und Montesquieus gewandeltes Verfassungsverständnis angesehen werden. Die Freiheit des Volkes und die Grundrechte der einzelnen werden auf der Basis systematischer Rechtskodifizierung (in erster Linie in Form einer geschriebenen Verfassung) mit Hilfe einer Institution – der Gerichtsbarkeit – gesichert.

Warum kam es in Nordamerika ab der Mitte des 18. Jahrhunderts zu dieser Entwicklung?

Voraussetzung dafür war, daß die Bewohner der nordamerikanischen Kolonien eine Parlamentsherrschaft, nämlich diejenige des englischen Ober- und Unterhauses, (auch) als Unterdrückung empfunden hatten. Die Wahrnehmung, daß Parlamentsherrschaft auch Unterdrückung bedeuten kann, hat in Nordamerika die Suche nach Gegenmodellen zur Parlamentssouveränität in Gang gesetzt. Durch die Amerikanische Revolution sind dann souveräne und gesetzgebende Gewalt noch weiter auseinandergetreten. Hinzu kam, seit der Kolonialzeit, die Existenz von „Grundgesetzen" in schriftlicher und geschlossener Form, die einen Herrschaftsbereich einheitlich regelten:

> „Constitutionalism was hardly an American invention, but Americans had an unusually extensive experience with basic documents of government, from royal charters to state constitutions and the articles of Confederation."[105]

Ein Erklärungsversuch, der bei der historischen Analyse die Bedeutung theologischer Vorstellungen hervorhebt, ließe sich im Anschluß an Robert N. Bellah formulieren:

> „Natürlich ruht in der amerikanischen politischen Theorie die Souveränität auf dem Volk, aber die unbedingte, letzte Souveränität ist stillschweigend und oft auch ausdrücklich Gott

---

[104] James Iredell: An Elector, To the Public 17. 8. 1786, zit n. ANGELA ADAMS/WILLI PAUL ADAMS (Hg.): *Die amerikanische Revolution und Verfassung 1754–1791,* München 1987, 410–411 [Hn. i.O.].

[105] GERALD GUNTHER/NOEL T. DOWLING: *Cases and materials on Constitutional Law,* New York 1970, 16.

zuerkannt worden. [...] Was für ein Unterschied besteht darin, daß die Souveränität Gott zukommt? Obwohl der Volkswille, wie er sich durch die Stimmenmehrheit ausdrückt, sorgfältig als die einzig wirksame Quelle politischer Autorität institutionalisiert wird, ist er der endgültigen Bedeutung beraubt. Der Volkswille selbst ist nicht das Kriterium, für richtig und falsch. Es gibt ein übergeordnetes Kriterium, an dem dieser Wille gemessen werden kann; es ist möglich, daß das Volk im Unrecht ist."[106]

Verfolgt man diesen Ansatz weiter, so gelangt man zu einer naturrechtlichen Begründung des Primats der Verfassungsnorm. Dem steht entgegen, daß sowohl James Iredell und Alexander Hamilton als auch John Marshall die höhere Norm der Verfassung auf den Willen des Verfassungsgebers bezogen und diesen dem Willen der Gesetzgebung übergeordnet haben.[107]

Die Argumentation von James Otis ist hingegen mit derjenigen Bellahs kongruent. Nach Otis' Überzeugung war Gott die Autorität, die höher steht als das britische Parlament.[108]

Zu ergänzen ist, daß mehr oder minder parallel zur nordamerikanischen Debatte in Frankreich nach 1789 die Idee einer Verfassungsgerichtsbarkeit ebenfalls entwickelt worden war. Gemeint ist hiermit Emmanuel Joseph Sieyes. Sieyes trat 1795 vor der französischen Nationalversammlung mit dem Vorschlag an die Öffentlichkeit, eine Verfassungsgerichtsbarkeit einzurichten. Sein Plädoyer für die Aufnahme einer „Jury Constitutionnaire' stieß damals jedoch auf Ablehnung.[109]

---

[106] ROBERT N. BELLAH: Zivilreligion in Amerika, in: Heinz Kleger/Alois Müller: *Religion des Bürgers,* München 1986, 19–40 [22].

[107] Zu weit dürfte es jedoch gehen, Hamilton und Marshall als Vorläufer des Rechtspositivismus zu qualifizieren. So aber STOURZH: Widerstandsrecht [aaO. FN 95 S. 268 dieser Arbeit], 70: Hamiltons und Marshalls Lehre von der gerichtlichen Normenkontrolle beruhe auf einer Rechtstheorie, „die man zunächst mit den Namen von Thomas Hobbes und William Blackstone, später auch John Austin verbunden hat, die man noch später die positivistische genannt hat und deren theoretische Vervollkommung im 20. Jahrhundert Hans Kelsen vollbracht hat." Denn bei Hamilton ist etwa der Status der individuellen Rechte, die er dem Schutz der Gerichtsbarkeit überantwortet, nicht geklärt. Unklar ist, inwiefern Hamilton diese im Naturrecht verankert sieht (siehe hierzu § 4 JUDICIAL REVIEW UND DEMOKRATIE. Alexander Hamilton: „The least dangerous branch". C. Kritik, S. 253 dieser Arbeit). Ganz generell dürfte Stourzh' These dem theologischen Gehalt der Aussagen der »Federalist Papers« zuwiderlaufen; hierzu GUNTER ZIMMERMANN: Das göttliche Geschenk der Union. Studien zu den theologischen Aussagen der »Federalist Papers«, in: *ZfP,* 43. Bd. (1996), 145–173.

[108] Vgl. etwa Otis' These „Should an act of Parliament be against any of his [Gottes; M.E.] natural laws, which are immutably true, their declaration would be contrary to eternal truth, equity, and Justice, and consequently void."; zit. n. nach DIPPEL: Sicherung der Freiheit [aaO. FN 32 S. 229 dieser Arbeit], 139 [H. i.O.].

[109] Zu den geschichtlichen Vorgängen sowie zu Sieyes' Konzeption siehe GERHARD ROBBERS: Emmanuel Joseph Sieyès – Die Idee einer Verfassungsgerichtsbarkeit in der Französischen Revolution, in: Walter Fürst (Hg.): *Festschrift für Wolfgang Zeidler. Bd. 1,* Berlin; New York 1987, 257–263 mwN. Der Text von Sieyes' Vorschlag zur Etablierung einer Jury Constitutionnaire findet sich in: PASQUINO: *Sieyes et l'invention* [aaO. FN 83 S. 263 dieser Arbeit], 193–196. Zu Sieyes' Philosophie im allgemeinen, aber auch zu seiner Idee einer Jury Constitutionnaire: ULRICH THIELE: Volkssouveränität – Menschenrechte – Gewaltenteilung im Denken von Sieyes, in: *ARSP,* 86. Bd. (2000), 1. Quartal, H. 1, 48–69 [zur Verfassungsjury: 63–69].

IV. Der ideengeschichtliche Weg zur Verfassungsgerichtsbarkeit

Nur geringe Beachtung findet bislang, daß auch Jean-Jacques Rousseau eine Art Vorläuferversion eines Verfassungsgerichts in seinem »Du Contrat Social« vorgesehen hat – nämlich das der römischen Republik entlehnte Tribunat. Die Bezeichnung „Vorläuferversion eines Verfassungsgerichts" ist jedoch problematisch, da das von Rousseau vorgesehene Tribunat zwar zur Beilegung von Verfassungskonflikten dienen sollte, ihm jedoch wesentliche Merkmale der Gerichtsförmigkeit fehlen. Von einer Amtsausübung durch Richter beziehungsweise Juristen kann nicht die Rede sein; zudem ist unklar, ob der Maßstab der Tribunatsbeschlüsse das positive Recht sein sollte – an ein eigenes Verfassungsrecht dachte Rousseau jedenfalls nicht.[110]

Des weiteren stellt sich die Frage, wie sich ein solches Tribunat in Rousseaus Gesamtkonzeption einfügt. Bekanntlich zählt Rousseau zu den Begründern der Volkssouveränität. Ein solches Tribunat würde jedoch – zumindest *prima facie* und zumindest nach weit verbreiteter Ansicht – die Souveränität des Volkes konterkarieren. Rousseau selbst hat das Verhältnis zwischen dem Prinzip der Volkssouveränität und der Institution des Tribunats so gesehen, daß dieses Tribunat eine Einschränkung der Souveränität nach sich zieht.[111]

Diese Einschätzung Rousseaus, welche lediglich eine Einschränkung der Souveränität erblickt, jedoch eine grundsätzliche Kompatibilität annimmt, erstaunt, weil Rousseau dadurch die Pointe seines ‚Contrat Social' zunichte macht. Um dies deutlich zu machen, ist zu erwähnen, daß Rousseau in »Du Contrat Social« zwar die individuellen Rechte dem politischen Prozeß nachordnet – von Rousseau in die Formel der *aliénation totale* gefaßt. Aber – und dies ist nun die Pointe – aus Rousseaus Sicht läßt eine völlige Entäußerung der Einzelnen zugunsten des gesetzgebenden Willens keine Unterdrückung befürchten, da sich alle gleichermaßen den (eigenen) legislativen Beschlüssen unterwerfen. Mittels des Contrat Social kommt es zum Tausch der *individuellen* Selbstbestimmung gegen die Teilhabe an der *kollektiven* Selbstbestimmung – der keine Grenzen gesetzt sind. Eine Intervention des Tribunats müßte sich jedoch auf vorgeordnete Rechte respektive eine *nicht* vollständige Entäußerung oder auf auf Grenzen der kollektiven Selbstbestimmung berufen.[112]

---

[110] Siehe JEAN-JACQUES ROUSSEAU: Vom Gesellschaftsvertrag oder Prinzipien des Staatsrechts, in: ders.: *Politische Schriften. Bd. 1,* Paderborn 1977, 59–208; hier: 5. Kapitel „Vom Tribunat" v.a. 188: „Wenn zwischen den verfassungsmäßigen Teilen des Staates kein genaues Verhältnis hergestellt werden kann oder wenn unabänderliche Gründe ständig ihre gegenseitigen Beziehungen stören, dann wird eine besondere, von den anderen unabhängige Behörde eingerichtet, die jedes Glied in seine Befugnisse zurückführt und ein Band oder Mittelglied zwischen dem Herrscher und dem Souverän oder wenn nötig, nach beiden Seiten gleichzeitig herstellt."
[111] ROUSSEAU: Vom Gesellschaftsvertrag [aaO. FN 110 S. 275 dieser Arbeit], 188–189.
[112] Probleme innerhalb Rousseaus Ansatz thematisiert auch JOHANNES CASPAR: *Wille und Norm.* Die zivilisationskritische Rechts- und Staatskonzeption J.-J. Rousseaus, Baden-Baden 1993, 160: „Dieses im Vergleich zu seiner inhaltlichen Tragweite merkwürdig knappe und im einzelnen recht dunkle Kapitel zeigt, daß Rousseau den Gedanken der Gewaltenteilung über die Zweiteilung zwischen Legislative und Exekutive hinaus durchaus erwogen hat. Nicht ohne Berechtigung wird denn auch verschiedentlich darauf hingewiesen, daß das Tribunat wesentliche Charakterzüge einer judikativen dritten Gewalt aufweist und in etwa der Funktion der heutigen Verfassungs- sowie

Wie Rousseaus Eintreten für ein Tribunat ist auch Sieyes' Idee einer Verfassungsjury nur mit Vorbehalten als eine prototypische Verfassungsgerichtsbarkeit einzustufen. Sieyes' Forderung in seiner berühmten Rede vom 2. Thermidor des Jahres III nach einem Hüter der Verfassung zielte nämlich nicht darauf, die *rechtsprechende* Gewalt mit dieser Funktion zu betrauen. Vielmehr visierte Sieyes eine besondere *politische* repräsentative Instanz an.[113]

Verwaltungsgerichtsbarkeit entspreche. Dennoch führt eine derartige Sichtweise zu erheblichen Widersprüchen innerhalb der Werkkonzeption Rousseaus. So stehen einer bruchlosen Einordnung des Tribunats als Obergericht, das selbst die Entscheidungen des Souveräns korrigieren kann, die Prinzipien der Unbeschränktbarkeit sowie der Unteilbarkeit der Souveränität entgegen." Caspar deutet diese Widersprüche so [ebd., 161]: „Das Tribunal ist daher weniger eine sich aus den Rechtsprinzipien ergebende, gegenüber Exekutive und Legislative selbstständige Gewalt als vielmehr eine konkrete Institution, durch die Rousseau die Funktionsfähigkeit der Gesamtkonstruktion vor einer unvollkommenen Realität gewahrt wissen will." Rousseaus Propagierung eines Tribunats hebt auch SAMUEL FREEMAN hervor [Constitutional Democracy and the Legitimacy of Judicial Review, in: *Law and Philosophy*, 9. Bd. {1990}, 327–370, hier 332, FN 6]. Freeman begreift die Frage nach der Legitimität des Judicial Review als Anwendungsfall eines allgemeinen Konflikts in der Demokratietheorie. Das demokratische Denken werde von einem Spannungsfeld bestimmt, das sich mit der Kombination der von Rousseau und Locke vertretenen Ideale am besten beschreiben lasse: „It is the conflict between citizen's exercise of their equal rights of political participation and the various civil and social rights which we feel should not be subject to political abridgment or calculation. The legitimacy of judicial review ultimately depends upon how we strike the balance between these two sets of potentially conflicting rights." [332] Freeman weist allerdings darauf hin, daß diese Gegenüberstellung stilisierend sei, schließlich habe Locke einen institutionellen Mechanismus zur Beilegung von Verfassungskonflikten nicht vorgesehen, während Rousseau dies getan hat. [ebd., 332 FN 6] Die These, Rousseau ordne die individuellen Rechte gegenüber dem politischen Prozeß nach, stößt bei INGEBORG MAUS auf Ablehnung. Maus zufolge sei es schwerlich haltbar, die Vermittlung von Freiheitsrechten und Volkssouveränität bei Rousseau so aufzufassen, daß diese Vermittlung von der Volkssouveränität ausgehe und Menschenrechte *nur* als Modus des Vollzugs dieser Souveränität in demokratischen Gesetzgebungsverfahren kenne. Denn – so Maus – wie „alle Vertragstheoretiker geht Rousseau von isolierten Individuen aus, die sich erst durch den höchst artifiziellen Akt des Vertrags zu einer Gesellschaft zusammenschließen müssen. Der ‚contrat social' beginnt das erste Kapitel mit dem Kernsatz jedes ‚atomistischen' Naturrechts, daß der Mensch ‚frei geboren' sei, erklärt diese angeborene Freiheit zu einem unverzichtbaren Menschenrecht und nimmt die Gewährleistung dieses Menschenrechts zum Maßstab einer legitimen politischen Herrschaftsform." [Freiheitsrechte und Volkssouveränität. Zu Jürgen Habermas' Rekonstruktion des Systems der Rechte, in: *Rechtstheorie*, 26. Bd. {1995}, 507–562, hier 547–548 mwN.]. Diese Deutung übersieht jedoch das Moment der Transformation der Freiheit, die sich gemäß Rousseau unabwendbar mit dem Gesellschaftsvertrag einstellt: Die natürliche Freiheit wandle sich mit dem Contrat Social zur bürgerlichen. Daß die bürgerliche Freiheit dabei (worauf Rousseau insistiert) qualitativ der natürlichen gleichkomme bzw. ihr sogar überlegen sei, ändert daran nichts. Kennzeichen dieser bürgerlichen Freiheit ist, daß sie nur im Verbund mit dem politischen Prozeß besteht, somit diesem nicht vorgeordnet sein kann. Zudem stellt sich bei Maus' Interpretation die Frage, wie Rousseaus Theorem von der „vollständigen Entäußerung" aufzufassen ist, ohne daß es die Vorordnung der Volkssouveränität gegenüber den individuellen Rechten respektive dem Recht auf Freiheit impliziert.

[113] So zumindest deutet CARL J. FRIEDRICH Sieyes' Worte [vgl. *Der Verfassungsstaat der Neuzeit*, Berlin, Göttingen, Heidelberg 1953 {überarb. Fassung von Constitutional Government and Democracy 1951}, 267 mit Bezug auf: „Ich verlange eine Jury über die Verfassung {...} oder eine Verfassungsjury. Diese Jury muß eine Gruppe von wirklichen Volksvertretern sein, die {...}

Erhebt man die Gerichtsförmigkeit zum essentiellen Bestandteil der Institution der Verfassungsgerichtsbarkeit und rechnet hierunter die fachliche Qualifikation im Bereich der Jurisprudenz, so ist Sieyes' Gedanke einer Verfassungsjury nur bedingt mit verfassungsgerichtlichen Befugnissen in Einklang zu bringen. Allerdings scheint Sieyes' Unterscheidung zwischen einer verfassungändernden und einer gesetzgebenden Gewalt zu implizieren, daß der Maßstab der geforderten Verfassungsjury das positive Recht sein sollte. In dieser Hinsicht ist sein Vorschlag der Institution der Verfassungsgerichtsbarkeit ähnlicher als Rousseaus Konzeption eines Tribunats.

V. Die verfassungstheoretische Kontroverse zwischen „Brutus" und Hamilton im begriffs- und sozialgeschichtlichen Kontext

A. Die Kernelemente von Hamiltons Judicial Review-Konzeption

Alexander Hamiltons Plädoyer für eine Verankerung verfassungsgerichtlicher Befugnisse läßt sich zu folgender Argumentationskette verdichten:
– Hamiltons Doktrin des Judicial Review nimmt ihren Ausgangspunkt von der Idee der Volkssouveränität. Demnach besäße das Volk das Recht, *government* zu errichten. Unter *government* ist hierbei – gemäß dem angelsächsischen Begriffsgebrauch – staatliche Organisation zu verstehen.
– An der Notwendigkeit der Etablierung und Existenz staatlicher Herrschaftsmacht führe somit kein Weg vorbei. Die Staatsmacht dürfe jedoch nicht schrankenlos ausgeübt werden. Vielmehr weise das Volk den verschiedenen Abteilungen des Staatsgefüges begrenzte Kompetenzen zu. Staatliche Herrschaft sei nur legitim, wenn sie in Gestalt eines Limited Government erfolge. Dies bedeute, der staatlichen Herrschaft müßten Grenzen gezogen werden.
– Zur Definition dieser Grenzen sei eine Verfassung als oberste Norm staatlichen Handelns schriftlich fixiert worden, der auch die normalen Akte der Gesetzgebung unterworfen seien. Dies erfordere den Vorrang der Verfassung gegenüber allen anderen – insbesondere den gesetzlichen – Normen.
– Die Verfassung sei freilich nicht nur höherrangiges Recht, sondern auch Recht im Sinne einer von den Gerichten zu erkennenden und durchzusetzenden Norm. Die Verfassung normiere folglich Recht, das als justiziable Materie einzustufen sei.
– Zur Wahrung des (Verfassungs-)Rechts sei es notwendig, daß die von den Gerichten vertretene Auslegung des geltenden Rechts für alle staatlichen Institutionen und Organe verbindlich sei.[114] Dies schließe sogar die Überprüfung von Gesetzen und

---

die besondere Aufgabe haben sollen, über alle Beschwerden gegen jede Art von Verfassungsbruch zu urteilen." {zit. n. ebd.}].
[114] Wie weit diese Bindungswirkung nach Hamilton auszugestalten sei, läßt sich nicht beantworten.

Regierungsmaßnahmen hinsichtlich ihrer Verfassungsmäßigkeit ein. Die Normenkontrolle sei als Prärogative der Gerichtsbarkeit zu begreifen.
– Implizit setze die Zuweisung einer Prüfungs- und Verwerfungskompetenz an die Gerichtsbarkeit eine weisungsunabhängige Rechtsprechung voraus – und damit eine Regierungsform, die zumindest für den Bereich der Judikative den Grundsatz der Gewaltenteilung garantiert. Hamilton insistiert auf der Notwendigkeit richterlicher Unabhängigkeit.

Im berühmten Fall *Marbury vs. Madison*, der zur Verankerung des Judicial Review im politischen System der USA führte, rekurrierte Chief Justice John Marshall auf die gleichen Kernelemente, um die (verfassungs-)gerichtliche Aufsicht zu begründen. Marshall bot darin also eine Neuauflage von Hamiltons Doktrin des Judicial Review.

Der innovative Charakter von Hamiltons Rechtfertigung des Judicial Review ist darin zu sehen, daß sie einen neuartigen Verfassungsbegriff zugrunde legt. Der Verfasser der »Federalist Papers« begreift die Verfassung als ein geschriebenes Dokument und betrachtet diese Verfassungsurkunde als den primären Maßstab des Rechts.[115] Innovativ ist dieses Verständnis insofern, als zuvor statt dessen die Priorität von Naturrecht und Common Law angeführt wurde, um die Geltung von Staatsakten und Vorschriften aufzuheben oder einzuschränken, deren Rechtskonformität fraglich war. So berief sich der urteilende Richter, Lord Edward Coke, in einem berühmten Vorläuferfall von *Marbury vs. Madison* – dem sogenannten *Bonham's case* – auf das Common Law. Eine geschriebene Verfassung diente also nicht als Maßstab für die Verwerfung von Normen.[116]

Allerdings ist zu notieren, daß Hamiltons Lehre eher den Beginn der Implementation dieses neuzeitlichen Verfassungsbegriffes anzeigt denn dessen vollumfängliche Durchsetzung. Die Umstellung von einer Bezugnahme auf Naturrecht zu einem Rekurs auf positives Recht ist bei Hamilton gerade erst eingetreten; sie ist nicht völlig durchgeführt. Von einer positivrechtlichen Ersetzung der hergebrachten Naturrechts- und Common Law-Konzeptionen zu sprechen, ginge daher zu weit. Dies ist etwa daran ablesbar, daß Alexander Hamilton für den Schutz von Individualrechten eintritt, deren rechtlicher Status wohl aus dem Naturrecht oder aus der überlieferten Rechtstradition abzuleiten ist – nicht jedoch durch positives Recht begründet ist.[117]

Sicher ist auf jeden Fall, daß die Verbindlichkeit mindestens für den zur gerichtlichen Entscheidung angestandenen Fall zu gelten habe.

[115] Man könnte diesen Verfassungsbegriff als neuzeitlich etikettieren. Es ist jedenfalls der gleiche Verfassungsbegriff, der sich auch in der Erklärung der Déclaration des Droits de l'Homme et du Citoyen und in der französischen Verfassung von 1791 anbahnt. Die Bewegungen des Liberalismus und des Konstitutionalismus haben sich dieses Verständnis als Forderung auf ihre Fahnen geheftet. Teilt sein Kontrahent „Brutus" dieses Verständnis?

[116] Zum *Bonham's case* siehe S. 271 dieser Arbeit.

[117] Siehe S. 253 dieser Arbeit. Ähnlich wie Hamilton hat auch Madison die projektierte Bundesverfassung zum Verfassungsbollwerk für den Schutz der privaten Rechte erklärt: „Very properly therefore have the Convention [die Philadelphia Convention; M.E.] added this constitutional bulwark in favor of personal security and private rights." [Nr. 44, 218 zit. n. BALL: Hamilton/Madison/Jay: *Federalist* [aaO. FN 20 S. 216 dieser Arbeit].

V. Die verfassungstheoretische Kontroverse zwischen „Brutus" und Hamilton

Dieses Rechtsverständnis, das zwischen positivem Recht und Naturrecht nicht scharf trennt, ist nun keine Besonderheit von Hamiltons Konzeption. Vielmehr befindet sich dessen Denken dabei im Einklang mit den Auffassungen vieler anderer. So dürfte Alexander Hamilton mit vielen weiteren Federalists, aber auch mit vielen seiner antifederalistischen Gegner in der Sichtweise übereinstimmen, die jeweilige schriftlich fixierte Verfassung[118] der Vertragstheorie gemäß[119] als den schriftlich fixierten Vertrag zur Gründung des Zusammenschlusses zur bürgerlichen Gesellschaft zu betrachten, ohne daß jedoch in dieser Verfassungsurkunde alle Rechte und Pflichten aufzugehen hätten. Das Modell eines gedachten Vertrages von freien und gleichen Individuen reicht normativ weiter als seine Kristallisationsform eines Verfassungsdokuments. Ablesbar ist diese Transzendierung des positiven Rechts am Widerstandsrecht des Volkes, das von beiden Protagonisten verfochten wurde. Diese Transzendierung kommt aber auch in der 1791 ratifizierten Bill of Rights zum Ausdruck. Bezeichnenderweise statuiert der 9. Zusatzartikel, daß die Aufzählung der in der Verfassung verankerten Rechte nicht so auszulegen sei, daß dadurch andere vom Volk zurückgehaltene Rechte versagt oder eingeschränkt wären. Entsprechend legt das 10. Amendment fest, daß die in der Verfassung der Bundesgewalt nicht zuerkannten Befugnissen bei den Einzelstaaten oder *bei dem Volk* verblieben. Bezeichnenderweise wurden jeweils Formulierungen gewählt, die die Anzahl dieser verbleibenden Befugnisse nicht abschließend regeln.[120]

B. Die zentralen Dissenspunkte: Souveränität und Demokratiekompatibilität

„Brutus" und Alexander Hamilton beurteilen das Institut des Judicial Review vor allem deswegen so gegensätzlich, weil sie in zwei wesentlichen Punkten verschiedener Auffassungen sind. Ihr grundsätzlicher verfassungstheoretischer Dissens tangiert Streitpunkte auf zwei Ebenen – einer analytischen und einer normativen Ebene:
– Auf einer analytischen Ebene dreht sich die Kontroverse um die Frage, ob die Ausstattung der Gerichtsbarkeit mit der Kompetenz zum Judicial Review das

---

[118] Ganz gleich, ob damit die Federal Constitution oder eine andere Variante gemeint ist.
[119] Die Konzeptionen von „Brutus" und Hamilton sind allem Anschein nach dem Paradigma der Vertragstheorie zuzuordnen. Beide scheinen eine schriftlich fixierte Verfassung als Gründungsakt im Sinne des Typus des ‚historischen' Vertragsmodells aufzufassen. Zu dieser und den beiden anderen Varianten des Kontraktualismus – dem ‚hypothetischen' und dem ‚impliziten' Vertrag – KARL GRAF BALLESTREM: Vertragstheoretische Ansätze in der politischen Philosophie, in: *ZfP*, 30. Bd. (1983), 1–17; HENNING OTTMANN: Politik und Vertrag. Zur Kritik der modernen Vertragstheorien, in: *ZfP*, 33. Bd. (1986), 22–32.
[120] Vgl. Amendment IX: „The enumeration in the Constitution, of certain rights, shall not be construed to deny or disparage others retained by the people." sowie Amendment X: „The powers not delegated to the United States by the Constitution, nor prohibited by it to the States, are reserved to the States respectively, or to the people." Zit. n. BALL: Hamilton/Madison/Jay: *Federalist* [aaO. FN 20 S. 216 dieser Arbeit], 558.

oberste Gericht, den Supreme Court, zur höchsten Instanz im Staat erhebt (so „Brutus") – oder nicht (worauf Hamilton insistiert).
– Auf einer normativen Ebene divergieren ihre Positionen hinsichtlich dessen, ob diese Kompetenz zu befürworten (so Hamilton) oder abzulehnen (so „Brutus") ist. Ihre divergierenden Auffassungen beruhen darauf, daß Alexander Hamilton eine Vereinbarkeit von Judicial Review und Demokratie annimmt, während „Brutus" genau dies bestreitet. Dieser Dissens hinsichtlich der Frage nach der Vereinbarkeit von Judicial Review und Demokratie ist mit der Frage nach einer ‚supremacy' der obersten Rechtsprechungsinstanz aufgrund der kompetiellen Anerkennung des Judicial Review verflochten. Während für „Brutus" die Souveränität der Gerichtsbarkeit die Souveränität des Volkes ablöst, stellt für Hamilton die verfassungsgerichtliche Aufsicht über die Akte der Staatsgewalt die Souveränität des Volkes sicher.

So ist offensichtlich, daß der Dissens auf der normativen Ebene mit der unterschiedlichen Einschätzung auf der analytischen Ebene zusammenhängt.

Das analytische Problem – die Beantwortung der Frage nach der ‚supremacy' der Gerichtsbarkeit aufgrund der Kompetenz zum Judicial Review – soll die Befassung mit der Kontroverse zwischen „Brutus" und Hamilton abschließen. Die dort ermittelten Resultate zur ‚supremacy' der Verfassungsjudikatur können allerdings lediglich ein Teilergebnis darstellen. Denn eine umfassende und abschließende Qualifizierung der Stellung der Gerichtsbarkeit im Staatsgefüge erfordert einen Untersuchungsrahmen, der weiter gespannt ist, als der Problemhorizont, der durch die Konzeptionen von „Brutus" und Hamilton vorgegeben ist. So ist insbesondere zu ermitteln, ob zur adäquaten Beschreibung und zur überzeugenden Legitimation des demokratischen Verfassungsstaats die Kategorie der Souveränität sinnvoll und notwendig ist. Ist dies der Fall, so ist zu untersuchen:
– welchen Gehalt oder welche Gehalte diese Kategorie aufweisen sollte sowie
– welchem Subjekt oder welchen Subjekten die Qualität der Souveränität anhaftet oder anhaften sollte.

Erst wenn diese Reihe von analytischen und normativen Fragen geklärt ist, ist auch die normative Grundproblematik der Vereinbarkeit von Verfassungsgerichtsbarkeit und Demokratie einer Lösung zugeführt.

C. Die federalistische und die antifederalistische Lesart der Volkssouveränität

In der Kontroverse zwischen „Brutus" und Alexander Hamilton um die Einführung des Judicial Review sind nicht nur zwei gegensätzliche Einschätzungen einer institutionellen Regelung verborgen. Vielmehr reicht der Dissens zwischen beiden Protagonisten tiefer. Personifiziert durch „Brutus" und Hamilton stehen sich zwei Konzeptionen gegenüber, die in *mancher* Hinsicht grundlegend verschieden sind: Die politische Philosophie von Hamilton wird in der Literatur den Konzeptionen einer

V. Die verfassungstheoretische Kontroverse zwischen „Brutus" und Hamilton

begrenzten Staatsmacht (eines Limited Government) zugerechnet. Das *politische* Denken von „Brutus" ist schwieriger zu klassifizieren. Es als Programm einer Verwirklichung von Volkssouveränität zu bezeichnen (wie dies in geschichtlichen Studien geschieht), ist sicherlich nicht falsch. Aber diese Etikettierung täuscht darüber hinweg, daß „Brutus" nur eine bedingte Form von Volkssouveränität postuliert. Einer kritischen Überprüfung hält diese Einordnung nur begrenzt Stand.

Allerdings ist bei beiden Exponenten der Kontroverse um die Verankerung des Judicial Review ihr Propagieren der Idee der Volkssouveränität nur ungenügend durch die Inhalte ihrer Lehren gedeckt. So ist die Verfassungslage ihrer beider Modelle mit dieser Legitimationsformel nur unzulänglich beschrieben. Daß sich „Brutus" und Alexander Hamilton explizit auf das Prinzip der Volkssouveränität berufen, tut daran keinen Abbruch.

Auf Hamilton trifft dies in stärkerem Maße zu als auf „Brutus". Bei Hamiltons Rechtfertigung des Judicial Review beruht die Legitimation des richterlichen Prüfungsrechts letztlich auf dem Prinzip der Volkssouveränität.[121] Erinnert sei an Hamiltons Argumentationskette:
- Die Federal Constitution stelle den fixierten Willen des Volkes dar – sie sei verfaßt zur Begrenzung der Macht der staatlichen Herrschaftsträger;
- folglich gebühre der Verfassung der Vorrang – sogar und insbesondere gegenüber den Beschlüssen der Gesetzgebung;
- die Gerichtsbarkeit habe als Garant einer ausschließlich bedingt übertragenen Herrschaftsgewalt zu fungieren.

Die Berufung auf das Prinzip der Volkssouveränität ist jedoch – zumindest in dieser Form – fragwürdig: Der Grundsatz der Volkssouveränität und die Konzeption eines Limited Government – Voraussetzung gerichtlicher Prüfungs- und Verwerfungskompetenz – schließen sich in letzter Konsequenz gegenseitig aus, *sofern* man den Begriff der Souveränität mit Machtvollkommenheit gleichsetzt und auf einen zurechenbaren Träger dieser Machtvollkommenheit rekurriert. Genau dieses Souveränitätsverständnis gibt Hamilton aber zu erkennen. Er teilt diese Sicht mit „Brutus". Zumindest – so ist allenfalls einzuschränken – nehmen weder „Brutus" noch Hamilton an irgendeiner Stelle in ihren Ausführungen von einem real vorhandenen und unumschränkten Willen des Volkes Abstand.

Eine *derartige* Berufung auf das Prinzip der Volkssouveränität und die Konzeption eines Limited Government schließen sich aus. Denn die Befugnis, einer (höchsten) Gerichtsinstanz, Akte der Staatsgewalt allein mit dem Hinweis außer Kraft zu setzen, sie entsprächen nicht ihrer Interpretation der Verfassung, hebt die durch eine *derartige* Fassung des Volkssouveränitätsprinzips geforderte Letztentscheidung durch das Volk auf. Für den konkret gerichtlich zu entscheidenden Fall besitzt das Volk nämlich keine Möglichkeit, den Urteilsspruch zu revidieren. Nur die Allgemeinheit zukünftiger Fälle kann mittels Verfassungsänderungen geregelt werden, die in die Zuständigkeit

---

[121] Für die Rechtfertigungsmodelle von James Iredell und John Marshall (Chief Justice im Fall *Marbury vs. Madison*) gilt dies ebenfalls.

der anderen Verfassungsorgane – also jedenfalls nicht in die der Verfassungsgerichte – fallen.[122]

Um Mißverständnissen dieser *immanenten* Kritik vorzubauen, sei folgendes ausgeführt: Zwar ist es einsichtig, daß die Souveränität des Volkes durch kein Verfahren *in toto* verwirklicht werden kann. Dem Prinzip der Volkssouveränität kann nur annäherungsweise Rechnung getragen werden. Unstrittig dürfte aber auf jeden Fall sein, daß eine konsequente Realisierung dieses Grundsatzes institutionell bedeuten muß, daß das Volk „das letzte Wort" hat – also gefragt werden muß beziehungsweise sich zu Wort melden kann. Dies gilt jedenfalls dann, wenn der Begriff der Souveränität mit Machtvollkommenheit gleichgesetzt wird und diese Machtvollkommenheit dem Volk *zugerechnet* wird. Wird die Bürgerschaft zum souveränen Subjekt erklärt und wird unter Souveränität die Kapazität zur Totalverfügung verstanden, dann sind Demokratie und verfassungsgerichtliche Aufsicht unvereinbar.

Warum operiert Hamilton aber dennoch – verbal – mit dem Prinzip der Volkssouveränität? Die Antwort lautet schlicht: Es wäre politisch nicht opportun gewesen, die fiktiven Momente der Volkssouveränität – und insbesondere die tatsächliche Zurückdrängung des Prinzips der Volkssouveränität durch die Konzeption des Limited Government – deutlich zu machen. Schließlich hatte man im Unabhängigkeitskrieg gegen Großbritannien die Souveränität des Volkes beschworen und unter Berufung auf dieses Prinzip die Loslösung vom Mutterland betrieben. Zudem diente gerade das Prinzip der Volkssouveränität[123] der Opposition gegen die Philadelphia-Verfassung als mobilisierende Parole.

Dementsprechend hebt auch nach der Ratifizierung der Federal Constitution die Kritik der kompetentiellen Anerkennung des Judicial Review darauf ab, daß diese Anerkennung die Aufgabe des Postulates der Volkssouveränität bedeutet(e).[124] Die Verankerung des Judicial Review im politischen System der USA hat der Limited Government-Konzeption zwar mit zum Sieg verholfen, aber diese Konzeption war nicht unbestritten. Und sie ist es bis heute nicht. So wird auch gegenwärtig die Forderung nach einer Letztentscheidung durch das Staatsvolk erhoben und als institutionelle Konsequenz aus dem Grundsatz der Volkssouveränität gedeutet.

Doch nicht nur Hamiltons, sondern auch die Berufung von „Brutus" (und vieler anderer Antifederalists) auf das Prinzip der Volkssouveränität ist sachlich nur mit

---

[122] In der Bundesrepublik Deutschland allerdings mit Ausnahme der in Artikel 79 III GG niedergelegten, mit der „Ewigkeitsgarantie" versehenen Grundprinzipien.

[123] Zu ergänzen ist, daß das Prinzip der Volkssouveränität neben und im Verbund mit der Verteidigung der Souveränität der Einzelstaaten auf die Fahnen geheftet wurde. Von antifederalistischer Seite wurde dies weitergeführt mit der *„states' rights-doctrine'*. Gemeint ist damit die Lehre, welche besagt, daß selbst nach der Ratifizierung der Unionsverfassung von 1787 die Souveränität bei den Einzelstaaten der USA liege.

[124] Dies trifft auf die weiteren Komponenten des Limited Government (Betonung des Repräsentationsprinzips, relativ lange Amtsdauer der Senatoren, Beibehaltung der Wahlrechtseinschränkungen der Einzelstaaten, in Repräsentantenhaus und Senat gespaltene Legislative etc.) ebenso zu. Eingehend zum Konflikt zwischen den beiden Konzeptionen und ihrem sozio-politischen Hintergrund: DIPPEL: Sicherung der Freiheit [aaO. FN 32 S. 229 dieser Arbeit].

V. Die verfassungstheoretische Kontroverse zwischen „Brutus" und Hamilton

Einschränkungen gerechtfertigt. Denn bei „Brutus" ist das Verhältnis zwischen Volkssouveränität und Parlamentssouveränität nicht restlos geklärt. „Brutus" streicht zwar deutlich heraus, daß die Parlamentarier lediglich Delegierte des Volkes sind. Doch außer über das Recht der Wahl seiner Abgeordneten verfügt das Volk bei „Brutus" über keine institutionell verankerten Möglichkeiten, sein vom Grundsatz der Volkssouveränität her verlangtes Recht auf Letztentscheidung auszuüben.[125] Da die Ausführungen von „Brutus" hinsichtlich seines eigenen Modells äußerst lakonisch sind, steht lediglich dies fest: Das Volk hat gegenüber den Amtsträgern der staatlichen Organisation ein Widerstandsrecht. Wird dieses Recht aktiviert, dann ist die bestehende Rechtsordnung außer Kraft gesetzt. Unklar ist aber, wem die Souveränität zukommt, falls dieser Extremfall (noch) nicht vorliegt, das heißt: solange die bestehende Rechtsordnung noch gilt und die Bürger deren Bestehen auch nicht gefährden wollen. In diesem Fall ist das Parlament der Träger der Souveränität – auch wenn es nur eine gewissermaßen geliehene Souveränität ist. Umfang und Inhalt dieser geliehenen Souveränität sind zwar in der Verfassung – in den Articles of Confederation (sofern „Brutus" zumindest zunächst für die Beibehaltung eintritt) – niedergelegt, aber die Articles gehen über ein bloßes Organisationsstatut nicht hinaus. Und selbst wenn „Brutus'" Forderung nach einer Grundrechteerklärung erfüllt wäre, besteht bei Konflikten stets die Gefahr, daß diese nicht in der kanalisierten Form des positiven Rechts, sondern am Rande und außerhalb der Legalität ausgetragen werden. „Brutus'" Modell einer geliehenen Souveränität schafft einen zumindest latenten verfassungsrechtlichen Schwebezustand.

Die Auseinandersetzung zwischen Anhängern der (im Vergleich zur Gegenposition) uneingeschränkten Volkssouveränität und jenen des Limited Government hatte aber nicht nur die Konkurrenz staatstheoretischer Konzeptionen zum Inhalt, sondern sie stand auch in einem sozio-politischen Zusammenhang, der nicht übersehen werden sollte. So war die Diskussion um die Einführung einer mit Prüfungs- und Verwerfungskompetenz ausgestatteten Gerichtsbarkeit von Anfang sozio-politisch aufgeladen, und auch ihre spätere Einführung aufgrund von *Marbury vs. Madison* konnte nur gegen erheblichen innenpolitischen Widerstand durchgesetzt werden. Auf diesen Widerstand stießen jene Kräfte, die an einer sozial konservativeren politischen Ausrichtung des Landes – und damit verbunden an einer Zurückdrängung des Prinzips des Volkssouveränität – interessiert waren:

> „Wenn das Volk Träger uneingeschränkter Souveränität ist, ist es in seinen Handlungen völlig autonom und kann direkt oder mittels des Gesetzgebers beschließen, was immer ihm gutdünkt. Doch gerade diese Aussicht erschreckte die [sozio-ökonomische; M.E.] Elite zutiefst. ‚If there is no bound to the Legislature, we are no longer in a free country, but governed by an oligarchical tyranny.'"[126]

Um diese in ihren Augen verhängnisvolle Entwicklung erst gar nicht aufkommen zu

---

[125] Hinzuzufügen ist: vom Grundsatz der Volkssouveränität her verlangt, *wenn* Souveränität so konzipiert ist, wie es bei „Brutus" geschieht.
[126] DIPPEL: Sicherung der Freiheit [aaO. FN 32 S. 229 dieser Arbeit], 146 mwN.

lassen, rekurrierten sie auf die Staatstheorie John Lockes und Charles Montesquieus[127] und insbesondere auf deren mehr oder weniger explizites Postulat einer eingeschränkten Herrschaftsgewalt. Ihr darauf aufbauendes Theorem des Limited Government bedeutete die weitgehende Sicherung des politischen Führungsanspruchs der sozio-ökonomischen Elite. Verbal hielt diese an dem an dem – vor allem während der Amerikanischen Revolution verkündeten – Prinzip der Volkssouveränität fest; faktisch erteilten sie diesem jedoch durch die Limited Government-Konzeption eine Absage.

Fazit: in der Kontroverse zwischen „Brutus" und Alexander Hamilton standen sich Souveränitätskonzeptionen gegenüber, in denen gegensätzliche sozio-politische Implikationen enthalten waren. Was die semantischen Gehalte ihrer Souveränitätsbegriffe betrifft, so sind diese nur zum Teil grundsätzlich gegensätzlich. Gegensätzlich fassen „Brutus" und Hamilton das Handlungsvermögen der Bürgerschaft in ihrer Eigenschaft als Inhaber der Souveränität auf; sehr ähnlich ist hingegen die Bestimmung der Qualität der Souveränität bei beiden Kontrahenten. Problematisch bei ihren Souveränitätstheoremen ist, daß diese beiden Komponenten ihrer Souveränitätsbegriffe – die empirisch registrierbare Kapazität des souveränen Subjekts im demokratischen Staatsgefüge auf der einen Seite und die fiktionale Schrankenlosigkeit des Trägers der Souveränität auf der anderen Seite – nicht konsistent miteinander zu verbinden sind. Anders formuliert, die revolutionäre Souveränitätsrhetorik vermag institutionell nicht eingelöst zu werden. Dies gilt für beider Theorien – für Hamiltons Lehre nur ausgeprägter als für diejenige seines Gegenspielers.

VI. Die systematische Bilanz des Streits um die Einführung des Judicial Review

A. Das argumentative Patt

Die Kontroverse zwischen „Brutus" und Alexander Hamilton endet in einem argumentativen Patt: Die »Letters of „Brutus"« sind zwar in ihren *kritischen* Anteilen beachtenswert. Doch vermögen „Brutus'" Ausführungen in ihren *konstruktiven* Beiträgen keineswegs zu überzeugen. Denn „Brutus'" Entwurf eines Gegenmodells zur Institution des Judicial Review ist weder hinreichend ausgearbeitet noch einsichtig begründet. So ist „Brutus'" Auseinandersetzung mit der Ausgestaltung der Gerichtsbarkeit gemäß dem Verfassungsprojekt der Philadelphia Convention zu attestieren, daß sie eine hohe Sensibilität für Problemlagen der Verfassungsgerichtsbarkeit und ihrer rechtsphilosophischen Rechtfertigung demonstriert. Allein: dies gleicht das Defizit bei der Formulierung einer Gegenkonzeption nicht aus. Hamilton andererseits ist es nicht gelungen, die kritischen Einwände von „Brutus" an den judikativen

---

[127] Beide werden hier gleichsam stellvertretend genannt; andere wären natürlich auch zu erwähnen – z.B. Harrington.

VII. Die Eigenart verfassungsgerichtlicher Souveränität   285

Regelungen der Philadelphia-Verfassung zu entkräften. Sein Versuch, die Institution des Judicial Review schlüssig zu begründen, ist gescheitert.

B. Das grundsätzliche Manko

Der tiefere Grund des Scheiterns sowohl von „Brutus" als auch von Alexander Hamilton besteht darin, daß beide mit juristischen Fiktionen operieren, ohne deren fiktiven Gehalt kenntlich zu machen. Auf diese Weise hypostasieren – verdinglichen – sie jeweils diese Fiktionen. Salopp ausgedrückt, könnte man auch davon sprechen, daß sie diese Fiktionen für bare Münze nehmen, respektive zumindest anstreben, daß dies ihre Leser tun.

Die Inhalte der Fiktionen der beiden Exponenten unterscheiden sich:
– Im Fall der »Letters of „Brutus"« lautet die zentrale fiktive Aussage, auf eine Formel verkürzt, Volkes Stimme ist Gottes Stimme. „Brutus" nimmt eine Unfehlbarkeit und Einheitlichkeit eines Volkswillens an, welcher empirisch nicht vor- beziehungsweise auffindbar ist.
– Hamiltons in den »Federalist Papers« verfaßte Begründung der Idee der Verfassungsgerichtsbarkeit enthält zwei zentrale Fiktionen: Zum einen die Fiktion, daß die Federal Constitution den materialisierten Volkswillen darstellt. Zum anderen die Fiktion, daß die Stimme der Supreme Court-Richter nichts anderes ist als die Stimme der Verfassung – und somit die Stimme des Volkes.

VII. Die Eigenart verfassungsgerichtlicher Souveränität

Der verfassungstheoretische Dissens zwischen „Brutus" und Alexander Hamilton entzündete sich auf einer analytischen Ebene an der Frage nach der ‚supremacy' der Gerichtsbarkeit. Die folgenden Ausführungen sollen diesen Dissens einer Klärung zuführen. Dabei handelt es sich allerdings lediglich um eine Annäherung an die Problematik verfassungsgerichtlicher Souveränität. Denn abschließend ist diese Problematik erst bewältigt, wenn die Grundbegriffe der Demokratie, der Souveränität und der Justiziabilität vertieft untersucht und bestimmt sind.

Die folgenden Darlegungen befassen sich, diesem Vorbehalt Rechnung tragend, nur mit einem Ausschnitt der Thematik der Legitimität der Verfassungsgerichtsbarkeit – nämlich mit dem Aspekt der empirischen Registrierbarkeit verfassungsgerichtlicher Herrschaftsmacht. Dieser thematische Ausschnitt entspricht dem Fragehorizont, den die Konzeptionen von „Brutus" und Hamilton vorgegeben haben. Die Fragestellungen dieses Abschnitts lauten daher:
– Erhebt die Ausstattung der Gerichtsbarkeit mit der Kompetenz zum Judicial Review das oberste Gericht, den Supreme Court, zur höchsten Instanz im Staat?
– Verleihen verfassungsgerichtliche Befugnisse der Rechtsprechung eine Vormacht- oder Vorrangstellung im demokratischen Staatsgefüge?

Die Kategorien der Höchstinstanzlichkeit, der Vorrang- oder der Vormachtstellung nehmen dabei den Begriff der ‚*supremacy*' auf, also den Terminus, den „Brutus" und Alexander Hamilton beim Austausch ihrer Argumente verwenden. Doch sind auch andere Begriffsinhalte möglich, um den semantischen Gehalt des Wortes ‚*supremacy*' zu erfassen. Zu denken ist dabei zuallerst an Konnotationen des klassischen Souveränitätsbegriffs – also an Umschreibungen, die auf absolute Herrschaftsmacht, totale Verfügungsgewalt und dergleichen abstellen.

Gegen eine Vorrangstellung des Supreme Court im amerikanischen Regierungssystem spricht, daß seine Handlungsmächtigkeit – wie die jedes Gerichts – eingeschränkt ist. So gehört zu seinem gerichtsförmigen Charakter, daß es nicht von sich aus tätig werden kann, sondern auf eine Anrufung angewiesen ist.[128]

Ferner zählt zu den mit der Gerichtsförmigkeit verbundenen Einschränkungen der Handlungsmächtigkeit, daß die Gerichtsbarkeit nur innerhalb eines vorgegebenen normativen Rahmens zu entscheiden vermag. Der Supreme Court muß seine Entscheidungen aus der Federal Constitution herleiten;[129] das Bundesverfassungsgericht aus dem Grundgesetz. „Brutus" veranschlagt diese normative Bindung zwar als äußerst gering,[130] scheint dabei allerdings zu übergehen, daß die Federal Constitution auch geändert werden kann.[131] Auf diese Weise können der Gerichtsbarkeit Vorgaben gemacht werden.

Und noch ohne näher zu bestimmen, wie stark die normative Bindung angesichts der Unbestimmtheit des Rechts ist, wird von einer völligen Entbundenheit von Verfassungs- und einfachem Recht nur bedingt gesprochen werden können.[132] Die

---

[128] Im Fall der USA ist der Zugang zu den Gerichten durch das ‚*case or controversy*'-Erfordernis eingeschränkt. Dies bedeutet, daß ein abstraktes Normenkontrollverfahren nicht möglich ist. Vielmehr muß ein Rechtsstreit vorliegen, bei dem die Beteiligten von staatlichen Akten direkt betroffen sind. Auch das deutsche Bundesverfassungsgericht muß angerufen werden, um überhaupt tätig werden zu können.

[129] Das oberste Gericht kann allerdings zudem auch auf „equity" [Billigkeit, Einzelfallgerechtigkeit] abstellen.

[130] Vgl. nur etwa: „The judges are supreme – and no law, explanatory of the constitution, will be binding on them." [XV, 441] Unklar ist hier, ob „Brutus" unter „law" auch „constitutional law" – also Verfassungsrecht – versteht oder lediglich einfaches Gesetzesrecht.

[131] Das Verfahren zur Verfassungsänderung (wörtlich ist allein von „amendment", zu deutsch „Verbesserung" bzw. „Ergänzung" die Rede) ist aber äußerst aufwendig. Hierzu RICHARD HODDER-WILLIAMS: The US Constitution, in: Robert Singh (Hg.): *Governing America. The Politics of a Divided Democracy*, Oxford u.a. 2003, 53–74 [63–65].

[132] Die Gegenposition zu „Brutus" findet sich in der Gegenwart etwa bei KLAUS STERN: *Verfassungsgerichtsbarkeit zwischen Recht und Politik,* Opladen 1980. Obgleich Stern das Verhältnis zwischen Recht und Politik nicht mittels „jener einfachen Antinomie des Entweder-Oder" erschließen möchte [ebd., 18], erscheint seine Verhältnisbestimmung doch als zu dichotomisch und die Problematik zu sehr vereinfachend (vgl. Sterns Rekurs auf Autorität und Konsens, welcher in der Sache aber nichts beweist: „Es besteht Anlaß daran zu erinnern, daß im Parlamentarischen Rat Vertreter aller Parteien die Institution eines Verfassungsgerichtshofs als ‚Hüter der Verfassung' mit Normenüberprüfungsbefugnis und Kompetenzabgrenzungsbefugnis verlangten. Von niemandem angezweifelt fiel der Satz: ‚Entweder wird das *Recht* tatsächlich als die *Grundlage der menschlichen Gesellschaft* anerkannt und dann auch mit den notwendigen Garantien zu seiner Verwirk-

VII. Die Eigenart verfassungsgerichtlicher Souveränität

institutionellen Verflechtungen und machtverteilenden organisatorischen Strukturen stehen dem entgegen. So besteht etwa der Spruchkörper nicht aus einer einzelnen Person, sondern aus mehreren Amtsträgern. (In den USA sind es neun Richter, in der Bundesrepublik jeweils acht.) Am wichtigsten aber: die Richter bewegen sich in einem Umfeld einer politischen Kultur, und obgleich sie von dessen Seite keine Korrekturen zu gegenwärtigen haben, unterliegen sie mit ihren Urteilen – gegenüber der fachlichen und politischen Öffentlichkeit – zumindest einem Rechtfertigungsgebot.

Von einer souveränen Instanz kann somit kaum die Rede sein – wenn Souveränität im Sinne einer unumschränkten Verfügungsgewalt über die Gesellschaft oder einer absoluten Herrschaftsmacht begriffen wird. Freilich legt dies der Wortsinn von ‚supremacy' nicht nahe – ‚supremacy' meint lediglich Oberhoheit oder Vorrangstellung.

Im thematisierten Kontext sind die Begriffe ‚Letztinstanzlichkeit' und ‚letztverbindliche' Entscheidungsmacht am angemessensten.[133] An einer solchermaßen verstandenen Souveränität hat der Supreme Court – wie auch alle anderen Gerichte mit vergleichbaren Befugnissen – nun sicher zumindest Anteil. Vielleicht kommt die metaphorische Umschreibung von Ernst-Wolfgang Böckenförde dem Phänomen am nächsten, derzufolge Gerichte mit verfassungsgerichtlichen Befugnissen einen „Zipfel der Souveränität" in ihren Händen halten.[134] Diese Kennzeichnung stellt darauf ab,

---

lichung ausgestattet. Oder aber die politische Zweckmäßigkeit wird zum höchsten Prinzip erhoben, was dann wieder zu den gefährlichen Grunddogmen einer vergangenen Epoche hinführen würde, wonach eben Recht ist, was dem Volke oder der Regierung oder dem Staate nutzt.'" [ebd., 12–13 mwN.; H. Stern]. Stern überspielt rhetorisch, daß auch auf seiten der Richterschaft Ambitionen nach Macht und Anerkennung vorhanden sein könnten. Ebenso bleibt zu fragen, ob die Entscheidungen der politischen Entscheidungsträger allein auf „politische Zweckmäßigkeit" zielen. Vgl. auch: „Das Verfassungsgericht entscheidet wie jedes Gericht ausschließlich am Maßstab des Rechts, speziell des Verfassungsrechts. Recht ist die Bedingung seines Richtens. Seine Methode zunächst der Erkenntnisgewinnung und dann der Entscheidungsfindung ist die juristische, wie sie in vielen Jahrhunderten europäischer Rechtskultur ausgeprägt wurde. [...] Politische Dezisionen beruhen hingegen auf anderen Grundlagen, verfolgen andere Ziele, gehorchen anderen Maßstäben, sind aus anderen Motiven gespeist, bilden sich nach anderen Verfahren heraus, kurz: sind anders motiviert, begründet und strukturiert. Der Richter *darf* nicht nach Beifall schielen, der Politiker kann nicht ohne Resonanz agieren." [ebd., 19; H. Stern] Bei aller Zustimmung zu Stern im Sonstigen: Was ist, wenn der Richter tut, was er nicht „darf" oder sollte?).

[133] „Brutus" mag zu Dramatisierungen neigen: Seine Warnungen vor einer unkontrollierbaren Gerichtsbarkeit gehen wohl über den bloßen Befund der Letztinstanzlichkeit hinaus. Denn „Brutus" läßt sich sicherlich unterstellen, daß er gezielt die Erinnerungen an die Mißachtung der Rechte der amerikanischen Kolonien durch das britische Parlament evoziert. Dies nicht zuletzt deswegen, weil die Erfahrungen bei der Auseinandersetzung mit dem britischen Mutterland „Brutus" selbst geprägt haben dürften. Ob bei „Brutus'" Ausführungen auch Konnotationen mitschwingen, die die (in der Theorie) totalitären Valenzen vieler Souveränitätsdoktrinen assoziieren, ist schwer zu beurteilen. Auffällig ist „Brutus'" unbefangener Umgang mit der Souveränität des Volkes einerseits, sein Mißtrauen gegenüber mandatierten Amtsträgern andererseits, je mehr diese von der „Basis" entfernt sein resp. sein könnten.

[134] ERNST-WOLFGANG BÖCKENFÖRDE: Verfassungsgerichtsbarkeit. Strukturfragen, Organisation,

daß die (obersten) (Verfassungs-)Gerichte in einem Rechtsstreit im Wortsinne als letzte Instanz fungieren. Das heißt, ihr Urteilsspruch kann durch keine Instanz korrigiert werden. Mehr noch: verfügen Gerichte über die Befugnis, Normen auf einfach- und verfassungsgesetzlicher[135] Ebene zu verwerfen, so entscheiden sie damit – negatorisch – eine (möglicherweise unendliche) Vielzahl von Fällen. Der Supreme Court und vergleichbare Gerichte verfügen demnach über eine Veto-Souveränität.

Diese Veto-Souveränität reicht über die üblichen gerichtlichen Kompetenzen hinaus. Denn die Rechtssetzungsbefugnis läßt sich in ihrem Fall nicht mehr schwergewichtig der Domäne der Legislative zuordnen. Des weiteren läßt sich bei der Verfassungsrechtsprechung das Definitionsmuster der Rechtsanwendung für die Judikatur nur noch bedingt aufrechterhalten.[136] Eine Gerichtsbarkeit mit der Verwerfungskompetenz bezüglich legislativer Akte – sei sie abstrakt oder konkret, präventiv oder repressiv – rückt an das Setzen von Recht heran. Ihr Tätigkeitsprofil weist das Moment des Generierens von Recht auf, obschon ihre Setzung von Normen nicht mehr umfassen könnte als das Verhindern von weiteren Normen – ihr rechtssetzendes Fungieren insofern negativer Art wäre.[137]

Legitimation, in: ders.: *Staat, Nation, Europa.* Studien zur Staatslehre, Verfassungstheorie und Rechtsphilosophie, Frankfurt a.M. 1999, 157–182 [168] [Erstveröffentlichung in: NJW 1999, 9–17].

[135] Normen auf verfassungsgesetzlicher Ebene können Gerichte nur unter bestimmten Bedingungen verwerfen – etwa, wenn bestimmte Verfassungsnormen in der Verfassung selbst als unveränderlich erklärt wurden. Zu denken ist dabei in erster Linie an die „Ewigkeitsklausel" des Art. 79 III GG.

[136] Die schematisierende Zuordnung, die Legislative mit der Generierung von abstrakt-generellen Regelungen zu betrauen (ihr also die Entscheidung über eine Vielzahl von Fällen zu überantworten), während die Rechtsprechung auf das Anordnen konkret-spezieller Materien (also das Treffen von Einzelfallentscheidungen) zu beschränken ist, gilt ebenfalls nicht. Auch dieser Punkt entspricht nicht einer herkömmlichen Gerichtsförmigkeit. Ausführlich zu dieser Problematik (in dieser Arbeit) § 6 VERFASSUNGSGERICHTSBARKEIT UND JUSTIZIABILITÄT. III. Recht und Politik. D. Rechtssetzung und Rechtsanwendung, S. 438–463.

[137] Wer nicht von Rechtssetzung sprechen möchte, da Gerichte nicht positiv gestalten, sondern nur negativ verhindern können (den Gerichten somit das aktive Moment fehlt), kommt gleichwohl nicht umhin festzustellen, daß die Verwerfungskompetenz nicht im Rahmen der (bloßen) Anwendung von Recht verbleibt. Die Funktion der Rechtssetzung wird verneint von STERN: *Verfassungsgerichtsbarkeit* [aaO. FN 132 S. 286 dieser Arbeit], 20–21: „Im Verfassungsrecht potenziert sich gewissermaßen die Schwierigkeit der hermeneutischen Aufgabe. Rechtskonkretisierung und Rechtsableitung bedeuten indessen nicht Funktionswechsel zur Rechtssetzung; denn die Rechtsprechung hat seit langem die Montesquieu'sche Charakterisierung, ‚la bouche qui prononce les paroles de la loi' und damit im Funktionssystem ‚en quelque façon nulle' zu sein, abgelegt. In der Rechtskonkretisation wächst der Gerichtsbarkeit naturgemäß ein schöpferisches, ein rechtsbildendes und -fortentwickelndes, d.h. ein wertendes und rechtsgestaltendes Element zu. Das mag man politisch nennen; aber es ist in einem ganz anderen Sinne politisch als das Handeln des Gesetzgebers oder der Regierung; denn es ist am vorgegebenen Rechtsmaßstab orientiert, es bleibt rechtsimmanent, ist nur ‚punktuell', nicht generell rechtserzeugend, ist Urteilslogik, nicht Gesetzeslogik. Der Richter schafft konkretes Recht nur um des ihm unterbreiteten Falles willen und nur um denselben willen. Es dürfen von ihm nicht neue Werte und Normen erzeugt werden, sondern es muß innerhalb der gesetzten interpretiert, judiziert und deduziert werden." Wiederum [siehe FN 132 S. 286 dieser Arbeit] greift Stern an entscheidender Stelle zu „dürfen" (obgleich die

VII. Die Eigenart verfassungsgerichtlicher Souveränität

Statt einer Veto-Souveränität ließe sich Gerichten mit einer solchen Letztentscheidungsbefugnis auch eine ‚passive' Souveränität zuschreiben. Das Moment der Passivität ist allerdings in der Verfassungswirklichkeit geringer als es *prima facie* den Anschein hat. Denn so wahr die bekannte Sentenz „wo kein Kläger, auch kein Richter" ist, so wahr ist fast auch ihre Umkehrung „wo ein Kläger, auch ein Richter". Mit anderen Worten: in einem Rechtssystem, in dem fast sämtliche politischen Kontroversen auch oder zuletzt gerichtlich ausgetragen werden, sind die Gerichte nicht in einer passiven Rolle. Als Besonderheit tritt in den USA hinzu, daß der Supreme Court freies Ermessen bei der Auswahl der zu entscheidenden Fälle hat. Und sogar wenn die Annahme nicht im gerichtlichen Ermessen liegt (wie in der Bundesrepublik Deutschland), können die Gerichte – bis zu einem gewissen Grad – die Fallannahme steuern.[138]

Die Grenzen der gerichtlichen Macht sind somit womöglich nicht in erster Linie von rechtlichen Vorschriften diktiert.[139] Vielmehr unterliegen die Spruchkörper einer

---

Orientierung an normativen Vorgaben sicher nicht nur eine Frage des Amtsethos ist). Überdies: Die Normen des Verfassungsrechts sind so vage und abstrakt, daß eine Berufung auf sie doch wohl immer möglich ist. Zudem ist die Rede von „punktuellen" Entscheidungen mit Fragezeichen zu versehen: Warum wird sonst von Grundsatzentscheidungen gesprochen? Gibt es nicht auch eine bewußte Annahme von Entscheidungen, ein Forcieren von bestimmten Fällen? Erklärungsbedürftig sind ferner die Begriffe „rechtsimmanent" oder „Urteils-" bzw. „Gesetzeslogik". Überdies machen Gerichte auch ‚positive' Vorgaben, wenn sie eine Materie etwa aus dem Grund inhaltlich regeln, weil der Gesetzgeber trotz Aufforderung des Verfassungsgerichts nicht tätig wurde. Schließlich: ein Richter mag konkretes Recht nur um des ihm unterbreiteten Falles schaffen, dessen ungeachtet kann aber die *Wirkung* seines Urteils über diesen Fall hinausreichen.

[138] Selbst in der Bundesrepublik Deutschland ist ein „Drehen an der Zulässigkeitsschraube", das heißt: eine gewisse Flexibilität bei der Festlegung der Zulässigkeitsanforderungen möglich. Das Bundesverfassungsgericht muß jede Klage zur Entscheidung annehmen, die die Zulässigkeitsanforderungen erfüllt (wenn also z.B. bei Verfassungsbeschwerden eine Betroffenheit der Klageführer vorliegt). Daraus resultiert eine hohe Arbeitsbelastung, die mittels der Institution der Kammerentscheide zu bewältigen versucht wird. So entscheidet nicht der gesamte Senat als Gerichtskörper, sondern ein 3er-Gremium eines Senats. Der Supreme Court nimmt hingegen seine Fälle nach freiem Ermessen an. Dies ist insofern erstaunlich, als der Supreme Court als oberste Gerichtsinstanz konzipiert ist und gemeinhin mit einer Revisionsinstanz die Vorstellung eines unbedingten Rechtsschutzes assoziiert wird, der die Fallannahme nach freiem Ermessen widerspricht.

[139] Vgl. RÜDIGER ZUCK: Der unkontrollierte Kontrolleur. Die zweifelhafte Rolle des Bundesverfassungsgerichts, in: *FAZ*, Sa. 24. Juli 1999, Nr. 169, Beilage III: „Zum Wesen eines Gerichts gehört, daß es angerufen werden muß, um tätig werden zu können. Das Bundesverfassungsgericht betont deshalb immer wieder, es sei kein selbständiger politischer Machtfaktor, weil es warten müsse, bis es um seine Meinung gefragt werde. Das ist aber tatsächlich nicht richtig. Die jeweilige Opposition bringt jeden politisch bedeutsamen Fall vor das Gericht. Unabhängig sorgen die Verfassungsbeschwerden dafür, daß, abgesehen von den persönlichen Problemfällen, jeder gesellschaftspolitische Streit vor dem Bundesverfassungsgericht landet. Das Gericht hat so Zugriff auf alle Fragen des gesellschaftlichen und staatlichen Lebens. Es sucht sich dort, wo es Handlungsspielraum hat, die Fälle heraus, mit denen es sich beschäftigen will, und es bestimmt den Zeitpunkt, an dem es das tun will – das sind Einflußmöglichkeiten von eminenter politischer Bedeutung." Allerdings ist die Fülle der Anrufungen trotzdem weder unabänderlich noch vom Bundesverfassungsgericht steuerbar.

Machteinschränkung biologischer und technischer Natur, welche vielleicht schwerer wiegt: Ihre Kapazität zur Fallbearbeitung ist limitiert.[140]

Noch ein weiterer Faktor führt dazu, daß die Gerichtsbarkeit eines Regierungssystems mit Judicial Review eine beherrschendere Stellung einnimmt, als es die Klassifizierungen ‚passive' Souveränität oder Veto-Souveränität angeben: Nicht nur die ergangenen, sondern auch die künftigen – genauer noch: die künftig allein *möglichen* Urteile bewirken, daß sich Gerichtsinstanzen – wenn nicht zu *Ersatz*gesetzgebern, so doch – zu *Mit*gesetzgebern aufschwingen. Denn der Gesetzgeber richtet sich nicht nur nach erfolgten Gerichtsentscheidungen, sondern auch nach potentiellen, indem er diese antizipiert.[141]

Eine ähnliche Entwicklung wie bei der Antizipation der Gerichtsentscheidungen durch den Gesetzgeber tritt ein, wenn Gerichte ein Gesetz „lediglich" verfassungskonform auslegen – anstatt mittels der – (zumindest vermeintlich) gravierenderen – Verfassungswidrigkeitserklärung zu intervenieren. Beabsichtigt war mit der verfassungskonformen Auslegung eigentlich, daß der Handlungsspielraum des Gesetzgebers nicht unnötig eingeschränkt und eine von diesem verabschiedete Regelung erst im äußersten Notfall als nichtig deklariert wird. In der Verfassungswirklichkeit läßt jedoch die eindeutige Nichtigerklärung dem Gesetzgeber einen größeren Spielraum bei der Neufassung des Gesetzes als die genaue Anweisung, wie eine verfassungskonforme Auslegung auszusehen habe.[142]

Das Ausmaß der gerichtlichen Macht, die Aktivierung ihrer Herrschaftsfunktion qua Letztentscheidungsmöglichkeit hängt natürlich von den Akteuren im politischen Prozeß ab: Es ist *deren* Entscheidung, ob sie die Gerichtsbarkeit anrufen oder nicht. (Naturgemäß stellt sich diese Ermessenfrage der jeweiligen Opposition.)

Gleichwohl verhält es sich anscheinend so, daß eine Art „Sogwirkung" hin zum Einschlagen des Gerichtsweges zu konstatieren ist: Wenn die Verfassung die Möglichkeit zum juristischen Austragen politischer Kontroversen bietet, wird diese auch genutzt.[143] Warum ist dies so? Warum besteht die Tendenz, daß politische Kontroversen die Qualität von Verfassungskonflikten annehmen?

Vielleicht liegt eine Ursache hierfür darin, daß der Gang vor Gericht die Ernsthaf-

---

[140] Statt vieler: ERNST-WOLFGANG BÖCKENFÖRDE: Die Überlastung des Bundesverfassungsgerichts, in: *ZRP*, 29. Bd. (1996), H. 8, 281–284.
[141] Diese Vorwirkung des Bundesverfassungsgerichts weist CHRISTINE LANDFRIED am Beispiel der parlamentarischen Willensbildungsprozesse zur Mitbestimmung, zur Kriegsdienstverweigerung und zum Problem der Extremisten im öffentlichen Dienst nach [*Bundesverfassungsgericht und Gesetzgeber*. Wirkungen der Verfassungsrechtsprechung auf parlamentarische Willensbildung und soziale Realität, Baden-Baden 1984, 83].
[142] Vgl. LANDFRIED: *Bundesverfassungsgericht* [aaO. FN 141 S. 290 dieser Arbeit], 49.
[143] Mit STERN: *Verfassungsgerichtsbarkeit* [aaO. FN 132 S. 286 dieser Arbeit] 25–26 ließe sich dieser Eindruck (auf der Basis der Zahlen von 1979) für die Bundesrepublik Deutschland relativieren: „In 27 Jahren seines Wirkens hat das Bundesverfassungsgericht 118 Gesetze ganz oder teilweise für nichtig erklärt bei fast 3500 in der gleichen Zeit beschlossenen Bundesgesetzen, nicht eingerechnet also die Zahl des fortgeltenden ‚alten' Rechts und des Landesrechts." Stern schränkt diesen quantitativen Hinweis allerdings sogleich als „simpel" ein.

VII. Die Eigenart verfassungsgerichtlicher Souveränität

tigkeit der Einwände gegen politische Vorhaben und die Gewißheit hinsichtlich der eigenen Überzeugungen unter Beweis zu stellen scheint. Vielleicht bietet der Gang vor Gericht auch die Chance der medialen Inszenierung politischen Dissenses – zumal eine solche mediale Inszenierung eine Resonanz in der politischen Öffentlichkeit liefert, die parlamentarische Debatten nicht zu erreichen vermögen, da sie in der modernen Mediendemokratie immer weniger Wahrnehmung finden. Womöglich gilt aber auch das Umgekehrte – nämlich, daß die medial inszenierte Dialektik von *pro* und *contra* zu einer Eskalation von Konflikten führt, die dann nur noch juristisch beigelegt werden können.

Erklären diese Faktoren die starke Stellung von Bundesverfassungsgericht und Supreme Court (sowie von vergleichbaren Gerichten), so sollte dieser Eindruck nicht darüber hinwegtäuschen, daß diese Stellung nicht unanfechtbar ist. Denn sogar die Abschaffung dieser Gerichte liegt im Bereich des Möglichen: In den USA ist die Befugnis zum Judicial Review nicht explizit aufgeführt.[144] Hier steht und fällt die *verfassungsdogmatische* Einschätzung hinsichtlich der Verankerung der Institution des Judicial Review mit Hamiltons Argument, sie ergebe sich implizit aus der Idee eines Limited Government. In der Bundesrepublik würde eine Eliminierung der Konstitutionsjurisdiktion erhebliche verfassungsändernde Eingriffe erfordern. Überdies erscheint die Einräumung der verfassungsgerichtlichen Befugnisse hier noch systemadäquater als in den USA, weil die bundesdeutsche Verfassung material stärker „aufgeladen" ist als die amerikanische: Ohne die Bill of Rights (einschließlich der weiteren auf die ursprünglichen zehn folgenden Amendments) käme die amerikanische Verfassung einem bloßen Organisationsstatut zumindest sehr nahe, während das Grundgesetz auch außerhalb seines Grundrechtsteils materialrechtliche Vorgaben enthält.

Hinzuzufügen ist allerdings sogleich, daß die Abschaffung der beiden Gerichte natürlich derzeit nicht zur Debatte steht. Die Frage nach ihrer Abschaffbarkeit ist ausschließlich akademischer Natur. In der Bundesrepublik Deutschland ist die Abschaffung selbst in der wissenschaftlichen Fachöffentlichkeit bis jetzt nie ernsthaft erwogen, geschweige denn gefordert worden.[145] In den USA stellt sich die Lage etwas anders dar: (zumindest) im Kreise der Wissenschaft ist die Befugnis zum Judicial Review ein steter Diskussionsgegenstand. Erinnert sei auch noch daran, daß zu Beginn der Ära des New Deal in den USA eine Entwicklung eintrat, an deren Ende eine Abschaffung des Judicial Review durchaus vorstellbar gewesen wäre. In beiden Ländern wäre die Abschaffung letztlich davon abhängig, ob die jeweilige politische Kultur dies tolerieren würde.[146]

---

[144] Bereits dargelegt auf den Seiten 250–251 mwN. in dieser Arbeit.
[145] Vgl. etwa die Kontroverse zwischen Klaus Stern und Paul Mikat im Anschluß an den bereits mehrfach angeführten Stern-Vortrag im Rahmen der 244. Sitzung der Rheinisch-Westfälischen Akademie der Wissenschaften [STERN: *Verfassungsgerichtsbarkeit*, aaO. FN 132 S. 286 dieser Arbeit], 42–44. Stern und Mikat sind sich darin einig, daß sie die Möglichkeit der Abschaffung des Bundesverfassungsgerichts rein theoretisch erwägen und daß niemand derartige Bestrebungen verfolgt.

Resümierend läßt sich feststellen, daß Alexander Hamilton die Zurückweisung der These von „Brutus" nicht gelungen ist, Judicial Review bedeute die *„supremacy'* der Judikative. Vielmehr gibt es gute Gründe, die die Auffassung von „Brutus" untermauern.

Mit dem Konstatieren einer Vorrangstellung von Gerichten mit letztinstanzlichen Kompetenzprofilen ist allerdings die Beurteilung dieser ‚passiven' Souveränität nicht präjudiziert. Des weiteren ist zu untersuchen, wie diese gerichtliche *„supremacy'* mit weiteren semantischen Gehalten der Kategorie der Souveränität in Beziehung zu setzen ist. „Brutus'" These von der gerichtlichen *„supremacy'* ist nicht unberechtigt; aber es führt auf Abwege, diese rechtsdogmatisch und politikwissenschaftlich faßbare Qualität der Souveränität mit anderen Dimensionen von Souveränität zu identifizieren oder diese anderen kategorialen Bestimmungen nicht wahrzunehmen.

---

[146] Somit ist zumindest fraglich, ob Gerichten mit verfassungsgerichtlichen Kompetenzen ein wesentliches Merkmal der Souveränität zukommt, das Bodins klassische Definition enthält: die zeitliche Unbegrenztheit. Vgl. BODIN: *Sechs Bücher über den Staat.* Buch I–III [aaO. FN 73 S. 258 dieser Arbeit], 205: „Unter Souveränität ist die dem Staat (R) eignende absolute und zeitlich unbegrenzte Gewalt zu verstehen."

§ 5 ‚Verfassungsgerichtsbarkeit' und Souveränität

I. Vereinbarkeit von ‚Verfassungsgerichtsbarkeit' und Demokratie

A. Vereinbarkeit qua transzendentaler Figur

Die Auffassungen zwischen „Brutus" und Alexander Hamilton divergieren in der Frage, ob die Institution der Verfassungsgerichtsbarkeit mit demokratischen Kriterien in Einklang zu bringen ist. Zwei Vertreter der Vertragstheorie[1] in der Nachfolge von John Rawls[2] – Samuel Freeman und John Arthur – begründen die Legitimität der Institution der ‚Verfassungsgerichtsbarkeit' auf eine Weise, welche das kontraktualistische Paradigma für eine Rechtfertigung von institutionellen Regelungen nutzt. Ihr Theorem von der grundsätzlich demokratischen Natur der ‚Verfassungsgerichtsbar-

---

[1] SAMUEL FREEMAN: Constitutional Democracy and the Legitimacy of Judicial Review, in: *Law and Philosophy,* 9. Bd. (1990), 327–370 [im folgenden zit. als CD&LJR]; ders.: Original Meaning, Democratic Interpretation, and the Constitution, in: *Philosophy & Public Affairs,* 21. Bd. (1992), Nr. 1/Winter, 3–42 [im folgenden zit. als OMDI&C]; JOHN ARTHUR: *Words That Bind.* Judicial Review and the Grounds of Modern Constitutional Theory, Boulder; San Francisco; Oxford 1995; ders.: Judicial review, democracy and the special competency of judges, in: Richard Bellamy (Hg.): *Constitutionalism, Democracy and Sovereignty: American and European Perspectives,* Aldershot u.a. 1996, 61–73.

[2] Die Einordnung der beiden als „Rawlsianer" bedeutet nicht, daß ihre Auffassungen in allen Punkten mit derjenigen von Rawls übereinstimmen; doch betreffen die Differenzen nur Detailfragen, nicht den theoretischen Grundansatz. Z.B. weicht Arthur [*Words That Bind* {aaO. FN 1 S. 293 dieser Arbeit}, FN 88 zu Kap. 5., 220–221] bei der Frage nach der Striktheit des ‚neutralen öffentlichen Diskurses' von John Rawls ab. Unter diesem *„neutral public discourse'* verstehen Rawls wie Arthur das (nicht vollständig realisierbare) Ideal einer methodologischen Neutralität, welche sowohl politischen Institutionen als auch Bürgern auferlegt ist: Diese sind – gemäß Rawls und Arthur – verpflichtet, nur solche politischen Argumente vorzubringen, die mit „jedermanns" Blickwinkel zu vereinbaren sind, anstatt lediglich mit dem Standpunkt eines einzelnen oder einer Gruppe. Arthur legt in punkto der Maxime des neutralen öffentlichen Diskurses strengere Maßstäbe an als Rawls und macht darauf mit folgender Begründung aufmerksam: „Rawls thinks that neutrality applies only when people ‚engage in political advocacy in the public forum' and not to their ‚personel deliberations and reflections about political questions' (Rawls, Political Liberalism [1993] at 215). The reason for this, he says, is that otherwise political discussion runs the risk of being ‚hypocritical'. He is of course right about that risk [...]. But the alternative view Rawls adopts only increases the hypocrisy since people's public pronouncements could be at odds with the private reasons that actually provide the basis of their judgments. It seems to me better in both the theoretical and practical sense for people to come to see the limits on democratic politics as not just constraining what they can utter in public but also how they should think about politics."

keit' rekurriert dabei auf eine transzendentale Figur. Damit ist gemeint, Freeman und Arthur begreifen ein bestimmtes Menschenbild als Bedingung der Möglichkeit von demokratischen Staats- und Regierungsformen.[3]

Demokratien zeichne aus, daß in ihren politischen Kulturen alle Menschen als frei und gleich betrachtet werden. Wird Demokratie von diesem Menschenbild her konzipiert – so die Argumentation bei Freeman und Arthur – zeige sich, daß Judicial Review aufgrund von *demokratie*theoretischen Gesichtspunkten legitim sei.

Stellvertretend für eine Auseinandersetzung mit der Institution des Judicial Review aus rawlsianischer Sicht wird Samuel Freemans Aufsatz »Constitutional Democracy and the Legitimacy of Judicial Review« vorgestellt. Dabei wird auch berücksichtigt, was Freeman in einem anderen Artikel, nämlich in »Original Meaning, Democratic Interpretation, and the Constitution«, niedergelegt hat.

B. Samuel Freeman: Judicial Review als ‚geteilte Vorausverpflichtung' (*‚shared precommitment'*)

1. Fragestellung

Die bereits im Mittelpunkt der Kontroverse zwischen „Brutus" und Alexander Hamilton stehende Frage: läßt sich die Institution des Judicial Review mit Demokratie vereinbaren? formuliert Freeman um. Und zwar in: wie läßt sich Judicial Review als eine demokratische Institution rechtfertigen? Freemans Umformulierung intendiert eine Umkehrung der Sicht jener, deren Position Freeman als die Gegenseite seiner Auffassung betrachtet und die Freeman mit seiner Theorie überzeugen will. Konkret bedeutet dies: Freeman möchte die Einwände gegen die Kompetenz zum Judicial Review widerlegen, welche eine Verletzung des Prinzips der gleichen Partizipation an politischen Entscheidungen geltend machen und daher Judicial Review als undemokratisch einstufen. Denn – so ließen sich Freemans Opponenten referieren – das Prinzip der gleichen Teilhabe an politischen Entscheidungen sei verletzt, weil einige wenige anstelle der vielen entschieden – nämlich die Richter anstelle der Staatsbürger. Der Einwand läßt sich noch zuspitzen: Selbst wenn die Bürger *inhaltlich* der Gerichtsentscheidung zustimmen sollten, bleibt der *formale*, aber demokratietheoretisch bedeutsame Umstand, daß ihnen das kollektiv ausübbare Recht der Entscheidung genommen ist: Beim Judicial Review entscheiden Richter – und zwar *ungeachtet* des Votums der Bürgerschaft.

Zugleich – so deklariert es Freeman – ist seine Argumentation auf eine Zurückweisung des prozeduralistischen Demokratieverständnisses gerichtet. Unter einem prozeduralistischen Demokratieverständnis versteht Freeman die Auffassung, welche

---

[3] Vor Augen haben Freeman und Arthur die politische Kultur der Vereinigten Staaten von Amerika, somit nehmen sie zumindest für diese politische Kultur an, daß in ihr das oben erläuterte Menschenbild in den Überzeugungen der Bürgerschaft verankert ist.

I. Vereinbarkeit von ‚Verfassungsgerichtsbarkeit' und Demokratie

Demokratie als eine Regierungsform begreife, und zwar bloß als eine solche – Demokratie bloß als ein Verfahren, welches durch die gleiche Partizipation aller an den politischen Entscheidungen definiert ist. Demnach heiße Demokratie gleiche politische Rechte und Mehrheitsherrschaft.

2. These

Freemans These läßt sich so wiedergeben: Judicial Review garantiert die Bedingungen der Möglichkeit von Demokratie. Daher ist Judicial Review nicht undemokratisch, sondern demokratiekompatibel. Für Freeman folgt aus der Garantie der Bedingungen der Möglichkeit von Demokratie durch Judicial Review jedoch noch mehr: Judicial Review sei eine legitime demokratische Institution. Er schränkt dies allerdings in einer Beziehung ein: Judicial Review sei *vom Grundsatz her* eine demokratische Institution, aber nicht notwendigerweise in seiner *Ausübung*. [vgl. CD&LJR, 360–361]

3. Begründung

Freemans Begründung seiner These erfolgt mit Hilfe der Vertragstheorie. Dabei rekurriert Freeman auf einen substantiellen Demokratiebegriff. Damit verbindet Freeman Grundrechte und gleiche politische Rechte als Bestandteile einer Form der Souveränität, die er als ‚demokratische' Souveränität bezeichnet. Die institutionelle Konsequenz dieser so verstandenen menschenrechtlichen Demokratie ist die Institution des Judicial Review. Freeman zufolge entstamme diese Konzeption der Demokratie einem bestimmten mit ihr verbundenen Menschenbild der in der Tradition von John Locke, Jean-Jacques Rousseau, Immanuel Kant und John Rawls stehenden Vertragstheorie. In der Metapher eines Gesellschaftsvertrages seien dieses Menschenbild und diese Demokratiekonzeption versinnbildlicht.[4]

Im einzelnen entfaltet Freeman folgende Argumentation:
– Demokratie sei nach Freeman nicht *allein* ein Verfahren, nicht *lediglich* eine Staatsform. Adäquater sei sie als die zuvor charakterisierte „Form der Souveränität" zu definieren. Vorausgesetzt sei dabei ein bestimmtes Menschenbild, welches

---

[4] Vertragstheorien ist gemeinsam, daß sie politische Herrschaft und Recht auf die Idee einer rationalen Übereinkunft gründen. Die Figur des Vertrages – der Charakter dieser Übereinkunft – wird jedoch von Kontraktualisten unterschiedlich konzipiert: Anhänger einer tatsächlichen Zustimmung (sei sie nun expliziter oder impliziter Natur) stehen Verfechtern einer angenommenen bzw. angesonnenen Zustimmung gegenüber. Des weiteren wird die Bindungswirkung des Gesellschaftsvertrages verschieden eingestuft. Freeman ist hierbei den Vertretern der Auffassung zuzurechnen, welche den hypothetischen Vertrag oder die hypothetische Übereinkunft als Erkenntnismittel oder Metapher ansieht. Vgl. hierzu SAMUEL FREEMAN: Reason and Agreement in Social Contract Views, in: *Philosophy & Public Affairs,* 19. Bd., H. 2 (Frühjahr 1990), 122–157 [135].

der Demokratie zugeschrieben wird: Der Mensch werde als autonomes Individuum betrachtet und verfüge über ‚*original political jurisdiction*'. Gemeint ist damit die politische Entscheidungskompetenz der Bürger, die ihnen Freeman gemäß dem rawlsianischen Paradigma zuerkennt. Als „original", „ursprünglich", ist diese Entscheidungskompetenz deswegen qualifiziert, weil sie (von Freeman – wie bei Rawls) einem hypothetisch angenommenen Urzustand zugrunde gelegt wird. Dieser Urzustand zeichnet sich dadurch aus, daß alle Individuen einerseits frei und gleich, andererseits im wörtlichen Sinne Einzelwesen sind. Das heißt, sie sind als atomistisch existierend und frei von jeglichen gesellschaftlichen Restriktionen zu denken. Um die Vorteile gesellschaftlicher Kooperation zu erlangen, schließen sich diese Individuen zu einem politischen Gemeinwesen zusammen. Sie tun dies mittels eines Vertragsschlusses, sind allerdings dabei darauf bedacht, ihre „ursprüngliche" Freiheit zu bewahren.

– Hier kommt nun die Institution des Judicial Review ins Spiel: In jenem (fiktiven) Urzustand würden sich – laut Freeman – souveräne Individuen für mit der Befugnis zum Judicial Review ausgestattete Gerichte entscheiden, um die Souveränität, die sie im Urzustand innehaben, auch im staatlichen Zustand aufrecht zu erhalten. Denn Judicial Review – so Freeman – gewährleiste die Demokratie, genauer: deren spezifische Form der Souveränität,[5] indem die Gerichte – via Judicial Review – die Grundrechte der Bürger schützten. Maßstab der gerichtlichen Entscheidungen habe die dem normativen Ideal des Urzustands entsprechende Freiheit und Gleichheit aller zu sein. Bei der Ausübung der Kompetenz zum Judicial Review sei es – falls erforderlich – auch Aufgabe der Gerichte, „Mehrheiten" Einhalt zu gebieten, die in den Verfahren und Institutionen zustande gekommen sind, die zur Herstellung der sozialen Integration errichtet sind.[6]

– Judicial Review sei damit eine Art kollektiver Vorausverpflichtung (‚*shared precommitment*') bei einer (fiktiven) Verfassungswahl.[7] Freemans Vertragstheorie zeigt, daß demokratische Verfahren gegenüber dem normativen Ideal der Demo-

---

[5] Damit keine Mißverständnisse aufkommen: unter dieser spezifischen Form der Souveränität subsumiert Freeman insbesondere eine unverlierbare Kapazität der Bürger zur „ursprünglichen politischen Entscheidungskompetenz".

[6] Soziale Integration heißt hier: Koordinierung der Handlungen der Akteure einer Gesellschaft. Die Vokabel „Mehrheiten" wurde in Anführungszeichen gesetzt, um deutlich zu machen, daß sie von den Verfahren im mindesten *mit*bedingt sind, aus denen sie hervorgehen.

[7] Judicial Review wäre demnach – *wenn* man Freemans Konzeption so zusammenfassen dürfte – ein ‚*self-commitment*' einer Demokratie. Allerdings vermeidet es Freeman, von einer Selbstverpflichtung eines Elektorats zu schreiben. Er verwendet statt dessen stets – in bezug auf eine Wählerschaft – die Wendung der „geteilten Vorausverpflichtung" („shared precommitment"). Zwar bezeichnet er die Einrichtung einer ‚Verfassungsgerichtsbarkeit' als einen „act of sovereign self-restraint" [OMDI&C, 36]. Doch reserviert er den Bezug auf ein „Selbst" auf die Gesamtheit der rationalen Wesen eines hypothetischen Urzustands. Zudem macht er deutlich, daß dieser Akt souveräner Selbstbeschränkung eine Deutung der Realität darstellt und diese nicht abbildet: „Constitutional review is [...] *construed* as a shared precommitment among sovereign citizens to secure their equal status as they exercise political authority in ordinary government procedures." [ebd.; H. M.E.]. Insofern entspricht es nicht Freemans Begründungszielen, die Institution

I. Vereinbarkeit von ‚Verfassungsgerichtsbarkeit' und Demokratie 297

kratie sekundär sind, da die demokratischen Verfahren dazu dienen, die autonome individuelle Entscheidungskapazität zu ermöglichen. Freemans Argumentation tritt damit klar zu Tage: Die Begründung für die Legitimität der Demokratie ist identisch mit derjenigen für die Institution des Judicial Review. Dies läßt sich auch so formulieren, daß Judicial Review die Bedingungen der Möglichkeit von Demokratie garantiert. Und weil die Begründungen zusammenfallen respektive weil dieses Bedingungsverhältnis zwischen Demokratie und Judicial Review besteht, ist Judicial Review eine demokratische und legitime Institution.

4. Kritik

a) immanent
Zu kritisieren ist zum einen, daß Freemans Rechtfertigung des Judicial Review einen wesentlichen Aspekt überhaupt nicht berücksichtigt: Freeman legt zwar dar, daß es sinnvoll ist – oder sein mag – in den politischen Entscheidungsprozeß ein Moment der Redundanz einzufügen, jedoch erklärt er in seinen Ausführungen nicht, warum ein *gerichtsförmiges* Entscheidungsverfahren hierfür angemessen ist. Hierin weist seine Argumentation zumindest eine inhaltliche Lücke auf. Allerdings gilt es einzuräumen, daß Freeman auf einem beschränkten Raum natürlich nicht alle Fragen behandeln kann.[8]

Zum anderen ist fraglich, ob sich Freeman zu Recht auf die von ihm erwähnte Tradition der Vertragstheorie berufen kann, ob die „Gewährsmänner" das leisten, was sich Freeman von ihnen verspricht – mit anderen Worten, ob deren politische Theorie sich mit der Institution der ‚Verfassungsgerichtsbarkeit' in Einklang bringen läßt.

Was die politische Theorie von John Rawls betrifft, so läßt sich dies durchaus bejahen. Im Fall derjenigen von Immanuel Kant stellt sich die Sachlage schon anders dar. Zwar liegt Freeman mit der Verwendung eines hypothetischen Vertrags als Kriterium der Legitimität ganz auf einer kantischen Linie. Doch dürfte zumindest problematisch sein, Kants (im mindesten zeitweiliges) Insistieren auf einer unumschränkten Souveränität – sei es der Exekutive, sei es der Legislative – mit dem Vorhandensein eines Gerichts zu vereinbaren, welches selber Züge einer souveränen

---

der ‚Verfassungsgerichtsbarkeit' als *Resultat* einer „Selbstbindung" oder „Selbstverpflichtung" einzustufen.

[8] In einem anderen Artikel [OMDI&C] räumt Freeman ein, daß auch andere Formen der verfassungsrechtlichen Redundanz möglich seien. Er läßt es jedoch bei der Feststellung bewenden, daß die verfassungsgerichtliche Variante (in einer bestimmten Ausprägung) in den USA von Verfassung wegen vorgesehen sei: „[...] [C]onstitutional review is justifiable under certain conditions on strategic grounds in a democracy, in order to minimize the risk that majorities will enact laws that infringe on the rights that secure citizens' sovereignty and equal status. It is one among several procedural mechanisms that may be used to this end. There are different ways to design constitutional review. In our constitution this extraordinary power is held by the judiciary [...]." [36].

Instanz trägt respektive als eine Institution konzipiert ist, die jener souveränen Instanz Einhalt gebietet.[9]

Nicht von ungefähr figuriert Thomas Hobbes nicht in Freemans „Ahnengalerie". Dies verwundert deswegen nicht, weil Hobbes' Modell sozialer Integration als zentralen Bestandteil das Theorem der Letztinstanzlichkeit enthält. Dieses Theorem besagt, daß eine politische Einheit nur dadurch zustande kommt und bestehen bleibt, daß eine souveräne Instanz existiert, welche die in der politischen Einheit auftretenden Konflikte letztverbindlich respektive inappelabel durch ihre autoritative Entscheidung beizulegen vermag. Eine effektive Bindung dieser Instanz an Normen des positiven Rechts sei nicht möglich – denn dazu bedürfte es wiederum einer Instanz, die darüber zu urteilen befugt sei, ob und inwiefern die Bindung an diese Normen beachtet worden sei. Das Argument vom infiniten Regreß findet sich auch bei Kant. Wie im Absatz zuvor erwähnt, erachtet Immanuel Kant – zumindest zuweilen – eine unumschränkte

---

[9] Vgl. IMMANUEL KANT: Über den Gemeinspruch: Das mag in der Theorie richtig sein, taugt aber nicht für die Praxis, in: ders.: *Über den Gemeinspruch: Das mag in der Theorie richtig sein, taugt aber nicht für die Praxis. Zum ewigen Frieden. Ein philosophischer Entwurf.* Mit Einl. u. Anm., Bibliographie und Registern krit. hrsg. von Heiner F. Klemme, Hamburg 1992, 1–48 [32; A255]: „Hieraus folgt: daß alle Widersetzlichkeit gegen die oberste gesetzgebende Macht, alle Aufwiegelung, um Unzufriedenheit der Untertanen tätlich werden zu lassen [...] das höchste und strafbarste Verbrechen im gemeinen Wesen ist, weil es dessen Grundfeste zerstört. Und dieses Verbot ist *unbedingt*, es mag auch jene Macht oder ihr Agent, das Staatsoberhaupt, sogar den ursprünglichen Vertrag verletzt und sich dadurch des Rechts, Gesetzgeber zu sein, nach dem Begriff des Untertans verlustig gemacht haben, indem sie die Regierung bevollmächtigt, durchaus gewalttätig (tyrannisch) zu verfahren, dennoch dem Untertan kein Widerstand als Gegengewalt erlaubt bleibt. Der Grund hiervon ist: weil bei einer schon subsistierenden bürgerlichen Verfassung das Volk kein zu Recht beständiges Urteil mehr hat, zu bestimmen, wie jene solle verwaltet werden." Die Ausübung verfassungsgerichtlicher Befugnisse wäre natürlich kein Einsatz von Gewalt, insofern stünde Kants Lehre nicht im Widerspruch mit Freemans Berufung auf sie. Andererseits aber kommt für Kant zuweilen anscheinend nur ein Monarch als Träger der Souveränität in Frage. Mit jeglicher Form von Volkssouveränität wäre dies nicht zu vereinbaren. Denkbar wäre allerdings, ob auf dem Wege der Reform statt auf dem der Revolution das Volk zum „Oberhaupt" des Staates werden könnte. Kants Bestimmung des Trägers der Souveränität erscheint reichlich opak: Kommt hierfür jeder faktische Inhaber der Staatsgewalt in Frage oder nur der gesetzgebende Volkswille? Resümierend bleibt festzuhalten, daß es bei Kant sowohl Aussagen gibt, die sich mit einer Verfassungsgerichtsbarkeit in Einklang bringen ließen (etwa die Vorstellung einer Dreiteilung der Staatsgewalt), als auch Stellungnahmen, die einer solchen entgegen stehen (etwa die Theoreme von der Unumgänglichkeit einer Letzten Instanz im Stile eines Hobbes oder von der Unfehlbarkeit des Volkes als Gesetzgebungsorgans im Stile eines Rousseau). Die verschiedenen – durchaus inkonsistenten – Äußerungen Kants zur Souveränitätsproblematik werden klar dargelegt bei RICHARD SCHOTTKY: Staatliche Souveränität und individuelle Freiheit bei Rousseau, Kant und Fichte, in: *Fichte Studien.* Beiträge zur Geschichte und Systematik der Transzendentalphilosophie, 7. Bd. {Subjektivität} (1995), 119–142. Schottky verweist auch auf Kants These, die Gesetzgebungshoheit könne nur beim vereinigten Volk liegen. Hierin stimmt Kant mit Rousseau überein, obschon er – wie Schottky feststellt – dies im Unterschied zu Rousseau rein rechtlich begründet. Wiederum im Einklang mit Rousseau argumentiert Kant, daß der souveräne Gemeinwille als Gesetzgeber von niemandem kontrolliert zu werden braucht und es ihm gegenüber auch keine Kontrolle geben dürfe. Denn – so Kant – der gesetzgebende Volkswille könne keinem Bürger Unrecht tun.

I. Vereinbarkeit von ‚Verfassungsgerichtsbarkeit' und Demokratie

souveräne Instanz als unumgänglich. Kant und Hobbes liegen insofern auf einer Linie, als beide die These vertreten, wer bindet, kann nicht selber gebunden sein.[10]

Samuel Freeman weist diese These zurück: Für ihn ist es nicht nur möglich, politische Herrschaft und Recht in einem naturrechtlichen Sinne an menschenrechtliche Vorgaben zu binden – mehr noch: legitime Herrschaft darauf zu gründen. Vielmehr ist gemäß Freeman eine Bindung auch an das positive Recht möglich. Während in bezug auf die naturrechtliche Bindung der Staatsgewalt John Locke und Immanuel Kant Freeman zustimmen würden, ist dies hinsichtlich der positivrechtlichen Bindung zweifelhaft.[11]

b) transzendent

An Freemans Rechtfertigung des Judicial Review ist das Gleiche zu kritisieren, das bereits gegen „Brutus" und Hamilton vorgebracht wurde. Auch Samuel Freeman arbeitet mit Suggestionen – oder freundlicher ausgedrückt: mit Vereinfachungen.

Die Vereinfachungen von Freeman bestehen zum einen darin, daß er die Institution der ‚Verfassungsgerichtsbarkeit' damit rechtfertigt, wie sie *idealerweise* gedacht ist. Er setzt die mit ihr intendierten idealen Aufgabenwahrnehmungen mit ihrer Rechtfertigung gleich – was impliziert, daß die Institution der ‚Verfassungsgerichtsbarkeit' auch so funktioniert, wie sie konzipiert ist. Eine Differenz zwischen der idealen Konzeption und dem realen Funktionieren erkennt er zwar ausdrücklich an – und doch blendet er sie bei der Rechtfertigung aus.

Die Differenz zwischen idealisierenden Momenten, die in der nicht näher charakterisierten Figur des Precommitment enthalten sind, und den normativen Problemen einer tatsächlichen Funktionsausübung, die mit der Institution der ‚Verfassungsgerichtsbarkeit' gegeben sind, treten zum Vorschein, wenn man einen Vergleich durchführt zwischen einem fiktiven ‚Partybeispiel' und der Realität verfassungsgerichtlicher Aufgabenwahrnehmung. Das ‚Partybeispiel' findet sich bei einem scharfen Kritiker der Figur des Precommitments, bei Jeremy Waldron, und in seiner Vorform mutmaßlich erstmals bei Stephen Holmes. Waldron verwendet es, um die Grenzen der

---

[10] Kant besteht – in bewußter Frontstellung zu Hobbes – jedoch auf unverlierbaren Rechten des Volkes gegenüber dem Staatsoberhaupt – nur räumt er dem Volk kein Zwangsrecht diesem gegenüber ein. Vgl. KANT: Gemeinspruch [aaO. FN 9 S. 298 dieser Arbeit], 37; A 264: „Nach ihm [Hobbes; M.E.] [...] ist das Staatsoberhaupt durch Vertrag dem Volk zu nichts verbunden und kann dem Bürger nicht unrecht tun [...]. Dieser Satz würde ganz richtig sein, wenn man unter Unrecht diejenige Läsion versteht, welche dem Beleidigten ein Zwangsrecht gegen denjenigen einräumt, der ihm unrecht tut; aber so im allgemeinen ist der Satz erschrecklich." Die Bindung des Souveräns ist somit eine naturrechtliche, jedoch keine des positiven Rechts. Siehe auch Zitat in FN 9 S. 298 dieser Arbeit.

[11] Inwieweit beim Eintreten für verfassungsgerichtliche Aufsicht die Berufung auf Locke und Rousseau vertretbar ist, wurde (in dieser Arbeit) in § 4 JUDICIAL REVIEW UND DEMOKRATIE. IV. Der ideengeschichtliche Weg zur Verfassungsgerichtsbarkeit untersucht: In bezug auf Locke siehe ebd., B. Die Lehre von der begrenzten Staatsmacht, v.a. S. 267–268 sowie ebd., C. Konstitutionalismus und Verfassungsgerichtsbarkeit, v.a. S. 273; in bezug auf Rousseau ebd., C. Konstitutionalismus und Verfassungsgerichtsbarkeit, S. 275–276.

Figur des Precommitments bei seiner Übertragung vom Bereich individueller Ethik auf politische Einheiten aufzuzeigen.[12] Das im folgenden geschilderte ‚Partybeispiel' ist also von Holmes und Waldron inspiriert; des weiteren gibt es Überschneidungen mit Waldrons Kritik.[13]

Vorzustellen hat man sich eine Person (hier „P"), die zu einer Party eingeladen ist und an dieser auch gerne teilnehmen möchte. Allerdings hat P ein Problem, nämlich ein Problem mit dem Konsum von alkoholhaltigen Getränken. Ab einer gewissen Menge an eingenommenem Alkohol – so weiß oder befürchtet P – könnte sie nicht mehr davon abzubringen sein, das Auto für den Heimweg zu gebrauchen; unter Alkoholeinfluß sei er oder sie (möglicherweise) keinen vernünftigen Argumenten zugänglich – weder denjenigen, die auf den Verstoß gegen die Straßenverkehrsordnung hinwiesen, noch denjenigen, die auf die Gefährlichkeit des Vorhabens aufmerksam machten. Anderseits ist es für Partygast P auch nicht attraktiv oder durchführbar, auf jeglichen Alkoholkonsum zu verzichten.

P weiß dieses Dilemma jedoch zu lösen, indem sie einem anderen Partybesucher (hier „V"), den sie offenbar als vertrauenswürdig einstuft, ihren Autoschlüssel anvertraut – mit der Auflage, diesen nur dann an sie, P, wieder auszuhändigen, wenn sie sich in einem nüchternen Zustand befindet.

Die Parallele ist nun offenkundig: Die Institution des Judicial Review läßt sich mit

---

[12] Die Argumentation von Waldron wird im weiteren Text (dieser Arbeit) noch vorgestellt. Siehe § 5 ‚VERFASSUNGSGERICHTSBARKEIT' UND SOUVERÄNITÄT. D. Jeremy Waldron: Die Grenzen des Precommitment-Theorems [S. 307–320].

[13] Die Ausgestaltung des Beispiels ist jedoch frei erfunden – um es für die Untersuchung der Analogie zwischen ‚Verfassungsgerichtsbarkeit' und Beispiel möglichst geeignet zu machen. Zudem wird Waldrons Kritik nicht in jeder Hinsicht geteilt. Waldron wiederum gibt an, daß der Grundgedanke des Beispiels bei Holmes entwickelt ist. Um Mißverständnissen vorzubeugen, sei jedoch Waldrons Information mitgeliefert, daß das Beispiel Holmes' Sicht nicht ganz wiedergibt. Vgl. JEREMY WALDRON: Precommitment and Disagreement, in: Larry Alexander (Hg.): Constitutionalism. Philosophical Foundations, Cambridge 1998, 271–299 [275–276 mwN.; im folgenden zit. als P&D]: „[...] a heavy drinker may give his car keys to friend at the beginning of a party with strict instructions not to return them when they are requested at midnight." Ebd.: „So [...] it may be said, an electorate may decide collectively to bind itself in advance to resist the siren charms of rights violations. [...] As Stephen Holmes states the view (though this is not quite Holmes's own account of constitutional precommitment): ‚A constitution is peter sober while the electorate is Peter drunk [...]."' Waldrons Deutung, daß die Parallelisierung zwischen Nüchternheit und verfassungsgesetzlicher Restriktion einerseits und Trunkenheit und einfachgesetzlicher Gesetzgebung andererseits Holmes' Sicht nicht entspricht, ist zuzustimmen. Denn Holmes referiert im betreffenden Abschnitt die Auffassung von F. A. Hayek. Zudem distanziert sich Holmes explizit von Hayek und weist auf den nicht allein beschränkenden, sondern auch ermöglichenden Charakter von Vorausverpflichtungen hin: „The Peter sober/Peter drunk analogy is not totally apt, because even a perfectly rational, clear-eyed, and virtous future generation could benefit from preestablished procedures for resolving conflicts." STEPHEN HOLMES: Precommitment and the Paradox of Democracy, in: ders.: Passions and Constraint. On the theory of liberal democracy, Chicago 1995, 134–177 [174]. Mutmaßlich die Vorläuferversion dieses Artikels erschien in: Jon Elster/Rune Slagstad (Hg.): Constitutionalism and Democracy, Cambridge u.a. 1988, 195–240.

I. Vereinbarkeit von ‚Verfassungsgerichtsbarkeit' und Demokratie 301

der Übergabe jenes Autoschlüssels an einen Dritten vergleichen – in beiden Fällen wird aus Gründen des Selbstschutzes eine besondere Kompetenz geschaffen.

Jedoch darf diese Parallelität nicht darüber hinwegtäuschen, daß zwischen dem Precommitment der Party und dem Precommitment der (fiktiven) Verfassungswahl auch erhebliche Unterschiede bestehen – Unterschiede, die die Problematik der Figur des Precommitment für die Rechtfertigung von Institutionen politischer Einheiten deutlich werden lassen. Werden diese Unterschiede von einer Theorie der Legitimität des Judicial Review nicht berücksichtigt, enthält eine solche Theorie unzulässige Vereinfachungen.

Konkret: die Vergleichbarkeit respektive der Analogieschluß von ‚Partybeispiel' und Freemans Verfassungswahl ist aufgrund folgender Punkte problematisch:
– Zunächst einmal unterscheidet sich die Übergabe eines Schlüssels an eine Person des Vertrauens von der Betrauung von Richtern mit der Kompetenz zum Judicial Review. Richter sind – können es gar nicht anders sein – Amtspersonen, welche (in der Regel) ihre Funktion nicht *persönlichen* Vertrauensbeziehungen verdanken. Natürlich soll dies nicht heißen, daß Richtern kein Vertrauen entgegengebracht werden sollte. Vielmehr sollte nur darauf hingewiesen werden, daß die Qualität des Vertrauens eine andere ist als sie durch das ‚Partybeispiel' nahegelegt wird.
– Zudem unterscheidet sich das ‚Partybeispiel' von einem politischen System mit ‚Verfassungsgerichtsbarkeit' darin, daß in dem ‚Partybeispiel' ein *einzelner* einem anderen vertraut. Bei einer (fiktiven) Verfassungswahl zugunsten des Judicial Review liegen die Dinge jedoch so, daß ein *Kollektiv* eine Überantwortung von Befugnissen überträgt. Damit soll nicht behauptet werden, daß ein Kollektiv dazu nicht in der Lage ist, sondern lediglich, daß in einem solchen Fall nicht nur jeder für im wesentlichen *individuelle* Konsequenzen optieren muß, sondern Folgen befürworten muß, die eine *Vielzahl* von Personen betreffen.
– Das ‚Partybeispiel' suggeriert überdies, daß es bei politischen Streitfragen verschiedene, klar voneinander zu unterscheidende Stufen des „rationalen Bewußtseins" gibt. Im Partybeispiel lassen sich diese verschiedenen Stufen klar erkennen: Nüchterne Rationalität – im wörtlichen Sinne – zu Beginn der Party, (eventuell) qua Alkohol eingeschränkte Rationalität mit fortschreitender Zeit danach. Bei politischen Streitfragen verhält es sich hingegen so, daß sich die Positionen vielfach nicht annähern. Jedenfalls darf die These gewagt werden, daß in politischen (Streit-) Fragen ein Maßstab für Rationalität zumindest schwerer zu finden ist als bei der Bestimmung des Verhältnisses von Verkehrstüchtigkeit und Alkoholkonsum. Die Liste der Beispiele mit Kontroversen, die über Jahrzehnte andauern und in allen Aspekten diskutiert werden und die dennoch nicht auf eine Weise beigelegt werden, daß und dadurch daß alle Beteiligten die rechtliche Lösung als rational ansehen, reicht ins Unendliche. Verwiesen sei nur auf die Auseinandersetzungen um die Frage des Schwangerschaftsabbruches. Andererseits ist Freeman zu attestieren, daß es bei dem Vorgang einer Verfassunggebung durchaus sinnvoll sein kann, Vorkehrungen zu treffen für Perioden, in denen demokratiefeindliche Kräfte mit mehr Unterstützung rechnen können als in „Schönwetterzeiten" der Demokratie. Die

Unterscheidung von einfachem und Verfassungsrecht und vieles mehr impliziert die Annahme verschiedener Grade politischer Rationalität.
- Der nächste Punkt zielt auf dieselbe Problematik. Die Überantwortung eines Schlüssels weicht von der richterlichen Entscheidungsfindung ab: Im Falle des Schlüsselbesitzes steht die Vertrauensperson vor der Frage, ob eine Rückgabe zu verantworten ist oder nicht. Urteilen und Auslegen ist demgegenüber mehr, als „nur" über Befugnis und Befähigung zu entscheiden – hier stellt sich eine unabschließbare Vielzahl von Fragen, die qualitativer Natur sind und sich um das rechte Maß drehen.
- Diese Kritik ließe sich auch so formulieren: Die Vertrauensperson im ‚Partybeispiel' wurde von P darauf verpflichtet, sozusagen den *status quo* von P's Nüchternheit zu konservieren – V soll, zumindest ist dies sicherlich P's Ansinnen, für P keine Entscheidungen treffen – außer was Rückgabe oder Zurückbehaltung des Schlüssels betrifft. Sieht man von diesem Entscheidungsbereich von V ab, trifft die Vertrauensperson – sofern sie ihrer Aufgabe korrekt nachkommt – somit keine Entscheidungen (für P). Urteilen und Auslegen durch gerichtliche Instanzen bedeutet jedoch – in einem weit höheren Maße als ein Schlüsselaufbewahren – Entscheiden und Handeln für ein politisches Gemeinwesen. Der quasi klar definierte Schlüssel täuscht darüber hinweg. Die besondere Problematik des gerichtlichen Urteilens als ein Entscheiden für ein politisches Gemeinwesen kann auch so ausgedrückt werden: Die Schlüsselübergabe im ‚Partybeispiel' läßt sich als eine *einmalige* Ermächtigung begreifen.[14] Die Etablierung einer ‚Verfassungsgerichtsbarkeit' stellt hingegen eine *permanente* Ermächtigung dar.[15]

Fazit: Der Einwand, Judicial Review impliziere die Verletzung des Prinzips der gleichen Partizipationsmöglichkeit an politischen Entscheidungen von allen Staatsbürgern, läßt sich durch die transzendentale Figur, das heißt: durch den Rekurs auf das Argument der Sicherung der Bedingungen von Demokratie, nicht ausräumen. Allenfalls läßt sich der Einwand relativieren – so ließe sich vertreten, daß die Verletzung dieses Prinzips geringer ins Gewicht fällt als die Vorteile, die die Sicherung der Demokratie durch ein ‚Verfassungsgericht' mit sich bringt. Im ‚Partybeispiel' stellt sich dieses Problem nicht in dieser Intensität, da die Person P als ein einheitliches Handlungssubjekt agiert: Beim ‚Partybeispiel' gibt es nur zwei Akteure – P und V –, die Handlungsmacht des Subjekts P ist zwar negativ korreliert mit derjenigen von V; aber dies wird dadurch entschärft, daß sich die Handlungsmacht oder Herrschaftsbefugnis von V auf eine abgrenzbare Materie beschränkt (nämlich die Frage der Fahrtüchtigkeit beziehungsweise der Schlüsselrückgabe). Um das Prinzip der gleichen Partizipation an Entscheidungen in das Partybeispiel zu integrieren, müßte man

---

[14] Vorausgesetzt seien hierbei (natürlich) folgende zwei Bedingungen: zum einen V komme ihrer Aufgabe korrekt nach und versuche nicht, den Autoschlüssel unberechtigterweise an sich zu nehmen, zum anderen P befinde sich (wieder) in einem Zustand, der es erlaubt, ihr ein Fahrzeug zu überantworten.

[15] Hierauf hat mich Henning Ottmann aufmerksam gemacht.

I. Vereinbarkeit von ‚Verfassungsgerichtsbarkeit' und Demokratie 303

von verschiedenen Personen – also P_n – ausgehen, welche womöglich mehreren Vertrauenspersonen – V_n – einen ihnen allen gemeinsam gehörenden Schlüssel auf Dauer übergeben. Die Sicherung von Fahrtüchtigkeit (und eventuell auch der Fahrerlaubnis) ließe sich immer noch als Argument für die Schlüsselübergabe anführen, die Einschränkung des Prinzips der gleichen Partizipation von P_n gegenüber V_n ist dann jedoch im Beispiel deutlicher zum Ausdruck gebracht.

Vereinfachend ist somit, daß Freemans Konzeption ausblendet, daß die mögliche Sicherung der gleichen Partizipation von (Teilen) der Bürgerschaft die tatsächliche Verletzung der gleichen Partizipationschancen der Bürgerschaft mit sich bringt. Diese Vereinfachung ist nun nicht mehr durch das Rechtfertigen des Judicial Review mit Hilfe eines Idealmodells induziert. Denn selbst bei einem „idealen" Gerichtsurteil im Sinne der freemanschen Konzeption,[16] das heißt: bei einem Urteil, welches im Falle einer *einseitigen* Rechteverletzung oder Diskriminierung Abhilfe schafft, bliebe der Umstand bestehen, daß das Stimmengewicht der urteilenden Richter dasjenige der Bürgerinnen und Bürger bei weitem überträfe.

Die Vereinfachungen, die Freemans Konzeption enthält, rühren zum anderen auch daher, daß er mit einem Ideal von ‚verfassungsgerichtlicher' Praxis operiert, das deren Realität nicht hinreichend gerecht wird. Dies läßt sich anhand eines weiteren Punktes noch verdeutlichen. Denn problematisch an Freemans Argumentation ist weniger die Verletzung des Prinzips der gleichen Partizipationschance an sich, da eine Abwägung mit dem Prinzip der Sicherung der Partizipationschance aller, welches gleichfalls ein demokratisches Gut darstellt, dessen Nachrangigkeit ergeben könnte.

Problematisch ist vielmehr, daß Samuel Freeman ein Ideal von ‚Verfassungsgerichtsbarkeit' zur Rechtfertigung dieser Institution heranzieht, welches ein verfehltes Opfer-Täter-Modell impliziert. Impliziert ist dieses Opfer-Täter-Modell in Freemans Ausgangsthese von einem Vorrang der Menschen- und Bürgerrechte gegenüber dem politischen Prozeß. Denn ein Primat von individuellen Rechten gegenüber dem politischen Prozeß erfordert – vom Ansatz der Argumentation her – eine Eindeutigkeit und Evidenz dieser Rechte, weil nur dann die Gerichte mittels Judicial Review den Schutz dieser Rechte gegenüber den sie verletzenden Verfahren von einem in einem normativen Sinne (nicht in einem empirisch institutionellen) *per se* höherrangigen Standpunkt aus wahrnehmen können. Nur bei der Vorstellung einer Eindeutigkeit und Evidenz der dem Status als freie und gleiche Person zugerechneten Rechte, läßt sich ‚verfassungsgerichtliche' Aufgabenwahrnehmung begreifen als in einem *normativen* Sinn hierarchisch überlegener Schutz von Opfern gegenüber Tätern des politischen Prozesses. Wohlgemerkt: kritisiert wird hiermit nicht der Schutz von individuellen Rechten, sondern nur das hierarchische Modell einer Überordnung von (menschen-

---

[16] Mit einer „idealen" Fallkonstellation im Sinne der freemanschen Argumentation ist gemeint, Akteur A verletzt die Rechte von Akteur B, ohne legitimerweise selber Rechte gegenüber B geltend machen zu können. Diese Fallkonstellation dürfte jedoch sicher nicht den Regelfall öffentlich-rechtlicher Streitigkeiten darstellen. Vielmehr wird man vielfach um eine Abwägung zwischen den Rechtsansprüchen nicht umhin kommen.

und bürgerrechtlicher) Substanz gegenüber den Prozeduren des demokratischen politischen Prozesses.

Anders gewendet: Freemans Grund- und Ausgangsthese eines Vorrangs der Menschen- und Bürgerrechte gegenüber dem politischen Prozeß setzt die Bestimmung des Inhalts von Grundrechten von einem *faktisch* neutralen Standpunkt aus voraus. Von diesem neutralen Standpunkt ließen sich die mit dem Status individueller Souveränität korrespondierenden Rechte in bezug auf den konkreten Fall eindeutig ermitteln und ableiten – wenn dies überhaupt notwendig ist und sie nicht ohnehin evident sind. Die Annahmen von der tatsächlichen Existenz eines solchen Standpunktes oder von der Eindeutigkeit und Evidenz der Menschen- und Bürgerrechte ist jedoch kein orientierungspraktisches Ideal.

Der Auffassung, daß es einen solchen Standpunkt *in realiter* nicht gibt, ist auch Samuel Freeman: Denn Freeman operiert bei seiner Verfassungs- und Rechtsprechungstheorie mit einer ausgefeilten Abfolge von verschiedenen Perspektiven, die er der politischen und rechtlichen Entscheidungsfindung als Maßstab zurechnet.[17] Diese Abfolge von verschiedenen Perspektiven, aber auch allein schon die Qualifizierung der Verfassung als *public charter* – als Argumentationsreservoir und Bezugspunkt für (berechtigte) Stellungnahmen in Angelegenheiten des politischen Gemeinwesens – setzen beide im Grunde genommen voraus, daß die Rechtspositionen erst diskursiv zu ermitteln sind und nicht als apriorische lediglich erkannt und/oder ausgesprochen werden müssen.

Samuel Freeman ist also – explizit nach seinen eigenen Worten[18] sowie implizit bei *manchen* seiner verfassungstheoretischen Überlegungen – weit davon entfernt, das

---

[17] Vgl. OMDI&C; Freeman unterscheidet dort [OMDI&C, 23–29] folgende drei Perspektiven voneinander: die demokratische, die konstitutionelle sowie die rechtsprechende: „Public reasons are the considerations we commonly accept and invoke in public argument as the basis for assessing one another's actions and interests, and the demands people make in pursuit of their ends. [...] Unlike the public point of view, its object [i.e. the object of the constitutional perspective of democratic reason; M.E.] is not principles of justice, but the basic meaning of the Constitution, expounded by its essential principles. [...] This adjudicative standpoint is familiar enough: it is that of an impartial individual with complete knowledge of the circumstances that give rise to constitutitional disputes, applying precedent, law, and familiar methods of judicial reasoning to formulate rules (often more general principels) designed to resolve particular cases or controversies." [ebd., 23, 25, 27].

[18] Eine solche Position vertritt Freeman ausdrücklich nicht. Vgl.: „There is no algorithm for judicial decision-making." [OMDI&C, 20] Vgl. ferner Freemans Zustimmung zu Rawls' Sichtweise bei deren Wiedergabe in Reason and Agreement [aaO. FN 4 S. 295 dieser Arbeit] 140–141: „Beginning with the idea that society is a system of cooperation for mutual advantage, how should terms of cooperation be specified among free and equal persons with different conceptions of their good? Given their self-conception, it would be inappropriate to see these terms as given by a higher moral authority distinct from the persons cooperating (for example, God), or even by a prior and independent moral order of values (such as natural law). For in both instances the ultimate source of public reasons would involve elements upon which free individuals with different ends and worldviews cannot agree."

I. Vereinbarkeit von ‚Verfassungsgerichtsbarkeit' und Demokratie 305

Phänomen des richterlichen Urteilens als Verkündigung von Expertenwissen zu beschreiben.[19] In diesem Punkt weicht Freeman erheblich von Hamilton ab.

Bei seiner Rechtfertigung der Institution des Judicial Review jedoch fingiert Freeman ebenso wie Hamilton einen einheitlichen – wohlverstandenen – Volkswillen, den die Gerichte lediglich aussprechen. Denn Freeman hält es für ausgemacht, daß die Gerichte gegenüber dem politischen Prozeß die „ursprüngliche", in einem normativen Sinne unverlierbare individuelle Autonomie geltend machen. Bei seiner Theorie der Legitimität der ‚Verfassungsgerichtsbarkeit' betrachtet Freeman – wenn auch nur implizit – die unverlierbare individuelle Autonomie oder Souveränität als eine apriorisch feststehende Größe. Wäre die unverlierbare individuelle Autonomie eine solche apriorisch feststehende Größe, bestünde richterliches Urteilen in der Form der bloßen Verkündigung von Expertenwissen.

Da dies nicht der Fall ist: da weder das Naturrecht apriori evident ist noch die Gerichtskörper durch Verfahren installiert werden können, wodurch sie im Stile eines *deus ex machina* die rechtlich-politische Bühne betreten – da wir über keinen *God's eye*-Standpunkt verfügen, läßt sich die These vom Vorrang des normativen Ideals der Demokratie, das heißt: der Substanz ihres Menschenbildes vom autonomen Individuum, vor ihren Verfahren nicht mehr aufrechterhalten.[20]

Samuel Freeman selbst würde möglicherweise nicht von einem Vorrangverhältnis sprechen, sondern davon, daß individuelle Rechte und Demokratie nicht zu trennen sind.[21] Doch auch in dieser Fassung setzt sich Freemans Souveränitäts- und Demo-

---

[19] Allein die divergierenden Auffassungen unter den juristischen und philosophischen Experten legen zumindest nahe, daß die rechtlich-politische Wirklichkeit mit einem solchen Modell nicht zureichend erfaßt ist. Zugegebenermaßen ist dies allerdings lediglich ein Indiz und kein definitiver Beweisgrund. (Würde man jedoch für die These vom Nonkognitivismus in ethischen Fragen *als Anhänger dieser These* ein solches Letztbegründungsargument anführen, so würde man sich in einen performativen Selbstwiderspruch verwickeln. Auch die Kritiker dieses erkenntnistheoretischen Standpunktes sollten daher einen definitiven Beweisgrund nicht von den Nonkognitivisten fordern.) Zur Erörterung der Letztbegründungsproblematik und des (Non-)Kognitivismus in der Ethik siehe (in dieser Arbeit) § 6 VERFASSUNGSGERICHTSBARKEIT UND JUSTIZIABILITÄT. III. Recht und Politik. B. Die erkenntnistheoretischen Grundlagen von Recht, Politik, Moral und Ethik. 1. Kognitivismus und Nonkognitivismus bei Sollensfragen, S. 416–417 mwN.

[20] *Nota bene*: hiermit ist nicht das Bemühen um richterliche Neutralität als orientierungspraktisches Ideal bestritten, sondern lediglich die Annahme eines richterlichen Urteilens von einem faktisch neutralen Standpunkt aus.

[21] Diese Verhältnisbestimmung trifft Freeman, als er seine Konzeption gegenüber derjenigen von Bruce Ackerman abgrenzt. Gemäß Freeman vertritt Ackerman auf der Ebene der Verfassungswahl („at the level of constitutional choice") ein prozeduralistisches Verständnis von Demokratie: Was immer das Volk *tatsächlich* wolle, sei demnach demokratisch legitim. Demgegenüber umreißt Freeman seine Auffassung in OMDI&C [41–42 mwN.] so: „Drawing on democratic contract theory, I have suggested a more substantive account, where equal basic rights are not distinct from democracy [...], but are needed to define the idea of democratic sovereignty. Since these rights provide the basis for public reasoning and interpretation in a well-ordered democracy, they are inalienable. Suppose now that a special majority sought to repeal democratic procedures and everyone's free expression, assembly, and voting rights, or liberty of conscience and free exercise

kratietheorie der Kritik aus, daß die Differenz zwischen der idealen Konzeption und dem realen Funktionieren nicht berücksichtigt wird: Die These von der ‚Identität von individuellen Rechten und Demokratie' blendet aus, daß im realen politischen Prozeß im Verhältnis zwischen dem Schutz von Individualrechten und der Artikulation der Volkssouveränität immer ein Moment der Gegenläufigkeit zu verzeichnen ist.[22]

C. Unvereinbarkeit aufgrund von fehlender Selbstbestimmung

Freemans und Arthurs Theorien der Legitimität des Judicial Review zielen in ihren Begründungsabsichten auf die Darlegung, daß diese Institution nicht nur *nicht* demokratiewidrig und auch nicht „lediglich" demokratiekompatibel sei. Vielmehr haben Freeman und Arthur den Nachweis zu erbringen gesucht, daß ein schriftlich fixierter Verfassungskatalog individueller Rechte sowie eine gerichtliche Überwachung von deren Einhaltung als genuin demokratische Verfahrensweise zu gelten haben – das heißt, daß sie vom Grundsatz her, aber nicht notwendigerweise in ihrer Anwendung demokratisch seien.

Hierbei hat Samuel Freeman die Figur des ‚Precommitments' verwandt.[23] Diese

---

rights. It may be that there is no mechanism within our constitution that would (or could) prevent their *de facto* alienation by amendment, but that is beside the real point: that the democratic revocation of the sovereign rights that define a democratic constitution is *constitutional breakdown*. The bases for civic justification and the free exercise of democratic reason are subverted, along with everyone's sovereignty. Under these conditions the question ‚What does a democratic constitution require?' can have no answer."

[22] Ausführlich zu diesem Gesichtspunkt (in dieser Arbeit) v.a. S. 332–337 dieser Arbeit.

[23] Die Figur der Vorausverpflichtung (ob der Ausdruck der Selbstbindung dem Begriff des ‚Precommitment' angemessen ist, ist fraglich [siehe hierzu *in puncto* konstitutionelles Precommitment S. 321–323 dieser Arbeit]) wird erörtert bei Willke, Schelling, Elster, Preuß, Sunstein u.a. Einen Überblick gibt mit Nachweisen HUBERTUS BUCHSTEIN: Selbstbindung als verfassungstheoretische Figur, in: Jürgen Gebhardt/Rainer Schmalz-Bruns (Hg.): *Demokratie, Verfassung und Nation. Die politische Integration moderner Gesellschaften*, Baden-Baden 1994, 231–252. Statt vieler CLAUS OFFE: Fessel und Bremse. Moralische und institutionelle Aspekte ‚intelligenter Selbstbeschränkung', in: Axel Honneth u.a. (Hg.): *Zwischenbetrachtungen*. Im Prozeß der Aufklärung. Jürgen Habermas zum 60. Geburtstag, Frankfurt a.M. 1989, 739–774; HOLMES: Precommitment [aaO. FN 13 S. 300 dieser Arbeit]. Problematisierende Überlegungen zu der Thematik gesetzesförmiger Vorausverpflichtung finden sich bereits bei Platos „Staatsmann". Vgl. PLATON: Der Staatsmann, in: ders.: *Theaitetos – Der Sophist – Der Staatsmann*. Bearb. von P. Staudacher, Darmstadt 1990 (entspricht der Ausgabe von 1990 {= 2. unveränd. Aufl. von 1970} [= Werke in 8 Bänden, griech. und dt.; 6. Band]) 295bff.: „*Fremder*: Denn wie wäre einer wohl imstande [...] sein ganzes Leben lang für jeden einzelnen dazusitzen, um ihm mit aller Genauigkeit das Gebührliche anzuordnen? Denn könnte das freilich einer von denen, welche die königliche Kunst besitzen: so würde er wohl bleiben lassen, meine ich, sich selbst Schranken zu setzen, indem er die sogenannten Gesetze schriebe [...]. Laß uns bei uns selbst sprechen, wenn ein Arzt oder einer, der den Leibesübungen vorsteht, verreisen wollte und, wie er glaubte, geraume Zeit [...] abwesend sein und dabei nicht glaubte, daß die Übenden oder die Kranken seine Anordnungen im Gedächtnis behalten würden: so würde er sie ihnen ja wohl lieber aufschreiben?" Im weiteren Verlauf wird dann erörtert, welche Bindungswirkung dem schriftlich Fixierten zukommt – etwa wenn der

I. Vereinbarkeit von ‚Verfassungsgerichtsbarkeit' und Demokratie

Begründungsstrategie – die Konzeption eines konstitutionellen Precommitments – hat Jeremy Waldron auf den Plan gerufen: Waldron plädiert in »Precommitment and Disagreement«[24] gegen die Ausstattung der Gerichtsbarkeit mit der Befugnis zum Judicial Review – und zwar deswegen, weil dies zu einem aristokratischen Regierungssystem führe. Präzisierend ergänzt Waldron seine These: Da die Gerichte auf der Basis abstrakter Prinzipien urteilen, welche durch das Volk legitimiert seien, handle es sich bei Regierungssystemen mit Judicial Review um einen Mischverfassungstyp. [P&D, 280] Diese Variante der Mischverfassung lehnt Waldron aus demokratietheoretischen Erwägungen ab; denn er vertritt die demokratische Idee im Sinne der lincolnschen Definition von Demokratie als „government for, of and by the people": Regierung *durch* das Volk liege nicht vor, wenn Judicial Review etabliert sei.

D. Jeremy Waldron: Die Grenzen des Precommitment-Theorems

1. Fragestellung

Jeremy Waldron verweist zu Beginn seiner Ausführungen darauf, daß in Großbritannien die Einführung einer Bill of Rights samt einer dem US-amerikanischen Modell nachempfundenen ‚Verfassungsgerichtsbarkeit' debattiert wird. Sollten in Großbritannien diese Erwägungen in eine Verfassungsreform münden, so geschähe dies durch das Verfahren der Volksbefragung. Die Verfassungsreform käme somit nur durch einen Mehrheitsentscheid der britischen Stimmbürger zustande. Daraus ist gefolgert worden, daß – allein aufgrund eines solchen ‚Einführungsmodus' – eine Grundrechtscharta und eine politische Praxis mit ‚Verfassungsgerichtsbarkeit' nicht dem Geist der Demokratie widersprechen könnten. Dieser Schlußfolgerung entgegnet Waldron,

---

Anordnende früher zurückkehrt, wenn sich die Umstände geändert haben oder wenn andere Vorschriften im nachhinein besser geeignet erscheinen. Im Verlauf des Gesprächs zwischen einem Fremden und Sokrates, dem Jüngeren, gelangen beide zu dem Schluß, daß von den überlieferten Gesetzen bei *vorhandenem* Sachverstand abzuweichen ist, bei *fehlendem* Sachverstand jedoch nicht, da dies noch gravierendere Folgen nach sich ziehe als die Beachtung der tradierten Gesetze. [vgl. ebd., 300e] Die Einschätzung des Sachverstands in politischen Gemeinwesen ergibt dann, daß die königliche Kunst des Regierens generell bei einem „großen Haufen" und speziell bei den Reichen und dem Volk insgesamt nicht anzutreffen ist. Somit verbleibe diesen nur die Nachahmung des wahren Staates eines kunstmäßig Herrschenden – und das bedeute, an den geschriebenen Gesetzen und väterlichen Gebräuchen strikt festzuhalten. Dies setzt allerdings voraus, daß die bestehenden Gesetze kunstverständig erlassen worden sein müssen – dessen war sich Plato wohl bewußt. Doch dagegen ist einzuwenden, daß die kunstverständige Gesetzgebung zum einen keineswegs garantiert ist; zum anderen erhebt sich die Frage, wie ein Volk diese königliche Kunst zu erkennen vermag, wenn es selbst doch nicht kunstmäßig zu herrschen versteht. Schließlich ist ungeklärt, warum das Festhalten an Gesetzen nicht derart negative Konsequenzen zeitigen kann, daß ein Abweichen von ihnen nicht in jedem Fall vorzuziehen ist.

[24] WALDRON: Precommitment [aaO. FN 13 S. 300 dieser Arbeit; im folgenden zit. als P&D].

Verfassungsänderungen oder -wechsel könnten zwar als Vorgänge demokratische Ereignisse sein. Aber dies reiche nicht aus, die Verfassungsbestimmungen selbst als demokratisch zu bezeichnen. Waldron unterscheidet nämlich zwischen dem demokratischen Charakter einer Verfassung und der demokratischen Methode einer Verfassungswahl. Der Umstand einer aufgrund einer Volksabstimmung vollzogenen Verfassungsreform sage nicht mehr aus, als daß diese Reform auf eine demokratische Art und Weise erfolgt sei und die verfassungsrechtlichen Neuregelungen nicht das Resultat von Usurpationen wären. Doch ungeachtet dessen sei nicht geklärt, ob einer solchen Verfassungsreform ein demokratischer Charakter zu attestieren sei. Anders formuliert: der „demokratische Einwand" gegen eine geschriebene Verfassung und die Kompetenz der Gerichte, sie auszulegen und anzuwenden, bleibe bestehen.

Ein aussichtsreicherer Versuch, den demokratischen Einwand zurückzuweisen, bediene sich des Theorems des Precommitment – Jeremy Waldron widmet sich in weiten Teilen der Frage, ob sich dadurch der demokratische Einwand wirklich zurückweisen läßt. Zudem untersucht er, ob Verfassungszwänge – wie etwa eine geschriebene Verfassung, eine Grundrechtserklärung und die Institution der ‚Verfassungsgerichtsbarkeit' – notwendig sind.

2. These

Jeremy Waldron gelangt zu dem Ergebnis, daß das Theorem des Precommitment sich nur sehr bedingt auf eine geschriebene Verfassung und eine Bill of Rights sowie eine gerichtliche Überprüfung staatlicher – namentlich legislativer – Akte anwenden läßt. Die Übertragung der Figur der Selbstverpflichtung von der Ebene der individuellen Ethik, wo sie vertraut und attraktiv sei, auf die Ebene der politischen Philosophie erweise sich als problematisch – der Analogieschluß zwischen der rationalen Autonomie von Individuen und dem demokratischen Regieren einer politischen Gemeinschaft sei unter bestimmten Bedingungen nicht angebracht. Waldron zeigt dies auf, indem er zwischen drei Stufen des Problematischen differenziert: [P&D, 285]

– Als problematisch erachtet Jeremy Waldron es, wenn Kontroversen bestehen über die Notwendigkeit der Bindungen und/oder über den Inhalt beziehungsweise Charakter der Bindungen.
– Diese Problematik verschärfe sich, wenn diese Kontroversen voraussichtlich anhalten werden oder sich auf eine unvorhersehbare Weise entwickeln werden.
– Als problematisch in einem „ulkigen" Maß stuft es Waldron ein, wenn eine Vorausverpflichtung umstrittene Entscheidung(en) auf ein Gremium verlagert, das in sich ebenso zerrissen ist und in welchem sich seine Mitglieder einander ebenso widersprechen wie diejenigen des vorherigen Gremiums.

I. Vereinbarkeit von ‚Verfassungsgerichtsbarkeit' und Demokratie 309

3. Begründung

a) „Selbstbindung"

Jeremy Waldron erkennt durchaus an, daß das Eingehen von selbstauferlegten Vorausverpflichtungen auf der Ebene der individuellen Ethik sinnvoll ist. Waldron führt eine Reihe von Beispielen auf, die dies illustrieren. Geschildert sei hier nur dieses: Jemand entfernt, um rechtzeitig aufzustehen, den Wecker von seinem Bett so weit, daß er bei dem Klingeln des Weckers die „snooze"-Taste (die „Dös"- oder „Schlummertaste") nicht betätigen kann und er somit dem Impuls, im Bett liegen zu bleiben respektive dies hinauszuzögern, nicht nachgeben kann und statt dessen das Bett verlassen muß (um die Weckgeräusche abzustellen). Ein derartiges Handeln stelle keine Absage an die individuelle Freiheit dar, sondern es verkörpere im Gegenteil ein beeindruckendes Vermögen zur Selbstbeherrschung. Gemäß Waldron läßt sich die Idee der selbstauferlegten Vorausverpflichtung auch mit Begriffen der verwandten Konzeption der Autonomie erklären, wie sie etwa Immanuel Kant formuliert hat: Kant zufolge ist die Autonomie des Willens definiert durch dessen Vermögen, sich ein Gesetz zu geben. [P&D, 275 mwN.]

Die Deutung von Verfassungszwängen als Vorausverpflichtungen überträgt nun den Gedanken eines gegen sich selbst Vorkehrungen treffenden Handelns auf die kollektive Ebene einer Wählerschaft: Konstitutionelle Zwänge und der Mechanismus des Judicial Review seien als Mittel zu betrachten, durch die der Volkswille seine verantwortliche Ausübung sichere. Die Intention sei – so Waldron – das Gute zu sichern, das alle wirklich wollen, und das Böse zu vermeiden, das alle wirklich vermeiden wollen – auch wenn sie es (gelegentlich) gegen sich selbst vermeiden müssen.

Waldrons Kritik an dieser Sichtweise macht sich nun daran fest, daß im Fall von konstitutionellen Zwängen die Bestimmung dessen, was „alle wirklich" wollen, nicht vorzunehmen und damit zugleich die politisch-rechtliche Festlegung darauf nicht möglich ist. Daher lassen sich konstitutionelle Festschreibungen in der Form einer geschriebenen Verfassung und einer etablierten ‚Verfassungsgerichtsbarkeit' nicht adäquat mit der Figur der Selbstbindung erfassen – und somit auch nicht (durch sie) rechtfertigen.

Um dies aufzuzeigen, greift Jeremy Waldron zuerst auf eine Definition der Figur des Precommitment zurück, die Jon Elster entwickelt hat. [P&D, 276 mwN.] Demnach ist „Selbstbindung" gekennzeichnet durch ein bestimmtes Verhältnis zwischen einer Entscheidung t_1 und einer Entscheidung t_2: t_1 kann nur dann als „Selbstbindung" gelten, wenn sie irgendeinen kausalen Prozeß in der externen Welt in Gang setzt. Der Außenbezug von Entscheidung t_1 ist erforderlich, weil im allgemeinen Verpflichtungen, die nur nach innen gerichtet sind, intuitiv nicht als Selbstbindungen eingeschätzt werden und ihnen geringe Wirkungskraft zukomme. Mit dem Begriffsmerkmal „kausale Wirkung in der externen Welt" schließt Elster dementsprechend Entscheidungen zu entscheiden aus.

Ob sich das Selbstbindungstheorem auf politische Gemeinwesen anwenden läßt, hält Elster selbst für zweifelhaft. Denn – so Elster – Gesellschaften haben generell nichts Externes.²⁵ Waldron schließt sich Elster an, fügt jedoch hinzu, daß es zwar für Gesellschaften generell nichts Externes gäbe, die Sichtweise des Externen jedoch für in Stellvertretung das Volk handelnde Akteure möglich sei.

Die Schwierigkeit der Vorausverpflichtungskonzeption erblickt Jeremy Waldron darin, daß Elsters zweite terminologische Komponente des „einen *kausalen* Prozeß in Gang setzen" vielfach nicht gegeben sei. Sieht man einmal von Phänomenen wie dem *‚dual key-use'* ab, erfolge *prima facie* Precommitment häufig nicht mit einem kausalen Mechanismus, sondern mit der Indienstnahme fremder Urteilskraft. So fällt auch das bereits geschilderte ‚Partybeispiel', das Waldron ebenfalls anführt, in die zweite Kategorie. Während eine Selbstbindung mittels kausaler Mechanismen stets gemäß der – zumindest ursprünglich vorgesehenen²⁶ – Intention des Gebundenen funktioniere, *insofern* sie keinen Beurteilungsspielraum eröffnet, kann sich eine Beurteilung von außen entgegen der mit ihrer Indienstnahme vorgesehenen Intention des Gebundenen auswirken, da sie einen (gewissen) Beurteilungsspielraum nicht eliminieren kann.

Beide Varianten sind nach Waldron ambivalent.²⁷ Dies ist leicht nachzuvollziehen: Die Rigidität des kausalen Mechanismus gewährleistet die – auf den ersten Blick positiv zu bewertende – strikte Kopplung an die mit dem Mechanismus verknüpfte Erwartung; sie verhindert zugleich jedoch ein flexibles Reagieren auf unvorhergesehene Ereignisse und damit das Zulassen von Ausnahmeregeln oder -maßnahmen gegenüber der ursprünglichen, genauer: vorgesehenen Intention. Der Rekurs auf fremde Urteilskraft bietet demgegenüber die Option von Ausnahmeregeln und -maßnahmen sowie grundsätzlichen Korrekturen. Die grundsätzlich mögliche Flexibilität fremder Urteilskraft ist hingegen mit dem *prima facie* Nachteil verbunden, daß sie gegen die Absichten, Wertvorstellungen und Interessen ausgeübt werden kann, die der Delegierende hegt(e) – fremde Urteilskraft kann sogar gegen die mit ihrer Einsetzung verbundene Intention ausgeübt werden.²⁸

Jeremy Waldron will nun nicht darauf hinaus, daß die *prima facie* Selbstbindung bei

---

²⁵ JON ELSTER: *Solomonic Judgments.* Studies in the Limits of Rationality, Cambridge 1989, 196 [zit. n. P&D, 276: „{T}he analogy between individual and political self-bindung is severely limited. An individual can bind himself to certain actions, or at least make deviations from them more costly and hence less likely, by having recourse to a legal framework that is external to and independent of himself. *But nothing is external to society.* With the exception of a few special cases, like the abdication of powers to the International Monetary Fund, societies cannot deposit their will in structures outside their control; they can always undo their ties should they want to." {Hn. J.W.}.].

²⁶ Von einer ursprünglichen Intention läßt sich genau genommen nicht schreiben, da die Intention an eine bestimmte Situation geknüpft ist. Bestünde ein Vorwissen um die Änderung der situativen Umstände, so ist es möglich, daß die Wirkung der Selbstbindungsmaßnahme nicht erwünscht wäre. Daher ist es angemessener, von einer mit der Installation der Selbstbindung verbundenen Intention zu schreiben.

²⁷ Waldron unterscheidet nicht zwischen Vor- und Nachteilen und *prima facie* Vor- und Nachteilen. Darauf wird später noch eingegangen. Vgl. P&D, 277–278.

²⁸ Waldron hält dies für unvermeidlich: Wer Entscheidungsbefugnisse an eine Instanz delegiere und diese Instanz auf ein abstraktes Prinzip oder einen Komplex von abstrakten Prinzipien verpflichte,

I. Vereinbarkeit von ‚Verfassungsgerichtsbarkeit' und Demokratie 311

der Variante „Indienstnahme fremder Urteilkraft" nicht den kognitiven und normativen Erwartungen des Gebundenen entspricht. Denn dies kann bei einer selbstauferlegten Vorausverpflichtung mechanischer Natur ebenso geschehen. Vielmehr will Waldron darauf aufmerksam machen, daß die Hinzuziehung von externem Urteilen den Charakter des *prima facie* Precommitment so sehr verändert, daß nur bedingt von einer Selbstbindung gesprochen werden kann: Autonomie besteht dann nur noch im *Akt* der Selbstbindung. In ihrem *Vollzug* ist sie nicht mehr gegeben – soweit (zumindest) eine Entscheidungsbefugnis übertragen wurde. [P&D, 278]

Die demokratietheoretische Konsequenz ist für Waldron klar: So wie die Delegierung auf der individuellen Ebene die Autonomie des Delegierenden aufbraucht, so braucht die Delegierung auf der kollektiven Ebene die Demokratie auf.[29]

Der demokratische Einwand gegen Verfassungszwänge läßt sich durch das Argument der Gewährleistung von Autonomie nicht mehr zurückweisen. Mehr noch:

> „It would be more like the vote to vest power in a dictator [...]: When the people vote for dictatorship, maybe dictatorship is what they need, and maybe dictatorship is what they should have, but let us not kid ourselves that dictatorship is therefore a form of democracy."
[P&D, 278]

b) Diskussion von Einwänden
(1) Die Notwendigkeit einer unabhängigen Beurteilungsmacht
Jeremy Waldron setzt sich zuerst mit einem Einwand gegen seine Zurückweisung der Zurückweisung des „demokratischen Einwands" auseinander, der sich aus Überlegungen von Ronald Dworkin ergeben könnte. So könnte Waldrons Plädoyer gegen eine geschriebene Verfassung und ein ‚Verfassungsgericht', das die Verfassung auslegt und anwendet, entkräftet werden, indem man darauf verweist, daß der konstitutionelle Zwang, den der Selbstbindende etablieren wollte, nicht ohne eine Instanz funktioniere, die über eine unabhängige Machtbasis bei ihrer Richterfunktion verfüge. Waldrons Antwort auf diesen Einwand könnte man salopp zusammenfassen mit der Formel „yes, but so what?".

Um Waldrons Antwort zu verstehen, muß zuerst Ronald Dworkins Argumentation nachgezeichnet werden. Dworkin betont, daß abstrakte Moralprinzipien nicht ohne Urteilskraft interpretiert und angewandt werden können. Damit ist verbunden, daß diese Urteilskraft in einer Ausübungsweise eingesetzt wird, die nicht vorhergesehen werden kann. Darum wurde ja ein fremdes Urteilsvermögen in Anspruch genommen anstelle einer „mechanischen" Selbstbindung.

Waldron stellt fest, daß Dworkin die Beziehung zwischen abstrakter Prinzipieninterpretation und der analytischen Verbindung zwischen Abstraktion und Beurteilung

---

könne nicht geltend machen, diese Instanz übe ihre Urteilskraft gegen die ursprüngliche Intention aus. Waldron ist somit kein Anhänger der Original Intent-Lehre. Vgl. P&D, 279.
[29] Die im Original verwendete Vokabel „consummation" läßt sich sowohl mit „Aufbrauchen" als auch mit „Beenden" oder „Abschließen" übersetzen. Vermutlich möchte Waldron sogar beide Bedeutungen evozieren.

richtig gesehen habe.[30] Ferner hebt Waldron hervor, daß Ableitungen aus allgemeinen Prinzipien in der Regel mit Kontroversen verbunden seien – zumal in den meisten Fällen hinzukommt, daß es sich nicht um Ableitungen aus einem Prinzip handelt, sondern um Ableitungen aus einem ganzen Prinzipienkomplex. Doch daraus folgt für Waldron nur, daß diese Variante der selbstauferlegten Vorausverpflichtung weder eine Form der Selbstregierung sei noch diese bewahre. (Unter Selbstregierung versteht Waldron „government not only of but by the people".) Klassifiziere man die Indienstnahme fremder Urteilskraft gemäß der aristotelischen Einteilung der Regierungsbeziehungsweise Herrschaftsformen, die es zum Unterscheidungskriterium erhebt, wessen Wille sich durchsetze, wenn sich die Bürger (bei wichtigen Fragen) nicht einig seien, dann müsse man im Falle einer Judikative mit Judicial Review von einer Aristokratie sprechen – der Herrschaft der wenigen Besten. Da diese Herrschaft auf der Anwendung von vom Volk beschlossenen Prinzipien gründet, liege eine Mischverfassung vor.

(2) Das „hamiltonsche Rechtfertigungsargument" Nr. 1
Den nächsten Einwand kennzeichnet Jeremy Waldron nicht als von Alexander Hamilton stammend. Aber das Argument, der demokratische Einwand erübrige sich, da die „Aristokraten" – die Richter – eher Urteilskraft als Willen einsetzen, ist aus Hamiltons Rechtfertigung des Judicial Review bekannt. Daher kann von einem „hamiltonschen" Rechtfertigungsargument gesprochen werden.

Dem „hamiltonschen" Rechtfertigungsargument entgegnet Waldron, daß Politik immer eine Angelegenheit von Urteilskraft sei und daß es die (Idee der) Demokratie erfordere, daß das Volk berechtigt sei, sich nach seinem *eigenen* Urteil zu regieren. Selbst abstrakte Verfassungsprinzipien wie die *'equal protection clause'* seien eine Frage der Beurteilung. Auch hieraus folgt für Waldron, daß Verfassungsarrangements nicht als eine Form des Precommitments gelten können, die Akteur A selbst gewählt hat – insofern sie A zu t_1 im Blick auf eine Entscheidung zu t_2 eingegangen ist. [P&D, 280]

(3) Das „hamiltonsche Rechtfertigungsargument" Nr. 2
Auch das folgende Rechtfertigungsargument führt Waldron nicht als ein hamiltonsches ein. Doch auch dieses Argument ist aus Hamiltons Ausführungen bekannt. Es lautet, daß Judicial Review deswegen gerechtfertigt ist, weil es für ein Parlament beziehungsweise eine Mehrheit desselben unangemessen wäre, als „Richter in eigener Sache" zu fungieren.

Waldron hält dem entgegen, daß es keineswegs unangebracht wäre, das Parlament oder das Volk selbst zu fragen, wenn man den Gedanken der selbstauferlegten Vorausverpflichtung ernst nimmt. [P&D, 281] Er veranschaulicht dies an dem klassischen Beispiel für Precommitment – dem Auftrag des Odysseus an seine Schiffsmannschaft,

---

[30] Siehe (in dieser Arbeit, § 5 ‚VERFASSUNGSGERICHTSBARKEIT' UND SOUVERÄNITÄT) auch FN 28 S. 310.

I. Vereinbarkeit von ‚Verfassungsgerichtsbarkeit' und Demokratie   313

ihn an den Mast zu fesseln, damit Odysseus und die ganze Crew nicht dem Gesang der Sirenen erliegen. Waldron spinnt die bekannte Sage nun weiter und schildert die Situation, daß unter den Mitgliedern der Mannschaft unklar ist, ob Odysseus' Selbstbindung auch die Aufforderung beinhaltet, ihm die Augen zu verbinden. Sollte dies der Fall sein, so gäbe es nur die Möglichkeit, Odysseus danach zu fragen, bevor die Wirkung der Sirenen einsetzt. Sehe die Mannschaft davon ab, Odysseus zu befragen, weil die Sirenen ihren Einfluß schon ausüben, so bleibe ihr nur, paternalistisch zu entscheiden, wie es – bei klarem Verstand – Odysseus von ihr gefordert hätte. Dieses Handeln könne jedoch nicht beanspruchen, zur Verteidigung oder zur Aufrechterhaltung von Odysseus' Autonomie zu erfolgen.

Abstrakt ausgedrückt, vertritt Jeremy Waldron die These, daß Autonomie wie Demokratie bei Fällen von Precommitment nur bewahrt werden, wenn der Gebundene wirklich den Moment und das Ausmaß der Bindung(en) bestimmt. [P&D, 281]

c) Der Grund der Unangemessenheit des Precommitment-Theorems
Gemäß Waldron scheint die Figur der Selbstbindung eine attraktive Idee in bezug auf Verfassungszwänge zu sein, wenn man von einer Mehrheit ausgeht, die in einem Moment der Gier, der Panik oder des Zorns über das Eigentum der Reichen oder einer Minderheit herfällt. Waldron verwendet den Ausdruck „scheint", weil er annimmt, daß Verfassungszwänge gerade in solchen Situationen keine Abhilfe bieten. Dies versucht er unter anderem mit der berühmten Korematsu-Entscheidung[31] zu belegen. [P&D, 282 sowie 298 FN 36 mwN.]

Die Attraktivität dieses Modells beruhe darauf, daß bei derartigen Situationen Verfassungszwänge zur Bekämpfung von Willensschwäche dienen – ebenso wie bei dem bereits geschilderten Verschieben des Weckers oder im klassischen Odysseus-Beispiel.

Jeremy Waldron insistiert aber darauf, daß in der Regel eine Bill of Rights oder die Institution der ‚Verfassungsgerichtsbarkeit' nicht gemäß dem Modell der Willensschwäche zur Anwendung kommt. Während der Beschluß von Odysseus' eindeutig sei, sei ein eindeutiger Beschluß eines Elektorats in der Regel nicht auszumachen, da das Elektorat normalerweise politisch zerrissen sei. Unter normalen Umständen mangle es in einem politischen Gemeinwesen an Übereinstimmung bei moralischen und politischen Fragen. Bei verfassungsrechtlichen Kontroversen, bei Fragen, welche

---

[31] Zur Korematsu-Entscheidung siehe PAUL FINKELMAN: Korematsu v. United States, 323 U.S. 214 (1944), in: Kermit L. Hall (Hg.): *The Oxford Guide to United States Supreme Court Decisions*, New York; Oxford 1999, 153–154. Die während des II. Weltkrieges ergangene Entscheidung stellt in den Augen von Waldron wohl eine Diskriminierung der japanisch-stämmigen US-Bevölkerung dar. Denn etwa die vorsorgliche Internierung fast sämtlicher japanisch-stämmigen US-Amerikaner, welche das Gericht mithilfe eines *scrutiny*-Tests („scrutiny" = engl. genaue Überprüfung) für verfassungskonform erklärte, – allein aufgrund ihrer Abstammung – aus militärischen und sicherheitspolitischen Überlegungen kehrt den rechtsstaatlichen Grundsatz der Unschuldsvermutung bis zum Beweis des Gegenteils um. Auch eine Reihe von anderen Punkten des Urteils ist kritikwürdig.

Rechte in welcher Gewichtung Berücksichtigung finden sollen, handle es sich fast immer um Probleme, über die vernünftige Personen verschiedene Auffassungen besäßen und entsprechend der Materie auch zu Recht besäßen. [vgl. P&D, 283-284]

Die Einführung von Verfassungszwängen stelle dann aber nicht einen Triumph vorbeugender Rationalität dar, sondern sie bewirke eine künstliche Überlegenheit einer Sichtweise innerhalb des Gemeinwesens gegenüber anderen. Zugleich blieben die umstrittenen moralischen Fragen ungelöst. [P&D, 284]

Waldron verdeutlicht seine Position mit einem Gegenbeispiel zur klassischen Selbstbindungsparabel von Odysseus oder etwa auch zum bereits angeführten ‚Partybeispiel'. Diesen Beispielen stellt Waldron den Fall ‚Bridget' gegenüber:

> „Imagine a person – call her Bridget – who is torn between competing conceptions of religious belief. One day she opts decisively for fundamentalist faith in a personal God. She commits herself utterly to that view and abjures forever the private library of theological books in her house that, in the past, had excited and sustained her uncertainty. Though she is no book burner, she locks the door of her library and gives the keys to a friend, with strict instructions never to return them, not even on demand." [P&D, 284]

Doch die Entschlußfestigkeit von Bridget hält nicht an, alte Glaubenszweifel und neue Probleme gehen ihr im Kopf herum, so daß sie einige Monate später ihren Freund um die Herausgabe des anvertrauten Schlüssels bittet.

Für Waldron ist nun offensichtlich, daß der Fall ‚Bridget' anders gelagert ist als das ‚Partybeispiel': Die Entscheidung des Freundes, den Schlüssel zurückzubehalten, käme im Fall ‚Bridget' – anders als beim ‚Partybeispiel' – einer Parteinahme gleich. Die Stellungnahme des Freundes hat sich zwischen zwei verschiedenen Teilen von ein- und demselben „Selbst" zu entscheiden. Das Aufrechterhalten der „Selbstbindung" würde somit eine künstliche Überlegenheit herstellen zwischen zwei oder mehreren Erscheinungsformen eines „Selbst". Die Parteinahme erfolgte auf eine Weise, die bei ‚Bridget' nicht durch irgendein erkennbares Kriterium einer Pathologie oder einer geistigen Verirrung veranlaßt wäre.[32]

---

[32] Waldron setzt hierbei voraus, daß ein fundamentalistischer Glaube an einen personalen Gott nicht als eine Form der Verirrung zu betrachten ist. Von anderen religiösen und nichtreligiösen Standpunkten aus mag diese Einstufung nicht geteilt werden. Doch übersteigt es die Möglichkeiten der politischen Theorie und Philosophie zu ermitteln, welches der wahre Glaube ist. Die Gegenposition hierzu gründet politische Theorie und Philosophie auf eine ‚positive' politische Theologie. Mit dem Ausdruck ‚positive' politische Theologie bezeichne ich Lehren, die zumindest so umfassend sind, daß sie die Frage nach dem wahren Glauben mit bestimmten religiösen oder quasireligiösen Inhalten beantworten. Eine solche politische Theologie anerkennt den tiefgreifenden Pluralismus moderner Gesellschaften nicht an und versucht diesen aufzuheben. Auf der anderen Seite ist aus der These von der begrenzten Kapazität der politischen Philosophie nicht zu folgern, daß sämtliche Glaubensvorstellungen hinzunehmen seien. Denn dies liefe gleichfalls auf eine Beseitigung des tiefgreifenden modernen Pluralismus hinaus. Erforderlich ist somit eine ‚negative' politische Theologie. Das heißt, die politische Philosophie muß eine Konzeption einschließen, die zwar nicht die Wahrheit religiöser, philosophischer und moralischer Lehren feststellt, aber deren Vereinbarkeit mit den Ideen der Menschenrechte und der Demokratie. Was eine derartige ‚negative' politische Theologie beinhalten müßte und wie diese zu ermitteln ist, kann hier nicht ausgeführt werden. Des weiteren stellt sich die Frage, wie die Grenzziehung zwischen Irrtum und

I. Vereinbarkeit von ‚Verfassungsgerichtsbarkeit' und Demokratie 315

Für Waldron verdichtet sich im Fall ‚Bridget', daß eine selbstauferlegte Vorausverpflichtung nur dann als eine Verfahrensweise zu betrachten ist, die die Autonomie einer Person gewährleistet, wenn eine klare Trennlinie zu ziehen ist – zwischen allen Arten von Irrwegen einerseits – über die sich die Selbstbindung hinwegsetzen soll – und dem ganzen Spektrum von echter Ungewißheit, schlichtem Meinungswandel oder Konversion andererseits. Nur bei der ersten Kategorie sei das Theorem von der Selbstbindung adäquat, bei der zweiten dagegen handle es sich eher um eine Parteinahme in einem internen Disput mit dem Effekt, daß etwas als ein Ganzes ausgegeben werde, was nur von einem Teil unterstützt wird.

Nun wendet Jeremy Waldron diese Einsicht auf *constitutional commitments* an. Verfassungsverpflichtungen können laut Waldron durchaus in Fällen von Willensschwäche – in Aristoteles' Begrifflichkeit: *akrasia* – zum Tragen kommen; sie können aber auch in Fällen von simplen Meinungswechseln und grundlegendem Auffassungswandel ihre Wirkung entfalten. Der *akrasia*-Fall sei zwar möglich, aber selten. Denn selten gäbe es Grund für die Opponenten einer Entscheidung D zu einem Zeitpunkt t_1 die Mehrheitsentscheidung D zu einem Zeitpunkt t_2 zu fürchten. Überwiegend sei die Mehrheitsentscheidung D vielmehr durch drei Faktoren zu erklären:
– den Pluralismus,
– den Umstand von unvermeidbarer, vernünftiger Uneinigkeit und
– die Dynamik von formaler und informaler Deliberation.
Um die Analogie zur Institution des Judicial Review noch genauer zu erfassen, modifiziert Waldron den Fall ‚Bridget': Es gelte sich vorzustellen, daß Bridget ihren Schlüssel nicht einem Freund, sondern einer Gruppe von Freunden aushändigt. Dieser Gruppe bleibt nichts anderes übrig, als per Mehrheitsvotum über die Rückgabe des Schlüssels zu befinden – denn die Gruppe ist bei dem theologischen Themenkomplex entlang der gleichen Fronten der Ungewißheit gespalten, die Bridget quälen. [P&D, 285]

Jeremy Waldron erweitert nun die Problematik, indem er den Aspekt der intergenerationellen Verfassungsbindung einbezieht. Selbst wenn ein *akrasia*-Fall vorliegt, dann sei dieser nur für die Generation, die den Verfassungszwang etabliert hat, eine Form der Selbstbindung – für die nachfolgenden Generationen hingegen sei es eine Fremdbindung.

Auffassungswechsel auf dem Gebiet des Rechts vorzunehmen ist. Denn eine Stellungnahme der politischen Philosophie hinsichtlich dieser Thematik läßt sich nicht – zumindest nicht ohne weiteres – in ein juristisches Plädoyer hierzu übersetzen. Für die Begründung und Grenzbestimmung eines vernünftigen Pluralismus operieren Rawls und Arthur mit der Sichtweise des ‚öffentlichen Vernunftgebrauchs' – vielleicht wäre hiermit das Programm einer negativen politischen Theologie entworfen. Siehe JOHN RAWLS: *Politischer Liberalismus*. Übers. v. Wilfried Hinsch, Frankfurt a.M. 1998; ARTHUR: *Words That Bind* [aaO. FN 1 S. 293 dieser Arbeit]. Zu den Differenzen in dieser Frage zwischen Arthur und Rawls siehe FN 2 S. 293 in diesem Kapitel. Zur Problematik einer politischen Theologie siehe HEINRICH MEIER: *Die Lehre Carl Schmitts*. Vier Kapitel zur Unterscheidung Politischer Theologie und Politischer Philosophie, Stuttgart; Weimar 1994.

Für Waldron ist jedoch klar, daß dies nur bei einer individualistischen Sichtweise gilt. Eine Alternative zu dieser bestünde darin, von einer „communal conception of collective action" auszugehen, wie sie Ronald Dworkin postuliert. Dworkin vertritt die Position, daß man politische Entscheidungen auch dann als seine eigenen betrachten kann, obschon man mit diesen Entscheidungen nicht einverstanden ist oder diese Entscheidungen der eigenen Familie zum Nachteil gereichen. Erforderlich hierfür sei, daß man sich als Teil einer politischen Einheit begreife.

Waldron erachtet es nun als möglich, diese gemeinschaftliche Sichtweise von kollektiven Handlungen auch bei Fällen intergenerationeller Selbstbindung zugrunde zu legen. Darüber, wie angebracht eine solche Sichtweise ist, macht Waldron keine Ausführungen. Er weist jedoch darauf hin, daß umstritten sei, was aus einer solchen Sichtweise folge. Auf jeden Fall aber nimmt er zum einen Abstand von der These, eine politische Gemeinschaft existiere nur bei Gesetzen, welche die nachfolgenden Generationen auf ewig binden würden. Zum anderen ist er der Auffassung, es sei mehr als wahrscheinlich, daß das erforderliche Verständnis für Mitgliedschaft und Gemeinschaft sich über Generationen hinweg erstrecke. Daher bestünde grundsätzlich keine Schwierigkeit, sich an die Entscheidungen der Vorfahren gebunden zu fühlen. Würden diese Vorfahren nun gewisse Selbstbindungen für notwendig erachtet haben, so stelle der Umstand, daß diese Selbstbindung auf Dauer angelegt sei und ihre Schöpfer überlebe, für sich selbst keinen Grund dar, diese Selbstbindung nicht zu beachten oder sie wegen der Unvereinbarkeit mit der Idee der Selbstregierung zu verurteilen. [P&D, 288]

Nur ob diese Bindung auch als vernünftig anzusehen ist, zeige sich immer erst im nachhinein. Des weiteren bestünde zwar kein theoretischer Einwand gegen intergenerationell auferlegte Verpflichtungen in politischen Einheiten, aber in praktischer Hinsicht macht Jeremy Waldron folgende Tendenz aus:

> „So although the intergenerational dimension is not necessarily conclusive against the precommitment characterization of constitutional constraints, it is likely to be conclusive in fact inasmuch as the future has an uncomfortable tendency to vindicate the wisdom of those whose views or apprehensions might have been in the minority at the time the constraint was originally imposed." [P&D, 289]

Daraus folgt für Waldron, daß schwache konstitutionelle Zwänge gegenüber starken vorzuziehen sind. Die Selbstbindungskonzeption jedoch durch die Änderbarkeit von Verfassungszwängen zu rechtfertigungen, ist für Waldron nicht stichhaltig: Auch die Schwäche der Bindungen zeige nicht, daß es sich wirklich um Selbstbindungen handle. Kritikwürdig bleibe zudem – nach wie vor – die Bindungswirkung. [vgl. P&D, 290]

d) *Verfahrensvorentscheidungen kontra Vorausverpflichtungen*
In einem nächsten Schritt warnt Waldron vor der Gleichsetzung von konstitutiven Verfahrensregeln mit selbstauferlegten Vorausverpflichtungen im eigentlichen Sinn. Deren Ineinssetzung könnte sich etwa ergeben aus Ausführungen von Stephen Hol-

I. Vereinbarkeit von ‚Verfassungsgerichtsbarkeit' und Demokratie   317

mes. Holmes hebe hervor, daß Verfassungen nicht in erster Linie eine restringierende Wirkung ausüben. Vielmehr schafften sie einen Rahmen, innerhalb dessen eine Nation erst einen Willen haben kann.[33] Somit hätten Verfassungen ermöglichende, konstitutive Funktionen – erst in zweiter Linie hätten sie auch regulative Funktionen.[34] Holmes verdeutlicht dies am Beispiel einer Präsidentschaftswahl: Bei einer solchen Wahl entscheide die Wählerschaft darüber, welcher Kandidat Präsident wird – nicht jedoch darüber, wie viele Präsidenten ein politisches System haben solle. Denn die Anzahl der Präsidenten müsse durch eine Vorentscheidung verfassungsrechtlich festgelegt werden.[35]

Waldron stimmt mit Holmes darin überein, daß konstitutive Regeln notwendig seien, damit eine politische Einheit handlungsfähig sei. Waldron insistiert jedoch darauf, daß derartige Verfahrensvorentscheidungen nicht mit selbstauferlegten Verpflichtungen im eigentlichen Sinn verwechselt werden dürfen:
– Ein Precommitment im eigentlichen Sinn erzeuge Einschränkungen inhaltlicher Art. Das heißt, eine Entscheidung t_1 setze (auf welche Weise auch immer) die Wahrscheinlichkeit herab, eine zur Entscheidung t_1 inhaltlich entgegengesetzte Entscheidung t_2 zu fällen.
– Eine prozedurale Vorentscheidung schaffe im Gegensatz dazu lediglich eine Entscheidungsstruktur, sie generiere aber keine inhaltlichen Festlegungen. Auf das

---

33 Waldron zitiert Holmes mit den Worten: „[C]onstitutions may be usefully compared to the rules of a game and even to the rules of grammar. While regulative rules (for instance, ‚no smoking') govern preexistent activities, constitutive rules (for instance, ‚bishops move diagonally') make a practice possible for the first time. [...] Constitutions do not merely limit power; they can create and organize power as well as give it direction. [...] When a constituent assembly establishes a decision procedure, rather than restricting a preexistent will, it actually creates a framework in wich the nation can for the first time, have a will." [P&D, 290, Auslassungen J.W.]. Waldron schreibt, laut Holmes hätten *constitutional constraints* wichtige konstitutive Funktionen. Waldron verengt also den Begriff „Verfassung" auf inhaltliche Vorausverpflichtungen; in der von ihm zitierten Passage ist jedoch von Verfassungen allgemein und von regulierenden und von konstitutierenden Regelungen die Rede. Die regulativen Regelungen sind jedoch nicht unbedingt mit materiellen Vorausverpflichtungen im Sinne von Waldron identisch – so wird ja nicht unbedingt generell das Rauchen untersagt (es könnte etwa lediglich der Modus des Rauchens geregelt werden). Und so wie Holmes das Beispiel für konstitutive Regelungen wählt, ist eine materielle Festlegung auch nicht gegeben. Unklar ist damit, ob der Allgemeinbegriff Verfassung bei Holmes auch „echte" Verfassungszwänge abdeckt – also Regelungen, die nicht nur prozedural, sondern auch inhaltliche Bindungswirkungen entfalten. Das Problem scheint jedoch darin zu liegen, daß Holmes zwischen diesen nicht differenziert und die Festlegung der Zahl der möglichen US-Präsidenten und Odysseus' Auftrag an seine Mannschaft, ihn an den Mast zu binden, in einen Topf wirft. Waldrons Kritik ist damit durchaus berechtigt.
34 Zit. n. P&D, 290 mit Verweis auf HOLMES: Precommitment/Text von 1995, 163–164. In HOLMES: Precommitment/Text von 1988 erstrecken sich die zitierten Passagen ebenfalls über Seiten hinweg [ebd. 227; 228; 238]. Bibliographische Angaben siehe FN 13 S. 300 dieser Arbeit. Befremdend ist, daß sich der letzte Satz der Passage, die Waldron von Holmes zitiert [siehe FN 33 S. 317], in »Precommitment and the Paradox of Democracy« [in dem Sammelband: *Passions and Constraint*] nicht findet, jedenfalls nicht in einem mehr oder weniger unmittelbaren Anschluß an den vorigen Satz. Sinngemäß entspricht der Satz jedoch den Aussagen von Holmes.
35 HOLMES: Precommitment/Text von 1995 [aaO. FN 13 S. 300], 167–168.

holmessche Beispiel bezogen: Die Vorentscheidung komme nicht zur Anwendung, wenn das Volk zu einem späteren Zeitpunkt über die Zahl der Präsidenten abstimme.

Die Bedeutung von prozeduralen Vorentscheidungen für die Durchführung von Verfahren erlaube keinen Rückschluß auf die inhaltliche Notwendigkeit oder Wünschbarkeit der durch sie (unweigerlich) festgelegten Entscheidungsoptionen.[36] [P&D, 291] Die Notwendigkeit des „daß" von Vorentscheidungen läßt sich nicht übertragen auf das „was" von Vorentscheidungen.

e) Waldron zu konservativen Argumenten à la *Burke*

Nun gibt es auch noch andere Gründe dafür, prozedurale Vorentscheidungen nicht ständig zu ändern – diese Gründe stellen alle darauf ab, daß Handlungsfähigkeit nur bei konstanten Entscheidungsstrukturen gewährleistet sei. Am bekanntesten auf dem Gebiet der Politik seien die konservativen Argumente eines Edmund Burke:

> „By this unprincipled facility of changing the state as often, and as much, and as in many ways as there are floating fancies or fashions, the whole chain and continuity of the commonwealth would be broken. No one generation could link with the another. Men would become little better than the flies of a summer." [zit. n. P&D, 291–292; 299 {FN 55} mwN.]

Waldron räumt ein, daß sich ein derartiges Argument auch in bezug auf konstitutionelle Selbstbindungen auf dem Feld der verfassungsrechtlichen Verfahrensregeln anführen ließe. Doch auch hier gelte das Gleiche, was er über Pluralismus und Uneinigkeit bereits festgestellt habe: Über die Gültigkeit des burkeschen Arguments gäbe es zwischen vernünftigen Personen Dissens.

Jeremy Waldron resümiert seine bisherigen Ausführungen in zwei Thesen:
– Es wäre ein Fehler, „burkesche" Vorausverpflichtungen mit den Entscheidungsprozeduren selbst zu verwechseln. [P&D, 292] Das heißt, die Notwendigkeit von Verfahrensvorentscheidungen ist nicht mit den Gründen für konstitutionelle Konstanz kongruent.
– Es wäre irreführend – wie Stephen Holmes – nahezulegen, daß Verfassungszwänge den erleichternden und ermöglichenden Charakter von grundlegenden Verfahrensregeln haben. [P&D, 292]

f) Die fehlende Notwendigkeit von Selbstbindungen

Bei seinen abschließenden Ausführungen kommt Waldron auf seine Unterscheidung zwischen demokratischen Methoden und demokratischem Charakter zurück. Er stellt nämlich zunächst fest, daß das bloße Verfahren der Mehrheitsentscheidung über die demokratische Natur einer Entscheidung nichts aussagt.

---

[36] Vgl. P&D, 291: „Likewise the constitutive importance of the rules of baseball or the conventions of English spelling does not show that it is wrong or unwise to vary these rules; all it shows is that, however much we vary these rules, they have to be settled on any occasion in which someone wants to engage in the practice or play the game that the rules constitute."

I. Vereinbarkeit von ‚Verfassungsgerichtsbarkeit' und Demokratie

Insofern befindet sich Waldron durchaus im Einklang mit Stephen Holmes. Holmes reserviert das Etikett „Demokratie" für die Regierungssysteme, in denen die Bedingungen für eine Deliberation gegeben sind. Demokratie ist, Holmes zufolge, Regierung durch eine rationale, freie und öffentliche Diskussion. Dies erfordere garantierte Oppositionsrechte – denn diese seien eine essentielle Vorbedingung für die Bildung einer demokratischen öffentlichen Meinung. Nur durch Minderheitenrechte, Garantien für freie Rede und vieles mehr sei ein offenes und tolerantes Klima gewährleistet. Diese Rechte seien allerdings nur glaubhaft, wenn Verfassungsmechanismen etabliert seien, die die natürliche repressive Reaktion (von Teilen) der Mehrheit auf Verärgerung durch Minderheitenkritik zurückhielten.[37]

Obwohl Waldron diese Begründung von Verfassungszwängen für attraktiv hält, stimmt Waldron den Folgerungen von Holmes nicht zu. Denn Holmes' Postulat der durch eine Legislative nicht zu korrigierenden Verfassungszwänge sei nur zwingend, wenn eine dieser beiden Bedingungen erfüllt sei: [P&D, 293]
– In der Bürgerschaft müßte eine Einstimmigkeit vorhanden sein – sowohl über die Konzeption von Mehrheitsentscheidungen als auch über die Bedingungen für deren effektive Realisierung.
– Die Befürchtung von Minderheiten müßte begründet sein, daß eine legislative Berücksichtigung der Regeln über freie Rede und loyale Opposition ein Verfahren wäre, um Widerspruch zu zerstören oder zum Schweigen zu bringen. (Hierzu bedarf es nach Waldron keiner Einstimmigkeit bezüglich der Konzeption der Mehrheitsentscheidung.)

Für Jeremy Waldron ist jedoch keine der beiden Bedingungen erfüllt:
Zwar sei nahezu jeder Verfechter des Mehrheitsverfahrens irgendeiner Form der deliberativen Demokratie verpflichtet. Doch auf welche Form der Deliberation dies hinauslaufen soll, sei ebenso umstritten wie die Bedingungen rechtlicher, politischer und sozialer Art, in die diese Deliberation einzubetten sei. Der Dissens darüber werde (in allen demokratischen politischen Systemen) anhalten – und dies sollte man auch erwarten. Waldron begrüßt dies sogar. Aber er zieht daraus folgende Konsequenz:

„We cannot describe this process [den Prozeß der andauernden Diskussion über Veränderungen von Verfassungsstrukturen sowie über deren Durchführung; M.E.] in terms of a set of unequivocal popular commitments to a particular form of political decision-making." [P&D, 294]

Eine Gefährdung von Dissidenten und Minderheiten speziell durch eine legislative Wächterschaft über den Schutz der demokratischen Öffentlichkeit und der Minderheitenrechte sieht Waldron nicht als gegeben an. Waldron erläutert dies, indem er den Schutz von Dissidenten vor Unterdrückung ihrer oppositioneller Aktivitäten oder mörderischer Beseitigung anhand von drei Klassen von politischen Systemen untersucht: [P&D, 295]
– Die erste Klasse kennzeichne, daß in ihnen die Garantien, nicht unterdrückt oder

---

[37] Vgl. HOLMES: Precommitment/Text von 1995 [aaO. FN 13 S. 300], 171.

ermordet zu werden, nicht oder nur spärlich vorhanden seien. In solchen Systemen seien aber sämtliche Verfassungsstrukturen gescheitert.
- Des weiteren möge es eine zweite Klasse von Systemen geben (vielleicht ein oder zwei Länder), in welchen die Garantie für Dissidenten tatsächlich dank der Verfassungsstruktur bestünde. Bestrebungen, die politische Strukturen zu überprüfen und über sie abzustimmen, werde von den dortigen Minderheiten als Verfahren eingestuft, die Garantie von Freiheit und loyaler Opposition anzugreifen und zu unterminieren. Zu dieser Klasse zählten vielleicht – so Waldron – einige der neuentstandenen Demokratien in Osteuropa und auf dem Gebiet der ehemaligen UdSSR. Gerade solche Staaten könnten sich jedoch die konstitutionelle Rigidität, die die selbstauferlegten Vorausverpflichtungen mit sich bringen, am allerwenigsten leisten. Vielmehr müßten diese Staaten, ihre eigenen Verfassungstraditionen erst entwickeln – und zwar in einem langwierigen Prozeß des Ausprobierens von verschiedensten Verfahrensformen.
- Zu einer dritten Klasse rechnet Waldron die Vereinigten Staaten von Amerika und Großbritannien. Für diese träfen die Merkmale, die er für die zweite Klasse angegeben habe, nicht zu: Die oppositionellen Freiheiten würden nicht faktisch durch Verfassungszwänge auf so eine zerbrechliche Weise garantiert, daß sie von irgendeinem Versuch der Legislative, sie zu überprüfen oder zu verändern, bedroht würden. Beide Länder verfügten über stabile Traditionen politischer Freiheit, und in beiden Ländern werde heftig über das politische System debattiert, ohne daß dabei wahrscheinlich Minderheitenfreiheiten bedroht würden.

4. Kritik

a) immanent

Waldrons Kritik an der Figur des Precommitment nimmt ihren Ausgang von der Bestimmung des Precommitments als einer Form der Selbstbindung. Zuerst einmal sei dahingestellt, ob eine solche Begriffsbestimmung adäquat ist. Statt dessen sei festgehalten, daß Samuel Freeman seine Konzeption nur bedingt als eine Form der „Selbstbindung" eingestuft hat. Freeman verwendet für reale politische Einheiten die Formel *„shared precommitment'* – also geteilte Vorausverpflichtung. Somit schreibt Freeman nicht von einem realen Selbst, das mit sich notwendigerweise identisch ist.[38]

Waldrons Prüfung des Selbstbindungsgehalts konstitutioneller Vorausverpflichtungen bedeutet demnach keine Untersuchung von Behauptungen, die Freeman selbst aufgestellt hat. Waldrons Kritik, insofern sie auf Freemans Konzeption zielt, ist folglich keine immanente – Waldron vermag Freemans Legitimitätstheorie keine logische Inkonsistenz nachweisen.

Nun zur Beantwortung der Frage, ob Waldrons Begriffsbestimmung von Precommitment angemessen ist.

---

[38] Siehe hierzu auch die Ausführungen in der FN 7, S. 296 dieser Arbeit.

I. Vereinbarkeit von ‚Verfassungsgerichtsbarkeit' und Demokratie 321

Jeremy Waldron ist zuzustimmen, daß das Modell der Willensschwäche – im mindesten für eine Vielzahl von politischen Kontroversen – nicht der Wirkungsweise und Aufgabenwahrnehmung von ‚Verfassungsgerichten' sowie anderen Formen konstitutioneller Restriktionen gerecht wird. (Samuel Freeman hat das Modell der Willensschwäche allerdings auch nicht ins Spiel gebracht.)

Nicht zu überzeugen vermag jedoch Waldrons Demokratieverständnis. Dies wird bereits dann ersichtlich, wenn man seine starke Akzentuierung des Moments der Selbstherrschaft auf seine eigene Konzeption selbst anwendet. Fordert man nämlich wie Jeremy Waldron eine politische Herrschaft durch eigene Urteilskraft – das heißt: die „eigene" einer Bürger- beziehungsweise Wählerschaft –, so wäre eine solche Forderung allenfalls eingelöst bei einer staatsrechtlichen Konstruktion, welche man als strikten Rousseauismus etikettieren könnte. Unter einem solchen staatsrechtlichen Rousseauismus ließe sich ein Regierungssystem verstehen, das der Exekutive einen so geringen Gestaltungsspielraum wie möglich zuerkennt und das ihre Tätigkeit auf bloßes Verwalten beschränkt. Des weiteren zeichnet es sich dadurch aus, daß die Legislative beim Staatsvolk beziehungsweise der Bürgerschaft verbleibt. Bereits Rousseau selbst hat erkannt, daß diese Form der Republik nur unter ganz bestimmten Bedingungen zu realisieren ist (beziehungsweise sein könnte). Aber auch Waldron selbst postuliert ein derartiges Regierungssystem nicht: Er tritt für eine Demokratie nach dem Vorbild von Westminster ein – anders formuliert: er plädiert für die Doktrin von der Parlamentssouveränität. Bei der Doktrin von der Parlamentssouveränität erschöpft sich jedoch für die Bürgerschaft das eigene Urteilen in periodisch wiederkehrenden Wahlakten.

An diesem Punkt schlägt die immanente Kritik in eine transzendente um. Denn hier zeigt sich, daß der Maßstab, den Jeremy Waldron für die Klassifikation von Regierungstypen formuliert, sich als unbrauchbar erweist. Das Kriterium: wessen Wille und Urteilskraft setzt sich bei Dissens durch? ist entwertet dadurch, daß ein komplexes Regierungssystem allenthalben auf *external judgment* zurückgreifen muß. Die direkte Legitimation durch das Volk kann nur die Ausnahme, keinesfalls aber die Regel darstellen – und zwar selbst wenn statt einer Westminster-Demokratie eine mit plebiszitären Elementen angereicherte Verfassung gilt. Auch in einer Demokratie kann die kollektive Autonomie nur eine bedingte sein – Waldrons Maßstab einer unbedingten Selbstherrschaft der Bürgerschaft ist daher als Mittel der Entkräftigung der Zurückweisung des „demokratischen Einwands" nicht angemessen.

Eine Bürgerschaft kann sich nicht „selbst" regieren, ohne fremde Urteilskraft in Dienst zu nehmen – der Unterschied zwischen Regierungssystemen mit und denjenigen ohne ‚Verfassungsgerichtsbarkeit' (im Hinblick auf die Ausübung eigener Urteilskraft [auch klassifizierbar als Autonomie]) ist deshalb nur komparativer und nicht qualitativer Natur. Somit ist es eine Frage der Abwägung zwischen einem „Mehr" an Autonomie und gleichzeitig einem „Weniger" an Kontrolle oder dem Umgekehrten. Gibt man einer Richteraristokratie und Mischverfassung mit demokratischen Zügen (um bei Waldrons Terminologie zu bleiben) den Vorzug, besteht durch ein „Mehr" an Redundanz die Chance für mehr Kontrolle der Akteure des politischen Systems;

präferiert man die einem Votum der Bürgerschaft stärker unterworfene Herrschaftsbefugnis von Abgeordneten (ohne eine gerichtliche Überprüfung von deren legislativen Akten, um den markantesten Punkt herauszugreifen), erscheint die Chance höher, daß aktuelle Forderungen und Interessen einer Mehrheit innerhalb der sich beteiligenden Wählerschaft zur Durchsetzung gelangen. Zudem ist das Prinzip der gleichen Partizipationschance an politischer Entscheidungsfindung besser gewährleistet.

Angesichts dessen, daß staatliches Handeln nicht auf den Willen des Staatsvolkes rückführbar ist – sofern das Staatsvolk als ein Akteur begriffen wird, dem Handlungsfähigkeit oder Identität in einem emphatischen Sinn zurechenbar wäre – ist Waldrons Identifizierung von Demokratie mit der Ausübung des eigenen Urteils kein orientierungspraktisch angemessenes Ideal.

So hat Jeremy Waldron nicht Unrecht mit seiner apodiktischen Aussage „politics is always a matter of judgement". Doch die Frage, die sich bei der Legitimität von Institutionen in komplexen politischen Einheiten stellt, lautet weniger „whose own judgement?", sondern vielmehr „which kind of judgement?".

Hinzu kommt, daß zwischen verschiedenen Formen des Urteilens zu differenzieren ist: So ist es zwar verfehlt, mit Alexander Hamilton richterliches *judgment* der Artikulation eines Willens dichotomisch gegenüberzustellen; aber richterliches *judgment* ist andererseits auch nicht gleichzusetzen mit sämtlichen Beurteilungen, die – für welche Materie auch immer – vorgenommen werden. Denn richterliche Urteilskraft muß ihre Entscheidungen als rechtliche begründen. Und selbst wenn damit (aus der Berufung auf das Recht als solcher) keine Grenzen der Interpretation verbunden sind, besteht doch immer
– zum einen ein Rechtfertigungszwang vor einer fachlichen und einer bürgerschaftlichen Öffentlichkeit, die Entscheidung als rechtliche zu qualifizieren;
– und zum anderen gibt es Einwirkungsmöglichkeiten von seiten der Bürgerschaft und ihrer Agenturen auf die Gerichtskörper. So ist die personelle Zusammensetzung der Gerichtskörper nicht in deren eigenes Ermessen gestellt; des weiteren steht es dem einfachen beziehungsweise dem verfassungsändernden Gesetzgeber frei, die rechtlichen Grundlagen von Gerichtsurteilen zu verändern. (Mit der „Ewigkeitsgarantie" geschützte Verfassungsbestimmungen sind hiervon allerdings ausgenommen.)

Fazit: Paternalistische Elemente und Züge einer Mischverfassung gibt es *auch* in Waldrons Modell der Parlamentssouveränität – nur *lediglich weniger* als in politischen Systemen mit der Unterscheidung von verfassungs- und einfachgesetzlicher Ebene sowie einer ausgebauten ‚Verfassungsgerichtsbarkeit'. Dennoch umreißt Jeremy Waldron sein Gegenmodell zu den Rechtssystemen mit ‚Verfassungsgerichtsbarkeit' als eine Gesellschaft, die ihre Differenzen *ohne* paternalistische Urteile austrägt.

Damit charakterisiert er sein Gegenmodell aber nicht wirklichkeitsgetreu.

Zum anderen kann daher an Waldrons Modell zumindest auch die Frage gerichtet werden, warum die Bürgerschaft in diesem Modell ihre Differenzen nicht auch auf diese Weise austragen kann, daß darin eine – wenn man Waldrons Bezeichnung

I. Vereinbarkeit von ‚Verfassungsgerichtsbarkeit' und Demokratie 323

übernehmen will – richterliche „Aristokratie" sowohl involviert als auch maßgeblich beteiligt ist. Anders gewendet, die politische Auseinandersetzung auf der Ebene des steuernden Eingreifens in den politischen Prozeß könnte nicht nur *um* das Recht stattfinden, sondern auch *im* Recht. Damit mögen wiederum Nachteile verbunden sein. Doch unabhängig davon, wie dann Nach- und Vorteile gegeneinander abzuwägen sind, sollte nicht der Eindruck erweckt werden, Auseinandersetzungen im Recht würden erst durch die Institution der ‚Verfassungsgerichtsbarkeit' herbeigeführt. Vielmehr sind auch nicht-‚verfassungsgerichtliche' Gerichtsurteile, die in rechtsstaatlichen Demokratien stets *nach* dem Recht zu erfolgen haben, Resultate der Auseinandersetzungen einer pluralistischen Gesellschaft, ohne daß sie notwendigerweise in diesen Auseinandersetzungen aufgehen. Umgekehrt kann aber auch eine mit der Befugnis zum Judicial Review ausgestattete Gerichtsbarkeit Teil des politisch-gesellschaftlichen Austragens von Wert- und Interessenkonflikten sein.

Sind paternalistische Züge in Demokratien nicht vollkommen zu eliminieren, stellt sich die Frage, wie *gravierend* die Unterwerfung einer Bürgerschaft unter die paternalistischen Urteile einer richterlichen Aristokratie ist.

Im Hinblick darauf wäre Waldrons Theorie überzeugend, wenn kollektive Autonomie und gleiche Partizipationschancen die einzigen demokratischen Werte respektive die einzigen Werte, anhand deren Demokratien zu beurteilen sind, wären. Doch gibt es gute Gründe, weitere Kriterien heranzuziehen, deren Gehalt eher materialer Natur ist und die (auch) die Qualität demokratischer Deliberation zum Prüfstein erheben.[39]

Nach diesen Ausführungen ist klar, daß Waldrons Begriffsbestimmung von Precommitment nicht die einzig sinnvolle darstellt. Es ist ebenso vertretbar, konstitutionelle Vorausverpflichtungen als Bindungen zu betrachten, die sich ein Elektorat als eigene zurechnet, die aber keine eigenen (eines Wählers) sind – sofern die ausschließliche Ausübung des eigenen Urteils als Maßstab dient –, sondern (aus der Perspektive des einzelnen Wählers) allenfalls als mit einem Kollektiv (das heißt: der Wählerschaft) geteilte.

Mehr noch: die Begriffsbestimmung von Precommitment als *geteilte* Vorausverpflichtung ist sogar angemessener, da von eigenen Entscheidungen eines Elektorats nur bedingt die Rede sein kann. Denn erstens hängt selbst bei eigenen Entscheidungen wie einer Abstimmung die Bürgerschaft von Agenturen ab, die die Abstimmung aufbereiten (indem sie die Entscheidungsinhalte vorgeben durch die Formulierung der Entscheidungsfrage und insbesondere der Entscheidungsalternativen). Zweitens kann – über derartige plebiszitäre Akte hinaus – eine Bürgerschaft nicht als handlungsfähiger Akteur auftreten.

Nun zu einem anderen Aspekt: Waldrons Fall ‚Bridget' ist äußerst erhellend: So

---

[39] Ausführlich (in dieser Arbeit) § 5 ‚VERFASSUNGSGERICHTSBARKEIT' UND SOUVERÄNITÄT. II. Die Legitimität der Institution der ‚Verfassungsgerichtsbarkeit'. Es erscheint plausibel anzunehmen, daß verfassungsrechtliche Restriktionen die Qualität demokratischer Deliberation steigern können. Siehe S. 341–346.

verdeutlicht Waldrons Beispiel, daß Verfassungsgerichte in der Regel solche Fragen zu entscheiden haben, bei denen keine klaren Vorgaben (wie beim ‚Partybeispiel') durchzusetzen sind, sondern bei denen Abwägungen vorzunehmen sind, für die sich kein objektiver Maßstab finden läßt.

Doch naturgemäß enthält auch ‚Bridget' bestimmte Elemente, die sich auf die Institution der ‚Verfassungsgerichtsbarkeit' nicht oder nur bedingt übertragen lassen.[40] Zu diesen Elementen ist zu rechnen:
– Die Protagonistin Bridget beschließt (im Zusammenhang mit der Abgabe ihres Bibliotheksschlüssels), sich nicht mehr – das heißt: sich *nie mehr* – entscheiden zu wollen.[41] Ein derartiger Beschluß zählt nicht zu den häufigen Verhaltensweisen eines Einzelnen. Mehr noch: es stellt sich die Frage, ob derartige Beschlüsse in der sozialen Wirklichkeit überhaupt vorkommen. Allerdings gibt es Beschlüsse – vornehmlich bei religiösen Hintergründen –, die zumindest vom Ansatz her durchaus vergleichbar sind. Man denke etwa an Entscheidungen für einen Eintritt in einen religiösen Orden. Gewisse Gemeinsamkeiten existieren auf jeden Fall auch mit dem Eheversprechen, das in monogamen Kulturen auch beinhaltet, sich mit keinem (weiteren) anderen Ehepartner zu vermählen. Andererseits sind auch auf diesen Gebieten endgültige Entscheidungen, *in dem Sinn*, daß sie einem Auffassungswandel des Entscheiders gegenüber immun sind, kaum zu treffen. Denn die sozialen Institutionen, die sich für solche Entscheidungen anbieten beziehungsweise die für diese herangezogen werden (können) respektive die hierfür erforderlich sind, schöpfen ihre Zwangsgewalt selten bis zum Maximum aus. Vor allem aber vermögen diese Institutionen selbst dann einen Auffassungswandel im Gegensatz zu irgendwelchen Handlungen eines Akteurs nur sehr schwer zu unterbinden. Für ein Elektorat – das Pendant zu Bridget – ist der Versuch ebenfalls recht selten, verfassungsrechtliche Restriktionen nicht nur dergestalt zu beschließen, daß eine zum Zeitpunkt t_1 unerwünschte Entscheidung E erschwert und somit möglicherweise zu t_2 unwahrscheinlicher wird, sondern diese Restriktionen sogar als änderungsresistente zu normieren. Allerdings stellt die Verankerung der „Ewigkeitsgarantie" (GG Art. 79 III) durchaus den Versuch dar, bestimmte Entscheidungen in Zukunft

---

[40] Allerdings sollten diese Elemente nicht überbewertet werden, da jeder Vergleich hinkt und da Vergleiche nur zur Veranschaulichung und Illustration, nicht aber zur Abbildung einer Theorie dienen können. Andererseits stellen Vergleiche ein häufig eingesetztes rhetorisches Mittel dar, welches es genau zu untersuchen gilt, da Vergleiche Sachverhalte zwar auf bestimmte Perspektiven hin verdeutlichen, aber (dadurch) auch verfälschen können. Diese Verfälschungen gilt es kenntlich zu machen, da eine Rechtfertigung oder Kritik nur stringent sein kann, wenn sie das, was sie zu begründen oder zu kritisieren bestrebt ist, so adäquat wie möglich beschreibt.
[41] Das Problem, daß es für politische Gebilde wie einen Staat bzw. eine Gesellschaft nichts Externes gibt, kann hier zunächst ausgeklammert werden. Zumal in dem Beispiel die Situation auch nicht als eine abgeschlossene präsentiert wird. So ist etwa denkbar, daß ‚Bridget' bei sich selbst einbricht (womit eine Analogie zur Revolution hergestellt wäre). Zu diesem Problem siehe die Überlegungen von Elster und von Waldron selbst [FN 25 S. 310 und Text {ebd.} dieser Arbeit] sowie die Ausführungen über das Festschreiben von Verfassungsbeständen [FN 43, S. 325 dieser Arbeit].

I. Vereinbarkeit von ‚Verfassungsgerichtsbarkeit' und Demokratie

auszuschließen. Doch sind die Prinzipien einer Ewigkeitsgarantie anderer Natur als die individuelle Festlegung auf eine bestimmte Gottesvorstellung und Ähnliches, da sie nicht (oder allenfalls sehr indirekt) mit dem individuellen Lebenssinn verknüpft sind. In dieser Beziehung ist der Analogieschluß zwischen dem Fall ‚Bridget' und der Institution der Verfassungsgerichtsbarkeit problematisch. Eine Festlegung etwa auf eine föderale Struktur eines Staates dürfte den Lebenssinn der Bürger dieses Staates nur sehr mittelbar tangieren.[42] Und selbst bei einer Verankerung von theokratischen Prinzipien in einer Verfassung dürften die Abhängigkeitsrelationen nur schwach ausgeprägt sein.

– Ein gewisser verzerrender Effekt des Falls ‚Bridget' besteht somit darin, daß Bridget beschließt, ihre Kompetenzen – hinsichtlich eines Bibliothekszugangs, wesentlicher aber: eigentlich hinsichtlich einer Glaubensentscheidung, – abzugeben. In der politischen und rechtlichen Wirklichkeit sind derlei Festlegungen nicht durchführbar: Bestimmte Handlungen können so oder anders erfolgen, sind somit als vergangene einem Zugriff entzogen – bestimmte Auffassungen lassen sich nicht für die Zukunft festschreiben. Die Unbestimmtheit der Prinzipien und vor allem der Umstand, daß es sich immer um Prinzipienkomplexe handelt, steht dem entgegen. Denn die Unbestimmtheit der Prinzipien und die Prinzipienkomplexität bedeutet, daß nur Einzelfälle ein für allemal entschieden werden können – nicht jedoch das mit diesen Einzelfällen verknüpfte grundsätzliche Problem als solches.[43] Waldrons Fall ‚Bridget' suggeriert demgegenüber, es sei möglich, sich nie mehr zu entscheiden – und statt dessen andere entscheiden zu lassen. Dies ist – wie dargelegt – nur sehr bedingt möglich.

– Der Fall ‚Bridget' wie auch das ‚Partybeispiel' legen es nahe, daß man auf eine Indienstnahme fremder Urteilskraft auch verzichten könnte. Politischen Einheiten ist dies aber nicht möglich. Eine Bürgerschaft muß immer, um überhaupt handlungsfähig zu sein, bestimmte Agenturen einsetzen, die in Stellvertretung für sie handeln. Offen ist nur, welche Agenturen dies sind und wie sie verfaßt sind. (Auf das ‚Partybeispiel' und den Fall ‚Bridget' bezogen: das Ab- und Übergeben eines Schlüssels impliziert die Möglichkeit, den Schlüssel auch behalten zu können – doch dies ist einer Bürgerschaft als ganzes nicht und zwar nicht einmal bei einem strikten staatsrechtlichen Rousseauismus möglich.)

---

[42] Vorausgesetzt ist hierbei, daß politische Solidarität nicht in einer direkten Beziehung zum individuellen Lebenssinn steht. In normalen politischen Situationen ist diese Voraussetzung unproblematisch – aller Verfassungspoesie zum Trotz. Aber auch selbst bei politischen Extremsituationen bleibt der Umstand bestehen, daß die Angehörigen politischer Gebilde von sich aus einen bestimmten Lebenssinn als den ihren anerkennen müssen.

[43] Damit ist auch erläutert, warum die Festschreibung von Verfassungsbeständen an Grenzen stößt. Während ‚Prinzipien' allenfalls begrenzt zu determinieren vermögen, ist eine Materie durch ‚Regeln' nie abschließbar vorherzubestimmen. Zudem sind ‚Regeln' nicht ohne die sie tragenden „teleologischen" Grundsätze – im Sinne des Regelgebers – anwendbar. Zur Unterscheidung von ‚Prinzipien' und ‚Regeln' siehe (in dieser Arbeit) § 6 VERFASSUNGSGERICHTSBARKEIT UND JUSTIZIABILITÄT. III. Recht und Politik. C. Urteilsvermögen und Maßstäbe. 1. Die Perspektive auf die Katalogisierung, S. 422–423.

– Schließlich kommt auch dadurch ein gewisser verzerrender Effekt durch ‚Bridget' zustande, daß suggeriert wird, politische Agenturen könnten sich einer Parteinahme entziehen, wie es das Pendant zu den politischen Agenturen eines Gemeinwesens – der Freundeskreis (dem Bridget ihren Schlüssel anvertraut hat) – vermag: Die Freunde von Bridget könnten den Bibliotheksschlüssel nämlich einfach zurückgeben respektive überhaupt dessen Annahme verweigern. Um im Beispiel zu bleiben: Die Frage eines Auf- oder Zusperrens einer Bibliothek stellt sich in der politisch-rechtlichen Wirklichkeit immer. Der „Schlüssel" ist immer schon in den Händen von politischen Agenturen. Offen ist lediglich, in wessen Händen – bei welcher politischen Agentur – sich der Schlüssel befindet.

b) transzendent

Jeremy Waldron blendet nicht nur aus, wie es abseits des Bezugs auf die Etablierung eines ‚Verfassungsgerichts' und die Inkraftsetzung einer Grundrechtserklärung um die reale Möglichkeit an individueller und kollektiver Autonomie bei politischen und rechtlichen Entscheidungsverfahren in Demokratien bestellt ist; er schenkt auch den Kontextbedingungen von verfassungsrechtlichen Restriktionen (etwa einer Indienstnahme fremder Urteilskraft in der Form eines ‚Verfassungsgerichts') keine Beachtung.

Demgegenüber ergibt eine hermeneutische Lesart (das heißt hier: eine Berücksichtigung dieser Kontextbedingungen), daß sich Waldrons Theorem von der tendenziellen „künstlichen" Privilegierung von Auffassungen[44] durch verfassungsrechtliche Restriktionen (wie die Verankerung von inhaltlichen Festlegungen auf der Ebene der Verfassung oder der Kompetenz zum Judicial Review) relativiert: Das Theorem von der tendenziellen künstlichen Privilegierung legt nahe, daß bei der Einführung von verfassungsrechtlichen Restriktionen für die verschiedenen, miteinander konkurrierenden Positionen gleiche Bedingungen herrschen. Das heißt, es impliziert, daß zu einer Entscheidung t_1 für alle Auffassungen die annähernd gleichen Chancen bestehen, sich bei der politischen Willensbildung durchzusetzen; erst durch die *constitutional constraints* (wie sie Waldron nennt) werden die Bedingungen zu einer Entscheidung t_2 ungleich. Eine Vergegenwärtigung der *conditio humana* ergibt jedoch, daß eine „Situation Null" nie oder (in gewissen Hinsichten) allenfalls selten existiert: Immer schon sind bestimmte Regelungen getroffen oder Konstellationen in Kraft, die eine oder mehrere Auffassung(en) gegenüber anderen privilegieren.

Die Konsequenz ist, daß eine Beschränkung auf Verfahrensvorentscheidungen (wie es Waldron propagiert) eine Parteinahme zugunsten des *status quo* darstellt. Und diesen *status quo* zeichnet *per se* gegenüber anderen *status* nicht eine höhere demokratische Legitimität aus.

Nimmt man eine hermeneutische Lesart vor, so ist die Unterscheidung zwischen

---

[44] Vgl. P&D, 284: „A constitutional ‚precommitment' in these circumstances is therefore not the triumph of preemptive rationality that it appears to be in the cases of Ulysses and the smoker and the drinker. It is rather the artificially sustained ascendancy of one view in the polity over other views [...]."

I. Vereinbarkeit von ‚Verfassungsgerichtsbarkeit' und Demokratie

prozeduralen und substantiellen Bestimmungen nur noch skalierbarer Natur, sie ist nicht mehr eine zweiwertige. Es ist sogar der Extremfall denkbar, daß sich die Grenze zwischen formal und material, zwischen prozedural und substantiell auflöst und beides zusammenfällt. Man denke etwa an den sogenannten Filibuster. Damit ist das (von den Opponenten eines legislativen Akts angestrengte) Verfahren gemeint, das Debattieren so lange andauern zu lassen, bis die Verabschiedung von legislativen Akten nicht mehr stattfindet.

Wenn nun also eine Parteinahme unumgänglich ist, dann ist der Versuch, sie zu umgehen, nicht mehr sinnvoll. Sinnvoll ist dann nur noch, die Parteinahme beziehungsweise die organisatorischen Rahmenbedingungen für diese Parteinahme – den Prinzipien der praktischen Vernunft entsprechend – so angemessen wie möglich zu gestalten. Dies kann auch bedeuten, inhaltliche Parteinahme dem politischen Prozeß zu überlassen, – aber dies muß nicht angemessen sein.

Wie bereits ermittelt, legt Jeremy Waldron nahe, politische Einheiten könnten ihre Agenturen darauf verzichten lassen, inhaltliche Entscheidungen zu treffen. Betrachtet man die Indienstnahme fremder Urteilskraft nun in einer hermeneutischen Perspektive, so zeigt sich, daß dies in der Wirklichkeit nicht möglich ist. Vielmehr erfolgt externe Beurteilung in politischen Einheiten eher nach dem Muster dieses Beispieles: Ein Paar – Mann M und Frau F – sucht einen Arzt auf. F erwartet ein Kind und wünscht von einem Arzt A eine vorgeburtliche Untersuchung des Gesundheitszustandes des Ungeborenen. Im Unterschied zu seiner Frau F möchte M das Geschlecht seines Kindes wissen. Wie A sich auch immer entscheidet, jede Entscheidung stellt in irgendeiner Form eine Parteinahme zugunsten respektive zuungunsten von M oder F dar.

Ferner macht Waldron den Fehler, die Legitimität der Institution der ‚Verfassungsgerichtsbarkeit' allein vom Ergebnis des Urteiles her zu betrachten. Vorausgesetzt einmal, ein Richtergremium sei nicht besser in der Lage, die Postulate der praktischen Vernunft umzusetzen als ein Parlament, bleibt immer noch das Argument, die Anreicherung von demokratischen politischen Systemen mit ‚verfassungsgerichtlichen' Verfahren sei einem politischen Gemeinwesen zuträglicher, weil es vielleicht gerade die Grenzen dafür deutlich macht, die „richtigen" Entscheidungen bei widerstreitenden Interessen und konträren Rechtsansprüchen zu treffen.

Ein Beispiel mag dies illustrieren: Existenzielle Fragen wie Krieg und Frieden, Schwangerschaftsabbruch müssen nicht unbedingt von einem Richtergremium besser gelöst werden. Aber die Einsicht, daß auch langandauernde gerichtliche Verfahren Konflikte dieser Art nicht zur Zufriedenheit aller beizulegen vermögen, führt vielleicht zu der Einsicht, daß es sich um Konflikte handelt, die ob ihrer tragischen Natur gar nicht „gelöst" oder konsensuell beigelegt werden können.

Selbst wenn also genau das eintritt, was Jeremy Waldron annimmt – nämlich daß der grundlegende Dissens in einem politischen Gemeinwesen durch verfassungsrechtliche Restriktionen nicht in einen Konsens umgewandelt wird, können verfassungsrechtliche Restriktionen auch durch Nebeneffekte sinnvoll sein – etwa indem sie statt zu einer Entfremdung der oppositionellen Kräfte zu deren Integration ins politische System beitragen.

Schließlich ist an Waldrons Ausführungen noch zu kritisieren, daß seine These von der fehlenden Notwendigkeit von verfassungsrechtlichen Restriktionen in politischen Systemen, falls sie über eine stabile politische Kultur verfügen, recht apodiktisch erfolgt: Waldron bringt seine These vor, ohne sie mit Gründen zu untermauern.

Auf diesem Gebiet sind Aussagen allerdings nur schwer zu treffen, die einen empirischen Gehalt aufweisen und nicht bloße Spekulationen darstellen. Mit sicherem Wissen läßt sich durch die Gegenüberstellung zweier Demokratien – auf der einen Seite *ohne* geschriebene Verfassung und ‚Verfassungsgerichtsbarkeit' (Großbritannien), auf der anderen Seite *mit* diesen verfassungsrechtlichen Restriktionen (die Vereinigten Staaten von Amerika) – nur feststellen, daß derlei Restriktionen keine notwendige Bedingung für eine mehr oder minder stabile Demokratie sind.

E. Der systematische Ertrag der Kontroverse zwischen Freeman und Waldron für die Idee der ‚Verfassungsgerichtsbarkeit'

1. Gegenüberstellung der Souveränitätskonzeptionen

Jeremy Waldron begreift Souveränität ausschließlich als Ausdruck für reale Herrschaft, die dem jeweiligen Träger der Souveränität auch juristisch zuzurechnen ist. Allerdings weist Waldron darauf hin, daß hierbei ein Moment der Zuschreibung besteht. Denn diese Zuschreibung läßt sich nicht an einzelnen Akten festmachen, sondern stellt eine generalisierende Aussage über eine Vielzahl von Akten – und damit über den Charakter des jeweiligen politischen Systems – dar. [vgl. P&D, 273] Vehement tritt Waldron dafür ein, dem Staatsvolk die Souveränität zu übertragen.

Samuel Freeman benennt ebenfalls das Staatsvolk als den Träger der Souveränität – in seinen eigenen Worten: „It [democratic sovereignty; M.E.] resides in the present body of citizens." [OMDI&C, 12] Die Qualität der Souveränität kommt demnach dem jeweils gegenwärtigen Staatsvolk zu – doch handelt es sich dabei nicht um eine Instanz, die man mit dem Inhaber einer in einem positivrechtlichen Sinn zurechenbaren Souveränität gleichsetzen könnte. Denn diese souveräne Instanz existiert lediglich in der Vorstellung eines Gedankenexperiments:

> „Appeals to authority, even the authority of public deliberations with majority decision, can have but a derivative place in a democracy, for there is no more ultimate political authority than those principles and institutions each citizen could freely accept in agreement with others." [OMDI&C, 13]

Der Konjunktiv in diesem Zitat weist darauf hin, daß dieser Souverän – auf der Realebene – nur als vorgestellter vorzufinden ist; die Bürgerschaft *als demokratischer Souverän* ist fiktiv. Alle realen Handlungen der Bürgerschaft und ihrer politisch-rechtlichen Agenturen sind von diesem Souveränitätsbegriff aus als abgeleitete zu betrachten respektive von diesem Souveränitätsbegriff her sind sie zu deuten. Hiermit

I. Vereinbarkeit von ‚Verfassungsgerichtsbarkeit' und Demokratie   329

verwendet Freeman einen Souveränitätsbegriff, der in einem naturrechtlichen Sinn normativer Natur ist. Ein in einem rechtsdogmatischen (staatsrechtlichen) Sinn realer, dem idealen unterstellter Souverän figuriert in Freemans Konzeption allenfalls in der Hinsicht, daß dieser den idealen Souverän *repräsentiert*.[45] Freeman macht hierzu keine expliziten Ausführungen, aber die Figur der Repräsentation ergibt sich aus der Analogie zum Verhältnis zwischen der dogmatisch-rechtlichen und der normativ-hypothetischen Verfassung:

> „To carry out their (hypothetical) agreement on the constitution, sovereign citizens could agree to accept a written constitution as the public representation of their covenant [...]." [OMDI&C, 15]

Samuel Freeman konstruiert somit eine – wenn man dies so ausdrücken kann – „Verfassung hinter der Verfassung". Gemeint ist mit dieser Wendung, daß Freemans Konzeption das positive Verfassungsrecht transzendiert, und zwar mit der Betrachtung der Verfassung des politischen Gemeinwesens als *public charter*. Diese *public charter* dient nach Freeman als Argumentationsreservoir und normativer Bezugspunkt bei der demokratischen Deliberation. Freeman wählt für diese *public charter* den Ausdruck *constitution* (mit klein geschriebenem „c"), um sie von der Verfassungsurkunde – gemäß der juristischen Terminologie: der Verfassung im formalen Sinn –, in Freemans Sprachgebrauch der *Constitution* (mit großem „C") zu unterscheiden [OMDI&C {insb. 5–7}]. Diese „Verfassung hinter der Verfassung" fungiert bei Freeman als Maßstab der Kritik der geltenden Verfassung. Freeman insistiert darauf, daß die Bestimmungen des positiven Rechts aus der Perspektive der demokratischen Souveränität zu beurteilen sind.

2. Die Ambivalenz des freemanschen Ideals der ‚Demokratie als Form der Souveränität'

Freemans hypothetischer Maßstab, konkret: sein Gebrauch des Bildes vom Menschen als autonome Person, ist jedoch ambivalent.

So ist einerseits der normative Gehalt dieses Menschenbildes insofern unverzichtbar, als er ein wertvolles kritisches Potential bereitstellt: Er liefert einen Maßstab der Kritik, der sich dadurch als einziger legitimer oberster gemeinsamer Nenner in einem Gemeinwesen auszeichnet, daß er keinen ausschließenden, diskriminierenden Charakter aufweist. (Alle anderen identitätsstiftenden Bezugspunkte – wie ethnische Herkunft oder Kultur – besitzen diesen Charakter.) Dieser Maßstab ist für die Demokratie essentiell, da er staatliches Handeln und Recht (bis hin in die Sphäre

---

[45] Freemans hypothetisch-normativer Souveränitätsbegriff zeitigt durchaus auch empirisch zu erfassende Folgen. Daß sämtliche Handlungen und Beschlüsse des realen Staatsvolkes sowie seiner politisch-rechtlichen Agenturen der Prüfung durch das Gedankenexperiment eines mit unveräußerlichen Rechten ausgestatteten Gremiums von freien und gleichen Personen unterliegen, schlägt sich z.B. darin nieder, daß dem Volk die verfassunggebende Gewalt zukommt.

des Gesellschaftlichen und des Privaten) der bürgerschaftlichen Deliberation unterwirft – und zwar so, daß jeder Bürger und jede Bürgerin sich auf ihn berufen kann, nicht nur die politisch-rechtlichen Agenturen.

So ist andererseits aber (auch) ein derartiges Ideal offen für interpretatorische Willkür – denn es wird um so schwerer Übereinstimmung zu finden oder herzustellen sein, je konkreter der abstrakte Gehalt von Freiheit und Gleichheit zu ermitteln ist.[46] Mehr noch: die Berufung auf den normativen Vorrang dieses Ideals – und die mit ihm verknüpfte Prämisse der Eindeutigkeit und Evidenz der Inhalte des Ideals – erleichtert es den Akteuren der politisch-rechtlichen Agenturen in argumentativer Hinsicht, autoritativ die bürgerschaftliche Deliberation in die von ihnen vorgegebenen Bahnen zu lenken – wenn nicht sogar: diese in ihrem Sinne zu filtern. Daher ist der *foundationalism* der freemanschen Konzeption – das Theorem von dem Vorrang der Substanz gegenüber den Verfahren – abzulehnen.

Hingegen ist ein anderes zentrales Versatzstück von Freemans Argumentation – wenn auch nicht ohne weitere Ergänzungen – anschlußfähig: Freemans spezifische Fassung der Souveränität ist vom Ansatz her den totalitären Tendenzen des klassischen Souveränitätsbegriffs entgegengestellt, indem Souveränität als hypothetischer Maßstab bestimmt wird und zwar als ein Maßstab, welcher die Souveränität des Volkes und individuelle Rechte *zugleich* beinhaltet. Freeman konzipiert Souveränität dadurch so, daß ein aktuell vorhandener – wie auch immer ermittelter – (Mehrheits-)Wille der Bürgerschaft nicht mit der Souveränität des Volkes *identifiziert* werden kann. Ein solcher (Mehrheits-)Wille ist gemäß Freeman von der Souveränität des Volkes – im Sinne der ‚demokratischen Souveränität' – lediglich *abgeleitet*; nur insofern ist er Ausdruck der Volkssouveränität. Der Umstand, daß ein solcher (Mehrheits-)Wille in einem normativen Sinn einer maßstabhaften demokratischen Souveränität einer fiktiven Urgesellschaft freier und gleicher Personen unterworfen ist, erschwert eine Unterdrückung von einzelnen und von Minderheiten unter Berufung auf Demokratie und Volkssouveränität – so weit rechtsphilosophische Legitimationsgrundlagen hierbei von Bedeutung sind.

Auf der anderen Seite erfaßt Freeman mit seiner Souveränitätskonzeption nur die Beziehung zwischen allen Ausprägungen der ‚Demokratie als Regierungsform' und allen Bewertungskategorien der ‚Demokratie als Form der Souveränität'. Dadurch werden aber die Beziehungen zwischen den rechtlich-politischen Agenturen auf der Ebene des Staatsrechts und des politischen Systems nicht hinreichend bestimmt: Souveränität als Letztinstanzlichkeit im Sinne einer dogmatisch-rechtlichen Zu-

---

[46] Die Bezeichnung „interpretatorische Willkür" ließe sich mit dem Argument zurückweisen, daß eine Interpretation dann angemessen sein könne, wenn sie eine Kongruenz zwischen Begriff und Sache herzustellen vermag. Doch ist fraglich, nach welchen Kriterien (und zuweilen auch durch welche Instanz) dies entschieden werden kann und soll. Je tiefgreifender darüber ein Dissens besteht, desto eher wird die unterlegene Seite die inhaltlichen Festlegungen durch die mit einer Interpretationsmacht ausgestattete Seite als Willkür ansehen. Zu eliminieren ist diese Problematik nicht. Aber die These vom Vorrang der Substanz gegenüber den Verfahren blendet sie begrifflich aus.

I. Vereinbarkeit von ‚Verfassungsgerichtsbarkeit' und Demokratie 331

schreibung und im Sinne einer empirischen Vorfindbarkeit ist in Freemans Konzeption nicht enthalten. Freeman verweist lediglich darauf, daß dies in der Verfassungsurkunde geregelt wird respektive ist oder daß sich in der politischen Kultur hierfür Festlegungen herausgebildet haben.

Da das Staatsvolk als rechtlich zurechenbares und aktionsfähiges Subjekt der Souveränität bei Freeman sicherlich als *Repräsentant* der maßstabhaften Souveränität figuriert, operiert Freeman nicht allein mit einem Begriff von Souveränität, der diese als ein fiktives Legitimitätskriterium definiert. Doch mithilfe seiner Konzeption läßt sich nur darauf dringen, daß alle Beschlußfassungen und Maßnahmen auf der Ebene des *government* (sowie vom Grundsatz her auch im Rahmen der *civil society*) lediglich abgeleiteter Natur sind – also der Prüfung unterliegen, ob sie mit der Essenz der Demokratie – dem sie fundierenden Menschenbild – in Einklang zu bringen sind.[47] Eine rechtsphilosophische Theorie der Legitimität der ‚Verfassungsgerichtsbarkeit' müßte jedoch darüber hinaus angeben, was ‚Demokratie als Form der Souveränität' für die Relationen der Institutionen des politischen Systems heißt. Diese Theorie müßte Grenzziehungen zwischen diesen Institutionen vornehmen; sie müßte definieren, welche Beziehung zwischen Zurechnung in einem dogmatisch-rechtlichen Sinn und Legitimität in einem rechtsphilosophisch-normativen Sinn besteht; ferner müßte sie klären, wie sich das Phänomen einer empirischen Letztinstanzlichkeit zu den normativen Vorgaben und zum Status der schriftlich fixierten Verfassungsurkunde verhält. Mit anderen Worten: eine rechtsphilosophische Theorie müßte zwar nicht auf eine vollumfängliche adäquate Beschreibung der politisch-rechtlichen Wirklichkeit zielen, aber sie müßte diese hermeneutisch in ihre Konzeption miteinbeziehen.

Dies läßt sich an dem folgenden Punkt verdeutlichen. Eine rechtsphilosophische Theorie der Legitimität der ‚Verfassungsgerichtsbarkeit' müßte das Verhältnis von Rechtsstaat und Demokratie[48] anders als die freemansche Lehre fassen.

3. Das Verhältnis von Rechtsstaat und Demokratie

Samuel Freeman formuliert mit seinem hypothetischen Maßstab für die jeweils

---

[47] Damit ist auch die Auslegung und Anwendung der Verfassungsvorschriften eingeschlossen.
[48] Rechtsstaat und Demokratie werden hier – entgegen den Begründungsabsichten und -zielen von Freeman – als zwei verschiedene Kategorien gefaßt; bei Freeman gehen sie naturrechtlich – und damit kategorial – ineinander auf. Das Manko bei Freemans Lehre liegt nicht in der naturrechtlichen, sondern in der *grundsätzlich* kategorialen Begriffsidentität. Demgegenüber bedeutet Rechtsstaat *hier* die vollkommene Gewährleistung individueller Rechte, während unter Demokratie *hier* die kollektive Ausübung letztinstanzlicher Macht durch eine Bürgerschaft verstanden wird. Beides sind idealtypische Begriffe. Empirisch wird es vorfindbar nie zu einer vollkommenen Gewährleistung von individuellen Rechten kommen, da diese Rechte stets durch einen nicht-idealen politischen Prozeß garantiert werden müssen. Ebenso wird ein kollektiver Körper nie letztinstanzliche Macht ausüben können, weil er nur durch Agenturen handlungs- und entscheidungsfähig ist. Die Definition von Demokratie ist so angelegt, daß das Prinzip der Volkssouveränität eine synonyme Bedeutung besitzt. Ebenso verhält es sich mit dem Begriffsinhalt von Rechtsstaat und dem Grundsatz des Schutzes individueller Rechte.

gegenwärtige Bürgerschaft das Zusammenfallen von Volkssouveränität und individuellen Rechten. Denn der Träger der demokratischen Souveränität in Gestalt des fiktiven Gremiums der Urgesellschaft – ist so zusammengesetzt (nämlich aus allen) und unterliegt einer solchen Regel zur Beschlußfassung (nämlich dem Erfordernis der Einstimmigkeit), daß die Beschlüsse dieses Gremiums als Ausdruck einer demokratischen Souveränität nur unter Berücksichtigung und Bewahrung der individuellen Souveränität zustandekommen können. Anders formuliert heißt dies, daß kein Gegensatz zwischen Rechtsstaat und Demokratie besteht; ein solcher ist durch Freemans Konzeption eliminiert.

Wie bereits erläutert, gelingt dieser Version des kontraktualistischen Paradigmas damit eine antitotalitäre Fassung des Begriffs der Volkssouveränität.[49] Freemans Vertragstheorie ist daher durchaus intellektuelle Brillanz zu attestieren. Dennoch ist gerade das Zusammenfallen von Volkssouveränität und individuellen Rechten, so wie es Freeman konzipiert hat, zu kritisieren – und zwar deswegen, weil er damit eine Synthese vorgenommen hat, die ein tatsächlich vorhandenes Spannungsverhältnis begrifflich ausblendet.

Folgt man Freemans Souveränitätsdoktrin, so herrscht auf der idealen Ebene – darin ist Freeman zuzustimmen – vollkommene Harmonie zwischen Demokratie und Rechtsstaat, zwischen dem Grundsatz der Volkssouveränität und den naturrechtlichen Imperativen individueller Autonomie: Da die individuellen Rechte des einen rationalen Wesens von vornerein in den Rechten der anderen ihre Grenzen finden, liegt auf der hypothetisch-normativen Ebene ein Spannungsverhältnis zwischen der individuellen und der kollektiven Selbstbestimmung nicht vor. Das Manko des freemanschen Theorems findet sich vielmehr auf der realen Ebene des politischen Gemeinwesens. Hier tritt der Gegensatz zwischen Rechtsstaat und Demokratie aufgrund der nicht-idealen Bedingungen einer Artikulation der Souveränität des Volkes auf: Weder können sämtliche Individuen (wie jedoch bei der fiktiven Urgesellschaft) an der Beschlußfassung beteiligt werden noch ist das Prinzip der Einstimmigkeit praktikabel. Schon gar nicht möglich ist die besondere Veto-Position der rationalen Wesen des Urzustandes. Deren Veto-Position ergibt sich nämlich nicht nur aus der Bedingung der einstimmigen Beschlußfassung, sondern ihre Veto-Position ist sogar eine absolute, da sie sich auch jeglicher Kooperation mit den anderen Wesen entziehen können. Auf der realen Ebene kann die Souveränität des Volkes nur – in Freemans Terminologie – in den Verfahren der Demokratie *als Regierungsform* zum Ausdruck gebracht werden. Damit besteht zwischen den Beschlüssen und Maßnahmen, die auf der Ebene des *government* generiert werden, und den Wünschen, Forderungen und Interessen der

---

[49] Das antitotalitäre Moment von Freemans Souveränitätskonzeption beruht darin, daß der Schutz individueller Rechte und die Selbstbestimmung des souveränen Volkes miteinander verflochten sind. Anders formuliert: Freeman definiert Volkssouveränität als Artikulation individueller Rechte, wodurch kollektive Souveränität nur im Gleichklang mit der individuellen Souveränität ausgeübt werden kann.

I. Vereinbarkeit von ‚Verfassungsgerichtsbarkeit' und Demokratie 333

einzelnen Bürgerinnen und Bürger, die sie (auch unter Rekurs auf einklagbare Rechte) geltend machen,[50] ein Spannungsverhältnis.

Dieses Spannungsverhältnis kann zwar verringert, aber nicht beseitigt werden. Ein Gleichklang, wie er zwischen den rationalen Wesen des Urzustandes möglich ist, ist nicht herstellbar.

Folglich fallen in der Realität Volkssouveränität und individuelle Rechte nicht zusammen, sondern es besteht ein Spannungsverhältnis zwischen ihnen – was nicht heißt, daß sich individuelle Rechte und Volkssouveränität nicht als (auch) dialektische Pole bis zu einem gewissen Grad integrieren ließen.

F. Die Vereinbarkeit von ‚Verfassungsgerichtsbarkeit' und Demokratie

1. Die These von der Gleichrangigkeit von Substanz und Prozeduren

Samuel Freeman begründet die Legitimität der ‚Verfassungsgerichtsbarkeit' damit, daß diese Institution als ein *„shared precommitment'* der Bürgerinnen und Bürger eines politischen Gemeinwesens zu betrachten sei. Seine Charakterisierung der ‚Verfassungsgerichtsbarkeit' als eine *angesonnene* – im Verbund mit den anderen Bürgern sich auferlegte – Vorausverpflichtung der Bürgerschaft negiert zu Unrecht jegliches Moment der Abgabe von kollektiver Selbstregierungskapazität. Ausschließlich hierauf fokussieren Waldrons Ausführungen und sind insofern ebenfalls einseitig.

Weder Freemans Theorie eines Gleichklangs von ‚Verfassungsgerichtsbarkeit' und Demokratie noch Waldrons Nachweis von deren Unvereinbarkeit vermögen (komplett) zu überzeugen.

Sowohl in teilweiser Übereinstimmung mit Freeman und Waldron als auch in teilweiser Frontstellung zu beider Konzeptionen wird demgegenüber die These vertreten, daß die Institution der ‚Verfassungsgerichtsbarkeit' demokratische Prinzipien nicht verletzt: ‚Verfassungsgerichtsbarkeit' ist in dem Sinne mit demokratischen Prinzipien zu vereinbaren, daß diese Prinzipien dieser Institution nicht (zwingend) entgegenstehen. Positiv ausgedrückt: die Institution der ‚Verfassungsgerichtsbarkeit' ist durchaus als eine Vorausverpflichtung einzustufen, die bedingt als selbstauferlegte definiert werden kann – nämlich sofern die Spezifika berücksichtigt werden, deren Berücksichtigung es überhaupt zu schreiben erlaubt, daß es einem Kollektiv möglich sei, einen gemeinsamen Willen zu besitzen und zu formulieren: Ein Kollektiv – und somit jede politische Einheit – verfügt nur bedingt über einen gemeinsamen Willen.

---

[50] Zumal sie diese mit Intentionen vertreten können, die sich durch einen ‚öffentlichen Gebrauch der Vernunft' im Sinne von Rawls und Freeman nicht rechtfertigen lassen müssen. Zwar ist durchaus zuzugestehen, bei der politisch-rechtlichen Deliberation spiele dieser Aspekt eine Rolle. Doch dürfte die Durchsetzung von Rechtspositionen und politischen Auffassungen sich nicht nur nach dem Kriterium des öffentlichen Vernunftgebrauchs richten.

Denn ein Kollektiv ist nur durch Agenturen handlungsfähig und hat nur insofern eine Identität, als diese durch Verfahren hergestellt ist.

Bei Freeman ist die Berücksichtigung dieser Bedingtheiten jedoch nicht gegeben. Seine Konzeption birgt den Fehler, die fiktionalen Komponenten seines normativen Rechtfertigungsmodells der ‚Verfassungsgerichtsbarkeit' zu verdinglichen. Konkret: Freemans Konzeption läuft Gefahr, das in Demokratien als gemeinsames (in einer politischen Kultur geteiltes) Menschenbild von freien und gleichen Personen ebenso für ein apriorisch evidentes Datum zu nehmen wie die Ableitung gerichtlicher Entscheidungen von diesem.

Das Moment des Verdinglichens von Fiktionen findet sich auch bei Freemans Fassung seiner Konzeption in den Begriffen des kontraktualistischen Paradigmas:[51] Das Operieren mit dem Modell eines der Vergesellschaftung vorgelagerten Urzustandes, in welchem Freeman sein Axiom einer *original political jurisdiction* – verankert, formuliert eine logische Priorität der unveräußerlichen individuellen Rechte gegenüber allen Institutionen des positiven Rechts. Denn diese Institutionen werden in dem vertragstheoretischen Modell erst im *Anschluß* an die *original position* etabliert – und somit sind sie in einem logischen Sinne den individuellen Rechten nachgeordnet. Anders ausgedrückt: der Substanz (in Freemans Sprachgebrauch: der ursprünglichen Souveränität der Individuen sowie der ‚Demokratie als Form der Souveränität') wird gegenüber den Verfahren, in denen sich die Souveränität des Volkes *in realiter* artikuliert (in Freemans Terminologie: der ‚Demokratie als Regierungsform') logische Priorität zuerkannt.

Die These von dem Vorrang der Substanz gegenüber den Verfahren ist jedoch zurückzuweisen. Denn zwischen den individuellen Rechten (des Naturrechts sowie des positiven Rechts) und den die Volkssouveränität *in realiter* konstituierenden Verfahren besteht kein Über-/Unterordnungs-, sondern ein wechselseitiges Bedingungsverhältnis:[52]

---

[51] Das vertragstheoretische Modell in der Variante des hypothetischen Vertrages wird zuweilen ganz grundsätzlich kritisiert: Es sei als philosophisches Rechtfertigungsprogramm nicht geeignet, da es eine Verpflichtung behaupte, welche aber nicht bestünde. Denn ein hypothetischer Vertrag könne nicht verpflichten. Diese Kritik übersieht jedoch, daß der „Vertrag" innerhalb des kontraktualistischen Paradigmas rawlsianischer Prägung nicht als wirklicher oder tatsächlicher Vertrag ausgegeben wird. Vielmehr fungiert der hypothetische Vertrag als Metapher – konkret als eine Versinnbildlichung der Verpflichtungskraft der Bürgerschaft eines politischen Gemeinwesens. Die Bürger eines Gemeinwesens – so das vertragstheoretische Verständnis von Rawls, Freeman und Arthur – sind verpflichtet, weil sie sich selbst als verpflichtet betrachten. Falls dies der Fall ist, resultiert die Verpflichtungskraft aus Empathie – aus einer Empathie, welche aus Verbundenheit alle Menschen als frei und gleich ansieht.
[52] Eine Formulierung von JÜRGEN HABERMAS aufgreifend, könnte man erklären, daß Volkssouveränität und Grundrechte „gleichursprünglich" sind. Habermas entfaltet sein Verständnis von ‚Gleichursprünglichkeit' in seinem Vortrag »Volkssouveränität als Verfahren« (Erstveröffentlichung 1988), in: ders.: *Faktizität und Geltung,* Beiträge zur Diskurstheorie des Rechts und des demokratischen Verfassungsstaats, Frankfurt a.M. 1998 [= Taschenbuchausgabe, text- und seitenidentisch mit der 4., durchges. und um ein Nachwort und ein Literaturverzeichnis erw. Aufl. von 1994; Erstaufl. 1992], 600–631 [616]: „Die Menschenrechte *konkurrieren* nicht mit der Volks-

I. Vereinbarkeit von ‚Verfassungsgerichtsbarkeit' und Demokratie

– So ist der politische Prozeß auf Rechte und deren institutionelle Sicherungen einerseits sowie deren tatsächlicher Wahrnehmung andererseits angewiesen. Er benötigt beides, um als solcher und in seinen Resultaten möglichst fair und gerecht zu sein.

– Ebenso bedürfen aber auch die bürgerlichen und politischen Rechte eines politisch-juristischen Prozesses, der diese Vorgaben – eben jene Rechte – verbindlich bestimmt, „vereindeutigt", „evident" macht oder adäquat auslegt. Die Anführungszeichen sollen signalisieren, daß die politisch-juristischen Prozesse dies nicht in einem objektivistischen Sinne – also unfehlbar oder auch nur mit Momenten sicheren Wissens – zu erreichen vermögen.

Umgekehrt sind aber auch demokratische Verfahren an Substanz gekoppelt.[53]

Somit ergibt sich folgendes Bild wechselseitiger Dependenzen: Die Souveränität der Bürgerschaft und die individuellen Rechte bedingen sich wechselseitig – und zwar dergestalt, daß

– auf der einen Seite die Souveränität der Bürgerschaft sowohl in einem rechtsdogmatischen Sinn der positivrechtlichen Zurechenbarkeit begriffen wird als auch in einem rechtsphilosophischen Sinn des kritischen Maßstabs von und für Legitimität;

– auf der anderen Seite die individuellen Rechten sowohl in einem rechtsdogmatischen Sinn der Einklagbarkeit als subjektive Rechte verstanden werden als auch in einem rechtsphilosophischen Sinn des kritischen Maßstabs von und für Legitimität.

---

souveränität; sie sind mit den konstitutiven Bedingungen einer sich selbst beschränkenden Praxis öffentlich-diskursiver Willensbildung identisch." Des weiteren in der Monographie *Faktizität und Geltung* [aaO.] 154–155: „Der entscheidende Gedanke ist, daß sich das Demokratieprinzip der Verschränkung von Diskursprinzip und Rechtsform verdankt. Diese Verschränkung verstehe ich als eine *logische Genese von Rechten,* die sich schrittweise rekonstruieren läßt. Sie beginnt mit der Anwendung des Diskursprinzips auf das – für die Rechtsform als solche konstitutive – Recht auf subjektive Handlungsfreiheiten überhaupt und endet mit der rechtlichen Institutionalisierung von Bedingungen für eine diskursive Ausübung der politischen Autonomie, mit der rückwirkend die zunächst abstrakt gesetzte private Autonomie rechtlich ausgestaltet werden kann. Daher kann das Demokratieprinzip nur als Kern eines *Systems* von Rechten in Erscheinung treten. Die logische Genese dieser Rechte bildet einen Kreisprozeß, in dem sich der Kode des Rechts und der Mechanismus für die Erzeugung legitimen Rechts, also das Demokratieprinzip, *gleichursprünglich* konstituieren." [Hn. i.O.].

[53] So ist Demokratie nicht auf eine Herrschaft der Mehrheit zu verkürzen. Dies ist schon deswegen falsch, weil Mehrheiten etwas äußerst Kontingentes sein können. Mehrheiten fallen in Demokratien häufig unterschiedlich aus – je nachdem, welches Verfahren angewandt wurde und wann es angewandt wurde. Dies gilt übrigens generell für Regelungen. Natürlich ist die Einsicht, daß Regelungen von der „Substanz" her zu begreifen sind, alles andere als neu, wie ein Blick in das I. Buch der »Politeia« zeigt. Hier widerlegt Sokrates die These des Kephalos, Gerechtigkeit sei die Rückgabe dessen, was man erhalten habe, mit dem Einwand, daß einem wahnsinnig gewordenen Freund, die Waffen, die man von diesem vor seiner geistigen Umnachtung erhalten habe, doch wohl kaum zurückgeben dürfe. PLATON: Politeia, in: ders.: *Sämtliche Werke.* Bd. 2, Reinbek bei Hamburg 1994, 195–537 [331c–331d].

Graphik:

KONKRETISIERUNG ↓	rechtsphilosophisch		rechtsphilosophisch
	Artikulation der **Souveränität** der Bürgerschaft ≅ **Prozeduren**	⇔	Individuelle **Rechte** der Bürgerschaft ≅ **Substanz**
	rechtsdogmatisch		rechtsdogmatisch

Da Substanz und Verfahren, respektive der Schutz der individuellen Rechte und die Artikulation der Volkssouveränität, einander wechselseitig bedingen, stehen sie zueinander im Verhältnis der Gleichrangigkeit. Ungeachtet ihrer wechselseitigen Bedingtheit stehen sie aber zugleich in einem Spannungsverhältnis zueinander. Ein Spannungsverhältnis liegt vor, weil soziale Integration und gesellschaftliche Kooperation immer mit einem „Souveränitätsverlust" auf seiten des Individuums einhergehen.[54]

Dem spannungsgeladenen Verhältnis wechselseitiger Bedingtheit zwischen Substanz und Verfahren entspricht in institutioneller Hinsicht eine grundsätzliche Vereinbarkeit von verfassungsrechtlichen Restriktionen – einschließlich ‚verfassungsgerichtlicher' Aufsicht – mit demokratischen Prinzipien. „Vereinbarkeit mit demokratischen Prinzipien" meint dabei nicht, verfassungsrechtliche Restriktionen und insbesondere die Institution der ‚Verfassungsgerichtsbarkeit' seien prinzipientheoretisch *geboten*. Vielmehr ist sogar der Verzicht auf derartige konstitutionelle Schranken oder auf ‚Verfassungsgerichtsbarkeit' demokratietheoretisch nicht verwehrt. Die „Vereinbarkeit von ‚verfassungsgerichtlicher' Kontrolle und verfassungsrechtlichen Begrenzungen mit demokratischen Prinzipien" gilt jedoch, weil ‚verfassungsgerichtliche' Kontrolle und konstitutionelle Restriktionen an sich Idee und Gehalt der Demokratie nicht aufheben. Ergebnis eines Herunterbrechens der prinzipientheoretischen Gleich-

---

[54] Prägnant zum Ausdruck gebracht ist dieser „Verlust" der individuellen Freiheit, die maßstabshaft als reine Selbstbestimmung konzipiert ist, bei HANS KELSEN: *Vom Wesen und Wert der Demokratie*, Tübingen 1929 [2. überarb. Aufl.; Erstaufl. 1920].

I. Vereinbarkeit von ‚Verfassungsgerichtsbarkeit' und Demokratie

rangigkeit von Substanz und Prozeduren auf die Ebene der politischen und rechtlichen Agenturen und Institutionen ist nicht mehr, aber auch nicht weniger als eine Bestimmung der Aufgabe der demokratischen Agenturen und Institutionen.

Die Aufgabe der politischen und rechtlichen Agenturen und Institutionen besteht demnach darin,
- auf der einen Seite das Spannungsverhältnis zwischen Substanz und Prozeduren zu mildern und
- auf der anderen deren wechselseitiger Bedingtheit durch die Verbindung von Legitimitäts- und Legalitätskriterien auf der Grundlage faktischer Herrschaftsmacht Rechnung zu tragen sowie diese Verbindung auch sicherzustellen.

Nach den bisherigen Ausführungen ist zumindest vorstellbar, daß diese Sicherstellung durch die Hinzunahme des Modus' der rechtlichen Konfliktaustragung – in Gestalt der Institution der ‚Verfassungsgerichtsbarkeit' – gefördert wird.

2. Die These von der Substanz als ‚regulativer Idee'

Die Fassung des Verhältnisses von individuellen (natur- wie positivrechtlichen) Rechten und der in Verfahren zum Ausdruck kommenden Volkssouveränität als gleichgeordnet erschwert eine Verdinglichung der demokratischen und menschen- beziehungsweise bürgerrechtlichen Substanz. Hinzu kommen muß dabei jedoch, daß die mit dem Begriff der Substanz umschriebenen fiktionalen Gehalte nicht als apriorisch evidentes Datum aufgefaßt werden, sondern als ‚regulative Ideen'. Unter einer ‚regulativen Idee' ist eine bestimmte Vorstellung zu verstehen – nämlich eine, die zwar als ideal gedacht ist, aber mit der Konnotation verknüpft ist, daß sie in der Realität nur defizitär umgesetzt werden kann.[55] Richard Saage macht den mit der ‚regulativen Idee' umschriebenen Bezug zwischen Erkenntnis- und Demokratietheorie so deutlich:

> „Der Welt der Normen und der Geltung entspricht die ideelle Seite der Demokratie: Sie besteht aus reinen Sollenssätzen. Ihr steht die ‚Welt der Erscheinung' in Gestalt der historisch-realsoziologischen Seite der Demokratie gegenüber, die ihren eigenen Kausalitäten folgt. Wie in der Kantschen Transzendentalphilosophie vorgezeichnet, ist nun aber die Sphäre der Normen nicht einfach von der historisch-politischen Welt abgeschnitten. Vielmehr beeinflußt sie, obwohl die Urteile der empirischen Erscheinungswelt auf sie nicht anwendbar sind, die reale Verfassung der Demokratie in dem Sinne, daß diese sich an jene anpassen soll: ein Ziel, das freilich immer nur annäherungsweise erreicht werden kann."[56]

---

[55] Die Figur der ‚regulativen Idee' stammt von Immanuel Kant: Kant zieht eine scharfe Trennungslinie zwischen der Sphäre des ‚Dinges an sich' und der ‚Welt der Erscheinung'.
[56] RICHARD SAAGE: Zum Begriff der Demokratie bei Hans Kelsen und Max Adler, in: Klaus Dicke/ Klaus-Michael Kodalle (Hg.): *Republik und Weltbürgerrecht. Kantische Anregungen zur Theorie politischer Ordnung nach dem Ende des Ost-West-Konflikts*, Weimar; Köln; Wien 1998, 349–359 [349].

Für das Verhältnis von Volkssouveränität und individuellen Rechten heißt dies einerseits, daß beide Bestandteile des demokratischen Verfassungsstaates zwar in der idealen Vorstellung des kritischen Maßstabs kongruent sein mögen und grundsätzlich – im Sinne einer wechselseitigen Bedingtheit – auch miteinander zu vereinbaren sind. Andererseits aber ist diese grundsätzliche Vereinbarkeit auf der realen Ebene des politischen Prozesses damit verbunden, daß zwischen den individuellen Rechten und den Verfahren ein Spannungsverhältnis besteht. Denn angesichts der Endlichkeit von Zeit und Ressourcen erzeugen die Verfahren des politischen Prozesses in pluralistischen Gesellschaften stets eine politisch überlegene Seite. Dies ist ein Umstand, der durch das Geltendmachen individueller Rechte im politischen Prozeß nicht zu beseitigen ist. Beispielsweise können Verfahren (in pluralistischen Gesellschaften) nur dadurch soziale Integration bewirken, daß politische Einheiten als ganze an Beschlüsse gebunden werden, die „lediglich" von einem Teil ihrer Mitglieder gefällt wurden oder denen „nur" Mehrheiten inhaltlich zustimmen beziehungsweise zugestimmt haben.

3. Die inhaltliche Fassung der ‚regulativen Idee' der demokratischen Substanz und ihr methodischer Status

Wie ist nun die ‚regulative Idee' inhaltlich und in ihrem methodischen Status zu bestimmen?

Es bietet sich an, Freemans Versionen eines Urzustandes und der ‚Demokratie als Form der Souveränität' zu übernehmen. Damit wäre dieser Urzustand als ein Zustand des Naturrechts definiert, indem individuelle Rechte und die Souveränität der Bürgerschaft – oder anders ausgedrückt: individuelle und kollektive Souveränität – konkordant sind.

Dies ist eine taugliche Version, den Gehalt der ‚regulativen Idee' der menschen- und bürgerrechtlichen Substanz der Demokratie anzugeben. Diese Version bedient sich des Darstellungsmittels der Vertragstheorie. Ihre Darstellungsfunktion besteht ausschließlich darin, symbolisch einen Maßstab zu liefern, von dem aus sich Kriterien der Legitimität für sämtliche Regelungen und Zustände eines politischen Gemeinwesens entwickeln und begründen lassen. Zu beachten ist hierbei, daß die ideale und die reale Ebene dichotomisch voneinander geschieden sind. Der naturrechtliche Zustand ist nicht als Spiegelung oder gar Erklärung der realen Verhältnisse zu betrachten.

Nicht zu verschweigen sind die Grenzen einer solchen kontraktualistischen Darstellungsweise. Diese wurden bereits aufgezeigt; sie seien der Deutlichkeit halber aber nochmals aufgelistet:
– Die narrative Reihenfolge – auf eine Schilderung eines Urzustandes folgt die Darstellung der Vergesellschaftung zu einer politischen Einheit – impliziert die logische Priorität der Substanz vor den Verfahren.
– Damit hängt zusammen, daß in dieser Variante einer Vertragstheorie keine Vorwegnahme dessen erfolgt, wie soziale Integration durch das positive Recht möglich ist.

I. Vereinbarkeit von ‚Verfassungsgerichtsbarkeit' und Demokratie   339

- Der Gleichklang von individueller und kollektiver Souveränität dieser Vertragsmetapher suggeriert eine Eindeutigkeit und Evidenz der demokratischen Substanz.[57]
- Der vertragstheoretische Ansatz ist seiner Natur nach „antihermeneutisch". Das heißt, er blendet die historisch-realsoziologischen Bedingungen und die positivrechtlich-normativen Zurechnungen aus.

G. Pragmatisches Abwägen zwischen Verfahren statt Beschränkung auf Prinzipienerörterung

Samuel Freeman versucht, die Legitimität der ‚Verfassungsgerichtsbarkeit' dadurch zu begründen, daß durch ‚verfassungsgerichtliche' Institutionen der Vorrang der Substanz gegenüber den Prozeduren garantiert werden soll. Freeman ist somit bestrebt, die Frage nach der Legitimität der ‚Verfassungsgerichtsbarkeit' ausschließlich prinzipientheoretisch zu klären.

Diese rein prinzipientheoretisch argumentierende Legitimitätstheorie ist verfehlt. Denn angesichts des Umstands, daß kein Mittel zur Verfügung steht, den Streit der Auffassungen in politischen Einheiten *objektiv* zu entscheiden, ist die These von der Priorität der Rechte gegenüber den Verfahren nicht haltbar. Anders gewendet: Menschen- und Grundrechte dem rechtlich-politischen Prozeß vorzuordnen, würde eine höhere Einsicht voraussetzen, die keine(r) hat.

Die Unzulänglichkeit dieses prinzipientheoretischen Begründungsversuchs zeigt sich auch darin, daß die *Sollensforderung* der ‚verfassungsgerichtlichen' Garantie des Vorrangs der Substanz gegenüber den Prozeduren von Freeman bei der Rechtfertigung der Institution der ‚Verfassungsgerichtsbarkeit' so behandelt wird, als werde sie auch vollumfänglich erfüllt.

Statt durch ausschließlich prinzipientheoretische Erörterung ist die Legitimitäts-

---

[57] Hier stellt sich die Frage, ob das Naturrecht „pluralistisch" oder „monistisch" beschaffen ist, d.h., ob das Naturrecht immer schon einen Gleichklang der Interessen und hinreichend bestimmter Rechte der Individuen voraussetzt oder ob diese nicht vielmehr *a priori* in einem Widerstreit liegen. Mit dem Instrumentarium der Vertragstheorie ausgedrückt, ließe sich dies eventuell in die Frage übersetzen, ob Hobbes' oder Lockes Naturzustand gilt. Hobbes' Naturzustand ist gekennzeichnet durch die Widersprüchlichkeit der Vielzahl des Rechts auf alles, welches jedem Akteur des Naturzustands zukommt. Rechtstheoretisch ist dies der Grund, warum der Naturzustand gemäß Hobbes „verlassen" werden muß, während Lockes naturrechtliche Trias der Rechte auf Leben, Freiheit und Eigentum für sich genommen diese Notwendigkeit nicht impliziert. Vielleicht stimmt dies aber auch für Locke nicht, so daß auch in Lockes Naturzustand grundsätzlicher Dissens zwischen den Individuen besteht. Zu Lockes Position in dieser Frage verbunden mit einer Kritik an Rawls' Definition einer wohlgeordneten Gesellschaft, in der hinsichtlich der Prinzipien der Gerechtigkeit Übereinstimmung herrscht, JEREMY WALDRON: Locke's legislature (and Rawls'), in: ders.: *The dignity of legislation,* Cambridge (UK); New York; Oakleigh 1999, 63–91 {Anm.: 179–183}. Beide Varianten sind mit Nachteilen behaftet: die „monistische" blendet den Dissens über die naturrechtliche Substanz auf der realen Ebenen aus, durch die „pluralistische" ist die Möglichkeit versagt, einen Maßstab der Legitimität anzugeben.

frage – die prinzipientheoretische Erörterung ergänzend – durch pragmatisches Abwägen zu beantworten. Es ist zu ermitteln, welches *Verfahren* angesichts der divergierenden Auffassungen vorzuziehen ist – ein Verfahren, bei dem eine Mehrheit von Staatsbürgern den Ausschlag gibt beziehungsweise eine demokratisch gewählte Legislative entscheidet, oder ein Verfahren, bei welchem dies einer Mehrheit von Richtern obliegt.

Das soll nicht bedeuten, daß eine Berufung auf Naturrecht irrelevant ist oder daß eine Verweisung auf Naturrecht im positiven Recht nicht stattfinden sollte. Vielmehr soll damit nur formuliert sein, daß (auch wenn dies geschieht) stets Menschen entscheiden, die über einen solchen objektiven Maßstab eben nicht verfügen. Gleich für welches Verfahren sich die Waagschale letztlich tiefer neigt, ist also sämtlichen Verfahren aufgegeben, das ‚Naturrechtsproblem' – so gut es geht – zu bewältigen.

Das ‚Naturrechtsproblem' besteht darin, auf der Grundlage von unaufhebbarer Ungewißheit, die der „Satzbarkeit" von Substanz[58] Grenzen setzt, entscheiden zu müssen. Konkret heißt dies, die Richtgrößen Schutz individueller Rechte und Artikulation der Volkssouveränität sind möglichst optimal zur Geltung zu bringen. Daß überhaupt hierüber deliberiert wird, wird sicherlich eher von Vorteil sein. Aber angesichts der Endlichkeit von Zeit und Ressourcen wird diese Deliberation nicht ohne die Indienstnahme fremder Urteilskraft auskommen.[59]

Da Substanz nicht satzbar ist, bleibt auch bei der Indienstnahme fremder Urteilskraft nichts anderes übrig, als auf Verfahren zu rekurrieren, die per Mehrheitsentscheidung die Deliberation abbrechen. Hingewiesen sei nur darauf, daß auch Gerichte wie ‚Verfassungsgerichte' ihre Entscheidung per Mehrheitsbeschluß fällen.

Was der Umstand des Abbruchs der Deliberation für die dogmatische Ebene des Staatsrechts und die realsoziologische der faktischen Handlungsmacht bedeutet und in welchem Sinne ein Abbruch der Deliberation und in welchem Sinne lediglich eine Unterbrechung vorliegt, wird im folgenden dargelegt.

---

[58] Mit dem Ausdruck „Satzbarkeit" von Substanz ist die Möglichkeit bezeichnet, substantielle Vorgaben wie etwa das Bild des Menschen als autonome Persönlichkeit in Regeln und Prinzipien zu fassen – seien diese nun rechtsphilosophischer oder positivrechtlicher Natur. Hierzu (in dieser Arbeit) § 6 VERFASSUNGSGERICHTSBARKEIT UND JUSTIZIABILITÄT. III. Recht und Politik. C. Urteilsvermögen und Maßstäbe. 1. Die Perspektive auf die Katalogisierung, S. 422–423. Zur begrenzten Satzbarkeit von Substanz siehe ferner die Ausführungen im Kapitel »b) Habermas' modale Legitimitätstheorie« unter (3) Kritik in § 2 GEGENSTAND. III. ‚Verfassungsgerichtsbarkeit', rechtsphilosophisch betrachtet. A. Die Literaturlage. 4. Die Philosophie im deutschsprachigen Raum. b) Die Legitimität der Verfassungsgerichtsbarkeit bei Jürgen Habermas, S. 142–145 dieser Arbeit.

[59] Eine Indienstnahme fremder Urteilskraft zieht wenn nicht die Aufgabe, so die Einschränkung von Selbstregierungskapazität nach sich – insofern ist Waldron Recht zu geben. Doch Demokratie ist überhaupt nur möglich, wenn die Idee der Selbstregierung transformiert wird in die Delegation. Vgl. KELSEN: *Vom Wesen und Wert* [aaO. FN 54 S. 336 dieser Arbeit].

II. Die Legitimität der Institution der ‚Verfassungsgerichtsbarkeit'

A. Legitimität qua Verfahrensrationalität

Die Institution der ‚Verfassungsgerichtsbarkeit' ist aus verfahrensrationalen Gründen legitim. Diese lassen sich unterscheiden in Gründe, welche für ein potentielles „Mehrheitskorrektiv" als solches sprechen, und in Gründe, die sich auf die Vorzüge der ‚Verfassungsgerichtsbarkeit' im besonderen beziehen.

B. Gründe für ein (potentielles) Mehrheitskorrektiv als solches

So spricht für die (‚)Verfassungsgerichtsbarkeit(‚) als „Mehrheitskorrektiv",[60] daß sie in den politischen Prozeß eine Redundanz einführt und daß sie die Chance bietet, oppositionelle Kräfte in das politische Gemeinwesen zu integrieren, statt jene diesem gegenüber zu entfremden.[61]

Die Einführung von Redundanzen in Verfahren der politischen Willensbildung ist zudem deswegen sinnvoll, weil damit versucht wird, ein kollektives „Lernen" auf nachfolgende Generationen zu übertragen. Via Verfassung – genauer via verfassungsrechtlich errichtete Hindernisse für das Ändern von einmal gefällten Entscheidungen – wird es aktuellen Mehrheiten erschwert, Entscheidungen vergangener Mehrheiten zu revidieren.[62]

---

[60] Der Ausdruck „Mehrheitskorrektiv" wird hier einmalig in Anführungszeichen gesetzt, um Mißverständnissen entgegenzuwirken: Zum einen sind Mehrheiten vielfach etwas sehr Kontingentes – sie sind häufig lediglich zu einer bestimmten Momentaufnahme eine Mehrheit. Zum anderen kommen auch viele Mehrheitskorrektive nicht ohne das Prinzip der Mehrheitsentscheidung aus.

[61] Bei diesem Argument ließe sich zwar eine Gegenrechnung machen, die auch die Verfassungsgerichtsbarkeit fokussiert: Kontroverse Urteile können natürlich ebenso zu einer Polarisierung in der Bürgerschaft führen. Die Frage ist dabei jedoch, ob diese Polarisierung wirklich die Gerichtsbarkeit zu verantworten hat oder ob nicht vielmehr die Polarisierung bereits zuvor angelegt war. Jedenfalls ist mit dem angeführten Argument nicht ausgesagt, daß es keine Grenzen der Befriedungsfähigkeit der Gerichte gäbe. Widerspricht ein Urteil (mutmaßlich) einem aktuell vorhandenen Mehrheitswillen, so scheint der repressive Charakter eines Urteils für eine Mehrheit geringer zu sein als für eine Minderheit. Denn die Mehrheit wird dann wohl kaum ihre Situation als Isolation in einer politischen Kultur perzipieren. Im umgekehrten Fall – je geringer und einflußloser eine Minderheit ist bzw. sich wahrnimmt – erscheint dies wahrscheinlicher. Dies einmal vorausgesetzt, ließe sich von einem Preis sprechen, den es zu entrichten gilt, um Minderheiten vor Unterdrückung zu bewahren. Dagegen ist das repressive Moment für eine Minderheit gleich hoch, ob sie nun einem ungerechten Urteil unterliegt (bzw. eine solche Unterdrückungsperzeption durch ein anderes potentielles Mehrheitskorrektiv nicht beseitigt resp. hervorgerufen wird) oder ob kein Mehrheitskorrektiv eingeschaltet wird.

[62] Eigens zu diskutieren wäre allerdings, ob änderungs*resistente* Elemente formellen oder materiellen Verfassungsrechts zu befürworten sind. Dies ist eine äußerst zweischneidige Regelung. Denn die Faktoren Bewahrung vor Unterdrückung und Vagheit der Rechtsnorm sind miteinander

Natürlich sind solche verfassungsrechtlichen Restriktionen sehr ambivalent. Denn die These vom Lehren ziehen via Verfassung läßt sich auch in ihr Gegenteil wenden: Restriktionen können auch kollektive Lernprozesse behindern. Und selbst wenn Lernfortschritte, die behindert werden, nicht zu erkennen sein mögen, eines ist nicht von der Hand zu weisen: Verfassungsrechtliche Einschränkungen laufen dem Prinzip des gleichen Erfolgswertes von Stimmen zuwider.

Doch andererseits zieht die Behinderung von aktuellen Mehrheiten und eine Ungleichverteilung des Stimmengewichts nicht zwangsläufig eine geringere Effektivität der Entscheidungsverfahren nach sich. Im Gegenteil: zwar sind die „Kosten" – oder weniger ökonomisch ausgedrückt: ist der Aufwand – der Willensbildung *intern* (das heißt: im politischen System) betrachtet sicher höher. Dies könnte jedoch dadurch wieder kompensiert werden, daß die *externen* Kosten der Willensdurchsetzung (also der Aufwand, die Entscheidungen zu implementieren) wahrscheinlich niedriger ausfallen – wenn nicht sogar: umso niedriger ausfallen –, je höher die internen Kosten sind.

Hinzu kommt, daß die Vorgabe von „Substanz" – gemeint sind damit materielle Prinzipien (sei es nun der Schutz individueller Rechte oder die Berücksichtigung von Interessen von besonderen politischen Untereinheiten) – die Funktion eines Bezugspunktes erfüllt. Die Erfüllung dieser Funktion läßt sich mit keinem Verfahren garantieren – Substanz ist abschließend weder satzbar (das heißt: in schriftlichen Normen zu fixieren) noch regelbar (das heißt: durch institutionelle Mechanismen sicherzustellen).[63] Damit ist jedoch die Funktion eines solchen Bezugspunktes nicht hinfällig. So reicht die bloße Vorgabe von Substanz zwar nicht aus, damit die Funktion eines solchen Bezugspunktes erfüllt wird. Nochmals: eine Garantie hierfür gibt nicht. Aber es gibt zumindest den Weg, die Vorgabe von Substanz (das heißt: materielle Prinzipien) so gut wie möglich zu gewährleisten:
– nämlich Verfahren zu installieren, bei denen verschiedene Funktionsträger organisatorisch miteinander verschränkt sind, und
– Entscheidungsmodi vorzusehen, bei denen die politischen und rechtlichen Agenturen und Institutionen[64] dem Imperativ einer Begründungspflicht unterliegen.

---

korreliert – damit sinkt die Wahrscheinlichkeit, den „Geist" bzw. die Intention der Norm einzulösen. Überdies ist fraglich, ob diese Regelung für den Fall, für den sie konzipiert ist, Abhilfe schafft. Das Instrumentarium der wehrhaften Demokratie kann sich auch gegen die Demokratie und ihre Verteidiger richten, wenn eine politische Kultur die die Staats- und Regierungsform der Demokratie fundierenden Werte nicht mehr teilt.

[63] Zur Thematik der (begrenzten) Satzbarkeit von Substanz siehe (in dieser Arbeit) die weiterführenden Angaben in FN 58 S. 340.

[64] Zur Begriffsklärung: Agenturen sind gesellschaftliche Organisationen, die für die Bürgerschaft insgesamt oder Teile derselben handeln; Institutionen hingegen agieren für die Gesellschaft als ganze, und ihre Existenz ist von Rechts wegen nicht nur erlaubt, sondern auch vorgesehen. In diesem Sinne sind Parteien lediglich Agenturen, da keine *spezifische* Partei durch das Recht etabliert ist. Parlamente sind dagegen Institutionen, da sie nicht nur als eine Möglichkeit, sondern als besondere Ausprägung rechtlich gesichert sind.

II. Die Legitimität der Institution der ‚Verfassungsgerichtsbarkeit'   343

C. Gründe für das (potentielle) Mehrheitskorrektiv der ‚Verfassungsgerichtsbarkeit' im besonderen

Eigens für die gerichtsförmige Entscheidung politischer Konflikte läßt sich anführen, daß der Berufsstand der Richter hierfür besonders qualifiziert und geeignet ist. Denn Richter sind – aufgrund ihrer professionellen Ausbildung und Tätigkeit – besonders für diese Aufgabe qualifiziert, und sie eignen sich in besonderem Maße für diese Aufgabe wegen ihrer staatlich garantierten Unabhängigkeit. Zumindest ist anzunehmen, daß sie im Regelfall nicht den Abhängigkeiten und Verpflichtungen von Berufspolitikern unterliegen.

Umgekehrt ist die Herstellung von Verbindlichkeitsüberzeugungen von Entscheidungen durch diskursive politische Verfahren mit Nachteilen behaftet. Zu den Nachteilen des politischen Diskurses zählt, daß er vermutlich in höherem Maße als der rechtliche strategischer Natur ist. In diesem Zusammenhang ist zudem darauf hinzuweisen, daß Parteien und Gerichte verschiedene Rollen auszufüllen haben. Zwar haben auch Parteien die Funktion, einen Interessenausgleich herbeizuführen. Doch wird diese Funktion dadurch konterkariert, daß sie auch die Aufgabe haben, Interessen und Forderungen zu artikulieren.

Dies läßt sich noch genauer darlegen – und zwar so: Für die Hinzunahme der rechtlichen Konfliktbeilegung in Gestalt der ‚Verfassungsgerichtsbarkeit' spricht der äußerst elaborierte Umgang des Rechtssystems mit der „Unbestimmtheitsproblematik" der Postulate der praktischen Vernunft. Mit dieser „Unbestimmtheitsproblematik" ist gemeint, daß die Postulate der praktischen Vernunft weder in der Form von Prinzipien noch in Form von Regeln definitiv (im Sinne abschließender Formulierung) angegeben werden können. Sie sind stets konkretisierungsbedürftig, weil ihr Gehalt immer nur in bezug auf eine jeweils spezifische Situation bestimmt werden kann. Der Umgang des Rechtssystems mit dieser „Unbestimmtheitsproblematik" zeichnet sich in dieser Hinsicht aus:
– Der Rechtsdiskurs unterliegt zum einen einer Bindung an das positive Recht; zum anderen kann er auf einen tradierten Bestand an Differenzierungs- und Berücksichtigungsanforderungen zurückgreifen. So erlaubt die Bindung an das positive Recht einerseits dem Gesetzgeber die innovative Anpassung an veränderte Gerechtigkeitslagen und sonstige Gesichtspunkte, andererseits gebieten der Bezug auf das positive Recht und der Rekurs auf die überlieferte und stets in Kritik befindliche Tradition von Rechtsfiguren Willkür und Einseitigkeit zumindest mehr Schranken als der politische Diskurs, bei dem die Interessenlage der Akteure eine höhere Parteilichkeit nahelegt. Unter den Bedingungen eines systeminduziert intensiveren Wettbewerbs um Macht erscheint es im politischen System attraktiver, sich dadurch der Unterstützung und Anhängerschaft bestimmter Bevölkerungs- respektive Wählersegmente zu versichern, daß deren Anliegen prononciert vertreten werden, – statt sie mit denen anderer Teile der Bürgerschaft oder des Gemeinwesens insgesamt in einen Ausgleich zu bringen.

– Ferner gewährleistet die Bindung der Urteile an das positive Recht eine gewisse Kontinuität der Entscheidungen in sachlicher Hinsicht. Den politischen Diskurs hingegen charakterisiert in höherem Maße die Vorstellung, sich als Quelle des Rechts zu begreifen. Sachliche Kontinuität bei Konfliktregelungen ist daher weniger angezeigt, da die Entscheidungskriterien stärker zur Disposition stehen als im Rechtssystem. Dies kann allerdings auch in mangelnde Effektivität und Flexibilität der politischen Willensbildung umschlagen. Doch hier gilt es zum einen zwischen der kurzfristigen und der dauerhaften Natur von Blockaden und Ineffizienzen zu unterscheiden. *À la longue* betrachtet können sich auch zeitweilige Systemverlangsamungen und -stillstände als vorteilhaft erweisen. Sei es, daß die soziale Integration von dem konsensbewahrenden Moment ‚verfassungsgerichtlicher' Redundanz profitiert; sei es, daß die Implementation von konsensfortbildender Politikgestaltung erleichtert ist, wenn sie die Hürden verfassungsrechtlicher Restriktionen genommen hat. Zum anderen ist Effizienz nur eines von mehreren Bewertungskriterien politischer Willensbildungsstrukturen.
– Schließlich weist die gerichtsförmige Regelung von Konflikten den Vorzug auf, daß Gerichte ihre Urteile gegenüber einer fachlichen und gesamtgesellschaftlichen Öffentlichkeit begründen müssen. Dem ließe sich entgegnen, daß auch im politischen Diskurs für Entscheidungen Gründe geliefert werden. Glücklicherweise ist dies auch und zumal in Demokratien der Fall. Für sich genommen, spricht dies aber nicht dagegen, weitere Begründungsverfahren zu installieren. Allerdings bleibt abzuwägen, wie die gravierendsten Nachteile der ‚verfassungsgerichtlichen' (wie jeder gerichtsförmigen) Konfliktregelung – etwa ihr autoritativer, nicht partizipativer Charakter oder anders formuliert: ihre paternalistische Natur oder das Ins-Unrechtsetzen der rechtlich unterlegenen Seite – mit ihren bedeutendsten Vorteilen zu gewichten ist.

Zu den Vorteilen der Verfassungsgerichtsbarkeit zählt, daß mit ihrer Sanktionierungsgewalt die Durchsetzungsschwäche des Verfassungsrechts, die besteht, wenn sie nicht eingerichtet ist, grundsätzlich behoben ist. Für sich genommen spricht dies nicht für eine auch *inhaltlich* in den politischen Prozeß intervenierende Gerichtsbarkeit. Für die ‚Verfassungsgerichtsbarkeit' läßt sich jedoch anführen, daß das integrative Potential des Verfassungsrechts – das heißt: der Einführung einer über dem einfachen Recht stehenden Ebene des Verfassungsrechts – auch in seiner inhaltlichen Dimension genutzt werden kann. Wie generell für die gerichtsförmige Konfliktregelung spricht auch für die (‚)Verfassungsgerichtsbarkeit('), daß

* ihre durch Ausbildung, Status und Rollenprofil der Richter induzierte relative Neutralität die Funktion der Verfassung als Konsensbasis im pluralistischen Meinungs- und Interessenstreit ermöglicht und daß
* sie dadurch die Defizite anderer Formen institutionalisierter Konfliktaustragung mit höheren strategischen Anteilen zu mindern vermag.

Dies gibt gegenüber dem unabweisbaren paternalistischen Moment der ‚Verfassungsgerichtsbarkeit' den Ausschlag, da dieser Paternalismus zwar mit dem Begriff der Souveränität zu beschreiben ist, die Souveränität der ‚Verfassungsgerichtsbarkeit' aber in ein komplexe Gefüge von Souveränitätsdimensionen des demokratischen Verfassungsstaates einfügbar ist.

In erster Linie diese drei Punkte tragen zu einer relativen Rationalität der juristischen Entscheidungsfindung bei,[65] so daß es politisch klug ist, politische Entscheidungsprozeduren mit Verfahren rechtlicher Redundanz zu verschränken, die auch mit einem inhaltlich steuernden Eingreifen der Gerichtsbarkeit in den politischen Prozeß verbunden sind.[66]

D. Möglichkeiten und Grenzen von Mehrheitskorrektiven

Vergangenheit und Gegenwart politischer Systeme ohne (,)Verfassungsgerichtsbarkeit(') zeigen, daß auch ohne das Mehrheitskorrektiv (,)Verfassungsgerichtsbarkeit(') eine Demokratie von Bestand sein kann. Des weiteren läßt sich wohl nicht (mit hinreichender Gewißheit) erkennen, daß politische Systeme mit (,)Verfassungsgerichtsbarkeit(') vernünftigere politische Regelungen auf den Weg bringen als diejenigen Systeme, die auf diese Institution verzichten.

Fehlen die Institution der Verfassungsgerichtsbarkeit und andere Mehrheitskorrektive, stellt sich die Frage, ob und inwieweit die politische Kultur eines Gemeinwesens dies zu kompensieren vermag. Es obliegt dann nämlich der politischen Kultur, genügend Barrieren gegen die Verletzung von individuellen und kollektiven Rechten zu bieten. Naturgemäß weisen die Interessen und Rechte von Minderheiten besondere Schutzbedürftigkeit auf, da Mehrheiten ihre Rechte und Interessen besser als Minder-

---

[65] Die Rationalität der juristischen Entscheidungsfindung erfolgt nicht ohne die Erzeugung von Aura und Sakralität, wozu sogar auch der anti-strategische Charakter des rechtlichen Diskurses, die ausschließliche Berufung auf Wahrheit und Richtigkeit als maßgebliche Entscheidungskriterien zu rechnen ist. Dennoch dürfte es schwerfallen, diese Berufung auf bloße Simulation zu reduzieren. Ähnlich HANS VORLÄNDER: Der Interpret als Souverän, in: *FAZ*, Nr. 89 (17. 4. 2001), 14: „Die Institution der Verfassungsgerichtsbarkeit [...] lebt gerade von den fiktionalen Formen, daß es sich allein um einen Rechtsdiskurs, um die bloße Anwendung der Verfassung und um die Interpretation des originären Sinns der Verfassung handelt. Sie lebt dabei ebenso von einer bestimmten Form der Eigeninszenierung, von der Robe des Richters, die gleichermaßen Würde und Distanz erzeugt, bis hin zum zurückhaltenden Diskursstil in öffentlichen Verhandlungen, der die Rationalität des Rechtsfindungsprozesses symbolisch abbildet. Doch diese zum Teil erzeugte, zum Teil empfundene Auratisierung und Sakralisierung kann keineswegs so verstanden werden, als handelte es sich tatsächlich um zwei abgetrennte Sphären, die auf Machtmaximierung abzielende Politik hier, der auf Wahrheit und Richtigkeit abstellende Rechtsdiskurs dort. Auch der Rechtsdiskurs ist ein Diskurs um politische Ordnungsvorstellungen, allerdings ein Diskurs zweiter Ordnung, der rationaler und reflexiver, distanzierter und ergebnisoffener geführt wird, als es in der Politik der Fall zu sein pflegt."

[66] Wie bereits in § 2 GEGENSTAND festgestellt, wird damit nicht behauptet, politische Systeme ohne ‚Verfassungsgerichtsbarkeit' seien illegitim. Vielmehr wird nur die These vertreten, Systeme mit ‚Verfassungsgerichtsbarkeit' seien gegenüber jenen ohne diese Institution vorzuziehen sowie die Identifikation von Demokratie mit unumschränkter Mehrheitsherrschaft sei abzulehnen.

heiten durchsetzen können dürften. Allerdings ist die Schutzbedürftigkeit um so geringer zu veranschlagen, je mehr über eine Veto-Position, das heißt: Sanktionsmacht, verfügt wird.

Umgekehrt sind Mehrheitskorrektive kein Ersatz für eine demokratische politische Kultur. Mehrheitskorrektive können nur einen besonderen Modus zur Austragung von Konflikten bereitstellen.

Daß eine demokratische politische Kultur *conditio sine qua non* für ein politisches Gemeinwesen ist, zeigt sich auch daran, daß strenggenommen auf Formen der Vorausverpflichtung gar nicht verzichtet werden kann. So basiert etwa das herkömmliche Modell der Westminster-Demokratie mit absoluter Parlamentssouveränität auch darauf, daß die oppositionellen Kräfte im Parlament die Strategie des ‚Filibuster' nicht einsetzen. *Her Majesty's loyal opposition* greift weder zum Mittel des Endlosredens noch bringt sie (ständig) Gesetzesvorschläge ein zu Materien, die jüngst durch Parlamentsbeschluß geregelt wurden.

Auch der Verzicht auf Filibuster stellt eine selbstauferlegte Vorausverpflichtung dar.[67] (Als ein Mehrheitskorrektiv ist der Verzicht auf Filibuster allerdings nicht einzustufen. Denn es ist die im parlamentarischen Verfahren unterlegene Minderheit, die aufgrund eines Rechtskonsenses den Einsatz ihres destruktiven Potentials unterläßt.)

III. Dimensionen der Souveränität

In Gestalt der Kategorie der Souveränität wird das Phänomen und Problem eines Zusammenfallens von Herrschaftsmacht und Legitimität zu erfassen versucht. Der Begriff der Souveränität vereint demnach Rechtfertigung und Erklärung; er ist zugleich normativer wie deskriptiver Natur. Die kategoriale Fusion von faktischer Herrschaftsmacht und normativer Legitimität gelingt allerdings nur, wenn der Grundbegriff der Souveränität sich aus mehreren Souveränitätsbegriffen zusammensetzt, die verschiedene Perspektiven auf die Übereinstimmung von Herrschaftsmacht und Legitimität eröffnen.

Wesentlich sind dabei vier Perspektiven: die der Rechts- respektive politischen Philosophie, der Rechtsdogmatik, der Vergleichenden Regierungslehre und der Kau-

---

[67] An dieser Stelle läßt sich Waldrons Unterscheidung zwischen dem demokratischen Charakter einer Verfassung und lediglich demokratischen Methoden aufgreifen [vgl. § 5 ‚VERFASSUNGSGERICHTSBARKEIT' UND SOUVERÄNITÄT. I. Vereinbarkeit von ‚Verfassungsgerichtsbarkeit' und Demokratie. D. Jeremy Waldron: Die Grenzen des Precommitment-Theorems. 1. Fragestellung {S. 308} dieser Arbeit] und mithilfe der Figur der Vorausverpflichtung mit Inhalt füllen. Eine echte Demokratie zeichnet sich demnach dadurch aus, daß in ihr gleichsam als Vorausverpflichtung die Schutzbedürftigkeit von individuellen und kollektiven Rechten anerkannt wird – entscheidend ist der Umstand der Anerkennung. Ob diese Vorausverpflichtung sich an institutionalisierten Regeln und Organisationen festmachen läßt oder „nur" im Wertekanon der Bürgerschaft präsent ist, ist demgegenüber nachgeordnet.

III. Dimensionen der Souveränität

salanalytischen Sozialwissenschaft. Diese vier Fächer vertreten jeweils eine besondere Betrachtungsweise sozialer Phänomene. Demgemäß entspricht die jeweilige Eigenart dieser Disziplinen jeweils einer Dimension des Phänomens und Problems der Souveränität. Die Unterschiedlichkeit der Dimensionen ergibt sich aus verschiedenen fiktionalen und realen Gehalten sowie deren verschiedenen Verzahnungen. Die mit unterschiedlichen disziplintypischen Begriffen beleuchteten Phänomene hängen miteinander zusammen und machen nur verschiedene Dimensionen des selben Grundphänomens aus.

Daher operiert die hier entwickelte rechtsphilosophische Theorie einer Legitimität der ‚Verfassungsgerichtsbarkeit' mit einer Demokratie- und Souveränitätskonzeption, bei der fiktionale und reale Elemente mehrdimensional miteinander verschränkt sind. Mithilfe der Kategorie der Souveränität setzt sie verschiedene Phänomene zueinander in Beziehung, die zwar einerseits begrifflich differenziert, die aber andererseits begrifflich auch zusammengeführt werden müssen. Die konsistente Verkettung dieser spezifischen Souveränitätsbegriffe zeigt die grundbegriffliche Einheit der Kategorie der Souveränität an.

A. Souveränität als Kategorie von Rechtsphilosophie und politischer Philosophie

Für eine der Idee des demokratischen Verfassungsstaats verpflichtete Philosophie von Recht und Politik ist es dienlich, über einen Souveränitätsbegriff zu verfügen, der als ein hypothetischer Maßstab Kriterien der Legitimität liefert beziehungsweise von dem aus sich solche Kriterien gewinnen lassen. Dieses theoretische Konstrukt vermag als symbolischer Bezugspunkt dafür zu fungieren, sämtliche Beschlußfassungen und Maßnahmen einer politischen Einheit sowohl zu legitimieren als auch zu limitieren.

Fiktives Subjekt der genuinen Souveränität ist zugleich sowohl jeder einzelne Akteur eines gedanklich konstruierten Urzustandes als auch die Gesamtheit dieser Akteure. Die Gesamtheit der Akteure bezeichnet – metaphorisch – das jeweilige Staatsvolk (- oder anders ausgedrückt: die Bürgerschaft).[68]

Von einer Personalität des Trägers beziehungsweise der Träger der Souveränität kann somit nur bedingt die Rede sein. Denn die genuin souveränen Instanzen existieren lediglich in der Vorstellung – ihre personale Qualität beruht allein darauf, daß sie Autonomie verkörpern, nämlich die Autonomie der Bürgerschaft und der einzelnen Bürger. Sie sind auch nicht als (eine) juristische Person(en) zu betrachten. Die Eigenschaft, juristische Person zu sein, gilt hingegen für die quasi-souveränen Instanzen zweiter Ordnung, die von ihnen (lediglich) abgeleitet sind: Die reale

---

[68] Die Termini ‚Souveränität erster Ordnung' und ‚genuine' Souveränität werden synonym verwendet, ebenso verhält es sich mit den Begriffen ‚Souveränität zweiter Ordnung' und ‚repräsentierende' bzw. ‚derivative' Souveränität.

Bürgerschaft sowie ihre sämtlichen Agenturen repräsentieren die genuin souveränen Instanzen – die souveränen Instanzen erster Ordnung.

Inhaltlich bezeichnet die so aufgefaßte Souveränität die Kompetenz und Kapazität zu einer Totalverfügung über sämtliche Belange.

Mit einer derartigen Befugnis sind jedoch keine totalitären Valenzen zu assoziieren: Dem steht die Vorgabe eines Gleichklangs von individueller und kollektiver Souveränität ebenso entgegen wie der durch ihre derivative Natur lediglich quasi-souveräne Charakter der realen Instanzen. Die Limitierung der Handlungsmacht[69] der realen – (darum nur) repräsentierenden – Souveränität ist somit theorieinhaltlich von vorneherein angelegt.

Zwischen diesem Begriff der maßstabhaften Souveränität und der Fiktion einer ‚Verfassungssouveränität' besteht grundsätzlich kein Widerspruch.[70] ‚Verfassungssou-

---

[69] Handlungsmacht entfaltet die Souveränität erster Ordnung insofern, als sich die Akteure auf der realen Ebene des rechtlich-politischen Prozesses an ihrem fiktionalen Gehalt orientieren.

[70] Der Begriff der Verfassungssouveränität läßt sich am besten unter Zuhilfenahme von Sieyes' klassischer Unterscheidung von Pouvoir Constituant und Pouvoir Constitué umreißen: Verfassungssouveränität besagt, daß in einem politischen System alle Staatsgewalten nur *verfaßte* Gewalten sind; dies gilt sogar für die verfassunggebende Gewalt (des Volkes). Somit besteht insofern eine Suprematie der Verfassung, als keine Gewalt außerhalb der Verfassung, d.h.: nicht gedeckt durch den normativen Rahmen des Verfassungsrechts, agieren kann. Sinnvoll ist, die Kategorie der Verfassungssouveränität in zwei Varianten zu unterteilen: in eine formelle Verfassungssouveränität, die lediglich die Einhaltung der vorgeschriebenen Verfahren fordert (dann fiele auch das Schweizerische System unter diese Kategorie), und in eine materielle Verfassungssouveränität, die darüber hinaus auch die Anerkennung bestimmter materieller Prinzipien verlangt. In einem engen Sinn von materieller Verfassungssouveränität werden bestimmte materielle Prinzipien sogar für unveränderlich erklärt. Hierfür ist die Bundesrepublik Deutschland beispielhaft, da hier die Verfassung nicht nur eine inhaltliche Suprematie – in Form von materiellen Restriktionen – genießt, sondern auch bestimmte Prinzipien für immerwährend erachtet werden. Denn das Grundgesetz setzt im Bereich der „Ewigkeitsgarantie" Vorgaben, die von keinem Träger der Staatsgewalt außer Kraft gesetzt werden können. Überdies wacht das Bundesverfassungsgericht über die Beachtung der verfassungsrechtlichen Vorgaben. (Diskutiert wird allerdings, ob auch ein etwaiger neuer Verfassungsgeber einer neuen Verfassung an die Inhalte des Bereichs der Ewigkeitsgarantie gebunden ist bzw. ob ein solcher Verfassungsgeber [über Art. 146 GG] mit dem Legalitätssystem des Grundgesetzes zu vereinbaren ist.) Die Kategorie der Verfassungssouveränität kann auch anders verwendet werden – insbesondere ist es üblich, durch den Begriff der Verfassungssouveränität jegliche weiteren souveränen Instanzen – zusätzlich zur Verfassung selbst – auszuschließen (hierzu kritisch [statt vieler] HEIDRUN ABROMEIT: Volkssouveränität, Parlamentssouveränität, Verfassungssouveränität: Drei Realmodelle staatlichen Handelns, in: *PVS,* 36. Bd. (1995), 49–66 [52 mwN.]: „[...] gibt es in diesem Konzept [der Verfassungssouveränität; M.E.] keinen Souverän; statt dessen ist die Verfassung – als Kern der Rechtsordnung – absolut gesetzt, eben als souverän erklärt. [...] Man muß nicht so weit gehen, die ‚demokratische Willensbildung' generell ‚durch die Interpretation ‚souveräner', vorgegebener Verfassungsinhalte' und durch die ‚Herrschaft der Exegese' ersetzt zu sehen [...], um im Konzept der Verfassungssouveränität, das erklärtermaßen ohne jeden Souverän auskommen will, doch einen solchen zu entdecken." Zu Sieyes' grundlegender Unterscheidung von ‚verfassender' und ‚verfaßter Gewalt' siehe EMMANUEL JOSEPH SIEYES: Was ist der Dritte Stand?, in: Eberhard Schmitt/Rolf Reichardt (Hg./Übersetzer): Emmanuel Joseph Sieyes: *Politische Schriften 1788–1790; mit Glossar und krit. Sieyes-Bibliographie,* München; Wien 1981 [2., überarb. u. erw. Aufl.], 117–195 [164–169].

III. Dimensionen der Souveränität

veränität' bezeichnet die Vorstellung, daß sämtliche Akteure des politisch-rechtlichen Prozesses – einschließlich des Staatsvolkes –[71] mit dem Moment der Existenz einer (schriftlich fixierten) Verfassung nur (noch) den Status eines Pouvoir Constitué und nicht den Status eines Pouvoir Constituant besitzen.

Das heißt, sämtliche Akteure haben sich nur (noch) innerhalb der von der Verfassung definierten Legalität zu bewegen; kein Akteur darf für sich einen Standort außerhalb der geltenden Legalität fordern, von wo aus er Legalität – aber nun: eine *neue* Legalität – zu begründen vermöchte. Mit der Souveränität der Verfassung wäre also nicht zu vereinbaren, daß ein Akteur die bisherige Legalität aufhebt, sich zur Quelle des Rechts erklärt und in Wahrnehmung dieses Anspruches Recht setzt beziehungsweise das bisher bestehende Recht oder Teile desselben als rechtsgültig bestätigt. Dies würde die Entstehung einer „neuen" Legalität bedeuten, wie sie insbesondere aufgrund und nach einer erfolgreichen Revolution zu verzeichnen ist.

Die Idee der Verfassungssouveränität benötigt für ihre Wirkmächtigkeit organisatorische Strukturen, insbesondere muß eine Instanz über ihre Einhaltung wachen. Zwar mag es eine gewisse Affinität zwischen dem Gedanken der Verfassungssouveränität und der Betrauung der Judikative mit einer solchen Wächterfunktion geben. Aber eine gerichtliche Wächterrolle wird durch die Idee der Verfassungssouveränität nicht präjudiziert.[72]

Zu einem Gegensatz zwischen der maßstabhaften Volkssouveränität und der Verfassungssouveränität kann es allerdings auf der Ebene der realen Verhältnisse kommen – und zwar dann, wenn Dissens darüber herrscht, ob die im Rahmen der positivrechtlichen Verfassungsvorschriften getroffenen Maßnahmen und Beschlüsse den Legitimitätskriterien der Souveränität erster Ordnung entsprechen. Dann liegt ein Konflikt vor zwischen der Souveränität erster Ordnung – nämlich der Idee der Souveränität als Legitimitätsmaßstab – und einer Form der Souveränität zweiter Ordnung – der Idee der Verfassungssouveränität.[73] Die Idee der maßstabhaften Volkssouveränität kann in einem solchen Fall ein Widerstandsrecht des Volkes begründen. Freilich ist dies an eine wesentliche Bedingung geknüpft: Der Widerstand oder die revolutionäre Erhebung muß nach Beseitigung der gegenwärtigen Herr-

---

[71] Die Idee der Verfassungssouveränität bildet keinen *grundsätzlichen* Gegensatz zur Idee der Volkssouveränität. Dem Volk kann nämlich die verfassunggebende Gewalt zuerkannt werden, so daß es den Status eines Pouvoir Constituant besitzt – zumindest solange, bis es einem Verfassungsentwurf zugestimmt hat. Die Idee der Verfassungssouveränität besitzt die gleiche fiktionale Qualität wie die Figur der juristischen Person.

[72] Zu den möglichen Inhabern der Wächterrolle über die Beachtung der Verfassungssouveränität siehe S. 352 dieser Arbeit. Zum Aspekt der Verfassungssouveränität als „Verhüllungsformel" von personaler Souveränität siehe S. 365–369 dieser Arbeit. Des weiteren siehe hierzu die zitierten Ausführungen von Abromeit in FN 70 S. 348 dieser Arbeit. Abromeit geht allerdings von einem *anderen* Verständnis von Verfassungssouveränität aus, als es hier in dieser Arbeit zugrunde gelegt wird.

[73] Das Auftreten dieses Konfliktes spiegelt sich auch in der Rechtsdogmatik, der Vergleichenden Regierungslehre und der kausal verfahrenden machtanalytischen Soziologie.

schaftsmacht auf die Errichtung einer demokratischen und verfassungsmäßig begrenzten Staatsgewalt zielen.

Der philosophische Begriff der Volkssouveränität ist derart abstrakt, daß sich genaue Festlegungen auf den Ebenen des Staatsrechts, der politischen Systemlehre und der soziologischen Machtanalyse aus ihm nicht ergeben. Er verweist daher auf seine Konkretisierung durch Tradition und Deliberation in einer politischen Kultur.

Stellt sich eine rechtsphilosophische Theorie dieser Aufgabe, so kann sie dementsprechend für die Ebenen der Rechtsdogmatik, der politischen Systemlehre und der soziologischen Machtanalyse nicht den bisher zugrundegelegten philosophischen Begriff der maßstabhaften Souveränität übernehmen. Vielmehr muß sie andere Begriffe entwickeln. Dies ist zudem deswegen erforderlich, weil die fiktionalen Gehalte der philosophischen Idee der genuinen Souveränität zwar auf der Ebene der prinzipientheoretischen Legitimitätsprüfung aufrechtzuerhalten sind, doch diese gedanklichen Idealisierungen auf den anderen Ebenen nur zum Teil übernommen werden können.

So können folgende fiktionale Gehalte nicht beibehalten werden:
– Die Vorstellung einer Kompetenz und Kapazität zur Totalverfügung kann nicht in rechtliche Ermächtigung übersetzt werden.[74] Denn die Sicherung der individuellen Rechte im Zuge der Artikulation der kollektiven Souveränität ist nur bei der

---

[74] Zu präzisieren ist: die Befugnis und Fähigkeit zur Totalverfügung kann nicht den Agenturen und Institutionen eines Staatsverbands zuerkannt werden. Zu unterscheiden ist nämlich, ob es sich um Agenturen innerhalb des Staatsverbands handelt oder um den Staatsverband als ganzen. Für den Staatsverband als politische Einheit läßt sich das Theorem von der Kompetenz und Kapazität zur Totalverfügung womöglich aufrechterhalten, sofern die völkerrechtliche „Außenperspektive" maßgeblich ist. Dies stünde im Einklang mit dem Selbstbestimmungsrecht der Völker, welches als das völkerrechtliche Pendant zur staatsrechtlichen Souveränität angesehen werden kann. Dies setzt allerdings einen Vorrang der staatsrechtlichen Rechtsordnung(en) gegenüber dem Völkerrecht voraus. Die Totalverfügung bezöge sich dann auf jeden Fall nach innen; noch zu klären wären allerdings der Charakter und die Bindungswirkung(en) von vertraglichen Selbstbindungen auf der Ebene des Völkerrechts in der Außenbeziehung. Das Problem liegt darin, daß dann ein rechtlich widersprüchlicher Zustand bestünde: Wie im hobbesschen Naturzustand das Recht auf alles dadurch paradoxer Natur ist, daß es jedem Individuum zukommt, stünden sich die „totalen" Souveränitätsansprüche der Staaten gegenüber. Ist ein solcher Souveränitätsbegriff sinnvoll? (Vgl. hierzu HANS KELSEN: Gott und Staat, in: ders.: *Staat und Naturrecht*. Aufsätze zur Ideologiekritik. Eingeleitet von Ernst Topitsch, München 1989 [2. Aufl.; Erstaufl. Neuwied a.Rh.; Berlin 1964], 29–55 [erstmals in: Logos, XI. Bd. {1922/23}, H. 3, Tübingen 1923, 261–284], 41: „[...] hat die Jurisprudenz erkannt, daß der Staat, sofern er als souverän erklärt, d.h. verabsolutiert, als absolut höchstes Rechtswesen vorausgesetzt wird, das einzige Rechtswesen sein muß, weil die Souveränität des einen Staates – denkt man den Begriff der Souveränität konsequent zu Ende – die Souveränität jedes anderen Staates und damit jeden anderen Staat als souveränes Gemeinwesen ausschließt.") Demgegenüber spricht für die Beibehaltung der Totalverfügung in der Außenperspektive, daß eine Selbstbindung von politischen Einheiten zwar als ganze nicht möglich ist, aber ihre Agenturen gebunden werden können. Zur Problematik, ob politische Einheiten sich extern verpflichten können: siehe (in dieser Arbeit) die Ausführungen in § 5 ‚VERFASSUNGSGERICHTSBARKEIT' UND SOUVERÄNITÄT. I. Vereinbarkeit von ‚Verfassungsgerichtsbarkeit' und Demokratie. D. Jeremy Waldron: Die Grenzen des Precommitment-Theorems. 3. Begründung. a) „Selbstbindung", S. 309–310. Das Problem taucht bei der Kenn-

III. Dimensionen der Souveränität

Souveränität erster Ordnung (durch die Konstruktion der Bedingungen der Urzustandssituation) gegeben. Anders gewendet: die derivative Natur der Agenturen und Institutionen wäre beseitigt, würde die Idee der Totalverfügung eine Kategorie des positiven Rechts. Überdies kann die Fiktion einer Totalverfügung aufgrund faktischer Beschränkungen sowieso nur bedingt in reale Handlungsmacht übertragen werden.

– Des weiteren vermögen die philosophischen Souveränitätsbegriffe (also die Souveränität erster und zweiter Ordnung) nicht als Spiegelung oder Erklärung der realen Verhältnisse zu dienen. So sind sie etwa mit einer unübertragbaren Vorstellung gesellschaftlicher Ganzheit verknüpft. Das heißt, sie implizieren das Modell eines ausschließlich intentional herbeigeführten und kontinuierlich durch explizite Zustimmung aufrechterhaltenen politischen Gemeinwesens. Sie negieren damit zum einen, daß soziale Integration zumindest auch dadurch zustande kommt, daß sie sich systemisch – durch die Medien Macht und Geld – ergibt. Zum anderen vermittelt die idealisierende Konstruktion der philosophischen Souveränitätsbegriffe den falschen Eindruck, soziale Integration erfolge nur durch Wertkonsens. Sie blendet aus, daß soziale Integration darüber hinaus auf der Ressource Rechtskonsens beruht.[75] Die Unumgänglichkeit der sozialen Integration durch Rechtskonsens leitet sich vielmehr aus der Differenz zwischen der idealen Ebene der rationalen Wesen des Urzustandes und der realen Ebene des politischen Gemeinwesens ab. Dies gilt es in einer Legitimitätstheorie zu berücksichtigen.

– Schließlich trägt das theoretische Konstrukt der Idee einer Souveränität als Legitimitätsmaßstab einem Merkmal der *condition humaine* keine Rechnung: der Endlichkeit von Zeit und Ressourcen. Von der maßstabhaften Souveränität aus läßt sich der Begriff der ‚letztinstanzlichen‘ Entscheidung nicht entwickeln – es besteht auch keine Notwendigkeit hierzu. Vielmehr sind auf der Ebene der Souveränität erster Ordnung alle Entscheidungen erst- *und* letztinstanzlich. Die Tragik von letztinstanzlichen Entscheidungen wird so ausgeblendet. In dieser Konzeption ist nicht enthalten, daß eine kollektive Entscheidung das Einschlagen eines Weges bedeutet,

---

zeichnung der Staatsperson wieder auf (siehe den kommenden Abschnitt dieser Arbeit). Die Beziehung zwischen Staats- und Völkerrecht soll hier jedoch nicht entschieden werden.

[75] Die Begriffe ‚Wertkonsens‘ und ‚Rechtskonsens‘ werden hier verwendet im Anschluß an WEYMA LÜBBE: *Rechtsphilosophie* (= Vortrag im Rahmen der Ringvorlesung „Einführung in die Philosophie" an der Universität Konstanz, Januar 1993): „Nicht nur in der Praktischen Philosophie, sondern auch in weiten Bereichen der Sozialwissenschaften und der Rechtswissenschaft trifft man auf die These, daß die Integration, der Zusammenhalt einer Gesellschaft davon abhänge, daß es einen ‚Wertkonsens‘ gäbe. ‚Integration is provided by any consensus on any set of values‘ [...] – so heißt es kurz und bündig bei Robert Merton [...]." [4; zum Begriff des ‚Wertkonsenses‘] „Die Einigung auf ein Entscheidungsverfahren ist nämlich die einzige Form der Einigung, die möglich ist, wenn man sich über die Entscheidungsinhalte selbst nicht einigen kann." [18; zum Begriff des ‚Rechtskonsenses‘] Zur Konzeption einer Legitimität durch Legalität siehe MATTHIAS EBERL: *Die Legitimität der Moderne*. Kulturkritik und Herrschaftskonzeption bei Max Weber und Carl Schmitt, Marburg 1994, 56–69 sowie natürlich: WEYMA LÜBBE: *Legitimität kraft Legalität*. Sinnverstehen und Institutionenanalyse bei Max Weber und seinen Kritikern, Tübingen 1991.

der nicht zurückgegangen werden kann, – und mehr noch: bedeuten kann, daß er (zumindest für manche Bürger) nicht weiter führt. Dieses theoretische Konstrukt eines Legitimitätsmaßstabs blendet damit zudem aus, daß die Legitimität von sozialer Integration durch Rechtskonsens auch prekär werden kann.[76]

B. Souveränität als Kategorie von Rechtsdogmatik und Staatsrecht

Für die dogmatische Staatsrechtslehre ist es ebenfalls praktikabel, über einen spezifischen Souveränitätsbegriff zu verfügen. Souveränität ist für deren Zwecke als ein Zurechnungspunkt positivrechtlicher Ermächtigung zu staatlicher Handlungsmacht zu begreifen. Souveränität bezeichnet wiederum einen fiktionalen Gehalt. Die Anbindung dieser Fiktion an die Ebene des realen rechtlich-politischen Prozesses ist jedoch anderer Natur als beim philosophischen Souveränitätsbegriff: Sie erfolgt nicht über naturrechtliche Imperative, sondern über ein System von positivrechtlichen Normen.

Subjekt dieser juristischen Zurechnung ist eine juristische Person, die anthropomorph als Staatsperson umschrieben werden kann – sofern die Außenbeziehung des Staates zu allen nichtstaatlichen Akteuren des eigenen Geltungsbereichs respektive zu anderen Staaten ins Blickfeld rückt. Bei dieser Perspektive ergeben sich keine Unterschiede daraus, ob es sich um einen demokratischen Verfassungsstaat oder um den Typus einer anderen Regierungsform handelt.

Für den Typus des demokratischen Verfassungsstaates kommen – in der Innenbeziehung zwischen den einzelnen Staatsorganen beziehungsweise in der Relation zwischen einem Staatsorgan und nichtstaatlichen Akteuren desselben Staates – in erster Linie vier Träger der Souveränität als Zurechnungspunkt einer positivrechtlichen Normenhierarchie in Frage:[77]
– das Staatsvolk,
– die parlamentarische Vertretungskörperschaft des Staatsvolkes und
– das Staatsoberhaupt oder ein sonstiges Mitglied der Exekutive sowie
– die Gerichtsinstanz mit verfassungsgerichtlichen Befugnissen.[78]

---

[76] Zur damit verknüpften Legitimitätsproblematik von demokratischen Verfahren und von Aktionen am Rande und jenseits der Legalität: MATTHIAS EBERL: Ziviler Ungehorsam und Friedlicher Widerstand im demokratischen Verfassungsstaat: Wo liegen die Grenzen politischer Opposition in der rechtsstaatlichen Demokratie?, in: ZfP, 41. Bd. (1994), H. 4, 359–388.

[77] Diese Auflistung bedeutet nicht, daß alle Varianten gleichermaßen demokratisch sind. Insbesondere dürfte bei einem Organ der Exekutive die Gefahr bestehen, daß das politische System autoritäre Züge aufweist. Daher wird auf der Ebene der Vergleichenden Regierungslehre einem solchen Organ keine souveräne Qualität zugesprochen.

[78] Erforderlich ist bei allen Varianten, daß der Träger der Souveränität zumindest indirekt durch demokratische Wahlen legitimiert ist. Vorausgesetzt ist jeweils natürlich auch, daß die jeweiligen Staatsorgane überhaupt von der Verfassung her vorgesehen sind.

III. Dimensionen der Souveränität

Jedes dieser Staatsorgane ist eine juristische Person, aber diese juristischen Personen fallen nicht mit der juristischen Person des Staates zusammen.

Der staatsrechtliche Begriff der Souveränität läßt sich auf die philosophische Kategorie der Souveränität beziehen. Die Zurechnung zur positivrechtlichen Ermächtigung zu staatlicher Handlungsmacht läßt sich mit der Souveränität zweiter Ordnung – der repräsentierenden Souveränität – kurzschließen.

Da – über das System rechtlicher Normen – dieses Subjekt an faktische Handlungsmacht gekoppelt ist, wäre es fatal, würde Souveränität inhaltlich als Totalverfügung über sämtliche Belange konzipiert sein. Ob in der Außenbeziehung Souveränität als Totalverfügung über sämtliche Belange zu definieren ist,[79] sei hier dahingestellt. Für die Außenbeziehung genügt es festzuhalten, daß mit der Zurechnung positivrechtlicher Ermächtigung der Anspruch auf eine Monopolisierung physischer Gewaltsamkeit und steuerlicher Forderungen verbunden ist.

In der Innenbeziehung jedenfalls ist eine andere Begriffsbestimmung erforderlich: Hier bezeichnet Souveränität nicht die Kapazität und Kompetenz zur Totalverfügung, sondern die Befugnis zur ‚Letztentscheidung'. So vermag das Subjekt der Souveränität nicht über sämtliche Verfassungsstrukturen und -inhalte zu disponieren. Das Subjekt der Souveränität befindet sich vielmehr ebenso wie die anderen Ausprägungen der Staatsgewalt im Status eines Pouvoir Constitué. Im Unterschied zum klassischen Souveränitätsbegriff und zur maßstabhaften genuinen Souveränität gilt für die Letztinstanzlichkeitssouveränität die Formel „Wer bindet, kann nicht selber gebunden sein." somit nicht.[80]

Letztentscheidungskompetenz heißt hingegen, daß der Träger dieser Kompetenz (sofern im Rahmen des von der Verfassung Vorgegebenen agiert wird) im rechtlich-politischen Prozeß das letzte Wort haben kann – nicht muß. Damit umfaßt die Letztentscheidungskompetenz nicht unbedingt ein *Initiativ*recht des souveränen Subjekts zur Intervention in den rechtlich-politischen Prozeß. Aber die Letztentscheidungskompetenz gründet sich darauf, daß eine Norm ein solches Eingreifen (initiiert durch andere Staatsorgane) potentiell vorsehen kann – und sei dieses Eingreifen auch nur negatorischer Art.[81]

Aufgabe des Subjekts der Letztinstanzlichkeitssouveränität (und gleichermaßen von allen anderen Institutionen) ist es, Kriterien der Legalität und der Legitimität miteinander zu verschränken.

Metaphorisch läßt sich die juristische ‚Letztinstanzlichkeitssouveränität, so umschreiben: Der positivrechtliche Zurechnungspunkt staatlicher Herrschaftsmacht be-

---

[79] Siehe FN 74 S. 350 dieser Arbeit.
[80] Als letzte Instanz können (im innerstaatlichen Rechtsgefüge) in erster Linie vier Träger fungieren – siehe die Aufstellung auf der S. 352 dieser Arbeit.
[81] Anders formuliert: auch die ‚Veto-Souveränität' oder ‚passive' Souveränität ist eine Form der Letztinstanzlichkeitssouveränität. Zur Charakterisierung der Verfassungsgerichtsbarkeit als Träger von ‚Veto-Souveränität' bzw. ‚passive' Souveränität siehe § 4 JUDICIAL REVIEW UND DEMOKRATIE. VII. Die Eigenart verfassungsgerichtlicher Souveränität [S. 285–292 dieser Arbeit].

findet sich an der Spitze einer Pyramide, die sich – gemäß der Lehre vom Stufenbau der Rechtsordnung – aus positivrechtlichen Normen zusammensetzt.

Damit kommt zum Ausdruck, daß es gemäß der Perspektive der Rechtsdogmatik klare hierarchische Strukturen gibt: Die Staatsorgane sowie sämtliche nicht-staatlichen Akteure lassen sich in ein Gefüge von Normen einordnen, das Über-/Unterordnungsbeziehungen aufweist.

Dies hängt damit zusammen, daß die staatsrechtliche Perspektive keine synoptische ist. Das heißt, – von dem Blickwinkel der Rechtsdogmatik aus – lassen sich nur bestimmte Rechtsstreitigkeiten („Fälle") oder Regelungen von Sachgebieten ausmachen. Die dogmatisch-rechtliche Betrachtungsweise befaßt sich dabei stets mit einer „Normwirklichkeit". Diese Normwirklichkeit wird als statische behandelt und vorausgesetzt. Anders gewendet: die Zeitform der Geltung von Normen ist stets das Präsenz – das rechtliche Sollen läßt unbeachtet, wie die Normen zustande gekommen sind und wie sie zustande kommen werden.[82]

Der Wirklichkeitsbezug dieser Normwirklichkeit ergibt sich daraus, daß das positivrechtliche Normengefüge ein hohes handlungsanleitendes Potential besitzt, sofern eine staatliche Zwangsgewalt existiert. In westlichen Demokratien und auch in anderen Staaten mit einer etablierten Rechtsstaatlichkeit sind positivrechtliche Normen derart handlungsanleitend, daß der fiktionale Charakter des rechtlichen Sollens außer acht geraten kann.

Doch geht die juristische Fiktionalität nie in der sozialen Realität auf. Vielmehr enthält das dogmatische Staatsrecht – ebenso wie die philosophische Legitimitätsbestimmung – auch fiktionale Gehalte, die sich keineswegs mit realen Elementen verzahnen lassen. So machen folgende fiktionale Elemente des rechtsdogmatischen Souveränitätsbegriffes zwar die spezifische Dimension der staatsrechtlichen Souveränität aus, sind aber nicht übertragbar auf die Vergleichende Regierungslehre und die Machtanalyse der um Kausalitätsbestimmung bemühten Soziologie:

- Die Übersetzbarkeit von rechtlicher Ermächtigung in reale Handlungsmacht ist nur bedingt gegeben. Die rechtliche Zurechnung setzt jedoch eine uneingeschränkte Übersetzbarkeit voraus.

- Gleichermaßen sind die hierarchischen Strukturen des positiven Rechts nur bedingt dienlich, um jenseits der Normwirklichkeit die Beziehungen zwischen den Staatsorganen untereinander sowie die Relationen zwischen den Staatsorganen und anderen Akteuren des politischen Systems zu erfassen. Die Vergleichende Regierungslehre und die kausale Zusammenhänge ermittelnde sozialwissenschaftliche

---

[82] Mit dem Hinweis auf die historische Auslegungsmethode, Fristsetzungen an den Gesetzgeber zur Regelung bestimmter Materien und die Berücksichtigung von Verfassungswandel könnte dem widersprochen werden. Doch auch bei diesen Rechtsfiguren erfolgt die rechtliche Beurteilung stets von dieser Perspektive aus: Eine Norm gilt oder sie gilt nicht. Daß eine Norm gegolten hat oder irgendwann gelten wird oder vielleicht gelten könnte, ist nicht rechtserheblich. Mit anderen Worten: maßgeblich ist nur das Recht *de lege lata*, nicht aber *de lege ferenda*. In diesem Sinn kennt die Sprache des Rechts nur das Präsenz und eine statische Normwirklichkeit.

III. Dimensionen der Souveränität

Analyse der Macht müssen hierfür eine synoptische Perspektive einnehmen, um der Realität der sozialen Wirklichkeit gerecht zu werden.
- Die rechtlichen Verfahren erzeugen eine gesellschaftliche Ganzheit. Die Einheit von politischen Gemeinwesen ist somit eine hergestellte. Das Moment der Herstellung ist jedoch nach dem Prozeß der Herstellung für die rechtsdogmatische Perspektive irrelevant. Um es an einem Beispiel zu illustrieren: die rechtliche Zurechnung verfährt – und kann nur so verfahren – bei Beschlußfassungen durch Mehrheitsentscheidungen so, daß sie die bei Beschlüssen ermittelten Mehrheitspositionen mit der Position der gesamten Agentur oder Institution identifiziert.
- Die Sprache des Rechts kennt ‚letzte Worte'. Wenn eine Entscheidung rechtsgültig geworden ist, ist ein letztes Wort gesprochen worden. Dies läßt sich sogar bis zur Figur einer impliziten „Unfehlbarkeit" steigern. Denn ist der Punkt des Inappelablen erreicht, so behandelt das Recht eine gefällte Entscheidung, *als sei* sie von einer unfehlbaren Instanz getroffen worden.[83] Diese ‚Als-ob-Struktur' der Letztverbindlichkeit von Entscheidungen, die Anführungszeichen sowie der Modus des Konjunktivs zeigen an, daß die Unfehlbarkeit der Letztinstanzlichkeit ebenfalls eine Fiktion ist. Diese Fiktion entspricht den Eigengesetzlichkeiten des rechtlichen Sollens. Demgegenüber müssen sich die Vergleichende Regierungslehre und die Soziologische Kausalanalyse der Macht bewußt sein, daß Verfahren und Instanzen Menschenwerk sind – Unfehlbarkeit können sie nicht garantieren.
- Die Normwirklichkeit des Rechts kennt nur ein Präsenz, respektive sie negiert die zeitliche Dimension von Recht und Politik. Normen gelten oder sie gelten nicht. Das rechtliche Sollen blendet die Kontingenz sowohl der Norminhalte als auch der Normsetzenden beziehungsweise der Normanwender aus.
- Die Eliminierung der Kontingenz von Norminhalten und das Fällen letzter Worte läßt sich auch hierauf beziehen: In der Sprache der Rechtsdogmatik konkurriert der Schutz der Menschen- und Bürgerrechte nur solange mit dem Prinzip der Volkssouveränität, bis eine rechtskräftige Entscheidung gefallen ist. Ähnlich wie bei der

---

[83] Vgl. KELSEN: Gott und Staat [aaO. FN 74 S. 350 dieser Arbeit], 50–51: „[...] auf die Parallelität einer theologischen und einer juristischen Institution hinzuweisen, die beide mit dem Problem des Unrechts im System des Rechts, des Bösen im System des Guten, des Irrtums im System der Wahrheit zusammenhängen [...]. Und so darf man den Rechtssatz nicht eigentlich lauten lassen: Wenn jemand stiehlt, mordet usw., soll er bestraft werden – denn wie sollte die absolute Wahrheit darüber, ob jemand eine Tat begangen, ergründet werden? – sondern: Wenn von jemandem in einem bestimmten Verfahren in letzter Instanz angenommen wird, daß er gestohlen, gemordet usw. hat, dann soll er bestraft werden."; CARL SCHMITT: *Politische Theologie. Vier Kapitel zur Lehre von der Souveränität*, Berlin 1990 [5. Aufl.; laut Verf. unveränd. Nachdr. d. 1934 erschienenen 2. Aufl.; Erstaufl. 1922], 71: „De Maistre spricht mit besonderer Vorliebe von der Souveränität, die bei ihm wesentlich Entscheidung bedeutet. Der Wert des Staates liegt darin, daß er eine Entscheidung gibt, der Wert der Kirche, daß sie letzte inappellable Entscheidung ist. Infallibilität ist für ihn das Wesen der inappellablen Entscheidung und die Unfehlbarkeit der geistlichen Ordnung mit der Souveränität der staatlichen Ordnung wesensgleich; die beiden Worte Unfehlbarkeit und Souveränität sind ‚parfaitement synonymes' [...]. Jede Souveränität handelt, als wäre sie unfehlbar, jede Regierung ist absolut [...]." Man beachte, daß Schmitts Aussage „jede Regierung ist absolut" eine semantische Verschiebung bedeutet, die das Moment der Fiktion tilgt.

philosophischen Kategorie der genuinen Souveränität setzt die rechtliche Kategorie der Souveränität voraus, daß Demokratie und Rechtsstaat kongruent sind.
- Die Sprache des Rechts kennt ein handlungsfähiges Kollektiv sowie auch einen Willen desselben. Die Handlungsfähigkeit kommt durch Agenturen zustande, die Identität des Kollektivs wird durch Verfahren hergestellt.[84] Die Vergleichende Regierungslehre und die Sozialwissenschaftliche Kausalanalyse von Macht und Herrschaft haben zu berücksichtigen, daß die Vorstellung, politische Einheiten seien als Einheiten handlungsfähig und verfügten als Einheiten über einen Willen, eine anthropomorphe Fiktion ist, die nur bedingt auf politische und soziale Phänomene anwendbar ist und die diese nicht zu erklären vermag.
- Die rechtsdogmatische Perspektive muß die Fiktion der Verfassungssouveränität stets voraussetzen; hierfür genügt allerdings die Variante einer formellen Verfassungssouveränität.[85] Geschieht dies nicht, so ist der handlungsdeterminierende Bezug der Normwirklichkeit zur Realebene gefährdet. Liegt eine Suspendierung des Rechts vor (also findet eine Revolution statt oder tritt der Ausnahmezustand ein), so läßt sich die Fiktion der Verfassungssouveränität nicht (mehr) aufrecht erhalten.

Am Rande sei bemerkt: dieses staatsrechtliche Verständnis von Souveränität als positivrechtlicher Zurechnung von staatlicher Handlungsmacht ist grundsätzlich auf andere Regierungsformen als die des demokratischen Verfassungsstaates übertragbar. Allerdings wäre der Träger der Souveränität bei „Nicht-Demokratien" anders zu bestimmen. Beispielsweise stellt sich bei einer Theokratie respektive Hierokratie das Problem, wie die Fiktion der Verfassungssouveränität mit der Kopplung des souveränen Willens an eine Quelle außerhalb des positiven Rechts zu vereinbaren ist. Doch dies könnte mit einem Theorem der Repräsentation behoben werden.

Die Übertragbarkeit des staatsrechtlichen Begriffs von Souveränität auf das gesamte Spektrum der Regierungsformen demonstriert zum einen das analytische Potential der Konzeption. Zum anderen spiegelt sich darin, daß die Frage nach der Legitimität über das positive Recht hinausreicht.

---

[84] Kollektive Identität ausschließlich als durch rechtliche Verfahren hergestellt anzusehen, ist eine fiktionale Verkürzung der Realität, die für die Rechtsdogmatik jedoch unumgehbar ist. Der synoptischere Blick der Vergleichenden Regierungslehre hingegen muß anerkennen, daß Zusammengehörigkeitsempfindungen und -einschätzungen darüber hinaus aus Daten der jeweiligen politischen Kultur resultieren. Zu diesen politisch-kulturellen Daten zählen z.B. ein kollektiv geteiltes geschichtliches Erbe oder eine gemeinsame Sprache. Die umfassendere Perspektive wird freilich auch hier mit einer höheren Unschärfe erkauft. So ist es sehr schwer oder sogar unmöglich, die politisch-kulturellen Daten präzise anzugeben.
[85] Formelle Verfassungssouveränität bedeutet, daß die *Verfahrens*vorschriften der Verfassung einzuhalten sind; materielle Verfassungssouveränität fordert die Beachtung der *materiellen* Verfassungsvorgaben.

C. Souveränität als Kategorie der Vergleichenden Regierungslehre

Auch für die Vergleichende Regierungslehre ist es von Nutzen, über einen spezifischen Begriff der Souveränität zu verfügen. Die Vergleichende Regierungslehre knüpft an die Begrifflichkeit der Rechtsdogmatik an: Souveränität ist inhaltlich als Letztinstanzlichkeit beziehungsweise Letztverbindlichkeit zu definieren. Ebenso sind die Träger der Souveränität zu übernehmen.

Doch ist die Figur der Letztinstanzlichkeit nun anders aufzufassen:
– Die Perspektive der Vergleichenden Regierungslehre ist eine synoptische, die über die Normwirklichkeit des Rechts hinausreicht. So gibt es in der Sicht der Vergleichenden Regierungslehre eine zeitliche Dimension; sie integriert ferner in ihren Blick, daß die Steuerung durch rechtliche Normen im politisch-rechtlichen Prozeß nicht ohne die stete Ergänzung, Modifikation und Veränderung des rechtlichen Normengefüges zu vollziehen ist. Abstrakt formuliert: die Vergleichende Regierungslehre trägt der – in welchem Grad auch immer vorhandenen – Kontingenz von Norminhalten, -setzenden und -anwendern Rechnung. Zugleich berücksichtigt sie – spezifischer und konkreter als die prinzipientheoretische Legitimitätsprüfung der Rechtsphilosophie –, daß das rechtliche Sollen für ein politisches System strukturbildende Wirkung besitzt.
– Diese strukturbildende Wirkung läßt sich anhand einer Untersuchung von Heidrun Abromeit aufzeigen.[86] Abromeit stellt drei Realmodelle[87] von politischen Systemen einander gegenüber. Diese Realmodelle zeichnen sich durch ihre jeweils voneinander verschiedenen Ausgestaltungen von Institutionen und Kompetenzen im Hinblick auf die Bestimmung des Trägers der Souveränität aus. Als souverän gilt nach Abromeit die Instanz, die dem politischen Prozeß „ein Bein stellen kann" [VPV, 50], – das heißt: die über eine Veto-Kompetenz verfügt oder die zuletzt gefragt werden muß, damit eine politische Entscheidung von Gewicht auf den Weg gebracht werden kann.

Abromeit präpariert folgende drei Realmodelle politischer Souveränität heraus:
* die Variante der ‚Volkssouveränität', welche das politische System der Schweiz prägt;

---

[86] HEIDRUN ABROMEIT: Volkssouveränität, Parlamentssouveränität, Verfassungssouveränität: Drei Realmodelle staatlichen Handelns, in: *PVS*, 36. Bd. (1995), 49–66. Im folgenden im Text und in den FN zit. als VPV mit Seitenangabe.

[87] Der Ausdruck ‚Realmodell' scheint ein Oxymoron zu sein, da Modelle grundsätzlich nie real sind, sondern stets eine typisierte Wiedergabe der Wirklichkeit darstellen. Vertretbar ist der Ausdruck allerdings als Gegenbegriff zu einem ‚Idealmodell', das normative Vorgaben für das soziale Leben formuliert. Demgegenüber soll der Begriff des ‚Realmodells' darauf hinweisen, daß dieses Modell aus der Wirklichkeit abgeleitet ist und sich mit ihm – zumindest zunächst – analytische und explikative, nicht aber legitimierende und kritisierende Zielsetzungen verbinden. Die Konzeption einer maßstabhaften genuinen Souveränität ließe sich dagegen als Entwurf eines Idealmodells begreifen. Dieses Modell soll der Rechtfertigung und Kritik dienen.

* die Variante der ‚Verfassungssouveränität', die das politische System der Bundesrepublik Deutschland kennzeichnet sowie[88]
 * die Variante der ‚Parlamentssouveränität', die sich in Großbritannien ausgebildet hat.

Für eine systematische Verfassungstheorie ist diese strukturbildende Wirkung der Regelung der Souveränitätsfrage deswegen von Interesse, weil die Frage nach der konkreten Ausgestaltung eines politischen Systems zugleich eine wichtige Legitimationsfrage ist.

Befaßt sich eine solche Theorie mit der Verfassungsgerichtsbarkeit, so darf sie sich nicht darauf beschränken, prinzipientheoretisch zu beantworten, ob die Institution der Verfassungsgerichtsbarkeit legitim ist. Sie hat allgemein – auf dieser konkreten Ebene der Realmodelle – Verfahren und Institutionen zu beurteilen und hat im besonderen das abromeitsche Modell der Verfassungssouveränität auf seine Legitimität hin zu untersuchen.

– Zurück zur adäquaten Konzeption der Letztinstanzlichkeit: Die rechtsdogmatische Perspektive operiert mit einem Normengefüge, aus dem sich eine hierarchische Struktur der Staatsorgane ergibt. *De iure* die letzte Instanz zu sein, bedeutet demnach eine Überordnung über alle anderen Staatsorgane und Akteure. Verfügen Gerichte über verfassungsgerichtliche Befugnisse – wie insbesondere die abstrakte und/oder konkrete Normenkontrolle und andere –, so sind sie in diesem Sinn als letzte Instanz das Subjekt der Souveränität.

– Der Vergleichenden Regierungslehre ist diese juristische Version von Letztinstanzlichkeit nur begrenzt dienlich:
 * Sie vermag zwar mit dieser Kategorie erhebliche Unterschiede zwischen politischen Systemen auszumachen. Politische Systeme unterscheiden sich demnach erheblich voneinander – je nach dem, wer in ihnen durch ein rechtliches Sollen zum Träger der Souveränität bestimmt wurde beziehungsweise als Träger der Souveränität fungiert. Im Sinne eines rechtlichen Normengefüges liegt die letzte

---

[88] Zu fragen ist, ob die Bezeichnung ‚Verfassungssouveränität' von Abromeit glücklich gewählt wurde. Denn im Unterschied zum britischen Parlament und dem Schweizer Staatsvolk ist eine Verfassung kein handlungsfähiges Subjekt, dessen Handeln in einem staatsrechtlich-dogmatischen Sinne zurechenbar ist. Problematisch ist jedoch nicht nur die Frage, ob Handlungsfähigkeit notwendiger Bestandteil einer Souveränitätsdefinition sein muß, sondern auch, ob diese Kategorie Abromeits Begründungsabsichten erfaßt. Denn die Etikettierung der Verfassung als souverän liegt – wie ausgeführt – quer zu den beiden anderen Trägern, die gemäß Abromeits Klassifizierung als souveräne Instanzen in Frage kommen. Abromeit weist selbst darauf hin, daß Verfassungssouveränität „kaum anders denkbar als in der Form der Gerichtssouveränität" sei [VPV, 53]. Der (abromeitschen) Konzeption von Realmodellen wäre es angemessener, den Terminus ‚Gerichtssouveränität' zu gebrauchen. Dessen ungeachtet ist es sinnvoll, den Ausdruck Verfassungssouveränität zu verwenden – jedoch nicht in der Einengung auf die Variante politischer Systeme, für die stellvertretend das bundesrepublikanische steht. Zum hier verwendeten Begriff der Verfassungssouveränität FN 70 S. 348 sowie FN 71 S. 349. Die Problematik Verfassungssouveränität und Handlungsmächtigkeit wird in Abschnitt E. Die personalistische Verkürzung der Souveränität dieser Arbeit eingehend diskutiert [siehe dort S. 368].

III. Dimensionen der Souveränität

Entscheidung etwa bei einem Parlament oder bei einem Politbüro. Mit diesem Kriterium lassen sich Demokratien somit von autoritären Regimen abgrenzen. Aber auch innerhalb des Spektrums der Demokratien ist das Kriterium zweckdienlich, da sich mit seiner Hilfe verschiedene institutionelle Strukturen differenzieren lassen.

* Die Grenzen dieses Kriteriums beruhen jedoch darauf, daß es zu statisch ist, daß es nur Geltung oder Nichtgeltung kennt, daß es die zeitliche Dimension ausblendet und von der möglichen Variabilität der Norminhalte, der Normsetzenden und der Normanwender abstrahiert. Dadurch erzeugt es eine einseitige Perzeption des rechtlich-politischen Prozesses – nämlich die Vorstellung, das souveräne Subjekt sei allen anderen Instanzen im politischen System gegenüber unabhängig und ihnen auf eine entrückte Weise übergeordnet.[89]
– Daher ist es für die Vergleichende Regierungslehre adäquater, Letztinstanzlichkeit begrifflich anders zu fassen. Für die Begründungsziele der Vergleichenden Regierungslehre bietet es sich an, Letztinstanzlichkeit über die Reversibilität von Entscheidungen zu definieren: Souverän ist, wer eine nicht mehr umkehrbare Entscheidung treffen kann – respektive trifft. In diesem Sinne schafft eine ‚letzte Entscheidung' eine neue Situation. Bildlich formuliert, bewirkt eine letzte Entscheidung die Verbindlichkeit einer Weichenstellung oder Weggabelung.
– Das Kriterium der Unumkehrbarkeit (beziehungsweise Letztverbindlichkeit) ermöglicht einerseits eine umfassendere Perspektive als die rechtsdogmatische – doch dieser Vorteil des Synoptische(re)n ist andererseits erkauft durch analytische Unschärfe. Denn Unumkehrbarkeit ist kein qualitatives, sondern ein komparatives Kriterium: Zwischen Entscheidungen, die weichenstellende Wirkung haben, und jenen, die sie nicht haben, ist daher nur abwägend, mit dem Anspruch auf Plausibilität für ein Mehr oder Weniger an Unumkehrbarkeit, zu differenzieren. Denn in einem weiten Sinne stellt jede Entscheidung Weichen, da nach einer Entscheidung nie oder kaum ein Weg zurück zur vormaligen Weggabelung möglich ist. (Dies kann aber auch für das Unterlassen von Entscheidungen gelten.) Wenn Alternativen bestehen, dann stellen sie sich stets neu. Auf der anderen Seite lassen sich Entscheidungen zwar nicht rückgängig machen, aber es gibt nur wenige Entscheidungen,[90] die überhaupt keine weiteren Weggabelungen mehr ermöglichen.
– Das Weichenstellungs-/Weggabelungsmodell weist den Nachteil auf, daß in ihm keine speziellen Protagonisten erkennbar sind, die darin stellvertretend für die Akteure des rechtlich-politischen Prozesses figurieren. Damit kommt die Verflochtenheit zwischen den Institutionen und Akteuren des rechtlich-politischen Prozesses nicht zum Ausdruck. Diese Verflochtenheit wird deutlich, wenn sich der Blick nicht nur auf bestimmte einzelne Entscheidungen, sondern auf eine Summe von

---

[89] Diese Beschreibung der Stellung des souveränen Subjekts ist bei autoritären Regimen angemessener als bei echten Demokratien; doch auch bei diesen Regimen besteht stets die Gefahr, polykratische Strukturen und ähnliche Aspekte nicht in den Blick zu nehmen.
[90] So z.B. eine Entscheidung, die eine atomare Apokalypse herbeiführt.

Entscheidungen richtet – zumal: wenn er sich auf die Entscheidungen richtet, die den letztinstanzlichen vorgelagert sind.
– Die mit der rechtsdogmatischen Sichtweise verbundene Eindimensionalität läßt sich etwa mit folgenden Punkten belegen:
  * Rechtsprechung ist stete Fortentwicklung – sie beginnt nicht bei Null. So entbehrt Werner Beckers Aussage, daß das Grundgesetz auch aus den Bänden der Bundesverfassungsgerichtsentscheidungen – und nicht nur aus der Präambel und sämtlichen Artikeln – bestünde, nicht eines gewissen Wahrheitsgehaltes.[91] Darin zeigt sich die Ergänzungsbedürftigkeit des rechtsdogmatischen Bildes eines allen anderen Institutionen übergeordneten, von Einflußnahme unabhängigen Bundesverfassungsgerichts, das sich auf der Spitze einer normgestützten Entscheidungspyramide befindet.
  * Des weiteren ergeben sich Verflechtungen und Interdependenzen durch den Einfluß von Agenturen und Institutionen auf die personelle Zusammensetzung souveräner Subjekte. Diese Einflußnahme kann sich direkt in der Form von Ernennungs- und Wahlverfahren von Parlamenten oder von Gerichtskörpern wie dem des Bundesverfassungsgerichts vollziehen. Diese kann aber auch indirekt – durch Einwirkung auf die Bildung der öffentlichen und veröffentlichten Meinung von statten gehen.
– Dem Rechnung tragend, läßt sich das Bild der rechtsdogmatischen Pyramide nicht nur um die Metapher der Weichenstellung erweitern, sondern das Pyramidenmodell läßt sich auch um das Zahnrädermodell der Vergleichenden Regierungslehre ergänzen: Letztinstanzlichkeit ist demnach so zu begreifen, daß die letzte Instanz durch ein oberstes Zahnrad verkörpert wird, das in ein System von Zahnrädern involviert ist.[92] Das Zahnrädermodell soll die Verflochtenheit und wechselseitigen

---

[91] WERNER BECKER: Kritischer Rationalismus und die Legitimation des Grundgesetzes, in: Winfried Brugger (Hg.): *Legitimation des Grundgesetzes aus Sicht von Rechtsphilosophie und Gesellschaftstheorie*, Baden-Baden 1996, 317–342 [338–339, FN 29]: „Das Verhältnis des Kritischen Rationalismus zur Verfassungsauslegung im engeren Sinn kann man ‚dialektisch' nennen [...]. Dieses ‚dialektische' Regelverständnis akzeptiert keine ‚heiligen Texte' nach dem Vorbild der Bibel-Tradition, die das klassische Legitimationsverständnis prägt. In dieser klassischen Auffassung wird unterstellt, daß der Urtext – für die Verfassungen der Text der ‚Verfassungsväter' – authentischer als eine Auslegungsversion ist. Nach kritisch-rationalem Regelverständnis benötigt man keine derartigen Auszeichnungen. Nach ihm ist auch der angebliche Urtext bereits ein ‚Interpretationskonstrukt' [...] der Regeln erster Ordnung. Um den Gedanken auf die Verfassungsauslegung der Bundesrepublik zu übertragen: Das Grundgesetz ist danach nicht der Urtext von 1948, sondern es ist als aktuelles Verfassungsgesetz in den 90 Bänden Verfassungsrechtsprechung enthalten, die seit seiner Inkraftsetzung erfolgt ist."
[92] Die Position des „obersten" Zahnrades steht symbolisch dafür, daß die Verbindlichkeit resp. die relative Unumkehrbarkeit durch diese Instanz festgestellt wird. Dies mag bis zu einem gewissen Grad nur der Nachvollzug von durch andere Agenturen und Institutionen getroffenen Entscheidungen sein, doch bleibt ein nicht zu eliminierendes Potential, diesen Nachvollzug zumindest zu blockieren. Des weiteren sei noch bemerkt: Bei dem Zahnräder-Modell wird davon ausgegangen, daß sämtliche Zahnräder eine – wie hoch auch immer zu veranschlagende – Antriebswirkung haben.

III. Dimensionen der Souveränität

Abhängigkeiten der Institutionen und Akteure des rechtlich-politischen Prozesses illustrieren. Die trotz aller Interdependenzen dennoch bestehenden hierarchischen Beziehungsmuster sind dadurch versinnbildlicht, daß dem souveränen Subjekt die Position des obersten Zahnrades zugeordnet ist. Die Feststellung von Verbindlichkeit steht am Ende einer Abfolge von Entscheidungen. Diese Entscheidungen sind aufgrund ihrer Komplexität in ihrer Wirkungsweise nicht vollständig transparent zu machen. Sie lassen sich daher juristisch auch nicht zurechnen. Im Gegensatz zum Pyramidenmodell ist in der bildlichen Wendung von der Zahnräderkonstruktion die zeitliche Dimension des rechtlich-politischen Prozesses nicht notwendigerweise ausgeblendet, sondern integrierbar.

Gemäß dieser Konzeption kennt die Sprache der Vergleichenden Regierungslehre jeweils nur bedingt ein handlungsfähiges Kollektiv und einen Willen desselben. Sie berücksichtigt den Umstand, daß kollektive Handlungsfähigkeit durch Agenturen zustandekommt und daß die Identität des Kollektivs durch Verfahren hergestellt wird. Darüber hinaus bezieht sie ein, daß kollektive Handlungen zwar nicht aus einer Identität und einem Willen eines Kollektivkörpers resultieren, aber aus einer bestimmten politischen Kultur hervorgehen.

Das begriffliche Instrumentarium der Vergleichenden Regierungslehre ist an die soziale Wirklichkeit insofern enger angebunden als die Rechtsphilosophie und die Rechtsdogmatik, als es in einem geringeren Maße mit fiktionalen Gehalten operiert. Dies ist sowohl darauf zurückzuführen, daß die Vergleichende Regierungslehre ein größeres Maß an Realitätsnähe benötigt, als auch darauf, daß sie weniger auf fiktionale Gehalte angewiesen ist.

Doch auch die Vergleichende Regierungslehre setzt Fiktionen voraus, die sich aus der Perspektive der kausalanalytisch verfahrenden Sozialwissenschaft nicht halten lassen:
– So geht die Vergleichende Regierungslehre davon aus, daß die Normallage des rechtlich-politischen Systems bestehen bleibt – mit anderen Worten, daß dieses System zwar durchaus Veränderungen erfährt, diese Veränderungen jedoch im Rahmen des rechtlichen Normengefüges stattfinden – anstatt diesen zu sprengen. Ohne diese komplexitätsreduzierende Fiktion wäre die Funktionsweise von rechtlich-politischen Systemen kausal undurchsichtig und nicht darstellbar.
– Konkret bedeutet dies, daß die Vergleichende Regierungslehre die Fiktion der (Anerkennung der) Verfassungssouveränität voraussetzt.

D. Souveränität als Kategorie der Kausalanalytischen Sozialwissenschaft

Die Kausalanalytische Sozialwissenschaft befaßt sich mit der tatsächlichen Vorfindbarkeit von sozialen Phänomenen und ihren ursächlichen Zusammenhängen. Sowohl eine Legitimitätstheorie der ‚Verfassungsgerichtsbarkeit' als auch eine kategoriale Bestimmung der Souveränität bedürfen zu ihrer Vollständigkeit der Erkenntnisse und

Erkenntnisweisen der Soziologie von Recht und Politik. Sie benötigen eine sozialwissenschaftliche Informiertheit über die Faktizität von (Herrschafts-)Macht.

Abstrakt läßt sich die Funktion der soziologischen Machtanalyse so umreißen: Die sozialwissenschaftliche Bestimmung von Macht und Herrschaft liefert eine Gegenfolie zu den normativen Ordnungen der Wirklichkeit, die die Philosophie von Recht und Politik, die dogmatische Staatsrechtslehre und politikwissenschaftliche Systemtheorie bereitstellen. Dies erhellt die Zusammenschau der miteinander verzahnten Leistungen dieser Disziplinen:

- Mithilfe des begrifflichen Instrumentariums der Philosophie läßt sich die Legitimität von Herrschaft bestimmen.
- Das terminologische Potential der Rechtsdogmatik ist notwendig, um diese Legitimität in (eine) Legalität zu überführen.
- Der Transfer dieser Legitimität und Legalität in (die) Faktizität läßt sich mit dem konzeptionellen Vermögen der Vergleichenden Regierungslehre leisten.
- Um die tatsächlichen Möglichkeiten und Grenzen dieses Transfers anzugeben, ist schließlich der soziologische Fokus auf die Faktizität von Macht erforderlich.

Konkret ermöglicht die Erarbeitung der soziologischen Begriffe von Macht, Herrschaft und Souveränität – also das Einnehmen der sozialwissenschaftlichen Perspektive – die Untersuchung folgender Fragen: Kann faktische (Herrschafts-)Macht überhaupt mit Legitimität und Legalität des demokratischen Verfassungsstaates zusammengeführt werden? Worauf gründet empirisch der Bestand von legitimer und legaler (Herrschafts-)Macht?

Die Konturierung der soziologischen Gegenfolie verlangt zunächst die begriffliche Klärung der Kategorien ‚Macht', ‚Herrschaft' und ‚Souveränität'.

Im Anschluß an Max Weber läßt sich ‚Macht' als das Vermögen definieren, seinen Willen auch gegen Widerstreben durchzusetzen.[93] ‚Macht' stellt also einen qualitativen Aspekt einer sozialen Beziehung dar. Mindestens zwei Individuen müssen sich in einer sozialen Interaktion befinden, damit vom Vorliegen dieser Qualität gesprochen werden kann.

Auch bei der Bestimmung des Phänomens der ‚Herrschaft' wird hier Webers Herrschaftssoziologie gefolgt: ‚Herrschaft' ist demnach die soziale Beziehung, bei der einer der Akteure für einen Befehl bestimmten Inhalts Gehorsam auf seiten des anderen Akteurs findet.[94]

Gemäß diesen Definitionen ist Herrschaft somit eine Sonderform von Macht. Dies bedeutet, Herrschaft ist auf Dauer angelegte Macht. Stabilität und Konstanz erlangt Herrschaftsmacht durch den Rekurs auf technische und personelle Ressourcen. Kurz gefaßt, Herrschaft ist institutionalisierte Macht. Macht im allgemeinen ist dies hingegen nicht notwendigerweise. Sie ist vielmehr, wie Weber schreibt, soziologisch amorph. Das heißt, Macht als Obergriff ist nicht an bestimmte Gestaltformen ge-

---

[93] Vgl. MAX WEBER: *Wirtschaft und Gesellschaft*. Grundriß der verstehenden Soziologie, hrsg. von Johannes Winckelmann, Tübingen 1980 [5. Aufl.], 28.
[94] Vgl. ebd.

III. Dimensionen der Souveränität   363

bunden. Sie kann also etwa sporadisch auftreten: Sie kann in einer bestimmten Situationskonstellation vorhanden sein und mit der Veränderung dieser Konstellation von einem Moment zum nächsten nicht mehr bestehen.

Die Kategorie der Souveränität läßt sich in diese Linie einreihen. Damit ist gemeint, Souveränität läßt sich als eine besondere Form von Macht, nämlich als ein Unterfall von Herrschaft begreifen: Souveränität bedeutet demnach umfassende und unumschränkte Herrschaftsmacht – in einem Wort: Allmacht.

Der Anschluß dieser Begriffe an die Realität ist vor die Schwierigkeit gestellt, daß dies aufgrund einer unaufhebbaren Kontingenz des sozialen Lebens nur bedingt oder sogar überhaupt nicht gelingt. Alle Zuschreibungen der Soziologie, die Träger und Orte von Macht und Herrschaft anzugeben suchen, stehen im Modus der Ungewißheit. Die Steuerbarkeit fremden Handelns mag weit reichen, doch sie ist nicht vollständig zu erzielen. Fremdes Handeln ist – so gering dieses Moment auch immer zum Vorschein kommt – unverfügbar.

Daher definiert Max Weber sämtliche Macht und Herrschaft einschließenden sozialen Beziehungen stets mit dem Begriff der ‚Chance'.[95] Folglich ist Macht als die *Chance* zu verstehen, den eigenen Willen auch gegen Widerstreben durchzusetzen. Folglich ist Herrschaft als die *Chance* aufzufassen, für einen Befehl bestimmten Inhalts Gehorsam zu finden.

Verfolgt man diese Begriffsstrategie, mit der Figur der Chance zu operieren, weiter, läßt sich Souveränität als die *Chance* begreifen, über alles und jeden verfügen zu können. Dabei ist durchaus anerkannt, daß sich Macht und insbesondere Herrschaft durch Institutionalisierungen (welcher Art auch immer) steigern lassen. Doch zugleich ist berücksichtigt, daß sich dadurch Ungewißheit nicht restlos eliminieren läßt und diese Varianten der Machtsteigerung an einem bestimmten Punkt ihre Grenze finden.

Dieser Punkt ist kaum zu identifizieren; jedenfalls befindet er sich jenseits der Omnipotenz. Anders gewendet: die Allmacht stellt eine reine Fiktion dar; Souveränität – soziologisch definiert als Chance zur Totalverfügung – existiert nicht.

Dies gilt es allerdings einzuschränken: Als eine ausschließlich destruktiv ausgerichtete Form von Macht, als Vermögen, das völlig zerstört, gibt es totale (Herrschafts-) Macht – etwa als Macht, die eine atomare Apokalypse herbeiführt.

Abgesehen von derartigen exzeptionellen Potentialen verhält sich die pure Macht spiegelbildlich zur reinen Legitimität. Beide sind fiktiv und nicht real; beide stehen außerhalb der Zeit. Sind sie verwirklicht, so ist das Ende der Geschichte eingetreten.

Die begriffliche Zusammenführung von Herrschaft und Legitimität läßt sich mit einem rein fiktiven oder das Ende der Geschichte markierenden Souveränitätsbegriff nicht anreichern. Doch vielleicht ist ein Anschluß an die Dimensionen von Philosophie, Rechtsdogmatik und Vergleichende Regierungslehre auf diese Weise möglich: Analog zu den derivativen Formen der maßstabhaften Souveränität lassen sich soziologische Souveränitätskategorien bilden, die sich der Chance zur Totalverfügung nur

---

[95] Im folgenden WEBER: *Wirtschaft und Gesellschaft* [aaO. FN 93 S. 362 dieser Arbeit], 28.

annähern, ihr aber nicht gleichkommen. Omnipotenz ist demzufolge als sozialwissenschaftliche Souveränität erster Ordnung einzustufen, während die nun zu bildenden Begriffe als Souveränität zweiter Ordnung figurieren.

Für die Begriffsbildung kommen hierfür etwa folgende Phänomene in Betracht: die Revolution, der Ausnahmezustand, der Einfall einer auswärtigen Macht, der Bürgerkrieg oder die Naturkatastrophe. All dies sind Ereignisse und Zustände, die die staatliche Ordnung, welche Staatsrechts- und Vergleichende Regierungslehre als bestehend voraussetzen, zumindest zeitweilig suspendieren können. Statt Machtvollkommenheit umschreiben diese Souveränitätsbegriffe nun eine Form der (zeitweiligen) Aufhebung der Rechtsordnung.

Die Angabe von Trägern dieser Souveränitätspotentiale ist durchaus in manchen dieser Fälle möglich, zumindest wenn der Chancenbegriff verwendet wird. Am einfachsten ist dies beim Einfall einer auswärtigen Macht, am schwierigsten dürfte unter Umständen die Zuschreibung der Urheberschaft bei Naturkatastrophen sein.

Jedoch vermag auch die grenzbegriffliche Bestimmung der Souveränität als Aufhebung der staatlichen Rechtsordnung und ihrer Organisationsstrukturen für die kategoriale Fusion von Legitimität und Herrschaft nichts beizutragen. So liefern die Grenzbegriffe der Souveränität zwar Instrumente für die sozialwissenschaftliche Machtanalyse, aber sie sind weder an die rechtsphilosophische noch die rechtsdogmatische noch die politologische Dimension[96] anzuschließen. Denn die Kontigenz der sozialen Wirklichkeit verhindert eine hinreichend gewisse Zuschreibung, ganz zu schweigen von einer rechtlichen Zurechenbarkeit dieser Ausprägungen von Macht und Herrschaft. Bei dem Gehalt der Letztverbindlichkeit war dies noch möglich, bei der Aufhebung der Rechtsordnung und ihrer Organisationsstrukturen ist dies nicht mehr zu erreichen.

So gibt es natürlich noch Handlungsmacht in anomalen Zuständen, das heißt: in Situationen, in denen rechtliche Normen keine effektive Regelungskraft mehr besitzen. Zu nennen wären hier der Ausnahmezustand sowie die „Gesetzlosigkeit". Doch in diesen Situationen gibt es keine Möglichkeit, *a priori* eine Anbindung an Legitimität und Legalität im Sinne des demokratischen Verfassungsstaates zu entwerfen.

Dergestalt ließe sich die Legitimität (und eventuell auch die Legalität) einer Verhängung des Ausnahmezustands zwar an die Rückführung des suspendierten Rechts zur vormaligen Regelungsweise oder zumindest zu vergleichbaren demokratischen Standards knüpfen. Jedoch wäre eine solche Rückführung stets nur *ex post* überprüfbar. Solange aber die Suspendierung der demokratischen Rechtsordnung oder wesentlicher Teile von ihr besteht, gibt es keine Gewähr dafür, daß der Machthaber die Erreichung demokratischer Standards erstrebt. Ebenso ungewiß ist, ob er den „gesetzlosen" Zustand zu beseitigen beabsichtigt – und: ob ihm dies auch gelingen wird.

Mit welchen Souveränitätsbegriffen soll dann aber eine auf Legitimität ausgerich-

---

[96] Die Termini ‚Dimension' und ‚Ebene' werden synonym gebraucht.

III. Dimensionen der Souveränität

tete Theorie – etwa eine Legitimitätstheorie der Verfassungsgerichtsbarkeit – arbeiten?

In Frage kommen die bereits entwickelten Souveränitätsbegriffe, also die Bestimmungen der Souveränität, die in den Sprachen der Philosophie, der Rechtsdogmatik und der Vergleichenden Regierungslehre formuliert wurden.

Dies hieße allerdings, daß diese drei Dimensionen der Souveränität keineswegs sämtliche Gestaltformen und Träger von Macht und Herrschaft erfassen würden. Nicht alle Erscheinungsformen von Macht und Herrschaft, nicht alle Subjekte von Souveränität ließen sich bei dieser Begriffsstrategie konzeptionell einordnen. Insbesondere würde bei der Operation mit den Souveränitätsbegriffen, die die Optik der Rechtsphilosophie, des Staatsrechts oder der Politikwissenschaft einnehmen, jeweils vorausgesetzt, daß (zumindest grundsätzlich) eine demokratisch-rechtsstaatliche ‚Normallage' gelten müßte.[97] Diese Voraussetzung ist aber kontrafaktischer Natur. Die Souveränitätsbegriffe der Philosophie, der Rechtsdogmatik und der Vergleichenden Regierungslehre enthielten demnach einen durch die Realität nicht gedeckten „normativen Überschuß".

Vermögen die bisher entwickelten, in diesem Sinn ‚normativen' Souveränitätsbegriffe auch gegenüber einem machtanalytischen Blick zu bestehen? Die folgenden, abschließenden souveränitätstheoretischen Ausführungen zeigen, daß dies der Fall ist – daß also die hier ausgearbeitete Souveränitätstheorie auch gemäß der hier als soziologisch definierten Perspektive zweckdienlich und haltbar ist.

E. Die personalistische[98] Verkürzung der Souveränität

Die hier ausgearbeitete Souveränitätstheorie operiert auf den Ebenen der Philosophie und teilweise auch der Rechtsdogmatik mit Trägern von Souveränität, die keine natürlichen Personen sind. Vielmehr sind die souveränen Subjekte bei den Theoremen von der Volkssouveränität als Legitimitätskriterium und von der Verfassungssouveränität als demokratiekompatible Legalitätsbedingung fiktiver Natur.

Nun könnte ein möglicher Einwand gegen die hier vertretenen Konzeptionen der Volkssouveränität und der Verfassungssouveränität lauten, daß non-personale Souveränitätsbestimmungen nicht sinnvoll sind. Und zwar deswegen, weil weder fiktive rationale Wesen noch Dokumente, wie Verfassungstexte, reales Handlungsvermögen besitzen.

In diese Richtung zielt die Kritik von Ernst-Wolfgang Böckenförde am Begriff der Verfassungssouveränität. Böckenförde wendet sich gegen den Gedanken der Verfas-

---

[97] Mit ‚Normallage' ist gemeint, daß politische Gemeinwesen (allenfalls mit Abstrichen) als Rechtsstaat und Demokratie charakterisiert werden können.
[98] ‚Personalismus' bedeutet hier ein Insistieren darauf, daß nur natürliche Personen Inhaber von Souveränität sein können. Diese Bezeichnung soll nicht auf die Figur der juristischen Person oder auf einen christlichen Personalismus verweisen.

sungssouveränität, indem er argumentiert, dieser Gedanke habe nur den Anschein der Sachlogik: Dieser Anschein währe solange, als

> „ein ernsthafter Konflikt innerhalb des Staates nicht entsteht, Inhalt und Geltung der Verfassung selbst nicht problematisch werden. Tritt hingegen ein wirklicher Konflikt im Verfassungsbereich auf, erhebt sich sofort die nicht nur tatsächliche, sondern auch rechtlich erhebliche Frage, wer das ‚letzte Wort' über den Inhalt und die Anwendung der Verfassung hat und wer in der Lage ist, diesem Wort Geltung zu verschaffen. Das ist die Frage nach der letzten und höchsten Entscheidungs- und auch Machtinstanz innerhalb des Staates. Auf eine solche Instanz kann kein Staat verzichten, der als Friedens- und Handlungseinheit bestehen will."[99]

Böckenfördes Kritik am Gebrauch des Begriffs der Verfassungssouveränität ist zwar in gewisser Hinsicht berechtigt. Doch auf die hier vertretene Konzeption ist seine berechtigte Kritik nicht übertragbar. Ungeachtet dessen beruht Böckenfördes Kritik darüber hinaus auf Annahmen, die fragwürdig sind.

Berechtigt ist Böckenfördes Einwand nur gegen eine bestimmte Weise der Verwendung der Kategorie der Verfassungssouveränität: Er ist zutreffend, wenn mit dieser Kategorie das Vorhandensein jeglicher – rechtlicher wie tatsächlicher – Souveränität auszuschließen versucht wird.

So ist die Idee der Verfassungssouveränität irreführend, wenn Lehren von der Verfassungssouveränität den in jedem Rechtsgefüge etablierten Träger jenes „letzten Wortes",[100] das die Letztverbindlichkeit von Entscheidungen statuiert, unterschlagen. Bei diesen Lehren vermag der Begriff der Verfassungssouveränität den Charakter einer „Scheinformel von Sachlogik" anzunehmen. Insofern ist Ernst-Wolfgang Böckenförde durchaus Recht zu geben. Aber dies gilt eben nur, wie ausgeführt, für Konzeptionen, die die Verfassungslage zwar mit dem Begriff der Verfassungssouveränität beschreiben, aber (dennoch) keine (rechtlich ermächtigte) handlungsfähige Instanz nennen.

Ferner ist Böckenfördes Einwand berechtigt, wenn der Begriff der Verfassungssouveränität *zur umfassenden Kennzeichnung der Realität* eines politischen Systems verwendet wird und wenn bei dieser Kennzeichnung wiederum keine mit Handlungsvermögen ausgestattete Instanz erwähnt wird.[101] In diesem Fall wird der tat-

---

[99] ERNST-WOLFGANG BÖCKENFÖRDE: Begriff und Probleme des Verfassungsstaates, in: ders.: *Staat, Nation, Europa*. Studien zur Staatslehre, Verfassungstheorie und Rechtsphilosophie, Frankfurt a.M. 1999, 127–140 [133–134] {Erstveröffentlichung in: R. Morsey/H. Quaritsch/H. Siedentopf (Hg.): Staat, Politik, Verwaltung in Europa. Gedächtnisschrift für Roman Schnur, Berlin 1997, 137–147}.

[100] Die Verankerung dieser Träger in jeder materiellen Verfassung kann etwa aufgrund positivrechtlicher Bestimmung in der Verfassungsurkunde oder aufgrund von gewohnheitsrechtlicher Überlieferung erfolgen. Möglich ist freilich, daß dies nicht klar geregelt ist und somit eine Konkurrenz zwischen zwei oder mehreren Letztentscheidungsaspiranten besteht.

[101] Eine solche Lesart scheint bei WINFRIED STEFFANI vorzuliegen. Vgl.: Zur Vereinbarkeit von Basisdemokratie und parlamentarischer Demokratie, in: *APuZ* 2/1983, 3–17 [7]: „Nach dem Selbstverständnis des demokratischen Verfassungsstaates tritt das Volk jedoch nur im Akt der Verfassungsgebung als Souverän, d.h. als über dem Recht stehende und frei über das Recht

III. Dimensionen der Souveränität   367

sächliche Träger der Letztverbindlichkeitskompetenz verhüllt. So wird die weichenstellende Wirkung jener Instanzen, die mehr oder weniger unumkehrbare Entscheidungen fällen können (falls das Legalitätssystem intakt ist), ausgeblendet. Auf diese Weise läßt eine derartige undifferenzierte Verwendung des Begriffs der Verfassungssouveränität ein wesentliches profilbestimmendes Strukturmerkmal von politischen Systemen außer acht. Zugleich wird dadurch eine nicht unerhebliche Dimension der Legitimität von politischen Systemen nicht beleuchtet. Konkret ausgedrückt, kaschiert der undifferenzierte Gebrauch des Ausdrucks der Verfassungssouveränität das, wodurch sich demokratische politische Systeme voneinander unterscheiden. Auch hier stellt sich durch die Ausblendung der Faktizität von (Herrschafts-)Macht nur der „Anschein von Sachlogik" ein.

Böckenfördes Einwand ist jedoch nicht stichhaltig, wenn die Kategorie der Verfassungssouveränität so eingesetzt wird, daß sie nur die Idee der Demokratie rechtsdogmatisch an das rechtliche und organisatorische Staatsgefüge anschließt. Da die hier vertretene Souveränitätstheorie sich der Kategorie der Verfassungssouveränität bedient, um diesen Anschluß zu leisten, entbehrt Böckenfördes Zurückweisung des Begriffs der Verfassungssouveränität ihre Berechtigung.

Böckenfördes *kategorische* Kritik am Begriff der Verfassungssouveränität und sein Insistieren auf der Personalität und Handlungsmächtigkeit des souveränen Subjekts[102] zielt an der Sache vorbei: Eine sinnvolle Konzeption der *Verfassungs*souveränität setzt überhaupt nicht voraus, daß ein Dokument wie eine Verfassung handlungsfähig sei – und sie muß dies auch nicht voraussetzen. Das Gleiche gilt für die Konzeption einer maßstabhaften Volkssouveränität: Eine Konzeption der *Volks*souveränität, die als Legitimitätskriterium dient, benötigt kein *als Kollektivkörper* agierendes Volk.

Zugleich wird mit den hier vertretenen Konzeptionen von Verfassungs- und von

---

verfügende Grundgewalt auf. Ist die Verfassung beschlossen, unterwirft sich auch das Volk den Grundrechts-, Kompetenz-, Organisations- und Verfahrensbestimmungen seiner Verfassung und handelt – wie alle anderen Staatsorgane und Verfassungsinstitutionen – nur innerhalb der Regelungen des mehr oder weniger weitreichende politische Gestaltung zulassenden Verfassungsrahmens." Mit seinen Ausführungen zum Begriff der Verfassungssouveränität scheint bei Steffani die Souveränitätsthematik erschöpfend erörtert worden zu sein. Dies ist zum einen darauf zurückzuführen, daß er Souveränität allein als transzendentale Kategorie des positiven Rechts auffaßt, die als solche keinen rechtlichen Bindungen unterliegt. Zum anderen stellt er – in den hier durchgesehen Schriften – keine Überlegungen an über die Grenzen der Determination der sozialen Wirklichkeit durch das positive Recht. Vgl. WINFRIED STEFFANI: *Parlamentarische und präsidentielle Demokratie,* Opladen 1979.

[102] Dieses Verständnis von Souveränität ist weit verbreitet. Auf der gleichen Linie wie Böckenförde und Schmitt liegt auch H. Heller. Vgl. HERMANN HELLER: Die Souveränität. Ein Beitrag zur Theorie des Staats- und Völkerrechts, in: Christoph Müller (Hg.): Hermann Heller: *Gesammelte Schriften.* Zweiter Band: Recht, Staat, Macht, Tübingen 1992 [2. Aufl.; zuerst veröffentl. 1927 in: Beiträge zum ausländischen öffentlichen Recht und Völkerrecht, H. 4], 31–202 [38]: „[...] beginnt im 19. Jahrhundert der Degenerationsprozeß des Souveränitätsbegriffes; heute ist er, um den Ursachenkomplex kurz zusammenzufassen und das Ergebnis dieser Degeneration kurz zusammenzufassen, subjekt- und damit heimatlos geworden. Die Geschichte dieses Prozesses ist die mit dem immanenten Gesetzesdenken der Renaissance anhebende Geschichte des entpersönlichten Rechtsstaates."

Volkssouveränität die Erforderlichkeit der Personalität und Handlungsmächtigkeit von Institutionen und Agenturen auf der Ebene des realen rechtlich-politischen Prozesses nicht negiert. Verneint wird allein, daß in der *philosophischen* Perspektive Handlungsfähigkeit eine notwendige Eigenschaft des Trägers der Souveränität wäre. Des weiteren wird lediglich verneint, daß in der *rechtsdogmatischen* Perspektive Handlungsmächtigkeit ein notwendiger Begriffsinhalt wäre, um den *Status* der Normwirklichkeit als *legale* Bedingung der Volkssouveränität zu kennzeichnen.

Denn die Bestimmung sowohl der Volkssouveränität als auch der Verfassungssouveränität als Fiktionen ist mit der Erkenntnis verbunden, daß Handlungsfähigkeit nur über reale Personen zustande kommt. Auf politische Einheiten bezogen, heißt dies: Es bedarf realer Personen, die im Namen einer politischen Einheit agieren; es bedarf aber zugleich einer gewissen Anzahl von Personen, die diese Autorisation auch anerkennen. Für politische Einheiten generell ist eine Anerkennung zumindest auf seiten[103] der Angehörigen des Herrschaftsstabes notwendig, damit die Fiktion der „Staats"- gewalt wirkmächtig ist.

Notwendig ist bei echten Demokratien vielmehr folgende Wirkmächtigkeit von Fiktionen:
- Die Fiktion der Volkssouveränität ist dann – und nur dann – von einer Relevanz für die soziale Wirklichkeit, wenn die demokratischen Institutionen und Agenturen auch von den Herrschaftsunterworfenen anerkannt werden.[104]
- Die Fiktion der Verfassungssouveränität ist dann – und nur dann – von einer Relevanz für die soziale Wirklichkeit, wenn die durch die Verfassung etablierten Institutionen und Agenturen anerkannt werden.[105] Demnach sind rechtliche Zuschreibungen von erheblicher Bedeutung für ein politisches System – und dabei spielt es keine Rolle, daß sie stets einen nicht zu eliminierenden fiktiven Gehalt besitzen. Dies läßt sich gerade auch am Begriff der Verfassungssouveränität zeigen: Zwar ist die Verfassung nicht ein zurechenbarer Träger von Souveränität. Doch keineswegs fiktiv, sondern vollkommen real ist der mögliche Sachverhalt, daß die Vorschriften der Verfassung Beachtung finden. Geschieht dies nicht mehr, ist das

---

[103] Wohlgemerkt: „auf seiten", nicht: „der". Um Mißverständnissen vorzubauen, sei des weiteren festgestellt, daß für politische Einheiten, die als echte Demokratien – im Sinne des hier entwickelten Legitimitätskriteriums – bezeichnet werden können, die Anerkennung allein auf seiten des Herrschaftsstabes nicht ausreicht.

[104] Zu ergänzen ist: diese Anerkennung schließt ein, daß die Herrschaftsunterworfenen die Beteiligungsmöglichkeiten dieser Institutionen und Agenturen – zumindest zum Teil – auch nutzen. Diese Anerkennung gründet sich auf den Ressourcen des Wert- und des Rechtskonsenses.

[105] Analog zum Text der vorigen Fußnote [FN 104] ist hier anzufügen: Diese Anerkennung schließt ein, daß die Herrschaftsunterworfenen zumindest z.T. von den Partizipationschancen Gebrauch machen, die diese Institutionen und Agenturen bieten. Zudem dürfen diese Institutionen und Agenturen keine Konkurrenz durch Institutionen und Agenturen erfahren, die sich jenseits des Legalitätssystems der der Definition zugrundegelegten Verfassung bewegen. Die Anerkennung der durch die Verfassung garantierten Institutionen gründet sich ebenfalls auf den Ressourcen des Wert- und des Rechtskonsenses.

III. Dimensionen der Souveränität   369

politische System nicht mehr in Kraft. Insofern erfüllt der Begriff der Verfassungssouveränität eine orientierungspraktische Funktion.

In einer Zwischenbilanz läßt sich somit resümieren: Die Verwendung der Kategorie der Verfassungssouveränität ist irreführend, wenn sie sich nicht auf die ihr angemessene Dimension des Phänomens der Souveränität bezieht und wenn sie nicht mit dem dieser Dimension gemäßen Aussageinhalt erfolgt. Für die Kategorie der Volkssouveränität gilt das Gleiche. In beiden Fällen ist es erforderlich, die fiktionalen Gehalte funktionsadäquat zu gebrauchen.

Allgemein betrachtet: Fiktionen sind bei sozialer Interaktion durchaus praktikabel, mehr noch: sie sind sogar unvermeidbar. Dies gilt im Bereich der Politik ebenso wie etwa im Bereich der Wirtschaft. Die ökonomischen Transaktionen beruhen beispielsweise seit der Einführung des Geldes auf der Fiktion der finanziellen Werthaftigkeit dieses Mediums. Fiktionen bergen allerdings die Gefahr, die Realität zu verschleiern und zu verzerren.

Zurück zu Böckenfördes These einer ausschließlich personal zu definierenden Souveränität – diese These basiert sowohl auf einer nicht tragfähigen als auch auf einer zumindest fragwürdigen Annahme.

Nicht tragfähig ist die Annahme, rechtliche Normativität und soziale Faktizität seien deckungsgleich, sofern die Souveränitätsfrage positivrechtlich entschieden ist.[106] Böckenförde legt diese Annahme – in der Tradition von Carl Schmitts Souveränitätslehre[107] – nahe. Staatsrecht und Wirklichkeit können jedoch auseinanderklaffen. Die berühmte Sentenz in Schmitts Schrift »Politische Theologie« „Souverän ist, wer über den Ausnahmezustand entscheidet."[108] ebnet diese Differenz ein, indem sie ein faktisches Sein an ein rechtliches Sollen anbindet. Zwar *mag* über den Ausnahmezustand diejenige Instanz entscheiden, die von der rechtlichen Zurechnung her dafür vorgesehen ist oder die sich die rechtliche Ermächtigung hierzu zurechnet. Dies muß aber nicht so sein. Heidrun Abromeit bringt es so auf den Punkt: Über den Ausnahmezustand kann auch ein Gefreiter entscheiden.[109] Carl Schmitt, Hermann

---

[106] Vgl. BÖCKENFÖRDE: Begriff und Probleme des Verfassungsstaates [aaO. FN 99 S. 366 dieser Arbeit], 134: „Der Gedanke der Souveränität der Verfassung [...] bleibt letztlich [...] ein Stück Fiktion, weil keine Norm sich selbst vollzieht oder anwendet. Seine praktische Wirkung ist deshalb nicht, daß die Souveränität verschwindet, etwa durch die Verfassung ersetzt oder aufgelöst wird. Sie bleibt potentiell erhalten und findet ihren konkreten Träger, dessen sie immer bedarf, bei derjenigen Instanz, die im Konfliktfall effektiv in der Lage ist, über Inhalt und Anwendung der Verfassung letztverbindlich zu entscheiden. Dies kann sich auf der Grundlage einer verfassungsrechtlichen Befugnis und deren Ausdeutung herstellen. Wenn diese fehlt, kann es sich aufgrund tatsächlicher erfolgreicher Inanspruchnahme ergeben." Dies bedeutet doch im Umkehrschluß: Wenn die positivrechtliche Befugnis *nicht fehlt*, dann fällt die rechtlich bestimmte Instanz „effektiv" die letztverbindliche Entscheidung.
[107] SCHMITT: *Politische Theologie* [aaO. FN 83 S. 355 dieser Arbeit].
[108] SCHMITT: *Politische Theologie* [aaO. FN 83 S. 355 dieser Arbeit], 11.
[109] VPV, 50: „Was hier gemeint ist, ist auch nicht identisch mit dem Diktum ‚Souverän ist, wer über den Ausnahmezustand entscheidet' [...]; das kann im Zweifelsfall, systematisch wie historisch zufällig, ein einzelner Gefreiter sein." Dies wird hier so aufgefaßt, daß die ‚letzte Entscheidung' über den Ausnahmezustand nicht von den (rechtlich) höchsten Instanzen im Staat gefällt werden

Heller und Ernst-Wolfgang Böckenförde übersehen somit, daß die fiktionale Natur des Rechts damit einhergeht, daß die positivrechtliche Normwirklichkeit die soziale Wirklichkeit lediglich prägt. Eine Festlegung der sozialen Wirklichkeit durch rechtliche Vorbestimmung ist nicht möglich.

Nicht zu widerlegen, dennoch fragwürdig ist eine noch grundlegendere Annahme von Böckenfördes Souveränitätsverständnis. Indem Böckenförde den Begriff der Souveränität für die im Konfliktfall sich erweisende tatsächliche Herrschaftsmacht reserviert, legt er seinen Ausführungen die Prämisse zugrunde, (diese) tatsächliche Herrschaftsmacht garantiere die ‚Normallage' eines politischen Systems. In diesem Sinn gründet Böckenförde die Verfassung auf den Staat, das Recht auf die Macht. Fragwürdig ist dies, weil dergestalt ein Fragezeichen zum Fundament erhoben wird.

Mit der gleichen theoretischen Validität läßt sich folgende Umkehrung dieser Souveränitätsdoktrin vertreten: Die demokratisch-rechtsstaatliche ‚Normallage' besteht deswegen, weil niemand – mit Aussicht auf Erfolg – versucht, die naturrechtliche Legitimation, die Rechtsordnung und ihr Organisationsgefüge zu beseitigen. Oder anders gewendet: Recht und Macht, Staat und Verfassung gründen sich auf Anerkennung – genauer: hinreichender Anerkennung. Oder nochmals anders: Der demokratische Verfassungsstaat beruht auf Vertrauen – oder er existiert (noch) nicht (als ein solcher).[110]

Solange diese Gegenthesen gelten (auch dies ist mit einem Fragezeichen zu versehen), solange sind die drei normativen Souveränitätsbegriffe zweckdienlich und sozialwissenschaftlich haltbar.

---

muß. Vielmehr kann auch eine dialektische Entwicklung in Gang kommen, die durch irgendeinen Akteur ausgelöst werden kann, sofern die Situation die hierzu erforderlichen Ausgangsbedingungen aufweist.

[110] Ein Reflex dessen ist, daß die Ursprünge demokratischer und verfassungsstaatlicher Entwicklungen allenfalls bedingt eine solche Natur aufweisen. Die Gründungsakte von Demokratie und Konstitutionalismus sind von einem prekären demokratischen und verfassungsstaatlichen Charakter. Denn zu diesen Gründungsakten muß die Ressource Vertrauen vielfach erst erworben werden. Oder die Lage ist statt durch Vertrauen durch – gelinde formuliert: – Mißtrauen geprägt. Mißtrauen bis feindliche Gegnerschaft kann herrschen, weil die Gründungsakte in der Regel nur durch die Überwindung von Widerständen gelingen können, was auf seiten der Anhänger anderer Ordnungsvorstellungen Ablehnung hervorrufen oder verstärken kann. Vertrauensabträglich kommt hinzu, daß Gründungsakte notwendigerweise nur durch exklusive Teile der Bürgerschaft initiiert werden können.

§ 6 Verfassungsgerichtsbarkeit und Justiziabilität

I. Legitimität und Justiziabilität

A. Zum Stand der Untersuchung

Die bisherigen Kapitel dieser Arbeit haben die Legitimität der Institution der ‚Verfassungsgerichtsbarkeit' schwerpunktmäßig unter – im engeren Sinn – demokratietheoretischen Gesichtspunkten untersucht: In der Blickrichtung der Arbeit standen in erster Linie die Bürgerschaft sowie die Institutionen und Agenturen, die ein politisches Gemeinwesen zur Realisierung der Staats- und Regierungsform Demokratie benötigt und die zum Handlungssystem der Politik zählen. Die Verfassungsrechtsprechung erfuhr dabei vornehmlich in ihrer Beziehung zu diesen Institutionen und Agenturen sowie zur Bürgerschaft Beachtung. Dagegen blieb der juristische Diskurs über den Inhalt und die Implementation der Rechtsordnung, den die Rechtsprechung führt, weitgehend unberücksichtigt. Die Eigenart dieses Diskurses ist jedoch für die Legitimität der ‚Verfassungsgerichtsbarkeit' von Belang – ob ,verfassungsgerichtliche' Befugnisse zu rechtfertigen sind, insbesondere auch: ob sie mit demokratischen Kriterien zu begründen sind, hängt nicht zuletzt von den Kapazitäten des Rechts und der Rechtsprechung ab. Daher muß dieser juristische Diskurs, müssen Recht und Rechtsfindung in die – in einem weiteren Sinn – demokratietheoretischen Betrachtungen einbezogen werden.[1]

Doch zunächst zurück zu den bislang ermittelten Ergebnissen dieser Arbeit hinsichtlich der Demokratietheorie *im engeren Sinn* und zu derem Schlüsselbegriff der Souveränität: Demokratietheoretisch betrachtet, ist ‚verfassungsgerichtliche' Aufsicht zwar nicht geboten, jedoch mit demokratischen Kriterien in Einklang zu bringen. Dieser Einklang stellt sich (nur) insofern ein, als ,verfassungsgerichtliche' Entscheidungsbefugnisse *grundsätzlich* das Postulat der Volkssouveränität nicht untergraben. Ferner kann die Forderung nach der Volkssouveränität – ohne *prinzipielle* Inkonsistenz hervorzurufen – mit dem Gedanken der Verfassungssouveränität verbunden werden. Allerdings ist für die Vereinbarkeit der Institution der ‚Verfassungsgerichtsbarkeit' mit der Demokratie sowie für die Kompatibilität von Verfassungssouveränität

---

[1] Es lassen sich ein engerer und ein weiterer Blickwinkel der Demokratietheorie voneinander unterscheiden. In dem engeren Blickwinkel geraten nur die Institutionen und Agenturen, die unmittelbar die kollektive Autonomie der Bürgerschaft gewährleisten, sowie natürlich die Bürgerschaft selbst. Vom weiteren Blickwinkel aus wird hingegen das gesamte Regierungssystem erfaßt – denn mittelbar tragen sämtliche Institutionen und Agenturen eines politischen Gemeinwesens zur Selbstregierung der Bürgerschaft bei.

und Volkssouveränität ein bestimmter Begriff von Volkssouveränität erforderlich. Des weiteren ist hierfür allgemein ein Verständnis von Souveränität zugrunde zu legen, das das Phänomen der Souveränität als ein mehrdimensionales begreift. Das heißt, die Konzeption der Souveränität muß als eine mehrsprachige angelegt werden, die verschiedene mit sozialer Interaktion befaßte, disziplinspezifische Perspektiven vereint. Dabei ist zugleich der Übersetzbarkeit dieser fächereigentümlichen Facetten der Souveränität Rechnung zu tragen, soweit sie interdisziplinär (nämlich innerhalb dieser Fächer) möglich ist, und deren Unübersetzbarkeit zu berücksichtigen, soweit sie zwischen diesen Fächern besteht.

Diese spezifisch gefaßten Souveränitätsbegriffe werden den substantiellen und prozeduralen Gehalten der Demokratie gerecht: Sie nehmen sowohl die Idee der Menschen- und Bürgerrechte als auch die institutionellen und verfahrensmäßigen Bedingungen von kollektiver Autonomie in sich auf. Die grundbegriffliche Integrierbarkeit der substantiellen Gehalte auf der einen und der prozeduralen auf der anderen Seite, der maßstäblichen Rechte einerseits und der demokratischen Artikulationsstrukturen andererseits hebt jedoch die empirischen Spannungsverhältnisse zwischen ihnen nicht auf. Ebenso sind Rechtsstaat und Demokratie naturrechtlich fiktional miteinander versöhnbar, empirisch jedoch ist ihre Beziehung (auch) dialektisch konfiguriert.

Mit diesen Spannungsverhältnissen ist verknüpft, daß die Frage nach der Legitimität der ‚Verfassungsgerichtsbarkeit' im Wege einer Prinzipienerörterung nicht hinreichend zu beantworten ist. Unabwendbar ist ein pragmatisches Abwägen zwischen den Vor- und den Nachteilen ‚verfassungsgerichtlicher' Konfliktregelung. Die deshalb durchgeführte pragmatische Beurteilung ergab, daß verfahrensrationale Gründe die Errichtung einer ‚Verfassungsgerichtsbarkeit' angezeigt erscheinen lassen.

Weitgehend ausgeklammert wurde jedoch bei diesen Zwischenergebnissen die Problematik der Justiziabilität. Der Begriff Justiziabilität umreißt die Fragen,
– ob die Materien, die gerichtlicher Kontrolle unterzogen werden, überhaupt geeignet sind, mit den Mitteln des Rechts entschieden zu werden,
– respektive ob diese Materien geeignet sind, durch eine Gerichtsinstanz entschieden zu werden.

Darüber hinaus ist in dieser Thematik die Frage enthalten, was unter den Mitteln des Rechts und der Rechtsprechung überhaupt zu verstehen ist. In bezug auf die Thematik der ‚Verfassungsgerichtsbarkeit' stellen sich hierbei die Fragen,
– ob sich die besondere ‚Verfassungsgerichtsbarkeit' von der allgemeinen Rechtsprechung unterscheidet – und falls ja:
– worin sie sich von dieser unterscheidet.

Das Sujet der Justiziabilität im Zusammenhang mit der ‚Verfassungsgerichtsbarkeit' betrifft somit die Fragen,
– ob die Materien, die *verfassungsgerichtlicher*‘ Kontrolle unterzogen werden, überhaupt geeignet sind, mit den Mitteln des Rechts entschieden zu werden –
– respektive ob diese Materien geeignet sind, durch eine Gerichtsinstanz entschieden zu werden.

I. Legitimität und Justiziabilität 373

Die Justiziabilitätsproblematik stellt sich nicht erst auf der Ebene der Anwendung ‚verfassungsgerichtlicher' Befugnisse. Vielmehr hängt von ihrer Beantwortung die Legitimität der ‚Verfassungsgerichtsbarkeit' als Institution ab. Nur wenn die Justiziablitätsproblematik hinreichend entschärft ist, ist die Etablierung und Existenz einer ‚Verfassungsgerichtsbarkeit' auch unter (im weiteren Sinn) demokratietheoretischen Gesichtspunkten legitim.

Wie eine Retrospektive auf die Positionen der zentralen Protagonisten der bisherigen Diskussion zeigt, war bei diesen die Problematik der Justiziabilität stets präsent: „Brutus'" Lehre dramatisiert die Unbestimmtheit des Rechts – insbesondere die Unbestimmtheit der rechtlichen Prinzipien der US-Constitution – derart, daß sie zur Folgerung führt, die über die *‚supremacy'* verfügende US-amerikanische Bundesgerichtsbarkeit vermöge im Verbund mit den anderen Organen der Zentralgewalt, sich zu der herrschenden Instanz im Staatsgefüge der (seinerzeit anvisierten) Vereinigten Staaten aufzuschwingen. Stets bestehe latent die Gefahr, daß die Gerichtsbarkeit somit das Staatsvolk als Herrschaftsträger ersetze. „Brutus'" Argumentation bezieht sich allein auf die (geplanten) USA, ist jedoch in die Allgemeingültigkeit übertragbar.

Hamiltons Entgegnung auf „Brutus'" These von der nicht bestehenden Justiziabilität überzeugt nicht. Sein Hinweis, die Ausübung verfassungsgerichtlicher Befugnisse habe als Vorgang der Interpretation statt als Durchsetzung des richterlichen Willens zu erfolgen, stützt sich bei ihm entweder auf einen nicht durchführbaren richterlichen Subsumtionsautomatismus oder nimmt zumindest die Unbestimmtheitsthematik ‚letztverbindlich' urteilender Gerichtskörper nur ungenügend in Angriff. Hamiltons Vergleich der Rechtsprechung des (einzurichtenden) Supreme Court mit derjenigen der sonstigen Gerichtsbarkeit ist zu vereinfachend. Ebenso vereinfachend, wenn nicht sogar irreführend ist seine Fingierung der Verfassung als materialisierter Wille des Volkes.

Samuel Freeman widerspricht zwar der Vorstellung einer Subsumtionsautomatik, indem er Rechtsfindung explizit nicht als Algorithmik ausweist. Doch seine Theorie der Legitimität der ‚Verfassungsgerichtsbarkeit' impliziert genau eine solche Deutung der Rechtsfindung, da nur so die Vorrangstellung der menschen- und bürgerrechtlichen Substanz vor den demokratischen Verfahren gegeben wäre und da nur so die *ideale* Sicherung dieser Vorrangstellung durch die Institution der ‚Verfassungsgerichtsbarkeit' als ausschließlich prinzipientheoretische Rechtfertigung des Judicial Review dienlich ist. Die Eignung der Gerichtsbarkeit, über ‚verfassungsgerichtliche' Materien zu entscheiden, und die Eignung des Rechts für eine derartige Form der Konfliktregelung ist so nicht ausgewiesen.

Für Jeremy Waldron absorbiert das *judgment* der Verfassungsrichter die Autonomie der Bürgerschaft. Da dieses *judgment* auf Prinzipien basiere, die – in einem weiten Sinn – die Bürgerschaft (via repräsentative Volksvertretung) erlassen habe, seien politische Systeme mit Verfassungsgerichtsbarkeit als Mischverfassungen zu typisieren, jedoch nicht als veritable Demokratien. Hamiltonsche Rechtfertigungsversuche des Judicial Review, die die Anwendung richterlichen Urteilsvermögens gegen richterliche Willensdurchsetzung in Anschlag bringen, schiebt Waldron beiseite: „[I]n our

best understanding, politics is *always* a matter of judgment." [P&D, 280; H. i.O.].
Demokratie bedeute die Berechtigung eines Staatsvolkes, sich durch sein eigenes Urteilsvermögen zu regieren. Zwischen politischem und rechtlichem Urteilsvermögen sieht Waldron demnach keine wesentliche qualitative Differenz – und folglich auch keinen Grund für ‚verfassungsgerichtliche' Intervention in den politischen Prozeß. Vielmehr spreche umgekehrt das Fehlen einer solchen *differentia specifica* zwischen bürgerlichem und richterlichem *judgment* gegen konstitutionelle Restriktionen und ein darauf bezogenes ‚verfassungsgerichtliches' Aufsichtsmandat. Denn es führe lediglich zu einer ungerechtfertigten Privilegierung von bestimmten Ansichten. Während Waldrons Forderung nach *government* durch eigenes Urteilsvermögen als inadäquates Demokratiekriterium eingestuft wurde, steht eine Erörterung seiner These von der fehlenden spezifischen Justiziabilität von Verfassungsarrangements jedweder Art noch aus.

Diese Retrospektive und die ihr vorangehende Rekapitulation der erarbeiteten Theorie über die Legitimität der ‚Verfassungsgerichtsbarkeit' manifestieren somit, daß die Justiziabilitätsproblematik bislang nicht entschärft werden konnte. Denn gesichert ist inzwischen zwar, daß es unter – im engeren Sinn – demokratietheoretischen Aspekten nicht erforderlich ist, den Kreis der an der Formulierung der inhaltlichen politischen Willensbildung Beteiligten auf die Bürgerschaft oder die von ihr hierzu ermächtigten legislativen und exekutivischen Vertretungsorgane zu beschränken. Überdies steht das Prinzip der Volkssouveränität nicht der Unterstellung sämtlicher Träger von staatlicher Hoheitsgewalt unter eine gerichtliche Überprüfung entgegen, die mit der Sprache des Rechts und nur mit dieser als ‚letztverbindlich' zu bezeichnen ist. Doch damit sind lediglich die (in einem engeren Sinn) demokratietheoretischen Theoreme der Kritik von „Brutus" und Waldron an der (‚)Verfassungsgerichtsbarkeit(‚) zurückgewiesen, nicht aber ihre rechtstheoretischen Einwände.

Daher gilt es nun, einen Perspektivwechsel vorzunehmen und die Jurisdiktion in den Fokus der Überlegungen zu rücken: Zu untersuchen sind das Vermögen und die Grenzen der (‚Verfassungs'-)Gerichtsbarkeit in rechtstheoretischer Hinsicht.

B. Die Fragestellungen der Justiziabilitätsproblematik

Die Fragen nach der Geeignetheit der ‚verfassungsgerichtlich' zu entscheidenden Materien und nach der Eignung der Gerichtsbarkeit, ‚verfassungsgerichtlich' zu entscheiden, implizieren folgenden Komplex spezifischer Fragen:
– Enthalten die Mittel des Rechts Maßstäbe hinreichender Bestimmtheit beziehungsweise ist eine hinreichende Bestimmtheit des Rechts überhaupt Voraussetzung legitimer ‚verfassungsgerichtlicher' Entscheidbarkeit?
– Ist eine Bindung der Rechtsprechung an hinreichend bestimmte rechtliche Maßstäbe überhaupt möglich und ist eine solche überhaupt notwendig?
– Muß Rechtsprechung und ‚Verfassungsrechtsprechung' auf neutrale und objektive

Maßstäbe rekurrieren und von einem neutralen und objektiven Standpunkt aus erfolgen? Vermögen sie dies überhaupt?
– Wie sind Rechtssetzung und Rechtsanwendung miteinander verbunden und voneinander abzugrenzen?
– Mit welchem Modell von Rechtsfindung ist zu operieren?
 * Wie kann Rechtsfindung erfolgen?
 * Wie soll Rechtsfindung erfolgen?
 * Was bedeutet eine Abweichung vom Sollen?

Eine Klärung dieser mit der Justiziabilität verbundenen Fragen gibt so Aufschluß darüber, was für ein Verhältnis zwischen Recht und Politik bestehen kann und soll.

II. Joseph William Singers Sicht von Recht, Moral und Politik

Joseph William Singer macht sich in seinem Aufsatz »The Player and the Cards: Nihilism and Legal Theory«[2] zum Anwalt des ‚Critical Legal Studies Movement'. Diese Bewegung ist in den Vereinigten Staaten von Amerika beheimatet und stellt dort eine der dominierenden Strömungen der US-amerikanischen Rechtstheorie dar.[3] Die Bezeichnung dieser Bewegung rührt daher, daß ihre Vertreter mit der ‚Conference on Critical Legal Studies' in Verbindung gebracht werden. Als theoretischer Vorläufer der ‚Critical Legal Studies'[4] kann der ‚Legal Realism' betrachtet werden.[5] Unverkenn-

---

[2] JOSEPH WILLIAM SINGER: The Player and the Cards: Nihilism and Legal Theory, in: *The Yale Law Journal*, 94. Bd. (1984), Nr. 1, 1–70 [im folgenden zit. als P&C].

[3] Zu den herausragenden Vertretern der ‚Critical Legal Studies' zählen u.a. MARTTI KOSKENNIEMI [siehe etwa *From Apologia to Utopia. The Structure of International Legal Argument*, Helsinki 1989; *The Gentle Civilizer of Nations. The Rise and Fall of International Law 1870–1960*, Cambridge 2001], MARK V. TUSHNET [siehe etwa *Red, White and Blue. A Critical Analysis of Constitutional Law*, Cambridge {Mass.} u.a. 1988; *Taking the Constitution Away From the Courts*, Princeton {N.J.} 1999] und ROBERTO MANGABEIRA UNGER [siehe etwa *The Critical Legal Studies Movement*, Cambridge {Mass.} u.a. 1986]. Literaturangaben zu ihren Anhängern finden sich beispielsweise bei WINFRIED BRUGGER: Verfassungsinterpretation in den Vereinigten Staaten von Amerika, in: *JöR, NF*, 42. Bd. (1994), 571–593 [573 FN 15], bei SIGMUND P. MARTIN: Ist das Recht mehr als eine bloße soziale Tatsache? Neuere Tendenzen in der anglo-amerikanischen Rechtstheorie, in: *Rechtstheorie*, 22. Bd. (1991), 525–540 [525 FN 2, FN 3; 526 FN 6], bei HEIKO SCHIWEK: *Sozialmoral und Verfassungsrecht. Dargestellt am Beispiel der Rechtsprechung des amerikanischen Supreme Court und ihrer Analyse durch die amerikanische Rechtstheorie*, Berlin 2000 [Schriften zur Rechtstheorie; 192], 258–259 FN 271 oder JOHN STICK: Can nihilism be pragmatic?, in: *Harvard Law Review*, 100. Bd. (1986–1987: 1986), 332–401 [333 FN 1]. Umfassend Singer: P&C, 5 FN 9 u. passim.

[4] Im folgenden abgekürzt als CLS.

[5] Zu den Protagonisten dieser Richtung zählt insbesondere KARL N. LLEWELLYN [zu letzterem siehe etwa dessen verfassungstheoretische Schrift The Constitution As An Institution, in: *Columbia Law Review*, 34. Bd. {1934}, Nr. 1, 1–40]. OLIVER WENDELL HOLMES wird bisweilen als Vertreter und bisweilen als Vorläufer des amerikanischen Rechtsrealismus angesehen [siehe etwa The Path of the Law, in: *Harvard Law Review*, 10. Bd. (1897), 457–478. Zum Legal Realism statt vieler MARTIN: Ist das Recht [aaO. FN 3 S. 375 dieser Arbeit], 529–530 und SCHIWEK: *Sozialmoral und Verfassungsrecht* [aaO. FN 3 S. 375 dieser Arbeit], 220–232. Darüber, wie berechtigt es

bar sind dementsprechend Einflüsse des amerikanischen Pragmatismus, da der Pragmatismus – repräsentiert vor allem durch Charles S. Peirce, William James und John Dewey – einen signifikanten Einfluß auf den Legal Realism ausgeübt hat. Des weiteren wurden und werden Lehren und Begründungsziele der Kritischen Theorie von Anhängern der CLS aufgenommen. Zumindest im Denken Singers liegen auch Überschneidungen mit kommunitaristischen Konzeptionen vor.[6]

A. »The Player and the Cards«[7]

Das besondere Anliegen von Singer ist es, Richard Rortys epistemologisches Werk »Philosophy and the Mirror of Nature« in die Rechtsphilosophie zu überführen.[8] [vgl. P&C, 7 FN 13]. In den Fußnoten seines Zeitschriftenbeitrages verweist Singer vielfach auf diese Arbeit von Rorty, wenn er seine Sichtweise und deren Begründung darlegt.

Hieraus erhellt bereits, daß Joseph William Singer sich nicht in einem engen rechtstheoretischen Rahmen bewegt. Vielmehr sind seine rechtsphilosophischen Überlegungen zugleich im Spektrum weiterer philosophischer Disziplinen zu situieren, und zwar in der Erkenntnistheorie sowie in der politischen Philosophie und in der Moralphilosophie. Singers Rechtstheorie ist nämlich eng verwoben mit Themen

---

ist, die CLS in eine geistesgeschichtliche Genealogie des Legal Realism einzuordnen, gehen die Ansichten auseinander. Zumindest nehmen viele Anhänger der CLS eine Fortführung des amerikanischen Rechtsrealismus für sich in Anspruch. Zu den theorieinhaltlichen Anschlüssen der CLS an den Legal Realism und zu den Differenzen beider Strömungen siehe BRUGGER: Verfassungsinterpretation [aaO. FN 3 S. 375 dieser Arbeit], 573–574 und aus der „Innenperspektive" eines CLS-Verfechters DUNCAN KENNEDY: The Critique of Rights in Critical Legal Studies, in: Wendy Brown/Janet Halley (Hg.): *Left Legalism/Left Critique*, Durham 2002, 178–228 [erstmals in: Duncan Kennedy: A Critique of Adjudication (fin de siècle, Cambridge {Mass.} 1997], zur theorieinhaltlichen Vorarbeit des Rechtsrealismus und anderen Rechtsdenkens für die CLS: ebd., 201–202.

[6] Solche Überschneidungen bestehen zumindest im Hinblick auf eine gemeinsame Gegnerschaft zum Liberalismus in der Ausprägung etwa von John Rawls oder Ronald Dworkin. Des weiteren schließt Singer die Möglichkeit aus, das Gerechte ohne eine Konzeption des Guten zu bestimmen. Ein Kritiker von Singer – John Stick – hält die theorieinhaltliche Nähe zwischen Singer und einem kommunitaristischen Denker – Michael Sandel – für eine vorgebliche. Vgl. STICK: Can nihilism be pragmatic? [aaO. FN 3 S. 375 dieser Arbeit], 345 FN 38.

[7] Der Titel von Singers Aufsatz im Yale Law Journal mag opak erscheinen. Singer hat diesen Titel wohl gewählt, um damit die These eines unhintergehbaren erkenntnistheoretischen Subjektivismus zu verdichten. Er erläutert diese Titelwahl zwar nicht, stellt seinen Ausführungen in seiner Einführung jedoch folgendes Zitat voran: „Man is the builder of a historical edifice: the House of man. He is the brick and the firm foundation of his own project and also the goal for whom the House is being constructed ... Man is the player and the cards; he is at stake but he repeats with Oedipus: ‚I will search out the truth.'" [P&C, 3 mwN.].

[8] RICHARD RORTY: *Philosophy and the Mirror of Nature,* Princeton [N. J.] 1979. Eine andere Schrift von Rorty – *Consequences of Pragmatism*. Essays: 1972–1980, Minneapolis 1982 – erwähnt Singer zu Beginn [1 FN +], auf sie bezieht er sich aber nicht mehr explizit.

II. Joseph William Singers Sicht von Recht, Moral und Politik

und Problemen, die er mit dem Begriff des ‚Nihilismus' in Beziehung setzt. Singer skizziert diese Nihilismusproblematik so:

> „I distinguish nihilism both from what I call rationalism and from my own position, which I prefer not to label but which for clarity's sake I will here call irrationalism [...]. Rationalism encompasses two fundamental assumptions, neither of which I accept. The rationalist believes that a rational foundation and method are necessary, both epistemologically and psychologically, to develop legitimate commitment to moral values; she also believes that such a rational foundation and method already exist or can be discovered or invented. Nihilism is only a *partial* rejection of rationalism: The nihilist rejects the second assumption, but not the first. Thus a nihilist would argue that a rational foundation is necessary to sustain values but that no such foundation exists or can be identified. This sort of nihilism directly leads to psychological feelings of impotence and despair, and to the sense that nothing matters, because what we desperately require to make our lives meaningful is impossible to achieve." [P&C, 4–5 FN 8; H. i.O.]

Im Kontext dieser intellektuellen Topographie bezieht Singer dezidiert Stellung – und zwar so:

> „My position rejects both assumptions. We do not have a rational foundation and method for legal or moral reasoning (in the sense that traditional legal theorists imagine such rational foundations to be possible); we do not, however, need such a foundation or method to develop passionate commitments and to make our lives meaningful." [P&C, 5 FN 8][9]

Joseph William Singer überträgt das allgemeine philosophische Panorama der Debatte um ‚Nihilismus' und *‚foundationalism'* auf die anglo-amerikanische Rechtstheorie, indem er einen grundlegenden Gegensatz ausmacht – zwischen einer ‚traditionellen' und einer ‚kritischen' Rechtstheorie: [im folgenden P&C, 7 Fn. 14] Er faßt die Lehren der anglo-amerikanischen Rechtsphilosophie in fünf hauptsächliche Schulen zusammen; diese Schulen wiederum teilt er entlang der Frontlinie ‚traditionell' *versus* ‚kritisch' ein:

– Unter die Kategorie traditionelle ‚Rechtstheorie' rechnet Singer den Rechtspositivismus, herausragend vertreten durch H. L. A. Hart,[10] die ‚Rights Theory', zu der Singer so unterschiedliche Protagonisten wie Ronald Dworkin,[11] John Rawls,[12]

---

[9] Singer folgt hierin Clare Dalton [P&C, 4–5 FN 8 {mwN.}]. Er macht auch klar, daß er es nicht vorzieht, seine Position als ‚Irrationalismus' zu beschreiben – außer für die Absichten dieser Fußnote. Ebenso lehnt er die Bezeichnung Nihilismus ab. Es wäre irreführend und verwirrend, wenn der Eindruck erweckt würde, er würde sich dafür einsetzen, daß Entscheidungen „irrational" – ohne Verbindung mit unterscheidbaren Zielen – gefällt würden. Ein besserer Ausdruck sei ‚Pragmatismus'.

[10] Siehe H. L. A. HART: *The Concept of Law,* Oxford 1995 [überarb. Ausgabe; Erstaufl. 1961]. Singer bezieht sich auf die Erstausgabe von 1961.

[11] Siehe v.a. RONALD DWORKIN: *Bürgerrechte ernstgenommen.* Übers. v. Ursula Wolf, Frankfurt a.M. 1984 [Originalausgabe Taking Rights Seriously, Harvard 1977]. Singer bezieht sich auf die englischsprachige Originalausgabe.

[12] Siehe JOHN RAWLS: *Eine Theorie der Gerechtigkeit.* Übers. v. H. Vetter, Frankfurt a.M. 1988 [4. Aufl. u.ö.; Erstaufl. 1979; Originalausgabe A Theory of Justice 1971]. Singer bezieht sich auf die englischsprachige Originalausgabe.

Bruce Ackerman[13] und Robert Nozick[14] zählt, und schließlich die ‚ökonomische Analyse des Rechts', die auch unter der Bezeichnung ‚Law & Economics' figuriert und als deren Repräsentanten Singer Richard Posner[15] nennt.
Von anderer Seite seien die traditionellen Schulen auch unter die Kategorie *liberal legalism* gefaßt worden. [P&C, 7 mwN.] (In seinen weiteren Ausführungen verwendet Singer zuweilen auch den Ausdruck ‚*liberal*' als synonym zu ‚traditionell'.)
– Mit dem Etikett ‚kritisch' versieht Singer einerseits die CLS, unter die er beispielsweise Duncan Kennedy, Robert Gordon, Mark Tushnet, Clare Dalton subsumiert, und andererseits die feministische Rechtstheorie, die er durch Catharine MacKinnon und Frances Olsen angeführt sieht.
Als klassifizierendes Merkmal der ‚traditionellen' rechtstheoretischen Schulen stellt Singer fest, daß deren Vertreter allesamt fundamentale Annahmen teilten, die sie dazu anhielten, bestimmte objektive und neutrale Entscheidungsprozeduren zu finden oder immerhin nach ihnen zu suchen. [P&C, 7–8] Diese Prozeduren seien – nach ‚traditioneller' Auffassung – deshalb von so wesentlicher Bedeutung, weil auf ihnen das Rechtssystem gegründet sei. Die Anhänger der ‚traditionellen' Lehre erhofften sich, mit diesen Prozeduren über eine Grundlage zu verfügen, die sowohl rational als auch objektiv und zudem apolitisch sei. Sie versprächen sich von dieser Grundlage die Transzendierung individueller Interessen und Werte – Konflikte, die auf diesbezüglichen Gegensätzen beruhten, seien somit überwindbar. [P&C, 8] Mit diesem Grundansatz stießen sie auf seiten der ‚kritischen' Rechtsschulen auf vehementen Widerspruch.

Damit ist ersichtlich, daß sich nach Singers Auffassung der allgemeine philosophische Gegensatz zwischen ‚Rationalismus' und ‚Irrationalismus' auf die Divergenz zwischen ‚traditioneller' und ‚kritischer' Rechtstheorie abbilden läßt.[16]

1. Fragestellungen

In seinem Artikel »The Player and the Cards« legt Joseph William Singer dar, worin

---

[13] Siehe BRUCE ACKERMAN: *Social Justice in the Liberal State,* New Haven; London 1980. Von Ackerman ist nach Singers Aufsatz übrigens u.a. auch *We the People. Foundations,* Cambridge [Mass.] 1991 erschienen.
[14] Siehe ROBERT NOZICK: *Anarchy, State and Utopia,* Oxford 1974.
[15] Siehe RICHARD POSNER: *Economic Analysis of Law,* Boston; Toronto 1977 [2. Aufl.; u.ö.; Erstaufl. 1972]. Posners Ansatz beleuchtet kritisch KLAUS MATHIS: *Effizienz statt Gerechtigkeit? Auf der Suche nach den philosophischen Grundlagen der Ökonomischen Analyse des Rechts,* Berlin 2004 [Schriften zur Rechtstheorie; 223].
[16] Singers Position wird im folgenden als ‚neopragmatisch' bezeichnet. Und zwar deswegen, weil er selbst die Etikettierung „pragmatisch" für am angemessensten hält [vgl. FN 9 S. 377 dieser Arbeit] und weil damit sein Anschluß an den Neopragmatismus von R. Rorty zum Ausdruck gebracht werden kann. Ob sich Singer zu Recht auf Rorty beruft, soll hier jedoch nicht entschieden werden. ‚Irrationalismus' als alternative Terminologie wäre insofern irreführend, als Singer eine vollkommene Absage an die Vernunft nicht vertritt. Problematisch ist die Etikettierung ‚neopragmatisch' deswegen, weil auch Richard Posner seine Lehre als pragmatische bezeichnet.

II. Joseph William Singers Sicht von Recht, Moral und Politik

sich ‚traditionelle' und ‚kritische' Rechtstheorie im einzelnen unterschieden. Darüber hinaus erläutert er, warum die ‚traditionelle' Rechtstheorie als gescheitert zu betrachten sei und welche konzeptionellen Alternativen die CLS – in Gestalt seiner Theorie – anböten.

In Singers Auseinandersetzung mit den Theoremen der ‚traditionellen' und der ‚kritischen' Rechtstheorie sind Fragen von grundsätzlicher Natur enthalten – nämlich diese:
– Was sind die Grundlagen von Recht und Moral?
– Wie gelangen wir zu moralischen und politischen Verpflichtungen?
– Was für ein Verhältnis besteht zwischen Recht und Politik?
Auf diese Fragen gibt Singer prononcierte Antworten. Entsprechend seiner Auffassungen von Wissenschaft, Moral und Politik formuliert er seine Antworten aus der Perspektive eines „wir".[17] Diese Perspektive soll beim Referat seiner Theorie nach Möglichkeit beibehalten werden.

2. Thesen

Singers Argumentation ist darauf ausgerichtet, folgende Thesen zu begründen:
– Für den normativen Diskurs und das Recht gäbe es keine rationale Grundlage, die ein für allemal sämtliche Personen zwänge, bestimmte Institutionen und Vorschriften gegenüber anderen vorzuziehen. [P&C, 8]
– Da es eine solche Grundlage nicht gäbe, seien auch die Versuche der ‚traditionellen' Rechtsphilosophie aussichtslos, Grundlegungen der Rule of Law – das heißt: wissenschaftlich haltbare Theorien rationaler Grundlagen – zu formulieren. [vgl. P&C, passim – v.a. 60, 61, 63]
– Aus dem Umstand, daß es eine solche rationale Grundlage nicht gäbe, erwüchsen jedoch keine Probleme in bezug auf die Fragen „Was sollen wir tun?", „Wie sollen wir leben?" und „Wie soll rechtlich entschieden werden?". [P&C, 8–9]
– Vielmehr befreie uns das Fehlen einer rationalen Fundierung für die Entwicklung leidenschaftlicher moralischer und politischer Verpflichtungen. [P&C, 9]

3. Vorgehen

Joseph William Singer formuliert zunächst eine eingehende Kritik der ‚traditionellen' Rechtstheorie und entwirft danach seine Gegenkonzeption. Singer diskutiert dabei auch mögliche Einwände.

Im einzelnen unternimmt Singer folgende Schritte: [P&C, 9] Zuerst verteidigt er seine Aussage, daß Recht und Rechtsfindung unbestimmt seien. Genauer: er sucht die

---

[17] Die Perspektive eines „wir" liegt bei Singer nahe. Denn zum einen paßt sie zu seiner subjektivistischen Erkenntnistheorie. Zum anderen betont Singer die Rolle von Gemeinschaft(en) in Sozialverbänden.

These zu erhärten, daß es keiner („traditionellen') Theorie gelungen sei anzugeben, welche Rechtsvorschriften zur Geltung zu bringen seien. Ebensowenig vermöchten uns (diese) Theorien bei deren Anwendung anzuleiten, nachdem wir die einschlägigen Vorschriften ausgewählt hätten. Daraufhin bestreitet er (der ‚traditionellen' Rechtstheorie) die Berechtigung, das Gelingen von rationalen Fundierungen zu behaupten: Das Unterfangen, die Wahrheit von Rechtstheorien oder deren grundlegenden Charakter zu erweisen, stelle in Wirklichkeit den Versuch dar, ermessensbehaftete normative Stellungnahmen in ermessensfreie Beschreibungen zu überführen. Anschließend wendet sich Singer dem Anspruch der ‚traditionellen' Rechtstheorie zu, daß Recht neutral sein kann und soll. Er führt aus, daß rechtliche Vorschriften nicht durch Prinzipien gerechtfertigt werden könnten, die von unseren Auffassungen über das gute Leben vollständig unabhängig seien. Danach untersucht er, warum die Anhänger der ‚traditionellen' Rechtstheorie der Auffassung sind, das Recht bedürfe einer rationalen *foundation*; und er erklärt, warum dies nicht stimme. Gegen Ende seiner Ausführungen legt Singer dar, daß Rechtstheorie eher als eine Form politischer Tätigkeit anzusehen sei statt als etwas radikal anderes als politisches Agieren. Abschließend veranschaulicht er seine Sicht dessen, was wir tun sollten und wie wir leben sollten, anhand von Beispielen.

4. Begründungen

a) Kritik der ‚traditionellen' Rechtstheorie
(1) Die Widerlegung der rationalistischen Bestimmtheitsthese
Nach Joseph William Singer sei es Gemeingut der CLS, daß das Recht, die subjektiven Rechte und die Rechtstheorie unbestimmt seien. Er präzisiert diese Auffassung in zweierlei Hinsicht: [vgl. P&C, 10]
– Zum einen handle es sich um eine *empirische* Behauptung, die existierende Rechtstheorien und Argumente betreffe. Sie beziehe sich auf Argumente und Theorien, die Richter und Wissenschaftler gegenwärtig verwendeten, um Ergebnisse und Entscheidungsregeln zu rechtfertigen.
– Zum anderen sei es eine *interne* Kritik. Sie bestreite einen Anspruch, den Verfechter der ‚traditionellen' Rechtsphilosophie selbst aufgestellt hätten. Singer macht darauf aufmerksam, daß er nicht meine, deren Verfechter hätten auf jede Rechtsfrage eine Antwort. Indessen insistiert er aber darauf, daß die Anhänger der ‚traditionellen' Lehre bei einer Anerkennung ihrer jeweiligen Prämissen für eine logisch bedingte Präferenz zugunsten ihrer Folgerungen einträten. Mit seiner Behauptung, daß ihre Theorien ihre Ergebnisse nicht determinierten, versucht Singer demnach, diese Theorien zu falsifizieren. [vgl. P&C, 10][18]
Singers Falsifizierungsbemühen ist auf ‚Rechtsdoktrinen' gerichtet. Singer faßt dar-

---

[18] Singer formuliert dies allerdings so, als falsifiziere bereits seine bloße Behauptung (in diesem Punkt) die ‚traditionelle' Rechtstheorie.

II. Joseph William Singers Sicht von Recht, Moral und Politik

unter einerseits Rechtsregeln (‚*legal rules*') und andererseits Argumente (‚*arguments*'):

> „Legal rules or standards govern the relations among individuals and organizations, between those persons and various governmental bodies, and among the governmental bodies themselves. Legal theories, arguments, or principles are justifications for or criticisms of alternative rules. Depending on how they are treated, general principles may be described either as rules or arguments. If those principles are used to justify the result directly, they are being used as rules; if they support more specific rules or standards which are said to determine the result, they are being used as arguments." [P&C, 11]

Sein Falsifizierungsversuch zielt darauf, die Behauptung zu untermauern, daß Rechtsdoktrinen eher Wahlmöglichkeiten erlaubten, als sie zu beschränken oder eine Wahl zu erzwingen. Singer nimmt also nicht absolute Bestimmtheitsansprüche ins Visier, sondern relative. Seine Gegenthese von der Unbestimmtheit von Recht, Rechtsfindung und Rechtstheorie ist dementsprechend ebenso eine relative. [vgl. P&C, 11]

Die Gründe hierfür erhellt Singer so: Zwar sei es möglich, vollständig bestimmte Rechtstheorien oder Rechtsregeln zu schaffen. Als Beispiel nennt er die privatrechtliche Rechtsregel einer unbedingten Handlungsfreiheit. Würde diese Regel rücksichtslos angewandt, würde der Kläger vor Gericht immer verlieren. Jedes Rechtssystem mit vollständig bestimmten Rechtsregeln würde jedoch andere wichtige Werte verletzen. Deshalb operierten wir in unserem gegenwärtigen Rechtsdenken mit Grenzziehungen zwischen Prinzipien und Gegenprinzipien, mit Bestimmungen der Reichweite von vorhandenen Rechtsregeln sowie mit der Möglichkeit, diese zu ändern. [P&C, 11]

Dem trage die ‚traditionelle' Rechtstheorie Rechnung – Singer zeigt anhand der Rechtstheorien von Hart und Dworkin auf, wie diese eine begrenzte Unbestimmtheit zuließen. [P&C, 12] Die Integration von sowohl Bestimmtheit als auch Unbestimmtheit sei geboten, weil Bestimmtheit zugleich notwendig und bedrohlich sei: [P&C, 12–13] Notwendig sei sie für Theoretiker und Richter, weil sie nur dann den Eindruck aufrecht erhalten könnten, eher Recht anzuwenden statt es zu schaffen. Bestimmtheit beschränke willkürliche richterliche Macht. Eine vollständig determinierende Zusammenstellung von Rechtsregeln würde jedoch die Berücksichtigung von unvorhergesehenen Umständen ausschließen, für die die Anwendung der Rechtsregeln nicht konzipiert war.

Während die ‚traditionelle' Rechtstheorie die Unvermeidbarkeit und Wünschbarkeit von einer gewissen Unbestimmtheit anerkennen würde, verlange sie eine recht beträchtliche Bestimmtheit als grundlegende Voraussetzung der Rule of Law. Doch unser Rechtssystem erreiche dieses Ziel nicht: Weder die Theorien, die Rechtsphilosophen vorschlügen, noch die Argumente, die die Richter verwendeten, noch die geltenden Rechtsregeln seien so bestimmt, wie dies ‚traditionelle' Rechtstheoretiker und Richter reklamierten.

Den Gegenbeweis tritt Singer an, indem er untersucht, ob Rechtstheorien oder rechtliche Normengefüge vier Eigenschaften besäßen – nämlich ob sie umfassend (‚*comprehensive*'), widerspruchsfrei (‚*consistent*'), anleitend (‚*directive*') und selbstüberprüfend („*self-revising*") seien. Jede Rechtsdoktrin oder jedes Normengefüge, das eines dieser vier Kriterien nicht erfülle, sei unbestimmt. Denn es schränke unsere Wahl nicht vollständig ein. [P&C, 14]

Gegen den umfassenden Charakter von Theorien und Normenkatalogen bringt Singer drei Einwände vor: [P&C, 14–15] **Erstens** könne eine Theorie oder ein Ensemble von Regeln eine begrenzte Reichweite haben. Auf die Theorien von Rawls, Dworkin und anderen träfe dies aber nicht zu. Denn deren Theorien beanspruchten, auf alle oder fast alle Sachverhalte anwendbar zu sein. **Zweitens** könnten geltende Rechtsregeln auch Lücken enthalten. Lücken lägen vor, wenn nicht hinreichend spezifische Regeln vorhanden seien oder wenn kein (höchstrichterlich entschiedener) Präzedenzfall existiere. **Drittens** reiche die Anzahl möglicher Rechtsregeln ins Unendliche. Jede Wahl zwischen zwei oder drei aufgebauten Alternativen sei weitgehend eingeengt – mit dieser Alternativstruktur seien aber nicht sämtliche anderen Möglichkeiten erfaßt. Als Beispiel führt Singer einen Fall von Verletzten aufgrund fehlerhafter Autoreparaturen an. Dieser Fall könnte entlang der Alternative zwischen einerseits Haftbarkeits- und andererseits Fahrlässigkeitskriterien entschieden werden: Eine ganze Reihe von Argumenten könnte für eine strikte Haftbarkeitsprüfung geltend gemacht werden – und umgekehrt könnten ebenso rechtliche Ansprüche und Zweckmäßigkeitsüberlegungen erwogen werden, die für eine Subsumtion unter den Begriff der Fahrlässigkeit sprächen. Damit seien andere Lösungen jedoch überhaupt nicht in Betracht gezogen worden – etwa eine allgemeine Reparaturversicherung, die Abschaffung von Individualfahrzeugen überhaupt und der Wechsel zu öffentlichen Verkehrsmitteln. [P&C, 15]

Widersprüchlichkeit sei eine übliche Eigenschaft von Rechtsdoktrinen.
– Denn manche Argumente würden in bestimmten Situationen akzeptiert – und in anderen nicht. [P&C, 15 mit Verweis auf den Fall *Thurston vs. Hancock*]
– Zuweilen zeige sich die Inkonsistenz des Rechts in Gestalt der Unterscheidung zwischen Regel- und Ausnahmefällen oder zwischen Prinzipien und Gegenprinzipien. Dann sei aber die Grenzziehung zwischen Regel und Ausnahme beziehungsweise die Gewichtung der Prinzipien variabel. Denn dafür sei eine Metatheorie erforderlich, die wiederum zu vieldeutig und zu abstrakt gestaltet sei. Es sei nicht klar, was Begriffe wie Freiheit, Gleichheit, Privatsphäre etc. bedeuteten. Deren untergründige Widersprüchlichkeit sei durch ihre vorteilhafte Vagheit versteckt. [P&C, 16]
– Des weiteren könnten sich Folgerungen aus Rechtsregeln gegenseitig ausschließen. [P&C, 17 mit Verweis auf Beispiele]
– Diese logischen Konflikte zwischen Regeln unterscheidet Singer von Widersprüchen zwischen Prinzipien. Logische Widersprüche zwischen Prinzipien bestünden nur, wenn sie absolut aufgefaßt würden. Denn dann seien die jeweiligen Resultate ihrer jeweiligen Anwendung nicht miteinander zu vereinbaren. Würden sie jedoch nicht absolut begriffen, stelle sich bei Widersprüchen zwischen Prinzipien das Problem der Grenzziehung zwischen den allgemeinen Grundsätzen. [P&C, 17]

– Allgemeine Grundsätze schließlich würden potentiell die Anwendung von genauen Regeln limitieren oder sogar verunmöglichen. [P&C, 17–18]

Aus mehreren Gründen seien Rechtsregeln, Prinzipien und Rechtstheorien nicht anleitend: [P&C, 18–19] **Erstens** seien Rechtsdoktrinen dann nicht anleitend, wenn sie mehrdeutig seien. Vorschriften wie „fair zu sein" oder „Haftung erfordert Schuld" seien zu allgemein, um genaue Ergebnisse zu erzeugen. Über Begriffe wie den der „Nötigung"[19] etwa herrsche Uneinigkeit. **Zweitens** seien Prinzipien unbestimmt, wenn sie zirkulär seien. Singer belegt dies mit der Formel „gleiche Fälle seien gleich zu behandeln": Nie seien zwei Fälle in sämtlichen Hinsichten gleich. Die Frage sei daher vielmehr, ob die Fälle gleich behandelt werden sollten. **Drittens** seien Regeln unbestimmt, weil sie im allgemeinen die Reichweite ihrer eigenen Anwendung nicht festlegten. Jede Regel könne als *sui generis*-Formel behandelt werden. Zugleich könne sie für ein weites Spektrum von Situationen herangezogen werden. Überdies könnten offenbar weitgefaßte Regeln durch die spätere Ausarbeitung von Ausnahmen oder Einwänden eingeengt werden. **Viertens** könnten Rechtstheorien oder Rechtsregeln die Wahlmöglichkeiten innerhalb angegebener Grenzen schmälern, aber nicht angeben, was innerhalb dieser Grenzen zu tun sei.

Selbst wenn Rechtstheorien oder Regelzusammenstellungen vollständig bestimmt erschienen – selbst wenn sie umfassend, widerspruchsfrei und anleitend erschienen –, würden sie immer Wahlmöglichkeiten erlauben. Nämlich darüber, ob die vorhandenen Regeln unter bestimmten Umständen befolgt werden sollten sowie wann und wie sie geändert werden sollten. Eines der grundlegenden Prinzipien des Common Law und der Rechtsprechung zum öffentlichen Recht sei, daß Rechtsregeln in geeigneten Umständen geändert werden können. [P&C, 19]

Nun wendet Joseph William Singer sich der Frage zu, warum das Recht trotz seiner Unbestimmtheit weitgehend vorhersehbar sei. Er erklärt die begrenzte Vorhersehbarkeit durch die Einbettung der Richter in Rechtskulturen. Diese veranlasse die Richter, auch Entscheidungen zu fällen, die ihren Überzeugungen zuwiderliefen. Mit der These von der Unbestimmtheit des Rechts sei folglich nichts über die Willkür der Entscheidungsfindung ausgesagt. Singer weist mit Nachdruck darauf hin, daß die Unbestimmtheit der Argumente von der Willkürlichkeit der Wahlentscheidungen logisch zu trennen sei. [vgl. P&C, 20]

(2) Die Zurückweisung der rationalistischen Objektivitätsthese

Den Anhängern der ‚traditionellen' Rechtstheorie schreibt Joseph William Singer das Bemühen zu, nach rationalen Kriterien zu forschen, die eine moralische Auffassung nicht einfach als eine reflektierte Ansicht oder sogar die Meinung von jedermann qualifizierten, sondern als eine richtige und wahre Auffassung sowie als eine exakte Dar- und Vorstellung des Guten. Anders gewendet: da die ‚traditionellen' Rechtstheoretiker (wie beispielsweise John Rawls) den Standpunkt verträten, Moralität,

---

[19] Vielleicht meint Singer mit dem Begriff der „duress" auch eine Figur des (anglo-)amerikanischen Rechts, die dem ‚Kontrahierungszwang' im deutschen Zivilrecht entspricht.

rechtliche Regeln und politische Institutionen könnten mittels objektiver Kriterien beurteilt und legitimiert werden, seien sie ethische Kognitivisten: Sie hielten Moralität eher für eine Sache des Wissens als der Überzeugungen. In der Nachfolge von Platos Lehre von der Tugend als Wissen erachteten sie moralische Stellungnahmen nicht nur für akzeptabel oder inakzeptabel, sondern für wahr oder falsch. Sie teilten die Prämisse, daß sich die Wahrheit oder Falschheit von Stellungnahmen durch rationale Begründung demonstrieren ließe. [vgl. P&C, 25]

Singer verwirft diese Prämisse der Objektivität: Rechtstheorien seien inkohärent, sie böten keine wirkliche Hilfe, weil sie entweder zu vage oder zu mehrdeutig oder in sich zu widersprüchlich seien. [P&C, 26]

Die Kritik an den Objektivitätsansprüchen der ‚traditionellen' Rechtstheorie sei überwiegend eine externe Kritik. Denn die Zurückweisung der Objektivitätsthese resultiere aus Differenzen im Hinblick darauf, was die fundamentalen Prämissen des Rechts und des Rechtsdenkens sein sollten. Zwar sei das Thema der Objektivität mit dem der Bestimmtheit verbunden, aber es sei auch davon verschieden: Die Bestimmtheitsfrage drehe sich darum, ob unsere Theorien unsere Regeln und Institutionen festlegten und ob diese Regeln die auf sie gestützten Ergebnisse nach sich zögen. Die Objektivitätsfrage dagegen kreise darum, was diese Institutionen und Doktrinen legitim mache. [P&C, 26]

Von seiten der ‚traditionellen' Rechtstheorie gäbe es verschiedene Lösungsversuche der Objektivitätsfrage – Singer unterscheidet zwei rechtstheoretische Varianten einer rationalen Fundierung von Rechtsdoktrinen. Auf der einen Seite stünden substantielle Theorien und auf der anderen prozedurale:

– Eine Rechtsdoktrin habe eine substantielle Fundierung, wenn sie irgendeine äußere Quelle wiedergebe, die als grundlegend unterstellt werde.
– Eine Rechtsdoktrin habe eine prozedurale Fundierung, wenn sie unabhängig von ihrem spezifischen Inhalt durch ein Entscheidungsverfahren ermittelt werde, dem von seiten der jeweiligen Theorie die Herstellung von Übereinkunft zugerechnet werde. [P&C, 26–27]

(a) Substantielle Fundierungen

Ob substantielle Fundierungen das Postulat der Objektivität einlösen können, untersucht Joseph William Singer anhand von zwei Fragen: Er setzt sich einerseits mit dem Problem auseinander, ob moralische Werte wahr seien. Andererseits beschäftigt er sich mit dem Problem, ob substantielle Grundlegungen durch genaue Vergegenwärtigung (‚*representation*') und bestimmte Methoden ermittelt werden können.

Substantielle Fundierungen würden Rechtsdenker der Gegenwart in zwei verschiedenen Gegenständen erblicken: [vgl. hier u. im folgenden P&C, 28]

– Positivisten tendierten dazu, Recht zum einen mit kanonischen Texten gleichzusetzen – also mit Verfassungen, Gesetzen, Verordnungen etc. Gemeinsames Merkmal dieser Texte sei, daß sie einer autoritativen Instanz entstammten. Zum anderen identifizierten sie Recht mit ungeschriebenen Regeln, die von dem mit Zwangsgewalt ausgestatteten Träger der Souveränität gebilligt würden. Singer

erläutert diese Kennzeichnung am Beispiel der Konzeptionen von H. L. A. Hart.
– Rights Theorists neigten dazu, Recht über individuelle Rechte zu definieren, die Individuen einfach hätten, – ungeachtet davon, ob der Staat irgendeine autoritative Äußerung hinsichtlich dieser Rechte verkündet habe. Singer belegt diese Charakterisierung durch Verweise auf Ronald Dworkins Studien.

Beide Varianten würden von der Annahme ausgehen, daß der Gegenstand des Rechts (den sie jeweils verschieden bestimmen) genau zu vergegenwärtigen sei. Diese Vergegenwärtigung sei eher eine Sache des Wissens als des Beurteilens (*judgment*'); Recht sei etwas, das wahrgenommen werden könne, nicht gemacht werden müsse. [P&C, 29]

Die Schwäche dieser Fundierungen läge nach Singer darin, daß das Theorem von der Wahrnehmung von Wissen zugleich deskriptiv und normativ sei: Diese Fundierungen gebrauchten die Metaphern der Entdeckung und der genauen Vergegenwärtigung sowohl für Rechtsregeln, die in Kraft seien, als auch für diejenigen, die in Kraft treten sollten. Auf diese Weise wandelten diese Theorien normative in beschreibende Äußerungen um. [P&C, 29]

Gegen die Wahrheit von Werten macht Singer somit geltend, daß mit dieser Bestimmung Fragen, die aktive Beurteilung und Wählen verlangten, in Fragen umdefiniert würden, die nur passive Mimikry erforderten. [P&C, 29]

Die genaue Vergegenwärtigung von Methoden der Rechtsgewinnung scheitere daran, daß die jeweilige Größe, von der her diese Methoden abzuleiten seien, nicht hinreichend konturiert sei: „The problem is that both the Constitution and rights are too general to describe accurately without saying much more about them." [P&C, 30]

(b) Prozedurale Fundierungen
Prozeduralen Theoretikern zufolge sei Recht gerechtfertigt, wenn es gemäß eines bestimmten Entscheidungsverfahrens zustande komme, das die relevanten Faktoren richtig bewerte und Resultate erbringe. Nicht bestimmte Inhalte, sondern dieses Entscheidungsverfahren verbürge Objektivität. Rechtliches Begründen sei nur legitim, wenn es sich auf dieses Objektivität garantierende Verfahren stütze. Dabei spielten zumindest zwei Vorstellungen bei prozeduralen Theoretikern eine Rolle: **Erstens** unterschieden sie zwischen subjektiver, personaler Präferenz und objektiver, interpersonaler Gültigkeit. Moralische Auffassungen besäßen intersubjektive Gültigkeit, wenn sie jeder von einer legitimen, gemeinsamen Perspektive aus und nach moralischer Reflektion annehmen würde. Als Beispiel für eine solche Perspektive nennt Singer Rawls' ‚Schleier der Unwissenheit'. **Zweitens** strebten prozedurale Objektivitätstheorien danach, individuelle Intuition von rationaler Technik zu unterscheiden. Intuitionen seien *a priori* nicht gerechtfertigt und könnten bloße persönliche Vorlieben spiegeln. Gerechtfertigt seien sie nur, wenn zu zeigen sei, wie sie mit einem Prozeß des rechtlichen Begründens (*‚legal reasoning*') in Verbindung ständen. Rechtliches Begründen erscheine daher als ein Entscheidungsverfahren, welches sich von diesen Intuitionen entferne. [vgl. P&C, 30–31]

Gegen diese Ausprägung der ‚traditionellen' Rechtstheorien führt Singer an, daß sie den Anschein intersubjektiver Gültigkeit nur deshalb erwecke, weil sie erste Prinzipien zugrunde lege, die derart vage, allgemein und unpersönlich seien, daß darüber allgemeines Einverständnis zu erzielen sein sollte. Niemand sei gegen Freiheit, Fairness, Effizienz oder Gleichheit. Anschließend würden diese Begriffe mittels eines Verfahrens von bestimmten Ergebnissen entfernt, das selbst wiederum eher logisch und unpersönlich statt kontrovers und ideologisch erscheine. Sowohl die ersten Prinzipien als auch die Entscheidungsverfahren würden von den konkreten Ergebnissen losgelöst erscheinen. Die Annahme, diese Methode rechtfertige Rechtsregeln, setze demnach voraus, daß unsere Intuitionen keine unabhängige Gültigkeit besäßen. [vgl. P&C, 31][20]

Des weiteren reichert Singer seine Zurückweisung der prozedural gefaßten Objektivitätsthese mit einer Gegenüberstellung von zwei verschiedenen Verständnissen von Objektivität im rechtlichen Begründen (*‚legal reasoning'*) an. Hierbei lehnt sich Singer an Richard Rorty an, zumindest weist er dies so aus. Singer differenziert zwischen ‚Kommensurabilität' (*‚commensuration'*) und ‚Normaldiskurs' (*‚normal discourse'*): [hier u. im folgenden P&C, 33–35]

- Nach dem Verständnis von ‚Kommensurabilität' sei rechtliche Argumentation objektiv, wenn sie mit einem angeborenen, im vorhinein bereits existierenden Denkprozeß übereinstimme, den alle Menschen besäßen oder zumindest alle unserer Kultur zugehörigen. Rechtliche Argumentation sei objektiv, wenn sie sich auf eine allen (diesen) Menschen gemeinsame Grundlage stütze. Diese Grundlage konstituiere eine permanente und neutrale Rahmenordnung für (sämtliche) Untersuchungen von Rechtsanwälten, Richtern und Wissenschaftlern.
- Die theoretische Figur des ‚Normaldiskurses' stammt von Rorty, der mit ihr Thomas Kuhns Konzeption der normalen Wissenschaft erweitert hat. Rorty definiert diese Kategorie so:

„[N]ormal discourse is that which is conducted within an agreed-upon set of conventions about what counts as a relevant contribution, what counts as answering a question, what counts as having a good argument for that answer or a good criticism of it. Abnormal discourse is what happens when someone joins in the discourse who is ignorant of these conventions or who sets them aside." [P&C, 34 mwN.][21]

Singer entleiht diese Figur und überträgt sie auf das Rechtsdenken. Objektivität bedeute im Rechtsdenken (wie im sonstigen Denken) Übereinstimmung zwischen Menschen, Übereinstimmung aufgrund gemeinsamer Kriterien. Die Eigenschaft der Objektivität verliert dadurch jeglichen auszeichnenden Charakter: Eine Qua-

---

[20] Im weiteren Text [P&C, 31–33] veranschaulicht Singer dies an einem Negativbeispiel (dem berühmten Fall *Roe vs. Wade*) und stellt diesem ein Positivbeispiel gegenüber. Zu *Roe vs. Wade* siehe MARK V. TUSHNET: Roe v. Wade, in: Kermit L. Hall (Hg.): *The Oxford Guide to United States Supreme Court Decisions*, New York; Oxford 1999, 262–265 mwN.
[21] RORTY: *Philosophy and the Mirror* [aaO. FN 8 S. 376 dieser Arbeit], 320. In der deutschen Übersetzung: *Der Spiegel der Natur. Eine Kritik der Philosophie*, Frankfurt a.M. 1987, 348–349.

II. Joseph William Singers Sicht von Recht, Moral und Politik 387

lifikation von etwas als „objektiv" sei – so Singer – lediglich ein „leeres Kompliment".

Singer plädiert für ein Objektivitätsverständnis im Sinne des ‚Normaldiskurses'. Denn er bestreitet, daß Wertkonflikte mithilfe der Vernunft entschieden werden könnten und daß eine im vorhinein immer schon existierende Methode vorhanden sei, mit der allgemeingültig über die Berechtigung von Kriterien zu urteilen sei. Wenn andere mit unseren Kriterien nicht übereinstimmten, gäbe es keine Möglichkeit, ihnen zu beweisen, daß sie falsch lägen. [P&C, 35] Die rationalistische Objektivitätsthese der prozeduralen ‚traditionellen' Rechtstheorie gründe sich auf eine nicht darlegbare ‚Kommensurabilität'.

Daraufhin befaßt sich Joseph William Singer mit dem Verfahren einer Entscheidungsprozedur, das unter den Verfechtern der ‚traditionellen' Rechtstheorie am üblichsten sei – mit der Lehre vom rationalen Konsens. [im folgenden vgl. P&C, 35–38] Diese Lehre nehme nicht nur an, daß intelligente Personen bei wichtigen moralischen und politischen Themen Einverständnisse erzielen könnten, wenn sie sorgfältig über sie nachdächten. Vielmehr sei mit dieser Lehre die Prämisse verbunden, daß ein rationaler Konsens letztlich die *Quelle* dieser Werte oder deren Grundlage sei. Von der korrekten Methode zur Ermittlung des rationalen Konsens unserer Gesellschaft werde erwartet, ein Wissen über das, was zu tun sei, bereitzustellen. Damit kombiniere dieses Schema zwei Metaphern zugleich: die Metapher der genauen Vergegenwärtigung und die Metapher eines Entscheidungsverfahrens:
– Die Vergegenwärtigung bestehe darin, daß ein exaktes Bild der reiflich überlegten Beurteilungen zu erzeugen versucht werde.
– Das Entscheidungsverfahren sei darin enthalten, daß herauszufinden versucht werde, was die reiflich überlegte Sichtweise anderer sein würde, wenn jeder auf eine hinreichend vernünftige Weise nachdächte.
Die Idee einer rationalen Übereinkunft erscheine sowohl als objektiv als auch als subjektiv, weil sie zwei rivalisierende *foundations* für die Rechtstheorie zusammenfüge: Konsens und Vernunft.

Damit jedoch sei diese Idee in sich widersprüchlich und somit keine tragfähige Grundlegung für rechtliches Begründen – diese Idee liefere keine bestimmten Antworten. Singer greift mit seiner These von der inneren Widersprüchlichkeit auf Überlegungen von Michael Sandel zurück. [P&C, 38 mwN.] Sandels und Singers (immanente) Kritik zielt dahin, daß bei der Frage der Rechtfertigung eine Rangfolge festgelegt werden müsse: Es müsse bestimmt werden, ob der tatsächlichen Übereinkunft die Begründungslast aufzuerlegen sei oder der Vernunft, die angebe, welche Wahl rechtfertigbar sei. Wenn der tatsächlichen Übereinkunft die Priorität zukomme, sei die Auszeichnung dieser Übereinkunft als richtig nicht sinnvoll; wenn hingegen die Vernunft den Ausschlag gebe, spiele es keine Rolle, was andere gegenwärtig meinten, und es könne von einer Wahl nicht gesprochen werden.

(c) Parabel
Joseph William Singer veranschaulicht seine Thesen zur rationalistischen Objektivität

mit einer „Parabel". [im folgenden vgl. P&C, 39] Sie handelt von Singer selbst und einem engen Freund von ihm. Bei ihren Gesprächen stellte sich heraus, daß ihre politischen Überzeugungen verschieden waren. Vier Jahre lang unterhielten sie sich über ihre politisch-moralischen Differenzen. Sie konnten einander jedoch nicht von ihren unterschiedlichen Standpunkten überzeugen, vielmehr beharrte jeder auf seinen Überzeugungen. So kam Singer zu dem Schluß, daß er eine seiner Annahmen zu revidieren hatte. Fehlende Intelligenz, mangelnden guten Willen wollte beziehungsweise konnte Singer keinem der Beteiligten absprechen. Doch dann blieb nur die Revision der letzten Annahme – die Abkehr von dem Glauben, wenn sie lange genug miteinander sprächen, würden sie schließlich übereinstimmen.

Illustrieren möchte Singer mit seiner Parabel damit folgendes:

> „The point of this story is not that agreement is impossible, nor is it that conversations must end – they can continue forever despite the absence of agreement. The point is that morality is not a matter of truth or logical demonstration. It is a matter of conviction based on experience, emotion and conversation." [P&C, 39]

(3) Die Verwerfung der rationalistischen Neutralitätsthese

Nach Singer verlangten die Anhänger der ‚traditionellen' Rechtstheorie, daß das Recht neutral sein soll. [im folgenden vgl. P&C, 40–47] Dieses Postulat schließe zwei unterschiedliche Forderungen ein:

- Die erste Forderung laute, daß Individuen die Freiheit zugestanden werden sollte, verschiedene Konzeptionen des guten Lebens zu haben, und daß ihnen zu erlauben sei, nach ihren besonderen Vorstellungen vom Glück zu streben.
- Die zweite Forderung betreffe die Schranken individueller Freiheit, die durch das Rechtssystem gesetzt würden. Diese Schranken sollten auf der Grundlage von Gerechtigkeitsprinzipien errichtet werden, die nicht irgendeine bestimmte Konzeption des Guten voraussetzten.

Der Grundgedanke, der diese Forderungen motiviere, ist Singer zufolge einfach: Zwar hätten wir verschiedene und miteinander streitende Vorstellungen darüber, wie wir leben sollten. Aber dieser Umstand könne und solle bewältigt werden – und zwar dadurch, daß wir Grundregeln aufstellten, die unsere Handlungsfreiheit sicherten und zugleich begrenzten. Die Begrenzung der Handlungsfreiheit solle sich an Kriterien bemessen, die relativ unumstritten seien. Diese Kriterien sollten dadurch möglichst nicht kontrovers sein, daß sie sich auf gemeinsame Interessen gründeten. Diesen Interessen unterstellten die Anhänger der ‚traditionellen' Rechtstheorie eine Unabhängigkeit von unseren Erwägungen, die uns veranlaßten, verschiedene Verständnisse des Guten zu hegen.

Aus diesem Grundgedanken leiteten die Vertreter der ‚traditionellen' Rechtstheorie diverse Verhältnisbestimmungen ab. Drei Relationen, die ihr Postulat nach der Neutralität des Rechts tangiere, hebt Singer hervor: **erstens** das Verhältnis zwischen der Sphäre des Privaten und dem Streben nach Glück, **zweitens** das Verhältnis zwischen der Sphäre des Öffentlichen und der Geltung des Rechts und **drittens** das Verhältnis zwischen dem Recht und der Politik.

II. Joseph William Singers Sicht von Recht, Moral und Politik

Joseph William Singer erläutert diese [ausführlicher P&C, 41–44] und formuliert daraufhin seine Kritik am Neutralitätspostulat der ‚traditionellen' Lehre: Das Postulat – so Singer – verweise auf die bereits erörterten Forderungen nach Bestimmtheit und nach Objektivität, denen Recht, Rechtsfindung und Rechtstheorie gemäß der ‚traditionellen' Rechtstheorie zu genügen hätten. So gewähre der Begriff der Neutralität für die ‚traditionelle' Rechtstheorie innerhalb von staatlicherseits durchgesetzten Schranken Handlungsfreiheit. Staatliche Beschränkungen seien deswegen legitim, weil sie sowohl von objektiven Kriterien bestimmt würden als auch auf ihnen gründeten. Damit ist Singer wiederum bei den Topoi der Bestimmtheit und der Objektivität angelangt,[22] und damit ist wiederum seine bereits referierte Kritik einschlägig: Die vorherrschenden Kategorien der Bestimmtheit und der Objektivität – so Singer – enthielten in sich potentiell widersprüchliche Eigenschaften:
– Die Objektivität werde überwiegend mithilfe der Idee der rationalen Übereinkunft gesichert – doch deren Elemente Konsens und Vernunft seien sowohl subjektiv als auch objektiv lesbar.
– Ebenso verknüpften die dominierenden Verständnisse der Bestimmtheit Bestandteile miteinander, die sich sowohl subjektiv als auch objektiv deuten ließen: Einerseits sei ein beträchtlicher Grad an Bestimmtheit erforderlich, um den Glauben aufrecht zu erhalten, daß objektive Prinzipien tatsächlich angäben, was zu tun sei. Andererseits sei Unbestimmtheit notwendig, um den Anschein intersubjektiver Gültigkeit zu bewahren.

Folglich würden die Konzeptionen der Bestimmtheit und der Objektivität die wesentlichen rechtfertigenden Prämisse der liberalen Gesellschaftsvertragslehre zugleich unterstützen *und* unterminieren.

Nachdem Singer die (seiner Auffassung nach bestehenden) Unzulänglichkeiten des Neutralitätspostulats aufgezeigt hat, führt er aus, daß die diversen dichotomischen Verhältnisbestimmungen, die die ‚traditionelle' Lehre vornimmt, nicht nützlich seien, weil sie wichtige Tatsachen verbergen würden: [im folgenden vgl. P&C, 46]
– Die Unterscheidungen zwischen Vernunft und Verlangen, Recht und Politik stellten erstens in den Schatten, bis zu welchem Ausmaß Betrachtungen über die angemessene Freiheit bestimmten, welche Grenzen der Handlungsfreiheit erlaubt seien. Der Begriff des Rechts, nach Glück zu streben, enthalte in sich selbst einander widersprechende Prinzipien: Freiheit und Kontrolle.
– Zweitens verdunkelten die allgemeinen Differenzierungen zwischen Recht und Politik, zwischen Recht und Moral sowie zwischen dem Gerechten und dem Guten, bis zu welchem Ausmaß diese besonderen Dichotomien im Rechtssystem wieder

---

[22] Vgl. P&C, 44: „Both the concept of determinacy and the concept of objectivity repeat within themselves the subjective/objective dichotomy that characterizes the concept of neutrality. The subjective element of neutrality is the idea of legal liberty: Individuals should be allowed to pursue their own conception of happiness, whatever they are. The objective element of neutrality is the idea of legal rights or duties: Principles which everyone should be able to agree impose limits of action. In this view, both determinacy and objectivity appear to be ‚objective'."

erschienen und in Kategorien wieder auftauchen würden, die den allgemeinen Unterscheidungen untergeordnet seien.

(4) Die Nihilismusproblematik
Joseph William Singer diskutiert nun einige Einwände, die seinen Konzeptionen respektive den Lehren der CLS entgegengebracht werden. Diese Einwände stellen darauf ab, daß gravierende Folgen einträten, wenn der Glaube aufgegeben werde, mithilfe der Vernunft seien Wertkonflikte zu entscheiden oder sei die Legitimität staatlichen Handelns zu bestimmen.[23]

(a) Die Nihilismusthese der ‚traditionellen' Rechtstheorie
Zu verzeichnen seien dann – den Verfechtern der ‚traditionellen' Rechtstheorie zufolge – Willkür, Unsicherheit, physische und emotionale Verletzung und Tyrannis. [P&C, 51] Aufgrund dieser Schreckensvisionen griffen die ‚traditionellen' Rechtstheoretiker die CLS als nihilistisch an.

Für Singer wiederholen sich mit dieser Kritik zwar nicht die Angriffe auf den (amerikanischen) Rechtsrealismus, aber die Ähnlichkeiten reichten aus, um ein Gefühl von *déjà vu* hervorzurufen. [P&C, 49] Doch Singer beläßt es nicht bei dieser ideengeschichtlichen Reminiszenz, sondern er untersucht zentrale Befürchtungen, die gegen die ‚kritische' Rechtsauffassung vorgebracht werden.

(b) Singers Entgegnung auf vermutete und unterstellte Gefahren und Probleme
Rechtliches Begründen besteht Singer zufolge aus Gesprächen. Es sei keine genaue Vergegenwärtigung von natürlichen Rechten oder Befehlen der souveränen Instanz. Ebensowenig sei es der Ausdruck einer angeborenen, im vorhinein vorhandenen Entscheidungsprozedur einer vernünftigen Übereinkunft, die alle in einem Rechtsdiskurs betroffenen Personen einschließe.

Auf seiten der ‚traditionellen' Rechtstheoretiker rufe die Zurückweisung der Theoreme von der genauen Vergegenwärtigung und vom intersubjektiven Entscheidungsverfahren Befürchtungen hervor: Sie meinten, diese Zurückweisung führe zu einem Agnostizismus hinsichtlich aller unserer moralischen und politischen Werte. [P&C, 51–52] Demgegenüber weist Singer darauf hin, daß der Rekurs auf die Metapher des Gesprächs logisch zu nichts Bestimmtem verpflichte, aber die gewissenhafte Übernahme von Verantwortung für unser Tun erlaube. [im folgenden vgl. P&C, 52] Die Metapher des Gesprächs enthalte keine logischen Implikationen in bezug auf irgendwelche Inhalte. Daher stehe sie auch nicht in einem logischen Zusammenhang mit der Position des Nihilismus. Diese Position vertrete nämlich die inhaltliche Auffassung, daß es nicht darauf ankäme, was wir glaubten, und daß niemand zu Recht sagen könne,

---

[23] Singer umreißt die Annahmen, die zu diesen Einwänden veranlassen, so: „We can believe in an objective, determinate, and neutral decision procedure for moral and legal question, or we can resign ourselves to shouting matches. Shouting matches lead to shoving matches, and shoving matches lead to calamity." [P&C, 51]

II. Joseph William Singers Sicht von Recht, Moral und Politik

irgendjemand habe Unrecht. Des weiteren ziehe die Metapher des Gesprächs auch keine der diversen Folgen nach sich, die mit ihr üblicherweise assoziiert würden: Singer zeigt dies anhand der Topoi „Gleichgültigkeit", „persönliche Zumutungen", „Mehrheitsherrschaft", „Totalitarismus" und „Tun, was einem gefällt" auf:

- Die Gefahr der „Gleichgültigkeit" besteht nach Singer deswegen nicht, weil es bei moralischen und politischen Überzeugungen nicht darauf ankäme, sie beweisen zu können, sondern sie als humane Behauptung von Verantwortlichkeit zu begreifen. [P&C, 53]
- Die Aufgabe der Metapher von rationalen Entscheidungsverfahren bedeute nicht, daß Richter ihre persönlichen Ansichten über das gute Leben anderer aufzwingen werden. „Persönlichen Zumutungen" stehe die Rechtskultur der USA entgegen:

„We are the heirs of three hundred years of rhetoric about individual freedom of action and the rights to pursue their own conceptions of happiness. People (including judges) will not immediately give up this ideal merely because it is not based on a rational foundation or because we cannot prove that it is a position that a reasonable people would accept if they thought about it." [P&C, 53]

- Des weiteren sei „Mehrheitsherrschaft" keine logisch zwingende Folgerung eines moralischen Skeptizismus, auch wenn einige Vertreter des ‚Legal Realism' geglaubt hätten, alle Streitfragen seien dem Willen der Legislative oder der politisch Mächtigen zu unterwerfen. Das Fehlen eines Prinzips – moralischer Skeptizismus – könne logisch nicht von uns verlangen, das Prinzip der Unterwerfung unter die Mehrheit hinzunehmen. Genausowenig könne es verlangen, daß Richter die Legislative ignorieren sollten. Das Fehlen einer Entscheidungsprozedur bedeute einfach, daß Richter den angebrachten Umgang mit ihrer Macht zu beurteilen hätten. Sie hätten die spezifischen Fälle kontextualisiert im Blick auf die richtige Aufteilung der Macht zwischen Richtern und Gesetzgebern zu beurteilen. [vgl. P&C, 53–54]
- Ferner stelle sich das Problem des „Totalitarismus" nicht. Denn ‚traditionelle' Theoretiker hätten bei dieser Problemdefinition das Thema der Einschränkung von Herrschaftsgewalt mit dem Thema der epistemologischen Fundierung dieser Einschränkung verwechselt. Wenn es keine rationalen Grenzen für die legitime Ausübung von Regierungsmacht gäbe, gäbe es auch keine rationalen Gründe für die Ausübung von Macht überhaupt. [vgl. P&C, 54]
- Zuletzt erörtert Singer die Beziehung zwischen den Standpunkten der CLS und der Parole vom „Tun, was einem gefällt". Zunächst einmal räumt er die Befürchtung aus, Menschen würden – wenn es ihnen freigestellt sei – nur danach trachten, einander zu schaden. Die Wirklichkeit um uns lege dies nicht nahe. Die Frage, ob die Menschen „einfach das tun sollten, was sie wollten", sei ein Versuch, uns mit Furcht zu der Vorstellung zu drängen, daß die Vernunft Wertkonflikte zu entscheiden vermöge. Doch die Existenz einer Logik der Wertewahl schütze uns nicht vor Barbarei. Vielmehr: „[w]hat protects us against Nazism is not the belief that reason can prove that it is wrong. What protects us is outrage." [P&C, 55]

Die zweite Sorge laute, daß die Devise „Tun, was einem gefällt" kein Handeln fördern würde, was dem „Guten" entspräche: Die Menschen sollten nicht tun, was ihnen zufälligerweise gefalle, sondern sie sollten ihrer Vernunft folgen, die ihnen genau angeben werde, was sie tun sollten. Das Problem dieses Einwandes besteht laut Singer jedoch darin, daß diese platonische „Idee dieses Guten" nicht darauf warten würde, entdeckt zu werden. Singer erkennt in der Vorstellung von einer „Idee dieses Guten" wiederum die Metapher der genauen Vergegenwärtigung, die er bereits verworfen hat. Die Antwort auf die Frage „Tust Du, was Du willst?" sei ja, aber diese Antwort bringe nichts zum Ausdruck – ebensowenig enthülle die Frage etwas. Sie führe nur auf ein falsches Gleis, da sie die dichotomische Alternative zwischen einer Einigung durch den Zwang inhärenter Rationalität und dem Werfen einer Münze suggeriere. Aber diese dichotomische Zuspitzung sei falsch: Das Fehlen einer Entscheidungsprozedur für moralische Dilemmata fordere von uns weder zielloses noch bösartiges Handeln. [vgl. P&C, 55–56]

b) Singers Gegenkonzeption
(1) Singers Rechtstheorie
(a) Rortys Gegensatz zwischen ‚systematischer' und ‚bildender' Philosophie
Angesichts des verfehlten Grundansatzes der ‚traditionellen' Lehre erläutert Joseph William Singer nun, welche Aufgabe der Rechtstheorie seiner Auffassung nach zukommt. [im folgenden vgl. P&C, 57–59] Auch hierbei bedient er sich der Philosophie von Richard Rorty: Er greift dessen Unterscheidung zwischen ‚systematischen' (*‚systematic'*) und ‚bildenden' (*‚edifying'*) Philosophen auf:
– ‚Systematische' Philosophen errichteten Gedankengebäude, die ihrer Ansicht nach in der Lage seien, komplexe Sachverhalte zu erklären, theoretische Entwicklungen zu leiten und Antworten auf schwierige Fragen zu liefern. ‚Systematische' Philosophen seien entweder ‚normale' oder ‚revolutionäre' Philosophen. Das heißt, sie arbeiteten entweder innerhalb bestehender Traditionen oder sie versuchten, das etablierte Paradigma durch ein neues, besseres oder wahreres Paradigma zu ersetzen. Gemeinsam sei ihnen, daß sie eine theoretische Rahmenordnung zu errichten suchen, welche den Inhalten von Diskursen Grenzen des Legitimen setzen soll.
– ‚Bildende' Philosophen hingegen strebten danach, vorhandenen ‚normalen' oder ‚abnormalen' Gedankensystemen die Grundlagen zu entziehen. Sie versuchten Zweifel zu säen in bezug auf die Notwendigkeit und die Kohärenz unserer Sichtweisen. ‚Bildende' Philosophen beabsichtigen nicht, die Menschen dazu zu bringen, ihre moralischen Auffassungen aufzugeben. Sie setzten sich für die Verbreitung der Einsicht ein, daß wir unsere Auffassungen eher als Verpflichtungen statt als Wissen betrachten sollten.
Singer plädiert klar für eine Übernahme des Rollenverständnisses der ‚bildenden' Philosophie. Den größten Dienst könnten Rechtstheoretiker dadurch erweisen, daß sie aktiv das Rechtssystem kritisierten. Singer votiert dafür, beständig auf allen Gebieten der Rechtsdogmatik zu demonstrieren, daß sowohl die geltenden Rechtsregeln als

II. Joseph William Singers Sicht von Recht, Moral und Politik

auch die Argumente, die vorgebracht würden, um diese Rechtsregeln zu begründen und zu kritisieren, inkohärent seien. Diese Kritik würde nützlich sein, selbst wenn wir uns eine zufriedenstellende Alternative zur ‚traditionellen' Rechtstheorie nicht vorstellen könnten. Eine derartige Kritik würde uns deutlich machen, daß wir die Frage, wie wir zusammen leben sollten, selbst zu beantworten hätten – und die Rechtstheorie uns die Antworten darauf nicht geben könnte.

(b) Singers Gegensatz zwischen ‚expressiver' und ‚determinierender' Rechtstheorie
Doch Joseph William Singer beläßt es nicht dabei, die kritische Funktion der Rechtstheorie zu propagieren. Er skizziert auch, welche Antworten die Rechtstheorie zu liefern vermöge und wie sie diese Antworten liefern könne. [im folgenden vgl. P&C, 59–66]

Singer empfiehlt einen Wechsel der leitenden Fragestellung der Rechtstheorie. Die angemessene Frage laute nicht: „Wie könnten wir gewiß werden, daß wir Recht haben?", sondern: „Wie sollten wir leben?". Rechtstheorie könne uns zwar nicht sagen, was wir tun sollten, aber sie könne unser Denken strukturieren:

„The alternative to traditional legal theory [...] is to view legal theory as expressive rather than determinative. Legal theory cannot tell us what to value, but it can help us (judges, scholars, citizens) make choices by helping us to articulate what we value." [P&C, 62–63]

Rechtstheorie sollten wir nicht als etwas begreifen, was sich von unseren alltäglichen moralischen Entscheidungen wesensmäßig unterscheide. Im Gegenteil: Singer meint nicht, daß es eine solche Differenz gäbe.[24] Und gerade dies sollte uns stärken.

Eine qualitative Differenz zwischen alltäglichem und wissenschaftlichem oder professionellem Entscheiden negiert Singer auch in bezug auf die Tätigkeit der Richterschaft. Er anerkennt, daß rechtliches Begründen bei Richtern auf eine systematischere Weise die widerstreitenden Argumente, die im allgemeinen als relevant betrachtet werden, zum Ausdruck brächte. Doch ungeachtet dessen verfügten Richter über kein besseres Wissen als jeder von uns.

Die Macht der Richter sei nur bis zu dem Grad legitim, zu dem wir ihre Entscheidungen als gut betrachteten, und nur zu dem Grad, zu dem wir die gegenwärtigen Methoden, Richter zu wählen und ihnen das Entscheiden von Streitigkeiten zu erlauben, als gültige Alternative zur Streitschlichtung und zur Rechtssetzung guthießen.

(2) Singers Illustration seiner Lehre
Abschließend gibt Joseph William Singer an, wie er sich das Schaffen von Verpflich-

---

[24] Vgl. P&C, 62: „Everyone has had the experience of making important, difficult moral decisions. And almost no one does it by applying a formula. [...] Everyone knows how to do this. Some people do it better than others, because they know more facts, or because they are not afraid of asking their friends, or because they consider what to do more carefully than others. Legal decisions [...] are no different: Judging [...] is just decision-making. Of course, we may act differently in different roles. [...] But the experience of moral choice is the same."

tungen und von Gemeinschaften konkret vorstellt.[25] Er möchte damit veranschaulichen, daß zur Hoffnungslosigkeit kein Anlaß besteht, obgleich sichere *foundations* nicht möglich seien. [vgl. P&C, 66–70]

B. Kritik von »The Player and the Cards«

Joseph William Singer hat mit »The Player and the Cards« einen Aufsatz verfaßt, dem intellektuelle Brillanz nicht abzusprechen ist. Unter anderem sticht das breite Spektrum konkurrierender und konkordanter Konzeptionen positiv hervor, die Singer verarbeitet hat und für die er prägnant einen theorieinhaltlichen Frontverlauf herstellt. Zudem sind seine Analysen der Möglichkeiten und Grenzen des Rechts und der Rechtsprechung erhellend.

Dessen ungeachtet sind gegenüber seiner Lehre Einwände zu erheben.

1. immanent

Zu untersuchen ist, ob Singers Thesen zu den Grundlagen von Recht, Politik und Moral mit seinem Vorgehen kongruent sind. So könnte seine Konzeption nicht konsistent sein, weil Singer in »The Player and the Cards« einerseits die ‚Metapher der genauen Vergegenwärtigung' zur Kennzeichnung des rechtlichen Begründens zurückweist, aber andererseits die ‚traditionelle' Rechtstheorie mit Aussagen konfrontiert, die implizit um ein ‚genaues Vergegenwärtigen' bemüht sind.

Singer könnte diesem Einwand entgegenhalten, daß er zwar Konzeptionen des empirisch, hermeneutisch und analytisch Geltenden sowie des normativ Gültigen entwickelt habe. Doch habe er dabei keine ‚exakten Repräsentationen' geboten oder nur angestrebt. [vgl. hier u. im folgenden P&C, 25–26, 51, 56] Vielmehr habe er lediglich einen Beitrag für ein Gespräch über diese empirischen, hermeneutischen, analytischen oder normativen Gesichtspunkte geliefert – und sich damit exakt in Übereinstimmung mit seiner Gegenmetapher vom Legal Reasoning als *‚conversation'* bewegt. Dementsprechend habe er nur seine Standpunkte vertreten. Diese Standpunkte gingen aus Erfahrung(en), Gefühl(en) und Gesprächen hervor und seien als „Wahlentscheidungen" zu betrachten. In seinem Artikel habe er allein diese „Wahlentscheidungen" erläutert.

Damit zeichnen sich zwei Varianten ab, welche Zielsetzung Joseph William Singer mit seinen Ausführungen verfolgt haben könnte:

---

[25] So kritisiert er z.B. die damalige Politik der US-Regierung. Vgl. P&C, 67: „*We should prevent cruelty.* Right now, people are being dragged from their homes, in darkness, and even in broad daylight. It is someone's daughter, someone's son, someone's husband. They are tortured and raped and made to endure cruel games. Then they are killed in gruesome and inventive ways. In some instances, the American government subsidizes the people who commit these acts. The government reprimands the people, sternly. And subsidies continue." [Hn. i.O.] Singer möchte mit seinen Ausführungen kein Programm aufstellen, sondern eine Vision beschreiben.

II. Joseph William Singers Sicht von Recht, Moral und Politik 395

– Entweder reflektieren Singers „Wahlentscheidungen" nicht mehr als seine subjektive Sichtweise empirischer, hermeneutischer, analytischer oder normativer Sachverhalte. „Nicht mehr" bedeutet hierbei, Singers Darlegungen entbehren jeglicher intersubjektiver Intentionalität.
– Oder Singer formuliert seine „Wahlentscheidungen" in kommunikativer Absicht.

Gilt die erste Variante, dann stellt sich die Frage, welcher Aussagewert seinen Ausführungen zukommt. Singers Lehre wäre damit ihres performativen Sinns beraubt. Diese Variante erscheint jedoch unwahrscheinlich, obgleich offen ist, für wie irrational und damit nonkommunikabel Singer grundsätzlich den Charakter von „Wahlentscheidungen" in politischen, moralischen und rechtlichen Fragen hält. So stuft er zwar die Bezeichnung des ‚Irrationalismus' für seine Position als unangemessen ein, weil er nicht vertrete, daß Entscheidungen ohne Verbindungen mit unterscheidbaren Zielsetzungen gefällt würden. [vgl. P&C, 5 FN 7] Aber Singer legt auch nicht dar, daß und wie diese Zielsetzungen mit Gründen und mit (menschlicher) Vernunft verknüpft sind. Statt dessen betont er die Rolle der Erfahrung, des Gesprächs, der kulturellen Einbettung, der Gewohnheit, der Verantwortlichkeit, des Gefühls, der Intuition, der Introspektion oder der Überzeugung. [vgl. etwa P&C, 39, 51, 53, 56, 66] Singer das Propagieren bloßer Subjektivität zuzuschreiben, erscheint jedoch gerade deswegen fernliegend. Und zwar insofern, als Gespräche und manche der anderen Komponenten der Entscheidungsfindung nach Singers Theorie ohne intersubjektive Gehalte kaum vorstellbar sind und kaum anzunehmen ist, Singer sei sich dessen nicht bewußt gewesen.

Gilt hingegen die zweite Variante, dann erhebt Singer für die semantischen Gehalte seines Textes Geltungs- beziehungsweise Gültigkeitsansprüche:
– Bei empirischen Feststellungen wären dies Geltungsansprüche bezüglich der Wirklichkeit,
– bei hermeneutischen Aussagen Geltungsansprüche bezüglich des Gemeinten bei von ihm referierten Theorien und Lehren,
– bei analytischen Folgerungen Geltungsansprüche bezüglich des logischen Verhältnisses von Sachverhalten und schließlich
– bei normativen Forderungen Gültigkeitsansprüche bezüglich des Gesollten und Angemessenen.

Untrennbar verknüpft mit dem kommunikativen Erheben von Geltungs- und Gültigkeitsansprüchen ist in performativer Hinsicht, diese Ansprüche als *begründete* und *begründbare* auszuweisen. Das Treffen von begründeten oder zumindest begründbaren Aussagen setzt wiederum voraus, die Vorstellung eines intersubjektiv geteilten Maßstabs zugrunde zu legen. Hierfür muß jeder, der Geltungs- oder Gültigkeitsansprüche erhebt, auf die *Vorstellung* einer hinreichend exakten *Abbildung* zurückgreifen. Das heißt, der semantische Gehalt jeglicher Formulierung von Geltungs- oder Gültigkeitsbehauptungen besteht in der These, im menschlichen Geist einen Sachverhalt hinreichend genau erfaßt zu haben – also eine ‚Idee' entwickelt zu haben, die ein Phänomen der ‚Natur' repräsentiere. ‚Natur' ist hierbei in einem weiten Sinn zu verstehen, der sowohl die Sphären des Seins als auch des Sollens einschließt und der die Außenwelt eines ‚Ichs', eines menschlichen Geistes bezeichnet. Bei einem Sprechen und Verständigen mit der Absicht, Intersubjektivität herzustellen, wird einer gedanklichen Vorstellung (‚Idee') sprachlich Ausdruck verliehen, von der behauptet wird, hinreichend genau einem Sachverhalt zu entsprechen, der eine Außenbeziehung des Sprechers (‚Natur') betrifft.

Anders ausgedrückt, am Gebrauch einer Form der Metapher von der ‚genauen Vergegenwärtigung' führt in Kommunikationssituationen kein Weg vorbei.

Dies gilt für sämtliche empirischen, hermeneutischen, analytischen und normativen Aussagen:
– Wer eine These hinsichtlich der Wirklichkeit formuliert, muß implizit zumindest behaupten beziehungsweise voraussetzen, von dieser durch die These tangierten Wirklichkeit eine hinreichend genaue Vorstellung abgebildet zu haben;
– wer eine These hinsichtlich einer vertretenen Position aufstellt, muß implizit zumindest behaupten respektive voraussetzen, die hierfür relevanten Aspekte dieser Position hinreichend genau wiedergegeben zu haben;
– wer eine These hinsichtlich einer logischen Verknüpfung vorträgt, muß implizit zumindest behaupten beziehungsweise voraussetzen, die Bestandteile und die relationale Natur dieser Verknüpfung hinreichend exakt ermittelt zu haben;
– wer eine These hinsichtlich eines zu fordernden Sollens formuliert, muß implizit zumindest behaupten respektive voraussetzen, die Notwendigkeit und die Gestalt dieser Forderungen hinreichend genau angegeben zu haben.

Dieser Rekurs auf die Vorstellung einer ‚genauen Vergegenwärtigung' ist ferner auch unabwendbar, wenn **erstens** ausschließlich eine Negation aufgestellt wird oder wenn **zweitens** lediglich relativierende Aussagen getroffen werden.[26] Denn negierende und relativierende Aussagen lassen sich in der Kategorie der vergleichenden Propositionen zusammenfassen, die auf der Differenz zwischen einem fälschlicherweise Festgestellten und einem Tatsächlichen insistieren. Als solchen liegt vergleichenden Propositionen ein Maßstab zugrunde, der auf die *Vorstellung* einer exakten Abbildung *verweist*. Sie implizieren auf seiten desjenigen Subjekts, das die vergleichende Feststellung trifft, die Vorstellung eines intersubjektiv hinreichend mitteil- und nachvollziehbaren Kriteriums für den Vergleichsvorgang.

Allem Anschein nach (das heißt: unter der Voraussetzung, daß sein Artikel auf die Herstellung einer Kommunikationssituation und das Erheben von Geltungs- und Gültigkeitsansprüchen gerichtet ist), bedient sich somit auch Singers rechtliches Begründen und Kritisieren implizit einer Form der Metapher der ‚genauen Vergegenwärtigung'.

Daß dies nicht nur implizit, sondern zuweilen auch explizit geschieht, zeigen manche Begriffe, die Singer verwendet. Er schreibt beispielsweise: „[...] people do not want just to be beastly to each other. To suppose so is to ignore *facts*. [...] It is also not *true* that, if left to do ‚just what they like', government officials will

---

[26] Vgl. etwa: „The claim that a legal doctrine is indeterminate means that the doctrine allows choice *rather* than constraining or compelling it." [P&C, 11; H. M.E.].

necessarily harm us or oppress us." [P&C, 54–55; H. M.E.] Um seine Konzeption sprachphilosophisch konsequent durchzuhalten, müßte Singer eigentlich Begriffe wie „Wirklichkeit", „wahr" oder „tatsächlich" vermeiden. Denn derartige Begriffe verweisen auf die Metapher von der ‚genauen Vergegenwärtigung'.

Allerdings müssen empirische, hermeneutische und analytische sowie normative Aussagen nicht notwendigerweise mit einem solchen ontologischen Status der Metapher von der ‚genauen Vergegenwärtigung' einhergehen, wie ihn Singer definiert.[27] Singer begreift die Metapher in ihrer erkenntnistheoretischen Dimension. Das heißt, er nimmt die Perspektive eines nicht beteiligten Beobachters ein und bestreitet die Möglichkeit von *tatsächlichen* oder nur überhaupt *möglichen* ‚genauen Vergegenwärtigungen'.

Davon ist jedoch die sprachphilosophische Dimension der Metapher nicht berührt. Vom sprachphilosophischen Standpunkt aus zählt allein die Teilnehmerperspektive. Von diesem Standpunkt aus muß die Möglichkeit ‚genauer Vergegenwärtigungen' vorausgesetzt werden, unabhängig davon, ob diese Möglichkeit erkenntnistheoretisch zu beweisen ist. Daher ist der ontologische Status der Metapher der ‚genauen Vergegenwärtigung' beim intersubjektiven Erheben von Geltungs- und Gültigkeitsansprüchen nicht tangiert. Die Unvermeidbarkeit des kommunikativen *Gebrauchs* der Metapher der ‚genauen Vergegenwärtigung' erlaubt keine Rückschlüsse auf ihr erkenntnistheorerisches *Vermögen*.

Für die Natur normativer Stellungnahmen bedeutet dies, daß sie sich auch jenseits von bloßer Meinung und sicherem Wissen einordnen lassen:[28] Normativen Stellungnahmen muß nicht zuerkannt werden, daß sie eine ontologische Realität reflektieren. In dieser Hinsicht ist Singer zuzustimmen – für ein solches „Wissen" gibt es keine definitive Gewißheit. Doch normative Stellungnahmen sind ohne performative Selbstwidersprüchlichkeit nur möglich, wenn sie nicht nur subjektive, sondern auch intersubjektive Gültigkeit beanspruchen. Singer beachtet diese Dimension der Intersub-

---

[27] So setzen etwa vergleichende Propositionen nicht die ontologische Existenz eines Absoluten oder an sich Seienden voraus (wie Plato meinte). Ausführlich hierzu GÜNTER PATZIG über die über die Erfahrung hinausweisende konstruktive Begriffsbildung: „Wenn wir nun im Hinblick auf solche Fälle [Fälle, bei denen mit komparativischen Prädikaten operiert wird; M.E.] sagen, etwas sei schön (gleich), aber nicht vollkommen schön (gleich), dann müssen wir, so argumentiert Platon, doch wohl wissen, was wir meinen, wenn wird von vollkommener Gleichheit, vollkommener Schönheit usw. reden [...] Es ist in diesem Zusammenhang [...] geradezu notwendig, zu fragen, aufgrund wovon wir denn heute meinen, daß wir wüßten, wovon wir reden, wenn wir den Ausdruck ‚genau gleich' benutzen. Nun, wir brauchen nicht die Bekanntschaft mit einem solchen Übergegenstand [einer platonischen Idee; M.E.]. Wir konstruieren vielmehr den Begriff des genau Gleichen als den eines idealen Grenzwertes fortschreitender Maßannäherung. Wir brauchen nur zu wissen, was es heißt, daß die Dinge x und y einander weniger ungleich sind als die Dinge y und z. Wir können dann absolute Gleichheit als den Grenzwert einer solchen Progression definieren." [Platons Ideenlehre, kritisch betrachtet, in: *Antike und Abendland*, 16. Bd. {1970}, 113–126 {mit einem Textanhang: 127–140} {116–117 mwN.; Hn. i.O.}].
[28] Hier wird mit Singer gegen Singer argumentiert – vgl. P&C, 59–60: „We need to get over the feeling that a view is either one that all persons should accept because it is grounded in reality or it is ‚just your opinion'."

jektivität nur ungenügend, da er bei seiner Kritik der ‚traditionellen' Rechtstheorie allein mit den Dichotomien ‚Subjektivität' *versus* ‚Objektivität', „Wahl" *versus* deterministischer Notwendigkeit etc. operiert.

Auf diese Weise stuft er jegliche normative oder dogmatische Begründung der ‚traditionellen' Rechtstheorie als *logisch stringente* Ableitung ein, weil er die logisch stringente Deduktion als Ausfluß sicheren Wissens begreift. Dann nachzuweisen, die Ableitungen der ‚traditionellen' Rechtstheorie seien logisch nicht zwangsläufig, fällt ihm nicht schwer. Ob jedoch alle Ausprägungen der ‚traditionellen' Rechtstheorie ihre rationale Fundierungen und Methoden als logisch deduzierbar auffassen, ist davon unberührt. Wenn Singer somit die verschiedenen Projekte der ‚traditionellen' Theorie, intersubjektive Maßstäbe von Legitimität zu ermitteln, allesamt unter die Tradition der platonischen Ideenlehre subsumiert, ist dies problematisch. Und zwar deswegen, weil die instrumentelle Funktion der Metapher von der ‚genauen Vergegenwärtigung' von ihrem metaphysischen Gehalt logisch unabhängig ist.

Hieran schließt sich zum einen die Frage an, ob Singers Unternehmen geglückt ist, die erkenntnistheoretischen Überlegungen von Richard Rorty in die Rechtstheorie zu überführen. Denn fraglich ist, ob Singer die Quelle seiner philosophischen Inspiration richtig gedeutet hat – das heißt, ob Singer aus Rortys Epistemologie in »Philosophy and the Mirror of Nature« die richtigen rechtstheoretischen Schlüsse gezogen hat.[29]

Zum anderen ist hiermit die Frage verknüpft, ob Singer die Aussagen und Begründungsziele der Konzeptionen, die er unter den Sammelbegriff der ‚traditionellen' Rechtstheorie faßt, korrekt referiert.[30]

Dies sind hermeneutische Probleme, die nicht weiter verfolgt werden müssen. Hier genügt der Befund, Singers Theorie ist hinsichtlich der Metapher der ‚genauen Vergegenwärtigung' in sich widersprüchlich, da er sie sowohl verwirft als auch benützt.

---

[29] Vgl. STICK: *Can nihilism be pragmatic?* [aaO. FN 3 S. 375 dieser Arbeit], 341–342: „Singer attempts to do to legal reasoning what Rorty does to philosophy. In Singer's view, legal reasoning, like the epistemological tradition in philosophy, aspires to a privileged relation to the True and the Good. Legal reasoning aspires to be eternal, objective, and neutral. The nihilists' criticisms of legal reasoning, like the pragmatists' criticisms of epistemology, seek to dissolve what they believe to be a useless way of speaking and an endless pursuit of certainty. Thus, Singer seeks to clear the way for a passionate discussion of our moral and political commitments and our visions for the future of our society in the same manner that Rorty seeks to liberate existing scientific and political discourses from the methodological straitjackets imposed by a representational philosophy. Singer's analogy of his criticism of law to Rorty's criticism of philosophy is, however, mistaken. The better analogy for the nihilists' role would be to that of the epistemological philosophers who criticized the methods of the social sciences. Singer and the nihilists, like the epistemologists, seek to impose external standards of rationality on a practical discourse."

[30] Vgl. STICK: *Can nihilism be pragmatic?* [aaO. FN 3 S. 375 dieser Arbeit], 344–345: „[...] Singer and the nihilists distort contemporary liberal political and legal theorists [...]: Rawls and Dworkin, among others, are presented as being much more rationalist and foundationalist than they actually are. Rawls and Dworkin are susceptible to differing interpretations. Under some interpretations they are consistent with Rorty; even under more rationalist interpretations they are still less rationalist than writers the legal nihilists admire, such as Habermas." Eine explizite Bewunderung von Habermas findet sich in Singers Text allerdings nicht.

Auch bei einem anderen Topos scheint Singers Position nicht mit seinem Vorgehen übereinzustimmen. So argumentiert Singer nicht gemäß dem von ihm verfochtenen Modell des ‚Normaldiskurses': Seine hermeneutisch-analytische Kritik sowie seine Gegenkonzeptionen appellieren an rationale Einsicht schlechthin. Somit erhebt Singer *allgemeingültige rationale* Geltungs- und Gültigkeitsansprüche, während nach seinen Darlegungen solche Ansprüche doch gerade nicht vertretbar sind. Zumindest finden sich keine Indizien dafür, daß die Argumente, die Singer insbesondere bei seiner Analyse und seiner Kritik der ‚traditionellen' Rechtstheorie vorbringt, auf einen ‚Normaldiskurs' beschränkt wären. Wäre Singers Text an die Teilnehmer eines ‚Normaldiskurses' adressiert, so müßten die Geltungs- respektive Gültigkeitskriterien für seine Ausführungen in irgendeiner Hinsicht auf bestimmte Konventionen festgelegt sein, die auf jeden Fall enger gefaßt wären, als allein die *allgemeinmenschliche* Vernunft als maßgebende Instanz anzuerkennen. Für einen solchen Rahmen konventionalisierter Bewertungen liefert Singers Text jedoch keine Anzeichen.

2. transzendent

Singers Argumentation bewegt sich auf zwei verschiedenen Ebenen:
- Auf der einen Ebene beleuchtet Joseph William Singer die Grundlagen von Moral, Politik und Recht in erkenntnistheoretischer Perspektive. Daher läßt sich diese Ebene als ‚epistemologische' etikettieren. Singer bestreitet hier, daß es *rationale* Fundierungen und Methoden für Theorie und Praxis von Moral, Politik und Recht gäbe. Diese These wird im folgenden als ‚These 1' bezeichnet.
- Auf der anderen Ebene befaßt sich Singer mit der existentiellen Dimension seiner Erkenntnistheorie. Daher läßt sich diese Ebene als ‚existentielle' benennen. Hier erläutert er die – nach seiner Lehre – wirklichen Grundlagen von Moral, Politik und Recht. Des weiteren klärt er den Zusammenhang zwischen diesen Grundlagen einerseits und der individuellen Lebensführung sowie der kollektiven Gestaltung des politischen Gemeinwesens andererseits. Im Zuge dessen sucht er nachzuweisen, daß auch ohne rationale Fundierungen und Methoden leidenschaftliche Verpflichtungen gehegt werden können und es somit möglich sei, dem eigenen Leben Bedeutung zu verleihen. Diese These figuriert im folgenden als ‚These 2'.

Singer begründet die beiden Thesen ‚1' und ‚2' verkürzt so:

Zur ‚These 1': Rationale Fundierungen und Methoden seien in Theorie und Praxis von Moral, Politik und Recht bislang nicht geglückt. Schlußfolgerungen, die auf diesen Gebieten gezogen würden, seien nicht zwingend. Dies demonstriert Singer am Beispiel des Rechts und des Rechtsdenkens[31]. Sowohl das Recht als auch das Rechtsdenken seien unbestimmt und nicht objektiv. Zudem seien beide auch nicht neutral. Dies füge allerdings nichts zu den Aussagen über die Unbestimmtheit und die

---

[31] Das Rechtsdenken versteht Singer in einem weiten Sinn, also etwa auch unter Einbeziehung der politischen Theorie.

fehlende Objektivität hinzu, da sich das vermeintliche Merkmal der Neutralität aus (unzutreffenden) Bestimmtheits- und Objektivitätsbehauptungen zusammensetze.

Zur ‚These 2': Praxis und Theorie in Moral, Politik und Recht würden von Akten individueller und kollektiver Wertewahl bestimmt. Dabei bedürften diese Wahlakte nicht der Gewißheit, über rationale Fundierungen und Methoden zu verfügen. Vielmehr benötigten sie Gespräche, Überzeugungen, Intuitionen, Erfahrungen etc. Mit diesem Wählen von Werten sei eine gewissenhafte Übernahme von Verantwortung möglich. Sinnvolle Lebensführung als Hingabe an politische und moralische Werte somit ebenfalls.

Singers Theorie ist jedoch weder auf der ‚erkenntnistheoretischen' noch auf der ‚existentiellen' Ebene unabweisbar:
– So steht der ‚These 1' entgegen, daß sie allein aufgrund eines spezifischen Begriffs von Rationalität haltbar ist. Mehr noch: dieser spezifische Begriff scheint zu strikte Kriterien zu enthalten.
– So spricht gegen die ‚These 2', daß sie der Eigenart von moralischen, politischen und rechtlichen Entscheidungen nur unvollkommen gerecht wird.

Ausführlich läßt sich diese Gegenargumentation so entfalten:

Zur ‚These 1': Es gibt rationale Fundierungen und Methoden für Moral, Politik und Recht. Allerdings ist bei Theorie und Praxis auf diesen Gebieten ein Maßstab zugrundezulegen, der – im Gegensatz zu demjenigen Singers – mit Unschärfen behaftet ist:
– Singer mißt bei seiner Kritik der ‚traditionellen' Rechtstheorie mit der Idee einer deterministischen Stringenz: Rationalität liegt demnach vor, wenn Axiome als unbezweifelbar gewiß gelten können und Folgerungen zu eindeutigen und singulären Ergebnissen führen. Objektivität wird hierbei als unabhängig von den Subjekten bestehend begriffen. Zumindest kommt den Subjekten keine andere Rolle zu, als lediglich die jeweiligen grundlegenden Annahmen und vorgenommenen Ableitungen – den Gesetzen der Logik gehorchend – anzuerkennen beziehungsweise anerkennen zu können. Für Argumentationen außerhalb unumstößlicher Axiome und logisch geltender Deduktionen ist kein Raum vorgesehen.
– Es gibt jedoch keinen Grund, Rationalität nur in diesem objektivistischen Sinne zu definieren. Vielmehr erscheint es angemessen, auf den Gebieten der Moral, der Politik und des Rechts mit einem erweiterten Begriff von Rationalität zu operieren. Denn es ist sowohl unter politisch-ethischen Gesichtspunkten als auch unter Klugheitsüberlegungen sinnvoll, in den Begriff der Rationalität (auch) die Herstellung von intersubjektiver Übereinstimmung oder die Beachtung organisatorisch-institutioneller Grundsätze einzuschließen. So ist es insbesondere sinnvoll, in das Rechtssystem Redundanzen einzuführen – etwa in Gestalt eines mehrstufigen gerichtlichen Instanzenzuges. Des weiteren ist etwa das Prinzip, das Richten in eigener Sache zu vermeiden, sinnvoll – und insofern ‚rational'.

Bezogen auf das Recht und das Rechtsdenken bedeutet diese erweiterte Fassung der Kategorie der Rationalität:
– Recht und Rechtsdenken sind zwar durchaus so unbestimmt, wie Singer es fest-

II. Joseph William Singers Sicht von Recht, Moral und Politik

stellt. Aber es ist nicht notwendig, diese Unbestimmtheit in Irrationalität zu übersetzen. Vielmehr ließe sich etwa die stabilisierende Wirkung konventionalisierter Standards als Bestandteil von Rationalität einordnen. Ihre stabilisierende Wirkung hebt Singer selbst hervor. Da sie jedoch – logisch betrachtet – nicht zwingend sind, verneint Singer ihre rationale Qualität. Doch sie ermöglichen immerhin Vorhersagen auf der Basis von Wahrscheinlichkeiten, ein Eindämmen von Willkür, ein gewisses Maß an Rechtssicherheit, institutionelle Kompetenzaufteilungen und vieles mehr. Warum sollte man dies nicht ‚rational' oder ‚vernünftig' nennen?[32]

Um dies an einem Beispiel – von Singer – aufzuzeigen: Sicherlich ist es nicht ausgeschlossen, daß anläßlich einer rechtlichen Beurteilung von fehlerhaften Autoreparaturen ein Richter den Individualverkehr verbieten könnte. [vgl. P&C, 15; S. 18 dieser Arbeit] Aber herkömmlicherweise würde dieser Richter damit seinen richterlichen Aufgabenbereich überschreiten. Damit soll freilich kein Urteil über die Gefährlichkeit und die Rechtmäßigkeit des Individualverkehrs gefällt werden. Lediglich wird behauptet, der konventionalisierte Standard des US-Rechts, ein Verbot des Individualverkehrs nicht der Gerichtsbarkeit zu überantworten, sei vertretbar und vorteilhaft. Rechtliche Standards dieser Art reichen aus, damit in politischen Gemeinwesen institutionelle Gefüge arbeiten können. Insofern gründen politische und rechtliche Einrichtungen auf rechtlicher ‚Bestimmtheit'.

– Ist eine derartige standartisierte Bestimmtheit nicht vorzufinden, müssen die Entscheidungsvorgänge dennoch nicht als irrational bezeichnet werden. Dann verbleiben immerhin noch organisatorisch-institutionelle Regelungen, die zum Beispiel Willkür und Parteilichkeit zurückdrängen könnten.
Sicherlich ist das Recht durch all dies fehlerbehaftet – um das Mindeste zu schreiben. Aber wie lautet die Alternative hierzu? Wenn es keine Alternativen gibt, dann stellt sich die Frage, ob man das Höchstmaß an erreichbarer Vernünftigkeit im Recht nicht als ‚Vernünftigkeit' des Rechts einstuft.

– Das Recht und das Rechtsdenken sind zwar nicht im Sinne Singers objektiv. Aber Rechtspraxis und -theorie lassen sich auf Intersubjektivität stützen beziehungsweise ausrichten. Und dies wiederum birgt Rationalitätschancen.

Zu Recht weist Singer darauf hin, daß abstrakte Begriffe Dissens verbergen und dadurch Unschärfen bei ihrer Konkretisierung angelegt sind. Anderseits enthalten abstrakte Begriffe auch Konsenspotentiale. Darauf geht Singer bei seiner Kritik der ‚traditionellen' Rechtstheorie nicht ein. Bei der Erläuterung seiner Gegenkonzeption allerdings führt er an, daß sich im Begriff der *pursuit of happiness* eine von vielen US-Amerikanern geteilte Wertschätzung individueller Freiheit verdichtet. Zumindest diese Wendung hält er offensichtlich nicht für eine bloße Leerformel.

---

[32] Die webersche Fassung des rechtlichen Rationalitätsbegriffes erscheint dem Recht adäquater. Weber unterscheidet zwischen ‚formaler' und ‚materialer' Rationalität. Beides sind Idealtypen, die in ihrer Reinform das Gegenteil von Rationalität nach sich ziehen würden und die nur in ihrer Kombination rechtliche Rationalität ergeben. Ausführlich MATTHIAS EBERL: *Die Legitimität der Moderne. Kulturkritik und Herrschaftskonzeption bei Max Weber und bei Carl Schmitt*, Marburg 1994, 17–20 mwN.

Verallgemeinert man dies, dann erscheint es immerhin fernliegend, daß sich die Unbestimmtheit des Rechts zur reinen Subjektivität steigert. In diesem eingeschränkten Sinn ist das Recht ‚objektiv' – und ein vernünftiger Modus sozialer Integration.
– Des weiteren besitzt die Vernunft das Vermögen, die wirklichen Gegensätze und Gemeinsamkeiten in politischen Gemeinwesen zu ermitteln. Singer spricht dieses Vermögen indirekt selbst an, indem er der Rechtstheorie die Aufgabe zuweist, eine expressive Funktion auszuüben, das heißt: bei der Artikulation von Auffassungen dienlich zu sein. Auch dies läßt sich als eine Form von Rationalität betrachten.
– Die artikulative Funktion der Rechtstheorie läßt sich an der Figur des ‚rationalen Konsens' demonstrieren. Mit dieser vertragstheoretischen Operablen werden normative Forderungen begründet (wie dies beispielsweise bei Rawls' »Theorie der Gerechtigkeit« geschieht. Als solche vermag sie auch Gegenkonzepte auf den Plan zu rufen. Dies ist ja geschehen – sowohl im Rahmen des Kontraktualismus (Buchanan, Nozick, Gauthier) als auch außerhalb dieses Paradigmas (von kommunitaristischer Seite) wurde Kritik geübt.
Die Widersprüchlichkeit der Figur der ‚vernünftigen Übereinkunft', die Singer ihr zuschreibt, erweist sich übrigens als vermeintliche. Singers Feststellung, ihre beiden Komponenten – Vernunft und Zustimmung – gäben einander entgegenstehende Geltungsgründe an, ist nur einsichtig, wenn man diese Figur als empirische Kategorie versteht. Diese Figur dient jedoch (zumindest bei John Rawls und seinen Nachfolgern) der Illustration normativer Aussagen. Mit ihr wird (metaphorisch) ein politisch-ethisches Postulat vorgebracht, das sich in folgendem Theorem zusammenfassen läßt: „Wir sollten es so (wie vertragstheoretisch dargelegt) machen – und folglich darin übereinstimmen, weil dies gerecht (und damit vernünftig) ist." Singers Lesart lautet demgegenüber: „Wir machen es so (wie vertragstheoretisch dargelegt), weil es vernünftig ist und weil wir uns einig sind." Sobald die einhellige Auffassung über das Vernünftige nicht mehr besteht, ist diese Aussage in der Tat kontradiktorisch. Da die Idee der rationalen Übereinkunft lediglich ein Gedankenexperiment darstellt, um Maßstäbe zu gewinnen und um diese dann in die Wirklichkeit zu überführen, nicht aber als Abbildung von Realität fungiert, liegt kein Widerspruch zwischen Vernunft und Konsens vor. Verpflichtungskraft besitzt diese Idee nur insofern, als sie anerkannt wird. Doch das Vorliegen dieser Anerkennung stellt diese Idee nicht fest.
– Schließlich ist es – in gewissen Grenzen – durchaus rational, rechtliche und politische Entscheidungen als verbindlich zu betrachten, obgleich sie inhaltlich als falsch angesehen werden. Auch hierin liegt ein Vermögen des Rechts, welches sich als ‚rational' qualifizieren läßt.
Fazit: Singers Beweisführung verfährt zu dichotomisch. Das heißt, sein argumentatives Grundmuster läßt allein den *ausschließlichen* Gegensatz von deterministischer Notwendigkeit und Irrationalität zu, wodurch es auf einem zu eng gefaßten Begriff von Rationalität beruht. Nur aufgrund dieser rationalitätstheoretischen Engführung ergibt sich der Befund, moralische, politische und rechtliche Begründungen – und

II. Joseph William Singers Sicht von Recht, Moral und Politik

mithin das Recht und das Rechtsdenken – seien nicht auf rationale Grundlagen zu stützen.

Zur ‚These 2': Singers rationalitätstheoretischer Engführung auf der ‚epistemologischen' Ebene entspricht auf der ‚existentiellen' Ebene eine unzureichende Kennzeichnung der Eigenart von moralischen, politischen und rechtlichen Entscheidungen. Singers Charakterisierung verfehlt deren Eigenart insofern, als er zu sehr *jegliche* Bindung von moralischen, politischen und rechtlichen Entscheidungen an vernunftgestützte Gründe verneint. Mit anderen Worten: er entkoppelt diese Entscheidungen zu sehr von der inhaltlichen Seite der Begründungen, die bei diesen Entscheidungen zugrunde gelegt werden.

Diese zu weitgehende Entkopplung läßt sich an folgenden Topoi seines Artikels festmachen:
- Singer betont mit Nachdruck, nicht die Demonstrierbarkeit seines Unrechts schütze vor Nazismus, sondern die Empörung ihm gegenüber. Sicherlich ist Empörung ein wichtiger handlungsanleitender Faktor – und insofern ist sie eine Kraft, die „Schutz" bewirken kann. Doch Singers These ist verkürzend, weil sie die Empörung zu unqualifiziert als schützende Kraft anführt. Singer erweckt dadurch den Eindruck, die bloße Empörung (einschließlich aus ihr resultierender Effekte) reiche zum Schutz aus. Empörung ist jedoch nichts, was sich stets zu Recht einstellt – Empörung kann vollkommen unberechtigt sein. Auch Nationalsozialisten können sich empören – und zwar auch völlig zu Unrecht. Empörung ist daher nur dann ein Schutz vor Unrecht, wenn sie berechtigt ist. Berechtigung wiederum bedarf der Begründung – mehr noch: der inhaltlich zutreffenden Begründung. Dies blendet Singer aus.
- Singer gibt als Kriterium für die Legitimität der Gerichtsbarkeit an, diese Legitimität bemesse sich daran, ob „wir" die Gerichtsurteile gutheißen würden. Damit wird zweierlei übersehen: Zum einen, daß sehr viele Gerichtsurteile inhaltlich abgelehnt werden. Folglich ist fraglich, ob das Rechtswesen noch Bestand hätte, wenn Singers Kriterium tatsächlich maßgebend wäre.[33] Zum anderen, daß Gerichtsurteile sowohl berechtigter- als auch unberechtigterweise Zustimmung und Ablehnung erfahren. Somit lassen sich die zum vorigen Punkt getroffenen Aussagen wiederholen. Würde Singer dem entgegenhalten, der Begriff der Legitimität sei ein „leeres Kompliment" (wie die ‚Objektivität') und bilde nichts anderes als faktische Übereinstimmung ab, dann stellt sich die Frage, wie die normative Dimension der Legitimität noch vorstellbar ist. Falls Singer die normative Dimension für eine Chimäre erklären würde, stellt sich die Frage, warum Gerichtsurteile überhaupt noch begründet werden – Zustimmung oder Ablehnung lassen sich auch auf die Entscheidungsformel gründen.

---

[33] Diese Kritik könnte relativiert werden müssen, da sie sich eventuell auf eine unglückliche Formulierung statt auf eine sachliche Aussage richten könnten. Denn Singer nennt an gleicher Stelle, daß es auch ein Kriterium der Legitimität sei, ob „wir" die Wahl von Richtern und die richterliche Entscheidungsfindung als Alternative zu sonstigen Streitentscheidungen für legitim hielten. Allerdings unterschlägt Singers Argumentation auch hier, daß dieses Kriterium auf normative Inhalte verweist.

– Des weiteren verweist Singer auf die ca. 300jährige Tradition des Gedankens der *pursuit of happiness* in den USA. Dank dieser Tradition stehe ein Niedergang der individuellen Freiheit nicht bevor. Er möchte damit der Befürchtung entgegentreten, das Recht komme nicht ohne rationale Fundierungen aus. Ohne zur individuellen Freiheit in den USA Stellung zu nehmen, sei hierzu grundsätzlich folgendes bemerkt: Nicht jede Tradition ist positiv zu bewerten. Und nicht jede Kultur verfügt über ungebrochene positive Traditionen. Um also Traditionen zu überprüfen und um positive Traditionen zu etablieren, sind Begründungen erforderlich. Mehr noch: nur berechtigte Begründungen vermögen hier hilfreich zu sein.

– Joseph William Singer kennzeichnet den Vorgang der Entscheidungsfindung als ‚Wahl' (*choice*). Singer möchte damit darauf hinweisen, daß Wertkonflikte nicht mit Hilfe der Vernunft zu entscheiden sind. Singers Feststellungen hierzu sind jedoch zu undifferenziert und führen nicht zu einem angemessenen Verständnis von Entscheidungen. So verwendet er den Terminus der ‚Wahl' in dem Sinne des Sich-Aussuchen-Könnens. Dies verfehlt die Eigenart anspruchsvoller menschlicher Entscheidungen, wie sie auf den Feldern der Moral, der Politik und des Rechts vielfach zu treffen sind. Denn anspruchsvolles Entscheiden ist mehr als das Eliminieren von Alternativen durch die Handlung des Auswählens. Anspruchsvolles Entscheiden liegt nur dann vor, wenn es sich auf Gründe stützt, deren Einsichtigkeit der Entscheidende bejaht. Dabei wird dieses Bejahen nicht als etwas völlig Freigestelltes, sondern als etwas Verpflichtendes erfahren. Diese Verpflichtung rührt nicht von anderen Subjekten her, sondern das entscheidende Subjekt erlegt sie sich selbst auf – sofern es sich um eine veritable anspruchsvolle und freie Entscheidung handelt. In diesem Sinn ist Singers ‚Wahl' zu relativieren und um das *Moment* eines ‚Zwanges' zu ergänzen – eines Zwanges, der am Charakter einer freien Entscheidung nichts ändert und der erst die gewissenhafte Verantwortung, die Singer betont, ermöglicht.

Zwei Gründe sprechen für eine Korrektur von Singers existentieller ‚These 2' in diesem Sinn:

* Zum einen dürfte die Natur der Entscheidungsfindung von den entscheidenden Subjekten anders wahrgenommen werden, als Singer sie beschreibt. Das heißt, reflektiertes Entscheiden wird als an Gründe – und zwar an vernünftige Gründe – gebunden aufgefaßt. Um die Bindung an vernünftige Gründe sicherzustellen, werden etwa Intuitionen geprüft oder verschiedene Ansichten eingeholt. Viele dieser Rationalisierungsbemühungen hat Singer selbst genannt.

* Zum anderen erfordert zumindest der performative Sinn der Argumentationspraxis, die Natur der Entscheidungsfindung als rational zu definieren – und zwar als rational im Sinne einer allgemeinmenschlichen Vernunft. Denn die Praxis der Argumentation appelliert stets an eine Einsichtigkeit, die jeder Mensch guten Willens aufbringen kann. Eine Beschränkung auf konventionalisierte Geltungsgründe ist zwar möglich, aber revidierbar. Deutlich wird dies beispielsweise daran, daß Standards, Konventionen und Traditionen auch in Frage gestellt werden können. Wird dann als Entgegnung auf einen üblichen Standard ver-

wiesen, zählt dies als ausschließliches Argument nicht mehr. Denn dieses Argument läßt sich stets dadurch zurückweisen, daß Standards, Konventionen und Traditionen ja variabel sind und geändert werden können. Ob dies geschehen soll, läßt sich durch den Rückgriff auf Üblichkeiten nicht entscheiden – sondern allein durch den Rekurs auf eine allgemein menschliche Vernunft. Voraussetzung hierfür ist freilich, daß dies im Rahmen von wirklichen Argumentationen geschieht. Mit wirklichen Argumentationen ist das Verhandeln von Geltungs- und Gültigkeitsansprüchen gemeint – bei ideologischen Agitationen findet dies nicht statt.

– Aus diesen Überlegungen folgt, daß Singer die Faktoren der Entscheidungsfindung nicht vollständig aufzählt: Entscheidungen sind zwar sicherlich auch Ergebnisse von Erfahrungen, Gesprächen, Diskursen, Intuitionen, Introspektionen oder etwa kulturellen Vorverständnissen. Sie sind aber nicht mit diesen kurzzuschließen, da sie potentiell zumindest mit vernunftgestützten Gründen in einem dialektischen Verhältnis stehen. Die Wendung „dialektisches Verhältnis" soll dabei umschreiben, daß Auffassungen und Sichtweisen auf der einen Seite selektieren und prägen, was als Grund für Entscheidungen und Handlungen in Frage kommt und Geltung oder Gültigkeit beanspruchen darf. Auf der anderen Seite jedoch ist diese Selektion und Prägung nicht unhintergehbar – Gründe besitzen eine gewisse Eigenständigkeit, sie sind durch Standards, Konventionen und Traditionen nicht vollkommen vorgeformt. Daher können Individuen eine Distanzierung von ihren früheren Positionen als durch sachliche Gründe veranlaßt erfahren. Dies hat auch Auswirkungen auf ganze Rechtskulturen. Auch zwischen Rechtskulturen und Gründen besteht grundsätzlich ein dialektisches Verhältnis, so daß Gründe Rechtskulturen verändern können.

Fazit: Im Recht und im Rechtsdenken gibt es keine unabhängig von den Subjekten bestehende Objektivität. Vielmehr kommen Recht und Rechtsdenken in Theorie und Praxis nicht ohne den subjektiven Faktor des Bewertens und des Einschätzens aus, gerade weil die Richtigkeit von Bewertungen und Einschätzungen nicht rational zu beweisen oder zu demonstrieren ist. Mit anderen Worten: Entscheidungen in Moral, Politik und Recht können ein ‚dezisionistisches Moment' nicht eliminieren.[34] Um dieses Moment auf eine rationale Weise zu kontrollieren, sind politische und rechtliche Entscheidungen in kommunikative Strukturen eingefaßt. Bewertungen und Einschätzungen werden dadurch in kommunikative Äußerungen überführt. Kommunikative Äußerungen wiederum implizieren Geltungs- oder Gültigkeitsansprüche, die

---

[34] Der Begriff des ‚Dezisionismus' ist äußerst vieldeutig. Exemplarisch seien hier noch weitere mögliche semantische Gehalte angeführt: ‚Dezisionismus' kann als Lehre definiert werden, die die These von einer (unüberwindbaren) Kluft zwischen Norm und Entscheidung behauptet. ‚Dezisionismus' kann ferner das Vertreten der These von der Priorität des ‚daß' vor dem ‚was' von Entscheidungen meinen. ‚Dezisionismus' kann auch willkürliches, grundloses Entscheiden bedeuten. Zu differenzieren ist, ob der Begriff analytisch oder pejorativ gebraucht wird. Hier im Text wird der Begriff analytisch verwandt. Als die „Magna Charta des Dezisionismus" gilt CARL SCHMITTS *Politische Theologie. Vier Kapitel zur Lehre von der Souveränität*, Berlin 1990 [5. Aufl.; laut Verf. unveränd. Nachdr. d. 1934 erschienenen 2. Aufl.; Erstaufl. 1922].

auf eine begründende Vernunft rekurrieren und auf vernunftgestützte Gründe verweisen. Diese vernunftgestützten Gründe und diese begründende Vernunft gehen nicht in den Kategorien auf, die Singer anführt, um individuelle und kollektive Entscheidungsprozesse zu erklären: Anspruchsvolle und freie Entscheidungen sind zwar auch durch Erfahrungen, Gespräche, Diskurse, Intuitionen, Introspektionen oder etwa kulturelle Vorverständnisse geprägt. Aber zugleich ist den propositionalen Gehalten von Aussagen im Prozeß des Austausches von Argumenten eine relative Eigenständigkeit einzuräumen. Zwischen Entscheidungen und Verpflichtungen einerseits und Begründungen mit vernunftgestützten Gründen andererseits besteht ein dialektisches Verhältnis. Somit beruhen veritable anspruchsvolle und freie Entscheidungen auf mehr als auf einem Vorgang des Sich-Aussuchens. Joseph William Singer konzipiert demgegenüber eine rational nicht überbrückbare Kluft etwa zwischen Rechtsnormen einerseits und rechtlichen Entscheidungen andererseits oder zwischen Theorien der Legitimität von Recht und Herrschaft einerseits und rechtlichen, politischen und moralischen Prinzipien andererseits. Und zwar deswegen, weil er die Bindung von moralischen, politischen und rechtlichen Entscheidungen an vernunftgestützte Gründe übersieht, die jenseits der Beweis- oder Demonstrierbarkeit liegen. In diesem Sinne fällt das Bild, das Singer von der Entscheidungsfindung auf den Gebieten von Moral, Politik und Recht zeichnet, zu dezisionistisch aus.[35]

III. Recht und Politik

Ist die (,Verfassungs'-)Gerichtsbarkeit für die Ausübung ,verfassungsgerichtlicher' Befugnisse geeignet? Um dies beantworten zu können, sind folgende Themenkomplexe zu bearbeiten: **Erstens** sind die Grundbegriffe Recht, Politik und Moral sowie Ethik zu bestimmen und zueinander in Beziehung zu setzen. Es ist zu erschließen, welche Funktion das Recht haben kann und soll. **Zweitens** ist zu ermitteln, auf welchen erkenntnistheoretischen Grundlagen rechtliche, politische und moralische sowie ethische Beurteilungen beruhen. **Drittens** sind das rechtliche Urteilsvermögen und die Maßstäbe der Rechtsprechung zu untersuchen. Auf diese Weise ist herauszufinden, ob und wie das Recht seine Funktion erfüllen kann und soll. **Viertens** ist das Verhältnis zwischen Rechtssetzung und Rechtsanwendung zu erhellen sowie die Verfassungsgerichtsbarkeit in diesem Verhältnis zu verorten. **Fünftens** ist – soweit möglich – der Grenzverlauf zwischen Recht und Politik anzugeben.

Sind diese Themenkomplexe geklärt, ergibt sich, welches Verhältnis zwischen dem Recht und der Politik respektive zwischen dem Rechtlichen und dem Politischen bestehen kann und soll. Folgende drei Relationen sind hierbei möglich:

---

[35] Die Theorien von Singer und Habermas erweisen sich insofern auf eine spiegelbildlich entgegengesetzte Weise als korrekturbedürftig: So wie Habermas' Konzeption das Vermögen der Vernunft für die soziale Integration zu hoch veranschlagt, unterschätzt die Lehre Singers das handlungskoordinierende Potential der Vernunft, weil seine Philosophie die rationalen Gehalte und Chancen politischer, rechtlicher sowie moralischer Praxis übersieht.

III. Recht und Politik

– Zum einen könnten Recht und Politik klar voneinander zu trennen sein.
– Zum anderen könnten Recht und Politik zwar nicht unbedingt trennscharf auseinander zu halten sein; doch gleichwohl ließe sich auf Kriterien insistieren, auf denen eine Unterscheidung zwischen Recht und Politik beziehungsweise zwischen dem Rechtlichen und dem Politischen beruhen könnte.
– Schließlich ist denkbar, daß weder für eine Trenn- noch für eine Unterscheidbarkeit von Recht und Politik triftige Gründe vorliegen. Demnach wäre es vielmehr angezeigt, von einem Zusammenfallen von Recht und Politik respektive von Rechtlichem und Politischem auszugehen.

Auf einer Skala, die diese drei logisch möglichen Varianten sowie ihre verschiedensten Abstufungen verzeichnet, lassen sich die in der Wissenschaft vertretenen Konzeptionen einordnen.

So markiert beispielsweise die rechtstheoretische Strömung der Critical Legal Studies die – gemessen an jener Skala der logischen Möglichkeiten – extreme Position einer Sichtweise, derzufolge Recht und Politik in eins zu setzen seien.[36] Abgesehen wohl von der funktionalen Differenz, die zwischen dem politischen und dem rechtlichen System besteht, begreifen Verfechter der CLS rechtliches und politisches Handeln als nicht grundsätzlich voneinander verschieden. Akteure unterlägen zwar unterschiedlichen Rollenanforderungen – je nach dem, ob sie im rechtlichen oder im politischen System wirken würden. Aber der wesentliche Vorgang in beiden Handlungssphären – das Entscheiden – sei seiner Natur nach der gleiche: Zwischen rechtlichem, politischem oder moralischem Entscheiden erkennen die Vertreter der CLS ebensowenig grundsätzliche Differenzen wie etwa zwischen professioneller und nicht-professioneller Entscheidungsfindung. Das heißt, sie bestreiten sowohl die Notwendigkeit als auch die Möglichkeit, rationale Kriterien zu entwickeln,[37] dank derer sich Recht von Politik abgrenzen ließe oder mit deren Hilfe Recht anders als auf eine dezisionistische Grundlage gestützt werden könnte. Rechtsdoktrinen ließen sich weder auf die Bestimmtheit von Rechtsregeln oder rechtlichen Argumenten gründen noch hielten Neutralität und Objektivität postulierende und dadurch die Legitimität des Rechts verbürgende Fundierungen einer kritischen Prüfung stand.

In diesem Sinn hat sich die Bewegung der CLS die Parole „Recht ist Politik" auf ihre Fahnen geheftet. Diese Parole enthält dabei Diagnose und Therapie der politisch-rechtlichen Wirklichkeit zugleich. Die Verfechter der CLS diagnostizieren eine Verkleidung politischer Interessen und Wertewahlen in (vermeintlich) rechtliche Gewänder. Als Therapie empfehlen deren Anhänger die Beseitigung dieser Verkleidung – sie erhoffen sich von einer offen deklarierten Kongruenz von Recht und Politik eine Gestaltung des politischen Gemeinwesens im Sinne humaner Verantwortlichkeit.

Was den diagnostischen Teil betrifft, dürften viele Befürworter der Original Intent-Lehre den CLS sogar zustimmen. Nur diagnostizieren sie hiermit eine Krise der

---

[36] *Pars pro toto* vgl. JOSEPH WILLIAM SINGER: The Player and the Cards: Nihilism and Legal Theory, in: *The Yale Law Journal,* 94. Bd. (1984), Nr. 1, 1–70.
[37] Zumindest im Blick auf bisherige Unternehmungen, derartige Kriterien zu erarbeiten.

Rechtsprechung und der Verfassungstheorie – eine Krise, die sie mit ihrer Lehre zur Verfassungsauslegung beheben möchten. Einige Originalisten (wie die Galionsfigur des konservativen Originalismus, Robert H. Bork) sehen in den Supreme Court-Urteilen des Warren und des Burger Courts einen Mißbrauch des Rechts. Denn unter dem Deckmantel der Verfassungsrechtsprechung hätten die dominierenden Justices der 50er, 60er und 70er Jahre Politik betrieben, sie hätten gemäß ihren subjektiven Auffassungen und Einschätzungen die Politik der USA gestaltet.[38]

Demgegenüber fordern diese Exponenten der Original Intent-Lehre eine (Verfassungs-)Rechtsprechung, die allein den Maßstab des Rechts ihren Urteilen zugrunde legen solle. Und dies bedeute: Ausschlaggebend für die rechtliche Beurteilung dürfe lediglich der Text der US-Constitution sein. Sei dessen rechtlicher Gehalt unklar, seien die „ursprünglichen Absichten" – also die Intentionen der Framer der US-Verfassung heranzuziehen. Alles andere gefährde die demokratische Legitimation der Vereinigten Staaten von Amerika, weil es die Konzeption eines Limited Government umwandle in die Herrschaft der Supreme Court Richter.

Die Therapie dieser Anhänger der Original Intent-Lehre für die Genesung der amerikanischen Demokratie läßt sich folglich von der Kurzformel „Recht ist nicht Politik" ableiten: Die Originalisten fordern die Wiederherstellung der Trennung zwischen Recht und Politik.

A. Die Grundbegriffe Recht, Politik, Moral und Ethik

1. Die Bestimmung des Moralischen, des Ethischen und des Sittlichen

Das, was den Menschen zum Menschen macht, ist seine Fähigkeit, gedanklich einen Standpunkt außerhalb seiner selbst einzunehmen. Diese *differentia specifica* gegenüber den Spezies des Tierreichs stellt nicht nur eine Fähigkeit, sondern auch eine

---

[38] Freilich sehen dies nicht alle Verfechter des originalistischen Paradigmas so. Eine abweichende Position gegenüber dem „klassischen" Protagonisten der Original Intent-Lehre Robert Bork vertritt z.B. MICHAEL J. PERRY: *The Constitution in the Courts*. Law or Politics?, New York; Oxford 1994, 10: „I hope that by the end of this book Robert Bork's critique of the modern Supreme Court's Fourteenth Amendment work product [...] can be seen for what it is: a vigorous and engaging polemic, but ultimately a shallow effort, clarifying little, obscuring much, and likely to mislead the underinformed. The results of my inquiry in this book [...] are a substantial vindication of Lawrence Solum's claim that originalists, like Robert Bork and Supreme Court Justice Antonin Scalia, ‚have won a Pyrrhic victory [over nonoriginalists]. As originalism has been clarified in response to its critics, it has gradually become more and more evident, that it has no force as a critique of the kind of constitutional interpretation practiced by the Warren Court.'" Hinsichtlich der Veröffentlichungen von ROBERT H. BORK sei zuallerst verwiesen auf seinen erstmals 1971 im 47. Band des Indiana Law Journals publizierten Artikel Neutral Principles and Some First Amendment Problems [erschienen auch in: Jack N. Rakove {Hg.}: *Interpreting the Constitution*. The debate over Original Intent, Boston 1990, 197–226].

III. Recht und Politik 409

Notwendigkeit dar. Die ‚exzentrische Positionalität des Menschen'[39] gehört zur *conditio humaine*: Die Reflektion über sich selbst gleichsam von außerhalb ist dem Menschen auferlegt – sie kompensiert die Instinktentbundenheit des Menschen.

Eine wesentliche Dimension dieser Reflektion besteht in dem Vermögen, Auffassungen über das Gute und das Gerechte zu hegen: Der Mensch ist imstande und genötigt, sich Rechenschaft zu geben darüber,
– ob fremdes und sein eigenes Handeln einem wohlverstandenen Guten dienen, also ob es das Glück seiner Mitmenschen und seiner selbst befördert sowie
– ob fremdes und sein eigenes Tun den Anforderungen der Gerechtigkeit entsprechen, also ob es die Erwartungen erfüllt, die er (berechtigterweise) an andere Menschen richtet respektive die sie (berechtigterweise) an ihn richten.

Dieses Vermögen ist das ‚ethische' beziehungsweise das ‚moralische'.

Es ist deutlich geworden, daß das moralische und das ethische Vermögen sich sowohl auf Gemeinschaften als auch auf den einzelnen bezieht. Die kollektive Komponente der Ausrichtung auf eine jeweilige Gemeinschaft läßt sich als Gemeinwohlorientierung bezeichnen, die gemeinschaftlichen Aspekte des Guten und des Gerechten als Gemeinwohl.[40]

Aus der Instinktentbundenheit des Menschen in Verbindung mit seiner sozialen Natur folgt die Unausweichlichkeit der ‚Koordination' der menschlichen Handlungen. Das bedeutet, individuelle Handlungen müssen aufeinander abgestimmt werden, sie ergeben sich nicht automatisch aus einem „natürlichen" Handlungsrepertoire.

In ‚primitiven' Gesellschaften, die durch eine enorme Konformität charakterisiert sind, erscheint die Abstimmung der individuellen Handlungen jedoch als etwas Natürliches. Die Notwendigkeit der Koordination wird nicht perzipiert. Das Moralische – die Vergewisserung über das gerechte Leben – und das Ethische – die Reflektion über das gute Leben – bilden eine Einheit, die sich als ‚sittliche' bezeichnen läßt. Die Steuerung von Interaktion geschieht, ohne daß dies bewußt wäre, durch das Handlungssystem der Sittlichkeit – und zwar allein durch dieses Handlungssystem. Die Festlegungen, worin das gerechte und gute Leben besteht, erstrecken sich hierbei auf alle Angehörigen des Sozialverbands. Das heißt, die Festlegungen fallen nicht in die Zuständigkeit der Individuen, und ihre Maßstäbe sind nicht Resultate eines bewußt herbeigeführten Konsenses.

In traditionalen Gesellschaften wird ebenfalls wie in primitiven Gesellschaften zwischen dem Ethischen und dem Moralischen nicht unterschieden; erst in modernen Gesellschaften treten Ethik und Moral auseinander. Hingegen wird in traditionalen Gesellschaften die Sittlichkeit zwar inhaltlich als natürliche gedeutet, ihre handlungs-

---

[39] Vgl. HELMUTH PLESSNER: *Die Stufen des Organischen und der Mensch.* Einleitung in die philosophische Anthropologie, Berlin; New York 1975.
[40] Ein Beispiel für eine mögliche kollektive Ausrichtung auf ein Gut ist das (inzwischen eingelöste) Wiedervereinigungsgebot des Grundgesetzes; exemplarisch für eine mögliche Konkretisierung der Gerechtigkeitsdimension des Gemeinwohls ist das Sozialstaatsprinzip des Grundgesetzes. Letzteres ließe sich allerdings ebenfalls in einen Zusammenhang mit dem guten Leben der bundesrepublikanischen Bevölkerung bringen.

koordinierende Funktion aber wird als wahrzunehmende erfahren. Vollumfänglich haben sich allerdings erst in modernen Gesellschaften die Handlungssysteme der Politik und des Rechts aus der Sittlichkeit ausdifferenziert – nur dort besitzen Politik und Recht eine eigene spezifische Rationalität.

2. Die Bestimmung der Politik und des Politischen

Die Handlungskoordination in allen ‚nicht-primitiven' Gesellschaften ist mit der Schwierigkeit konfrontiert, daß sowohl die Interessen als auch die moralischen und ethischen Überzeugungen der Menschen voneinander abweichen. Damit treten die Handlungssysteme auf den Plan, deren Aufgabe die soziale Integration ist – die Koordinierung von Handlungen. Diese Handlungssysteme zeichnen sich aus durch einen jeweils spezifischen Umgang mit den kon- aber auch divergierenden Interessen und Auffassungen – beziehungsweise mit den Wahrnehmungen, die diese Interessen und Auffassungen zum Inhalt haben. Handlungssysteme mit je eigener Rationalität ergeben sich aus einer Ausdifferenzierung von Funktionsbereichen innerhalb der Sozialverbände.

Eines dieser Handlungssysteme ist die Politik, eine dieser Umgangsweisen – mit je eigener Rationalität – ist das Politische.

Eine anthropologisch konstante, kulturunabhängige Eigentümlichkeit besitzen weder das Politische noch die Politik. Denn die Funktion der Politik – die Steuerung von Interaktion oder die soziale Integration – kann auch von anderen Handlungssystemen übernommen werden. Beispielsweise läßt sich Interaktion auch wirtschaftlich durch Marktmechanismen – etwa durch Formen des Tausches – steuern. Zudem gibt es auch kein spezifisches Mittel, über das die funktional äquivalenten anderen Handlungssysteme nicht auch verfügen könnten. So benötigt etwa Politik zur dauerhaften und stabilen Erfüllung der Aufgabe der sozialen Integration das Medium der Macht. Aber weder sporadische noch institutionalisierte Macht ist nur dem politischen Umgang mit gleichen und gegensätzlichen Interessen und Auffassungen eigen. Gleichermaßen ist der Rekurs auf Gewalt nicht ausschließliches Instrument der Politik.

Überdies erweist sich auch die der politischen Ordnung zugedachte substantielle Zielsetzung als variabel – diese Zielsetzung kann von der bloßen Überlebenssicherung bis zur Erlangung von transzendent begriffenem Heil reichen.

Darüber hinaus könnte vermutet werden, Legitimitätsvorstellungen seien als exklusives Kriterium der Politik dienlich. Soziale Integration könnte demnach dadurch politisch induziert sein, daß (nur) sie sich der Überzeugung verdankt, den von einer politischen Herrschaft erteilten Anordnungen wohne eine Verpflichtungskraft inne. Dem steht jedoch entgegen, daß eine derartige Herrschaft qua Autorität etwa auch bei religiös bestimmter Interaktion vorzufinden ist.

Die Kopplung der Kategorien des Politischen und der Politik an Interaktionen, die im Rahmen eines Gemeinwesens stattfinden, weist wiederum den Nachteil auf, damit eine Handlungskoordination zwischen Gemeinwesen nicht erfassen zu können. Die

III. Recht und Politik

Definition des Politischen und der Politik als mit der Leitung von Gemeinwesen verbundene Handlungskoordination würde diesem Manko entgehen. Dafür jedoch ergäbe sich dann eine Grenzziehungsproblematik: Wo verläuft die Grenze zwischen der Leitung des Gemeinwesens und der anderer Organisationsformen, die nur Untereinheiten des betreffenden Gemeinwesens bilden? Diese Grenze steht jedenfalls nicht von vorneherein fest; geschichtliche Betrachtung lehrt vielmehr, daß diese Grenzziehung unterschiedlich ausfallen kann.

Die Eigenart des Politischen und der Politik läßt sich somit nur in bezug auf eine jeweilige konkrete historische Situation bestimmen. Das Politische und die Politik ist eine Sache der (jeweiligen) Kultur, ihre spezifische Rationalität changiert.

In der Moderne geraten die Politik und das Politische – umfassender und radikaler als je zuvor – unter den Imperativ der Idee der Autonomie. Genauer: die soziale Integration steht nun unter der Maßgabe, die Anerkennung der einzelnen als Freie und Gleiche zu gewährleisten.[41]

Damit wird die Politik grundsätzlich an die Zustimmung der Herrschaftsunterworfenen gebunden – und zwar an deren Zustimmung zur Art und zu den Inhalten der Herrschaftsausübung.

Dieses Konsenserfordernis stößt freilich an Grenzen. So gelingt oder besteht eine Einigung in der Sache um so weniger, je pluralistischer eine Gesellschaft zusammengesetzt ist. Allerdings erlaubt der Umfang der sachlichen Übereinstimmung keinen Rückschluß auf die Qualität dieser Übereinstimmung. Ein quantitativ geringes Maß an inhaltlichem Einverständnis kann auch eine Einigung über Wesentliches und Grundlegendes bedeuten. Dies ändert jedoch nichts daran, daß eine Einigung auf Inhalte – die Figur des ‚Wertkonsenses' – zur sozialen Integration nicht ausreicht.[42]

Die Chancen zur sozialen Integration lassen sich mit einer anderen Art von Einverständnis steigern – mit dem des ‚Rechtskonsenses'. Rechtskonsens steht für eine Einigung auf die Verpflichtungskraft von in einer bestimmten *Weise* generierten Inhalten. Für das Vorliegen eines Rechtskonsenses müssen diese Inhalte selbst nicht Gegenstand von Übereinstimmung sein, die Übereinstimmung hinsichtlich ihres Zustandekommens genügt. Unter dieses Zustandekommen kann auch die Bestimmung von Entscheidungsträgern fallen, so daß die von diesen getroffenen Entscheidungen Verpflichtungskraft besitzen (können).

Welche Voraussetzungen für das Bestehen eines Rechtskonsenses und eines Wertkonsenses vorliegen müssen, ist – empirisch betrachtet – variabel. Unter dem Impe-

---

[41] Freilich setzt sich die Idee der Autonomie nicht überall in dem hier definierten Sinn durch. Im folgenden wird jedoch hiervon ausgegangen. Dies soll aber kein einseitiges Bild der Moderne vermitteln: Die Moderne gibt es auch ohne diese Form der Autonomie. Umgekehrt gibt es auch bereits vor der Moderne zumindest einen Aufschein dieser Form von Autonomie. Verwiesen sei hier nur auf die attische Demokratie.

[42] Denn zum einen wäre es aufgrund der Endlichkeit des Faktors Zeit kaum möglich, über sämtliche Fragen Einigkeit herbeizuführen. Herrschaft ist somit eine arbeitsteilige Notwendigkeit. Zum anderen dürfte allenfalls in primitiven Gesellschaften das Potential für einen umfassenden Wertkonsens vorhanden sein.

rativ der Idee der Autonomie wird allerdings an die Rechtfertigbarkeit und in der Folge: an die Möglichkeit eines Rechts- oder Wertkonsenses die Bedingung einer demokratischen Teilhabe an der Herrschaftsgewalt geknüpft.

Demokratisch verfaßten Gemeinwesen bietet die Figur des Rechtskonsenses die Chance, trotz gegensätzlicher Auffassungen und Interessen in der Bürgerschaft zu einer handlungsfähigen politischen Einheit zu gelangen. Denn ein Rechtskonsens kann ermöglichen, daß die bei einer bestimmten Entscheidung Unterlegenen bei einer in der Zukunft stattfindenden Entscheidung ihre Auffassungen und Interessen durchzusetzen vermögen. Insofern kann das bei Entscheidungsverfahren angewandte Prinzip der Mehrheitsentscheidung mit der Figur des Rechtskonsenses verflochten sein.

Die Variante einer auf Rechtskonsens basierenden sozialen Integration bedient sich einer besonderen Form einer Geltung und Gültigkeit von Herrschaftsakten,[43] nämlich der ‚dezisionistischen'. Dezisionistisch besagt hierbei, daß eine relative Abkopplung der Geltung und Gültigkeit von Inhalten eingetreten ist. Entscheidend für die dezisionistische Legitimation ist, daß diese Abkopplung als solche gedeutet wird.

Die dezisionistische Geltung und Gültigkeit ist eine spezifisch moderne Form; sie setzt zweierlei voraus:
– zum einen die Vorstellung, daß Recht – zumindest in Teilbereichen – inhaltlich kontingent ist;
– zum anderen – damit einhergehend – die (mindestens teilweise) Ausdifferenzierung der inhaltlichen Bestände von Recht auf der einen Seite und derjenigen von Moral beziehungsweise Ethik auf der anderen.

Fazit: in modernen demokratischen Gesellschaften ist das Handlungssystem der Politik mit einem besonderen Mittel zur sozialen Integration verzahnt – nämlich mit dem Recht. Die spezifische Rationalität des Politischen besteht in der Gewährleistung von individueller und kollektiver Autonomie.

Freilich ist dieses Bild der Steuerung von Interaktion noch zu ergänzen: Auch Interaktion, die sich auf die Gewährleistung der Idee der Autonomie gründet, basiert auf beziehungsweise geht einher mit faktischen Machtbeziehungen. Das Handlungssystem der Politik unterscheidet sich darin nicht von (den) anderen Handlungssystemen.

3. Die Bestimmung des Rechtlichen und des Rechts

Recht ist ein Mittel zur sozialen Integration. Zu diesem Mittel wird gegriffen, als sich das Bewußtsein herausbildet, daß unerwünschtes oder sogar abgelehntes Verhalten sanktioniert werden muß – und zwar unter – zumindest potentiellem – Einsatz von

---

[43] Die Begriffe „Geltung" und „Gültigkeit" werden hier und im folgenden so gebraucht: „Geltung" meint eine bei den beteiligten Akteuren vorhandene Verpflichtungsüberzeugung; „Gültigkeit" eine auch unabhängig von den Anschauungen der Subjekte bestehende sachlich gerechtfertigte Verpflichtung.

III. Recht und Politik

Zwang. Diese ‚rechtliche Sanktion' wiederum setzt voraus, daß das unerwünschte und das abgelehnte Verhalten – wie schwach ausgeprägt auch immer – katalogisiert sein muß. Recht bedarf daher eines Systems von Normen, das allerdings nicht unbedingt positiviert sein muß. Verbunden mit diesem Normensystem ist der Gedanke, daß die Entscheidung über die Vereinbarkeit von Verhalten mit diesem Normensystem nicht den von dieser Entscheidung unmittelbar betroffenen Akteuren, sondern (einem) „unbeteiligten Dritten" – einem Richter oder mehreren Richtern überantwortet wird.

Die Bestandteile des Normensystems und der richterlichen Entscheidungsfindung können weiter angereichert werden:
— Die richterliche Entscheidungsfindung kann in ein justizförmiges Verfahren eingebettet werden. Fächert man dieses Element weiter aus, so sind etwa das Prinzip des rechtlichen Gehörs der beteiligten Parteien oder die Zulassung des Hinzuziehens von rechtlichem Beistand zu nennen.
— In der Katalogisierung von Rechtsnormen ist darüber hinaus impliziert, daß Recht ein hermeneutisches Instrument ist: Recht muß in einem weiten Sinn immer „angewandt" oder „ausgelegt" werden – es läßt sich nicht mit der Verwendung einer Formel gewinnen.

Recht in diesem Sinn – also Recht nicht als Handlungssystem, sondern lediglich als Mittel zur sozialen Integration – muß von Ethik und Moral in seinen inhaltlichen Beständen nicht separiert sein. Recht einerseits und Ethik beziehungsweise Moral andererseits unterscheiden sich allerdings in ihren Sanktionsbegriffen:
— Das in einem rechtlichen Sinne als abweichend eingestufte Verhalten muß damit rechnen, psychischem und physischem Zwang ausgesetzt zu werden – und zwar von seiten eines hierfür (obgleich nicht unbedingt nur hierfür) vorhandenen Herrschaftsstabes.
— Ethische beziehungsweise moralische „Verfehlungen" gegenwärtigen dagegen nicht mehr als Formen der Mißbilligung und Mißachtung (‚soziale Sanktionen').

Das Recht kann mehr als ein Mittel – nämlich ein Handlungssystem – darstellen, wenn das Recht eine eigene spezifische Rationalität aufweist. Diese spezifische Rationalität kommt mit der Genese des Rechts aus einem Rechtskonsens auf.

Sobald Politik grundsätzlich an die Zustimmung der Herrschaftsunterworfenen gebunden wird, muß Recht – zumindest in wesentlichen Teilbereichen – als inhaltlich kontingent aufgefaßt werden. Denn nur dann ist es möglich, die Dimensionen des Verfahrensmodus – das „Wie eine kollektiv verbindliche Entscheidung getroffen wird" – und des Verfahrenssubjekts – das „Wer eine kollektiv verbindliche Entscheidung trifft" – von der Dimension der Entscheidungsinhalte zu lösen. Ansonsten müßten die Herrschaftsunterworfenen stets den gleichen inhaltlichen Beständen des Rechts zustimmen.

Charakteristisch für das Autonomie gewährleistende Recht ist insofern das Potential einer auf diesem „Wie" und möglicherweise auch diesem „Wer" basierenden Verpflichtungskraft. Dieses Potential läßt sich als das Rechtliche bezeichnen. Recht in diesem Sinne läßt sich bestimmen als eine Koordinierung von Handlungen, denen nicht inhaltliche Zustimmung hinsichtlich der Bewertung dieser Handlungen zugrunde liegen muß. Vielmehr können diese Handlungen auch aus einer Verpflichtungsüberzeugung erwachsen, die sich nur auf den Modus dieser Handlungskoordinierung bezieht.

Soziale Integration ist nur bedingt mithilfe der Figur des Rechtskonsenses zu vollziehen. Wie bereits erwähnt, setzt diese Form der Steuerung von Interaktion zweierlei voraus:
- die Ausdifferenzierung der inhaltlichen Bestände von Recht auf der einen Seite und derjenigen von Moral beziehungsweise Ethik auf der anderen,
- die Vorstellung, daß Recht – zumindest in Teilbereichen – inhaltlich kontingent ist.

Hinzu kommt, daß ein Rechtskonsens normalerweise einem auf individuelle Selbsterhaltung gerichteten Kalkül entspringt. Das heißt, zu einem Rechtskonsens kommt es nur dann, wenn dieser Rechtskonsens die individuelle Selbsterhaltung zumindest nicht massiv gefährdet. Anders gewendet, in existenziellen Fragen dürfen keine gegensätzlichen Positionen bestehen.

Ist dies doch der Fall, bedarf soziale Integration Ressourcen, die jenseits der Figuren des Wert- und des Rechtskonsenses liegen. Zu diesen Ressourcen zählen sämtliche Faktoren, die eine überindividuelle Bindung an das jeweilige politische Gemeinwesen bewirken. Deren Spektrum reicht von religiösen über zivilreligiöse Anschauungen bis hin zu intergenerationellen Verpflichtungsüberlegungen oder nationalen Überzeugungen. Sie stehen mit der Idee einer individuellen Autonomie in einem prekären Spannungsverhältnis.

Zu beachten ist ferner, daß soziale Integration sich nicht allein auf den Modus des Rechtskonsenses stützen kann. Jeder Rechtskonsens wird vielmehr von mindestens einem Wertkonsens begleitet. Dieser Wertkonsens besteht darin, daß der Modus des Rechtskonsenses zumindest anderen Formen der sozialen Integration vorzuziehen ist. Das bedeutet etwa, daß dem Einsatz von Macht und Gewalt als möglichen alternativen Formen der Steuerung von Interaktion eine Absage erteilt wird. Insofern umfaßt Recht mehr als lediglich die Regelung des Verfahrens (insbesondere auch des Subjekts) von Entscheidungen.

4. Der Zusammenhang zwischen Moral und Ethik einerseits und Politik andererseits

Die Unterscheidung zwischen Moral und Ethik hat sich erst im Verlauf der Moderne entwickelt. In traditionalen Gesellschaften bildeten Moral und Ethik eine Einheit – beide waren in einem überlieferten Ethos, in einer Sittlichkeit integriert.

Systematisch lassen sich Moral und Ethik so auseinanderhalten:
- Ethik wird um der Vorteile willen, die ein ihr gemäßes Handeln bietet, befolgt. Handlungsanleitend ist die Erlangung eines (wohlverstandenen) Guten.
- Moral wird nur um ihrer selbst befolgt. Handlungsmotiv ist demgemäß eine Verpflichtung.

Moralisches Handeln gründet sich auf Freiheit. Denn nur wenn frei gehandelt wird, ist

III. Recht und Politik 415

es überhaupt möglich, aus selbstzweckhaften moralischen Erwägungen heraus zu handeln. Moralisches Handeln setzt insofern (das heißt: in empirischer Hinsicht) voraus, daß grundsätzlich von einem freien Handeln gesprochen werden kann. Vereinbar mit dem Begriff des moralischen Handelns sind lediglich Beeinträchtigungen, nicht aber die Beseitigung der Handlungsfreiheit.

Ethisches Handeln hängt mit einer grundsätzlichen Handlungsfreiheit weniger strikt zusammen, als dies beim moralischen Handeln der Fall ist. Denn von einem ethischen Handeln ließe sich bereits dann sprechen, wenn ein Handeln gewählt wird, um Nachteile beziehungsweise Unglück zu vermeiden. Die Vermeidung von Nachteilen beziehungsweise Unglück würde jedoch nur eine schwache Version eines (wohlverstandenen) Guten darstellen. Da ethisches Handeln jedoch darüber hinaus auf glücksverheißende Vorteile zielt und Glück an Freiheit gekoppelt ist, gründet sich auch ethisches Handeln auf Freiheit. Mit diesem Bezug zur Freiheit hängt zusammen, daß Ethik sowohl eine ‚subjektivistische' als auch eine ‚objektivistische' Dimension aufweist:
– Nur eine Bestimmung des Gehalts des Guten, die unabhängigem Ermessen entspringt (also bei der ein ‚subjektivistisch' verstandenes individuelles und kollektives Glück handlungsanleitend ist), bewahrt die ethische Dignität des Handelns.
– Nur die Ausrichtung auf ein *wohlverstandenes* Gutes (also ein ‚objektivistisch' auffaßbares Glück) vermag ethisches Handeln als freies Handeln zu sichern.

Da Freiheit Autonomie fordert, verweist somit ein wesentlicher Gesichtspunkt dessen, was den Menschen zum Menschen macht – das moralische und ethische Vermögen –, auf eine Politik, die dem Imperativ der Idee der Autonomie unterworfen ist.

B. Die erkenntnistheoretischen Grundlagen von Recht, Politik, Moral und Ethik

Darüber, wie politische Einheiten und einzelne handeln sollen, herrschen verschiedene Auffassungen. So bestehen etwa konträre Positionen darüber
– welchen Zielen politische Gemeinwesen dienen sollen,
– welche Handlungen Individuen in Staat und Gesellschaft verfolgen sollen oder verfolgen dürfen,
– welchen Normen staatliches, gesellschaftliches und individuelles Handeln unterliegen soll und insbesondere
– welche Materien mit dem Recht geregelt werden sollen.

Die Lehren gehen aber auch darüber auseinander, mit welchen Mitteln diese Fragen zu beantworten sind und welchen erkenntnistheoretischen Status diese Mittel besitzen. Kontrovers ist dabei zuallererst, ob Fragen des Sollens mithilfe von rationaler Erkenntnis beantwortet werden können oder nicht.

1. Kognitivismus und Nonkognitivismus bei Sollensfragen

In bezug auf die Erkennbarkeit von Sollensfragen stehen sich zwei epistemologische Positionen diametral gegenüber:
- ‚Kognitivistische' Lehren erachten es für möglich, mithilfe von Vernunft und Verstand Fragen des Sollens nach dem Kriterium von wahr oder falsch allgemeingültig zu entscheiden.
- ‚Nonkognitivistische' Lehren bestreiten dies. Für sie scheitert die allgemeingültige Beurteilung von Sollensfragen daran, daß es für sie keine objektiven Maßstäbe gibt, die sich demonstrieren oder beweisen ließen.

Um beide Positionen auf ihre Richtigkeit zu überprüfen, ist zu untersuchen, welche der beiden Lehren für sich in Anspruch nehmen darf, über die besseren Gründe zu verfügen. Nun bietet die Philosophiegeschichte für beide Grundpositionen ein schier unerschöpfliches Arsenal an Begründungen. Eine umfassende Beurteilung dieser Begründungen würde den hier vorgegebenen Rahmen bei weitem sprengen.

Daher sei hier nur so viel festgestellt: Der Dissens zwischen den beiden Lehren dreht sich um die Begründbarkeit von Sollensaussagen – also auch um die Begründbarkeit von Aussagen überhaupt. Gerade eine solche wird von Vertretern des Nonkognitivismus bestritten. Sie liefern hierfür das Argument, mit einer ‚Letztbegründung' könne nicht aufgewartet werden – das heißt, Begründungen ließen sich – gemäß rational unbestreitbaren Kriterien – nie abschließen. Sämtliche Begründungen seien mit dem Problem konfrontiert, daß sich auf jede gegebene Aussage zurückfragen ließe, ob diese Aussage denn stimme. Darauf ließe sich nur in folgenden drei Varianten entgegnen, die allesamt ein Ende der Rationalität markieren würden:
- Begründungen könnten ins Unendliche reichen. Ein solcher infiniter Regreß sei aber praktisch nicht durchführbar.
- Begründungen könnten in einen logischen Zirkelschluß münden. Ein solcher Zirkelschluß vermöge jedoch nicht zu überzeugen, weil in ihm das zu Begründende in der Begründung vorausgesetzt und somit lediglich scheinbar begründet werde.
- Schließlich ließen sich Begründungen auch abbrechen. Für diesen Abbruch selbst sei jedoch das Prinzip der Begründbarkeit außer Kraft gesetzt.

Dieses – maßgeblich von Hans Albert vertretene – Theorem figuriert unter der Bezeichnung ‚Münchhausen-Trilemma'.[44] Eine kognitivistische Erwiderung auf dieses Theorem könnte geltend machen, daß es sich in einen ‚performativen Selbstwiderspruch' verwickle. Das heißt, der Aussageinhalt des ‚Münchhausen-Trilemmas' – es könne keine ‚Letztbegründung' geben – widerspreche dem kommunikativen Akt des Vertretens dieser Aussage. Denn dieser kommunikative Akt behaupte zumindest für das ‚Münchhausen-Trilemma' selbst den Status einer ‚Letztbegründung'.

---

[44] Hans Albert: *Traktat über Kritische Vernunft,* Tübingen 1991, 13–18 [5., verb. und erw. Aufl.; Erstaufl. 1968/Die Einheit der Gesellschaftswissenschaften; 9]. Ausführlich mwN. zum Problem der Normenbegründung Kurt Seelmann: *Rechtsphilosophie,* München 2004 [3., überarb. und erw. Aufl.; Erstaufl. 1994], 152–182.

III. Recht und Politik   417

Ausgehend von der Figur des ‚performativen Selbstwiderspruchs' formuliert die Diskurstheorie folgendendes kognitivistische Gegentheorem: Alle Aussagen, deren Gegenteil einen ‚performativen Selbstwiderspruch' konstituierten, seien als ‚letztbegründet' anzusehen.

Eine derartige kognitivistische Position scheitert jedoch daran, daß der letzte Argumentationsschritt nicht zwingend ist. So zeigt die Figur des ‚performativen Selbstwiderspruchs' zwar, daß es rationale Grenzen des kommunikativen Vertretens von Geltungsansprüchen gibt. Aber eine absolute Begründetheit von Aussageinhalten impliziert dies keineswegs.

2. Das Axiom der wechselseitigen Anerkennung

Damit ist (freilich nur skizzenhaft) dargelegt, daß sich nach dem Maßstab der ‚zureichenden' oder ‚absoluten' Begründung keine Letztbegründungen eruieren lassen. Angesichts dessen ist es nicht sinnvoll, nach absoluten Begründungen zu streben. Daraus, daß sich nach dem Maßstab der absoluten Begründung keine Letztbegründungen eruieren lassen, folgt aber andererseits nicht, daß Begründungen überhaupt irrational seien. Es deutet eher darauf hin, daß sich politische, moralische und ethische sowie rechtliche Wertungen und Urteile nicht nur auf rationale Überlegungen gründen, sondern sich aus der Verbindung dieser Überlegungen mit Empathie, Tradition, Intuition etc. ergeben.

Dies vorausgesetzt, ist es nicht sinnvoll, auf Begründungen zu verzichten. Denn dies würde bedeuten, daß Empathie, Tradition, Intuition etc. ohne die Möglichkeit einer kritischen Überprüfung bei Entscheidungen den Ausschlag geben würden. Dies würde zudem bedeuten, daß die Möglichkeit, auf verschiedene Empathien, Traditionen oder Intuitionen gestützte Auffassungen hinreichend miteinander in Einklang zu bringen, sich nicht auf das Mittel einer rationalen Verständigung gründen könnte. Vielmehr ist es angezeigt, mit einer ‚relativen' oder ‚unzureichenden' Begründung zu arbeiten. Dadurch ist zumindest die Chance eröffnet, soziale Integration durch rationale Verständigung zu erreichen.

Eine relative Begründung ist dann vertretbar, wenn Aussicht besteht, daß sie nicht mit der Frage konfrontiert wird, ob die Begründung denn stimme. Diese Aussicht ist zu erwarten, wenn die Begründung nach dem Maßstab der Plausibilität als evident erscheint.

Die Idee einer wechselseitigen Anerkennung als Freie und Gleiche vermag diese Evidenz zu beanspruchen. Als unzureichende Begründungen hierfür lassen sich mehrere Argumente vorbringen.

Diese Idee entspricht der Natur des Menschen. Das moralische und ethische Vermögen ist das, was den Menschen zum Menschen macht; es verweist auf die menschliche Freiheit. Diese Idee trägt dem Rechnung.

Die Idee einer wechselseitigen Anerkennung als Freie und Gleiche ist nach einem historischen Prozeß als maßgeblich für die Handlungssysteme der Politik und des Rechts erfahren und institutionell verankert worden.

Darin geht nicht völlig auf, aber damit hängt zusammen, daß diese Idee das normative Selbstverständnis moderner Gesellschaften artikuliert. Dies manifestiert sich darin, daß moderne Sozialverbände die Modi sozialer Integration dem Imperativ der individuellen und kollektiven Autonomie unterworfen haben. Dieser Autonomie wiederum liegt die Idee der wechselseitigen Anerkennung als Freie und Gleiche zugrunde.

Schließlich spricht systematisch für diese Idee, daß ihre Beachtung bei der Konfliktlösung die Verminderung, wenn nicht Vermeidung von Gewalt und Zwang fordert und zu gewährleisten verspricht. Dies wiederum dient der Verringerung von menschlichem Leid.

Sofern diese Evidenz besteht, vermag die Idee der wechselseitigen Anerkennung als Freie und Gleiche zwei Funktionen zugleich zu erfüllen:
- Zum einen kann der Idee in der sozialen Wirklichkeit der Status eines symbolischen maßstabshaften Bezugspunktes für Recht und Politik zuerkannt werden.
- Zum anderen kann die Idee im Rahmen der vorliegenden Untersuchung als Maßstab für Legitimität fungieren.

Dieser Legitimitätsmaßstab und seine relativen Begründungen stehen in einem angemessenen Verhältnis zum Fragehorizont der Untersuchung. Dieser Fragehorizont – die Prüfung der Legitimität der ‚Verfassungsgerichtsbarkeit' – entspricht einer *internen* Argumentation in bezug auf die Idee der Demokratie: Unter der Prämisse einer grundsätzlichen Affirmation der Demokratie wird gefragt, ob die Institution der ‚Verfassungsgerichtsbarkeit' legitim sei. Nur im Blick hierauf wird nach der Legitimität der Idee der Demokratie gefragt – es wird nicht weiter gefragt als nach der angemessenen Konzeption von Demokratie.

C. Urteilsvermögen und Maßstäbe

Durch die grundbegrifflichen und erkenntnistheoretischen Fundierungen sind die Voraussetzungen geschaffen, um das Problem der ‚Justiziabilität' der ‚verfassungsgerichtlichen' Materien in Angriff zu nehmen. Dies erfordert zuvor die Klärung dessen, was allgemein die ‚Justiziabilität' rechtlicher Materien ausmachen könnte. ‚Justiziabilität' meint dabei die Eignung der Gerichtsbarkeit (in bezug auf ihr jeweiliges Kompetenzprofil), soziale Integration zu leisten. Diese Eignung würde einschließen respektive voraussetzen, daß die Mittel des Rechts hierfür geeignet sind.

Die Frage nach der Tauglichkeit der Gerichtsbarkeit beziehungsweise des Rechts in allgemeiner Hinsicht wird auf folgendem Weg beantwortet: Ausgehend von einer Beschreibung der Funktion des Rechts werden die Anforderungen ermittelt, die an die Wahrnehmung dieser Funktion geknüpft sind. Die Klärung, ob und wie diese Anforderungen erfüllt werden (können) sowie welcher Maßstab hierfür adäquat ist, führt dann zu einem Urteil über die Tauglichkeit der Gerichtsbarkeit beziehungsweise des Rechts.

III. Recht und Politik

Die Funktionen des Rechts wurden bereits bei der grundbegrifflichen Klärung profiliert. Dabei wurde unterschieden zwischen
- dem Recht als Instrument der sozialen Integration, welches sich mit einer Vielzahl von Konzeptionen des Politischen verbinden läßt, und
- dem Recht als einem Handlungssystem, das sich von einem spezifischen Politikbegriff herleitet, nämlich einer Konzeption des Politischen, die dem Imperativ der Idee der Autonomie unterworfen ist.

Das Recht erlangt dadurch ebenfalls eine spezifische Rationalität bei der Steuerung von Interaktion. Das heißt, dem Rechtlichen eignet die Vorstellung einer Verpflichtung, deren Gültigkeit weiter reicht als die Verpflichtungskraft bestimmter Inhalte. Recht operiert mit einer Geltung von Normen, deren Gültigkeit – zumindest relativ – kontingent sein kann. Diese spezifische Rationalität des Rechts besteht in einer Legalität, die zwar ethische und moralische Gehalte aufnehmen kann, aber nicht in kollektiver Moral und Ethik (beziehungsweise Sittlichkeit) aufgeht. Legalität muß sich nicht auf den inhaltlichen Konsens aller stützen.

Recht als Instrument zur sozialen Integration bedeutet im wesentlichen zweierlei:
- zum einen eine Konfliktregelung durch möglichst nicht involvierte Dritte: Richter;
- zum anderen eine Konfliktregelung nach Maßstäben, die zumindest nicht nur die Maßstäbe der beteiligten Konfliktparteien sind; dies bedingt eine Katalogisierung dieser Maßstäbe sowie eine hermeneutische Entscheidungsfindung durch den Richter beziehungsweise die Angehörigen des Gerichtskörpers.

Die Anforderungen, die mit dieser Steuerung von Interaktion impliziert sind, bestehen zunächst einmal in folgendem:
- Die Person des richtenden Dritten muß die Gewähr einer hinreichenden Unparteilichkeit bieten.
- Das der gerichtlichen Entscheidungsfindung zugrundeliegende Normensystem muß die Gewähr bieten, hinreichend neutral anwendbar zu sein.

Dieser normative Minimalgehalt ist – empirisch betrachtet – nicht unabdingbar. Die Koordinierung von Handlungen könnte auch ohne diesen Minimalgehalt möglich sein. Andererseits verweist diese Form der Steuerung von Interaktion insofern auf das Postulat der Richtigkeit des Rechts, als es ohne die Chance dieses Minimalgehalts für *beide* Konfliktparteien kaum Gründe gäbe, an diesem Modus der sozialen Integration mitzuwirken. Ebenso wären die Anreize für die sonstigen Mitglieder eines Sozialverbands, diesen Modus gutzuheißen, gering. (Ein auf die Konfliktparteien beziehungsweise die Gesellschaft ausgeübter Zwang – von welcher Seite auch immer – sei hierbei freilich ausgeklammert.)

Recht im Sinne des bereits dargestellten Handlungssystems ist daran gebunden, daß mit den Figuren des Rechts- und des Wertkonsenses Politik in Recht überführt wird. Recht als an eine demokratische Politik angegliedertes Handlungssystem muß die Anforderung erfüllen, eine hinreichende Programmierung durch die Politik zu garantieren. Andernfalls vermag sich die im Recht zum Ausdruck gebrachte Autonomie der Bürgerschaft nicht zu verwirklichen. Diese Programmierbarkeit betrifft zwei Dimensionen:

– Zum einen muß der Bereich dessen, was mit den Figuren des Rechts- und des Wertkonsenses in Recht überführt wurde, hinreichend klar bestimmt sein können. Die Katalogisierung, die in einem Normensystem Niederschlag findet, muß eine hinreichend klar umrissene Materie ergeben.
– Zum anderen muß dieses Normensystem die Rechtsprechung auf eine hinreichende Weise determinieren.

Das, was als verpflichtend erklärt wurde, muß hinreichend bestimmt sein, und das Wachen über dieses Verpflichtende muß diese Bestimmtheit aufrechterhalten.

Die grundsätzliche und nicht nur einmalige Überführung von Politik in Recht mit den Mitteln des Wert- und des Rechtskonsenses schließt noch eine weitere Anforderung ein – und zwar wiederum die Anforderung nach der Richtigkeit des Rechts.

Hierfür lassen sich folgende Gründe anführen: **Erstens** darf die kollektive Autonomie nicht nur punktuell, sondern sie muß dauerhaft gesichert werden. Rechtsgehorsam aus freien Stücken gegenüber rechtlichen Vorschriften, die einem Wert- oder einem Rechtskonsens entspringen, läßt sich in einer pluralistischen Gesellschaft nur erwarten, wenn diese Vorschriften nicht den Status der Rechtsunterworfenen als Freie und Gleiche – genauer: als an der Festlegung der Akte und Normen des politischen Gemeinwesens zu hinreichend gleichen Teilen Berechtigten und Befähigten – beseitigen. Dergestalt ist Legalität nicht nur an formale, sondern auch an substantielle Kriterien gebunden. Es handelt sich dabei um Kriterien, die den *status activus* und den *status positivus* der Bürger umschreiben. **Zweitens** darf *die* kollektive Autonomie nicht die individuelle untergraben. Freiwillige Befolgung des aufgrund eines Wert- oder Rechtskonsenses generierten Rechts findet in einer modernen pluralistischen Gesellschaft nur dann statt, wenn dieses Recht einen Bereich bewahrt, der nur individueller Verfügung unterworfen ist. Dieser Bereich gibt den *status negativus* sowie den *status positivus* der Bürger an. Dieser Bereich läßt sich (allein) deswegen nicht durch den des *status activus* ersetzen, weil eine pluralistische Gesellschaft nur begrenzt zur Erzeugung von Recht gelangen kann, von welchem die Rechtsunterworfenen hinreichend gleich betroffen sind. Nur bei einer hinreichend gleichen Betroffenheit der beteiligten Akteure ist deren positive Freiheit äquivalent zu ihrer negativen Freiheit. **Drittens** darf die Autonomie nicht als Selbstzweck betrachtet werden, sondern sie muß als Ableitung aus der Idee einer wechselseitigen Anerkennung als Freie und Gleiche betrachtet werden. Dies umfaßt die beiden ersten Gründe.

Zwischen den Forderungen nach der Programmierbarkeit und nach der Richtigkeit des Rechts besteht ein Spannungsverhältnis und zugleich eine wechselseitige Bedingtheit. Es gibt aber auch Anforderungen, die sich auf verschiedene Prinzipien zurückverfolgen lassen. So läßt sich das Kriterium der Bestimmtheit auch aus dem Postulat der Richtigkeit des Rechts ableiten – nämlich indem man es als Ausfluß der Garantie von Rechtssicherheit betrachtet, die wiederum dem Gebot der Gleichbehandlung durch das Recht entspringt. Bereits entfaltet wurde, daß die Anforde-

III. Recht und Politik

rung der Bestimmtheit auch aus dem Prinzip der Programmierbarkeit des Rechts folgt.[45]

Die Thematik der Tauglichkeit des Rechts oder der Justiziabilität rechtlicher Konfliktmaterien besitzt demnach einerseits eine rechtstechnische und andererseits eine rechtsmoralische Dimension.

Die rechtstechnische Dimension betrifft das Vermögen des Rechts. Sie läßt sich weiter untergliedern gemäß den Blickwinkeln
- auf die Fixierung von Recht,
- auf den Vorgang der Rechtsfindung, das heißt:
  * einerseits auf den interpretierenden Umgang mit dem (schriftlich fixierten Text des) rechtlichen Normensystem und
  * andererseits auf die jenseits der Katalogisierung auszumachenden Maßstäbe der juristischen Beurteilung sowie
- auf prozedural-institutionelle Mechanismen.

Unter die rechtstechnische Dimension fallen die Fragen nach der Bestimmtheit, Konsistenz und Flexibilität von Recht.

Die rechtsmoralische Dimension ist mit der rechtstechnischen verflochten, aber sie ist nicht mit ihr identisch. Sie berührt den Aspekt der Richtigkeit des Rechts und insbesondere die Gesichtspunkte der Parteilichkeit und der Willkür.

In beiden Dimensionen – das heißt: der rechtsmoralischen und der rechtstechnischen – wird das Problem des Verhältnisses von Objektivität und Subjektivität aufgeworfen.

Was läßt sich tun, um dieses komplexe Set an Anforderungen zu erfüllen? Wie werden diese Anforderungen erfüllt? Entsprechend der dargestellten Rasterung zur rechtstechnischen Seite der Justiziabilitätsproblematik lassen sich diese Fragen von vier Blickwinkeln aus untersuchen:
- erstens von der Perspektive auf die Katalogisierung,
- zweitens von der Perspektive auf die Rechtsfindung mithilfe dieser Katalogisierung, das heißt: von der Perspektive auf die Methoden des hermeneutischen Zugangs zum rechtlichen Normensystem,
- drittens von der Perspektive auf die Protagonisten der Rechtsfindung, das heißt: von der Perspektive auf die Maßstäbe, die die Richter bei der Rechtsfindung anlegen können beziehungsweise sollen und die nicht dem schriftlich fixierten Texten des positiven Rechts zu entnehmen sind, und
- viertens von der Perspektive auf verfahrensrationale Mechanismen.

---

[45] Werden die hier umrissenen Anforderungen an den Modus des Rechts erfüllt, so stabilisiert dies ein Gemeinwesen. Leitend für die Forderung nach einer Erfüllung dieser Kriterien sind dennoch normative und nicht funktionale Gründe.

1. Die Perspektive auf die Katalogisierung

Der Modus der rechtlichen sozialen Integration schließt ein, einen oder mehrere Richter mit einer Entscheidungsbefugnis zu betrauen, deren Ausübung an die Vorgaben eines Normensystems gebunden ist. Die Natur dieser Vorgaben läßt sich unter anderem in eine ‚formale' und in eine ‚materiale' untergliedern. Das heißt, die Rechtssetzung kann entweder in ‚Regeln' oder in ‚Prinzipien' erfolgen:[46]
- ‚Regeln' beschreiben und normieren einen Sachverhalt. ‚Regeln' bringen die ‚formale Rationalität' des Rechts zum Ausdruck.
- ‚Prinzipien' geben an, welche Maßstäbe einem Normensystem zu entnehmen sind. ‚Prinzipien' verkörpern die ‚materiale Rationalität' des Rechts.

Allerdings ist die Unterscheidung zwischen ‚Regeln' und ‚Prinzipien' nicht trennscharf möglich.

Ebenso ist es nicht möglich, bei und mit der Katalogisierung eine *definitive* Genauigkeit des rechtlichen Sollens zu erzielen. Zudem ist es nicht möglich, rechtliches Sollen in einem Normensystem *abschließend* zu fixieren.

Die Grenzen der definitiven Deklaration und der abschließenden Fixierung bestehen aus diesen Gründen:
- ‚Regeln' können zwar für einen bestimmten Sachverhalt eine relativ präzise Vorgabe treffen. Aber sie können nicht anordnen, auf was für einen Anwendungsbereich sich diese Sachverhaltsvorgabe erstreckt. Die Komplexität und der stete Wandel der sozialen Wirklichkeit führen dazu, daß
  * zum einen überhaupt nicht alle Sachverhalte und alle Sachverhaltsspezifikationen vorhergesehen werden können, so daß bei der Katalogisierung unweigerlich Unschärfen und Lücken entstehen;
  * zum anderen überhaupt nicht das sprachliche Repertoire für die Erfassung der unvorhergesehenen und der unvorhersehbaren (weil erst zukünftig auftretenden) Sachverhalte vorhanden ist.
- ‚Prinzipien' hingegen lassen sich zwar auf eine unabschließbare Vielzahl von Sachverhalten beziehen. Aber ethische Zielvorgaben, utilitaristische Richtlinien etc. sind stets nur vage zu formulieren. Es existiert immer eine Kluft zwischen ihrem abstrakten Gehalt und dessen Umsetzung im Konkreten.
- Eine Kombination von formaler und materialer Rationalität mag diese Defizite mindern, aber nicht beseitigen. Denn bei einer Kombination stellt sich das Problem der Gewichtung von Regeln und Prinzipien.

Zu diesen rechtstechnischen Problemen gesellt sich ein rechtsmoralisches: Sogar wenn die rechtstechnischen Unzulänglichkeiten behoben wären, würde dies keines-

---

[46] Bei der Auseinandersetzung mit Habermas' Rechtsphilosophie wurde hierauf bereits eingegangen. Siehe § 2 GEGENSTAND. ‚Verfassungsgerichtsbarkeit' rechtsphilosophisch betrachtet. A. Die Literaturlage. b) Die Legitimität der Verfassungsgerichtsbarkeit bei Jürgen Habermas. (3) Kritik. b) transzendent. (iii) Zur Legitimität der Verfassungsgerichtsbarkeit. (b) Habermas' modale Legitimitätstheorie, S. 142–145.

III. Recht und Politik   423

wegs bedeuten, daß die Vorgaben des rechtlichen Normensystems richtiges Recht darstellen müßten. Zumindest gibt es keine absolute Begründung für die Richtigkeit des positiven Rechts.

2. Die Perspektive auf den hermeneutischen Zugang

Die Defizite der Katalogisierung lassen sich durch die richterliche Urteilsfindung beziehungsweise die Entscheidungsfindung im Rahmen eines Gerichtsverfahrens allenfalls verringern; eliminieren lassen sie sich nicht. Demonstriert sei dies nur an einem Aspekt der Rechtsfindung – an dem der Methode.

Die Konkretisierung des Rechts[47] kann mithilfe einer Vielzahl von Auslegungsmethoden und Figuren der Rechtsgewinnung erfolgen.[48] Herausgegriffen sei hieraus die Alternative zwischen ‚subsumierend' und ‚abwägend' verfahrendem rechtlichen Beurteilen:[49]

– ‚Subsumieren' bedeutet, daß ein im zu entscheidenden Streitfall auszumachender Tatbestand einer rechtlichen Norm zugerechnet und hieraus eine Rechtsfolge für diese Streitentscheidung abgeleitet wird. Zurechnung meint die Annahme zu vertreten, der Tatbestand des vorliegenden Falles sei als Spezifikation dieser allgemeinen Norm zu betrachten. Diese allgemeine Norm wird zumindest tendenziell als Rechtsregel verstanden. Das heißt, die Norm wird so aufgefaßt, als ließe sie nur die Entscheidung zu,

  * entweder relevant zu sein und mit (einer) (relativ) klaren Rechtsfolge(n) verknüpft zu sein
  * oder für den vorliegenden Tatbestand überhaupt nicht einschlägig zu sein (und dadurch auch keine Rechtsfolge[n] nach sich zu ziehen).

  Eine gewichtende Beurteilung, die ein Mehr oder ein Minder zu bestimmen hätte, ist dem Idealtyp des ‚Subsumierens' fremd.

– ‚Abwägen' hingegen meint idealtypisch genau das Zuweisen eines rechten Maßes und das In-ein-Verhältnis-Setzen von zwei oder mehreren gegenläufigen rechtlichen Postulaten. Diese Postulate werden hierbei (eher) als Prinzipien begriffen. Das

---

[47] Die Ausdrücke Konkretisierung, Auslegung und Interpretation werden hier alle synonym verwendet.
[48] Zu den juristischen Auslegungsmethoden, den Zielen des Rechts und der Eigenart der Stufung von legislativer und judikativer Tätigkeit siehe die analytische Aufbereitung bei WINFRIED BRUGGER: Konkretisierung des Rechts und Auslegung der Gesetze, in: *AöR*, 119. Bd. (1994), H. 1, 1–34.
[49] Nicht zuletzt hierüber ist die Kontroverse zwischen dem ‚Legalismus' und dem ‚Konstitutionalismus' entbrannt. Die Galionsfiguren dieser Strömungen der Rechtstheorie waren Carl Schmitt und Rudolf Smend. Die nachfolgenden Bannerträger der jeweiligen Lehren lassen sich vielfach als „Schüler" dieser Rechtsdenker bezeichnen. Für vertiefende Ausführungen zum Topos Legalismus und Konstitutionalismus siehe: EUGENE E. DAIS/STIG JØRGENSEN/ALICE ERH-SOON TAY (Hg.): *Konstitutionalismus versus Legalismus? Geltungsgrundlagen des Rechts im demokratischen Verfassungsstaat/Constitutionalism versus Legalism? The Bases of Legal Validity in the Democratic Constitutional State* [Kobe 1987; Verhandlungen/ARSP Beiheft Nr. 40], Stuttgart 1991.

heißt, rechtlich zu klären ist, wie diese gegenläufigen Prinzipien in bezug auf den vorliegenden Tatbestand zu gewichten sind.

Damit ist bereits ausgedrückt, daß der Vorgang des Subsumierens eher der Realisierung von formaler Rationalität im Recht dient, während die abwägende Beurteilung eher materiale Rationalität verwirklicht.

Beide Figuren der Rechtsgewinnung bilden in der Praxis der Rechtsanwendung kein alternativ zur Verfügung stehendes Gegensatzpaar. Denn dem Subsumieren ist jeweils die Einschätzung darüber vorgeschaltet, unter welche Norm der Tatbestand denn zu subsumieren ist. Dies kann nur im Wege der abwägenden Beurteilung erfolgen. Umgekehrt würde eine Interpretation des Rechts, die sich nur auf Abwägungen gründen würde, zum Beispiel die Rechtssicherheit gefährden. Denn es ist davon auszugehen, daß bei der Konkretisierung und Stufung von Prinzipien richtende Akteure zu sehr verschiedenen Ergebnissen gelangen würden.

Keine der beiden Formen der Rechtsfindung vermag die Richtigkeit des Rechts zu verbürgen, selbst wenn man voraussetzt, daß nur richtiges Recht katalogisiert worden wäre:
– Für die Angemessenheit und moralische Vertretbarkeit einer Abwägung gibt es keine zureichende Begründung.
– Die Folgerichtigkeit einer Subsumtion einmal vorausgesetzt, erübrigt der Vorgang der Subsumtion weder eine wirklichkeitsgetreue Erfassung des rechtlich zu beurteilenden Sachverhalts noch eine dem systematischen Charakter der Katalogisierung adäquate Einschätzung der rechtlichen Relevanz der für die Subsumtion einschlägigen Norm. Auch hierfür gibt es keine absoluten Begründungen. Die rechtliche Richtigkeit (unterstellter) logisch stringenter Subsumtionen ist also dadurch ungewiß, daß beim syllogistischen Verfahren der Subsumtion die Prämissen des Syllogismus nicht definitiv begründet sind.

Angesichts dessen bietet sich natürlich eine Kombination beider Methoden an. Doch eine zureichende Begründung, wie und in welchem Maße beide Methoden zum Zuge kommen sollten, ist auch hierfür nicht möglich. Somit stellt sich ein Abgrenzungsproblem.

Für die Annahme, positives Recht sei so zu fixieren, daß es nur aus richtigem Recht bestünde, gibt es keine ‚zureichenden' Begründungen. Daher ist in Betracht zu ziehen, daß das positive Recht rechtsmoralisch defizitär sein kann. Eine subsumierende Rechtsanwendung berücksichtigt diesen Umstand jedoch womöglich nur ungenügend, da sie sich der Möglichkeit beraubt, diese positivrechtlichen Vorgaben so zu korrigieren, wie dies rechtsmoralisch geboten wäre.

Überdies ist zu konstatieren, daß weder die Subsumtion noch die Abwägung eine Programmierung des Rechts durch die Politik vollkommen sicherstellt:
– Die Technik der Subsumtion scheint zwar eher eine bloße Umsetzung der positivrechtlichen Vorgaben der Politik zu leisten und das Moment der judikativen Rechtsschöpfung gering zu halten. Doch unklar ist stets, ob überhaupt auch der konkret zu entscheidende Fall – gemäß den Intentionen der rechtssetzenden politischen Instanzen – von der positivrechtlichen Regelung betroffen sein sollte. Diese Unklar-

III. Recht und Politik   425

heit nimmt in dem Maße zu, in dem der zu entscheidende Fall Eigentümlichkeiten besitzt respektive zu besitzen scheint, die mutmaßlich beim Erlassen der rechtlichen Vorschriften nicht bedacht wurden.
– Ein abwägendes Auslegen thematisiert zumindest die Problematik der Angemessenheit der positivrechtlichen Vorgaben. Welche Absichten mit positivierten Prinzipien verfolgt wurden, ist aber – durch ihre nicht zu eliminierende Vagheit – noch schwieriger festzustellen als bei Regeln. Dies mindert die Programmierbarkeit der Rechtsprechung.

Die Konkretisierung des Rechts durch abwägende oder subsumierende Beurteilungen zur Entscheidung von rechtlichen Streitfällen mag sicherlich die Bestimmtheit der rechtlichen Vorschriften steigern. Denn bei ähnlich beziehungsweise gleich gelagerten Fällen besteht dann die Möglichkeit, diese Urteile als richtungsweisende Präzedenzentscheidungen zu betrachten. Jedoch gilt für diese Beurteilungen, daß sie an Tatbestandsmerkmale geknüpft waren, die sich (in dieser Form) in den nachfolgenden Einzelfällen nicht (stets) wiederholen. Dies gilt unabhängig davon, ob die Musterfälle nun vor allem mittels Subsumtion oder Abwägung entschieden wurden.

3. Die Perspektive auf die richterlichen Maßstäbe

Wenn schon nicht die Auslegungsmethoden an sich Gewähr für eine gesicherte Erfüllung der Anforderungen des Rechts bieten, so könnte vermutet werden, daß dies durch die richtenden Personen aufgefangen werden könnte. Dies könnte dadurch geschehen, daß Maßstäbe zur Anwendung kämen, die die Unbestimmtheit der Rechtsfindungsmethoden ausgleichen könnten.[50]

Diese Maßstäbe lassen sich grundsätzlich in zwei Typen einteilen:
– Der eine Typ rekurriert auf konventionalisierte Standards zur Kanalisierung des juristischen Diskurses.[51]
– Der andere Typ verspricht sich richtiges Recht durch die Rechtsschöpfung der Richter, die bei Unklarheiten der Rechtslage pragmatisch so entscheiden sollten, daß dadurch eine bessere Zukunft erreicht werden könnte.[52]

Offenkundig sind die konventionalistische und die pragmatische Version beide gleichermaßen „falsch wie richtig": Der Konventionalismus birgt in sich die Chance einer Steigerung der formalen Rationalität des Rechts in einer bestimmten Hinsicht, erkauft

---

[50] Die Unterscheidung zwischen den Auslegungsmethoden und den Maßstäben ist freilich eine fließende.
[51] Hierzu ließe sich z.B. die Original Intent-Lehre rechnen. Der konventionalisierte Standard bestünde dann darin, den subjektiven Willen des Verfassungsgebers zur Gewinnung von Klarheit für das rechtliche Sollen den Ausschlag geben zu lassen. Ebenso einen Rekurs auf konventionalisierte Standards stellt das unspezifische Kriterium dar, demzufolge ein anderer Richter ebenso entschieden hätte. Ausführlicher zu diesem Vorschlag von Carl Schmitt siehe MATTHIAS EBERL: *Die Legitimität der Moderne. Kulturkritik und Herrschaftskonzeption bei Max Weber und bei Carl Schmitt*, Marburg 1994, 77–79 mwN.
[52] Exemplarisch für diese Position sei auf die Freirechtsschule verwiesen.

diese aber durch zwei Gefährdungen. So ist nicht von der Hand zu weisen, daß eine Kanalisierung des juristischen Diskurses durch konventionalisierte Standards die Chancen steigert, daß die Rechtsprechung berechenbarer wird und – allerdings nur auf den jeweiligen Einzelfall bezogen – Parteilichkeit und Willkür der Judikative eingeschränkt werden. In *dieser* Hinsicht erhöht sich die formale Rationalität des Rechts. Auf der anderen Seite mindert eine Resistenz von konventionalisierten Standards der Rechtsprechung die Aussichten einer Programmierung des Rechts durch die Politik. Dies wiederum wäre gegenläufig zur formalen Rationalität des Rechts in einer anderen Perspektive. Ein Rekurs auf konventionalisierte Standards könnte zudem Einbußen in rechtsmoralischer Hinsicht bedeuten. Denn die Richtigkeit des Rechts läßt sich womöglich nur entgegen einer Anwendung konventionalisierter Standards (annähernd) erreichen.

Dem Pragmatismus ist die Chance einer Steigerung der materialen Rationalität des Rechts in einer bestimmten Hinsicht inhärent – allerdings nur um den Preis von zwei Gefährdungen. So kann eine pragmatische Ermessensausübung im Sinne eines Vorgriffs auf ein rechtsmoralisch richtigeres Recht durchaus zu einem solchen Recht führen. Richterliche Rechtsschöpfung würde in einem derartigen Fall die materiale Rationalität des Rechts befördern. Gleichermaßen aber kann in rechtsmoralischer Hinsicht als richtiger zu bewertendes Recht durch die freie Ermessensausübung des Richters zumindest ebenso auch konterkariert werden. Dies wiederum wäre gegenläufig zur materialen Rationalität des Rechts in einer anderen Perspektive. Überdies könnte eine Ausrichtung auf pragmatische Standards die Rechtssicherheit mindestens dadurch mindern, daß die Ermessensausübung von Gericht zu Gericht variieren würde.

Eine Kombination beider Standards ist natürlich auch möglich – die Frage ist dann allerdings, wo die goldene Mitte zwischen den beiden gegensätzlichen Standards liegt.

Die prinzipienrationale Bestimmung dieses Mittelwegs dürfte allenfalls mit ‚unzureichenden' Begründungen gelingen. Des weiteren läßt sich diese Bestimmung nicht abstrakt, sondern nur in bezug auf konkrete Entscheidungen treffen. Flankiert werden könnten allerdings die ‚unzureichenden' Begründungen im Konkreten von verfahrensrationalen Regelungen.

Dies könnte zudem sowohl in bezug auf die Katalogisierung des Rechts als auch hinsichtlich des hermeneutischen Zugangs zum Recht gelten: Die unaufhebbare Unzulänglichkeit der Prinzipienrationalität könnte durch Verfahrensrationalität ausgeglichen werden.

4. Die Perspektive auf verfahrensrationale Lösungen

Als letzte Kompensationsmöglichkeit für die bisher dargelegten Grenzen des menschlichen Urteilsvermögens bieten sich verfahrensrationale Abhilfen an. Unter „verfahrensrationalen Abhilfen" sind Mechanismen zu verstehen, die nicht auf dem Wege inhaltlichen Erwägens, sondern auf eine prozedurale Weise die Rationalität des Rechts

III. Recht und Politik 427

steigern sollen. Gemeinsam ist all diesen Varianten, daß sie die Defizite des menschlichen Urteilsvermögens nicht durch eine Schärfung des jeweiligen *individuellen* Urteilsvermögens zu beheben suchen. Vielmehr versprechen sie sich Kompensation durch technische Hilfsmittel, die Aggregation von Urteilsvermögen und bestimmte Ausgestaltungen dieser Aggregation oder des Einsatzes von Urteilsvermögen.

Unter dieser Perspektive lassen sich folgende Abhilfen anführen:

– Als technische Remedur böte sich der Einsatz von Verfahren an, die Entscheidungsergebnisse liefern, ohne daß Personen ihr Urteilsvermögen einsetzen müßten. Es würde sich demnach um subjektlose Modi der Beurteilung handeln.

– Die Aggregation von Urteilsvermögen verzichtet zwar nicht auf das Urteilsvermögen von Subjekten. Aber sie setzt dem *individuellen* Urteilsvermögen dadurch Schranken, daß sie die Entscheidungsmacht des einzelnen Subjekts und damit seines Urteilsvermögens begrenzt. Hierunter wären etwa folgende institutionelle und prozedurale Mechanismen zu rechnen:

* Mit der Urteilsfindung wird nicht ein einzelner betraut, sondern sie wird mehreren Richtern überantwortet.
* Ein Urteilsspruch ist einer Überprüfung durch einen anderen Gerichtskörper zugänglich – das heißt, es können mehrere Instanzen vorgesehen werden, bis ein Urteil rechtskräftig wird.
* Ein Gerichtsurteil erfordert ein bestimmtes Quorum an Zustimmung auf seiten des Gerichtskörpers.
* Die Garantie der Richtigkeit des Rechts in seiner Änderbarkeit zu erblicken, stellt zwar selbst keinen institutionell-prozeduralen Mechanismus dar. Jedoch ist damit eine wesentliche Maxime angegeben, von der sich verfahrensrationale Vorgehensweisen ableiten lassen.

– Schließlich könnte eine verfahrensrationale Erhöhung der Rationalität des Rechts auch durch eine Strukturierung (der Aggregation) von Urteilsvermögen zu erzielen sein.

Diese Strukturierung kann in zwei einander entgegengesetzte Richtungen erfolgen: Entweder ist dafür zu sorgen, daß die richtenden Akteure in der Streitsache nicht beteiligt sein sollten, oder die Aggregation von Urteilsvermögen ist so auszugestalten, daß die Richter von ihren Urteilssprüchen zumindest mitbetroffen sein sollten.

* Die Version der „Nichtbeteiligung" zählt zu den Grundbestandteilen des Rechts als Form der Steuerung von Interaktion. Der Grundgedanke dieser verfahrensrationalen Entscheidungsstrukturierung besteht darin, daß eine Nichtbetroffenheit der richtenden Akteure zu einer unparteilichen, unvoreingenommenen und gerechten Rechtsprechung führen könnte. Ihre Nichtbetroffenheit soll den Richtern demnach zu Unbefangenheit verhelfen. Dahinter steht die Erwartung, fehlendes Eigeninteresse auf seiten der Richter erhöhe die Chance für eine Rechtsprechung, die die Interessen der Streitparteien auf eine gerechte Weise ausgleiche. In abgeschwächter Form ließe sich zumindest die Annahme vertreten, daß ein vorhandenes richterliches Eigeninteresse die Richter eher zu Parteilichkeit und Ungerechtigkeit disponiere. Zu dieser verfahrensrationalen Abhilfe

durch die Strukturierung von Urteilsvermögen ist der Grundsatz zu zählen, daß niemand als Richter in eigener Sache fungieren solle.

* Genau entgegengesetzt ließe sich aber auch von einer Nichtbetroffenheit eine schlechte Rechtsprechung erwarten. Und zwar deswegen, weil die Auswirkung von Urteilen aus der Distanz heraus nicht angemessen wahrgenommen werden könnte. Zumutbarkeitskriterien etwa könnten bei einer Nichtbetroffenheit zu streng festgelegt werden. Erst bei einer (Mit-)Betroffenheit und einem Eigeninteresse auf seiten der Richter könnte die Motivierung und Wahrnehmungsbereitschaft für ausgewogene Ermessensausübung hinreichend gegeben sein.

Beides – die „Nichtbeteiligung" und die Betroffenheit – läßt sich auch kombinieren, indem eine „blinde Betroffenheit" hergestellt wird. Das bedeutet, die urteilenden Akteure in die Lage zu versetzen, in Betracht ziehen zu müssen, daß ihre Beschlüsse auch auf sie selbst anwendbar sein *könnten*.

Paradigmatisch für diese Form von Verfahrensrationalität ist Rousseaus Theorem des ‚allgemeinen Gesetzes'. Bekanntlich fordert Rousseau in »Du Contrat Social« die Übertragung der legislativen Gewalt auf die gesamte Bürgerschaft. Legislativgewalt meint dabei die Befugnis, Gesetze (im Sinne abstrakt-genereller Vorschriften – daher ‚allgemeine Gesetze') beschließen zu können. Nicht erfaßt ist in dieser Befugnis das Erlassen von Maßnahmen (im Sinne von Einzelfallregelungen). Rousseau erhofft sich durch diese staatsrechtliche Konstruktion ein Zusammenfallen von Interesse und Gerechtigkeit: Die Generierung von ‚allgemeinen Gesetzen' durch sämtliche Bürger soll dazu führen, daß jeder Bürger zu berücksichtigen genötigt ist, von diesen rechtlichen Vorschriften selbst tangiert zu sein oder tangiert sein zu *können*. Zugleich erlassen die Bürger die Rechtsvorschriften aber nicht aus der Situation ihrer aktuellen Betroffenheit heraus oder der Gewißheit hierüber – insofern handelt es sich um eine „blinde" Betroffenheit.

Diese Mischung aus Betroffenheit und Nichtbetroffenheit mag förderlich für angemessene und gerechte Beurteilungen sein. Sie versucht mit verfahrensrationalen Mitteln, sowohl egoistische als auch aus und unter Gleichgültigkeit zustande gekommene und insofern ebenfalls egoistische Maßstäbe und Beschlüsse zu verhindern. Sie zielt darauf, parteiliche Entscheidungen auszuschließen – und zwar, indem sie die Möglichkeit zu verbauen sucht, daß Grundsätze und Regelungen von Personen beschlossen werden, deren Interessensinduzierung und Wahrnehmungsbereitschaft situationsbedingt von den Interessenlagen und Sensibilitäten der Betroffenen dieser Grundsätze und Regelungen abweicht.

Des weiteren ist zu den verfahrensrationalen Varianten einer Strukturierung von Urteilsvermögen nicht zuletzt die das moderne Recht kennzeichnende Trennung von Rechtssetzung und Rechtsanwendung zu rechnen. Einerseits wird durch diese Trennung zu verhindern versucht, daß die Rechtssetzenden in die Position eines Richters in eigener Sache geraten. Andererseits stellt diese Trennung eine Aggregation von Urteilsvermögen dar, weil das Urteilsvermögen der Rechtsanwendenden angereichert wird mit demjenigen der Rechtssetzenden.

Doch sämtliche dieser verfahrensrationalen Vorgehensweisen und Maximen kön-

III. Recht und Politik 429

nen die Justiziabilitätsproblematik in ihren verschiedenen Ausprägungen nicht beseitigen. Allenfalls eine Entschärfung der Justiziabilitätsproblematik ist möglich. Dies soll nun der Reihe nach für alle aufgeführten verfahrensrationalen Mechanismen und Regelungen gezeigt werden.

a) Einsatz von technischen Mitteln
Die naheliegendste prozedurale Kompensation der Begrenztheit des menschlichen Urteilsvermögens besteht darin, nicht eine Person oder eine Vielzahl von Personen mit der Entscheidungsfindung zu betrauen, sondern die Entscheidung durch ein (vorgeblich) „subjektloses" Verfahren treffen zu lassen. Exemplarisch seien hierfür Losentscheide, naturwissenschaftlich gewonnenene Feststellungen oder die sogenannten „Gottesurteile" erwähnt.

Prima facie könnte ein „subjektloses" Verfahren aufgrund seiner absoluten Objektivität eine vollkommene Richtigkeit des Rechts versprechen.

Dies wäre jedoch falsch:
– „Subjektlose" Verfahren können überhaupt nicht mit der Richtigkeit des Rechts korreliert sein, wie dies bei den „Gottesurteilen" mutmaßlich der Fall ist. Dies gilt für alle Verfahren, deren Technik sich als ‚Magie' bezeichnen läßt. Hier erheben sich auch Zweifel, ob magische Verfahren tatsächlich „subjektloser" Natur sind oder ob ihre Ergebnisse nicht durch beteiligte richtende Akteure herbeigeführt sind. In diesem Fall ist die Subjektlosigkeit (im Sinne eines Fehlens menschlichen Eingreifens) nur vorgetäuscht.
– „Subjektlose" Verfahren können tatsächlich – für sich genommen – eine enorme Objektivität verbürgen: Nur hilft diese zuweilen nur in Grenzen, weil die rechtliche Bedeutung objektiv erzielter Ergebnisse von Subjekten geklärt werden muß. Die rechtliche Bedeutung haftet diesen Ergebnissen nämlich nicht an. Denn bei näherer Betrachtung zeigt sich, daß „subjektlose" Verfahren nur eingesetzt werden können, wenn Personen entschieden haben, welche spezifische Fragestellung „subjektlos" gefällt werden soll. (Bei naturwissenschaftlichen Verfahren ist etwa der Aspekt von erheblicher Bedeutung, wie ihre Ergebnisse rechtlich gewertet werden.) Relevant ist ferner, wie die Beweislast zu verteilen ist. Dadurch enthalten anscheinend „subjektlose" Verfahrensentscheidungen ein nicht zu eliminierendes Element der Subjektivität. Um dies kenntlich zu machen, wurde der Ausdruck „subjektlos" in Anführungszeichen gesetzt. Von einer nur scheinbaren Subjektlosigkeit zu sprechen, ginge allerdings wiederum zu weit.

Des weiteren bewirken Verfahrensmodalitäten unter Umständen erhebliche Abweichungen des Entscheidungsergebnisses. Beispielsweise ließe sich bei Losentscheiden ein Ergebnis mit nur einem oder mit mehren Losentscheiden ermitteln. Über die Vorzugswürdigkeit von Verfahrensmodalitäten bei „subjektlosen" Verfahren im allgemeinen, ihre Fairness, Gerechtigkeit oder demokratische Natur im besonderen müssen Subjekte befinden.

„Subjektlose" Verfahren bieten eine technische Lösung, die die Möglichkeit schaffen kann, Parteilichkeit als Charakterproblem gar nicht erst aufkommen zu lassen.

Freilich gilt dies jedoch nur, soweit mögliche beziehungsweise notwendige Strukturierungen der „subjektlosen" Verfahrensmodalitäten dies nicht konterkarieren. Genauer betrachtet, läßt sich somit nur bedingt von technischen Umgehungen des menschlichen Urteilsvermögens sprechen.
Die Frage nach der Ausgestaltung von Verfahrensmodalitäten verweist so auf die Problematik der Erkennbarkeit von Sollensfragen. Der Rückgriff auf Verfahrensentscheidungen ersetzt keine von Personen getroffenen Entscheidungen. Die relative Subjektlosigkeit von „subjektlosen" Verfahrensentscheidungen wird so geschmälert.
– Hinzu kommt ein Weiteres: Viele Entscheidungsmaterien erfordern Fähigkeiten, die „subjektlose" Verfahren nicht bieten können: Erfassen von Umständen und Sachverhalten, Erwägungen über die Angemessenheit von Normen etc. Zu subjektdezisiven Entscheidungen bestehen also vielfach kaum Alternativen. Dies gilt zumal im Recht: Angeführt sei nur die Bemessung (und die auf der Einschätzung von Indizien und Aussagen gestützte Klärung) von Schuld.

Daher verhelfen „subjektlose" Verfahren nur bedingt zu einer Erhöhung der Rationalität der Rechtsprechung. Im Recht ist allenfalls eine bedingte Objektivität möglich. Die Alternative zwischen „subjektlosen" Verfahren und subjektdezisiven Verfahren ist im Recht nur in bezug auf Teilaspekte möglich. Denn lediglich bei einem Typus von Rechtsproblemen ist es vertretbar, „subjektlose" Verfahren einzusetzen – nämlich bei Entscheidungen über Tatsachenfeststellungen. Exemplarisch sei hier nur auf die Untersuchung von DNA-Material verwiesen, mit deren Hilfe zuweilen Verdachtsmomente erhärtet oder gemindert werden können. Darüber hinaus gibt es jedoch zwei weitere Typen von Rechtsproblemen – zum einen die Entscheidung über die rechtliche Relevanz von Elementen der rechtlichen Katalogisierung und zum anderen die Entscheidung über die Deutung von als rechtsrelevant eingestuften Bestandteilen des Normensystems. Bei diesen beiden Problemlagen können „subjektlose" Verfahren nicht sinnvoll in Anschlag gebracht werden. Alles andere würde eine Neuauflage von „Gottesurteilen" oder eine vergleichbare magische Irrationalität bedeuten.

Aus der nur bedingten Objektivität folgt, daß Neutralität im Recht ebenfalls nur bedingt zu verzeichnen ist. Selbst „subjektlose" Verfahren ermitteln immer nur in dem Maße ihres sinnvollen Einsatzes rechtliche „Erkenntnis". Über diesen Sinn wiederum haben stets Subjekte zu befinden. Bei den subjektdezisiven Entscheidungsvarianten wird zumindest eine Standortgebundenheit der richtenden Personen ebenfalls nicht zu eliminieren sein. Ein Moment der Standortgebundenheit wird selbst beim Entscheidungstyp der tatsachenfeststellenden Sachverhaltsklärung nicht von der Hand zu weisen sein. Erwähnt sei hier nur etwa die Entscheidung über die Vertrauenswürdigkeit von Zeugenaussagen. Noch ausgeprägter dürfte das richterliche und allgemein judikative Vorverständnis[53] eine Rolle spielen, wenn es darum geht, quasi empirisch

---

[53] Ein richterliches Urteil dürfte nicht unbeeinflußt auch davon sein, wie die nichtrichterlichen Akteure während des Gerichtsverfahrens, im besonderen die beteiligten Parteien agieren. Daher wurde von „allgemein judikativ" gesprochen.

III. Recht und Politik   431

festzustellen, welche Normen aus dem gesamten Normenbestand für die zu verhandelnde Entscheidung von rechtlicher Relevanz sind. Am ausgeprägtesten hingegen dürfte der dritte Entscheidungstyp – die Entscheidung über die Grundlagen des Rechts, das theoretische Urteil über die Deutung von rechtlich relevanten Normen – standortgebunden sein.

Standortgebundenheit ist jedoch nicht mit Parteilichkeit gleichzusetzen. Während Parteilichkeit ein bewußtes, vielleicht sogar dezidiertes – wenn auch möglicherweise verborgenes – Parteiergreifen aufgrund von Wertungen darstellt, liegt Standortgebundenheit allein schon dann vor, wenn die Entscheidungsfindung durch Überlegungen, Einschätzungen und Schlüsse geprägt ist, die unterschiedlich ausfallen können. Standortgebundenheit steht also mit Auffassungen hinsichtlich des *Sollenscharakters* von Verhalten und Handlungen nicht notwendigerweise in Verbindung.

Freilich ziehen (in diesem Sinn) standortgebundene Überlegungen, Einschätzungen und Schlüsse durchaus verschiedene rechtliche Ergebnisse nach sich. Standortgebundenheit in diesem Sinn konterkariert unweigerlich das Gebot der Neutralität beim juristischen Diskurs über den Inhalt und die Implementation der Rechtsordnung.

b) Aggregation von Urteilsvermögen
Neben dem Einsatz technischer Hilfsmittel läßt sich ein Ausgleich der Defizite des individuellen menschlichen Urteilsvermögens auch durch die Aggregation von Urteilsvermögen vorsehen. Zu erwägen ist also, wie förderlich es ist, nicht Individuen, sondern *Gremien* mit einer Entscheidungsbefugnis zu betrauen.[54]

Für diese verfahrensrationale Abhilfe sprechen mehrere Gründe: Durch die Mitwirkung mehrerer Entscheidungsträger ließe sich etwa das Gewicht individueller Parteilichkeit einschränken. Die Fähigkeiten, Kenntnisse und Erfahrungen der Mitglieder des Gremiums könnten zudem mindestens in ihrer Summe diejenigen eines einzelnen überragen. Bei der Entscheidungsfindung könnten diese Potentiale der Gremiumsmitglieder einfließen. Über die bloße Addition dieser Potentiale hinaus könnte die Urteilskraft des Gremiums ferner auch durch dialektische Prozesse geschärft werden, die in der Form eines Beratschlagens des Gremiums über Fragen der Angemessenheit, Vertretbarkeit oder Richtigkeit des Rechts im zu entscheidenden Fall stattfinden könnten.

Doch auch die Aggregation von Urteilsvermögen bietet keine Gewähr für die Erfüllung der Anforderungen an das Recht:

---

[54] Überlegungen zu diesem Punkt hat bereits ARISTOTELES: angestellt. Sie figurieren unter der Bezeichnung ‚Summationstheorem' und finden sich im 11. Kapitel des III. Buches seiner *Politik* [vgl. *Politik.* Übers. v. F. Susemihl. Einl., Bibliographie und zusätzl. Anm. v. W. Kullmann, Reinbek bei Hamburg 1994, 150–154]. Hierzu HENNING OTTMANN: Die Menge und ihr politisches Urteil. Aristoteles' „Summierungstheorie" (III, 11), in: ders.: *Geschichte des politischen Denkens. Bd. 1/ 2: Von Platon bis zum Hellenismus,* Stuttgart; Weimar 2001, 194–195 [mwN: v.a. 223]; erhellend JEREMY WALDRON: Aristotle's multitude, in: ders.: *The Dignity of Legislation,* Cambridge (UK); New York: Oakleigh 1999, 92–123 [Anm.: 183–186].

- Nicht nur einzelne können sich irren, sondern auch mehrere. Für die Parteilichkeit gilt das Gleiche.

  Ein ausgewogen besetztes Gremium könnte gegen Irrtum und Einseitigkeit eher gefeit sein. Umgekehrt lehrt Erfahrung, daß einseitige Rekrutierungen von Entscheidungssubjekten eine Tendenz zu einseitigen Entscheidungen mit sich bringen. Doch worin eine „Ausgewogenheit" konkret besteht, dürfte nur mit ‚unzureichenden' Begründungen zu ermitteln sein. Schwierig dürfte etwa festzustellen sein, wie sehr Ausgewogenheit eine Spiegelung der Repräsentierten nach soziologischen Kriterien erfordert oder wie sehr auch eine – soziologisch betrachtet – ‚virtuelle' Repräsentation[55] als ausgewogen gelten kann. Auf jeden Fall aber mag eine virtuelle Repräsentation vielfach bis zu gewissen Graden unvermeidbar sein.

- Auf den ersten Blick vielleicht nicht sofort als ein *verfahrensrationaler* Versuch, die Unzulänglichkeit des Rechts zu beheben, zu erkennen, ist der Gedanke, die Richtigkeit des Rechts durch seine Abänderbarkeit garantiert zu sehen. Genau besehen, erhält man dadurch kein inhaltliches Kriterium für die Richtigkeit des Rechts; es handelt sich im Grunde um eine Abwandlung der Idee der Aggregation des Urteilsvermögens: Entscheidungen sollen – nach einer Zeit der Reflexion – durch andere oder die gleichen Akteure nochmals erfolgen.

  Die Attraktivität dieser Überlegung besteht darin, daß sie die Fehlbarkeit des menschlichen Urteilsvermögens ins Kalkül zieht und zugleich auf verschiedensten Ebenen die Möglichkeit der Korrektur eröffnet.

  Nicht zu übersehen sind aber auch die Schwächen dieses verfahrensrationalen Umgangs mit der Rationalitätsproblematik des Rechts:

  * Einerseits wird die Erfolgschance dieser Abhilfe dadurch beschränkt, daß eine Revidierbarkeit von Entscheidungen allenfalls nur bedingt überhaupt möglich ist. Die menschlichen Lebensvollzüge sind an Zeitlichkeit gebunden und dadurch nicht oder nur bedingt wiederholbar. Mehr noch: die Endlichkeit der menschlichen Lebensvollzüge schließt zuweilen sogar im Zukünftigen wirksam werdende Korrekturen aus.

  * Andererseits verspricht diese Remedur nur dann Erfolg, wenn zu einem späteren Zeitpunkt T_2 eine gegenüber dem Zeitpunkt T_1 überlegenere Einsicht besteht. Dies ist jedoch keineswegs sichergestellt; es kann auch umgekehrt sein. Auf jeden Fall gibt es für die Annahme höherer Rationalität nur ‚unzureichende' Begründungen.

---

[55] Der Begriff der ‚virtuellen' Repräsentation beschreibt ein Agieren von Stellvertretern im Sinne derjenigen, die sie vertreten. ‚Virtuell' ist eine solche Repräsentation insofern, als sie nicht in soziologischen Kategorien zu beschreiben ist. Eine Stellvertretung nach soziologischen Kategorien würde etwa bedeuten, daß nur Frauen Frauen repräsentieren oder nur Arbeiter Arbeiter etc. Die Bedeutung von ‚virtuell' im Sinne einer medialen Herstellung oder Simulation ist hier nicht gemeint.

III. Recht und Politik   433

c) Verfahrensrationale Strukturierungen (der Aggregation) von Urteilsvermögen
Der Gedanke, daß ein Konflikt durch die Entscheidung von hierbei interessensmäßig nicht involvierten Dritten beigelegt wird, gehört zur Grundausstattung des Modus der sozialen Integration mithilfe des Rechts.

Das Manko dieses Kriteriums besteht darin, daß eine völlige Nichtbeteiligung der richtenden Akteure kaum erreichbar ist. Die richtenden Akteure werden immer versucht sein, affektuell begründete oder auf Interessen gestützte Identifikationen mit den Prozeßbeteiligten vorzunehmen, Sympathien oder Abneigungen für beziehungsweise gegen diese zu hegen etc. Zudem sind institutionelle Lösungen wie die Trennung von Rechtssetzung und Rechtsanwendung nur für einen Teil der Rechtsmaterien im vollen Umfang aufrechtzuerhalten.

Umgekehrt läßt sich „blinde Betroffenheit" noch am ehesten bei legislativer Tätigkeit herstellen. Rechtsprechung jedoch bezieht sich stets auf einen bestimmten Konflikt. Daher läßt sich eine „blinde Betroffenheit" für den Fall der Rechtsprechung nicht herbeiführen. Hinzu kommt, daß die Mittel einer verfahrensrationalen Strukturierung, die auf Unbefangenheit und Betroffenheit zielen, einander gegenseitig ausschließen. Es bleibt also nichts anderes übrig, als sich entweder für die Unbefangenheit oder für die Betroffenheit zu entscheiden. (Beim Recht wird gemeinhin die Unbefangenheit gewählt.)

Die Festsetzung von Quoren beinhaltet nichts anderes als die Entscheidung darüber, welchen Irrtum man mehr fürchtet beziehungsweise von welcher Seite man eher einen Irrtum befürchtet – entweder von Mehrheiten oder von Minderheiten:
– Bei dem Prinzip der relativen Mehrheit vertraut man eher auf die Klugheit der meisten,
– beim Prinzip der qualifizierten Mehrheit eher auf die Klugheit der wenigen und zugleich die Klugheit der weitaus meisten und
– beim Prinzip der absoluten Mehrheit auf ein Maß, das schwer zu bestimmen ist – jedenfalls zwischen diesen Extremen anzusetzen ist: Man vertraut eher auf die Klugheit der mehr als „bloß die meisten" und fürchtet eher die unnötige oder falsche Blockade durch die vielen Wenigen.

Sicherlich ist zwischen einer positiven Gestaltungsmacht und einer negativen Vetomacht zu differenzieren. Somit wäre das Verhindern weniger zu fürchten als das Tun. Jedoch gilt dies nur dann, wenn die Verhältnisse nicht unbedingt einer Korrektur bedürfen. In diesen Fällen kann Unterlassen zuweilen ebenso fatal oder schädlich sein wie in anderen Fällen Tun. Erschwert werden all diese Beurteilungen durch die Wandelbarkeit der Situationen.

Die Einführung von Kontrollmöglichkeiten durch mehrere Instanzen kann sich positiv, sie kann sich aber auch negativ auswirken. Sie verringert wahrscheinlich Fehlentscheidungen auf den unteren Ebenen; aber zugleich ist zu konstatieren, daß sich die Fehlleistungen der höheren Instanzen beziehungsweise der höchsten Instanz gravierender auswirken als bei dezentralisierten Entscheidungsstrukturen. Hinzu kommt, daß eine zentrale Instanz eventuell leichter Pressionen ausgesetzt sein kann. Dies könnte aber auch für einzelne Instanzen auf den unteren Ebenen gelten.

Schwer zu ermessen ist schließlich, wie effektiv die eher subjektiven und die eher objektiven verfahrensrationalen Strukturierungen von Urteilsvermögen überhaupt sind. Etwa ist kaum zu klären, bis zu welchem Punkt eine Involviertheit der richtenden Akteure noch hinnehmbar ist. Klar ist allenfalls, daß eine (Mit-)Betroffenheit der Richter bei der Rechtsanwendung kaum herzustellen ist. Ihre Wahrnehmungsbereitschaft muß demnach anders gefördert und ihre Gleichgültigkeit anders vermieden werden.

5. Bilanz I: Juristisches und bürgerliches Urteilsvermögen

Entscheidungsfindung im Recht ist keine exklusive Angelegenheit für platonische Philosophenkönige; sie erfordert keine Fähigkeiten, die grundsätzlich nicht alle Menschen besitzen könnten. Allerdings ist – je elaborierter Recht als Modus der sozialen Integration eingesetzt wird – rechtliches Beurteilen an Wissen, Kenntnisse und Fertigkeiten geknüpft. Diese beziehen sich auf jeden Fall auf die formale Rationalität des Rechts. So gebietet das Kriterium der Rechtssicherheit beispielsweise, vorangehende Entscheidungen fortzuführen beziehungsweise sie zu berücksichtigen. Dies wiederum ist nur möglich, wenn diese Entscheidungen überhaupt bekannt sind.

Bezüglich der materialen Dimension des Rechts ist es schwerer, das juristische Urteilen zu profilieren. Hier dürfte sicherlich vieles, was Aristoteles über das praktische Wissen geäußert hat, zutreffen. Etwa dürfte praktisches Urteilsvermögen Erfahrung auf dem Gebiet der Lebensumstände verlangen oder von dieser zumindest profitieren. Diese Art von Erfahrung ist keine Größe, die mit Expertentum notwendigerweise verbunden ist. Andererseits ließe sich vertreten, daß Einübung und Schulung bei der Befassung mit Rechtsfragen im Blick auf die materiale Dimension des Rechts ebenfalls zur Aneignung spezifischer Fertigkeiten führen könnten.

Kompliziert wird die Lage zusätzlich noch dadurch, daß bei der Rechtsfindung vielleicht (zudem) Fähigkeiten vonnöten oder günstig sind, die sich nicht unbedingt erwerben lassen – etwa eine Sensibilität für hermeneutische Probleme. Somit wären Fähigkeiten verlangt, die zwar grundsätzlich alle Menschen besitzen könnten – über die aber nicht alle Menschen (in einem gleichen Maß) auch tatsächlich verfügen.

Faßt man all dies zusammen, so läßt sich die Differenz zwischen dem bürgerlichen und dem juristischen Urteilsvermögen am besten mit der Kennzeichnung umschreiben, rechtliches Beurteilen stelle eine Art geistiges Handwerk dar. Die gekonnte Beherrschung dieses Handwerks läßt sich jenseits der formalen Dimension der Rationalität des Rechts jedoch kaum an Anzeichen oder sogar allgemein anerkannten Kriterien ablesen, weil sich in der Regel für jede Position in Rechtsfragen auf der Seite der Experten Befürworter und Gegner finden.

Die Frage nach der Eignung der Gerichtsbarkeit und der Tauglichkeit der Mittel des Rechts für die Steuerung von Interaktion ist freilich nicht nur mithilfe einer Betrachtung des Vermögens der Subjekte zu beantworten. Auch die Ausgestaltung der Entscheidungsprozesse könnte zur Rationalität des Rechts beitragen.

III. Recht und Politik								435

6. Bilanz II: Was ist ‚hinreichende' Justiziabilität?

Zu klären sind nun die rechtstheoretischen Fragestellungen, ob sich die Gerichtsbarkeit zur Steuerung von Interaktion eignet und ob die Mittel des Rechts für soziale Integration tauglich sind.
– Zu fragen ist also zum einen, ob es rationale Gründe dafür gibt, sich für das Recht als Modus der Koordinierung von Handlungen zu entscheiden.
– Herauszufinden ist zum anderen, ob diese Gründe hinreichend sind.

In einer Hinsicht ist das Vermögen des Rechts, der Gerichtsbarkeit und des gerichtsförmigen Entscheidens bereits detailliert geklärt. Denn dargelegt wurde, was Recht, Gerichtsbarkeit und Gerichtsförmigkeit *nicht* können. So erwies sich nämlich jedes Vorgehen, mit dem die im Modus des Rechts implizierten Anforderungen zu erfüllen versucht werden, als defizitär. Eine Gewähr konnte weder für die Programmierbarkeit noch für die moralisch-ethische inhaltliche Richtigkeit des Rechts erlangt werden; weder Bestimmtheit noch Ausgewogenheit können vollumfänglich und gewiß erreicht werden. Welche Perspektive auch immer eingenommen wird, die soziale Wirklichkeit fällt nicht mit den normativen Maßstäben des Rechts, die sich von der Idee der wechselseitigen Anerkennung als Freie und Gleiche ableiten, zusammen:
– Keine Rechtssetzung kann absolut bestimmte Vorgaben machen.
– Keine rechtliche Vorgabe kann Recht so setzen, daß eine absolute Begründetheit und mithin Gewißheit über seine Richtigkeit bestehen könnte.
– Keine Methode der Rechtsfindung vermag eine Determinierung der Rechtsprechung durch die Politik sicherzustellen.
– Keine Auslegung der rechtlichen Katalogisierung vermag eine Rechtsprechung zu garantieren, die als absolut richtig erachtbares Recht schöpfen könnte.
– Das Gleiche gilt für sämtliche nichthermeneutischen Maßstäbe[56] zur Deutung des positiven Rechts.
– Schließlich läßt sich all dies auch verfahrensrational nicht ausgleichen.

Perfektes Recht ist somit nicht zu erlangen – zumindest besteht hierüber keine Gewißheit, weil es weder für die rechtstechnische Konsistenz und Präzision noch für die rechtsmoralische Richtigkeit des Rechts ‚zureichende' Gründe gibt.

Damit ist aber nichts darüber ausgesagt, ob Recht, Gerichtsbarkeit und Gerichtsförmigkeit moralisch-ethische Kapazitäten besitzen – und falls ja: was für Kapazitäten dies sind. Zu ermitteln ist, ob Recht nicht (nur) Illusion und Sanktion ist. Das heißt, zu eruieren ist, ob Recht (noch) etwas anderes ist als (lediglich) eine Form der Ausübung von Macht und Herrschaft, die
– unerwünschtes (das heißt: aus der Sicht der Herrschenden unerwünschtes) Ver-

---

[56] Mit den „nichthermeneutischen Maßstäben zur Deutung des positiven Rechts" sind Entscheidungskriterien gemeint, die sich nicht durch Gründe rechtfertigen lassen, die den vorhandenen schriftlich fixierten Texten des rechtlichen Normensystems zu entnehmen sind, sondern die sich aus anders begründeten rechtlichen Erwägungen ableiten.

halten straft und es dadurch (nämlich durch ‚general-' und ‚individualpräventive'
Abschreckung) eindämmt und
- die diese Form der Verhaltensregulierung – aus der Sicht der Herrschaftsunterworfenen – „heiligt", indem sie den Anschein – und zwar nichts als den Anschein – einer Legitimation der Handlungen der Machthaber hervorruft.

Dafür, daß es im ethisch-moralischen Sinn rationale Gründe für den Rekurs auf das Recht gibt, lassen sich drei Antworten anführen.[57]

Erstens ließe sich eine hermeneutische Rationalität des Bestehenden annehmen: Menschen operieren seit langem mit dem Recht als Handlungssystem und noch länger mit dem Recht als Instrument sozialer Integration. Dies wird nicht grundlos geschehen. Zu begründen wäre vielmehr, warum *nicht* auf das Recht zurückgegriffen werden sollte.

Dieses Argument für die rationale Qualität des Rechts ist jedoch nur begrenzt stichhaltig. Denn zum einen ist der Modus des Rechts durchaus weder alternativlos noch unumstritten. Zum anderen ergibt sich aus einem bloßen Usus nicht dessen moralisch-ethische Qualität.

Zweitens ließe sich das erste Argument abwandeln: Die Berufung auf das Recht ist eine übliche Strategie der politischen Akteure. Sie rechtfertigen ihr Handeln zumeist als rechtlich zulässig oder sogar geboten – und zwar selbst dann, wenn sie ihre Ziele auch ohne rechtliche Legitimation erfolgreich durchsetzen könnten. Legitimation bedeutet, über anerkennungswürdige, von einer autoritativen Instanz attestierte Gründe zu verfügen. Die Strategie der Legitimation ist demnach dann sinnvoll, wenn eine Aussicht auf die Anerkennung von Gründen besteht. Aus dem weitverbreiteten Bemühen um rechtliche Legitimation folgt somit die Rationalität des Rechts, da es auf die Anerkennung von Gründen offensichtlich ankommt – sonst wäre das Bemühen um rechtliche Legitimation sinnlos.

Doch diese Schlußfolgerungen sind keineswegs zwingend. Denn über die tatsächliche normative Anerkennungswürdigkeit von Gründen entscheidet nicht der Umstand weit verbreiteter Anerkennung, sondern die moralisch-ethische Dignität der inhaltlichen Begründbarkeit. Legitimation ist nicht gleich Legitimität. Das Phänomen der Berufung auf das Recht stellt somit allenfalls ein Indiz für die (nicht nur instrumentelle, sondern) moralisch-ethische Rationalität des Rechts dar.

Drittens lassen sich die Unschärfen und Unzulänglichkeiten des Rechts auch ins Positive wenden. Die gesamte, vorgestellte Palette an Mitteln und Vorgehensweisen,

---

[57] Der Neopragmatismus eines J. W. Singer umgeht dieses Problem. Singer argumentiert sinngemäß: Wir bedienen uns des Rechts, und dies funktioniert – jedoch nicht auf rationaler Grundlage. Die Fragen, warum dies funktioniert und v.a. warum sich dieses Funktionieren in einem moralisch-ethischen Sinn auszeichnet, werden von ihm (im untersuchten Aufsatz) im Grunde nicht beantwortet. Seine Ausführungen legen (jenseits seiner Argumentation gegen die Möglichkeit [perfekter] rationaler Fundierungen) nur dar, *daß* der Rekurs auf das Recht erfolgreich ist bzw. sein kann. Zu Singers (rechts-)philosophischer Konzeption siehe (in dieser Arbeit) § 6 VERFASSUNGSGERICHTSBARKEIT UND JUSTIZIABILITÄT. II. Joseph William Singers Sicht von Recht, Moral und Politik, S. 375–406.

III. Recht und Politik

mit denen rechtstechnische Stimmigkeit und Genauigkeit sowie rechtsmoralische Richtigkeit zu erzielen versucht werden, zeigt, daß auf allen Ebenen jeweils Entscheidungen sowohl möglich als auch nötig sind. In den Unzulänglichkeiten und Unschärfen des Rechts drückt sich somit zugleich ein Freiheitspotential der in rechtliche Entscheidungsprozesse involvierten Akteure aus. Dies bedeutet, daß der Modus des Rechts die *Chance* einer umfassenden Dekonzentration von Macht und Herrschaft in sich birgt. Dadurch ist Recht mehr als die bloß sanktionierende (in der zweifachen Bedeutung des Wortes) Verkleidung von Macht und Herrschaft. Es ist eine Strategie der Begrenzung von Macht und Herrschaft durch eine möglichst breite Verteilung von Macht und Herrschaft.[58]

Daher hat Recht als Modus der Handlungskoordinierung die Vermutung einer rationalen moralisch-ethischen Qualität für sich, und es ist angezeigt, Justiziabilität zu unterstellen. Grundsätzlich ist der Verzicht auf das Recht schlechter als der Rückgriff auf das Recht.

Aber zu klären bleibt, ob auch eine ‚hinreichende' Justiziabilität zu unterstellen ist – also ob es auch hinreichende rationale moralisch-ethische Gründe für rechtliche und gerichtsförmige Konfliktentscheidung gibt. Für eine ‚hinreichende' Justiziabilität läßt sich folgende Begründungen liefern: Gegenüber dem Rekurs auf das Recht gibt es grundsätzlich (zumindest gegenwärtig) keine besseren Alternativen. Genauer: zum Recht als Modus der Steuerung von Interaktion, der zur sozialen Integration mit einem auf Autonomie gegründeten Handlungssystem der Politik hinzutritt, gibt es grundsätzlich keine vertretbare Alternative. Ein näherer Blick auf mögliche Alternativen demonstriert dies:

– Eine kollektive Nichtentscheidung von Konflikten ist nicht möglich, da die Nichtentscheidung auch eine Entscheidung darstellt.
– Der Einsatz von Gewalt ohne rechtliche Legitimation ist fatal.
– Die Variante des ‚Palavers', also eine Einigung der Streitparteien untereinander ohne Dritte, eignet sich nur für statische, nicht aber für komplexe dynamische Gesellschaften.
– Die Variante des Schlichters, also die Hinzuziehung eines autoritativ entscheidenden Dritten, weist zum einen den Nachteil auf, daß in modernen, pluralistischen Gesellschaften niemand vorhanden ist, der eine solche Autorität für sich in Anspruch nehmen könnte. Zudem wäre eine derartige allein auf charismatischer Legitimität basierende Herrschaft sicherlich undemokratischer als eine gerichtsförmige Regelung von Konflikten, die sich auf ein Normensystem zu gründen hat, welches einem gesellschaftlichen Wert- oder Rechtskonsens entspringt.
– Dagegen, die Streitentscheidung ausschließlich der Politik zu überlassen, spricht ebenfalls die Komplexität moderner Gesellschaften.

Aus der generellen Tauglichkeit der Gerichtsbarkeit und des Rechts, soziale Integra-

---

[58] Dies soll nicht in Abrede stellen, daß der Diffusion von Macht und Herrschaft nicht durch Gleichschaltung entgegengewirkt werden kann. Zudem ist mit dieser Chance zur Machtbegrenzung stets die Möglichkeit eines Mißbrauchs von Recht verbunden.

tion zu bewirken, läßt sich jedoch nicht folgern, daß spezielle Konfliktmaterien ebenfalls justiziabel sind. Die Gegenstände der ‚verfassungsgerichtlichen' Streitigkeiten könnten solche speziellen Konfliktmaterien sein, sofern sie im Vergleich zur normalen Steuerung von Interaktion mithilfe des Rechts relevante Besonderheiten besäßen.

D. Rechtssetzung und Rechtsanwendung

Der Dualismus von Rechtssetzung und Rechtsanwendung ist ein Produkt der Neuzeit. Dem Gemeinwesen der Antike und des Mittelalters war er fremd.[59] Er konnte insbesondere erst Eingang in die politisch-rechtliche Vorstellungswelt und die institutionellen Strukturen finden, nachdem sich die Bestimmung der politischen Herrschaft grundlegend gewandelt hat – politische Herrschaft sich nicht mehr primär durch die *Bewahrung*, sondern durch die *Setzung* von Recht definiert sieht.

Ein struktur- und begriffsgeschichtlicher Rückblick soll dies erhellen.[60] Schematisch lassen sich traditionale und moderne Sozialverbände[61] idealtypisch einander gegenüberstellen, um die Wandlung des mittelalterlichen ‚Rechtsbewahrungsstaates' zum neuzeitlichen ‚Rechtssetzungsstaat' aufzuzeigen.

1. Bewahrende Rechtsfortführung im Mittelalter

Die traditionalen Gesellschaften des Mittelalters sind unter den Typus des ‚Rechtsbewahrungsstaates' zu rechnen. Dieser Typus trägt diesen Namen, weil sich bei ihm die Funktion der Politik in der Durchsetzung und Sicherung eines – zumindest der Perzeption nach – unabhängig von den Inhabern der politischen Herrschaft geltenden Rechts erschöpft.

Diese Beschränkung auf die Bewahrung des Rechts korrespondiert mit der Konnotation, Recht sei grundsätzlich unveränderbar. Hinzu kommt der Gedanke, Recht beruhe auf göttlicher Stiftung. Die Geltung des Rechts ist der hinreichend verbreiteten Legitimitätsüberzeugung geschuldet, der Inhalt des Rechts bestünde aufgrund unvordenklicher Tradition. Diese Legitimationsbasis der Geltung des immer Gewesenen

---

[59] Zu untersuchen wäre, inwieweit die Praxis der attischen Demokratie und die antike griechische Philosophie die Pauschalität dieser Aussage einzuschränken vermögen. Daß Recht menschlicher Setzung entspringt, haben bereits einige Sophisten vertreten. Fraglich bleibt jedoch, ob damit auch eine Differenzierung zwischen Rechtssetzung und -anwendung verknüpft war und ob eine solche Differenzierung auch institutionell verankert wurde.

[60] Zu dieser Retrospektive vgl. DIETER GRIMM: Politik und Recht, in: Eckart Klein (Hg.): *Grundrechte, soziale Ordnung und Verfassungsgerichtsbarkeit*. FS für Ernst Benda zum 70. Geburtstag, Heidelberg 1995, 91–103.

[61] Der Begriff des ‚Sozialverbands' soll hier signalisieren, daß sich „Staaten" erst im Kontinentaleuropa der frühen Neuzeit herausgebildet haben. Aus sprachlichen Gründen wird gleichwohl von einem ‚Rechtsbewahrungsstaat' gesprochen.

III. Recht und Politik   439

geht einher mit der Auffassung einer aus transzendenter Wahrheit gespeisten Verpflichtungskraft des Rechts.[62]
Dementsprechend
– fallen Recht und Gerechtigkeit zusammen;[63]
– wird Recht vorgefunden, nicht aber hergestellt;
– ist Recht der Politik vorgeordnet.

Diese Vorordnung meint eine, zumindest so gedeutete, Bindung der politischen Herrschaft an das Recht – und zwar in dem Sinn, daß die Verfügung über das Recht den Herrschaftsträgern entzogen ist. In der Regel erfährt das Recht daher lediglich Ergänzungen oder Konkretisierungen; allenfalls findet eine Fortschreibung des Rechts in Gestalt von ‚Reformen' statt. Kommt es also zu einer (seltenen) erheblichen Veränderung im rechtlich-institutionellen Gefüge des Sozialverbands, wird dies lediglich als „Rückführung" dieses Gefüges zu seinem Ursprung aufgefaßt oder zumindest als eine solche ausgegeben.

Die Rechtsprechung der politischen Herrschaft begreift sich nicht als schöpferische, sondern als überliefertes Recht fortführende. Von einer Rechts*anwendung* kann demnach nur im Sinne einer derartigen, als bloße Vollzugshandlung begriffenen, Fortführung die Rede sein. Rechtsanwendung als eine Entsprechung zur Rechtssetzung und als eigenständige inhaltliche Erweiterung des Rechts, sei es auch nur im Wege einer Vervollständigung und Differenzierung des vorgegebenen Rechts, ist hingegen der Vorstellungswelt fremd.

So wie die Rechtstätigkeit der politischen Herrschaft nur eine relativ schwache rechtliche Regelungsdichte und -tiefe erzeugt, so basiert sie auch nur auf einer solchen. Verbunden ist damit das Fehlen eines funktional verselbständigten rechtlichen beziehungsweise politischen Systems. Rechtsprechung erfolgt zum Beispiel

---

[62] Zwischen einer traditionalen Legitimationsbasis im engeren Sinn oder in Reinform, der Geltung des immer Gewesenen, und einer im weiteren Sinn, d.h. einer religiös fundierten, die die Geltung und Gültigkeit des Rechts auf göttliche Stiftung zurückführt, könnte ein Gegensatz vermutet werden. Dieser Gegensatz könnte sich etwa daran festmachen, daß die Geschichte bei Offenbarungsreligionen als eine Heilsgeschichte aufgefaßt wird, die markante Ereignisse und Brüche aufweist. Die rein traditionale Legitimationsbasis hingegen könnte ein historisches Bewußtsein im Sinne eines als dynamisch begriffenen Geschichtsprozesses ausschließen. Dieser Gegensatz zwischen einer ahistorischen „Unvordenklichkeit" der Überlieferung und einem durch ein Heilsgeschehen geprägten Geschichtsverlauf muß auf der Ebene der Mentalitäten jedoch nicht vorfindbar sein. Zudem könnte der Gegensatz dadurch entschärft werden, daß das Heilsgeschehen bis zur eschatologischen Phase lediglich den irdischen Garanten des Rechts, nicht aber dessen Inhalt tangiert.

[63] Vgl. THOMAS WÜRTENBERGER: Legitimität, Legalität, in: Otto Brunner/Werner Conze/Reinhart Koselleck (Hg.): *Geschichtliche Grundbegriffe. Bd. 3,* Stuttgart 1982, 677–740 [681 mwN.]: „Dem mittelalterlichen Rechtsbewußtsein ist ein Widerspruch von Legalität, d.h. gesetzmäßigem Verhalten, zu Gerechtigkeit und Sittlichkeit fremd. Gesetze sind meist die guten Verhaltensregeln, die seit langem erprobt und in das allgemeine Rechtsbewußtsein eingegangen sind. Da im Volksbewußtsein Recht, Gerechtigkeit und Sitte als Einheit verstanden werden, ist ein gesetzmäßiges Verhalten gleichzeitig ein sittliches Verhalten schlechthin. Recht bedeutet das Redliche, Vernünftige und Gerechte in einem umfassenden Sinn."

als Annex grundherrschaftlicher Befugnisse, nicht jedoch im Rahmen eines gesellschaftlichen Teilsystems, das auf die Herstellung kollektiver Verbindlichkeit von Entscheidungen oder die Unterscheidung von Recht und Nichtrecht spezialisiert ist.

Für einen Dualismus von Rechtssetzung und Rechtsanwendung liegen somit institutionelle Voraussetzungen kaum vor; in erster Linie steht allerdings das beschriebene traditionale Verständnis von Recht und Politik einem solchen Dualismus entgegen.

Im Verlauf der Neuzeit läßt sich dieses Verständnis nicht mehr aufrecht erhalten: Einerseits erweist sich das traditional begründete und gehandhabte Recht als zu statisch, um Adaptionen aufgrund beschleunigten sozialen Wandels vornehmen zu können. Andererseits muß die Politik eine Umstellung ihrer konstitutiven ideellen Grundlagen herbeiführen: Im Zuge der Glaubensspaltung und der ihr nachfolgenden konfessionellen Bürgerkriege läßt sich Politik nicht mehr als Bewahrung einer (jenseitiges) Heil verbürgenden Ordnung begreifen. Denn worin diese transzendente Wahrheit besteht, ist nun Gegenstand von sogar gewaltsam ausgetragenen Kontroversen.

Die Chance von deren Befriedung bietet die zumindest relative Neutralität der politischen Ordnung in geistig-religiöser Hinsicht durch das Ausklammern der Thematik religiöser Wahrheit. Die politische Herrschaft entledigt sich folglich der Aufgabe einer Gewährleistung von Erlösung und Glück. Politik beschränkt sich auf die Sicherung eines friedlichen und eventuell auch gerechten diesseitigen Zusammenlebens.

Diese Umstellung der konstitutiven ideellen Grundlagen der politischen Ordnung bedingt zugleich die Aufhebung des Vorrangs des Rechts gegenüber der Politik. Die funktionale Umstellung der Politik auf eine säkulare Bestimmung entkoppelt die Politik von einem unabhängig von der politischen Herrschaft geltenden Recht.

2. Der Dualismus von Rechtssetzung und Rechtsanwendung in der Neuzeit

Moderne Gesellschaften sind unter den Typus des ‚Rechtssetzungsstaates' zu subsumieren. Der Terminus des ‚Rechtssetzungsstaates' bringt zum Ausdruck, daß der politischen Herrschaft in der Neuzeit die Aufgabe zuteil wird, die Inhalte und die Entstehungsweise des Rechts festzulegen. Diese Festlegung wird als unentbehrlich betrachtet – Recht muß, damit es als Recht Geltung zu beanspruchen vermag, ‚positives' Recht sein.

In seiner reinsten Form wird der Rechtsetzungsstaat historische Wirklichkeit, als sich vormals einzelne ‚Rechtstitel' zu einem sämtliche Herrschaftsbefugnisse einschließenden Vermögen verdichten – der ‚Souveränität'. Die Kategorie der Souveränität steht synonym für die Vorordnung der Politik gegenüber dem Recht – politische Herrschaft unterliegt keinen rechtlichen Bindungen; vielmehr fungiert die souveräne Instanz als Quelle des Rechts. Dies läßt sich als ‚Politisierung des Rechts' bezeichnen:

III. Recht und Politik

Die Herrschaftsträger haben eine umfassende und unumschränkte Dispositionsmacht über das Recht erlangt.

Dem entspricht ein Rechtsbegriff, dessen semantischer Gehalt sich scharf von der vorherigen traditionalen Sicht abhebt: Recht ist menschlichen Ursprungs – genauer: von politischen Instanzen erzeugt. An diese Auffassung knüpft sich eine weitere: Recht erscheint als inhaltlich variabel. Die Positivität des Rechts geht somit einher mit seiner Kontingenz.

Die Konzeption der Kontingenz des Rechts wiederum lenkt den Blick auf das Problem der Richtigkeit des Rechts. Das heißt, die Eigenschaft des Rechts, Gegenstand von Entscheidung und Setzung zu sein, eröffnet auf der Ebene der Begriffe und Deutungen die Möglichkeit, Recht und Gerechtigkeit als separabel einzustufen, allgemeiner: zwischen Legitimität und Legalität zu differenzieren.[64] Darüber hinaus schärft die Erfahrung des kontingenten Rechts das Bewußtsein für eine weitere Problemlage: den möglichen Dissens über die jeweiligen Intentionen (des Normgebers) und die jeweilige Systematik des nun ausdrücklich auf Satzung beruhenden Rechts beziehungsweise zumindest die Klärungsbedürftigkeit des intentionalen und systematischen Gehalts des Rechts.

Vor der Positivierung und Politisierung des Rechts standen zur Qualifizierung von Rechtsakten nur folgende zwei Alternativen zur Verfügung:
– die Einordnung als Recht oder Nichtrecht auf der einen Seite und
– die Unterscheidung zwischen gutem und schlechtem Recht auf der anderen.

Dem entspricht, daß in der Antike und im Mittelalter beim Umgang mit dem Problem der Richtigkeit vornehmlich zwei Wege beschritten wurden:

Erstens garantierte die Bindung des Rechts an die „Heiligkeit" der von jeher vorhandenen Ordnungen – zumindest der Perzeption nach – die Gerechtigkeit oder allgemeiner: die Richtigkeit des Rechts (vornehmlich im Sinne einer moralisch-ethischen Gültigkeit). Insofern stellte sich das Problem der Richtigkeit des Rechts nicht.

Zweitens erblickte man die Bewältigung dieses Problems auf der individuellen Ebene, nämlich in der Person des Herrschers. Daher bemühte man sich um eine Erziehung der (künftigen) Machthaber. Besonders zum Vorschein kommt dies in der Gattung des Fürstenspiegels. Dabei handelt es sich um Ermahnungsschriften, die der

---

[64] Ein Auseinandertreten von Legitimität und Legalität könnte bereits zuvor in der Antike vermutet werden. Als herausragendstes Beispiel für dessen Thematisierung könnte Sophokles' Tragödie »Antigone« angesehen werden. Einen Einwand gegen die hier präsentierte Begriffsgeschichte stellt dies freilich nicht dar: Erstens wird hier lediglich eine idealtypische Einordnung geboten – mit dieser nicht zu vereinbarende Gesichtspunkte ziehen die grundsätzliche Revision dieser Einordnung nicht nach sich. Darzulegen wäre vielmehr, daß diese Einordnung insgesamt unzutreffend ist. Zweitens fügt sich gerade Sophokles' »Antigone« in die hier skizzierte Begriffsgeschichte ein. Denn die Tragik der Antigone in der »Antigone« besteht nicht in einem Konflikt zwischen der Legalität der Anordnungen des politischen Herrschers, des Kreon, und der Legitimität der überlieferten Bräuche, sondern darin daß *sowohl* Kreons Anweisungen *als auch* die entgegenstehenden Sittengebote als legitime Legalität betrachtet werden.

Unterweisung des Herrschers dienten. Dessen Tugend sollte die Problematik der Richtigkeit des Rechts entschärfen, wenn nicht sogar ebenfalls erübrigen.

Die, idealtypisch betrachtet, spezifisch modernen Antworten auf das Problem der Richtigkeit des Rechts verfahren anders als die traditionalen Antworten des Rechtsbewahrungsstaates. Die spezifisch modernen Antworten visieren eine Limitierung der Totalverfügungsmacht der politischen Instanzen mit *rechtlichen* Mitteln an. Die in der Neuzeit eingetretene umfassende ‚Politisierung des Rechts' wird durch eine ‚Verrechtlichung der Politik' einzuhegen versucht.

Eine erste Ausprägung dieser Verrechtlichung der Politik ist der ‚Dualismus von Rechtssetzung und Rechtsanwendung'. Dies bedeutet eine Beschränkung der politischen Herrschaft auf die Setzung des Rechts, indem der Politik die Auslegung und Anwendung des Rechts entzogen wird. Dem liegt der Gedanke zugrunde, Willkür und auf Eigeninteresse gegründete ungerechte Rechtsprechung ließen sich verringern, wenn institutionell das Prinzip verankert wird, die Befugnis über den jeweiligen Beschlußgegenstand von der Zuständigkeit über den Modus und die Kriterien des jeweiligen Beschlusses zu trennen.

Dieses Prinzip läßt sich unter anderem in folgende Einzelbestimmungen auffächern:
– Die Richter genießen Unabhängigkeit. In ihrer Tätigkeit sind sie nur an das Gesetz gebunden.
– Rückwirkende (Straf-)Gesetze sind verboten; rückwirkend belastende Gesetze nur bedingt zulässig.
– Die legislative Tätigkeit unterliegt dem Gebot der Bestimmtheit: Gesetze und Verordnungen müssen hinreichend bestimmt sein.

Damit sind wesentliche Komponenten der Idee des Rechtsstaats aufgeführt. Zu seiner Realisierung benötigt der Rechtsstaat im allgemeinen und der mit dieser Idee verknüpfte Dualismus von Rechtssetzung und Rechtsanwendung im besonderen als institutionelle Voraussetzung die Ausdifferenzierung der Teilsysteme des Rechts und der Politik.

Vom Blickwinkel eines ausdifferenzierten Rechtssystems aus erscheint der Dualismus von Recht und Politik beziehungsweise von Rechtssetzung und Rechtsanwendung nicht als ‚Verrechtlichung der Politik', sondern als ‚Entpolitisierung des Rechts'. Von der Perspektive eines ausdifferenzierten politischen Systems aus stellt der Dualismus von Recht und Politik eine Beschränkung des Rechts auf die Rechtsanwendung dar.

3. Die (‚)verfassungsgerichtliche(') Relativierung des Dualismus von Rechtssetzung und Rechtsanwendung in der Moderne

Der moderne demokratische Verfassungsstaat samt ‚verfassungsgerichtlicher' Überprüfung stellt die institutionell elaborierteste Antwort auf die Fragen nach der Richtigkeit des Rechts dar. (Die Problematik der Richtigkeit des Rechts erstreckt sich auf

III. Recht und Politik   443

der einen Seite auf die moralisch-ethischen Gültigkeit des Rechts und auf der anderen auf die systematische Richtigkeit des Rechts sowie die intentionale oder hermeneutische Richtigkeit – das Erfassen der Absichten bei der Normierung.) Fraglich ist, ob die elaborierteste Antwort auch die beste Antwort ist, zumal die Etablierung der ‚Verfassungsgerichtsbarkeit' den im Rechtsstaat institutionell verwirklichten Dualismus von Rechtssetzung und Rechtsanwendung zwar nicht beseitigt, aber diesen Dualismus doch als (obgleich nicht strikt, aber) allgemein geltenden Grundsatz aufhebt.

Die Errichtung einer ‚Verfassungsgerichtsbarkeit' führt zwei Varianten zusammen, die sich als unterschiedliche Antworten auf das Problem der Richtigkeit und Gültigkeit des Rechts verstehen lassen:
– Die eine Antwort erblickt eine Remedur in substantiellen Vorgaben.
– Die andere Antwort setzt auf prozedurale und institutionelle Abhilfen.
Geschichtlich vorbereitet werden sie durch den Kontraktualismus der Aufklärung. Dieses Denken entwirft Leitlinien für die institutionelle Ordnung der politischen Gemeinwesen, die sie in der Form eines Gedankenexperimentes gewinnt. Dieses Gedankenexperiment ermittelt, auf welche politischen Strukturen und Prinzipien sich vernunftbegabte Wesen einigen würden, die sich in einem herrschaftslosen Zustand befänden. Das vertragstheoretische gewonnene Naturrecht wird als überpositiver Maßstab für die Legitimität von Staat und Recht begriffen. Die Bindung des Rechts an dieses Naturrecht wird gefordert.

Von diesem Punkt aus lassen sich nun die beiden analytisch unterscheidbaren, aber durchaus verschiedentlich kombinierbaren Antworten auf das Problem der Richtigkeit und Gültigkeit des Rechts weiterverfolgen:
– Die erste Antwort inkorporiert die unter Berufung auf die Vernunft (etwa vertragstheoretisch) ermittelten, nicht (allein) mit einer geheiligten Tradition begründeten substantiellen Richtlinien ins positive Recht.
– Die zweite Antwort führt eine zweistufige Legalität ein: Dem Normenkomplex des einfachen Rechts wird das Verfassungsrecht übergeordnet. Die Vorrangigkeit des Verfassungsrechts meint, daß das Verfassungsrecht die Geltungs- und Entstehungsbedingungen der gesetzlichen und der auf gesetzlicher Grundlage basierenden sonstigen Rechtsvorschriften regelt.

Die markanteste Ausprägung der ‚Verrechtlichung' im Sinne der zweiten Antwort ist die Etablierung einer Verfassungsgerichtsbarkeit[65] als Instanz, die über die Einhaltung dieser Vorrangigkeit des Verfassungsrechts wacht.

---

[65] *Nota bene*: Verfassungsgerichtsbarkeit ohne eingestrichene Anführungszeichen. Zur Differenzierung zwischen Verfassungsgerichtsbarkeit und ‚Verfassungsgerichtsbarkeit' siehe (in dieser Arbeit) § 2 GEGENSTAND, insb.: I. Was ist ‚Verfassungsgerichtsbarkeit'?, S. 3–7; II. Profilbestimmung: Der politische Status der Gerichtsbarkeit. A. Die Rolle der Gerichtsbarkeit entsprechend ihrer Befugnisse 3. Die Rolle der Gerichtsbarkeit im modernen demokratischen Verfassungsstaat, S. 13–16; ebd., B. Die Problemstellung der Arbeit, S. 17–18 sowie ebd., C. Rechtsvergleichender Überblick: Verfassungsrecht und Verfassungsrechtsprechung in verschiedenen politischen Systemen. 6. Rechtskulturen und -systeme ohne („)[‚]Verfassungsgerichtsbarkeit[']("), S. 45–46. Hinge-

Mit beiden Antworten läßt sich die bereits angesprochene ‚Verrechtlichung der Politik' weiter vorantreiben. Der gemeinsame Grundgedanke lautet jeweils, das Recht sei durch das Recht zu kontrollieren. Beide Antworten lassen sich auch auf verschiedene Weisen kombinieren. Die wohl ausgefeilteste Zusammenführung beider Antworten stellt die kompentielle Anerkennung einer ‚Verfassungsgerichtsbarkeit' dar. Denn diese Institution kontrolliert die Beachtung sowohl der positivrechtlich inkorporierten substantiellen Vorgaben als auch der prozeduralen Bestimmungen der höherrangigen Legalitätsebene.

Der Modus der sozialen Integration durch (‚)verfassungsgerichtliche(') Entscheidungen unterscheidet sich von dem Modus der Steuerung von Interaktion durch normale gerichtliche Entscheidungen. Daher lassen sich die Gründe, die für die Justiziabilität der normalen gerichtlichen Streitbeilegung sprechen, nicht einfach auf die Handlungskoordination durch (‚)Verfassungsgerichtsbarkeit(') übertragen. Vielmehr ist zu klären, ob Justiziabilität auch trotz der Besonderheiten der (‚)verfassungsgerichtlichen(') Entscheidungen vorliegt.

Bei diesen Besonderheiten ist zwischen Verfassungsgerichtsbarkeit und ‚Verfassungsgerichtsbarkeit' zu differenzieren:[66]

– Für die Institution der Verfassungsgerichtsbarkeit ergibt ein Vergleich zwischen ihrer Entscheidungsweise und der der sonstigen, „normalen" Gerichtsbarkeit folgendes:
  * Beibehalten werden bei der Verfassungsgerichtsbarkeit die gerichtsförmigen Elemente. Demnach bleibt es etwa beim Tätigwerden auf Antrag, bei den Modalitäten eines Gerichtsprozesses (wie der Hinzuziehung von Rechtsbeistand, der Sachverhaltsklärung durch Befragung, den Garantien der richterlichen Unabhängigkeit vor allem durch Unabsetzbarkeit, der Pflicht zur Begründung der Urteile etc.).
  Zumindest formal betrachtet, verändert sich auch der hermeneutische Charakter der Rechtsfindung nicht: Die Begründung der Forderungen von seiten der beteiligten Parteien sowie die Begründung der Entscheidungen des Gerichts erfolgt auf der Grundlage des positiven Rechts: Die Begründungen beanspruchen, aus dem positiven Recht herleitbar zu sein. Das positive Recht dient nicht lediglich als Rahmen, innerhalb dessen sich die Begründungen der Rechtspositionen bewegen müssen. Dies markiert einen wesentlichen Gegensatz zu den Argumentationen, die im politischen Raum, in den – in einem engeren Sinn – demokratischen Institutionen vorgebracht werden.

---

wiesen sei ferner darauf, daß aus dem Vorrang der Verfassung nicht zwingend die Etablierung einer (Verfassungs-)Gerichtsbarkeit folgt. Minimaldefinitionen von Verfassungsgerichtsbarkeit und ‚Verfassungsgerichtsbarkeit' enthält der Text der FN 66 (S. 444 hier in diesem Abschnitt).

[66] Verfassungsgerichtsbarkeit ohne eingestrichene Anführungszeichen bezeichnet ein Kompetenzprofil, das die Gerichtsbarkeit zwar als politische Instanz, nicht aber als inhaltlich souveräne politische Instanz agieren läßt. Mit ‚Verfassungsgerichtsbarkeit' ist hingegen ein Set an Befugnissen gemeint, durch welche die Gerichtsbarkeit den Status einer inhaltlich souveränen Instanz erlangt.

III. Recht und Politik

* Gegenüber dem normalen gerichtlichen weist der verfassungsgerichtliche Modus der sozialen Integration die Eigentümlichkeit auf, daß der Grundsatz getrennter Zuständigkeiten für den Beschlußgegenstand einerseits und für die Kriterien und Verfahrensbedingungen dieses Beschlusses andererseits nicht mehr eindeutig gilt.

Denn bei der in formeller Hinsicht souveränen Gerichtsbarkeit – also etwa bei der Rechtsfindung bei föderativen, quasiföderativen Streitigkeiten und Organstreitverfahren – besitzt die Gerichtsbarkeit eine unkontrollierte Definitionsmacht über die Legalität: Sie bezieht das Reservoir für die Begründung ihrer Urteile zwar (zu weiten Teilen) aus Vorgaben, die aus dem politischen Prozeß stammen. Aber über die Deutung dieser Vorgaben entscheidet ausschließlich die Gerichtsbarkeit. Die Gebundenheit der Rechtsprechung an diese Vorgaben besteht demnach zwar weiterhin; aber die im engeren Sinn politischen Instanzen vermögen sie nur noch einzufordern, nicht jedoch eigenmächtig durchzusetzen. Die Trennung zwischen Beschlußgegenstand und -kriterien wird nicht mehr durch autoritative Entscheidungen des politischen Prozesses garantiert.

Damit hängt zusammen, daß ein weiterer Bestandteil der rechtlichen Entscheidungsfindung zumindest nur noch bedingt vorliegt: Die Gerichtsbarkeit besitzt nur noch eingeschränkt den Status eines „unbeteiligten Dritten". Sie mag zwar auch hinsichtlich ihrer Zuständigkeiten Vorgaben durch die legislativen Instanzen erhalten; aber die Interpretation dieser Vorgaben ist im Falle der letztinstanzlich entscheidenden Verfassungsgerichtsbarkeit dieser Gerichtsbarkeit überlassen. Die Gerichtsbarkeit ist insofern „Richter in eigener Sache".

Dieser Umstand (nämlich, daß die Verfassungsgerichtsbarkeit in ihren Urteilen keiner Überprüfung durch eine andere Instanz ausgesetzt ist,) nähert die Verfassungsgerichtsbarkeit an die Übernahme der – gemäß dem Prinzip der Gewaltenteilung – schwergewichtig den legislativen Organen überantworteten Befugnis zur Rechtserzeugung an.[67] Dazu trägt ferner bei, daß die Verfassungsgerichtsbarkeit abstrakt-generelle Festlegungen trifft – ihre Beschlüsse regeln nicht nur Einzelfälle, sondern eine unabschließbare Vielzahl von Fällen (und zwar selbst wenn sie lediglich verbietend entscheidet).[68]

Zwar gleichen Verfassungsgerichte darin anderen höherinstanzlichen Gerichten, deren Urteile ebenfalls eine über den verhandelten Fall hinausreichende Normie-

---

[67] Nicht verschwiegen werden soll allerdings, daß v.a. in den parlamentarischen, aber ebenso auch in den präsidentiellen Systemen der Gegenwart an der Initiierung, Ausarbeitung und Formulierung der Gesetze Teile der Exekutive – die Regierung und ihre Apparate – mindestens mitwirken.

[68] Die Bindungswirkung von Verfassungsgerichtsentscheidungen kann natürlich unterschiedlich ausgestaltet sein. Aus Gründen der Rechtssicherheit wird jedoch in sämtlichen rechtsstaatlichen Rechtssystemen zumindest eine Präzedenzwirkung von vormaligen Urteilen anerkannt. Insbesondere kann der Gegensatz zwischen den Rechtskulturen des Fallrechts und des kodifizierten Rechts vernachlässigt werden. Zu den vielfältigen Wirkungen und zur Rechtskraft der Spruchpraxis des deutschen Bundesverfassungsgerichts siehe HELMUTH SCHULZE-FIELITZ: Wirkung und Befolgung verfassungsgerichtlicher Entscheidungen, in FS 50 Jahre BVerfG 1, 385–420.

rungskraft entfalten.[69] Diese Vergleichbarkeit von höchstrangigen (Verfassungs-) Gerichten und sonstigen höherrangigen Gerichten findet jedoch darin eine Grenze, daß die Urteile der sonstigen höherinstanzlichen Gerichte vielfach durch diesen verfassungsgerichtlichen Gerichtskörper überprüft werden können. Die Deutungsmacht dieses höchstrangigen (Verfassungs-)Gerichts ist insofern nicht mit der der sonstigen übergeordneten Gerichte gleichzusetzen.[70]

– Die Gegenüberstellung von der Institution der ‚Verfassungsgerichtsbarkeit' und der normalen Gerichtsbarkeit führt zu folgenden Resultaten:

  * *In puncto* Gerichtsförmigkeit weicht der ‚verfassungsgerichtliche' Modus der sozialen Integration natürlich ebensowenig von der normalen Gerichtsbarkeit ab wie der verfassungsgerichtliche.

    Ferner ändert sich – zumindest formal betrachtet – wiederum nichts an der hermeneutischen Natur der Entscheidungsfindung: Geltung und Gültigkeit der Urteile werden postuliert, indem die sie tragenden Gründe und die in ihnen enthaltenen Vorgaben als aus dem positiven Recht entnommene, mehr noch: abgeleitete ausgewiesen werden.

  * Eine – insbesondere gegenüber verfassungsgerichtlichen Entscheidungen – neue Qualität kommt der ‚verfassungsgerichtlichen' Steuerung von Interaktion insofern zu, als sich die – keiner weiteren Überprüfung ausgesetzte – Definitionsmacht über die Legalität nun auch auf die inhaltliche Dimension des katalogisierten Normenkomplexes erstreckt.

Die Verankerung (‚)verfassungsgerichtlicher(') Befugnisse relativiert den Dualismus von Rechtssetzung und Rechtsanwendung: Da die Gerichtsbarkeit in Gestalt eines (Verfassungs-)Gerichts nun in einem besonderen Maße Recht setzt, ist das Schema – die Politik ist zuständig für die Erzeugung der Inhalte des Rechts, während dem Recht die Anwendung dieser Rechtsvorschriften obliegt – nicht oder jedenfalls (noch) weniger als ohne diese Verankerung das die Tätigkeit und Wirkung der Staatsgewalten bestimmende Muster.

Der Zusatz, daß ein (Verfassungs-)Gericht in einem „besonderen Maße" Recht setzt, ist freilich von wesentlicher Bedeutung. Der Zusatz weist darauf hin, daß der Gegensatz zwischen Rechtssetzung und Rechtsanwendung nicht dichotomischer Natur ist. Im Stufenbau der Rechtsordnung finden sich auf allen Ebenen der Normenhierarchie jeweils die Momente einer Ausfüllung von rechtlichen Vorgaben auf der einen Seite und einer Rechtsschöpfung im Sinne einer Erweiterung des positiven Rechts auf der anderen Seite.[71]

---

[69] Diese Präzedenzwirkung liegt sowohl im angelsächsischen Rechtskreis des Common Law als auch in den vom römischen Recht beeinflußten, auf Kodifikationen ausgerichteten Rechtskreisen vor. Das Prinzip der Rechtssicherheit gebietet eine Orientierung an den bereits ergangenen Entscheidungen der höheren Gerichte.

[70] Zudem ist die Rechtsprechung von obersten „Fachgerichten" in bezug auf das zukünftige Recht durch die Legislative änderbar. Dies markiert den gravierendsten Unterscheidungspunkt zwischen der (‚)Verfassungsgerichtsbarkeit(') und der sonstigen höheren Gerichtsbarkeit.

[71] Grundlegend HANS KELSEN: Wesen und Entwicklung der Staatsgerichtsbarkeit. 2. Mitbericht, in:

III. Recht und Politik   447

Dies schmälert jedoch nicht, daß das rechtsschöpferische Moment bei der Verfassungsjudikatur durch verfassungsgerichtliche und mehr noch durch ‚verfassungsgerichtliche' Entschlüsse stärker ausgeprägt wird. Und zwar so stark, daß dadurch eine neue Qualität erreicht sein könnte; denn es stellt sich die Frage, ob nicht für die Institution der (‚)Verfassungsgerichtsbarkeit(‘) (also nicht für die sonstige Gerichtsbarkeit) dieser Dualismus als aufgehoben zu betrachten ist.

In genereller Hinsicht hingegen hebt die Etablierung einer (‚)Verfassungsgerichtsbarkeit(‘) den Dualismus von Rechtssetzung und Rechtsanwendung im modernen demokratischen Verfassungsstaat nicht auf, weil für die einfache Gerichtsbarkeit dieser Dualismus weiterhin maßgeblich ist. Denn für die einfache Gerichtsbarkeit dürfte der Befund angebracht sein, daß *grosso modo* der Anteil der Rechtsanwendung gegenüber dem der Rechtssetzung überwiegt.[72]

Wie ist diese besondere Rolle der Gerichtsbarkeit staats- und rechtstheoretisch einzustufen? Was folgt aus ihrem spezifischen Status im Blick auf die Problematik der Justiziabilität (‚)verfassungsgerichtlicher(‘) Kompetenzprofile?

Beide Fragen sowie deren Verbindung werden in der Wissenschaft höchst unterschiedlich beantwortet. Die erste Frage wird in der deutschsprachigen Jurisprudenz vornehmlich unter dem Aspekt der ‚dogmatischen Natur' der Verfassungsrechtsprechung verhandelt:[73]

– Die eine Fraktion der Staats- und Verfassungsrechtler verneint deren dogmatischen Charakter.[74]

– Unter Rückgriff auf verschiedenste Formeln bejaht die Gegenseite die dogmatische Natur der Verfassungsrechtsprechung. So qualifizieren Vertreter dieser Richtung die Verfassungsrechtsprechung etwa als ‚negative Gesetzgebung',[75] als ‚der Funktion nach Gesetzgebung'[76] oder als ‚authentische Verfassungsinterpretation' und somit ‚Verfassungsgesetzgebung'.[77]

VVDStRL, H. 5 (1929), 30–88 [31]: „Beide Funktionen [die der Gesetzgebung und der Vollziehung; M.E.] stehen einander nicht im Sinne eines absoluten Gegensatzes von Rechtserzeugung und Rechtsanwendung gegenüber, sondern jede von ihnen stellt sich bei näherer Untersuchung sowohl als Rechtserzeugung als auch als Rechtsanwendung dar."

[72] Diskutabel dürfte allenfalls sein, ob sich die durch Richterrecht geprägten Rechtsgebiete des Steuer- und des Arbeitsrechts oder ob sich bestimmte Gerichtsentscheidungen in diesen Gebieten in diese Beurteilung einfügen.

[73] Mit der ‚dogmatischen Natur' ist gemeint, daß eine positivrechtliche Geltung vorliegt.

[74] Genannt seien KLAUS SCHLAICH: Die Verfassungsgerichtsbarkeit im Gefüge der Staatsfunktionen. 3. Mitbericht, in: *VVDStRL*, H. 39 (1981), 99–146 [126–131]; ders./STEFAN KORIOTH: *Das Bundesverfassungsgericht*. Stellung, Verfahren, Entscheidungen, München 2004 [6., neubearb. Aufl.; Erstaufl. 1985], 89–90 und 345–350 jeweils mwN.; WERNER HEUN: Normenkontrolle, in FS 50 Jahre BVerfG 1, 615–639 [616–617].

[75] HANS KELSEN: Wesen und Entwicklung der Staatsgerichtsbarkeit. 2. Mitbericht, in: *VVDStRL*, H. 5 (1929), 30–88 [54, 56, 87]; BGH VerwRspr. 9, 64 (70) sowie BayVGH, VerwRspr. 9, 111 (112) beide zit. n. HEUN: Normenkontrolle [aaO. FN 74, S. 447 dieser Arbeit], 616 FN 12.

[76] Bibliographische Angaben bei HEUN: Normenkontrolle [aaO. FN 74, S. 447 dieser Arbeit], 616 FN 13 sowie SCHLAICH/KORIOTH: *Bundesverfassungsgericht* [aaO. FN 74, S. 447], 90 FN 24.

[77] Grundlegend CARL SCHMITT: *Der Hüter der Verfassung*, Berlin 1985 [3. Aufl.; lt. Verf. unveränd.

Anhänger einer nicht-dogmatischen Natur bringen vor, die Interpretation der Verfassung sei nicht der Gegenstand der (‚)verfassungsgerichtlichen(') Entscheidung – Gegenstand sei vielmehr die Vereinbarkeit von Akten der Staatsgewalt mit den formellen oder materiellen Normen des Verfassungsrechts. Die Interpretation dieser Normen sei lediglich Bestandteil der Begründung der Entscheidung. Die Verfassungsrechtsprechung sei als ‚Richterrecht' oder ‚Rechtsprechung' einzuordnen.

Die Befürwortung einer dogmatischen Natur macht sich daran fest, daß die Wirkung der Verfassungsrechtsprechung dem gleichkommt, was durch Beschluß der legislativen Organe zum Bestand des positiven Rechts wird. Ablesbar ist diese Wirkung an den Bindungswirkungen der Verfassungsrechtsprechung, die entweder gewohnheitsrechtlicher oder verfassungs- beziehungsweise einfachgesetzlich normierter Gehalt des positiven Rechts sind. Die richterrechtliche Generierung von rechtlichen Gehalten ergibt, was die Wirkung betrifft, keine eindeutige Differenz zu anderen Arten der Rechtserzeugung. Im Unterschied zur Rechtsanwendung beim einfachen Recht ist dem einfachen Gesetzgeber keine, und dem Verfassungsgesetzgeber nur bedingt eine (in die Zukunft gerichtete) „Korrektur" der richterlichen Entscheidung möglich.

Die Verfechter einer nicht-dogmatischen Natur der Verfassungsrechtsprechung erachten das Argument der Wirkung jedoch für nicht maßgeblich – im Gegenteil. Ein Blick auf die Begründung ihrer Ablehnung des dogmatischen Charakters erhellt dies:

– Auf einer methodischen Ebene machen die Gegner einer verfassungsdogmatischen Charakterisierung geltend, daß sich die Tätigkeit eines obersten (Verfassungs-) Gerichts und eines einfachen Gerichts nicht unterscheide – also zum Beispiel die Arbeitsweise des Bundesverfassungsgerichts der der anderen bundesrepublikani-

---

Nachdruck der 1931 erschienen 1. Aufl.], 36–48 [etwa 45]: „Jede Instanz, die einen zweifelhaften Gesetzesinhalt authentisch außer Zweifel stellt, fungiert in der Sache als Gesetzgeber. Stellt sie den zweifelhaften Inhalt eines Verfassungsgesetzes außer Zweifel, so fungiert sie als Verfassungsgesetzgeber."; ERNST-WOLFGANG BÖCKENFÖRDE etwa in: Grundrechte als Grundsatznormen. Zur gegenwärtigen Lage der Grundrechtsdogmatik [1990], in: ders.: *Staat, Verfassung, Demokratie*. Studien zur Verfassungstheorie und zum Verfassungsrecht, Frankfurt a.M. 1991, 159–199 [186–187 mwN.]: „Hans Huber hat [...] darauf hingewiesen, daß die Konkretisierungsbedürftigkeit der – als Grundsatznormen verstandenen – Grundrechte, die aus ihrer allseitigen Geltung, Weite und Unbestimmtheit folge, nicht mit Interpretationsbedürftigkeit verwechselt werden dürfe. Sie sei keine gewöhnliche Auslegung, vielmehr eine über Interpretation hinausgehende rechtsschöpferische Angelegenheit, mehr ‚Sinn*gebung* als Sinndeutung', gleichsam ein Inhaltgeben ‚von außen' her. Er hat daraus die Konsequenz gezogen, daß grundrechtskonkretisierende Entscheidungen eines Verfassungsrichters ‚mehr einem ‚case law' als einer Auslegungspraxis vergleichbar' seien; wohlgemerkt also nicht einer case-Entscheidung, sondern einem case law, einem fallbezogenen *Gesetz*. Dem ist wenig entgegenzusetzen. Der Klarheit halber sei hinzugefügt, daß diese fallbezogene Gesetzgebung, da sie als Interpretation der Verfassung auftritt, Verfassungsrang hat, insofern Verfassungsgesetzgebung darstellt."; ders.: Diskussionsbeitrag, in: Aussprache zu „Die Verfassungsgerichtsbarkeit im Gefüge der Staatsfunktionen"/Tagung der Vereinigung der Deutschen Staatsrechtslehrer 1980, in: VVDStRL, H. 39 (1981), 147–212 [172–173]. Vorsichtig Böckenförde beipflichtend FRITZ OSSENBÜHL: Bundesverfassungsgericht und Gesetzgebung, in FS 50 Jahre BVerfG 1, 33–53 [44].

III. Recht und Politik 449

schen Gerichte gleiche. So müsse etwa bei der ‚Richtervorlage' das Grundgesetz zunächst durch ein einfaches Gericht gedeutet werden, ohne daß diese Interpretationsleistung mit dem Etikett des ‚Verfassungsdogmatischen' versehen werde.[78]
— Verwoben mit dieser methodischen Feststellung ist die Warnung vor funktionellrechtlichen beziehungsweise staatstheoretischen Gefahren, die die Einstufung der Verfassungsrechtsprechung als dogmatische in sich berge.[79] Somit sei die Berufung auf die Wirkung der Verfassungsjudikatur verfehlt: Zum einen liefere die dogmatische Kennzeichnung einem (obersten) (Verfassungs-)Gericht eine Formel dafür, die sonstige Gerichtsbarkeit zu dominieren. Dadurch überschreite ein solches Gericht seine ihm positivrechtlich zugewiesene Rolle. Zum anderen lasse sich diese unzutreffende methodische Qualifikation gegen die Verankerung (,)verfassungsgerichtlicher(') Befugnisse wenden.

Die Begründung der Zurückweisung der dogmatischen Natur (,)verfassungsgerichtlicher(') Spruchpraxis vermag weder auf der staats- noch auf der rechtstheoretischen Ebene zu überzeugen:
— Staatstheoretisch ist einzuwenden, daß die methodische Einordnung der Vorgehens- und Wirkungsweise der Verfassungsrechtsprechung (ungeachtet möglicher inhaltlicher Verknüpfungen) logisch zu unterscheiden ist von der staatstheoretischen Beurteilung der Institution der (,)Verfassungsgerichtsbarkeit('). Der methodische Status der (,)verfassungsgerichtlichen(') Spruchpraxis nimmt weder das Urteil über die Justiziabilität noch den Umgang mit dieser Rechtsquelle vorweg. Denn die umstrittenen Bindungswirkungen von Richterrecht sind variabel gestaltbar. Auf eine ähnliche Weise gilt dies auch für die Normativität des Gesetzes- oder Verfassungsrechts: Nicht einmal dessen Wortlaut stellt für die Rechtsprechung eine

---

[78] Vgl. KLAUS SCHLAICH: Diskussionsbeitrag, in: Aussprache zu „Die Verfassungsgerichtsbarkeit im Gefüge der Staatsfunktionen"/Tagung der Vereinigung der Deutschen Staatsrechtslehrer 1980, in: VVDStRL, H. 39 (1981), 147–212 [176]: „Nach Art. 100 GG hat jedes Gericht in substantiell mit dem Bundesverfassungsgericht gleichwertiger Weise über die Verfassungsmäßigkeit bzw. Verfassungswidrigkeit eines Gesetzes zu entscheiden. Es hat nicht lediglich Zweifel zu äußern. Herr *Lerche* hat [...] darauf hingewiesen, jedes Gericht habe anläßlich der Normenkontrolle die Aufgabe beispielsweise der Tatsachenerhellung in demselben Maße wie das Bundesverfassungsgericht!" [H. i.O.].
[79] Vgl. SCHLAICH: Verfassungsgerichtsbarkeit im Gefüge [aaO. FN 74 S. 447 dieser Arbeit], 126 mwN.: „Verfassungsgerichte sind Gerichte, die über Fälle (einschließlich der Gültigkeit von Normen) verbindlich entscheiden. Nur: es bleibt nicht bei dieser Antwort. Das Bundesverfassungsgericht hält sich für den ‚maßgeblichen Interpreten und Hüter der Verfassung', für die ‚verbindliche Instanz in Verfassungsfragen'. Fachgerichte, die die Tragweite der Rechtsprechung des Bundesverfassungsgerichts verkennen, tun dies nach Ansicht des Gerichts ‚in verfassungswidriger Weise'. In der Literatur wird eine solche ‚Sonderstellung des Bundesverfassungsgerichts als dem zur verbindlichen Verfassungsinterpretation berufenen Verfassungsorgan' akzeptiert und dem Gericht schließlich die Teilhabe an der Verfassungsgesetzgebung zugesprochen." sowie 131 mwN.: „Das Ergebnis der Überlegungen Carl Schmitts – verfassungsgerichtliche Normenkontrolle sei authentische Verfassungsinterpretation und damit Verfassungsgesetzgebung – wird bekanntlich auch noch unter dem Grundgesetz aufrechterhalten. Nur: Carl Schmitt hatte die These dazu gedient, eine verfassungsgerichtliche Normenkontrolle als system- und politikwidrig abzulehnen."

unüberwindbare Grenze der Rechtsanwendung dar. Entscheidungen sind auch gegen einen (*prima facie*) eindeutigen Gesetzes- oder Verfassungstext erfolgt. Sei es zur Anpassung an die Lebenswirklichkeit,[80] unter Berufung auf einen Verfassungswandel oder in dem Bemühen, ein Gleichheitsgebot zu erfüllen. Allgemein formuliert: die These von der dogmatischen Natur der Verfassungsrechtsprechung läßt sich – logisch konsistent – mit verschiedenen Verständnissen bezüglich der Normativität des Rechts und seinen Erzeugungsvarianten verbinden.

– Rechtstheoretisch betrachtet, blendet die methodische Gleichordnung der ('))Verfassungsgerichtsbarkeit(') mit der Rechtsfindung der „normalen" Gerichtsbarkeit ein wesentliches Unterscheidungsmerkmal beider aus – nämlich die Letztverbindlichkeit der Urteile der Verfassungsrechtsprechung.[81]

Diese Besonderheit rechtfertigt es, von einer ‚Quasi-Gesetzgebung', mehr noch: einer ‚Quasi-Verfassungsgesetzgebung' zu sprechen. Dadurch ersetzt die Verfassungsrechtsprechung keineswegs die (in einem engen Sinn) politischen Legislativorgane. Aber durch (‚)verfassungsgerichtliche(') Befugnisse rückt ein Gericht im Gefüge der Staatsfunktionen in eine Schnittstelle von Rechtssetzung und Rechtsanwendung ein. Darin besteht die *differentia specifica* der (‚)verfassungsgerichtlichen(') gegenüber der sonstigen Rechtsprechung.

Hiergegen ließe sich geltend machen, auch bei der einfachen Gerichtsbarkeit überschnitten sich Rechtssetzung und Rechtsanwendung; aus diesem Grund ließe sich der Begriff der Schnittstelle auf jegliche Gerichtsbarkeit beziehen. Dies ist jedoch nicht angemessen. Während der einfache Gesetzgeber einfache Gerichtsentscheidungen stets prospektiv zu „korrigieren" vermag, beschließt die Verfassungsrechtsprechung mit Letztverbindlichkeit. Dies legt nahe, den Begriff einer – „der" – Schnittstelle von Rechtssetzung und Rechtsanwendung für die Institution der (‚)Verfassungsgerichtsbarkeit(') zu reservieren.[82]

---

[80] So nimmt etwa das deutsche Bundesverfassungsgericht keinen unumstößlichen Vorrang der mit dem Wortlaut getroffenen Festsetzungen des Grundgesetzes an. Siehe nur das bekannte ‚Apothekenurteil' – BVerfGE 7, 377–444 [400–401]: „Beurteilt man die Eingriffsmöglichkeiten des Gesetzgebers in dem grundrechtlich geschützten Bereich von der Verfassungsbestimmung selbst her, so könnte der Wortlaut des Art. 12 Abs. 1 darauf hindeuten, daß Eingriffe nur bei der Berufs*ausübung* zulässig sein sollten, während die Berufs*wahl* der gesetzlichen Regelung schlechthin entzogen wäre. [...] So kann eine Auslegung, die dem Gesetzgeber jeden Eingriff in die Freiheit der Berufswahl schlechthin verwehren würde, nicht richtig sein; sie würde der Lebenswirklichkeit nicht entsprechen [...]."

[81] Auf die Gefahr einer stereotypen Wiederholung: Gegenüber der Verfassungsjudikatur besitzt der einfache Gesetzgeber keine Möglichkeit zu deren prospektiver „Korrektur". Diese Möglichkeit besitzt allein der verfassungsändernde Normgeber. Tangiert Verfassungsrechtsprechung änderungsresistente Verfassungsnormen, so sind sogar prospektive Einwirkungen des Verfassungsgebers ausgeschlossen.

[82] Aufgrund der Singularität der Eigenschaft einer Schnittstelle von Rechtssetzung und Rechtsanwendung wird im folgenden der Begriff der Schnittstelle mit dem bestimmten Artikel versehen. Allerdings ist auch hier folgende Differenz zwischen Verfassungsgerichtsbarkeit und ‚Verfassungsgerichtsbarkeit' zu beachten: Bei der Verfassungsgerichtsbarkeit stellt die Gerichtsbarkeit diese Schnittstelle nur in bezug auf die prozedurale Dimension des Rechts dar. ‚Verfassungsgerichtliche'

III. Recht und Politik

Maßstab für diese Ausstattung der Verfassungsrechtsprechung mit Gesetzes- beziehungsweise Verfassungsgesetzeskraft ist hierbei ihre Wirkung – eine Wirkung, die sich metaphorisch so umschreiben läßt: Verfassungsjudikatur stellt *eine* der Quellen des Rechts dar.[83]

Was bedeutet nun die Etablierung einer (‚)Verfassungsgerichtsbarkeit(‛) für die Eigenart der Rechtsfindung? Wie verhält es sich mit der Kennzeichnung der Rechtsfindung als ‚Auslegung‘, ‚Interpretation‘ und ‚Konkretisierung‘, mit der die Rechtsprechung innerhalb des klassischen Schemas der Gewaltenteilung eingeordnet wird?[84] Was bewirkt das Einrücken der Gerichtsbarkeit in die Schnittstelle von Rechtserzeugung und Rechtsvollzug rechtsmethodisch?

Möglich wäre, die Wahrnehmung von Verfassungsrechtsprechung nicht als ‚Interpretation‘ und demnach nicht als ‚Rechtsanwendung‘ einzustufen. Die Prüfung dieser These erfordert eine Klärung des Begriffes der ‚Interpretation‘: Ein Deutungsvorgang stellt eine ‚Interpretation‘, ‚Auslegung‘ oder ‚Konkretisierung‘ dar, wenn er zwei Bedingungen erfüllt. Zum einen muß das Resultat dieser Deutung auf eine Vorgabe rückführbar sein. Das Deutungsergebnis muß zwar nicht die einzig mögliche Variante sein, die sich innerhalb des Rahmens der Vorgabe bewegt, aber die Deutung darf – in ihrer Eigenschaft als Deutung – diesen Rahmen nicht überschreiten. Zum anderen zählt zum semantischen Gehalt einer ‚Interpretation‘, daß sie die Vorgabe inhaltlich erweitert. Zum Vorgegebenen werden Aussagen hinzugefügt. Dies geschieht
– entweder um die Vorgabe zu klären
– oder um der Vorgabe besser gerecht zu werden.
Ohne Hinzufügung handelte es sich um eine Wiederholung der Vorgabe, nicht aber um ihre Auslegung. Insofern reicht die Interpretation über die zum Vorgegebenen eine Entsprechung suchende ‚Übersetzung‘ hinaus; denn bei der Übersetzung kann und soll auf Hinzufügungen verzichtet werden.

Obgleich die beiden Bestandteile dieser Begriffsdefinition gleichermaßen unverzichtbar sind, stehen sie zueinander in einem potentiellen Spannungsverhältnis. Je mehr Erweiterung stattfindet, desto mehr kann sich eine Auslegung von dem Vorgegebenen entfernen. Wohlgemerkt: ein Verbleib im Rahmen des „positiv" Vorgebenen kann dieses umgekehrt auch gerade deswegen verfehlen.

Kompetenzprofile bedeuten ein Einrücken der Gerichtsbarkeit in die Schnittstelle von Rechtssetzung und Rechtsanwendung auch in bezug auf die materiale Dimension des Rechts. Problematisch bei dieser Differenzierung ist natürlich die Abgrenzung zwischen den beiden Dimensionen. Entweder läßt sie sich durch ein hinreichendes Einvernehmen erreichen oder sie ergibt sich im Zuge einer Konfrontation aus der jeweiligen Machtlage. Möglich ist ferner, daß sie aus einer Kombination dieser Alternativen erwächst.

[83] Die hiergegen vorgebrachte These, Verfassungsjudikatur erstrecke sich auf die Recht- bzw. Verfassungsmäßigkeit von Staatsakten, nicht auf die Auslegung der Verfassung, vermag nicht zu überzeugen. Denn diese These löst zu formalistisch den Gegenstand des jeweiligen Rechtsstreites von dessen Begründungen ab.

[84] Die Staatsfunktion der Rechtsprechung wird innerhalb des klassischen Schemas der Gewaltenteilung über ihre Tätigkeit der Normauslegung definiert, während der Legislative die Normerzeugung und der Exekutive der Normvollzug überantwortet werden.

Die Normen des Verfassungsrechts könnten nun das Merkmal einer Vorgabe nicht erfüllen, weil verfassungsrechtliche Bestimmungen zu weit, zu lückenhaft und dadurch zu ungenau gefaßt sein könnten. Folglich könnte die (‚)verfassungsgerichtliche(‘) Rechtsfindung nicht auf eine auslegende Weise erfolgen.

Diese Unbestimmtheit könnte sich übersetzen in die Nicht-Justiziabilität des (‚)verfassungsgerichtlichen(‘) Modus der sozialen Integration. Denn der Mangel an Vorgabe könnte nach sich ziehen, die Steuerung durch die im engeren Sinn politischen Organe zu untergraben. Dies würde wiederum die Selbstregierungskapazität der Bürgerschaft gefährden. So liegt der Wert der Vorgabe darin, daß sie die (Deutungs-)Macht der Judikative beschränkt und damit zugleich die Artikulation der Souveränität des Volkes sicherstellt.

Anders gewendet, könnte die Unbestimmtheit der Vorgabe den Dualismus von Rechtssetzung und Rechtsanwendung suspendieren und damit den Grundsatz einschränken, daß die Zuständigkeit über die sachlichen Aspekte einer jeweiligen Konfliktregelung mit dem Modus des Rechts nicht zusammenfallen darf mit der Zuweisung der Definitionsmacht über die prozeduralen (und eventuell materialen) Kriterien dieser Konfliktregelung. Historisch mag sich dieser Grundsatz – in Gestalt der Entpolitisierung der Rechtsanwendung – zunächst gegen die Akteure des Handlungssystems der Politik gerichtet haben. Er erfüllt jedoch ebenso gegenüber den Akteuren des rechtlichen Systems eine machtbegrenzende Funktion.

Dieser Einwand gegen die Justiziabilität der (‚)Verfassungsgerichtsbarkeit(‘) erhellt durchaus die Problematik des (‚)verfassungsgerichtlichen(‘) Modus der Handlungskoordinierung. Zugleich entwerfen diese Überlegungen aber ein unvollständiges Bild der Grenzen, Möglichkeiten und der moralisch-ethischen Werthaftigkeit des Rechts. Denn diese Überlegungen

– verschweigen **erstens**, daß die Forderung nach einer Zuständigkeitsaufspaltung *auf seiten des Rechts* bezüglich der Sachentscheidung einerseits und der Entscheidungsmaßstäbe und -verfahren andererseits in Einklang zu bringen ist mit den demokratietheoretischen Gesichtspunkten einer Zuständigkeitskonzentration über Sachentscheidungen einerseits und Entscheidungsmaßstäbe und -verfahren andererseits *auf seiten der Politik*;
– übergehen **zweitens** den Aspekt, daß sowohl die Möglichkeit als auch die Notwendigkeit von klaren Vorgaben nur bedingt besteht, und sie
– blenden **drittens** aus, daß die Frage nach der Angemessenheit und Vertretbarkeit von Interpretationen nur bei einer gleichzeitigen Betrachtung von inhaltlichen und methodischen Gesichtspunkten möglich ist. Zu ihrer Entscheidung stehen nur ‚unzureichende‘ Gründe zur Verfügung, die auf einer konkreten Ebene zu untersuchen sind.

Dies sei in einer Gegenrechnung näher ausgeführt.

Zu **erstens**: Der moralisch-ethische Wert (des rechtlichen Modus) der Steuerung von Interaktion bemißt sich nicht allein an der Umsetzung des Grundsatzes der Kompetenzaufspaltung zwischen Sach- und Modusebene, sondern auch am moralisch-ethischen Wert der Herbeiführung von Entschiedenheit als solcher. Freilich ist

III. Recht und Politik   453

Entschiedenheit nur dann überhaupt moralisch-ethisch wertvoll, falls sie einer Handlungskoordinierung entspringt, die auf eine befriedende Weise und mit einem befriedenden Effekt geschieht. Dies einmal für den („)verfassungsgerichtlichen(') Modus vorausgesetzt, wäre die moralisch-ethische Werthaftigkeit des „daß" von („)verfassungsgerichtlichen(') Entscheidungen nur dann ein stichhaltiges Argument zugunsten der Justiziabilität des („)verfassungsgerichtlichen(') Modus, wenn es keine besseren Alternativen gäbe. Eine Alternative, die den Grundsatz einer Trennung von Sach- und Modusebene *strikt und trennscharf* sicherstellt, existiert jedenfalls nicht. Denn auf der Stufe der Generierung von Recht – von Verfassungsrecht, sofern diese Ebene der Legalität existiert, – fließen die Kompetenz über die prozedurale und die materiale Dimension des Rechts ineinander. Somit bleibt nur – unter demokratie- statt rechtstheoretischen Vorzeichen – zu klären, welche Form der Relativierung des Dualismus von Rechtssetzung und Rechtsanwendung vorzuziehen ist. Dies kann nur im Zuge einer pragmatischen Abwägung geschehen.[85]

Zu **zweitens**: Der bereits auf der Ebene der allgemeinen Justiziabilität konstatierte Zielkonflikt zwischen der Programmierbarkeit und der moralisch-ethischen Richtigkeit wiederholt sich auf der Ebene der Justiziabilität der („)Verfassungsgerichtsbarkeit(').

So ist zu gegenwärtigen, daß sogar eine Überschreitung bis hin zur Außerkraftsetzung von *bestimmten* Vorgaben erforderlich sein kann – nämlich dann, wenn sich nur so moralisch-ethische Gültigkeit einer- sowie systematische (und intentionale) Richtigkeit des Rechts andererseits gewährleisten lassen.[86]

Insofern als Rechtssysteme die Gültigkeit des Rechts zum Bestand ihrer Katalogisierung des positiven Rechts erheben, stellt eine *prima facie* gegen bestimmte positivrechtlich verankerte Vorgaben des politischen Prozesses erfolgende Rechtsprechung nicht bereits als solche ein Definieren von Legalität dar, die nicht als Auslegung und somit nicht als Rechtsanwendung einzustufen wäre. Dies gilt zwar für jedes Rechtssystem, welches die Gültigkeit des Rechts zu sichern sucht. Aber es gilt um so mehr, wenn das schriftlich fixierte positive (einfache) Recht Verweisungen auf naturrechtliche Normen enthält oder wenn sogar Verfassungsdokumente mithilfe von substantiellen Vorschriften zum Ausdruck bringen, daß die Bindung an die Gültigkeit des Rechts zu garantieren sei.

Mehr noch: die richterrechtliche Abweichung von bestimmten Vorgaben der Legislativorgane ließe sich nicht nur für besondere Ausnahmen von der Regel reservieren, sondern als Ausfluß eines weiter gefaßten Rechtsbegriff betrachten – eines

---

[85] Eine solche ist im Rahmen dieser Arbeit bereits erfolgt. Siehe § 5 ‚VERFASSUNGSGERICHTSBARKEIT' UND SOUVERÄNITÄT. II. Die Legitimität der Institution der ‚Verfassungsgerichtsbarkeit', S. 341–345.
[86] Unter einer ‚systematischen Richtigkeit des Rechts' wird hier eine Vereinbarkeit einer rechtlichen Vorschrift (genauer: ihrer rechtsdogmatischen Deutung) mit den sonstigen Normen einer positivrechtlichen Katalogisierung verstanden. Mit einer ‚intentionalen Richtigkeit' wird die Übereinstimmung einer rechtsdogmatischen Lesart einer Norm mit der Regelungsabsicht der normgebenden Instanz bezeichnet.

Rechtsbegriffs, der *neben* dem Königsweg der Rechtserzeugung durch die Legislativorgane noch den Weg der Rechtsschöpfung durch richterrechtliche Rechtsfortbildung vorsieht. Eine derartige Gewinnung des Rechts ließe sich auch auf das Verfassungsrecht erstrecken.

Zu **drittens**: Erschwert wird die Beantwortung der Frage nach der interpretierenden Rechtsfindung durch die (‚)Verfassungsgerichtsbarkeit(‘) dadurch, daß der Status der Vorgabe für die Rechtsanwendung nicht so klar ist, wie es auf den ersten Blick hin scheint: Das Recht setzt sich zusammen aus gleichsam geronnenen politischen und gerichtlichen Entscheidungen – die Gerinnung erfolgte dabei jeweils zu verschiedenen historischen Zeitpunkten. Unstrittig vorfindbar sind von diesen Gerinnungsprozessen lediglich schriftlich fixierte Texte. Was genau mit ihnen vorgegeben werden sollte, ist in der Regel strittig.

Die Aufhebung der Strittigkeit (im Sinne eines Rechtskonsenses) wäre nur möglich durch autoritative Entscheidungen der politischen Instanzen. Allein: dies ist nur punktuell möglich – ein häufigerer als ein punktueller Gebrauch des politischen Modus zur Steuerung von Interaktion im Rahmen des Handlungssystems des Rechts würde dieses Handlungssystem bei der sozialen Integration überfordern. Essentiell für das Recht ist schließlich gerade das Mittel der Katalogisierung von Normen. Dies bringt es mit sich, daß der katalogisierte Normenkomplex eine gewisse Ablösung erfährt von den Vorgaben der politischen Instanzen. Dadurch jedoch gerät – notwendigerweise – gleichsam ins Vibrieren, worin die Vorgaben der Katalogisierung eigentlich bestehen.

So bleibt nur, die gerichtliche Deutungsmacht über die Legalität bis zu einem gewissen Grad von aktuellen und unmittelbar aus dem politischen Prozeß stammenden Vorgaben zu entkoppeln. Das heißt, daß die Rechtsfindung sowohl der einfachen Gerichtsbarkeit als auch der (‚)Verfassungsgerichtsbarkeit(‘) über einen auslegenden „Vollzug" unmittelbarer legislativer Vorgaben hinausreicht.

Überdies ist ohnehin *abstrakt* nicht auszumachen, in welchen Fällen Konkretisierungen als solche zulässig sind und in welchen nicht. Über die Vertretbarkeit von Interpretationen läßt sich nur situativ und unter Einbeziehung der Sachebene urteilen. Dies mag – mit ‚unzureichenden' Gründen – allenfalls in konkreter Betrachtung sowohl der methodischen als auch der inhaltlichen Argumente gelingen. Denn es steht kein generelles, situationsunabhängiges Kriterium zur Verfügung, mit dessen Hilfe zu entscheiden wäre, ob eine Deutung anzusehen ist als angemessene, mindestens vertretbare Erweiterung der Vorgabe, als Verzerrung der Vorgabe oder ob sie mit dieser Vorgabe in keiner inhaltlichen Beziehung steht.

Dies spiegelt sich auch wider bei der Untersuchung der Frage, ob die Justiziabilität der Verfassungsrechtsprechung aufgrund der Strittigkeit von Konkretisierungen zu verneinen sei: Durch strittige Auslegungen könnte ein Gericht seine Autorität untergraben und dadurch zur Steuerung von Interaktion ungeeignet sein.[87]

---

[87] Vgl. CARL SCHMITT: *Der Hüter der Verfassung*, Berlin 1985 [lt. Verf. unveränd. Nachdruck d. 1931 ersch. 1. Aufl.], 19: „Alle Justiz ist an Normen gebunden und hört auf, wenn die Normen selbst in

III. Recht und Politik

Einvernehmen dürfte darüber herzustellen sein, daß Deutungen des Rechts vielfach kontrovers beurteilt werden. Dies ist darauf zurückzuführen, daß die Hinzufügung von semantischen Gehalten bei der Auslegung von Recht offen ist für den Einfluß von Bewertungen, dogmatisch-analytischen Beurteilungen und Einschätzungen von Sachverhalten. Da die Hinzufügung von semantischen Gehalten – wie gezeigt – zum Wesen der Auslegung gehört und gemeinhin die Auffassungen über Sollensforderungen, analytische Feststellungen und Tatsachenwahrnehmungen divergieren, lassen sich die mit der Erweiterung der Vorgaben verbundenen Kontroversen nicht umgehen. Daß auch die (,)verfassungsgerichtliche(') Spruchpraxis vielfach auf Kritik stößt, ist – dementsprechend – ebenfalls nicht von der Hand zu weisen.

Dennoch ist deren bloße Umstrittenheit – für sich genommen – kein Argument gegen die Justiziabilität der (,)verfassungsgerichtlichen(') Konfliktregelung. Denn zum einen müßte hierfür dargelegt werden, daß die Strittigkeit auf der Ebene der Verfassungsrechtsprechung nicht nur graduell, sondern auch qualitativ höher ist als auf den Ebenen des einfachen Rechts. Hierfür liegen keine Anzeichen vor. Konsistent läßt sich dieser Einwand gegen die Verfassungsjudikatur somit nur vertreten, wenn zugleich die Justiziabilität überhaupt bestritten würde. Zum anderen ist die Strittigkeit zwar ein Hindernis für die Funktion der Befriedung der Rechtsgemeinschaft respektive politischen Einheit. Doch andererseits ist die Strittigkeit integraler Bestandteil der rechtlichen Handlungskoordinierung: Dieser Modus der sozialen Integration wird überhaupt erst nur in Anschlag gebracht, wenn Kontroversen und Konflikte bestehen. Auf das Recht wird zwar rekurriert, um Konflikte möglichst einvernehmlich zu regeln, – aber nicht, weil dies stets gelingt, sondern weil dies gelingen könnte. Umstrittenheit ist ‚transzendentale Bedingung' des Rechts – und zwar in einem stärkeren Maße, als dies für die Politik gilt.

Fazit: Gründe, die grundsätzlich und abstrakt die Justiziabilität der (,)verfassungsgerichtlichen(') Steuerung von Interaktion ausschließen, sind nicht zu entdecken:
– Die mögliche und vielfach existierende Strittigkeit (,)verfassungsgerichtlicher(') Spruchpraxis kann zwar so weit reichen, ihre Legitimität und dadurch auch ihre Justiziabilität zu gefährden oder sogar zu beseitigen. Doch diese (realisierte) Gefahr ist eine Frage des Maßes. Sie besteht für jegliche Form eines Rechtskonsenses. Zunächst reflektiert daher die Strittigkeit von Verfassungsjudikatur die Pluralität innerhalb der jeweiligen politischen Einheit. Die Strittigkeit von Verfassungsjudikatur ist für sich genommen kein Einwand gegen die Justiziabilität der Verfassungsrechtsprechung – zu einem solchen wird sie erst dann, wenn sie sich verbindet mit fehlender Transparenz für die (Fach-)Öffentlichkeit und mangelnder oder ausge-

---

ihrem Inhalte zweifelhaft und umstritten werden." sowie ebd. [13–14] zur Frage, warum sich der US-amerikanische Supreme Court nicht als Vorbild für das deutsche Reichsgericht resp. den deutschen Staatsgerichtshof heranziehen lasse: „Dazu [zur Prüfung von Gesetzen auf Gerechtigkeit und Vernünftigkeit und gegebenenfalls zu deren Behandlung als nichtanwendbar; M.E.] ist er [der Supreme Court; M.E.] imstande, weil er in Wirklichkeit als Hüter einer prinzipiell nicht umstrittenen Gesellschafts- und Wirtschaftsordnung dem Staate gegenüber tritt."

schlossener Partizipation auf seiten der Bürgerschaft. Diese Verbindung sollte indes nicht vorschnell konstatiert werden, da der in westlichen Demokratien zur Verfügung stehende alternative Modus der Steuerung von Interaktion – nämlich der politische für diese Defizite ebenfalls eine hohe Anfälligkeit besitzt.[88] Dies verweist auf eine pragmatische Abwägung zwischen den demokratietheoretischen Vor- und Nachteilen der Institution der (‚)Verfassungsgerichtsbarkeit(‘).

- Die mögliche Unbestimmtheit des Verfassungsrechts zieht durchaus rechts- und staatstheoretische Probleme nach sich. Im Wege einer (‚)verfassungsgerichtlichen(‘) Präzisierung unbestimmten Verfassungsrechts kann es zu einer Konstitutionalisierung der Rechtsordnung kommen, die den Entscheidungsbereich der einfachen Gerichtsbarkeit über Gebühr beschneidet. Des weiteren kann die (‚)Verfassungsgerichtsbarkeit(‘) dadurch die Gestaltungsfreiheit der Akteure und Institutionen des politischen Systems über das notwendige und sinnvolle Maß hinaus einschränken. Jedoch ist diese Problematik ebenfalls eine Frage des Maßes und der Situation. Auch hier ist kein Grund auffindbar, der die Justiziabilität der (‚)Verfassungsgerichtsbarkeit(‘) von vornherein ausschließen würde. In bezug auf die (‚)Verfassungsgerichtsbarkeit(‘) gilt grundsätzlich das Gleiche wie für die einfache Gerichtsbarkeit – die Unbestimmtheit des Rechts zeitigt ambivalente Folgen.
  * So kann der rechtliche Modus der sozialen Integration sowohl die Programmierbarkeit des Rechts durch die Politik unterstützen als auch dessen Gültigkeit und Richtigkeit steigern. Die Gerichtsbarkeit vermag aufgrund ihrer häufigen Befassung mit Einzelfällen und Anwendungsfragen eher eine Feinsteuerung des Rechts vorzunehmen als die Politik, die auf allgemeine Regelungen ausgerichtet ist. Eine Verzahnung beider Modi dient so einer Bewältigung der Komplexität der sozialen Wirklichkeit.
  * Ebenso jedoch kann die Judikative diese Zielgrößen verfehlen.
- Verbunden mit der Unbestimmtheit des Rechts ist die Fraglichkeit der hermeneutischen Natur der (‚)Verfassungsgerichtsbarkeit(‘). Die Möglichkeit einer nichtinterpretativen Rechtsfindung ist nicht relevant, sofern eine übergeordnete Instanz existiert, die klare Vorgaben liefert beziehungsweise über die Zulässigkeit von deren rechtsschöpferischer Erweiterung befindet. Die Problematik des (‚)verfassungsgerichtlichen(‘) Kompetenzprofils besteht nun darin, daß eine derartige autoritative Entscheidung ausgeschlossen ist – die (‚)Verfassungsgerichtsbarkeit(‘) entscheidet letztverbindlich. Diese Kennzeichnung blendet freilich aus, daß und wie die (‚)Verfassungsgerichtsbarkeit(‘) in das Institutionengefüge, die Rechtskultur und die politischen Machtstrukturen des politischen Gemeinwesens eingebunden ist. Diese Einbindung äußert sich jedoch nicht in der Sprache des Rechts. Die Ermittlung der interpretativen Wesenshaftigkeit der Verfassungsjudikatur ließe sich natürlich auch nicht-dezisionistisch klären – also durch eine inhaltliche Analyse der Entscheidungen. Eine solche ist jedoch abstrakt nicht durchführbar. Die Komplexi-

---

[88] Andere Modi kommen nicht in Frage, da das Handlungssystem der Wirtschaft die moralisch-ethische Gültigkeit von Handlungskoordinationen kaum berücksichtigt.

III. Recht und Politik 457

tät des Rechts birgt in sich, daß jegliche Rechtsfindung als hermeneutische präsentierbar und begreifbar ist: Recht ist ausgerichtet auf Programmierbarkeit durch den politischen Prozeß einerseits, moralisch-ethische Gültigkeit und intentionale sowie systematische Richtigkeit andererseits – diese Mehrdimensionalität bietet genügend Ansatzpunkte für die Formulierung von Anschlüssen an das Recht, die sich als Auslegungen auffassen lassen.

Folglich läßt sich eine nicht-hermeneutische Eigenart der Rechtsgewinnung nicht grundsätzlich und abstrakt gegen die Justiziabilität des (‚)verfassungsgerichtlichen(') Modus der sozialen Integration geltend machen. Dieser Einwand ließe sich konsistent nur vertreten, falls er sich auf die Justiziabilität überhaupt bezieht. (Verfassungs-)Rechtsprechung läßt sich zu Recht nur dann als zu volitiv statt hinreichend kognitiv begründet kennzeichnen beziehungsweise kritisieren, wenn dies situativ und konkret erfolgt. Hierfür stehen nur ‚unzureichende' Gründe zur Verfügung.

4. Die Justiziabilität der verfassungsgerichtlichen Materien

Der verfassungsgerichtliche Modus der sozialen Integration ist justiziabel. Und zwar deswegen, weil bei diesem Befugnisprofil das Moment einer Aufteilung von Macht aufweisbar ist. Denn grundsätzlich bleibt bei dieser ‚Verrechtlichung der Politik' die Leitlinie einer Aufteilung der Zuständigkeiten bezüglich der Entscheidung über die sachlichen Inhalte des Rechts einerseits und der Maßstäbe dieser Rechtserzeugung andererseits gewahrt. Dadurch besteht immerhin die Chance einer Kontrolle von Macht.

Abstriche sind gegenüber dem Befund einer Aufspaltbarkeit zwischen Sach- und Verfahrensentscheidung freilich insofern zu machen, als die sachliche Dimension der politischen Willensbildung zumindest üblicherweise in westlichen rechtsstaatlichen Demokratien nicht unberührt bleibt, wenn Verfassungsgerichte Entscheidungen über Verfahrensweisen und -kriterien des politischen Prozesses fällen. Die einem inhaltlichen Eingriff in den politischen Prozeß gleichkommende Wirkung von verfassungsgerichtlichen Entscheidungen ist jedoch kontingenter Natur – sie ist kein Strukturprinzip des Gefüges der Staatsfunktionen. Denn die möglichen inhaltlichen Effekte sind dadurch bedingt, daß in den (westlichen) politischen Systemen moderner Verfassungsstaaten die zur Rechtserzeugung erforderlichen politischen Allianzen gemeinhin über recht knappe Mehrheiten in den Legislativorganen verfügen. Dieser Umstand spiegelt die ausgeprägte Pluralität moderner politischer Gemeinwesen.

Demnach ist die Komponente der Rechtserzeugung bei der verfassungsgerichtlichen Steuerung von Interaktion nicht so problematisch, da (Verfassungs-)Gerichte zwar (der Wirkung nach) Recht setzen, wenn sie über Zuständigkeiten beschließen, aber diese Rechtssetzung eher konditionierender Natur ist.

So macht es die Eigenart der Verfassungsgerichtsbarkeit aus, daß diesem Typus von Rechtsprechung lediglich die Kontrolle von prozeduralen Vorausverpflichtungen

einer politischen Einheit anvertraut ist. Kompetenznormen sind nun sicherlich als solche nicht stets bestimmter gefaßt als inhaltliche Vorschriften.[89] Aber die Auslegung von verfassungsrechtlichen Zuständigkeiten tangiert das Vermögen der (im engeren Sinn) politischen Instanzen zur Rechtserzeugung geringer, weil die mit dieser Auslegung verbundenen Rechtsfolgen nur drei Formen annehmen können:
- Entweder wird erstens eine Erlaubnis oder
- zweitens ein Verbot ausgesprochen oder
- es wird drittens eine Kombination dieser Rechtsfolgen verfügt, indem Verfahrensbedingungen zur Generierung von Recht vorgeschrieben werden.

Jede dieser Rechtsfolgen überläßt grundsätzlich die sachliche Dimension der politischen Willensbildung dem politischen Prozeß.

Nicht auszuschließen ist freilich, daß Verfahrensrestriktionen *de facto* einer inhaltlichen Intervention in den politischen Prozeß gleichkommen. Doch stehen die Chancen für eine (zu ausgeprägte) inhaltliche Steuerung von Interaktion bei diesem Typus von Verfassungsjudikatur eher schlecht:
- Zunächst einmal müßte hierfür eine *Mehrheit* des Gerichtskörpers bereit sein, solche Auslegungen mitzutragen.
- Hinzu kommt, daß die Definition von Legalität bei Verfahrensfragen sich häufig nur beim erstmaligen Entscheiden über eine bestimmte Kompetenzzuweisung klar vorteilhaft für die eine und entsprechend nachteilig für die andere Streitpartei auswirkt. Sofern der Rechtsgrundsatz, gleiche Fälle seien gleich zu behandeln, gilt beziehungsweise vom Verfassungsgerichtsbarkeit beachtet wird, können die Vor- und Nachteile dieser Klärung der prozeduralen Bestimmungen für die jeweiligen Streitparteien (sofern es sich noch um dieselben handelt) in einer neuen Situation anders verteilt sein.

Natürlich ist dies nur tendenziell der Fall, weil das Prinzip der Rechtssicherheit eine Fortführung bisheriger Rechtsprechung zwar geboten erscheinen läßt, diese aber – sinnvollerweise – nicht strikt zu leisten ist. Des weiteren bringt es die Komplexität der sozialen Wirklichkeit mit sich, daß die entschiedene Verfahrensfrage in einer anderen Situation in einem neuen Licht erscheint, was eine Abkehr von der bisherigen Rechtsprechung begünstigt. Zudem besteht die Tendenz zu einer neutralen Wirkung von prozeduralen Legalitätsdefinitionen nur, wenn aus diesen Definitionen keine strukturellen Benachteiligungen resultieren.
- Zu berücksichtigen ist bei der Beurteilung dieser Einschränkungen, daß es nicht konsistent wäre, nur gegenüber der Judikative ein „Systemmißtrauen" an den Tag zu legen, indem deren Zuständigkeit für Verfahrensfragen als Ermächtigung zur inhaltlichen Intervention in den politischen Prozeß gedeutet wird. Erstreckt sich ein

---

[89] Obgleich sie im Gegensatz zu diesen eher der formalen Rationalität des Rechts zuzurechnen sind und tendenziell bestimmter gefaßt werden könnten. Zur Bestimmtheit von Befugnisnormen siehe nur unlängst das deutsche Bundesverfassungsgerichtsurteil zum Zuwanderungsgesetz, bei welchem die prozedurale Frage kontrovers war, wie die Einheitlichkeit der Stimmabgabe von Bundesländern bei Abstimmungen im Bundesrat zu gewährleisten sei.

III. Recht und Politik   459

derartiges „Systemmißtrauen" hingegen auf sämtliche Inhaber staatlicher Herrschaftsmacht, so bleibt nur noch für anarchistische Optionen Raum. Bei diesen Optionen bestehen jedoch für die Kontrolle von Macht sicherlich noch schlechtere Aussichten.

Schließlich ist bei der prozedural souveränen Version von Verfassungsgerichtsbarkeit die Problematik der womöglich nicht mithilfe der Kategorie der ‚Interpretation' zu erfassenden Methode der Rechtsfindung nicht prekär. Denn sogar im Falle von durch die verfassungsgerichtliche Spruchpraxis erst hergestellten statt vorgefundenen Verfahrensnormen[90] bleiben die „politischen" Instanzen grundsätzlich die dominierenden Quellen der Rechts*inhalte*. Anders gewendet: die gewalteteilige Struktur des demokratischen Verfassungsstaates bleibt intakt.

Aus diesen Gründen läßt sich die Justiziabilität der Verfassungsgerichtsbarkeit prinzipientheoretisch begründen.

Für die Eigenart der formellen Verfassung würde diese Version von Verfassungsgerichtsbarkeit bedeuten,
- daß sich das Verfassungsdokument auf die Formulierung eines Organisationsstatuts zu beschränken hätte oder
- daß die einem solchen Organisationsstatut entgegenstehenden materialen Prinzipien keine rechtliche Relevanz erhalten würden. Diese rechtlich irrelevanten Verfassungsprinzipien dienten vielmehr als Beitrag zur politischen Kultur oder zur symbolischen Politik. Sofern dies nicht abwertend aufgefaßt würde, ließe sich auch von Verfassungslyrik sprechen.

5. Die Justiziabilität der ‚verfassungsgerichtlichen' Materien

Die Institution der ‚Verfassungsgerichtsbarkeit' erfordert Verfassungsbestimmungen, die „mehr" als ein übergeordnetes Organisationsrecht normieren; ‚Verfassungsgerichtsbarkeit' wacht über die Einhaltung materialer Vorausverpflichtungen einer politischen Einheit. Die substantiellen Vorschriften der Verfassung erlangen durch die Etablierung einer ‚Verfassungsgerichtsbarkeit' grundsätzlich den Status rechtlicher Einklagbarkeit.

Die Justiziabilität dieser Institution läßt sich prinzipientheoretisch nicht begründen. Denn der tragende Grundsatz des neuzeitlichen Rechts – die Aufteilung zwischen Sachentscheidungszuständigkeit und Entscheidungskriterienkompetenz – ist im Falle der Verankerung der ‚Verfassungsgerichtsbarkeit' bezüglich eines wesentlichen Pfeilers des Gefüges der Staatsfunktionen eingeschränkt. Die Komplexität der Funktionserfordernisse des Rechts und dessen damit einhergehende Unbestimmtheit verwischt dabei an der Schnittstelle zwischen Rechtssetzung und Rechtsanwendung die Unterscheidungslinie zwischen auslegendem Vollzug des Rechts und argumentierender Herstellung von Recht. Diese partielle Aufhebung beziehungsweise Relativierung

---

[90] Genauer: als „hergestellt" statt als „vorgefunden" *betrachteten* Verfahrensnormen.

der Forderung nach getrennten Befugnissen zwischen Beschlußgegenstand und -modus bedeutet, daß der Grundsatz der Gewaltenteilung den demokratischen Verfassungsstaat nicht mehr durchgängig strukturiert.

Das Moment der Machtkontrolle, das die Justiziabilität des normalen Rechts ausmacht, ist somit prinzipientheoretisch im Fall der ‚Verfassungsgerichtsbarkeit' nicht mit der Trennschärfe aufweisbar, wie sie beim Handlungssystem des einfachen Rechts zu erkennen ist.

Die Tauglichkeit des Rechts als Modus der sozialen Integration ist damit allerdings nicht sogleich hinfällig. Allein: die Geeignetheit der ‚Verfassungsgerichtsbarkeit' zur Steuerung von Interaktion ist nur im Zuge einer pragmatischen Abwägung festzustellen.

Diese rechtstheoretische Abwägung ist enger gefaßt als die demokratietheoretische. Während demokratietheoretisch pragmatisch zu entscheiden war, wie sich die Etablierung eines ‚verfassungsgerichtlichen' Kompetenzprofils mit den Bedingungen der Möglichkeit von Demokratie verträgt, muß die Abwägung auf dem Gebiet der Rechtstheorie nur ermitteln, wie die Einführung einer ‚Verfassungsgerichtsbarkeit' die Gewichte der Machtpotentiale zwischen den Akteuren und Institutionen des demokratischen Verfassungsstaates verteilt.

Dies erweist sich als eine Gratwanderung. Denn so sehr sich auf der einen Seite die Waagschale zugunsten der ‚Verfassungsgerichtsbarkeit' neigen könnte, weil sie die Chance einer Kontrolle der Akteure und Institutionen des politischen Prozesses bietet, so sehr könnte auf der anderen Seite ins Gewicht fallen, daß die Relativierung des Dualismus von Rechtssetzung und Rechtsanwendung eine Machtverlagerung zugunsten der ‚verfassungsgerichtlich' entscheidenden Gerichtskörper bewirken könnte.

Gegen einen Umschlag von ‚verfassungsgerichtlicher' Machtkontrolle in eine unkontrollierte Macht der ‚Verfassungsgerichtsbarkeit' sprechen folgende Gesichtspunkte:[91]

– ‚Verfassungsgerichte' sind mit mehreren Personen besetzt. Diese verfahrensrationale Regelung beschränkt zumindest potentiell die Macht jedes einzelnen Richters.
– ‚Verfassungsgerichtliche' Amtsausübung ist mit anderen Tätigkeiten als mit Lehr- und Forschungsaktivitäten unvereinbar. Diese Inkompatibilität verhindert zumindest potentiell die Konzentration von richterlicher und sonstiger Macht auf seiten jedes einzelnen Richters.
– Zwar sollte die Verletzung des Prinzips der Gewaltenteilung nicht für unbedenklich gehalten werden. Doch sollte in bezug auf die ‚Verfassungsgerichtsbarkeit' auch nicht mit einer Elle gemessen werden, die an andere Organe und Institutionen des politischen Prozesses nicht angelegt wird. So sprechen Vertreter der Disziplin der Vergleichenden Regierungslehre davon, daß parlamentarische demokratische Systeme – im Gegensatz zu den präsidentiellen Systemen – nicht mehr die klassische

---

[91] Ob die ‚Verfassungsgerichte' diese Merkmale aufweisen müssen, könnte strittig sein. Zugegeben sei, daß es sich um definitorische Festlegungen handelt – für die sich allerdings gute Gründe anführen lassen.

III. Recht und Politik

Form der Gewaltenteilung aufwiesen, wohl aber durchaus gewaltenteilig verfaßt seien: Die ‚Interorgankontrolle' sei ersetzt worden durch die ‚Intraorgankontrolle'. Damit ist gemeint, die Kontrolle erfolge nicht mehr öffentlichkeitswirksam zwischen der Exekutive und der Legislative als ganzer, sondern – hinter den Kulissen – überwachte(n) die Regierungsfraktion(en) die Tätigkeit der Exekutiv-Akteure. Wie effektiv diese Form der parlamentarischen Gewaltenteilung ist, ob sie als ein funktionales Äquivalent zur klassischen Gewaltenteilung zu betrachten ist, sei hier dahingestellt. Es sei lediglich darauf hingewiesen, daß das Einrücken der Gerichtsbarkeit in die Schnittstelle von Rechtssetzung und Rechtsanwendung nicht das Ende rechtsstaatlicher Gewaltenteilung bedeuten muß.

– Zuletzt sei an die Pflicht zur Begründung von Gerichtsurteilen erinnert.

Fazit: eine Reihe von verfahrensrationalen Restriktionen der ‚verfassungsgerichtlichen' Macht wirkt einem Mißbrauch derselben entgegen.[92]

Die Betrachtung der Justiziabilität der ‚Verfassungsgerichtsbarkeit' wäre jedoch unvollständig, wenn nicht auch die Art und Weise der Ausgestaltung der ‚verfassungsgerichtlichen' Befugnisse durch die Spruchpraxis in Blick genommen würde.

Eine solche läßt sich generell natürlich nicht leisten, weil die Dichte und Tiefe der ‚verfassungsgerichtlichen' Kontrolle von Rechtssystem zu Rechtssystem variiert. Weltweit herausragend ist in dieser Hinsicht sicherlich das deutsche Bundesverfassungsgericht. Die Rechtsprechung des Bundesverfassungsgerichts hat die Verrechtlichung der Politik in vielen Bereichen vorangetrieben:[93]

---

[92] Allerdings gelangen in der ‚verfassungsgerichtlichen' Praxis die aufgezählten verfahrensrationalen Restriktionen von ‚verfassungsgerichtlicher' Macht vielfach nicht zur Wirksamkeit. Illustriert sei dies an der sogenannten ‚Verkammerung' des deutschen Bundesverfassungsgerichts: Viele Beschlüsse dieses Gerichts ergehen in Form von ‚Kammerentscheidungen' (dies sind Entscheidungen eines mit drei Bundesverfassungsrichtern besetzten Gremiums). Es findet sich in der Literatur sogar die Beobachtung, daß die Kammern die Senate zunehmend ersetzen. Beschritten wurde der Weg der Kammerentscheidungen, um der Arbeitsüberlastung des Gerichts zu begegnen. Zu ihren Entscheidungsbefugnissen zählt die Ablehnung und die Stattgabe von Verfassungsbeschwerden, die Feststellung der Unzulässigkeit von Richtervorlagen sowie die Kompetenz, „alle das Verfassungsbeschwerdeverfahren betreffenden Entscheidungen" zu fällen [§ 93 d Abs. 2 S. 1 BVerfGG] (hierzu gehören auch Entscheidungen über einstweilige Anordnungen). So nachvollziehbar das Bemühen um die Erhaltung der Arbeitsfähigkeit des Gerichts auch ist, so unverkennbar ist, daß die Praxis der Kammerentscheidungen etliche „Trümpfe" des (,)verfassungsgerichtlichen(') Modus der Steuerung von Interaktion mindert oder sogar in ihr Gegenteil verkehrt. Kaum leugbar bringen Kammerentscheidungen eine Steigerung der Macht einzelner Richter mit sich. Ferner läßt sich von Transparenz nicht sprechen, wenn auf Begründungen verzichtet wird. So müssen die Kammern nur die Unzulässigkeit von Richtervorlagen sowie stattgebende Verfassungsbeschwerdeentscheidungen begründen, so werden Beschlüsse der Kammern nur ausnahmsweise in der vom Gericht autorisierten amtlichen Sammlung veröffentlicht. Doch auch die Begründung von Kammerentscheidungen zeitigt Nachteile, z.B. wenn sie den falschen Anschein erweckt, die bearbeitete Rechtsfrage sei bereits durch eine Senatsentscheidung präjudiziert worden. Siehe zur Problematik der Kammerentscheidungen des Bundesverfassungsgerichts den detaillierten Überblick mwN. bei GEORG HERMES: Senat und Kammern, in FS 50 Jahre BVerfG 1, 725–749.

[93] Gefolgt wird hier (auszugsweise) der Zusammenstellung bei RAINER WAHL: Die Reformfrage, in FS 50 Jahre BVerfG 1, 461–491 [483–486 mwN.].

- Das Bundesverfassungsgericht hat alle Institute abgelehnt, mit denen sich die Justiziabilität der Verfassungsnormen einschränken läßt – sei es die ‚*political question*'-Doktrin, die Doktrin vom ‚*judicial self restraint*' oder die Lehre von den kontrollfreien Regierungsakten.
- Es hat praktisch alle Normen des Grundgesetzes als justiziable Vorschriften interpretiert. Zuletzt wurde auch die traditionelle Nicht-Justiziabilität von Steuerbelastungen beendet.
- Des weiteren hat es die Rechtsprechung auf die Finanzverfassung und insbesondere den Finanzausgleich ausgeweitet.
- Zudem hat es Ermessensspielräume zurückgedrängt und die Doktrin von der einzig richtigen Entscheidung bei unbestimmten Rechtsbegriffen entworfen.
- Überdies hat es die ‚besonderen Gewaltverhältnisse' verrechtlicht – also die rechtliche Überprüfung von staatlichen Akten auf den Status etwa des Soldaten oder des Strafgefangenen angewendet.
- Unbedingt in diesem Zusammenhang zu erwähnen ist ferner die Grundrechtsdogmatik des Bundesverfassungsgerichts, die die objektivrechtliche Dimension der Grundrechte anerkannt hat.
- Bedeutsam ist schließlich die Etablierung der Abwägung als genereller Entscheidungsmethode.
- Erwähnt sei zuletzt die „erstaunliche Karriere" des Grundsatzes der Verhältnismäßigkeit.[94] Diesem Prinzip verlieh die Rechtsprechung des Bundesverfassungsgerichts dergestalt Achtung, daß nicht nur eine gerichtliche Prüfung verankert wurde, die die Rechtmäßigkeit des jeweiligen Zweckes staatlichen Handelns sowie die Geeignetheit und Erforderlichkeit der dabei eingesetzten Mittel überwachte. Vielmehr folgt aus dem richterrechtlich eingeführten Element der Verhältnismäßigkeit im engeren Sinn darüber hinaus, daß der vom Staat verfolgte Zweck und das den Bürger belastende Mittel nach Wert, Rang, Gewicht, Bedeutung, Wichtigkeit, Qualität oder Intensität in einem richtigem Verhältnis zueinander stehen müssen.

Eine Analyse dieser Entwicklung und eine Diskussion der zu diesem Niveau an Verrechtlichung bestehenden möglichen Alternativen (unter Einbezug des Ansatzes der Rechtsvergleichung) würde bei weitem den Rahmen der vorliegenden Arbeit sprengen.

Deutlich wird auch ohne dieses Unterfangen, daß an dieser Stelle sich die Frage nach der Justiziabilität der ‚Verfassungsgerichtsbarkeit' überschneidet mit der Frage nach dem angemessenen *Maß* von Verrechtlichung durch die Wahrnehmung ‚verfassungsgerichtlicher' Befugnisse. Zugleich wird damit die Problematik des Intensitätsgrades der Verrechtlichung deckungsgleich mit der Problematik der angemessenen Kriterien legitimer ‚verfassungsgerichtlicher' Spruchpraxis. Auch diese Problematiken erfordern eine hier nicht durchführbare Untersuchung.

Abschließend klären läßt sich jedoch das Problem der grundsätzlichen Justiziabili-

---

[94] Folgende Passage vgl. BERNHARD SCHLINK: Der Grundsatz der Verhältnismäßigkeit, in FS BVerfG 2, 445–465 [445]; Zitat: ebd.

III. Recht und Politik 463

tät des ‚verfassungsgerichtlichen' Modus zur Handlungskoordinierung. Den Ausschlag zugunsten einer Feststellung von dessen grundsätzlicher Justiziabilität gibt dieser Gesichtspunkt: Die Moderne zeichnet sich dadurch aus, daß die Verflechtungen zwischen fremdem und eigenem Handeln immer enger werden. Beschlüsse und Maßnahmen in den Handlungssystemen von Wirtschaft und Politik zeitigen in stetiger Zunahme jeweils komplexere Wirkungen auf Individuen, gesellschaftliche Teilgruppen und die natürliche Umwelt. Die Sicherung der dadurch tangierten Interessen und Bedürfnisse sowie die Verringerung von Systemirrationalitäten – hervorgerufen durch die individuelle und kollektive Verfolgung (ökonomischen) Nutzens – scheint durch das Handlungssystem der Politik aufgrund der Vielfältigkeit und kaum möglichen Vorhersehbarkeit der Auswirkungen dieses verflochtenen Handelns allein kaum möglich. Als Antwort auf diese Entwicklung scheint außer dem Versuch zur Gewährleistung von Rechtsschutz nichts bereit zu stehen. Ein solcher Schutz von Interessen und Bedürfnissen erfordert jedoch inhaltliche Interventionen in den politischen Prozeß. Daher stellt sich die Frage, ob zur ‚Verfassungsgerichtsbarkeit' überhaupt eine modernitätsadäquate Alternative besteht.

Eine zu massive Ausweitung der ‚verfassungsgerichtlichen' Spruchpraxis würde jedoch die Vorteile ihrer Existenz aufs Spiel setzen:
– Die *mögliche* ausgleichende Korrektur und Feinsteuerung durch die Institution der ‚Verfassungsgerichtsbarkeit' könnte umschlagen in eine Dominanz der einfachen Gerichtsbarkeit und des parlamentarischen Gesetzgebers. Als „Supergesetzgeber" wäre die ‚Verfassungsgerichtsbarkeit' überfordert.
– Eine zu weitgehende Konstitutionalisierung der Rechtsordnung würde das Moment der Machtkontrolle, das mit der gerichtlichen Konfliktregelung im allgemeinen und mit der ‚verfassungsgerichtlichen' Steuerung von Interaktion im besonderen verbunden sein kann, aufheben.

Zu erwägen wäre – um negative Einflußnahmen auf die Träger (‚)verfassungsgerichtlicher(') Souveränität zu behindern –, eine Orientierung an den Inkompatibilitätsregelungen, die Rousseau in seinem Werk »Du Contrat Social« der Figur des Législateur auferlegt: Personen, die die Funktion des ‚Gesetzgebers' inne hatten, ist es gemäß Rousseaus Konzeption untersagt, nach ihrem Ausscheiden aus dem Amt des Législateurs am politischen Prozeß mitzuwirken. Selbstverständlich ließe sich diese Konstruktion auch auf vergleichbare andere politische Mandate anwenden.

E. Zum Grenzverlauf zwischen Recht und Politik

In einer veritablen Demokratie besitzen Recht und Politik einen gemeinsamen symbolischen Bezugspunkt: die Idee der wechselseitigen Anerkennung der Individuen als Freie und Gleiche. Diese wechselseitige Anerkennung zieht gleichermaßen individuelle und kollektive Autonomie nach sich.

Aus der Orientierung an diesem Gehalt folgt die Forderung, diese Autonomie in der sozialen Wirklichkeit zu realisieren. Konkrete Umsetzung erfährt dies in erster Linie auf den Ebenen des positiven Rechts und der institutionellen Strukturen der Politik. Zumindest unter der gegenwärtigen Bedingung einer pluralen Staatenwelt erfährt die Idee der wechselseitigen Anerkennung der Individuen als Freie und Gleiche eine Umsetzung in Staaten. Zudem erfolgt die Verwirklichung dieser Idee in der Form einer wechselseitigen Anerkennung von Bürgerinnen und Bürgern.[95]

Der Gehalt dieses symbolischen Bezugspunktes läßt sich sowohl in politische als auch in rechtliche Begriffe fassen:
– In politischen Begriffen wurde dieser Bezugspunkt bereits zuvor näher gekennzeichnet – nämlich als ‚maßstabhafte' oder ‚genuine' Souveränität. Diese fiktionale Bestimmung, die den adäquatesten normativen Gehalt des Begriffs der ‚Demokratie' darstellt, birgt gleichermaßen völlige individuelle und völlige kollektive Autonomie in sich. Diese fiktionale Bestimmung ist so konstruiert, daß dies nicht paradox ist. Die Idee der wechselseitigen Anerkennung respektive ihre Verwirklichung verweist auf eine wechselseitige Dependenz von Substanz und Verfahren der Demokratie. Das meint, der Schutz der individuellen Rechte und die Artikulation der bürgerschaftlichen Souveränität bedingen einander, die individuelle und kollektive Autonomie läßt sich weder in prozeduraler noch in substantieller Hinsicht verkürzen.
– In rechtlichen Begriffen äußert sich dieser symbolische Bezugspunkt in einer fiktionalen Bestimmung der Gültigkeit des Rechts, die Dauerhaftigkeit und Vorläufigkeit zugleich ebenso in sich vereint wie Unverfügbarkeit und Verfügbarkeit. Der Kombination aus Substanz und Prozeduren im Begriff der Demokratie entspricht im Begriff des Rechts die Kombination aus formaler und materialer Rationalität. Dies gilt es nun zu erläutern.

Die Implikation einer relativen Kontingenz des Rechts – seine Eigenschaft einer Verfügbarkeit und Unverfügbarkeit zugleich – meint zweierlei: Einerseits sind die Inhalte des Rechts für verschiedene moralische und ethische Auffassungen offen – Recht ist bedingt verfügbar. Andererseits ist diese Verfügbarkeit nicht als eine absolute gefaßt – die Inhalte des Rechts sind gegenüber Moral und Ethik nicht völlig autonom.

In den Modi, durch die Politik in Recht überführt wird, also in den Varianten eines Wert- und eines Rechtskonsenses, findet sich dieser Zusammenhang wieder:
– Die *Kontingenz* des Rechts reflektiert sich darin, daß Vereinbartem Geltung zugesprochen wird – und zwar auch Vereinbartem *qua* Vereinbarung.
– Die *relative* Kontingenz des Rechts oder der Ausschluß der absoluten Kontingenz des Rechts spiegelt sich darin, daß dieses Vereinbaren selbst wiederum sich aus substantiellen Fundierungen ableitet. Die Anerkennung als frei und gleich läßt sich

---

[95] Dies meint nicht, Nichtbürgern den Status als Unfreie und Ungleiche zuzuweisen. Vielmehr soll diese Einschränkung lediglich zum Ausdruck bringen, daß die Pluralität der Staatenwelt bedingt, nur Bürgern kann vollumfänglich individuelle und kollektive Autonomie zuteil werden. Eine völlig gleichverteilte Teilhabe aller Menschen an der kollektiven Autonomie ließe sich allein in einem Weltstaat kosmopolitisch definieren.

III. Recht und Politik 465

nicht auf rein prozedurale Gehalte verkürzen. So setzt sie ja mindestens das Lebensrecht der Freien und Gleichen voraus.
In der relativen Kontingenz des Rechts ist enthalten, daß die Gültigkeit des Rechts sowohl provisorischer als auch permanenter Natur ist:
- Die provisorische Natur ergibt sich daraus, daß das Problem der Richtigkeit des Rechts nie *gelöst* werden kann. Das Problem kann nur dadurch *entschärft* werden, daß Recht – als ein Produkt menschlichen Tuns – grundsätzlich abänderbar ist.
- Die permanente Natur resultiert daher, daß das Problem des richtigen Rechts in der Rechtspraxis nicht eliminiert werden kann. Daher ist der Rechtsbegriff des Rechtsrealismus, Recht sei das, was autoritative Instanzen (wie zum Beispiel ein Gericht) als rechtsverbindlich erklärt haben, als *rechtsphilosophische* Kategorie untauglich: Die Frage, was als Recht gelten *soll*, kann mit einem solchen Rechtsbegriff nämlich nicht einmal gestellt werden.

Ein Rechtsbegriff, der zugleich die Dimensionen des Provisorischen und des Permanenten umfaßt, ist nur als naturrechtlicher möglich – auf der Ebene des positiven Rechts wäre er paradoxer Natur.

Auf der Ebene der Rechtsdogmatik wird diese fiktionale Widersprüchlichkeit aufgrund der Abstraktheit beziehungsweise Unbestimmtheit der Forderungen des Rechts im Regelfall nicht offenbar. In einer rechtsstaatlichen, Menschenrechte respektierenden Demokratie ist diese Konzeption des Rechts vielmehr als zwar spannungsgeladene, aber prinzipiell hinreichend konsistente möglich.

Umgekehrt bedeutet dies, daß im Umgang mit Unrecht, das jenseits der Grenzen einer solchen rechtsstaatlichen, Menschenrechte respektierenden Demokratie entsprungen ist, die Kapazität des Rechts als Modus der Konfliktlösung erschöpft ist. Exemplarisch sei hier nur auf die Mauerschützenprozesse oder die Bewältigung des Unrechts des südafrikanischen Apartheid-Regimes verwiesen. Die Widersprüchlichkeit zwischen den Forderungen des Rechts wird in diesen Fällen nicht mehr von der Vagheit des Rechts verdeckt:
- Eine justizielle „Aufarbeitung" – wie bei den Mauerschützenprozessen in der Bundesrepublik Deutschland – leidet unter einer nicht eliminierbaren Unverhältnismäßigkeit einer Verurteilung von fast schon zufällig zu Tätern Gewordenen im Gegensatz zu einer Straffreiheit von Anstiftern und (Mit-)Tätern, die nicht oder wiederum nur unverhältnismäßig belangt werden (können). Wird versucht, dies in einem milden Strafmaß zu berücksichtigen, so schlägt sich diese Unverhältnismäßigkeit genau in der Höhe der Strafe nieder, da dann das milde Strafmaß in keinster Weise anderen Verletzungen des Rechtsgutes des Lebens entspricht.
- Andererseits werden bei einer nicht-justiziellen „Aufarbeitung" von Unrecht – etwa im Stile der südafrikanischen Wahrheitskommissionen – zwar die Grenzen des Rechts anerkannt, aber durch eine unverhältnismäßige Straffreiheit der Täter erkauft.

Aus der Unauflöslichkeit eines Zusammenhangs zwischen Recht und Moral in einem rechtsphilosophischen Rechtsbegriff lassen sich somit keine Folgerungen ableiten für ein positivrechtlich umsetzbares ethisches Minimum des Rechts, das auf alle Formen sozialer Interaktion anwendbar wäre. Beseitigen oder entschärfen ließe sich diese Problematik nur durch eine globale und dauerhafte Verbreitung veritabler Demokratien.

Der gemeinsame Bezugspunkt von Politik und Recht – die Idee der Anerkennung als frei und gleich, die politisch als genuine Souveränität und rechtlich als provisorisch-permanente Gültigkeit des Rechts formuliert werden kann, – bedingt auf der Ebene des positiven Rechts eine Zusammengehörigkeit von formaler und materialer Rationalität im Recht.

Des weiteren zeitigt diese Fassung der Idee des Rechts die Konsequenz, daß die Grenzziehung zwischen Politik und Recht nicht qualitativer, sondern gradueller Natur ist. Der juristische Diskurs ist demgemäß ein praktischer Diskurs, der sich vom politischen Diskurs – der Beratung und Beschlußfassung über das Gute und das Gerechte (mithin über das Gemeinwohl) – nur durch einschränkende Besonderheiten unterscheidet.

Diese einschränkenden Besonderheiten kommen dadurch zustande, daß das Recht dem Umstand Rechnung tragen muß, grundsätzlich durch die Politik programmiert zu werden. Zugleich aber ist dem Recht auferlegt, das positive Recht durch seine Rechtsprechung zu kontrollieren. Das heißt, bei aller Programmierung des Rechts durch die Politik hat die Rechtsprechung zu überprüfen, ob die (vermeintliche) politische Programmierung des Rechts zu richtigem und gültigem Recht führen würde.

Ob sich diese Überprüfung sogar auf die Kontrolle der allerhöchsten Ebene und sämtlicher staatlicher Akte erstrecken soll, ist eine prinzipientheoretisch und pragmatisch zu beantwortende Frage der Demokratie- und der Rechtstheorie:

– Prinzipientheoretisch hält die Demokratietheorie keine klare Antwort hierfür bereit; in pragmatischer Hinsicht lassen sich mindestens gute Gründe für die kompetentielle Anerkennung von ‚verfassungsgerichtlichen' Institutionen anführen.

– Vom Recht her betrachtet, gibt es keine grundsätzlichen Einwände *gegen* diese Anerkennung – aber auch keine grundsätzlichen Gründe *für* diese Anerkennung. Folglich liefert auch die Rechtstheorie keine prinzipientheoretische Klarheit. Daher ist wiederum eine pragmatische Beurteilung angezeigt, die diese gegenläufigen Erfolgsaussichten zu gewichten hat: Die Chance der Programmierbarkeit des Rechts durch die Politik nimmt ab, während im Gegenzug die Chance einer Kontrolle der Politik steigt. Die ‚verfassungsgerichtliche' Kontrolle schränkt die Chance einer formalen Autonomie der Bürgerschaft und der diese gewährleistenden Instanzen ein – freilich um die Chance einer erhöhten materialen Autonomie.

Die Institution der ‚Verfassungsgerichtsbarkeit' stellt auf der einen Seite in mancher Hinsicht einen Sonderfall dar. Auf der anderen Seite hebt sie jedoch lediglich besonders hervor, was stets für die Rechtsprechung gilt: Die Judikative bewegt sich in der Polarität zwischen der Gewährleistung der Programmierung des Rechts durch die Politik einerseits und der Orientierung an der Richtigkeit und Gültigkeit des Rechts andererseits.

Um diesen Anforderungen Rechnung zu tragen, weist der rechtliche Diskurs Be-

III. Recht und Politik 467

sonderheiten auf. Eine Gegenüberstellung von rechtlichem und politischem Diskurs verdeutlicht diese. Der rechtliche und der politische Diskurs stehen zueinander in einer gegenstrebigen Beziehung:
- Der Rechtsdiskurs zielt eher auf Kontrolle als auf Gestaltung, beim politischen Diskurs verhält es sich umgekehrt.
- Der Aspekt der Tradition hat im rechtlichen Diskurs ein höheres Gewicht als im politischen Diskurs. Die Politik kann eher neue und ab sofort geltende Regelungen anordnen als das Recht; sie ist eher zur Innovation des Rechts berufen. Die Rechtsprechung hingegen hat insbesondere dem Kriterium der Rechtssicherheit Gewicht beizumessen.
Aus Gründen der Rechtssicherheit im allgemeinen, der Einheitlichkeit der Rechtsprechung im besonderen und um die Programmierung des Rechts durch die Politik zu gewährleisten, hat die Rechtsprechung zum einen vergleichbare vorherige Urteile zu beachten. Zum anderen haben die unteren Instanzen der Rechtsprechung tendenziell nicht von den Urteilen der höheren Instanzen abzuweichen.
- Dem juristischen Diskurs dient das rechtliche Normensystem eher als Begründung seiner Entscheidungen; der politische Diskurs berücksichtigt dieses Normensystem eher als rahmensetzende Vorgabe, die durch politische Beschlüsse und Handlungen nicht verletzt werden darf.
- Der juristische Diskurs operiert in einem höheren Maß mit Regeln und in einem niederen Maß mit Prinzipien als der politische Diskurs.
- Die Politik kann ihre Ergebnisse durch Abwägung ermitteln, die Rechtsprechung muß diese zumindest auch durch Subsumtion gewinnen. Je niedriger die Ebene der Rechtsprechung ist, desto mehr sollte die Rechtsfindung im Wege der Subsumtion erfolgen. Andernfalls liegen entweder im politischen Bereich gravierende Defizite vor oder die Gerichtsbarkeit überschreitet ihr Mandat einer (unweigerlich auch) politisch agierenden Institution.
- Ausgeprägter als die Politik sollte die Rechtsprechung anstelle von substantiellen prozedurale Vorgaben machen.
- Die Politik sollte eher Recht erzeugen, welches in abstrakt-generellen Regelungen besteht; die Rechtsprechung sollte eher Einzelfälle normieren als eine Vielzahl von Fällen.
All dies kann und muß durch Deliberation und Tradition noch näher konkretisiert werden.
Damit ist angedeutet, daß diese Kriterien recht unscharf sind. Wie läßt sich dies auf der Ebene der Rechtsprechung noch näher eingrenzen? Naheliegend wäre eine Präzisierung, die die Methoden der Rechtsfindung betrifft:
- Die genaueste Eingrenzung wäre die Beschränkung auf eine einzige Methode der Rechtsfindung. Doch ein solcher Methodenmonismus bei der Auslegung des Rechts wäre schlicht undurchführbar.
- Denkbar wäre des weiteren eine Eingrenzung des Verhältnisses von Recht und Politik durch eine klare Rangordnung der Auslegungsmethoden. Doch auch eine solche Hierarchisierung der Interpretationsmaßstäbe ist nicht praktikabel, weil sich

Richtigkeit, Gültigkeit und Programmierbarkeit des Rechts nur in einer konkreten Betrachtung des Regelungskontextes als auch des Regelungsinhalts in Einklang bringen lassen. Je nach Situation muß dabei auf das gesamte Repertoire der Konkretisierungsrichtlinien zurückgegriffen werden.

Nicht übersehen werden sollte des weiteren, daß ein starres Methodenkorsett allein deshalb unerreichbar ist, weil die Rechtsfindung aus guten Gründen sowohl an substantielle als auch an prozedurale Kriterien gebunden wird. Zu diesen prozeduralen Kriterien gehört zum Beispiel, daß mehrere Richter bei der Urteilsfindung zusammenwirken müssen. Selbst wenn diese Richter über ein gemeinsames Methodenverständnis verfügen, werden sie sich nur durch Prozesse des Aushandelns bei ihrer Entscheidungsfindung einigen können.

Überdies wäre ein gemeinsames Methodenverständnis nicht einmal wünschenswert, da es zu Erstarrung und Einseitigkeit führen würde.

Wie fügt sich die ‚verfassungsgerichtliche' Spruchpraxis in diese Bestimmung des Grenzverlaufs zwischen dem Recht und der Politik ein? Der Blick auf die Wirkungsweise der Ausübung ‚verfassungsgerichtlicher' Befugnisse lehrt, daß die kompentielle Anerkennung der ‚Verfassungsgerichtsbarkeit' beide Handlungssysteme noch weiter aneinander annähert, als sie (aufgrund ihrer institutionellen Verflechtungen und der inhaltlichen Verwandtschaft ihrer Entscheidungsmaterien) ohnehin einander nahe stehen.

Für den angemessenen Umgang mit dieser Institution ergeben sich aus der durch sie induzierten gesteigerten Nähe zwischen Recht und Politik sowie aus dem grundsätzlichen nicht-dichotomischen Gegenüberstehen von Recht und Politik diese Folgerungen:

– Die Institution der ‚Verfassungsgerichtsbarkeit' sollte ein Stück weit wie eine politische Institution betrachtet und behandelt werden. Damit ist gemeint, daß sie als eine Institution angesehen werden sollte, in der sich die Pluralität und die Ambitionen wiederfinden, welche auch das politische Gemeinwesen insgesamt und dessen Sphären kennzeichnen. Eine falsch verstandene Weihe des Rechts sollte nicht dafür eingesetzt werden, auszublenden, daß ‚Verfassungsgerichte' Orte von Machtausübung und Machtkämpfen sind. Gegenüber Aussagen, wie (,)Verfassungsgerichtsbarkeit(‘) setze an die Stelle der Herrschaft der Macht die Herrschaft des Rechts, ist Mißtrauen angebracht. Die Formel „Recht statt Macht" ist begrüßenswert und verkürzend zugleich. Ihre konsequente Anwendung überfordert das Recht – sie ist Ausdruck einer politisch-theologischen Überspanntheit. Positivrechtlichen Niederschlag findet eine solche etwa in der Inkorporierung von änderungsresistentem Verfassungsrecht. So deutet allein schon die Bezeichnung „Ewigkeitsgarantie" auf die politisch-theologische Natur derartiger Vorschriften.

– Ebenfalls eine Übersteigerung des Vermögens des Rechts liegt der These zugrunde, im Einrücken der ‚Verfassungsgerichtsbarkeit' in die Schnittstelle von Rechtssetzung und Rechtsanwendung einen qualitativen Umschlag hin zur ‚Politisierung des Rechts' unter der *Preisgabe* der rechtlichen Natur des Rechts zu erblicken. Einzuräumen ist, daß der wohl äußerste Schritt einer ‚Verrechtlichung der Politik' das

III. Recht und Politik							469

Problem der Justiziabilität prekär werden läßt und daß die mit ihr bewirkte Annäherung von Recht und Politik das Recht – in Gestalt der ‚Verfassungsgerichtsbarkeit' – der Gefahr einer Überbeanspruchung und Überforderung aussetzt. Von einem Zusammenfallen von Recht und Politik zu sprechen, ist jedoch wiederum problematisch; diese Schnittstellenbildung als *Mutation* des Rechts zur Politik zu qualifizieren, sogar irreführend. Die Mutations-These könnte zu ihrer Begründung darauf hinweisen, daß bei ‚verfassungsgerichtlichen' Materien nicht mehr zwischen juristisch valablen und nicht valablen Auffassungen unterschieden werden könne. Dies werde etwa dadurch offenbar, daß es für die meisten ‚verfassungsgerichtlichen' Streitfragen juristisch vertretbare Gegenpositionen zu den Gerichtsurteilen gebe. Der Befund, daß es zu den ergangenen Urteilen von ‚Verfassungsgerichten' juristisch vertretbare alternative Urteilssprüche gebe, ist sicher richtig – nicht zuletzt die *‚dissenting opinions'* bei der Verfassungsjudikatur sind hierfür ein Indiz. Nur gilt diese Strittigkeit eben nicht nur für ‚verfassungsgerichtliche' Materien. Diese These erkauft daher ihre scheinbare Einsichtigkeit damit, daß sie dem Recht eine Klarheit und Zustimmungsfähigkeit unterstellt, die das Recht nicht besitzt. Umgekehrt wäre es ebenso falsch, das Recht dergestalt mit der Politik zusammenfallen zu lassen, daß es als bloße Verkleidung von Macht aufgefaßt würde. Denn einer solchen Deutung steht entgegen, daß Richter durchaus Entscheidungen treffen, die im Sinne ihrer politischen Überzeugungen unerwünschte Folgen nach sich ziehen. Sie fällen solche Entscheidungen einfach deswegen, weil sie sie als *rechtlich* geboten erachten. (Ausgeklammert sei hierbei der Fall, daß die Richter Zwängen anderer Art ausgesetzt sind oder diese Zwänge auch nur annehmen.)
– Schließlich reflektiert die Institution der ‚Verfassungsgerichtsbarkeit', daß die graduelle, nicht aber qualitative Differenz zwischen dem Recht und der Politik es nicht erlaubt, die Funktion des Rechts dichotomisch festzulegen *entweder* lediglich als Gerüst der politischen Einheit *oder* als deren Motor zu dienen. Ob das Recht mehr die eine oder mehr die andere Aufgabe zu erfüllen hat, hängt von der jeweiligen Situation ab. Als Richtlinie läßt sich nur angeben, daß der rechtliche Antrieb um so stärker ausfallen muß, je niedriger die Regelungsdichte der Vorgaben des politischen Prozesses ist oder je ausgeprägter die ethischen Defizite dieser Vorgaben sind.
– Analog dazu verhält es sich mit der Funktion der Verfassung: Nur situativ ist zu beurteilen, ob sie lediglich als *Rahmen*ordnung zu begreifen ist, die die Summe der vereinbarten Rechtsvorschriften enthält, oder ob sie darüber hinaus als *Grund*ordnung des politischen Gemeinwesen zu fungieren hat, die (jeweils zu adaptierende) Wertvorgaben enthält. Die mit der Moderne eingetretene Steigerung der Komplexität der sozialen Wirklichkeit legt allerdings Verfassungskonzeptionen nahe, die den Typus der Grundordnung favorisieren.[96]

---

[96] Siehe hierzu (in dieser Arbeit) die Ausführungen auf der Seite 463 im Abschnitt 5. Die Justiziabilität der ‚verfassungsgerichtlichen' Materien [in § 6 VERFASSUNGSGERICHTSBARKEIT UND JUSTIZIABILITÄT. III. Recht und Politik. D. Rechtssetzung und Rechtsanwendung].

§ 7 Thesen

Die Institution der Verfassungsgerichtsbarkeit ist nach philosophischen Maßstäben rechtfertigbar, wenn zwei Bedingungen erfüllt sind. Zum einen muß die kompentielle Anerkennung der Verfassungsjudikatur mit der Staatsform der Demokratie vereinbar sein. Zum anderen müssen die Materien der Handlungskoordinierung, die verfassungsgerichtlichen Entscheidungen unterworfen würden, justiziabel sein. Das heißt, diese Materien müssen sich dafür eignen, mit rechtlichen Mitteln beziehungsweise mit dem Vermögen der Rechtsprechung angegangen zu werden.

Eine Untersuchung der Legitimität der Verfassungsgerichtsbarkeit hat daher sowohl den Problemkreis der Demokratiekompatibilität der Verfassungsgerichtsbarkeit zu behandeln als auch den Themenkomplex der Justiziabilität des Verfassungsrechts. In welcher Reihenfolge dies geschieht, ist unerheblich, weil sich die Klärung der einen Problematik jeweils als Voraussetzung für die sinnvolle Befassung mit der anderen verstehen läßt. So ist die Tauglichkeit der Gerichtsbarkeit und des Rechts eine notwendige Bedingung für eine ratsame Etablierung der Institution der Verfassungsgerichtsbarkeit. So ist eine Verankerung der Verfassungsgerichtsbarkeit nur vorzusehen, falls sie unter demokratischen Gesichtspunkten vertret- und wünschbar ist.

Diese Klärungen erfordern eine vorherige Bestimmung des Gegenstands der Untersuchung, also eine Definition von Verfassungsgerichtsbarkeit. Dieses Unterfangen ist einerseits mit dem Umstand konfrontiert, daß eine Vielzahl von institutionellen und kompentiellen Regelungen als (Verfassungs-)Gerichtsbarkeit bezeichnet wird oder werden könnte. Andererseits stellen sich die Fragen nach der Demokratiekompatibilität und der Justiziabilität nur für eine Teilmenge dieser Regelungen beziehungsweise sind nur bei einer bestimmten Kategorie von Verfassungsgerichtsbarkeit prekär.

Daher bringt die Studie die vielen Ausprägungen dessen, was als verfassungsgerichtlicher Modus der sozialen Integration einstufbar ist, in eine gedankliche Ordnung. Hierzu sind diverse Typen zu bilden.

Die Mannigfaltigkeit der (Quasi-)Verfassungsgerichtsbarkeiten verringert sich, wenn nur ‚politische Instanzen' in den Blick genommen werden. Damit richtet sich der Fokus der Betrachtungen allein auf Institutionen, die nicht nur eine politische Funktion erfüllen, sondern auch in den politischen Prozeß eingreifen. Dadurch geraten alle Institutionen aus dem Blickfeld der Bearbeitung, die lediglich Züge von Verfassungsgerichtsbarkeit tragen.

Durch eine Einteilung gemäß dieser Differenzierung ist eine weitere Eingrenzung des Untersuchungsgegenstandes zu erreichen:
– Verfassungsgerichtsbarkeit läßt sich zum einen jenseits eines Zusammenhangs mit der Staatsform der (rechtsstaatlichen) Demokratie und unabhängig von einer in-

haltlich notwendigen Beziehung zum Gebilde des demokratischen Verfassungsstaates entdecken. Verfassungsgerichtsbarkeit meint in diesem Fall nicht mehr als das Vorhandensein einer redundant wirkenden Instanz im politischen Prozeß einer politischen Einheit. Dieses Phänomen wird als „Verfassungsgerichtsbarkeit" bezeichnet.
- Der Begriff der Verfassungsgerichtsbarkeit läßt sich zum anderen Institutionen vorbehalten, die in den Kontext demokratischer Verfassungsstaaten eingebunden sind. Die Kategorie der Verfassungsgerichtsbarkeit ist demnach für ein Set an Befugnissen und institutionellen Eigenschaften zu reservieren, das der Gerichtsbarkeit den Status einer politischen Instanz zuweist, die in einer verfassungsstaatlichen Demokratie als Redundanz agiert, gerichtsförmig organisiert ist und ihre Urteile auf positives Recht im allgemeinen und Verfassungsrecht im besonderen stützt.

Als Gegenstand für eine der Idee des demokratischen Verfassungsstaates verpflichtete Untersuchung kommt allein die in dessen Rahmen gegenwärtige Verfassungsgerichtsbarkeit in Frage.

Doch nur ein Ausschnitt der Erscheinungsformen dieser Version von Verfassungsgerichtsbarkeit wirft demokratietheoretische Fragen auf. Verfassungsgerichtliche Institutionen- und Kompetenzprofile tangieren demokratietheoretische Probleme nur dann, wenn die Gerichtsbarkeit in einem eminenten Sinn als politische Instanz wirkt. Dies ist dann der Fall, wenn die Gerichtsbarkeit den Status einer ‚souveränen' politischen Instanz erlangt. ‚Souveränität' meint hier die Qualität der ‚Letztinstanzlichkeit' – die Kompetenz und Kapazität zur ‚letztverbindlichen' Entscheidung im Sinne von Rechtsdogmatik und Vergleichender Regierungslehre.

Ein letzter Schritt der Konturierung des Untersuchungsgegenstandes schließt an eine interne Ausdifferenzierung dieses Typs an. So existiert ‚souveräne' Verfassungsgerichtsbarkeit in zwei Varianten – ihre Souveränität kann allein ‚prozeduraler', sie kann aber auch überdies ‚materialer' Natur sein:
- Bei prozedural-souveränen Verfassungsgerichten erstreckt sich die Eigenschaft der Souveränität ausschließlich auf die Verfahren der politischen Willensbildung. Diesen Typus klassifiziert die vorliegende Arbeit als Verfassungsgerichtsbarkeit (sofern keine gegenteiligen Erläuterungen erfolgen).
- Bei material-souveränen Verfassungsgerichten unterstehen auch die Inhalte des politischen Prozesses dem letztverbindlichen Richterspruch. Diesen Typus versieht die vorliegende Studie mit dem Etikett der ‚Verfassungsgerichtsbarkeit'.

Fundamentale demokratietheoretische Probleme zieht nur der Typus der ‚Verfassungsgerichtsbarkeit' nach sich, da nur diese Gerichte in die Domäne intervenieren, die nach demokratischer Lehre der Legislative untersteht. Den eigentlichen Gegenstand der vorliegenden Untersuchung bildet folglich nur diese Ausprägung von Verfassungsgerichtsbarkeit. Die lediglich die Einhaltung von Verfahrensvorschriften kontrollierende Verfassungsgerichtsbarkeit dient hingegen in erster Linie als Gegenfolie, um die Eigenart der ‚Verfassungsgerichtsbarkeit' zu erhellen.

Die Grundunterscheidung zwischen diesen beiden Erscheinungsformen von Ver-

§ 7 Thesen 473

fassungsgerichtsbarkeit ist sowohl demokratie- als auch rechtstheoretisch von erheblicher Relevanz. Denn die Antworten auf die Fragen nach der Demokratiekompatibilität und nach der Justiziabilität fallen jeweils verschieden aus.

In bezug auf die Justiziabilität bedeutet dies folgendes: Die Justiziabilität der Verfassungsgerichtsbarkeit läßt sich prinzipientheoretisch begründen. Denn für verfassungsgerichtliche Steuerung von Interaktion spricht, daß bei ihrer Verankerung ein Moment der Machtkontrolle der Rechtsprechung aufweisbar ist. Das heißt, staatsorganisatorisch ist die verfassungsgerichtliche Macht durch die Gegenmacht von Legislative und Exekutive begrenzt. Demnach ist das Handlungssystem der Politik grundsätzlich für die Generierung der Inhalte des Rechts zuständig, während die Gerichtsbarkeit allein über die Einhaltung der verfassungsrechtlichen Verfahrenskriterien bei deren Ausführung und Erzeugung wacht. Die Unterscheidungslinie zwischen diesen Befugnisbereichen läßt sich zwar nicht trennscharf ziehen. Aber ihre Unschärfe ist erstens kontingenter Natur (statt staatsorganisatorisch vorgegeben zu sein) und zweitens durch verfahrensrationale Restriktionen einschränkbar, soweit dies überhaupt möglich ist. Drittens steht einer zu inhaltlichen Intervention in den politischen Prozeß die hermeneutische Basis der Verfassungsgerichtsbarkeit entgegen, wenn die Verfassung im wesentlichen ein Organisationsstatut darstellt. Ein Übergreifen der Gerichtsbarkeit in die Zuständigkeiten von Exekutive und Legislative ist nicht auszuschließen. Jedoch ist mit der Gefahr eines solchen Übergriffs und der damit verbundenen Möglichkeit zu einem verfassungsgerichtlichen Diktat in einem Maße zu rechnen, das bei jedem Teilhaber an der staatlichen Herrschaftsentfaltung zu gegenwärtigen ist. Obgleich die Verfassungsgerichtsbarkeit in prozeduraler Hinsicht in die Schnittstelle von Rechtssetzung und Rechtsanwendung einrückt, bleibt das klassische Schema der Gewaltenteilung grundsätzlich unversehrt.

Demgegenüber läßt sich die Justiziabilität der ‚Verfassungsgerichtsbarkeit' nicht prinzipientheoretisch begründen: Der Chance der Machtkontrolle der Akteure und Institutionen des politischen Prozesses steht die Chance einer Machtverlagerung hin zur Institution der ‚Verfassungsgerichtsbarkeit' gegenüber. Die pragmatische Abwägung zwischen diesen beiden Aspekten ergibt ein leichtes Plus für die Kontrollchance der ‚Verfassungsgerichtsbarkeit'. In Betracht zu ziehen sind hierbei wiederum die verfahrensrationalen Limitierungen der ‚verfassungsgerichtlichen' Macht. Dies ergibt den Ausschlag zugunsten der ‚Verfassungsgerichtsbarkeit', weil in der Gegenrechnung keine abstrakt-generellen Einwände gegen die kompetentielle Anerkennung der inhaltlichen Letztinstanzlichkeit des Richterspruchs auszumachen sind: Weder die mögliche Strittigkeit der Verfassungsjudikatur noch die mögliche Unbestimmtheit des materiellen Verfassungsrechts gebieten eine Zurückweisung der ‚verfassungsgerichtlichen' Steuerung von Interaktion. Das Gleiche gilt für den möglicherweise eher herstellenden als auslegenden Charakter der ‚verfassungsgerichtlichen' Rechtsfindung. Gleichwohl umreißen diese Gesichtspunkte die rechtstheoretische Problematik der Verfassungsrechtsprechung. Schwerer wiegt jedoch (demokratietheoretisch), daß ein Verzicht auf ‚verfassungsgerichtliche' Institutionen eine mögliche Konzentration von Herrschaftsmacht auf seiten des Handlungssystems der Politik bedeuten würde.

Die hiermit verbundenen Gefahren scheinen denen einer ‚verfassungsgerichtlichen' Souveränität (mindestens) gleichzukommen.

Hinsichtlich der Demokratiekompatibilität gilt ein ähnlicher Befund: Die Verfassungsgerichtsbarkeit ist mit der demokratischen Forderung nach Selbstregierung der Bürgerschaft zu vereinbaren. Denn sie fungiert – grundsätzlich betrachtet – gegenüber den Akteuren und Institutionen des politischen Prozesses lediglich in der Rolle eines Schiedsrichters. Sie weist verfassungsrechtliche Zuständigkeiten zu und stärkt die Rechtsgebundenheit der politischen Willensbildung.

Der Fall der ‚Verfassungsgerichtsbarkeit' ist hingegen anders gelagert: Ihre Demokratiekompatibilität ist prinzipientheoretisch weder zu rechtfertigen noch zurückzuweisen:

– Die prinzipientheoretische Lehre, die Institution der ‚Verfassungsgerichtsbarkeit' sei legitim, da diese Institution den notwendigen Vorrang der demokratischen Substanz gegenüber den demokratischen Prozeduren sichere, ist nicht tragfähig. Und zwar deswegen, weil ein derartiger Vorrang der menschen- und bürgerrechtlichen Gehalte ein definitives und präzises Wissen über diese substantiellen Gehalte verlangt. Die Geltung dieser Implikation ist jedoch keineswegs garantiert, sie ist äußerst zweifelhaft. Evidenter ist vielmehr die Prämisse, Recht und Politik bedürften auch der Rationalität der Verfahren. Nur dann sind die Resultate und die Praxis der Politik fair, gerecht und letztlich legitim; nur dann besteht überhaupt Aussicht auf richtiges und gültiges Recht. Dafür spricht nicht zuletzt, daß auch ‚Verfassungsgerichte' verfahrensrational strukturiert sind – also etwa ‚verfassungsgerichtliche' Beschlußfähigkeiten an bestimmte Quoren gebunden sind etc. Wenn die demokratische Substanz um demokratische Verfahren notwendigerweise ergänzt werden muß, kann sie den demokratischen Prozeduren nicht vorgeordnet sein. Beide Dimensionen der Demokratie stehen vielmehr in einem Verhältnis der Gleichrangigkeit.

– Die Ablehnung der ‚Verfassungsgerichtsbarkeit' mit der prinzipientheoretischen Begründung, die Ausprägungen dieser politischen Redundanz verletzten eine als notwendig erachtete Priorität der demokratischen Prozeduren vor jeglichen substantiellen, also auch demokratischen Gehalten, ist ebenso verfehlt. Denn diese Rangordnung trägt der kontextuellen Bedingtheit von demokratischen Verfahren nicht Rechnung. Der Grundsatz des notwendigen Vorrangs demokratischer Verfahren bei der sozialen Integration blendet aus, daß Verfahren nur eine demokratische Natur besitzen, insoweit sie unter die substantielle Idee einer wechselseitigen Anerkennung der Bürger als frei und gleich zu subsumieren sind. Demokratische Prozeduren benötigen eine Verortung in ein demokratisches Umfeld. Dies verlangt ein hermeneutisches Prüfen der Verfahrenskontexte – und zwar nach der Maßgabe von substantiellen Kriterien. Genügen die Umfeldbedingungen demokratischer (und rechtlicher) Verfahren substantiellen Mindestanforderungen nicht, so läßt sich ihre Legitimität nur durch eine ausgleichende Korrektur sichern oder wiederherstellen. Für diese Bindung der politischen (und rechtlichen) Verfahren an die Idee der wechselseitigen Anerkennung von Individuen als frei und gleich sowie ihre menschen- und bürgerrechtlichen Ableitungen läßt sich auf die Praxis der Handlungskoordinierung verweisen und mit einem Umkehrschluß argumentieren: Frei entscheidende Individuen bewerten nicht jegliche Verfahren als legitim, die als demokratisch einstufbar sein könnten, und sie betrachten nicht sämtliche Resultate von derartigen Prozeduren als verbindlich. Ins Positive gewendet, zeigt dieses Indiz die Notwendigkeit einer Komplettierung von demokratischen Verfahren um menschen- und bürgerrechtliche Substanz an. Verhalten sich beide Dimensionen komplementär zueinander, ist ihre Relation als Gleichrangigkeit zu beschreiben.

Die Diskussion der Legitimität der ‚Verfassungsgerichtsbarkeit' muß angesichts dieses prinzipientheoretischen Patts im Wege einer pragmatischen Abwägung fortgesetzt werden. Diese fällt zugunsten der kompetentiellen Anerkennung der ‚Verfassungsgerichtsbarkeit' aus, weil diese folgende Vorteile mit sich bringt:

- Die Institution der ‚Verfassungsgerichtsbarkeit' führt in den politischen Prozeß eine inhaltliche Prüfungen einschließende Redundanz ein. Vermögen oppositionelle Kräfte diese Option einer Redundanz zu nutzen, verringert sich die Wahrscheinlichkeit einer Systementfremdung bei dissidenten Individuen und Gruppierungen. Die Vermeidung einer Systementfremdung kann auch dann gelingen, wenn die erneute Überprüfung von Ergebnissen des politischen Prozesses nicht im Sinne derjenigen entschieden wird, die die ‚Verfassungsgerichtsbarkeit' angerufen haben.
- Zudem ermöglicht die Fixierung von demokratischer Substanz in Form einer Katalogisierung von menschen- und bürgerrechtlichen Individualrechten sowie von materialen Staatszielbestimmungen politischen Gemeinwesen, als Kollektivsubjekte bezüglich der Ziele und Maßstäbe politischen Handelns zu lernen.
- Überdies bietet die Eventualität einer Überprüfung aller Akte der Staatsgewalt die Möglichkeit einer Entscheidungsfindung, die potentiell zumindest den Imperativen und Strategien des Parteienwettbewerbs weniger ausgesetzt ist. Dies steigert die Chance einer Berücksichtigung von Gemeinwohlaspekten statt von Partikularinteressen.

Die Reihe pragmatischer Argumente zugunsten einer Anerkennung der ‚Verfassungsgerichtsbarkeit' ließe sich fortsetzen. Freilich sind gegenüber diesen hier vorgetragenen und den zuvor in der vorliegenden Arbeit vorgebrachten Klugheitsüberlegungen pragmatische Einwände vielfach berechtigt. In der Summe jedoch überwiegen die Vorteile einer Anreicherung der Handlungssysteme von Recht und Politik um den ‚verfassungsgerichtlichen' Modus der Handlungskoordinierung. Daher ist es aus demokratietheoretischer Sicht pragmatisch sinnvoll, aber nicht prinzipientheoretisch geboten, die Chance einer umfassenden Kontrolle der exekutiven und legislativen Herrschaftsausübung zu eröffnen. Um eine umfassende Kontrolle handelt es sich, weil eine auf Verfahrensvorschriften begrenzte Prüfung nur eine sehr limitierte Kontrollchance bedeuten würde.

Die Klärung sowohl der Justiziabilität als auch der Demokratiekompatibilität der ‚Verfassungsgerichtsbarkeit' führt folglich zu einem Votum für eine Gerichtsbarkeit, die sowohl in prozeduraler als auch in materialer Hinsicht die ‚souveräne Instanz' des demokratischen Verfassungsstaates ist.

Die Eigenart dieser gerichtlichen ‚Souveränität' ist zum einen durch die gerichtsförmige Verfaßtheit dieser Institution bedingt. So handelt es sich formal betrachtet um eine ‚passive' Souveränität. Das heißt, ‚Verfassungsgerichte' entscheiden nur auf Antrag, sie können nicht von sich aus – in diesem Sinne: aktiv – in den politischen Prozeß eingreifen. Auf diese Weise verfügen ‚Verfassungsgerichte' der Tendenz nach nur über eine ‚Veto-Souveränität': Sofern sie angerufen werden, können sie eher ihre Zustimmung verweigern als gestaltend initiativ zu sein. In der Verfassungswirklichkeit sind diese Kennzeichen freilich einzuschränken. Denn die Vielzahl der (‚)verfassungsgerichtlichen(') Streitigkeiten mindert die passive Natur der Verfassungsjudikatur. Auch die Festlegung auf den negatorischen Charakter der Verfassungsrechtsprechung ist zu relativieren – sie wird durch ‚verfassungsgerichtliche' Auflagen für die politische Willensbildung zumindest vielfach aufgehoben.

Um so gebotener ist die Einbettung dieser Instanz in ein Verständnis von Souveränität, das der Idee des demokratischen Verfassungsstaats angemessen ist.

Eine derartige Konzeption von ‚Souveränität' muß sich der unterschiedlichen Perspektiven der mit der Steuerung von Interaktion befaßten Disziplinen bedienen. Dies bedeutet folgendes:

– Die Souveränität der ‚Verfassungsgerichtsbarkeit' ist nur als Souveränität „zweiter Ordnung" zu betrachten. ‚Verfassungsgerichte' besitzen allein eine derivative Souveränität; ihre Souveränität ist nur die Realisierungsform echter Souveränität – ‚Verfassungsgerichte' *repräsentieren* lediglich die Souveränität „erster Ordnung".
– Als diese Souveränität „erster Ordnung" oder genuine Souveränität fungiert die Idee eines Gleichklangs von absoluter individueller und kollektiver Autonomie. Diese Idee der Volkssouveränität liefert einen notwendigerweise hypothetischen Maßstab zur Legitimierung und Limitierung der (‚)verfassungsgerichtlichen(') Spruchpraxis. Nur bei dieser Kategorie der Philosophie von Recht und Politik meint Souveränität (fiktionale) Machtvollkommenheit.
– Die Souveränität der ‚Verfassungsgerichte' ist eine von dieser Vorstellung abgeleitete. Ihre Form der Souveränität darf nicht mit genuiner Souveränität identifiziert werden. ‚Verfassungsgerichte' besitzen demnach keine Kompetenz und Kapazität zur Totalverfügung. Bei den klassischen Souveränitätstheorien von Bodin, Hobbes und Rousseau fallen die Subjekte der Zurechnung von legitimer irdischer Allmacht und ihrer juristisch-soziologischen Vergegenwärtigung zusammen.[1]
– Anstelle der maßstabhaften Gehalte der genuinen Souveränität müssen für deren Repräsentation Souveränitätsbegriffe gefunden werden, die eine Anbindung einerseits an die soziale Wirklichkeit und andererseits an den semantischen Gehalt des philosophischen Souveränitätsbegriffes ermöglichen:
  * In bezug auf die staatsorganisatorisch strukturbildende Normwirklichkeit des

---

[1] In bezug auf Hobbes' Lehre ist hier eine Einschränkung anzubringen: Der Funktionalismus der hobbesschen Philosophie sieht Sollensbegriffe – wie den der Legitimität – nicht vor. Die Gleichsetzung des souveränen Subjekts mit der Form seiner Repräsentierung ist davon allerdings unberührt. Und nur hierauf zielt die getroffene Aussage.

§ 7 Thesen   477

Rechts leisten dies die rechtsdogmatischen Theoreme vom ‚letzten Wort' des Richterspruchs sowie von der ‚Souveränität der Verfassung'.
* Hinsichtlich der hierzu synoptischeren Perspektive der Vergleichenden Regierungslehre, die die Macht- und Herrschaftsverhältnisse der sozialen Realität auch jenseits des Vokabulars und Sensoriums der Rechtsdogmatik zu erfassen sucht, gelingt dieser Anschluß mithilfe der Figur der ‚graduellen Unumkehrbarkeit' souveräner Entscheidungen.
* Unter beide Bestimmungen fallen insbesondere auch Aspekte ‚verfassungsgerichtlicher' Spruchpraxis.
– Sowohl die ‚letzte Entscheidung' in der hierarchisierten Begriffswelt der Rechtsdogmatik als auch die ‚relative Irreversibilität' in der Interdependenzen betonenden Konzeption der Vergleichenden Regierungslehre sind mit fiktionalen Gehalten angereichert. Insofern unterscheiden sie sich vom prinzipientheoretischen Blickwinkel der philosophischen Souveränitätstheorie nur graduell. Eine weitere Anbindung der Begrifflichkeiten dieser Disziplinen durch eine Eliminierung dieser fiktionalen Gehalte und die Einnahme der Perspektive der sozialwissenschaftlichen Kausalanalyse ist weder vollumfänglich möglich noch wünschenswert:
* Faktische Allmacht ist aufgrund der Kontingenz des Sozialen nur in destruktiver Hinsicht erreichbar. Möglich sind nur Ableitungen dieser Allmacht – Formen übermächtiger Herrschaftsmacht.
* Der demokratische Verfassungsstaat stellt den Versuch dar, die Frage nach der tatsächlichen Übermacht erfolgreich zu verdrängen. ‚Verfassungsgerichtsbarkeit' *kann* ein Hilfsmittel dafür sein. Und zwar kann sie es sein, wenn die Institution der ‚Verfassungsgerichtsbarkeit' eingefaßt ist von einer bestimmten politischen Kultur.
– Jenseits institutioneller und kompetentieller Spezifika ist eine politische Kultur erforderlich, die die Herrschaftsmacht sämtlicher Herrschaftsträger nicht mit genuiner Souveränität identifiziert. Vielmehr ist eine politische Kultur notwendig, die die Herrschaftsmacht stets mit Konkretisierungen der Idee der wechselseitigen Anerkennung der Individuen als frei und gleich konfrontiert. Der Ausrichtung auf diese Idee sind auch die Bürgerschaft und die Verfassungsjudikatur zu unterwerfen. Dann tritt kein prinzipieller Konflikt auf zwischen der Souveränität der Verfassungsrechtsprechung und der Souveränität des Volkes. Schließlich muß diese Souveränitätskonzeption auch für die Verfassung gelten: Die ‚Verfassungssouveränität' muß ebenfalls derivativer Natur sein und ist nicht zum (Quasi-)Subjekt genuiner Souveränität zu erheben, wie dies bei Verfassungsnormen mit „Ewigkeitsgarantie" jedoch geschieht. Ebenso verfügt die Bürgerschaft zwar juristisch zurechenbar über die verfassunggebende Gewalt. Doch diese verfassunggebende Gewalt ist nur Ausfluß der ‚Volkssouveränität', sie ist nicht mit ihr identisch.
– Die Souveränität „erster Ordnung" ist für die Idee einer *hypothetischen* Totalverfügung freier und gleicher Personen zu reservieren, versinnbildlicht in der Metapher vom Sozialvertrag. Umgekehrt allerdings ist ‚Souveränität' aber auch nicht auf ihre philosophische Fassung zu verkürzen.
Unter diesen Bedingungen ist die Institution der ‚Verfassungsgerichtsbarkeit' legitim.

Abkürzungen

Abgekürzt zitierte Zeitschriften

AöR	Archiv des öffentlichen Rechts
APuZ	Aus Politik und Zeitgeschichte
ARSP	Archiv für Rechts- und Sozialphilosophie
DVBl	Deutsches Verwaltungsblatt
FAZ	Frankfurter Allgemeine Zeitung
FCE	Forum Constitutionis Europae (Vortragsreihe am Walter-Hallstein-Institut/Humboldt-Universität zu Berlin)
JA	Juristische Arbeitsblätter
JöR, NF	Jahrbuch des öffentlichen Rechts der Gegenwart, Neue Folge
JuS	Juristische Schulung
KritVJ	Kritische Vierteljahresschrift für Gesetzgebung und Rechtswissenschaft
NJW	Neue Juristische Wochenschrift
NVwZ	Neue Zeitschrift für Verwaltungsrecht
PVS	Politische Vierteljahresschrift
VVDStRL	Veröffentlichungen der Vereinigung der Deutschen Staatsrechtslehrer
WHI-Paper	Walter-Hallstein-Institut-Paper (Humboldt-Universität zu Berlin)
ZaöRV	Zeitschrift für ausländisches öffentliches Recht und Völkerrecht
ZfP	Zeitschrift für Politik
ZParl	Zeitschrift für Parlamentsfragen
ZRP	Zeitschrift für Rechtspolitik

Nicht abgekürzt zitierte Zeitschriften

	Law and Philosophy
	Philosophy & Public Affairs
	Political Science Quarterly
	Rechtstheorie
Der Staat	*Der Staat. Zeitschrift für Staatslehre und Verfassungsgeschichte, deutsches und europäisches öffentliches Recht*
	The Political Science Reviewer
	Verwaltungsrundschau

Abkürzungen bei bibliographischen Angaben

a.A.	anderer Ansicht
aaO.	am angegebenen Ort
[H.]	Hervorhebung
[Hn.]	Hervorhebungen
H.	Heft
FN	Fußnote
FS	Festschrift
i.O.	im Original
mwN.	mit weiteren Nachweisen
st.Rspr.	ständige Rechtssprechung

Sonstige Abkürzungen

BGH	Bundesgerichtshof
BV	Bundesverfassung der Schweizerischen Eidgenossenschaft
BVerfG	Bundesverfassungsgericht
BVerfGG	Bundesverfassungsgerichtsgesetz
CLS	Critical Legal Studies
EGKS	Europäische Gemeinschaft für Kohle und Stahl
EGV	Vertrag zur Gründung der Europäischen Gemeinschaft
EMRK	Europäische Konvention zum Schutze der Menschenrechte und Grundfreiheiten
EU	Europäische Union
EuG	Gericht (erster Instanz) der Europäischen Gemeinschaften/ Europäisches Gericht
EuGH	Gerichtshof der Europäischen Gemeinschaften/Europäischer Gerichtshof
EUV	Vertrag über die Europäische Union
GASP	Gemeinsame Außen- und Sicherheitspolitik
GG	Grundgesetz
VVE	Vertrag über eine Verfassung für Europa

Siglen

(Die) Schriften von Heidrun Abromeit, Samuel Freeman, Carl J. Friedrich, Jürgen Habermas, Joseph William Singer und Jeremy Waldron werden durch Kurzformen belegt in Gestalt von Siglen, die im folgenden aufgeführt sind. Verweisungen auf deren Publikationen finden sich nicht nur in den Fußnoten, sondern auch im Text der Arbeit. Ebenso werden bei Verweisen auf die Festschrift zum fünfzigjährigen Bestehen des Bundesverfassungsgerichts Siglen verwandt.

CD&LJR	FREEMAN, SAMUEL, Constitutional Democracy and the Legitimacy of Judicial Review, in: *Law and Philosophy*, 9. Bd. (1990), 327–370.
F&G	HABERMAS, JÜRGEN, *Faktizität und Geltung*. Beiträge zur Diskurstheorie des Rechts und des demokratischen Rechtsstaats, Frankfurt a.M. 1998 [= Taschenbuchausgabe, text- und seitenidentisch mit der 4., durchges. und um ein Nachwort und ein Literaturverzeichnis erw. Aufl. von 1994; Erstaufl. 1992].
FS 50 BVerfG 1	BADURA, PETER/DREIER, HORST, *Festschrift 50 Jahre Bundesverfassungsgericht*. Erster Band: Verfassungsgerichtsbarkeit – Verfassungsprozeß, Tübingen 2001.
FS 50 BVerfG 2	BADURA, PETER/DREIER, HORST, *Festschrift 50 Jahre Bundesverfassungsgericht*. Zweiter Band: Klärung und Fortbildung des Verfassungsrechts, Tübingen 2001.
OMDI&C	FREEMAN, SAMUEL, Original Meaning, Democratic Interpretation, and the Constitution, in: *Philosophy & Public Affairs*, 21. Bd. (1992), Nr. 1/Winter, 3–42.
P&D	WALDRON, JEREMY, Precommitment and Disagreement, in: Larry Alexander (Hg.): *Constitutionalism*. Philosophical Foundations, Cambridge 1998, 271–299.
VPV	ABROMEIT, HEIDRUN, Volkssouveränität, Parlamentssouveränität, Verfassungssouveränität: Drei Realmodelle staatlichen Handelns, in: *PVS*, 36. Bd. (1995), 49–66.
P&C	SINGER, JOSEPH WILLIAM, The Player and the Cards: Nihilism and Legal Theory, in: *The Yale Law Journal*, 94. Bd. (1984), Nr. 1, 1–70.
VN	FRIEDRICH, CARL J., *Der Verfassungsstaat der Neuzeit*, Berlin, Göttingen, Heidelberg 1953 [= überarb. Fassung von Constitutional Government and Democracy 1951].

Literatur

AARNIO, AULIS, *The Rational as Reasonable,* Dordrecht 1987.
ABROMEIT, HEIDRUN, Volkssouveränität, Parlamentssouveränität, Verfassungssouveränität: Drei Realmodelle staatlichen Handelns, in: *PVS,* 36. Bd. (1995), 49–66 [zit. als VPV].
ACKERMAN, BRUCE, *Social Justice in the Liberal State,* New Haven; London 1980.
ACKERMAN, BRUCE, *We the People.* Foundations, Cambridge [Mass.] 1991.
ADAMS, ANGELA/ADAMS, WILLI PAUL (Hg.), *Die amerikanische Revolution und Verfassung 1754–1791,* München 1987.
ADAMS, ANGELA/ADAMS, WILLI PAUL, Alexander Hamilton/James Madison/John Jay: *Die* Federalist-*Artikel.* Politische Theorie und Verfassungskommentar der amerikanischen Gründerväter. Mit dem engl. und dt. Text der Verfassung der USA, hrsg., übers., eingel. und komment. von A. Adams und W. P. Adams, Paderborn u.a. 1994.
ADAMS, ANGELA/ADAMS, WILLI PAUL, Einleitung, in: Alexander Hamilton/James Madison/John Jay: *Die* Federalist-*Artikel.* Politische Theorie und Verfassungskommentar der amerikanischen Gründerväter. Mit dem engl. und dt. Text der Verfassung der USA hrsg., übers., eingel. und komment. von A. Adams/W. P. Adams, Paderborn u.a. 1994, xxvii–xciii.
ADAMS, WILLI PAUL, Verfassungstheorie und Verfassungspraxis der amerikanischen Gründergeneration: Von der konstitutionellen Monarchie Großbritanniens zum republikanischen Bundesstaat, in: Herfried Münkler (Hg.): Bürgerreligion und Bürgertugend. Debatten über die vorpolitischen Grundlagen politischer Ordnung, Baden-Baden 1996, 284–300.
ALBERT, HANS, *Traktat über Kritische Vernunft,* Tübingen 1991 [5., verb. und erw. Aufl.; Erstaufl. 1968/Die Einheit der Gesellschaftswissenschaften; 9].
ALEXY, ROBERT, *Theorie der juristischen Argumentation.* Die Theorie des rationalen Diskurses als Theorie der juristischen Begründung. Nachwort (1991): Antwort auf einige Kritiker, Frankfurt a.M. 1991 [2. Aufl.; Erstaufl. 1978].
ALEXY, ROBERT, *Theorie der Grundrechte,* Frankfurt a.M. 1994 [Erstveröffentlichung Baden-Baden 1985].
ALEXY, ROBERT, Die juristische Argumentation als rationaler Diskurs, in: Ernesto Garzón Valdés/Ruth Zimmerling (Hg.): *Facetten der Wahrheit.* FS f. Meinolf Wewel, Freiburg i.Br.; München 1995, 361–378.
ALEXY, ROBERT, *Recht, Vernunft, Diskurs.* Studien zur Rechtsphilosophie, Frankfurt a.M. 1995.
ALEXY, ROBERT, Recht und Richtigkeit, in: Werner Krawietz u.a. (Hg.): *The Reasonable as Rational?* On Legal Argumentation and Justification. FS f. Aulis Aarnio, Berlin 2000, 3–19.
ALLEWELDT, RALF, Die Idee der gerichtlichen Überprüfung von Gesetzen in den Federalist Papers, in: *ZaöRV,* 56. Bd. (1996), H. 1–2, 205–239.
AMAR, AKHIL REED, *The Bill of Rights.* Creation and Reconstruction, New Haven; London 1998.
AMT FÜR AMTLICHE VERÖFFENTLICHUNGEN DER EUROPÄISCHEN GEMEINSCHAFTEN, *Vertrag über eine Verfassung für Europa,* Luxemburg 2005.

ANDERSON, WILLIAM, The Intention of the Framers, in: Kermit Hall (Hg.): *Judicial Review in American History.* Major Historical Interpretations, New York; London 1987, 1–13.
APEL, KARL-OTTO, *Transformation der Philosophie I: Sprachanalytik, Semiotik, Hermeneutik,* Frankfurt a.M. 1994.
APEL, KARL-OTTO, *Auseinandersetzungen.* In Erprobung des transzendental-pragmatischen Ansatzes, Frankfurt a.M. 1998.
APEL, KARL-OTTO, *Transformation der Philosophie II: Das Apriori der Kommunikationsgemeinschaft,* Frankfurt a.M. 1999.
ARISTOTELES, *Politik.* Übers. v. F. Susemihl. Einl., Bibliographie und zusätzl. Anm. v. W. Kullmann, Reinbek bei Hamburg 1994.
ARNIM, HANS HERBERT VON, Einführung und Begrüßung, in: *Speyrer Vorträge,* H. 30 {zu J. Limbach: Das Bundesverfassungsgericht als politischer Machtfaktor}, 5–10.
ARTHUR, JOHN, *Words That Bind.* Judicial Review and the Grounds of Modern Constitutional Theory, Boulder; San Francisco; Oxford 1995.
ARTHUR, JOHN, Judicial review, democracy and the special competency of judges, in: Richard Bellamy (Hg.): *Constitutionalism, Democracy and Sovereignty: American and European Perspectives,* Aldershot u.a. 1996, 61–73.
AVRIL, PIERRE/GICQUEL, JEAN, *Le Conseil Constitutionnel,* Paris 2005 [5. Aufl.].
BADURA, PETER, Supranationalität und Bundesstaatlichkeit durch Rangordnung des Rechts, in: Jürgen Schwarze (Hg.): *Verfassungsrecht und Verfassungsgerichtsbarkeit im Zeichen Europas,* Baden-Baden 1998, 63–79 [erstmals in: Christian Starck (Hg.): Rangordnung der Gesetze, Göttingen 1995, 107 ff.].
BAILYN, BERNARD, The Ideological Fulfillment of the American Revolution: A Commentary on the Constitution, in: ders.: *Faces of Revolution.* Personalities and Themes in the Struggle for American Independence, New York 1990, 225–267.
BAILYN, BERNARD (Hg.), *The Debate On The Constitution.* Federalist and Antifederalist Speeches, Articles and Letters During the Struggle over Ratification. Part Two, New York 1993.
BAKKER, ROB, Verfassungskonforme Auslegung, in: ders./Aalt Willem Heringa/Frits Stroink (Hg.): *Judicial control.* Comparative essays on judicial review, Antwerpen; Apeldoorn 1995, 9–26.
BALL, TERENCE, Biographical synopses, in: ders. (Hg.): Hamilton/Madison/Jay: *The Federalist with Letters of „Brutus",* Cambridge u.a. 2003, xxxvii–xlv.
BALL, TERENCE (Hg.), Hamilton/Madison/Jay: *The Federalist with Letters of „Brutus",* Cambridge u.a. 2003.
BALLESTREM, KARL GRAF, Vertragstheoretische Ansätze in der politischen Philosophie, in: *ZfP,* 30. Bd. (1983), 1–17.
BANASZAK, BOGUSLAW, *Einführung in das polnische Verfassungsrecht.* Acta Universitatis Wratislaviensis, Warschau 2003.
BECK, ULRICH, *Was ist Globalisierung?* Irrtümer des Globalismus – Antworten auf Globalisierung Frankfurt a.M. 2002 [2. Reprint; Erstveröffentlichung: 1997].
BECKER, FLORIAN, Die Bedeutung der *ultra vires*-Lehre als Maßstab richterlicher Kontrolle öffentlicher Gewalt in England, in: *ZaöRV,* 61. Bd. (2001), H. 1, 85–105.
BECKER, HARTMUTH, Die Parlamentarismuskritik bei Carl Schmitt und Jürgen Habermas, Berlin 2003 [2. Aufl., mit einer neuen Vorbemerkung; Erstaufl.: 1994/Beiträge zur politischen Wissenschaft; 74].
BECKER, WERNER, *Die Freiheit, die wir meinen,* München 1982.
BECKER, WERNER, Politische Freiheit und Volkssouveränität, in: Volker Gerhardt (Hg.): *Der*

Begriff der Politik. Bedingungen und Gründe politischen Handelns, Stuttgart 1990, 109–122.

BECKER, WERNER, Kritischer Rationalismus und die Legitimation des Grundgesetzes, in: Winfried Brugger (Hg.): *Legitimation des Grundgesetzes aus Sicht von Rechtsphilosophie und Gesellschaftstheorie,* Baden-Baden 1996, 317–342.

BELLAH, ROBERT N., Zivilreligion in Amerika, in: Heinz Kleger/Alois Müller (Hg.): *Religion des Bürgers,* München 1986, 19–40.

BENDA, ERNST, Die Verfassungsgerichtsbarkeit der Bundesrepublik Deutschland, in: Christian Starck/Albrecht Weber (Hg.): *Verfassungsgerichtsbarkeit in Westeuropa. Teilband I: Berichte,* Baden-Baden 1986, 121–148.

BERG, WILFRIED, Das Grundgesetz in der Normenhierarchie, in: *JuS/JuS-Lernbogen* 4/1986, L25–L28.

BEYME, KLAUS VON, Das Bundesverfassungsgericht aus der Sicht der Politik- und Gesellschaftswissenschaften, in: Peter Badura/Horst Dreier (Hg.): *Festschrift 50 Jahre Bundesverfassungsgericht.* 1. Band: Verfassungsgerichtsbarkeit – Verfassungsprozeß, Tübingen 2001, 493–505.

BICKEL, ALEXANDER, *The Least Dangerous Branch – The Supreme Court at the Bar of Politics,* New Haven u.a. 1962.

BIEBER, ROLAND, *Europarecht.* Textausgabe mit einer Einf. von Roland Bieber, Baden-Baden 2004 [16. Aufl.].

BÖCKENFÖRDE, ERNST-WOLFGANG, *Die verfassunggebende Gewalt des Volkes,* Frankfurt a.M. 1986.

BÖCKENFÖRDE, ERNST-WOLFGANG, Zur Kritik der Wertbegründung des Rechts, in: Ralf Dreier (Hg.): *Rechtspositivismus und Wertbezug des Rechts,* Stuttgart 1990, 33–46.

BÖCKENFÖRDE, ERNST-WOLFGANG, *Staat, Verfassung, Demokratie.* Studien zur Verfassungstheorie und zum Verfassungsrecht, Frankfurt a.M. 1992 [2. Aufl.; hier zit.: Erstaufl. 1991].

BÖCKENFÖRDE, ERNST-WOLFGANG, *Recht, Staat, Freiheit.* Studien zu Rechtsphilosophie, Staatstheorie und Verfassungsgeschichte, Frankfurt a.M. 1992 [2. Aufl.; Erstaufl. 1991].

BÖCKENFÖRDE, ERNST-WOLFGANG, Die Überlastung des Bundesverfassungsgerichts, in: *ZRP,* 29. Bd. (1996), H. 8, 281–284.

BÖCKENFÖRDE, ERNST-WOLFGANG, *Welchen Weg geht Europa?,* München 1997.

BÖCKENFÖRDE, ERNST-WOLFGANG, Anmerkungen zum Begriff ‚Verfassungswandel', in: Bernd Guggenberger/Thomas Würtenberger (Hg.): *Hüter der Verfassung oder Lenker der Politik?,* Das Bundesverfassungsgericht im Widerstreit, Baden-Baden 1998, 44–56.

BÖCKENFÖRDE, ERNST-WOLFGANG, *Staat, Nation, Europa.* Studien zur Staatslehre, Verfassungstheorie und Rechtsphilosophie, Frankfurt a.M. 1999.

BODIN, JEAN, *Sechs Bücher über den Staat.* Buch I–III. Übersetzt und mit Anmerkungen versehen von Bernd Wimmer. Eingeleitet und hrsg. von Peter-Cornelius Mayer-Tasch, München 1981.

BOGDANDY, ARNIM VON, Supranationale Union als neuer Herrschaftstypus. Entstaatlichung und Vergemeinschaftung in staatstheoretischer Perspektive, in: *Integration,* 16. Bd. (1993), 210–224.

BOGDANDY, ARNIM VON, Beobachtungen zur Wissenschaft vom Europarecht. Strukturen, Debatten und Entwicklungsperspektiven der Grundlagenforschung zum Recht der Europäischen Union, in: *Der Staat,* 40. Bd. (2001), H. 1, 3–43.

BORK, ROBERT H., Neutral Principles and Some First Amendment Problems, in: Jack N. Rakove (Hg.): *Interpreting the Constitution.* The debate over Original Intent, Boston 1990, 197–226 [erstmals Indiana Law Journal, 47. Bd. {1971}].

BRADLEY, ANTHONY W., The Sovereignty of Parliament – in Perpetuity?, in: Jeffrey Jowell/ Dawn Oliver (Hg.): *The Changing Constitution,* Oxford 1985, 23–47.

BRENNER, MICHAEL, Die neuartige Technizität des Verfassungsrechts und die Aufgabe der Verfassungsrechtsprechung, in: *AöR,* 120. Bd. (1995), H. 2, 248–268.

BRUGGER, WINFRIED, *Grundrechte und Verfassungsgerichtsbarkeit in den Vereinigten Staaten von Amerika,* Tübingen 1987.

BRUGGER, WINFRIED, Verfassungsstabilität durch Verfassungsgerichtsbarkeit? Beobachtungen aus deutsch-amerikanischer Sicht, in: *Staatswissenschaft und Staatspraxis,* 4. Bd. (1993), 319–347.

BRUGGER, WINFRIED, Verfassungsinterpretation in den Vereinigten Staaten von Amerika, in: *JöR, NF,* 42. Bd. (1994), 571–593.

BRUGGER, WINFRIED, Konkretisierung des Rechts und Auslegung der Gesetze, in: *AöR,* 119. Bd. (1994), H. 1, 1–34.

BRUGGER, WINFRIED, Kommunitarismus als Verfassungstheorie des Grundgesetzes, in: *AöR* 123. Bd. (1998), 337–374.

BRUGGER, WINFRIED, Der moderne Verfassungsstaat aus Sicht der amerikanischen Verfassung und des deutschen Grundgesetzes, in: *AöR,* 126. Bd. (2001), 337–402.

BRÜNNECK, ALEXANDER VON, *Verfassungsgerichtsbarkeit in den westlichen Demokratien.* Ein systematischer Verfassungsvergleich, Baden-Baden 1992 [Studien und Materialien zur Verfassungsgerichtsbarkeit; Bd. 52].

BRUNNER, GEORG/GARLICKI, LESZEK, *Verfassungsgerichtsbarkeit in Polen.* Analysen und Entscheidungssammlung (1986–1997), Baden-Baden 1999.

„BRUTUS", Essays of Brutus, in: Herbert J. Storing (Hg.), *The Complete Anti-Federalist. Volume 2: Objections of Non-Signers of the Constitution and Major Series of Essays at the Outset,* Chicago; London 1981, 358–452.

„BRUTUS", Letters of „Brutus", in: Terence Ball (Hg.): Hamilton/Madison/Jay: *The Federalist with Letters of „Brutus",* Cambridge u.a. 2003, 433–533.

BUCHSTEIN, HUBERTUS, Selbstbindung als verfassungstheoretische Figur, in: Jürgen Gebhardt/Rainer Schmalz-Bruns (Hg.): *Demokratie, Verfassung und Nation.* Die politische Integration moderner Gesellschaften, Baden-Baden 1994, 231–252.

BÜLOW, BIRGIT VON, *Die Staatsrechtslehre der Nachkriegszeit (1945–1952),* Berlin; Baden-Baden 1996.

BUNDESBEHÖRDEN DER SCHWEIZERISCHEN EIDGENOSSENSCHAFT, *Bundesverfassung der Schweizerischen Eidgenossenschaft* vom 18. April 1999 (Stand 29. 3. 2005) [www.admin.ch/ch/d/sr/c101.html – 12. 7. 2005].

BUNGERT, HARTWIN, Zeitgenössische Strömungen in der amerikanischen Verfassungsinterpretation, in: *AöR,* 117. Bd. (1992), 71–99.

CASPAR, JOHANNES, *Wille und Norm.* Die zivilisationskritische Rechts- und Staatskonzeption J.-J. Rousseaus, Baden-Baden 1993.

CHALMERS, DAMIAN, The Dynamics of Judicial Authority and the Contitutional Treaty, in: *Jean Monnet Working Paper* 5/04 (2004) [www.jeanmonnetprogram.org/papers/04/ 040501-14.html – 25. 2. 2005].

CHRYSSOGONOS, KOSTAS, *Verfassungsgerichtsbarkeit und Gesetzgebung.* Zur Methode der Verfassungsinterpretation bei der Normenkontrolle, Berlin 1987.

CLITEUR, P. B., Traditionalism, Democracy, and Judicial Review, in: Bert van Roermund

(Hg.): *Constitutional Review. Verfassungsgerichtsbarkeit. Constitutionele Toetsing.* Theoretical and Comparative Perspectives, Deventer; Boston 1993, 55–77.

COMMICHAU, GERHARD, *Die Entwicklung der Menschen- und Bürgerrechte von 1776 bis zur Gegenwart,* Göttingen, Zürich 1985 [5. Aufl.; Erstaufl. 1972].

CRUZ VILLALÓN, PEDRO, Das spanische Verfassungsgericht, in: *ZParl,* 19. Bd. (1988), H. 3, 339–345.

CURRIE, DAVID P./WYATT, HARRY N., Das richterliche Prüfungsrecht in den Vereinigten Staaten und der Bundesrepublik, in: *JA,* 20. Bd. (1988), H. 1, 12–16.

DAHL, ROBERT, *A Preface to Democratic Theory,* Chicago 1956.

DAIS, EUGENE E./JØRGENSEN, STIG/ERH-SOON TAY, ALICE (Hg.), *Konstitutionalismus versus Legalismus?* Geltungsgrundlagen des Rechts im demokratischen Verfassungsstaat/ *Constitutionalism versus Legalism?* The Bases of Legal Validity in the Democratic Constitutional State [Kobe 1987; Verhandlungen/ARSP Beiheft Nr. 40], Stuttgart 1991.

DESCARTES, RENÉ, *Discours de la méthode pour bien conduire sa raison, et chercher la verité dans les sciences/Von der Methode des richtigen Vernunftgebrauchs und der wissenschaftlichen Forschung.* Übers. und hrsg. von Lüder Gäbe. Französisch/deutsch, Hamburg 1990.

DIAMOND, ANN STUART, The Antifederalist „Brutus", in: *The Political Science Reviewer,* 6. Bd. (1976), 249–281.

DILGER, KONRAD, Die „Gewalt des Rechtsgelehrten" (walayat-i faqih) im islamischen Recht. Ein Beitrag zur schiitischen Staatslehre in Iran und ihre Verankerung in der iranischen Verfassung, in: *Zeitschrift für Vergleichende Rechtswissenschaft,* 81. Bd. (1982), 39–62.

DIPPEL, HORST, Die Sicherung der Freiheit. *Limited government* versus Volkssouveränität in den frühen USA, in: Günter Birtsch (Hg.): *Grund- und Freiheitsrechte von der ständischen zur spätbürgerlichen Gesellschaft,* Göttingen 1987, 135–157.

DOWNS, ANTHONY, *An Economic Theory of Democracy,* New York 1957.

DWORKIN, RONALD, *Bürgerrechte ernstgenommen.* Übersetzt von Ursula Wolf, Frankfurt a.M. 1984 [Originalausgabe: Taking Rights Seriously, Harvard 1977].

DWORKIN, RONALD, *A matter of Principle,* Cambridge [Mass.] 1985.

DWORKIN, RONALD, *Law's Empire,* London 1986 [in dieser Arbeit zugrundegelegt: Ausgabe Oxford 1998].

DWORKIN, RONALD, *A Bill of Rights for Britain,* London 1990.

DWORKIN, RONALD, *Freedom's Law.* The Moral Reading of the American Constitution, Cambridge [Mass.] 1999.

EBERL, MATTHIAS, *Die Legitimität der Moderne.* Kulturkritik und Herrschaftskonzeption bei Max Weber und Carl Schmitt, Marburg 1994.

EBERL, MATTHIAS, Ziviler Ungehorsam und Friedlicher Widerstand im demokratischen Verfassungsstaat: Wo liegen die Grenzen politischer Opposition in der rechtsstaatlichen Demokratie?, in: *ZfP,* 41. Bd. (1994), H. 4, 359–388.

EBSEN, INGWER, Rezension zu Christian Starck/Albrecht Weber (Hg.): Verfassungsgerichtsbarkeit in Westeuropa, Baden-Baden 1986, Teilband I: Berichte; Teilband II: Dokumentation in: *AöR,* 113. Bd. (1988), 495–496.

EHRLICH, WALTER, Scott v. Sandford, in: Kermit L. Hall (Hg.): *The Oxford Guide to United States Supreme Court Decisions,* New York; Oxford 1999, 277–279.

ELSTER, JON, The Market and the Forum, in: ders./A. Hylland (Hg.): *Foundations of Social Choice Theory,* Cambridge 1986.

ELSTER, JON, *Solomonic Judgments.* Studies in the Limits of Rationality, Cambridge 1989.

ELSTER, JON, *The Cement of Society,* Cambridge 1989.
ELSTER, JON, The Possibility of Rational Politics, in: David Held (Hg.): *Political Theory Today,* Oxford 1991.
ELSTER, JON, Mehrheitsprinzip und Individualrechte, in: Stephen Shute/Susan Hurley (Hg.): *Die Idee der Menschenrechte.* Mit Beiträgen von Steven Lukes u.a., Frankfurt a.M. 1996, 207–253.
ELY, JOHN HART, *Democracy and Distrust.* A Theory of Judicial Review, Cambridge [Mass.]; London 1980.
ENAYAT, HAMID, Iran: Khumayni's Concept of the ‚Guardianship of the Jurisconsult', in: James Piscatori (Hg.): *Islam in the Political Process,* Cambridge u.a. 1983, 160–180.
EVERLING, ULRICH, Bundesverfassungsgericht und Gerichtshof der Europäischen Gemeinschaften nach dem Maastricht-Urteil, in: Albrecht Randelzhofer/Rupert Scholz/Dieter Wilke (Hg.): *Gedächtnisschrift für Eberhard Grabitz,* München 1995, 57–75.
FABIO, UDO DI, Ist die Staatswerdung Europas unausweichlich? Die Spannung zwischen Unionsgewalt und Souveränität der Mitgliedstaaten ist kein Hindernis für die Einheit Europas, in: *FAZ,* Nr. 28 (2.2.2001), 8.
FALLER, HANS JOACHIM, Die Verfassungsgerichtsbarkeit in der Frankfurter Reichsverfassung vom 28. März 1849, in: Leibholz, Gerhard u.a. (Hg.): *Menschenwürde und freiheitliche Rechtsordnung.* FS für Willi Geiger zum 65. Geburtstag, Tübingen 1974, 827–866.
FARRAND, MAX (Hg.), *Records of the Federal Convention,* New Haven 1911.
FENSKE, HANS, *Der moderne Verfassungsstaat.* Eine vergleichende Geschichte von der Entstehung bis zum 20. Jahrhundert, Paderborn u.a. 2001.
FINKELMAN, PAUL, *Korematsu v. United States, 323 U.S. 214 (1944),* in: Kermit L. Hall (Hg.): *The Oxford Guide to United States Supreme Court Decisions,* New York; Oxford 1999, 153–154.
FISCHER, WILLIAM W. III, The development of modern American legal theory and the judicial interpretation of the Bill of Rights, in: Michael J. Lacey/Knud Haakonssen (Hg.): *A culture of rights.* The Bill of Rights in philosophy, politics, and law – 1791 and 1991, Cambridge (UK); New York (USA); Oakleigh (Austr.) 1991, 266–365.
FLINTERMAN, CEES, Judicial control of foreign affairs: the political question doctrine, in: Rob Bakker/Aalt Willem Heringa/Frits Stroink (Hg.): *Judicial control.* Comparative essays on judicial review, Antwerpen; Apeldoorn 1995, 45–54.
FORSTHOFF, ERNST, Die Umbildung des Verfassungsgesetzes, in: ders.: *Rechtsstaat im Wandel.* Verfassungsrechtliche Abhandlungen 1950–1964, Stuttgart 1964, 147–175 [erstmals in: Hans Barion/Ernst Forsthoff/Werner Weber: FS für Carl Schmitt zum 70. Geburtstag dargebracht von Freunden und Schülern, Berlin 1959, 35–62].
FRAENKEL, ERNST, Das richterliche Prüfungsrecht in den Vereinigten Staaten von Amerika. Eine Untersuchung unter besonderer Berücksichtigung des Arbeitsrechts [1953], in: Hubertus Buchstein/Rainer Kühn (Hg.): *Ernst Fraenkel: Gesammelte Schriften. Bd. 4: Amerikastudien,* Baden-Baden 2000, 49–141 [erstmals in: JöR, NF 1953, 35–106].
FRAENKEL, ERNST, Das amerikanische Regierungssystem [Erstaufl. 1960], in: Hubertus Buchstein/Rainer Kühn (Hg.): *Ernst Fraenkel: Gesammelte Schriften. Bd. 4: Amerikastudien,* Baden-Baden 2000, 441–834 [zuerst als: Ernst Fraenkel: Das amerikanische Regierungssystem. Leitfaden, Köln; Opladen 1960; Abdruck nach: ders.: Das amerikanische Regierungssystem. Eine politologische Analyse, 2. durchges. Aufl. Köln; Opladen 1962].
FRAENKEL, ERNST, Fragment Wahlreform und oktroyierte Verfassung. Wie anno 1964 den Bürgern des Staates Colorado die Gleichwertigkeit des Stimmrechts beschert wurde

[1966], in: Hubertus Buchstein/Rainer Kühn (Hg.): *Ernst Fraenkel: Gesammelte Schriften.* *Bd. 4: Amerikastudien,* Baden-Baden 2000, 945–963.

FRAGNER, BERT G., Von den Staatstheologen zum Theologenstaat: Religiöse Führung und historischer Wandel im schi'itischen Persien, in: *Wiener Zeitschrift für die Kunde des Morgenlandes* (1983), 73–98.

FRANKENBERG, GÜNTER, *Die Verfassung der Republik.* Autorität und Solidarität in der Zivilgesellschaft, Baden-Baden 1996 [text- und seitenidentisch mit der in Frankfurt a.M. 1997 erschienenen Taschenbuchausgabe].

FREEMAN, SAMUEL, Constitutional Democracy and the Legitimacy of Judicial Review, in: *Law and Philosophy,* 9. Bd. (1990), 327–370 [zit. als CD&LJR].

FREEMAN, SAMUEL, Reason and Agreement in Social Contract Views, in: *Philosophy & Public Affairs,* 19. Bd., (Frühjahr 1990), H. 2, 122–157.

FREEMAN, SAMUEL, Original Meaning, Democratic Interpretation, and the Constitution, in: *Philosophy & Public Affairs,* 21. Bd. (1992), Nr. 1/Winter, 3–42 [zit. als OMDI&C].

FREUND, PAUL A., Appointment of Justices: Some Historical Perspectives, in: *Harvard Law Review,* 101. Bd. (1988), H. 5–8 (S. 915–1986), 1146–1163.

FRIEDRICH, CARL J., *Der Verfassungsstaat der Neuzeit,* Berlin, Göttingen, Heidelberg 1953 {= überarb. Fassung von Constitutional Government and Democracy 1951} [zit. als VN].

FRIEDRICH, MANFRED, Rudolf Smend 1882–1975, in: *AöR,* 112. Bd. (1987), 1–26.

FROMONT, MICHEL, Der französische Verfassungsrat, in: Christian Starck/Albrecht Weber (Hg.): *Verfassungsgerichtsbarkeit in Westeuropa. Teilband I: Berichte,* Baden-Baden 1986, 309–341.

FROWEIN, JOCHEN ABR., Die Europäisierung des Verfassungsrechts, in: Peter Badura/Horst Dreier (Hg.): *Festschrift 50 Jahre Bundesverfassungsgericht.* 1. Band: Verfassungsgerichtsbarkeit – Verfassungsprozeß, Tübingen 2001, 209–221.

FUHRMANN, HORST, „Volkssouveränität" und „Herrschaftsvertrag" bei Manegold von Lautenbach, in: Sten Gagnér/Hans Schlosser/Wolfgang Wieland (Hg.): *FS Hermann Krause,* Köln; Wien 1975, 21–42.

GEORG, SIEGFRIED, Staat, Verfassung und Politik bei Alexander Hamilton, in: Kurt Kluxen/Wolfgang J. Mommsen (Hg.): *Politische Ideologien und nationalstaatliche Ordnung.* Studien zur Geschichte des 19. und 20. Jahrhunderts. FS für Theodor Schieder zu seinem 60. Geburtstag, München; Wien 1968, 15–37.

GERSTENBERG, OLIVER, Zur Verfassungsdebatte in den USA – Konstitutionalismus im Liberalismus/Republikanismus, in: Jürgen Gebhardt/Rainer Schmalz-Bruns (Hg.): *Demokratie, Verfassung und Nation.* Die politische Integration moderner Gesellschaften, Baden-Baden 1994, 151–168.

GORDON, SCOTT, *Controlling the State.* Constitutionalism from Ancient Athens to Today, Cambridge [Mass.]; London 1999.

GOSEPATH, STEFAN, Das Verhältnis von Demokratie und Menschenrecht, in: Hauke Brunkhorst (Hg.): *Demokratischer Experimentalismus.* Politik in der komplexen Gesellschaft, Frankfurt a.M. 1998, 201–240.

GREWE, CONSTANCE, Das Verständnis des Rechtsstaates in Frankreich und in Deutschland, in: Joseph Jurt/Gerd Krumeich/Thomas Würtenberger (Hg.): *Wandel von Recht und Rechtsbewußtsein in Frankreich und Deutschland,* Berlin 1999, 157–167 [Studien des Frankreich-Zentrums der Albert-Ludwigs-Universität Freiburg; Bd. 1].

GRIMM, DIETER, Reformalisierung des Rechtsstaats als Demokratiepostulat?, in: *JuS* (1980), H. 10, 704–709.

GRIMM, DIETER, Politik und Recht, in: Eckart Klein (Hg.): *Grundrechte, soziale Ordnung und Verfassungsgerichtsbarkeit.* FS für Ernst Benda zum 70. Geburtstag, Heidelberg 1995, 91–103.

GRIMM, DIETER, *Die Zukunft der Verfassung,* Frankfurt a.M. 2002 [3. Aufl.; Erstaufl. 1991].

GRIMM, DIETER, Integration durch Verfassung? EU-Perspektiven nach dem Brüsseler Gipfel, in: *FCE* 6/04 (2004) [www.whi-berlin.de/grimm.htm – 25. 2. 2005].

GUNTHER, GERALD/DOWLING, NOEL T., *Cases and materials on Constitutional Law,* New York 1970.

GÜNTHER, KLAUS, *Der Sinn für Angemessenheit,* Frankfurt a.M. 1988.

GUSY, CHRISTOPH, Die Verfassungsbeschwerde, in: Peter Badura/Horst Dreier (Hg.): *Festschrift 50 Jahre Bundesverfassungsgericht.* 1. Band: Verfassungsgerichtsbarkeit – Verfassungsprozeß, Tübingen 2001, 641–671.

HABERMAS, JÜRGEN, *Theorie des kommunikativen Handelns.* Bd. I: Handlungsrationalität und gesellschaftliche Rationalisierung/Bd. II: Zur Kritik der funktionalistischen Vernunft, Frankfurt a.M. 1988 [4. Aufl.].

HABERMAS, JÜRGEN, *Moralbewußtsein und kommunikatives Handeln,* Frankfurt a.M. 1992 [5. Aufl.; Erstaufl. 1983].

HABERMAS, JÜRGEN, *Die Einbeziehung des Anderen.* Studien zur politischen Theorie, Frankfurt a.M. 1996.

HABERMAS, JÜRGEN, *Faktizität und Geltung.* Beiträge zur Diskurstheorie des Rechts und des demokratischen Rechtsstaats, Frankfurt a.M. 1998 [= Taschenbuchausgabe, text- und seitenidentisch mit der 4., durchges. und um ein Nachwort und ein Literaturverzeichnis erw. Aufl. von 1994; Erstaufl. 1992], [zit. als F&G].

HABERMAS, JÜRGEN, Warum braucht Europa eine Verfassung? Nur als politisches Gemeinwesen kann der Kontinent seine in Gefahr geratene Kultur und Lebensform verteidigen, in: *Die Zeit,* Nr. 27/ 2001 [www.zeit.de/2001/27/Politik – 8. 11. 2001].

HABERMAS, JÜRGEN, *Wahrheit und Rechtfertigung.* Philosophische Aufsätze, Frankfurt a.M. 2004 [Erw. Taschenbuchausgabe; Erstaufl. 1999].

HALL, KERMIT L., *The Supreme Court and Judicial Review in American History.* With a Foreword by Herman Belz, Series Editor. Bicentennial Essays On The Constitution, American Historical Association, Washington D.C. 1985.

HALL, KERMIT L. (Hg.), *The Oxford Guide to United States Supreme Court Decisions,* New York; Oxford 1999.

HALLER, WALTER, Das schweizerische Bundesgericht als Verfassungsgericht, in: Christian Starck/Albrecht Weber (Hg.): *Verfassungsgerichtsbarkeit in Westeuropa. Teilband I: Berichte,* Baden-Baden 1986, 179–217.

HALTERN, ULRICH R., *Verfassungsgerichtsbarkeit, Demokratie und Mißtrauen.* Das Bundesverfassungsgericht in einer Verfassungstheorie zwischen Populismus und Progressivismus, Berlin 1998 [Schriften zum öffentlichen Recht; 751].

HAMILTON, ALEXANDER/MADISON, JAMES/JAY, JOHN, *Die „Federalist Papers".* Übers., eingeleitet und mit Anm. vers. von Barbara Zehnpfennig, Darmstadt 1993.

HAMILTON, ALEXANDER/MADISON, JAMES/JAY, JOHN, *Die* Federalist *Artikel.* Politische Theorie und Verfassungskommentar der amerikanischen Gründerväter. Mit dem englischen und deutschen Text der Verfassung der USA, hrsg., übersetzt, eingeleitet und kommentiert von Angela und Willi Paul Adams, Paderborn u.a. 1994.

HAMILTON, ALEXANDER/MADISON, JAMES/JAY, JOHN, *The Federalist with Letters of „Brutus".* Hrsg. von Terence Ball, Cambridge u.a. 2003.

HART, H. L. A., *The Concept of Law,* Oxford 1995 [überarb. Ausgabe; Erstaufl. 1961].

HARTMANN, JÜRGEN, Verfassungsgericht, Grundrechte und Regierungssystem am Beispiel des Wandels der Verfassungsgerichtsbarkeit in Frankreich und Kanada, in: ders./Uwe Thaysen (Hg.): *Pluralismus und Parlamentarismus in Theorie und Praxis.* Winfried Steffani zum 65. Geburtstag, Opladen 1992, 261–283.

HAY, PETER, *Einführung in das amerikanische Recht,* Darmstadt, 1995 [4., überarb. Aufl.].

HEGEL, GEORG WILHELM FRIEDRICH, *Werke in zwanzig Bänden 1: Frühe Schriften.* Theorie Werkausgabe, Frankfurt a.M. 1979 [16./17. Aufl.; Nachdruck der Aufl. v. 1971].

HEIDEKING, JÜRGEN, Revolution, Verfassung und Nationalstaatsgründung, 1763–1815, in: Willi Paul Adams/Bernd Ostendorf u.a.: *Die Vereinigten Staaten von Amerika.* Bd. 1, Frankfurt a.M.; New York 1992, 64–86.

HEIDEKING, JÜRGEN, Entstehung und Ausformung des Verfassungssystems, in: Wolfgang Jäger/Wolfgang Welz (Hg.): *Regierungssystem der USA.* Lehr- und Handbuch, München; Wien 1998 [2., unwes. veränd. Aufl.; Erstaufl. 1995], 58–79.

HELLER, HERMANN, Die Souveränität. Ein Beitrag zur Theorie des Staats- und Völkerrechts, in: Christoph Müller (Hg.): Hermann Heller: *Gesammelte Schriften.* Zweiter Band: Recht, Staat, Macht, Tübingen 1992 [2. Aufl.; zuerst veröffentl. 1927 in: Beiträge zum ausländischen öffentlichen Recht und Völkerrecht, H. 4], 31–202.

HENNIS, WILHELM, Integration durch Verfassung? Rudolf Smend und die Zugänge zum Verfassungsproblem nach 50 Jahren unter dem Grundgesetz, in: *JZ,* 54. Bd. (1999), H. 10, 487–495.

HERINGA, AALT WILLEM, The separation of powers argument, in: Rob Bakker/ders./Frits Stroink (Hg): *Judicial control.* Comparative essays on judicial review, Antwerpen; Apeldoorn 1995, 27–43.

HERMES, GEORG, Senat und Kammern, in: Peter Badura/Horst Dreier (Hg.): *Festschrift 50 Jahre Bundesverfassungsgericht.* 1. Band: Verfassungsgerichtsbarkeit – Verfassungsprozeß, Tübingen 2001, 725–749.

HERZ, DIETMAR, *Die wohlerwogene Republik.* Das konstitutionelle Denken des politisch-philosophischen Liberalismus, Paderborn 1999.

HESSE, KONRAD, *Grundzüge des Verfassungsrechts der Bundesrepublik Deutschland,* Heidelberg 1999 [Neudruck der 20. Aufl.].

HEUN, WERNER, Normenkontrolle, in: Peter Badura/Horst Dreier (Hg.): *Festschrift 50 Jahre Bundesverfassungsgericht.* 1. Band: Verfassungsgerichtsbarkeit – Verfassungsprozeß, Tübingen 2001, 615–639.

HOBBES, THOMAS, *Leviathan oder Stoff, Form und Gewalt eines kirchlichen und bürgerlichen Staates.* Hrsg. und eingel. von Iring Fetscher. Übers. von Walter Euchner, Frankfurt a.M. 1992 u.ö. [5. Aufl.; Erstaufl. 1984].

HODDER-WILLIAMS, RICHARD, The federal judiciary, in: Robert Singh (Hg.).: *Governing America.* The Politics of a Divided democracy, Oxford u.a. 2003, 147–168.

HÖFFE, OTFRIED, *Vernunft und Recht.* Bausteine zu einem interkulturellen Rechtsdiskurs, Frankfurt a.M. 1996.

HOLLERBACH, ALEXANDER, Auflösung der rechtsstaatlichen Verfassung? Zu Ernst Forsthoffs Abhandlung „Die Umbildung des Verfassungsgesetzes" in der Festschrift für Carl Schmitt, in: *AöR,* 85. Bd. (1960), H. 3, 241–270.

HOLMES, OLIVER WENDELL, The Path of the Law, in: *Harvard Law Review,* 10. Bd. (1897), 457–478.

HOLMES, STEPHEN, Gag Rules or the Politics of Omission, in: Jon Elster/Rune Slagstad (Hg.): *Constitutionalism and Democracy,* Cambridge 1988, 19–58.

HOLMES, STEPHEN, Precommitment and the Paradox of Democracy, in: ders.: *Passions and Constraint.* On the theory of liberal democracy, Chicago 1995, 134–177. {Mutmaßlich die

Vorläuferversion dieses Artikels erschien in: Jon Elster/Rune Slagstad (Hg.): *Constitutionalism and Democracy*, Cambridge u.a. 1988, 195–240}.

HÜBNER, EMIL, *Parlament und Regierung in der Bundesrepublik Deutschland*, München 1995.

ISENSEE, JOSEF, Die Verfassungsgerichtsbarkeit zwischen Recht und Politik, in: Michael Piazolo (Hg.): *Das Bundesverfassungsgericht*. Ein Gericht im Schnittpunkt von Recht und Politik, Mainz; München 1995, 49–59.

ISENSEE, JOSEF, Der Bundesstaat – Bestand und Entwicklung, in: Peter Badura/Horst Dreier (Hg.): *Festschrift 50 Jahre Bundesverfassungsgericht*. Zweiter Band: Klärung und Fortbildung des Verfassungsrechts, Tübingen 2001, 719–770.

JACOBS, FRANCIS G., A new Constitutional Role for the European Court of Justice in the next decade? (Vortrag an der Humboldt-Universität zu Berlin am 12. November 1998/*Symposium on Perspectives of the Constitutional Process of the European Union in the light of the Amsterdam Treaty*) [www.rewi.hu-berlin.de/WHI/tagung98/jacobs – 9. 6. 2005].

JARASS, HANS D., Die Grundrechte: Abwehrrechte und objektive Grundsatznormen. Objektive Grundrechtsgehalte, insb. Schutzpflichten und privatrechtsgestaltende Wirkung, in: Peter Badura/Horst Dreier (Hg.): *Festschrift 50 Jahre Bundesverfassungsgericht*. Zweiter Band: Klärung und Fortbildung des Verfassungsrechts, Tübingen 2001, 35–53.

JOHNSON, HERBERT A., Marbury v. Madison, in: Kermit L. Hall (Hg.): *The Oxford Guide to United States Supreme Court Decisions*, New York; Oxford 1999, 173–175.

KANITZ, RALF/STEINBERG, PHILIPP, Grenzenloses Gemeinschaftsrecht? Die Rechtsprechung des EuGH zu Grundfreiheiten, Unionsbürgerschaft und Grundrechten als Kompetenzproblem, in: *WHI-Paper* 3/04 (2004) [www.whi-berlin.de/kanitz-steinberg.htm – 25. 2. 2005; zuerst erschienen in EuR 6/2003, 1013 ff.].

KANT, IMMANUEL, *Über den Gemeinspruch: Das mag in der Theorie richtig sein, taugt aber nicht für die Praxis/Zum ewigen Frieden*. Ein philosophischer Entwurf. Mit Einleit. u. Anm., Bibl. u. Registern kritisch hrsg. v. Heiner F. Klemme, Hamburg 1992.

KELSEN, HANS, *Vom Wesen und Wert der Demokratie*, Tübingen 1929 [2. überarb. Aufl.; Erstaufl. 1920].

KELSEN, HANS, Wesen und Entwicklung der Staatsgerichtsbarkeit/Mitbericht, in: *VVDStRL*, H. 5, Berlin; Leipzig 1929, 30–88.

KELSEN, HANS, *Wer soll Hüter der Verfassung sein?*, Berlin-Grunewald 1931.

KELSEN, HANS, Gott und Staat, in: ders.: *Staat und Naturrecht*. Aufsätze zur Ideologiekritik. Eingeleitet von Ernst Topitsch, München 1989 [2. Aufl.; Erstaufl. Neuwied a.Rh.; Berlin 1964], 29–55 [erstmals in: Logos, Bd. XI {1922/23}, H. 3, Tübingen 1923, 261–284].

KEMPF, UDO, Das politische System Frankreichs, in: Wolfgang Ismayr (Hg.): *Die politischen Systeme Westeuropas*. 3., aktual. u. überarb. Aufl., Opladen 2003, 301–347.

KENNEDY, DUNCAN, The Critique of Rights in Critical Legal Studies, in: Wendy Brown/Janet Halley (Hg.): *Left Legalism/Left Critique*, Durham 2002, 178–228 [erstmals in: Duncan Kennedy: A Critique of Adjudication (fin de siècle), Cambridge {Mass.} 1997].

KENYON, CECILIA M., Alexander Hamilton: Rousseau of the Right, in: *Political Science Quarterly*, 73 Bd. (1958), 161–178.

KERSTING, WOLFGANG, Kontraktualistischer Liberalismus: John Locke, in: ders.: *Die politische Philosophie des Gesellschaftsvertrags*. Von Hobbes bis zur Gegenwart, Darmstadt 1994, 109–139.

KHOMAYNI, RUHOLLAH MUSAVI, *Velayat-e faqih*, Teheran 1979.

KIMMEL, ADOLF, Der Verfassungsrat in der V. Republik. Zum ungewollten Erstarken der Verfassungsgerichtsbarkeit in Frankreich, in: *ZParl*, 17. Bd. (1986), H. 4, 530–547.

KINCAID, JOHN, § 11 Rechtssystem und Gerichtsbarkeit, in: Wolfgang Jäger/Wolfgang Welz (Hg.): *Regierungssystem der USA*. Lehr- und Handbuch, München; Wien 1998 [2., unwes. veränd. Aufl.; Erstaufl. 1995], 214–230.

KOCH, SYBILLE, Die Wahl der Richter des BVerfG, in: *ZRP,* 29. Bd. (1996), 41–44.

KORIOTH, STEFAN, Bundesverfassungsgericht und Rechtsprechung („Fachgerichte"), in: Peter Badura/Horst Dreier (Hg.): *Festschrift 50 Jahre Bundesverfassungsgericht*. 1. Band: Verfassungsgerichtsbarkeit – Verfassungsprozeß, Tübingen 2001, 55–81.

KOSKENNIEMI, MARTTI, *From Apologia to Utopia*. The Structure of International Legal Argument, Helsinki 1989.

KOSKENNIEMI, MARTTI, *The Gentle Civilizer of Nations*. The Rise and Fall of International Law 1870–1960, Cambridge u.a. 2001.

KÜHNE, JÖRG-DETLEF, Die französische Menschen- und Bürgerrechtserklärung im Rechtsvergleich mit den Vereinigten Staaten und Deutschland, in: *JöR, NF,* 39. Bd. (1990), 1–53.

KUMM, MATTHIAS/FERRERES COMELLA, VICTOR, The Primacy Clause of the Constitutional Treaty and the Future of Constitutional Conflict in the European Union, in: *Jean Monnet Working Paper* 5/04 (2004) [www.jeanmonnetprogram.org/papers/040501–15html – 19.2.2005].

KUNIG, PHILIP, Rezension zu Alexander von Brünneck: Verfassungsgerichtsbarkeit in den westlichen Demokratien. Ein systematischer Verfassungsvergleich, Baden-Baden 1992, in: *ZRP,* 28. Bd. (1995), H. 6, 231–232.

LANDFRIED, CHRISTINE, *Bundesverfassungsgericht und Gesetzgeber.* Wirkungen der Verfassungsrechtsprechung auf parlamentarische Willensbildung und soziale Realität, Baden-Baden 1984.

LAUFER, HEINZ, *Verfassungsgerichtsbarkeit und politischer Prozeß*. Studien zum Bundesverfassungsgericht der Bundesrepublik Deutschland, Tübingen 1968.

LEPSIUS, OLIVER, Die Tagung der Vereinigung der Deutschen Staatsrechtslehrer 2000 in Leipzig, in: *AöR,* 126. Bd. (2001), H. 3, 441–469.

LEVY, LEONARD W., *Origins of the Bill of Rights,* New Haven; London 1999.

LIMBACH, JUTTA, Das Bundesverfassungsgericht als politischer Machtfaktor, in: *Speyerer Vorträge,* H. 30, 11–26 (Vortrag anläßlich der Eröffnung des Sommersemesters 1995).

LIMBACH, JUTTA, Die Kooperation der Gerichte in der zukünftigen europäischen Grundrechtsarchitektur. Ein Beitrag zur Bestimmung des Verhältnisses von Bundesverfassungsgericht, Europäischem Gerichtshof und Europäischem Gerichtshof für Menschenrechte (Vortrag an der Humboldt-Universität zu Berlin am 29. Juni 2000) [www.whi-berlin.de – 8.11.2001].

LINDER, WOLF, Das politische System der Schweiz, in: Wolfgang Ismayr (Hg.): *Die politischen Systeme Westeuropas*. 3., aktual. u. überarb. Aufl., Opladen 2003, 487–520.

LLEWELLYN, KARL N., The Constitution As An Institution, in: *Columbia Law Review,* 34. Bd. (1934), Nr. 1, 1–40.

LÜBBE, HERMANN, Dezisionismus – eine kompromittierte politische Theorie, in: ders.: *Praxis der Philosophie – Praktische Philosophie – Geschichtstheorie,* Stuttgart 1978, 61–77.

LÜBBE, WEYMA, *Legitimität kraft Legalität*. Sinnverstehen und Institutionenanalyse bei Max Weber und seinen Kritikern, Tübingen 1991.

LÜBBE, WEYMA, *Rechtsphilosophie* (= Vortrag im Rahmen der Ringvorlesung „Einführung in die Philosophie" an der Universität Konstanz, Januar 1993).

LÜDDECKE, DIRK, Marsilius von Padua, in: Hans Maier/Horst Denzer (Hg.): *Klassiker des politischen Denkens,* München 2001, 107–118.

LUHMANN, NIKLAS, *Politische Theorie im Wohlfahrtsstaat,* München 1981.
MACINTYRE, ALASDAIR, *After Virtue.* A study in moral theory, London 1985 [2. Aufl.].
MAIER, HANS (Hg.), *Das Kreuz im Widerspruch.* Der Beschluß des Bundesverfassungsgerichts in der Kontroverse, Freiburg i.Br.; Basel; Wien 1996.
MALESON, DIANE C., *Carter v. Carter Coal Co., 298 U.S. 238 (1936),* in: Kermit L. Hall (Hg.): *The Oxford Guide to United States Supreme Court Decisions,* New York; Oxford 1999, 48–49.
MALUSCHKE, GÜNTHER, *Philosophische Grundlagen des demokratischen Verfassungsstaates,* Freiburg i.Br.; München 1982.
MARTIN, SIGMUND P., Ist das Recht mehr als eine bloße soziale Tatsache? Neuere Tendenzen in der anglo-amerikanischen Rechtstheorie, in: *Rechtstheorie,* 22. Bd. (1991), 525–540.
MATHIS, KLAUS, *Effizienz statt Gerechtigkeit?* Auf der Suche nach den philosophischen Grundlagen der Ökonomischen Analyse des Rechts, Berlin 2004 [Schriften zur Rechtstheorie; 223].
MAURER, ANDREAS et al., Ratifikationsverfahren zum EU-Verfassungsvertrag, in: *Internet-Publikation der Stiftung Wissenschaft und Politik* [www.swp-berlin.org/common/get_document.php?id=1135&PHPSESSID=408c37869bcfcc1e468ac5cfd4f97494 – 19. 2. 2005].
MAUS, INGEBORG, Freiheitsrechte und Volkssouveränität. Jürgen Habermas' Rekonstruktion des Systems der Rechte, in: *Rechtstheorie,* 26. Bd. (1995), 507–562.
MAUS, INGEBORG, Zum Verhältnis von Recht und Moral aus demokratietheoretischer Sicht, in: Kurt Bayertz (Hg.): *Politik und Ethik,* Stuttgart 1996, 194–227.
MAYER, FRANZ C., The European Constitution and the Courts. Adjudicating European constitutional law in a multilevel system, in: *Jean Monnet Working Paper* 9/03 (2003) [= www.jeanmonnetprogram.org/papers/MayerJM030901-03.pdf – 25. 2. 2005].
MAYER, FRANZ C., Wer soll Hüter der europäischen Verfassung sein?, in: *AöR* 129. Bd. (2004), H. 3, 411–435.
MAYER, FRANZ C., Individualrechtsschutz im Europäischen Verfassungsrecht, in: *DVBl* (2004), H. 10, 606–616 [hier zit. n.: *WHI-Paper* 9/04 (2004); www.whi-berlin.de/rechtsschutz.htm – 19. 2. 2005].
MAYER, FRANZ C., Competences – Reloaded? The Vertical Division of Powers in the EU after the New European Constitution, in: *WHI-Paper* 19/04 (2004) [www.whi-berlin.de/reloaded.htm – 25. 2. 2005].
MAYER-TASCH, PETER-CORNELIUS, Einführung in Jean Bodins Leben und Werk, in: ders. (Hg.): Jean Bodin: *Sechs Bücher über den Staat.* Übers. u. m. Anm. vers. v. Bernd Wimmer. Eingel. u. hrsg. v. P.-C. Mayer-Tasch, München 1981, 11–51.
MCCANN, MICHAEL W., *Griswold v. Connecticut,* in: Kermit L. Hall (Hg.): *The Oxford Guide to United States Supreme Court Decisions,* New York; Oxford 1999, 115–118.
MEIER, HEINRICH, *Die Lehre Carl Schmitts.* Vier Kapitel zur Unterscheidung Politischer Theologie und Politischer Philosophie, Stuttgart; Weimar 1994.
MELONE, ALBERT P./MACE, GEORGE, *Judicial Review and American Democracy,* Ames 1988.
MELS, PHILIPP, *Bundesverfassungsgericht und Conseil Constitutionnel.* Ein Vergleich der Verfassungsgerichtsbarkeit in Deutschland und Frankreich im Spannungsfeld zwischen der Euphorie für die Krönung des Rechtsstaates und der Furcht vor einem „gouvernement des juges", München 2003.
MENASHRI, DAVID, Iran: Doctrin and Reality, in: Efraim Karsh (Hg.): *The Iran-Iraq War.* Impact and Implications, Houndsmills u.a. 1989, 42–57.
MENEZES ALBUQUERQUE, PAULO ANTONIO DE, *Funktionen der Rechtsprechung im*

demokratischen Rechtsstaat in normen- und systemtheoretischer Perspektive, Berlin 2001 [Schriften zur Rechtstheorie; H. 196].

MONTESQUIEU, CHARLES DE, *Vom Geist der Gesetze,* eingeleitet, ausgewählt und übersetzt von Kurt Weigand, Stuttgart 1989.

MONTESQUIEU, CHARLES DE, *Vom Geist der Gesetze.* In neuer Übertragung. Eingel. u. hrsg. v. Ernst Forsthoff, Tübingen 1992 [2. Aufl.; Erstaufl. 1951].

MOUSSAVI, AHMAD KAZEMI, A New Interpretation of the Theory of *Vilayat-i Faqih,* in: *Middle Eastern Studies,* 28. Bd. (1992), Nr. 1, 101–107.

MOUFFE, CHANTAL, For an agonistic model of democracy, in: Noël O'Sullivan (Hg.): *Political Theory in Transition,* London; New York 1995, 113–130.

MÜLLER, JÖRG P., Diskussionsbeitrag [bei der Aussprache der Tagung der Vereinigung der Deutschen Staatsrechtslehrer in Innsbruck vom 1.–4. Oktober 1980/Thema „Verfassungsgerichtsbarkeit im Gefüge der Staatsfunktionen"], in: *VVDStRL,* H. 39 (1981), 155.

MÜLLER-GRAFF, PETER-CHRISTIAN, Strukturmerkmale des neuen Verfassungsvertrages für Europa im Entwicklungsgang des Primärrechts, in: *Integration,* 27. Bd. (2004), H. 3, 186–201 [= www.iep-berlin.de/publik/integration/heft-3-04/muellergraff.pdf – 26. 3. 2005].

MÜNKLER, HERFRIED (Hg.), *Bürgerreligion und Bürgertugend.* Debatten über die vorpolitischen Grundlagen politischer Ordnung, Baden-Baden 1996.

NOZICK, ROBERT, *Anarchy, State and Utopia,* Oxford 1974.

OETER, STEFAN, Die Beschränkung der Normenkontrolle in der schweizerischen Verfassungsgerichtsbarkeit. Ein Beitrag zu Entstehung und gegenwärtiger Bedeutung des Art. 113 Abs. 3 der Schweizer Bundesverfassung, in: *ZaöRV,* 50. Bd. (1990), H. 3, 545–598.

OFFE, CLAUS, Fessel und Bremse. Moralische und institutionelle Aspekte ‚intelligenter Selbstbeschränkung', in: Axel Honneth u.a. (Hg.): *Zwischenbetrachtungen. Im Prozeß der Aufklärung.* Jürgen Habermas zum 60. Geburtstag, Frankfurt a.M. 1989, 739–774.

ONUF, PETER S., Redefreiheit, öffentliche Meinung und die repräsentative Regierungsform: Jefferson und die Krise der Vereinigten Staaten 1797–1801, in: Klaus Dicke/Klaus-Michael Kodalle (Hg.): *Republik und Weltbürgerrecht.* Kantische Anregungen zur Theorie politischer Ordnung nach dem Ende des Ost-West-Konflikts, Weimar; Köln; Wien 1998, 277–307.

OSSENBÜHL, FRITZ, Bundesverfassungsgericht und Gesetzgebung, in: Peter Badura/Horst Dreier (Hg.): *Festschrift 50 Jahre Bundesverfassungsgericht.* 1. Band: Verfassungsgerichtsbarkeit – Verfassungsprozeß, Tübingen 2001, 33–53.

OTTMANN, HENNING, Politik und Vertrag. Zur Kritik der modernen Vertragstheorien, in: *ZfP,* 33. Bd. (1986) 22–32.

OTTMANN, HENNING, Die Menge und ihr politisches Urteil. Aristoteles' „Summierungstheorie" (III, 11), in: ders.: *Geschichte des politischen Denkens. Bd. 1/2: Von Platon bis zum Hellenismus,* Stuttgart; Weimar 2001, 194–195.

OTTMANN, HENNING, Jürgen Habermas' „deliberative Demokratie", in: Victoria Jäggi (Hg.): *Entwicklung, Recht, sozialer Wandel.* FS f. Paul Trappe zum 70. Geburtstag, Bern u.a. 2002, 235–248.

PASQUINO, PASQUALE, *Sieyes et l'invention de la constitution en France,* Paris 1998.

PATZIG GÜNTER, Platons Ideenlehre, kritisch betrachtet, in: *Antike und Abendland,* 16. Bd. (1970), 113–126 [Textanhang 127–140].

PAULY, WALTER, Verfassung als Synallagma, in: *Der Staat,* 33. Bd. (1994), 277–285.

PERNICE, INGOLF, Die Europäische Verfassung. Grundlagenpapier, in: Herbert Quandt-Stiftung: 16. Sinclair-Haus Gespräch: *Europas Verfassung – eine Ordnung für die Zukunft der Union,* Bad Homburg v. d. Höhe September 2001, 18–35.

PERNICE, INGOLF, Die neue Verfassung der Europäischen Union – ein historischer Fortschritt zu einem europäischen Bundesstaat?, in: *FCE Spezial* 1/03 (2003) [www.rewi. hu-berlin.de/WHI/deutsch/fce/fcehtm – 26. 3. 2005].

PERNICE, INGOLF/KANITZ, RALF, Fundamental Rights and Multilevel Constitutionalism in Europe, in: *WHI-Paper* 7/04 (2004) [www.whi-berlin.de/fundamentalrights.htm – 19. 2. 2005; erschienen auch in: Deirdre Curtin u.a. (Hg.): The Emerging Constitution of the European Union, Oxford 2004].

PERRY, MICHAEL J., *The Constitution in the Courts.* Law or Politics?, New York; Oxford 1994.

PIAZOLO, MICHAEL, *Verfassungsgerichtsbarkeit und Politische Fragen.* Die Political Question Doktrin im Verfahren vor dem Bundesverfassungsgericht und dem Supreme Court der USA, München 1994.

PIETZKER, JOST, Organstreit, in: Peter Badura/Horst Dreier (Hg.): *Festschrift 50 Jahre Bundesverfassungsgericht.* 1. Band: Verfassungsgerichtsbarkeit – Verfassungsprozeß, Tübingen 2001, 587–613.

PLATON, Der Staatsmann, in: ders.: *Theaitetos – Der Sophist – Der Staatsmann.* Bearbeitet von P. Staudacher, Darmstadt 1990 (entspricht der Ausgabe von 1990 [= 2. unveränd. Aufl. von 1970]).

PLATON, Politeia, in: ders.: *Sämtliche Werke.* Bd. 2: Lysis, Symposion, Phaidon, Kleitophon, Politeia, Phaidros, Reinbek bei Hamburg 1994, 195–537.

PLESSNER, HELMUTH, *Die Stufen des Organischen und der Mensch.* Einleitung in die philosophische Anthropologie, Berlin; New York 1975.

PLÖHN, JÜRGEN, 6. Die Gerichtsbarkeit, in: Oscar W. Gabriel/Everhard Holtmann (Hg.): *Handbuch Politisches System der Bundesrepublik Deutschland,* München; Wien 2005 [3., völlig überarb. u. erw. Aufl.; Erstaufl. 1997], 309–331.

POHLMANN, FRIEDRICH, *Politische Herrschaftssysteme der Neuzeit.* Absolutismus – Verfassungsstaat – Nationalsozialismus, Opladen 1988.

POSNER, RICHARD, *Economic Analysis of Law,* Boston; Toronto 1977 [2. Aufl.; Erstaufl. 1972] u.ö.

RAKOVE, JACK (Hg.), *Interpreting the Constitution.* The Debate over Original Intent, Boston 1990.

RAWLS, JOHN, *Eine Theorie der Gerechtigkeit.* Übers. v. H. Vetter, Frankfurt a.M. 1988 [4. Aufl. u.ö.; Erstaufl. 1979; Originalausgabe A Theory of Justice 1971].

RAWLS, JOHN, *Politischer Liberalismus.* Übers. v. Wilfried Hinsch, Frankfurt a.M. 1998.

REISSNER, JOHANNES, Der Imam und die Verfassung, in: *ORIENT.* Zeitschrift des deutschen Orient-Instituts, 29. Bd. (1988), 213–236.

RHINOW, RENÉ/Unter Mitarb. v. Ursula Abderhalden u.a., *Grundzüge des Schweizerischen Verfassungsrechts,* Basel; Genf; München 2003.

RIECKEN, JÖRG, *Verfassungsgerichtsbarkeit in der Demokratie.* Grenzen verfassungsgerichtlicher Kontrolle unter besonderer Berücksichtigung von John Hart Elys prozeduraler Theorie der Repräsentationsverstärkung, Berlin 2003 [Schriften zum Öffentlichen Recht; 916].

RIKLIN, ALOIS, Montesquieus freiheitliches Staatsmodell. Die Identität von Machtteilung und Mischverfassung, in: *PVS,* 30. Bd., H. 3 (1989), 420–442.

ROBBERS, GERHARD, Emmanuel Joseph Sieyès – Die Idee einer Verfassungsgerichtsbarkeit in der Französischen Revolution, in: Walter Fürst (Hg.): *Festschrift für Wolfgang Zeidler.* Bd. 1, Berlin; New York 1987, 257–263.

ROBBERS, GERHARD, Die historische Entwicklung der Verfassungsgerichtsbarkeit, in: *JuS* (1990), H. 4, 257–263.

RODRIGUEZ IGLESIAS, GIL CARLOS, Perspektiven europäischer und nationaler Verfassungsgerichtsbarkeit im Lichte des Vertrags über eine Verfassung für Europa, in: *FCE* 2/05 (2005) [www.whi-berlin.de/Rede_Homepage_RI_Pdf – 9. 6. 2005].

ROELLECKE, GERD, Verfassungsgerichtsbarkeit zwischen Recht und Politik in Spanien und der Bundesrepublik, in: *KritVj,* 74. Bd. (1991), H. 1, 74–86.

RORTY, RICHARD, *Philosophy and the Mirror of Nature,* Princeton (N. J.) 1979.

RORTY, RICHARD, *Consequences of Pragmatism.* Essays: 1972–1980, Minneapolis 1982.

RORTY, RICHARD, *Der Spiegel der Natur.* Eine Kritik der Philosophie, Frankfurt a.M. 1987.

ROUSSEAU, JEAN-JACQUES, Vom Gesellschaftsvertrag oder Prinzipien des Staatsrechts, in: ders.: *Politische Schriften.* Bd. 1, Paderborn 1977, 59–208.

RUPP-VON BRÜNNECK, WILTRAUT, Verfassungsgerichtsbarkeit und gesetzgebende Gewalt. Wechselseitiges Verhältnis zwischen Verfassungsgericht und Parlament, in: *AöR,* 102. Bd. (1977), 1–26.

SAAGE, RICHARD, Zum Begriff der Demokratie bei Hans Kelsen und Max Adler, in: Klaus Dicke/Klaus-Michael Kodalle (Hg.): *Republik und Weltbürgerrecht.* Kantische Anregungen zur Theorie politischer Ordnung nach dem Ende des Ost-West-Konflikts, Weimar; Köln; Wien 1998, 349–359.

SÄCKER, HORST, *Das Bundesverfassungsgericht,* Bonn 2003 [6. Aufl.].

SCHAAL, GARY S., *Integration durch Verfassung und Verfassungsrechtsprechung?* Über den Zusammenhang von Demokratie, Verfassung und Integration, Berlin 2000 [Beiträge zur Politischen Wissenschaft; Bd. 116].

SCHEUING, DIETER H., Deutsches Verfassungsrecht und europäische Integration, in: Jürgen Schwarze (Hg.): *Verfassungsrecht und Verfassungsgerichtsbarkeit im Zeichen Europas,* Baden-Baden 1998, 81–136.

SCHIEREN, STEFAN, *Die Stille Revolution.* Der Wandel der britischen Demokratie unter dem Einfluß der europäischen Integration, Darmstadt 2001.

SCHIRAZI, ASHGAR, Die neuere Entwicklung der Verfassung in der Islamischen Republik Iran, in: *Verfassung und Recht in Übersee,* 24. Bd. (1991), 105–123.

SCHIWEK, HEIKO, *Sozialmoral und Verfassungsrecht.* Dargestellt am Beispiel der Rechtsprechung des amerikanischen Supreme Court und ihrer Analyse durch die amerikanische Rechtstheorie, Berlin 2000 [Schriften zur Rechtstheorie; 192].

SCHLAICH, KLAUS, Die Verfassungsgerichtsbarkeit im Gefüge der Staatsfunktionen. 3. Mitbericht, in: *VVDStRL,* H. 39 (1981), 99–146.

SCHLAICH, KLAUS, Diskussionsbeitrag, in: Aussprache zu „Die Verfassungsgerichtsbarkeit im Gefüge der Staatsfunktionen"/Tagung der Vereinigung der Deutschen Staatsrechtslehrer 1980, in: *VVDStRL,* H. 39 (1981), 147–212 [176].

SCHLAICH, KLAUS/KORIOTH, STEFAN, *Das Bundesverfassungsgericht.* Stellung, Verfahren, Entscheidungen, München 2004 [6., neubearb. Aufl.; Erstaufl. 1985].

SCHLINK, BERNHARD, Die Entthronung der Staatsrechtswissenschaft durch die Verfassungsgerichtsbarkeit, in: *Der Staat,* 28. Bd. (1989), 161–172.

SCHLINK, BERNHARD, Der Grundsatz der Verhältnismäßigkeit, in: Peter Badura/Horst Dreier (Hg.): *Festschrift 50 Jahre Bundesverfassungsgericht.* Zweiter Band: Klärung und Fortbildung des Verfassungsrechts, Tübingen 2001, 445–465.

SCHMITT, CARL, Legalität und gleiche Chance politischer Machtgewinnung, in: *Deutsches Volkstum*, 2. Juliheft 1932, 557–564.

SCHMITT, CARL, *Der Hüter der Verfassung*, Berlin 1985 [3. Aufl.; lt. Verf. unveränd. Nachdr. d. Erstaufl. von 1931].

SCHMITT, CARL, *Politische Theologie*. Vier Kapitel zur Lehre von der Souveränität, Berlin 1990 [5. Aufl.; laut Verf. unveränd. Nachdr. d. 1934 erschienenen 2. Aufl.; Erstaufl. 1922].

SCHMITT, CARL, *Die geistesgeschichtliche Lage des heutigen Parlamentarismus*, Berlin 1991 [7. Aufl.; erstmals 1923; lt. Verf. folgt Text der 1925 erschienen 2. Aufl.].

SCHNEIDER, BERND JÜRGEN, *Die Funktion der Normenkontrolle und des richterlichen Prüfungsrechts im Rahmen der Rechtsfolgenbestimmung verfassungswidriger Gesetze*. Eine verfassungsgeschichtliche und -theoretische Untersuchung, Frankfurt a.M.; New York; Paris 1988.

SCHOKKENBROEK, JEROEN, Judicial review by the European Court of Human Rights: constitutionalism at European level, in: Rob Bakker/Aalt Willem Heringa/Frits Stroink (Hg.): *Judicial control*. Comparative essays on judicial review, Antwerpen; Apeldoorn 1995, 153–165.

SCHOTTKY, RICHARD, Staatliche Souveränität und individuelle Freiheit bei Rousseau, Kant und Fichte, in: *Fichte Studien*. Beiträge zur Geschichte und Systematik der Transzendentalphilosophie, 7. Bd. {Subjektivität} (1995), 119–142.

SCHRÖDER, HANS-CHRISTOPH, Die Grundrechtsproblematik in der englischen und amerikanischen Revolution. Zur „Libertät" des angelsächsischen Radikalismus, in: Günter Birtsch (Hg.): *Grund- und Freiheitsrechte im Wandel von Gesellschaft und Geschichte*. Beiträge zur Geschichte der Grund- und Freiheitsrechte vom Ausgang des Mittelalters bis zur Revolution von 1848, Göttingen 1981, 75–95.

SCHRÖDER, HANS-CHRISTOPH, *Die Amerikanische Revolution*. Eine Einführung, München 1982.

SCHÜLE, CHRISTIAN, *Die Parlamentarismuskritik bei Carl Schmitt und Jürgen Habermas*. Grundlagen, Grundzüge und Strukturen, Neuried 1998 [Reihe Politisches Denken; 2].

SCHULZE-FIELITZ, HELMUTH, Das Bundesverfassungsgericht in der Krise des Zeitgeists. Zur Metadogmatik der Verfassungsinterpretation in: *AöR*, 122. Bd. (1997), H. 1, 1–31.

SCHULZE-FIELITZ, HELMUTH, Wirkung und Befolgung verfassungsgerichtlicher Entscheidungen, in: Peter Badura/Horst Dreier (Hg.): *Festschrift 50 Jahre Bundesverfassungsgericht*. 1. Band: Verfassungsgerichtsbarkeit – Verfassungsprozeß, Tübingen 2001, 385–420.

SCHUMPETER, JOSEPH A., *Capitalism, Socialism, and Democracy*, New York 1950 [3. Aufl.].

SCHWARTZ, BERNARD, *A History of Supreme Court*, Oxford; New York 1993.

SCHWARZE, JÜRGEN, Das „Kooperationsverhältnis" des Bundesverfassungsgerichts mit dem Europäischen Gerichtshof, in: Peter Badura/Horst Dreier (Hg.): *Festschrift 50 Jahre Bundesverfassungsgericht*. 1. Band: Verfassungsgerichtsbarkeit – Verfassungsprozeß, Tübingen 2001, 223–243.

SCHWARZE, JÜRGEN, Die Wahrung des Rechts als Aufgabe und Verantwortlichkeit des Europäischen Gerichtshofs), in: Joachim Bohnert u.a. (Hg.): *Verfassung – Philosophie – Kirche*. FS für Alexander Hollerbach zum 70. Geburtstag, Berlin 2001, 169–191.

SCHWEGMANN, FRIEDRICH GERHARD, Idee und Entstehung des staatlichen Gewaltmonopols, in: *Verwaltungsrundschau*, 33. Bd. (1987), H. 7 (Juli), 217–221.

SCHWEITZER, ARTHUR, Verfassung, Präsident und Oberster Gerichtshof. Formen des institutionalisierten Charisma in den USA, in: Winfried Gebhardt/Arnold Zingerle/Michael N. Ebertz (Hg.): *Charisma.* Theorie – Religion – Politik, Berlin; New York 1993, 185–200.

SEELMANN, KURT, *Rechtsphilosophie,* München 2004 [3., überarb. und erw. Aufl.; Erstaufl. 1994].

SELMER, PETER, Bund-Länder-Streit, in: Peter Badura/Horst Dreier (Hg.): *Festschrift 50 Jahre Bundesverfassungsgericht.* 1. Band: Verfassungsgerichtsbarkeit – Verfassungsprozeß, Tübingen 2001, 565–585.

SIECKMANN, JAN REINARD, Rezension zu Gary S. SCHAAL: Integration durch Verfassung und Verfassungsrechtsprechung? Über den Zusammenhang von Demokratie, Verfassung und Integration, Berlin 2000 [Beiträge zur Politischen Wissenschaft; Bd. 116], in: *PVS,* XLII. Bd. (2001). H. 4, 731–734.

SIEDENTOP, LARRY, *Demokratie in Europa,* Stuttgart 2002.

SIEYES, EMMANUEL, JOSEPH, Was ist der dritte Stand?, in: Eberhard Schmitt/Rolf Reichardt (Hg./Übersetzer): Emmanuel Joseph Sieyes: *Politische Schriften 1788–1790; mit Glossar und kritischer Sieyes-Bibliographie,* München; Wien 1981 [2., überarb. u. erw. Aufl.], 117–195.

SINGER, JOSEPH WILLIAM, The Player and the Cards: Nihilism and Legal Theory, in: *The Yale Law Journal,* 94. Bd. (1984), Nr. 1, 1–70 [zit. als P&C].

SINGH, ROBERT, *American Government & Politics.* A Concise Introduction, London; Thousand Oaks; New Delhi 2003.

SMEND, RUDOLF, Das Recht der freien Meinungsäußerung, in: ders. *Staatsrechtliche Abhandlungen und andere Aufsätze,* Berlin 1994 [3., wiederum erw. Aufl.; Erstaufl. 1955], 89–118 {= Mitbericht in der Verhandlung der deutschen Staatsrechtslehrer in München am 24. März 1927}.

SMEND, RUDOLF, *Staatsrechtliche Abhandlungen und andere Aufsätze,* Berlin 1994 [3., wiederum erw. Aufl.; Erstaufl. 1955].

SNOWISS, SYLVIA, *Judicial Review and the Law of the Constitution,* New Haven; London 1990.

SOSIN, J. M., *The Aristocracy of the Long Robe.* The Origins of Judicial Review in America, New York; Westport [Connec.]; London 1989.

SPAEMANN, ROBERT, *Philosophische Essays.* Erweiterte Ausgabe, Stuttgart 1994.

STARCK, CHRISTIAN, Vorrang der Verfassung und Verfassungsgerichtsbarkeit, in: ders./Albrecht Weber (Hg.): *Verfassungsgerichtsbarkeit in Westeuropa. Teilband I: Berichte,* Baden-Baden 1986, 11–39.

STEFFANI, WINFRIED, *Parlamentarische und präsidentielle Demokratie.* Strukturelle Aspekte westlicher Demokratien, Opladen 1979.

STEFFANI, WINFRIED, Zur Vereinbarkeit von Basisdemokratie und parlamentarischer Demokratie, in: *APuZ* 2/1983, 3–17.

STERN, KLAUS, *Verfassungsgerichtsbarkeit zwischen Recht und Politik,* Opladen 1980.

STERN, KLAUS, *Grundideen europäisch-amerikanischer Verfassungsstaatlichkeit,* Berlin; New York 1984.

STERN, KLAUS, Bemerkungen zur Grundrechtsauslegung, in: Johannes Hengstschläger u.a. (Hg.): *Für Staat und Recht.* FS für Herbert Schambeck, Berlin 1994, 381–406.

STICK, JOHN, Can nihilism be pragmatic?, in: *Harvard Law Review,* 100. Bd. (1986–1987: 1986), 332–401.

STONE, ALEC, *The Birth of Judicial Politics in France.* The Conseil Constitutionnel in Comparative Perspective, New York u.a. 1992.

STORING, HERBERT J./DRY, MURRAY, (Hg.), *The Complete Anti-Federalist.* 7 Bde, Chicago 1981.
STORING, HERBERT, *The Complete Anti-Federalist. Volume 2: Objections of Non-Signers of the Constitution and Major Series of Essays at the Outset,* Chicago; London 1981.
STOURZH, GERALD, *Wege zur Grundrechtsdemokratie.* Studien zur Begriffs- und Institutionengeschichte des liberalen Verfassungsstaates, Wien; Köln 1989.
TELLENBACH, SILVIA, *Untersuchungen zur Verfassung der islamischen Republik Iran vom 15. November 1979,* Berlin 1985.
TELLENBACH, SILVIA, Zur Änderung der Verfassung der Islamischen Republik Iran vom 28. Juli 1989, in: *ORIENT. Zeitschrift des deutschen Orient-Instituts,* 31. Bd. (1990), 45–66.
THIELE, ULRICH, Verfassunggebende Volkssouveränität und Verfassungsgerichtsbarkeit. Die Position der Federalists im Fadenkreuz der zeitgenössischen Kritik, in: *Der Staat,* 39. Bd. (2000), H. 3, 397–424.
THIELE, ULRICH, Volkssouveränität – Menschenrechte – Gewaltenteilung im Denken von Sieyes, in: *ARSP,* 86. Bd. (2000), 1. Quartal, H. 1, 48–69.
TIEDEMANN, KLAUS, *Verfassungsrecht und Strafrecht,* Heidelberg 1991.
TOMUSCHAT, CHRISTIAN, Das Bundesverfassungsgericht im Kreise anderer nationaler Verfassungsgerichte, in: Peter Badura/Horst Dreier (Hg.): *Festschrift 50 Jahre Bundesverfassungsgericht.* 1. Band: Verfassungsgerichtsbarkeit – Verfassungsprozeß, Tübingen 2001, 245–288.
TUORI, KAARLO, The Supreme Courts and Democracy. Who are the Princes of Law's Empire?, in: Werner Krawietz u.a. (Hg.): *The Reasonable as Rational? On Legal Argumentation and Justification.* FS for Aulis Aarnio, Berlin 2000, 283–295.
TUSHNET, MARK V., *Red, White and Blue. A Critical Analysis of Constitutional Law,* Cambridge [Mass.] u.a. 1988.
TUSHNET, MARK V., Roe v. Wade, in: Kermit L. Hall (Hg.): *The Oxford Guide to United States Supreme Court Decisions,* New York; Oxford 1999, 262–265.
TUSHNET, MARK V., *Taking the Constitution Away From the Courts,* Princeton [N. J.] 1999.
UNGER, ROBERTO MANGABEIRA, *The Critical Legal Studies Movement,* Cambridge [Mass.] u.a. 1986.
VORLÄNDER, HANS, Die Suprematie der Verfassung. Über das Spannungsverhältnis von Demokratie und Konstitutionalismus, in: Wolfgang Leidhold (Hg.): *Politik und Politeia. Formen und Probleme politischer Ordnung.* Festgabe für Jürgen Gebhardt zum 65. Geburtstag, Würzburg 2000, 373–383.
VORLÄNDER, HANS, Der Interpret als Souverän, in: *FAZ,* Nr. 89 (17. 4. 2001), 14.
WAGNER, WILLIAM JOSEPH, The Role of Basic Values in Contemporary Constitutional Hermeneutics, in: *ZaöRV,* 56. Bd. (1996), H. 1–2, 178–204.
WAHL, RAINER, Der Vorrang der Verfassung und die Selbständigkeit des Gesetzesrechts, in: *NVwZ,* 35. Bd. (1984), 401–409.
WAHL, RAINER, Die Reformfrage, in: Peter Badura/Horst Dreier (Hg.): *Festschrift 50 Jahre Bundesverfassungsgericht.* 1. Band: Verfassungsgerichtsbarkeit – Verfassungsprozeß, Tübingen 2001, 461–491.
WALDRON, JEREMY, Freeman's Defence of Judicial Review, in: *Law and Philosophy,* 13. Bd. (1994), 27–41.
WALDRON, JEREMY, Precommitment and Disagreement, in: Larry Alexander (Hg.): *Constitutionalism. Philosophical Foundations,* Cambridge 1998, 271–299 [zit. als P&D].
WALDRON, JEREMY, *Law and Disagreement,* Oxford 1999.

WALDRON, JEREMY, *The Dignity of Legislation,* Cambridge (UK); New York; Oakleigh 1999.
WAMISTER, CHRISTOF, „Kalte Füsse" im Bundeshaus: Normenkontrolle gestrichen, in: *Basler Zeitung,* Nr. 235 (8. 10. 1999), 10.
WEBER, ALBRECHT, Generalbericht: Verfassungsgerichtsbarkeit in Westeuropa, in: Christian Starck/ders. (Hg.): *Verfassungsgerichtsbarkeit in Westeuropa. Teilband I: Berichte,* Baden-Baden 1986, 41–120.
WEBER, MAX, *Wirtschaft und Gesellschaft.* Grundriß der verstehenden Soziologie, hrsg. von Johannes Winckelmann, Tübingen 1980 [5. Aufl.].
WEBER, MAX, Die „Objektivität" sozialwissenschaftlicher und sozialpolitischer Erkenntnis (1904), in: ders.: *Gesammelte Aufsätze zur Wissenschaftslehre,* hrsg. von Johannes Winckelmann, Tübingen 1988 [7. Aufl.], 146–214.
WEBER, MAX, Die drei reinen Typen der legitimen Herrschaft, in: ders.: *Gesammelte Aufsätze zur Wissenschaftslehre,* hrsg. von Johannes Winckelmann, Tübingen 1988 [7. Aufl.], 475–488.
WENDENBURG, HELGE, *Die Debatte um die Verfassungsgerichtsbarkeit und der Methodenstreit der Staatsrechtslehre in der Weimarer Republik,* Göttingen 1984.
WESSELS, WOLFGANG, Das politische System der Europäischen Union, in: Wolfgang Ismayer (Hg.): *Die politischen Systeme Westeuropas.* 3., aktual. u. überarb. Aufl., Opladen 2003, 779–817.
WIECEK, WILLIAM M., Die Liberale Kritik am Obersten Gerichtshof der Vereinigten Staaten, in: Hermann Wellenreuther/Claudia Schnurmann (Hg.): *Die Amerikanische Verfassung und deutsch-amerikanisches Verfassungsdenken.* Ein Rückblick über 200 Jahre, New York; Oxford 1991, 435–458.
WIELAND, JOACHIM, Der Zugang des Bürgers zum Bundesverfassungsgericht und zum U.S. Supreme Court, in: *Der Staat,* 29. Bd. (1990), 333–353.
WILLKE, HELMUT, *Ironie des Staates,* Frankfurt a.M. 1992.
WITTE, BRUNO DE, Interpreting the EC Treaty like a constitution: the role of the European Court of Justice in comparative perspective, in: Rob Bakker/Aalt Willem Heringa/Frits Stroink (Hg.): *Judicial control.* Comparative essays on judicial review, Antwerpen; Apeldoorn 1995, 133–152.
WITTKAU, ANNETTE, *Historismus.* Zur Geschichte des Begriffs und des Problems, Göttingen 1992.
WOLFF, HANS JULIUS, „Normenkontrolle" und Gesetzesbegriff in der attischen Demokratie, in: *Sitzungsberichte der Heidelberger Akademie der Wissenschaften. Philosophisch-historische Klasse,* Jg. 1970, 2. Abh., Heidelberg 1970, 7–80.
WOLFF, HEINRICH AMADEUS, *Ungeschriebenes Verfassungsrecht unter dem Grundgesetz,* Tübingen 2000.
WÜRTENBERGER, THOMAS, Legitimität, Legalität, in: Otto Brunner/Werner Conze/Reinhart Koselleck (Hg.): *Geschichtliche Grundbegriffe. Bd. 3,* Stuttgart 1982, 677–740.
WÜRTENBERGER, THOMAS, Zur Legitimität des Verfassungsrichterrechts, in: Bernd Guggenberger/ders. (Hg.): *Hüter der Verfassung oder Lenker der Politik?,* Das Bundesverfassungsgericht im Widerstreit, Baden-Baden 1998, 57–80.
WÜRTENBERGER, THOMAS, Auslegung von Verfassungsrecht – realistisch betrachtet, in: Joachim Bohnert u.a. (Hg): *Verfassung – Philosophie – Kirche.* FS f. Alexander Hollerbach zum 70. Geburtstag, Berlin 2001, 223–241 .
YOUNG, IRIS M., *Justice and the Politics of Difference,* Princeton 1990.
ZEHNPFENNIG, BARBARA, Alexander Hamilton/James Madison/John Jay: *Die „Federalist Papers".* Übers., eingeleitet und mit Anm. vers. von Barbara Zehnpfennig, Darmstadt 1993.

ZEHNPFENNIG, BARBARA, Einleitung, in: Hamilton, Alexander/Madison, James/Jay, John: *Die „Federalist Papers"*. Übers., eingeleitet und mit Anm. vers. von Barbara Zehnpfennig, Darmstadt 1993, 1–44 [Anm. 517–525].

ZIMMERMANN, GUNTER, Das göttliche Geschenk der Union. Studien zu den theologischen Aussagen der »Federalist Papers«, in: *ZfP*, 43. Bd. (1996), 145–173.

ZUCK, RÜDIGER, Die Zulässigkeitsvoraussetzungen der Verfassungsbeschwerde nach § 90 BVerfGG, in: *JuS* (1988), H. 5, 370–375.

ZUCK, RÜDIGER, Kooperation zwischen dem Bundesverfassungsgericht und dem Europäischen Gerichtshof, in: Bernd Guggenberger/Thomas Würtenberger (Hg.): *Hüter der Verfassung oder Lenker der Politik?*, Das Bundesverfassungsgericht im Widerstreit, Baden-Baden 1998, 121–150.

ZUCK, RÜDIGER, Der unkontrollierte Kontrolleur. Die zweifelhafte Rolle des Bundesverfassungsgerichts, in: *FAZ*, Sa. 24. Juli 1999, Nr. 169, Beilage III.

Personenregister

Aarnio, Aulis 82
Abromeit, Heidrun 348, 349, 357–358, 369
Ackerman, Bruce 90, 305, 378
Adams, Abigail 230
Adams, Angela 197, 200, 210, 215, 273
Adams, Willi Paul 197, 200, 210, 215, 273
Adler, Max 337
Albert, Hans 416
Alexy, Robert 68, 82–84, 107, 111, 113–114, 142, 235
Alleweldt, Ralf 63, 236, 240, 241, 243, 256
Amar, Akhil Reed 225, 249
Anderson, William 250
Antigone 441
Apel, Karl-Otto 68
Aquin, Thomas von 262
Arendt, Hannah 72, 88
Aristoteles 73, 157, 205, 235, 315, 431, 434
Arnim, Hans Herbert von 50
Arthur, John 293–294, 306, 315, 334
Austin, John 274
Avril, Pierre 35

Badura, Peter 162, 163
Bailyn, Bernard 201, 202, 208
Bakker, Rob 28
Ball, Terence 197, 216
Ballestrem, Karl Graf 279
Banaszak, Boguslaw 43
Beccarari 218
Beck, Ulrich 233
Becker, Florian 44
Becker, Hartmuth 107
Becker, Werner 64, 86–87, 260, 360
Bellah, Robert N. 273, 274
Benda, Ernst 24, 27
Berg, Wilfried 29
Beyme, Klaus von 145
Bickel, Alexander 52
Bieber, Roland 159
Blackstone, William 274

Bobbio, Norberto 85, 89
Böckenförde, Ernst-Wolfgang 21, 43, 51, 54, 55–61, 67, 110–114, 115, 117, 176, 263, 287, 290, 365–370, 448
Bodin, Jean 257–262, 263–264, 292, 476
Bogdandy, Arnim von 162, 166
Bork, Robert H. 408
Bradley, Anthony W. 44
Brenner, Michael 54, 251
Brugger, Winfried 21, 29, 30, 32, 33, 66, 234, 248, 423
Brünneck, Alexander von 19
Brunner, Georg 43
„Brutus" 197, 199, 200, 201, 202, 203, 207–257, 263, 277–292, 293, 294, 299, 373–374
Buchanan, James 402
Buchstein, Hubertus 306
Bülow, Birgit von 54
Bungert, Hartwin 234
Burger, Warren. E. 408
Burke, Edmund 318

Caesar, Julius 215–216
Caspar, Johannes 275–276
Chalmers, Damian 192
Chryssogonos, Kostas 18
Cliteur, P. B. 151
Cohen, Joshua 89–90
Coke, Edward 147, 271–272, 278
Commichau, Gerhard 167
Cruz Villalón, Pedro 6, 48
Currie, David P. 6, 30

Dahl, Robert 86, 91
Dais, Eugene E. 423
Dalton, Clare 377, 378
Defoe, Daniel 270–272
Denninger, Erhard 111
Descartes, René 198
Deutsch, Karl W. 91

Dewey, John 376
Diamond, Ann Stuart 201, 202, 215, 216
Dilger, Konrad 40
Dippel, Horst 63, 230, 253, 254, 271, 274, 282, 283
Dowling, Noel T. 273
Downs, Anthony 92
Dry, Murray 201
Dworkin, Ronald 44, 75, 77–80, 83, 84, 311, 316, 376, 377, 381, 382, 385, 398

Eberl, Matthias 107, 143, 152, 351, 352, 401, 425
Ebsen, Ingwer 4
Ehrlich, Walter 46
Ellsworth, Oliver 202
Elster, Jon 64, 93, 306, 309–310
Ely, John Hart 113–114, 115
Enayat, Hamid 40
Erh-Soon Tay, Alice 423
Eßbach, Wolfgang VI
Everling, Ulrich 168

Fabio, Udo di 189
Farrand, Max 213
Fenske, Hans 208, 253, 262
Ferreres Comella, Victor 186, 187
Finkelman, Paul 313
Fischer, William W. III 153
Flinterman, Cees 33
Forsthoff, Ernst 54
Fraenkel, Ernst 145, 146
Fragner, Bert G. 40
Frankenberg, Günter 1, 55, 61–63
Freeman, Samuel 199, 203, 204, 276, 293–307, 320–321, 328–339, 373
Freund, Paul A. 153
Friedrich, Carl J. 146, 146–155, 230, 276
Friedrich, Manfred 148
Friesenhahn, Ernst 4
Fromont, Michel 19, 36
Frowein, Jochen Abr. 53
Fuhrmann, Horst 262

Garlicki, Leszek 43
Gauthier, David 402
Georg, Siegfried 213, 214
Gerry, Elbridge 247

Gerstenberg, Oliver 153
Gicquel, Jean 35
Gordon, Robert 378
Gordon, Scott 259, 261
Grewe, Constance 34
Grimm, Dieter 21, 54, 117, 162, 181, 183, 438
Gunther, Gerald 273
Günther, Klaus 68, 79–80, 82, 84
Gusy, Christoph 26

Habermas, Jürgen V, 12, 18, 67–145, 162, 177, 254, 334, 398, 406, 422
Hall, Kermit L. 31, 234
Haller, Walter 37
Haltern, Ulrich R. 52
Hamilton, Alexander 56, 58, 59, 147, 150, 152, 154, 197, 199, 200–203, 207–216, 225, 236–257, 263, 266, 268, 270, 272–274, 277–292, 293, 294, 299, 305, 312, 322, 373
Harrington, James 284
Hart, H. L. A. 377, 381, 385
Hartmann, Jürgen 35
Hay, Peter 29, 32
Hayek, Friedrich A. 300
Hegel, Georg Wilhelm Friedrich 16, 68, 94
Heideking, Jürgen 207, 208, 212
Heller, Hermann 367, 369–370
Hennis, Wilhelm 145, 148
Heringa, Aalt Willem 134
Hermes, Georg 461
Herz, Dietmar 208
Hesse, Konrad 116
Heun, Werner 11, 447, 448
Hobbes, Thomas 117, 257, 259–264, 274, 298–299, 339, 476
Hodder-Williams, Richard 30, 286
Höffe, Otfried 24, 64–67
Hollerbach, Alexander 54
Holmes, Oliver Wendell 148, 155, 375
Holmes, Stephen 90, 299–300, 306, 316–319
Huber, Hans 448
Hübner, Emil 52
Hume, David 215

Iredell, James 56, 58, 272–274, 281
Isensee, Josef 25, 51

Jacobs, Francis G. 168
Jakob II. 268
James, William 376
Jarass, Hans D. 21
Jay, John 197, 215, 236, 237
Jefferson, Thomas 214, 215, 216, 229–230, 250
Jellinek, Georg 162
Johannes (von Paris) = Johannes Quidort 262
Johnson, Herbert A. 266
Johnson, Lyndon B. 232
Jørgensen, Stig 423

Kanitz, Ralf 175
Kant, Immanuel 67, 68, 110, 111, 135, 295, 297–299, 309, 337
Kazemi, Ahmad Moussavi (s. Moussavi, Ahmad Kazemi)
Kelsen, Hans 108–109, 115–117, 127, 274, 336, 337, 340, 350, 355, 447
Kempf, Udo 34
Kennedy, Duncan 205, 376, 378
Kenyon, Cecilia M. 213, 214
Kephalos 335
Kersting, Wolfgang 265
Khamene'i, Ali 41
Khomayni, Ruhollah Musavi 39–42
Kimmel, Adolf 35
Kincaid, John 30
Koch, Sybille, 24
Korioth, Stefan 4, 20, 22, 23, 30, 33, 53, 119, 447, 448
Koskenniemi, Martti 375
Kreon 441
Kuhn, Thomas 386
Kühne, Jörg-Detlef 230
Kumm, Matthias 186, 187
Kunig, Philip 19

Landfried, Christine 146, 290
Larmore, Charles 90
Laufer, Heinz 146
Lepsius, Oliver 195
Lerche, Peter 449

Levy, Leonard W. 247–248
Limbach, Jutta 50, 195
Lincoln, Abraham 307
Linder, Wolf 36
Llewellyn, Karl N. 375
Locke, John 74, 87, 263–269, 272–273, 276, 284, 295, 299, 339
Lübbe, Hermann 198
Lübbe, Weyma 351
Lübbe-Wolff, Gertrude 195
Lüddecke, Dirk 262
Ludwig XIV. 264, 269
Luhmann, Niklas 70, 92

Mace, George 201, 229–230
Machiavelli, Niccolò 266
MacIntyre, Alasdair 154
MacKinnon, Catharine 378
Madison, James 197, 214–215, 226, 230, 236, 237–239, 278
Maistre, de Joseph 355
Maleson, Diane C. 233
Maluschke, Günther 262, 264, 267
Manegold (von Lautenbach) 262
Marshall, John 31, 230, 250, 263, 274, 278, 281
Marsilius (von Padua) 262
Martin, Sigmund P. 375
Marx, Karl 94, 110, 154
Mathis, Klaus 378
Maurer, Andreas 159
Maus, Ingeborg 68, 117, 145, 276
Mayer, Franz C. 43, 159, 160, 162, 163, 167, 169, 170, 173, 174, 184, 187, 189, 190, 192
Mayer-Tasch, Peter-Cornelius 258
McCann, Michael W. 134
Meier, Heinrich 315
Melone, Albert P. 201, 229
Mels, Philipp 19, 36
Menashri, David 42
Menezes Albuquerque, Paulo Antonio de 147
Merton, Robert 351
Michelman, Frank I. 111, 113–114, 115, 116
Mikat, Paul 291
Montazeri, Hossain Ali 40

Montesquieu, Charles de 7–10, 13, 35, 151, 217–218, 239, 245, 252, 255, 266–286, 273, 284
Mouffe, Chantal 124
Moussavi, Ahmad Kazemi 40
Müller, Jörg P. 234
Müller-Graff, Peter-Christian 166, 180, 192

Nozick, Robert 378, 402

Ödipus (= engl.: Oedipus) 376
Odysseus 312–314, 317
Oeter, Stefan 37
Offe, Claus 306
Olsen, Frances 378
Onuf, Peter S. 230
Ossenbühl, Fritz 53, 448
Otis, James 272, 274
Ottmann, Henning V–VI, 70, 279, 302, 431

Parsons, Talcott 70
Pasquino, Pasquale 263, 274
Patzig, Günter 397
Pauly, Walter 54
Peirce, Charles S. 376
Pernice, Ingolf 161, 168, 175, 184
Perry, Michael J. 113, 408
Peters, Bernhard 91–92, 94
Piazolo, Michael 33
Pietzker, Jost 25
Pinckney, Charles 247
Plato 157, 306–307, 335, 384, 392, 397, 434
Plessner, Helmuth 409
Plöhn, Jürgen 22, 28, 48
Plutarch 216
Pohlmann, Friedrich 262
Posner, Richard 378
Preuß, Ulrich K. 306

Rakove, Jack 234
Rawls, John 70, 132, 293–294, 295–296, 297, 304, 315, 333, 334, 339, 376, 377, 382, 383, 385, 398, 402
Reagan, Ronald 233
Reed, Akhil Amar (s. Amar, Akhil Reed)
Reissner, Johannes 41
Rhinow, René 37, 38
Riecken, Jörg 113

Riklin, Alois 266, 267
Robbers, Gerhard 63, 64, 274
Rodriguez Iglesias, Gil Carlos 186
Roellecke, Gerd 47
Roosevelt, Franklin D. 232, 233
Rorty, Richard 376, 378, 386, 392, 398
Rousseau, Jean-Jacques 10, 13, 35, 68, 87, 125–126, 214, 261–263, 275–276, 295, 298, 299, 321, 428, 463, 476
Rupp-von Brünneck, Wiltraut 18, 53

Saage, Richard 337
Säcker, Horst 27
Sandel, Michael 376, 387
Savigny, Friedrich Carl von 151
Scalia, Antonin 408
Schaal, Gary S. 146
Schelling, Thomas C. 306
Scheuing, Dieter H. 53
Scheuner, Ulrich 4
Schieren, Stefan 44, 171
Schirazi, Ashgar 42
Schiwek, Heiko 46, 375
Schlaich, Klaus 4, 20, 22, 23, 30, 33, 53, 119, 447, 448, 449
Schlink, Bernhard 54, 462
Schmitt, Carl 106–110, 112, 115, 118–119, 143, 152, 315, 351, 355, 367, 369, 401, 405, 423, 425, 448, 449, 455
Schneider, Bernd Jürgen 10, 11
Schokkenbroek, Jeroen 195
Schottky, Richard 298
Schröder, Hans-Christoph 207, 208, 213, 214
Schüle, Christian 107
Schulze-Fielitz, Helmuth 1, 27, 445
Schumpeter, Joseph A. 92
Schwartz, Bernard 212
Schwarze, Jürgen 53, 175
Schwegmann, Friedrich Gerhard 257, 264
Schweitzer, Arthur 62
Seelmann, Kurt VI, 416
Selmer, Peter 25
Shakespeare, William 216
Sieckmann, Jan Reinard 146
Siedentop, Larry 195
Sieyes, Emmanuel Joseph 35, 63, 150, 151, 155, 228, 262, 263, 274, 276, 277, 348

Simon, Helmut 24
Singer, Joseph William 120, 205–206, 375–406, 407, 436
Singh, Robert 30
Smend, Rudolf 145, 148, 423
Snowiss, Sylvia 250
Sokrates 335
Solum, Lawrence 408
Sophokles 441
Sosin, J. M. 216, 226, 238, 242, 250–251
Spaemann, Robert 197
Steffani, Winfried 366–367
Steinberg, Philipp 175
Stern, Klaus 33, 54, 64, 212, 272, 286–287, 288–289, 290, 291
Stick, John 375, 376, 398
Stone, Alec 35
Storing, Herbert 197, 201, 212, 216
Stourzh, Gerald 64, 268, 269, 270, 272, 274
Stuart, Ann Diamond (s. Diamond, Ann Stuart)
Sunstein, Cass R. 109, 111, 116, 306
Swift, Jonathan 216

Taney, Roger B. 31
Tellenbach, Silvia 40, 41
Thiele, Ulrich 63, 155, 228, 230, 232, 274
Tiedemann, Klaus 53
Tomuschat, Christian 43, 44
Tredwell, Thomas 216
Tuori, Kaarlo 50
Tushnet, Mark V. 375, 378, 386

Unger, Roberto Mangabeira 375

Valerius, Publius 215
Vorländer, Hans 52, 64, 345

Wagner, William Joseph 21, 233
Wahl, Rainer 53, 158, 251, 462
Waldron, Jeremy 44, 199, 203–204, 299–300, 306–340, 346, 373–374, 431
Wamister, Christof 37
Warren, Earl 408
Weber, Albrecht 19, 20
Weber, Max 61, 107, 112, 143, 200, 351, 362–363, 401, 425
Wendenburg, Helge 20
Wessels, Wolfgang 159, 160, 163, 169, 173
Wiecek, William M. 153, 234
Wieland, Joachim 21
Wilhelm III. 269
Willke, Helmut 93, 94, 306
Wilson, James 202
Witte, Bruno de 168
Wittkau, Annette 199
Wolff, Hans Julius 63
Wolff, Heinrich Amadeus 27
Würtenberger, Thomas 51, 132, 439
Wyatt, Harry N. 6, 30

Yates, Robert 216
Young, Iris M. 98

Zehnpfennig, Barbara 207, 225, 236
Zimmermann, Gunter 274
Zuck, Rüdiger 27, 51, 53, 191, 289

Stichwortverzeichnis

Abwägung (s. a. Subsumtion) 423–425
Antifederalists 207–216
Anwendungsdiskurs (s. a. Prozeduralismus, Prozeduralistisches Rechtsparadigma bei J. Habermas; Begründungsdiskurs)
– Festlegung der Rechtsprechung auf Anwendungsdiskurse (J. Habermas) 101, 103, 124, 130–131, 145
– Unterscheidung zwischen Begründungs- und Anwendungsdiskurs nach K. Günther 79–80
Apothekenurteil (s. Bundesverfassungsgericht, Apothekenurteil)
Auslegung (s. a. Hermeneutik)
– als Modus verfassungsgerichtlicher Rechtsfindung 452–459
– Begriff 451–452
– gemäß Montesquieu 8
– richterliche Interpretationsleistung als eigenständige politische Funkion 8–9
– und Rechtsfindung 423–426
– verfassungskonforme 13, 28, 290
Autonomie (s. a. Souveränität, Volkssouveränität) 411–412, 413–414, 415, 418, 419, 420, 464, 467

Begründung, zureichende und unzureichende (= absolute und relative) (s. a. Kognitivismus) (Begriff) 415–417, 424
Begründungsdiskurs (s. a. Anwendungsdiskurs; Prozeduralismus, Prozeduralistisches Rechtsparadigma bei J. Habermas)
– Unterscheidung zwischen Begründungs- und Anwendungsdiskurs nach K. Günther 79–80
Betroffenheit (s. a. Nichtbetroffenheit) 427–429, 433–434, (Verfassungsgerichtsbarkeit als Richter in eigener Sache) 445
Bonham's case 271–272, 278

Bundesgericht (s. a. Verfassungsgerichtsbarkeit, Schweiz) 20, 37–39
Bundesverfassungsgericht (s. a. Europäische Integration; Grundrechte)
– Abschaffbarkeit 291–292
– allgemein 1, 4, 19, 20, 22–29, 50, 51–52, 53–54, 61–63, 64–67, 134, 135, 145, 146, 446, 449, 450, 458
– als Inhaber von Souveränität 285–292, 360–361
– als Motor der Verrechtlichung 462
– Apothekenurteil (= BVerfGE 7, 377–444) 450
– Bundestagsauflösungsurteil von 1983 (= BVerfGE 62, 1–64) 48
– Kammerentscheide 289, 461
– Kritik von J. Habermas am Bundesverfassungsgericht 110–113
– Kruzifix-Konflikt 61, 66
– 1. Rundfunk-Urteil (BVerfGE 12, 205–264) 48
– Soraya (= BVerGE 34, 269–293) 134
– Verhältnis zum Europäischen Gerichtshof 168, 195
– Volkszählung (= BVerfGE 65, 1–72) 134
– Wahl der Bundesverfassungsrichter 24
– Wüppesahl-Urteil (BVerfGE 80, 188–235) 47
– Zwillingsgericht 24

CILFIT (s. Europäischer Gerichtshof, CILFIT-Entscheidung)
Conseil Constitutionnel 4, 19, 35–36, 169
Country-Ideologie 213
court-packing plan (s. Supreme Court [USA], *court-packing plan*)
Critical Legal Studies (= CLS)
– Erläuterung 375–376
– Referat der Einwände der CLS gegen Dworkins Rechtstheorie 78–79

- Verhältnis Recht und Politik 407–408
- Vertreter 375, 378

Demokratie
- Begriff, Begründung 156, 372, 411–412, 464
- Demokratiekompatibilität der Verfassungsgerichtsbarkeit 474–475
- Demokratietheorie 371
- und Europäische Union 195
- und Legitimität 418
- und Konstitutionalismus 64
- und Rechtsstaat 331–340, (insbes. in bezug auf Menschenrechte) 465–466
- und Souveränität 203, 371–372

Dezisionismus
- auf dem Gebiet der Praxis 405–406
- Begriff 405
- dezisionistische Legitimation von Recht und Politik 412
- dezisionistische Rationalität des Bestehenden (s. a. Hermeneutik, hermeneutische Rationalität des Bestehenden) 198
- und der interpretative Charakter verfassungsgerichtlicher Rechtsfindung 456–457

dogmatische Natur der Verfassungsrechtsprechung (Erläuterung) 447, 447–451
Dred Scott vs. Sandford 46
during good behavior 213, (Erläuterung) 222, 223, 226–227, 252

Essays of „Brutus" (s. Letters of „Brutus")
Ethik (s. a. Moral) (Begriff) 414–415
Europäische Integration (s. a. Europäische Union)
- und britisches Recht 171
- und bundesdeutsches Verfassungsrecht 53–54
- und nationale Verfassungsgerichtsbarkeiten 157, 168, 169

Europäische Menschenrechtskonvention (EMRK)
- und Niederlande 43
- und Schweizerische Eidgenossenschaft 37–38
- und Vereinigtes Königreich von Großbritannien und Nordirland 44

Europäischer Gerichtshof (EuGH)
- allgemein 168–176
- CILFIT-Entscheidung 169
- Verhältnis zum Bundesverfassungsgericht 53–54, 168, 169

Europäischer Gerichtshof für Menschenrechte 195

Europäische Union (EU)
- allgemein 158–195 (insbes. 176–179)
- Verfassungsgerichtsbarkeit in der EU 168–176, 179–195

Ewigkeitsgarantie 29, 135, 282, 288, 324–325, 469, 477

Federalists 207–216
Federalists Papers
- allgemein 63, 214–215, 236–237
- Publius (Begriffserläuterung) 215
foundationalism 330, 377
Free Government (s. a. Limited Government) 217–218
Freiheit (s. a. Autonomie) 414–415, 417–418

Geltung und Gültigkeit 412, 465, 466
Geltungs- und Gültigkeitsansprüche 395–396, 416–417
Gerichtsbarkeit
- als ‚politische Instanz' (s. a. Souveränität, richterliche Gewalt) 9–13, 14, 16–18, 471
- Dänemark 43
- Finnland 43
- Irland 43
- Island 43
- mit politischer Funktion (s. Auslegung, richterliche Interpretationsleistung)
- Niederlande 42–43
- Norwegen 43
- Schweden 43
- und die Idee des demokratischen Verfassungsstaates (s. a. Verfassungsgerichtsbarkeit, Typus der ‚Verfassungsgerichtsbarkeit') 13–16
- und die Idee des Rechtsstaats 13
- Vereinigtes Königreich von Großbritannien und Nordirland 43–45

Stichwortverzeichnis 511

Gerichtsförmigkeit (im Sinne der ‚Verfassungsgerichtsbarkeit') 4–5
Gerichtshof der Europäischen Gemeinschaften (s. Europäischer Gerichtshof)
Gewaltenteilung
– Idee der Gewaltenteilung gemäß J. Habermas 102–103
– in parlamentarischen und in präsidentiellen Systemen 461
– und Verfassungsgerichtsbarkeit 56
– und Verfassungsrechtsprechung 459, 460, 461
Gleichursprünglichkeit
– gemäß J. Habermas 71, 111, 125, 127–130, 334–335
– Verhältnis von Substanz und Prozeduren 334–337
Griswold vs. Connecticut 134
Grundrechte (s. a. Individualrechte)
– Anerkennung der objektivrechtlichen Dimension durch das Bundesverfassungsgericht 462
– Grundrechtsverständnis (Diskussion um Grundrechtsauslegung, Grundrechtstheorien) 54, 65–66

Hermeneutik (s. a. Auslegung)
– hermeneutische Rationalität des Bestehenden (s. a. Dezisionismus, dezisionistische Rationalität des Bestehenden) 436
– Juristische Hermeneutik aus der Sicht von J. Habermas 75–79, 120–121
– und Rechtsfindung 423–425, 434
– und Theorie der Verfassungsgerichtsbarkeit 152, 474–475
Human Rights Act 43–44

Idee, regulative 337–339
Individualrechte (s. a. Autonomie; Demokratie; Grundrechte; Souveränität, Volkssouveränität)
– allgemein 64
– und bürgerschaftliche Souveränität 464, 474–475
Individualverfassungsbeschwerde (s. Verfassungsbeschwerde, individuelle)
Instanz, politische (s. Souveränität, richter-

licher Gewalt; Gerichtsbarkeit, als ‚politische Instanz')
Integration, soziale (s. Steuerung von Interaktion)
Interpretation (s. Auslegung)

Judicial Review (s. a. *Marbury vs. Madison*; Verfassungsgerichtsbarkeit in den Vereinigten Staaten von Amerika)
– als Diskussionsgegenstand in den USA 51–53, (insbes. als Topos der Ratifikationsdebatte der Federal Constitution) 212–213
– Begriff (USA) 29
– Begriff (Vereinigtes Königreich von Großbritannien und Nordirland) 44–45
– Standpunkte von John Jay und James Madison 236, (Madison) 238–239
– Verankerung durch die Philadelphia-Convention bzw. in der Federal Constitution 243–244, 250–252
– Vorgeschichte 147, 212
– während des New Deal und der Great Society (USA) 232–233
Jury Constitutionnaire (s. Verfassungsgerichtsbarkeit, Beispiele für „Verfassungsgerichtsbarkeit")
Justiziabilität
– Begriff 372
– und Verfassungsgerichtsbarkeit 372–375, 473–474

Kammerentscheide (s. Bundesverfassungsgericht, Kammerentscheide)
Kognitivismus und Nonkognitivismus 384, 397–398, 416–418
Kommunitarismus 21
Kompetenz-Kompetenz 24
Konkretisierung (s. Auslegung)
Konstitution (s. Verfassung)
Konstitutionalismus (s. a. Legalismus)
– Rechtstheorie des Konstitutionalismus 423
– und Demokratie 64
Kontraktualismus (s. Vertragstheorie)
Korematsu vs. United States 313
Kruzifix-Konflikt (s. Bundesverfassungsgericht, Kruzifix-Konflikt)

Law & Economics (s. Ökonomische Analyse des Rechts)
Legalismus (s. a. Konstitutionalismus, Rechtstheorie des Konstitutionalismus) 423
Legal Realism (s. Rechtsrealismus)
Legitimität (s. a. Souveränität, als Zusammenführung von Herrschaftsmacht und Legitimität)
– der Verfassungsgerichtsbarkeit 341–346, 371–373, 471–477
– im Mittelalter 438–440, 441–442
– in der Neuzeit 440–442
– Literaturlage zur prinzipiellen und zur modalen Legitimität der Verfassungsgerichtsbarkeit 155
– und die Idee der wechselseitigen Anerkennung 418
– Unterscheidung zwischen prinzipieller und modaler Legitimität der Verfassungsgerichtsbarkeit 101, 155–156, 158, 196
Letters of „Brutus" 216–235 (insbes. 218)
Letztbegründung (s. Kognitivismus)
Letztverbindlichkeit (s. Souveränität, Souveränität und Letztverbindlichkeit/Letztinstanzlichkeit; Souveränität richterlicher Gewalt)
Limited Government (s. a. Free Government)
– als staatstheoretische Konzeption und als Reflex sozio-politischer Interessen 281–284
– als verfassungsdogmatische Grundlage des Judicial Review 291, 408
– entwickelt von J. Locke und Ch. Montesqieu 263–268
– vertreten von A. Hamilton (sowie von J. Jay und J. Madison) 237, 243–244, 277–278, 280–284
– vertreten von E. J. Sieyes 263–264

Macht
– gemäß J. Habermas 72
– und soziale Integration 410
Marbury vs. Madison
– allgemein 30, 31, 52, 266, 278, 281

– in bezug auf sozio-ökonomische Interessen 283
– Jeffersons Reaktion auf *Marbury vs. Madison* 230
– Verhältnis zum *Bonham's case* 272
– Verständnis des Judicial Review gemäß *Marbury vs. Madison* 250
Mehrheitskorrektiv
– allgemein 341–342, 345–346
– Begriff 341
– Verfassungsgerichtsbarkeit als Mehrheitskorrektiv 343–345
Moral (s. a. Ethik) (Begriff) 414

Nichtbetroffenheit (s. a. Betroffenheit) 427–429, 432–434
Nonkognitivismus (s. Kognitivismus)
Normaldiskurs 386–387, 399
Normenkontrolle
– abstrakte, konkrete Verfassungsmäßigkeitskontrolle 12, 18
– als Verfahren vs. als Befugnis (= im formellen vs. im materiellen Sinn; verfahrenstypologisch verstanden vs. funktionell aufgefaßt) 18
– Begriff 10–11, 26
– formelle, materielle Verfassungsmäßigkeitskontrolle 11, 26
– präventive, repressive Verfassungsmäßigkeitskontrolle 12–13
– und richterliche Souveränität 14, 17–18
Normenkontrollverfahren
– Bundesrepublik Deutschland 26
– aus der Sicht von J. Habermas 103–116, (insbes.) 115, 118–119

Organstreitverfahren
– Bundesrepublik Deutschland 25
– aus der Sicht von J. Habermas 103–104
Original Intent 155, 233–234, (Erläuterung) 234, (Verhältnis Recht und Politik) 407–408, 425
Ökonomische Analyse des Rechts 378

Parteilichkeit (s. a. Standortgebundenheit) 431, 432
Paternalismus
– Begriff 132

Stichwortverzeichnis 513

– Rechtfertigung 132–133
– und die Rolle von Verfassungsgerichten 131–137
Personalismus/personalistischer Souveränitätsbegriff (s. Souveränität, Personalismus/personalistische Souveränität)
Philadelphia-Convention 210–211, 213, (Verankerung des Judicial Review) 243–244 sowie 250–251
political question-Doktrin (USA) 32–34
Politik 464–470
Pouvoir Constituant, Pouvoir(s) Constitué(s) 56, 348–349, 353, 366–367
Precommitment
– Verfassungsgerichtsbarkeit als Precommitment 294–328 (insbes. 296–297, 299–301 sowie 306–307)
Prinzipien und Regeln 325, (gemäß J. W. Singer) 382–383, 422–423
Prozeduralismus
– Prozeduralistisches Rechtsparadigma bei J. Habermas 98–101, (bezogen auf die Verfassungsrechtsprechung) 104–116, (bezogen auf die Verfassungsrechtsprechung) 130–145
Prüfungsrecht, richterliches (s. a. Judicial Review)
– Begriff 9
– Prüfungsgegenstände 9–13
Publius (s. Federalist Papers)

Rationalität des Rechts
– formale 425–426, 434
– formale und materiale 142–144, 464–468
– materiale 426, 434
Recht (s. a. Rationalität des Rechts)
– als Handlungssystem 419–421
– als Instrument der sozialen Integration 419
Rechtskonsens (s. a. Wertkonsens) 139, 351–352, 411–412, 413–414, 419–420, 456, 465
Rechtsrealismus
– allgemein 391
– Erläuterung 375–376
– Rechtsrealismus aus der Sicht von J. Habermas 75–79, 80, 120

Rechtspositivismus
– allgemein 377
– aus der Sicht von J. Habermas 76–80, 121
Rechtsstaat (s. a. Demokratie, Demokratie und Rechtsstaat)
– Idee des Rechtsstaats bei J. Habermas 102–103
Regeln (s. Prinzipien)
regulative Idee (s. Idee, regulative)
Richter in eigener Sache (s. Betroffenheit; Nichtbetroffenheit)
Rights Theory 377–378
Roe vs. Wade 386

Sanktion
– rechtliche 412–413
– soziale 413
Selbstbindung (s. Precommitment)
shared precommitment (s. Precommitment)
Souveränität
– als Letztentscheidungskompetenz 14, 57, 287–292
– als Zusammenführung von Herrschaftsmacht und Legitimität (= multiperspektivische Souveränitätskonzeption) 346–370, 372, 476–477
– Parlamentssouveränität (als Variante eines demokratischen Realmodells) 358
– passive 289–292, 353, 476
– Personalismus/personalistische Souveränität 365–370 (Begriff 365)
– richterlicher Gewalt 14–16, 49–50, 57, 60, 285–292, (als Träger von Veto-Souveränität) 288–292, 456, 472, 476–477
– Souveränitätskonzeption von „Brutus" 279–286
– Souveränitätskonzeption von A. Hamilton 279–286
– Souveränitätskonzeption von J. Habermas 88–89, 125–126, 334–335
– Souveränitätskonzeption von J. Waldron 293–340 (insbes. 328–340)
– Souveränitätskonzeption von S. Freeman 293–340 (insbes. 328–340)
– Souveränitätslehre der Neuzeit 257–263, 298, 440–442
– und Common Law Tradition 263

- und Europäische Union 163
- und Letztverbindlichkeit/Letztinstanzlichkeit 57, 59, 60, 353–361, 366, 374, 450, 456–457, 472
- und Totalverfügung 348–352, 353, 363–370, 476–477
- Verfassungssouveränität 348–350, (als Variante eines demokratischen Realmodells) 358, 365–370, 371–372, 477
- Veto-Souveränität 288–292, 353, 357, 476
- Volkssouveränität 260, 261–263, (als Maßstab für Legitimität) 347–352, (als positivrechtliche Ermächtigung zu staatlicher Handlungsmacht) 352–356, (als Variante eines demokratischen Realmodells) 357, 365–370, (als Maßstab für Legitimität) 464, 466, 476
- Volkssouveränität und Souveränität Gottes in der US-amerikanischen politischen Theorie 273–274
- Volkssouveränität und Verfassungsgerichtsbarkeit 57, 371–372, 374, 452, 477

Staat
- Begriff 162–163
- Lehre von der begrenzten Staatsmacht (s. Limited Government)
- Staatlichkeit der EU 162–163, 179–180

Staatsgerichtsbarkeit
- Begriff(e) der ‚klassischen Staatsgerichtsbarkeit' 11, 16

Standortgebundenheit (s. a. Parteilichkeit) 430–431

Statthalterschaft des islamischen Rechtsgelehrten (s. *velayat-e faqih*)

Steuerung von Interaktion
- allgemein 408–418
- Begriff 1
- gemäß J. Habermas 69–71

Subsumtion (s. a. Abwägung) 423–425

supremacy (s. Souveränität)

Supreme Court (USA) (s. a. Original Intent; Verfassungsgerichtsbarkeit in den Vereinigten Staaten von Amerika)
- Abschaffbarkeit (der Befugnis zum Judicial Review) 291
- allgemein 20–21, 29–34, 46, 52, 115, 147–150, 153–154, 212, 234, 375, 455
- als Inhaber von Souveränität 285–292

- *court-packing plan* 232–233
- Ernennung der Supreme Court Richter 31, 153
- Institutionelles Charisma des Supreme Court 62

Tribunal Constitucional (s. Verfassungsgerichtsbarkeit, Spanien)

Tribunat (s. Verfassungsgerichtsbarkeit, Beispiele für „Verfassungsgerichtsbarkeit")

United States vs. Lopez 233
United States vs. Nixon 30

velayat-e faqih (Statthalterschaft des islamischen Rechtsgelehrten)
- Begriff 20
- Verankerung in der Islamischen Republik Iran 39–42

Verfassung
- als Ausdruck vs. als Einschränkung der Volkssouveränität 57
- als Rahmen- vs. als Grundordnung 469–470
- Begriff 3, 162, 163–167, 180–188, 268
- Verfassungssouveränität (s. Souveränität, Verfassungssouveränität)
- Verfassungsverständnis von J. Habermas 95

Verfassungsbeschwerde, individuelle
- Fehlen des Instituts in der Weimarer Republik 23
- und die Ausübung der Befugnis zur Normenkontrolle 18
- und richterliche Souveränität 14, 17–18
- Verfahren (Bundesrepublik Deutschland) 26–27
- Verankerung des Instituts in der Paulskirchenverfassung 23
- Verfassungsbeschwerde aus der Sicht von J. Habermas 103–104

Verfassungsgerichtshof (s. a. Verfassungsgerichtsbarkeit, Österreich) 20

Verfassungsgerichtsbarkeit
- Begriff 3–4, 471–472
- Beispiele für ‚Verfassungsgerichtsbarkeit' 6, 22

- Beispiele für „Verfassungsgerichtsbarkeit" 39–42 (Iran), 274 und 276–277 (Jury Constitutionnaire nach Sieyes), 275–277 (Tribunat nach Rousseau)
- diffuse vs. konzentrierte Verfassungsgerichtsbarkeit 20
- formelle vs. materielle Verfassungsgerichtsbarkeit 13, 19
- formell-institutionelle vs. materielle Verfassungsgerichtsbarkeit 13–14
- Geschichte 63–64
- Typus der ‚Verfassungsgerichtsbarkeit' 4–7, 14–16, 17–18, 45–47, 444, 472–477
- Typus der „Verfassungsgerichtsbarkeit" 45, 471–472
- und Demokratie 156–158, (in bezug auf ‚Verfassungsgerichtsbarkeit') 466–470
- und Gewaltenteilung 56
- Frankreich (s. a. Conseil Constitutionnel) 19, 34–36
- Österreich 20
- Polen 43, 57
- Schweiz (s. a. Bundesgericht) 20, 36–39
- Spanien 6, 48
- Vereinigte Staaten von Amerika (s. a. Judicial Review; Original Intent; Supreme Court) 6, 21, 29–34, 145–146

verfassungskonforme Auslegung (s. Auslegung, verfassungskonforme)
Verfassungsrecht
- Verfassungsrecht, spezifisches 23
- Verfassungsrecht und einfaches Recht 53
Verfassungssouveränität (s. Souveränität, Verfassungssouveränität)
Vertrag über eine Verfassung für Europa (VVE) 158–160, 179–195
Vertragstheorie
- als Konzeption von Federalists und Antifederalists 279
- Grenzen der Vertragstheorie 338–339
- Typologie 279, 295, 334
- und Verfassungsgerichtsbarkeit 293–340, 443, 477
Veto-Souveränität (s. Souveränität, Veto-Souveränität)
Volkssouveränität (s. Souveränität, Volkssouveränität)
Vorausverpflichtung, geteilte (siehe Precommitment)

Wertkonsens (s. a. Rechtskonsens) 138, 351, 411–412, 414, 419–420, 465

Zwillingsgericht (s. Bundesverfassungsgericht, Zwillingsgericht)